Goethes Leben von Tag zu Tag

GOETHES LEBEN
von Tag zu Tag

Eine dokumentarische Chronik
von Angelika Reimann

Band VIII · 1828–1832

Artemis Verlag

Dieses Werk wird gefördert durch die
Goethestiftung für Kunst und Wissenschaft
Zürich

GOETHES LEBEN VON TAG ZU TAG
Eine dokumentarische Chronik in acht Bänden

Band I · 1749–1775
Band II · 1776–1788
Band III · 1789–1798
Band IV · 1799–1806
Band V · 1807–1813
(bearbeitet von Robert Steiger)

Band VI · 1814–1820
(bearbeitet von Robert Steiger und Angelika Reimann)

Band VII · 1821–1827
(bearbeitet von Angelika Reimann)

© 1996 Artemis Verlags-AG Zürich

Alle Rechte, einschließlich derjenigen
des auszugsweisen Abdrucks sowie der fotomechanischen und
elektronischen Wiedergabe, vorbehalten.

Satz: Jung Satzcentrum, Lahnau
Druck und Bindung: Wiener Verlag, Himberg

Printed in Austria
ISBN 3-7608-2738-1

Abkürzungen der häufiger zitierten Quellen

Goethes Werke werden nach der Gedenkausgabe (herausgegeben von Ernst Beutler, 1948–60) und nach der Hamburger Ausgabe (herausgegeben von Erich Trunz, 1981) zitiert. Seine Briefe an Carl August nach Hans Wahl: Briefwechsel des Herzogs Carl August mit Goethe, Berlin 1915–18. Seine Briefe an Sartorius nach Else von Monroy: Goethes Briefwechsel mit Georg und Caroline Sartorius, Weimar 1931. Die Briefe an Cotta nach Dorothea Kuhn: Goethe und Cotta, Briefwechsel 1797–1832, Stuttgart 1979–83. Goethes übrige Briefe werden, sofern keine Quelle vermerkt ist, nach der Weimarer Ausgabe (1887–1912) zitiert. Zitate aus den Briefen der Goetheschen Briefpartner folgen, falls keine Quelle angegeben ist, den Lesarten der Weimarer Ausgabe zum jeweiligen Antwortbrief Goethes. Goethes Gespräche mit Eckermann werden unter dem Sigel «Eckermann» nach der Ausgabe von Fritz Bergemann (1992) zitiert. Das Sigel erscheint ohne Datumsangabe, wenn das Zeugnis von Eckermann unter dem aktuellen Tag überliefert ist und die Eckermannsche Datierung mit den Datierungsergebnissen neuester Forschung übereinstimmt. Wird die Datierung Eckermanns – durch Einordnen des Gespräches unter ein anderes Datum – korrigiert, so folgt dem Sigel das Datum, unter dem die zitierte Goetheäußerung bei Eckermann zu finden ist. Der Vermerk «synthetisierendes Gespräch» zeigt an, daß das Gespräch eine Sammlung Goethescher Äußerungen darstellt, die von Eckermann unter einem aktuellen Datum zusammengefaßt wurden, im einzelnen jedoch nicht datierbar sind.

AGA	Artemis-Gedenkausgabe der Werke, Briefe und Gespräche Goethes. Herausgegeben von Ernst Beutler, Zürich 1948–60
AIH	Goethes Werke. Vollständige Ausgabe letzter Hand. Stuttgart und Tübingen 1827 ff.
BA	Goethe, Werke. Berliner Ausgabe. Berlin und Weimar 1965–78
Bergemann	Anhang der Ausgabe: Johann Peter Eckermann, Gespräche mit Goethe in den letzten Jahren seines Lebens. Herausgegeben von Fritz Bergemann. Frankfurt am Main und Leipzig 1992.
Boisserée	Sulpiz Boisserée. Briefwechsel, Tagebücher. Herausgegeben von Mathilde Boisserée. Faksimiledruck nach der I. Auflage von 1862. Göttingen 1970
Bradish	Goethes Beamtenlaufbahn. Von Joseph A. von Bradish. New York 1937
Braun	Joseph Sebastian Grüners Briefwechsel mit Goethe. Herausgegeben und bearbeitet von Hermann Braun. Schriften der Volkshochschule der Stadt Marktredwitz, Heft 38, 1981

Bulling	Karl Bulling, Goethe als Erneuerer und Benutzer der jenaischen Bibliotheken. Jena 1932
Corpus	Corpus der Goethezeichnungen. Bearbeitet von Gerhard Femmel und anderen. Leipzig 1958–73
DKV	Johann Wolfgang Goethe. Sämtliche Werke, Briefe, Tagebücher und Gespräche. Frankfurt am Main 1985 ff.
Drucke	Waltraud Hagen, Die Drucke von Goethes Werken. Berlin 1971
Düntzer	Briefwechsel zwischen Goethe und Staatsrat Schultz. Herausgegeben von Heinrich Düntzer. Leipzig 1853
DuW	Goethe: Aus meinem Leben, Dichtung und Wahrheit
Femmel	Goethes Grafiksammlung. Die Franzosen. Katalog und Zeugnisse. Bearbeitet von Gerhard Femmel. Leipzig 1980
Gemmen	Die Gemmen aus Goethes Sammlung. Bearbeitet von Gerhard Femmel. Leipzig 1977
GG	Goethes Gespräche. Eine Sammlung zeitgenössischer Berichte aus seinem Umgang. Aufgrund der Ausgabe und des Nachlasses von Flodoard Freiherrn von Biedermann ergänzt und herausgegeben von Wolfgang Herwig. Zürich 1965–87
GJb	Goethe-Jahrbuch. Frankfurt am Main 1880–1913; Weimar 1972 ff.
Gräf	Goethe über seine Dichtungen. Herausgeben von Hans Gerhard Gräf. Frankfurt am Main 1901–14
Grumach	Kanzler Friedrich von Müller: Unterhaltungen mit Goethe. Mit Anmerkungen versehen und herausgegeben von Renate Grumach. München 1982.
Guhrauer	Briefwechsel zwischen Goethe und Knebel. Herausgegeben von G. E. Guhrauer. Leipzig 1851
HA	Goethe, Werke. Hamburger Ausgabe. Herausgegeben von Erich Trunz. München 1981
Hagen	Quellen und Zeugnisse zur Druckgeschichte von Goethes Werken. Teil 2. Die Ausgabe letzter Hand. Bearbeitet von Waltraud Hagen. Berlin 1982
Hanser	Johann Wolfgang Goethe. Sämtliche Werke nach Epochen seines Schaffens. Herausgegeben von Karl Richter. München 1985 ff.
Hartung	Fritz Hartung, Das Großherzogtum Sachsen unter der Regierung Carl Augusts 1775–1828. Weimar 1923

Hecker	Goethes Briefwechsel mit Heinrich Meyer. Herausgegeben von Max Hecker. Weimar 1917 – 32
Houben	Heinrich Hubert Houben, J. P. Eckermann. Sein Leben für Goethe. Leipzig 1925
JbFDH	Jahrbuch des Freien Deutschen Hochstifts. Frankfurt am Main 1902 ff.
JbGG	Jahrbuch der Goethe-Gesellschaft. Weimar 1914 – 35
JbSK	Jahrbuch der Sammlung Kippenberg. Leipzig 1921 – 35
JbSKNF	Jahrbuch der Sammlung Kippenberg, neue Folge. Düsseldorf 1963 ff.
Jensen	Quellen und Zeugnisse der Druckgeschichte von Goethes Werken. Teil 4. Die Einzeldrucke. Bearbeitet von Inge Jensen. Berlin 1984
Keudell	Goethe als Benutzer der Weimarer Bibliothek. Bearbeitet von Elise von Keudell. Weimar 1931
Knittermeyer	Unbekannte Briefe und Urkunden aus dem Goethekreis. Aus dem Nachlaß Johann Michael Färbers. Herausgegeben von Hinrich Knittermeyer. Bremen 1935
KuA	Goethe: Über Kunst und Alterum
LA	Goethe, Die Schriften zur Naturwissenschaft (Leopoldina-Ausgabe). Weimar 1947 ff.
Maier	Goethe. West-östlicher Divan. Kritische Ausgabe der Gedichte mit textgeschichtlichem Kommentar von Hans Albert Maier. Tübingen 1965
Mandelkow	Goethes Briefe. Herausgegeben von Karl Robert Mandelkow unter Mitarbeit von Bodo Morawe. Hamburg 1962 – 67
Mommsen	Momme und Katharina Mommsen, Die Entstehung von Goethes Werken in Dokumenten. Berlin 1958 ff.
Morphologie	Goethe: Zur Naturwissenschaft überhaupt, besonders zur Morphologie, Teil Morphologie
Naturwissenschaft	Goethe: Zur Naturwissenschaft überhaupt, besonders zur Morphologie, Teil Naturwissenschaft
Naturwissenschaftliche Korrespondenz	Goethes naturwissenschaftliche Correspondenz. Herausgegeben von F. Ch. Bratranek. Leipzig 1874
NFJbGG	Goethe. Neue Folge des Jahrbuchs der Goethe-Gesellschaft. Weimar 1947 ff.

Raabe	Weimarer Ausgabe, Nachtragsbände zur IV. Abteilung: Briefe. Herausgegeben von Paul Raabe. München 1990
Reinhard-Briefwechsel	Goethe und Reinhard. Briefwechsel in den Jahren 1807-1832. Herausgegeben von O. Heuschele. Wiesbaden 1957
Rochlitz	Goethes Briefwechsel mit Friedrich Rochlitz. Herausgegeben von Woldemar von Biedermann. Leipzig 1887
Ruppert	Goethes Bibliothek. Katalog. Bearbeiter der Ausgabe Hans Ruppert. Weimar 1958
Sauer	Ausgewählte Werke des Grafen Kaspar von Sternberg. Erster Band. Briefwechsel zwischen J. W. v. Goethe und Kaspar Graf v. Sternberg. Herausgegeben von August Sauer. Prag 1902
Schiff	Briefwechsel zwischen Goethe und Johann Wolfgang Döbereiner. Herausgegeben von Julius Schiff. Weimar 1914
SchrGG	Schriften der Goethe-Gesellschaft. Weimar 1885 ff.
Schriften zur Literatur	Goethe. Schriften zur Literatur. Bearbeitet von Edith Nahler. Berlin 1970 ff.
Schuchardt	Christian Schuchardt, Goethes Kunstsammlungen. Jena 1848/49
Schulte-Strathaus	Die Bildnisse Goethes. Herausgegeben von Ernst Schulte-Strathaus. München 1910
Tgb	Goethe: Tagebuch (zitiert nach WA)
Tgb Helbigs	Tagebucheintragungen Geheimrat Helbigs «Des Durchlauchtigsten Großherzogs Carl August letzte Lebenstage 1828», zitiert nach Hans Wahl, Briefwechsel des Herzogs-Großherzogs Carl August mit Goethe, 3. Band, 1918, S. 443 ff.
Vogel	Carl Vogel, Goethe in amtlichen Verhältnissen. Jena 1834
VSchrGG	Goethe. Vierteljahresschrift (dann Viermonatsschrift) der Goethe-Gesellschaft. Weimar 1936 ff.
WA	Goethes Werke. Herausgegeben im Aufrage der Großherzogin Sophie von Sachsen (Weimarer oder Sophien-Ausgabe). Weimar 1887–1919
Wahl	Briefwechsel des Herzogs-Großherzogs Carl August mit Goethe. Berlin 1915–18
Weitz	Marianne und Johann Jakob Willemer. Briefwechsel mit Goethe. Herausgegeben von Hans-Joachim Weitz. Frankfurt am Main 1965

Wenzel	Goethe und Soemmerring. Briefwechsel 1784–1828. Herausgegeben von Manfred Wenzel. Stuttgart, New York 1988
Zarncke	Friedrich Zarncke, Kurzgefaßtes Verzeichnis der Originalaufnahmen Goethes. Leipzig 1888
Zastrau	Goethe-Handbuch. Herausgegeben von Alfred Zastrau. Stuttgart 1961
Zeitler	Goethe-Handbuch. Herausgegeben von Julius Zeitler. Stuttgart 1916–18
Zelter-Briefwechsel	Der Briefwechsel zwischen Goethe und Zelter. Herausgegeben von Max Hecker. Leipzig 1913–15

Hinweise zur Benutzung

Abkürzungen	Abkürzungen in den Quellentexten werden in der Regel stillschweigend aufgelöst. In eckigen Klammern werden sie aufgelöst, wenn die Tatsache der Abkürzung Informationswert besitzt (Geheimstil, hastiges Schreiben) oder wenn die Auflösung nicht völlig sicher ist. Zum Beispiel: W. (im Quellentext) wird von uns als W[ieland] ausgeschrieben.
Datumsangaben	Bei den Datumsangaben wird aus Platzgründen das Jahrhundert weggelassen. 49–99 sind mithin als 1749–1799 zu lesen; 00–32 als 1800–1832. Fehlt die Jahresangabe ganz, so ist immer das laufende Jahr gemeint. Wird bei Brief- und Tagebuchstellen das Datum völlig weggelassen, so gilt die halbfett gedruckte Datierung.
Hervorhebungen	Hervorhebungen im Quellentext (kursive, halbfette, gesperrte Schrift) werden immer durch Kursivschrift wiedergegeben.
KAPITÄLCHEN	Die Kapitälchen signalisieren ausschließlich Werke Goethes.
Kursivschrift	Um die personale Dimension von Goethes Leben sichtbar zu machen, werden alle Personennamen durch Kursivschrift hervorgehoben.
Normalisierungen	Die Schreibweise aller Personen- und Ortsnamen wird in der Regel stillschweigend normalisiert. Die veraltete Originalschreibweise bleibt unangetastet, wenn sie besonders stark abweicht (heutige Schreibweise dann in eckigen Klammern). Zum Beispiel: Costniz [Konstanz].

Bedeutung der verwendeten Zeichen

–	Bei Datumsangaben zu lesen als: von... bis...
/	Bei Datumsangaben zu lesen als: zwischen.
( )	Runde Klammern nach einem Zitat enthalten den Quellennachweis.
[ ]	Eckige Klammern schließen alle erklärenden und ergänzenden Zusätze innerhalb der Quellentexte ein.
[...]	Eckige Klammern mit drei Punkten bezeichnen eine Auslassung im zititerten Text.
/	Der Schrägstrich signalisiert das Ende einer Verszeile.
//	Der doppelte Schrägstrich zeigt das Ende einer Strophe an.
–	Der Gedankenstrich innerhalb eines Zitats signalisiert einen neuen Abschnitt im Quellentext.
→	Der Verweispfeil macht auf ein Datum aufmerksam, unter dem weiterführende Informationen zu finden sind.

1828 – 1832

1828

Vermutlich Anfang Januar. ENTSTEHUNG DES HAUPTTEILS UND DER ÜBERSETZUNG DES AUFSATZES BEZÜGE NACH AUßEN [→ 14. 9. 27].

Dienstag, 1. Januar. «Keine persönlichen Visiten, welches öffentlich von den *Ministern* verbeten worden. [...]. WILHELM MEISTER ÜBER HAMLET [Auszug aus WILHELM MEISTERS LEHRJAHREN], übersetzt im Globe Tom. VI. No. 15. *Dr. Weller*, mit demselben gefrühstückt. FAUSTS DRITTE SZENE [WEITLÄUFIGER SAAL. MUMMENSCHANZ] ABGESCHLOSSEN [→ 24. 12. 27]. ÜBERGANG ZU DER VIERTEN [LUSTGARTEN]. Mittags *für uns.* NachTische Gespräch mit *meinem Sohn.* Verschiedenes, besonders über eine vorhabende Reise *junger Freunde.* Manches vorbereitet. Abends *Herr Hofrat Meyer.* Einiges zu KUNST UND ALTERTUM. Nachher [Zeitschrift] Cäcilia. *Wölfchen.* Später etwas am HAUPTGESCHÄFT.» (Tgb)

Donnerstag, 27. Dezember 1827 / Dienstag, 1. Januar. Brief an *Carlyle:* Goethe kündigt die Sendung der ZWEITEN LIEFERUNG SEINER WERKE sowie ALLER [BISHER ERSCHIENENEN] HEFTE VON KUNST UND ALTERTUM an. – Er berichtet, *Des Vœuxs* TASSO-Übersetzung soweit als möglich durchgesehen und gewisse Änderungen an Stellen bewirkt zu haben, die dem Verständnis des WERKES in einer fremden Sprache hinderlich gewesen wären [→ 3. 3. 27 ff.]. Nun möchte Goethe von *Carlyle* wissen, «inwiefern dieser TASSO als *Englisch* gelten kann. [...] denn eben diese Bezüge vom Originale zur Übersetzung sind es ja, welche die Verhältnisse von *Nation* zu *Nation* am allerdeutlichsten aussprechen und die man zu Förderung der vor- und obwaltenden allgemeinen Weltliteratur vorzüglich zu kennen und zu beurtheilen hat.» – Ferner hat Goethe sechs Medaillen [von *Brandt* und *Bovy*] beigelegt, wovon er zwei an *Walter Scott* zu geben bittet. – In der «gleich vom Anfang solid und würdig erscheinenden» [Londoner] Zeitschrift «Foreign Quarterly Review» findet Goethe mehrere [anonyme] Aufsätze über deutsche Literatur. Er bittet, ihm die Namen der *Verfasser* mitzuteilen. – «Auch die übrigen Recensionen [...] finde ich auf einem soliden Vaterlandsgrunde mit Einsicht, Umsicht und Mäßigung geschrieben. Und wenn ich z. B. *Dupins* weltbürgerliche Arbeiten sehr hoch schätze, so waren mir doch die Bemerkungen des *Referenten* [über dessen Werk «Forces productives et commerciales de la France»; → 19. 11. 27] S. 496, Vol. I, sehr willkommen. Das Gleiche gilt von manchem, was bey Gelegenheit der Religionshändel in Schlesien geäußert wird. In dem NÄCHSTEN STÜCKE VON KUNST UND ALTERTUM denke ich mich über diese Berührungen aus der Ferne freundlich zu erklären und eine solche wechselseitige Behandlung *meinen ausländischen und inländischen Freunden* bestens zu empfehlen, indem ich das Testament *Johannis* als das meinige schließlich ausspreche und als den Inhalt aller Weisheit einschärfe: *Kindlein, liebt euch!* wobey ich wohl hoffen darf, daß dieses Wort *meinen Zeitgenossen* nicht so seltsam vorkommen werde als den *Schülern des Evangelisten,* die ganz andere höhere Offenbarungen erwarteten.»

Mittwoch, 2. Januar. Brief an *Generalsuperintendent Röhr:* «Des *Herrn Geh. Rat Schweitzers* Krankheit beunruhigt mich nur zu sehr [...]. – Können Sie vermitteln, daß *Hofrat Vogel* mit zugezogen werde, so geschieht gewiß viel zu Beruhigung des *Patienten* [...].» – Brief an *Schmeller:* Goethe erteilt den Auftrag, *Geh. Referendar v. Waldung* zu porträtieren. – «[...] Meldete sich *Auguste Bozzi Granville. M. D. De la société Royale de Londres et de l'académie Impériale des sciences de Petersbourg. Médecin de S. A. R. le Duc de Clarence, Grand Amiral d'Angleterre* [geb. 1783 (vgl. GJb 29, 36); – u. a. kritische Äußerungen Goethes zur die FAUST-Übersetzung von *Francis Leveson-Gower* (vgl. GG 6107) → 11. 5. 25]. Das Portefeuille für Eisenach aufgesucht. *Herr* und *Frau v. Hopfgarten* von Eisenach zum Besuche. Des *Herrn Granville* Versuche über die ägyptischen Mumien [«An essay on Egyptian mummies», 1825]. Mittag *Dr. Eckermann. Mein Sohn* sprach viel von seinem Reiseplane. *Herr Kanzler [v. Müller],* das Album von *Gräfin Line [v. Egloffstein]* bringend. Manches andere verhandelnd. Später *Prof. Riemer.* Mit ihm das CARNEVAL durchgegangen [→ 1. 1.]. Er theilte sodann verschiedene Einzelnheiten mit, theils eigene theils aufgefaßte. Späterhin *Dr. Eckermann.* Aufmunterung zu einiger eingreifender Theilnahme. Er hatte bisher seinen Zuständen allzusehr nachgebend eine gewisse geistige Thätigkeit, wenn schon in seinem Geschäfte [dem Deutschunterricht *junger Engländer]* treu beschäftigt, versäumt.» (Tgb)

Donnerstag, 3. Januar. Vorgerückt an den DREI LETZTEN SZENEN DES ERSTEN AKTES. [VON FAUST II: FINSTERE GALERIE; HELL ERLEUCHTETE SÄLE; RITTERSAAL; → 2.1].» (Tgb) – Brief an *Marianne v. Willemer:* «Das Abscheiden *unseres guten [Johann Jakob] Riese* mußte mir zu weiten Rückblicken Veranlassung geben; er war bis jetzt als *mein ältester Freund* stehen geblieben [Goethe erfährt erst durch *Mariannes* Brief vom 9. 12. 27, daß *Riese* am 21. 9. 27 verstorben ist (vgl. Weitz, 191)] [...]. Schön war es und völlig in seiner treuen Art, daß er sein Vermächtniß durch Ihre Hand gehen läßt [*Marianne* sendet ein Kästchen aus *Rieses* Nachlaß, das BRIEFE Goethes aus Leipzig und Straßburg an *seinen Freund Johann Adam Horn* enthält, die *Riese* erworben hatte. (vgl. Weitz, 443)] [...]. – Eigentlich waren es uralte, redlich aufgehobene BRIEFE, deren Anblick nicht erfreulich seyn konnte; hier lagen mir EIGENHÄNDIGE BLÄTTER vor Augen, welche nur allzudeutlich ausdrückten, in welchen sittlich kümmerlichen Beschränktheiten man die schönsten Jugendjahre verlebt hatte. Die BRIEFE VON LEIPZIG waren durchaus ohne Trost; ich habe sie alle dem Feuer überliefert; ZWEY VON STRAßBURG heb ich auf, in denen man endlich ein freyeres Umherblicken und Aufathmen des jungen Menschen gewahr wird. Freylich ist, bey heiterem innern Trieb und einem löblich geselligen Freysinn, noch keine Spur von *woher?* und *wohin?* von *woaus? woein?* deshalb auch einem solchen Wesen gar wundersame Prüfungen bevorstanden.» – «[...] Die *jungen Herrschaften [Karl Friedrich* und *Maria Paulowna].* Mittag *Hofrat Vogel.* Interessantes Gespräch. Wurde des *Breslauer Lichtenstädt* Werkchen über Platons Naturlehren [→ 1. 11. 27] und sonstiges besprochen. Abends

mehrfache Sendungen von *Herrn [Bergschreibers] Schmid* aus Altenberg [im
Erzgebirge], bedeutende Zinnstufen und dazu gehörige Gebirgsarten. *Prof.
[H.] Leo,* Vorlesungen über die Geschichte des jüdischen Staates.» (Tgb)
   Freitag, 4. Januar. «Vorgenanntes Buch gelesen mit besonderm Vergnü-
gen.» (Tgb) – Brief an *Garteninspektor Sckell:* Goethe bittet um ein «gesundes
Blatt von Phönix dactylifera», auch um mißgestaltete Verbreiterungen, sollten
solche wieder auftreten. – Brief an *Oberbergrat Cramer:* Goethe dankt für des-
sen Sendung [ein Exemplar Goethit und *Cramers* «Geognostische Fragmente
von Dillenburg und der umliegenden Gegend», 1827 enthaltend]. – Den
Absatz von *Cramers* bedeutender mineralogischer Sammlung weiß Goethe im
Augenblick nicht zu vermitteln, bittet jedoch um eine nähere Anzeige des
Inhalts, um öffentlichen Instituten davon Kenntnis zu geben. –» [...] *Salinendirektor Glenck* zum Neuenjahr Sole von Stotternheim bringend, und auf
Befragen über alle die neuen Bohrunternehmungen in Thüringen Auskunft
gebend; nicht weniger eine geognostische Tabelle in Bezug auf die verschie-
denen Salzformationen aufzeichnend. Verschiedene ihm vorgewiesene Mineralien geognostisch ordnend und erklärend. Einige Fragen vorlegend, deren
Beantwortung überdenkend. Mittags für uns. *Leo,* Geschichte des jüdischen
Staats fortgesetzt. Abends *Prof. Riemer.* Einige Abtheilungen gedachten
Buches mit demselben durchgelesen. Anderes Naheliegende besprochen. Späterhin fortgefahren an diesem Lesen.» (Tgb)
   Samstag, 5. Januar. Brief an *Carl August:* Goethe legt «in treuster Verehrung die reinsten Wünsche» für das neue Jahr vor. – Er übermittelt die Bitte
des *Bergschreibers Schmid,* dem *Adressaten* sein «Archiv für Bergwerksge-
schichte...» widmen zu dürfen. – «Einiges an Faust [→ 3. 1.]. Oberaufsichtsgeschäfte mit *meinem Sohne* abgethan. Um 10 Uhr *Kanzlist Ehnlich,* dem
ich die Abschrift übertrug der gestern Abend angekommenen Tabelle des
Herrn Glenck. Um 12 Uhr *Herr v. Vitzthum* im Auftrag *Ihro Kaiserlichen Hoheit
[Maria Paulowna].* [...] Mittag die *Herren v. Gerstenbergk, Coudray, [Leibmedi-
kus] Vogel, Weichardt, Wahl.* Blieben bis gegen Abend. Sodann *Herr Hofrat
Meyer.* Lasen einiges in *Leo,* Geschichte des jüdischen Staates. Von *Serenissimo*
gesendet, *[J. B.] v. Lindenfels,* [Freisinnige] Bemerkungen über von Dörring.»
(Tgb)
   Sonntag, 6. Januar. «[...] Concepte, Munda verschiedener Artikel. Der
Beutler Härtel einiges anzumessen. *Goldschmied Koch,* Beredung wegen eines
Armbands. *Tischlermeister Hager* einige Bestellungen. *Dr. Eckermann* brachte
einiges Manuscript. Mittag *Herr Landesdirektionsrat Töpfer.* Noten [Aufsatz
Zum nähern Verständnis des Gedichts «Dem Könige die Muse»; für
KuA VI, 2; → 6. 12. 27] zu dem *v. Müllerischen* Gedicht besprochen. Auch
Wittichs [Pseudonym für *Karl Nehrlich*] Versuche über die Xenien [«Schlüssel
zu Goethes ‹Weissagungen des Bakis›»] besprochen. Abends die Geschichte
des jüdischen Volks geendigt. Abends *Dr. Eckermann.* Las die neusten Szenen am Faust. Brachte einzelne Bemerkungen aus gepflogenen Unterhaltungen [→ 30. 5. 26].» (Tgb)
   Montag, 7. Januar. «Munda fortgesetzt. Einiges auf morgen Abend vorbereitet. In manchen Einzelnheiten vorgeschritten. *Goldschmied Koch,* Beredung
wegen eines Armbandes. Mittag mit *Ottilien* und den *Kindern* auf dem Zim-

mer gegessen. Erscheinung der *Generalin Rapp,* andere sociale Verhältnisse. Mannigfache Sendung. Bergmännische Karte von Braunsdorf. Diplom
der *deutschen Gesellschaft zu Leipzig* als Ehrenmitglied. Abends *Hofrat Meyer,
Coudray.* Einige Hefte Baurisse [«Façaden zu Stadt- und Landhäusern...»,
1826 ff.] von *[C. A.] Menzel* in Berlin, lobenswürdig. Weiteres Gespräch über
das Weimarische Pentazonium und den fortgehenden Abdruck [Kupferstich
von *Schwerdgeburth*] desselben [→ 23. 7. 25.].» (Tgb)

Dienstag, 8. Januar. «Contrakt mit *[Hofbildhauer] Kaufmann* wegen der
Großherzoglichen Büste, Verfügungen deshalb [→ 5. 12. 27]. Sonstiges Oberaufsichtliche. Gestern Abend von dem *jüngern Herrn Frommann* überbrachte
Revisionen [Bogen 16 von KuA VI, 2] beachtet: Zu Kunst und Altertum das Weitere vorgeführt. Um halb 11 Uhr *Frau Großherzogin [Luise].* Die
englischen Maler [«Anecdotes of painting in England...», 1826–28 (vgl.
Keudell 1888)] von *Horace Walpole,* auch das Amulet [«The Amulet, or Christian and litterary Remembrancer», englisches Taschenbuch] vorgezeigt. Einiges scherzhaft über die neusten socialen Verhältnisse. [...] Mittag *Herr Hofrat
Meyer.* Wurden die großen Bauzeichnungen angesehen. Anderes besprochen.
Abends *Prof. Riemer.* Das *v. Müllerische* Gedicht und die Anmerkungen zu
demselben durchgearbeitet [→ 6. 1.].» (Tgb)

Mittwoch, 9. Januar. «Durch *Schuchardt* gedachte Anmerkungen mundirt. *Herr Kanzler v. Müller* Beredung deshalb. *John* reichte die *Meyerschen*
Rezensionen [für KuA VI, 2, darunter vielleicht «K. F. Zelters Porträt. Nach
K. Begas...» und «Sechs Ansichten von Frankfurt am Main...»; → 5. 12. 27]
in Mundo ein. Wurden geordnet. [...] *Goldschmied Koch* wegen eines Armbandes. Mittag *Dr. Eckermann.* Schreiben von Gotha an das Ministerium, akademische Bibliotheksangelegenheit. Nachher bey *meinem Sohn,* so sich nicht
ganz wohl befand. Kam *Herr v. Waldungen.* Abends *Hofrat Meyer* bey mir. Er
bezeugte seine Zufriedenheit mit der Arbeit *Schwerdgeburths* am Pentazonium
[→ 7. 1.]. Wir gingen durch die Façaden von Stadt- und Landhäusern von
Menzel in Berlin [→ 7. 1.]. *Walpole,* Englische Maler [→ 8. 1.]. Die Kupferstiche und Kupferstecher besprochen. Namen- und Verdienst-Verzeichniß
beschlossen. Manches andere auf Kunst und Altertum bezüglich beredet.
– [An] *Herrn Frommann [d. J.],* Revision des Bogens 16 und Manuscript [für
KuA] [...].» (Tgb)

Donnerstag, 10. Januar. «Am Hauptzweck fortgearbeitet [→ 6. 1.].»
(Tgb) – Brief an *Schmeller:* Goethe beauftragt ihn, *Geh. Regierungsrat v. Gerstenbergk* und *[Mathematik-]Prof. Weichardt* zu porträtieren. – Brief an *Berg-
schreiber Schmid:* Goethe teilt mit, daß dem *Großherzog* die Widmung des
Buches über die Geschichte des Bergbaus durch den *Adressaten* angenehm
wäre [→ 5. 1.]. – «[...] die *Glenckische* Tabelle [weitergeführt; → 5. 1.]. Die
jungen Herrschaften [Karl Friedrich und *Maria Paulowna]* um 12 Uhr. Mittags
allein, mit *Ottilien* und *Walther.* Für mich das Nächstbevorstehende überdacht.
Abends *Herr Oberbaudirektor Coudray,* zufrieden mit den letzten Abdrücken
des Pentazoniums [→ 9. 1.]. Weitere Verabredung deshalb. Ferneres architek-
tonisches Gespräch. Geschäftsangelegenheiten nicht erfreulich. Späterhin die
Briefe über Portugal. Sehr liberal, ja revolutionär, leichtsinnig.» (Tgb)

Freitag, 11. Januar. «[...] concipirt und mundirt [...]. *Landesdirektionsrat*

Töpfer, einen Aufsatz über *Wittichs* Xenien bringend und anderes besprechend und versprechend [→ 6. 1.]. Bey *meinem Sohn* wegen einiger Geschäftspuncte. Einladungen auf morgen. Zweyte Sendung MEINER WERKE vertheilend. Mittag *Landesdirektionsrat Töpfer*. Mit demselben nach Tische interessantes Gespräch ins Allgemeine führend. Abends *Prof. Riemer*. *Hofrat Meyers* Rezensionen über bildende Kunstwerke durchgegangen [→ 9. 1.]. Sodann einige interessante Collectanea vorgenommen. [...].» (Tgb)

Samstag, 12. Januar. «Einiges am HAUPTGESCHÄFT.» (Tgb) – Brief an *Frommann d. J.:* «[...] übernehmen gefällig die Besorgung beygehender Einschaltung [in *Müllers* Gedicht «Dem König die Muse»] wie angedeutet und senden mir sodann noch eine Revision.» – Brief an *Leonhard:* Goethe dankt für dessen letzte Mineraliensendung [vom 23. 11. 27]. Obgleich er selbst sich der «liebwerthe[n] Natur» augenblicklich kaum zuwenden kann, würde er auch weiterhin gern eine «mäßige Summe» auf übermittelte instruktive Mineralien und Fossilien wenden. Es freut Goethe besonders, an *seinem Sohn* die Fortsetzung seiner Studien zu erleben, da «in Weimar das Studium der Mineralogie nach und nach völlig verlischt und in Jena nur durch die leidenschaftliche Thätigkeit *unsres guten Lenz* noch aufrecht erhalten wird». – Brief an *Alfred Nicolovius:* Goethe dankt ihm für die Besorgung seiner vielfältigen Aufträge und spricht auch diesmal verschiedene Wünsche aus. – Zuförderst möge der *Adressat seinen Vater* bitten, im Frühjahr oder Sommer einen Besuch in Weimar abzustatten. «Dieser längst gehegte Wunsch ist mir durch den Besuch des *Herrn [...] Streckfuß* erst wieder recht lebendig geworden, da ich durch persönliche Bekanntschaft zu diesem *vorzüglichen Manne* [...] ein wahres Verhältniß gewonnen [→ 27. 9. 27] [...]. Da fand ich es doppelt [...] wünschenswerth, in gleichem Sinne meinen Bezug zu *einem nächsten Verwandten* vollendet zu sehen [...]. In einem früheren bewegten Leben entbehrt man manches und läßt es gut seyn; späterhin, wenn man tiefer fühlt und gründlicher einsieht [...], wünscht man, daß das Ermangelnde wo möglich nachgebracht werde [→ 26. 12. 27].» – Über *[Medailleur] Reinhardt* wünscht Goethe einige [biographische] Notizen für einen Aufsatz in KuA. Er bittet, *Herrn Gerber* in Berlin aufzusuchen und ihm die *Bovy*-Medaille als Dank für das übersendete Profilbild aus Elfenbein zu überreichen [→ 6. 8. 27]. «[...] Kam eine Sendung von Paris von dem *Künstler Herrn [L.] Zanth*, ältere und neuere Bau- und Decorations-Monumente [«Architecture moderne de la Sicile...» und «Architecture antique de la Sicile...» von *Zanth* und *J. Hittorf*]. Auch ein Musterstück Liais [harter, feinkörniger Werkstein, der zu Treppen und Gesimsen verarbeitet wird] mit Erklärungen. Mittag die *Herrn v. Müller*, *[Obermedizinalrat] v. Froriep, Coudray, Riemer* und *[Leibmedikus] Vogel*. Das Bild der Frau Großherzogin [von *Julie v. Egloffstein*; → 18. 12. 27] ward vorgezeigt. Auch anderes. Das Pentazonium, die zweyte Erklärung [für die Veröffentlichung als Kupferstich; → 10. 1.] kam zur Sprache. Abends *Hofrat Meyer*. Mit demselben Vorliegendes und Laufendes, für mich später AGENDA [...].» (Tgb)

Sonntag, 13. Januar. Brief an *Geh. Oberbergrat Grafen Beust:* Goethe dankt für die geologische Karte Mexikos [→ 19. 12. 27]. «Es ist eine Freude zu sehen, wie die nun überfunfzigjährige Wirkung der sächsischen Bergschule [in Freiberg] sich immer ferner und ferner bethätigt und unsre Kenntnisse nach und nach über den ganzen Erdball verbreitet.» – «[...] Auch SCHEMATISIRT DIE GEDICHTE ZUM 30. JANUAR [MASKENZUG DIE ERSTEN ERZEUGNISSE DER STOTTERNHEIMER SALINE – Nachdem *Glenck* in Buffleben bei Gotha ein Salzwerk angelegt hatte, entdeckte er ein Salzlager bei Stotternheim, 12 km nördlich von Erfurt. Nach mehrjährigen Bohrarbeiten wird 1828 das erste Salz gefördert. Die Steinsalzproben sollen *Großherzogin Luise* zu ihrem Geburtstag am 30. 1. unter Aufführung eines MASKENZUGES überreicht werden; → 4. 1.], ZUM 7. APRIL UND FÜR BERLIN [auf Wunsch des *Grafen Brühl* gestattet Goethe die Aufführung seines DRAMATISCHEN GEDICHTS ERKLÄRUNG EINES ALTEN HOLZSCHNITTES VORSTELLEND HANS SACHSENS POETISCHE SENDUNG als Prolog zur Aufführung des Schauspiels «Hans Sachs» (1827) von *Johann Ludwig Deinhardstein* und verfaßt dazu eine EINLEITUNG; → 13./17. 1.]. Am HAUPTGESCHÄFT einiges gefördert. *Hofrat Vogel* über Medizinalwesen. *Oberbaudirektor Coudray*, Legefelder Chaussée. Abschluß wegen des Pentazoniums durch *Riemer* [→ 12. 1.]. Mittag mit den *Kindern* allein. Setzte Arbeiten und Betrachtungen fort. Abends *[Landesdirektionsrat] Töpfer*. Artige Mährchen erzählend, welche *Wölfchen* großen Spaß machten. – *Merkwürdige Witterung*. Die letzte Nacht hatte es sehr stark geregnet. Früh dichter Nebel, der sich aufwärts zog. Abends 6 Uhr erst im Nordwesten Wetterleuchten, von ferne vernehmbarer Donner, nachher auch in Nordost starkes und nahes Gewitter. Heftiger Schlag bald nach dem Blitz. Regen. Barometerstand 27' 2 ½", Thermometer 5 [Grad Wärme; die «Berlinischen Nachrichten» Nr.29 vom 4. 2. berichten von einem Erdbeben in Venedig am 13. 1. (DVSchrLG 48, 382)].» (Tgb)

Montag, 14. Januar. Brief an *Schriftstellerin Auguste v. Pattberg* [geborene *v. Kettner*; geb. 1771]: Mit Hinweis auf seine hohen Jahre schickt Goethe das Übersendete [zwei Hefte Gedichte mit Bitte um ein Gutachten (an Goethe, Dezember 27)] «uneröffnet» zurück. – «Diesmalige Sendung von FAUST [FÜR DIE ALH] abgeschlossen [in BAND 12 erscheint im Anschluß an den ERSTEN TEIL der ANFANG DES ERSTEN AKTS VON FAUST II]. Dem *Buchbinder* verschiedenes übergeben. *Gräfin Julie Egloffstein* wegen eines Herzoglichen Bildes anfragend. *Demoiselle Seidler* wegen einer Museumsangelegenheit. *Schmeller* wegen der nächstzufertigenden Porträte. Mittag *Herr Hofrat Meyer*. Die leichten Pariser architektonischen Kupfer durchgegangen. Mittag Geschichte englischer Unterhaltungen. Unvermuthete Ankunft eines *frühern englischen Gastes*. Nach Tische *Fräulein Ulrike [v. Pogwisch]*. Später für mich. Die neusten Edinburgh Reviews über *Mr. [William] Burke [irischer Handarbeiter* in Edinburgh]. Dessen Gesinnungen und Lebensweise. Besonders Handelsweise in öffentlichen Angelegenheiten.» (Tgb)

Dienstag, 15. Januar. «Fiel ein starker Schnee mit Ostwind. Barometerstand 27' 1". DEM ABSCHLUSS DER ARBEIT AN FAUST NÄHER GERÜCKT DURCH EINIGE EINSCHALTUNG. [...] Mittag *Oberbaudirektor Coudray*. Wir besahen und beurtheilten zusammen die *Hittorffische* Sendung [→ 12. 1.]. Nach Tische *Herr Kanzler v. Müller*. Abends *Prof. Riemer*. Concepte durchgegangen. Sodann den ABSCHLUSS DES CARNEVALS IN FAUSTS 2. TEIL.» (Tgb)

Donnerstag, 27. Dezember 1827 / Dienstag, 15. Januar. Brief an *Carlyle:* Goethe bittet den *Adressaten*, *Walter Scott* für seinen «lieben heitern Brief [zu

danken], gerade in dem schönen Sinne geschrieben, daß der Mensch dem
Menschen werth seyn müsse [→ 13. 11. 27]. So auch habe ich dessen Leben
Napoleons erhalten [→ 19. 11. 27] [...]. Mir war höchst bedeutend zu sehen,
wie sich der *erste Erzähler des Jahrhunderts* einem so ungemeinen Geschäft
unterzieht und uns die überwichtigen Begebenheiten, deren Zeuge zu seyn
wir gezwungen wurden, in ruhigem Zuge vorüberführt. Die Abtheilung
durch Capitel in große zusammengehörige Massen gibt den verschlungenen
Ereignissen die reinste Faßlichkeit, und so wird denn auch der Vortrag des
Einzelnen auf das unschätzbarste deutlich und anschaulich. Ich las es im Original, und da wirkte es ganz eigentlich seiner Natur nach. Es ist ein *patriotischer
Brite* der spricht, der die Handlungen des *Feindes* nicht wohl mit günstigen
Augen ansehen kann, der als ein *rechtlicher Staatsbürger* zugleich mit den
Unternehmungen der Politik auch die Forderungen der Sittlichkeit befriedigt
wünscht, der den *Gegner* im frechen Laufe des Glücks mit unseligen Folgen
bedroht und auch im bittersten Verfall ihn kaum bedauren kann. – [...] Sie
sehen [...], daß zu Ende des Jahrs keine höhere Gabe hätte zu mir gelangen
können. Es ist dieses Werk mir zu einem goldnen Netz geworden, womit ich
die Schattenbilder meines vergangenen Lebens aus den letheischen Fluthen
mit reichem Zuge heraufzufischen mich beschäftige. – Ungefähr dasselbige
denke ich in dem NÄCHSTEN STÜCKE VON KUNST UND ALTERTUM zu sagen
[dies unterbleibt] [...].»

Mittwoch, 16. Januar. «Munda durch *Schuchardt* [...] [und] *John.* [...]
[Verschiedene oberaufsichtliche] Verordnungen [...]. *Herrn Geh. Hofrat Helbig* einige Aufträge von *Serenissimo. Frau v. Gerstenbergk* und *Schwester.* Mittag
Dr. Eckermann. Ottilie war bey der Schlittenfahrt nach Berka. *Fräulein Ulrike
[v. Pogwisch]* speiste wieder mit, und hatte die Schlitten vorbey fahren sehen.
Eckermann las nachher die DREI [ERSTEN?] SZENEN DES 2. TEILS VON FAUST.
Ich blieb für mich. *Herr Hofrat Soret.* Wir beschäftigten uns mit den amerikanischen Karten und Stufen [→ 13. 1.]. Nachher Betrachtung über die neuere
englische und französische besonders kritische Literatur.» (Tgb)

Donnerstag, 17. Januar. Brief an *Geh. Oberfinanzrat Karl Semler,* «Kurator» der *königlichen Bühnen in Berlin:* Goethe gesteht, daß er eine Antwort auf
des *Adressaten* Schreiben vom 10. Januar [die Bitte um eine öffentliche Äußerung über die Notwendigkeit einer Trennung von Schauspiel und Oper,
über die Notwendigkeit, der Theaterintendanz eine Jury zur Beurteilung
neuer Stücke zuzuordnen sowie über die Art und Weise der Autorenhono-
rierung] «bedeutend schwierig» findet. – Zwar hat Goethe über zwanzig
Jahre einem Theater vorgestanden und seine Bemühungen «mit Beyfall
belohnt gesehen», doch überzeugt ihn gerade diese Erfahrung davon, daß
beim Theater alles «vom Tage» abhängt und sich im allgemeinen kaum etwas
sagen läßt. Goethe würde es «gegenwärtig nicht wagen [...], an der Führung
des weimarischen Theaters, das mir doch immer zur Seite geblieben ist, wieder Theil zu nehmen, weil in dem Verlauf so weniger Jahre Ansicht [seit
→ 15. 4. 17] und Ausübung, dramatische Werke und theatralische Erfordernisse auf einen solchen Grad sich verändert haben, daß ich [...] wieder von
vorn anfangen» müßte. – «In der besten und thätigsten Zeit unserer Bühne
geschah alles im Einklang mit *Schiller,* ferner dem *tätigen und einsichtigen*

Regisseur Genast und dem strengen *Kassenführer Kirms,* von welchen Verhandlungen gar manches Heitere in meinem zum Druck bereit liegenden
BRIEFWECHSEL MIT SCHILLER zu lesen seyn wird.» – Hinsichtlich der Hono-
rierung schlägt Goethe vor, dem *Autor* die «Einnahme der dritten Vorstellung» zuzugestehen und ihm von den ferneren Vorstellungen «ein gewisses
Procent» zu gewähren. «Die *Franzosen* sind uns hierin gesetzlich vorgegangen, man mache sich mit ihren Einrichtungen bekannt und befolge was räthlich und den besonderen Umständen gemäß ist.» – Brief an *Soret:* Goethe
übersendet die mexikanischen Bergwerkskarten und fügt «die Exemplare der
Felsarten [mexikanische Porphyre, von der *Direktion des deutsch-amerikanischen Bergwerk-Vereins in Elberfeld* zur Ansicht übersandt] hinzu, damit Sie
solche bey Tage noch näher beschauen und bestimmen können und unsre
Kenntniß jener interessanten Gegenden durch Ihre gefällige Aufmerksamkeit
recht festen Grund fasse». – «[...] Die *Frau Großfürstin [Maria Paulowna]* mit
Demoiselle Mazelet. Wurden besonders die Geschäfte des *Frauenvereins,* der
Sparkasse und sonstiger von *Ihro Hoheit* abhängenden Anstalten durchgesprochen; auch einiges auf Anregung der letzten Stücke des Globe. Die Prospectus der sizilianischen alten und neuen Bauwerke durchgesehen [→ 12.
1.]. Abends *Coudray. [J. N. L.] Durands* großes Werk [«Recueil et parallèle des
édifices de tout genre, anciens et modernes...», 1800/01] betrachtet und darüber conferirt.» (Tgb)

Sonntag, 13./Donnerstag, 17. Januar. Brief an *Grafen Brühl:* Goethe
stimmt der Aufführung seines HANS SACHS [in Berlin] zu [→ 13. 1.]. «Allein
da das GEDICHT die Beschreibung eines Gemähldes enthält [Fiktion Goethes],
so wäre wohl an einige Einleitung zu denken, damit man nicht unverständlich
durch unerwartetes Eintreten werden möge. [...] Ich erbiete mich daher, EINE
KURZE EINLEITUNG IN GLEICHEM SINN UND STYL [PROLOG ZU DEM DRAMA-
TISCHEN GEDICHT «HANS SACHS» VON DEINHARDSTEIN] niederzuschreiben,
worin Vorhaben und Absicht erklärt würden und zugleich der übrige Vortrag
anschaulicher.» – Goethe bittet um den Namen des *Schauspielers,* der den PRO-
LOG sprechen wird. Da ihm das *Berliner Personal* «wenigstens im Allgemeinen
bekannt» ist, könnte er sich darauf einstellen.

Dienstag, 15./Donnerstag, 17. Januar. AUFSÄTZE ARCHITECTURE MO-
DERNE DE LA SICILE und ARCHITECTURE ANTIQUE DE LA SICILIE für KuA
VI, 2 [→ 12. 1.].

Freitag, 18. Januar. Brief an *Grafen Sternberg:* Goethe vermeldet, «daß wir
heute, den 18. Januar, bey 28 ½ Barometerstand, also beynah dem höchsten
unseres Ortes, 20° Kälte haben, welches sehr empfindlich abstcht gegen bisherige laue Witterung». Er bittet um Mitteilung der Barometer- und Ther-
mometerstände von Prag oder Brzezina des letzten Jahres sowie vom Januar,
wogegen er die hiesigen übermitteln wird. – Ferner beschreibt er eine Pflanze,
wohl eine Lilienart, die man bisher noch nicht genauer bestimmen konnte
[Authericum comosum]. Goethe hatte sie 1827 unbekannt aus Belvedere erhal-
ten]. – «Der *Botaniker,* der diese Pflanze selbst beobachtet hat, wird über meine
Beschreibung lächeln; ich habe mir die botanische Terminologie, so sehr ich
sie bewundere, niemals zueignen können.» – «[...] Kam eine Sendung MEINER
WERKE von Augsburg an [AUSHÄNGEBOGEN EINZELNER BÄNDE DER SEDEZ-

UND DER OKTAV-AUSGABE sowie die Bitte *Reichels* um Einsendung der ABZU-
DRUCKENDEN SZENEN VON FAUST II (vgl. Hagen, 1221)]. Album der *Gräfin
Line Egloffstein* ausgefertigt [GEDICHTE FREUNDIN, DIR ZUM NEUEN JAHR;
RÖMISCH MAG MAN'S IMMER NENNEN; DER'S GEBAUT VOR FÜNFZIG JAHREN].
[...] Mittag *Herr Hofrat Meyer*, wurden die Aufsätze über bildende Kunst
nochmals durchgegangen und besprochen [→ 11. 1.]. Manches Einzelne.
Abends *Prof. Riemer*. Die FAUSTISCHEN SZENEN nochmals durchgegangen [→
14. 1.]. Ingleichen anderes zunächst zu Beachtende. Las des *Jenaischen Biblio-
thekars* Tagebuch durch.» (Tgb)

Samstag, 19. Januar. Brief an *Fritz v. Stein:* «Sie haben [...] meinen
Wunsch, die FRÜHEREN SKIZZEN zu erhalten, vollkommen richtig ausgelegt
[→ 12. 3. 27]. Es ist und war allerdings nur die Rede von solchen BLÄTTERN,
die als Supplemente von Tages- und Reiseheften konnten von einiger Bedeutung seyn [*Fritz von Stein* schreibt am 2. 1.: «Dass aber Sie sollten ZEICHNUN-
GEN von sich zurück begehrt haben die als Geschenke von Ihnen ⅓ Jahrhundert in der *Mutter* Zimmer hiengen ... ist nicht denkbar und ich nehme nicht
Anstand dieselben zu behalten die mir zufielen.»]. Ich danke daher verpflichtet
für die gefällige Übersendung [→ 6. 5. 27] und freue mich, daß Sie [sie] den
übrigen Bildern, auf welchen so lange der Blick *Ihrer verehrten Mutter* geruht,
in Ihrer Umgebung gleich werth schätzen [...]. – Ich bitte noch um einige
Stundung, um meine Dankbarkeit auf irgend eine Weise ausdrücken zu können.» – Brief an *Frommann d. J.:* Goethe sendet den 17. BOGEN [KuA VI, 2]
revidiert zurück, ebenso das Gedicht an den König [→ 12. 1.]. «Wegen dieses
letztern bitte aber um eine kleine Note, was wir [für den Sonderdruck] schuldig geworden [...].» – «Kam von *Herrn [Bibliothekar] Prof. Göttling* die
NOVELLE mit einem anmuthig theilnehmenden Schreiben zurück. Ingleichen
die Revision des 6. BANDES [→ 29. 12. 27]. Von *Herrn Soret* die mexikanischen
Porphyre, mit genauer Beschreibung [→ 17. 1.]. Auf dessen Empfehlung ein
Erlaubnißschein für *Herrn Ponçon [Hofmeister des Grafen Maximilian Rapp]* zu
Großherzoglicher Bibliothek. [...] der *Erbgroßherzog [Karl Friedrich]*. Mittag
die *Herren Vogel, Riemer, Helbig* und *Schütz*. Späterhin einiges mit *Prof. Riemer*
besprochen, besonders wie es mit dem Erklärungsblatt des Pentazoniums
gehalten worden [→ 13. 1.]. Nachher das dem *Grafen Brühl* und *Salinendirektor
Glenck* ZUGESAGTE überlegt [→ 13./17. 1.; → 13. 1.]. Mit *Wölfchen* den Calen-
der und die Himmelszeichen durchgegangen und den Orion und Sirius
gewiesen. [...].» (Tgb)

Sonntag, 20. Januar. Brief an *Salinendirektor Glenck:* Goethe berichtet, die
«so schnell als ausführlich von Meisterhand aufgesetzte Tabelle» sei von einem
gewandten Manne «auf's klarste» niedergeschrieben worden [→ 5. 1.]. – Er wird
nun daran gehen, die vom *Adressaten* bezeichneten Formationen in Musterstücken zu sammeln, «doch würden Sie mich besonders verbinden, wenn Sie
mir von den merkwürdigern oder seltnern, es sey von Nord- oder Süd-
deutschland, wollten zukommen lassen, besonders was sich auf die Keuperfor-
mation bezieht, welche in früherer Zeit nicht genug beachtet worden».
«GEDICHT ZUM 30. EJUSDEM [→ 19. 1.]. [...] *Rat Vogel* sprach bey seinem ärzt-
lichen Besuche von seinen bey der Landesdirection nunmehr begonnenen
Geschäften und von der Lage des Medizinalwesens überhaupt. Mittag *Landes-*

direktionsrat Töpfer. Wurde verschiedenes Weimar-Eisenachische verhandelt; auch von dem neu eröffneten Felsenkeller. Er ist in das Todtliegende getrieben. *Herr Dr. [Friedrich Adolf] Trendelenburg [Philologe und Philosoph], Hofmeister bei Herrn v. Nagler,* in dessen Auftrag er einiges überbrachte. *Herr Hofrat Meyer.* Verhandlung über die Münchner und Berliner Kunstleistung.» (Tgb)
Montag, 21. Januar. Brief an *Soret:* Goethe dankt für die «schöne Katalogirung der mexikanischen Gebirgsarten [→ 19. 1.]. «Ich glaube, wir thun wohl, wenn wir die Profile *auf der Meeresfläche* durchschneiden und horizontal hinter einander kleben lassen, um eine freyere Übersicht zu gewinnen. Sodann würde ich auch die Landcharte, welche aus zwey Blättern besteht, zusammenfügen lassen, um alles einem bequemern Studium vorzubereiten.» – DAS GEDICHT ZUM 30. GEFÖRDERT [→ 20. 1.]. *Helbigs* Registratur wegen *Schrön.* Schreiben von *Herrn v. Trützschler* von Altenburg. Ingleichen von *Willemer.* Fuhr mit *Hofrat Meyer* spazieren. Nachher betrachtete derselbe die letzten *Boisseréeschen* Hefte [Sammlung alt-, nieder- und oberdeutscher Gemälde] und notirte das Nöthige. Er speiste mit uns. Abends Red Rover 1. Theil [Roman von *J. F. Cooper,* 1827]. *Herr Kanzler v. Müller, Dr. Eckermann.* Pensionsverhältnisse, Studienverhältnisse der *Engländer. Herr Soret* gab die mexicanischen Karten wieder ab. [...].» (Tgb)
Dienstag, 22. Januar. «DAS GEDICHT ZUM 30. ABGESCHLOSSEN [→ 21. 1.]. (Tgb) – Brief an *Frommann d. J.:* Goethe bestellt 100 Exemplare des abgesetzten Gedichts [«Dem König die Muse», Sonderdruck; → 19. 1.] auf herkömmlichen Papier und 25 auf Velin. – Brief an *Faktor Reichel:* «Mit dem nächsten Postwagen gehen die ERSTEN SZENEN DES ZWEITEN TEILS VON FAUST an Dieselben ab [→ 18. 1.], und ich bin überzeugt, daß Sie bey'm Abdruck DIESES GEDICHTES den *maître en page* eben so wie bey HELENA gefällig dirigiren werden.» Goethe gibt verschiedene Gestaltungshinweise. – Sollte die Rechtschreibung von der eingeführten abweichen, so bittet Goethe um Änderung. – «Die angekündigte NOVELLE folgt nächstens; mir ist sehr daran gelegen, daß bey obwaltenden Umständen sie die dießmalige Sendung schließe [→ 19. 1.].» – «[...] Die *Frau Großherzogin [Luise]* [...]. Die letzten *Boisserées* [→ 21. 1.] vorgewiesen, auch einiges von dem *Hittorfischen* Sizilien [→ 17. 1.]. *Frau Gräfin Rapp* und *Frau v. Spiegel,* erste Autographa Gallica verehrend [«den deutlich und klar unterschriebenen Namen *Napoleons* so wie die Handschriften *seiner Marschälle*» (an *Reinhard,* 27. 1.)]. *Frau v. Gerstenbergk* und *ihr Schwager* [...] *[v. Häseler].* Mittag *für uns.* Abends Mundum des GEDICHTS. *Herr Prof. Riemer.* Berliner Inschrift des Museums. Geschichte der Übersetzungen. Andere Curiosa. Ferner Red Rover [gelesen; → 21. 1.].» Tgb)
Mittwoch, 23. Januar. «Völlige Reinschrift des GEDICHTS ZUM 30. JANUAR. Fernere Durchsicht des ZWEITEN TEILS VON FAUST. Mittag *Dr. Eckermann.* Abends *Hofrat Meyer.* Das Nothwendigste durchgesprochen.» (Tgb)
Donnerstag, 24. Januar. Brief an *Riemer:* Goethe bittet, «beykommendes WUNDERLICHE OPUS [das GEDICHT DIE ERSTEN ERZEUGNISSE DER STOTTERNHEIMER SALINE; → 23. 1.] mit Geneigtheit anzusehen, damit wir es etwa morgen Abend näher beleuchten. Einige abstruse Stellen werden sich ja wohl noch in's Klare hervorziehen lassen.» – Brief an *Zelter:* Goethe bittet den *Adressaten,* trotz seiner vielfältigen Arbeiten und Verpflichtungen doch

wieder einmal frei umher zu schauen und einiges zu vermelden, «damit der
JAHRGANG 1828 [DES BRIEFWECHSELS] nicht allzu mager ausfalle. Sende mir
MEINE BRIEFE VON 1827, auf daß ich die CODICES fortsetzen könne [...]. –
DREI BIS VIER SZENEN DES ZWEITEN TEILS VON FAUST sind nach Augsburg
abgegangen [→ 25. 1.] [...]. Ich fahre fort an dieser Arbeit, denn ich möchte
gar zu gern die ZWEI ERSTEN AKTE fertig bringen, damit HELENA als DRIT-
TER AKT sich ganz ungezwungen anschlösse und, genugsam vorbereitet,
nicht mehr phantasmagorisch und eingeschoben, sondern in ästhetisch-ver-
nunftgemäßer Folge sich erweisen könnte. Was gelingen kann, müssen wir
abwarten. [...]. – In meiner Umgebung [...] hat sich nichts verändert; *Ottilie* beschäftigt sich, das *Töchterchen [Alma]* heranzufüttern, das vor der Hand
ganz niedlich und freundlich aussieht. *Unsere junge Frauenwelt ist durch frisch
angekommene englische Rekruten* nicht wenig in Bewegung gesetzt [...].» –
«[...] Die *jungen Herrschaften [Karl Friedrich* und *Maria Paulowna]* kamen,
später *Serenissimus.* Mittag *Oberbaudirektor Coudray,* blieb bis gegen Abend
und beschaute mit Beyfall den neuen Straßburger Münster. Abends für mich.
Red Rover 2. Theil [→ 22. 1.]. Später einige Stunden mit *Wölfchen* beschäftigt.» (Tgb)

Vor Freitag, 25. Januar. GEDICHT EIN GLEICHNIS [«Anmuthige Übersetzung MEINER KLEINEN GEDICHTE (vermutlich «Poésies de Goethe» von *E. Panc-
koucke,* 1825) gab zu nachstehendem GLEICHNIß Anlaß ...» (an *Zelter,* 21. 5.)].

Freitag, 25. Januar. «Schreiben von *Graf Brühl.* Den PROLOG wieder auf-
genommen [→ 19. 1.]. [...] [An *Faktor] Reichel,* Rolle mit dem 2. TEIL VON
FAUST ANFANG [SZENEN 1–3 DES I. AKTES UND ANFANG DER SZENE LUST-
GARTEN, BIS VERS 5986], Augsburg. [...] Man suchte sich von vielem Zudrin-
genden Luft zu machen. Mundum des nächsten Berichts [an *Carl August:*
Goethe dankt für die großherzogliche Entscheidung, bestimmte Zimmer im
Jenaer Schloß den der Oberaufsicht unterstehenden Institutionen zu übergeben und äußert sich über deren künftige Nutzung. (Wahl 3, 438 f.)]. Mit *Ottilien* spazieren gefahren. War von den neusten gesellschaftlichen Verhältnissen
die Rede. Mittag *für uns.* Die Lage der neusten öffentlichen Ereignisse besprochen. Ich las im Red Rover weiter fort [→ 24. 1.]. Abends *Prof. Riemer.* Wir
gingen das GEDICHT FÜR DEN 30. durch [→ 24. 1.]. Derselbe legte verschiedene ältere Gedichte theils des Inhalts, auch der Behandlung und der Sprache
wegen vor. *[K.] Seidels* Charinomos [Beiträge zur allgemeinen Theorie und
Geschichte der schönen Künste, 1825–28] war angekommen. Ich hatte mit
Vergnügen einige zufällig aufgeschlagene Stellen gelesen.» (Tgb)

Samstag, 26. Januar. «Kam der 18. BOGEN KUNST UND ALTERTUM von
Jena. [...] [An] *Prof. Riemer* [zur Durchsicht gesandt]. (Tgb) – Brief an *Grafen
Brühl:* Goethe sendet seinen PROLOG [→ 25. 1.]. Der Anfang ist «etwas moderner [...], damit der *Zuhörer* nicht gleich von etwas Fremden getroffen werde;
sodann geht der Ton in's Ältere hinüber [...]. – Ich mußte mich sehr zusammen nehmen, um nicht weitläufig zu werden; denn hier fand sich Stoff zu
einem selbstständigen Prolog: denn ich durfte nur den Namen Nürnberg aussprechen und von den dortzeitigen Kunst- und Handwerkstugenden etwas
erwähnen, so lag der Preis von Berlin an der Hand, wo man jetzt im Hun-
dertfachen dasjenige leistet, was damals an jenem Orte billig sehr hoch

bewundert ward und uns immer noch mit Ehrfurcht erfüllt.» – «[...] Bericht an *Serenissimum* wegen der Jenaischen von der *Polizei* verlassenen Zimmer [→ 25. 1.]. – Der *Buchbinder Bauer* wegen einem Futteral auf den 30. Schickliches Papier von demselben angeschafft. Das GEDICHT FÜR GLENCK DURCHGESEHEN [→ 25. 1.]. Zur Abschrift gegeben. Oberaufsichtliche Geschäfte abgeschlossen. *Ottilie* sprach von dem gestrigen Ball bey *Häseler*. Ich wendete einige Aufmerksamkeit auf die KORREKTUR DER NOVELLE [→ 22. 1.]. Das zunächst Obliegende war ziemlich beseitigt. Mittag die *Herrn v. Schwendler, v. Conta, Konsistorialrat Schwabe, Riemer* und *[Leibmedikus] Vogel.* Abends für mich, endigte den Red-Rover [→ 25. 1.].» (Tgb)

Sonntag, 27. Januar. Brief an *Grafen Reinhard:* Goethe dankt für «das an den *unglücklichen König* erinnernde Blättchen» [der *Adressat* sendet mit seinem Brief vom 9. 1. ein Billett *Gustav Adolfs IV. von Schweden,* der 1809 von *meuternden Offizieren* abgesetzt worden war und sich seit 1816 *Oberst Gustafsson* nannte. (Reinhard-Briefwechsel, S. 531 f.)]. – «Ich mag mich [in FAUST II] gern wieder der alten leichten losen Sylbenmaaße bedienen, an denen der heitere Reim gefällig widerklingt, und unter solcher Form, in solchem Klang nach echter Poetenart dasjenige heiter vor den Geist zurückführen, was uns im Leben erfreuen und betrüben, verdrießen und aufmuntern konnte. Wunderbarerweise fügt sich's auch, daß die Außenwelt sich in gleichen Bewegungen hervorthut, DASS HINTEN WEIT IN DER TÜRKEY / DIE VÖLKER AUF EINANDER SCHLAGEN [FAUST I, Vers 862 f.; im Gefolge des griechischen Freiheitskrieges war nach der Seeschlacht bei Navarino der russisch-türkische Krieg ausgebrochen], die Siege von Lepanto, Tschesme [in den Jahren 1571 und 1770] u. s. w. sich erneuern und wir uns also mit der Weltgeschichte wie mit dem Erdball auf unserer eignen Achse herumzudrehen scheinen. Eben so erneuert sich in England und Frankreich die alte Verlegenheit, daß schon wieder niemand regieren kann oder mag, da sich denn ein Mal über's andere für einen *Usurpator* gar vortheilhafter Raum fände. – Zu diesen mir sonst nicht gewöhnlichen Betrachtungen werde ich geführt durch mein letztes sorgfältiges Lesen des *Walter Scottschen* Napoleons [→ 19. 11. 27 ff.]. [...] es doch eigentlich immer ein *Engländer* ist der spricht, auf dessen einseitigen Vortrag man gefaßt seyn muß. Denn daß er die große Symphonie des wundersamsten aller Heldenleben durchaus mit Sordinen abspielt, thut nicht wohl, wenn man nicht belehrt seyn will, wie diese großen Angelegenheiten über den Canal herüber angeschaut worden oder wie man dort will daß sie angeschaut werden sollen [→ 27. 12. 27 / 15. 1.] [...]. – Wozu ich aber Glück wünsche ist, daß die neuen Veränderungen in Paris Ihren Lebens- und Geschäftsgang, wie Sie mir andeuten, nicht stören werden [am 4. 1. war das *liberale Kabinett unter dem Grafen Martignac* von *Karl X.* zur Regierung berufen worden. *Reinhard* bleibt weiterhin *französischer Bevollmächtigter beim Deutschen Bundestag*].» – «[...] An der NOVELLE corrigirt [→ 26. 1.]. Des Globe bedeutende Nummer 26. Um 12 Uhr *Frau v. Wolzogen.* Mittag *für uns. Ulrike [v. Pogwisch]* war sehr krank gewesen. Ich besorgte das Nothwendigste. Las den 3. Theil von Red Rover [→ 26. 1.]. Abends *Dr. Eckermann.* Theilte demselbigen einiges zu KUNST UND ALTERTUM mit.» (Tgb)

Montag, 28. Januar. «[...] [An] *Frommann [d. J.]* nach Jena, Band [BOGEN]

18 [→ 26. 1.]. – Dictionary of Mechanical Science [von *A. Jamieson*, 1827], durch *Kräuter*, welcher auch einiges vom *Herrn Erbgroßherzog [Karl Friedrich]* vermeldete. Mit *Ottilien* spazieren gefahren. Mittag *für uns*. Sodann Unterhaltung mit *meinem Sohn* über *[J. M. de] Norvins* Geschichte Napoleons [1827, übersetzt von *F. Schott*, 1828 – 30]. Ingleichen über *Coopers* Roman Red Rover. Andere bedeutende Bemerkungen über äußere und innere Zustände. Die handschriftlichen Urkunden, von *Frau Generalin Rapp* verehrt, zusammen durchgesehen [→ 22. 1.]. *Jamiesons* Dictionary für mich betrachtet. Red Rover, deutsche Übersetzung 1. Thl., es fehlt viel, daß sie gut sey. Man sieht ihr wie andern solchen Arbeiten die Eile an. Wenn sich der *Übersetzer* nicht in *seinen Autor* vertieft und verliebt, so kommt oft gerade bey den Hauptstellen etwas Spielendes und Unsicheres zum Vorschein, wodurch der intentionirte Eindruck, die absichtlichste Darstellung gestört wird.» (Tgb)

Dienstag, 29. Januar. «[...] [An] *v. Conta*, Neuigkeitspapiere zurück. – An der NOVELLE corrigirt und ajustirt [→ 27. 1.] [...]. *Salinendirektor Glenck*, die ersten Salzproben bringend; von seinen ferneren Unternehmungen Nachricht gebend; das GEDICHT auf morgen empfangen [→ 26. 1.]. Mit *Herrn Hofrat Meyer* spazieren gefahren. Die nächsten gemeinsamen Absichten besprochen. Mittag *für uns*. Mit *meinem Sohn* nachher über *Norvins* Napoleon [→ 28. 1.]. *Coopers* Red-Rover [→ 28. 1.]. Abends *Prof. Riemer*, verschiedenes Literarische und Grammatische verhandelt.» (Tgb)

Mittwoch, 30. Januar. «*Herr Kanzler v. Müller* communicirte ein willkommenes Schreiben vom *Grafen Reinhard*. Ich beschäftigte mich mit der Abtheilung: bildende Kunst [für KuA VI, 2]. *Gerhards* Gedichte [«Wila»] 3. und 4. Band waren gestern angekommen. Brief von *Carlyle* Edinburgh den 17. Januar. *Herr v. ...* [vermutlich *Peter v. Piquot*] Diplomat, von Wien über Dresden kommend, von neuerer deutscher Literatur sehr wohl unterrichtet. Abschrift von dem GEDICHT vom heutigen Tage [→ 29. 1.]. Mittag *Dr. Eckermann*. *Mein Sohn* speiste bey Hof [anläßlich des Geburtstages der *Großherzogin Luise*]. Jenem communicirte nach Tisch das GEDICHT für den Tag, auch DAS WEITERE ZU FAUST. Abends für mich. Las in den Briefen der *Olimpia Fulvia Morata* [1558] und es ging mir über den eigentlichen damaligen protestantischen Zustand ein ganz neues Licht auf. Meine Bemerkungen denke niederzuschreiben.» (Tgb)

Mittwoch, 9. / Mittwoch, 30. Januar. ERGÄNZUNGEN zu *Meyers* Aufsätzen «K. F. Zelters Porträt...» und «Sechs Ansichten...» für KuA VI, 2 [→ 9. 1.].

Donnerstag, 31. Januar. «*Mein Sohn* erzählte umständlich seinen Antheil an dem gestrigen Feste. War frühmorgens *Frau Erbgroßherzogin [Maria Paulowna]* mit *Demoiselle Mazelet* dagewesen. Prächtiges der *Prinzeß Marie* bestimmtes Diadem [...]. Allgemeine und besondere Angelegenheiten. Kam das Gedicht an den König [der Sonderdruck; → 22. 1.], von Jena. Ich sendete das Packet gleich an *Herrn Kanzler [v. Müller]* und suchte nur das Nothwendigste des Tages und der Stunden zu beseitigen. Mittag *für uns*. *Fulvia Morata* weiter gelesen und beachtet. [...] *Herr Oberbaudirektor Coudray*, das Nähere von seinen Bemühungen wegen des Pentazoniums referirend [→ 19. 1.]. Abends *Herr Hofrat Meyer*.» (Tgb)

Vielleicht Januar. AUFSATZ LICHTENSTÄDT, «PLATONS LEHREN AUF DEM

Gebiete der Naturforschung und der Heilkunde»; → 3. 1. [postum veröffentlicht].

Freitag, 1. Februar. Brief an *Bibliothekar Göttling:* Goethe dankt für den «so heiter und schön ausgedruckten Antheil» an seiner zuletzt mitgeteilten Arbeit [Novelle; → 19. 1.], ebenso für die Revision der Bände 6–8 [der AlH; → 29. 12. 27]. – Er übermittelt die besten Wünsche für die bevorstehende [Italien-]Reise des *Adressaten* und kündigt den Besuch *seines Sohnes* in Jena an, um die Fortführung der [Bibliotheks-]Geschäfte während seiner Abwesenheit zu besprechen. – Brief an *Carl August:* Goethe übersendet zwei Bände der serbischen Übersetzungen von *Gerhard* [→ 30. 1.]. – «Er macht sich fürwahr dadurch viel Verdienst um die serbische Literatur, indem man immer mehr den großen Reichthum dieser in einem engen Kreise auf das mannichfaltigste sich bewegenden Poesie kennen lernt, welche ihre alten Gesinnungen, Sangweisen und Vorträge immerfort beybehält und solche bis auf die neuste Zeit kräftig durchzuführen weiß.» – «Überlegung wie der Wunsch *Carlyles* [nach einem Zeugnis über dessen Tauglichkeit für eine Lehrstelle für Moralphilosophie, um die er sich an der Universität von St. Andrews beworben hatte (an Goethe, 17. 1.; WA IV, 44, 340)] zu erfüllen sey. Schematisirt, was für Kunst und Altertum zu thun. Mit *Ottilien* spazieren gefahren. Mittag die *Herren Meyer* und *Soret*. Sodann *Herr Kanzler v. Müller*. Verhandlung wegen der Vorlesungen des *Herrn v. Holtei* [in kleinen Stadthaussaal in Weimar]. Nachts das *[K.] Immermannische* Trauerspiel Hofer [gelesen]. [...].» (Tgb)

Samstag, 2. Februar. «An *Schuchardt* Briefe und Berichtsconcepte diktirt. Kunst und Altertum vorwärts. Mit *Ottilien* spazieren gefahren. Mittag die *Gebrüder Thon, Geh. Referendar [Karl Thon, Jurist;* 1796] und *Kammerrat [Ottokar Thon, Jurist;* geb. 1792], *[Landesdirektionsrat] Töpfer, Vogel* und *Riemer.* Abends *Hofrat Meyer,* Verabredung wegen Beurtheilung der englischen Kupferstecher. Leben der englischen Maler von *Walpole* [→ 9. 1.]. [...].» (Tgb)

Sonntag, 3. Februar. Brief an *Helbig:* Goethe übermittelt *Schröns* jüngste Arbeiten, die «abermals von der fleißigen Genauigkeit dieses *Angestellten*» zeugen. Er bittet, diese *Carl August* baldigst vorzulegen. – Brief an *Frommann d. J.:* Goethe dankt für das «so schön und stattlich abgedruckte Gedicht [«Dem König die Muse»; → 31. 1.], das nunmehr seinen Weg nach München [zu *Ludwig von Bayern*] antreten wird. – Er legt ein weiteres Gedicht [Die ersten Erzeugnisse der Stotternheimer Saline; → 30. 1.] bei, das er jedoch vorerst nicht aus den Händen zu geben bittet. – «Diktirt an *Schuchardt,* die Jenaische Bibliothekssache betreffend. Stoffische Gemmensammlung, in Bezug auf Kunst und Altertum [VI, 2, Aufsatz Verzeichnis der geschnittenen Steine in dem Königlichen Museum der Altertümer zu Berlin; → vielleicht Juli 1827; → 11. 7. 27]. *Buchbinder Bauer* befestigte die Salzstufen in Kuben unter Glas [→ 4. 1.]. *Maler [und Kunsthändler] Börner* von Leipzig meldete sich. *Mein Sohn* wegen der Meiningisch-Zillbachischen Differenzien. Mittag mit *meinem Sohn* und den *Kindern.* Mit ersterem nachher über allerley Lebensereignisse dieser Tage. Las ich *Kandlers* musikalisches Neapel im Jahre 1826 in No. 24. der Zeitschrift Cäcilia. Ein umständliches Schreiben von *Sulpiz Boisserée* überdacht und die darin erwähnten Geschäfte überlegt.» (Tgb)

Montag, 4. Februar. «Den Bericht wegen der akademischen Bibliotheksangelegenheit durchgegangen [→ 3. 2.]. Die ANZEIGE DES PENTAZONIUMS
[PENTAZONIUM VIMARIENSE, AUFSATZ von *Meyer*/Goethe für KuA VI, 2; →
31. 1.] an *Schuchardt* diktirt. Freundliches Danksagungsschreiben wegen des
GEDICHTS. *Schröns* Beobachtungen über die täglichen Oscillationen des Baro-
meters. Ersteres vom *jungen Frommann.* ZWEITE REZENSION DES PENTAZO-
NIUMS. Verhandlungen mit *Ottilien* wegen des Thees von heute Abend. Mit-
tag *Landesdirektionsrat Töpfer.* Abends *große Gesellschaft.* Bey mir waren
Coudray und *[Leibmedikus] Vogel. Mein Sohn* war mit *Prof. Riemer* in Jena
gewesen die Bibliotheksangelegenheit zu besorgen.» (Tgb)
Dienstag, 5. Februar. Weitere Arbeit am AUFSATZ PENTAZONIUM VIMA-
RIENSE [→ 4. 2.]. – «Den Bericht in eben gedachter [Bibliotheks-]Angelegen-
heit gefördert. Die *Frau Großherzogin [Luise],* dann *Orl [?]* mit einem *Leipziger
Maler* [und *Kunsthändler Karl Gustav*] *Börner* [geb. 1790]. Mittag *Frau Ober-
kammerherrin [v. Egloffstein]* und *Fräulein Teuber [Maria v. Teubern?].* Abends
Prof. Riemer, aus der *Holteischen* Vorlesung kommend, ingleichen *mein Sohn.*
Beyde sehr zufrieden [→ 1. 2. – «Goethe interessiert sich ungemein für diese
Vorlesungen, obschon er nur durch unsere Berichte davon Kenntnis erhält.»
(Kanzler v. Müller an *Graf Reinhard,* 14. 2.; GG 6113)].» (Tgb)
Mittwoch, 6. Februar. «[...] [An] *Minister v. Fritsch,* [Bibliotheks-]Bericht
[...]. – Dr. *Schrön* einiges Electrische vorlegend und vortragend. *Herr General
v. Haake* von Gotha. Sodann *Maler Börner* von Leipzig, Abschied nehmend.
Mittag *Dr. Eckermann.* Mit angekommenen Briefen und den neusten Zei-
tungsblättern beschäftigt.» (Tgb)
Donnerstag, 7. Februar. «Abschrift verschiedener Concepte durch *John.*
Die *jungen Herrschaften [Karl Friedrich* und *Maria Paulowna].* Sodann *Hofrat
Meyer.* Wir lasen aus verschiedene Zeichnungen von *Maler Börner* mitbrachte.
Wir speisten zusammen. Kam ein Billet von der *Frau Erbgroßherzogin [Maria
Paulowna],* einige bunte Blätter anzukaufen. Blieb für mich. Dr. *Meyers* von
Bonn Supplemente zur Lehre vom Kreislaufe. Im Globe rückwärts gelesen.
Kupfer nach *Leonardo da Vinci* von der *Brönnerischen* Buchhandlung aus Frank-
furt a. M. geschickt.» (Tgb)
Freitag, 8. Februar. «Geordnet und einiges weiter gefördert. Um 12 Uhr
Herr Hofrat Meyer. Mit demselben Kupferstiche ausgesucht. Den von *Brönner*
gesendeten sogenannten *Leonardo da Vinci* betrachtet. Einiges bezüglich auf
KUNST UND ALTERTUM. Mittag *für uns.* [...] War Abends Vorlesung von
FAUST [durch *Holtei,* dieser hat «ganz vortrefflich... gelesen» *(Kanzler v. Mül-
ler* an *Knebel,* 13. 2.; GG 6112)]. Nachher Ball bey *Frau Gräfin v. Henckel.* Ich
setzte die nächsten Studien fort.» (Tgb)
Samstag, 9. Februar. «[...] *Mein Sohn* sprach mit vielem Lob von der gestrigen Vorlesung. Mittag die *Herrn v. Müller, Peucer, Holtei,* [Bibliothekar] *Göttling, Riemer,* [Leibmedikus] *Vogel, Eckermann, Coudray.* Abends für mich *Heinrich Vossens* Shakespeare[-Übersetzung], Die Irrungen, sodann Antonius und
Cleopatra.» (Tgb)
Sonntag, 10. Februar. «In vorgedachtem Stück fortgefahren. [...] Englische Rezension der *[E.T.A.] Hoffmannischen* Werke. Mittag mit *Ottilien* und
den *Kindern.* Las gegen Abend den Othello [von *Shakespeare*] zu Ende. *Herr*

Landesdirektionsrat Töpfer. Angenehme Unterhaltung über die *Holteischen* Vor-
lesungen und *einige Persönlichkeiten.* Nachher EINIGE CAPITEL DER FARBEN-
LEHRE, die mir zufällig in die Hände kamen. *Wölfchen* betrug sich gar artig.»
(Tgb)

Montag, 11. Februar. «Brief von *Zeltern* und VORJÄHRIGE CORRESPON-
DENZ [→ 24. 1.]. Über die preußische Städte-Ordnung von *Friedrich v.
Raumer.* Vorzüglicher Aufsatz, der das früher durch vieljährige Erfahrung
Geprüfte, durch Mißbräuche Entstellte, in seinem tiefsten Grunde Heilsame
wieder zu Ehren zu bringen trachtet. Im Globe, geistreiche Behandlung der
Gemälde-Ausstellung. Mittag *für uns.* War *Ottilie* mit Charaden beschäftigt,
die sie aufführen wollte. Beschäftigung mit *Richelieu.* Fing sodann an Troilus
und Cressida [von *Shakespeare*] zu lesen. Abends *Hofrat Meyer.* Über verschiedene einzelne Puncte der Kunstgeschichte.» (Tgb)

Dienstag, 12. Februar. Brief an *Bibliothekar Göttling:* Goethe kündigt eine
Paketsendung mit Empfehlungsschreiben an den *Grafen Cicognara* und an
Manzoni sowie vier Bronze-Medaillen von *Bovy* und *Brandt* an. «Nehmen Sie
solche mit über die Alpen, wo Sie wohl *irgend einen Freund* finden, dem Sie
damit Vergnügen machen [...].» – «[...] Durch Feuerlärm unterbrochene
Arbeit mit *Schuchardt. John* [schrieb] an den ZELTERSCHEN BRIEFEN [→ 11. 2.].
[...] Goldgelber Opal aus Mexiko, von *Serenissimo* zum Ansehen. Um 12 Uhr
Prinzeß Auguste und *Umgebung.* Zeigte ihr einige lithographische Arbeiten,
sodann auch *Corneliusens* FAUST vor. Mittag *für uns.* Le petit Producteur
[1827] par *Charles Dupin.* Abends *Prof. Riemer.* Die NOVELLE abschließlich
durchgegangen [→ 1.2.]. ANDERE CONCEPTE zu KUNST UND ALTERTUM.»
(Tgb)

Mittwoch, 13. Februar. «[...] An *Schuchardt* DIKTIRT ÜBER RICHELIEU
[AUFSATZ «RICHELIEU OU LA JOURNÉE DES DUPES», COMÉDIE HISTORIQUE
PAR LEMERCIER FÜR KuA VI, 2]. *[Anatomie-]Prof. Huschke* nach Italien reisend Abschied zu nehmen. *Mein Sohn* erzählte von dem gestrigen Polterabend
bey Hofe. Mittag *Dr. Eckermann.* Lithographische Blätter von *[Heinrich] Müller* in Karlsruhe. Betrachtungen über seinen Brief, mit vorläufiger Überlegung
[→ 14. 2.]. Abends *Hofrat Meyer.* Einiges Öffentliche aus den Zeitungen. Sehr
vernünftige Vorstellung des gegenwärtigen Zustandes der amerikanischen
Staaten besonders im Verhältniß auf die Präsidentenwahl. Erste Parlamentssit-
zung des neuen Ministeriums. Fortgesetztes Lesen der kleinen Hefte von
Dupin [→ 12. 2.].» (Tgb)

Donnerstag, 14. Februar. «[...] *Serenissimo,* die *Müllerischen* Lithographien [«Ein beyliegender Brief gibt nun wohl Veranlassung, sich nach Höchst
Ihro Willen deutlich zu erklären und die Sache (*Müllers* gewünschten Über-
tritt in badische Dienste; → 23. 12. 27) zu beendigen.» (Begleitschreiben)]
[...]. Die *jungen Herrschaften* [*Karl Friedrich* und *Maria Paulowna*]. Zeiteingrei-
fende Gespräche. Mittag *unter uns.* Unterhaltungen und Contestationen
wegen öffentlichen und Privatereignissen. Ich fuhr fort die kleinen Bändchen
Dupins zu lesen und zu überdenken [→ 13.2.]. Abends *Prof. Riemer,* verschiedenes auf KUNST UND ALTERTUM Bezügliches durchgegangen.» (Tgb)

Freitag, 15. Februar. Brief an *Holtei:* Goethe bittet ihn, *Schmeller* Gelegenheit zu einem Porträt zu geben. – Brief an *Fromman d. J.:* Goethe sendet noch

EINIGES MANUSKRIPT [FÜR KUA VI, 2]. – «[...] [An] *Faktor Reichel* [...] die
NOVELLE und EINE SZENE ZU FAUST [VERSE 5987–6036 DER SZENE LUST-
GARTEN; → 25. 1.] [...]. Im HAUPTGESCHÄFT vorgerückt. *Schmeller* das Porträt von *Professor Weichard* bringend. *Hofrat Vogel.* [...] *Herr Kammerherr
v. Vitzthum,* Abschied zu nehmen, nach Berlin gehend. Mittag *für uns.* Gegen
Abend *Kanzler v. Müller.* War von den letzten Criminalgeschichten und *Kna-
ben-Diebsbande* die Rede. Blieb für mich und las in *Dupins* fünf Heftchen. Über
den Thätigkeitszustand von Frankreich [→ 14. 2.]. Kam *Oberbaudirektor Coudray.* Erzählte von *Holteis* Vorlesung des Ernst von Schwaben von *Uhland.*
Mittelgut, deshalb man das *Weimarische Publikum* nicht hätte zusammen berufen sollen. Wir gingen den KLEINEN AUFSATZ ÜBER DAS PENTAZONIUM durch
[→ 5. 2.].» (Tgb)
Samstag, 16. Februar. Brief an *Zelter:* Goethe sendet «ein halb Dutzend
Exemplare des Gedichtes, welches an *Ihro Majestät [Ludwig] von Bayern* erst
schriftlich, nun im Druck von uns ausgegangen ist [→ 3. 2.]. Ein solches [...]
ward für schicklich gehalten, gleichsam anzudeuten, was man *Ihro Majestät* für
so große Auszeichnung [→ 28. 8. 27] schuldig bleibe. Zug vor Zug mit dem
Könige Handelschaft zu treiben, wollte sich nicht schicken; das Capital, das er
uns anvertraut, muß eine Zeitlang wuchern, bis wir ihm die geziemenden
Interessen abtragen, und ob du mich gleich durch die Gezweige des gegenwärtigen poetischen Lauberhüttenfestes gar wohl erkennen wirst, so wollte
doch schicklich erscheinen, gleichsam durch *einen Dritten [Kanzler v. Müller]*
auf die Geschichte der Veranlassung einer so seltenen Erscheinung hinzudeu-
ten und sie in einen gewissen natürlichen Gang der Dinge einzuführen.» –
Brief an *Faktor Reichel:* Goethe kündigt die gestern abgegangene Sendung an.
«Wunsch und Hoffnung ist, daß die NÄCHSTEN LIEFERUNGEN mit DEN SICH
ANSCHLIEßENDEN SZENEN [DES FAUST II] sollen ausgestattet werden. [...]. –
Wegen der NÄCHSTEN [4.] LIEFERUNG schlage einstweilen Nachstehendes
vor: Den bisher als XVI. BAND BEZEICHNETEN, EPISCHE GEDICHTE ENTHAL-
TENDEN ließe man weg und es folgte nun: [...] XVI. BAND, WERTHERS LEI-
DEN [,] SCHWEIZER REISE PP. – XVII. DIE WAHLVERWANDTSCHAFTEN, wel-
che nicht zu trennen sind – XVIII. [bis] XX. WILHELM MEISTERS
LEHRJAHRE, die zwey Bände in drey getheilt [...]. Sind Sie mit dieser Eintheilung zufrieden, so kann das ORIGINAL alsobald abgehen.» – «[...] Die Prager Monatsschrift vorgenommen. *Russischer Kammerherr Tschitscherin. Hofrat
Stark [d. Ä.] von* Jena. *Kapellmeister Hummel,* Abschied zu nehmen, nach Warschau reisend. *Heinrich Müllerische* Lithographie mit *Serenissimi* Resolution [→
14. 2.]. Mittags *Prof. Riemer,* da denn mannigfaltige literarische Verhältnisse
durchgesprochen wurden. Abends *Hofrat Meyer;* über *Schmellers* neustes Porträt, Kunstgeschichte, gesellige Verhältnisse der neusten Zeit.» (Tgb)
Sonntag, 17. Februar. «Monatsschrift der Gesellschaft des vaterländischen
Museums in Böhmen angegriffen und den INHALT SCHEMATISIRT [Vorarbeit
zum AUFSATZ MONATSSCHRIFT DER GESELLSCHAFT DES VATERLÄNDISCHEN
MUSEUMS IN BÖHMEN]. *Bade-Inspektor Schütz.* [Anton] *Genast,* die von *seinem
Sohn* gedichtete und componirte Oper [«Die Sonnenmänner»] und deren
glückliche Vorstellung ankündigend. *Herr v. Stein der Jüngere* von Kochberg,
angestellt in Naumburg. *Herr v. Koller [Legationsrat], Sohn des namhaften in*

Neapel verschiedenen Generals [Franz Freiherr v. Koller]. Mittag *Bade-Inspektor Schütz.* Nach Tische *Herr Kanzler [v. Müller].* Abends für mich. Las weiter in der Prager Zeitschrift.» (Tgb)

Montag, 18. Februar. Brief an *Auktionator Schmidmer:* Für die angebotenen «fünf echten Majolika-Schalen [...] bin ich nicht allein geneigt, die taxirten 55 Gulden [...] zu entrichten, sondern auch dasjenige, was Sie über die Summe darauf zu bieten für billig halten». – «[...] Kam ein Brief von *Herrn v. Cotta* [Dieser beklagt sich bitter über Goethes Mißtrauen, das insbesondere aus dessen Absicht spricht, das MANUSKRIPT DES BRIEFWECHSELS MIT SCHIL-LER erst nach erfolgter Anweisung der 8000 Taler auszuhändigen (→ 10. 11./ 17. 12. 27), und verweist auf eine lange Reihe großzügiger Handlungsweisen seinerseits (an Goethe, 11. 2.)]. Ingleichen eine Kupferstichsendung von *[Kunsthändler] Skerl* in Dresden. [...]. *Fürst Palffy* und *Legationsrat v. Koller.* Mittag für mich. Und las sodann die Memoiren des *Herrn von Brienne* [«Mémoires inédites» von *F. Barnière*] bis zu Ende des ersten Theils. Betrachtungen über den *v. Cottaschen* Brief.» (Tgb)

Dienstag, 19. Februar. Brief an *Varnhagen v. Ense:* Goethe macht ihn auf *Ekendahls* «Geschichte des schwedischen Reichs und Volks» aufmerksam und ersucht ihn um eine «freundliche Recension» [in den «Jahrbüchern für wissenschaftliche Kritik»; → 27. 9. 27]. – Darüber hinaus fragt er an, ob der *Adressat* eine Rezension des ersten Jahrgangs der «Monatsschrift der Gesellschaft des vaterländischen Museums in Böhmen» für die Jahrbücher brauchen kann [→ 17. 2.; → 15. 3. 27]. Goethe vermag in seinem NEUSTEN STÜCK KUNST UND ALTERTUM «nur das Allgemeinste» zu sagen; die Veröffentlichung eines diesbezüglichen Aufsatzes in KuA bleibt Vorsatz. – «[...] Um halb 11 Uhr die *Frau Großherzogin [Luise]*, zeigte ihr die neuangekommenen Kupfer und Zeichnungen vor. Beschäftigungen der *Kinder* mit Maskenspäßen. Speiste mit *Wölfchen* und fuhr fort alles Nächste zu bedenken. Abends besuchten mich die *Maskirten* und stellten sich mit ganz wohl ausgeführten Thorheiten dar. Ich blieb für mich und verlor den Faden meiner Arbeiten keineswegs.» (Tgb)

Aschermittwoch, 20. Februar. Brief an *Grafen Brühl:* Goethe dankt für die Nachricht von der «guten Aufnahme» seiner «ALTERTHÜMLICH-NEUEN BESTREBUNGEN» [*Deinhardsteins* «Hans Sachs» ist mit Goethes PROLOG am 13. 2. in Berlin aufgeführt worden; → 26. 1.] und bittet um einige Exemplare des ABDRUCKS [den *Brühl* hat veranstalten lassen], da DIESE SACHE *seinen Freunden* «ein Geheimniß» geblieben ist. – Brief an *Zelter:* Goethe ist *Walter Scotts* «Napoleon» «Dank schuldig; denn es hat mir über die letzten sechs Wochen des vergangenen Jahres glücklich hinausgeholfen, welches keine Kleinigkeit ist, wenn man die einsamen Abende bedenkt, die unsereiner mit Interesse zubringen will, indessen *alles, was nur Leben hat,* sich hinzieht nach Theater, Hoffesten, Gesellschaften und Tänzen [→ 19. 11. 27 ff.]. Das Werk fand ich sehr bequem als Topik zu gebrauchen, indem ich Capitel nach Capitel beachtete, was ich allenfalls Neues empfing, was mir in die Erinnerung hervorgerufen ward, sodann aber nie vergessenes Selbst-Erlebtes hineinlegte an Ort und Stelle, so daß ich jetzo schon nicht mehr weiß, was ich im Buche fand und was ich hineingetragen habe. Genug mir ist der lange, immer bedeutende und mitunter beschwerliche Zeitraum von 1789 an, wo, nach meiner Rückkunft aus Italien, der revolutionäre Alp mich zu drücken anfing, bis jetzt ganz klar, deutlich und zusammenhängend geworden; ich mag auch die Einzelnheiten dieser Epoche jetzt wieder leiden, weil ich sie in einer gewissen Folge sehe. – Hier hast du also wieder ein Beyspiel meiner egoistischen Leseweise; was ein Buch sey bekümmert mich immer weniger; was es mir bringt, was es in mir aufregt, das ist die Hauptsache. [...]. – Daß *Walter Scott* gesteht: der *Engländer* thue keinen Schritt, wenn er nicht ein english object vor sich sieht, ist ganz allein viele Bände werth. Selbst in den neusten Tagen sehn wir, daß die *Engländer* kein rechtes Object in der Schlacht bey Navarino [Vernichtung der ägyptisch-türkischen Flotte durch die *vereinigten englisch-französisch-russischen Seestreitkräfte* am 20. 10. 27 bei der Hafenstadt Navarino, heute Pylos] finden können; wir wollen erwarten, wo sich's eigentlich hervorthut.» – «[...] Bericht wegen der Geldzuschüsse für die Akademische Bibliothek zu Jena. – Das böhmische Vaterländische Museum Betreffendes durchgedacht [→ 19. 2.]. Die angekauften und zurückzusendenden Kunstblätter arrangirt und besorgt. Bey schönem Wetter im Garten. Zu Tische mit *Eckermann* allein. *Herr Frommann d. J.* Abends 6 Uhr *Herr Hofrat Meyer.*» (Tgb)

Donnerstag, 21. Februar. «VORARBEITEN DER REZENSION DER BÖHMISCHEN ZEITSCHRIFT [→ 20. 2.]. *Serenissimus* bis 1 Uhr. Nachher im Garten mit *Wölfchen. Herr Kanzler v. Müller.* Abends *Herr Oberbaudirektor Coudray,* aus der von *Holteischen* Vorlesung kommend und über den gestiefelten Kater [von *L. Tieck*] sprechend.» (Tgb)

Freitag, 22. Februar. «Merkwürdige Aufsätze im Spectateur Oriental, welche dem *Journalisten* übel bekommen sind.» (Tgb) – Brief an *Carl August:* Goethe übermittelt den von *Nees v. Esenbeck* gesandten neuesten Teil [13. 2.] der «Acta» [der *Kaiserlich Leopoldinisch-Carolinischen Akademie der Naturforscher*] und regt an, dem *Präsidenten* oder der *Gesellschaft* «etwas Angenehmes» zu erzeigen. – «Mit Vergnügen werden Höchst Dieselben sehen, daß auch des jenaischen Alt-Ochsen Abbildung [nach einer Zeichnung von *Schenk*] und Würdigung hier zum Vorschein kommt [im Aufsatz «De uro nostrate eiusque sceleto commentatis» von *L. H. Bojanus,* in Band 13. 2. der «Acta»].» – Außerdem erbittet sich Goethe die Erlaubnis, die *Thorwaldsensche* Statue [ein in *Kaufmanns* Atelier aufgestellter «Ganymed»] zum Betrachten in sein Haus bringen zu lassen. – «[...] Henriette oder die schöne Sängerin [1827 unter dem Pseudonym *Freimund Zuschauer* veröffentlichter Roman über die Verehrungsepedemie für die *Sängerin Henriette Sontag. Autor* ist der *später berühmte Musikkritiker Heinrich Friedrich Ludwig Rellstab;* geb. 1799], von *Nicolovius* gesendet. Den Weißkunig an *Schuchardt* zur Vergleichung zweyer Exemplare gegeben [*Carl August* hatte von *Karl Ludwig Philipp Troß,* Konrektor des Gymnasiums zu Hamm und Ehrenmitglied der lateinischen Gesellschaft zu Jena im Februar für seine Sammlung alte, teils kolorierte Originalabdrücke der Holzstöcke *Burgkmairs* zum «Weißkunig» geschenkt erhalten. *Schuchardt* ermittelt die Unterschiede zwischen den alten Abdrucken und denen der Ausgabe von 1775. (Wahl III, 441)]. Mit *meinem Sohne* gespeist. Die römischen Prospecte [«Journées pittoresques des édifices de Rome ancienne...», 1800–1820] von *[A.] Uggeri* durchgesehen. Den zweyten Theil von *Briennes* Memoiren durchgelesen [→ 18. 2.]. Ausarbeitungen auf morgen überdacht.» (Tgb)

Samstag, 23. Februar. «Concepte diktirt an *John*. *Schuchardt* wies seine Arbeit über den Weißkunig vor. Concepte an *meinen Sohn* diktirt. An *John* ETWAS AUF DIE BÖHMISCHE MONATSSCHRIFT BEZÜGLICHES [→ 21. 2.]. [...] *Tischler Hager* bringt das Gestelle zur Majolika. Mittag *Coudray*, *[Leibmedikus] Vogel*, *[Botaniker] Voigt* von Jena. Abends *Herr Ferdinand Nicolovius*, von Berlin gar vieles sinnig und verständig erzählend.» (Tgb)

Sonntag, 24. Februar. «Früh mit *meinem Sohn* einiges die DRUCKSCHRIFTEN betreffend. Um 12 Uhr *Serenissimus*. Mittags für mich allein. *Prof. Riemer.* Abends *[Ferdinand] Nicolovius*. Mit ersterem besah ich die neusten Zeichnungen.» (Tgb) – «Das Resultat jener Mitteilungen von Goethe war, daß ich *[Eckermann]* wieder einen näheren Teil an SEINEN GROßEN ARBEITEN nehmen solle [→ 2. 1.] [...]. Nebenbei aber möchte ich in der Arbeit für die Bibliothek fortgehen, damit dem *Großherzog* etwas vorgelegt und meine Anstellung nachdrücklicher eingeleitet werden könne. Für meine ganze Existenz wolle er selbst auf das liebreichste sorgen, damit ich nur in der Arbeit leben könne und an nichts weiter zu denken hätte. – Diese Vorschläge teilte mir der *junge Goethe* mit [...].» (an Johanne Bertram, 1. 3.; GG 6118)

Montag, 25. Februar. «Durchsicht einiger Concepte. DIE BÖHMISCHE MONATSSCHRIFT [→ 23. 2.] [...]. *Gräfin Julie Egloffstein* wegen des *Großherzogs* und der *Großherzogin* Porträten [→ 19. 12. 27]. Mit *Walther* spazieren gefahren nach [Schloß] Belvedere. [...]. Mittags mit *Eckermann* allein [«‹Vor allen›, sagte er (Goethe), ‹liegen mir meine WANDERJAHRE am Herzen, woran ... ich voriges Jahr anhaltend arbeitete (vom → 8. 2. 27 bis → 21. 9. 27) und die nun in DREI BÄNDEN IM MANUSKRIPT vorliegen, unvollendet und mit manchen Lücken. Ich habe so lange an diese Gegenstände gedacht und gearbeitet, daß sie für mich das Leben und Interesse verloren haben, und ich mir kaum sagen kann und mag, wo es fehlt und was noch daran zu tun ist. Nun ist es meine Absicht, Ihnen *(Eckermann)* DIESE BÄNDE zu geben. Sie werden sie studieren, die Komposition wird Ihnen klar werden, Sie werden sehen, wo ich hinauswollte, und mir sagen, was und wo ich noch daran zu tun habe. Wir werden die Sache miteinander durchsprechen, die Gegenstände werden wieder in mir lebendig werden, und so werde ich denn leicht und frisch in wenig Monaten alle die Lücken ausfüllen, die Ihnen jetzt an DIESEN BÄNDEN fühlbar sein werden.› – ... Wir ... ließen uns delikate Froschkeulen und sonstige gute Bissen sehr wohl schmecken. Goethe trank ein halbes Fläschchen Champagner, ich meinen beliebten Würzburger.» (an Johanne Bertram, 1. 3.; GG 6118)]. *Thorwaldsens* Ganymed bey *Kaufmann* gesehen [→ 22. 2. – «... ward ich nicht wenig für meine Schritte belohnt, als ich ihn ganz allerliebst und seinen Anblick höchst ergötzlich fand.» (an *Carl August*, 26. 2.)]. Abends einige Concepte an *Friedrich* diktirt.» (Tgb)

Dienstag, 26. Februar. «Ging *Ferdinand Nicolovius* fort.» (Tgb) – Brief an *Kunsthändler Börner:* Goethe sendet das Verzeichnis der von ihm zurückbehaltenen Zeichnungen und Kupferstiche [→ 24. 2.]. Da der Adressat nun [nach der persönlichen Bekanntschaft; → 5. 2.] die «Wünsche und Liebhabereyen» Goethes kennt, bittet er, ihn über allenfalls Vorkommendes in Kenntnis zu setzen. – Brief an *Botaniker Vogt:* Goethe sendet ihm «abgeredtermaßen zehn Stücke der Prager Monatsschrift» [→ 23. 2.]. Es wäre ihm angenehm, «wenn der *Adressat* seinen Wunsch erfüllen [könnte] und über den Bestand des dortigen botanischen Gartens, insofern er aus den Blüthenverzeichnissen erscheint, ein ostensibeles Wort sprechen» wollte [als Zuarbeit zu Goethes REZENSION; → 25. 2.]. – Brief an *Carl August:* Goethe sendet ein Büchlein [*Rellstabs* «Henriette...»; → 22. 2.] zur Unterhaltung; «es ist anzusehen als Romanpasquill, das Gemein-Wahre mit weniger Fiction. Auch ist der *Verfasser* zu drey Monat Hausvogtey-Arrest verdammt worden auf Klage des *diplomatischen Corps.*» – «[...] *Maler Sebbers.* Um 12 Uhr die *Prinzeß Auguste, Prinz Karl [Alexander]* und *Umgebung,* auch *Hofrat Meyer.* Nachher mit demselben spazieren gefahren. Auf dem Rückwege von Belvedere *Herrn v. Holtei* mitgenommen [«Da war er (Goethe) sehr zutraulich und liebevoll, anders als im Speisesaal... – Bei jener Spazierfahrt ging's übers Theater her, hauptsächlich war von *unserm Königstädter Personale* die Rede, und ich erzählte ihm mancherlei Schwänke, die er fröhlich hinnahm.» (Holtei, Vierzig Jahre; GG 6117)]. Mittag allein. Abends *Prof. Riemer.* – [An] *Herrn v. Koller* nach Dresden mit Autographen für *Fürstin Palffy* und ihn.» (Tgb)

Mittwoch, 27. Februar. «[...] *Mein Sohn* referirte, wie anständig es auf dem Ball der *Engländer* hergegangen. Die *beiden Söhne des Lord Wellington* waren gegenwärtig. [...] *Hofrat Vogel,* der gleichfalls vom gestrigen Ball erzählte. Mit *Dr. Eckermann* spazieren gefahren, eine Zeitlang im untern Garten [«... wo ich ihm meine Ansicht über den ERSTEN TEIL DER WANDERJAHRE, die ich in der Zwischenzeit gehörig betrachtet hatte, mitteilte (→ 25. 2.).» (*Eckermann* an J. Bertram, 1. 3.; GG 6118)]. Wir [...] beförderten sie [die WANDERJAHRE] bedeutend. Derselbe speiste mit mir, so wie auch *Wölfchen. Herr Kanzler v. Müller,* nach Jena abzureisen Willens. *Herr Hofrat Meyer,* die Statue des Ganymeds Betreffendes [→ 26. 2.] und anderes. *Oberbaudirektor Coudray* über den *Zelterischen* Beyfall, seinem Pentazonium gegönnt, sehr vergnügt. Wir besahen die Ansichten von Rom alter und neurer Zeit mit Wohlgefallen. Später las ich den Unsinn in *Kefersteins* Deutschland Band V Heft 2 S. 219. Eigentlich ist es *ein jeder theoretischen Ansicht völlig unfähiger Mensch,* der sich selbst mit Worten füttert und andere gleicherweise abzuspeisen gedenkt.» (Tgb)

Donnerstag, 28. Februar. Brief an *Zelter:* «Dein Brieflein [vom 10.–23. 2.] kommt, wie immer, entweder zu guter Stunde oder macht sie. [...]. – *Unser Vorleser [Holtei]* macht seine Sache gut [→ 21. 2.] [...], er bringt eine gewisse allgemeine geistige Anregung in *unseren Kreisen* hervor. [...]. – Einige Privatredouten gaben Gelegenheit, das wirklich hier wundersam *im Stillen waltende poetische Talent* zu offenbaren. Durch *Briefträger, Zigeunerinnen* und *sonstige Welt- und Schicksalsboten* wurden kleine Gedichte zu Hunderten an *bestimmte Personen* vertheilt, worunter sich manche [...] beneidenswerthe Einfälle hervorgethan [→ 19. 2.]. Bey'm Nachforschen fand man *Personen, an die man gar nicht denken konnte.* – [...] der Frühling scheint mich mehr als jemals zu erfreuen, meine Sehnsucht geht wenigstens in den Kreis der Umgegend, wenn mich die steigende Sonne nicht gar wieder nach Böhmen hineinführt. Verschiedene Anlässe haben meine früheren Bezüge dorthin in den letzten Tagen gar freundlich wieder aufgeregt. [...] – Es freut mich gar sehr für *unsern Coudray,* daß sein Pentazonium dort [in Berlin] Gunst findet; der Gedanke ist glücklich, aufs Alterthum gegründet. Man findet wohl angenehm, dasjenige was sie Ungeheures in die Wirklichkeit hineinsetzten, wenigstens im Bilde dem Auge und der Einbildungskraft überliefert zu sehen. Es ist eine unglaubliche Arbeit darin, wie du als *Baukundigster* gar wohl beurtheilen wirst. Das an sich Mögliche, aber der Bedingung nach Unmögliche als vorhanden uns hinzustellen, ist kühn und wacker. Gelang es vor den Verständigen, so ist aller Zweck erreicht.» – «[...] Einiges für mich zu Aufklärung der Forderungen unserer Kasse an die *erhaltenden Höfe.* [...] Die Bibliothek wurde gelüftet und vom Winterstaube gereinigt. Kurze Zeit im Garten. *Geh. Hofrat Helbig* wegen dem *jungen Rehbein. Herr Hofrat Meyer* zu Mittag und wurde gar manches über die nächsten interessanten Gegenstände verhandelt. Abends *Prof. Riemer.* Brachte *[U.] Boners* [Edelstein, eine Sammlung von 100] Fabeln [1461] mit. Ein klarer wohlwollender Menschenverstand, sittliche Ansicht der irdischen Dinge. Klare Gegenwart, und in der Darstellung eine Facundia, die sich in geistreichen Tautologien gefällt. [...].» (Tgb)

Freitag, 29. Februar. Brief an *Zelter:* Goethe empfiehlt ihm *Kammerrat Thon* [der zu Beratungen über den Anschluß des Großherzogtums an den *preußischen Zollverein* nach Berlin geht]. – Beikommendes [das GEDICHT DIE ERSTEN ERZEUGNISSE DER STOTTERNHEIMER SALINE] bittet er, zu guter Stunde zu lesen und dabei daran zu denken «daß die Soole, woraus das gefeyerte Festsalz gewonnen und gesotten ward, durch ein Bohrloch von 762 Fuß erreicht und auch durch dasselbe heraufgefördert worden. Die Kenntniß der Gebirgslagen, [...] die Kunstgriffe der Mechanik [...] erreichen das Wundersame in unsern liberalen Tagen, daß man das Salz so wie die Luft allgemein genießbar machen will, da es den guten Menschen fast eben so unentbehrlich ist.» – Brief an *Polizeirat Grüner:* Goethe berichtet von dem «bedenklichen Zustand des *älteren Rehbeinschen Sohnes»,* dem «die Natur ein gewisses Organ verliehen zu haben [scheint], das in ihm einen unwiderstehlichen Appetit nach fremdem Eigentum aufregt». So ist er einer Stelle in einer preußischen Klosterschule verlustig gegangen. – Da unter «militärlischer Pädagogik [...] schon *mancher Bursche* der Art gebessert worden» ist, entsteht die Frage, ob der *Junge* in einem *kaiserlich-österreichischen Jägercorps* unterzubringen wäre. – Goethe hat den ausdrücklichen Auftrag des *Großherzogs, Grüner* zu bitten, Erkundigungen über diese Möglichkeit einzuholen. – «Oberaufsichtliche Nummern expedirt nach Beredung mit *meinem Sohn.* [...] Durch *Herrn Kanzler v. Müller* Autographa von Seiten des *Grafen Reinhard* [als Geschenk erhalten]. Merkwürdiger Brief des *Herrn v. Gagern.* INTERESSE DI GOETHE PER MANZONI [italienische Übersetzung des GOETHESCHEN AUFSATZES; → 20. 3. 27]. *Hofrat Vogel,* fortgesetzte Geschichte der Irrungen wegen der Lungenseuche. Mittags die *Kinder.* Scherzhaft zum Schalttage eingeladen, damit sie sich einer solchen Epoche ihr ganzes Leben erinnern mögen. Nach Tische *Landesdirektionsrat Töpfer,* Kenntniß gebend von der Ankunft des *v. Dörring.* Abends für mich. Einige Concepte an *Friedrich* diktirt. *Töpfer* kam aus der Vorlesung [von *Holtei*] und gab Nachricht von dem Vortrag der HELENA.» (Tgb)

Ab März. «Au mois de mars, Goethe a recommencé des soirées à jour fixe, le samedi. J'y ai été invité une fois pour toutes. Mais cela n'a pas duré longtemps.» *(Soret; GG 6121)*

Samstag, 1. März. «Munda und Concepte [in oberaufsichtlichen Angelegenheiten] mit *Schuchardt* und *John* [u. a. Brief an *Färber*, die Räumung des Polizei-Lokals im Jenaer Schloß und dessen Nutzung durch die Oberaufsicht betreffend; → 25. 1. (Knittermeyer, 99)]. *[Ferdinand Johannes] Wit* genannt *v. Dörring [politischer Abenteurer, Mitglied der Burschenschaft, seit 1828 in Oberschlesien; geb. 1800; → 28. 10. 27]* [...] um 12 Uhr [«...*Wit-Dörring*... brachte seine Geschichten vor, und Goethe, nachdem er lange zugehört, entließ ihn endlich mit der schmeichelhaften Versicherung, daß er wirklich, man müsse es einsehen, ein *gefährlicher Mensch* sei! Gefragt, wieso er den *Burschen* nur angenommen, sagte er mächtig: ‹Ich wäre ja ein Tor gewesen, *einen solchen Menschen* nicht einmal sehen zu wollen, aber ich würde freilich ein Lump sein, sähe ich ihn ein zweites Mal.›» (*Varnhagen* an *Rahel*, 8. 3.; GG 6120)]. [...] [An] *Dr. Weller* die Tagebücher [der *Jenaer Bibliotheksangestellten*] zurück [...]. [An] *Prof. Lenz* das Jahresregister der eingegangenen Mineralien und Bücher. – Brief aus Moskau von *Niklaus Borchardt [Mitglied des Ministeriums der Aufklärung und des öffentlichen Unterrichts in Moskau; geb. 1798.* – Dieser sendet seine Übersetzung des Aufsatzes «Goethes Würdigung in Rußland zur Würdigung von Rußland» des *russischen Literaturhistorikers Stepan Petrowitsch Schewyrjow*, eine kritische Analyse der HELENA, die dieser in Nr. 21 der Zeitschrift «Moskowskoi Westnik» veröffentlicht hatte]. *Herr Erbgroßherzog [Karl Friedrich]* [...]. Mittag die *Herren Riemer* und *Eckermann*. Blieben nach Tische und wurde die Sendung von Moskau besprochen. Abends für mich. Einiges in Libanius [1827, von *F. C. Petersen]* gelesen.» (Tgb)

Sonntag, 2. März. Brief an *Kanzler v. Müller:* Goethe bittet ihn, dem *Grafen Reinhard* seinen «besten Dank» [für die Autographen; → 29. 2.] abzustatten. – Sodann möge der *Adressat* verzeihen, daß er das mitgeteilte Schreiben [wohl von *v. Gagern;* → 29. 2.] in Abschrift zurück erhält. «Der Gewinn dieser Tage [für die Autographensammlung] macht mich geizig, wie es dem Sammler geht. Auch dieser Brief ist in allen seinen Theilen bewunderswürdig fruchtbar; der Werth desselben wird meine Habsucht entschuldigen.» – Brief an *Grafen Sternberg:* Goethe erbittet sich die beiden letzten Exemplare der vorjährigen Monatsschrift [der *Gesellschaft des vaterländischen Museums in Böhmen*], da er sich dieser Tage mit den zehn ersten Stücken beschäftigt hat und nun den «vollen Gehalt des Jahrgangs» zu überschauen wünscht [→ 25. 2.]. – Brief an *S. Boisserée:* Goethe dankt ihm für seine ausführliche Schilderung der künstlerischen und wissenschaftlichen Verhältnisse in München [im Brief des *Adressaten* vom 8.–29. 1.; → 3. 2. (vgl. Boisserée-Briefwechsel 2, 492 ff.)], findet jedoch «keine Form, wie in KUNST UND ALTERTUM hierüber etwas zu äußern wäre», zumal *Schorns* [Stuttgarter] Kunstblatt diese Gegenstände vollkommen erschöpft. – [Im Konzept: «Nun zu den *Philosophen!* Was daraus entsteht, daß *Schelling* laut gegen *Hegel* auftritt (wovon *Boisserée* berichtet, der *Schellings* Vorlesungen über die ‹Geschichte der neueren Philosophie› besucht; vgl. ebenda), muß man abwarten... Ich habe mich immer nah an *Schelling* gehalten, nachdem ich das Mögliche von Kriticismus, Idealismus und Intimismus genutzt hatte. *Schelling* wendete sich gegen die Natur, ehrte sie und suchte ihr Recht zu behaupten, dies war mir genug, wenn ich auch die Art und Weise wie er zu Werke ging weder einsehen noch theilen konnte. Als *Polemi-*

ker sodann ist er nie glücklich gewesen...» (WA IV, 44, 328 f.)] – «Übrigens werden Sie mir zutrauen, daß ich im tiefsten ernstesten Sinne dasjenige in seinem ganzen Umfang empfinde, was ich [...] dem *Könige [Ludwig I. von Bayern;* → 28. 8. 27] schuldig bin, und daß es mein angelegenster Wunsch ist, es auf eine würdige Weise öffentlich darthun zu können [→ 16. 2.]. Der Gedanke hat schon geblüht und Frucht angesetzt [Goethe denkt wohl bereits daran, dem *König* SEINEN BRIEFWECHSEL MIT SCHILLER zu widmen] [...].» – «[...] Leben des Libanius, akademisches Programm von *Petersen* in Kopenhagen [gelesen; → 1. 3.]. *Schuchardt* brachte seine Arbeit über die Holzschnitte des Weißkunig [→ 22. 2.]. *Herr [Anton] Genast.* Antrag von *Herrn Küstner* bringend, wegen des Prologs [zu HANS SACHS für Leipzig]. Nachricht, daß *seine Kinder* nach Magdeburg gehen. *Hofrat Vogel.* Nachricht von einem epidemischen Ausschlag in München. Musikalische Zeitung, Nachricht von einem Besuche *Rochlitzens* bey *Beethoven* im Jahre 1822. Sendung einer italienischen Übersetzung der IPHIGENIE. Zu Mittag *Landesdirektions-Rat Töpfer.* Mannigfaltige Gespräche über *Wit* genannt *Dörring* [→ 1. 3.], die Vorlesung von *Holtei,* den von *Madame [Seidel,* geborene] *Meyer* wohl gesprochenen EPILOG ZU ESSEX. Das Nächste bedacht. *Dr. Eckermann.* Verhandlungen über die WANDERJAHRE [→ 27. 2.]. Auch *Holteis* Vorlesung. [...].» (Tgb)

Montag, 3. März. Brief an *Riemer:* Goethe fragt an, ob *Petersen* bereits durch andere Schriften bekannt geworden ist. «Das Leben des Libanius ist ganz allerliebst, mit großer Klarheit und Mäßigung geschrieben.» – Brief an *Carl August:* «[...] lege zugleich mit dem gedruckten Exemplar des Weißkunig und den neulich angekommenen älteren Abdrücken eine hübsche Arbeit von *Schuchardten* vor, wodurch die Vergleichung beider Exemplare sehr erleichtert wird.» – Goethe regt an, dem *Übersender* «dieser wirklich bedeutenden Sammlung» etwas Angenehmes zu erweisen. – «[...] Kam das Trauerspiel Struensee von *Michael Beer* und ward *Herrn v. Holtei* zugesendet. *Herr [Anton] Genast* und *Schauspieler [Ferdinand] Löwe* [geb. 1787] von Leipzig. DAS NÄCHSTE ZU KUNST UND ALTERTUM ÜBERDACHT, SCHEMATISIRT UND ARRANGIRT. *Herr Geh. Rat Schweitzer* und *General-Superintendent Röhr.* Manche interessante Gespräche. Des *Wit* genannt *v. Dörring* wurde erwähnt. Alte und neue Abenteuer desselben. Blieb Abends für mich. War ein Schreiben von *Varnhagen* angekommen. Diktirte *Friedrichen* an der REZENSION [der böhmischen Monatsschrift; → 25. 2.].» (Tgb)

Samstag, 23. Februar / Dienstag, 4. März. Brief an *Steinzeichner Müller:* Goethe berichtet, daß der *Großherzog* die vom *Adressaten* eingesendeten lithographischen Blätter mit Vergnügen betrachtet hat [→ 16. 2.]. – Sicher ist ihm selbst inzwischen deutlich geworden, daß für einen *Künstler seiner Art* «nur in einer großen Anstalt eine Existenz zu finden sey». Das Bestreben, ihn in Weimar [als *Leiter der lithographischen Anstalt*] in Tätigkeit zu setzen, ist «keineswegs geglückt, indem von dem sämmtlichen Verlag der sechs Blätter [der «Weimarischen Pinakothek»] nichts abgesetzt worden» ist. Goethe wollte schon längst anfragen, ob *Herr [Johann] Velten [Kunsthändler* in Karlsruhe] den ganzen Verlag nicht in Kommission zu nehmen bereit wäre. – Da *Müller* «das Glück eines günstigen Verhältnisses zu *Herrn Velten* geworden» ist, so wird es nach Goethes Auffassung das Vorteilhafteste sein, sich an diesem Ort zu fixieren, zumal Goethe ihm in Weimar zu einer «ähnlichen Anstalt keine Hoffnung machen» kann. Auch verhindern ihn die «mäßigen Einkünfte der mir anvertrauten freyen Zeichenschule, Ihnen eine hinreichende Besoldung auszusetzen» [*Müller* ist *Lehrer am Zeicheninstitut in Weimar*]. Goethe bittet ihn, baldigst einen Entschluß über seine Lage zu fassen. – Der *Großherzog* würde einem solchen nicht entgegenstehen.

Dienstag, 4. März. «AN DER REZENSION ZU AJUSTIREN FORTGEFAHREN [→ 3. 3.]. Brief von *Fräulein Jakob*, Sendung serbischer Gedichte, Nachricht von ihrer Verheirathung mit *Herrn Robinson*.» (Tgb) – Brief an *Faktor Reichel*: «Die Überschrift der KLEINEN ERZÄHLUNG, welche das Ganze [BAND XV und somit die 3. LIEFERUNG DER ALH] schließt, hieße ganz einfach: NOVELLE. – Ich habe Ursache, das Wort *Eine* nicht davorzusetzen.» – Brief an *Carl August*: Goethe übersendet sein Schreiben an *Steinzeichner Müller* und bittet um fernere Anweisungen [→ 23. 2. /4. 3.]. – «[...] *Frau Großherzogin [Luise]*. *Claude Lorrain* und *Poussins* vorgezeigt. *Hofrat Vogel*, ihm die Frankfurter Prospecte gewiesen [→ 5. 12. 27]. *Geh. Hofrat Helbig*, Billigung *Serenissimi* des übersendeten Conceptes [→ 3. 3.]. *Von Holtei*, die Composition von *Fanny Mendelssohn* bringend. An *John* wegen des PRAGER MUSEUMS diktirt [→ 3. 3.]. Mit den *Meinigen* gegessen. *August* war bey Hof. Nach Tische Kupfer und Zeichnungen rangirt. Abends *Hofrat Meyer*. Das Leben des Libanius und dessen Beschreibungen der Statuen durchgegangen [→ 3. 3.]. Sonstige Verabredungen. *Bartsch* [«Peintre Graveur»] Vol. V, *Niederländische Schule*, wegen *[Jan] Glauber* [genannt *Polydoro*, *niederländischer Maler* und *Radierer*; gest. um 1726], *[Jean François I.] Millet* [*niederländischer Maler* und *Kupferstecher*; gest. 1679] und *[Albert] Meyeringh* [*niederländischer Maler* und *Radierer*; gest. 1714].» (Tgb)

Mittwoch, 5. März. Brief an *Frommann d. J.*: Goethe sendet die «letzte Revision [des 19. BOGENS von KuA VI, 2]» zurück und berichtet, daß SEINE VORREDE ZU MANZONIS WERKEN in Lugano erschienen sei [→ 29. 2.]. – «*Cottasche* Angelegenheit bey mir abgeschlossen [→ 18. 2.]. PROLOG für Leipzig ward abgeschrieben [→ 2. 3.]. Zwey von *Fräulein Jakob* gesendete Gedichte wurden gelesen und gelobt. [...] *[George Joseph Victor] Graf Caraman, französischer Gesandter an den Sächsischen Höfen*, und *Herr Kanzler [v. Müller]*, einen Brief vom *Grafen Reinhard* bringend. *Zwei Engländer, Clarke* und *Kimms*. Mittag *Dr. Eckermann*. Wurden besonders die WANDERJAHRE durchgesprochen [→ 2. 3.]. Abends *Prof. Riemer*, mit demselben den AUFSATZ ÜBER DIE PRAGER MONATSCHRIFT durchgegangen [→ 4. 3.]. Billet von *Serenissimo*, einen in Erfurt fürs Museum acquirirten Strauß ankündigend. Auch die Genehmigung, wie die Holzschnitte zum Weißkunig zu honoriren seyn möchten [→ 3. 3.]. Hatte das Wasser-Thermometer den Tag über genauer beobachtet. [...].» (Tgb)

Donnerstag, 6. März. «Die Angelegenheit wegen der SCHILLERISCHEN CORRESPONDENZ weiter geführt. Ingleichen die REZENSION DER PRAGER MONATSCHRIFT [→ 5. 3.] [...]. Niederländische Schule von *Bartsch* [→ 4. 3.]. Cäcilia 28. Heft. *Herr Kimms, Engländer*, Abschied zu nehmen. *Herr Erbgroßherzog [Karl Friedrich]*, gute Nachrichten von Berlin [wo *Maria Paulowna* weilt, die Niederkunft der *Prinzeß Marie* zu erwarten]. Sendung vom *Grafen Cicognara* von Venedig. [...] Später *Herr Kanzler [v. Müller]*. Lebhaft scherzhafte Unterhaltung im Geschmack von *Jarno und Consorten* [«... wie ein

Gewitter bei heitrem Himmel suchte er (Goethe) sich seiner Kraftfülle durch geistige Blitze und Donnerschläge zu entledigen. – *Knebeln* über Meteorologie konsultieren, heiße den Barometer über den Barometer befragen. *Voltaire* habe gesagt, die Erde sei eine alte Kokette, die sich jung zu machen strebe. – Die Atmosphäre sei auch so eine Kokette, die eine Zeitlang geregelten Gang affektiere, aber bald sich dem ersten besten Winde preisgebe. – Daß man über *Wellingtons* Omnipotenz schon schelte, sei absurd; man solle froh sein, daß er endlich seinen rechten Platz eingenommen; wer Indien und *Napoleon* besiegt habe, möge wohl mit Recht über eine lumpige Insel herrschen. Wer die höchste Gewalt besitze, habe recht, ehrfurchtsvoll müsse man sich vor ihm beugen. ‹Ich bin nicht so alt geworden, um mich um die Weltgeschichte zu kümmern, die das Absurdeste ist, was es gibt; ob dieser oder jener stirbt, dieses oder jenes Volk untergeht, ist mir einerlei, ich wäre ein Tor, mich darum zu kümmern. – Wenn *Humboldt* oder die *andern Plutonisten* mir's zu toll machen, werde ich sie schändlich blamieren; schon zimmere ich XENIEN genug im stillen gegen sie; die *Nachwelt* soll wissen, daß doch wenigstens Ein gescheiter Mann in unserm Zeitalter gelebt hat, der jene Absurditäten durchschaute. Ich finde immer mehr, daß man es mit der Minorität, die stets die gescheitere ist, halten muß.» (*Kanzler v. Müller;* GG 6119)]. *Oberbaudirektor Coudray.* Mit demselben die neuacquirirten Zeichnungen angesehen. Nähere Beachtung des Wasser-Thermometers. Beschäftigung mit der *Graf Sternbergischen* Sendung. Auch kam *Herr Prof.* Renner gegen Abend, brachte die Nachricht von einem in Erfurt auf *Serenissimi* Befehl erkauften Strauß [→ 5. 3.]. Verabredung wegen anatomischer Behandlung desselben.» (Tgb)

Freitag, 7. März. Brief an *Carl August:* Goethe dankt «im Namen *aller Naturfreunde* [...] für die wichtige Acquisition des Flügelmanns des ganzen Vögelgeschlechtes. Wie leid thut es mir, daß ich bey der Section nicht gegenwärtig seyn kann, denn man würde sich gleich an dem kolossalen Beyspiel über die Verhältnisse der Eingeweide dieser merkwürdigen Classe am besten und schnellsten belehren.» – Mit *Renner* sind unterdessen die Modalitäten besprochen [→ 6. 3.]. – Des weiteren übermittelt Goethe den jüngsten Brief *Sternbergs* sowie von diesem gesandte meteorologische Darstellungen. Da das Interesse des *Freundes* an der ihm von Goethe beschriebenen Pflanze [Anthericum comosum] deutlich wird, erbittet sich Goethe für ihn im Frühjahr einen Sprößling davon aus Belvedere [→ 18. 1.]. – «[...] Geh. *Hofrat Helbig* wegen *Nees v. Esenbeck,* ingleichen den Holzschnitten zum Weißkunig [→ 5. 3.]. [...] BÖHMISCHE ZEITSCHRIFT. Kölnisches Carneval[s-Material] durch *Adele [Schopenhauer].* Mittag für mich allein. BETRACHTUNGEN ÜBER DIE BÖHMISCHE ZEITSCHRIFT FORTGESETZT.» (Tgb) – Brief an *Adele Schopenhauer:* – Goethe kündigt das gewünschte Autogramm an und dankt für die mitgeteilten Kölner Torheiten, die ihm «wirklich wie aus einem andern Planeten [erscheinen]; die Thorheiten die sich um mich her ereignen verlieren dagegen Glanz und Bedeutung [→ 28. 2.]. Im Ganzen aber freut es mich zu sehen daß jene Kölnischen Feste eher im Zunehmen als im Abnehmen sind [...].» – «Zeitig zu Bette.» (Tgb)

Samstag, 8. März. Brief an *Grafen Brühl:* Auf dessen Anfrage [ob bei einer demnächst stattfindenden Benefizvorstellung für das Stuttgarter *Schiller*denk-

mal ein ganzes Stück *Schillers* oder einzelne Akte aus mehreren Stücken
gespielt werden sollten (an Goethe, 24. 2.)], erwidert Goethe, daß er sich zwar
«mit solchen zerstückten Theater-Vorstellungen niemals befreunden kann,
[...] in diesem Falle doch davon nicht geradezu abmahnen will», da *«so wackere
Gewährsmänner»* [*Brühl* nennt die *Brüder Humboldt* und sich selbst (ebenda)]
dafür plädieren. «Das Hauptargument wäre denn freylich wohl, daß Sie *alle
Ihre Schauspieler* zu Gunsten des Einzelnen und des Ganzen an einem solchen
Abend vorführen können.» – Für den PROLOG [dessen Abdruck *Brühl* seinem
Brief mit der Entschuldigung für zwei eigenmächtige Änderungen beigelegt
hatte] sendet Goethe NEUE SCHLUßVERSE: WIRKSAME TUGEND... [→
20. 2.]. – Brief an *Sulpiz Boisserée:* «Der [...] Brief des *Herrn v. Cotta* ist angekommen, aber leider von der Art, daß man mit Ehren darauf nicht antworten
kann [→ 18. 2.]. Da sich jedoch daraus ergibt, daß die Angelegenheit wegen
der SCHILLERISCHEN CORRESPONDENZ sich gar leicht beendigen läßt, so darf
ich Sie wohl ersuchen, [...] auch dieses gefälligst zu übernehmen. – Man hat
auf eine unverantwortliche Weise gehandelt, daß man mir die an die *v. Schillerschen* geleisteten Vorschüsse [...] verheimlichte und mich dadurch in dem
Irrthum ließ, als sey ich gegen jene noch wegen des ganzen Betrags ihres
Antheils am Honorar verpflichtet [...], weshalb ich denn auch mit allem
Recht das MANUSCRIPT zurückhielt, bis ich nicht sowohl mich als vielmehr sie
befriedigt wüßte. – Jedermann wird diese Vorsicht billigen, über welche *Herr
v. Cotta* sich höchst unanständig gebärdet, indem er zugleich gestehen muß,
daß er selbst durch jene Verheimlichung Schuld an der ganzen Verzögerung
sey [...]. – Doch ich muß inne halten, um nicht die tiefe Indignation wieder
aufzuregen, die ich bey Lesung jenes Schreibens heftig empfand; ich eile vielmehr, Ihnen beyliegenden Aufsatz zu empfehlen, welcher, wenn ich nicht irre,
alle Teilnehmer zufrieden stellt, wie es schon vor zwey Jahren hätte geschehen
können [...]. – Auch bleibt das mercantile Verhältniß unverrückt, wie sich das
persönliche auch gestalten mag, und wird ja wohl die Correspondenz künf-
tighin in einem schicklichen Geschäftsstyl zu führen seyn.» – [Beilage:]
«Übereinkunft wegen Herausgabe der GOETHE-SCHILLERISCHEN CORRE-
SPONDENZ. – 1) Das Honorar für das REDIGIRTE MANUSCRIPT wird auf Acht
Tausend Thaler festgesetzt. – 2) Die *J. G. Cottasche Buchhandlung* erklärt: daß
nach Ausweis ihrer Bücher und Rechnungen die *v. Schillerischen Erben* für die
denenselben gebührende Hälfte von Vier Tausend Thalern durch Vorschüsse
[...] vollkommen befriedigt sind. – 3) *Gedachte Buchhandlung* verpflichtet
sich, hierüber ein legales Zeugniß von Seiten der *Schillerischen Erben* beyzu-
bringen, wodurch zugleich Unterzeichneter aller ferneren Ansprüche entbun-
den, auch gebilligt würde, daß der Verlagshandlung das GESAMMTE MANU-
SCRIPT inzwischen eingehändigt worden. [...] – 5) Das Verlagsrecht wird auf
zwölf Jahre zugestanden [...]. – 6) Die ERSTE AUSGABE wird in Octav veranstaltet; sollte man jedoch in der Folge eine TASCHENAUSGABE belieben, so
wird man alsdann über den zu entrichtenden Nachschuß des Honorars Übereinkunft zu treffen haben. [...]. – 8) Sobald Unterzeichneter eine mit dem
Vorstehenden übereinstimmende schriftliche Zusicherung erhält, geht alsobald das VOLLSTÄNDIGE MANUSCRIPT an die Verlagshandlung ab.» – «[...]
VERSCHIEDENES IM BEZUG AUF EINZELNE THEILE DER NEUEN AUSGABE UND

DEREN FERNERE ANORDNUNG. Mittags die *Herren [Kanzler] v. Müller, Helbig, [Leibmedikus] Vogel, Riemer, Eckermann, v. Holtei, v. Conta.* Blieben lange unter guten lebhaften Gesprächen [«On a daubé (vermutlich *Friedrich) Schlegel*, loué *(Ludwig) Tieck* et raconté quelques anecdotes sur le *Grand Frédéric.*» (*Soret; GG* 6121)]. Abends mit *Wölfchen* zugebracht. Die ersten Blätter der Berliner Jahrbücher für wissenschaftliche Kritik [Jahrgang 1828]. Merkwürdige Stellen über Mathematik Seite 85 und f. [in *G. F. Pohls* Rezension von *G. S. Ohms* Werk «Die galvanische Kette, mathematisch bearbeitet», 1827].» (Tgb)

Sonntag, 9. März. «Meine Büste nach *Rauch* von dem *jungen [Bildhauer] Meyer* aus Bremen. Concepte und Munda. EINIGES ZU DEN WANDERJAHREN [→ 5. 3.]. *Mein Sohn* untersuchte, wo die fehlenden Aktentheile sich befinden mochten. *Herr [Anton] Genast,* dem ich den PROLOG [ZU HANS SACHS] für Leipzig übergab [→ 5. 3.]. *Buchbinder Bauer* wegen eines Kästchens zu drey Medaillen. [...] Mittags *Herr Dr. Weller* und *Hofrat Meyer.* An *[Diener] Friedrichen* einige Concepte diktirt.» (Tgb): Brief an *v. Conta:* Nach dessen Zustimmung zu Goethes Plänen für die Akademische Bibliothek möchte Goethe einen Bericht mit Beilagen über den Etat erstatten [→ 20. 2.]. Er erbittet dafür die entsprechenden Akten des Jahres 1827 aus der Staatskanzlei, da er seine eigenen im Moment nicht finden kann.

Montag, 10. März. «Munda und Concepte. *Herr Geh. Hofrat Helbig* wegen der *jungen Facius.* Im Hausgarten. Sodann spazieren gefahren, in dem unteren Garten einige Zeit. Mittags mit der *Familie.* Die nächsen Expedienda durchgegangen. Abends *Prof. Riemer,* verschiedenes aus seinen Collectaneen durchgesprochen.» (Tgb)

Dienstag, 11. März. «Einiges Physikalische.» (Tgb) – Brief an *Bildhauer Rauch:* Goethe dankt für dessen Sendung [→ 26. 12. 27] und erbittet Mitteilungen über die Aufträge aus Nürnberg und München [ein *Dürer-* und ein *Max-Joseph-*Denkmal]. – Die von *Bildhauer Meyer* gefertigte Büste «ist bewundernswürdig und zeugt von dem entschiedenen Talente des *jungen Mannes* [→ 9. 3.]». – Brief an *Bildhauer Meyer:* Goethe beglückwünscht ihn zu seiner gelungenen Arbeit. – *Prof. Rauch [Meyers Lehrer]* habe seine Zufriedenheit geäußert, und wünscht mit Goethe, er möge sich «auf's eifrigste der Technik, dem eigentlichen Handwerke hingeben». – Brief an *Schottin:* Goethe sendet die ihm [durch *Gerstenbergk*] übermittelten Fossilien [ausgegraben bei Köstritz] und Zeichnungen mit Dank zurück [→ 19. 12. 27] und erbittet sich einige bei der nächsten Ausgrabung gewonnene Exemplare für seine Sammlung. – Zur Wiedereröffnung der eingestürzten Grube möchte Goethe gern etwas beitragen und bittet um Mitteilung, wieviel etwa zu übersenden wäre. – «*Prinzeß August* und *Umgebung.* [...] – Mittag für mich allein. Revue Encyclopédie Tom. I, 1828. Abends *Dr. Eckermann.* Einige Hausgeschichten. Auch Literarisches [«Aber so ists mit uns allen! *Des Menschen Verdüsterungen und Erleuchtungen machen sein Schicksal!* Es täte uns not, daß der Dämon uns täglich am Gängelband führte und uns sagte und triebe, was immer zu tun sei. Aber der gute Geist verläßt uns, und wir sind schlaff und tappen im Dunkeln. – Da war *Napoleon* ein Kerl! Immer erleuchtet, immer klar und entschieden, . und zu jeder Stunde mit der hinreichenden Energie begabt... – Beides (Pro-

duktivität und Genie) sind auch sehr naheliegende Dinge... Denn was ist
Genie anders als jene produktive Kraft, wodurch Taten entstehen, die vor Gott
und der Natur sich zeigen können und die eben deswegen Folge haben und
von Dauer sind. Alle Werke *Mozarts* sind dieser Art; es liegt in ihnen eine zeugende Kraft, die von Geschlecht zu Geschlecht fortwirket ... – Wäre ich ein
Fürst, ... so würde ich zu meinen ersten Stellen nie *Leute* nehmen, die bloß
durch Geburt und Anciennität nach und nach heraufgekommen sind und nun
in ihrem Alter im gewohnten Gleise langsam gemächlich fortgehen, wobei
denn freilich nicht viel Gescheutes zutage kommt. *Junge Männer* wollte ich
haben – aber es müßten *Kapazitäten* sein, mit Klarheit und Energie ausgerü-
stet, und dabei vom besten Wollen und edelsten Charakter. Da wäre es eine
Lust zu herrschen und sein *Volk* vorwärts zu bringen! Aber wo ist ein *Fürst,*
dem es so wohl würde und der so gut bedient wäre! – Große Hoffnung setze
ich auf den *jetzigen Kronprinzen von Preußen*... – *Solche Männer und ihresglei-
chen,* ... sind geniale Naturen, mit denen es eine eigene Bewandtnis hat; sie
erleben eine *wiederholte Pubertät,* während *andere Leute* nur einmal jung sind.
– Jede Entelechie nämlich ist ein Stück Ewigkeit, und die paar Jahre, die sie
mit dem irdischen Körper verbunden ist, machen sie nicht alt. Ist diese Entelechie geringer Art, so wird sie während ihrer körperlichen Verdüsterung
wenig Herrschaft ausüben ... Ist aber die Entelechie mächtiger Art, wie es bei
allen genialen Naturen der Fall ist, so wird sie bei ihrer belebenden Durchdrin-
gung des Körpers nicht allein auf dessen Organisation kräftigend und ver-
edelnd einwirken, sondern sie wird auch, bei ihrer geistigen Übermacht, ihr
Vorrecht einer ewigen Jugend fortwährend geltend zu machen suchen. Daher
kommt es denn, daß wir bei *vorzüglich begabten Menschen* auch während ihres
Alters immer noch frische Epochen besonderer Produktivität wahrnehmen; es
scheint bei ihnen immer einmal wieder eine temporäre Verjüngung einzutre-
ten, und das ist es, was ich eine wiederholte Pubertät nennen möchte. – ...
Ich hatte in meinem Leben eine Zeit, wo ich täglich einen gedruckten Bogen
von mir fordern konnte, und es gelang mir mit Leichtigkeit. MEINE
GESCHWISTER habe ich in drei Tagen geschrieben, MEINEN CLAVIGO... in
acht. Jetzt soll ich dergleichen wohl bleiben lassen; und doch kann ich über
Mangel an Produktivität selbst in meinem hohen Alter mich keineswegs
beklagen. Was mir aber in meinen jungen Jahren täglich und unter allen
Umständen gelang, gelingt mir jetzt nur periodenweise und unter gewissen
günstigen Bedingungen. Als mich vor zehn, zwölf Jahren, in der glücklichen
Zeit nach dem Befreiungskriege, die GEDICHTE DES DIVAN in ihrer Gewalt
hatten, war ich produktiv genug, um oft an einem Tage ZWEI BIS DREI zu
machen; und auf freiem Felde, im Wagen oder im Gasthof, es war mir alles
gleich. Jetzt, am ZWEITEN TEIL MEINES FAUST, kann ich nur in den frühen
Stunden des Tages arbeiten, wo ich mich vom Schlaf erquickt und gestärkt
fühle und die Fratzen des täglichen Lebens mich noch nicht verwirrt haben.
Und doch, was ist es, das ich ausführe! Im allerglücklichsten Fall EINE
GESCHRIEBENE SEITE, in der Regel aber NUR SO VIEL, ALS MAN AUF DEN
RAUM EINER HANDBREIT SCHREIBEN KÖNNTE, und oft, bei unproduktiver
Stimmung, noch weniger... – Mein Rat ist daher, *nichts zu forcieren* und alle
unproduktiven Tage und Stunden lieber zu vertändeln und zu verschlafen, als

in solchen Tagen etwas machen zu wollen, woran man später keine Freude hat... – Wissen Sie aber, wie ich es mir denke? – *Der Mensch muß wieder ruiniert werden!* – *Jeder außerordentliche Mensch* hat eine gewisse Sendung, die er zu vollführen berufen ist. Hat er sie vollbracht, so ist er auf Erden in dieser Gstalt nicht weiter vonnöten, und die Vorsehung verwendet ihn wieder zu etwas anderem. Da aber hienieden alles auf natürlichem Wege geschieht, so stellen ihm die Dämonen ein Bein nach dem andern, bis er zuletzt unterliegt. So ging es *Napoleon* und vielen anderen. *Mozart* starb in seinem sechsunddreissigsten Jahre, *Raffael* in fast gleichem Alter, *Byron* nur um weniges älter. Alle aber hatten ihre Mission auf das vollkommenste erfüllt, und es war wohl Zeit, daß sie gingen, damit auch *anderen Leuten* in dieser auf eine lange Dauer berechneten Welt noch etwas zu tun übrig bliebe» (Eckermann, synthetisierendes Gespräch).] Mit *John* Concepte.» (Tgb)

Mittwoch, 12. März. «[...] Die FERNEREN ARBEITEN FÜR KUNST UND ALTERTUM SCHEMATISIRT UND GEORDNET. AUCH COMPLETTIRT. Im Garten. Sendung von *Willemer*. Die Basreliefe geordnet. Mittag *Dr. Eckermann,* HELENA in Paris [nach *J.-J.* Ampères Artikel in «Le Globe» Nr. 34 vom 20. 2.] und Moskau [→ 1. 3.] durchgesprochen. Andere zunächst vorzunehmende Arbeiten [«Es geht bei uns alles dahin, die *liebe Jugend* frühzeitig zahm zu machen und alle Natur, alle Originalität und alle Wildheit auszutreiben, so daß am Ende nichts übrig bleibt als der *Philister.* – ... Wenn ich aber sagen sollte, daß ich an den persönlichen Erscheinungen, besonders *junger deutscher Gelehrten* aus einer gewissen nordöstlichen Richtung, große Freude hätte, so müßte ich lügen. – Kurzsichtig, blaß, mit eingefallener Brust, jung ohne Jugend: das ist das Bild der meisten, wie sie sich mir darstellen. Und wie ich mit ihnen mich in ein Gespräch einlasse, habe ich sogleich zu bemerken, daß ihnen dasjenige, woran unsereiner Freude hat, nichtig und trivial erscheint, daß sie ganz in der Idee stecken und nur die höchsten Probleme der Spekulation sie zu interessieren geeignet sind. Von gesunden Sinnen und Freude am Sinnlichen ist bei ihnen keine Spur, alles Jugendgefühl und alle Jugendlust ist bei ihnen ausgetrieben, und zwar unwiderbringlich... Könnte man nur den *Deutschen,* nach dem Vorbilde der *Engländer,* weniger Philosophie und mehr Tatkraft, weniger Theorie und mehr Praxis beibringen, so würde uns schon ein gutes Stück Erlösung zuteil werden, ... Sehr viel könnte geschehen von unten, vom *Volke,* durch Schulen und häusliche Erziehung, sehr viel von oben durch die *Herrscher und ihre Nächsten.*» (Eckermann, synthetisierendes Gespräch)]. Abend *Oberbaudirektor Coudray,* über die Brücke von Karlsbad verhandelt. Ein Gutachten beredet. Leben Napoleons [«Histoires de Napoléon»] von [J. M.] Norvins [→ 29. 1.].» (Tgb)

Donnerstag, 13. März. «Kam eine Sendung von Wien: Botanika. Erhielt den Falkenorden für *Nees v. Esenbeck* [→ 22. 2.]. [...] Im Hausgarten mit *Wolf,* nachher mit ihm spazieren gefahren. Aß derselbe mit mir. [...] Heft der *[Schlesischen] Gesellschaft für vaterländische Kultur* 1827. Abends *Prof. Riemer,* einige Concepte und ARBEITEN mit ihm durchgegangen. Sittliches und Ästhetisches besprochen. Vorbereitungen auf morgen.» (Tgb)

Freitag, 14. März. «Schlesisches Heft fortgesetzt zu lesen.» (Tgb) – Brief an *Carlyle:* Goethe hofft, daß sein beikommender Aufsatz noch zur rechten

Zeit eintrifft [→ 8. 2./14. 3.] und bittet um Entschuldigung für die verzögerte Ausfertigung [→ 1. 2.; *Carlyle* hat das Zeugnis nicht mehr verwenden können]. – «[...] *Schuchardt* brachte die Abschrift der *Pohlischen Rezension* [→ 8. 3.]. Mit *Ottilien* spazieren gefahren. Über die neusten Verwirrungen der *Societät*. Auch über *Adelens [Adele Schopenhauers]* Zustände gesprochen. Mittag allein. Das neuste Französische durchgesehen. Einige Zeit im Garten. Abends mit *Wölfchen*. Den Aufsatz über HELENA im Globe abermals durchgesehen und durchdacht [→ 12. 3.].» (Tgb)

Donnerstag, 8. Februar / Freitag, 14. März. Beilage zum Brief an *Carlyle* [→ 14. 3.]: «Wie sich nun ohne Anmaßung behaupten läßt, daß die deutsche Literatur in diesem humanen Bezug viel geleistet hat, daß durch sie eine sittlich-psychologische Richtung durchgeht, nicht in asketischer Ängstlichkeit, sondern eine freye naturgemäße Bildung und heitere Gesetzlichkeit einleitend, so habe ich *Herrn Carlyles* bewundernswürdig tiefes Studium der deutschen Literatur mit Vergnügen zu beobachten gehabt und mit Antheil bemerkt, wie er nicht allein das Schöne und Menschliche, Gute und Große bey uns zu finden gewußt, sondern auch von dem Seinigen reichlich herübergetragen und uns mit den Schätzen seines Gemüthes begabt hat. Man muß ihm ein klares Urtheil über *unsere ästhetisch-sittlichen Schriftsteller* zugestehen und zugleich eigene Ansichten, wodurch er an den Tag gibt daß er auf einem originalen Grund beruhe und aus sich selbst die Erfordernisse des Guten und Schönen zu entwickeln das Vermögen habe. – In diesem Sinne darf ich ihn wohl für *einen Mann* halten, der eine Lehrstelle der Moral mit Einfalt und Reinheit, mit Wirkung und Einfluß bekleiden werde [...].»

Samstag, 15. März. «[...] Mit *Prof. Riemer* spazieren gefahren. Zu Mittag derselbe, *Hofrat Vogel, Oberbaudirektor Coudray, Dr. Eckermann. Gräfin Line Egloffstein* erfreute uns einmal wieder mit ihrer Gegenwart. Abends für mich. Durchgedacht die Aufnahme der HELENA in Deutschland, Paris und Moskau [→ 14. 3.].» (Tgb)

Sonntag, 16. März. Brief an *Döbereiner*: Goethe erbittet sich eine genaue Beschreibung darüber, wie die [vom *Adressaten* entwickelte und übersandte] Duftlampe zu gebrauchen sei. – Brief an *Nees v. Esenbeck*: Goethe übermittelt im Auftrag *Carl Augusts* «Beykommendes» [das Ritterkreuz vom Großherzoglichen Hausorden der Wachsamkeit oder vom weißen Falken] für «alles Gute [...], wofür wir seit so vielen Jahren Dank schuldig geworden» [→ 13. 3.]. – Brief an *Carl August*: Goethe übersendet das 3. Heft von *[J. B. E.] Pohls* «Plantarum Brasiliae icones et descriptiones» sowie den Auszug aus einem Brief des *Grafen Reinhard,* aus dem hervorgeht, daß es sich bei dem norwegischen Seeungeheuer um eine 40 Jahre alte Sage handelt. – «Diktirt an *Schuchardt* über SERBISCHE POESIE [vermutlich Arbeit am ABSCHNITT SERBISCHE POESIE. GERHARDS «WILA», → 30. 1., oder «SERVIAN POPULAR POETRY», TRANSLATED BY JOHN BOWRING des AUFSATZES NATIONELLE DICHTKUNST für KuA VI, 2]. Ein *Durchreisender,* der einige schöne Geschöpfe in Weingeist vorwies. *Frau Brecht,* geborne *Näder,* meldete sich bey ihrer Herkunft von Cölleda und schien mit ihren Zuständen zufrieden. *Buchbinder Bauer* brachte einige Bücher. Mit *Hofrat Meyer* spazieren gefahren. Speisten mit der *Familie*. Bedachte das gegenwärtige Verhältniß der serbischen Literatur, auch was sonst möchte für KUNST UND ALTERTUM zu thun seyn. *Schmeller* hatte das Porträt von *La Roche* eingegeben. [...].» (Tgb)

Montag, 17. März. «*Schuchardt*en diktirt über die GUZLA [ABSCHNITT «LA GUZLA», POÉSIES ILLYRIQUES DES Aufsatzes NATIONELLE DICHTKUNST FÜR KuA VI, 2; → 10. 10. 27]. Sodann DIE NEUEN FRANZÖSISCHEN BEMÜHUNGEN, DIE GESCHICHTE ZU DRAMATISIREN [vielleicht SCHEMA oder ENTWURF ZUM AUFSATZ FRANZÖSISCHES HAUPTTHEATER für KuA VI, 2]. Mittag *Dr. Eckermann.* Unsere Geschäfte durchgesprochen. Auch über *Holteis* Vorlesungen und sonstige Verdienste ums Theater. *Oberbaudirektor Coudray,* mit demselben ein Portefeuille von Zeichnungen und Rissen, architektonischen und mechanischen, durchgegangen. Sodann *Prof. Riemer,* welcher die Reise der *böhmischen Gesandten zu Ludwig XI.* von Frankreich vorlas. [...].» (Tgb)

Dienstag, 18. März. Brief an *Auktionator Schmidmer:* Goethe bedauert, aufgrund seines Alters «dem schönen allgemeinen vaterländischen Fest» in Nürnberg [der Grundsteinlegung zu *Rauchs Dürer*-Denkmal, zu der der *Adressat* dringend einlädt; → 11. 3.] nicht beiwohnen zu können. – «Das Nächste für KUNST UND ALTERTUM geordnet, sowohl Ästhetisches als Historisches. *Schuchardt* den INHALT diktirt. Die *Frau Großherzogin [Luise]* [...]. Die englische Sammlung der *Poussins* bis zu Ende vorgelegt. *Rizo Néroulos [Rizos-Nerulos;* → 20. 9. 27], *[K.] Iken* [«Leukothea», 1825 und «Eunomia», 1827] und *[K. T.] Kind* [«Neugriechische Volkslieder im Original und mit deutscher Übersetzung», 1827] über die *neuern Griechen* [Arbeit an den ABSCHNITTEN «COURS DE LITTÉRATURE GRECQUE MODERNE»..., «LEUKOTHEA»... und «NEUGRIECHISCHE VOLKSLIEDER»... DES Aufsatzes NATIONELLE DICHTKUNST für KuA VI, 2,]. *Herr Geh. Hofrat Helbig,* einige Aufträge von *Serenissimo* ausrichtend. Speiste mit *Wölfchen.* Nach Tische *Herr Kanzler [v. Müller].* Die Angelegenheit wegen Lithographirung des Porträts *Serenissimae* [von *Julie v. Egloffstein*] in München besprechend [→ 25. 2.]. Abends mit *Wölfchen.* Die griechischen Angelegenheiten durchdenkend [...].» (Tgb)

Mittwoch, 19. März. «DIE VORLESUNGEN DES RIZO NÉROULOS [RIZOS-NERULOS] IN GENF BETREFFENDEN AUFSATZ an *Schuchardt* diktirt [→ 18. 3.]. Wegen einer Tasse an *Münderloh* gesendet. Anderes Neugriechische betrachtet [→ 18. 3.]. *Mein Sohn* über die gestrige gelungene Vorlesung *Holteis* und den Abend *bei Vogels.* Sendung der corrigirten Tabelle der Flötzgebirgsformationen, gesendet von *Glenck* [→ 20. 1.]. Um 12 Uhr mit *Ottilien* spazieren gefahren. Vor Tische *Herr Kanzler v. Müller,* einiges Neue mittheilend. Mit *Dr. Eckermann* allein. Abends mit *Wölfchen.*» (Tgb)

Donnerstag, 20. März. «An *Schuchardt* diktirt FORTSETZUNG DER NEUGRIECHISCHEN GEDICHTE [vermutlich ABSCHNITT «NEUGRIECHISCHE VOLKSLIEDER» DES Aufsatzes NATIONELLE DICHTKUNST FÜR KuA VI, 2 sowie PARALEPOMINON III ZU DIESEM AUFSATZ; → 18. 3.]. *Geh. Hofrat Helbig,* einiges von *Serenissimo* bringend. Mit *Hofrat Meyer* spazieren gefahren. Mit demselben und der *Familie* gespeist. Nürnbergische Einladung zum *Albrecht Dürer*-Feste und was sonst dazu gehört [→ 18. 3.]. *Herr Oberbaudirektor Coudray,* wir verhandelten die den *jungen Architekten* sowohl in der schönen als technischen Baukunst aufzugebenden Probearbeiten. Sodann mit dem *unbequemen Wölfchen.*» (Tgb)

Freitag, 21. März. «Mehrere Briefconcepte, die nothwendigsten für den Augenblick [u. a. an *v. Schreibers*, Buchbestellungen bestreffend]. [...] Mittag mit *Wölfchen* gespeist. Abends *Prof. Riemer*, einige Concepte mit ihm durchgegangen, worauf er angenehm unterrichtende Collectaneen vorlegte. Bey den *Kindern*, welche *große Teegesellschaft* hatten. Viel mit *Herrn Staatsminister v. Gersdorff* und *v. Schwendler* gesprochen.» (Tgb)

Samstag, 22. März. Brief an *Grafen Sternberg:* Goethe kündigt die Sendung der «problematische(n) Pflanze» [→ 7. 3.] an und gibt Hinweise zu ihrer Pflege. − Brief an *Troß:* Goethe dankt im Namen *Carl Augusts* für die Holzschnitte zum «Weißkunig» [→ 3. 3.] und sendet zum Dank [drei] Medaillen. − «An dem Nothwendigsten fortgefahren. [...] An *Frau [Amalie] v. Rauch* [geborene *v. Levetzow*] nach Potsdam mit einer Tasse [→ 19. 3.; am 15. 3. hatte Goethe die Anzeige *Amalie v. Levetzows* über die am 13. 3. erfolgte Geburt ihres *Enkels* erhalten (WA IV, 44, 343)] [...] *Hofgärtner Fischer*, die Pflanze für *Graf Sternberg* einzupacken. Kam die Prachtausgabe von FAUST von Paris. Die Angelegenheit der *Fanarioten [Bewohner des Quartiers Fanar* in Byzanz, die Anfang des 18. Jahrhunderts zu hohen Ehren gelangt waren, im Zusammenhang mit dem AUFSATZ ÜBER RIZOS-NERULOS; → 19. 3.] weiter überdacht. *Große Tischgesellschaft. Herr Kanzler v. Müller* blieb länger. Abends betrachtete ich die *[Stapfersche]* Übersetzung von FAUST und die [17] lithographirten Bilder [von *Delacroix*. «Je *(Soret)* me souviens encore de l'intérêt qu'il y a pris et des louanges données à quelques planches, non point pour la beauté du dessin, mais pour la hardiesse et la diablerie de la conception. Le poète disait avoir été souvent compris par *l'artiste*.» (GG 6124) → 29. 11. 26]. Nahm auch die kleine [FAUST-]Übersetzung von *Gérard [Labrunie*, genannt *Gérard de Nerval, französischer Schriftsteller*, geb. 1808] dazu.» (Tgb)

Sonntag, 23. März. «Abschrift der EINLEITUNG IN DIE NEUE GRIECHISCHE LITERATUR [→ 22. 3.]. Herr *[Anton] Genast*, eine Porzellantasse vorzeigend. *Herr Hagenbruch*, Herrn *Iwen* vorstellend, welcher in England einer chemischen Mineralwasser-Anlage vorsteht. *Serenissimus.* Speiste zusammen mit den *beiden Damen [Schwiegertochter Ottilie* und *Ulrike v. Pogwisch*]. Las in *[L.] Sternes* Werken seinen sogenannten Koran [«The Koran or Essays, Sentiments and Callimachies of Tria Iuncta in Uno», 1770; *Verfasser* ist jedoch der *irische Schriftsteller Richard Griffith;* gest. 1788]. *Herr Oberbaudirektor Coudray.* Betrachteten zusammen den französischen FAUST [→ 22. 3.], überlegten was zu erwidern sey. *Kammerrat Thon* von Berlin kommend, meldete sich. [...].» (Tgb)

Montag, 24. März. «Mit *Schuchardt* fortgesetzte REZENSION DES RIZOS [→ 23. 3.]. Die von *Göttling* corrigirte KLEINE AUSGABE angesehn [...].» − Brief an *Faktor Reichel:* Goethe sendet «den [revidierten] SECHSTEN BAND DER TASCHENAUSGABE zum Behuf DER IN OCTAVO». − Brief an *Schorn:* Goethe dankt für die lithographischen Umrisse zu den Werken *Zahns* und *Gerhardts* [→ 29. 11. 27]. Er bittet um die Fortsetzung dieser Sendungen. − «An der Arbeit des *Herrn [Wolfgang] Flachenecker [Maler* und *Lithograph* in München], der es übernommen hat, das Porträt der *Großherzogin [Luise* von *Julie v. Eglofstein;* → 18. 3.] zu lithographieren, nehmen die *Weimarer Kunstfreunde* großen Anteil. − [...] Wundersame Rezension von *Daub* in den Berliner Jahrbüchern [für wissenschaftliche Kritik Nr. 211 f., 213 f., 215 f. vom November 27, Nr. 217 f. vom Dezember 27 und Nr. 23 – 30 vom Februar 28. *Daub* bespricht «Die Grundlehren der christlichen Dogmatik als Wissenschaft», 2. Aufl., 1827 von *P. Marheineke* (DVSchrLG 48, 383)]. ANZEIGE DES RETZSCHISCHEN HAMLETS [1. Band der Reihe «Outlines to Shakespeare»; ANZEIGE postum in der ALH veröffentlicht]. Ich ging in den unteren Garten, wo *Ottilie* mich abholte ums Webicht zu fahren. Mittag mit den *Damen*. *Sternes* Koran [gelesen; → 23. 3.].» (Tgb)

Samstag, 22. / Montag, 24. März. Vermutlich nicht abgesendeter Brief an den *Vorstand der Senckenbergischen Naturforschenden Gesellschaft in Frankfurt a. M.:* Goethe bittet, «dem *höchst vorzüglichen Mann [Sömmering]*, dessen Leben uns so einflußreich gewesen», an seinem feierlichen Tag [er begeht am 7. 4. sein fünfzigjähriges Doktorjubiläum] ein Geschenk [vermutlich Exemplare der Jubiläumsmedaille] zu überreichen. (WA IV, 44, 345)

Dienstag, 25. März. «[...] Geh. *Hofrat Helbig* wegen *Liebers* Arbeiten [«... der *Großherzog*... will..., daß *Lieber* den großen Lucas Cranach in unserer Stadtkirche restauriren soll, und befiehlt mir *(Helbig)*, darüber mit Goethe zu sprechen.» (Tgb Helbigs, 23. 3.) – «Goethe... findet es... sehr bedenklich, dem *Lieber* solch einen Schatz, wie der Cranach ist, anzuvertrauen, bevor er nicht Proben abgelegt, daß er auch größere, wichtigere Bilder zu restauriren vermöge. S. Excellenz äußerten, daß man sich der... *Nachwelt* veranwortlich mache, wenn das Bild Schaden nähme.» (ebenda, 28. 3.)], auch wegen der *jungen Facius* Verhältniß zu *Rauch*. Karte von Konstantinopel. Überschlag des MANUSCRIPTS ZU DEN LETZTEN ÜBRIGEN BOGEN ZU KUNST UND ALTERTUM [VI, 2]. Mittag mit der *Familie*. Abends *Prof. Riemer*. Auf KUNST UND ALTERTUM Bezügliches durchgegangen. In *Sternes* Werken fortgelesen.» (Tgb)

Mittwoch, 26. März. «Einiges mit *Schuchardt* zu Complettirung des MANUSCRIPTS ZU KUNST UND ALTERTUM. Kam ein sehr angenehmer und gehaltvoller Brief des *Prof. Göttling* aus Venedig. *Herr v. Sartorius* und *mittlerer Sohn [Goethes Patenkind Wolfgang, Geologe;* geb. 1809]. Ordnung gemacht in manchen Überhäufungen. Spazieren gegangen. Mittag *große Gesellschaft* mit *Herrn v. Sartorius*. Abends *Herr Oberbaudirektor Coudray*. Nähere Kenntniß von der neuen Brücke über die Tepl [...].» (Tgb)

Donnerstag, 27. März. Brief an *Bildhauer Rauch:* Goethe bittet ihn im Auftrag *Carl Augusts*, der *jungen Facius* eine «fortschreitende künstlerische Ausbildung» in seinem Atelier zu ermöglichen [→ 25. 3.]. – «Früh um 10 Uhr der *junge Sartorius* mit *Eckermann. Herr Knox*, um Abschied zu nehmen. Mittags *Herr v. Sartorius* und *größere Gesellschaft*. Abends mit *Wölfchen*. Fortgesetzte Studien des *Yorick* [vermutlich «Yoricks empfindsame Reisen...» von *L. Sterne*, übersetzt von *P. Syntax*, 1826].» (Tgb)

Freitag, 28. März. «Mit *Schuchardt* über die Tagebücher [Goethes?] gesprochen. Übersetzung *Christian Müllers* von *Rizos-Nerulos* [«Die neugriechische Literatur. In Vorlesungen, gehalten in Genf 1826», 1827] kam an. Ingleichen Deux Années à Constantinople von *Frau v. Pogwisch*.» – Brief an *Carl August:* Goethe übermittelt neu eingegangene Bücher, u. a. *[A. F. K.] Streckfuß'* Schrift über *Raumers* «Preußische Städteordnung» [«Über die preußische Städteordnung. Beleuchtung der Schrift des Herrn... Raumer...»]. «[...] es wird hier ein wichtiger Punct behandelt und die darüber verfaßten [...] Schriften sind aller Aufmerksamkeit werth [→ 11. 2.].» – Brief an *Faktor Reichel:* Goethe teilt mit, daß gestern [vorgestern] «der CORRIGIRTE ORIGINALDRUCK UNSERER VIERTEN LIEFERUNG [DRUCKVORLAGE FÜR DIE BÄNDE 16–20 DER ALH] abgegangen» ist, außerdem VIER BÄNDE [7–10] DER ZWEITEN LIEFERUNG [ALS VORLAGE] FÜR DIE OKTAVAUSGABE. – «Auch darf ich nicht unbemerkt lassen, daß die Abtheilung der verschiedenen Dichtarten, aus welchen der ZWEITE TEIL DES FAUST besteht, abermals glücklich gelungen sey, für welche Ihre Sorgfalt [...] ich [...] bestens zu danken habe [→ 22. 1.].» «[...] Der *junge Sartorius* sah mit *Eckermann* die fossile Sammlung. Mit *Herrn v. Sartorius* spazieren gefahren. Mit demselben *seinen Sohn* und *unsre Familie.* Abends *Prof. Riemer.* Vorgelesen und Durchsicht des AUFSATZES ÜBER RIZOS [→ 24. 3.] [...].» (Tgb)

Dienstag, 25. / Freitag, 28. März. Goethes Vorbehalte gegen *Lieber* [→ 25. 3.] wollten *Carl August* «gar nicht einleuchten». Er meinte: «Das Bild *müsse* restauriert werden und er wisse gar nicht, was Goethe gegen *Lieber* habe, der doch vom Restauriren alter Bilder gewiß mehr verstehe als mancher andre. Nun soll ich nochmals mit Goethe sprechen und das Bild *soll* abgenommen werden.» (Tgb Helbigs, 28. 3.)

Samstag, 29. März. «Über die preußische Städte-Ordnung von *Streckfuß* [→ 28. 3.]. Besuch von *Herr Brunn [Philip Jacob Bruun, Historiker;* geb. 1804 (vgl. GJb III, 303 f.)], *einem Finnländer,* der von Genf zurück nach Norden geht. [...] Zwey Jahre in Constantinopel weiter gelesen [→ 28. 3.] [...]. Mit *Ottilien* spazieren gefahren. Über den Unterschied der *britischen Nationen* und ihrer Charaktere, besonders Charakter der *Irländer.* Mittag *Hofrat Vogel* und *Riemer,* auch *Eckermann.* Abends die zwey Jahre in Constantinopel, ingleichen Yoricks empfindsame Reisen [→ 27. 3.] [...].» (Tgb)

Freitag, 28., oder Samstag, 29. März. «Da hab ich *[Helbig]* nun wieder mit Goethe gesprochen und verhandelt, wie [...] der *Großherzog* zufrieden gestellt und wie doch noch einige Zeit gewonnen würde, um *Lieber* vorher besser auf den Zahn fühlen zu können [→ 25./28. 3.]. Wir wollen nun folgende [...] Vorschläge thun. – 1. Die Abnahme des Bildes soll um der *Weimarischen Christenheit* auf die Feiertage durch dessen Entfernung kein Ärgerniß zu geben, erst nach Pfingsten [...] vorgenommen werden; – 2. Nicht der *Baurat Steiner,* sondern *Oberbaudirektor Coudray* soll die Abnahme und Wiederaufstellung des Bildes leiten; – 3. Dasselbe soll im Attelier sorgfältig aufbewahrt werden. (Tgb Helbigs, 29. 3.)

Palmsonntag, 30. März. «EINIGES HIERAUF [auf *Müllers* Übersetzung] BEZÜGLICHE DIKTIRT [vermutlich PARALIPOMENON I zum AUFSATZ «COURS DE LITTÉRATURE GRECQUE MODERNE»; → 28. 3.]. Sonstiges zu KUNST UND ALTERTUM. Spazieren gefahren mit *Ottilien.* Mit *Eckermann* im letzten Zimmer gegessen. Das Nächste durchgesprochen. Abends *Landesdirektionsrat Töpfer,* welcher sich über die *Holteischen* Vorlesungen, nicht weniger über einige neuere Productionen gar einsichtig vernehmen ließ.» (Tgb)

Vor Montag, 31. März. ZAHNES XENION WOHL KAMST DU DURCH.

Montag, 31. März. «Im vordern Zimmer. NACHTRAG ZU DER REZENSION DES RIZOS [vielleicht Weiterarbeit am PARALIPOMENON; → 30. 3.].»

(Tgb) – Brief an *Faktor Reichel:* Goethe meldet einen «bedeutenden Druck-
fehler» im 15. BAND [DER ALH] und bittet diesen durch einen Carton zu
berichtigen, zumindest das *Publikum* bei Lieferung auf irgend eine Weise zu
benachrichtigen. – «[…] Um 12 mit *Eckermann* spazieren gefahren. Mit
demselben gespeist. Über Analogie. Über eine Reihe: Dynamisches an einem
Ende, Mechanisches am andern. Entoptische Gläser, und Damastweberey.
Auch die chromatischen Schirme und Prismen wieder vorgenommen. *Oberbaudirektor Coudray.* [Dessen] Aufsatz über die Brücke bey Karlsbad. Verhandlung deshalb [→ 26. 3.].» (Tgb)

März. Beilagen zu einem Brief an *Nees v. Esenbeck:* «In freyen Stunden,
wenn Geschäft und Correspondenz beseitigt sind, pflege ich zu dictiren was
mir eben im Sinne schwebt, in Bezug auf's *Publikum* für MEINE DRUCKSCHRIF-
TEN, im Andenken an *Freunde* als Stoff der Mittheilung. Dergleichen mißfällt
denn manchmal bey der Revision; ja sogar, wenn es abgeschrieben ist,
erscheint es mir nach einiger Zeit veraltet, überflüssig, launig oder unzulänglich, und da häuft sich dergleichen bey mir unvergohren, ungenossen und
ungenutzt. Solche Blätter auch an Sie […] liegen […] bey mir, […] will ich
gegenwärtige fortschicken, die ich, durch Ihre letzte Sendung erregt, nieder-
schrieb […].» – Obgleich Goethe seine Blicke gegenwärtig nicht in die «ver-
führerische Botanik» wenden darf, so hat er doch «immer einige Repräsentanten der Pflanzenwelt» neben sich. Er sendet getrocknete Teile einer Pflanze
[Anthericum comosum], die die Lilienart nicht verläugnet; «*unsere Garten-
freunde* sind zwischen Anthericum, Liliago und Herreria zweifelhaft». – Goethe bittet um nähere wissenschaftliche Aufschlüsse, ebenso über die «merkwürdigen schwarzen Flecken» auf verschiedenen Ahornblättern, die er in seinem
Garten fand, sich aber nicht erklären kann. – «Auch das Mikroskop wage ich
[zu deren Untersuchung] nicht mehr aufzustellen; was der Geist in seiner Concentration vermag muß man noch zu hegen und zu üben suchen.» – Die «schönen Aufsätze [des *Adressaten*] über Fliegenverstäubung» sendet Goethe nun
zurück. «An ein MORPHOLOGISCHES HEFT darf ich nicht denken.» Eine Veröffentlichung dieser Aufsätze in den «Acta» würde «gewiß *jeden Naturfreund*
erfreuen». Auch sendet er eine «*Müllersche* Arbeit [versehentlich für *Botaniker
Franz Julius Ferdinand Meyer*]» zurück, da er «der Entwickelung solcher *nach-
gebornen guten und schätzenswerten Geister* nicht mehr folgen [kann]; mit meiner
eigenen Methode komm ich noch allenfalls durch, aber in fremde Vorstel-
lungsarten kann ich mich nicht mehr versetzen.» – Goethe äußert seine Überzeugung, daß *Nees* mit den «Acta» ein «wichtiger Schatz in die Hände gegeben
ist. Sie klagen über einen gewissen Mangel der Darstellung, dessen *einige Mit-
teilende* sich schuldig machen; leider ist dieses nicht nur ein Mangel an
Geschmack, sondern […] ein Mangel an Methode, an diesem aber ist Schuld
Mangel der Anschauung, Mangel der Anerkennung des eigentlichen Werths
der Anschauung, Mangel daß man nicht recht deutlich weiß, was man und
wohin man will. Dagegen werden z. B. die Aufsätze *unsres Carus, unsres
d'Altons* immer gehaltreich, abgeschlossen und hinlänglich seyn. […]. – Wenn
Sie für gerathen halten, die mitgetheilten ZEICHNUNGEN DES OS INTERMA-
XILLARE verkleinern, stechen und drucken zu lassen [*Nees* teilt mit, deren Veröffentlichung für die erste, höchstens die zweite Abteilung des XIV. Bandes

der «Acta» vorgesehen zu haben (an Goethe, 6. 2.)], so will ich meine Gedanken gern einmal wieder auf diesen Gegenstand wenden, um bey dieser Gelegenheit den Begriff des Typus, nach dem sich alles bildet, wieder in Anregung zu bringen. Denn es scheint wunderbar, ist aber den Beschränkungen des menschlichen Geistes ganz gemäß, daß man die Consequenz der Idee nicht in der Erscheinung verfolgen mag, sondern daß man sich an Ausnahmen ergötzt, in ihnen ergeht und die Wissenschaft wie das Leben verschleifet.» – ANKÜNDIGUNG «EUNOMIA» VON DR. KARL IKEN FÜR KUA VI, 2 [→ 18. 3.].

Vermutlich Ende März. AUFSATZ DIE SCHÖNSTEN ORNAMENTE . . . AUS POMPEJI, HERCULANUM UND STABIAE [I] für KuA VI, 2 [Goethe hatte Mitte März ein Probeblatt aus dem 1. Heft von *Zahn* erhalten; → 29. 11. 27].

Dienstag, 1. April. «*Schuchardt* fing die Abschrift der REZENSION ÜBER DIE MONATSSCHRIFT an [→ 7. 3.]. [. . .] Briefe von [. . .] *Verlohren, Nees v. Esenbeck. Geh. Rat [Franz Joseph Freiherr?] v. Stein [Jurist, Diplomat, geb. 1772] von Mei*-ningen, *Schauspieler Stein* von Leipzig zum Besuch. *Frau Großherzogin [Luise]*, zeigte den *Retzschischen* Hamlet vor [→ 24. 3.]. Mit der *Familie* gespeist und *Dr. Eckermann.* Blieb für mich, und bedachte zunächst die REZENSION DER BÖHMISCHEN MONATSSCHRIFT weiter zu führen. [. . .] Abends mit *Wölfchen.*» (Tgb)

Mittwoch, 2. April. «*Schuchardt* fuhr fort an der Abschrift [→ 1. 4.].» (Tgb) – Brief an *Nees v. Esenbeck* [→ März]: Goethe kündigt eine längst vorbereitete, doch immer unschlüssig zurückgehaltene Paketsendung an. – «[. . .] AN DER BETRACHTUNG BÖHMISCHER VERHÄLTNISSE FORTGEFAHREN [. . .]. Ich blieb den Tag über in den letzten Zimmern. Arbeitete [. . .]. Auch wendete ich neue Aufmerksamkeit auf die entoptischen Versuche, aufgeregt durch *Eckermanns* Antheil [→ 28. 10. 27], welcher mit mir speiste. Abends *Hofrat Vogel.* War einige Arzeney nöthig.» (Tgb)

Donnerstag, 3. April. «Unruhige Nacht. Des Morgens besserer Zustand. Die nöthigsten Geschäfte gleich abgethan [«S. Exzellenz (Goethe) sind sehr vergnügt darüber, daß nun (in der *Lieberschen* Angelegenheit) Zeit gewonnen ist (→ 28. oder 29. 3.). (Tgb Helbigs)] [. . .]. Mittag mit der *Familie.* Abends *Herr Hofrat Meyer.*» (Tgb)

Karfreitag, 4. April. «Stelle aus dem Globe [Nr. 45 vom 29. 3.], die *Fana*-*rioten* betreffend. Sonstiges hierauf Bezügliche [vermutlich Entstehung des PA-RALIPOMENON III; → 31. 3.]. Briefconcepte. [. . .] *Dr. Weller* von Jena in Bibliotheksgeschäften. Speiste mit uns, auch *Eckermann. Herr Hofrat Vogel,* sprach über die preußischen Medizinal-Verhältnisse. Allein mit *Wölfchen.*» (Tgb)

Karsamstag, 5. April. «REVISION DER ZWEITEN HÄLFTE MEINER BÄNDE ZUR AUSGABE [vermutlich BESCHÄFTIGUNG MIT DER AUFTEILUNG DER WERKE AUF DIE BÄNDE 21–40 DER AlH; → 16. 2. (vgl. Hagen, zu 1272)]. *Herr Hofrat Schwabe,* einiges von Berlin bringend. Ausgefahren mit *Ottilien.* Sodann *Eckermann,* welcher mit an dem *Familien*tisch speiste. Kam derselbe Abends wieder. Gingen wir die NEUE EINTEILUNG DER BÄNDE durch. Er machte sich damit bekannt. Wir besprachen die Lücken, die noch in den VIERZIG BÄNDEN vorwalten. DEREN AUSFÜLLUNG UND WAS SONST DESHALB ZU BEMERKEN WÄRE.» (Tgb) – «Alle Bilder, die *Lieber* restauriert hat, sind heute in des Herrn geh. Rats Zimmer aufgestellt, und er fängt an, *Liebers* Talent und

Geschicklichkeit im Restaurieren zu bewundern, ja Er besucht *Liebern* in seinem Attelier [→ 3. 4.].» (Tgb Helbigs)

Ostersonntag, 6. April. «Den AUGUST-MONAT DES [ZWEITEN] RÖMISCHEN AUFENTHALTES an *Schuchardt* DIKTIRT. DEN SEPTEMBER VORBEREITET [BEGINN DER ENDGÜLTIGEN AUSARBEITUNG DES WERKES nach DEN SPORADISCHEN VORARBEITEN; → 18. 7. 25]. *Hofrat Vogel.* Befinden des *Großherzogs [Carl August].* Sonstige Medica. Mittag *Hofrat Meyer.* Wurde einiges über unsern frühern römischen Aufenthalt durchgesprochen. Sodann blieb ich für mich, überdachte denselben Gegenstand, besonders auch die Angelegenheit von *Hohenzollern-Sigmaringen [Karl von Hohenzoller-Sigmaringen* hatte Goethe um Rat hinsichtlich der Ausbildung *seines Sohnes Karl Anton* gebeten]. Abends *Oberbaudirektor Coudray, Kanzler v. Müller,* welcher eine angenehme Sendung von München brachte [vermutlich zwei Darstellungen des GEDICHTES DER SÄNGER von *Konrad Eberhard, Prof. an der Akademie in München*]. Sodann *Hofrat Vogel.* – An die *J. G. Cottasche Buchhandlung* nach Stuttgart, die SCHILLERISCHE CORRESPONDENZ [abgeschickt; → 8. 3.].» (Tgb) – «Lange hat nichts dem *gnädigsten Herrn [Carl August]* mehr Freude gemacht als meine Meldung, daß die Excellenz v. Goethe *Liebers* Tüchtigkeit und Geschicklichkeit anerkenne [→ 5. 4.].» (Tgb Helbigs)

Ostermontag, 7. April. «ÜBER DIE RÖMISCHEN EREIGNISSE VOM SEPTEMBER 1787 DIKTIRT [→ 6. 4.].» (Tgb) – Brief an *Sulpiz Boisserée:* «Da sich [...] soviel Ungeschicktes in der Welt ereignet, wodurch unvermeidliches Unheil nur vermehrt und verdoppelt wird, so war es billig, daß auch *gute Geister* aufträten welche mit klarem Bewußtseyn das Verschobene wieder in's Gleiche brächten [«...ich habe Ihren Vertrags-Vorschlag (→ 8. 3.) sogleich mit den erforderlichen Bemerkungen an *Herrn v. Cotta* abgesandt. Dieser antwortet mir nun, daß er mit den Zusätzen einverstanden sey, welche Ihr Vorschlag zu dem schon unter dem 14. September 1826 abgeschlossenen Vertrag enthalte (→ 30. 12. 26), daß aber dieser frühere Vertrag beibehalten werden müsse, weil darin bereits über das Honorar einer etwaigen TASCHEN-AUSGABE das Nöthige festgesetzt sey. *Herr v. Cotta* sendet mir daher die hier beiliegende Abschrift jenes Vertrags mit Beifügung der von ihm unterschriebenen neuen Bestimmungen und bittet Sie, sofort das MANUSCRIPT zu überschicken und das Geld einzuziehen...» (an Goethe, 27. 3.)]. – Mit dem besten treusten Dank vermelde daher daß Sonntags den 6. dieses, als am heiligen Ostertage, die SCHILLERISCHE CORRESPONDENZ an die *J. G. Cottasche Buchhandlung* mit der fahrenden Post abgegangen, und ich dagegen eine Anweisung auf *Frege* auf 10 000 Thaler ausgestellt als: Vierter Termin der WERKE 7500,– [Taler;] KUNST UND ALTERTUM VI, 2 500,– [Taler;] SCHILLERISCHE BRIEFE, erster Termin 2000,– Taler [...]. – Hiedurch wäre also dasjenige berichtigt was real an der ganzen Sache ist [→ 8. 3.]. Das Übrige sey der Zeit und guten Geistern empfohlen.» – Brief *Sohn Augusts* an *Ernst v. Schiller* [vermutlich unter Mitwirkung Goethes]: Es wird die Absendung des MANUSKRIPTS ZUM BRIEFWECHSEL ZWISCHEN GOETHE UND SCHILLER an *Cotta* angezeigt und auf Goethes Verdruß in dieser Angelegenheit verwiesen. «Mein Vater, welcher den *Kindern seines Freundes* für den Antheil an DIESER AUSGABE verpflichtet zu seyn glaubt, wollte, ohne vorhergegangene [...] Zahlung der stipulirten

Summe [...] das KOSTBARE MANUSCRIPT nicht aus den Händen geben, worüber *Herr v. Cotta,* als über eine Verletzung wohlverdienten Vertrauens, sich höchlichst beschwerte [→ 18. 2.] [...]. Hierbei kam aber zum Vorschein, daß die SCHILLERISCHEN ERBEN indessen, ohne daß mein Vater das Geringste erfahren hatte, schon vollkommene, ja überzählige Befriedigung erhalten [...]. Nun hat mein Vater bei dem endlichen Abschluß DIESER ANGELEGENHEIT von dem *Verleger* verlangt, daß er ein rechtsgültiges Zeugniß der *Schillerischen Erben* beibringen solle [...] und ich ersuche Dich hiermit, das Mögliche zur Abfassung eines solchen Documents [...] beizutragen.» (WA IV, 44, 356 f.) – [...] Konzept eines nicht abgegangenen Briefes an den *Prof. der Moral und Politik Bachmann:* Goethe teilt mit, daß ein *«junger Mann von Stande»* *[Prinz Karl Anton v. Hohenzollern-Sigmaringen],* bisher in Genf ausgebildet, nach dem Wunsch *seines Vaters* nun auch Anleitung in philosophischen Dingen erhalten soll [→ 6. 4.]. – Goethe würde vorschlagen, «ihm zuerst die Probleme bekannt werden zu lassen, welche zu lösen eigentlich die Philosophie nach und nach unternommen; man suchte ihm anschaulich zu machen wie *bedeutende Männer* dabey verfahren und was ihnen allenfalls gelungen seyn möchte, worüber sie einig geworden und worüber sie noch [...] im Streit liegen. Es wäre dies ein historisch encyclopädischer Unterricht, wodurch *einem jungen Weltmann* soviel überliefert würde als er allenfalls nöthig hätte, um denen Bewegungen zuzusehen welche sich in diesem Felde noch oft genug erneuern werden.» – Goethe bittet ihn, hierüber seine Gedanken zu äußern. (WA IV, 44, 359 ff.) – «[...] *Dr. Eckermann.* Verhandlung mit demselben wegen fortgesetzter Redaction MEINER WERKE und Übereinkunft. Speiste derselbe mit *uns.* Wurden die Münchner Zeichnungen zur SÄNGERROMANZE aufgestellt und besprochen [→ 6. 4.]. Abends *Hofrat Meyer,* demselben vorgetragen den ZWEITEN AUFENTHALT IN ROM. Sodann für mich JENE RÖMISCHEN ERINNERUNGEN WEITER DURCHFÜHREND. Abends war alles in der Vorstellung des Kaufmann von Venedig [von *Shakespeare].»* (Tgb)

Dienstag, 8. April. «An *Schuchardt* FORTSETZUNG DES RÖMISCHEN AUFENTHALTS DIKTIRT. Kam eine Sendung von Minden. Ferner ein Brief von *[Lithographen] Müller* aus Karlsruhe [→ 4. 3.].» (Tgb) – Brief an *Geh. Rat Helbig:* Goethe sendet [den *Lithographen Müller* betreffende] Papiere zu weiterer Betrachtung; ebenfalls das Konzept der Tabelle [von *Glenck;* → 19. 3.] für *Carl August.* – «*Dr. Körner* brachte sein Büchlein: Anleitung zur Verfertigung der achromatischen Fernröhre. *Prinzeß Auguste* mit *Umgebung. Hofrat Meyer* gegenwärtig. *Retzschens* Hamlet [→ 24. 3.] und *Riepenhausens* FAUST [vermutlich Verwechslung mit *Delacroixs* Lithographien] vorgewiesen. Mittag mit den *Frauen* und *Kindern. August* war bey *[Schauspieler] La Roche.* Die *Bolognesische Schule* durchgesehen. Die vorzüglichen Radirungen ausgehoben. Abends *Herr Hofrat Meyer.* Sodann *Eckermann,* mit ihnen vom ZWEITEN RÖMISCHEN AUFENTHALT gehandelt. Mit letzterem, welcher blieb, EINIGES ANDERE AUF DIE AUSGABE DER WERKE BEZÜGLICHES. [...].» (Tgb)

Mittwoch, 9. April. «Mit *Schuchardt* und *John* den ZWEITEN RÖMISCHEN AUFENTHALT FORTGESETZT. Mittag *Dr. Eckermann,* welcher seine Bemühungen um Redaction MEINER WERKE näher detaillirte und gar glückliche Vorschläge that zum weiteren Fortschreiten. Gegen Abend *Hofrat Meyer,* mit wel-

chem die römischen Zustände durchgesprochen wurden. Erhielt die unlängst
verschriebene populäre Astronomie [ohne Hülfe der Mathematik, 1827],
übersetzt [versehentlich für verfaßt] von *[M. L.] Frankenheim*. Fing an darin
zu lesen. [. . .].» (Tgb)

Donnerstag, 10. April. «Populäre Astronomie weiter gelesen. Abzusendende Briefe [. . .] vorbereitet. RÖMISCHER AUFENTHALT BIS GEGEN DAS
ENDE *John* diktirt. *Herr Hofrat Meyer* zu Tische. Nachher ward *Lieber* berufen,
wegen der restaurirten Bilder Übereinkunft getroffen, wegen der neuen weitere Beredung geflogen [→ 6. 4.]. Nachher meistens die poluläre Astronomie
fortgesetzt [. . .]. *Herr Kanzler v. Müller,* Brief und Nachricht von München
bringend.» (Tgb)

Freitag, 11. April. «Die Acten wegen der Restauration geheftet und
geordnet. Auch Bilder aus dem Museum hergeholt, um solche mit *Meyer*
und *Lieber* zu besprechen [→ 10. 4.].» (Tgb) – Brief an *Geh. Rat Helbig:* Goethe bittet, *Carl August* anhand der beikommenden Akten über den Fortgang
der Restaurationsangelegenheit zu berichten. – Er regt an, den *Künstler [Lie-
ber]* finanziell so zu stellen, «daß er nicht nöthig hätte, sich nach anderwei-
tem Verdienst umzusehen». – «*Hofrat Döbereiner* einen Augenblick, seine
Rückkehr auf Nachmittag ankündigend. *Frau v. Wolzogen,* ihren Aufenthalt
in Jena besprechend. Die *russische Familie* . . . [Lücke im Text]. Mittag
Demoiselle Seidler, welche das wohlgelungne Porträt der *Frau von Ahlefeld*
vorausgesendet hatte. *Herr Hofrat Döbereiner,* welcher einige sehr anmuthige
und bedeutende chemische Experimente vortrug. Abends Thee bey den *Kindern. Fremde und Einheimische,* welche ich gleichfalls besuchte. Spät zu Bette.
– [An] *Herrn Jügel* [Buchbestellungen] [. . .].» (Tgb)

Samstag, 12. April, oder etwas früher. Der *Lithograph Müller* will von
Karlsruhe zurück in seine alten Verhältnisse [→ 8. 4.]. Da in seinem bisherigen Weimarer Quartier aber ein Atelier für *Liebers* Restaurationsarbeiten
eingerichtet werden soll, unterbreitet *Geh. Rat Helbig* den Vorschlag, *Müller*
mit seiner gesamten lithographischen Werkstatt an der Zeichenakademie in
Eisenach unterzubringen. *Carl August* gefällt dieser Gedanke. Er beauftragt
Helbig, sofort mit Goethe darüber zu sprechen, der ebenfalls zustimmt und
einen «unterthänigsten Vortrag» dazu ankündigt. (vgl. Tgb Helbigs, 12. 4.)

Samstag, 12. April. Brief an *v. Schlotheim: Goethes Sohn* «hat in der neueren Zeit die von mir seit Jahren neben manchen andern oryktognostischen
Exemplaren aufbewahrten Fossilien gesondert, mit Fleiß und Neigung geordnet und möchte sich durch die erworbenen Kenntnisse wohl einigermaßen
werth machen, bey einer vielleicht bald zu übernehmenden Reise einer
freundlichen Aufnahme theilhaft zu werden». – «Populäre Astronomie von
Frankenheim fortgesetzt [→ 10. 4.]. Scènes contemporaines [Drama von
Edmound-Ludovic-Auguste Cavé] aus der *französischen Lesegesellschaft. Lieber,*
mit demselben die Restaurations-Angelegenheit durch und durch gesprochen
[→ 11. 4.]. [. . .] die *jungen Herrschaften [Karl Friedrich* und *Maria Paulowna].
Becker* von Edinburgh kommend, mitbringend eine Übersetzung des Wallenstein [«‹Wallenstein›. From the German of Frederick Schiller», 1827] von
[D. M.] Moir [schottischer Schriftsteller und *Übersetzer],* es begleitete ihn ein
stummer Schottländer. Er selbst munter, einsichtig und geistreich. Mittag *Hofrat*

Vogel, Coudray und *Eckermann*. Studium des Vorliegenden. Succession der nächsten Arbeiten in Gedanken geordnet. [...].» (Tgb)

Sonntag, 13, April. «AUFSÄTZE IN BEZUG AUF KUNST UND ALTERTUM.» (Tgb) – Brief an *Riemer:* Goethe bittet ihn um Durchsicht beikommender, für KuA bestimmter AUFSÄTZE. – «Ingleichen die [...] Übersetzung von Wallenstein [→ 12. 4.]. Um 12 Uhr spazieren gefahren mit *Hofrat Meyer*. Derselbe zu Tische. Abends *Eckermann*. Man wurde über die Redaction der SPÄTEREN BÄNDE immer einiger [→ 9. 4.].» (Tgb)

Montag, 14. April. «Kam *Lieber* wegen den zu restaurirenden Bildern, deren ihm einige übergeben wurden [→ 12. 4.]. In den unteren Garten zu Fuße. *Ottilie* holte mich um 1 Uhr ab. Spazieren gefahren ums Webicht. Mittag *unter uns*. Nach Tische *Landesdirektionsrat Töpfer*. Die bedeutende Einwirkung eines neulichen Gesprächs mit einiger Freude vortragend. War eine Sendung gekommen von Breslau. Merkwürdige Holzschnitte [von *Georg Watts* nach Zeichnungen von *Moritz von Schwind*] zu Tausend und eine Nacht [2. Auflage der Übersetzung von *F. H. von der Hagen u. a., 1827*]. Abends *Wölfchen.*» (Tgb)

Vermutlich Donnerstag, 10. / Montag, 14. April. AUFSATZ BERICHT ÜBER BILDERRESTAURATION IN WEIMAR [postum veröffentlicht].

Dienstag, 15. April. «An *Schuchardt* diktirt, zu KUNST UND ALTERTUM VI, 2, vermutlich AUFSATZ TAUSENDUNDEINE NACHT, → 14. 4.]. Betrachtung über die englischen Zeitschriften. Concepte für die nächsten Posttage. *Frau Großherzogin [Luise]*. Vorgewiesen die merkwürdige Matricaria [Kamille.] Auch die Palmenmißgewächse. Ferner die Holzschnitte zu Tausend und einer Nacht. Mit *Ottilien* und *Alfred [Nicolovius]* spazieren gefahren. Mittag zusammen gespeist. Viele sogenannte Berliner Witze und schnelle Erwiederungen kamen zur Sprache, gaben aber doch nur Begriff von einer höchst platten Lebensweise und einem Mangel an eigentlich geistiger Thätigkeit. Fernere Unterhaltung mit *Alfred*. Abends *Prof. Riemer*. Manches an Concepten sowohl als an AUFSÄTZEN FÜR KUNST UND ALTERTUM durchgegangen. Auch die neue Übersetzung von Wallenstein beachtet [→ 13. 4.].» (Tgb)

Montag, 14. / Dienstag, 15. April. Brief an *Hofrat Bußler:* Goethe bedauert, dessen Werk [die erste Abteilung des epischen Gedichts «Moses»] ohne Beurteilung zurücksenden zu müssen. – Ihm fehlt die nötige Sammlung, sich die uralte Überlieferung völlig zu vergegenwärtigen und sie mit der neuen dichterischen Gestalt zu vergleichen.

Mittwoch, 16. April. «Nochmalige Revision der Concepte und Entwürfe. Munda durch *Schuchardt*.» (Tgb) – Brief an *Frommann d.J.:* Goethe dankt für die Mitteilung seiner *Manzoni* gewidmeten Bemühungen [*Frommann* teilt am 25. 3. die Ergebnisse seines von Goethe angeregten Übersetzungsvergleiches zwischen dem *Manzonischen* Original der «Verlobten» und der *Leßmannschen* Übersetzung in einer tabellarischen Übersicht mit, wobei er die Übersetzung durchaus unzulänglich findet.]. «[...] ich würde Sie ersuchen, auch noch der *v. Bülowschen* Übersetzung eine Columne zu gönnen, wenn ich für räthlich hielte davon öffentlich Gebrauch zu machen. Nach manchen Vorarbeiten [→ 23. 10. 27ff.] getraue ich mir doch nicht von Übersetzungen Kenntniß zu nehmen; man kommt in ein zu weites Feld, gewinnt keinen Dank und macht es niemanden recht. [...]. Das größte Unglück ist die Eile, womit ein so wichtiges

Geschäft durchgeführt werden soll. Worum der *Autor* sich mehrere Jahre befleißigt hat, soll nun in wenigen Wochen abgethan werden.» – Goethe vermutet, daß dringende Arbeiten für die Messe den Druck von KuA [VI, 2] unterbrochen haben [*Frommann* hatte die AUSHÄNGEBOGEN 19 UND 20 am 25. 3. geschickt (Jensen, 1947)]. Für die Fortsetzung des Druckes ist GENÜGEND MANUSKRIPT vorhanden. Er erbittet sich weitere Mittilungen. – «*Herr Geh. Hofrat Helbig,* einiges wegen *Lieber* und *Müller* referirend [→ 12. 4. oder früher; → 14. 4.]. *Hofrat Vogel,* über verschiedene Krankheitszustände und deren Curart. Mittag die *Familie* und *Alfred [Nicolovius].* Nach Tische *Herr Kanzler [v. Müller]* und *Hofrat Meyer.* Berlinische Tagsereignisse, Widerstreit und Schwankungen. Abends *Oberbaudirektor Coudray,* über Geschäfts- und *Famili-*enangelegenheiten. [...]. An *Färber,* die Schafhörnchen mit Würmern.» (Tgb)

Donnerstag, 17. April. «Fortgesetzte Concepte und AUFSÄTZE zu Briefen und zu KUNST UND ALTERTUM. Den INHALT DES VI. 2. HEFT an *Alfred [Nico-lovius]* übergeben. Ionian antiquities [1797–1821 (Keudell, W. 1908)]. Die *jungen Herrschaften [Karl Friedrich* und *Maria Paulowna]. Graf Wielhorsky, russischer Offizier* zum Glückwunsch hierher gesendet. *Ritter [Christian Karl Josias] v. Bunsen* [geb. 1791], *preußischer Resident am päpstlichen Hofe.* Mittag *Hofrat Meyer* und *Alfred Nicolovius, mein Sohn* war nach Jena gefahren. Nach Tische Entfernung der *Frauenzimmer [Schwiegertochter Ottilie* und *Ulrike v. Pogwisch].* Erzählung verruchter Berlinischer Novellen. Auf morgen Vorbereitung. Landkarte vorgenommen in Bezug auf die obschwebenden Kriegsereignisse [des russisch-türkischen Krieges].» (Tgb)

Freitag, 18. April. «Relation *meines Sohnes* über gestrige Expedition. Die *Schrönsche* Angelegenheit kam zur Sprache. Das Erforderliche wurde beygeschafft. Ich ging in den untern Garten. Bedachte manches, und näherte mich der Ausführung. Mittag *Hofrat Meyer* und *Alfred Nicolovius.* Auch *Dr. Eckermann.* Letzterer blieb bis Abends. *Herr Kanzler v. Müller.* Um 6 Uhr *Prof. Riemer.* Verschiedene Concepte mit ihm durchgegangen, auch zu KUNST UND ALTERTUM. [...].» (Tgb)

Donnerstag, 27. März / Freitag, 18. April. ARBEIT AN DER EINTEILUNG DER BÄNDE 21 BIS 40 DER ALH. Der INHALT DER BÄNDE 16 BIS 31 stimmt mit dem endgültigen Stand überein, ab BAND 32 ist geplant: 32. ANNALEN II; 33. FRANKFURTER REZENSIONEN; 34. JENAER REZENSIONEN; 35. CELLINI I; 36. CELLINI II; 37. HACKERT; 38. WINCKELMANN; 39. DIDEROT PP.; 40. EPISCHE GEDICHTE. Die AUFSTELLUNG wird *Eckermann* am 18. 4. übergeben; → 5. 4. (vgl. Hagen, zu 1272)

Samstag, 19. April. «MAKARIE VORSCHRITT [Fortsetzung der Arbeit an den WANDERJAHREN; → 9. 3.] [...]. Brief von *Ernst Schiller,* über die Angelegenheit der VÄTERLICHEN CORRESPONDENZ, Unterhaltung deshalb mit *meinem Sohne [Ernst v. Schiller* teilt am 13. 4. seine Befriedigung über das Absenden des MANUSKRIPTS an *Cotta* mit, weist jedoch darauf hin, daß *Cotta* an die *Schillerschen Erben* noch keinerlei Honorar oder Honorarvorschuß auf den BRIEFWECHSEL gezahlt habe (→ 7. 4.). (Jensen, 1952)]. DIE REGISTRANDE WEGEN DER AUSGABE MEINER WERKE REVIDIRT. Mittags zu *14 Personen* gespeist, *Döbereiner* und *Frommanns, Vater* und *Sohn, Helbig, Alfred Nocolovius* und die *gewöhnlichen Sonnabendsgäste. Döbereiner* zeigte nach

Tische die *Davysche* Sicherheitslampe vor und machte einige chemische Experimente. Spazierte später nach dem untern Garten. Vorbereitungen auf morgen.» (Tgb)

Vor Sonntag, 20. April. ABSCHNITTE J. F. CASTELLIS «GEDICHTE IN NIE-DERÖSTERREICHISCHER MUNDART», ALTBÖHMISCHE GEDICHTE und «DAINOS ODER LITAUISCHE VOLKSLIEDER» DES AUFSATZES NATIONELLE DICHTKUNST für KuA VI, 2.

Sonntag, 16. März / vor Sonntag, 20. April. ABSCHNITTE SERBISCHE POE-SIE. GERHARDS «WILA» und «SERVIAN POPULAR POETRY», TRANSLATED BY JOHN BOWRING des AUFSATZES NATIONELLE DICHTKUNST für KuA VI, 2 [→ 16. 3.].

Sonntag, 20. April. «Oberaufsichts-Geschäfte beseitigt. *Dr. Weller* kam und berichtete den Besuch des *Altenburger Herrn Geh. Rats Braun* in der Bibliothek und dessen Zufriedenheit mit der Anstalt. [...] La cour et la Ville, Paris et Coblenz. War ich [...] mit *Hofrat Meyer* in den untern Garten und sodann ums Webicht spazieren gefahren. Mittag *Hofrat Meyer* und *Alfred Nicolovius,* auch *Dr. Weller.* Unser Gespräch über Frascati, Albano pp. setzten wir zu Hause fort mit Zuziehung der *Sicklerischen* Karte. Abends *Oberbaudirektor Coudray* von künstlerischen und häuslichen Angelegenheiten sprechend, eines angekauften Gartens erwähnend. Das neue französische Werk Paris und Coblenz, welches vorzüglich gegen *Frau v. Genlis* gerichtet scheint, weiter gelesen. Es ist doch eigentlich nur ein Klatsch in höheren Regionen. – [...] [An] *Frommann,* MANUSCRIPT, NATIONELLE DICHTKUNST [→ 16./20. 4.]. (Tgb)

Montag, 21. April. Brief an den *Magistrat von Nürnberg:* Goethe spricht sein «innigstes Bedauern» darüber aus, daß ihn seine hohen Jahre gehindert haben, der «höchst ehrenvollen Einladung» des Magistrats [zur Grundsteinlegung des *Albrecht-Dürer*-Monuments anläßlich des 300. Todestages des *Künstlers*] zu folgen. – «Wie gern hätte ich an jenem feyerlichen Tage die alte, ehrwürdige, unter einer *neuen fördernden Regierung* frisch belebte Stadt wieder besucht [...]; wie ich denn auch an Zweck und Vorhaben, welches sich durch diese Feyer so lebhaft und energisch ausgesprochen, fortan theilzunehmen nicht unterlasse [→ 11. 3.].» – «[...] Den Stoff zu KUNST UND ALTERTUM abermals revidirt. Mit *Hofrat Meyer Liebern* in dem *Koppenfelsischen* Hause, *Schuchardt* im Museum, *[Hofbildhauer] Kaufmann* in seiner Werkstatt heimgesucht, in verschiedentlichen Zwecken und Absichten. Mit *Alfred Nicolovius* Mittags. Nach Tische Unterhaltung mit *meinem Sohn.* Kam *Hofrat Meyer, Kanzler v. Müller* und *Hofrat Vogel.*» (Tgb)

Dienstag, 22. April. «EINIGES ZU KUNST UND ALTERTUM. *Geh. Hofrat Helbig* wegen einiger Geschäfte [«Der *Großherzog* ist sehr auf den Ankauf der sogenannten Hamiltonschen Vase gestellt, deren Abguß und Transport von London hierher viel kostet.» (Tgb Helbigs)].» – Brief an *Zelter:* Goethe konnte dessen Anforderung [nach Begleitworten zu einer Porzellanvase für die *Sängerin Milder-Hauptmann* anläßlich ihres 25. Bühnenjubiläums] leider nicht erfüllen. «[...] es wollte [...] nichts werden, denn ich bin lange nicht so zerzupft worden als diese letzten Wochen her. [...]. – Dein Oster-Concert ist glücklich vorüber gegangen; bey *unsrer Frau Erbgroßherzogin* [die anläßlich der Entbindung der *Prinzeß Marie* in Berlin weilte und am 2. 4. wieder in Weimar eingetroffen war] hast du dich vorzüglich insinuirt und mir dient es zum ganz

besonderen Troste, daß *diese treffliche Dame* über deine Bestrebungen und Leistungen auch nunmehr in Klarheit versetzt ist.» – Goethe hat nun die FÜNFTE
LIEFERUNG [DER ALH] «auf der Seele, worin die UMGEWANDELTEN WANDER-
JAHRE zur Erscheinung kommen sollen. Wenn der Mensch nicht von Natur
zu seinem Talent verdammt wäre, so müßte man sich als thörig schelten, daß
man sich in einem langen Leben immer neue Pein und wiederholtes Mühsal
auflastet. – [...] indessen FAUST mich von der Seite anschielt und die bittersten Vorwürfe macht, daß ich nicht ihm als dem Würdigsten den Vorzug der
Arbeit zuwende und alles Übrige bey Seite schiebe. [...]. – Klanglos und ton-
los sind immerfort noch meine Umgebungen; neulich versucht ich's in der
Oper, die große Trommel aber, von welcher unser ganzes Bretterhaus bis in
die Dachsparren dröhnte, hat mich von jeden ferneren Versuchen abge-
schreckt. Dagegen lockt mein Garten am Stern zu jeder freundlichen Stunde
mich an; dort gelingt mir's, mich zu sammeln und zu manchem guten Hervorbringen mich zu einigen und zu innigen.» – «Diktirte sodann den Vortrag
wegen *Heinrich Müller* [Goethe schlägt vor, bei der Verlegung der lithographischen Anstalt nach Eisenach dem *bisherigen Leiter Heinrich Müller* zugleich die Stelle des *Zeichenmeisters* am Eisenacher Zeicheninstitut zuzubilli-
gen; → 12. 4. oder früher. (vgl. Wahl 3, 447)]. *Prinzeß Auguste* mit den *Ihrigen*
um 12 Uhr. War *Hofrat Meyer* gegenwärtig. Mittag *Alfred Nicolovius*. Abends
Prof. Riemer, AUF KUNST UND ALTERTUM BEZÜGLICHES mit ihm durchgegangen. Er theilte die artigen Scherze mit, womit eine *heitere geistreiche Gesellschaft* seinen Geburtstag gefeiert hatte. [...].» (Tgb)

Mittwoch, 23. April. Brief an *Bildhauer Tieck*: «Betracht ich nun die Hindernisse, die Sie zu überwinden hatten [*Tieck* berichtet davon am 12. 4. an
Goethe], um meinen dringenden Wunsch nach dem Besitz des *Antinous* zu
erfüllen [→ 23./24. 5. 27], so hätte ich, wären sie mir früher bekannt gewor-
den, schwerlich gewagt denselben auszusprechen [...].» – Diese und andere
Antiken vergegenwärtigen Goethe gewisse Zustände und erneuern Empfin-
dungen, «welche zu den besten und harmlosesten zu zählen sind die uns das
Leben gewähren kann». – Goethe berichtet von seiner Begegnung mit dem
Original in Mondragone [→ 12. 12. 87]. – «[...] Einige Zeit im Garten. Mit
Ottilien in den untern Garten gefahren. Sodann auf die Jenaische Chaussée.
Mittag *Dr. Eckermann*. Mit demselbigen den ZWEITEN RÖMISCHEN AUFENT-
HALT besprochen [→ 10. 4.]. Im Garten. Merkwürdige Wolkenmasse von
Osten heranziehend, sich nach Westen und Süden verbreitend, bis zum
Zenith reichend und unter Donner und Blitzen sich wieder zurückziehend.
Abends schrieb *Wolf* Comödienzettel. [...].» (Tgb)

Donnerstag, 24. April. «CONCEPTE UND MUNDA AUF KUNST UND
ALTERTUM BEZÜGLICH mit *Schuchardt*. Die *Müllerische* Angelegenheit mit *John*
[→ 22. 4.]. War [...] eine Sendung [...] von *Hormayr* [dessen Werk «Wien,
seine Geschichte und seine Denkwürdigkeiten», 1823/25] angekommen. *Hofrat Meyer* zu Mittag. Wir speisten allein. Eine Sendung von Leipzig; es waren
die Admiranda Romae [Admiranda Romanorum antiquitatum ac veteris
sculpturae vestigia, von *P. S. Bartoli*, 1693], auch *[J. L.] Natters* Werke über
die Steinschneidekunst [«Traité de la méthode antique de graver en pierres
fines comparée avec la méthode moderne...», 1754], beide beachtet. *Herr*

Kanzler v. Müller. Abends einige Stücke von *Molière.* Auch sonstiges vom französischen Theater, zu ausgesprochenen Zwecken.» (Tgb)

Nach Donnerstag, 24. April. «[...] gar manchen Abend, seitdem ich mich im Besitze dieses Schatzes [Hormayrs «Wien...»] befinde, haben wir uns gemeinsam an manchen Einzelnheiten erfreut, besonders [...] durch die das Werk auch vorzüglich belebenden Kupfer angelockt und bestimmt» (an *Hormayr,* 22. 3. 29)

Freitag, 25. April. Brief an *Carl August:* Goethe sendet ein aus Bonn erhaltenes Programm zu Ehren des [50jährigen Doktor-]Jubiläums von *Sömmering* sowie den Dank *Nees v. Esenbecks* für den verliehenen Orden [→ 16. 3.]. Die Bestellung eines Exemplars der [aufwendig ausgestatteten] «Acta» hat *Nees* außerordentlich gefreut. – «Mundum nach Gotha fertig. Der *junge v. Müller* nach Göttingen gehend. Vortrag wegen *Heinrich Müllers* [→ 24. 4.]. *Hofrat Meyer,* die Porträts des *Prinzen Karl* und *Prinzeß Marie* in Bernstein gedreht vorzeigend und die von Leipzig angelangten Zeichnungen besprechend. Mit demselben nach 12 Uhr spazieren gefahren. Sodann zusammen allein gespeist. Gegen Abend *Prof. Riemer.* Einiges mit ihm gearbeitet. [...].» (Tgb)

Samstag, 26. April. «Kam der 7. BOGEN ZU KUNST UND ALTERTUM mit der Nachricht, daß *Frommanns* nach Leipzig gereist seyen. Einiges redigirt an dem nächst nöthigen Manuscript. *Herr Hofrat Soret,* den Lectionscatalog von Genf bringend. War das Bild [Gemälde], den Tempel des Jupiters von Girgenti [Agrigent] vorstellend, gemalt von *Baurat Klenze* in München, glücklich angekommen [→ 21. 11. 21]. Eine vorzügliche Arbeit. Um 12 Uhr mit *Ottilien* spazieren gefahren. Zu Tische *Herr Hofrat Vogel, Riemer, Eckermann, Coudray.* Nach Tische *Hofrat Meyer.* Betrachtung über die Landschaft des *Herrn v. Klenze.*» (Tgb)

Sonntag, 27. April. «Früh 8 Uhr in den untersten Garten gegangen. Manches bearbeitet und vorbereitet. Nach 12 Uhr von da mit *Herrn Hofrat Meyer* spazieren gefahren. Zu Tische waren gegenwärtig *Herr Peucer, Dr. [Karl] Iken* [*Schriftsteller* und *Übersetzer;* geb. 1789] von Bremen, *Riemer, Meyer, Eckermann, Töpfer.* [«Bei Gelegenheit meines *(Ikens)* persönlichen Besuchs bei dem verehrten Dichter wurde auch dieser Arbeit (*Ikens* Übersetzung von *Maturins* «Bertram» von 1817) nicht ungünstig erwähnt.» (GG 6134)]. Abends allein, die AGENDA revidirt.» (Tgb)

Montag, 28. April. Brief an *Hofrat Meyer:* «Mögen Sie wohl [...] die freundlichen Gesinnungen, die Sie mit mir gegen das Münchener Bild [von *Klenze;* → 26. 4.] hegen, mit wenigen kräftigen Worten [für KuA VI, 2] zu Papier bringen?» – Brief an *Auktionator Weigel:* Goethe bestellt mehrere Stücke Florentiner Marmor, der auf einer Auktion angeboten wird. – «[...] Um 9 Uhr in den untern Garten. *Herr Staatsminister v. Fritsch* angetroffen, mit demselben spaziert. Im Garten. Den Brief nach Moskau revidirt. Abschrift durch *John.* Das Erbgroßherzogliche Paar [*Karl Friedrich* und *Maria Paulowna*] abreisend nach Petersburg. Fortgesetzte Betrachtung über die Sendung von Moskau vom 31. Januar 1828. Mittag im untersten Garten allein. Gegen Abend *Herr Kanzler [v. Müller], Dr. Iken, [Alfred] Nicolovius, Coudray.* Mit letzterem den untern Saal zu dielen besprochen. Um 6 Uhr spazieren gefahren mit *Ulriken [v. Pogwisch].*» (Tgb)

Samstag, 26. / Montag, 28. April. Brief an *Borchardt:* Goethe dankt für dessen Sendung, die ihm «zu ganz besonderem Vergnügen» gereicht hat [→ 1. 3.] – «Ich bin in MEINEN ARBEITEN nicht leicht didaktisch geworden: eine poetische Darstellung der Zustände, theils wirklicher, theils ideeller, schien mir immer das Vortheilhafteste, damit ein *sinniger Leser* sich in den Bildern bespiegeln und die mannichfaltigsten Resultate bey wachsender Erfahrung selbst herausfinden möge. – Wenn wir Westländer nun schon auf mehr als eine Weise [...] mit den Vorzügen *Ihrer Dichter* bekannt geworden und wir daher so wie aus andern edlen Symptomen auf eine hohe ästhetische Cultur in ihrem ausgedehnten Sprachkreise zu schließen hatten, so war es mir doch gewissermaßen unerwartet, in Bezug auf mich jene so zarten als tiefen Gefühle in dem entfernten Osten aufblühen zu sehen [...]. – Das Problem oder vielmehr der Knaul von Problemen, wie MEINE HELENA sie vorlegt, so entschieden-einsichtig als herzlich-fromm gelös't zu wissen, mußte mich in Verwunderung setzen, ob ich gleich schon zu erfahren gewohnt bin, daß die Steigerungen der letzten Zeit nicht nach dem Maaß der früheren berechnet werden können. [...].»

Dienstag, 29. April. Brief *Sohn Augusts* an *Ernst v. Schiller* [vermutlich unter Mitwirkung Goethes]: «Dein Brief in welchem unumwunden die Erklärung enthalten ist daß die *v. Schillersche Familie* auf das Honorar für die CORRESPONDENZ UNSERER VÄTER von [...] *Cotta* noch nichts erhalten, hat uns sehr gefreut [→ 19. 4.] [...]. Wie sehr wir einer Aufklärung dieser sich ganz im Widerspruch stehenden Sache entgegen sehen, wirst du selbst tief fühlen [...].» – *August* teilt mit, daß Goethe zu Ostern 2000 Taler nach Abgang des MANUSKRIPTS erhalten hat [→ 7. 4.]. (WA IV, 44, 369) – «[...] Um halb 11 Uhr *Frau Großherzogin [Luise].* Um 12 Uhr *Prinzeß Auguste* mit *Umgebung.* Dann [...] der *Großherzog [Carl August]. Lieber* zeigte angefangene Restaurationen vor. *Gräfin Fritsch* gleichfalls Abschied zu nehmen. Mittags mit der *Familie.* Mit *Prof. Riemer* spazieren gefahren, im untern Garten. Einiges gearbeitet.» (Tgb)

Mittwoch, 30. April. «Früh mit *Schuchardt.* Dann um 11 Uhr im untern Garten. Mit *John* an der ITALIENISCHEN REISE [→ 23. 4.]. Billet von *Hofrat Meyer* und Beantwortung.» (Tgb): «Durch Ihre freundliche Zuschrift [...] sind also neben dem einen Fehler noch drey andere [vermutlich im DRITTEN TEIL DER ITALIENISCHEN REISE] verbessert, wofür schönstens danke.» – «Mittag *Dr. Eckermann.* Die nächsten Arbeiten besprochen. Brief von *Ernestine Voß.* Blieb allein. Abends holte *Hofrat Meyer* mich ab, wir fuhren noch ums Webicht. War angekommen die Revision des 22. BOGENS [von KuA VI, 2]. Ein Brief von Wien von *Deinhardstein,* auch von *Boisserée,* der seine Verheyrathung eingestand. Alles zusammen gab zu denken und zu thun.» (Tgb)

Vermutlich Ende April. AUFSATZ SÜDÖSTLICHE ECKE DES JUPITERTEMPELS VON GIRGENTI für KuA VI, 2 [vermutlich von *Meyer/*Goethe; → 28. 4.].

Zweite Märzhälfte / April. AUFSATZ BILDNISSE AUSGEZEICHNETER GRIECHEN UND PHILHELLENEN für KuA VI, 2.

Vielleicht zweite Märzhälfte oder April. PARALIPOMENON «DAINOS» VON RHESA [→ 20. 4.; → 31. 10. 25; postum veröffentlicht].

Vermutlich März oder April. AUFSATZ DR. JAKOB ROUX ÜBER DIE FARBEN IM TECHNISCHEN SINNE für KuA VI, 2.

Donnerstag, 1. Mai. «[...] Die Italienische Reise mit *Schuchardt* [→ 30. 4.]. Das gestern angekommene The Bijou [or Annual of literature and the arts] abermals betrachtet. Im Foreign Review No 1, gestern angekommen, die Rezension über *[Zacharias] Werner* gelesen. Den Bogen 21 und 22 nochmals revidirt [→ 30. 4.]. *Hegels* Rezension über *Solgers* Nachlaß. Speculum romanae magnificentiae 1594 [von *A. Lafrerius*] auf *Meyers* Anregung von der Bibliothek genommen. [...] *Herr Geh. Hofrat Helbig,* wegen verschiedener Geschäfte [...]. Mit *Hofrat Meyer* in den untern Garten gefahren. Darauf ums Webicht. Verabredung wegen der nächsten Arbeiten. Mittag speiste derselbe *mit uns.* Die pompejanischen Umrisse [von *Zahn* betrachtet, → vermutlich Ende März]. Sendung von *Artaria* beschaut. *Kanzler v. Müller.* Ward von *Herrn Iken* und dessen Unterhaltungen gesprochen. Spazierfahrt mit *Meyer* auf der Erfurter Straße. Rectificirte ich nachher das Nächste zu Kunst und Altertum. [...].» (Tgb)

Freitag, 2. Mai. «Einiges zur Italienischen Reise mit *Schuchardt* [→ 1. 5.]. Nordwestliche Übersicht von Rom am Thurme des Capitols [Radierung von *Ernst Fries* und *Joseph Thürner* aus dem Jahre 1824].» (Tgb) – Brief an *Zelter:* «Beschäftigt bis zum Irrewerden; herzlicher Theilnahme sich empfehlend. – Die Jahre 1826 und 27 [des Briefwechsels zwischen Goethe und Zelter], abgeschrieben und zusammengeheftet, bilden einen anständigen Codex; die Originale kommen zurück.» – «*Hegels* Rezension von *Solgers* Nachlaß. Weitere Betrachtung der englischen, eigentlich Edinburghischen Zeitschriften [wohl auch «The Foreign Review» Nr. 2 mit *Carlyles* Rezension der Helena]. Mittags *[Alfred] Nicolovius* zum letztenmale. Ich beschäftigte mich mit Anordnung im Hause. Betrachtungen des alten Roms. Abends *Herr Prof. Riemer.* Auf Kunst und Altertum Bezügliches. La Cour de la Ville, Paris et Coblenz [→ 20. 4.]. *Alfred* nahm Abschied. [...].» (Tgb)

Samstag, 3. Mai. Brief an *Hofrat Meyer:* Goethe sendet das «erste Heft» des ihm bereits bekannten Manuskripts [sicherlich die Abschnitte Juni, Juli 1787 des zweiten römischen Aufenthalts] mit der Bitte um Durchsicht. – Brief an *Carl August:* Goethe sendet ein Dankschreiben *Loders* [für die ihm von *Carl August* verliehene goldene Medaille]. «Auch er *[Loder]* sehnt sich nach seinem Ursprung zurück, und es wäre doch noch ein eigner Fall, wenn auch er sich zuletzt wieder um die Standarte des Rautenkranzes heranzöge» [*Loder* teilt seine Absicht mit, den *Zaren* zu bitten, ihm eine Anstellung in Deutschland, womöglich in oder um Weimar zu verschaffen (an Goethe, 9. 4.; Wahl 3, 447)]. – Brief an *Klenze:* Goethe dankt für das «höchst erfreuliche Bild» [→ 26. 4.], das ihn an seinen Aufenthalt am historischen Ort erinnert [→ 25. 4. 87] und das «auf eine wundersame und gleichsam magische Weise als lakonisches Fragment den Tempel, wie er möchte gestanden haben, zugleich mit seiner Umgebung in der Einbildungskraft hervorruft». – Er kündigt eine Würdigung des Bildes in KuA an [→ vermutlich Ende April]. – «An genanntem französischen Werk fortgefahren [→ 2. 5.]. Sendung von *Bran.* Einiges ajustirt für Kunst und Altertum [VI, 2] und sonstiges. Bey *[Gärtner] Herzog* die Kürbisse bestellt. Um 12 Uhr mit *Prof. Riemer* spazieren gefahren. Mittags derselbe, *[Leibmedikus] Vogel, Eckermann* und *Soret.* Nach Tische *Herr Hofrat Meyer.* Abends ins Theater. Die Belagerung von Korinth [Oper von

Rossini]. Nachher *Oberbaudirektor Coudray*, welcher mich nach Haus begleitete. – [An] *Herrn Frommanns* Druckerey MANUSCRIPT ZUM 23. BOGEN [KuA
VI, 2]. [. . .].» (Tgb)

Sonntag, 4. Mai. «*Zeichenlehrer Lieber. Gräfin Julie Egloffstein*, ein Porträt
des *Prinzen Bernhard [von Sachsen-Weimar-Eisenach]* bringend. *Geh. Rat
Schweitzer. Hauptmann v. Ekendahl.* Nach Tiefurt gefahren. Traf daselbst *Ottilien, Fräulein v. Pappenheim* und die *Kinder*. Wir speisten *zusammen*, auch *Herr
Hofrat Meyer*. Nach Tische *Oberbaudirektor Coudray*. Brachte die Risse zum
Entbindungshaus in Jena, und zu dem Lusthause für die *Erholung[sgesellschaft*
in Weimar]. Wir besprachen die Vorschläge und Bedürfnisse.» (Tgb)

Montag, 5. Mai. «EINIGES ZU KUNST UND ALTERTUM an *Schuchardt* DIK-
TIRT. DEN INHALT DER LETZTEN BOGEN ARRANGIRT. Kamen die Florentiner
Marmore von Leipzig [→ 28. 4.]. Ich besuchte *meinen Sohn* in dem Cabinet
der Fossilien. Florentiner Marmore wurden aufgehangen und eine Sendung
an *Herrn v. Schlotheim* besprochen. Mittag mit der *Familie*. Nach Tisch Anregung zu einer Medaille für *[Eduard] Rüppel* [der im Frühjahr von seiner Expedition nach Nubien, Kordofan und Arabien zurückgekehrt war]. Deshalb mit
[Hofbildhauer] Kaufmann conferirt. Abends *Landesdirektions-Rat Töpfer*. Cromwell, Tragödie von *Victor Hugo* [1827].» (Tgb)

Vermutlich vor Dienstag, 6. Mai. AUFSATZ FRANZÖSISCHES SCHAUSPIEL
IN BERLIN FÜR KuA VI, 2.

Dienstag, 6. Mai. «Die Tragödie fortgesetzt. EINIGES FÜR KUNST UND
ALTERTUM mit *Schuchardt* und *John*.» (Tgb) – Gutachten zum Andenken an
Eduard Rüppel [→ 5. 5.]: Vorausgesetzt, daß die Ausführung der Medaille
Münzdirektor Loos in Berlin übertragen wird, erbietet sich Goethe, die Gestaltung der Rückseite zu übernehmen. Er wird dazu mit den *Weimarer und Ber-
liner Kunstfreunden* Rücksprache halten. (WA IV, 44, 373 f.) – «[. . .] Der *kleine
Prinz [Karl Alexander]* und *Herr Soret*. Mittag *für uns*. Nachher *Herr Kanzler
v. Müller* und ein *junger Jacobi [Georg Alban]*?, geb. 1805] von Düsseldorf. Ich
hatte die Vasen und Candelaber [o. J. (Keudell, 1927f.)] von *[G.] Piranesi* vorgenommen. Sodann *Rat Töpfer*. Abends *Prof. Riemer*. DIE AUFSÄTZE ÜBER DAS
FRANZÖSISCHE THEATER DURCHGEGANGEN [vermutlich die AUFSÄTZE FRAN-
ZÖSISCHES SCHAUSPIEL IN BERLIN sowie FRANZÖSISCHES HAUPTTHEATER für
KuA VI, 2; → 17. 3.].» (Tgb)

Mittwoch, 7. Mai. Brief an *Therese Eißl* [geborene *v. Oberndorfer, österrei-
chische Malerin* vornehmlich biblischer Stoffe; geb. 1792]: Goethe fordert sie
auf mitzuteilen, welche Gegenstände sie am liebsten darstellt. Sodann wird er
ihr freundliches Anerbieten dankbar annehmen [die *Adressatin* hatte um die
Aufgabe zu einem historischen Gemälde gebeten, das sie Goethe nach seiner
Vollendung schenken möchte (an Goethe, 6. 4.)]. – [. . .] «DIE BETRACHTUN-
GEN ÜBER DAS FRANZÖSISCHE THEATER FORTGESETZT. Kam ein Packet von
Jüngel aus Frankfurt. [. . .] *[Bildhauer] Kaufmann* mit dem Modell zur Frankfurter Medaille [→ 6. 5.]. *[Naturforscher] Dr. Thon* von Jena, seine entomolo-
gischen Bemühungen vorlegend. Mittag mit *Dr. Eckermann* allein gegessen.
Die Angelegenheit der Redaction von KUNST UND ALTERTUM durchgesprochen. Gegen Abend *Hofrat Meyer*. Anderes verhandelt, bezüglich auf Nächstes, auch unsern gemeinschaftlichen Aufenthalt in Rom [→ 3. 5.]. Ich las in

der encyclopädischen Mineralogie [«Précis de Minéralogie moderne», 1827]
von *[O.] Desnos.*» (Tgb)
Donnerstag, 8. Mai. «Gedachte Mineralogie fortgelesen. DIE KURZEN
AUFSÄTZE ÜBER DAS FRANZÖSISCHE THEATER BERICHTIGT. EINIGES AM
RÖMISCHEN AUFENTHALT. Das Modell zur Frankfurter Medaille revidirt. Mittags *Herr Geh. Rat Schweitzer* und *General-Superintendent Röhr.* Einige Gipse
aufgehängt. Kam das *Albrecht Dürerische* Denkmal [von *Rauch*] zur Sprache
[→ 18. 3.]. *Coudray* das neue Gebäude in dem Erholungsgarten besprechend
[→ 4. 5.]. Les soirées de Neuilly, 2. Band [von *Cavé*; → 29. 5. 27].» (Tgb)
Freitag, 9. Mai. «Vorgemeldetes Werk geendigt. Schreiben an den *Prinzen
[Karl] von Sigmaringen* diktirt an *Schuchardt.*» (Tgb): Nach Einsicht in das Vorlesungsprogramm der Genfer Akademie [→ 26. 4.] hält es Goethe für ratsam,
daß der *Sohn des Adressaten [Erbprinz Karl Anton]* seine Studien an dieser Akademie fortsetzt und vollendet [→ 7. 4.]. – «Die Genfer Lehranstalt geht mit
einer ihr eigenen Methode auf den nicht anders als zu billigenden Zweck los,
junge Männer in demjenigen auszubilden was zum praktischen Leben am entschiedensten gefordert wird [...]. – Das Gewicht, das auf deutschen Universitäten theoretischen Ansichten, wozu uns die Philosophie befähiget, gegeben
wird, ist ihr daher fremd [...].» Den *jungen Mann* dürfte «ein philosophischer
Unterricht, wie er ihn in Deutschland finden könnte, vielleicht nur irre
machen; denn unsre neuste Philosophie, die sich auf jene frühere von *Kant*
und *Fichte* eingeleitete Lehre bezieht, ist mit sich selbst noch in Zwiespalt.
Hegel in Berlin, *Schelling* in München contrastiren auf eine lebhafte Weise mit
einander, indem sie ganz nah verwandte Überzeugungen jeder auf eine andere
und eigne Art als folgerecht will gelten lassen. Wir andern, die wir dem Gang
dieser Lehren seit so vielen Jahren ununterbrochen gefolgt sind und gewissermaßen in diesem Felde mitgewirkt haben, begleiten diese aus successiver Aufklärung entspringenden Irrungen nur mit Anstrengung und können keineswegs einm *jungen Manne von Stande* rathen, sich in diese auf ganz eigne Weise
das Leben betrachtende, in's Leben einwirkende Grundlehren miteinzulassen.
[...]. – Man sucht in Deutschland *männliche und weibliche Gouvernanten* von
Genf herzuziehen, wie denn auch [...] *Herr Soret ein Genfer* ist, und dieß nicht
allein um des Französischen willen, sondern auch weil man dort überhaupt die
Elemente einer gewissen schicklichen Lebensweise vorauszusetzen scheint.» –
«Die Acten ajustirt wegen *Albrecht Dürers* Denkmal [→ 8. 5.]. Mit *Hofrat Meyer*
ums Webicht. Speisten mit der *Familie.* Nach Tische kam *Hofrat Meyer.* Gegen
Abend *Prof. Riemer.* [...] *Prinz und Prinzessin Wilhelm [Prinz Wilhelm* und
Prinzessin Anna] von Preußen, mit *zwei Söhnen [Adalbert* und *Waldemar]* und
einer Tochter [Elisabeth]. Nachher mit *Hofrat Meyer* über *Delacroix.* Mit *Riemer*
EINIGES ZU KUNST UND ALTERTUM. Nachts die französische Mineralogie fortgesetzt.» (Tgb)
Vor Samstag, 10. Mai. AUFSATZ PORTRÄT IHRO KÖNIGLICHEN HOHEIT
DER FRAU GROSSHERZOGIN VON SACHSEN-WEIMAR-EISENACH [→ 24. 3.]
sowie die NOTIZEN J. F. CASTELLIS «GEDICHTE IN NIEDERÖSTERREICHISCHER
MUNDART» und ALTBÖHMISCHE GEDICHTE als TEILE DES AUFSATZES NATIONELLE DICHTKUNST für KuA VI, 2.
Samstag, 10. Mai. «KUNST UND ALTERTUM BOGEN 23 [REVISION; → 3.

5.]. Über das neuste Verhältniß der deutschen Literatur zur Französischen. Besonders in Bezug auf Übersetzung der Vorreden der
Ausländer bey dieser Gelegenheit [vielleicht Arbeit am Aufsatz «Idées
sur la philosophie de l'histoire de l'humanité par Herder für KuA vi,
2].» – Brief an *Frommann d. J.:* Goethe sendet die Fortsetzung des Manuskripts [für KuA vi, 2]. Von dem zurückgehenden 23. Bogen wünscht er
noch eine Revision. – «*Herr Geh. Hofrat Helbig* wegen der Medaille nach
Paris. Unterbrechung durch *Wölfchen* und seine artige Zudringlichkeit. [...]
mit *Prof. Riemer* einiges durchgearbeitet. Sodann aber mit demselben spazieren
gefahren. Mittags die *Herrn Lawrence, Vogel, Riemer* und *Eckermann.* Abends
im Schauspiel, Oper: die Weiße Dame [von *F. A. Boieldieu*].» (Tgb)
   Sonntag, 11. Mai. «[...] in den untern Garten. *Herr Soret* begleitete mich
eine Strecke. Das Mailändische Tagesblatt L'Eco [Giornale di Scienze, Let-
tere, Arti, Commercio e Teatri, herausgegeben von *Lampato;* die Zeitung
macht sich die Verbreitung der deutschen Literatur in Italien zur Aufgabe], die
ersten 47 Nummern, welche gestern angekommen waren. *John* mundirte
Briefe. *Wölfchen* war herunter gekommen, beschäftigte sich spielend nach sei-
ner Art. *[Chemie-]Prof. Goebel* von Jena, seinen Ruf nach Dorpat meldend.
Speiste mit dem *Kinde.* Betrachtete weiter oben genannte Zeitschrift.
Besuchte mich *Rat Töpfer.* Gegen 7 Uhr ging ich in die Stadt. Die *Tischler* hatten die Lage gelegt zum Dielen des Saales.» (Tgb)
   Montag, 12. Mai. «Einiges zu Kunst und Altertum mit *Schuchardt.*
[Hofbildhauer] Kaufmann arbeitete weiter an dem runden Basrelief [Jason und
Medea?; → 28. 7. 27]. *Hofrat Vogel,* über die *Goebelische* Angelegenheit spre-
chend. Mittag *Dr. Eckermann.* Über unsere Angelegenheiten gesprochen. Ich
betrachtete das Mailändische Echo näher [→ 11. 5.]. [...].» (Tgb)
   Dienstag, 13. Mai. «Über die Berlinische Kunst und Technik diktirt [u. a. vermutlich Arbeit am Aufsatz Programm zur Prüfung der
Zöglinge der Gewerbeschule für KuA vi, 2]. *Frau Großherzogin [Luise].*
Kam eine zweite Revision und Aushängebogen von Jena [→ 10. 5.]. Fuhr
mit *Ulriken [v. Pogwisch]* spazieren. Der *Prinz [Karl Alexander]* hatte seine *Frau
Großmutter* begleitet. Mittag *Dr. Eckermann.* Verhandlung wegen ausgesuchter
und rangirter Papiere. *Herr [Anton] Genast* überlieferte die in Leipzig ange-
schafften Majolikas. *Graf Beust, Berg- und Hüttendirektor zu Bonn. Dr. Recher,
Seiner Königlichen Hoheit Infant von Spanien, Herzog von Lucca Leibarzt und
Hofrat, ein entschiedener Hahnemannianer,* welcher mir das bekannte Credo
umständlich mit vollkommenster Überzeugung vortrug. Abends *Prof. Riemer.*
Verschiedenes zu Kunst und Altertum.» (Tgb)
   Mittwoch, 14. Mai. «[...] [Brief an] *Madame la Marquise de Castries, née de
Maille Paris* [nichts überliefert]. – *Legationsrat Gerhard [der Schriftsteller* und
Übersetzer] von Leipzig. Im untern Garten. Die *Tischler* arbeiteten im Saal.
Ich las den fünften Akt Wallensteins in der englischen Übersetzung [von *Moir;*
→ 15. 4.] und recapitulirte den Vorbericht. Mittag *Herr [Anton] Genast* und
Dr. Eckermann. Ersterer erzählte umständlich die letzten Schicksale des Leip-
ziger Theaters. Mit *Hofrat Meyer* spazieren gefahren. In den *Grimmischen* Garten, welchen *[Gärtner] Herzog* gepachtet hat. Erkundigung nach den Umständen und Verhältnissen. Zu Hause, Betrachtung der neuangekommenen

Majolika [→ 13. 5.]. Verhandlung über einiges auf Kunst bezüglich. Abends *Oberbaudirektor Coudray*. Zwey neue Hefte [«Façaden zu Stadt- und Landhäusern»; → 7. 1.] von *[K. A.] Menzel* bringend. Auch referirend wie es mit der Beleuchtungsanstalt, von Elberfeld her angeboten, sich befunden habe.» (Tgb) **Donnerstag, 15. Mai.** «Zu Kunst und Altertum Gehöriges *Schuchardten* diktirt.» (Tgb) – Brief an *Carl August*: Goethe übermittelt ungern beikommendes Blatt [lithographisches Porträt des 1816 verstorbenen *Großherzogs Carl Ludwig Franz von Mecklenburg-Strelitz*], «auf welchem ein *sonst nicht ungeschickter Künstler* [sein Name ist nicht überliefert] das Andenken eines *fürstlichen Gönners* zwar mit außerordentlichem Fleiß, aber, wie mich dünkt, mit wenig Glück [...] zu verewigen gesucht hat [...]. – *Ew. Königlichen Hoheit* Reise nach Berlin wird von *allen Getreuen* mit den freudigsten Wünschen begleitet [«Den 23. oder 24. dieses dencke ich einen Abstecher nach Berlin zu machen und alles dorten Neuentstandenes und Hingekommenes zu beleuchten und so zu sagen, von der Außenwelt bey dieser Gelegenheit Abschied zu nehmen.» (an Goethe, 13. 5.)]. Der Anblick eines *neuen Sprößlings des höchsten Hauses* [*Carl Augusts Enkelin Marie* hatte am 20. 3. *einen Sohn, Friedrich Karl Nikolaus, den ersten Urenkel des Großherzogs* geboren], das Anschauen der Thätigkeit einer Kunst und Technik, die beynahe gränzenlos genannt werden kann, wird gewiß auch die Zufriedenheit fördern an demjenigen, was um Höchst Dieselben im nächsten Kreise lebt und was Sie darin gewirkt haben und wirken.» – Goethe weist den *Großherzog* auf die Berliner Granitarbeiten hin, mit denen sich *Bauinspektor Cantian* jetzt beschäftigt. «Es ist ein großes Granitbecken, welches, wie man mir schreibt, zweyundzwanzig Fuß Durchmesser haben und für das neue Museum bestimmt seyn soll [heute neben dem Berliner Dom]. Es wird aus einem Stück Granit gefertigt, welches abgetrennt worden von dem großen Block bey Fürstenwalde, der *Markgrafenstein* genannt [die Markgrafensteine, die größten Findlinge in Norddeutschland], von dessen Werth und Würde beykommendes Stück ein Zeugniß gibt. – Auch haben sie dort schon Säulen für's Museum und sonstiges aus andern in der Mark umherliegenden Blöcken gefertigt.» Goethe regt an, einige Tischplatten aus diesem Material zu bestellen, «welche immer als die größte Zierde fürstlicher Schlösser anzusehen sind». Auch weist er *Carl August* auf die Berliner Gewerbeschule hin, die unter Leitung des *Geh. Oberregierungsrats Beuth* «unglaubliche Dinge leistet». – Brief an *Jügel*: Goethe bittet ihn, «beykommende Anzeige [von KuA vi, 2] in die gelesenste und am meisten verbreitete Frankfurter Zeitung einrücken zu lassen». – «[...] Mit *Hofrat Meyer* spazieren gefahren, welcher mit uns speiste, auch das Heft der zweiten Italienischen Reise mit Bemerkungen wieder brachte [→ 3. 5.]. Direktor *[F. H.] Müllers* Oppenheimer Dom [6. Lieferung der Tafeln zu *Müllers* 1823 erschienem Werk «Die St. Katharinen-Kirche zu Oppenheim»]. Besonders das bunte Fenster. Abends mit *Walther* nach dem untern Garten gefahren. Zu Fuß herauf. Manches durchgedacht und vorbereitet. [...].» (Tgb) **Freitag, 16. Mai.** Brief an *Faktor Reichel*: «Nachstehendes [die Anzeige von KuA vi, 2] haben Sie die Gefälligkeit, baldmöglichst in das Beyblatt der Allgemeinen Zeitung einrücken zu lassen.» – Brief an den erkrankten *Hofrat Meyer*: «Geben Sie [...] meiner Bitte nach und berathen Sie Sich mit *Hofrat*

Vogel neben *Huschke;* die *Ärtzte* gewöhnen sich jetzt wechselsweise gesellig consultirt zu werden. Mit dringend wiederholter Bitte.» – «[...] Zu KUNST UND ALTERTUM, Concepte und Munda. *Hofrat Vogel, die Krankheit des Gräflich Rappischen Sohnes* referirend. [...] Mittag *Dr. Eckermann.* Abermals EINIGES AUSGESONDERTE VON MANUSCRIPTEN bringend und vorzeigend. *Hofrat Soret.* Wir holten *Prof. Riemer* ab und fuhren ums Webicht spazieren [«Er (Goethe) amüsierte sich an der Erinnerung seiner Streitigkeiten mit *Kotzebue, Böttiger* und *Konsorten* und rezitierte einige SEHR LUSTIGE EPIGRAMME gegen den ersteren, die übrigens mehr spaßhaft als verletzend waren. Ich fragte ihn, warum er sie nicht in SEINE WERKE aufgenommen. ‹Ich habe EINE GANZE SAMMLUNG SOLCHER GEDICHTCHEN›, erwiderte Goethe, ‹die ich geheim halte und nur gelegentlich den *vertrautesten meiner Freunde* zeige. Es war dies die einzige unschuldige Waffe, die mir gegen die Angriffe *meiner Feinde* zu Gebote stand. Ich machte mir dadurch im stillen Luft und befreite und reinigte mich dadurch von dem fatalen Gefühl des Mißwollens, das ich sonst gegen die öffentlichen und oft boshaften Häkeleien *meiner Gegner* hätte empfinden und nähren müssen. Durch JENE GEDICHTCHEN habe ich mir also persönlich einen wesentlichen Dienst geleistet. Aber ich will nicht das *Publikum* mit meinen Privathändeln beschäftigen oder *noch lebende Personen* dadurch verletzen. In späterer Zeit jedoch wird sich davon dies oder jenes ganz ohne Bedenken mitteilen lassen.›» (Eckermann)] [...]. Nachher mit *Prof. Riemer* die gewöhnlichen Beschäftigungen.» (Tgb)

Samstag, 17. Mai. Brief an *Adele Schopenhauer:* «Das Kleidchen [für *Enkelin Alma*] setzte die *Frauenzimmer* in Entzücken und man hoffte schon das artige Wesen darin herumhupfen zu sehen: Sie werden gewiß ein *recht merkwürdig Geschöpfchen* finden, wenn Sie *Ihre guten und treu-anhänglichen Weimaraner* nächstens, wie wir hoffen dürfen, wieder begrüßen.» – «Schöner Brief vom *Grafen Reinhard* an *Kanzler v. Müller.* EINIGES ZU KUNST UND ALTERTUM. Karte von Deutschland, wegen der Association intermédiaire. Man verzweifelt an dem Aufkommen des *Gräflich Rappischen Kindes.* Ich wendete meine Aufmerksamkeit auf den Oppenheimer Dom [vermutlich Arbeit am AUFSATZ DER OPPENHEIMER DOM; → 15. 5.]. Umrisse [nach alt-italienischen und alt-deutschen Gemälden im Besitze von C. F. Wendelstadt] von *[Carl Friedrich] Wendelstadt [Maler, Radierer, Kunsthistoriker in Frankfurt a. M.; geb. 1785]* waren gestern angekommen. Zu Mittage *v. Conta, Riemer, Soret, [Landesdirektionsrat] Töpfer* und *Eckermann.* Nachher *Hofrat Meyer.* Mit demselben spazieren gefahren. Auch demselben ein altes Verzeichniß der *römischen Künstler* in den achtziger Jahren übergeben. [...].» (Tgb) – GEDICHT BLUMEN SAH ICH.

Vermutlich Samstag, 17. Mai. AUFSATZ «L'ECO» für KuA VI, 2 [→ 12. 5.].

Sonntag, 18. Mai. «Um 9 Uhr mit *Dr. Eckermann* und den *Enkeln [Walther* und *Wolf]* nach Berka gefahren. Den Tag über daselbst zugebracht. Mit *Bade-Inspektor Schütz* gespeist. Einige Stunden in dem neuen Lusthause. Gegen 7 Uhr waren wir wieder zurück. Auf morgen verschiedenes vorbereitet.» (Tgb)

Montag, 19. Mai. «ZU KUNST UND ALTERTUM KLEINERE AUFSÄTZE DIKTIRT [u. a. ALFRED NICOLOVIUS, «ÜBER GOETHE» (→ 2. 10. 27.) sowie die ENDGÜLTIGE FASSUNG DES AUFSATZES PROGRAMM ZUR PRÜFUNG DER ZÖGLINGE...; → 13. 5.]. Zeitschrift für Mineralogie neue Folge, April und

May. Zu Mittag mit der *Familie*. Nachher mit *Herrn Hofrat Meyer* spazieren gefahren, welcher noch einige Zeit blieb.» (Tgb)

Vermutlich Samstag, 17., oder Montag, 19. Mai. AUFSATZ GRANITAR-BEITEN IN BERLIN für KuA, VI, 2 [→ 15. 5.].

Freitag, 2. / vermutlich um Montag, 19. Mai. AUFSATZ «HELENA» IN EDINBURG, PARIS UND MOSKAU für KuA VI, 2 [→ 2. 5.; → 15.3.].

Dienstag, 20. Mai. «Einige Briefconcepte. Eine starke englische Sendung kam an. Ich ging zu Fuß in den [unteren] Garten. Las Foreign Review No. 1. Um 12 Uhr spazieren gefahren mit *Herrn Hofrat Meyer*. Mit demselben daselbst gespeist. Um 5 Uhr die Enkel *[Walther* und *Wolff]* und *Ottilie.* Spät zusammen nach Hause. *Herr Prof. Riemer.* Ging mit demselben MANUSCRIPT und Briefe durch.» (Tgb)

Nach Dienstag, 20. Mai. GEDICHT WEIMAR, DAS VON VIELEN FREUDEN an die *Gräfin Rapp* nach dem Tode *ihres einzigen Sohnes* am 20. 5.; → 17. 5.

Mittwoch, 21. Mai. «Kam der REVISIONSBOGEN 24 an, auch der *Antinous* von Berlin [«zu meiner großen Erinnerungs-Erbauung» (an *Zelter*); → 23. 4.]. *Mein Sohn* beschäftigte sich mit Aufstellen und Anordnen. » (Tgb) – Brief an *Therese Eißl:* «Evangelium Matthäi 14, 24: Und das Schiff war mitten auf dem Meer und litte Noth von den Wellen etc. etc. – Vorstehende Überlieferung, man mag sie historisch oder symbolisch nehmen, ist eins von den schönsten Documenten urchristlichen Glaubens; mögen Sie es [...] in ein Bild fassen [...] [→ 7. 5.].» – Goethe bittet sie um eine Skizze, die ihn erkennen läßt, wie sie den Gegenstand angreifen möchte, da ein werdendes Bild eine «belehrende heitere Unterhaltung» hervorruft. – Brief an *Weller:* Goethe übersendet autorisierte Rechnungen. «Mein Wunsch, Sie und das werthe Jena wieder zu sehen, verstärkt sich immer mit der Verlängerung der Tage; ich hoffe, es soll mir gewährt seyn.» – Brief an *Zelter:* «Die ERSTE LIE-FERUNG [DER AlH] IN OKTAV tritt gleichfalls hervor und nimmt sich besonders in Velin sehr gut aus. Dir wird EIN EXEMPLAR zurückgelegt, daß aber nicht eher als nach abgeschlossenem Ganzen erfolgen soll. – Sodann bemerke, daß die von mir angerufene Weltliteratur auf mich, wie auf den *Zauberlehrling,* zum Ersäufen zuströmt; Schottland und Frankreich ergießen sich fast tagtäglich, in Mailand geben sie ein höchst bedeutendes Tagesblatt heraus, L'Eco betitelt [→ 17. 5.]; es ist in jedem Sinne vorzüglich, in der bekannten Art unsrer Morgenblätter, aber geistreich weitumgreifend. Mache *die Berliner* aufmerksam darauf [...]. – In Gefolg dieses habe zu vermelden, daß mir nun bekannt geworden, wie man HELENA in Edinburg, Paris und Moskau begrüßte [→ 2. 5. / vermutlich um 19. 5.]. Es ist sehr belehrend, drey verschiedene Denkweisen hiebey kennen zu lernen: der *Schotte* sucht das Werk zu durchdringen, der *Franzose* es zu verstehen, der *Russe* sich es zuzueignen. Vielleicht fände sich bey *deutschen Lesern* alles drey.» – «[...] Mittag der *junge Frommann* und *Schützes* von Berka. *Herr Kanzler v. Müller.* Abends im Theater. Aufführung Oberons [Oper v. *K. M. v. Weber*]. Viel Aufwand um Nichts.» (Tgb)

Samstag, 17. / Mittwoch, 21. Mai. Konzept eines nicht abgesandten Briefes an *Bildhauer Rauch:* Goethe bestellt verschiedene Exemplare der von *Brandt* gefertigten Jubiläumsmedaillen auf *Carl August* und sich selbst. – Er berichtet, daß sich der *Großherzog* zu einer Reise nach Berlin bereitet. «Mir thut es leid, Sie nicht in seinem Gefolge besuchen zu können, wie es mich immer schmerzt, jeden der nach Berlin geht nicht begleiten zu dürfen. (WA IV, 44, 381ff.)

Donnerstag, 22. Mai. «EINIGES ZU KUNST UND ALTERTUM [ERSTE FASSUNG DES AUFSATZES DER MARKGRAFENSTEIN AUF DEM RAUHISCHEN BERGE BEI FÜRSTENWALDE FÜR KuA VI, 2; → 15. 5.]. *Geh. Hofrat Helbig* [«Der *gnädigste Herr (Carl August)* wünscht sehr einen Abguß der Hamiltonschen Vase aus London zu haben; doch Goethe zuckt die Achseln (→ 22. 4.).» (Tgb Helbigs)] [...]. Fernere Betrachtung des vom *Salinen-Direktor Glenck* zu Buffleben erbohrten Steinsalzes. In diesem Sinne die Tabelle wieder vorgenommen [→ 8. 4.]. Der *Antinous* ward aufgestellt nach vorhergängigem nöthigen Umsetzen der übrigen Büsten und Statuen [→ 21. 5.]. Im Gartenhaus, die neue Anordnung der Fossilien und des Angehörigen zu sehen. Mittag *Hofrat Meyer.* Die Frankfurter Umrisse alter Gemälde besprochen [→ 17. 5.]. *Rat Töpfer* fragte an. Beyde speisten *mit uns.* Ward noch manches geordnet. Gipse aufgehängt, und sonstiges. Blieb mit *Wölfchen,* welcher sich die Büsten benennen ließ und sich auch sonst nach seiner Art vielthätig beschäftigte. – *Herrn Staatsminister v. Fritsch* auf die Jenaische Bibliothek bezügliche Aktenstücke zurückgesendet.» (Tgb)

Freitag, 23. Mai. «*[Hofbildhauer] Kaufmann* setzte die Augen in den *Antinous.* [...]. Die letzten Briefe aus England wurden nochmals durchgesehen und was darauf zu verfügen bedacht. *Salinendirektor Glencks* Brief nochmals vorgenommen. Mit *Hofrat Meyer* spazieren gefahren gegen Erfurt. Derselbe und *Dr. Eckermann* speisten *mit uns. Herr Kanzler v. Müller* brachte einen merkwürdigen naturphilosophischen Aufsatz [«Die Natur» oder auch «Fragment» von *Georg Christoph Tobler,* im Tiefurter Journal Ende 82 / Anfang 83 erschienen. – «Goethe drückt(e) sich sehr anmutig darüber aus. Er nannte es ein(en) Komparativ, der auf ein(en) Superlativ hindeute, der ihn (aber) noch nicht bringe. Der *Verfasser* befindet sich *besser* dran als ein *Philister.* Er ist *weiter;* aber es fehlt noch die Vollendung.» (Kanzler v. Müller; 25. 5.; GG 6145)] aus der brieflichen Verlassenschaft der *Frau Herzogin Amalia.* Frage: ob er von mir verfaßt sey? In den Kupferstichen und Zeichnungen fortgesetzte Ordnung. *Mein Sohn* beschäftigte sich mit den antiken Münzen des Großherzoglichen Cabinets. Abends *Prof. Riemer.* AUF KUNST UND ALTERTUM BEZÜGLICHES mit ihm durchgegangen.» (Tgb)

Samstag, 24. Mai. «Fortgesetzte Sonderung der Kupfer, Steindrücke und Handzeichnungen. *Mein Sohn* fuhr gleichfalls fort. Ich diktierte BEMERKUNGEN ÜBER DEN GESTRIGEN AUFSATZ [ERLÄUTERUNGEN ZU DEM APHORISTISCHEN AUFSATZ «DIE NATUR»] und dachte manches durch in Bezug auf das Folgende. Mit *Prof. Riemer* spazieren gefahren. Denselben mit nach Hause genommen. Er speiste mit [«Goethe...: ‹Da muß einer schon sehr gebildet sein, wenn er Gott und den Teufel los sein will.›» (*Riemer;* GG 6144)]. Sodann *Herr [Obermedizinalrat] v. Froriep, Coudray* und *Eckermann.* Abends mit *Ottilien* und *Wolf* in den untern *Garten.* – *Herr Frommann* den 24. BOGEN [KuA VI, 2; → 21. 5.] [...].» (Tgb)

Pfingstsonntag, 25. Mai. «Mit *Schuchardt* EINIGES ZU KUNST UND ALTER-

TUM. [...] *Schlegels* Vertheidigung gegen *v. Eckstein. Hofmaler [Karl Joseph] Stieler* [geb. 1781] von München kommt an. Bringt Briefe von *Ihro Majestät dem Könige [Ludwig I. von Bayern,* der am 16. 5. an Goethe schreibt: «... ein wohlgetroffenes Bildnis des Königs der Teutschen Dichter zu besitzen ist ein von mir lange gehegter Wunsch; ... darum allein schicke ich meinen *Hofmaler Stieler* nach Weimar.» (zitiert nach Schulte-Strathaus, S. 79)], von *Boisserée* und *Schorn.* Verabredung wegen des zu unternehmenden Bildnisses. *Präsident v. Schwendler,* wegen der Empfehlung *seines Sohnes* an *Zelter* vorläufig dankend. Sodann Räumung des Deckenzimmers [für die Arbeit *Stielers*]; erste Überlegung des *Künstlers* und sonstiges. Mittag derselbe. *Rat Töpfer, Eckermann.* Nach Tische *Herr Kanzler [v. Müller].* Abends zum Thee *Stieler, Meyer, Coudray* und *Rat Töpfer.* – *Herrn Frommann d. J.* MANUSCRIPT ZU KUNST UND ALTERTUM nach Jena, ZUM ABSCHLUß DES BOGENS 25 PP.» (Tgb)

Pfingstmontag, 26. Mai. Brief an *Großherzogin Luise:* Goethe entschuldigt sich, ihr morgen nicht aufwarten zu können. «Der *königlich bayerische Hofmaler Stieler* nimmt meine Stunden in Beschlag zu einem Geschäft, das nicht unterbrochen werden darf und wozu ich auf alle Weise förderlich zu seyn verpflichtet bin.» – «[...] *Herr Hofmaler Stieler* fing seine Betrachtungen an über die Art und Weise, wie das Porträt zu stellen sey; verfuhr dabey sehr sorgfältig und zeichnete Kopf und Gestalt in verschiedenen Situationen [Vorarbeiten zum Ölporträt in Lebensgröße (Schulte-Strathaus, 153)]. *Herr Frommann.* Sodann *Madame Frommann* und *Fräulein Alwine. Serenissimus* kamen und sprachen von Ihrer vorhabenden Berliner Reise [die etwas verschoben worden war; → 15. 5.], auch sonstigem. Zu Mittag *Herr Kanzler v. Müller, Stieler, Frommann* und *Eckermann.* Nach Tische *Madame Stieler.* Abends ging alles ins Schauspiel. *Mein Sohn* blieb zurück und sprach von seiner vorhabenden Reise.» (Tgb)

Dienstag, 27. Mai. Brief an *König Ludwig I. von Bayern:* «Ew. Königlichen Majestät heilbringende Gegenwart [→ 28. 8. 27] ließ einen so tiefen Eindruck bey mir zurück, daß ich unausgesetzt in Höchst Dero Nähe mich zu fühlen das Glück hatte. Mußte nun dabey der Wunsch immer lebendig bleiben, auch in Wirklichkeit mich schuldigst wieder darstellen zu können, so wird mir durch Allerhöchste Gunst nunmehr der besondere Vortheil bereitet, im wohlgerathenen Bilde jederzeit aufwarten zu dürfen. – [...] darf ich hoffen ihm [Stieler] werde gelingen, den Ausdruck dankbarster Verehrung und unverbrüchlichen Angehörens in meinen Zügen auszudrücken. – Für diese höchste abermals mir erwiesene Gunst mich zu dem empfundensten Dank bekennend [...].» – «*Schuchardt* brachte die alten aufgezogenen Zeichnungen zurück. [An] [...] *Lorenz Goldbeck* in Nürnberg wegen des ausbleibenden Ballens BÜCHER [3. LIEFERUNG DER TASCHENAUSGABE DER ALH von *Faktor Reichel* aus Augsburg]. – *Herr Stieler* richtete sich ein und mischte seine Farben. Ich beseitigte verschiedenes. Um 10 Uhr fing *Herr Stieler* an zu malen, es dauerte bis Eins, wo er nach Hause ging. Mittag *Oberbaudirektor Coudray* und *Eckermann.* Nach Tische *Herr Kanzler v. Müller* und *Stieler.* Blieben [...] den [nicht eintreffenden] *Großherzog* erwartend bis Abends nach 7 Uhr. Zeitig zu Bette.» (Tgb) – Brief an *Baurat Steiner:* Der *Adressat* wird aus den Beilagen ersehen, welche Vorschläge zur Einrichtung einer Gewerkschule von der Großherzoglichen Landesdirektion und der Großherzoglichen Oberbaubehörde eingebracht worden sind. Da man nun Auskunft darüber verlangt, «in wie weit schon Einrichtungen bei dem freien Zeichen-Institut statt finden, welche mit vorgedachtem Zweck in Verbindung gebracht werden könnten», bittet Goethe den *Adressaten*, daüber ein Gutachten zu erstellen. (Zum 24. Juni 1898. Goethe und Maria Paulowna. S. 75) – Gegen ein bis drei Uhr führt *Carl August* ein Gespräch mit *Kanzler v. Müller:* «Tausend Erinnerungen früher Tage in bezug auf Goethe wachten in ihm auf. Dessen Überraschung des *Fichteschen Ehepaares* in momento concubitus [...]. Goethes frühere Generosität gegen *junge Talente*, in jener Zeit, wo die sogenannte schöne Literatur erblühte, wo nach WERTHERS Erscheinen die *Genies* zu Dutzenden [...] aufschossen. Goethe habe stets zu viel in die *Weiber* gelegt, seine eignen Ideen in ihnen geliebt, eigentlich große Leidenschaft nicht empfunden. Seine längste Liebschaft, die *Frau v. Stein*, sei eine *recht gute Frau* gewesen, aber eben kein großes Licht. Die *Vulpius* habe alles verdorben, ihn der *Gesellschaft* entfremdet; der Tod der *Herzogin-Mutter [Anna Amalia]* habe auch vieles zerstört, da sei ein zwangloser Zentralpunkt gewesen, die *Großherzogin [Luise]* habe nach ihrer Eigentümlichkeit dies nicht fortsetzen können; mit *Frau v. Heygendorf* sei Goethe bald, der *Frau* wegen, zerfallen. – Öfters habe der *Großherzog* seine Produktionen scharf kritisiert, den GROß-COPHTA besonders, durch *Schiller* ihn von der Aufführung abzubringen gesucht. Um *Schillern* sei es sehr schade gewesen [...]. An ihm habe Goethe sichern Halt für lange verloren. *Herders Kinder* und er selbst hätten den Hof viel gekostet, es nicht immer erkannt, noch gelohnt. *Herders* Kränklichkeit und die *leidenschaftliche, oft tolle Frau* habe ihn überreizt. Um *Einsiedeln* sei es sehr schade, daß er nicht ordentlicher, fleißiger gewesen; viel herrliche Einfälle und augenblickliche Produktionen hätten besser genutzt werden sollen. Die *Jenenser* hätten sich absurd abgesondert, die *Schlegel, Tieck p.* die Köpfe gar zu hoch getragen. Die Französische Revolution habe sie alle mehr oder weniger verschoben, selbst Goethe sei von ihrem Einfluß nicht ganz frei geblieben, doch habe er mehr Rückhaltung und Umsicht bewiesen [...]. – *Goethe jun.* sei gar kein übler Kopf, habe schöne Anlagen; schade, daß er früh ans Trinken gewöhnt und etwas wild erzogen worden. – Tiefste Verehrung in der Brust, ging ich weg. So kerngesundes Urteil, so gänzliche Unbefangenheit, Freiheit von aller Prätention, rein menschliche, ich möchte sagen bürgerliche Würdigung der Dinge, so viel Milde, Nachsicht und Schonung gegen menschliche Verirrungen und Schwachheiten, stets mit ihrer klarsten Erkenntnis gepaart, so viel innre Ruhe in Überblickung einer höchst bewegten Vergangenheit, so viel gutmütige Festhaltung des Einzelnen, frohsinnige Erinnerung, Natürlichkeit in Ausdruck und Empfindung – wird sich wohl nicht leicht wieder in *einem Fürsten* vereinigen. Es ist unmöglich, ihn nicht zu lieben, ihm über etwas zu grollen, wenn man ihn so gemütlich über sich und andere sprechen hört.» (*Kanzler v. Müller;* GG 6146)

Mittwoch, 28. Mai. «EINIGES ZU KUNST UND ALTERTUM. Abschrift des *Königlichen* Gedichtes an die Künstler [verfaßt von *Ludwig I. von Bayern*]. *Knebels* Bild von der Bibliothek. *Herr Stieler*, mit demselbigen einige Zeichnungen durchgegangen. Kamen *Serenissimus* und besprachen sich über manches. Nahmen Abschied nach Berlin gehend. *Prof. Riemer* ging einige Concepte durch. Er und *Dr. Eckermann* speisten *mit uns*. Das *Stielerische* Porträt

[ein *Fräulein v. Hagn* als Thekla, das der *König von Bayern* Goethe zur
Ansicht geschickt hatte (vgl. *Riemer;* GG 6147) wurde mit Aufmerksamkeit
betrachtet [«. . . das ist der Mühe wert! – *Stieler* war gar nicht dumm! – Er
brauchte diesen schönen Bissen bei mir als Lockspeise, und indem er mich
durch solche Künste zum Sitzen brachte, schmeichelte er meiner Hoffnung,
daß auch jetzt unter seinem Pinsel ein Engel entstehen würde, indem er den
Kopf eines Alten malte.» (Eckermann, 6. 6.)]. Fing an den Tausend und
einen Tag zu lesen [→ 14. 7. 27]. Kam ein gehaltreiches Schreiben von *Nees
v. Esenbeck*. Abends focht die *Mailänderin [Rosa Bagolini, geborene Nariani]*
im Theater [mit *Gegnern aus dem Publikum. Der Weimarer Schauspieler Franke*
besiegt sie schließlich].» (Tgb)

Nach Mittwoch, 28. Mai. «Einige Zeit nach jenem Ereignisse sprach ich
[Schauspieler Franke] darüber [über den Fechtkampf] mit *Eckermann,* der mir
mitteilte, Goethe habe mit Interesse von der Sache Notiz genommen und
geäußert: ‹Franke hat die Weiblichkeit in ihre Schranken zurückgewiesen.›
[. . .] *Eckermann* war überhaupt derjenige, der *uns Schauspielern* oft rapportie-
ren mußte, was Goethe über diese oder jene Vorstellung, über *eine oder die
andere Persönlichkeit* geäußert hatte. Denn der Altmeister ließ sich gern vom
Theater erzählen, besonders von *Eckermann* und von *seiner Schwiegertochter,*
die beide selten im Theater fehlten.» (*H. Franke,* Aus der Goethezeit, 1881;
GG 6149)

Donnerstag, 29. Mai. «Einiges zu Kunst und Altertum diktirt an *Schuchardt.*» (Tgb) – Brief an *Zelter:* «[. . .] bey'm Weggehn stand er *[Carl August]*
mit *Herrn Stieler* vor deinem Bilde [von *Begas;* → 28. 8. 27], es wurde rühm-
lich davon gesprochen; der *fremde Künstler* freute sich, von *Herrn Begas,* dessen
Namen er wohl kannte, eine so verdienstliche Arbeit zu sehen.» – Mit Bezug
auf das von *Julius Schoppe* gezeichnete und von *Tempeltey* lithographierte Blatt
«Der Markgrafenstein auf dem Rauhischen Berge bei Fürstenwalde» fragt
Goethe nach der exakten Lage des Ortes [→ 22. 5.]. – «*Staatsminister v. Fritsch*
war bey mir gewesen. Seiner nächsten Reise nach Seerhausen [Dorf und Rit-
tergut bei Riesa] gedenkend. [. . .] *Hofmaler Stieler,* Zeichnungen durchgesehen. Entoptische Farben vorgezeigt. *Schmeller* unterhielt sich mit demselben;
es wurde verabredet, daß dieser einen Gipskopf malen solle. Die *Frauenzimmer
[Schwiegertochter Ottilie* und *Ulrike v. Pogwisch]* besahen das Porträt. *Herr Kanzler [v. Müller]* kam um *Stielern* abzuholen. Mittag *für uns. Mein Sohn* war nicht
ganz wohl. Ich hatte bey ihm das neue Arrangement der antiken Medaillen
gesehen. Kam *Herr Stieler*. Wir besprachen einiges. Ich ließ ihn Zeichnungen
sehn, auch das einfache entoptische Experiment. Ich las in Tausend und einem
Tag, und revidirte was zunächst zu thun sey.» (Tgb)

Vor Freitag, 30. Mai. Aufsatz «Faust», tragédie de Monsieur de
Goethe, traduite en français par Mr. Stapfer für KuA vi, 2 [→ 22. 3.].

Freitag, 30. Mai. Brief an *Nees v. Esenbeck:* Goethe dankt für dessen «reiche
Sendung» [→ 28. 5.] und übermittelt sogleich die von *Nees* gewünschte
Pflanze nebst Pflegeanleitung. – «[. . .] [Arbeit am Aufsatz] Tausend und
ein Tag [für KuA vi, 2; → 29. 5.]. *Herr Stieler* wegen der Stellung des Porträts
sich berathend. Besonders auch die richtige Zeichnung des Gesichtes beurtheilend. *Herr v. Kunth* und *Tochter* von Berlin kommend. Über jene Verhält-

nisse und Unternehmungen viel besprechend.» (Tgb) – Vermutlich Besuch des *Kanzlers v. Müller:* «Nach einem Gespräch bekennet sich Goethe nicht mit voller Überzeugung ganz dazu [den Aufsatz «Die Natur» verfaßt zu haben; → 23. 5.]; und auch mir hat geschienen, daß es zwar seine Gedanken, aber nicht von ihm selbst, sondern per traducem niedergeschrieben. Die Handschrift ist *Seidels,* des nachherigen Rentbeamten, und da dieser in Goethes Vorstellungen eingeweiht war, und eine Tendenz zu solchen Gedanken hatte, so ist es wahrscheinlich, daß jene Gedanken als aus Goethes Munde kollektiv von ihm niedergeschrieben. Auch *Serenissimus,* der diesen Aufsatz aus dem Nachlaß der *Herzogin Amalie* an Goethen dieser Tage mitgeteilt, soll einer ähnlichen Meinung sein, nämlich daß der Aufsatz von *Seidels* Hand und Auffassung herrühre.» (*Müller;* GG 6151) – «*Hofrat Meyer* und die *Kinder* Mittags. *Mein Sohn* hielt sich noch im Stillen. Nach Tische *Herr Stieler. Hofrat Meyer* besah das *Frauenzimmer*-Porträt mit demselben [→ 28. 5.]. *Stieler* ging in die Erholung. Wir blieben zusammen und überlegten manches.» (Tgb)

Samstag, 31. Mai. Brief an die *Herausgeber der Zeitschrift «L'Eco»*: «Die ersten siebenundvierzig Blätter Ihrer Zeitschrift [...] haben mich auf das angenehmste überrascht [→ 11. 5.]; sie wird gewiß durch ihren Gehalt und durch die freundliche Form [...] zur allgemeinen Weltliteratur, die sich immer lebhafter verbreitet, auf das freundlichste mitwirken [...].» – Auf die Frage, welche von GOETHES WERKEN sich [für die Veröffentlichung in der Zeitschrift] am besten eigneten, verweist Goethe auf die «KLEINEN GEDICHTE, WIE SIE IN DEN FÜNF ERSTEN BÄNDEN DER NEUEN SAMMLUNG MEINER WERKE ENTHALTEN SIND», und auf SEINE ZEITSCHRIFT KUNST UND ALTERTUM, wovon er ein Exemplar zu senden anbietet. – Goethe legt ein KLEINES GEDICHT [EIN GLEICHNIS; → vor 25. 1.] bei, das sich auch auf die Bemühungen der *Herausgeber* beziehen läßt. – «Kam von Jena die REVISION DES 25. BOGENS [→ 24. 5.]. Theilte solche *Prof. Riemer* mit. Zog das zunächst NÖTIGE MANUSCRIPT zu Rathe. Blieb bis halb Eins bey *Herrn Stieler,* welcher zu malen fortfuhr. Blieb derselbe zu Tische. Speiste mit *Oberbaudirektor Coudray, Hofrat Voigt* von Jena, *Vogel, Riemer* und *Eckermann.* War vor Tische *Artaria* aus Mannheim dagewesen. EINIGES ZU KUNST UND ALTERTUM. La vie de Molière [von *J. Taschereau* gelesen]. Das Nothwendigste beseitigt. [...].» (Tgb)

Vermutlich zweite Maihälfte. AUFSÄTZE VORZÜGLICHSTE WERKE VON RAUCH, HEROISCHE STATUEN VON TIECK [→ 26. 12. 27], ELFENBEINARBEITEN IN BERLIN [→ 6. 8. 27], PHYSIOGNOMISCHE SKIZZEN DER GEBRÜDER HENSCHEL, KARL LEHMANNS BUCHBINDERARBEITEN, FASSADEN ZU STADT- UND LANDHÄUSERN VON K. A. MENZEL [→ 14. 5.] für KuA VI, 2.

Vermutlich Mai. ZAHMES XENION DER GOTTES-ERDE LICHTEN SAAL.

Sonntag, 1. Juni. «Das Nothwendigste beseitigt. Sodann *Herrn Stieler* den ganzen Morgen gewidmet. Mittags *Herr Hofrat Meyer. Artaria,* der früh dagewesen, sendete das Bild von der Kreuzführung [von *P. Toschi* nach *Raffaels* «Kreuztragung» gestochen], es wurde sorgfältigst beachtet. Leben Molières [gelesen; → 31. 5.].» (Tgb)

Montag, 2. Juni. «EINIGES FÜR KUNST UND ALTERTUM [vielleicht AUFSATZ «HISTOIRE DE LA VIE ET DES OUVRAGES DE MOLIÈRE» für KuA VI, 2].»

– Brief an *Frommann d. J.*: Goethe sendet die REVISION [DES 25. BOGENS; →
31. 5.] mit der Bitte um etwas Geduld für das ZUNÄCHST ZU SENDENDE
MANUSKRIPT, da der «übrigens *sehr willkommene Herr Stieler*» sich seiner besten
Stunden bemächtigt. – Er fügt das INHALTSVERZEICHNIS [DES HEFTES VI, 2]
zur Umfangsberechnung für den Umschlag bei. – Brief an *Zelter*: «*Herr Stieler*
beschäftigt sich [...] mit meinem Bilde, und, wie es das Ansehen hat, sehr
glücklich [...]. Er ist so kunstreich als einsichtig, klug und angenehm im
Umgange; auch hat er von Deutschthum und Frommthum nicht gelitten, da
sich seine Bildung von älterer Zeit herschreibt. [...]. – Zu den LETZTEN
BOGEN VON KUNST UND ALTERTUM mußt ich kleinere Schrift nehmen, soviel
schiebt sich zuletzt noch über einander.» – «[...] Die übrigen Stunden mit
Herrn Stieler. Brief von *Frau v. Eißl* von Dresden. Mittag *Hofrat Meyer,* welcher sein Gutachten über das Kupfer von *Toschi* einreichte [Aufsatz «Ankündigung eines bedeutenden Kupferstichs» für KUA VI, 2]. Abends mit den *Kindern* in die Oper: Der Mauerer [von *D. F. E. Auber*]. [...].» (Tgb)
       Dienstag, 3. Juni. «Einige Geschäfts- und Briefconcepte. *Herr Stieler*
endigte die ersten vier Sitzungen, indem er die Haare anlegte, um das Bild nun
ruhen zu lassen, und es den *Kindern* zu zeigen. Fuhr nach dem untern Garten.
Verweilte daselbst und ging wieder herauf. Mittag *Hofrat Meyer.* Rezension
des Probedrucks von *Toschis* neuem Kupfer. Abends im Schauspiel: Die Sieben
in Uniform [von *Angelys Posse*].» (Tgb)
       Mittwoch, 4. Juni. Brief an *Bildhauer Tieck:* Goethe dankt für den glücklich
angekommenen *Antinous* [→ 22. 5.] und berichtet von *Stielers* Arbeit. «[...]
soviel darf ich aber wohl sagen, daß ich es für ein hohes Glück zu achten habe,
auf diese Weise mein Andenken erhalten zu sehn.» – Brief an *Therese Eißl*:
Goethe erörtert [auf Bitte der *Adressatin* vom 28. 5.] verschiedene Details zu
Komposition und Farbgestaltung des auszuführenden Bildes [→ 21. 5.]. – «Das
Ganze muß dem *Beschauer* durchaus ein anmuthiges Gefühl geben, das Gefühl
der Erhörung und Rettung, [...] man kann sich nicht genug über den Haupt-
sinn und über die Motive zum voraus vereinigen, ehe man ein so wichtiges
Werk antritt. Die Richtigkeit des Gedankens ist die Hauptsache, denn daraus
entwickelt sich allein das Richtige der Behandlung.» – Darüber hinaus bittet
Goethe die *Adressatin* um ihr Porträt. «Ohne das Angesicht der *Person,* wenigstens im Bildniß, gesehn zu haben, weiß man niemals, mit wem man zu thun
habe.» – «[...] Kamen die AUSHÄNGEBOGEN 23 von Jena. Besorgte noch EINI-
GES FÜR KUNST UND ALTERTUM [→ 2. 6.], letzte Absendung. *Frau Großherzogin [Luise]* um halb 11 Uhr. Ward *Hofmaler Stieler* derselben vorgestellt. Sie sah
dessen mitgebrachtes frauenzimmerliche Bild und mein angefangenes mit entschiedenem Beyfall. Ich fuhr mit *Stieler* spazieren und führte mit demselben
ein interessantes Gespräch über Kunst und derselben zum Grunde liegende
Hauptmaximen. Mittag *Dr. Eckermann.* Vorbereitung zum Empfang der *Thea-
tergesellschaft.* Ich las indessen Histoire de Christoph Colomb [«The life and
voyages of Christopher Columbus» von *W. Irving*] [...]. Sodann *große Gesellschaft.*» (Tgb)
       Donnerstag, 5. Juni. Brief an *Frau Riemer:* «Es ist an *Riemers* Erhaltung
dem Geschäft, mir und Ihnen soviel gelegen, daß ich mir zur Pflicht achte,
von dessen Zustand [*Riemer* ist erkrankt] auf das genauste von Tag zu Tag

unterrichtet zu seyn; deshalb ich Sie ersuche, *Herrn Geh. Hofrat Huschke* freundlich zu veranlassen, daß *Herr Hofrat Vogel* bey der Cur mit zugezogen werde, indem ich durch denselben oftmalige Nachricht erhalten könne [→ 16. 5.].» – Brief an *Hofrat Meyer:* Goethe sendet MANUSKRIPT [FÜR KuA VI, 2] zur Durchsicht, welches er am Sonnabend [nach Jena] senden möchte. «Diese Last wird nun auch bald von unsern Nacken gehoben seyn.» – Brief an *Auktionator Schmidmer:* Goethe dankt für die fünf Majolika-Schüsseln, die am 4. 6. angelangt sind und «sich neben den bessern meiner Sammlung gar wohl sehen lassen» dürfen [→ 18. 2.]. – «[. . .] *Stieler* besah sich die große Werkstatt und fand sie seinen Zwecken angemessen. Anstalten deshalb. Die *Boisserée-schen* Steindrücke [«Sammlung alt-, nieder- und oberdeutscher Gemälde»] ausgepackt und betrachtet. Mittag mit der *Familie.* Nach Tische Leben des Colomb von *Irving* [gelesen; → 4. 6.]. *Oberbaudirektor Coudray,* welcher seine Beschäftigung mit dem botanischen Garten erzählte und neuere sehr annehmbare Vorschläge that. *Wölfchen* störte und unterhielt.» (Tgb)

Freitag, 6. Juni. «*Carus,* [das nunmehr vollendete Werk] Von den Ur-Theile[n] des Knochen- und Schaalengerüstes im Allgemeinen betrachtet. Mehrere Briefconcepte, Munda [. . .]. Die AGENDA schematisirt. Mit *Ottilien* nach [Schloß] Belvedere gefahren. *Herrn Soret* begegnet, welcher herein ritt und *mit uns* speiste. Nach Tische *Rat Töpfer, Kanzler v. Müller* [«Au dessert, il (Goethe) ma'a fait passer dans le cabinet attenant à la salle à manger pour voir l'ouvrage de *Stieler* (Goethes Porträt), puis m'a conduit mystérieusement plus loin dans la chambre aux majoliques où se trouvait le tableau de la *belle actrice* (*Hagn;* → 28. 5.), faisant toutes sortes de plaisanteries sur la manière dont *Stieler* l'avait tenté pour obtenir son consentement par l'espérance qu'il ferait aussi sortir un ange de ses pinceaux en représentant la tête d'un vieillard, etc. Là-dessus, nous sommes retournés nous asseoir, après que Goethe eut soigneusement fermé les deux portes. Sur ces entrefaites, *Monsieur de Müller* arrive, fort curieux de voir le portrait et fort intrigué d'admirer aussi l'actrice. Il n'en fallait pas tant pour ne rien obtenir. Cependant on lui dit de passer dans la première chambre et de revenir dire son avis; *Müller* entre et ne revient pas. Goethe le soupçonne d'avoir passé outre, se lève et le surprend dans la seconde pièce. ‹Sortez de là, lui crie-t-il en fureur, on ne peut vous laisser seul un instant que votre curiosité ne vous porte à une indiscrétion›, et autres propos semblables, fort blessants pour *le pauvre curieux,* fort embarrassants pour moi. Après avoir exhalé sa colère dans les termes les plus vigoureux, le vieillard passe dans le salon, en ferme la porte avec violence et nous laisse stupéfaits. Je suis sorti avec *le pauvre chancelier,* occupé à le consoler de mon mieux. Au reste, ce n'est ni le premier orage qu'il ait essuyé ni le dernier dont il soit menacé, car c'est le souffredouleur en ce genre et, l'habitude une fois prise, les rapports amicaux n'en sont point dérangés. Le lendemain, on se retrouve comme si rien ne s'était passé la veille. Je crois être le seul qui n'ait jamais essuyé de tempête et dix ans de rapports assez familiers avec des vues souvent opposées qui auraient pu en fournir l'occasion. Peut-être ma figure pointue et mes formes un peu froides m'ont-elles mis à l'abri.» (*Soret;* GG 6155)]. Später für mich allein. Les États de Blois [von *L. Vitet*] durchgelesen, eine gute lobenswürdige Arbeit.» (Tgb)

Samstag, 7. Juni. Brief an *Glenck:* Goethe versichert ihn seines «aufrichtigsten Antheils» an seinem wichtigen Geschäft [→ 13. 1.]. – «Hiezu aber persönlich beyzutragen konnte ich niemals hoffen [der *Adressat* bittet im Interesse seiner zu Buffleben bei Gotha angelegten Saline um ein Darlehen von 2000 Talern auf 12 oder 18 Monate (an Goethe, 3. 6.)] [. . .], wenn Sie die Stellung eines Hausvaters bedenken, der, in einer bedeutenden äußern Lage, den Forderungen *einer immer anwachsenden Familie* und so manchen gesteigerten Bedürfnissen sich gemäß bezeigen soll.» – Brief an *Frommann d. J.:* Goethe sendet die FORTSETZUNG DES MANUSKRIPTS [für KuA VI, 2; → 2. 6.] und bittet um Mitteilung, wie weit es in den FOLGENDEN BOGEN hineinreicht; «es drängt sich gerade am Ende noch soviel Neues zu und zwar soviel Vorzügliches, daß ich nicht weiß wie ich es ablehnen soll». – Brief an *Weller:* Goethe bittet ihn, den *Zeichenlehrer Schenk* zu beauftragen, vom Jenaer Urstier eine Skelettzeichnung des Kopfes in Vorderansicht anzufertigen, die, wie dessen Zeichnung des Gesamtskeletts in den Bonner «Acta» lithographiert veröffentlicht werden soll [→ 22. 2.]. – Brief an *Hofmedikus Huschke d. Ä.:* Goethe spricht seine Besorgnis über *Riemers* Befinden aus, besonders da er hört, daß sich das Übel wiederholt einstellt [→ 5. 6.]. Er ersucht ihn, diesmal *Hofrat Vogel* hinzuzuziehen; «und ich thue dieß um so dringender, als in Abwesenheit *Serenissimi* [dieser ist am 29. 5. nach Berlin abgereist] ich höchst verantwortlich seyn würde, wenn ich als Chef mich um *einen so bedeutenden Untergebenen* nicht aufs genauste zu erkundigen und mich von dessen Zustand zu unterrichten trachtete». – «[. . .] *Frau v. Heygendorff,* die Bilder [von *Stieler*] zu sehen wünschend. Der *Kunsthändler Artaria* von Mannheim, wegen seiner Bibliotheksangelegenheiten. Sah gleichfalls die Bilder. Kam ein Brief von *Zelter* mit geologischen Notizen von *Cantian* [→ 29. 5.]. Mittag *Oberbaudirektor Coudray, Vogel, Dr. Eckermann, Herr Stieler.* Nach Tische Beschauung der *[Stielerschen]* Porträte und sonstiges. Abends für mich, Zwischenzeit zwischen den Barrikaden [→ 4. 1. 27] und den Generalstaaten von Blois [→ 6. 6.].» (Tgb)

Sonntag, 8. Juni. Brief an *Carus:* «Ein alter Schiffer, der sein ganzes Leben auf dem Ocean der Natur mit Hin- und Widerfahren von Insel zu Insel zugebracht, die seltsamsten Wundergestalten in allen drey Elementen beobachtet und ihre geheim-gemeinsamen Bildungsgesetze geahnet hat, aber, auf sein nothwendigstes Ruder-, Segel- und Steuergeschäft aufmerksam, sich den anlockenden Betrachtungen nicht widmen konnte, der erfährt und schaut nun zuletzt: daß der unermeßliche Abgrund durchforscht, die aus dem Einfachsten in's Unendliche vermannichfaltigten Gestalten in ihren Bezügen an's Tageslicht gehoben und ein so großes und unglaubliches Geschäft wirklich gethan sey [→ 6. 6.]. Wie sehr findet er Ursache, verwundernd sich zu erfreuen, daß seine Sehnsucht verwirklicht und sein Hoffen über allen Wunsch erfüllt worden.» – Untertänigster Vortrag an *Carl August:* Goethe berichtet, daß dem *Lithographen Müller* in Karlsruhe die gnädigste Resolution des *Adressaten* [ihn wieder in großherzogliche Dienste zu nehmen; → 22. 4.] übermittelt und von diesem dankbar angenommen worden seien. – Man möchte ihm nun die für seine Anstellung erforderlichen Papiere übermitteln und ihn verpflichten, seine Stelle Ende August anzutreten. – Da der *Kunsthändler Velten* in Karlsruhe den Vertrieb der Weimarischen Pinakothek übernommen hat, müßte ihm

zunächst ein Teil derselben übergeben werden [→ 23. 2. / 4. 3.]. – Brief an
Carl August: «Die *Buch- und Kunsthändler Artaria* und *Fontaine* in Mannheim
haben ein Verzeichnis eingereicht der Fortsetzungen welche für *Ihro Königl.
Hoheit* bereit liegen, deren Übersendung bisher abgelehnt worden [die Liste
nennt u. a. Bücher, über deren Anschaffung und Fortsetzung *Carl August* persönlich zu entscheiden pflegte (vgl. Wahl 3, 456]. – Unterzeichneter hat mit
den *Bibliotheks Verwandten* über die Sache gesprochen und man findet es
höchst wünschenswerth, wenn die Fortsetzungen aufgenommen würden, weil
sonst die wichtigsten Werke incomplett und werthlos liegen blieben.» – Goethe unterbreitet den Vorschlag, aus der Oberaufsichtskasse die Hälfte der etwa
500 Taler betragenden Rechnung zu zahlen und regt an, *Carl August* über-
nähme die andere Hälfte aus seiner Schatulle. – «[...] *Geh. Hofrat Huschke
[d. Ä.],* wegen *Riemers* Befinden [→ 7. 6.]. *Geh. Hofrat Helbig,* wegen einiger
Schatullangelegenheiten. *Herr v. Lützerode* von Kassel kommend, nach Dresden gehend. *Hofrat Vogel, Riemerische* Angelegenheit und medizinisch-poli-
zeyliche Irrungen. *[Schriftsteller] Tiecks* [...] Meldung. Einladung desselben zu
Tische. Auch Einladungen zum Thee auf heute Abend, *mehrere Personen.* Mittag *Hofrat Tieck* und *Familie, Gräfin Stolberg [die Gattin von Friedrich Leopold
Stolberg?]* und *Coudray,* auch *Eckermann.* Abends großer Thee. *Herr Tieck* las
Jery und Bätely vor.» (Tgb)

Montag, 9. Juni. «[...] Einiges zu Kunst und Altertum [wahrschein-
lich endgültige Fassung des Aufsatzes der Markgrafenstein auf dem
Rauhischen Berge bei Fürstenwalde; → 7. 6.] [...]. Um 11 Uhr zu *Herrn
Tiecks* Empfang einiges angeordnet. Kam derselbe mit *Familie.* Wurde ihm
verschiedenes vorgewiesen. Sie speisten *mit uns,* auch *Hofrat Vogel* und *Eckermann* und fuhren um 3 Uhr ab, um noch nach Gotha zu gelangen. [...] Fuhr
mit *Wölfchen* ums Webicht und las sodann verschiedenes [...]. Gegen Abend
waren *drei Petersburger junge Ärzte* bey mir gewesen Namens *Hassemüller, Fuß,
Einbrodt,* aus Rußland. [...] ging zeitig zu Bette.» (Tgb)

Dienstag, 10. Juni. Brief an *Grafen Sternberg:* Goethe teilt im Auftrag *Carl
Augusts* mit, daß dieser zwischen Juli und August einer «fröhlichen Zusammenkunft» mit dem *Adressaten* in Teplitz entgegensieht. – Die dritte Lieferung [der AlH] wird demnächst mit den besten Empfehlungen abgehen,
auch ein architektonischer Kupferstich zum Andenken an das großherzogliche
Jubiläum [*Coudrays* «Pentazonium Vimariense», gestochen von *Schwerdgeburth*]. – «Wie reich aber wird nicht dießmal die Ernte der naturforschenden
Zusammenkunft in Berlin [Versammlung der *Naturforscher* und *Ärzte,* begin-
nend am 18. 9.] sich erweisen! Ich bitte mitzutheilen, wer aus Böhmen und
Österreich wohl hingehen möchte. Auch von Berlin einige Worte! und wäre
das nicht möglich, nach der Rückkehr! [...]. – Ganz unvermeidlich ist auch
neuerlichst die Beschäftigung mit den fremden Literaturen, der englischen,
französischen und italienischen geworden; indem sie an uns Antheil nehmen,
verlangen sie gegenseitigen Antheil an ihnen; denn gerade die *junge Masse der
Nationen,* die sich nach uns umsieht, lebt mit einer andern, die auf dem alten
Eigenen beharrt, in Widerstreit, deshalb suchen sie sich durch uns zu stärken,
indem sie, was an uns kräftig seyn mag, gelten lassen. Es ist ein eigenes Verhältniß, das sich erst reinigen und zurecht schicken muß, welches aber mehr

Zeit erfordern möchte, als uns zum Mitwirken übrig geblieben ist. [Im Konzept berichtet Goethe außerdem von *Glencks* beharrlichen Bohrversuchen nach Steinsalz, welches er schließlich in Buffleben fand, wo er nun im Begriff steht, die nötigen Gebäude zu errichten. «... aber leider ist der Gehalt seiner Casse nicht immer in Proportion mit seiner grenzenlosen durch Kenntnisse genährten Leidenschaft (→ 7. 6.).» (WA IV, 44, 397 f.)]» – «[...] Fuhr ich allein nach Berka, um die nächsten Geschäfte und Arbeiten zu bedenken, auch SCHEMATISIRTE EINIGES. Sprach mit dem *Pachter* und *dessen Schwiegersohn*, auch mit dem vorübergehenden *Diakonus Köhler, Adjunkt Elle* und *Förster Oschatz*. Fuhr zurück und fand den neuen Weg schon weit vorgerückt. Mittag *Dr. Eckermann*, welcher einige zusammengeschriebene Gedichte vorlegte. Wir besprachen und berichtigten vieles zusammen. Für mich allein. Fortsetzung der Betrachtungen des Morgens.» (Tgb)

Etwa Dienstag, 10. Juni. Brief *Sohn Augusts* im Auftrag Goethes und wohl nicht ohne dessen Mitwirkung an *Holtei:* «Ich habe sogleich Ihren letzten Brief hinsichtlich der Aufführung des FAUST [in *Holteis* Bearbeitung] meinem Vater vorgelegt. Er ist mit der Idee sowohl, als mit der Art wie sie ausgeführt werden soll, zufrieden, und ist auch der Meinung, daß dem *Herrn Musikdirektor Eberwein* die Fertigung der Musik übertragen werde. Senden Sie also [...] das arrangirte Manuscript an mich. Sollte Vater dann noch etwas wünschen, so schreiben wir einander darüber.» (WA IV, 44, 398)

Mittwoch, 11. Juni. Brief an *Friedrich Christian Fikentscher:* Goethe bestellt Gläser für anatomische Präparate. – Brief an *Hofrat Meyer:* Goethe bittet ihn, «einige gute Worte über das schöne lithographische Bild» [*Strixners* Lithographie nach dem *Schoreelschen* Gemälde «Das Hinscheiden der Maria» aus der *Boisserée-Bertramschen* Sammlung für KuA VI, 2; → 5. 6.] zu sagen. – «[...] *Hofrat Vogel*, Nachricht von *Riemers* Befinden.» (Tgb) – Brief an *Riemer:* «Zu den ersten Schritten einer willkommnen Genesung Glück wünschend [→ 7. 6.], übersende den ABSCHLUß UNSRES DIEßMALIGEN HEFTES, dessen Inhalt sich am Ende mehr als billig angehäuft hat. DAS MEISTE ist schon bekannt, doch möchte hie und da noch manches zu berichtigen seyn. Den NÄCHSTEN REVISIONS-BOGEN übersende, sobald er einkommt, in Hoffnung daß es sich nächstens mit Ihnen stufenweis bessern werde. Bis dahin ersuch ich Sie sich zu schonen, besonders bey so unsicherer Witterung.» – «Spazieren gefahren mit *Stieler*. Mittag *Dr. Eckermann*. *Stieler* und *Frau* gegen Abend. Ich zeigte alte Medaillen vor. Sodann in den Macbeth [von *Shakespeare*]. Kam Oberbaudirektor *Coudray* in die Loge. An der Vorstellung war nur weniges zu erinnern.» (Tgb)

Donnerstag, 12. Juni. «[...] Vorbereitend verschiedenes diktirt. *Artaria,* neuere und ältere Kunstwerke zeigend. Um 12 Uhr *Frau v. Wolzogen* und *Tochter Schillers [Emilie]*. Spazieren gefahren für mich allein. Mittag *für uns.* Kam eine Sendung von *Jügel* an. Ich las die Vorlesungen [«Cours de littérature française», 1828 ff.] von *[A. F.] Villemain [französischer Philologe;* geb. 1790]. Untersuchte einige alte Reste in den Bodenkammern und ließ das Brauchbare herausschaffen.» (Tgb)

Vor Freitag, 13. Juni. AUFSÄTZE «WALLENSTEIN». FROM THE GERMAN OF FREDERICK SCHILLER [→ 12. 4.], «EDINBURGH REVIEWS» [→ 2. 5.], ANKÜN-

DIGUNG «IDÉES SUR LA PHILOSOPHIE DE L'HISTOIRE DE L'HUMANITÉ PAR HER-
DER» [→ 10. 5.] sowie der NACHTRAG ZUM AUFSATZ DIE SCHÖNSTEN
ORNAMENTE . . .» [→ Vermutlich Ende März] für KuA VI, 2.
Freitag, 13. Juni. «Las die 7 Vorlesungen *Villemains* durch [→ 12. 6.].
Riemer gab sein Urlaubsgesuch ein. Half *Wölfchen* an seiner Siegelsammlung.
Mittags *unter uns.* Das große historische Portefeuille [aus der Großherzogli-
chen Bibliothek «Historische Blätter, enthaltend Stiche ohne bedeutenden
Wert»] ward aufgeschlagen. *Herrn Stieler* gewiesen. Gegen Abend *Herr Kanz-
ler v. Müller.* Nachher *Stieler* und *Coudray,* welche von der Richtung des neuen
Resourcensaales [Saal der *Erholungsgesellschaft;* → 8. 5.] kamen. Ich zeigte die
Verkaufung Josephs [Schuchardt 1, 134, Nr. 295] von *Overbeck,* nachher die
Tagszeiten von *Runge* [Schuchardt 1, 136, Nr. 317] vor. Las nachher in *De
Candolle,* Organographie végétale [1827] [. . .].» (Tgb)
Samstag, 14. Juni. «Kam der 26. REVISIONSBOGEN von Jena. Wurde an
Riemern geschickt. Sendungen nach Jena: *Herrn Frommann [d. J.],* ABSCHLUß
DES MANUSCRIPTS und das INHALTSVERZEICHNIß [mit der Bitte, die letzte
Revision «baldigst» zu senden, da *«unser Riemer* den 25. dieses nach Karlsbad
reis't, um ein Übel zu lindern, das ihn seit einiger Zeit mit bösen Folgen
bedroht». (Begleitbrief)]. – *Artaria,* die neusten Kunstwerke vorzeigend. Ich
wählte mir die Madonna mit dem jungen Tobias. Darauf *Demoiselle [Emilie]
Seebeck,* bey *Frau Gräfin Rapp* angestellt [«. . . ich fand ihn wohl, aber doch sehr
gealtert, was mich im ersten Augenblick fast überraschte. Der Eindruck, den
Goethe vor neun Jahren in Jena (→ 15. 7. 19) auf mich gemacht, war mir noch
so gegenwärtig, sein Aussehen, sein wirklich jugendliches Wesen standen mir
so lebhaft vor der Seele, daß ich im ersten Augenblick Mühe hatte, es mit dem
Eindruck, den er jetzt auf mich machte, in Verbindung zu bringen. Sagt man
sich aber, wie alt Goethe ist, so muß man sich freuen, ihn noch so wohl und
rüstig zu sehen. Er empfing mich sehr freundlich» und erkundigt sich eingehend nach *ihrem Vater* und der *Familie.* (*Emilie* an ihre Mutter, 19. 6.; GG
6156)]. *Zwei englische Damen* [«les *Mademoiselles Thuns»*? (vgl. WA III, 11,
346)] mit *einem Vetter,* an *Ottilien* adressirt. Mit *Ulriken [v. Pogwisch]* spazieren
gefahren. Mittag die *Herren Coudray, Stieler, Artaria, Töpfer* und *Eckermann.*
Nachher schlug ich die altdeutschen Kupfer und Holzschnitte auf. Las in *De
Candolle* und betrachtete diese Art von Peripherie nach dem Centrum zu
gehen abermals näher [→ 13. 6.].» (Tgb)
Sonntag, 15. Juni. «[. . .] Abermals *De Candolle* [→ 14. 6.].» (Tgb) – Brief
an die *Direktion des deutsch-amerikanischen Bergwerkvereins:* Goethe sendet die
Musterstücke amerikanischer Gebirgsarten zurück und legt die Bemerkungen
Sorets bei, die *dieser gründliche Kenner der Naturwissenschaften* bei der Betrach-
tung dieser Stücke aufgesetzt hat [→ 19. 1.]. – Da man auch nähere Kenntnis
von der unterirdischen Flora jener Gegenden zu erhalten wünscht, erbittet
Goethe «Musterstücke von den Pflanzenabdrücken, wie sie in dem Dach der
Steinkohlen durchaus vorzukommen pflegen». – Brief an *Carlyle:* «Vier Hefte
Ihrer zwey Zeitschriften [«The Foreign Quarterly Review» und «The Foreign
Review»] die sich mit fremdem Interesse beschäftigen liegen vor mir, und ich
muß wiederholen, daß vielleicht noch nie der Fall eintrat, daß eine Nation
um die andere sich so genau umgethan, daß eine Nation an der andern soviel

Theil genommen als jetzt die schottische an der deutschen. Eine so genaue als liebevolle Aufmerksamkeit setzt sich durchaus fort und fort, ja ich darf sagen, daß ich gewisse Eigenheiten *vorübergegangenen bedeutenden Menschen* abgewonnen sehe in dem Grade, um mir gewissermaßen Angst zu machen, *solche Persönlichkeiten, die mir im Leben gar manchen Verdruß gebracht,* möchten wieder auferstehen und ihr leidiges Spiel von vorne beginnen. Dergleichen war der *unselige Werner,* dessen fratzenhaftes Betragen bey einem entschiedenen Talente mir viel Noth gemacht, indessen ich ihn auf's treuste und freundlichste zu fördern suchte [→ 1. 5.]. – Desto erfreulicher war mir Ihre Behandlung der HELENA [in der «Foreign Review»; → 2. 5.].» – Goethe sehe es gern, wenn *Carlyle* mit *Eckermann,* den er als *«Hausgenossen»* betrachtet, ins Verhältnis trete. «Er ist von meinen Gesinnungen, von meiner Denkweise vollkommen unterrichtet, redigirt und ordnet DIE KLEINEREN AUFSÄTZE wie sie in MEINEN WERKEN abgedruckt werden sollen und möchte wohl, wenn diese noch weitaussichtige Arbeit zu vollenden mir nicht erlaubt seyn sollte, alsdann kräftig eintreten, weil er von meinen Intentionen durchaus unterrichtet ist.» – Die Übersetzung des Wallenstein [→ 12. 4.] hat auf Goethe «einen ganz eigenen Eindruck» gemacht. Da er *Schiller* während der Entstehung des Stückes «nicht von der Seite kam» und solches schließlich «vereint mit ihm auf das Theater brachte», dabei auf den Proben «mehr Qual und Pein erlebte als billig», auch alle nachfolgenden Vorstellungen besuchte, «um die schwierige Darstellung immer höher zu steigern; so läßt sich's denken, daß dieses herrliche Stück mir zuletzt trivial, ja widerlich werden mußte [...]. Nun aber da ich es unerwartet in *Shakespeares* Sprache wieder gewahr werde, so tritt es auf einmal wie ein frisch gefirnißtes Bild in allen seinen Theilen wieder vor mich, und ich ergötze mich daran wie vor Alters [...]. – Hier aber tritt eine neue, [...] vielleicht nie ausgesprochene Bemerkung hervor: daß der *Übersetzer* nicht nur für seine Nation allein arbeitet, sondern auch für die aus deren Sprache er das Werk herüber genommen. Denn der Fall kommt öfter vor als man denkt, daß eine Nation Saft und Kraft aus einem Werke aussaugt und in ihr eigenes inneres Leben dergestalt aufnimmt, daß sie daran keine weitere Freude haben, sich daraus keine Nahrung weiter zueignen kann. Vorzüglich begegnet dieß den *Deutschen,* die gar zu schnell alles was ihnen geboten wird verarbeiten und, indem sie es durch mancherlei Wiederholungen umgestalten, es gewissermaßen vernichten. Deshalb denn sehr heilsam ist, wenn ihnen das Eigne durch eine wohlgerathene Übersetzung späterhin wieder als frisch belebt erscheint.» – «[...] Mittag *Weller* und *Frau, Töpfer* und *Eckermann; die Tiroler* [die *Gebrüder Franz, Balthasar* und *Anton Leo* (DVSchrLG 48, 383)] sangen bey Tische [«Goethe selbst erschien keineswegs so entzückt als wir andern. ‹Wie Kirschen und Beeren behagen›, sagte er, ‹muß man *Kinder* und Sperlinge fragen.› ... – Der *junge Goethe* wird hinausgerufen (*Kanzler v. Müller* bringt die Nachricht vom Tod *Carl Augusts*) und kommt bald wieder zurück. Er geht zu den *Tirolern* und entläßt sie. Er setzt sich wieder zu uns an den Tisch. Wir sprechen von *(Webers)* ‹Oberon›, und daß *so viele Menschen* von allen Ecken herbeigeströmt, um diese Oper zu sehen ... Der *junge Goethe* hebt die Tafel auf. ‹Lieber Vater›, sagt er, ‹wenn wir aufstehen wollten! Die *Herren* und *Damen* wünschten vielleicht etwas früher ins Theater zu gehen.› Goethen erscheint

diese Eile wunderlich . . . doch fügt er sich und steht auf, und wir verbreiten
uns in den Zimmern. *Herr Seidel* tritt zu mir und einigen anderen und sagt
leise und mit betrübtem Gesicht: ‹Eure Freude auf das Theater ist vergeblich,
es ist keine Vorstellung, *der Großherzog ist tot!* Auf der Reise von Berlin hieher
ist er (am 14. 6.) gestorben.› Eine allgemeine Bestürzung verbreitete sich unter
uns. Goethe kommt herein, wir tun, als ob nichts passiert wäre . . . Goethe tritt
mit mir *(Eckermann)* ans Fenster und spricht über die *Tiroler* und das Theater.
‹Sie gehen heut in meine Loge›, sagte er, ‹Sie haben Zeit bis sechs Uhr; lassen
Sie die andern und bleiben Sie bei mir, wir schwätzen noch ein wenig.› *Der
junge Goethe* sucht die *Gesellschaft* fortzutreiben . . . Goethe kann das wunderliche Eilen und Drängen *seines Sohnes* nicht begreifen und wird darüber verdrießlich. ‹Wollt ihr denn nicht erst euren Kaffee trinken›, sagt er, ‹es ist ja
kaum vier Uhr!› Indes gingen die übrigen, und auch ich nahm meinen Hut.
‹Nun, wollen Sie auch gehen?› sagte Goethe, indem er mich verwundert
ansah. – ‹Ja›, sagte der *junge Goethe,* ‹Eckermann hat auch vor dem Theater
noch etwas zu tun.› – ‹Ja›, sagte ich, ‹ich habe noch etwas vor.› – ‹So geht
denn›, sagte Goethe, indem er bedenklich den Kopf schüttelte, ‹aber ich
begreife euch nicht.› – Wir gingen . . .; der *junge Goethe* aber blieb unten, um
seinem Vater die unselige Eröffnung zu machen.» (Eckermann)] [. . .]. *Minister
v. Gersdorff* und *Geh. Legationsrat Conta,* die neue Verpflichtung aufnehmend
[«Ich selbst *(v. Conta)* überbrachte Goethe gemeinschaftlich mit dem *Herrn
Minister von Gersdorff* die Nachricht vom Tode des *hochseligen Großherzogs . . .*
Es veränderte sich kein Zug in seinem Gesichte, und gleich gab er dem
Gespräch eine heitere Wendung, indem er von dem vielen Herrlichen sprach,
das der *Hochselige* gestiftet und gegründet hatte. Aber nichtsdestoweniger hat
er diesen Verlust tief gefühlt und innig betrauert.» (GG 6158)]. Gar manches
andere im traurigen Bezug. Mit *Ulriken* und *Eckermann* allein des Abends.
[«Ich (Eckermann) sah Goethe darauf spät am Abend. Schon ehe ich zu ihm
ins Zimmer trat, hörte ich ihn seufzen und laut vor sich hinreden. Er schien
zu fühlen, daß in sein Dasein eine unersetzliche Lücke gerissen worden. Allen
Trost lehnte er ab und wollte von dergleichen nichts wissen. ‹Ich hatte
gedacht›, sagte er, ‹ich wollte *vor* ihm hingehen; aber Gott fügt es, wie er es
für gut findet, und uns armen Sterblichen bleibt weiter nichts, als zu tragen
und uns emporzuhalten, so gut und so lange es gehen will.› (Eckermann)].»
(Tgb)

Nach Sonntag, 15. Juni. «Goethe hat so seine eigene Weise in mancher
Hinsicht. Bei dieser Gelegenheit [dem Tode *Carl Augusts*] hat er sich von
Anfang eingeschlossen, ist dann wieder erschienen und hat verboten, die
Sache zu erwähnen.» (*Caroline v. Heygendorf* an den *Großherzog von Mecklen-
burg-Strelitz,* 20. 7.; GG 6209)

Montag, 16. Juni. «Manches in Bezug auf die Umstände. *Prof. Riemer,* die
REVISION DES BOGENS 26 bringend [→ 14. 6.]. *Artaria* sich empfehlend. *Helbig*
gemeinsames Beyleid bezeigend. *[W.] Buckland* Reliquiae diluvianae [1824].
Mittag *für uns.* Wurde das Nothwendigste des Augenblicks abgehandelt.
Gegen Abend mit *Ulriken [v. Pogwisch]* in den untern Garten gefahren; wir fan-
den daselbst *August* und *Wölfchen.* Wir gingen zu Fuße herauf und in den
Salon. Später noch einiges in *De Candolle* [→ 15. 6.], auch *Buckland.*» (Tgb)

Dienstag, 17. Juni. Brief an *Soret:* «Nur mit den wenigsten aber treusten Worten meinen herzlichsten Dank für Brief und Nachricht [vom 16. 6. aus Wilhelmsthal, wo sich *Großherzogin Luise* seit 12. 6. mit dem *Prinzen Karl Alexander* und *Soret* aufhält]! Wenn das Ganze uns niederschlägt, so richtet das Einzelne uns auf. – Empfehlen Sie mich der *Frau Großherzogin* auf's dringendste; meine Gesinnungen bedürfen keiner Worte und meine Gefühle können sie nicht finden. Dürft ich es einigermaßen wagen, so wär ich schon in Wilhelmsthal. – Fahren Sie fort mit Ihrem beruhigenden Tagebuch; wir stellen uns hier in's Gleiche wie nur möglich und besorgen manches Einzelne das auch wohl auf's Ganze Bezug haben möchte.» – Brief an *Gräfin Henckel* [die mit *Schwiegertochter Ottilie* am 8. 6. nach Karlsbad abgereist war]: «Ew. Excellenz im Mitgefühl unseres Zustandes wünschen gewiß etwas Näheres zu vernehmen, wie es in Wilhelmsthal ergeht. *Unser guter Soret* setzt mich in den Fall hievon Nachricht zu geben, welche [in Form einer Abschrift des *Soretschen* Briefes] mitzutheilen nicht ermangele [...].» – Brief an *Nees v. Esenbeck:* Goethe sendet die «versprochene wohlgerathene Zeichnung [von *Schenk;* → 7. 6.]. Ob es gleich schade ist daß der Vordertheil des Schädels zerstört worden, so zeichnen sich doch die so weit hervorragenden Augenhöhlen kräftig aus, in denen ich schon früher den Charakter einer besondern Wildheit zu finden glaubte.» – «[...] [An] *Herrn Frommann [d. J.]*, 26. Bogen Revision [→ 16. 6.] [...]. *Herr Kanzler v. Müller* über das Nächstvergangene und Zunächstbevorstehende. Mittag *für uns.* Gegen Abend *Kanzler v. Müller.* Die *Herren Stieler, Riemer, Töpfer* und *Eckermann.* Ich las in *Bucklands* Werk bis gegen die Dämmerung [→ 16. 6.].» (Tgb)

Mittwoch, 18. Juni. «[...] Auswahl und Ordnung der Kupfer und Zeichnungen im vorderen Schranke. *Kunsthändler Börner* von Leipzig. *[Wegebau-] Inspektor Goetze* zur Verpflichtung berufen. Kam eine Sendung von *Alfred [Nicolovius]*, lithographische Blätter, von Düsseldorf. Kam *Frau [Minchen] v. Münchhausen* unversehens und speiste nebst *ihrer mittlern Schwester [Friederike Sophie]* mit uns. Nach Tische kam die *jüngste [Schwester].* Sie blieben zum Thee [«Eine wunderbare Erscheinung war mir *Minchen Münchhausen* mit *ihren Schwestern...* Ich habe meine Neigung zu *diesem wunderlichen Wesen* niemals geläugnet und – sie in einem solchen Augenblick nach Jahren wiederzusehen war eine seltsame Empfindung; doch benahm sie sich so artig und niedlich wie immer und erschien wirklich wie ein Sternchen in der Nacht.» (an *Ottilie*, 24. 6.)]. Kamen *Stieler* und *Eckermann.* Die Frauenzimmer wollten den andern Tag nach Schnepfenthal.» (Tgb) – «Der *Großherzog* hat mich *[Kanzler v. Müller],* als er *Schillers* Beisetzung anordnete, ausdrücklich ermächtigt, casu eveniente, zu referieren: ‹Wenn Goethe mich überlebt, so wird er sorgen helfen, wie in meinem Sinne verfahren werde.›» (an Goethe)

Donnerstag, 19. Juni. «Kamen Briefe von *Soret* und *Vogel* von Wilhelmsthal. Billet von *Herrn Kanzler [v. Müller* mit der Bitte, ihm den Nekrolog auf die Herzogin Amalia zu senden. «Bey näherer Überlegung will mir scheinen, daß *Röhr,* dem die verschiedene Wichtigkeit der frühren Lebensumstände nicht sattsam bekannt, nur sehr schwierig der Aufgabe (eines Nachrufs auf *Carl August*) genügen möchte. Wenn Euer Excellenz es gut heißen, so wollte ich unter Ihrer Anleitung versuchen, den Aufsatz zu entwerfen.» (WA

IV, 44, 406)].» (Tgb) – Brief an *Kanzler v. Müller:* «[...] muß ungerne vermelden daß ich JENES BLATT nicht habe finden können, welches mit Vergnügen mitgetheilt hätte. Was jedoch zu thun überlasse Denenselben gänzlich; ich kann mich nicht zu der mindesten Einwirkung in dieser Angelegenheit erbieten; mein ohnehin sehr leidender Gemüthszustand würde, bey specieller Vergegenwärtigung der Verdienste *unseres hohen Abgeschiedenen,* bis zur Verzweiflung gesteigert werden. Ich muß mich daher entschuldigen und würde es auch außerdem gethan haben, wenn ich bedenke daß man dem, der als *geistlicher Redner* gebildet und berufen ist, hierin vielleicht nicht vorgreifen sollte. Doch soll dieß Ew. Hochwohlgeboren nicht abhalten, nach Überzeugung zu handeln, und will ich diesen meinen Äußerungen nicht mehr als einen individuellen Werth beylegen.» – «Kleinigkeiten besorgt. Pflanzen umgesetzt. Etwas bezüglich auf die Geologie bey Fürstenwalde [→ 9. 6.]. *Herr Stieler,* sein Schönheitsprinzip gar anmuthig durchführend, an Beyspielen seine Überzeugung auslegend. Ich fuhr fort einiges zu beseitigen. Zu Tische *Herr Hofrat Meyer.* Abends *Oberbaudirektor Coudray,* den intentionirten Katafalk [für *Carl August*] vorzeigend. *Herr Kanzler v. Müller,* das Nächste besprechend. [...].» (Tgb)

Vielleicht Donnerstag, 19. Juni «...als *Hofmaler Stieler* zu ihm [Goethe] kam, waren seine ersten Worte: ‹Vom Vorgefallenen wollen wir nicht sprechen, lassen Sie uns von andern Dingen reden.› Die *Weimaraner* nahmen ihm dies übel, ich begreife nicht, warum; daß er den Tod des *Herzogs* tief fühlt, kann jeder erkennen, der ihn sieht, daß er Aufregung durch Darüberprechen in seinen Jahren, bei seiner Eigentümlichkeit vermeidet, finde ich nicht nur *natürlich,* sondern auch *sehr recht.*» (*Emilie Seebeck an ihre Mutter;* GG 6161)

Freitag, 20. Juni. Brief an *Leibmedikus Vogel:* «[...] haben ja die Güte, mich öfters mit einigen Zeilen zu erfreuen, um mir die Entfernung von *Ihro Königlichen Hoheit der Frau Großherzogin [Luise]* in der gegenwärtigen Lage erträglich zu machen. Empfehlen Sie mich ihr auf das allerdringlichste. – Um von meinen Zuständen zu sprechen, so befinde ich mich körperlich wie Sie wissen, und halte mich möglichst im Gleichgewicht. Eine schwere Müdigkeit in den Gliedern werden Sie natürlich finden; ich konnte mich gestern Abend kaum aus dem untern Garten herauftragen, und dieß ist es auch was mich hindert, nach Wilhelmsthal zu gehen und mein tägliches, stündliches Verlangen zu befriedigen. [...]. – Sie thun sehr wohl, länger in Eisenach zu verweilen [*Großherzogin Luise* hatte sich zu einem längeren Aufenthalt entschlossen], denn in solchen Fällen sind die Nachwirkungen immer zu fürchten: der Charakter widersetzt sich dem treffenden Schlage, aber consolidirt dadurch gleichsam das Übel, das sich späterhin auf andere Weise Luft zu machen sucht.» – «[...] *Hofmaler Stieler,* demselben gesessen bis gegen 2 Uhr. *Geh. Hofrat Helbig,* einiges von Mailand bringend. Mittags *mit der Familie.* Die italienischen Übersetzungen der deutschen Lieder von... [Lücke im Text] durchgesehen. Abends *Herr Kanzler v. Müller.* Ich betrachtete die Kupfer der französischen Schule. *Prof. Riemer* einige Terminologie durchsprechend. Beschauung des Tods der Maria von *Schoreel* [→ 11. 6.] und anderer neuangekommener Kunstwerke.» (Tgb)

Samstag, 21. Juni. «[...] *Herrn Stieler* zum Porträtiren gesessen [«‹Wir müssen eilen›, sagte Goethe, ... ‹wir müssen eilen, das Gesicht zu bekommen. Der *Großherzog* ist weggegangen... und nicht mehr wiedergekommen. Wer verbürgt einem, ob man morgen erwacht.»› (R. Marggraff: Zur Erinnerung an Joseph Stieler..., 1858; GG 6206)]. Ihm einiges auf FARBENLEHRE Bezügliches gezeigt und vorgetragen. Gegen 3 Uhr *Frau* und *Fräulein v. Münchhausen* zu Tische. Blieben bis Nacht. Abends der [in Weimar eintreffende] Trauerzug [mit der Leiche *Carl Augusts*] bis ins Römische Haus. *Mein Sohn* hatte die erste Nachtwache.» (Tbg)

Vermutlich Freitag, 20. / Samstag, 21. Juni. Brief an *Soret:* «Übrigens befinde ich mich in einem wunderlichen Geisteszustande, der keine anhaltende Aufmerksamkeit erlaubt; deswegen ich manches Einzelne wegarbeite, was doch gethan seyn muß; auch mache ich Ordnung in verschiedenen Dingen die durch einander liegen, um gewahr zu werden, daß noch einiges in der Welt ist, wofür man sich interessiren könnte. Die Öde jedoch ist schrecklich in die man nach einem solchen Verluste gesetzt ist. – Schon seit acht Tagen beschäftigte mich *Herrn De Candolles* Organographie végétale [→ 16. 6.], ein [...] gerade zu unsern Zwecken [Goethe plant eine deutsch-französische Ausgabe seiner METAMORPHOSE DER PFLANZEN, wobei *Soret* die französische Übersetzung liefern soll] [...] nothwendiges Werk: man belehrt sich, wie weit die Erfahrung gelangt ist, inwiefern man das Wissen zusammengebracht hat und es wissenschaftlich aufzustellen bemüht ist. – [...]. *Herr De Candolle,* welcher vom Besondern in's Allgemeine geht, behandelt uns andere, die wir vom Allgemeinen in's Besondere trachten, nicht unfreundlich, und gar viele der beiderseitigen Enuntiationen, wie sie sich begegnen, sind gleichlautend; an wenig Stellen erscheint ein Widerstreit, welcher keiner Auflösung bedarf; es sind nur zwey verschiedene Sprachen, und man versteht sich wohl. [...]. – Bey näherer Brachtung jedoch verschwindet meine Hoffnung, in Wilhelmsthal aufzuwarten; ich bin ja gefesselt durch die Gegenwart des *Hofmaler Stieler*. Seine Arbeit, durch die traurigen Ereignisse unterbrochen, muß nun fortgesetzt werden und es ist nicht abzusehen, wann er endigen wird. Er denkt noch eine Hand in dem Bilde anzubringen; seine Geschicklichkeit und Sorgfalt sind gleich groß. Und so mag es denn für ein Geschick anzusehen seyn, daß durch diese Nöthigung alle Wahl abgeschnitten und ausgeschlossen bleibt.»

Sonntag, 22. Juni. «Berlinische Jahrbücher, April. Einige chromatische Vorbereitungen zu Gunsten *Herrn Stielers. General-Superintendent Röhr.* Mittag *Helbig, Stieler, Töpfer, Eckermann.* Mit letzterem spazieren gefahren. Blieb derselbe bis spät.» (Tgb)

Montag, 23. Juni. «[...] *Stielern* gesessen. Vor Tische *Coudray.* Mittags *Dr. Eckermann.* Nachher *Stieler.* Später zum Thee *Kanzler v. Müller,* die *Familie Stieler* und *Dr. Eckermann* [«Eine unermeßliche Öde ist um mich (Goethe) her, noch vermag ich nicht, sie auszufüllen, aber ich will und muß es.» (*Kanzler v. Müller* an *Line v. Egloffstein,* 24. 6.; GG 6165)].» (Tgb)

Dienstag, 24. Juni. Brief an *Kanzler v. Müller:* «Die Behandlung des mit vielem Dank hier zurückkehrenden Aufsatzes [«Zum ruhmwürdigen Gedächtniß seiner Königlichen Hoheit des Durchlauchtigsten Fürsten und Herrn Carl August, Großherzog zu Sachsen-Weimar-Eisenach»; → 19. 6.] habe ich als sehr vorzüglich anzuerkennen und was den Inhalt betrifft, so wird

man weder gegenwärtig etwas *davon*, noch künftig etwas *dazu* thun wollen.»
– Brief an *Oberbaudirektor Coudray:* «Da ich einen wie ich hoffe zulässigen
Gedanken für Symbolisirung für Kirche und Schule [für die Trauerdekoration]
gehabt, so wünsche solchen Ew. Hochwohlgeboren vorzutragen.» – Brief an
Schwiegertochter Ottilie: «In den ersten Tagen war nichts zu sagen noch zu
schreiben; jeder mußte die traurigen Eindrücke in sich selbst verarbeiten. Nun
aber kann man doch zu wechselseitiger Beruhigung einiges aussprechen [...].
– Vor allem empfiehl mich der *theuren Frau Großmama [Gräfin Henckel]*, [...];
deshalb ich denn auch vorzüglich zu ihrem Troste sage, daß sich die *Frau
Großherzogin* den Umständen nach sehr leidlich befindet, wie *Vogel* schriftlich
versichert [...].» Allerdings hat die *Großherzogin* «den zwar wohlgemeinten,
löblichen, aber oft bis zur Indiscretion getriebenen Zudrang von *Personen aller
Klassen* zu beklagen [...]. Mag denn das auch zur Zerstreuung dienen und ein
großes Gemüth hindern, allzusehr und abgeschlossen bey sich selbst zu bleiben. – *Walther* ist in Wilhelmsthal [...]. – Ich befinde mich körperlich auch in
leidlichen Umständen; was Geist und Seele betrifft, magst du aus eignen
Gefühlen abnehmen. – Läugnen will ich nicht daß mir die letzten Tage sehr
schwer ward, dem *vortrefflichen Stieler* zu sitzen [...]. Zwar gelingt ihm seine
Arbeit so gut, er ist *ein so verständiger angenehm-unterhaltender Mann,* daß ich
es andererseits für eine Wohltat anzusehen habe. [...]. – Da sich niemand hier
befand, um in zweifelhaften Fällen zu entscheiden, so ergaben sich große
Schwankungen wegen dem Benehmen mit der *hohen Leiche,* welche von
preußischer Seite mit allem Anstand und zu Rührung *mehrerer tausend
Zuschauer* bis Nieder-Roßla gebracht worden war. *Oberbaudirektor Coudray* ist
nun bis zum Ermüden mit Prachtgerüsten, Prachtwagen, Teppichen und
Gehängen beschäftigt [...]. – Die Wache im Römischen Haus, wo der *Leich-
nam* gegenwärtig aufbewahrt wird, hat *August* schon zwey Nächte bestanden,
und so wird es noch eine Weile fortgehen, bis alles zum traurig-prächtigen
Empfang bereitet wird.» – Goethe empfiehlt *Ottilie* dringend, mit *Herrn v.
Ziegesar* Prag zu besuchen. – Er legt seinem Brief einen Auszug aus *Sorets*
[Wilhelmsthaler] Bulletin bei. – «[...] *Stieler* beschäftigte sich mit der ganzen
Figur. Kam der ABSCHLUSS DES HEFTES VON KUNST UND ALTERTUM von Jena
[Umschlag und vermutlich die BISHER ABGESETZTEN KOLUMNEN VON BOGEN
28]. Mittags *Eckermann*. Lord Douro *[Arthur Richard Wellesley Wellington, geb.
1807]* und *Bruder [Charles Wellesley Wellington, geb.* 1080, *die Söhne des Herzogs von Wellington]* um das Bild zu sehen. Mittag *Dr. Eckermann. Herr Kanzler
v. Müller.*» (Tgb)

Vor Mittwoch, 25. Juni. NOTIZ NAUWERCK, BILDER ZU FAUST für KuA
VI, 2 *[Nauwerck* hatte das zweite Heft seiner «Darstellungen zu Goethes
FAUST» am 11. 6. übersandt].

Mittwoch, 25. Juni. Brief an *Hofrat Meyer:* «In sehr böslichen Umständen
vermelde nur mit wenigem: daß ich so eben beschäftigt bin, das NEUSTE HEFT
VON KUNST UND ALTERTUM abzuschließen. Es findet sich gerade noch ein
Räumchen, um ein freundliches Wort über *Nauwercks* neues Heft zu sagen,
auch hab ich darüber schon EIN BLATT DICTIRT [→ vor 25. 6.] welches mittheile. Nur wünsche ich zu erfahren, in welchem HEFT wir schon *dieses guten
Mannes* gedacht haben, ich kann die Stelle gerade nicht auffinden.» – «*Herr*

Prof. Riemer, KUNST UND ALTERTUM mit ihm durchgegangen. *Stielern* gesessen. Mit *Eckermann* spazieren gefahren. Mittag derselbe zu Tisch. *Landesdirektionsrat Töpfer*, eines früheren allegorischen Vorspieles mit Enthusiasmus gedenkend. Mit beiden in den untern Garten gefahren. *Hofmarschall v. Spiegel*, die Acten auf die vorseyende Trauerhandlung einhändigend. Ich las solche zur Hälfte durch. – [An] *Herrn Frommann d. J.* nach Jena [REVISIONSBOGEN 27; → 17. 6.].» (Tgb)

Donnerstag, 26. Juni. «*Stielern* abermals gesessen. *Major v. Germar* das traurige Ereigniß [*Carl Augusts* Sterben] im Einzelnen referirend. *Hofsekretär Zwierlein*, eine Rangfrage anbringend. *Oberbaudirektor Coudray*, Frage wegen der Wirklichkeits-Forderung der Majestäts-Insignien. Mittags *Dr. Eckermann*. Nach Tische die Kupfer für das Museum und eigne Sammlung ausgesucht. Mit ihm spazieren gefahren. Abends allein.» (Tgb)

Freitag, 27. Juni. «Früh gebadet.» (Tgb) – Brief an *Hofmarschall v. Spiegel*: Goethe sendet das ihm anvertraute Aktenstück [→ 25. 6.] mit der Versicherung zurück, daß es ihm zum Trost gereicht, «die Bestattung *unseres verewigten Fürsten* durch Ihre ganz besondere Sorgfalt so würdig und folgerecht angeordnet zu sehen. Wie mich denn auch *Oberbaudirektor Coudray* durch Vorzeigung seiner architektonischen und plastischen Risse überzeugt hat, daß Sie an demselben einen talentvollen, innig theilnehmenden Mitarbeiter gefunden haben.» – Er wünscht «Fassung in diesen unerträglichen Augenblicken und Belebung des Gedankens, daß der *teure Abgeschiedene* uns noch Pflichten gegen *seine werten Zurückgebliebenen* hinterlassen habe». – Brief an *Schwiegertochter Ottilie*: «Dich aber, *mein gutes Kind*, kann man unbedenklich in die Welt schicken und deine Tagebücher würden mir durchaus angenehmer seyn als [die] der *Lady Morgan* [englische Roman- und Reiseschriftstellerin; geb. 1783]; du siehst die Sachen mit reinem ruhigen Sinn an und findest das Menschliche durch die wunderlichsten Formen; alles Übrige ist ja auch nichts und gar nichts. – Von hier ist nur zu sagen, daß *Herr v. Spiegel* auf's löblichste bemüht ist, die Heimführung *seines Fürsten* würdig und schaulich zu machen. [...]. – Mein Bild wird zwischen aller dieser Noth vorzüglich gut. Glücklicherweise war der Grund gelegt, ehe das Unheil über uns erging [...]. – Siehst du *Berta Levetzow* wieder, so sey ihr freundlich; drey Jahre meines Lebens durch spielt sie *eine artige Person* mit in dem Drama, das ich mir immer noch gern zurückrufe [Goethes Liebe zu *Ulrike von Levetzow*; → 9. 9. 23]. – Es trifft sich glücklich, daß die Abreise der *Frau Gräfin [Henckel]* auf den 7. Juli festgesetzt ist; den 6. Juli ist wahrscheinlich hier die Bergräbnisfeyer und einen solchen Empfang wünsch ich euch nicht. [...]. – *August*, von Tag- und Nachtwachen bey der *hohen Leiche* ermüdet und zerstreut, bleibt deshalb immer munter [...]. *Vogel*, sagt man, wird nächstens [aus Eisenach] zurückkehren, indessen hat sich *Bergrat Wahl* theilnehmend und einsichtig erwiesen; auch mir über einige beschwerliche Schritte hinweggeholfen. [...]. – *Eckermann* [...] ist mein Trost in dieser verwirrten Einöde, wo man nichts zu empfinden scheint als die Püffe des Geschicks von denen *Hamlet* soviel zu sagen weiß.» – «[...] *Stielern* gesessen. Um 1 Uhr *Frau Oberkammerherrin [v. Egloffstein]* und *Frau Generalin v. Egloffstein* [letztere mit *Enkel Walther* aus Wilhelmsthal kommend, «hat mir verhältnismäßig viel Gutes von dort mitgebracht». (an *Schwiegertochter Otti-*

lie)]. Mittags *Dr. Eckermann.* Mit demselben und *Riemer* spazieren gefahren.
Herr Kanzler [v. Müller], der nach Wilhelmsthal zu gehen gedachte. *Hofrat
Vogel,* der von dort angekommen war. [...]. Später mit *Riemer* von KUNST
UND ALTERTUM VI, 2.» (Tgb)
Samstag, 28. Juni. «[...] [An] *Frommann d. J.* REVISION DER LETZTEN
BLÄTTER [des HALBEN BOGENS 28 VON KuA VI, 2 (→ 24. 6.). – Goethe dankt
dem *Adressaten* und *dessen Vater,* daß sie «so viele typographische Geduld auf
DIESES STÜCK VON KUNST UND ALTERTUM verwenden wollen, da es sich mit
dessen Abschluß so lange verzog und nunmehr unter traurigen Aspecten zu
Ende gelangt». (Begleitbrief)].» (Tgb) – Brief an *Geh. Hofrat Völkel:* Goethe
teilt mit, daß das fragliche Manuskript am 29. 4. an *Bußler* abgegangen ist [→
14./15. 4.]. Es wäre nicht nötig gewesen, sich deshalb unmittelbar an die *Erbgroßherzogin* zu wenden. – «Unaussprechlich sind die Unannehmlichkeiten, die
mir durch solche fromme Wünsche zuwachsen, welche zu erfüllen ich kaum
in jüngeren Jahren Kräfte genug gehabt hätte [...].» – Brief an *Soret:* Goethe
bittet ihn, beiliegendes Schreiben der *Großherzogin [Luise]* in einer «schickliche[n] ruhige[n] Stunde» zu übergeben. «[...] es sind die ersten Worte die ich
an Ihro Königliche Hoheit in diesen traurigen Zuständen zu richten wage
[...]. Auch dieses Spärliche hat mich viel gekostet, denn ich scheue mich, an
dasjenige mit Worten zu rühren was dem Gefühl unerträglich ist. – Lassen Sie
mich indessen von dem wohlthätigen Einflusse sprechen, den unser botanisches Vorhaben auf mich ausübt [→ 20./21. 6.]. Bey'm Aufwachen, wo ein so
großer Verlust immer wieder auf's neue lebendig wird, greife ich nach dem
Werke des *Herrn De Candolle* und bewundere ihn, wie er alle die unendlichen
Einzelheiten zu behandeln weiß. Auch wird mir immer klärer, wie er die
Intentionen ansieht, in denen ich mich fortbewege und die in MEINEM KURZEN
AUFSATZE ÜBER DIE METAMORPHOSE zwar deutlich genug ausgesprochen
sind, deren Bezug aber auf die Erfahrungs-Botanik, wie ich längst weiß, nicht
deutlich genug hervorgeht.» – Brief an *Großherzogin Luise:* «Schon alle diese
letzten traurigen Tage her suche ich nach Worten, Ew. Königlichen Hoheit
auch aus der Ferne schuldigst aufzuwarten; wo aber sollte der Ausdruck zu
finden seyn, die vielfachen Schmerzen zu bezeichnen die mich beängstigen?
und wie soll ich wagen, den Antheil auszusprechen zu dem die gegenwärtige
Lage Ew. Königlichen Hoheit mich auffordert? – Möge deshalb die treuste
Versicherung eines ewig verehrend gewidmeten Angehörens für den Augenblick einigermaßen genügen, ein Versäumniß zu entschuldigen dem ich bisher
abzuhelfen vergebens bemüht war.» – «[...] *Herrn v. Holtei* nach Berlin
Manuscript [seiner Bühnenbearbeitung des FAUST] zurück [mit einem Brief
Sohn Augusts: «Lassen Sie mich ... in einer bedeutenden Angelegenheit offen
zu Werke gehen. Schon der eingesendete Entwurf ließ befürchten, daß die
Redaktion des FAUST nicht nach Wunsch gelingen möchte (→ etwa 10. 6.).
Dieses bestätigt sich leider durch das eingesendete vollständige Exemplar. Wir
finden gar manches Bedeutende und Wirksame gestrichen, auch einen Teil
des Beibehaltenen so behandelt, daß es unsern Beifall nicht gewinnen kann.
Das Manuskript folgt daher zurück, und Sie werden unsere Ansichten aus der
Ferne freundlich aufnehmen; Sie haben Ihr *Publikum* im Auge, und hierauf
gründet sich wohl Ihre Redaktion, weshalb Ihnen denn auch völlige Freiheit

bleibt, nach Überzeugung zu handeln; nur läßt mein Vater bemerken, daß, unter diesen Umständen, weder von seiner Einwilligung, noch von seiner Mitwirkung die Rede sein dürfte. Da Sie meine Gesinnungen kennen, so werden Sie empfinden, daß ich Gegenwärtiges nur ungern schreibe (*August* ist mit *Holtei* befreundet). (GG 6202)]. Der *Buchbinder* brachte die DRITTE LIEFERUNG [der ALH] eingebunden. *Herr Stieler* setzte das Malen aus. Zu Mittage *Herr Stieler* und *Frau, Eckermann, Coudray* und *[Leibmedikus] Vogel*. Nach Tische *Landesdirektionsrat Töpfer*. Mit ihm und *Eckermann* in untern Garten gefahren. Gegen 8 Uhr *Kammerdirektor v. Fritsch*.» (Tgb)

Vielleicht Samstag, 28. Juni. Billett an *Riemer:* «Den Vorschlag wegen der schwarzen Einfassung [Trauerrand zum UMSCHLAG FÜR KuA VI, 2] halte für annehmbar.» (WA IV, 44, 412)

Sonntag, 29. Juni. Brief an *Frommann d. J.:* «Man wünscht durch eine solche hier gezeichnete schwarze Einfassung am Rande die allgemeine Landes-Trauer eben so ausgedrückt, wie es bereits durch alle von hier ausgehenden öffentlichen Druckblätter und Briefe geschieht.» – «[...] im hintersten Zimmer Kupfer geordnet und rubricirt. Um 12 Uhr *Staatsminister v. Fritsch*. Zu Mittage *Dr. Eckermann*. Blieb derselbe bis spät.» (Tgb)

Montag, 30. Juni. «Einiges diktirt. *Herrn Stieler* gesessen. Mittags *Dr. Eckermann*. Nachher mit *Stieler* und *Wölfchen* spazieren gefahren. Chromatika besprochen. Verschiedenes gelesen. [Auf Anregung von *De Candolle* die] Werke des *Joachim Jungius* [Matematiker und *Naturforscher*; gest. 1657]. [V.] *Cousins* Vorlesungen [«Cours de philosophie»]. *Irvings* Colomb [→ 5. 6.].» (Tgb)

Vermutlich Ende Juni / Anfang Juli. Das *Stielerische Bild* [von *Frau v. Heygendorf*] hat für mich besondere Bedeutung, da es der letzte Auftrag des *Großherzogs* war, in der Stunde seiner Abreise nach Berlin; er starb, als das Werk noch nicht vollendet war, und es blieb unvollendet, weil ich in meiner schmerzlichen Stimmung nicht sitzen konnte. Der große Goethe, wie ihn der *Großherzog* immer nannte, fand darin aber was Vorzügliches und tat alles mögliche, die Vollendung zu verhindern. «(*Caroline v. Heygendorf* an den Großherzog von Mecklenburg-Strelitz, 8. 8.; GG 6669)

Dienstag, 1. Juli. «[...] Das Geschäft wegen der *Börnerischen* Kupfer und Zeichnungen seinem Ende nahe gebracht. *Herr Hofrat Döbereiner* überbrachte einige chromatische Platina-Versuche, referirte, was von mannigfaltigen Versuchen und Unternehmungen, die Gährung betreffend, im Werke sey. *Zeichenmeister Lieber* brachte den bis auf einen gewissen Grad restaurirten Jäger zur Ansicht. Verordnung in der Restaurations-Angelegenheit diktirt [→ 14. 4.]. Mittag *Dr. Eckermann*, wurde über die Chromatika gesprochen, welche Abends vorher mit *Herrn Stieler* durchgegangen hatte. Nachher Ordnung in den Instrumenten fortgesetzt. Abends mit *Prof. Riemer,* den endlichen ABSCHLUß DES HEFTES VON KUNST UND ALTERTUM bewirkt. [→ 28. 6.]. [...] Ich las den zweiten Theil des Lebens von Colomb hinaus.» (Tgb)

Mittwoch, 2. Juli. Brief an *Weller:* Goethe ersieht aus den übersendeten Tagebüchern [der *Bibliotheksangestellten*], «daß alles in unserem Geschäft auf das beste seinen Gang geht». – Brief an *Soret:* Goethe sendet die Abschrift eines Auszuges aus [der Vorrede zu] *De Candolles* Schrift, woraus zu ersehen ist, wie dieser *«zwey Schulen* einander gegenüberstellt und die beiderseitige Methode vereinigen zu wollen den Vorsatz ausspricht. Inwiefern wir also hievon den Anlaß nehmen, uns ihm zu nähern und uns nach seiner Weise auszudrücken, so haben wir auf alle Fälle gewonnen [→ 28. 6].» – Goethe berichtet, den *«alten Joachim Jungius»*, auf den *De Candolle* hinweist, sehr ernsthaft zu studieren, «um zu erfahren was ich mit *diesem grauen Vorgänger* gemein habe; bisher war er mir unbekannt geblieben [→ 30. 6.]. – Über diese Dinge zu *Franzosen* zu sprechen wird jetzt um soviel leichter als vor Jahren, da gerade gegenwärtig *Herr Cousin* [...] die Hauptfragen, die einer jeden Methode zum Grunde liegen, auf eine faßliche Weise zu erörtern bemüht ist [→ 30. 6.]. Es ist das alte, sich immer erneuernde, mit einander streitende, sich unbewußt immer helfende, in Theorie und Praxis unentbehrliche *analytische* und *synthetische Wechselwirken;* dessen vollkommenes Gleichgewicht immer gefordert und nicht erreicht wird.» – «[...] [An] *Frommann d.J.* den ABSCHLUß VON KUNST UND ALTERTUM, Jena. [...] Kam ein Brief von *Ottilien. Lieber* fragte an: ob er die *Coudrayschen* Zeichnungen ins Reine bringen könne? Ein Schreiben von *Boisserée.* Mittag *Dr. Eckermann.* Sodann *Prof. Riemer.* Mit diesem *Fräulein Ulrike [v. Pogwisch]. Wölfchen* spazieren gefahren. Abends *Herr Kanzler v. Müller,* Nachrichten von Wilhelmsthal bringend.» (Tgb)

Bis Mittwoch, 2. Juli. Im Zusammenhang mit der Arbeit an KuA VI, 2 entstehen weitere NOTIZEN und ANNOTATIONEN.

Donnerstag, 3. Juli. «[...] Vergünstigung eines Aufenthalts in Dornburg [von *Hofmarschall v. Spiegel* ausgesprochen]. *Stielern* gesessen wegen der Hand. *Querndt, der Bengalese,* kam und ich gab ihm eine Erstattung [...] wegen seiner Curiositäten fürs Museum. [...] Mittag *Hofrat Meyer* und *Dr. Eckermann.* Ersterer sah und belobte das *Stielerische* Porträt. Nach Tische wurden die neuangeschafften Kupfer vorgewiesen und rezensirt. Gegen Abend mit *Ulriken [v. Pogwisch]* spazieren gefahren. *Oberbaudirektor Coudray,* von seinen bisherigen Geschäften referirend. *Dr. Eckermann* kam später.» (Tgb)

Freitag, 4. Juli. «[...] *Herr Kanzler [v. Müller]* theilte Einschaltungen in den Nekrolog mit [→ 24. 6.].» (Tgb) – Brief an denselben: «Da diese mir mitgetheilten Stellen [*Müller* hatte auf Wunsch von *Großherzogin Luise* eine Passage über die *Majestäten von Bayern* (→ 28. 8. 27) eingefügt] sich zugleich auf mich beziehen, so habe ich darüber gewissermaßen kein ganz reines Urtheil. Da indessen die gemeldeten Ereignisse und persönlichen Bezüge von großer Bedeutung in dem Leben *unseres Fürsten* sind, so dürfte man sie freylich nicht übergehen. Wenn nun ferner der Aufsatz nur als literarisch-officiell zu betrachten ist, möchte wohl auch deshalb die Einschaltung für zulässig geachtet werden. – Was den Vortrag betrifft, wüßte nichts zu erinnern.» – «Mittag *Dr. Eckermann. Mein Sohn* speiste auswärts. Ältere entdeckte Zeichnungen vorgelegt. [...] *Major v. Germar,* die Umstände des Hinscheidens *unseres gnädigsten Herrn* in einem Aufsatze vorlegend, welchen ich durchlas [«... Nach dem Hause (Schloß Graditz bei Torgau) zurückgekommen (7 Uhr Abends) setzten sich *Seine Königliche Hoheit* abermals, jedoch etwas erschöpft, auf das Sopha, und es entfuhr Höchst Ihnen der nie gehörte und mir durch das innerste Mark dringende Ausruf: ‹Ach, daß Gott erbarm!› In demselben Augenblick aber verlangte *Seine Königliche Hoheit* eine Cigarre, luden die *Officiers* ein, sich niederzusetzen und unterhielten Sich mit ihnen über militärische Gegenstände... ich bat ... *einen der* ... *Officiers,* auf die eintretende Kühlung aufmerksam zu machen ... (8 Uhr Abends) ... ‹So wollen wir lieber herauf gehen›, war die Antwort des *Großherzogs.* Höchstderselbe stand auf ... und ging, stets im Gespräch mit *Kapitän Studnitz* ..., die erste Abstufung der Treppe hinauf. Hier ruhten Höchst Sie, auf dem Fenstersims sitzend, einige Minuten aus, das Gespräch... fortführend, stiegen aber dann, ohne anzuhalten, den übrigen Theil der Treppe hinauf und schritten rasch durch den ziemlich großen Saal nach Höchstihren Zimmern... Daselbst angekommen, stützten sich *Seine ... Hoheit* mit beiden Armen auf das Fenster und athmeten heftig; ... Höchstdieselben ... gingen von da, jedoch mit schwankenden Schritten, nach Höchst Ihrem zweiten Zimmer und stützten Sich eben so an das offene Fenster... Die Brust hob sich fast gar nicht mehr und ein heftiger Brustkrampf schien eingetreten zu seyn. Ich trat abermals ganz dicht heran und fragte besorgt: ‹Es scheint, Eure... Hoheit sind unwohl, Höchstsie haben seit mehr denn zweimal vier undzwanzig Stunden beinahe Nichts genossen; befehlen... Sie vielleicht... noch etwas Sagosuppe?› – *Der gnädigste Herr* sah mich an und mit der Frage: ‹Hm?›, als habe mich Seine... Hoheit nicht verstanden, sanken Höchst Sie auf die Fensterbekleidung mit dem Kopfe tief niedergebeugt. Erschrocken griff ich unter den rechten Arm, mit dem Ausruf: ‹Um Gottes Willen! Ihre... Hoheit sind sehr unwohl!› In demselben Augenblicke sprang ... der *Kammerdiener* zu, wir richteten den *Herrn* auf – Höchst Er hatte vollendet. Mit Hülfe des ... *Leibchirurgs* und *Kammerlakaien* trugen wir Seine... Hoheit auf das Lager und alle... möglichen Mittel, das theure Leben wieder zu erwecken, wurden angewendet, aber vergebens!» (Bericht *v. Germars;* Wahl 3, 454f.)] Gegen Abend *Prof. Riemer.*» (Tgb)

Samstag, 5. Juli. Brief an *Knebel:* «Da nichts natürlicher ist, als in einem traurigbedrängten Zustande nach *alten geprüften Freunden* sich umzusehen, so wirst du es freundlich aufnehmen, wenn ich mich für Montag Mittag bey dir einlade, das Andenken *unseres Verehrten* im *stillsten Familienkreise* zu feyern.» – Brief an *Sulpiz Boisserée:* «Das Unerträgliche, das man so lange fürchtet, ja voraussieht, wird nicht erträglicher dadurch, daß es in die Wirklichkeit hereintritt; es übt alsdann erst seine eigentliche ganze Gewalt aus. – [...] jeder sucht sich nach Art und Verhältniß zu fassen und herzustellen. – Die *Frau Großherzogin [Luise]* blieb auch dießmal sich selbst gleich; ihr Schmerz war jedoch desto empfindlicher, als sie in den letzten Jahren die feste Hoffnung gehegt hatte, sie werde vor ihm hingehen.» – Die *oberen Behörden* im verödeten Weimar [das *Erbgroßherzogliche Paar* befindet sich in Petersburg, *Großherzogin Luise* noch in Wilhelmsthal] sind mit einer würdigen Bestattung beschäftigt, «die durch manche zweifelhafte Umstände verzögert wird [*Kanzler v. Müller* berichtet in einem undatierten Schreiben, daß *Herzog Bernhard* mit fast allen Anordnungen des *Ministeriums* unzufrieden sei, sich «qua Sohn vernachlässigt» fühlt und sich weigert, am Begräbnis in Weimar teilzunehmen]. – *Die dem edlen Fürsten wahrhaft angehörigen Hinterbliebenen* kennen nun keine weitere Pflicht noch Hoffnung, als seinen herrlichen, in's Allgemeine gehenden Zwecken auch ferner nachzuleben, wozu ihnen der Charakter, die Gesinnung der *neu antretenden Gebieter [Karl Friedrich* und *Maria Paulowna]* eine ermunternde Aussicht darbietet.» – «[...] Einiges diktirt [...]. In *Cousins* Vorlesungen fortgefahren [→ 30. 6.]. Mittag *Prof. Abeken* [letzte Begegnung → 31. 3. 09] und *Neffe* [*Heinrich Abeken, Theologiestudent in Berlin*, später *Legationsrat*; geb. 1809], *Stielers* und *Oberbaudirektor Coudray* [«... ich *(Prof. Abeken)* mußte ihm sofort von Osnabrück, den *Menschen* dort ..., der Regierung usw. erzählen. Natürlich kam ich auch auf *Möser*, und gern hörte er von dem *ausgezeichneten Manne*. Darauf wurde *Zelters* gedacht; ich erwähnte, wie glücklich mich die Abende in Berlin gemacht, wo derselbe mit einigen *Gliedern der Singakademie* frisch komponierte LIEDER von Goethe vorgetragen, unter andern die GENERALBEICHTE. ‹Das waren gute Zeiten›, sagte er; ‹da hatten wir noch Hoffnungen, da lebte *Schiller* noch.› Dann: ‹Es war ein *trefflicher Mann*, ich habe nie ein leeres Wort aus *Schillers* Munde gehört.› Er äußerte darauf seine Freude darüber, daß *Schiller* auch bei andern Nationen Anklang finde und Anerkennung ...» (*Abeken*, Goethe in meinem Leben; GG 6205)]. Die *Herren Ministers* hatten die *Stielerischen* Arbeiten in dem Atelier besucht. Nach Tische für mich. *Joachim Jungius* fort betrachtet [→ 2. 7.]. Abends *Herr Kanzler [v. Müller]*, die *Stielerische* Exposition, deren Erfolg und nähere Veranlassung referirend. *Hofrat Vogel*, Gespräch über Acceleration und Retardation der Wissenschaften und Einsichten.» (Tgb)

Sonntag, 6. Juli. Brief an *John Cam Hobhouse* [*englischer Politiker, engster Freund Byrons* und *einer seiner Testamentsvollstrecker*; geb. 1786]: «Bey der Subscription für *Lord Byrons* Denkmal bitte mich für Zwanzig Pfund zu unterzeichnen [...].» – «*Cousins* 7. und 8. Lection [→ 6. 7.]. *Villemains* 8. und 9. Lection [→ 12. 6.]. Betrachtungen über den französischen Standpunct, woraus sie diese Gegenstände übersehen und über die Zwecke, wozu sie solche bearbeiten. Die *Branischen* Journale für den Monat. Mittag für uns. Abends *Stielers*, Abschied zu nehmen [«Sie zeigen mir (Goethe), wie ich sein könnte. Mit diesem Manne auf dem Bilde ließe sich wohl gerne ein Wörtchen sprechen. Er sieht so schön aus, daß er wohl noch eine *Frau* bekommen könnte. Vortrefflich, dies ist nicht mehr gemalt, es ist ein Körper, es ist das Leben.» (*Stieler* an *Ludwig I. von Bayern*, 2. 7.; GG 6203)]. *Herr Kanzler v. Müller*. Einiges über die gegenwärtigen Zustände und Ereignisse.» (Tgb)

Sonntag, 25. Mai / Sonntag, 6. Juli. «Die *Maler* sind die Götter der Erde›, sagte er [Goethe im Gespräch mit *Stieler*], ‹nichts ist der *Dichter*. Ein Buch muß er schreiben, um vor das *Publikum* treten zu können; auf einer Tafel, mit einem Blicke vermag der *Künstler* sich auszusprechen, die höchste und allgemeinste Wirkung zu erreichen. Seien Sie ganz das, was Sie sind. Malen Sie fleißig und studieren Sie nicht zu viel!› [...]. – ‹Die bildende Kunst›, bemerkte er, ‹muß durch die Sinne des Gesichts empfangen werden; sie ist folglich durch die technischen Vollkommenheiten bedingt und ohne Zeichnung und Kolorit, Schatten und Licht gar nicht denkbar. Ich schätze wegen letzterem die *Engländer* sehr.› ‹Ich halte diese Vorzüge›, fuhr er fort, ‹höher als einen glücklichen Gedanken, der, wenn er dem Auge nicht gehörig vorgestellt wird, nur der Poesie angehört.› Als Goethe diese Aussprüche tat, hatte er die von ihm stets nur kurzweg ‹altdeutsch› benannte Schule im Auge, an deren Spitze *Cornelius* stand, und er geriet in göttlichen Zorn, als *Stieler*, der *aufrichtige und warme Verehrer dieser Schule* und *ihrer geistreichen Häupter*, das Achtungswerte

der neuen Bestrebungen in Schutz nahm und hervorhob, daß diese *Männer*
schon als junge Leute ein echtes Ziel darin erblickt und ihnen Zeit und Mühe
zum Opfer gebracht hätten. Goethe schlug mit der Faust auf den Tisch und
rief: ‹Sie sind noch jung, Sie mögen es ihnen vergeben; ich vergeb' es ihnen
nimmermehr. Was ich durch jahrelanges Bemühen aufzubauen getrachtet, das
sehen sie an, als ob es nichts wäre.› [...]. – ‹Ich mag darum (nämlich weil es
ihm an der technischen Vollkommenheit fehle) *Cornelius'* FAUST nicht leiden;
es tritt nicht auseinander, er ist mir zu altdeutsch. DIESES GEDICHT hat man
so oft darzustellen gesucht, ich halte aber dafür, daß es wenig für die bildende
Kunst geeignet ist, weil es zu poetisch ist. *Retzsch* hat mehr das wirklich bildlich Darzustellende ergriffen.› – Einen starken Anknüpfungspunkt mündlichen wie später schriftlichen Verkehrs zwischen beiden Männern bildete die
FARBENLEHRE. Der *Künstler* hatte längst die praktische Anwendbarkeit der
Goetheschen Lehre erprobt, und es darf uns daher nicht wunder nehmen,
wenn Goethe in solchen und ähnlichen Erfahrungen die Unumstößlichkeit
seines Systems bestätigt sah. *Stieler* fragte als *Künstler* natürlich nicht nach der
wissenschaftlichen Bedeutung und Haltbarkeit dieses Systems; er zollte ihm
seine Anerkennung und benützte es, weil es ihm nicht entging, daß es durch
und durch künstlerisch gedacht sei. Wie Goethen galten auch *Stielern* die Farben in allen ihren Abstufungen und Tönen als Modifikationen des Lichtes
[...].» (R. Marggraff: Zur Erinnerung an Joseph Stieler und seine Zeit, 1858;
GG 6206)
Sonntag, 6. Juli, oder wenig später. Konzept eines nicht abgegangenen
Briefes an *Soret:* «Auf die ersten Hefte Ihrer freundlichen Übersetzung meiner
verjährten METAMORPHOSE [DER PFLANZE] freu ich mich sehr, ich werde
dadurch angeregt seyn, meine frühern Gedanken wieder aufzunehmen und
eine der Zeit gemäße Einleitung zu gewinnen suchen [→ 2. 7.].» (WA IV, 44,
420)
Montag, 7. Juli. «Solenne Ausstellung der *fürstlichen Leiche* auf dem Paradebette, in der Schloßkirche [Goethe besucht die Aufbahrung *Carl Augusts*
nicht].» *(Riemer;* GG 6208) – «Eingepackt und verschiedenes noch abgethan.
Nach 6 Uhr auf Jena. Abgestiegen im botanischen Garten. *[Botaniker] Voigt*
und *Baumann* gesprochen. Heracleum speciosum betrachtet und bewundert.
Nachher auf die Bibliothek, alles in Ordnung gefunden. Zu *Major v. Knebel,*
mit demselbigen gespeist [→ 5. 7.]. Um 4 Uhr weggefahren. Um 6 Uhr in
Dornburg angekommen [Goethe wird von *John* und *Diener Friedrich Krause*
begleitet. – «Ich *(Gartenkondukteur und Schloßvoigt Sckell)* empfing und geleitete ihn (Goethe) auf sein Zimmer. Als ich mit ihm zu sprechen begann,
konnte ich mich der Tränen nicht enthalten. ‹Ja, Sie weinen›, sprach er zu mir.
‹Ich weiß, warum Sie weinen; Sie haben auch viel an *unserem guten Großherzog
Carl August* verloren; aber geben Sie sich zufrieden, denn auch der *jetzige
Großherzog Karl Friedrich* ist ein *liebenswürdiger, guter Fürst,* und wird Sie auch
gewiß nicht verlassen.› Bei diesen Worten konnte aber auch Goethe die Tränen nicht zurückhalten. Er teilte mir dann mit, daß in Weimar seines Bleibens
nicht mehr gewesen sei, und daß es ihm auch in Jena, wohin er gegangen,
nicht behagt habe. Da er nun früher von dem *verstorbenen Großherzoge Carl
August* wiederholt aufgefordert worden sei und ihn auch jetzt die *verwitwete*

Frau Großherzogin Luise veranlaßt habe, seinen zeitweiligen Aufenthalt in Dornburg zu nehmen, so habe er von dem erneuerten Anerbieten Gebrauch gemacht. Seine Antwort auf die darauf von mir an ihn gerichtete Frage, ob er mit der von mir getroffenen Einrichtung seiner Wohnung zufrieden sei, war eine freundlich bejahende (Goethe bewohnt das Eckzimmer in der ersten Etage des Renaissanceschlosses, das gleichzeitig als Schlafzimmer dient. Drei Fenster nach der Süd- und ein Fenster nach der Westseite gewähren die Aussicht ins Saaletal).» (*Sckell,* Goethe in Dornburg, 1864; GG 6210)]. Vollkommen heiterer Himmel, und große Wärme [«Bey dem schmerzlichsten Zustand des Innern mußte ich wenigstens meine äußern Sinne schonen und ich begab mich nach Dornburg, um jenen düstern Functionen zu entgehen, wodurch man, wie billig und schicklich, der *Menge* symbolisch darstellt was sie im Augenblick verloren hat und was sie dießmal gewiß auch in jedem Sinne mitempfindet.» (an *Zelter,* wahrscheinlich 9. 7.)]». (Tgb)

Dienstag, 8. Juli. «Früh in der Morgendämmerung das Thal und dessen aufsteigende Nebel gesehen. Bey Sonnenaufgang aufgestanden. Ganz reiner Himmel, schon zeitig steigende Wärme. Mit *[Garten-]Inspektor Sckell* gesprochen über den letzten Aufenthalt der *Herrschaft.* Die neuangelegten Weinberge. Über die Gewinnung des Cölestins. EINIGES DIKTIRT ZUM VORWORT DER PFLANZEN-METAMORPHOSE [→ 6. 7. oder wenig später]. Sodann den Tag über fortgefahren in *De Candolles* Organographie zu lesen und anzunotiren, was auf die nächsten Zwecke hindeutet [→ 2. 7.]. Abends vollkommen klar. Heftiger Ostwind.» (Tgb)

Wahrscheinlich Mittwoch, 9. Juli. Brief an *Soret:* «In dieser absoluten Einsamkeit [in Dornburg] nun gelang es mir, die zwey Bände der Organographie des *Herrn De Candolle* mit stetiger Aufmerksamkeit durchzulesen, die Tafeln mit dem Text zu vergleichen, dabey aber unser Vornehmen immer im Auge zu behalten. [...]. – Die EINLEITUNG ist entworfen, ja gewissermaßen geschrieben; nun wird sich aber auch eine SCHLUßREDE nöthig machen; jene würde das Allgemeine, diese das Besondere enthalten. Dabey dürfte [...] nirgends von Differenz [zu *De Candolle*], sondern nur von Ausgleichung, nirgends von Gegensatz, sondern nur von Verständigung die Rede seyn. – [...] wir dürfen uns diesen Betrachtungen um so freudiger hingeben, als wir dabey die hohen Absichten und Zwecke *unsres verewigten Gönners [Carl August]* immer im Auge behalten und bey unsern Bemühungen zugleich sein Andenken zu feyern berufen sind.» – Brief an *Sohn August:* «[...] sage dir daß ich mich ganz wohl befinde [...]. In jeder Stunde wird mir der hiesige Aufenthalt gewohnter und angenehmer; ich bewohne das Eckzimmer des alten Schlößchens nach Süden und habe die vorliegenden Zimmer zu meinem sonstigen Gebrauche eingerichtet. Die *Inspektorin [Sckell]* besorgt mir den Caffee, auch etwas Essen; den Wein laß ich mir von *Goetzen* kommen, der immer ein gutes Glas in Bereitschaft hält.» – Goethe berichtet von Cölestin-Funden in unmittelbarer Nähe. Er hofft, «einige bedeutende Stücke» zu gewinnen [→ 8. 7.]. – Brief an *Weller:* Goethe bestellt Bücher aus der Jenaer Bibliothek [von *Jungius* und *Hofrat Voigt].* – «Mögen Sie einmal einen Ritt [...] heraus versuchen, so sind Sie schönstens willkommen; nur wird Ihnen eine Semmel und ein Glas Wein genügen, Schmalhans ist Küchenmeister [...].» – Brief an *Zelter:* «Seit funfzig Jahren hab ich an dieser Stätte mich mehrmals mit ihm *[Carl August]* des Lebens gefreut und ich könnte dießmal an keinem Orte verweilen, wo seine Thätigkeit auffallender anmuthig vor die Sinne tritt. Das Ältere erhalten und aufgeschmückt, das Neuerworbene [das von Goethe bewohnte Renaissanceschloß, ein ehemaliges Freigut, hatte *Carl August* erst 1824 gekauft] [...] mäßig und schicklich eingerichtet, durch anmuthige Berggänge und Terrassen mit den frühern Schloßgärten verbunden, für eine zahlreiche Hofhaltung, wenn sie keine übertriebene Forderungen macht, geräumig und genügend, und was der *Gärtner* ohne Pedanterie und Ängstlichkeit zu leisten verpflichtet ist, alles vollkommen, Anlage wie Flor. – Und wie es ist wird es bestehen, da die *jüngere Herrschaft [Karl Friedrich* und *Maria Paulowna]* das Gefühl des Guten und Schicklichen dieser Zustände gleichfalls in sich trägt [...]. Dieß ist denn doch auch ein angenehmes Gefühl, daß ein *Scheidender* den *Hinterbliebenen* irgend einen Faden in die Hand gibt woran ferner fortzuschreiten wär. – Und so will ich denn an diesem mir verliehenen Symbol halten und verweilen.» – Goethe vertraut dem *Adressaten,* daß er seit einiger Zeit aus dem Ausland angeregt wird, die Naturwissenschaften wieder aufzunehmen. «[...] ich habe redlich aufgepaßt, ob bey denen nun seit drey Jahren eingeleiteten und durchgeführten naturwissenschaftlichen Zusammenkünften mich auch nur etwas berühre, anrühre, anrege [...]; es ist mir aber, außer gewissen Einzelnheiten, die mir aber eigentlich doch auch nur Kenntniß gaben, nichts zu Theil geworden, keine neue Forderung ist an mich gelangt, keine neue Gabe ward mir angeboten [...].» – Brief an *Wegebauinspektor Goetze:* «Da in dem übrigens ganz anmuthigen Schlößchen kein wohlversorgter Keller vorhanden ist, ich auch keinen in der Nähe weiß als den deinigen, so ersuche ich dich, mich während meines hiesigen Aufenthalts mit Wein zu versorgen [...].»

Mittwoch, 9. Juli. «Mit Sonnenaufgang aufgestanden, die BOTANISCHEN BETRACHTUNGEN vorgenommen. DEN GANZEN GANG DER ANGELEGENHEIT DURCHGEDACHT. [...]. *Dr. Weller* besuchte mich [...]. Spät kam *ein Bote* von Weimar, brachte verschiedene Briefe, deren Inhalt beachtet wurde [am Morgen 5 bis 9 Uhr hatte das feierliche Begräbnis *Carl Augusts* in Weimar stattgefunden].» (Tgb)

Donnerstag, 10. Juli. Brief an *Sohn August:* Goethe berichtet, daß er sich entschlossen habe, länger in Dornburg zu bleiben. «Ich finde hier alles was ich mir längst gewünscht habe, besonders da es sich mit dem Essen gut anläßt, wofür der *Inspektor [Sckell]* Sorge trägt [nach fehlgeschlagenen Versuchen, Goethe aus umliegenden Gastwirtschafen zu versorgen, hat nun *Sckells Frau* die Zubereitung der Mahlzeiten übernommen]. – [...] so kann ich schon jetzt sagen daß ich in dieser kurzen Zeit mehr gethan habe als zu Hause in vier Wochen, man bleibt bey einer Sache und der Tag ist gränzenlos lang.» – «[...] Ich ging zum erstenmal die Terrassen durch. Fand ein *Frauenzimmerchen,* das sich auch zur Kreuzbrunnen-Kur bekannte. Ich bedachte mir die schönen Anlagen, ging sie mit dem *Hofgärtner [Baumann]* durch, der mir die sehr geschickte und glückliche Verbindung der *Stohmannischen* Besitzung mit den früheren fürstlichen erklärte [*Strohmann* war der *Besitzer des Freigutes,* das *Carl August* 1824 erworben hatte; → wahrscheinlich 9. 7.]. Ich bedachte die nothwendigen Antworten auf die eingekommenen Briefe. [...] Nach Tische

Herr Frommann d. J. mit *seiner Schwester,* und brachten die ERSTEN EXEMPLARE VON KUNST UND ALTERTUM [VI, 2]. Ich ging nachher nochmals die Terrassen durch, und bedachte die Beschäftigung des Tages, welche eigentlich nur den höheren botanischen Zwecken gewidmet war. Die von Jena mitgekommenen Bücher hatten mir zu mancherley Nachdenken Anlaß gegeben.» (Tgb)

Freitag, 11. Juli. Brief an *Kanzler v. Müller:* «[...] habe den aufrichtigsten Dank zu sagen für die mitgetheilten Nachrichten der so würdig vollendeten Trauerfeyer [«Wie würdig gestern alles Beschlossene vollführt worden, wissen Sie wohl schon. – Es war als ob in *20000* Menschen nur *ein* Wille, nur *ein* Gefühl wäre. Tiefste Ruhe, Ordnung und Stille... Nur eins mislang; *Röhrs* Rede war saft- und kraftlos (→ 19. 6.)...» (an Goethe, 10. 7.)], nicht weniger für die höchst willkommenen, obgleich vorherzusehenden Äußerungen *unserer höch-sten Erwarteten* [«Eigenhändige Briefe des *jungen Großherzogs (Karl Friedrich)* sind sehr herzlich, sehr angemessen und verständig; überall zärtlichste Für-sorge für die *Großherzogin-Mutter (Luise),* ingleichen Äußerung groser Beru-higung hinsichtlich Euerer Exzellenz.» (ebenda)].» – Goethe bittet «baldmög-lichst um einige Exemplare des schönen biographischen Aufsatzes, den Sie unsrem Verewigten gewidmet haben [→ 4. 7.]». – Brief an *Schwiegertochter Ottilie:* «Hätte ich erfahren können, daß du [auf der Durchreise von Karlsbad am 9. 7.] in Jena verweiltest, so würde ich mich nicht enthalten haben, dir dort zu begegnen; vielleicht mag es aber besser seyn sich später zu sehen; denn, genau betrachtet, ist man doch aus allem Geschick [...].» – Brief an *Sohn August:* «Ich will [...] vor allen Dingen sagen: daß die wohlwollenden Dämo-nen mich hieher gewiesen haben, weil ich alles was ich überhaupt wünschte und bedurfte, besonders aber in diesem traurigen Falle, vorfand, Zerstreuung der äußeren Sinne, Langeweile und also Sammlung des Innern, Tagesbreite genug, um sich dem Einzelnen zu widmen.» – Leider zerfallen die schönsten Tafeln Cölestin beim Transport [→ wahrscheinlich 9. 7.]. Doch will Goethe die ganze Masse, wie sie vor ihm liegt, sortieren und mit nach Hause bringen. – «[...] *Landesdirektionsrat Töpfer* [...]. *Färber* war von Jena gekommen, ich autorisirte demselben eine Quittung. *Superintendent Völker* und *Amtmann [Karl Heinrich] Schmith* [*Jurist, Bürgermeister* und *Justizamtmann* in Dornburg] zum Besuch. *Töpfer* referirte von der Leichenfeyer. Ich las Zeitungen und son-stiges Mitgebrachte. So war auch die dritte Ausgabe von *Niebuhrs* Römischer Geschichte angelangt. In *Voigts* [System der] Botanik [2. Aufl. 1827] weiter gelesen.» (Tgb)

Samstag, 12. Juli. «Gegen fünf Uhr allgemeiner dichter, hoch in die Atmo-sphäre verbreiteter Nebel. [...] Erst gegen 7 Uhr ward die untere Straße, der Fluß und die nächsten Wiesen, sodann, als der Nebel weiter sank, die gegen-über sich hinziehenden Bergrücken sichtbar. Nach und nach hatte er sich ganz nieder gesenkt, doch schwebte noch ein merklicher Duft ausgebreitet über dem Thale. Der Himmel war ganz heiter geworden, schön blau, besonders an der Abendseite. Ich diktirte fortfahrend an dem AUFSATZE ZUR MORPHOLO-GIE [→ 9. 7.], und las in der *Voigtischen* Botanik. Gegen Abend *Hofrat Döber-einer* und *Inspektor Goetze.* Ersterer machte den Versuch durch kohlensaures Natron und Zucker den sauren Saalwein in heftig mussirenden süßen Cham-pagner zu verwandeln. Ich fuhr sodann auf der Höhe einige Wege hin und her.

Gewahrte ein von Südwest herankommendes Wetter, welches auch bald uns
überzog mit einem Regen, der mehrere Stunden dauerte, jedoch ohne Blitz
und Donner.» (Tgb)

Sonntag, 13. Juli. «*Voigts* Botanik weiter gelesen. Kurze Zeit auf der Terrasse spazierend. *Hofgärtner Baumann* von Jena [...]. Gegen Abend *Dr. Weller,*
mit *Frau Schwester* und *gar erfreulichem Knaben* von 3/4 Jahren. Er brachte mir
die Sendung, die gestern von Weimar angelangt war, und ich diktirte sogleich
das nöthige hierauf zu Verfügende. Auch las ich in dem Abriß der neugriechischen Geschichte [«Histoire moderne de la Grèce...»] von *Rizos-Nerulos.*
[...].» (Tgb)

Montag, 14 Juli. Brief an *Soret:* «*Frau Gräfin Henckel* und *Fräulein Ulrike
[v. Pogwisch]* sind, wie ich höre, gegenwärtig in Wilhelmsthal; sie werden meinen und der *Meinigen* tief empfundenen Antheil an der Lage [...] der *Frau
Großherzogin [Luise]* wiederholt und aufrichtig ausdrücken. [...]. – Was mich
betrifft, so find ich mich höchst glücklich, meinen Aufenthalt in Dornburg
verlängern zu dürfen. [...]. – Unser Geschäft halte ich immerfort, und zwar
ganz ausschließlich, im Auge. *Herrn De Candolles* Organographie und *Herrn
Hofrat Voigts* Lehrbuch der Botanik [...] dienen mir statt einer vollständigen
Bibliothek, um die Stellung dieser Wissenschaft in Absicht sowohl des Erken-
nens als des Denkens, des Ordnens und des Meynens zu übersehen. Dadurch
erheitert sich mir gar sehr der freye Blick über dieses gränzenlose Reich und
ich finde mich auf mannichfaltige Weise gefördert.» – Brief an *Schwiegertochter
Ottilie:* «Die Karlsbader Steine [*Ottilie* hat Sprudelsteine für Goethe mitge-
bracht] haben mir das Vergnügen gegeben zu bemerken, daß die von mir mit
soviel Mühe und Kosten gegründete Kenntniß dortiger Mineralien [durch
SEINEN AUFSATZ SAMMLUNG ZUR KENNTNIS DER GEBIRGE VON UND UM
KARLSBAD, 1807] immerfort gehegt und sogar bis in's Einzelnste durchgeführt
wird.» – «[...] den *Rizos-Nerulos* und dessen Geschichte von Griechenland
weiter beachtet, auch EINIGES BOTANISCHE diktirt [→ 12. 7.]. Gegen Abend
die *Frommannische Familie.* Ging zum Abschied mit ihnen über die Terrasse bis
in den Hayn und las in der Geschichte des *Rizos* weiter, und setzte die botanischen Betrachtungen fort.» (Tgb)

Sonntag, 13. / Montag, 14. Juli. Brief an *Sohn August:* «[...] ich erweitere
meine Vorsätze, den hiesigen Aufenthalt betreffend, bis zum nächsten Sonntag; laß mich indessen wissen was du für convenient hältst; ich würde alsdann
sachte nach Jena hinaufrücken, um doch alles auch einmal mit eigenen Augen
wieder durchzusehen, und wir könnten da gar wohl zusammentreffen. [...]. –
Die atmosphärischen Phänomene sind freylich hier eigener herrlicher Art.» –
Über bestimmte bauliche Veränderungen im Botanischen Garten hat Goethe
während seines letzten Aufenthaltes andere Gedanken gefaßt, die bei der nächsten Zusammenkunft an Ort und Stelle besprochen werden können.

Dienstag, 15. Juli. «[...] Briefe vorbereitet. Ließ die *in die Wochen gekommene Frau Stichling [Frau des Dornburger Amtsaktuars Karl Gustav Stichling]*
begrüßen. [...] *Rizos* zu Ende gelesen. [...]. In sonstigen Betrachtungen fortgefahren. Die historisch-antiquarischen Nachrichten [von der ehemaligen
kaiserlichen Pfalzstadt Dornburg a. d. Saale, 1825] durch *Konrektor [J. S. G.]
Schwabe* gelesen.» (Tgb)

Mittwoch, 16. Juli. In *Rizos* das Capitel von *Ypsilantis* Erscheinung bis zu dessen Abtritt nochmals durchgelesen. Die AGENDA revidirt. [...]. Den ersten Band der Organographie zu Ende gelesen. Mich besonders am Schlusse der Übereinstimmung mit meiner eigenen Vorstellungsart und Schlußfolge gefreut. Ferner in *Voigts* Botanik gelesen [→ 14. 7.]. Auch EINIGE HIERHER GEHÖRIGE APHORISMEN diktirt [...].» (Tgb)

Donnerstag, 17. Juli. Brief an *Hofrat Meyer:* Goethe sendet ihm einen Gruß und bittet um Nachrichten, auch über die Rückkunft der *Herrschaften* [*Karl Friedrich* und *Maria Paulowna* hatten die Nachricht von *Carl Augusts* Tod am 24. 6. in St. Petersburg erhalten und traten am 5. 7. die Heimreise an]. – Brief an *Sohn August:* «Die Zeit läuft über die Maßen, wenn man fleißig ist; ich habe viel gethan, doch ist damit noch nichts gewonnen, ich muß nur fort-arbeiten und nicht fragen, wieviel Wochen noch bis Michael übrig sind.» – Goethe bittet, Proviant und Wein zu senden. «Hast du Lust und hältst es sonst für räthlich, so komme [am Sonnabend] selbst mit, eine Nacht könntest du hier bleiben und den andern Tag wieder hineinfahren. *Frau* und *Kinder* lad ich nicht ein, ich habe eine Scheu für solchen *Familien*-Fahrten.» – «[...] *Biblio-theksdiener Liebeskind* [...]. Ich fing an in der dritten Auflage von *Niebuhrs* Römischer Geschichte zu lesen [→ 11. 7.]. Betrachtete verschiedene Exem-plare des Allium Cepa *[Küchenzwiebel],* wovon ich das eine zerschnitt. Betrachtung über den Fruchtboden und die untere Aufschwellung des Sten-gels.» (Tgb)

Dienstag, 15. / Freitag, 18. Juli. Brief an *Kammerherrn v. Beulwitz:* «Gau-deat ingrediens, laetetur et aede recedens, / His qui praeter eunt det bona cuncta Deus. 1608. // FREUDIG TRETE HEREIN UND FROH ENTFERNE DICH WIEDER! / ZIEHST DU ALS WANDRER VORBEY, SEGNE DIE PFADE DIR GOTT. – [...] Ich fand sie [die Inschrift] als Überschrift der Hauptpforte des Dorn-burger neu acquirirten Schlößchens [→ 9. 7.], wo mir durch höchste Nach-sicht in den traurigsten Tagen eine Zuflucht zu finden vergönnt worden [Die ÜBERSETZUNG DER INSCHRIFT entsteht zwischen dem 11. und 18. 7.]. – Die Einfassung gedachter Thüre selbst ist nach Weise jener Zeit architektonisch-plastisch überreich verziert und gibt, zusammen mit der Inschrift, die Über-zeugung, daß vor länger als zweyhundert Jahren *gebildete Menschen* hier gewirkt, daß ein allgemeines Wohlwollen hier zu Hause gewesen, wogegen auch diese Wohnung durch so viele Kriegs- und Schreckenszeiten hindurch aufrecht bestehend erhalten worden. – Bey meiner gegenwärtigen Gemüths-stimmung rief ein solcher Anblick die Erinnerung in mir hervor: gerade ein so einladend-segnendes Motto sey durch eine Reihe von mehr als funfzig Jah-ren der Wahlspruch *meines verewigten Herrn [Carl August]* gewesen, welcher, auf ein groß-bedeutendes Daseyn gegründet, nach seiner erhabenen Sinnesart jederzeit mehr für die *Kommenden, Scheidenden* und *Vorüberwandelnden* besorgt war als für sich selbst, der wie der *Anordner* jener Inschrift weniger seiner Wohnung, seines Daches gedachte als derjenigen, welche da zu herbergen, mit Gunst zu verabschieden oder vorbeygehend zu begrüßen wären. Hier schien es also, daß ich abermals bey ihm einkehre als dem *wohlwollenden Eigen-thümer dieses uralten Hauses, als dem Nachfolger und Repräsentanten aller vorigen gastfreyen und also auch selbst behaglichen Besitzer.»* – Goethe beschreibt nun, wie er sich «in's Freye zu wagen und die Anmuth eines wahrhaften Lustortes still» in sich aufzunehmen begann. Er sah die Reihe einzelner Schlösser aus verschiedenen Zeiten [neben dem von Goethe bewohnten Renaissanceschloß befindet sich das unter *Herzog Ernst August von Sachsen-Weimar* errichtete Rokokoschloß sowie das sogenannte Alte Schloß, das auf *ottonische* Zeit zurückgeht und im 10. Jahrhundert als Kaiserpfalz genutzt wurde], die Terrassen mit den üppigen Reben und Traubenbüscheln, die «vollkommen geschlossen-gewölbte[n] Laubwege, [...] Blumenbeete zwischen Gesträuch aller Art. – Konnte mir aber ein erwünschteres Symbol geboten werden? deutlicher anzeigend wie *Vorfahr* und *Nachfolger,* einen edlen Besitz gemeinschaftlich festhaltend, pflegend und genießend, sich von *Geschlecht* zu *Geschlecht* ein anständig-bequemes Wohlbefinden emsig vorbereitend, eine für alle Zeiten ruhige Folge bestätigten Daseyns und genießenden Behagens einleiten und sichern? – Dieses mußte mir also zu einer eigenen Tröstung gereichen [...]; hier sprach vielmehr der Gegenstand selbst das alles aus was ein bekümmertes Gemüth so gern vernehmen mag: die vernünftige Welt sey von *Geschlecht* zu *Geschlecht* auf ein folgereiches Thun entschieden angewiesen. Wo nun der menschliche Geist diesen hohen ewigen Grundsatz in der Anwendung gewahr wird, so fühlt er sich auf seine Bestimmung zurückgeführt und ermuthigt, wenn er auch zugleich gestehen wird: daß er eben in der Gliederung dieser Folge, selbst an- und abtretend, so Freude als Schmerz wie in dem Wechsel der Jahreszeiten so in dem Menschenleben, an andern wie an sich selbst zu erwarten habe.» – Von diesen «würdigen landesherrlichen Höhen» schaut Goethe in ein anmutiges Tal, alles das bergend, was dem menschlichen Bedürfnis entspricht. Er sieht Dörfer und Hügel, Waldungen und Felder... – «Das alles zeigt sich mir wie vor funfzig Jahren und zwar in gesteigertem Wohlseyn, wenn schon diese Gegend von dem größten Unheil mannichfach und wiederholt heimgesucht worden. Keine Spur von Verderben ist zu sehen, schritt auch die Weltgeschichte hart auftretend gewaltsam über die Thäler. Dagegen deutet alles auf eine emsig folgerechte, klüglich vermehrte Cultur *eines sanft und gelassen regierten, sich durchaus mäßig verhaltenden Volkes.* – Ein so geregeltes sinniges Regiment waltet von *Fürsten* zu *Fürsten*. Feststehend sind die Einrichtungen, zeitgemäß die Verbesserungen; so war es vor, so wird es nach seyn, damit das hohe Wort eines Weisen [Goethes selbst] erfüllt werde, welcher sagt: DIE VERNÜNFTIGE WELT IST ALS EIN GROẞES UNSTERB-LICHES INDIVIDUUM ZU BETRACHTEN, WELCHES UNAUFHALTSAM DAS NOTHWENDIGE BEWIRKT UND DADURCH SICH SOGAR ÜBER DAS ZUFÄLLIGE ZUM HERRN ERHEBT [Goethe nimmt dieses Wort in die BETRACHTUNGEN IM SINNE DER WANDERER in das 2. BUCH DER WANDERJAHRE auf]. – Nun aber sey vergönnt, mich von jenen äußern und allgemeinern Dingen zu meinem Eigensten und Innersten zu wenden, wo ich denn aufrichtigst bekennen kann: daß eine gleichmäßige Folge der Gesinnungen daselbst lebendig sey, daß ich meine unwandelbare Anhänglichkeit an den *hohen Abgeschiedenen* nicht besser zu bethätigen wüßte, als wenn ich, selbigerweise dem *verehrten Eintretenden* [*Karl Friedrich*] gewidmet, alles was noch an mir ist diesem wie *seinem hohen Hause* und seinen Landen von frischem anzueignen mich ausdrücklich verpflichte.» – «Wogegen ich denn auch einer Erwiderung gnädigsten Wohlwollens, fortgesetzten ehrenden Vertrauens und milder Nachsicht mich beruhigend getrösten darf [der *Adressat* hatte am 28. 6. an Goethe geschrieben: «Ew. Excellenz habe ich von Seiten *unsrer Höchsten Herrschaften* (*Karl Friedrich* und *Maria Paulowna*) den Befehl HöchstDeren Empfehlungen mit dem Zusatz zu hinterbringen, dass mitten in dem eignen Schmerz der Gedanke an den Eurer Excellenz HöchstDenenselben vorgeschwebt hat, und dass nur der Drang des Augenblicks und der durch diesen bedingten Geschäffte Sie hat abhalten können, statt Sich meiner Feder zu bedienen, Eigenhändig zu schreiben um Ew. Excellenz Ihre Theilnahme an dem, was bey der allgemeinen Trauer Sie … noch persönlich betrifft, auszudrücken und nach Ihrem Befinden Sich mit der Hoffnung zu erkundigen dass das höchstschmerzliche Ereigniss keinen nachtheiligen Einfluss darauf gehabt habe.»] [...].» – Goethe bittet den *Adressaten,* sich bei den *Herrschaften* zu verwenden, daß sein Schreiben «gnädig nachsichtig» aufgenommen werden möge.

Freitag, 18. Juli. Brief an *Ulrike v. Pogwisch:* «Nun aber will ich [...] dich eigenhändig versichern: daß ich kein Wort von deinem Blättchen [nicht überliefert] verstehe, und dich zugleich inständig bitten, da es so viele wirckliche, unvermeidliche Übel giebt, du mögest dich nicht noch dazu mit eingebildeten Phantomen abquälen.» – Brief an *Schwiegertochter Ottilie:* Goethe berichtet, *Carlyle* nach der Übersetzung des TASSO [von *Des Vœuxs*] gefragt zu haben [→ 27. 12. 27/1. 1.], dessen Urteil allerdings «nicht günstig» ausgefallen ist. Goethe wollte die Sache [in KuA VI, 2] nicht «mit leeren Phrasen» abtun und abwarten, wie sich der «Foreign Review» äußern würde, worin er jedoch bis zum Erscheinen SEINES HEFTES nichts finden konnte. «Ich hätte gewünscht daß dir für Antheil und Bemühung ein freundlicheres Resultat wäre zu Theil geworden [*Ottilie* hatte an der Übersetzung mitgewirkt]. [...]. – Meinen ersten Gedanken, mich nach Freiberg zu begeben, um in der vollkommensten Abgeschlossenheit eines begränzten Zustandes mich in alte Zeiten und Neigungen zu versetzen, habe ich vorerst beseitigt und will versuchen, wieweit ich die hiesige Gelegenheit zu sinnen und zu sammeln noch einige Zeit benutze.» – Brief an *Kanzler v. Müller:* «[...] haben mir eine dauernde Freude bereitet durch den gründlichen Antheil an dem LETZTEN HEFTE KUNST UND ALTERTUM [VI, 2, für das der *Adressat* am 15., ausführlicher am 16. 7. dankte]. Es hat mehr Mühe gekostet als andere und zwar wegen des mannichfachen Zudrangs; ich hätte leichter ein zweytes Stück gefüllt als so Vielfaches für dieses zu verkürzen. [...]. – Den übersendeten Aufsatz [→ 11. 7.] habe noch nicht wieder gelesen; die Ereignisse so vieler Jahre mir wieder hervorzurufen will ich einen ganz ruhigen Augenblick abwarten.» – Goethe bittet, sein Antwortschreiben an *v. Beulwitz* in einem schicklichen Augenblick zu übergeben. – «[...] Fortgesetztes Lesen des *Niebuhrischen* Werkes [→ 17. 7.] [...].» (Tgb)

Samstag, 19. Juli. «[...] *Niebuhr* fortgesetzt. Sodann auch BOTANISCHE BETRACHTUNGEN [→ 16. 7.]. Spazieren gegangen nach dem Gesellschaftshause, um die Mauern, den Fußpfad nach Weimar zu. Denselbigen Weg wieder zurück. Kam *Inspektor Goetze* gegen Abend. Ich ging zu den verschiedenen Tageszeiten bey ruhigem Wetter hin und her.» (Tgb)

Sonntag, 20. Juli. «*Niebuhr* und Botanisches. Einige allgemeine Naturbetrachtungen. NICHT WENIGER WAS IN GEFOLG MEINES SCHREIBENS NUNMEHR ZU SAGEN WÄRE. Kam *mein Sohn* mit dem Wagen zurück. [...] Briefe gelesen. [...] Unterhaltung mit *meinem Sohn* über die gegenwärtigen Umstände obwaltender Furcht und Hoffnung. *Schrön* meldete sich von Gotha kommend, nach Allstedt auf die Revisionsreise gehend. Referirte von seinem nützlich vergnüglichen Aufenthalt in Gotha auf der Sternwarte [→ 21. 11. 27]. Auch meldete sich ein *Dr. [Martin Johann] Lindfors [Mediziner]* aus Finnland. Auch ein *junger preußischer Beamter* von Naumburg Namens *Schmidt*, gebürtig von Koblenz. Ich fuhr mit *meinem Sohn* nach Jena. Fand *Frau v. Wolzogen* nicht zu Hause. Sprach mit *Fräulein [Emilie] Schiller* und *Herrn [Heinrich Adelbert Freiherr] v. Gleichen[-Rußwurm, badischer Kammerherr; geb.* 1803] in dem botanischen Garten. Fuhr unter dem gewaltsamsten Regenstrom nach Dornburg zurück. Ein Brief von *Göttling* aus Neapel war höchst erfreulich und belehrend. Andere Briefe wurden durchgesehen und Erwiederung überlegt. [...].» (Tgb)

Montag, 21. Juli. «Auf der Terrasse spazieren. Die Vorlesungen [in der Sorbonne «Cours d'histoire moderne», 1828 ff.] von *[François Pierre Guillaume] Guizot* gelesen. Die VERSCHIEDENEN TECTUREN geordnet und einiges gearbeitet. Gegen Abend *Frau v. Wolzogen, Fräulein [Emilie] Schiller* und *Herr v. Gleichen [-Rußwurm].*» (Tgb)

Dienstag, 22. Juli. «*Guizot* fortgelesen. Auf der Terrasse spazierend. Colombs Leben 3. und 4. Theil [→ 1. 7.]. *Dr. Weller, Körner* und *[Prosektor] Schröter.* Ersterer nahm Abschied [...].» (Tgb)

Mittwoch, 23. Juli. «Auf der Terrasse spaziert. Mit dem *Hofgärtner [Baumann]* gesprochen. Die Erndte war in der Dorndorfer Flur und weiter hinab schon angegangen. *Schweigers* Brief an *Körner* vorgenommen. Die VERSCHIEDENEN TECTUREN rubrizirt und ihr Inhalt beachtet. Hauptsächlich aber *Joachimi Jungii* Mineralia [1689] gelesen [vgl. Bulling, 156; → 5. 7.]. Einige Concepte diktirt. *[J. F.] Schouws* [Grundzüge einer allgemeinen] Pflanzen-Geographie [1823] und Atlas. Stürmischer Tag und deshalb nicht ausgekommen.» (Tgb)

Donnerstag, 24. Juli. «Leidliche Witterung. Bedeckter Himmel. Mäßiger Südwind. Bey Sonnenaufgang die gegen meinem westlichen Fenster liegenden grauen widerwärtigen Kalkabhänge von dem allerschönsten Rosenroth gefärbt.» (Tgb) – Brief an *Kanzler v. Müller:* «Als ich vernahm, daß *unser Höchstseliger Herr [Carl August]* Ihnen aufgetragen habe, die hinterlassenen Briefschaften unsrer unvergeßlichen *Herzogin Amalia* durchzusehen, zu ordnen und zu katalogiren, war es mir höchst erfreulich, dieses Geschäft in Ihren Händen zu wissen, das ebensowohl mit Einsicht und Treue als mit Vorsicht und Geschmack zu behandeln ist. Auf diesem Wege werden sonderbare Documente gerettet; nicht in politischer, sondern in menschlicher Hinsicht unschätzbar, weil man sich nur aus diesen Papieren die damaligen Zustände wird vergegenwärtigen können, wie auf hohem Standort ein reines Wohlwollen, gebührende Anerkennung, ernstliche Studien und heiterste Mittheilung in einem Kreise sich bethätigten, der schon gegenwärtig demjenigen, der es mit erlebt hat, mythologisch zu erscheinen anfängt.» – Dabei kann der *Adressat* auf den Beifall des *gnädigsten Herrn [Karl Friedrich]* hoffen, «der das Vorzeitige so schön zu schätzen weiß und besonders auf alles, was dem Andenken *seiner Frau Großmutter* förderlich ist, von jeher bedeutenden Werth gelegt hat. Die Wiederherstellung des Tiefurter Parks und die Bemühungen um das Tiefurter Journal zeugen hievon.» – «Ich spazierte bald auf der Terrasse. Mir den wissenschaftlichen Charakter des *Jungius* aus dem mir bisher bekannt Gewordenen ausbildend. Las weiter in den Mineralia [→ 23. 7.]. Nach Tische besuchte mich *Herr Oberbaudirektor Coudray*. Eine ausführliche Zeichnung seiner in der Stadtkirche um die Büste des *Großherzogs [Carl August]* gruppirten Symbole. Später *Herr Kanzler v. Müller,* die Novissima mittheilend. Sodann *Herr Lieutenant Jacobi* von Düsseldorf nach Berlin gehend, vorstellend. Später für mich die Vermes [«Historia vermium . . .», 1691] des *Jungius* näher betrachtet [vgl. Bulling, 156].» (Tgb) – Brief an *Sohn August:* «Angenehm soll mir's seyn, wenn man mich Sonntags besucht; ich überlasse dir das ganz wie sich's einrichten läßt. *Frau* und *Kinder* würden sich der schönen Aussicht erfreuen, auch würde *Eckermann* sehr lieb seyn, und da so manches in solchen Fällen hin- und herwogt, so ließe sich *Hofrat Vogel* vielleicht bereden von der Partie zu seyn [→ 17. 7.]. – Ich habe auf einen sehr schönen Rehrücken einzuladen; bringt ihr sonst etwas Genießbares mit, so wird es auch nicht verschmäht. Die Tage sind lang, der Vollmond verlängert sie und so kann man irgend wohl eine solche Reise wagen.»

Freitag, 25. Juli. «Früh beschäftigt die NOTIZEN ÜBER JOACHIM JUNGIUS NÄHER ZUSAMMEN ZU BRINGEN, WELCHES DENN AUCH GELANG. Spazieren auf der Terrasse. Sodann durchaus MIT VORGENANNTER ARBEIT FORTGEFAHREN.» (Tgb) – Brief an *Hofrat Meyer:* «[. . .] bekenne Folgendes: Schon drey Jahre war ich den Sommer über in Weimar geblieben, und unter dem was ich durch die Entbehrung gewohnter Weltumsicht vermißte war mir am empfindlichsten, für mineralogische und geognostische Studien aller Nahrung zu entbehren; deshalb hatte ich mir vorgenommen, wenn *unsere gnädigsten Herrschaften* sämmtlich ihren Sommeraufenthalt erreicht hätten, nach Freiberg zu gehen, um dort in wenigen Wochen alles was mir fehlen konnte nachzuholen.» – Der Tod *Carl Augusts* führte Goethe nun nach Dornburg, wo er sich auf eine Reise nach Freiberg vorbereiten wollte. Bei «ganz leidlichem Befinden» fühlt sich Goethe jedoch «weder körperlich noch geistig geeignet, in einen fremden Kreis zu treten». – So wünscht er von seinen *fürstlichen Gebietern* zwar Urlaub zu dieser Reise, sollte er sie aber nicht wagen dürfen die Erlaubnis, die nächsten Wochen zwischen Jena und Dornburg teilen zu dürfen. – «Nach Tische kamen *Hofrat Voigt* und *Gattin*. Botanisches Gespräch: *Jungius, De Candolle, Voigts* Compendium und dergleichen. [. . .] Mich mit *Jungii* Isagoge Phytoscopica [1678, das Werk enthält die botanische Grundlehre von *Jungius*] beschäftigt.» (Tgb)

Samstag, 26. Juli. «[. . .] Ich spazierte bis gegen 8 Uhr bey leidlichem Winde und abwechselnder Wolkenbedeckung auf den Terrassen, da denn Wolkenbedeckung und Wind sich mehrten. [. . .] Las La Jacquerie und La Famille de Carvajal [Werke von *P. Mérimée*]. Überdachte *Zelters* abermals angekommenen Brief [. . .]. NAHM AUCH EINIGES VOR IM BEZUG AUF JOACHIM JUNGIUS.» (Tgb)

Sonntag, 27. Juli. «[. . .] Kamen *Ottilie, die beyden Kinder [Walter* und *Wolf]*

[. . .] Die *Kinder* unterhielten sich auf dem Spaziergange und in Durchsuchung der alten und neuen Schlösser. *Landesdirektionsrat Töpfer, verschiedene Personen angekündigt, welche zur Stichlingischen Taufe gekommen waren [Familie Stichling* wohnt im Alten Schloß], darauf *[Friedrich Karl] Weyland der Jüngere [Legationssekretär in Weimar; geb.* 1800] von Paris kommend [. . .]. *Dr. [Karl Gustav] Stichling [Amtsaktuar in Dornburg, mütterlicherseits ein Enkel Wielands; geb.* 1800] benachrichtigend, daß das Geld von den Höfen angekommen und auch schon an die Oberaufsichts-Casse gezahlt sey. Schien nicht abgeneigt, *Comptern* das neue Quartier am Bibliotheksgebäude einzuräumen. *Geh. Kammerrat Kruse* von Gärtnereyen und sonstigen dahingehörigen Dingen sich unterhaltend. Wir fanden *diese Gesellschaft* nachher auf der Terrasse, besahen mit ihnen das neue [Rokoko-]Schloß und schieden sodann. *Dr. Weller* und *Inspektor Goetze* einen Augenblick. Die *Familie* speiste zusammen. Nach Tische *[Obermedizinrat] v. Froriep* und *v. Gerstenbergk* mit *ihren Damen* zum Kaffee. [. . .] Unterhaltung mit *Ottilien.* Erzählung von Karlsbad. Tod der *Frau Oberkammerherrin [v. Egloffstein* am 19. 7.] in Wilhelmsthal. Die *Meinigen* gegen 7 Uhr abgefahren [«. . . wir verlebten einen ganz vergnügten Tag. . ., ob ich gleich gewünscht hätte, du wärest von allem diesem Zeuge und Theilnehmer gewesen.» (an *Sohn August,* 28. 7.)]. Dann starker Regenguß. Bey Sonnenuntergang nach unten zu sich abrundender Regenbogen. Nach Mitternacht voller Mondschein, ganz klares Thal. Nur über Golmsdorf eine starke, flach gezogene Nebelmasse unmittelbar unter dem Monde.» (Tgb)

Samstag, 26. / Sonntag, 27. Juli. Brief an *Zelter:* «Meine nahe Hoffnung, euch zu Michael die FORTSETZUNG VON FAUST zu geben, wird mir denn auch durch diese Ereignisse vereitelt. Wenn DIEß DING nicht fortgesetzt auf einen übermüthigen Zustand hindeutet, wenn es den *Leser* nicht auch nöthigt, sich über sich selber hinauszumuthen, so ist es nichts werth. Bis jetzt, denk ich, hat *ein guter Kopf und Sinn* schon zu thun, wenn er sich will zum Herrn machen von allem dem was da hineingeheimnisset ist. Dazu bist du denn gerade der rechte Mann [. . .]. – Der ANFANG DES ZWEITEN AKTS ist gelungen; wir wollen dieß ganz bescheiden aussprechen, weil wir ihn, wenn er nicht dastünde, nicht machen würden. Es kommt nun darauf an, den ERSTEN AKT zu schließen, der bis aufs letzte Detail erfunden ist [→ 15. 2.] und ohne dieses Unheil auch schon in behaglichen Reimen ausgeführt stünde. Das müssen wir denn auch der vorschwebenden Zeit überlassen. – Von der allgemeinen Gesinnung kann ich dir soviel sagen: daß *jeder Treugesinnte* vorerst nur darauf denkt, in den Wegen fortzuwandeln die der *Abgeschiedene* bezeichnet und eingeleitet hat; dadurch wird denn auch wohl das allenfalls sich Abändernde erträglich seyn und in einigen Puncten vielleicht Beyfall verdienen. [. . .]. – Was *[A. W.] Schlegel* in seinen Vorlesungen [über dramatische Kunst und Literatur, 1809– 11] über *Molière* sagte hat mich tief gekränkt [→ 21./28. 3. 27]; ich schwieg viele Jahre, will aber doch nun eins und das andere nachbringen, um zum Trost *mancher vor- und rückwärts denkenden Menschen,* jetziger und künftiger Zeit, dergleichen Irrsale aufzudecken. – Die *Franzosen* selbst sind über den Misanthrop nicht ganz klar; bald soll *Molière* das Muster dazu von einem *genannten, derb auftretenden Hofmann* genommen, bald sich selbst geschildert haben. Freylich mußte er das aus seinem eigenen Busen nehmen, er mußte seine eignen Beziehungen gegen die Welt schildern; aber was für Beziehungen! Die allgemeinsten die es nur geben kann. Ich wollte wetten, du hast dich auf mehr als einer Stelle auf der That ertappt. [...] Ich bin alt genug geworden und hab es doch nicht so weit gebracht, mich an die Seite der *epikurischen* Götter zu setzen.» – Goethe fügt die Bitte hinzu, ihm einen *Autor* zu nennen, «welcher mich belehrte was für ein musikalisches System in der ersten Hälfte des siebzehnten Jahrhunderts gegolten und dergestalt ausgesprochen gewesen, daß es ein *Hamburger Rektor jener Zeit [Jungius]* seinen *Schülern* auf drey gedruckten Bogen [hätte] überliefern können» [→ 26. 7.].

Montag, 28. Juli. «Am heiteren Himmel Wolkenzüge. Früher Spaziergang auf der Terrasse. Nachher VERSCHIEDENES, THEILS ÜBER JOACHIM JUNGIUS UND DESSEN WERKE, THEILS ÜBER PARALIPOMENA CHROMATICA. Die Pompejischen Lithographien I. Heft [«Die schönsten Ornamente...» von *W. Zahn;* → vermutlich Ende März. – «Die colorirten Blätter sind allerliebst und niemand begreift wohl, wie der Druck in solcher Genauigkeit und Zartheit ausgeführt werden konnte.» (an *Zahn,* I. 8.)], [...]. Doch HAUPTSÄCHLICH AUF JUNGIUS DIE AUFMERKSAMKEIT GEWENDET UND DIE KAPITEL DES SCHEMAS EINZELN DURCHGEARBEITET [→ 26. 7.]. Mittag für mich.» (Tgb) – Brief an *Sohn August:* «Ich lasse meinen hiesigen Aufenthalt so in sich gewähren; für meine wissenschaftlichen Zwecke kann daraus Unberechenbares entstehen, es ist abzuwarten. [...]. – Ich freue mich von *Ottilien* zu hören, daß ihr euch Abends bey'm Thee versammelt, *es ist an der Zeit,* die *Menschen* im Gleichgültigen zu vereinen, damit sie sich im Bedeutenden nicht fremd seyen. Bey meiner Zurückkunft will ich zu diesem edlen Zweck sehr gern beytragen.» – Brief an *Botaniker Voigt:* Im Gefolge des letzten Gespräches [→ 7. 7.] sendet Goethe einige Werke des *Jungius.* Er empfiehlt besonders «Isagoge Phytoscopica» [→ 25. 7.], dem der *Autor* «wahrscheinlich seine neuere Auferstehung verdankt» [...]. «Es deucht mir höchst merkwürdig, welch eine Klarheit der Naturansichten sich darin hervorthut. Er muß alle jene historisch-polemisch-kritisch-metaphysischen Irrsale gegen das Ende seines Lebens völlig beseitigt haben.» – «[...] Abends bey günstigem Wetter auf der Terrasse.» (Tgb)

Montag, 30. Juni / Montag, 28. Juli. AUFSATZ LEBEN UND VERDIENSTE DES DOKTOR JOACHIM JUNGIUS, REKTOR ZU HAMBURG.

Etwa Montag, 28. Juli. Goethe begegnet *Bertha Stichling,* der *Frau des Amtsaktuars Stichling,* im Garten. – «Am Fuß des Schlosses stand eine Bignonia in prachtvoller Blüte. *Carl August* hatte die Pflanze von auswärts kommen [...] und sie an die Mauer des Schlosses pflanzen lassen. Die Zweige waren hinaufgestiegen, und die großen Blütendolden neigten sich herab. Goethe blieb stehen, faßt einen Blütenstengel und sagte leise: ‹Wir wollen der Erinnerung *unseres Freundes* aus dem Wege gehen – in jeder Blumen tritt sie uns entgegen.› Die letzten Worte hauchte er nur, ich wagte nicht hinzusehen, voll wehmütiger Teilnahme erblickte ich tränengetrübte Augen und verlor beinahe alle Fassung in diesem ergreifenden Moment. Goethe schritt langsam weiter, ich blieb zurück. Als er stehenblieb, sich umwandte, schien er mich zu erwarten. Unverändert setzte er das Gespräch fort. – Wir gingen noch zweimal auf und nieder, dann blieb er plötzlich vor mir stehen und sagte: ‹Mit wem rede ich eigentlich?› Als ich meinen Namen nannte, trat er einen Schritt zurück, erhob beide Hände mit ausgebreiteten Fingern und abwehrender Bewegung, seine Augen strahlten in ernster Erregung..., und mit lauter drängender Stimme rief er: ‹Was, die *Wöchnerin,* wollen Sie gleich nach Hause (→ 27. 7.).» (*Bertha Weber, geb. Stichling:* Erinnerungen 1882/87; GG 6226) **Dienstag, 29. Juli.** «War früh der *jüngere Frommann* auf eine Stunde hier gewesen, den ich die *Zahnischen* Blätter sehen ließ. Besuchte mich ein *junger Mann* Namens *[Ernst] Ortlepp [Schriftsteller;* geb. 1800] aus Schkölen [Stadt bei Naumburg a. d. S.], dessen Geisteszustand ich bedauern mußte. Er zeigte schon früher ein gewisses poetisches Talent, hat sich aber in die ästhetisch-sentimentalen Grillen so verfitzt, daß er gar kein Verhältniß zur Außenwelt finden kann. Er ist schon 28 Jahre alt und gab mir zu peinlichen Betrachtungen Anlaß.» (Tgb) **Mittwoch, 30. Juli.** «Briefe mundirt. Kam *mein Sohn* mit *Hofrat Vogel.* Mit denselbigen spaziert, auch im Schloß umgesehen. Zusammen gegessen. Da sie denn nach verschiedenen Verabredungen weiter fuhren. Den neusten Globe und die Zeitungen gelesen.» (Tgb) **Donnerstag, 31. Juli.** Brief an *Hofrat Meyer:* Goethe wünscht, daß die Ausstellung [der Zeichenschule] am 3. 9. [am Geburtstag *Carl Augusts*] stattfinden möge, rät jedoch, vorher höchsten Ortes [bei *Großherzog Karl Friedrich*] anzufragen. «Von meiner Seite würde es eine Impietät scheinen, wenn ich nicht darauf antrüge; wie so vieles Andere sind wir dem *Hingeschiedenen [Carl August]* auch diese Anstalt schuldig und es würde sich nicht gut ausnehmen, wenn wir nach so wenigen Wochen die ersten wären, die eine fromm-thätige Erinnerung an ihn beseitigten. Sind wir über diese Epoche hinaus, so zeigt sich was für die Folge schicklich gefunden wird.» – «[...] Ich nahm die Organographie wieder vor [→ 16. 7.] und fing an das CAPITEL DE LA SYMETRIE VEGÉTALÉ TOM. II. PAG. 236 ZU ÜBERSETZEN. Kam *Dr. Weller* und blieb zu Tische. Wir besprachen unsere Bibliotheks- und sonstige Verhältnisse. Abends auf der Terrasse. Begegnete den *Fräulein Stichling* und *[Caroline Luise?] Kruse,* und unterhielt mich mit ihnen. Sodann im Hermes 27. Band S. 40 über einige der neusten Werke in der Botanik, Rezension von *Hofrat Voigt.* [...].» (Tgb) **Freitag, 1. August.** Brief an *Eckermann:* Goethe sendet ihm «die merkwürdigen Bändlein [zwei Bände «Dichtungen» des *deutsch-böhmischen Schriftstellers Karl Egon Ritter v. Ebert,* geb. 1801]» mit der Bitte, ihm seine Gedanken darüber mitzuteilen. – «Leben Sie wohl und kommen Sie wieder, wenn sich's schicken will [...].» – «AN JENER ÜBERSETZUNG FORTGEFAHREN, UND DAS KAPITEL DURCHGEBRACHT.» (Tgb) – Brief an *Soret:* Goethe versichert, welch «großen Werth» die Briefe des *Adressaten* für ihn haben. «Was kann mir angenehmer seyn, als gleichsam in einem magischen Spiegel die Ereignisse in Wilhelmsthal zu sehen, wo die *würdigsten und edelsten Personen* [vor allem die *Großherzogin-Mutter Luise,* der *Erbprinz Karl Alexander* und das *Großherzogliche Paar,* dessen Ankunft in Wilhelmsthal *Soret* im Brief vom 28. 7. meldet] in so bedeutenden Augenblicken wesen und wandeln, wo sich diejenigen, auf die alle unsere Wünsche und Hoffnungen gerichtet sind, wiederfinden und so viele sonst sich begegnen, kreuzen und scheiden. – [...] indem ich den *hohen Abgeschiedenen [Carl August]* vermisse, hat die Hoffnung, die *Seinigen* wiederzusehen und mich gleichem Wohlwollen zu empfehlen, auch wieder etwas höchst Erquickendes und Tröstendes.» – «[...] Das Barometer war gestiegen und der heftige Westwind legte sich. Ich konnte auf der Terrasse spazieren. Ich überdachte Botanisches. Ging nach Tische wieder auf und ab und NOTIRTE EINIGES. Sprach mit *Frau Dr. Stichling* und *ihrer Gesellschaft, die das neu geborne Kind* trugen [→ etwa 28. 7.]. DICTIRTE ABENDS EINIGE AUFGEZEICHNETE UND BESONDERE BEMERKUNGEN. [...].» (Tgb)

Samstag, 2. August. «Früh nach 6 Uhr mit *Herrn Dr. Stichling* abgefahren nach Großheringen, wo wir bey dem *Schulmeister [Ernst Christoph] Franke* in seinem neuen Gebäude abstiegen, da der *Schulze [Johann Christian] Pietzel* zu uns kam, ein *gar wackerer Mann, der seiner Gemeinde gut vorsteht.* Wir gingen hinter der Schule steil hinunter ins Thal, über die Wiesen bis zur Saline, wo wir der Bohrarbeit eine Weile zusahen und von dem letzten herausgebrachten Musterstücke mitnahmen. Gingen sodann wieder zurück, begegneten einer wohlhabenden *Holzhändlerin Frau Frahnert.* Betrachteten uns den Zusammen-fluß der Ilm und Saale näher und stiegen zusammen hinauf bis zum Schulge-bäude, wo wir frühstückten. Sodann den Ort hinab über die Brücke und auf dem linken Ilmufer bis Dorfsulza vor. Auf der obern Saline fanden wir *Herrn Salzschreiber [bei den Salzbergwerken in Großheringen und Sulza] Bergmann,* mit dem wir uns über die Bohrarbeiten unterhielten, und dann bergauf unsern Rückweg nahmen. Der *Kutscher* fuhr fehl, wir hatten aber dadurch den Vor-theil, daß wir, indem wir auf der Höhe ausstiegen und rückwärts blickten, links den Ettersberg mit seiner abnehmenden Höhe, die fernere Landschaft bis Eckartsberga übersehen konnten, das alte Schloß und die neuen preußischen Zoll-Gebäude. Unter uns lag Stadtsulza mit seinen Weinbergen gegenüber, auch Dorfsulza; das fernere Ilmtal und Großheringen war durch Hügel ver-deckt. Gegen 2 Uhr kamen wir nach Hause und speisten zusammen. [...] die *Herren Präsidenten v. Ziegesar* und *v. Motz* [...]. Gegen Abend Besuch von Jena. *Frau [Luise] v. Löw* und *Tochter [Luise; geb.* 1807]. Die *Familie Frommann. Madame Bohn* und *Dr. Gries* [«Gleich vom ersten Eintreten an war er [Goethe] heiter, freundlich und unbeschreiblich liebenswürdig, setzte sich, scherzte mit *Luischen Löw* und durchlief in den beinahe zwei Stunden, die wir bei ihm saßen, einen unglaublich reichen Kreis von Dingen, *Menschen* und Situatio-nen.» (*F. J. Frommann* an J. K. B. Stüve, 2. 8.; GG 6216)] [...]. *Frau v. Löw* nahm Empfehlungen mit an *Herrn Grafen Sternberg,* zu welchem sie reiste. [...].» (Tgb)

Sonntag, 3. August. Fortsetzung des Briefes an *Soret* [→ 1. 8.]: «[...] ich habe [...] die beiden Theile der Organographie nunmehr völlig durchgelesen, die uns näher berührenden Capitel mehrmals, und habe denn endlich den ABSCHNITT ÜBER DIE SYMÉTRIE VÉGÉTALE, unsern Absichten zusagend, ÜBERSETZT. Das unternommene Werklein [J. W. V. GOETHE: VERSUCH ÜBER DIE METAMORPHOSE DER PFLANZEN. ÜBERSETZT VON FRIEDRICH SORET, NEBST GESCHICHTLICHEN NACHTRÄGEN; → 9. 7.] würde daher ohngefähr Folgendes enthalten: – 1) Ein VORWORT, worin erzählt wird, wie ich auf den Gedanken gekommen, diesen Theil der Naturlehre zu erforschen und hervor-zuheben. – 2) Die METAMORPHOSE selbst. – 3) EINE KURZE GESCHICHTE WIE SEIT ANNO 1792 GEDACHTE LEHRE IN DEUTSCHLAND EINFLUß GEWONNEN UND AUCH IN FRANKREICH SICH ENTFALTET. Sämmtlich mit Ihrer Übersetzung an der Seite. – 4) Das Capitel aus der Organographie: Sur la Symétrie des plantes, das heißt: Von der gesetzmäßigen Pflanzen-Bildung, im Original und mit MEINER ÜBERSETZUNG an der Seite. – Dazu [...] vielleicht auch einiges was der *Verfasser* in der Théorie élémentaire hierüber ausgesprochen. – 5) Hierauf WENIGE NOTEN zu Verständniß und Ausgleichung kleiner Differenzen, welche eigentlich nur aus der Verschiedenheit beider Sprachen entspringen. – 6) WUNSCH UND AUSSICHT, WAS DURCH DIESES ALLES AUF DAS BOTANISCHE WISSEN ZU WIRKEN SEY. – 7) Wenn es räthlich befunden wird, WENIGE WORTE AUS DER HÖHEREN NATURLEHRE; wo wir den Vortheil haben, daß wir beynahe ganz in der Terminologie sprechen können in welcher *Herr Cousin* seine jetzt abgeschlossenen Vorlesungen über Geschichte der Philosophie vorgetragen hat [→ 6. 7.].» – Brief an die *Herausgeber der Zeitschrift «L'Eco»*: Goethe kündigt eine Paketsendung an, in der er den HEFTEN VON KUNST UND ALTERTUM «noch einiges auf *unsern Verewigten [Carl August]* Bezügliches» beigefügt. – «[...] Um des Regens willen wenig auf der Terrasse. Kam *Dr. Weller. Ottilie* mit den *Kindern* und *Eckermann.* [...] Wir speisten zusammen. Besprachen die gegenwärtigen Staatsläufte. [...] Sie schieden um 5 Uhr. Ich las noch 2 Stücke von *Cousin* und *Guizot.* Beachtete die angekommenen Briefe. Ging mit *Hofgärtner Baumann* auf und ab. Wir besprachen die neue von *[J. S.] Kecht* [in dessen Werk «Verbesserter praktischer Weinbau...», 4. Auflage, 1827] vorgeschlagene Methode den Weinbau zu behandeln. Er zeigte mir an den vorhandenen Stöcken, worauf es eigentlich ankomme. [...].» (Tgb)

Montag, 4. August. «Bey trocknem Morgen und leidlichem Südwest einige Stunden im Garten. Die AGENDA durchgedacht. Vorzüglich mit näherer Betrachtung des Weinstocks beschäftigt. MEHRERE KNOTEN GEZEICHNET, um sich von der eigentlichen Beschaffenheit des Wachsthums zu unterrichten [Arbeit an den ZEICHNUNGEN WEINREBE und WEINREBEN (Corpus V b, Nr. 143, 144 a–c)]. Abends mit *Herrn Dr. Stichling* auf der Terrasse, gleichfalls einiges über den Weinbau in Dornburg und in der Nachbarschaft verhandelnd.» (Tgb)

Dienstag, 5. August. «Mit dem gestrigen Geschäft fortgefahren [Entstehung der EINLEITUNG ZU EINEM AUFSATZ ÜBER DEN WEINBAU; postum erschienen]. Kräftiger Westwind verbot den Morgenspaziergang. *[H. E. G.] Paulus,* Harmonie der Evangelisten [in: «Das Leben Jesu, als Grundlage einer reinen Geschichte des Urchristentums»]. Merkwürdige Bemühung *eines Mannes,* der hiezu sein ganzes Leben verwendet und die Überlieferung hiernach noch immer ein Problem bleibt. Abends auf der Terrasse bey leidlichem Wetter. Das *Kechtische* Werk und seine Vorschläge aber- und abermals durchgedacht [→ 4. 8.].» (Tgb)

Mittwoch, 6. August. «Darin fortgefahren. [...]» (Tgb) – Brief an *Hofrat Meyer:* Goethe dankt ihm für die mitgeteilte «gnädigst-erfreulichste Resolution [*v. Beulwitz* teilt am 30. 7. mit, daß die *Herrschaften* erfreut über den Goethe zuträglichen Aufenthalt in Dornburg seien, er möge dessen Dauer nach eigenem Gutdünken bemessen, doch hoffe man, ihn *«vor* seiner weiteren Entfernung nach Freiberg oder anderweit» in Weimar sehen zu können; → 25. 7.]. – «ÜBER DIE KNOTEN DES WEINSTOCKS UND DIE DARAN ZU BEMERKEN-

DEN EINZELNEN THEILE BEMERKUNGEN AUFGESCHRIEBEN [Arbeit am FRAG-
MENT DER WEINSTOCK, die Handschrift trägt das Datum 7. 8.; postum
erschienen]. Gelesen im *Paulus* [→ 5. 8.]. *[J. F.] Castellis* niederösterreichische
Dichtungen [«Gedichte in niederösterreichischer Mundart»]. *Prinz Johann
[v. Sachsen]*, Übersetzung der ersten Gesänge [der «Göttlichen Komödie»] des
Dante. *Dr. med. [Philipp] Phöbus* [geb. 1804], *ein Ostpreuße*, von Berlin kom-
mend, nach der Schweiz gehend. Fortgefahren in obigen Beschäftigungen.
MEHRERE KNOTEN DES WEINSTOCKS MIT IHREN EINZELNEN THEILEN
GEZEICHNET [→ 4. 8.]. Kurze Zeit auf der Terrasse. VRILLE, ERST GEWUNDEN,
DANN ALS TRAUBE GEENDIGT. [...].» (Tgb)

Donnerstag, 7. August. Brief an *Sohn August:* «Den *gegenwärtigen Boten*
aber send ich ab hauptsächlich um des Weines willen, denn die *Gäste* trinken
gewöhnlich drey Flaschen davon weg, und so reichen die übrigen nicht die
Woche durch, besonders wenn einmal ein *Freund* eintritt.» – Sodann wünscht
Goethe zu erfahren, wer am Sonntag zu Besuch kommt, vor allem wünschte
er *Riemer* einmal zu sehen. «Die *Müllerin* von Dorndorf hat mir einen drey-
pfündigen Aal zugewiesen [...]. – Ferner liegt ein Reh im Sauern und was
sonst noch Gutes zu haben ist. Bringt ihr irgend etwas mit, vielleicht ein vorzügliches Stück Rindfleisch, welches hier selten ist, so kann die Suppe um
desto kräftiger werden. – [...] es versteht sich daß weder in Weimar noch hier
dießmal von meinem Geburtstag die Rede seyn dürfte. Von *allen Freunden*
wird er am besten im Stillen zugebracht; bespreche dieß mit dem *guten Töpfer*
[...].» – Brief an *Alfred Nicolovius:* «Wie angenehm wäre mir jederzeit Ihre
Andeutung auf den 28. August gewesen [Der *Adressat* plant für Goethes
Geburtstag eine Zusammenkunft mit *seinem Vater* in Weimar, den Goethe
bereits mehrfach dringend eingeladen hatte; → 12. 1.]!» Wahrscheinlich wird
Goethe aber in diesem Jahr nicht in Weimar sein. – [Beilage:] Goethe berichtet von seinem Studium des *Kechtschen* Werkes über den Weinbau, aus dessen
vorgedruckten Beilagen er ersieht, daß sich die *Königliche Regierung in Koblenz*
der Sache angenommen und man an beiden Rheinufern die Vorschläge praktisch geprüft habe. – Sollte darüber neuerlich etwas veröffentlicht worden
sein, bittet Goethe um Mitteilung. – Brief an *Kanzler v. Müller:* «Ich fahre fort,
wie diese Wochen her, durch Fleiß und Zerstreuung ein schmerzlich bewegtes
Innere zu beschwichtigen; Nach- und Widerklänge bleiben nicht außen und
so muß man sich hinzuhalten suchen; denn wer maßte sich wohl an, einem
solchen Ereigniß, wie es besonders mich betrifft, gewachsen zu seyn?» – Beim
Studium der *Kechtschen* Schrift hat Goethe zunächst versucht, die Ansichten
des *Verfassers* auf die «anerkannten Grundsätze der Pflanzenphysiologie»
zurückzuführen, wobei sich sein Vortrag «durchaus bewahrheitet hat». – «Ich
denke EINE DARSTELLUNG NACH MEINER WEISE zu versuchen und dadurch
der guten Sache förderlich zu seyn, daß ich sie zugleich einfacher und ausführlicher behandle. [...]. Der Antheil *unserer gnädigsten Herrschaften* [Karl Friedrich und Maria Paulowna] an solchen Aufklärungen und Verbesserungen wird
alles zum schönsten und schnellsten fördern.» – Bei der *Dante*-Übersetzung
[→ 6. 8.] hat man den großen Fehler begangen, die Noten unmittelbar unter
den Text zu setzen. «[...] ich habe diese zehn Gesänge zweymal gelesen und
bin nicht zum Wiederanschauen des Gedichtes gelangt, das mir sonst schon so

bekannt ist; immer schieben sich meiner Einbildungskraft die Noten unter.
Die Händel der *Guelfen* und *Ghibellinen* in ihrer leidigen Wirklichkeit verderben mir den Spaß, *bösartige Menschen* so recht aus dem Grunde gepeinigt zu
sehn. Sagen Sie niemanden nichts hiervon.» – Vielleicht könnte dieser
Umstand bei der Herausgabe des Ganzen beseitigt werden. – Brief an *Dr. Weller:* Dieser sagte Goethe neulich, daß sich in Jena ein *Verein zur Anwendung
der Kechtschen Methoden im Weinbau* gebildet habe. Goethe bittet, näheres darüber in Erfahrung zu bringen. – Brief an *Universitätsmechanikus Körner:* Dieser
möge Goethe erklären, «was es mit dem im Briefe gemeldeten *achromatischen
Doppelspath-Prisma* für eine Bewandniß habe? und aus welcher Schrift man
sich hierüber näher unterrichten könnte?» – «[...] *Sechs Engländer [Marquis
of Douro, Lord Charles Wellesley, Mr. Candler, Mr. Gerhard, Mr. Rocheid,
Mr. Hopwood]* von Naumburg kommend, ließen ihre Pferde beym Chaussée-
haus stehen und kamen den Berg herauf. [...] man führte sie ins [Rokoko-]
Schloß, wo ich ihnen einen Besuch machte. Sie gingen bald darauf wieder fort
und ich ging in meinen Arbeiten weiter. Nahm *Schouws* Pflanzengeographie
[→ 23. 7.] vor in Bezug auf die Verbreitung des Weinbaues. Es kam eine Sendung von Weimar mit mehreren Briefen, deren bedeutenden Inhalt ich mir
überlegte [...]. Abends auf der Terrasse kurze Zeit in fortgesetzten Betrachtungen über die Natur des Weinstocks mit Vergleichung der hiesigen Kultur
mit den *Kechtischen* Vorschlägen [...].» (Tgb)
    Freitag, 8. August. «[...] Mit dem SCHEMA DER WEINSTOCKSLEHRE
[SCHEMA ZU EINEM AUFSATZ ÜBER DEN WEINBAU; postum erschienen]
beschäftigt. Äußerst wilder stürmischer Regentag. Dennoch eine kurze Zeit
auf den Terrassen. Vor- und nachher AN JENEM AUFSATZ DIKTIRT. Notizie
intorno alcuni Vasi Etruschi del *Dottore [W.] Dorow.* Merkwürdige Mittheilungen darin gefunden.» – Brief an *Carlyle:* «Der DRITTEN LIEFERUNG MEINER
WERKE [AlH] lege auch das NEUESTE STÜCK VON KUNST UND ALTERTUM
bey; Sie werden daraus ersehen daß wir Deutsche gleichfalls im Fall sind, uns
mit fremden Literaturen zu beschäftigen. Wie durch Schnellposten und
Dampfschiffe rücken auch durch Tages-, Wochen- und Monatsschriften die
Nationen mehr an einander, und ich werde, so lang es mir vergönnt ist, meine
Aufmerksamkeit besonders auch auf diesen wechselseitigen Austausch zu wenden haben.» – Außerdem legt Goethe eine «wohlgerathene Schrift *[des Kanzlers v. Müller]*» zu *Carl Augusts* Gedächtnis bei [→ 18. 7.]. «[...] indessen ist es
Bedürfniß, alle meine übrigen Lebens-Verhältnisse emsig fortzusetzen, weil
ich nur darin eine Existenz finden kann, wenn ich, in Betrachtung dessen was
er gethan und geleistet, auf dem Wege fortgehe den er eingeleitet und angedeutet hat.» – «[...] Kam *Herr Dr. Stichling* und brachte *Karl Herzogs*
Geschichte des thüringischen Volkes. Er war bisher Lehrer am Institut des *Pro-
fessors Fröbel* in Keilhau bey Rudolstadt gewesen, hatte sich aber, da jene Anstalt
auseinander geht, nach Jena zurückgezogen. Ich fing an genanntes Buch zu
lesen, fand einen *wohlunterrichteten und wohldenkenden Verfasser,* auch das Werk
selbst seiner Absicht gemäß wohlgedacht und gut vorgetragen.» (Tgb)
    Samstag, 9. August. Brief an *Zelter:* «Ohne zu übertreiben darf man
sagen: es ras't manchmal von Westen nach Osten quer über das Thal hin ein
Regenguß, dicht wie Nebel, der die gegenüberstehenden Berge und Hügel

völlig zudeckt. Dann scheint die Sonne einmal wieder hindurch und thut gute
Blicke. [...]. – *Meinem alten Joachim Jungius* [→ 28. 7.] bin ich nun noch einmal
so gut daß er dich veranlaßt hat, das liebe lehrreiche Blatt [über das musikalische System des 17. Jahrhundert; → 26./27. 7.] zu schreiben [...]. – Wenn
man sich nur halbwege den Begriff von *einem Menschen* machen will, so muß
man vor allen Dingen sein Zeitalter studiren, wobey man ihn ganz ignoriren
könnte, sodann aber, zu ihm zurückkehrend, in seiner Unterhaltung die beste
Zufriedenheit fände.» – «Las weiter und fand das *[Herzogsche]* Werk sich
durchaus gleich dem Sinn und der Darstellung nach. Kurze Zeit auf der Terrasse. Sonnenschein, wenig bewölkter Himmel. Das Barometer war gestiegen.
John mundirte die Briefe. Erwartete den *Sekretär Kräuter,* welcher ausblieb.
Las in der Geschichte von Thüringen fort. Wendete einige Betrachtungen an
die Weinstöcke auf der Terrasse und vergegenwärtigte mir die Forderungen
und Vorschläge *Kechts* [→ 7. 8.]. Gegen Abend *Hofrat Vogel, Schwiegermutter,
Frau* und *Schwägerin.* Ich sprach sie im [Rokoko-]Schlößchen. Ein gewaltsa-
mer Regen fiel ein. Ich beschäftigte mich die Sendung durchzusehen, die diese
mitgebracht hatten [...].» (Tgb)
   Sonntag, 10. August. «Globe Tom. VI. No. 81. Merkwürdiges Stück,
erklärter Übergang ins Politische. *Ampères* Rezension über *Hitzigs* Hoffmann.»
(Tgb) – Brief an *Hofrat Meyer:* «Mein Aufenthalt wird mir von Tage zu Tage
heilsamer und lieber; [...] so daß es mir selbst komisch vorkommt, mit welcher Leidenschaft ich das zur Sprache gebrachte *Weinbaugeschäft* seit acht
Tagen ergreife. Das Herrliche hat aber die Natur, wie man auf sie losgeht, daß
sie immer wahrer wird, sich immer mehr entfaltet, immer neu erscheint, ob
sie gleich die alte, immer tiefer, ob sie gleich immer dieselbe bleibt.» – Goethe
sendet ein Büchlein von *Dorow* [→ 8. 8.]. Dieser schreibt ihm, «daß er zweyhundert gemahlte Vasen mit den wichtigsten, bis jetzt noch nie gesehnen
mythologischen Darstellungen, reich und voll mit Inschriften versehen pp!!
anzuschaffen das Glück gehabt habe. Was uns dabey zu Gute kommt ist [...],
daß er vieles eilig herausgeben wird, da ihm besonders die Lithographie zu
statten kommt. Sein Text wird manche historische Notiz enthalten und, mit
Kritik gebraucht, immer zu nutzen seyn. [...] Die Darstellungen der Tafeln,
welche mitkommen, scheinen mir neu [...]. Sie werden den Werth derselben
beurtheilen [...].» – «[...] Thüringische Geschichte weiter gelesen [→ 9. 8.].
[...] Kam *Dr. Weller.* Mit demselben das Nächste besprochen. Kam *Dr. Eckermann* mit den *Enkeln [Walther* und *Wolf],* die sich sehr anmuthig erwiesen. Bey
mäßigem Barometerstand 27" 5'" heiterer Himmel zu großem Vortheil der
Gäste. Verschiedenes war mit den *Besuchenden* angekommen. Ein vergoldeter
Gispabguß des Stücks gediegenen Goldes, das 1826 am Ural gefunden wurde;
ein freundliches Andenken vom *Geh. Rat Loder* aus Moskau [«Es ist ein sehr
glücklicher Gedanke, das in jetziger Zeit sehr weit vorgeschrittene Gypsab-
gießen auch auf Naturgegenstände auszudehnen, wie es *Cuvier* auf die Fossilien that ... Wenn ich das Vergnügen habe, Sie bey mir zu sehen, werden Sie
diesem Fetisch auf meinem Hausaltar gewiß alle Ehre erweisen.» (an *Kanzler
v. Müller,* 13. 8)], begleitet mit einem Hefte [«Die Lagerstätte des Goldes und
Platin im Uralgebirge»] [...] von *Moritz v. Engelhardt* [«... wodurch mein
Wunsch erfüllt wird, daß wir nunmehr Gebirg und Gangart kennen lernen,

welche durch Verwitterung, Zerbröckelung, Auflösung zu Verschüttungen
und Zuschüttungen der allernächsten Thäler und Schluchten Veranlassung
gegeben. In seinen ganzen Erklärungen ist nicht das mindeste Gewaltsame,
sondern man sieht die Natur wie sie still wirkt und wie ich sie liebe.» (an *Soret*,
13. 8.)]. Auch kam von Nürnberg einiges auf Kunst und *Kunstverein* Bezügliches. Nicht weniger das 75. Stück der Missionsanstalten von Halle. Gegen 6
Uhr die *Kinder* zurück. *Dr. Weller* blieb. [...] Die Geschichte des thüringischen Volks weiter gelesen.» (Tgb)

Vielleicht Sonntag, 10. August, oder wenig später. Brief an *Sohn August*:
Goethe wünscht sehr, daß die Gemälde im Jägerhaus benutzt werden [*Schmeller* hatte am 5. 8. um die Erlaubnis gebeten, daß *einer seiner Schüler* Bilder aus
der Großherzoglichen Galerie kopieren dürfe], sieht aber noch nicht, wie dies
einzurichten sei. – Der *Adressat* möge sich mit *Hofrat Meyer, Schmeller* und
Demoiselle Seidler darüber beraten. (WA IV, 44, 460)

Montag, 11. August. «Dieselbe geendigt. Besuchte mich der *Verfasser [Karl
Herzog]* mit *Herrn Dr. Stichling*. Ich las: Die Lagerstätte des Goldes und Platina
im Ural-Gebirge, von *Dr. Moritz v. Engelhardt*. Nicht weniger das 75. Stück
der neuren Geschichte der evangelischen Missionsanstalten in Ostindien,
noch unterzeichnet von *Niemeyer*, nach seinem Ableben befördert von *Dr.
[Johann August] Jacobs [Philologe; geb. 1788]*. Ein wenig auf der Terrasse. War
ein Gewitter vorüber gezogen. Einige fruchtbare Gedanken gefaßt. Gegen
Abend einige Zeit auf der Terrasse. Nachher die von *Körner* gesendeten diop-
trischen Werke angesehen [→ 7. 8.].» (Tgb)

Dienstag, 12. August. «Darin fortgefahren. Sodann Briefe diktirt. [...]
Katoptrisches durchgedacht. [...] Kamen *Hofrat Döbereiner* und *Dr. Weller*. Von
ersterem sehr viel Bedeutendes vernommen. Er fügte seinen Vorträgen gleich
erläuternde Zeichnungen hinzu. Wir speisten zusammen. Die Unterhaltung
war durchaus fruchtbar belehrend. Nachmittag *Eduard Robinson* [geb. 1794],
Therese Robinson geb. *v. Jakob*. Er ein *Amerikaner, Theolog, Philolog;* auf dem
Continent, um sich mit der Literatur und den allgemeinen Zuständen bekannt
zu machen. Nach ihrem Abgange mit *jenen beiden Gästen* auf den Terrassen
spazierend. Über *Eichstädt* und seine Rede [«Oratio in Exequiis Caroli Augusti
habita. d. IX. Aug. 1828», gehalten anläßlich der Trauerfeier der Universität
Jena am 9. 8.] gesprochen, sein Talent und seinen Erwerb. Sie fuhren ab um
6 Uhr. Ich las die neuangekommenen *Branischen* Hefte und Miszellen.» (Tgb)

Mittwoch, 13. August. «Fuhr hierinnen zu lesen fort, besonders *La Porte*,
Bericht seiner Reise nach Asien. Stieg in den Weinberg hinab, ließ mir einige
Stöcke aufbinden und die bisherige Behandlungsart vorzeigen. Dabey fand
ich die *Kechtischen* Vorschläge nur desto bedeutender und befolgungswer-
ther [→ 9. 8.]. Machte auch eine neue Entdeckung die Vrillen betreffend
[→ 6. 8.].» (Tgb) – Brief an *Soret*: «Den Anfang Ihrer geneigten Übersetzung
[→ 3. 8.] hab ich mir nicht ausgebeten, wie ich denn auch ALLES WAS VON
MIR IN DIESER MATERIE GEDRUCKT WORDEN bisher zu lesen vermied; ich
wollte mich erst ganz mit dem gegenwärtigen Zustande des Wissens bekannt
machen, mich daran prüfen, meine früheren Gedanken wieder hervorrufen,
hiernach käme ich ganz frisch zu der Arbeit, wenn wir ORIGINAL und Text
zu vergleichen bey nächster Zusammenkunft unternehmen.» Wollte *Soret*

seine Übersetzung abgeschrieben haben, so könnte dies von *Schuchardt* übernommen werden. – Goethe bittet, ihn den *gnädigsten Herrschaften [Karl Friedrich* und *Maria Paulowna]* zu empfehlen und zu versichern, daß er in Dornburg
ein lange nicht gekanntes körperliches Wohlsein genießt «und daß der Geist
auch wieder auf eine freyere Thätigkeit hoffen darf». – «[...] kurze Zeit auf
der Terrasse. Erwartete *Herrn Kanzler v. Müller* zu Tische, der aber später
ankam. Brachte *Herrn Michael [Benignus] Clare [Militärarzt* auf Jamaika; geb.
1777] und *seine Frau* mit. Erst besprach ich mich mit jenem allein über die
gegenwärtigen Zustände und Vorfallenheiten, auch die Feyerlichkeiten dieser
Tage. Dann sah ich die letztere im [Rokoko-]Schlößchen, wozu auch *Herr
Geh. Rat Schmidt [Jurist]* von Jena kam. *Herr Clare* und *Gattin* sind diejenigen,
deren in *Herzog Bernhards* Reise gedacht wird, die ihn am Niagara trafen und
den ersten Theil der Reise mit ihm machten, auch ihn nachher verschiedentlich antrafen. *Ein merkwürdiger geprüfter Mann; energisch, unterrichtet und mittheilend.* Das Gespräch bezog sich meist auf Jamaika, wo er mehrere Jahre resi-
dirt hatte. Las ferner in der Minerva.» (Tgb)

Donnerstag, 14. August. «Dieselbe Lectüre fortgesetzt. Sodann den Complex der nächsten botanischen Arbeiten durchgesehen. SCHEMATISIRT. Lange
auf der Terrasse hin- und hergegangen und alles nochmals durchgedacht.
Nach Tische EINIGES HIERAUF BEZÜGLICHE DIKTIRT. Erhielt einen Brief von
Herrn v. Knebel. [...] *Mein Sohn,* der sich angemeldet hatte, war nicht gekommen. Die *Branischen* Journale hinausgelesen. Abends bey *Dr. Stichling. Gar
gebildete anmutige Personen.* Später noch Botanica überdacht.» (Tgb)

Freitag, 15. August. «Maria Himmelfahrt, *Napoleons* Geburtstag. DAS
BOTANISCHE zu Papier gebracht [Arbeit am AUFSATZ DER VERFASSER TEILT
DIE GESCHICHTE SEINER BOTANISCHEN STUDIEN MIT, geplant als EINLEITUNG
zur deutsch-französischen Ausgabe des VERSUCHS ÜBER DIE METAMORPHOSE
DER PFLANZEN; → 3. 8.]. In dieser Angelegenheit mich durchaus beschäftigt.
[...] Den Weinberg nochmals besucht. Nähere Betrachtung über einige
Punkte. Ingleichen ÜBERSETZUNG VON DE CANDOLLES KAPITEL NOCHMALS
DURCHGESEHEN [→ 3. 8.]. Abends einige Zeit auf der Terrasse, ingleichen
Betrachtungen. Später CLAUDINE VON VILLA BELLA und ERWIN UND ELMIRE
gelesen.» (Tgb)

Samstag, 16. August. «FORTGEFAHREN AN DER EINLEITUNG, DIE GE-
SCHICHTE MEINES BOTANISCHEN STUDIUMS DARSTELLEND. [...] *Herr Legationsrat Weyland* aus Paris und *Herr Dr. Stichling* besuchten mich. Wurde viel
über die dortigen Zustände, Literatur, Künste und Theater verhandelt.» (Tgb)
– Brief an *Sohn August:* «MEINE ARBEITEN gehen gut vorwärts, aber das wilde
Wetter ist doch zu arg; der Sturm saus't dergestalt an meine Mauernecke, daß
ich mich [ins Nachbarzimmer] umbetten muß; er hat mich den größten Theil
der Nacht wach und unruhig gehalten.» – Brief an *Kanzler v. Müller:* Dessen
Vorschlag, «die goldene Verdienstmedaille an *Herrn Moitte* [sicherlich ist
Charles Motte in Paris gemeint, der *Verleger* der Prachtausgabe des FAUST mit
den Lithographien von *Delacroix;* → 22. 3.] zu verehren», kann Goethe «nicht
anders als vollkommen billigen». – Er schlägt vor, zugleich die «kleine goldene
Medaille *Herrn Stapfer* [dem *Verfasser* der Übersetzung]» zu verehren. – «Ich
habe diese Unbilden des Sommers (wenn Sie sich erinnern) vorausgesagt und

darf deswegen nicht einmal wünschen, daß *unsere verehrte Fürstin-Mutter [Luise]* sich herbegebe, denn ein solcher Zustand würde sie und *die Ihrigen* zur Verzweiflung bringen [Der *Kanzler* teilt mit, daß der *«junge Hof»* wünsche, die *Großherzogin-Mutter* möge sich nach Dornburg begeben. (an Goethe, 15. 8.)].» [...]. – «Um *Einsiedels* Andenken müssen Sie sich auch noch verdient machen [dieser war am 9. 7. verstorben] [...]. Die Schwierigkeit liegt darin, den Lebensgang eines *milden geselligen Mannes* aufzufassen, dessen Gegenwart schon ein Räthsel war.» – «[...] Die angekommenen Stücke des Globe und der Allgemeinen Zeitung durchgelesen und überdacht. Drey Tage niedriger Barometerstand von 1" bis 4", unbändige Stürme und gewaltiger Regen.» (Tgb)

Sonntag, 17. August. «Das Barometer hatte sich auf 7 Linien gehoben und den Stürmen auf einmal ein Ende gemacht. Gebrochene Wolken schwebten am Himmel, das Blaue schien durch. Münchner Landtagsverhandlungen. Treffliche Rede des *Ministerialrats [Franz Ludwig] v. Wirschinger [bayrischer Finanzminister]*, alle bisherigen Vota wieder aufnehmend und prüfend. Bey schönem Wetter auf den Terrassen. Kam *Dr. Weller,* der in Weimar gewesen war. Wurden die dortigen Zustände mit besonderer Zufriedenheit besprochen. Darauf *mein Sohn, Schwiegertochter* und *Enkel.* Vorerst wurden verschiedene Geschäfte abgethan. [...] Wir speisten zusammen und sie schieden gegen 5 Uhr. *Dr. Weller* blieb noch. Verschiedene Geschäftsverhältnisse besprochen. Der *junge Frommann* auf einen Augenblick. Blieb für mich. Las verschiedene englische, von *Ottilien* empfohlne Gedichte. Wollte *Walter Scotts* St. Valentinstag [*«St. Valentine's Day, or the Fair Maid of Perth»*] lesen. Es ging aber nicht; in dem zwar interessanten Stoff findet unser einer zu wenig Gehalt.» (Tgb)

Montag, 18. August. «Vor Sonnenaufgang aufgestanden. Vollkommene Klarheit des Thales. Der Ausdruck des *Dichters: heilige Frühe* ward empfunden [vgl. die *Voß'sche* Übersetzung der Odyssee 9, 151; Goethe gebraucht diesen Ausdruck in der ACHILLEIS VERS 54]. Nun fing das Nebelspiel im Thale seine Bewegung an, welches mit Südwestwind wohl eine Stunde dauerte, und sich außer wenigen leichten Streifwolken in völlige Klarheit auflöste.» (Tgb) – Brief an *Schwiegertochter Ottilie:* Goethe erbittet sich den zweiten Teil von *Scotts* «Saint-Valentine's Day» [→ 17. 8.]. «Es ist immer das *große Talent,* das einem reichen Stoff den menschlichen Gehalt abzugewinnen, die gehörigsten Einzelnheiten durchzuarbeiten und jede Situation bis auf's Höchste zu steigern vermag. Wie der schroffe heldenmüthige Waffenschmidt zuletzt noch den Hund der vagirenden Sängerin zu tragen genöthigt wird, ist mehr als meisterhaft.» – Brief an den *Regierungsbevollmächtigten der Universität Jena v. Motz:* Goethe möchte versichern, daß sich auch nach seinem Urteil *Eichstädt* als ein wahrer Meister der Sprach- und Redekunst im Lapidarstil bewiesen hat [→ 12. 8.]. Der *Adressat* möge Goethes «dankbaren Beyfall nachdrücklich» übermitteln. – «[...] Las den neuen Roman von *Walter Scott* St. Valentine's Day. Spazierte auf der Terrasse. Es hatten sich *mehrere Partien aus der Nachbarschaft* eingefunden. [...] war *ein junger Mann Namens [Karl Gustav] Schüler* [geb. 1810], an der Freiberger Akademie studirend, bey mir. Er gefiel mir wohl. Ist ein *Landskind* und wünscht Anstellung in der Folge. Gegen Nacht trat schon nach geringem Sinken des Barometers der Regen wieder ein.» (Tgb)

Donnerstag, 14. / Montag, 18. August. Brief an *Knebel:* Goethe berichtet, seinen Wagen nach Hause geschickt zu haben, da die Wege zu steil und nur «widerwärtig» befahrbar seien. Sonst hätte er *Knebel* schon besucht. – Indessen sendet er KUNST UND ALTERTUM [VI, 2] mit der Bitte, die Punkte zu bezeichnen, die ihn besonders anregen. – Goethe möchte SEINE BOTANISCHEN GESCHÄFTE in Dornburg abschließen, alsdann aber einige Zeit in Jena zubringen, «woraus sich denn für uns manche gute Stunde ergeben müßte [...]. – Von Weimar hört man nichts als Gutes, Liebes und Verständiges; daran wollen wir uns denn erfreuen und uns um desto eher zu einem frischen gemeinsamen Leben herzustellen wissen.»

Dienstag, 19. August. «Die neuangekommenen Stücke des Mailänder Echo zu lesen angefangen. Kurze Zeit auf der Terrasse bey bewölktem Morgen.» (Tgb) – Brief an *Faktor Reichel:* «Bey dem SCHLUß DES VI. BANDES [DER OKTAVAUSGABE DER ALH] ist weiter nichts zu erinnern, er kann nach der KLEINEN AUSGABE abgedruckt werden. – [...] Sie aber werden mit uns allen aufgerichtet seyn, wenn Sie vernehmen daß *unser neuer Landesherr [Karl Friedrich]* durch Wort und That den bisherigen Zustand gesichert, den edlen und kräftigen Gang der Geschäfte gefördert und dergestalt den schönsten Wirkungen für die Zukunft freye Bahn gegeben hat.» – «[...] Längere Zeit auf der Terrasse. Über den Widerspruch der untern Atmosphäre gegen die obere, Westwind bey höherem Barometerstand, und gleichfalls zweydeutige Wolkenformen nachgedacht. In dem Echo weiter fortgelesen.» (Tgb)

Mittwoch, 20. August. «*Bote* von Herrn *Soret* [Dieser meldet für den 21. den Besuch des *Erbgroßherzogs Karl Alexander* an].» (Tgb) – Brief an *Soret:* «[...] daß es mich unendlich glücklich macht, den *lieben Gast* und *seine Begleiter* [...] bey mir zu sehen. Der Tisch des Eremiten zu Dornburg ist etwas besser bestellt als des *Alten vom Vesuv,* immer vorausgesetzt, daß eine Reise guten Appetit macht. Ich segne den *Erfinder des guten Gedankens.*» – «[...] auf die Terrassen, zeitig bey verhältnißmäßig hohem Barometerstande 27" 8''' die Wirkungen und Gegenwirkungen in der Atmosphäre beobachtet. *Herr Dr. Stichling* einiges von Weimar bringend und beym Frühstück mancherley mittheilend und erzählend. Sodann [...] *Pastor M. Spiegel* aus Hohenheide bey Leipzig und *Advokat Siebdrat* aus Leipzig, welche gleichfalls in der Eschenlaube sprach. Auch letztere *wohlgebildete und einsichtige Männer.* Wollte etwas arbeiten, ward aber wieder unterbrochen, durch den Besuch der *Herren Berzelius, Mitscherlich* und *[Chemiker] Rose,* welche vor der Berliner Zusammenkunft [der *Ärzte* und *Naturforscher*] eine Reise an den Rhein zu machen gedenken [«... Goethe ..., der keine Erinnerung daran zu haben schien, daß ich schon 1822 in Eger bei ihm verweilt hatte (→ 30. 7. 22f.).» (*J. Berzelius:* Selbstbiographische Aufzeichnungen; GG 6220)]. Bald darauf kam *Oberbaudirektor Coudray.* Wir besprachen [...] die Lage vom 3. September [→ 31. 7.], das *Monument* für *Frau v. Egloffstein,* und anderes. Wir speisten zusammen. Gegen Abend *eine Gesellschaft. Frauen, die zu ihm gehörten.* Später las ich: Die Eidsgenossen und die Gugler, ein geschichtlicher Versuch [1825].» (Tgb)

Donnerstag, 21. August. «EINIGES AM BOTANISCHEN LEBENSLAUFE [→ 16. 8.]. Auf den Terrassen. Sah *Herrn [Johann August] Zeune [Blindenerzieher, Geograph, Germanist in Berlin;* geb. 1778] in dem Schlosse. Erwartete den *Erb-*

prinzen, der mit denen *Herren Soret* und *[Kaspar Friedrich Wilhelm] Schmidt [Hilfslehrer beim Erbgroßherzog Karl Alexander,* 1821 bis 1824 *Hauslehrer bei Goethes Enkeln]* um Mittag ankam. Mit *Herrn Soret* über die gemeinschaftliche Arbeit das Nähere besprochen [→ 13. 8.]. *Herrn Schmidt* die *Herzogische* Geschichte von Thüringen empfohlen, der sie zum Theil schon kannte auch billigte, auch zum Gebrauch beym Unterricht willkommen fand. Wir speisten zusammen. Sie hatten einige artige Geschenke mitgebracht. Nach 5 Uhr fuhren Sie wieder ab [«... Goethe hat uns mit allen Zeichen aufrichtiger Freude empfangen. Er läßt durch mich *Ew. Kaiserlichen Hoheit* von ganzem Herzen danken, daß Sie dem *Prinzen* erlaubt haben, ihn zu besuchen. Er war zum *Prinzen* überaus zärtlich, und aus allem ging hervor, daß unser Besuch ihm wirklich wohlgetan hat. Wir fanden ihn bei ausgezeichneter Gesundheit. Der Briefbeschwerer hat ihm großes Vergnügen gemacht. Der Anblick des Hahns brachte ihn auf allerlei originelle Einfälle.» (*Soret an Maria Paulowna,* 22. 8.; GG 6221)]. Ich fand auf der Terrasse *Demoiselle Stichling* und setzte mich zu ihr. Darnach kam *eine Gesellschaft* von Porstendorf, wo ich mit *Fräulein v. Henning, einer schönen Schwester des chromatischen Freundes,* Bekanntschaft machte. AUSHÄNGEBOGEN DER KLEINEN UND OCTAVAUSGABE [der ALH] waren angekommen.» (Tgb)

Freitag, 22. August. «Zeitungen gelesen und die Karte des Osmanischen Europas aufgeheftet. Einige Zeit auf der Terrasse.» (Tgb) – AUFSATZ «ECO» UND «GLOBE» [postum in der ALH veröffentlicht]. – «Fing *[A.] Hendersons* History of ancient and modern Wines [1824] an. Diktirte das FERNERE SCHEMA ZUR EINLEITUNG [→ 21. 8.]. Ging wieder eine Zeit auf der Terrasse und überdachte das weitere hierher Gehörige. Kamen *Frau Gräfin Henckel, Ottilie* und *Walther.* Unterhaltung in dem großen Zimmer mit den Wappen und sonstiger Decoration. Einbrechender Regen hinderte am Spaziergang. Wir speisten zusammen. Um 5 Uhr fuhren sie fort. Ich beschäftigte mich weiter mit *Henderson.*» (Tgb)

Samstag, 23. August. «AN DER BOTANISCHEN EINLEITUNG DIKTIRT [→ 22. 8.]. Las in MEINER ITALIENISCHEN REISE. Auf der Terrasse. Die *angesagten Gäste* vergeblich erwartend. Regenschauer gingen verschiedentlich vorüber. Einige Zeit auf der Terrasse. Rebenknoten mit doppelten Augen. Untersuchung derselben. Ein Exemplar eingelegt. In der ITALIENISCHEN REISE weiter gelesen. *Kramers* italienisches Wörterbuch [1676– 78] von Jena erhalten und seine Eigenheiten näher betrachtet.» (Tgb)

Sonntag, 24. August. «EINIGES BOTANISCHE DIKTIRT [→ 23. 8.]. Sodann auf den Terrassen und ins Schloß. Gegen 12 Uhr kam *Dr. Weller.* Das nächst Vergangene mit ihm durchgesprochen. Gegen 1 Uhr *Prof. Riemer, Dr. Eckermann* und die *Enkel* [*Walther* und *Wolf*]. Brachten verschiedenes mit. Wir speisten zusammen. *Prof. Riemer* referirte manches Philologische. Entwickelte auch die Verdienste der lateinischen Poesie im früheren Mittelalter. *Riemer* und *Compagnie* fuhren ab. Ich blieb mit *Dr. Wellern* auf den Terrassen. Uns begegneten *einige Studiosi.* Für mich, nachher las ich *Lord Byrons* Heaven and Earth [→ 12. 10. 23] [...].» (Tgb)

Montag, 25. August. «Endigte gemeldetes Gedicht mit frischer Bewunderung. Begab mich in den Saal und bearbeitete dort das NÄCHSTE BOTANI-

SCHE. Reflectirte über die Bignonia radicans [→ etwa 28. 7.] und über drü-
senartige Auswüchse an der Rückseite jedes Knotens. Mittag für mich.
Meldete sich *Herr [Hippolyte André Jean Baptiste] Chélard [französischer Komponist;* geb. 1789], *Maitre de la Chapelle de S. M. Le Roi de Bavière* und
brachte Briefe von Weimar mit. Kam gegen Abend selbst und ich hatte mit
ihm eine angenehme Unterhaltung über Pariser musikalische und literarische
Verhältnisse. Auf Befragen nannte er den *musikalischen Rezensenten* des
Globe, *Vitet,* schien nicht ganz mit ihm zufrieden; ließ ihn übrigens für
einen *eifrigen Musikliebhaber* gelten. Schöner Aufgang und Fortschritt des
Vollmondes [GEDICHT DEM AUFGEHENDEN VOLLMONDE].» (Tgb)
  Dienstag, 26. August. «Hoher Barometerstand. Gegenwinde, von Norden und von Westen. Beynahe ganz bewölkter Himmel. In beiden Richtungen ziehende Wolken. Verfügte mich bald in den Saal.» (Tgb) – Brief an
Kanzler v. Müller: Goethe sendet die mitgeteilten Papiere [u. a. den Eröff-
nungsgesang, die Einleitung und den Ablauf der Trauerfeier für *Carl August*
in der *Loge Amalia* am 3. 9.] dankbar zurück. Er findet «alles auf das lobens-
und liebenswürdigste eingeleitet [...]. – Daß man meinen Wünschen und
Bitten gemäß des 28. Augusts dießmal im Stillen gedenken wird, dafür
danke ich verpflichtet [→ 7. 8.]. Den 3. September durch herkömmliche
Ausstellung öffentlich zu feyern, macht *Freund Meyer,* wie ich weiß, schon
gehörige Anstalten [→ 20. 8.] [...]. – Der *verwitweten Frau Großherzogin
[Luise]* wünsche bestens und treulichst empfohlen zu seyn; meine Hoffnung,
mich bald wieder so schöner Dienstage zu erfreuen [*Müller* hatte mitgeteilt,
sie werde am 28. 8. nach Weimar zurückkehren], belebt die Aussicht für die
nächste Zeit, regt mich auf, hier am Orte abzuschließen und meine Gedanken dorthin zu wenden wohin ich eigentlich gehöre.» – [Vermutliche Beilage dieses Briefes:] Goethe bittet *v. Müller,* dem «*trefflichen [Schauspieler]
Wolff*» [der am 14. 8. erkrankt aus Ems in Weimar eingetroffen war] seine
Teilnahme und Wünsche auszusprechen; «er ist *mein treuester Schüler* geworden und geblieben». (WA IV, 44, 472) – Brief an *Zelter:* Goethe hatte keinen
Zweifel daran, daß den *Berlinern* sein Porträt von *Stieler* [→ 6. 7.] gefallen
würde. *Der Künstler selbst* «hat euch wohl auch behagt. Es ist in ihm Natur
und Wahrheit und auf glücklichem Wege ausgebildete Kunst.» – Goethe ist
in Dornburg vorzüglich mit botanischen Betrachtungen beschäftigt. «Gründliche Gedanken sind ein Schatz der im Stillen wächs't und Interessen zu
Interessen schlägt; daran zehr ich denn auch gegenwärtig, ohne den kleinsten Theil aufzehren zu können. Denn das echte Lebendige wächs't nach,
wie das Bösartige der Hydernköpfe auch nicht zu tilgen ist. [...] – Magst du
einige Noten an BEYLIEGENDE STROPHEN [DEM AUFGEHENDEN VOLLMONDE;
→ 25. 8.] verwenden, so wird mich's freuen, sie neubelebt zurückzuneh-
men.» – «Überdachte die atmosphärischen Angelegenheiten. Wendete mich
zur Betrachtung der Bignonia radicans. [...] Speiste Mittags für mich. Diktirte *Johnen* den AUFSATZ ÜBER DIE BIGNONIA [RADICANS, TEIL DES AUF-
SATZES MONOGRAPHIE AUF MORPHOLOGIE GESTÜTZT, postum veröffentlicht; → 25. 8.]. Hatte einiges im *Voigt* gelesen und war auf den Terrassen
spazieren gegangen.» (Tgb)
  Mittwoch, 27. August. «An den BOTANISCHEN AUFSÄTZEN revidirt.

Kamen *Voigts* von Jena. Mannigfaltige Unterhaltung zu Gunsten MEINER
GEGENWÄRTIGEN ARBEITEN. Sie speisten mit mir und fuhren erst spät wieder
zurück. Sendung von Jena. Einige Mineralien von *Werneburg*. Brief und nähere
Beschreibung der fossilen Saamen durch *Nees v. Esenbeck*. Kam noch spät *mein
Sohn* mit *Landesdirektionsrat Töpfer*. Ersterer erzählte die Abenteuer des Rudol-
städter Vogelschießens und fragte an wegen morgen. Ich lehnte allen Besuch
ab [→ 26. 8.]. Sie fuhren spät bey Mondenschein wieder zurück.» (Tgb)
Donnerstag, 28. August. Brief an *Studiosus Schüler*: Goethe bittet ihn zu
untersuchen, «welcher Art der in den grauen Thon geknetete Antheil sey». –
«Verschiedene Gaben an Kuchen, Früchten und Kränzen. Kam *Inspektor
Goetze* von Jena glückwünschend [«...zu früher Morgenzeit mit Brottorte
und Flaschen alten guten Weins.» (an *Schwiegertochter Ottilie*)]. Auch *Dr. Stichling*. DIKTIRTE EINIGES VORBEREITEND [u. a. die ERKUNDIGUNG NACH DEM
DEUTSCHEN WORTE ABERZAHN].» Goethe legt dar, daß sich zwischen Knoten
und Vorblatt eines [Wein-]Pflanzenzweiges ein Aberzahn benanntes Zweig-
lein entwickelt, das bisher weggebrochen wurde, da man es für unnütz oder
gar für schädlich erklärte. – Gewiß ist nur, daß beide nachbarliche Pflanzen-
teile in «organischer Verbindung stehen und daß daher eine Wechselwirkung,
von welcher Art sie auch sey, statt finde.» – Goethe bittet *Riemer*, sich in älteren
Schriften nach einer Erklärung des Wortes «Aberzahn» umzusehen. – «Auf der
Terrasse. Kam *Registrator Schuchardt*. Ferner *Dr. Weller*, *Schwester* und *Kind*.
Wir frühstückten zusammen, spazierten und ich DIKTIRTE sodann weiter AN
BOTANISCHEN DINGEN. Auch waren schöne reife Früchte, besonders auch
bewundernswürdige Blumen, sehr schöne Georginen und dergleichen zu
Kränzen gebunden und einzeln eingekommen. Kamen von Jena die *Herren
[Oberappellationsgerichtsrat] v. Schroeter, [Theologieprof.] Niemeyer* und *Gries*,
blieben aber nur eine Stunde. Speiste mit mir *Dr. Stichling, Weller* und *Schuchardt*. Kam *Hofrath Döbereiner* dazu, da denn das Gespräch sehr interessant
wurde. Er brachte mir das salpetersaure Cölestin [→ wahrscheinlich 9. 7.].
Besuchte mich noch Abends *Frau Kirchenrätin Griesbach* und *Demoiselle Göttling*. Waren *zwei Boten* angekommen, einer von Haus, ein anderer *vom Kanzler
[v. Müller]*.» (Tgb) – Brief an *Schwiegertochter Ottilie*: Goethe berichtet, wie ihm
der Tag mit *vielen Besuchern* vergangen ist. «Und so hat sich, von der ersten
Kindheit bis zum höchsten Alter, das Menschenleben um mich her bewegt.
Wäre der Tag schöner gewesen, so hätt es mich gereut, euch abbestellt zu
haben.» – Brief an *Kanzler v. Müller*: «[...] zu den vorzüglichsten [Gaben] kann
ich wohl Ihr Schreiben rechnen, das mir alte geprüfte Gesinnungen neu und
kräftig ausdrückt. Lassen Sie uns so weiter fortfahren, so wird es an manchem
Guten nicht fehlen können. [...] – Heute aber neigt sich Geist, Seele und Sinn
zu einer erwünschten Ruhe.» – «[...] besah die mitgebrachten Geschenke [u. a.
vermutlich die von *Christiane Abeken* aufgezeichneten Tischreden *Schillers* aus
dem Jahre 1801, die Goethe «viel Freude» gemacht haben. – «*Schiller* erscheint
hier, wie immer, im absoluten Besitz seiner erhabenen Natur; er ist so groß
am Teetisch, wie er es im Staatsrat gewesen sein würde. Nichts geniert ihn,
nichts engt ihn ein, nichts zieht den Flug seiner Gedanken herab; was in ihm
von großen Ansichten lebt, geht immer frei heraus ohne Rücksicht und ohne
Bedenken. Das war ein *rechter Mensch,* und so sollte man auch sein! – Wir

andern dagegen fühlen uns immer bedingt; die *Personen,* die Gegenstände, die uns umgeben, haben auf uns ihren Einfluß... Wir sind die Sklaven der Gegenstände und erscheinen geringe oder bedeutend, je nachdem uns diese zusammenziehen oder zu freier Ausdehnung Raum geben.» (Eckermann, 11. 9.)]. Las die neusten Zeitungen und fand das russische Vordringen bis gegen Schumla, zugleich aber die Rückkehr des *Kaisers* und der *Diplomaten* nach Odessa. Merkwürdigster Zeitpunkt.» (Tgb)

Freitag, 29. August. «*John* beschäftigte sich mit ABSCHRIFT DER EINLEITUNG IN DAS BOTANISCHE STUDIUM [→ 24. 8.]. Ich beschäftigte mich mit RHUS COTINUS, dem AUFSATZ ÜBER DEN AUSDRUCK «ABERZAHN» [→ 28. 8.], recapitulirte die Zeitung. Bey Nordwest, Barometerstand 27" 6''', der wundersamste niegesehene Wolken- und Wetterzug. Hinter den gegenüberstehenden Bergen die Saale abwärts starkes Gewitter.» (Tgb)

Samstag, 30. August. Brief an *Hofrat Voigt:* Goethe übermittelt «einige *Büttnerische* Papiere so operos als wunderlich» mit der Bitte, «darüber wissenschaftlich aufgeklärt zu werden» [Anlaß hierfür ist Goethes DARSTELLUNG ÜBER DIE GESCHICHTE SEINES BOTANISCHEN STUDIUMS]. – «*John* fing an das geologische Thermometer abzuschreiben. [...] Fuhr fort die BOTANISCHEN TECTUREN ZU REINIGEN UND ZU COMPLETTIREN [Arbeit am AUFSATZ CISSUS, TEIL DER AUFSATZSAMMLUNG MONOGRAPHIE AUF MORPHOLOGIE GESTÜTZT → 26. 8.]. Las in Goethes Leben von *Heinrich Döring.* Beobachtete den sehr anschwellenden Fluß. Begab mich sodann in das mittlere Schloß und fuhr in allen Geschäften weiter fort. Gegen Mittag kamen *Ottilie, Ulrike [v. Pogwisch]* und *Wolf.* [...] *Ulrike* wird nächstens mit *ihrer Frau Mutter* nach Berlin und Stettin gehen. Von manchen gewissen und wahrscheinlichen Neuigkeiten in Weimar wurde gesprochen [...]. Wir speisten zusammen und sie fuhren Abends wieder fort. Ich verfolgte die BETRACHTUNGEN DES CISSUS, wovon *Baumann* Ranken gesendet hatte. Auch das RHUS COTINUS und es schien zu gelingen. [...] [An] *Prof. Riemer,* AUFSATZ ÜBER DEN ABERZAHN [→ 28. 8.] [...].» (Tgb)

Sonntag, 31. August. «Begab mich zeitig in den Schloßsaal, nahm zuerst die gestern begonnenen BOTANICA wieder vor. Betrachtete sorgfältig die Sendung von *Cornelius* [Lithographie von dessen Frescogemälde in der Münchner Glyptothek «Die Zerstörung von Troja»] und *Neureuther* [Randzeichnungen zu GOETHES BALLADEN und ROMANZEN und zwei Blätter aus den 1834 erscheinenden «Schnaderhüpfeln»]; einige angekommene Gedichte und sonstige Briefe. Gegen Mittag fing ich Antworten zu diktiren an [u. a. Beilage an *Kanzler v. Müller:* Goethe bittet, *Madame Szymanowska* für ihre «anmuthige Stickerey» zu danken. Die verlangte Feder will er ihr «erst zurecht schreiben». (Raabe 1, 550f.)]. *John* war mit der geologischen Thermometer-Tabelle fertig geworden. Das Wasser war die Nacht gewachsen, schien aber nunmehr stille zu stehn. Setzte sämmtliche Betrachtungen und Arbeiten des Morgens fort. Ging tiefer in die Sachen ein. Ward diktirt und mundirt [u. a. am AUFSATZ RHUS COTINUS, TEIL DER AUFSATZSAMMLUNG MONOGRAPHIE ...; → 30. 8.]. Immerfort dauernde Streifregen. Gegen Abend die vollständigsten Regenbogen. Im Osten Cumulus, durchaus mit Stratus unterbrochen, Barometerstand 27" 6'''.» (Tgb)

Vermutlich Ende August /Anfang September. MÖGT ZUR GRUFT IHN

SENKEN [Grabschrift für den am 28. 8. verstorbenen *Schauspieler Wolff;* → 26.
8.; Goethes Autorenschaft ist nicht gesichert (vgl. DKV I, 2, 1346)].

Anfang September. GEDICHT DORNBURG. SEPTEMBER 1828.

Montag, 1. September. Brief an *Kanzler v. Müller:* Goethe fühlt sich gegen-
wärtig «nicht im Stande», etwas über die *Dante*-Übersetzung des *Prinzen
Johann* [→ 7. 8.] zu sagen, zumal es etwas sein sollte, was sich «individuell auf
ihn bezöge». Er bittet den *Adressaten,* sein Zaudern zu entschuldigen. – Das
Denkmal für die *«schnell Geschiedene [Oberkammerherrin v. Egloffstein]»* hat
Goethe mit *Coudray* «nur sehr allgemein» besprochen [→ 20. 8.]. Um die
Inschrift formulieren zu können, erbittet er die Ausmaße der Tafel, auf der
diese stehen soll. – Außerdem möge man ihm nach der Mittwochsfeier [Trau-
erloge zu Ehren *Carl Augusts;* → 26. 8.] eine «treue Mitteilung» gönnen und
die gehaltenen «Reden in extenso» senden. «Möge Mittwoch Abends alles
gelingen; ich feyre die Stunden ganz im Stillen aufs herzlichste mit.» – Brief
an *Schwiegertochter Ottilie:* Goethe beauftragt die *Adressatin,* «der *Frau Großherzogin [Maria Paulowna]* zu sagen: wie sehr mich das durch *deine Frau Mutter
[v. Pogwisch]* bewiesene gnädigste Andenken erfreut und gerührt hat [«Ein
Glückwunsch höhern Werthes zu dem festlichen Tage (Goethes Geburtstag)
ist mir für Sie von *unsrer verehrten Großherzogin* aufgetragen worden... mit
dem Zusatze... daß diese *verehrte Frau* wahrlich immer mit der innigsten
Freude vernimmt wie der Aufenthalt an einem ihr lieb gewordenen Ort Ihnen
wohlthätig geworden.» (an Goethe, 26. 8.)] [...]. Nach so großem Verluste hab
ich mich immer glücklich zu nennen daß mir vergönnt war, von hier aus eine
Lebensepoche zu datiren und mich dabey des höchsten Wohlwollens versichert
zu halten. [...]. – Dein Memorandenbuch enthält schöne Sachen, nur meist
von der Nachtseite, und das will mir nicht zusagen.» – «[...] Sodann die ÜBER-
SETZUNG AUS DE CANDOLLE durchgesehen [→ 15. 8.] und *John* zur Abschrift
gegeben. Die Münchner Sendung nochmals beachtet. Fortgefahren im Obigen. [...] *Dr. [Karl Constantin] Kraukling [Herausgeber der «Dresdner Morgen-
zeitung»; geb.* 1792] von Dresden, mit einem Schreiben von *Eckermann.* Ich
sprach ihn um 4 Uhr. Er brachte verschiedenes Interessante mit; war auch ein
sinniger, wohldenkender, unterrichteter, den neusten literarischen Zuständen
wohl geeigneter Mann. Das Bisherige überdenkend. Das Angekommene
beschauend, anderes vorbereitend bracht' ich den Abend zu. [...].» (Tgb)

Dienstag, 2. September. «Das Mundum der ÜBERSETZUNG AUS DE CAN-
DOLLE abgeschlossen [→ 1. 9.]. Sonstiges mundirt und concipirt. [...] Ich fuhr
fort das merkwürdige Saugorgan an Bignonia radicans aufzusuchen und fand,
da eben verdorrte Zweige ausgeschnitten wurden, gar schöne Exemplare [→
25. 8.]. Bey leidlichem Wetter und Windstille auf der Terrasse. Brachte Ordnung in die Papiere, besah mir die Sendungen von Dresden. Las im Globe die
Geschichte der Kunst- und Naturgärten. Recht einsichtig durchgeführt und
am Ende meine alte immer genährte Ansicht ausgesprochen, daß von einer
bedeutender Architektur auch ein architektonischer Übergang zu einer Gar-
tenanlage bestehen müsse.» (Tgb)

Mittwoch, 3. September. Brief an *Polizeirat Grüner:* «[...] wenn die Jahreszeit herannaht, die ich sonst so vergnüglich und nützlich in Böhmen
zubrachte, fühl ich eine mächtige Sehnsucht dorthin [...].» Goethe dankt für

die [ihm zum Geburtstag gesandten 12] Medaillen [Eisenabdrücke der *Brandt-schen* Jubliäumsmedaille auf *Carl August* sowie der *Boryschen* Goethe-Medaille, die *Grüner* im Horžowitzer Eisenwerk hatte fertigen lassen], deren Guß «gut gerathen» ist. – Brief an den *Großherzog Georg von Mecklenburg-Strelitz:* «Es war gewiß der liebenswürdigste Originalgedanke, mich in so hohen Jahren durch einen altgewohnten Glockenton an die ersten Stunden kindlichen Bewußtwerdens zu erinnern, wo das in gar manche Schalen eingewickelte Leben unter wundersamen Ahnungen des Zukünftigen harrte [Der *Großherzog* hatte die Standuhr aus Goethes Vaterhaus gekauft, um sie Goethe zum 79. Geburtstag zu schenken.]. Zugleich aber verleihen jene Töne den höchst angenehmen Eindruck, daß *Euer Königliche Hoheit* sich auch jüngerer hoffnungsvoller Jahre dabey erfreuten [→ 17. 8. 15] [...]. – Fügt sich nun zu allem diesen hinzu, daß eine so bedeutende Gabe mich in den traurigsten Tagen aufsucht und bey dem tiefstempfundenen Verlust mir auf das klarste beurkundet, wieviel Wohlwollen für mich noch auf der Erde lebt und welch ein herrlicher Antheil daran mir noch immer vorbehalten bleibt, so steigert sich der Werth des Geschenks in's Unendliche [im Begleitbrief vom 18. 7. äußert der *Adressat,* daß es ihm fern läge, Goethe über den Tod *Carl Augusts* trösten zu wollen; «dass aber der stets rege Wunsch, Sie eine, wenn auch nur unbedeutende Blume auf Ihrem Wege finden zu lassen, jetzt inniger mein Herz erfüllt als je, das werden Sie eben so gut begreifen als freundlich beherzigen...»].» – «[...] Den AUFSATZ ÜBER BIGNONIA RADICANS REDIGIRT UND MUNDIRT [→ 2. 9.]. *Hendersons* Geschichte alter und neuer Weine weiter gelesen [→ 22. 8.]. *Herr Weiß,* angestellt an den Schulanstalten zu Merseburg, *Bruder des Berliner Mineralogen.* Gegen Abend der *russische Geschäftsträger in Weimar, [Wassili] Graf Santi, Gemahlin* und *Legationssekretär.* AUFSATZ ÜBER DIE BIGNONIA angefangen [wohl versehentlich für: beendet]. Eine Zeitlang auf den Terrassen.» (Tgb)

Donnerstag, 4. September. «Einige Antworten entworfen. Über verschiedenes nachgedacht, und mit Glück. DIE BOTANICA durchgesehen. Bedeutende Stellen in *De Candolles* Théorie élémentaire de la Botanique gefunden. *Eine landstreichende Künstlerin,* ungeschickter Weise an mich adressirt, von Schnepfenthal her, mit einem Viaticum kurz abgefertigt. Kam *Dr. Weller* und ein *Studiosus [Ernst] Schuchardt* [geb. 1809; später Justizrat in Gotha] aus Jena. Brachten Briefe und Packete, welche durchgesehen [...] wurden. Speiste mit *benannten beiden Personen.* Beschäftigte mich nach Tische mit dem Eingegangenen. Traf gegen Abend auf *Dr. Stichling* und *Familie.* Fuhr fort das Eingesendete und anderes zu überlegen [...].» (Tgb)

Freitag, 5. September. «Früh um 5 Uhr *Bote* von *Herrn Kanzler v. Müller.* Überbringend die Reden und Gedichte bezüglich auf den Abend des 3. Septembers [→ 1. 9.] [...]. Einen Theil jener Schriften gelesen. Aufgeräumt, alsdann in das Schlößchen. Starker Nebel schwankend zwischen Niedergehen und Aufsteigen, sich gegen ersteres hinneigend. Der ober Himmel mit Cirrus besäet, die untere Atmosphäre besonders gegen Osten mit Cumulus besetzt, welche nach und nach ihren Character verloren und in Regen drohende Wolken übergingen. Barometer 27" 7 ¹/₂'''; Nordwind, der die Atmosphäre nicht aufzuklären vermochte. [...] einiges im *Gregorius Turonensis* [*Gregorius Floren-*

*tius, genannt Gregor von Tours, 573 Bischof von Tours, fränkischer Geschichtsschrei-
ber; gest. 594*, «Historiae Francorum», 1561] gelesen. Nach 1 Uhr kam *Gräfin
Line Egloffstein* und *Kanzler v. Müller.* Gingen spazieren und speisten zusammen. Gegen 5 Uhr fuhren sie fort. Vorbereitende Beschäftigung.» (Tgb)
Samstag, 6. September. «Beachtete eine Sendung von *[F. A.] Ritgen* und
las dessen ‹Aufeinanderfolge des ersten Auftretens der verschiedenen organischen Gestalten›.» (Tgb) – Brief an *Hofrat Meyer:* «Ich denke mich zu beeilen,
daß ich noch alles [die Ausstellung der Zeichenschule] beysammen finde [→
26. 8.], denn ich sehe nunmehr meinen Zweck am hiesigen Ort gar löblich
erfüllt. [...] ich wünsche mir nichts mehr als gute Tage in der Nähe der *Verehrten* und *Geliebten;* denn ich läugne nicht daß ich mich hier gewissermaßen
abgemüdet habe, um die einsamen langen Stunden mit Interesse hinzubrin-
gen.» – [Im Konzept:] «Ich habe diese achtwöchentliche Einsamkeit fast über-
mäßig benutzt und mich beinahe müde gearbeitet, doch ist der Zweck
erreicht, die ersten traurigen Tage sind vorüber und ich wüßte nicht wo sie
hingekommen wären, wenn nicht eine MASSE PAPIER da läge [...].» (WA IV,
44, 482) – Brief an *Zelter:* Goethe will auf des *Adressaten* Bitte [im Brief vom
30. 8.] hin einen Versuch zur Erklärung der Witterungserscheinungen wagen.
– «[...] ich nehme zwey Atmosphären an, eine untere und eine obere; die
untere erstreckt sich nicht sonderlich hoch, gehört eigentlich der Erde zu und
hat eine heftige Tendenz sich und was sie enthält von Westen nach Osten zu
tragen; mag sie vielleicht selbst der täglichen Bewegung der Erde gehorchen.
Die Eigenschaft dieser Atmosphäre ist Wasser zu erzeugen, und zwar vorzüglich bey niederem Barometerstand; die Nebel, die sich aus Teichen, Bächen,
Flüssen und Seen erheben, steigen alsdann in die Höhe, versammeln sich zu
Wolken, gehen bey noch mehr fallendem Barometer als Regen nieder, und auf
dem tiefsten Puncte desselben erzeugen sich wüthende Stürme. – Das Steigen
des Barometers jedoch bewirkt sogleich ein Gegengewicht; der Wind bläst
von Osten, die Wolken fangen an sich zu theilen, [...] dergestalt daß, wenn
bey uns der Barometer auf 28" steht, kein Wölkchen mehr am Himmel seyn
darf [...]. – Dieses [...] ist das reine, bey einem nicht bestimmbaren Wechsel
ewig gleiche Gesetz. – [...] so spreche zuletzt den Hauptpunct aus: daß ich
jene Elasticität, Schwere, Druck, wie man es nennen will, wodurch sich eine
sonst unmerkliche Eigenschaft der Atmosphäre merklich macht, der vermehr-
ten oder verminderten Anziehungskraft der Erde zuschreibe. Vermehrt sie
sich, so wird sie Herr über das Feuchte; vermindert sie sich, so nimmt die
Masse des Feuchten überhand, und wir sehen jene Wirkungen erfolgen. Da
aber seit einigen Jahren die Wasserbildung in der untern Atmosphäre überhand nimmt, so vermag auch sogar ein hoher Barometerstand sie kaum zu
gewältigen; denn selbst mit 28" wird der Himmel nicht vollkommen rein.» –
«[...] Wendete meine Aufmerksamkeit auf *De Candolle,* Théorie élémentaire
de la Botanique und auf die Annäherung des *Autors* an die LEHRE VON DER
METAMORPHOSE [→ 4. 9.].» (Tgb)
Sonntag, 7. September. «Fuhr fort in gedachtem Werke zu lesen. Starker
Nebel; als er sich vertheilte, ging ich auf die Terrasse.» (Tgb) – Brief an *Leibmedikus Vogel:* «Die Zeugnisse von Wohlwollen und Neigung, wenn sie aus
der Ferne in die Einsamkeit zu uns unvermuthet gelangen, machen einen

doppelten, dreyfachen Eindruck [...]. – Und so läßt sich denn auch manchmal im Körperlichen ein wenn schon kleiner Anstoß merken, wobey uns die Nähe des *vertrauten Arztes* beruhigend und tröstlich seyn müßte.» – Brief an *Sohn August:* Goethe wünscht, daß der Wagen geschickt werde, damit er, «bey eintretendem schönen Wetter, weder an einiger Spazierfahrt noch vielleicht am Scheiden gehindert sey». – «[...] Kam *Dr. Weller.* Wurden mit demselben mancherley Angelegenheiten durchgesprochen. Wir gingen nach zerstreutem Nebel auf der Terrasse spazieren, aßen zusammen. Um 4 Uhr fuhr ich mit *Dr. Stichling* ins Thal hinab, über Dorndorf erst den Weg nach Golmsdorf; gingen dann auf die Höhe durch Äcker und Weinberge bis an das Thal, wo man Jena sieht. Der *Adjunkt* von Dorndorf *[Klopfleisch, Studiengenosse* und *Freund Stichlings],* ein gar *hübscher Geistlicher,* ging *mit uns.* Die Unterhaltung war über die neuen Vorschläge zu Verbesserung des Weinbaues [→ 10.8.] und die zweydeutige Aussicht auf die diesjährige Lese, wir verfügten uns alsdenn wieder herunter, der *Geistliche* zeigte uns den Anfang einer sehr reinlichen Bienenanstalt. Vermeldete auch einiges über die neusten Ansichten und Hypothesen [«Goethe frug: ‹Stechen die Bienen?› – ‹Nein, sie sind an Menschen gewöhnt.› Nun treten alle drei ins Bienenhaus, und eine Bienenwohnung wurde geöffnet. Die weise Einrichtung des Staates, die schaffende Bewegung der unzähligen kleinen Geschöpfe versetzte Goethe in freudige Bewunderung. Eine Biene... fliegt plötzlich mit heller Stimme heraus, und *Freund Klopfleisch* ruft: ‹Exzellenz, für die stehe ich nicht ein.› Da sehe ich, wie Goethe eilig herauskam, mit jugendlicher Behendigkeit über zwei Beete sprang und glücklich auch dieser Gefahr entging.» (*Bertha Weber, verw. Stichling:* Erinnerungen 1882/87; 6226)].» (Tgb)

Montag, 8. September. «Anstalten zur Abreise. Ordnung und Übersicht in allen Dingen.» (Tgb) – Brief an *Frommann d.J.:* «Ich wünschte nämlich daß der Name *Carl August* wie bisher im Kalender mit rother Farbe bezeichnet würde. Diese einzige Art wie wir *Protestanten einen Mann* canonisiren können, sollten wir nicht außer Acht lassen. Inwiefern dieß thulich und wie es einzuleiten daß auch die übrigen Kalender des Landes sich conformirten, habe gänzlich Dero Überlegung zu überlassen.» – «[...] Ästhetische Betrachtungen über die Blumen im Gegensatz von dem Wissenschaftlichen [Schema Ästhetische Pflanzen Ansicht; postum erschienen]. Speiste für mich. Blieb überhaupt allein. [...] Abends auf der Terrasse. Hoher Barometerstand, schöner Tag. Der *Kutscher [König]* war angekommen und hatte manches aus Weimar mitgebracht. Briefe und Zeitungen sah ich durch, ließ anderes unausgepackt, um mich nicht wieder aufs neue einzulassen. Zeitig zu Bette.» (Tgb)

Dienstag, 9. September. «Bey früher Morgendämmerung stand die Venus im größten Glanze hoch am Himmel. Die Gegend war vom Nebel ganz rein. Bey Sonnenaufgang hob sich der Nebel durchaus im Thale. Stieg aber nicht so hoch die gegenüberstehenden Berge zu bedecken. Sank nach und nach und zerstreute sich. Wurde alles eingepackt [...].» (Tgb) – Brief an *Sohn August:* «Es hat sich in diesen Wochen soviel um mich versammelt daß es mir wie dem *Zauberlehrling* alle Gedanken wegnimmt [...]. [Ich] wünsche daß alles [Gepäck] beysammen bleibe bis ich komme, und daß es in's *Deckenzimmer* niedergelegt werde, ja nicht in mein Vorzimmer, damit der Wust mich nicht gleich bey meiner Rückkehr belästige.» Der Wagen könnte morgen zurückkommen, «da ich mich denn selbst wieder auf den Rückweg begeben würde. – Ich [...] muß einen Abschnitt machen; blieb ich länger hier, so käm ich in Gefahr, etwas Neues anzufangen, und da würde es gar kein Ende. – [...] vorzüglich aber treibt es mich, *unserer Frau Großherzogin [-Mutter Luise]* aufzuwarten und *Herrn Soret* und den *Prinzen [Karl Alexander]* zu guter Stunde in Belvedere zu besuchen. Der hiesige Aufenthalt hat meinen Wünschen und Hoffnungen genügt, ich finde mich in meiner Art ganz leidlich [...]. – *Herr v. Cotta* hat [...] einen wiederanknüpfenden Brief [gesendet (→ 29. 4.) und] [...] ich habe ihm, nach genugsamer Überlegung natürlich, wohlwollend und sittlich-diplomatisch geantwortet.» – «[...] Fuhr mit *Dr. Stichling* den Weg nach Camburg, wo sich anmuthige Aussichten vorwärts und rückwärts zeigten. Der Himmel hatte sich völlig überwölkt.» (Tgb)

Mittwoch, 3. / Dienstag, 9. September. Brief an *Verlagskunsthändler Ernst Arnold:* Goethe dankt für das übersendete Blatt [«Philosophie» nach *Christian Leberecht Vogel* gestochen von *Ferdinand Anton Krüger*]. – «Was die Zuschrift anbelangt, so würde ich sie mir eher haben zueignen können, wenn zu lesen wäre: *Dem bejahrten treufleißigen Schüler der Natur und Kunst.* Denn da die *sämtliche Menschheit* eigentlich nur als ein großer Lehrling zu betrachen ist, so möchte wohl niemand sich einer besonderen Meisterschaft rühmen dürfen.»

Mittwoch, 10. September. «Versuchte mich immer mehr abzulösen. Überdachte verschiedenes, auf die BEVORSTEHENDEN ARBEITEN Bezügliches. Ging auf den Terrassen spazieren. Der *Kutscher [König]* war zurückgekommen. Brachte einen Brief von *Herrn Soret.* Das Weitere wurde eingepackt. Die NÄCHSTEN AGENDA verzeichnet, und somit der Aufenthalt rein abgeschlossen. Abends bey *Dr. Stichling,* wo er und der *Kantor [Friedrich Wilhelm Immanuel Kalbitz]* auf dem Flügel sich gar löblich hören ließen [Sie spielen *Beethovens* «Heroica». (vgl. *Bertha Weber:* Erinnerungen; GG 6226)].» (Tgb)

Dienstag, 9. September, oder etwas früher / Mittwoch, 10. September. Brief an *Cotta:* «Ew: Hochwohlgeboren gefälliges Schreiben [vom 28. 8.] erreicht mich in dem Augenblick da ein unersetzlicher Verlust [der Tod *Carl Augusts*] mich anmahnt umherzuschauen und zu beachten was nun schätzenswerthes für mich auf dieser Erde übrig geblieben. Da tritt denn ohne Weiteres das Verhältniß zu Ew: Hochwohlgeboren bedeutend hervor und ich habe mir Glück zu wünschen, daß ich ein GESCHÄFT, WORAN MEIN UND DER MEINIGEN WOHLSTAND GEKNÜPFT IST [die ALH] den Händen eines *Mannes* anvertraut sehe, der mit entschiedenster Thätigkeit die edelsten Zwecke verfolgt und, sowohl durch Klugheit als Redlichkeit, sich allgemeines Ansehen und Zutrauen erworben hat [→ 9. 9. – *Cotta* hatte Goethes Geburtstag zum Anlaß genommen, den Briefwechsel wieder anzuknüpfen und den «herzlichsten, eifrigsten Wunsch für die Erhaltung» von Goethes teurem Leben auszusprechen. – «Je mehr es mich drückt, daß ich auf zwei meiner Schreiben (vom 11. 2. und die Absatzabrechnung der TASCHENAUSGABE vom Juli) keine Antwort erhielt, desto mehr fühlt ich mich gedrängt, an diesem feierlichen Tag meine Gesinnungen gegen Sie und meine Schmerzen über Ihr langes Stillschweigen auszusprechen... – Ich hoffte auf gleich herzliche Erwidrung...»]. – Hiernach muß daher mein eifrigster Wunsch bleiben die wechselseitigen Bezüge klar und rein erhalten zu wissen [...].»

Vor Donnerstag, 11. September. GEDICHT SCHMERZLICH TRAT ICH HEREIN, GETROST ENTFERN ICH MICH WIEDER; / GÖNNE DEM HERREN DER BURG ALLES ERFREULICHE GOTT [→ 15. / 18. 7.].

Montag, 7. Juli / Donnerstag, 11. September. «In der Regel verließ Goethe um 6 Uhr das Bett und genoß sofort Kaffee. Schon um 7 Uhr beschied er seinen *Sekretär [John]* zu sich und diktierte diesem bis um 8, auch halb 9 Uhr. Darauf ging er auf den Terrassen oder im Garten bis halb 10 Uhr spazieren, nahm nun das Frühstück ein und diktierte darauf von neuem oder begab sich wieder in den Garten, wenn er nicht schon zeitig durch *Fremdenbesuch* behindert wurde. Um 11 Uhr stellte sich dann in der Regel jeden Tag *Besuch* ein, welcher bei ihm speiste. Die Tafel begann gewöhnlich um halb 2 Uhr und dauerte bis 4 Uhr. Dann reisten die *Fremden* sofort ab, und Goethe begab sich wieder in den Garten, blieb dort bis halb 6 Uhr, aß darauf stets eine Franzsemmel und trank – die acht Tage ausgenommen, an welchen er den Dorndorfer Rotwein genoß – ein Viertel Moselwein. Von da blieb er auf seinem Zimmer oder ging bei schöner Witterung wiederholt einige Male im Garten auf und ab. Sitzend habe ich ihn dort nie angetroffen. Abends beschäftigte er sich mit dem Lesen eingegangener oder mit dem Unterschreiben von ihm diktierter Briefe. An Zeitungslektüre schien er wenig Gefallen zu finden. Um 9 Uhr oder halb 10 Uhr ging er zu Bett. Da mir *[Schloßvogt Sckell]* gestattet war, zu jeder Zeit sein Zimmer zu betreten, ohne angemeldet zu sein, so ist mir vergönnt gewesen, ihn auch hier beobachten zu können. Er legte sich auf den Rücken, die Hände außerhalb der Bettdecke auf der Brust wie zum Gebete gefaltet, den Blick nach oben gerichtet. Früh waren die Hände noch in ihrer ursprünglichen Situation, sein erster Blick war nach oben gerichtet. Sein Schlaf mußte tief und süß sein, denn das Lager zeigte keinen Spuren von Unruhe. – Er lebte sehr mäßig und nach einer bestimmt vorgezeichneten Ordnung; daher kam es wohl auch, daß er sich während seines Aufenthaltes in Dornburg nie unwohl fühlte. Im Genusse des Weins war er sehr mäßig, denn bei der Mittagstafel wurden, außer einem guten Tischwein, selbst bei acht bis vierzehn Gästen höchsten zwei Flaschen Champagner getrunken. Vorzugsweise liebte er unter den Speisen Kompotts aus Birnen, Kirschen und Himbeeren. Außer dem von ihm selbst bereiteten Salate aus Artischoken, die er nebst feinem Provenceröl aus Frankfurt am Main hatte kommen lassen, genoß er keine Salate; auch Milchspeisen waren nicht nach seinem Geschmack.» (*K. A. Ch. Sckell:* Goethe in Dornburg, GG 6225)

Donnerstag, 11. September. «Alles zur Abreise weiter vorbereitet. Abgefahren [von Dornburg] um halb 10 Uhr. In Kötschau gefrühstückt. Gegen 2 Uhr in Weimar [«Goethe... war rüstig und ganz braun von der Sonne. Wir setzten uns bald zu Tisch, und zwar in dem Zimmer, das unmittelbar an den Garten stößt und dessen Türen offen standen. Er erzählte von mancherlei gehabten Besuchen und erhaltenen Geschenken und schien sich überall in zwischengestreuten leichten Scherzen zu gefallen. Blickte man aber tiefer, so konnte man eine gewisse Befangenheit nicht verkennen... – Wir waren noch bei den ersten Gerichten, als eine Sendung der *Großherzogin-Mutter [Luise]* kam, die ihre Freude über Goethes Zurückkunft zu erkennen gab, mit der Meldung, daß sie nächsten Dienstag das Vergnügen haben werde, ihn zu besuchen. − ...jetzt stand das persönliche Wiedersehen bevor, das ohne einige schmerzliche Regungen von beiden Seiten nicht wohl abgehen konnte...» (Eckermann)]. Fand *Heinrich Nicolovius* von Schleusingen, welcher nach Tische zurückritt. Unterhielt mich mit *Eckermann*. Nachher mit *Hofrat Vogel*. Fing an auszupacken. Von dem Angekommenen weitere Kenntniß zu nehmen. Abends mit *Ottilien*. Manches Häusliche und Öffentliche besprochen.» (Tgb)

Sonntag, 7. / Donnestag, 11. September. Fortsetzung des Briefes an *Zelter* [→ 6. 9.]: Goethe notiert täglich den Barometerstand und die beobachteten Witterungserscheinungen.

Freitag, 12. September. «Ausgepackt, geordnet. Bey *Frau Großherzogin Mutter* [*Luise;* → 9. 9.]. Mittag *Eckermann*. Nach Tische *[Landesdirektionsrat] Töpfer*, sodann *Riemer* und *Coudray*. Letzterer blieb, und wurden die kurz abgethanen und nächsten Geschäfte besprochen [«... über *(Schauspieler) Wolffs* Krankheit, Tod (am 28. 8. in Weimar) und Begräbnis, auch sein Monument gesprochen, wozu er (Goethe) behilflich sein will (→ vermutlich Ende August/Anfang September). (Riemer; GG 6226)]. Besah *meines Sohnes* neue Einrichtung. Besprach verschiedene Verhältnisse.» (Tgb)

Samstag, 13. September. «*Sekretär Kräuter*, einiges bringend [...]. Wieder-Angriff der WANDERJAHRE [→ 19. 4. − «Die FÜNFTE LIEFERUNG SEINER (Goethes) WERKE, welche auch die WANDERJAHRE enthalten soll, muß auf Weihnachten zum Druck abgeliefert werden. Diesen früher (1821) IN EINEM BANDE erschienenen ROMAN hat Goethe gänzlich umzuarbeiten angefangen, und das ALTE MIT SO VIEL NEUEM verschmolzen, daß es als EIN WERK IN DREI BÄNDEN in der NEUEN AUSGABE hervorgehen soll. Hieran ist nun zwar bereits viel getan, aber noch sehr viel zu tun. Das MANUSKRIPT hat überall weiße Papierlücken, die noch ausgefüllt sein wollen. Hier fehlt etwas in der Exposition, hier ist ein geschickter Übergang zu finden, damit dem *Leser* weniger fühlbar werde, daß es ein kollektives Werk sei; hier sind FRAGMENTE von großer Bedeutung, denen der Anfang, andere, denen das Ende mangelt: und so ist an ALLEN DREI BÄNDEN noch sehr viel nachzuhelfen... − Goethe teilte mir vergangenes Frühjahr das MANUSKRIPT zur Durchsicht mit; wir verhandelten damals sehr viel über diesen wichtigen Gegenstand mündlich und schriftlich; ich riet ihm, den ganzen Sommer der VOLLENDUNG DIESES WERKES zu widmen und alle anderen Arbeiten so lange zur Seite zu lassen, er war gleichfalls von dieser Notwendigkeit überzeugt und hatte den festen Entschluß, so zu tun. Dann aber starb der *Großherzog;* in Goethes ganze Existenz war dadurch eine ungeheure Lücke gerissen, an eine so viele Heiterkeit und ruhigen Sinn verlangende KOMPOSITION war nicht mehr zu denken, und er hatte nur zu sehen, wie er sich persönlich oben halten und wiederherstellen wollte.» (Eckermann, 11. 9.)]. Nach Belvedere *Hofrat Meyern* zu besuchen. Bey der Rückkehr mit Einräumen und Einrichten fortgefahren. In der Ausstellung [der Zeichenschule] und dem Museum. Zu Tische die *Herrn Coudray, [Leibmedikus] Vogel, Riemer* und *Eckermann*. Mit *Coudray* ins Atelier die Logen-Decoration [vom 3. 9.; → 5. 9.] zu sehen. Mit *Prof. Riemer* einiges ver-

handelt. Er las Leoninische Verse [Übersetzung des TISCHLIEDES], die er zum
Versuch gemacht hatte. Abends für mich. Las *[P. L. M.] Maupertuis,* Vénus
physique [1745] und *[J. O.] De Lamettrie,* L' Homme-Plante [1748]. Besuch
von *Herrn Staatsminister v. Fritsch.*» (Tgb)

Sonntag, 14. September. «Obige Lectüre abgeschlossen. Die WANDER-
JAHRE vorgenommen. Die noch allenfalls nöthige Relation überdacht. Man-
ches zum Geschäft Gehörige untersucht und besorgt. Um 12 Uhr *Hofrat
Meyer.* Die großen Friese aus dem Museum herbeygeholt und betrachtet.
Hiezu Mittag *Dr. Eckermann.* Nach Tische die Münchner Sendung besehen.
Abends für mich. St. Valentine's Day [→ 18. 8.].» (Tgb)

Montag, 15. September. «Die Dornburger Rechnung abgeschlossen. *Mein
Sohn* fuhr in herrschaftlichen Bauangelegenheiten dorthin. Die WANDER-
JAHRE vorgenommen. Anderes geordnet. Das Barometer über 27" 8'''. Mor-
genwind, welcher aber Regenwolken herantreibt, die den ganzen Himmel
verdüstern; andauernder Regen. Mittag *Hofrat Meyer* und *Dr. Eckermann.*
Ersterer besah das Dresdner Kupfer, die Philosophie [→ 3./9. 9.]. Nach Tische
Herr Hofrat Soret von Allstedt zurückkehrend. *Gräfin Julie v. Egloffstein.*
Abends für mich. Las St. Valentinstag weiter [→ 14. 9.].» (Tgb)

Dienstag, 16. September. «St. Valentinstag zu Ende [gelesen]. *Revisor
Geist,* einige monstrose Maiskolben bringend. Halb 11 Uhr [...] die *Frau
Großherzogin Mutter [Luise.* – «Kurz nachher traf ihn (Goethe) *Ottilie* im Lehnstuhl sitzend, während er immer vor sich hin murmelte: ‹Welch eine *Frau,*
welch eine *Frau!*› Zu *Julie Egloffstein* sagte die *Großherzogin-Mutter:* ‹Goethe
und ich verstehen uns nun vollkommen, nur daß er noch den Mut hat zu leben
und ich nicht.»› (*Jenny v. Pappenheim:* Erinnerungen; GG 6230)]. Um 1 Uhr
Frau v. Wolzogen. Um 2 Uhr *Dr. Eckermann,* welcher *mit uns* speiste. Kamen
von München einige Blätter der [Zeitschrift?] *Aurora. Oberbaudirektor Coudray* wegen dem *Egloffsteinischen* Monument [→ 1. 9.]. *Prof. Riemer.* Seine
Übersetzung des TISCHLIEDES [→ 13. 9.]. Alsdann einiges Botanische. Fing an
den Waverley [von *W. Scott,* 1814] zu lesen.» (Tgb)

Mittwoch, 17. September. «Barometer 28". Der Himmel meist bedeckt,
obgleich Cirrusartig. Waverley fortgesetzt. Um 12 Uhr nach [Schloß] Belvedere gefahren. Den *Erbprinzen [Karl Alexander]* nicht angetroffen. Mittag *Dr.
Eckermann.* Über die Verdienste *verschiedener Romanschreiber.* Setzte die Lectüre des Waverley fort. *Eckermann* kam von Belvedere zurück, wo er wegen
der Übersetzung [der METAMORPHOSE DER PFLANZEN; → 21. 8.] mit *Herrn
Soret* conferirt hatte. Es ergab sich daher ein Gespräch über Naturwissenschaften und Verwandtes.» (Tgb)

Donnerstag, 18. September. «Im Waverley weiter gelesen. EINIGES AM
HAUPTGESCHÄFT ARRANGIRT [«Die von September 1828 bis Februar 1829 in
Goethes TAGEBUCH notierten Bemerkungen über die Arbeit am HAUPTGE-
SCHÄFT, HAUPTWERK, HAUPTZWECK und an der HAUPTARBEIT beziehen
sich... auf WILHELM MEISTERS WANDERJAHRE, die wegen der drängenden
Ablieferungstermine an den Verlag im Winterhalbjahr 1828/29 zu Goethes
HAUPTGESCHÄFT avancierten...» (Hagen, zu 1319)]. In den untern Garten
gefahren. Einige Zeit dort verweilt. Dann ums Webicht. Mittag *Dr. Ecker-
mann.* Nach Tische mit *meinem Sohn* zu den Fossilien. Sodann zu *Wölfchen,*

dessen Geburtstagsgeschenke zu besehen. *Frau Generalin v. Seebach.* An *Waverley* weiter gelesen.» (Tgb)

Freitag, 19. September. «Ingleichen das GESCHÄFT weiter geführt. Im untern Garten eine Zeitlang. Botanische Betrachtungen. Nach Tische *Frau v. Münchhausen* und *Gräfin v.* [...] *[Roeder,]* geborne *Gräfin Chazot.* Blieben zum Thee bey *Ottilien.*» (Tgb)

Samstag, 20. September. «*Waverley* geendigt [→ 18. 9.]. Ein Frühstück für die *Damen* auf der Bibliothek arrangirt. Brief von *Herrn Kanzler v. Müller* von Pempelfort. *Prof. [Jacques Frédéric] Rauter [Jurist;* geb. 1784] von Straßburg. [...] Anmeldung des *Erbgroßherzogs [Karl Alexander]* und *Herrn Sorets.* Mittag die *Herren Peucer, Rauter* von Straßburg, *Coudray, [Leibmedikus] Vogel, Riemer* und *Eckermann. Riemer* blieb des Abends.» (Tgb)

Sonntag, 21. Sepember. «Ging in den untern Garten. Spazierte im Park. Diktirte verschiedenes an *[Diener] Friedrich.* [...] Kam *Dr. Weller.* Ging mit ihm herauf zu Tische. Begegnete *Herrn Kammerdirektor v. Fritsch,* der mich mit den Karlsbader Ereignissen und Abenteuern umständlich bekannt machte. Nach Tische mit *Dr. Weller* in die Ausstellung [der Zeichenschule; → 6. 9.]. Abends *Wölfchen.*» (Tgb)

Montag, 22. September. Brief an *Kanzler v. Müller:* Goethe berichtet, «daß ein gar lieber Brief von *Stieler* mir die willkommene Nachricht gibt, wie *Ihro Majestät der König [Ludwig I. von Bayern]* am 28. August meinem Bilde in seiner Werkstatt einen Besuch gemacht und ihm die freundlichsten und ehrenvollsten an mich auszurichtenden Aufträge zu ertheilen die Gnade gehabt [Der *König* läßt mitteilen, «wie hoch (er Goethe)... ehre». (*Stieler* an Goethe, 30. 8.)]». – «[...] Kam ein Lehrbuch der Mineralogie von *[K. F.] Nau- mann.* Ingleichen ein *junger Herr [Abraham Eugen Wolfgang] v. Herder [Enkel Herders;* geb. 1813] von Freiberg. Speiste im untern Garten. [...].» (Tgb)

Dienstag, 23. September. Brief an *Eugen Napoleon Neureuther [Maler, Zeichner, Radierer, Schüler von Cornelius;* geb. 1806]: Goethe dankt ihm für die übersendeten Zeichnungen [→ 31. 8.]. «Sie haben dem lyrisch-epischen Charakter der Ballade einen glücklich-bildlichen Ausdruck zu finden gewußt, der wie eine Art von Melodie JEDES EINZELNE GEDICHT auf die wundersamste Weise begleitet und durch eine ideelle Wirklichkeit der Ein- bildungskraft neue Richtungen eröffnet. – [...] vervielfältigen Sie eben so geistreich und zart Ihre Zeichnungen im Steindruck [um diese Erlaubnis hatte der *Künstler* Goethe in einem undatierten Brief gebeten] [...].» – «Kamen [*Hofbildhauer Rauch* und *Tochter Agnes*] [...]. Vielfache Unterhal- tung über Kunst und Kunstwerke. Berliner Verhältnisse, so wie über die dor- tigen fortschreitenden Arbeiten. Mittag *Hofrat Meyer* und *Prof. Riemer.* Nach Tische modellirte *Herr Rauch* [an der Statuette «Goethe im Hausrock» (Schulte-Strathaus, 155)] und wurde vieles besprochen. Abends Thee. *Graf Santi, Gemahlin* und *deren Schwester, Coudray, [Landesdirektionsrat] Töpfer.* Angenehme Unterhaltung.» (Tgb)

Mittwoch, 24. September. «Den Morgen meist mit *Herrn Prof. Rauch* zuge- bracht, welcher am Standbild modellirte und mancherley von den Berliner Kunstleistungen erzählend mittheilte. Mittag *Oberbaudirektor Coudray, Hofrat Meyer* und *Prof Riemer.* Abends *große Theegesellschaft* [«... war das ganze Zimmer voll schwarzer *Damen* und *Herren. Eine Menge Engländer.* Die *Schopenhauer* und *Adele,* die *Mamsell Seidler, Rauch.*» *(Riemer;* G G 6234)].» (Tgb)

Donnerstag, 25. September. «*Herr Rauch* fuhr fort zu modelliren. Besprach sich wegen des Formens mit *Hofbildhauer Kaufmann* [diesem wird das Formen übertragen]. Er frühstückte *mit uns.* Reiste gegen Mittag ab. Ich verfügte mich bey schönem Wetter in den untern Garten. Überlegte verschiedenes was zunächst anzugreifen. Speiste für mich. Begegnete Abends heraufgehend *Herrn Minister v. Fritsch,* welcher mich bis in meinen Garten begleitete und daselbst kurze Zeit verweilte. Abends *kleiner Thee* [«. . . das Modell *(Rauchs* zur Goethe-Statuette) . . . war trefflich im Habitus, ganz der alte Herr im Überrock, wie er geht und steht; von hinten, vorn und nach allen Seiten.» *(Riemer;* G G 6235)].» (Tgb)

Freitag, 26. September. Brief an *Cornelius:* «Hier [im Thema der Zerstörung Trojas; → 31. 8.] ist ja der Complex, die tragische Erfüllung eines ungeheuern feindseligen Bestrebens. – Jedermann wird bekennen, daß Sie sich in jene großen Welt- und Menschenereignisse hineingedacht, daß Sie deren wichtigen symbolischen Gehalt im Einzelnen wohl gefühlt, sich in Erfindung des Darzustellenden glücklich, in Zusammenbildung des Ganzen meisterhaft erwiesen.» – Goethe erbittet sich einen «leicht angetuscht[en] und flüchtig gefärbt[en]» Abdruck der Lithographie. – Bei einem Besuch des *Adressaten* wäre «freylich manches höchst Interessante zu besprechen [«Ich fühle die Nothwendigkeit zu tief, Sie zu sehen und zu hören, ehe ich daran denken darf, meine Arbeit zum FAUST fortzusetzen, welche ich nie aufgegeben habe, und jetzt nicht aufgeben *will,* da ich sehe, dass noch Keiner es besser gemacht hat (→ 25. 5. / 6. 7.) . . .» (an Goethe, 20. 8.)]. – «Mannigfaltiges angegriffen, um nur einigermaßen in den Gang zu kommen. *Herr Geh. Hofrat Helbig* brachte einen Blechkasten aus der Verlassenschaft *Serenissimi [Carl Augusts],* wegen fernerer Bestimmung. Sie wurde durchgesprochen, und ich behielt sie im Verschluß. Um 11 Uhr in den untern Garten. MANCHES DIKTIRT, IM BEZUG AUF DIE HAUPTARBEIT [→ 19. 9.]. Für mich gegessen. Nach Tische *Herr Hofrat Soret.* Einiges bezüglich auf UNSERE BOTANISCHEN ARBEITEN [→ 17. 9.]. Anderes auf die Erziehung des *Erbgroßherzogs [Karl Alexander].* Wir gingen zusammen nach Hause, wo er abgerufen ward. Abends Thee bey mir, *mehrere Damen,* auch *Dr. [E.] Prosch [Sekretär der Erbgroßherzogin von Mecklenburg],* der sich als einen *Kunstfreund* angekündigt hatte. *Prof. Riemer. Fräulein Adele [Schopenhauer]* erzählte von ihrer Reise und Sommerstudien. Hatte Mineralien mitgebracht [. . .].» (Tgb)

Samstag, 27. September. «Vielerley beseitigt. Verhandlung mit *meinem Sohne* wegen der Michaelsrechnung. Beytrag für den *Albrecht-Dürer-Verein* an *Demoiselle Seidler.* Die *Zahnischen* Hefte an *Schuchardt.* Die meinigen . reponirt. Die Mineralien aus dem hintern Zimmer zur Vertheilung ins vordere gebracht. Anmeldung des *Herrn* und *Frau v. Cotta [Cottas zweite Frau Elisabeth, geborene v. Gemmingen-Guttenberg].* Einladung desselben auf den Mittag [→ 9. / 10. 9]. Kamen gegen 2 Uhr. Dazu *Coudray, Riemer* und *Eckermann.* Ward viel von der Berliner Feyerlichkeit und den dortigen Zusammenkünften [der *Naturforscher*] erzählt. Zeigte die Zeichnungen von *Neureuther* vor [→ 23. 9.]. Gegen 4 Uhr gingen sie weg und reisten ab. Abends

zum Thee *Gräfin Julie [v. Egloffstein]* und *Fräulein [Jenny] v. Pappenheim.*»
(Tgb)

Sonntag, 28. September. «Ordnete und überdachte die von *Geh. Hofrat Helbig* überbrachten Ringe und dergleichen. Sendung von *[F. J.] de Wit* [«Ueber das Wesen und Unwesen des Deutschen Theaters. Nebst Agonien der Hamburger Bühne...», 1827], welche zu lesen anfing. [...] Gegen das HAUPTGESCHÄFT gewendet. Mittag *Familie.* Nach Tische mit *meinem Sohn,* Personalia, Specialia. Abends *Oberbaudirektor Coudray.* Über die verschiedenen Bemühungen und la Géométrie descriptive [vermutlich das gleichlautende Werk von *G. Monge,* 1798, in der deutschen Übersetzung von *G. Schreiber* 1828 erschienen]. Zeigte ihm einen Theil der Zeichnungen *Neureuthers.* Las das Heft von *Wit* hinaus. Abenteuerlich und unerfreulich.»
(Tgb)

Vor Montag, 29. September. Brief an *Grafen Sternberg:* Goethe hatte Ende August erfahren, daß der *Adressat* an einer gefährlichen Erkrankung litt, die jedoch im Abklingen sei. – Nun setzt ihn jedoch die Nachricht aus Berlin in «Verwirrung», nach der *Sternberg* nicht an der *Versammlung [der Naturforscher]* teilgenommen habe. «Ich sende daher Gegenwärtiges mit der inständigen Bitte, mir von dem Befinden des Theuersten Nachricht zu ertheilen oder ertheilen zu lassen; denn ich gestehe gern: Nach dem betroffenen großen Unfall [dem Tod *Carl Augusts*] macht die Sorge von zu befürchtenden Übeln auf mich einen dergestalten Eindruck, daß die Dauer meiner eignen Erhaltung mir dagegen gleichgültig erscheint.»

Montag, 29. September. «Das HAUPTGESCHÄFT angegriffen [→ 28. 9.]. Briefe diktirt. *Wits* Hamburger Theater-Controvers, genau besehen, ganz Null [→ 28. 9.]. [...]. *Hofgärtner Sckell* von Dornburg. Um halb 1 Uhr zur *Frau Großherzogin [Maria Paulowna,* die am 28. 9. aus Karlsbad zurückgekehrt war]. [...]. Mittag *Dr. Eckermann.* Nach Tische der *v. Knebelsche Hofmeister Bayer,* welcher von Berlin zurückkam und von den dortigen Feyerlichkeiten erzählte [So gedachte *Alexander v. Humboldt* in seiner Eröffnungsrede zur *Versammlung deutscher Naturforscher und Ärzte* Goethes mit den Worten: «...sei es mir ... gestattet, die *Patriarchen vaterländischen Ruhmes* zu nennen, welche die Sorge für ihr der Nation theures Leben von uns entfernt hält: *Goethe,* den die grossen Schöpfungen dichterischer Phantasie nicht abgehalten haben, den Forscherblick in alle Tiefen des Naturlebens zu tauchen, und der jetzt, in ländlicher Abgeschiedenheit, um *seinen fürstlichen Freund* wie Deutschland um eine seiner herrlichsten Zierden trauert.» – Der *Münchner Botaniker Martius* sagte an einer Stelle seines Vortrags «Über die Architectonik der Blumen» im Hinblick auf Goethes METAMORPHOSE DER PFLANZEN: «Vor Allem bemerke ich, dass die Grundansicht, welche ich hier vorzulegen mir die Ehre gebe, nicht etwa bloss das Resultat meiner Forschungen ist, sondern dass sie theilweise wenigstens von Vielen bereits angenommen worden und überhaupt das Resultat jener morphologischen Ansicht von der Blume ist, die wir unserem grossen *Dichter Goethe* danken. Alles ruht nämlich auf der Annahme, dass in .der Blume nur Blätter seien (dass Kelch, Staubfäden, Krone, Pistill nur Modificationen der pflanzlichen Einheit darstellen) oder dass das *Blatt diejenige Einheit sei, mit der wir rechnen können.*» (GJb 16, 54 f.)]. *Herr Hofrat Meyer.* Abends meh-

rere Engländer beym Thee. *Herr Hofrat Soret,* mit dem ich mich über die *Naumannische* Mineralogie unterhielt [→ 22. 9.].» (Tgb)

Dienstag, 30. September. «EINIGES AM HAUPTGESCHÄFT.» (Tgb) – Brief an *Kammerherrn v. Beulwitz:* Goethe wünscht, dem *Großherzog [Karl Friedrich]* seine Aufwartung zu machen, um «für so manches Gute, besonders auch für gnädigste Vergünstigung eines verlängerten Aufenthaltes in Dornburg» zu danken. – «[...] Ich theilte *Ottilien* den Dornburger AUFSATZ mit. Geburstag der *Prinzeß [Auguste].* Die *Kinder* waren gratuliren gefahren. Mittag *Hofrat Meyer* und *Dr. Eckermann.* Nach Tische *Naumanns* Mineralogie. Abends *Hofmaler Mako [Historienmaler des Königs Ludwig I. von Bayern]* und *Prof. Rösel,* auch die *Hausfreunde [Rösel* zeigt «seine Zeichnungen von Trier, Paulinzella, Rudolstadt». *(Riemer,* Tagebuch; JbSK, 4, 53)].» (Tgb)

Vermutlich Ende September. «Ich *[Eckermann]* sprach [...] mit Goethe über *Fouqués* ‹Sängerkrieg auf der Wartburg›, den ich auf seinen Wunsch gelesen. Wir kamen darin überein, daß dieser *Dichter* sich zeitlebens mit altdeutschen Studien beschäftiget, und daß am Ende keine Kultur für ihn daraus hervorgegangen. – ‹Es ist in der altdeutschen düsteren Zeit›, sagte Goethe, ‹ebensowenig für uns zu holen, als wir aus den serbischen Liedern und ähnlichen barbarischen Volkspoesien gewonnen haben. Man liest es und interessiert sich wohl eine Zeitlang dafür, aber bloß um es abzutun und sodann hinter sich liegen zu lassen. Der Mensch wird überhaupt genug durch seine Leidenschaften und Schicksale verdüstert, als daß er nötig hätte, dieses noch durch die Dunkelheiten einer barbarischen Vorzeit zu tun. Er bedarf der Klarheit und der Aufheiterung, und es tut ihm not, daß er sich zu solchen Kunst- und Literaturepochen wende, in denen *vorzügliche Menschen* zu vollendeter Bildung gelangten, so daß es ihnen selber wohl war und sie die Seligkeit ihrer Kultur wieder auf andere auszugießen imstande sind. – Wollen Sie aber von *Fouqué* eine gute Meinung bekommen, so lesen Sie seine Undine, die wirklich allerliebst ist.» (Eckermann, 3. 10.)

Vielleicht September. Entstehung des FRAGMENTS POETISCHE METAMORPHOSEN [postum erschienen]. – ZEICHNUNG SCHEMATA ZUN BAU DER BLÜTE. (Corpus V b, Nr. 145)

Ab Oktober. «Dieser merkwürdige Umweg [*Sorets* Übersetzung der METAMORPHOSE DER PFLANZEN] hat mich darauf gebracht, mich etwas ernstlich mit deutscher Philosophie und der heutigen französischen Schule zu befassen; daraus ergeben sich sehr eigenartige Diskussionen mit Goethe, der ALLE SEINE ARBEITEN auf philosophischer Grundlage aufbaut, und hinter einem, für mich wenigstens etwas dunklen, Wortgepränge entdecke ich in Goethe allerhand Ähnlichkeiten mit *Bentham,* in seinem Streben, alles auf die Wirklichkeit zurückzuführen, alle menschlichen Kenntnisse auszunutzen und sie dem Verständnis der *Masse* durch vernünftige Klassifizierung nahezubringen... – Ich sehe Goethe häufiger denn je, und unsere Unterhaltungen nehmen oft eine Wendung, daß ich nachdenken muß und sehr viel lerne [...].» *(Soret* an Dumont, 11. 10.; GG 6258)

Mittwoch, 1. Oktober. «Einiges diktirt. Das Nöthigste vorwärts geschoben. Die Werke des *Thomas Reid [schottischer Philosoph;* gest. 1796] zu lesen angefangen. Den Kasten mit Pretiosis und Curiosis an *Geh. Hofrat Helbig* [→

26. 9.]. Antwort von *Herrn v. Beulwitz* [«... dass *Seremissimus (Karl Friedrich)* Sich das Vergnügen geben wird Ew. Excellenz in Ihrem Hause zu sehen, sobald es HöchstDemselben möglich seyn wird, ohne Ew. Excellenz zu stören...»; → 30. 9. (WA IV, 44, 488)]. Die *verwitwete Großherzogin [Luise]*, derselben vorgewiesen die *Neureutherischen* Zeichnungen. Zu Tische *Herr Prof. Riemer* und *Herr [Friedrich Wilhelm Hoennighaus, Kaufmann, Paläontologe]* von Krefeld, welcher mit *meinem Sohn* die Fossilien durchgesehen hatte [«‹*Aristoteles*›, sagte er (Goethe), ‹hat die Natur besser gesehen als *irgendein Neuerer*, aber er war zu rasch mit seinen Meinungen. Man muß mit der Natur langsam und läßlich verfahren, wenn man ihr etwas abgewinnen will. – Wenn ich bei der Erforschung naturwissenschaftlicher Gegenstände zu einer Meinung gekommen war, so verlangte ich nicht, daß die Natur mir sogleich recht geben sollte; vielmehr ging ich ihr in Beobachtungen und Versuchen prüfend nach, und war zufrieden, wenn sie sich so gefällig erweisen wollte, gelegentlich meine Meinung zu bestätigen. Tat sie es nicht, so brachte sie mich wohl auf ein anderes Aperçu, welchem ich nachging und welches zu bewahrheiten sie sich vielleicht williger fand.» (Eckermann)]. Gegen Abend *Gräfin Caroline v. Egloffstein* und *Herr Hofrat Soret*. Mit letzterem die nächsten BOTANICA. Blieb für mich. Verfolgte die Lectüre von *Thomas Reids* Werken.» (Tgb)

Donnerstag, 2. Oktober. «Gedachtes Lesen fortgesetzt. Das HAUPTGESCHÄFT vorgerückt [→ 29. 9.]. Briefe diktirt. [...] Die *Frau Großherzogin* [...] *[Maria Paulowna]. Herr Obristlieutenant v. Beulwitz. Prof. Riemer, Prof. Rösel.* Beide blieben zu Tische. *Riemern* hatte ich die *Neureutherischen* Arabsken vorgelegt. Abends Thee, viele *Einheimische* und *Auswärtige.*» (Tgb)

Freitag, 3. Oktober. «Communicate [in oberaufsichtlichen Angelegenheiten] [...]. Um 12 Uhr: *Reverend E. Serocold Pearce*, und *Gattin. Hofrat Stark* aus Jena, von Berlin erzählend. Mittags *unter uns.* Abends zum Thee *Prof. Rösel* und *Oberbaudirektor Coudray.* Ersterer zeigte seinen neusten Entwurf zugleich mit den ältern Umrissen vor. [...].» (Tgb)

Samstag, 4. Oktober. «Um 10 Uhr *Prof. v. Martius.* Ich fuhr mit ihm nach [Schloß] Belvedere. Wir besahen das Palmenhaus und besprachen uns mit *Konducteur Sckell.* Mittag derselbe zu Tische, ingleichen *Riemer, Coudray, [Leibmedikus] Vogel, Eckermann, Mako* und *[Chemiker] Goebel.* Abends im Theater Vorstellung der Oper Moses von *Rossini.*» (Tgb)

Vor Sonntag, 5. Oktober. Gedicht DENN MIT DEM HIMMLICHEN KÜCHENZETTEL [humoristische Abwandlung der Verse 771–773 aus «Wallensteins Lager» von *Schiller*].

Sonntag, 5. Oktober. Fortsetzung des Briefes an *Zelter* [→ 7./11. 9.]: Goethe wollte seinen Brief nicht absenden, bevor die *Versammlung der Naturforscher und Ärzte* in Berlin beendet sei. – *Mehrere Mitglieder jener Gesellschaft* sind bereits bei ihm vorüber gegangen, «und es ist nur eine und allgemeine Stimme vollkommenster Zufriedenheit» [→ 29. 9.]. – Er bittet *Zelter*, über seine Teilnahme zu berichten. – Abschriftlich teilt Goethe «den INHALT EINIGER BLÄTTCHEN mit, die unzählig vor mir liegen und die ich gerne sondern möchte [APHORISMEN, die später zum Teil in die WANDERJAHRE eingehen]. Nimm sie noch ungesondert [...].» – Fortsetzung des Briefes an *Grafen Stern-*

berg [→ vor 29. 9.]: Goethe teilt seine Freude über die mündliche Versicherung der *Großherzogin* [*Maria Paulowna;* → 29. 9.] mit, daß der «*verehrte Freund* [...] außer aller Gefahr» sei. Er kündigt die schon längst bereit liegende DRITTE LIEFERUNG SEINER WERKE [AlH] an sowie mehrere Schriften zum Andenken an *Carl August*. – «[...] *Junger Maler* aus Hamburg, der nach München ging. [...] Mittag *Döbereiner, Weller, v. Martius, [Gustav] Schübler* [*Arzt, Botaniker, Universitätslehrer in Tübingen;* geb. 1787], *[Leibmedikus] Vogel*. Vorher botanische Unterhaltung mit *Herrn v. Martius*. Nach Tische fortgesetzt. Besonders über Fehlgeburten der Krone. Veranlassung unter den seltsamsten Gestalten. Späterhin *Brandes* von Salzuflen, *Direktor des Westphälischen Apothekervereins*. Sodann [...] der *Großherzog [Karl Friedrich]*. Verschiedene Verhältnisse und Geschäfte durchsprechend.» (Tgb)

Nach Sonntag, 5. Oktober. Brief an *Grafen Brühl:* Als Goethe dessen «tröstliches Schreiben» vom 25. 8. erhielt, mußte er sich glücklich preisen, «daß nach dem herben Falle, der mich [mit *Carl Augusts* Tod] betroffen hatte, wie das Geschick nur einzig in seiner Art irgend einen Menschen befallen konnte, mir doch noch *vieljährig geprüfte Freunde* übrig geblieben» waren. – Damals konnte er nicht wissen, daß der *Adressat* sich «auf ein[e] ähnliche, gleiche, noch gesteigerte Weise verletzt finden würde [dieser teilt am 5. 10. mit, daß *sein Sohn Moritz*, geb. 1816, am Scharlachfieber gestorben sei]. – Bey denen unendlich mannichfaltigen Verkreuzungen der irdischen Schicksale lassen wir uns allenfalls dasjenige gefallen, was einem gewissen Naturgang analog zu seyn scheint. Wenn die *Älteren* abgerufen werden, so mag es gelten, denn das ist im Flusse der Jahre doch immer das regelmäßige Hingehen [...]. – Kehrt es sich aber um und der *Jüngere* geht vor dem *Ältern* hin, so empört es uns, weil wir denken, die Natur sollte wenigstens eben so vernünftig seyn als wir selbst, die wir doch eigentlich nur dadurch Menschen sind, daß wir unsern Zuständen eine gewisse Folge zu geben trachten [...].» – [Im Konzept folgt: «Soll ich von mir reden so waren es *drei bejahrte Personen, die ich nicht zu überleben wünschte*, zwei sind dahingegangen (*Carl August*, die zweite ist vermutlich *Minister v. Voigt;* → 22. 3. 19), werde die Dritte (vermutlich *Hofrat Meyer*) mir erhalten! Denn das Alter bedarf auch *Gesellen* wenn schon nur wenige ...» (WA IV, 45, 335)].

Montag, 6. Oktober. «*Döbereiners* und *Loders* Brief durchgedacht. Concepte anderer Briefe diktirt. *Herr v. Martius* nach 10 Uhr. Fuhr mit demselben ums Webicht. Wir setzten unsere botanischen Gespräche fort, so wie auch nachher zu Hause. Zu Tische fanden sich *Herr Prof. Schübler.* Später *Herr Soret.* Das Gespräch war sehr aufgeweckt, indem die sämmtlichen Probleme der Uranfänge der Geologie so wie der organischen Physiologie scherzhaft und paradox zur Sprache kamen [«C'est alors qu'il (Goethe) a recueilli les renseignements les plus précieux sur la tendance spirale et a pris l'idée de s'en occuper d'une manière plus suivie, y voyant, disait-il, comme le gage d'un pas immense dans la physiologie végétale et rien qui fût opposé au principe de la métamorphose.» (*Soret;* GG 6248)]. *Herr v. Jordan* besuchte mich. Unterhaltung über den *verewigten Herrn [Carl August].* Später *Herr [Wolff Horst Graf v.] Uetterodt* [geb. 1788], *Abgesandter vom Großherzog von Hessen. Frau v. Mandelsloh.* Die *beiden Münchner Herren* waren auch noch geblieben. Nahmen später

Abschied. Ich unterhielt mich mit *meinem Sohn* über die Mittagsgespräche.» (Tgb)

Dienstag, 7. Oktober. Brief an *Geh. Kirchenrat Paulus:* Goethe versichert, daß *Carl August* dessen Werk [«Leben Jesu»] in den letzten Monaten seines Lebens «mit großem Antheil» gelesen hat und den Wunsch äußerte, ihm etwas Angenehmes zu erweisen. – Letzteres hat sich nun *Carl Augusts Nachfolger [Karl Friedrich]* zur Pflicht gemacht und Goethe beauftragt, ihm eine goldene Medaille [von *Barre* aus dem Jahre 1822] zu übersenden. – « [...] Die *Prinzessin Karl [Maria v. Preußen]* und *Auguste* mit *Umgebung.* War [...] mit *Ottilien* spazieren gefahren. Zu Mittag *für uns.* Abends *Prof. Riemer* [«Meinen Auftrag von der *Großfürstin (Maria Paulowna* hinsichtlich stärkerer Vermehrung der Großherzoglichen Bibliothek) ausgerichtet. Anfangs in seiner Art dagegen; zuletzt lenkte er ein, als ich etwas empfindlich von dem Zustande der Bibliothek hinsichtlich so vieler fehlender Bücher gesprochen und sein Argument, daß die Bibliothek nicht das Neuste, sondern alte Sachen haben müßte, durch die Tat widerlegt, indem ich nachwies, wie gerade epochemachende Werke darin fehlten. – Wir wurden eins, der *Großfürstin* zu sagen, sie solle nur eine Summe bestimmen, wir wollten wirtschaften und jährlich von dem Verwendeten Rechenschaft ablegen. Nachher heiter und großartig. Übersetzte mir (vermutlich aus dem Stegreif) eine schottische Ballade, die vortrefflich ist: ein *Räuber,* der ein *Mädchen* entführt, unter dem Vorwande der Ehe, und sie zuletzt ins Meer stoßen will, zu andern früheren von ihm versenkten, und aus Geiz ihre Kleider nicht ins Meer werfen will, sie daher sich ausziehen läßt, und sie diesen Moment wahrnimmt, sein Gesicht abzuwenden, unter dem Vorwande, daß es sich nicht schicke, sie nackend zu sehen, und während er ihr gehorcht, ihren Vorteil absieht und *ihn* ins Meer stößt. – Noch manches über den Charakter der schottischen Ballade, und wie er seine Vorliebe für sie durch sein Studium nach ihr rechtfertige.» (*Riemer; GG* 6249)] [...].» (Tgb)

Mittwoch, 8. Oktober. Brief an *v. Müffling:* Goethe antwortet spät auf dessen Schreiben, «aber mit dankbarlichst schmerzlicher Empfindung, welche die kunstreich-durchscheinenden Bilder immer wieder bey mir aufregen [«Der *verewigte Großherzog* hatte heut vor 8 Tagen zwey lithophanische Bilder für Euer Exellenz aus der Sammlung der *Frau Herzogin von Cumberland* ausgewählt, und Ihro Königliche Hoheit haben mir diese als das letzte Andenken *dieses vortrefflichen Fürsten* zur Ueberreichung an Euer Exellenz übergeben...» (an Goethe, 17. 6.)]. – Von großer Bedeutung muß es für mich seyn, daß *mein gnädigster Herr* bis zuletzt neigungsvoll an mich gedacht [...].» – «[...] Den Brief von *Carlyle* näher betrachtet. Besuchte mich *Herr George von den Steenhof, ein stattlicher Mann,* von Baden Baden kommend und mir einen Spazierstock von Ilex aquifolium verehrend, mit geschnitztem Knopfe. *Herr Prof. Göttling* von seiner italienischen Reise zurückkehrend. *Graf Santi* und *[Johann Friedrich Otto Karl?] Graf Medem.* Mittag die *[Ludwig] Tieckische Familie* [«A la fin d'un dîner donné par Goethe à *Tieck* et à *sa famille, Tieck,* autant qu'il m'en souvient, lui disait force gracieusetés qui ne m'avaient pas l'air du meilleur aloi.» (*Soret; GG* 6251)]. Die *Professoren Riemer* und *Göttling.* Gegen Abend die *Prinzen [Alexander* und *Peter] von Oldenburg, Umgebung* und *Oberstallmeister v.*

Bielke. Sodann für mich. Leben von *[Robert] Burns [schottischer Dichter;* gest. 1796] und schottische Balladen.» (Tgb)

Dienstag, 7. / Mittwoch, 8. Oktober. Brief an *Cotta:* «Ew. Hochwohlgeboren sind gewiß mit der Überzeugung abgereist: daß Ihre und Ihrer *Frau Gemahlin* Gegenwart bey uns den angenehmsten Eindruck zurückgelassen [→ 27. 9.] [...]. Gedenken Sie unsrer auf gleiche Weise, so kann das schon so lange dauernde wichtige Verhältniß nur immer schöner sich gestalten, und ein wechselseitiger Vortheil von den würdigsten Gefühlen gegenseitigen Vertrauens geadelt werden.» – Goethe meldet, soeben 9500 Taler für die 4. LIEFERUNG SEINER WERKE und den BRIEFWECHSEL MIT SCHILLER erhalten zu haben. – Wegen der Absendung der NÄCHSTEN [5.] LIEFERUNG [DER AlH] wird er sich mit *Faktor Reichel* in Verbindung setzen. «Da in den WANDERJAHREN noch einiges zu thun ist, so werde die BÄNDE successiv, zu rechter Zeit, abzuschicken Sorge tragen.» – Goethe bittet *Cotta,* seine Gedanken zur Herausgabe des BRIEFWECHSELS MIT SCHILLER zu äußern. «Meine Absicht ist, dieselben *Ihro Majestät dem König von Bayern* zu widmen, da denn meine Jahre mich anmahnen, solche dankbare Anerkennung der höchsten Huld und Gnade nicht allzulange zu verschieben [→ 2. 3.].»

Donnerstag, 9. Oktober. «[...] EINIGES AM HAUPTGESCHÄFT [→ 2. 10.]. Concepte und Munda. [...] die *Frau Großherzogin [Maria Paulowna].* Mit *Ottilien* spazieren gefahren. Mittag *mit Eckermann* [«Was ich (Goethe) in Scherz und guter Laune über den ‹Moses› (Oper von *Rossini;* → 4. 10.) geäußert haben mag, ... weiß ich nicht mehr; denn so etwas geschieht ganz unbewußt. Aber so viel ist gewiß, daß ich eine Oper nur dann mit Freuden genießen kann, wenn das Sujet ebenso vollkommen ist wie die Musik, so daß beide miteinander gleichen Schritt gehen. Fragt ihr mich, welche Oper ich gut finde, so nenne ich euch den ‹Wasserträger› (erste Oper mit Dialog von *Cherubini*); denn hier ist das Sujet so vollkommen, daß man es ohne Musik als ein bloßes Stück geben könnte und man es mit Freuden sehen würde. Diese Wichtigkeit einer guten Unterlage begreifen entweder die Komponisten nicht, oder es fehlt ihnen durchaus an sachverständigen Poeten, die ihnen mit Bearbeitung guter Gegenstände zur Seite träten.» (Eckermann)]. *August* und die *Kinder* waren über Land. Nach Tische *Burns* Leben und Gedichte. *Herr* und *Frau Gräfin Medem. Oberbaudirektor Coudray.* Nachricht von Paris bringend. Abends *Tiecks* Vorlesung [des CLAVIGO] und Abendessen bey meiner *Tochter* [«... der Alte (Goethe) sollte herauf kommen, kam aber nicht.» (*Johanna Schopenhauer* an *K. v. Holtei;* 15. 11.; GG 6255)].» (Tgb)

Freitag, 10. Oktober. «Die Einrichtung des ZWEITEN THEILS DER WANDERJAHRE bedacht und einiges umgestellt. Fortgefahren damit bis gegen Mittag. Um 12 Uhr [*Anatom* und *Physiologe*] *Prof. Johannes Müller* von Bonn. Sein Werkchen über die phantastischen Gesichtserscheinungen [1826] vorlegend [«Die seltenste Entwicklungsstufe der Phantasmen bei vollkommenster Gesundheit des Geistes und Körpers ist die Fähigkeit, bei geschlossenen Augen das willkürlich Vorgestellte wirklich zu sehen... hatte ich *(Müller)* Gelegenheit, mich mit Goethe über diesen uns beide gleich interessierenden Gegenstand zu unterhalten. Da er wußte, daß bei mir, wenn ich mich ruhig bei geschlossenen Augen hinlege, vor dem Einschlafen leicht Bilder in den

Augen erscheinen, ohne daß es zum Schlaf kommt, ... war er sehr begierig
zu erfahren, wie sich diese Bilder bei mir gestalten. Ich erklärte, daß ich
durchaus keinen Einfluß des Willens auf Hervorrufung und Verwandlung
derselben habe ... Goethe hingegen konnte das Thema willkürlich angeben,
und dann erfolgte allerdings scheinbar unwillkürlich, aber gesetzmäßig und
symmetrisch das Umgestalten. Ein Unterschied zweier Naturen, wovon die
eine die größte Fülle der dichterischen Gestaltungskraft besaß...» (*J. P. Müller:* «Handbuch der Physiologie des Menschen», 1840; GG 6256)] [...]. Mittags *[Schriftsteller] Tieck* und *Gräfin [Henriette] Finckenstein, Coudray, Riemer.*
Nach Tische The Foreign Review No. III. Juli 1828. Mit *Prof. Riemer* über
die Intentionen der *Frau Großherzogin* in Absicht auf die Bibliothek [→ 7. 10.].
Setzte das Lesen der neuen Review fort.» (Tgb)
Samstag, 11. Oktober. «MUNDUM ZU DEN WANDERJAHREN. *Hofrat Vogel;*
seine «Beyträge zur praktischen Medizin» vorlegend. An JENEM MUNDUM
fortgefahren. *Konsistorialrat* und *Dr. [Gustav Adam Friedrich] Wiggers [Philo-
loge, Universitätslehrer in Rostock;* geb. 1777] aus Rostock mit *Frau* und *2 Söhnen
[Julius Otto August,* später *protestantischer Theologe, Universitätslehrer in Rostock,
Politiker;* geb. 1811, und *Moritz Karl Georg,* später *Jurist, Advokat* und *Politiker;*
geb. 1816] [...]. Umrisse von *Moritz Oppenheim zu* HERMANN UND DORO-
THEA. Durch *Herrn Kanzler v. Müller.*» (Tgb) – *Eckermann* trifft Goethe in
Erwartung der *Mittagsgesellschaft.* Sie sprechen über *Carlyles* Aufsatz über
Goethe im Jahrgang 1828 der «Foreign Quarterly Review». – «Es ist eine
Freude, zu sehen», sagte Goethe, «wie die frühere Pedanterie der *Schotten* sich
in Ernst und Gründlichkeit verwandelt hat. Wenn ich bedenke, wie die *Edinburger [Herausgeber der «Edinburgh Review»,* wo 1816 DuW scharf kritisiert
worden war] vor noch nicht langen Jahren MEINE SACHEN behandelt haben,
und ich jetzt dagegen *Carlyles* Verdienste um die deutsche Literatur erwäge,
so ist es auffallend, welch ein bedeutender Vorschritt zum Besseren geschehen
ist.» [...]. – *Meine Sachen können nicht popular werden;* wer daran denkt und
dafür strebt, ist in einem Irrtum. Sie sind nicht für die *Masse* geschrieben, sondern nur für *einzelne Menschen,* die etwas Ähnliches wollen und suchen und
die in ähnlichen Richtungen begriffen sind.» (Eckermann) – «Zu Mittag
Alwine Frommann. Herr Kanzler v. Müller, Mako, Coudray. Mannigfaltige Mittheilungen von der Reise her. Nach Tische ein kaum leserlicher Brief von
Alexander v. Humboldt [vom 5. 9., ausführliche Nachrichten über dessen letzte
Gespräche mit *Großherzog Carl August* enthaltend]. Sonstiges Neue und
Erneute. [...] Abends für mich allein.» (Tgb) – Brief an *Soret:* Goethe sendet
die «schätzenswerthen» neuesten Arbeiten von *v. Hoff* [«Höhen-Messung eini-
ger Orte und Berge zwischen Gotha und Coburg»] und «EINIGE BOGEN DER
EINLEITUNG, zu deren Abschluß nur noch wenige Blätter fehlen [→ 1. 10.].»
– Brief an *Ekendahl:* Goethe sendet dessen Manuskript zurück. Es zu lesen
und zu beurteilen wird ihm bei seinen hohen Jahren ganz unmöglich.
Sonntag, 12. Oktober. Brief an *Döbereiner:* Goethe teilt mit, daß die *Großherzogin [Maria Paulowna]* für das nächste Jahr 200 Taler zugunsten der chemi-
schen Anstalt in Jena bestimmt hat. – Er bittet um Mitteilung, wie diese
Summe «zum Besten der Wissenschaft» anzuwenden sei. – «The Foreign
Review fortgelesen.» (Tgb) – Brief an *Kanzler v. Müller:* Goethe sendet eine

doppelte Abschrift des *Humboldtschen* Briefes, damit eine in den Händen der *Großherzogin [Luise]* verbleiben kann. «Doch würde wünschen, daß dieser Brief nicht propalirt würde. Dergleichen letzte Stunden sind immer, wie die Gypsabgüsse der Leichenmasken, in's Leidende verzogene Carricaturen auch des thätigsten Lebens.» – «[...][...] *Graf Luxburg,* der *Erbprinz [Karl Alexander]* und *Hofrat Soret.* Mittags *Eckermann* und *mein Sohn.* Auf dem Plan und der Straße großes *Menschengedräng,* wegen des Zwiebelmarktes. Das Lesen der Review fortgesetzt. Hatte einige Zeichnungen aufgesucht und sie ihrer Bestimmung näher gebracht.» (Tgb) – ZAHMES XENION ANGEDENKEN AN DAS LIEBE.

Montag, 13. Oktober. «Früh am HAUPTGESCHÄFT. [→ 11. 10.]. [...] sonstiges diktirt. *Buchbinder Bauer* heftete. *Hofrat Soret* zu Tische. Gegen Abend *Prinz [Ferdinand?] von [Sachsen-]Coburg.* Sodann *Frau v. Niebecker, Generalin Seebach* und *Gräfin Fritsch.* Bey *Ottilien* zum Thee, wobey ich mich einfand.» (Tgb)

Dienstag, 14. Oktober. Brief an *Soret:* Goethe sendet die letzten Bogen von dessen Übersetzung [der METAMORPHOSE DER PFLANZEN] zurück [→ 11. 10.]. «Einige Blätter habe ich gelesen, mit Vergnügen und Überzeugung, daß das WERKLEIN einen guten Eindruck machen wird. Es hängt nun ganz von Ihnen ab, wenn wir anfangen sollen, die Arbeit zusammen durchzugehen [...].» – «REVISION DER WANDERJAHRE. Um halb 11 Uhr *verwitwete Frau Großherzogin [Luise].* Vorgewiesen das *Oppenheimische* zu HERMANN UND DOROTHEA. Ingleichen das *Zahnische* Pompeji. Mittag *für uns.* Gegen Abend *Prof. Riemer* [«Von SEINEN WERKEN, WANDERJAHREN, FAUST (wovon der LETZTE AKT beinahe fertig; die HELENA mache den 3. AKT). Also noch der Übergang zum ZWEITEN und DRITTEN übrig. Würde es auch fertig machen, wenn er dazu kommen könnte.» (*Riemer;* GG 6261)]. Das Verzeichniß der vorerst nothwendig anzuschaffenden Bücher besprochen [→ 10. 10.].» (Tgb)

Mittwoch, 15. Oktober. «REVISION DER WANDERJAHRE fortgesetzt. Vortrag *meines Sohnes* in Oberaufsichts-Angelegenheiten. *Hofgärtner Baumann.* Zweige von *Cissus* bringend [→ 30. 8.]. Einige Teppiche angeschafft. Schreiben von *Müller* in Karlsruh. *Compter* von Jena. [...] Mittag *für uns.* Abends für mich. Der ERSTE THEIL VON GÖTZ VON BERLICHINGEN ward aufgeführt. Nachher kam *mein Sohn,* deshalb umständlich referirend.» (Tgb)

Donnerstag, 16. Oktober. «DAS HAUPTGESCHÄFT fortgesetzt. Kleines Gedicht [«Scheveningen», in dem Goethe verherrlicht wird,] von *Herrn Kanzler [v. Müller]* [...]. Brief von *Graf Reinhard* und *Oppenheim* communizirt. *Frau Großherzogin [Maria Paulowna]* [...]. *Herr Staatsminister Schweitzer* und *General-Superintendent Röhr* zu Tische. SCHEMATA ins Reine. Die SCHEMATA fortgesetzt betrachtet. Abends [...] der *Großherzog [Karl Friedrich].* Später *Oberbaudirektor Coudray.* Die neuen Straßenanlagen zu Umgehung der preußischen Zölle mit Karten und Protokollen vorlegend.» (Tgb)

Freitag, 17. Oktober. «EINIGES ZUM HAUPTGESCHÄFT. *Fräulein Faber* aus Berlin und *Fräulein Weyland* von hier. Sodann *Hofrat Vogel.* Ferner *Herr v. Beulwitz,* wegen eines Porträts [...] des *Höchstseligen Herrn Großherzogs [Carl August].* War *Fräulein Ulrike [v. Pogwisch]* angekommen, dieselbe und *Fräulein Adele [Schopenhauer]* zu Mittag. Nach Tische *Herr Kanzler [v. Müller],* welcher zuletzt blieb und von seinen Reiseereignissen Mittheilung gab. Später *Herr Soret.* Über dichotomische [zweiteilige] Lehrmethode. Lasen einige [im «Globe» publizierte] Lieder von *Béranger* [«A la même époque, Goethe lisait assidûment ‹Le Globe› et en faisait un sujet fréquent de conversation. *L'école de Cousin* l'intéressait comme un rapprochement de la France et de l'Allemagne et comme offrant un langage philosophique plus propre à transférer les idées d'un *peuple* à l'autre. ... ‹Le Globe› avait, pour lui, un autre genre d'attrait...; celui de jeter beaucoup d'intérêt sur les nouvelles productions et de défendre le romantisme ou plutôt l'émancipation de toute règle générale. ‹Peu importe la règle ou non, disait Goethe. Pourvu qu'un ouvrage soit bon, il est classique.›...» *(Soret; GG 6262)].* » (Tgb)

Samstag, 18. Oktober. «Am HAUPTGESCHÄFT vorgeschritten. [...].» (Tgb) – Brief an *Döbereiner:* Goethe teilt mit, daß er zu Weihnachten zunächst 100 Taler auszahlen lassen kann, die der *Adressat* in angezeigter Weise verwenden möge [→ 12. 10.]. – «Mittag *Hofrat Vogel* und *Schwager,* auch *Oberbaudirektor Coudray. Hofrat Meyer,* welcher von Belvedere hereingezogen war. Die Histoire générale des Proverbes, von geringem Werthe.» (Tgb)

Sonntag, 19. Oktober. «DIE KANTATE FÜR ZELTERS 70. GEBURTSTAG, SOWOHL TEXT ALS TABELLE [SCHMÜCKT DIE PRIESTERLICHEN HALLEN]. *Herr [Anton] Genast, Geh. Hofrat Helbig, Kanzler v. Müller* und *Hofmaler Mako. Oberhofmeister v. Motz.* Mittag *Herr Oberbergrat [Johann Jakob] Nöggerath [Mineraloge* und *Geognost, Professor in Bonn;* geb. 1788] von Bonn. Notizen von Berlin. Manches auf Mineralogie und Geologie und rheinische Zustände bezüglich. Abends *Herr Major v. Germar und Herr Schlichtegroll der Jüngere* aus München.» (Tgb)

Montag, 20. Oktober. «Früh die KANTATE FÜR ZELTERS GEBURTSTAG weiter geführt. *Herr Nöggerath* besah mit *meinem Sohn* die Fossilien und anderes. Mittag derselbige bey Tische und *Hofrat Vogel. Mein Sohn* war nach Jena gefahren. Geologische Unterhaltung und bergmännische, in den preußischen Besitzungen am Rhein und in Westphalen. Gespräch mit *Eckermann* über die Verdienste der *Walter Scottischen* Romane, besonders das Mädchen von Perth [→ 14. 9. – «Überhaupt finden Sie bei *Walter Scott* die große Sicherheit und Gründlichkeit der Zeichnung, die aus seiner umfassenden Kenntnis der realen Welt hervorgeht, wozu er durch lebenslängliche Studien und Beobachtungen und ein tägliches Durchsprechen der wichtigsten Verhältnisse gelangt ist... In dem ‹Fair Maid of Perth› werden Sie nicht eine einzige schwache Stelle finden, wo es Ihnen fühlbar würde, es habe seine Kenntnis und sein Talent nicht ausgereicht. Er ist seinem Stoff nach allen Richtungen hin gewachsen. Der *König,* der *königliche Bruder,* der *Kronprinz,* das *Haupt der Geistlichkeit,* der *Adel,* der *Magistrat,* die *Bürger* und *Handwerker,* ... sie sind alle mit gleich sicherer Hand gezeichnet und mit gleicher Wahrheit getroffen.» (Eckermann, 3. 10.)]. Blieb für mich. Die *Matrone von Liegnitz [Gattin eines Liegnitzer Bürgers unbekannten Namens]* sprach ich kurze Zeit. Blieb für mich. *Herr Hofrat Soret.* Einiges Naturphilosophische, womit ich mich weiterhin beschäftigte. – [An] *Herrn Prof. Göttling* die 3. LIEFERUNG MEINER WERKE, Jena.» (Tgb)

Dienstag, 21. Oktober. Brief an den *Weimarer Generalkonsul in Leipzig, Küstner:* Goethe wünscht zu erfahren, ob und zu welchem Preis Platina in

Leipzig zu erhalten ist. – Brief an *Karl Friedrich Rungenhagen [Komponist, zwei-ter Direktor der Berliner Singakademie]:* Goethe sendet seine KANTATE [auf *Zel-ter*]; er möchte von seiner Seite «das Mögliche zu der so löblich eingeleiteten Feyer beytragen» [der *Adressat* hatte am 11. Oktober um einen poetischen Bei-trag zur beabsichtigten festlichen Feier von *Zelters* 70. Geburtstag am 11. 12. in der Singakademie gebeten]. – Brief an *Sohn August:* Goethe erteilt ver-schiedene Aufträge, die dieser in Jena erfüllen möge. – Unter anderem hat *Bergrat Nöggerath* darauf hingewiesen, daß *Lenz* «leichtsinnig» mit den Mine-ralien umgehe. *Sohn August* sollte deshalb mit *Färber* «vertraulich» darüber sprechen und sich nach dem «besonderen Fall» erkundigen, «denn der *gute Alte* mag sich gar närrisch benommen haben». – «[...] MUNDUM ZUM HAUPTGE-SCHÄFT [→ 18. 10.]. *Marquis [Léon Emanuel] de Laborde [Kunsthistoriker,* geb. 1807], der *Reisende durch Syrien u. s. w.,* brachte das Programm über die Stadt Petra, die alte Residenz der *Nabatäer.* Ich fuhr in den untern Garten. Verweilte daselbst. Speiste nachher mit *Ottilien* allein. Nachmittags für mich. *Fräulein Ulrike [v. Pogwisch],* von Berlin manches referirend. Abends die Geschichte der Sprichwörter [→ 18. 10.].» (Tgb)

Mittwoch, 22. Oktober. Brief an *Sohn August:* Goethe beauftragt ihn, bei *Bibliothekar Prof. Göttling* anzufragen, ob er die Revision der WERKE fortsetzen könne. – «[...] AM HAUPTGESCHÄFT FORTGEFAHREN. *Herr Prof. [Wilhelm Martin Leberecht] de Wette [protestantischer Theologe, Universitätslehrer;* geb. 1780] von Basel, ein Programm [«Enumerativ Euphorbiarum...», 1824] von *[J.] Roeper* bringend. Fuhr in den untersten Garten und ging wieder zurück. Mittag *Dr. Eckermann. Mein Sohn* und *Kinder* in Jena. Nachher für mich. Die Geschichte der Sprichwörter studierend [→ 21. 10.].» (Tgb)

Donnerstag, 23. Oktober. Brief an *Marianne v. Willemer:* «Mit dem freund-lichsten Willkomm die heitere Anfrage: wo die *lieben Reisenden* am 25. August sich befunden? und ob Sie vielleicht den klaren Vollmond beachtend des Ent-fernten gedacht haben? – Beykommendes [das GEDICHT DEM AUFGEHENDEN VOLLMONDE; → 25. 8.] giebt, von seiner Seite, das unwidersprechlichste Zeugniß.» – Fortsetzung des Briefes an *Grafen Brühl* [→ nach 5. 10.]: «Vorste-hendes war gleich nach Empfang Ihres theuren Briefes geschrieben; auf einmal aber hielt ich inne, denn ich fühlte wohl, hier stehe das große Problem vor mir, welches aufzulösen dem *Menschen* wohl nicht gegeben seyn möchte. – Betrachten wir uns in jeder Lage des Lebens, so finden wir, daß wir äußerlich bedingt sind, vom ersten Athemzug bis zum letzten; daß uns aber jedoch die höchste Freyheit übrig geblieben ist, uns innerhalb unsrer selbst dergestalt aus-zubilden, daß wir uns mit der sittlichen Weltordnung in Einklang setzen und, was auch für Hindernisse sich hervorthun, dadurch mit uns selbst zum Frieden gelangen können. – Dieß ist bald [...] geschrieben, steht aber auch nur als Auf-gabe vor uns, deren Auflösung wir unsre Tage durchaus zu widmen haben. Jeder Morgen ruft zu: das Gehörige zu thun und das Mögliche zu erwarten. – [...] Bleiben Sie meiner innigsten Theilnahme gewiß. – [...] Sie erinnern sich, daß ich das Porträt *Ihres lieben Kleinen* damals zeichnen ließ [→ 12. 11. 26; → 19. 11. 26]; erregt Ihnen der Anblick nicht wieder neue Schmerzen, so steht das Original zu Diensten und ich behalte eine Copie zurück.» – «[...] *Schuchardt* zeigte eine russische Platina-Münze vor. Cromwell von *Victor Hugo* vom 17. Bogen an, der bisher gefehlt hatte [→ 5. 5.]. *Ihro des Herrn und Frau Großherzogin Kaiserlich Königliche Hoheiten [Karl Friedrich und Maria Paulowna].* Im Garten mit *[Enkelin] Alma.* Zu Tische mit *Ottilien* und *Eckermann* [«Die kleine Schrift *[des Kanzlers v. Müller* über *Carl August]* ist wirklich sehr gelungen», sagte Goethe, ‹das Material mit großer Umsicht und großem Fleiß zusammengebracht, sodann alles vom Hauch der innigsten Liebe beseelt, und zugleich die Darstellung so knapp und kurz, daß Tat auf Tat sich drängt und bei dem Anblick einer solchen Fülle von Leben und Tun es uns zumute wird, als würden wir von einem geistigen Schwindel ergriffen...› ... – ‹Die Entwickelung der *Menschheit*›, sagte ich, ‹scheint auf Jahrtausende angelegt.› – ‹Wer weiß›, erwiderte Goethe, ‹vielleicht auf Millionen! Aber laß die *Menschheit* dauern so lange sie will, es wird ihr nie an Hindernissen fehlen, die ihr zu schaffen machen, und nie an allerlei Not, damit sie ihre Kräfte entwickele. Klüger und einsichtiger wird sie werden, aber besser, glücklicher und tatkräftiger nicht, oder doch nur auf Epochen. Ich sehe die Zeit kommen, wo Gott keine Freude mehr an ihr hat, und er abermals alles zusammenschlagen muß zu einer verjüngten Schöpfung. Ich bin gewiß, es ist alles danach angelegt, und es steht in der fernen Zukunft schon Zeit und Stunde fest, wann diese Verjüngungsepoche eintritt. Aber bis dahin hat es sicher noch gute Weile, und wir können noch Jahrtausende und aber Jahrtausende auch auf dieser lieben alten Fläche, wie sie ist, allerlei Spaß haben.› ... – ‹Sie sehen›, sagte Goethe, ‹wie sein *(Carl Augusts)* außerordentlicher Geist das ganze Reich der Natur umfaßte. Physik, Astronomie, Geognosie, Meteorologie, Pflanzen und Tierformen der Urwelt, und was sonst dazu gehört, er hatte für alles Sinn und für alles Interesse. Er war achtzehn Jahre alt, als ich nach Weimar kam, aber schon damals zeigten seine Keime und Knospen, was einst der Baum sein würde. Er schloß sich bald auf das innigste an mich an und nahm an allem, was ich trieb, gründlichen Anteil. Daß ich fast zehn Jahre älter war als er, kam unserm Verhältnis zugute. Er saß ganze Abende bei mir in tiefen Gesprächen über Gegenstände der Kunst und Natur und was sonst allerlei Gutes vorkam. Wir saßen oft tief in die Nacht hinein, und es war nicht selten, daß wir nebeneinander auf meinem Sofa einschliefen. Funfzig Jahre lang haben wir es miteinander fortgetrieben, und es wäre kein Wunder, wenn wir es endlich zu etwas gebracht hätten.› ... – ‹Er war *ein Mensch* aus dem Ganzen, ... und es kam bei ihm alles aus einer einzigen großen Quelle. Und wie das Ganze gut war, so war das Einzelne gut, er mochte tun und treiben, was er wollte. Übrigens kamen ihm zur Führung des Regiments besonders drei Dinge zustatten. Er hatte die Gabe, *Geister und Charaktere* zu unterscheiden und jeden an seinen Platz zu stellen. Das war sehr viel. Dann hatte er noch etwas, was ebensoviel war, wo nicht noch mehr: er war beseelt von dem edelsten Wohlwollen, von der reinsten Menschenliebe, und wollte mit ganzer Seele nur das Beste. Er dachte immer zuerst an das Glück des Landes und ganz zuletzt erst ein wenig an sich selber. *Edlen Menschen* entgegenzukommen, gute Zwecke befördern zu helfen, war seine Hand immer bereit und offen. Es war in ihm viel Göttliches. Er hätte die ganze Menschheit beglücken mögen. Liebe aber erzeugt Liebe. Wer aber geliebt ist, hat leicht regieren. – Und drittens: er war größer als seine Umgebung. Neben zehn Stimmen, die ihm über einen gewissen Fall zu Ohren kamen, vernahm er die elfte, bessere, in sich selber. Fremde Zuflüsterungen glitten an ihm ab, und er kam nicht leicht in den Fall, etwas Unfürstliches zu begehen ... Er sah überall selber, urteilte selber und hatte in allen Fällen in sich selber die sicherste Basis. Dabei war er schweigsamer Natur, und seinen Worten folgte die Handlung.› ... – Er (Goethe) sprach über die Herzensgüte des *jetzigen Regenten,* über die großen Hoffnungen, zu denen der *junge Prinz* berechtige, und verbreitete sich mit sichtbarer Liebe über die seltenen Eigenschaften der *jetzt regierenden hohen Fürstin,* welche im edelsten Sinne große Mittel verwende, um überall Leiden zu lindern und gute Keime zu wecken. ‹Sie ist von jeher für das Land ein guter Engel gewesen›, sagte er, ‹und wird es mehr und mehr, je länger sie ihm verbunden ist. Ich kenne die *Großherzogin* seit dem Jahre 1805 und habe Gelegenheit in Menge gehabt, ihren Geist und Charakter zu bewundern. Sie ist eine der *besten und bedeutendsten Frauen unserer Zeit,* und würde es sein, wenn sie auch keine Fürstin wäre. Und das ists eben, worauf es ankommt, daß, wenn auch der Purpur abgelegt worden, noch sehr viel Großes, ja eigentlich noch das Beste übrig bleibe.›» (Eckermann)]. – Später für mich. Zeitungen und Journale. [...]» (Tgb)

Freitag, 24. Oktober. «Zeitig nach Berka. Begegnete *Herrn [Badeinspektor] Schütz,* der mir entgegen gekommen war. Mit ihm auf den neuen Pavillon, wo wir Feuer anmachen ließen und frühstückten. Zeitungen und sonstige Unterhaltungen. Auf dem Hin- und Herwege das Nächstbevorstehende überlegt. Nach 1 Uhr wieder zu Hause angelangt. Rüchels [Militärische] Biographie von *Fouqué.* Abends *Prof. Riemer.* Besprachen Sammlung von Sprüchwörtern [→ 22. 10.]. Auch die durch der *Frau Großherzogin [Maria Paulowna]* Munificenz anzuschaffenden Bücher [→ 14. 10.]. *Oberbaudirektor Coudray,* von dem polnischen Reichstag zu Neustadt merkwürdige und lustige Ereignisse referirend. Nachricht, Varna sey [durch *russische Heere*] eingenommen. War durch einen *Courier* von Berlin an die *preußischen Prinzen* gelangt. Über die neu einzuführenden Chiffren der *Höchsten Herrschaften.*» (Tgb)

Vor Samstag, 25. Oktober. GEDICHT WILLST DU DIR EIN GUT LEBEN.

Samstag, 25. Oktober. «[...] [An] *Prof. Göttling* den 11. BAND DER KLEINEN AUSGABE [TASCHENAUSGABE DER ALH] und den 1. VON DEN WANDERJAHREN nach Jena [mit der Bitte um Revision für den Druck]. – Kam eine Sendung von Prag, die Monatsschrift des vaterländischen Museums, Juny bis October inclusive und sonstiges. Verhielt mich ruhig wegen einiger Indisposition. Blieb Mittags auf meinem Zimmer. Las ferner *[E.] Reinholds* [Handbuch der allgemeinen] Geschichte der Philosophie [1. Bd.] bis zu *Platon.* Besuchte mich *Herr Bergdirektor v. Herda* Abends. Ward besprochen das Salzwerk zu Buffleben und anderes. Geschichte der Philosophie fortgesetzt.» (Tgb)

Sonntag, 26. Oktober. «Gleichfalls fortgesetzt. *Herr Soret* überschickte eine neue Medaille von *Bovy.* Briefe von *Cotta. Reinholds* griechische Philosophen, *Platon.* Um 12 Uhr der *Engländer Hamilton* und *Frau,* auch *Frau [Hofmarschall] v. Spiegel, Fräulein Spiegel* und *v. Ziegesar.* Nachher *Graf* und *Gräfin Caraman,* auch *ein Spanier.* Zu Tische *Herr Hofmaler Mako. Hofrat Meyer* und *Fräulein v. Pogwisch. Landesdirektionsrat Töpfer.* Dankbar für das Blättchen für *Wittich. Oberbaudirektor Coudray,* sein Gutachten gebend über *Wolffs* [des *Kasseler Architekten*] Rezension des Pentazoniums [Manuskript].» (Tgb)

Montag, 27. Oktober. «STUDIUM ZUM HAUPTGESCHÄFT [→ 22. 10.]. Briefconcepte diktirt. *Architekt [Johann Heinrich] Wolff* [geb. 1792; später *Professor an der Akademie der Künste in Kassel*] von Kassel nach Berlin gehend. Einiges in Ordnung gebracht. Das Portefeuille mit der *Bologneser Schule* an *Schuchardt.* Mittag *Hofrat Meyer.* EINIGES ZUM HAUPTGESCHÄFT. Abends *griechische Philosophen.* Hatte auch die italienischen Volkslieder [die Sammlung von *Gymnasiallehrer Wolff?*] in Erwägung gezogen.» (Tgb)

Dienstag, 28. Oktober. «Verschiedenes zu den WANDERJAHREN.» (Tgb) – Brief an *Faktor Reichel:* Goethe teilt mit, daß er mit der vom *Adressaten* vorgeschlagenen EINTEILUNG DES MANUSKRIPTS ZUM BRIEFWECHSEL MIT SCHILLER IN SECHS BÄNDE einverstanden sei. – «Es ist auch von einer Dedication an *Ihro des Königs von Bayern Majestät* die Rede [→ 7./8. 10.], solche kann aber gegenwärtig noch nicht erscheinen, sondern wird seiner Zeit auf eine schickliche Weise zu publiciren seyn; deshalb der ERSTE BAND, sobald er abgedruckt ist, ungesäumt in's *Publikum* treten kann.» – «[...] *Frau Großherzogin [Maria Paulowna]* um halb 11 Uhr. Mittag zu Tische *Coudray, Meyer, Riemer* und *Architekt Wolff. Prof. Riemer* blieb [«Die Konversation bewegte sich über Mitteilungen aus Italien und Kunsterscheinungen der Zeit, über meine Rezensionen im Cottaschen Kunstblatt, bezüglich des *Klenzeschen* Hauses in München und des *Mollerschen* Theaters etc., welche *Coudray* unserem verehrten Wirt schon früher vorgelesen und die, wie er uns selbst sagte, seinen Beifall erhalten hatten. Dann kamen wir auf die mangelhaften Kunsturteile *Karl August Böttigers* in Dresden, des *bekannten Archäologen* und *Schriftstellers,* zu sprechen, wobei, als ich einige Aussprüche desselben tadelte, Goethe wirklich in eine Art lebhaften Scheltens ‹über dessen unbefugte Anmaßung› verfiel; er sprach sich mit einem *Eifer* gegen ihn aus, den man der ruhigen Würde des großen Mannes gar nicht zugetraut hätte. Seine ganze Vorliebe zeigte er dagegen für den *noch jugendlichen Eckermann,* von dessen Fähigkeiten er eine große Meinung zu haben schien. Wenn irgend eine Besprechung gelehrter Fragen durch *Riemer* angeregt wurde, so war es häufig Goethes Refrain: ‹Ja, wenn Eckermann nicht zu bescheiden wäre, so könnte er wohl die Sache in die Hand nehmen.› ... ist es wohl statthaft, auch der vielen *guten Gerichte* zu erwähnen, die man uns vorsetzte, und von denen der alte Herr es sich vortrefflich schmecken ließ; unter anderem verzehrte er eine *ungeheure Portion Gänsebraten* und trank eine *ganze Flasche Rotwein* dazu.» (*J. H. Wolff:* Aufzeichnungen; GG 6264)]. *Herr Kanzler v. Müller* von Allstedt zurückkommend, und manches Bisherige referirend.» (Tgb)

Mittwoch, 29. Oktober. Brief an *Therese v. Eißl:* Goethe ersucht sie, hinsichtlich des ihm bestimmten Bildes «nach eigner Lust und Liebe zu verfahren» [→ 4. 6.]. – Ihr eigenes Bildnis möge sie nur malen, wie sie sich selbst am liebsten deutet. – «MUNDIRT AN DEN WANDERJAHREN. [...] Fiel der Geburtstag der *Fräulein Ulrike [v. Pogwisch]* und *[Enkelin] Almas.* Das *Marezollische* Porträt wurde aufgestellt. Auch ein von Rom gekommener Ecce homo-Kopf. Nachher *Demoiselle Seidler.* Mittag *Herr Hofrat Soret* und *Fräulein Ulrike [v. Pogwisch].* Blieb für mich. Diktirte Abends einen Brief an *Zelter.*» (Tgb): «*Unseres Mädchens [Almas]* erster Jahrestag ward heute gefeiert. Es scheint auch recht weiblich einzuschlagen. Sie ist hübsch und mit Eigenheiten genugsam begabt. – Ich beschäftige mich nun mit den WANDERJAHREN, welche zunächst zum Drucke hineilen, indem sie zur FÜNFTEN LIEFERUNG gehören; sie werden euch zu denken geben, und das ist's doch eigentlich, worauf es ankommt. [...]. – Es sind wieder *Tiroler* hier; ich will mir doch jene Liedchen vorsingen lassen, ob ich gleich das beliebte Jodeln nur im Freyen oder in großen Räumen erträglich finde. – Das offenbare Geheimniß einer bevorstehenden Vermählung [der *Prinzessin Augusta von Sachsen-Weimar-Eisenach* mit dem *Prinzen Wilhelm von Preußen*] wird noch immer bey uns gehegt [...]. – Von den zurückkehrenden *Naturforschern* habe ich manche bedeutende Unterhaltung genossen. Genau aber besehen bleibt es immer eine entschiedene Wahrheit: was ich recht weiß, weiß ich eigentlich nur mir selbst; sobald ich damit hervortrete, rückt mir sogleich Bedingung, Bestimmung, Widerrede auf den Hals. [...] Das Sicherste bleibt immer, daß wir alles, was in und an uns ist, in That zu verwandeln suchen; darüber mögen denn die andern [...] reden und verhandeln.»

Donnerstag, 30. Oktober. «Unruhige Nacht. Barometerstand 27" 8 ¹/₂'". Es fiel ein still niedergehender allgemeiner Schnee. [...] *Reinholds* Geschichte der Philosophie. Mittag allein. Verschiedenes durchgedacht. Abends *Hofrat Vogel*. War die Madonna del Sisto lithographirt von *[Steinzeichner] Müllern* angekommen.» (Tgb)

Freitag, 31. Oktober. «Die Nacht nicht viel besser. *Ottiliens* Geburtstag. Sie und *Ulrike [v. Pogwisch]* besuchten mich. *Hofrat Vogel, Hofrat Meyer*. Besprechung wegen des *Großherzoglichen* Bildes. Den übrigen Tag im Bette zugebracht und das Vorseyende überlegt. Bessere Nacht.» (Tgb)

Herbst. GEDICHT DEM DICHTER WIDM' ICH [für *Adam Mickiewicz*].

Vielleicht Herbst. VOLLENDUNG DES AUFSATZES CISSUS [→ 15. 10.].

Samstag, 1. November. Brief an *Cornelius:* Goethe sendet die *Neureutherschen* Zeichnungen zurück, die *Cotta,* welcher sie bei ihm gesehen, zu verlegen geneigt schien [→ 27. 9.; → 23. 9.]. – Brief an *Bibliothekar Prof. Göttling:* Veranlaßt durch eine Mahnung aus Augsburg [*Faktor Reichel* bittet am 26. 10. um die DRUCKVORLAGE FÜR DIE FÜNFTE LIEFERUNG, BÄNDE 21–25 DER ALH, sowie die KORRIGIERTEN BÄNDE DER DRITTEN LIEFERUNG DER TASCHENAUSGABE für den Druck der OKTAVAUSGABE (vgl. Hagen, 1343)] ersucht Goethe den *Adressaten,* zunächst die Korrektur des 11. BANDES DER TASCHENAUSGABE zu fördern [→ 25. 10.]. – «[...] Einiges Politische gelesen. Weniges gegessen. Ging ein gnädigstes Rescript ein wegen den Kenntnissen und Fertigkeiten des *Technikers [Karl Georg] Kirchner [Baukondukteur in Weimar]*. Ich setzte die Betrachtungen über das allernächst zu Leistende bis gegen Abend und durch einen Theil der Nacht fort.» (Tgb)

Sonntag, 2. November. «AUSFÜLLUNG EINER LÜCKE DES 3. BANDES DER WANDERJAHRE [→ 29. 10.].» (Tgb) – Brief an *Faktor Reichel:* «Da an den BÄNDEN 21, 22, 23, DIE WANDERJAHRE ENTHALTEND, noch einiges zu arbeiten ist, so sende mit der heutigen fahrenden Post die ZWEI BÄNDE 24 UND 25 [DuW, TEILE 1 UND 2] revidirt voraus, da es Ihnen wohl gleichgültig ist, welches Sie zuerst drucken. Die übrigen sollen in mäßigen Pausen alsdann zur rechten Zeit nachfolgen, so wie die zum Behuf der OKTAVAUSGABE REVIDIRTE DRITTE LIEFERUNG.» – «[...] Ich besah die von *[Steinzeichner] Müller* lithographirte Madonna di St. Sisto und bestellte den Rahmen [→ 30. 10.]. Ordnete die neuangekommenen AUSHÄNGEBOGEN [DER AlH]. Mittag für mich. Nach Tische und gegen Abend *Ottilie*, von den neusten öffentlichen und Privatangelegenheiten erzählend.» (Tgb)

Montag, 3. November. «EINIGES ZU DEN WANDERJAHREN. Mehrere Briefe concipirt. [...] Mittags speisten die *Kinder* auf meinem Zimmer mit mir, auch *Eckermann*. Gegen Abend *Herr Soret*. Sodann *Oberbaudirektor Coudray*, welcher von dem glücklichen Verlauf der Jenaischen Conferenz angenehme Nachricht erstattete. *Hofrat Vogel* kurze Zeit.» (Tgb)

Dienstag, 4. November. «AN DEN WANDERJAHREN FORTGEARBEITET.» (Tgb) – Brief an *Amtsaktuar Stichling:* Goethe sendet ihm die zugesagte [«Aarauer» (Tgb)] Zeitschrift in «Erinnerung der angenehmsten, in Ihrer Nachbarschaft zugebrachten Stunden, mit dem Wunsche, dieselben nächstes Jahr erneuern zu können» [→ 10. 9.]. – Brief an *Bildhauer Rauch:* Goethe bestellt 10 silberne und 50 bronzene Exemplare seiner Jubiläums-Medaille von *Brandt*. – [...] [An] *Geh. Hofrat Helbig*, Promemoria wegen der Instrumente von dem *Höchstseligen Großherzog* [→ 26. 9.]. – Der *Tischler* rahmte *Müllers* lithographisches Bild ein. Mittags für mich. Nach Tische *Dr. Eckermann*. Unterhaltung über *Heinrich Müllers* Lithographie [→ 2. 11.]. Abends *Landesdirektionsrat Töpfer, Prof. Riemer*. Letzterer blieb. Gab Nachricht von Berlin und dem Aufenthalt seiner *Frauen* daselbst. *Rösels* landschaftliche Zeichnungen, von *Rabe* in Kupfer gebracht.» (Tgb) – GEDICHT WAGE DER GEWANDTE STEHLER [für *Samuel Rösel*].

Mittwoch, 5. November. «WANDERJAHRE fortgesetzt. GEDICHT an *Rösel*, abgeschrieben und [an diesen] fortgesendet. [...] *Herr Hofrat Soret*. Mit ihm die Dresdner künstlerische Angelegenheit durchgesprochen [In Dresden war 1828 der *«Sächsische Kunstverein»* unter Vorsitz des *Kunstsammlers und Kunstschriftstellers Johann Gottlob v. Quandt* gegründet worden. Von den Mitgliedsbeiträgen sollen Werke *lebender Künstler* gekauft und dann unter den *Mitgliedern* verlost werden. Goethe strebt an, daß auch *Weimarer* als Mitglieder aufgenommen werden können. (SchrGG 61, 99)]. Brief von Frankfurt, *Willemers* italienische Reise betreffend. Mittag für mich. Abends *Herr Hofrat Meyer*. Den Anfang der Kunstgeschichte von *Alexander [dem Großen]* bis *August[us, Julius Cäsar Octavianus]* vorlesend. Auch die *Müllerische* Lithographie betrachtend und billigend.» (Tgb)

Donnerstag, 6. November. «WANDERJAHRE FORTGESETZT. Sendung von München. [Enthaltend *Stielers*] Porträte der *Höchsten Herrschaften [Ludwig I. von Bayern* und *dessen Gattin*] lithographirt [,] Landschaften von *[Johann Georg v.] Dillis [Maler, Galeriedirektor in München;* geb. 1759 (vgl. Schuchardt 1, 112)]. Schreiben des *Minister von Altenstein;* die Zurücksendung der geliehnen Manuscripte [→ 3. 6. 27]. Mittag für mich. Einzelne Betrachtung der von Berlin gesendeten antiquarischen Kleinigkeiten. Abends *Oberbaudirektor Coudray*. Erzählend von der Einweihung des Ressourcensaals [→ 13. 6.]. Auch von seiner vorhabenden Reise sprechend und vorberichtend.» (Tgb)

Freitag, 7. November. «FORTSETZUNG DES GESTRIGEN GESCHÄFTES [WANDERJAHRE]. *Herr Geh. Hofrat Helbig*, zu Beschauung der *Müllerischen* Lithographie und Besprechung sonstiger Geschäftspuncte. *Sekretär Kräuter*, einige rückständige Remunerationen erinnernd [...]. Mittag die *Kinder*. War Mittagstafel der *Freunde* im Erbprinzen [anläßlich des dritten Jahrestages der

Feierlichkeiten zum → 7. 11. 25]. Kam *Herr Soret* [«Nous avons trinqué à son jubilé. Il m'a beaucoup parlé de SES OUVRAGES.» (*Soret;* GG 6268)]. Verabredung mit demselben wegen einer neuen Rücksendung der *Bovyschen* Medaille. Später *Herr Kanzler [v. Müller].* Sodann *mein Sohn,* eine freundliche Gabe von *Stephan Schütze* bringend. *Fräulein Ulrike [v. Pogwisch],* manches Vorkommliche, Charakteristische und Gesellige. Auch die kleinen Stickereyen besprechend. Das Nächstbevorstehende durchgedacht.» (Tgb)

Samstag, 8. November. «MUNDUM AN DEN WANDERJAHREN.» (Tgb) – Brief an *Riemer:* «Ich höre, [...] daß Sie nicht ganz wohl sind, und wünsche nur, daß es eine vorübergehende, bald zu heilende Indisposition seyn möge. – Gönnen Sie BEYKOMMENDEN BLÄTTERN einige Aufmerksamkeit! Eigentlich gehört DIESES KAPITEL [10 DES 1. BUCHES DER WANDERJAHRE] zwischen Seite 112 und 113 der ERSTEN AUSGABE DER WANDERJAHRE und ist, wie Sie finden werden, eine umständlichere Ausführung des Zustandes der *fraglichen Tante* und der Absendung *Wilhelms* an *Lenardo.*» – Brief an *Bibliothekar Prof. Göttling:* Goethe sendet die übrigen VIER BÄNDE DER DRITTEN LIEFERUNG [BÄNDE XII BIS XV DER TASCHENAUSGABE] zur Revision [→ 1. 11.]. «[...] wir kommen nun schon nach und nach über die Hälfte hinaus, und mir wenigstens wird die Ahnung eines freyeren Lebens». – Goethe versichert dem *Adressaten,* wie sehr er am Gewinn [von dessen Italienreise] teilnimmt. – «Etwa im 29. THEILE MEINER WERKE möchte mein ZWEYTER AUFENTHALT IN ROM zur Sprache kommen, der, wie er auf dem Papier steht, sich freylich nicht sonderlich ausnehmen wird, aber doch vielleicht andeuten mag, wie hier der Grund meines ganzen nachherigen Lebens sich befestigt und gestaltet hat. Dieß werd ich jetzt um desto lieber redigiren und hinstellen, da ich gewiß bin, daß es für Sie vollkommen zur Evidenz gelangen wird.» – «Promemoria wegen des *Dresdner Kunstvereins* [→ 5. 11.]. *[Philosophie-]Prof. Bachmann,* mit demselben die Angelegenheiten der *Mineralogischen Societät* besprochen. *Fräulein Seidler* über die Dresdner Angelegenheit. *[Mediziner] Dr. Meyer* von Minden. Erinnerung alter guter Zeiten. Zu Tische für mich. Nach Tische *Dr. Eckermann.* Die englisch-geologische Tabelle. *Hofrat Meyers* Kunstgeschichte und Manuscript hinausgelesen. [...] [An *Faktor*] *Reichel* den 11. BAND, von *Göttling* corrigirt, Augsburg.» (Tgb)

Sonntag, 9. November. «An den WANDERJAHREN gearbeitet.» (Tgb) – Brief an den *Sächsischen Kunstverein in Dresden:* Goethe teilt mit, daß sich nach näherer Betrachtung der eingesendeten Statuten des *Vereins* in Weimar *mehrere Kunstfreunde* vereinigt und unter folgenden Voraussetzungen vorerst auf 31 Aktien unterzeichnet haben. – Der *Dresdner Kunstverein* sollte den *weimarischen Verein* so in sich aufnehmen, daß *allen Mitgliedern* die gleichen Vorteile zu Gute kämen. – *Weimarer bildende Künstler* sollten in Dresden ihre Arbeiten ausstellen und verkaufen dürfen. Darüber hinaus sollten die *Weimarer Aktionäre* das Recht haben, an den jährlichen Verlosungen teilzunehmen [→ 8. 11.]. – Brief an *v. Quandt:* Nachdem der Dresdner Vorschlag in Weimar günstige Aufnahme gefunden hat, hält es Goethe «für seine Schuldigkeit», sich der Sache anzunehmen und mit dem *Adressaten* unmittelbar ins Verhältnis zu treten. Er übersendet sein Schreiben [an den *Dresdner Kunstverein*] und bittet, alles weitere an ihn gelangen zu lassen. – «[...] [Die] *Prinz[en] Wilhelm* und *Carl [v. Preußen]* und *Adjutantur. Prof. der Mathematik Kunze* am hiesigen Gymnasium. Einsicht in *[J. K.] Zenkers* Zoologie [«Das thierische Leben und seine Formen»]. Mittagsessen zu Ehren des *[Mediziners] Dr. Meyer* von Minden. Ich blieb für mich. Griff das Nächste an. Las *[Hofrat] Meyers* Kunstgeschichte, den Rest des Manuscripts. [...] Abends die Geschichte der Sprichwörter französisch. Auch hatte Rüchels Leben von *La Motte Fouqué* durchgelesen [→ 24. 10.].» (Tgb)

Montag, 10. November. «An dem HAUPTGESCHÄFT fortgearbeitet. Verabredung mit *meinem Sohn* des heutigen Tages wegen. Erhielt [...] [das] Handbuch der ungarischen Poesie von *Franz Toldy* [eigentlich *Franz Joseph Schedel, ungarischer Literaturhistoriker* und *Schriftsteller;* geb. 1805] [...]. *Maler [Franz] Krüger* [geb. 1797], Bild des *Prinzen Wilhelm [v. Preußen]* und der *Prinzeß Auguste [von Sachsen-Weimar-Eisenach].* Mittag für mich. *[Mediziner] Meyer* von Bremen speiste mit *meinen Kindern* und einer *Gesellschaft.* Besuchte mich des Abends *Dr. Meyer* Abschied zu nehmen. Ich las weiter in dem Handbuch der ungarischen Poesie. Auch sodann die Schule der Frommen [Lustspiel] von *Karl Immermann;* ein trauriges Geles.» (Tgb)

Dienstag, 11. November. «NOTHWENDIGE ÜBERSICHT DES HAUPTGESCHÄFTES. SCHEMATISIRUNG DESHALB. Grabschrift für *Herrn von Einsiedel,* durch *Herrn Kanzler [v. Müller]* eingereicht [→ 16. 8.].» – Brief an *Kanzler v. Müller:* «Aufrichtig zu seyn, will mir *unsre goldne Zeit* nicht gefallen; seitdem ich lebe, hab ich schon sechs bis sieben goldne Zeitalter der deutschen Literatur überstehen müssen [in *Müllers* Entwurf heißt es: «Hat er uns're goldne Zeit durchlebt / Und ging heim / An dem für Weimar traurigsten Tage»] [...].» – Goethe legt einen ÄNDERUNGSVORSCHLAG bei [FOLGTE SEINEM HERREN / UNGESÄUMT / IN DIE WOHNUNG / DER SELIGEN.], diesen jedoch nur «zur Andeutung, nicht zur Annahme». – «Mittags allein. Nachher *Dr. Eckermann.* Abends *Herr Kanzler [v. Müller].* Später *Ottilie.*» (Tgb)

Mittwoch, 12. November. «Am HAUPTGESCHÄFT fortgefahren. Um 11 Uhr *Frau Großherzogin Mutter [Luise].* Nachher *Dr. [Immanuel] Ilmoni [Professor der Medizin in Helsingfors, Naturphilosoph;* geb. 1797] aus Finnland [«...als...

die hohe, edle, von acht Dezennien noch nicht gebeugte Gestalt (Goethes) mit dem silbergrauen Haupte mir entgegen trat, mich aufforderte, mich dicht neben ihn zu setzen, und mich mit seinen großen, noch feurigen Augen ansah. Er ist vollständig dem großen schönen Porträt (von *Kügelgen*) ähnlich, welches man von ihm *en face* besitzt, vielleicht nur jetzt mit tieferen Zügen des Alters; seine Stimme ist noch recht wohlklingend, seine Gedanken sind klar, und die Fragen, die er stellt, folgen schnell und lebhaft. Das erste, was er mir sagte, als er den Namen meines Wohnorts (Helsingfors) gehört hatte, war: ‹Sie wohnen also im Schoße der granitenen Urgebirge?› und fragte mich dann verschiedenes über die geologische Beschaffenheit Finnlands...» (*Ilmoni,* Reisetagebuch; GG 6270)]. Mittags mit der *Familie.* Nachher *Dr. Körner.* Abends für mich.» (Tgb)

Donnerstag, 13. November. «Das HAUPTGESCHÄFT gefördert. Einiges in Oberaufsichts-Angelegenheiten.» (Tgb) – Brief an *Riemer:* Da Goethe von Seiten der großherzoglichen Bibliothek der *französischen Lesegesellschaft* beigetreten ist [→ 4. 7. 27], sendet er dem *Adressaten* wie besprochen das Bücherverzeichnis zur Einsicht. – «*Dr. Körner,* sein neustes Crownglas vorlegend. [...] Mittag *Wölfchen,* speiste mit mir auf meinem Zimmer. War munter und

anmuthig. Ich fuhr fort das Werk über den Mohn [«. . . Papaver ex omni anti-
quitate erutum . . .», 1713, von *M. F. Lochner v. Hummelstein*] zu lesen. Zeitig
zu Bette.» (Tgb)

Freitag, 14. November. Brief an *Hofrat Meyer:* «Die Kunstgeschichte habe
mit vielem Antheil abermals gelesen [→ 8. 11.]; die recensirten Münzen sehen
wir wohl mit einander durch.» – «Bericht wegen des Gesuches des *Jenaischen
Fechtmeisters Bauer* [wegen Überlassung eines Lokals im großherzoglichen
Schloß]. *Meine Schwiegertochter* und *Hofrat Vogel.* Nachricht vom Tode der *Kaiserin Mutter* [*Maria Feodorowna* war am 24. 10. (5. 11.) gestorben]. Auftrag an
Kräuter, wegen einer Sendung von Württemberg. Schwarze Kunst nach *Rembrandt* [von *Georg Friedrich Schmidt, Kupferstecher, Maler;* gest. 1775]: der Herr
des Weinbergs, nach dem Evangelio. Mittag für mich. Ankunft der *Wichmann-
nischen* [*Ludwig Wilhelm Wichmann, Bildhauer;* geb. 1788] Büsten des *Professor
Hegel* und *Demoiselle* [*Henriette*] *Sontag* [«. . . wird mir das ungemeine Vergnügen, plastische Arbeiten kennen zu lernen, welche bey'm ersten Anblick einen
allgemein günstigen, man darf wohl sagen ideellen Eindruck machen, sodann
aber bey näherer Betrachtung das Individuelle charakteristisch entscheidend
uns gewahr werden lassen.» (an *Wichmann,* 20. 11.)]. Abend *Prof. Riemer.* VER-
SCHIEDENES MANUSCRIPT mit ihm durchgegangen. Anderes Literarische
durchgesprochen. Besonders auch einige neuacquirirte Bücher und Manuscripte betreffend.» (Tgb)

Samstag, 15. November. «Wegen Reinigung des Ofens in den vordern
Zimmern mich eingerichtet. Die benannten Büsten günstig aufgestellt. [. . .]
war [. . .] *Geh. Hofrat Helbig* dagewesen, um wegen des restaurirten Bildes und
sonstiger Vorkommenheiten zu besprechen.» (Tgb) – Brief an *Kunsthändler
Arnold:* Goethe sendet ihm als Dank für die verehrte Zeichnung [«Philosophie»; → 3./9. 9.] «ein paar Medaillen» [wohl die Jubiläumsmedaille von
Brandt]. – Brief an *Naturforscher Jäger:* Goethe dankt ihm für seine Sendung
[Supplemente zur Schrift des *Adressaten* «Über die Mißbildung der Gewächse»
enthaltend; → 1. 7. 16]. – «[. . .] ich würde, wenn nicht so manche Abhaltun-
gen entgegen stünden, meine späteren Jahre ganz der Naturforschung widmen. – Wie ich denn auf Monstrositäten fleißig fortgesammelt, auch die verschiedenen Abweichungen der Pflanzen nach Art und Eigenschaft einer jeden
zu beobachten gesucht, um immer klarer das Allgemeine im Besondern zu
schauen.» – «[. . .] Zeitschrift Echo. Mittag mit der *Familie* und *Dr. Eckermann.*
Gespräch über *[Mediziner] Meyer* von Minden. Die neuen Theater-Einrich-
tungen. Ich setzte die Lesung von *Plautus* Comödien fort, indessen *Wölfchen*
seine kleine Spiele trieb.» (Tgb)

Mitte November. «Als der *Großherzog [Karl August]* noch lebte, hatte Goethe den Plan, mich *[Eckermann]* bei der hiesigen Bibliothek anzustellen, so
wenig dieses auch, wie ich Dir gestehen kann, nach meinem Sinne gewesen
ist [→ 24. 2.]. Jetzt aber bei dem *neuen Fürsten [Karl Friedrich]* und der *neuen
Regierung* hat sich das alles verändert, man denkt an nichts, als an Ersparungen,
und ist gar nicht geneigt, eine Stelle zu besetzen, die, wie die letzten Jahre
gezeigt haben, gar nicht zu besetzen nötig ist.» (*Eckermann* an Johanne Bertram; 20. 11; GG 6272)

Vermutlich Mitte November. Konzept eines wahrscheinlich nicht abgegangenen Briefes an *Stadtrat Knoblauch* in Berlin: «Sollte der würdige und wirksame *Verein der Kunstfreunde in Königlich Preußischen Staaten* auch auswärtige Mitglieder aufzunehmen geneigt seyn, so wollte sich Unterzeichneter bescheidentlich hiezu gemeldet haben.» Goethe bittet um die Zusendung der Statuten. (WA IV, 45, 346)

Sonntag, 16. November. «Mehrere Concepte und Munda. Bedeutendes Schreiben des *Grafen Reinhard* an *[Kanzler v.] Müller* [«... wir haben beide ein wahres Fest der Freundschaft und Teilnahme gefeiert, da wir uns so lange nach Briefen von Ihnen gesehnt hatten. Goethe kann nicht genug die klare, ruhige Anschaulichkeit bewundern, die Sie, mitten in einem so bewegten Leben, der Schilderung des FAUST zu geben gewußt haben, und ist Ihnen dafür *höchst dankbar.* Ich mußte ihm die ganze Stelle Ihres Briefes sogleich ausschreiben lassen.» (*Müller* an *Graf Reinhard*, 19. 11.; GG 6271)]. Der an *[Chemiker] Goebels* Stelle in Jena getretene *Prof. [Heinrich Wilhelm Ferdinand] Wakkenroder [Chemiker, Pharmazeut; geb.* 1798]. Mein Sohn fuhr mit *Gesellschaft* nach Berka. Ich speiste mit der *Familie.* Las in der Zeitschrift L'Eco. Sodann in *Plautus. Hofrat Vogel* auf einige Stunden. Ärztliche Unterhaltung. Besonders über seine Ansichten der Krankheitszustände.» (Tgb)

Montag, 17. November. «[...] Bericht an den *Großherzog [Karl Friedrich]* [...] wegen *Fechtmeister Bauer* in Jena [→ 14. 11.].» – Brief an *Kaufmann Lehmann & Co.:* Goethe nimmt das ihm übersendete halbe Los an und möchte sogleich für alle Klassen bezahlen. – «[...] Mittag mit *Ottilien* und den *Kindern. Mein Sohn* speiste außerhalb; gegen Abend *Frau v. Münchhausen.* Gegen Abend *Herr Soret,* botanisches und naturhistorisches Gespräch.» (Tgb)

Dienstag, 18. November. Brief an *Rungenhagen:* Es ist Goethe angenehm, daß der *Adressat* das «mit dem besten Willen extemporirte GEDICHT [auf *Zelter*], so wie es steht und liegt», annehmen möchte [→ 21. 10.]. Der Vorschlag des *Adressaten,* «die *verschiedenen Chöre* [...] durch die sich charakteristisch unterscheidenden Stimmen ausführen zu lassen», liegt ganz in Goethes Sinne. – «[...] Abschrift von *Herrn v. Quandts* Brief an *Demoiselle Seidler* [→ 9. 11.]. Die eingerahmte Landschaft an *Fräulein Ulrike [v. Pogwisch].* Diplom als Ehrenmitglied des *thüringisch-sächsischen Vereins, zu Gunsten der sächsischen Altertümer.* Mittag mit der *Familie.* Kam *Wits,* genannt *Dörring,* Heyrath zur Sprache. [...] Abends *Frau v. Wegner, v. Münchhausen* und *Hofrat Meyer* zum Thee.» (Tgb)

Mittwoch, 19. November. «Das HAUPTGESCHÄFT vorgeschoben [→ 13. 11.].» (Tgb) – Brief an *Kanzler v. Müller:* Goethe wünscht, daß sich der *Adressat* für die Teilnahme am *Königlich Sächsischen Kunstverein* interessieren möge [→ 9. 11.]. – «[...] denn durch den kleinen Beytrag findet sich der *Aktionär* gewissermaßen mit *unsern guten Künstlern* ab, die wir aufregen, bilden, auf Reisen schicken und zu Hause darben lassen. [Darüber hinaus besteht] [...] ein Zusammenhang mit größeren Zuständen, welches immer Vortheil bringt.» – «*Kupferstecher Barth* von Frankfurt a. M. kommend. Einen Salvator nach *Holbein,* von ihm sehr zart gestochen, bringend [vgl. Schuchardt, 1, 127, Nr. 232]. Mittags mit den *Kindern* und *Ottilien.* Gegen Abend *Herr Kanzler v. Müller.* Die Verbindung mit dem *Dresdner Kunstverein* besprechend; auch das letzte Schreiben von *Herrn Grafen Reinhard* aus Paris.»

Darauf *Herr Prof. Riemer,* verschiedene Concepte mit ihm durchgegangen. Sodann die ihm von *[Gymnasialprof.] Wolff* vorgelegten Aushängebogen [von dessen Sammlung] der italienischen Volkslieder [«Egeria»; → 27. 10.]. Auch die Büsten der *Demoiselle Sontag* und *Herrn Hegels* neuerlich beschaut und besprochen [→ 14. 11.] [. . .].» (Tgb)

Donnerstag, 20. November. «AN DEN WANDERJAHREN REDIGIRT.» (Tgb) – Brief an *Hofmaler Stieler:* Goethe dankt für dessen Sendung [→ 6. 11.]. – *Dillis* Radierungen setzten ihn in die «angenehmste Empfindung»; «man gelangt zum Mitgefühl wie der *Künstler,* indem er sich mit dergleichen beschäftigte, einer wünschenswerthen Gemüthsruhe genossen und solche der Landschaft dem Himmel, der Erde, Bäumen und Baulichkeiten, nicht weniger dem Wasser mitzutheilen gewußt habe. – Vielleicht überliefert der *Poet* nicht so unmittelbar seine innern Zustände als der *Maler,* der, ohne im mindesten daran zu denken, uns zu seinen Gesellen macht und die Welt durch seine Augen und seinen Sinn anzusehen nöthigt.» – «[. . .] Nach 1 Uhr der vor einigen Wochen angekommene *Engländer* [Lücke im Text]. Mittags mit der *Familie* und *Eckermann.* Nach Tische mit *meinem Sohn* verschiedenes durchgesprochen. Abends *Herr Mako. Landesdirektionsrat Töpfer, Fräulein Ulrike [v. Pogwisch].* Späterhin in dem Werke des *[H. E. G.] Paulus* [«Leben Jesu . . .»; → 7. 10.], welches mit einem Briefe von demselbigen und Dank für die Medaille angekommen war. Einiges verglichen mit dem Texte.» (Tgb)

Freitag, 21. November. «[. . .] Das HAUPTGESCHÄFT gefördert. [. . .]. Die Actienscheine [für den *«Sächsischen Kunstverein»*] vertheilt [→ 18. 11.]. [. . .] Mittag mit der *Familie;* die neusten englisch-amerikanischen Romane besprochen. Das schöne Mädchen von Perth [von *Scott*] ward gerühmt [→ 20. 10.]. Abends *Prof. Riemer.* Die durch die Schatullverhältnisse aufgekündigten Journale besprochen. *[Gymnasialprof.] Wolffs* italienische Volkslieder [→ 19. 11.]. *Zaupers* Homer [Ilias-Übersetzung] und sonstiges.» (Tgb)

Samstag, 22. November. «Geschäfts-Munda. Die WANDERJAHRE bedacht. Briefconcepte dictirt. Mittag *große Tischgesellschaft* im Saale. Ich blieb für mich und las verschiedenes. Den Almanac des Dames für 29. Sodann arabische Sprüchwörter, herausgegeben von *[T.] Erpenius* [und *J. Scaliger,* 1623]. *Mein Sohn* erzählend, was bey Tische vorgekommen und in Gefolg dessen andere Lebensereignisse. Fuhr fort sodann wie oben.» (Tgb)

Sonntag, 23. November. «AN DEN WANDERJAHREN DIKTIRT. Meldete sich *Dr. Weller.* Zwey Bilder von *Herrn Mako.* Speiste für mich allein. Nach Tische *Ottilie,* die Theaterangelegenheiten vortragend. Nachher *mein Sohn,* auch *Wölfchen,* welcher zuletzt blieb. Ich setzte meine Studien und Betrachtungen fort. Auch las ich die letzten *Branischen* Journale. Ging einen Nürnberger Auctionscatalog durch. Überlegte das Nächste.» (Tgb)

Montag, 24. November. «FORTSETZUNG AN DEN WANDERJAHREN, DIE SCHEMATA AUFS NEUE DURCHGESEHEN UND INS REINE DIKTIRT. Mittag mit der *Familie* auf meinem Zimmer. Gegen Abend *Oberbaudirektor Coudray* aus dem Eisenachischen zurückkehrend und von seiner Expedition manches erzählend. Von seinem Aufenthalt in Geisa und Besuch in Treffurt.» (Tgb)

Dienstag, 25. November. «EINIGES ZUM SCHEMA. Erhielt ein diplomatisches Werkchen [. . .] ohne Titel [. . .] vom *Herrn Legationsrat Kölle. Frau Groß-*

herzogin Mutter [Luise], die *Wichmannischen* Bitten. Lithographien nach dem Herzoglich Albertischen Zeichnungskabinet. Mit *Ottilien* spazieren gefahren. Obiges Heft weiter gelesen. Mit der *Familie* vorn gespeist. Die diplomatischen Bogen von *Legationsrat Kölle* weiter gelesen. Abends *Prof. Riemer,* EINIGE MANUSCRIPTE durchgegangen.» (Tgb)

Mittwoch, 26. November. «EINIGE CORRECTUREN NACHGEHOLT. CONCEPTE DURCHGESEHEN, SCHEMATA ERNEUERT. Kam die Sendung von *Baron von Wolbock*, welcher das Museum der Antiken von *[P.]* Bouillon übersendete, 3 Bände [als Geschenk für die Großherzogliche Bibliothek]. Überlegung deshalb. Mit *Ottilien* spazieren gefahren. Mittags mit der *Familie*. Neue Verhältnisse durchgesprochen. Das HAUPTGESCHÄFT nicht aus Augen gelassen. Abends *Herr Kanzler v. Müller*. Sodann *Landesdirektionsrat Töpfer*. Später *Wölfchen*.» (Tgb)

Donnerstag, 27. November. Brief an *v. Quandt:* Goethe bestätigt den Eingang der Aktienscheine und teilt mit, daß noch *mehrere Mitglieder* hinzugetreten sind, darunter die *«sämtlichen gnädigsten Herrschaften»* [→ 21. 11.]. – «[...] Um 12 Uhr Besuch von *Frau v. Wolzogen*. *Dr. Herzog* von Jena, *Verfasser der thüringischen Geschichte* [→ 21. 8.]. Die *zwei Domkandidaten Honhorst* und *Arndt* zu Berlin. Mittags mit der *Familie*. Über die *Hegelische* Lehre 1829. Botanik für Damen, Künstler pp. Leipzig, von *[H. G. L.] Reichenbach* in Dresden. Abends *Hofrat Vogel*. Über seine Arzeneymittellehre in Kinderkrankheiten. Auch sonstiges Physiologisches und Pathologisches.» (Tgb)

Freitag, 28. November. «HAUPTSTELLEN DER WANDERJAHRE FORTGESETZT. Andere Munda. *Reichenbachs* Botanik weiter gelesen. Mittags mit der *Familie*. Gegen Abend *Kanzler v. Müller*, wegen eines Aufsatzes in die Allgemeine Zeitung. *Prof. Riemer*, diese Angelegenheit mit ihm durchgesprochen.» (Tgb)

Samstag, 29. November. «[...] [An] *Kanzler v. Müller*, gedachten Zeitungsaufsatz, redigirt. [...] [An *Auktionator*] *Schmidmer* Nürnberg, einige Aufträge. [...] *Prof. [K. F.] Bachmanns* System der Logik. Verschiedene Concepte. *Herr Großherzog [Karl Friedrich]* [...], verschiedenes durchsprechend. Mittag *Hofrat Vogel*. Mit demselben besonders nach Tische seine Bearbeitung der Arzeneymittellehre besprochen. Blieb für mich und machte mich mit *Bachmanns* System der Logik bekannt.» (Tgb)

Sonntag, 30. November. Brief an *Cotta:* «Der ERSTE BAND DER CORRESPONDENZ [ZWISCHEN GOETHE UND SCHILLER], angenehm gedruckt ist nunmehr in meinen Händen; den ZWEYTEN erwarte zunächst [...].» – Hinsichtlich der Widmung der BRIEFSAMMLUNG an *König Ludwig I. von Bayern* [→ 28. 10.] ist «von keiner gewöhnlichen Dedication die Rede, sondern, wenn die SECHS BÄNDE vollendet vor uns liegen, soll mir hoffentlich etwas gelungen seyn was, darauf Bezug habend, das Allgemeine, Würdige und Schickliche ausspräche. Es klingt dieses freylich einigermaßen mystisch, mehr kann ich jedoch nicht sagen und wünsche nur indessen daß man das was ich mir vorsetzte als etwas Selbstständiges betrachten und erwarten möge.» – Was den Stich des [Goethe-] Porträts von *Stieler* betrifft [den *Cotta* im Einverständnis mit dem *König von Bayern* in Auftrag geben möchte], würde sich Goethe am liebsten auf einen *Künstler* jenseits der Alpen verlassen. Er nennt *Toschi, Longhi* und *Anderloni*. – «Die von dem *guten Neureuther* zu erwartenden Blätter geben mir die angenehmste Aussicht; lassen Sie mir die jedesmaligen Probedrücke nicht fehlen [*Cotta* berichtet am 22. 10., mit *Neureuther* einen Vertrag über 24 Zeichnungen nach Goethes GEDICHTEN abgeschlossen zu haben; → 1. 11.] [...]. – Nun aber lassen Sie mich eine wichtige Betrachtung mittheilen, zu welcher ich durch Ihre neuliche erwünschte Gegenwart [→ 27. 9.] veranlaßt worden. *Männer* die in so bedeutenden Lebensverhältnissen verbunden sind sollten nicht so lange anstehen sich persönlich zu nähern und mündlich zu besprechen. Entfernung entfernt die Gemüther, es sey wie ihm wolle; ein Augenblick der Gegenwart hebt alle die Nebel auf, die sich in der Weite nur gar zu leicht vermehren und verdichten. – *Ihrer Frau Gemahlin* bitte von uns die angelegentlichsten Empfehlungen zu vermelden, mit der Versicherung es sey unser bester Wunsch: Sie möge die gleichen Eindrücke mitgenommen haben, die sie bey mir, nicht weniger bey *meiner guten Schwiegertochter* zurückgelassen hat.» – «[...] Schreiben an *Herrn v. Wolbock,* ingl. Communicat an das Oberconsistorium [die Einführung des Zeichenunterrichts an Stadt- und Landschulen betreffend (vgl. Vogel, 414)] concipirt. *[Leibmedikus] Vogels* geistreiche Art, sein Geschäft anzugreifen, näher beleuchtet und das Resultat niedergeschrieben. Mittag *Hofrat Meyer* und *[Heinrich] Nicolovius* von Schleusingen. Abends für mich. Mit Anordnen und Übersicht beschäftigt.» (Tgb)

Vielleicht Mitte / Ende November. «Es war im Winter vom Jahre 1828 auf 1829 [...] als der *Kanzler von Müller* mit den *Freunden Riemer, Eckermann* und *La Roche* einen Besuch bei Goethe machte. Goethes *Sohn August* hatte sich ihnen gleichfalls angeschlossen. – Sie kamen mit der Mitteilung, *daß sie eine* FAUST*aufführung* auf der Weimarer Bühne *beschlossen hätten*... – Sehr möglich, daß das Gerücht von der beabsichtigten Darstellung in Braunschweig auch in Weimar den Gedanken anregte [am 19. 1. 29 erfolgt die Uraufführung des FAUST I durch *Klingemann* in Braunschweig] [...]. – *Herr v. Müller* brachte die Sache ruhig vor, wobei er aber, wie erwähnt, unter anderm sich des Ausdrucks bedient zu haben scheint: ‹man habe beschlossen –›. Darüber fuhr Goethe auf wie von einer Bremse gestochen. – ‹Glaubt man denn, daß ich, wenn ich gewollt hätte, nicht selbst den FAUST auf die Bühne bringen konnte? – Ist es billig, über MEINE WEKRE zu verfügen, ohne zu fragen, was ich selbst damit vorhabe? – Bin ich denn nicht mehr am Leben? – *Beschlossen hat man?* Man hat demnach *beschlossen,* ohne mich auch nur zu fragen!› – Voll Majestät in seinem Zorn ging er bei diesen Worten im Zimmer auf und ab. [...]. – Es ging damit aber doch den Weg, wie so manches andre, das anfangs auf seinen Widerspruch stieß und schließlich doch durchgeführt wurde. Goethe machte sich mit dem Gedanken vertraut und äußerte denn endlich eines Tages [vielleicht am → 23. 11.] gegen seine vermittelnde *Schwiegertochter Ottilie:* ‹Wenn man denn durchaus den FAUST zur Darstellung bringen will, so soll er mindestens nicht so zur Darstellung kommen, wie *sie* ihn in etwa denken, sondern *so,* wie *ich* ihn haben will!›» (K. J. Schröer: Einleitung zu Goethes Faust; 1886; GG 6273)

Montag, 1. Dezember. «*Schuchardten* den *Peter Vischer* [Allegorische Darstellung der Reformation, Federzeichnung] übergeben. Bey *Facius* einen Stempel bestellt. [...]. Briefe [...] für morgen. [...]. *Baco von Verulam* [«Opera omnia...», 1665 (Keudell, 1953)]. Mittag für mich. *Baco von Verulam* ferner durchgesehen. Übersichten über verschiedenes Vorliegende durchgedacht. *Kanzler v. Müller,* einige Angelegenheiten vorbringend. [...].» (Tgb) – GEDICHT FIND' IN DIESER BÜCHLEIN REIHE für *Dominicus Predari* in den 1. BAND VON GOETHES WERKEN.

Dienstag, 2. Dezember. «Ansuchen von dem [Weimarer] Theater her, um Mittheilung des PROLOGS ZU HANS SACHS. Denselben aufgesucht, auch die nach Berlin mitgetheilten VERÄNDERUNGEN nachgebracht [→ 8. 3.]. An *Elkan* die 155 Thaler gezahlt, wegen des *Dresdener Kunstvereins* [→ 27. 11.]. Mittag für mich. Abends *Prof. Riemer.* Die Bedenklichkeiten bey Aufführung des FAUST besprechend [→ vielleicht Mitte / Ende November]. Einige Concepte durchgesehen. Über die Diptychen und die Literatur derselben. Später *Baco von Verulam* für mich gelesen [→ 1. 12.].» (Tgb)

Mittwoch, 3. Dezember. «[...] Der ERSTE BAND WANDERJAHRE von *Göttling* zurück [→ 25. 10.].» (Tgb) – Brief an *Bibliothekar Prof. Göttling:* «Ew. Wohlgeboren erweisen sich nicht allein als der *aufmerksamste Revisor,* sondern zugleich als der *wünschenswerteste Leser.* Und aufrichtig zu gestehen, mir ist es herzlich lieb, daß Sie das WERKLEIN [die WANDERJAHRE] in seiner frühern Gestalt noch gar nicht kannten, indem ich, durch mannichfaltige Veranlassung bewogen, dasselbe umgestellt und umgeschrieben [...]. – Auch haben Ew. Wohlgeboren ganz richtig gefühlt, daß die EINZELNEN DARSTELLUNGEN, WELCHE DURCH DAS GANZE MEHR ZUSAMMENGEHALTEN ALS IN DASSELBE VERSCHMOLZEN SIND, jedesmal ein besonderes Interesse erregen und zu den mannichfaltigsten Gedanken Anlaß geben, die denn doch zuletzt an einem Ziele anzulangen die Hoffnung haben [der *Adressat* hatte insbesondere die DREI NOVELLEN DIE PILGERNDE TÖRIN, WO STECKT DER VERRÄTER und DAS NUßBRAUNE MÄDCHEN gewürdigt (an Goethe, 30. 11.; Hagen, 1377)]. – Hiebey die AUSFÜLLUNG DER LÜCKE [KAPITEL 10 DES 1. BANDES; → 8. 11.], welcher ich gleichen Antheil zu wünschen habe.» – «[...] Verhältniß zu den fremden Literaturen durchgedacht. Ingleichen den allenfalsigen Inhalt des NÄCHSTEN STÜCKS VON KUNST UND ALTERTUM [VI, 3, erst postum erschienen]. Mittag für mich allein, das zu dem ERSTEN THEIL DER WANDERJAHRE noch Nöthige durchgedacht und disponirt. Gegen Abend *Herr Hofrat Meyer,* sodann *Herr Soret.* Scherz über die verzuckerten Cedraten [«*Ma tante Duval...* est passée maîtresse en fait de confitures. Elle m'a donné trois cédrats de sa façon pur *Son Altesse Royale* et pour Goethe, estimant que ses confitures sont aussi supérieures à toutes autres que le sont les vers du poète allemand à ceux de *ses faibles rivaux. Marie, sa fille aînée,* m'a prié de lui procurer un autographe. J'ai eu l'idée de mettre à profit l'orgueil culinaire de *sa maman* pour appigeonner Goethe, et, le prenant sur le ton d'un diplomate chargé de communications essentielles, j'ai traité de puissance à puissance en offrant les cédrats dont j'étais chargé au prix d'une production originale de sa plume. Il s'est fort amusé de cette idée, a bien pris la plaisanterie et m'a demandé les cédrats qu'il a trouvés délicieux.» (*Soret;* GG 6274)], daraus entstandenes kleines Gedicht [GLÜCKLICH LAND, ALLWO CEDRATEN für *Marie Duval* zu Cartigny bei Genf].» (Tgb)

Donnerstag, 4. Dezember. «Le lendemain, j'ai été bien surpris de voir arriver les vers suivants pour le Noël de *ma cousine:* GLÜCKLICH LAND ... Et,

plus tard, il a fait encore toutes sortes de plaisanteries sur le profit qu'il pourrait tirer maintenant de son industrie poétique, lui qui dans sa jeunesse n'avait
pu trouver aucun libraire disposé à imprimer GÖTZ. ‹J'accepte, disait-il, le
traité de commerce proposé entre Madame votre tante et moi. Lorsque mes
cédrats seront croqués, souvenez-vous d'en commander d'autres. Je les paierai
régulièrement avec mes lettres de change.»› (*Soret;* GG 6274). – «PROLOG ZUM
HANS SACHS abgeschrieben [→ 2. 12.]. Kam das Programm zur dritten Säcu-
larfeyer der Bürgerschaftlichen Verfassung Hamburgs [am 29. September 1828
von *J. M. Lappenberg*], welches ich zu lesen anfing. [...]. EINSCHALTUNG IN
DEN ERSTEN THEIL DER WANDERJAHRE. Mittag für mich. Französische Vorlesungen begonnen und fortgesetzt. *Cousin, Villemain* und *Guizot* [→ 3. 8.; →
6. 7.] [...]. Abends freundlicher Brief von *Herrn Soret. Herr Oberbaudirektor
Coudray.*» (Tgb)

Freitag, 5. Dezember. «Fortsetzung der französischen Vorlesungen. An
den WANDERJAHREN fortgearbeitet. [...]. *Herr Hofrat Vogel,* seine fortgesetzten Arbeiten besprechend. [...]. *Lieber* zeichnete an der Frucht des Anthericum comosum [→ 7. 3.]. Mittag für mich. In *Cuviers* Briefwechsel fortgelesen.
Abends *Prof. Riemer,* wurden einige Gedichte durchgegangen und besprochen.» (Tgb)

Samstag, 6. Dezember. «GEDICHT ZUM GEBURTSTAGE DES PROFESSOR
ZELTER [TISCHLIED LASSET HEUT AM EDLEN ORT].» (Tgb) – Brief an *Rungen-
hagen:* Goethe sendet das verlangte LIED [der *Adressat* hatte um ein von *Felix
Mendelssohn* zu komponierendes Tischlied für die Feier von *Zelters* 70.
Geburtstag gebeten (an Goethe, 1. 12.)]. Er hofft, daß es «nach Wunsch» ausgefallen sein und auch seine «Absicht gebilligt werden [möge], auf ein altbe-
kanntes [auf das LIED GENERALBEICHTE; → 19. 2. 02] gedeutet zu haben». –
Brief an *Jügel:* Goethe bittet, sich nach der «Relieure mobile» zu erkundigen.
Es ist ihm sehr viel daran gelegen, da er gegenwärtig einen großen Biblio-
thekskatalog zu heften hat, «wo eben dieses bewegliche, Abänderungen erdul-
dende Heften höchst wünschenswerth wäre». – Außerdem bittet er um Mitteilung, ob die Medaille auf *Canning* bereits erschienen ist [→ vermutlich 10.
10. 27]. – «[...] *Cuviers* Correspondenz. *Hofrat Meyer* im Namen *Ihro Kaiserlichen Hoheit [Maria Paulowna].* [...] Mittag *Hofrat Vogel.* Über medizinische
Praxis und philosophische Theorie. *Ottilie* die Abenteuer des gestrigen
Abends und des heutigen Morgens erzählend. Las den *Cuvier* zu Ende. Fing
an zu lesen: La Russie [...sur la situation actuelle...], par *Niellon-Gilbert.*
[...].» (Tgb)

Sonntag, 7. Dezember. «[...] La Russie weiter gelesen. [...]. Concepte
diktirt. Mittag für mich. La Russie geendigt. Ingleichen *Cuvier* erster Theil [→
6. 12.]. *Baco von Verulam* [→ 2. 12.]. *Joachim Jungius;* sein letztes Werk: Isagoge
[→ 25. 7.] [...].» (Tgb)

Montag, 8. Dezember. «*Cuvier* zweiter Theil [...]. Die Medaillen von
Brand kamen an [→ 4. 11.]. Auch ein Brief von *Herrn v. Quandt.*» (Tgb) – Brief
an *Bildhauer Rauch:* Goethe sendet «die gewünschte Durchzeichnung [des
Peter Vischer; → 1. 12.], welche nicht sogleich gelingen wollen, und mit der
ich, wie sie gerathen ist, vorlieb zu nehmen [...] bitte». – Sollte die Nachbildung des Telephus mit der Ziege im Kleinen zu Stande kommen, möge man

seiner gedenken. – «[...] der *Großherzog [Karl Friedrich]*. Legte demselben die *Wolbockische* Sendung vor, welche geneigt aufgenommen wurde. Fuhr in meinen Arbeiten fort. Mittag für mich. Las weiter in *Cuvier,* im [Le] Biographe [Journal biographique, littéraire, scientifique, théâtral et bibliographique]. Abends *Herr Kanzler v. Müller. Herr Soret.* Zuletzt *Hofrat Meyer.* Letzterer blieb und wir lasen die Kunstgeschichte bis auf *Augustus* zu Ende [→ 5. 11.].» (Tgb)
Dienstag, 9. Dezember. «*Baco von Verulam* [→ 7. 12.]. Fortsetzung von später Lectüre von gestern Abend. Ferner die Gallica. [...]. Um halb 11 Uhr die *Frau Großherzogin Mutter [Luise].* Panoramas und andere Zeichnungen bezüglich auf den Rhein und die in denselben fließenden Flüsse betreffend. Le Biographe [→ 8. 12.]. Mittags für mich. Französisches fortgesetzt. Abends *Prof. Riemer.* Historical Sketches [of Charles I, Cromwell...»] by *Fellowes* als Geschenk von *Ihro Kaiserlichen Hoheit [Maria Paulowna]* für Großherzogliche Bibliothek überbringend. Die Zeitschrift L'Eco betrachtet. Die GEDICHTE ZU ZELTERS GEBURTSTAG besprochen [→ 6. 12.; → 20. 10.]. Allgemeines Literarische. Anzuschaffende Bücher für Großherzogliche Bibliothek [→ 24. 10.]. In oben gedachtem englischen Werke gelesen.» (Tgb)
Mittwoch, 10. Dezember. Brief an *v. Quandt:* Goethe sendet das gewünschte Namensverzeichnis der *Weimarer Kunstfreunde.* Es sind noch *neun Personen* hinzugekommen [die ebenfalls dem *Sächsischen Verein* beitreten möchten; → 27. 11.]. – Mit der Veranstaltung von Preisaufgaben rät Goethe «vorsichtig zu Werke zu gehen [...] und allenfalls das nächste Jahr damit noch inne zu halten. Die *Weimarischen Kunstfreunde* haben den Versuch in einer Folge von sieben Jahren bis 1805 gemacht und können gelegentlich ihre Erfahrungen mittheilen.» – «[...] Wegen *Wolbocks* Geschenk, Acten ajustirt und Bericht concipirt [→ 8. 12.]. [...] gestriges englisches Werk weiter gelesen. Mittag für mich. *Cuviers* Memoiren und Briefe 2. Theil geendigt [→ 8. 12.]. Abends *Oberbaudirektor Coudray.* Scherzhafte Villa Pliniana. *[Baukondukteur] Kirchners* Angelegenheit durchgesprochen [→ 1. 11.]. Jenes englische Werk über *Carl des Ersten* Hinrichtung und was daraus folgt gleichfalls zu Ende gebracht [→ 9. 12.].» (Tgb)
Donnerstag, 11. Dezember. «[...] [An] *Serenissimus,* Bericht wegen *v. Wolbocks* Geschenk. [Oberaufsichtliche] Verordnung[en]. [...]. *Geh. Hofrat Helbig* wegen meteorologischen und andern Angelegenheiten. *Cuviers* Schriften und was davon anzuschaffen überdacht. Kam mein Porträt, von *Stieler* lithographirt [→ 30. 11.]. Mittags für mich. Angefangenes zu lesen fortgefahren. *Dr. Eckermann* in Reconvalescenz. In Gefolg dessen: Encyclopädisches Handbuch für practische Ärzte.» (Tgb)
Freitag, 12. Dezember. Brief an *Maler Zahn:* «*Fürst Radziwill,* welcher verschiedene Privataufführungen EINIGER SCENEN MEINES FAUST begünstigte, ließ die Erscheinung des Geistes in der ERSTEN SCENE auf eine phantasmagorische Weise vorstellen, daß nämlich, bey verdunkeltem Theater, auf eine im Hintergrund aufgespannte Leinwand, von hinten her, ein erst kleiner, dann sich immer vergrößernder lichter Kopf geworfen wurde [→ 2. 6. 19] [...]. – Könnten Sie baldigst erfahren: wer jenen Apparat verfertigt, ob man einen gleichen erlangen könnte [...].» – Brief an die *Buchhandlung Koller & Cahlmann* in London: «Denn die *deutsche Nation* muß es ihren Wünschen gemäß

finden, daß vieljährige Bemühung, sich in einem höhern Sinne auszubilden, auch *andern Völkerschaften* zu Gute komme [. . .].» – Goethe verweist auf seine Zeitschrift KUNST UND ALTERTUM. – «In DIESEN HEFTEN befindet sich gar manches, was über deutsche Literatur zu äußern von mir und *meinen Freunden* nützlich erachtet worden, und kann sich auch *jeder auswärtige Forscher,* der an dem Gang unsres Geistes und der Erzeugnisse desselben Antheil nimmt, im Einzelnen vielleicht besser unterrichten, als es durch eine Behandlung des Ganzen geschähe, wodurch das Besondere gar oft verdunkelt, ja verschlungen wird.» – Sollte Goethe jedoch «irgend eine Übersicht» gelingen, so wird er diese mitteilen. – «[. . .] Mittag für mich. Mancherley Lectüre abgeschlossen. *[J. K.] Fischers* physikalisches Lexicon [1798 ff.], wegen verschiedener Artikel vorgesucht. Abends *Herr Kanzler v. Müller.* Darauf *Prof. Riemer.*» (Tgb)

Samstag, 13. Dezember. «Kam an die *Boisseréesche* neuste Sendung des Kölner Doms. Eine Sendung von *Herrn v. Cornelius* aus München; der Untergang von Troja, colorirt [→ 26. 9.]. Auch einige calquirt durchgezeichnete Köpfe. Eröffnete solche und betrachtete sie vorläufig in den vordern Zimmern. *Geh. Hofrat Helbig,* wegen des künstlich getriebenen Bronzeschildes auf Großherzoglicher Bibliothek. Promemoria deshalb. Mittag *Herr Hofrat Vogel.* Theoretisch praktische Gespräche. Las ich sodann mehrere Artikel in *Fischers* physikalischem Lexicon [→ 12. 12.]. *Mein Sohn,* ein schön gesticktes Meubel aus dem *Frauenverein* bringend. *Oberbaudirektor Coudray,* Aufsatz wegen *[Baukondukteur] Kirchner* [→ 10. 12.]. Notizen wegen der Belvederischen Bauten, desgleichen im Fürstenhaus. Dazu *Hofrat Meyer,* welcher länger blieb. Unterhaltung über verschiedenes. Besonders die Unzufriedenheiten über *[Ehregott] Grünlers [Maler;* geb. 1797] Porträte, der doch immerfort beschäftigt wird.» (Tgb)

Sonntag, 14. Dezember. «Briefconcepte diktirt. [. . .]. *Herr Staatsminister v. Fritsch,* die *v. Wolbockische* Angelegenheit besprechend. Mittag für mich. Beschäftigte mich nachher mit dem verschiedenen Eingesendeten. Repertorium der Chemie von *[R.] Brandes.* Las in *Rochlitzens* neusten Sammlungen für ruhige Stunden.» (Tgb)

Montag, 15. Dezember. Brief an *Sulpiz Boisserée:* Goethe bittet den *[seit längerer Zeit erkrankten] Adressaten* «dringend», von seinen Zuständen Nachricht zu geben. – «Die NÄCHSTE SENDUNG [DER ALH], welche die WANDERJAHRE enthalten soll, macht mir noch zu schaffen. ALLE HAUPTTHEILE sind glücklicherweise schon längst vollendet, nur verlangt das GANZE ein gewisses Geschick, das sich denn auch ergeben wird. Wenigstens wird ein gebührender Gebrauch des Tages und der Stunden nicht versäumt.» – «[. . .] *Rungenhagen* giebt Nachricht von dem *Zelterischen* Geburtstagsfeste. [. . .]. Diktirte fernere Briefe. Beschäfigte mich mit botanischen Werken, besonders das Geschlecht Anthericum betreffend [→ 5. 12.]. Fuhr mit *Ottilien* spazieren. *Hofrat Meyer* speiste mit mir. Gegen Abend *Fräulein Schopenhauer.* Ihre Zustände durchgesprochen. [. . .] Geologie des Herzogthums von Luxemburg von *[Mineralogen] Lenz* gesendet. Braunkohlenwerk bey Altenburg.» (Tgb)

Dienstag, 16. Dezember. Brief an *Mineralogen Lenz:* Goethe läßt den *Grafen Bedemar* bitten, doch auch seinem Kabinett «von den entdeckten und aufgefundenen nordischen Mineralien einiges zukommen zu lassen. Die Neigung für dieses löbliche Wissen wächst bey mir eher, als daß sie abnähme; da ich aber in meinen hohen Jahren die meiste Zeit auf meine Wohnung eingeschränkt bin, so wird mir ein eigener Besitz von dergleichen Seltenheiten immer nothwendiger und werther.» – Brief an *Zelter:* Goethe sendet eine Abschrift der Harmonica [theoretica, 1678/79] des *Jungius*. Leider war eine Übersetzung nicht möglich, doch findet *Zelter* sicher einen *lateinkundigen Schüler*, mit dem er das Werk durchgehen kann. Alsdann wünscht Goethe «ein auslangend Wort darüber, da ich dem *wackern Manne* gern ein gründlich Andenken stiften möchte». – *Jungius* erweckt Goethes mannigfaltiges Interesse, besonders da dieser «ein Zeitgenosse *Bacos von Verulam, Descartes'* und *Galileis* gewesen [ist], sich aber in seinem Studien- und Lehrgang durchaus originell zu erhalten wußte [→ nach 30. 6.].» – «[...] Um 12 Uhr *Prinzeß Auguste* und *Frau von Hopfgarten*. [...] Das bronzene Schild auf die Geheime Canzley, wegen neuer Anregung des *Herrn v. Paris* aus Augsburg. Tableau de la Mer Baltique [von *J. P. G. Catteau-Calleville*, 1812]. Mittag *Dr. Eckermann* [«Ich war heute mit Goethe in seiner Arbeitsstube allein zu Tisch... – ‹Die Deutschen›, sagte er, ‹können die Philisterei nicht loswerden. Da... streiten sie jetzt über verschiedene Distichen, die sich bei *Schiller* gedruckt finden und auch bei mir, und sie meinen, es wäre von Wichtigkeit, entschieden herauszubringen, welche denn wirklich *Schillern* gehören und welche mir... – Freunde wie *Schiller* und ich, jahrelang verbunden, mit gleichen Interessen, in täglicher Berührung und gegenseitigem Austausch, lebten sich ineinander so sehr hinein, daß überhaupt bei einzelnen Gedanken gar nicht die Rede und Frage sein konnte, ob sie dem einen gehörten oder dem andern. Wir haben viele Distichen gemeinschaftlich gemacht, oft hatte ich den Gedanken und Schiller machte die Verse, oft war das Umgekehrte der Fall, und oft machte *Schiller* den einen Vers und ich den andern. Wie kann nun da von Mein und Dein die Rede sein!... – Ich verdanke den *Griechen* und *Franzosen* viel, ich bin *Shakespeare, Sterne* und *Goldsmith* Unendliches schuldig geworden. Allein damit sind die Quellen meiner Kultur nicht nachgewiesen; es würde ins Grenzenlose gehen und wäre auch nicht nötig. Die Hauptsache ist, daß man eine Seele habe, die das Wahre liebt und die es aufnimmt, wo sie es findet. ... ‹Da muß ich Ihnen widersprechen›, sagte Goethe. ‹*Byrons* Kühnheit, Keckheit und Grandiosität, ist das nicht alles bildend? – Wir müssen uns hüten, es stets im entschieden Reinen und Sittlichen suchen zu wollen. – Alles *Große* bildet, sobald wir es gewahr werden.»› (Eckermann; synthetisierendes Gespräch)] [...]. *Herr Kanzler v. Müller*. Wegen Theilnahme an dem Leipziger Musenalmanach. [...] *Prof. Riemer*. Mittheilung manches Interessanten aus seinen Collectaneen. Die *Kinder* gaben *Herrn Fitzroy* einen Abschiedsschmaus. Ich setzte das Lesen und Betrachten über die Ostsee bis in die Nacht fort.» (Tgb)

Etwa Dienstag, 16. Dezember. Brief an *Geh. Hofrat Helbig:* Goethe berichtet, daß der zur Sprache gebrachte Schild [→ 16. 12.], wahrscheinlich eine Arbeit aus dem 16. Jahrhundert, *Carl August* seinerzeit «auf eine liberale Weise» angeboten worden sei, ohne daß Goethe mit der Angelegenheit befaßt war. – Er übersendet das Kunstwerk und überläßt es dem *Adressaten* zu entscheiden, in welcher Weise man sich [gegenüber dem *Kaufmann v. Paris*] erkenntlich zeigen könnte. (Raabe 1, 553 f.)

Mittwoch, 17. Dezember. «Abschrift des Berichts wegen der Akademischen Bibliothek. Schema wegen *Kirchners* Reise [nach Paris; → 13. 12.]. Das Werk über die Ostsee fortgelesen [→ 16. 12.]. Mit *Hofrat Vogel* über das Abscheiden des *v. Müllerischen Verwalters* zu Bergern. Mittag für mich. Nachricht von *Hofrat Meyers* Krankheitsanfall.» (Tgb) – Billett an *Hofmedikus Huschke d. Ä.:*«Ew. Wohlgeboren werden sich denken, welchen Antheil es bey mir erregt, wenn ich vernehme, daß *Hofrat Meyer* von seinem alten Übel befallen ist. Ich fühle mich beruhigt, ihn Ew. Wohlgeboren Sorgfalt empfohlen zu wissen, bitte aber inständig, mir seinen Zustand des Tags ein- oder zweymal mündlich oder schriftlich gefälligst erfahren zu lassen.» – «[...] Gegen Abend *Dr. Huschke,* von *Hofrat Meyers* Zuständen Nachricht gebend. Den ersten Band des Ostseewesens ausgelesen.» (Tgb)

Donnerstag, 18. Dezember. «[...] ausgefertigt: *Serenissimo* Bericht wegen des Etats der Akademischen Bibliothek. – Bericht und Promemoria wegen der *Kirchnerischen* Angelegenheit [→ 17. 12.]. Ward die norwegische [Mineralien-]Sendung [von *Graf Reinhard*] ausgepackt und treffliche Krystallisationen gefunden. *Herr Vandeper* aus Dünkirchen nach Straßburg reisend. Fortgefahren in dem Auspacken der Mineralien. Brief von *Zelter.* Mittag für mich. Das von *Nees von Esenbeck* eingesendete *[K.] Fuhlrottische* botanische Werk [«Jussieu's und De Candolle's natürliche Pflanzensysteme... Mit einem Vorwort von Nees von Esenbeck», 1829] durchgesehen. Abends *Herr Soret* einen Theil der norwegischen Mineralien ansehend und untersuchend. *Hofrat Meyers* Übelbefinden, welches mich beunruhigte, schien sich wieder zu geben.» (Tgb)

Freitag, 19. Dezember. «Geschichte der Hansa, in kurzem aber hinreichendem Vortrag mit Benutzung der Bemühungen des *Hofrat Sartorius* [1803 – 1808]. Den 1. THEIL DER WANDERJAHRE zur Absendung vorbereitet [→ 5. 12.]. Der *Mathematikus Kirchner* erschien auf Verlangen und wurden seine Zustände mit ihm durchgesprochen [→ 18. 12.]. Die vorhandenen Exemplare der AUSGABE MEINER SCHRIFTEN wurden völlig berichtigt. Mittag für mich. Die norwegischen Mineralien weiter beachtet und geordnet. [...] der *Großherzog [Karl Friedrich]. Prof. Riemer.* Verschiedenes durchgegangen und besprochen.» (Tgb)

Samstag, 20. Dezember. «DEN ERSTEN THEIL DER WANDERJAHRE ZUM ABSCHLUß REVIDIRT.» (Tgb) – Brief an *Bibliothekar Prof. Göttling:* Goethe sendet das MANUSKRIPT DES ZWEITEN BANDES [DER WANDERJAHRE] und bittet, DAS NOCH ZUM ERSTEN BAND GEHÖRIGE HEFT zurückzuschicken [→ 3. 12.]. «Die *Herren Augsburger* verlangen um desto eifriger nach TEXT, weil die VIERTE SENDUNG [DER ALH] erst jetzt abgeliefert worden; wovon denn auch nächstens EIN EXEMPLAR erfolgen soll. Die FÜNFTE ist nun zwischen hier und Ostern fertig zu werden bestimmt. – In diesem 2. THEIL finden sich abermals Lücken; doch stehen gleichfalls die HAUPTMASSEN für sich abgerundet und, wie ich hoffe, genießbar.» – «[...] *Inspektor Weise,* mit ihm wegen der Militärbibliothek das Nächste besprochen. *Hofmaler Mako,* seine neue Zeichnung, den Sturz der Titanen, bringend. [...] Zu Mittag *Hofrat Vogel.* Wurde vieles durchgesprochen, sowohl bezüglich auf praktische Medizin als wissenschaftliche Verhältnisse. Blieb für mich. Las die neusten *Branischen* Journale. Setzte das Werk über das Baltische Meer fort [→ 16. 12.]. Ordnete ferner die norwegischen Mineralien.» (Tgb)

Sonntag, 21. Dezember. «ZUM HAUPTZWECK MANCHES GEARBEITET.» (Tgb) – Brief an *Grafen Reinhard:* «Die letzten Tage des Jahrs, wo wir des Sonnenlichtes so sehr entbehren, sind mir von jeher ungünstig und drückend; was mir deshalb in solchen Stunden Gutes, Liebes und Erfreuliches zukommt, gewinnt einen doppelt- und dreyfachen Werth [...]. – Dieses ist gegenwärtig anzuwenden auf eine centnerschwere Kiste, welche [...] mir die crystallisirten Bergschätze des Nordens, erst zum Erstaunen, dann zur Belehrung vorlegte, durchaus bedeutende Stufen, die Einzelnheiten in mehreren ausgesuchten, sich einander aufklärenden Exemplaren, einige hundert an der Zahl! Ich sondere, vergleiche, ich ordne und überlege. So denn gehen, mit der angenehmsten Unterhaltung, die Tage und Abende hin, daß, ehe ich mich's versehe, die Sonne ihren Rückweg zu uns wieder muß angetreten haben.» – Goethe dankt für die «so bedeutende Vermehrung» seines Kabinettes, «wodurch eine bisher unangenehm empfundene Lücke reichlich erfüllt» wird. – «*Herr Soret* mit dem *Prinzen [Karl Alexander].* Besprach ich mit ersterem die Angelegenheit, deren die *Frau Großherzogin [Maria Paulowna]* erwähnt hatte [«Il a été question... de faire un changement radical dans le système d'éducation du *Prince [Karl Alexander]* et de le soumettre à une discipline militaire... il (Goethe) a fortement soutenu l'idée que la chose la plus avantageuse serait d'envoyer le *Prince* à l'Ecole des Cadets de Berlin... ‹De pareilles mesures ne peuvent être efficaces, disait-il, que lorsqu'elles sont strictement accomplies. Sinon, elles deviennent plus dangereuses qu'utiles.›» (*Soret;* GG 6277)]. Besahen wir die norwegischen Mineralien in krystallographischer Beziehung durch. Mittag für mich. Las das Werk über das Baltische Meer hinaus [→ 20. 12.]. Gegen Abend *Fräulein Ulrike [v. Pogwisch], Herr Kanzler [v. Müller], Oberbaudirektor Coudray.* [...].» (Tgb)

Montag, 22. Dezember. «Kamen die [Frei-]Exemplare der SCHILLERSCHEN CORRESPONDENZ [1. BAND] an. Ingleichen das Werk über das fünfundzwanzig-jährige Jubiläum der Universität Dorpat. Auch die von *Börner* in Leipzig angekündigten Kupferstiche. Der *Graf Wielhorski [russischer Offizier].* Mittag für mich. [...] Ich betrachtete die angekommenen Zeichnungen etwas näher. Durchlas die mitgekommenen Cataloge. [...] *Hofrat Vogel* auf eine Stunde. War von seiner fortschreitenden Arbeit die Rede, die Arzeneymittel in Kinderkrankheiten betreffend.» (Tgb)

Dienstag, 23. Dezember. «AM HAUPTGESCHÄFT FORTGEFAHREN.» (Tgb) – Brief an *Kunsthändler Börner:* Da es schwer ist, aus dessen Sendung etwas auszuwählen [→ 22. 12.], schlägt Goethe vor, die Blätter gegen den festgesetzten Betrag einzubehalten und sie sich zu gelegener Zeit mit *Freunden* zu teilen. – «[...] *Frau Großherzogin [Maria Paulowna], Gräfin Henckel* und *Frau v. Pogwisch.* Bouillons Werk, die antiken Statuen vorgewiesen. Mittag für mich. Die neuen Zeichungen nochmals durchgesehen. [...] AGENDA notirt. *Mein Sohn,* einige muntere Geschichten erzählend, und an der *Rembrandtischen* Zeichnung [«Herr des Weinbergs»?; → 14. 11.] theilnehmend. *Hofrat Vogel,* die Aufklärung des unangenehmen Verhältnisses meldend. *Prof. Riemer.* Einiges aus älterer deutscher Prosa mittheilend, bey Gelegenheit des Handbuchs [der deutschen Prosa in Beispielen...»] von *[F.] Pischon.*» (Tgb)

Mittwoch, 24. Dezember. «EINIGES ZUM HAUPTZWECKE. Die Austheilung der Actienbillette eingeleitet [→ 10. 12.].» (Tgb) – Brief an *Caroline v. Wolzogen:* «Hier, nur noch eilig zum heiligen Christ, der längst erwartete ABDRUCK [1. BAND DES GOETHE-SCHILLER-BRIEFWECHSELS] den Sie [...] so wohlwollend eingeleitet haben.» – Brief an *Riemer:* «Beyliegendes [AB-SCHNITT AUS DEM 2. BUCH, 9. KAPITEL DER WANDERJAHRE] zu gefälliger Unterhaltung auf den Freytag. Es schließt sich an das Bergsfest [...].» – «Die nächsten AGENDA geordnet. [...] *Dr. Weller* überlieferte das 10. KAPITEL und den 12. BAND DER KLEINEN AUSGABE von Seiten *Prof. Göttlings* [→ 20. 12.]. Die Zeichnungen nochmals durchgeschaut und erwogen. [...] Mittag für mich mit *Dr. Weller.* Blieb bis gegen 6 Uhr, und wurden mancherley Publica und Privata durchgesprochen. Sodann die Christbescheerung angesehen. Das Bevorstehende durchgedacht und Nothwendiges aufgezeichnet. Besonders auch einige Künstlernamen im *Füßli [d. J.]* aufgeschlagen und über merkwürdige Motive, welche die Zeichnungen darstellten und zu bedenken gaben. Kam eine Sendung von Dublin. *Giesecke* schickte willkommene Mineralien und den längst gewünschten Barometerstand vom Februar 1825. [...].» (Tgb)

Donnerstag, 25. Dezember. «Bereitete die Absendung des ERSTEN BAN-DES WANDERJAHRE. ARBEITETE EINIGES ZUM ZWEITEN. [...] brachte *Herr [Obermedizinalrat] v. Froriep* seine in Erfurt gehaltene Rede [«Das Gedächtnis... des Fürsten und Herrn Carl August...»]. *Prinz Wilhelm [v. Preußen]* war angekommen, hatte sich aber unterwegs durch einen Fall beschädigt. Die *Enkel [Walther* und *Wolf]* brachten einige Geschenke. Ich sendete an *Hofrat Meyer* die Leipziger Catalogen. [...] Mittag für mich. FORTGEFAHREN AM HAUPTGESCHÄFTE. Abends *Herr Oberbaudirektor Coudray.* Erzählend von *Wagners* Abschiedsfeste. *Kanzler v. Müller.* Einiges zu Gunsten des *Grafen Wielhorski* vorbringend. Unterhaltung über *Herrn v. Frorieps* Andenken *Serenissimi.* Ich las weiter in der französischen Geschichte der Sprichwörter.» (Tgb)

Freitag, 26. Dezember. «AM HAUPTGESCHÄFT GEARBEITET. Einiges zu Aufklärung der unter den Zeichnungen genannten *Meister* vorgenommen.» (Tgb) – Brief an *Kondukteur Schrön:* Goethe sendet den längst erwarteten Barometerstand vom Februar 1825 [→ 24. 12.] mit der Bitte, ihn im gebräuchlichen Maß graphisch darzustellen. – «[...] Mittag für mich. Mehrere Concepte durchgegangen. Geschichte der Sprüchwörter. *Prof. Riemer.* EINIGE AUFSÄTZE durchgegangen. Er theilte verschiedene kleine Gedichte mit. Programm der vom *Oberbaudirektor Coudray* angestellten Feyerlichkeit und Text dazu. – An *Herrn Reichel* nach Augsburg den 21. BAND [DRUCKVORLAGE DES 1. BANDES DER WANDERJAHRE; → 19. 12.].» (Tgb)

Samstag, 27. Dezember. «*John* mit Abschriften beschäftigt. *Schuchardt* mundirte Briefe und berichtigte die Actiensendung von Dresden [→ 24. 12.]. *Ihro des Herrn Großherzogs [Karl Friedrich]* und der *Frau Großherzogin [Maria Paulowna] Königliche Hoheiten. Demoiselle Mazelet.* Mittag für mich. Nach Tische zu der *Gesellschaft,* welche bey *meinem Sohn* gespeist hatte. *Dr. Schneider, ein Reisender durch Ägypten,* die Herren *[Geh. Kammerrat] Kruse, [Leibmedikus] Vogel, [Landesdirektionsräte] Töpfer* und *Gille.* Nachher für mich die französische Geschichte der Sprüchwörter. Das Nächste bedacht.» (Tgb)

Freitag, 26. / Samstag, 27. Dezember. Brief an *Faktor Reichel:* Goethe kün-

digt die Sendung des 21. BANDES an [→ 26. 12.]. Für die «baldige Nachsendung» der ÜBRIGEN BÄNDE [für die 5. LIEFERUNG DER AlH] wird er Sorge tragen.
Sonntag, 28. Dezember. «AN DEN WANDERJAHREN REDIGIRT. Briefe concipirt. Mittag für mich. Kam ein Portefeuille Zeichnungen [Aquarelle] von *Herrn v. Reutern.* Ingleichen Sendung von *Jügel.* Du Commandement de la Cavalerie et de L'Equitation, ingleichen Guide de L'Enseignement Mutuel. Beyden etwas abzugewinnen gesucht.» (Tgb)
Montag, 29. Dezember. «Die gestrigen Arbeiten emsig fortgesetzt. Sendung von *Herrn v. Quandt.* Die letzten Verhandlungen des *Kunstvereins* mittheilend [→ 27. 12.]. Sendung von *[G. F.] Pohl,* naturwissenschaftliches Werk [«Ansichten... über Magnetismus, Elektricität und Chemismus...», 1829]. Von *[Mediziner] Dr. Meyer* aus Minden schöne Versteinerungen. Zwey Porzellaintassen von Leipzig durch Vermittelung des *Herrn Kanzler [v. Müller].*» (Tgb) – Brief an denselben: Goethe läßt *[Amadeus Johann Gottlieb] Wendt [Philosoph, Schriftsteller;* geb. 1783] bitten, «uns die Aushängebogen [des von *Wendt* vorbereiteten Musenalmanachs für das Jahr 1830], die wir niemand zu communiciren versprechen, gefällig einzusenden; vielleicht findet sich noch einiges darin, woran ich, wie im Dominospiel, aus meinen NEUERN GEDICHTEN noch etwas knüpfen kann [Goethe hatte dafür bereits das GEDICHT DIE BESTEN ERZEUGNISSE DER STOTTERNHEIMER SALINE beigesteuert]. – [...] Noch vierzehn Tage muß ich mich verschlossen und einsam halten; die AUSSTATTUNG MEINER WANDERNDEN macht mir am Schluß noch zu schaffen; wenn ich sie nur einmal erst eingeschifft weiß, so mögen sie sehen, wie sie zurecht kommen.» – Brief an *Buchhändler Jügel:* «Was die Relieure mobile betrifft, so denke ich, zwey Buch weiß Schreibpapier, mittel Folio, auf gedachte Weise gebunden, würde hinreichen, die Art dieser neuen Behandlung kennen zu lernen [→ 6. 12.].» – «Mittag Dr. Eckermann. Unterhaltung über die GEORDNETEN EINZELHEITEN [APHORISMEN, die später unter dem Titel BETRACHTUNGEN IM SINNE DER WANDERER in die WANDERJAHRE eingehen; → 5. 10. (vgl. auch Hagen, zu 1400)] und deren weitere zweckmäßige Redaction. Er theilte mit einen Brief von *Carlyle,* einen von *Ampère,* sie gaben Gelegenheit über englische und französische Tendenzen zu sprechen. Ich blieb für mich, mich nach den Lebensumständen der *Magdalena [Maria Maddalena] de Pazzi [italienische Karmeliterin;* gest. 1661] umzusehen, bey Veranlassung einer neu acquirirten Zeichnung. Ferner ward *[W.] Curtis* [«Botanical Magazin...», 1787 ff.] durchgesehen, wegen einer Ferula. [...].» (Tgb)
Dienstag. 30. Dezember. «[...] Am HAUPTGESCHÄFT vorgerückt [→ 28. 12.]. [...] einiges concipirt [...]. Der *Hofgärtner [Sckell]* von Dornburg machte einen Besuch und dankte für den heiligen Christ. Mittag allein. *Franklins* Leben [Autobiographie], neu ins französische übersetzt. Abends *Prof. Riemer.* Die vorliegenden Concepte durchgegangen.» (Tgb)
Mittwoch, 31. Dezember. «Kam der 2. BAND DER WANDERJAHRE von Jena [→ 20. 12.]. DAS EINZUSCHALTENDE WARD MUNDIRT. AUCH DAS MANUSCRIPT SELBST DURCHGENOMMEN UND DIE NOTHWENDIGEN CORRECTUREN BESORGT. Gegen Mittag *Herr Hofrat Meyer.* Besahen und beurtheilten die Zeichnungen von Leipzig gesendet [→ 23. 12.] und besprachen manches andere. Las ich *Franklins* Leben weiter [→ 30. 12.]. Beachtete den zurückge-

kommenen 2. Teil der Wanderjahre. *Hofrat Vogel. Oberbaudirektor Cou-dray.* Über das von ihm veranstaltete artige kleine Fest gesprochen. Obiges fortgesetzt.» (Tgb)

Ende 1828. ‹Goethe *doch* gemalt!› triumphierte [...] *Professor Grünler.* ‹Das hat Mühe gekostet! Er wollte nicht [→ 13. 12.] [...]. An manchem jener Abende, die zur Bilderschau bei ihm einluden, hatte ich unermüdlich mein Gesuch erneuert. Umsonst! Da wurde meine *Heilige Cäcilie* ausgestellt. Auch er wünschte das Bild zu sehen [...]. Durch Vermittlung *seines Sohns* kam es in sein Gartenhaus. Dahin ging ich zum letzten Versuch. Wieder kein Anschein des Gelingens. Die Hände auf dem Rücken gekreuzt, ging er schweigend auf und ab [...]. Endlich ging er hinein, unter einer Bedingung: Niemand solle es wissen. Er saß, die Betrachtung selbst, wie ich ihn gemalt, die rechte Hand auf einem Papier ruhend, der linken gab ich *Schillers* Schädel [vgl. Schulte-Strathaus, zu Tafel 156 f., S. 82].› (*K. Sondershausen:* Der Letzte aus Altweimar, 1859; GG 6671)

Vielleicht 1828. Gedicht Von wem auf Lebens- und Wissensbahnen.

Vermutlich 1823/1828. Zahmes Xenion Es spricht sich aus der stumme Schmerz.

1829

Donnerstag, 1. Januar. «Die *Kinder [Walther* und *Wolf]* brachten geschriebene Wünsche. Kam ein Brief von *Prof. Gruithuisen* mit zwey Heften seiner Analecten [für Erd- und Himmelskunde].» (Tgb) – Brief an *Großherzogin-Mutter Luise:* Goethe fügt seinen «treusten Wünschen [...] eine kleine Gabe» [DIE 4. LIEFERUNG DER ALH] hinzu, die für ihn den «großen Werth hat: daß sie nichts enthält, als was zu der Zeit entstanden, da ich des Glücks genoß, Höchst Denenselben anzugehören». – Zugleich wurde ihm soeben [von *Quandt]* gemeldet, daß ein «gutgedachtes Bildchen» [von *Simon Wagner* bei der Verlosung des «*Sächsischen Kunstvereins*»] auf ein Los der *Adressatin* gefallen sei. «Möge es nicht unwürdig seyn, in der neuen Wohnung [im Fürstenhaus], zu der wir alle Glück wünschen, ein bescheidenes Plätzchen einzunehmen.» – Brief an *Karl Friedrich* und *Maria Paulowna:* «Die Dankbarkeit, die ich empfinde für so viel Gnade und Güte, würde mich oft beschämen, wenn meine Gedanken nicht immerfort dahin gerichtet wären, alle Kräfte, die mir übrig sind, Höchst Ihro Dienste zu widmen [...].» – «[...] Fortarbeit am HAUPTGESCHÄFT [31. 12. 28]. *Prof Göttling*, welcher bey Hof zu gratuliren und zu danken herübergekommen war. Auch *Dr. Weller.* Die *Familie* einzeln. [...] *Herr Kanzler [v. Müller]* [...]. Nach Tische ging ich zur *Gesellschaft.* Wir unterhielten uns über das Vorliegende. *[Paul Louis] Courier [de Méré, französischer Philologe, Schriftsteller* und *Politiker*; gest. 1825], sein Charakter, Leben, Studien und Arbeiten. *Xenophons* Reitschule [«Über die Reitkunst»], Daphnis und Chloë [von *Longos*], Dintenklecks im Manuscript, welchen *Prof. Göttling* mit Augen gesehen hatte. Anderes Verwandte. *Dr. Eckermann* die EINZELHEITEN ZU DEN WANDERJAHREN bringend [→ 29. 12. 28]. *Oberbaudirektor Coudray.*» (Tgb)

Freitag, 2. Januar. «[...] *Frau Großherzogin [Maria Paulowna]* und *Demoiselle Mazelet.* Hierauf *Herr Kanzler v. Müller,* mit *Herrn v. Beaulieu* und [Lücke im Text]. Kamen Gipsabgüsse von Berlin. Speiste für mich. *Herr Hofrat Soret,* freundliche Briefe von Genf mittheilend [«Ich *(Soret)* habe ... Goethe die Stelle aus Ihrem (des *Philosophen* und *Politikers Dumont)* Brief vorgelesen; die Anerkennung schien ihm sehr wohl zu tun, und er versicherte mir, wie sehr es ihn freue, *Männer wie de Candolle* und *Dumont* zu Freunden zu haben. Der Neuausgabe der METAMORPHOSE (→ 14. 10.) wollte Goethe einige philosophische Betrachtungen voransetzen; es ist mir gelungen, ihn von Erörterung metaphysischer Fragen ... abzubringen. Nicht als ob er meine Ansicht für richtig gehalten hätte, aber er sah ein, daß man sich dem Geschmack *französischer Leser* anpassen müsse und daß man, wolle man einmal die Aufmerksamkeit der *eigentlichen Botaniker* gewinnen, ihnen nicht durch Allgemeinhei-

ten ... geradezu eine Handhabe zu Zweifeln bieten dürfe.» (an Dumont, 11.
1.; GG 6279)]. *Ottilie* mit allerley Ansuchen und Scherzen schien befriedigt.»
(Tgb) – Brief an *Zelter:* Goethe versichert, daß ihm das Wenige, das der *Adressat* [in seinem Brief vom 22./29. 12. 28] über *Jungius* und den Anfang des
17. Jahrhunderts sagt, schon genügt [→ 16. 12. 28]. – «Ich bin seit vier Wochen
und länger nicht aus dem Hause, fast nicht aus der Stube gekommen; meine
WANDERNDEN, die zu Ostern bey euch einsprechen werden, wollen ausgestattet seyn. Das Beginnen, das GANZE WERK umzuarbeiten [→ 25. 2. 28],
leichtsinnig unternommen, will sich nicht leichtfertig abthun lassen, und so
hab ich denn noch vier Wochen zu ächzen, um diesen Alp völlig wegzudrängen [...]. – Niemand begreift aber, was mir die Stunden *in einer Folge* werth
sind, da ich die unterbrochenen für [...] zerstörend achten muß. [...]. – Und
doch ist es mir immer unangenehm, wenn ich *weit herkommende Menschen,*
mich selbst vertheidigend, abweisen muß.» – «[...] *Hofrat Vogel. Oberbaudirektor Coudray.* Sodann *Prof. Riemer,* mit welchem mancherley Geschäfte
abgethan wurden.» (Tgb)

Dezember 1828 / Freitag, 2. Januar. Brief an *Loder:* Goethe dankt für die
«anziehende» Mineraliensendung des *Adressaten.* «Welch ein fröhliches neues
Jahr wird es mir aber werden, wenn ich die durch den Catalog mir schon
gleichsam gegenwärtigen Schätze ausgepackt und geordnet wirklich vor
Augen sehe!»

Samstag, 3. Januar. «[...] [An] *Prof. Göttling* ZWEI DRITTEL [KAPITEL 1
BIS 12] DES 3. BANDES DER WANDERJAHRE [zur Durchsicht] übersendet.
[...].» (Tgb) – Brief an *Riemer:* «Wollten Sie, [...] indem Sie die Mängel ohne
weiteres corrigiren, zugleich überlegen und bemerken, ob dieses oder jenes
am Orte nicht zulässig sey [vermutlich handelt es sich um die APHORISMEN
FÜR DIE WANDERJAHRE; → 1. 1.].» – «Sodann den 2. BAND der Absendung
näher gerückt. Acten geordnet [...]. *Herr Staatsminister v. Fritsch,* wegen
Ordenssachen [→ 7. 1.]. Zu Mittag *Herr Hofrat Vogel.* Abends 6 Uhr [...] der
Großherzog [Karl Friedrich].» (Tgb)

Sonntag, 4. Januar. «Befand mich bey'm Aufstehen nicht wohl. Legte mich
wieder zu Bette, verblieb den Tag und die folgende Nacht daselbst. Alles was
zunächst zu thun sey, recapitulirend. Waren Briefe von *[Sulpiz] Boisserée* und
Blumenbach angekommen.» (Tgb)

Montag, 5. Januar. «Brachte den Morgen im Bette zu mit besserm Befinden. Besuch von *[Schwiegertochter] Ottilien* und *Ulriken [v. Pogwisch].* Gespräch
von Gelesenem und Erlebtem. [...] *Oberbaudirektor Coudray.* Nahmen wir
einige Hefte der *Schinkelischen* Baudenkmale [«Sammlung architectonischer
Entwürfe...», 1821–26] vor. Ich las fort in den *Napoleana. Wölfchen* las indessen stille für sich.» (Tgb)

· **Dienstag, 6. Januar.** Brief an *Zelter:* Goethe sendet ein italienisches Volkslied [aus der Sammlung «Egeria» von *G. Müller* und *Gymnasialprof. Wolff;* →
21. 11. 28] sowie die Abschrift eines [sehr kritischen] Berichtes von *Graf Reinhard* [an *Kanzler v. Müller*] über die Aufführung des FAUST [I in französischer
Bearbeitung] im Théâtre de la Porte Saint-Martin in Paris am 8. 11. 28. – «[...]
Hofrat Schwabe, mit einer Sendung von Petersburg. [...] Ich überdachte eine
Erwiderung an *Blumenbach* [→ 4. 1.]. Mittag für mich. *[K. Freschots]* Relation

vom Kaiserlichen Hof zu Wien von einem Reisenden 1704 [übersetzt von
E. G. Rinck, 1705]. Abends *Prof. Riemer,* die EINZELHEITEN mit ihm durchgegangen [→ 3. 1.], sodann über den *Schultzischen* Brief gesprochen [*Schultz*
nennt seine Argumente, die ihn an der Echtheit des *Pomponius Mela* zweifeln
lassen; → erste Hälfte August / 6. 10. 27 (an Goethe, 31. 12. 28 / 2. 1. 29;
Düntzer, 357 f.)]. Moderne Pasten.» (Tgb)

Mittwoch, 7. Januar. Brief an *Prof. Göttling:* Goethe legt dar, daß man beabsichtigt, die Rückseite der goldenen Verdienstmedaille [*Carl Augusts* von
Barre] mit einer neuen, ins «Allgemeinere» deutenden Inschrift zu versehen
[→ 3. 1.]. Er wünscht dazu «ein paar lateinische Worte». – Außerdem teilt er
mit, «daß ein *geistreicher Freund und Kenner [Schultz],* in allem Ernste, den
Pomponius Mela verdächtig macht [→ 6. 1.]; ist Ihnen etwa schon früher bekannt, daß man an der Echtheit dieses *Autors* gezweifelt habe». – «[. . .] REVI-
SION DES ÜBRIG GEBLIEBENEN VON DEN WANDERJAHREN. [. . .] Mittag für
mich. Nach Tische *Ottilie,* sich über gewisse Vorfallenheiten [mit *August*] be-
schwerend. *Herr Kanzler v. Müller.* Nachricht von *Herrn v. Mauderodes [Kom-
mandant* in Weimar] Verwundung auf der Jagd. *Herr Hofrat Soret.* Kleine
Verwirrung wegen Kupfer-Heften, von der *Frau Großherzogin [Maria Paulow-
na]* verlangt. Blieb für mich. Las in dem Büchlein des wechselseitigen Unterrichts.» (Tgb)

Donnerstag, 8. Januar. «Setzte die Lesung fort.» (Tgb) – Brief an *Zelter:*
«Das alte Jahr hat mir noch viele unselige Pflichten hinterlassen; ich darf nicht
dran denken, wie ich im neuen zurecht kommen will.» – «[. . .] *Sekretär Kräuter*
wegen der *Artariaschen* Angelegenheit [→ 8. 6. 28]. Besuch der *Frau Großherzogin [Maria Paulowna]* abgelehnt. Erhielt die Bronzmedaillen [Jubiläumsme-
daille *Carl Augusts* von *Brandt*] von *Herrn Helbig.* Mittag für mich. [*E.] Schau-
manns* Ilias[-Übersetzung, 1828 (Ruppert 1281)]. Anderes in's Allgemeine
gehend. Dictirte Abends einige Briefe. Kam *Oberbaudirektor Coudray* und
erzählte mir von dem Besuch eines *Pyrotechnikers,* welcher mit *Herrn v. Menz*
hierher gekommen war und dem man die Oberweimarische Brennerey und
sonstige hiesige Feueranstalten vorgewiesen hatte. Frühere Geschichte des
Herrn v. Menz, dessen jetziger Ankauf am Main.» (Tgb)

Freitag, 9. Januar. «Am HAUPTGESCHÄFT gefördert. Kamen Briefe von
Zelter und *[Buchhändler] Wilmans.* Letzterer bezüglich auf Schillers Leben von
Carlyle [Bitte um ein Vorwort zur deutschen Ausgabe, übersetzt von *Marie von
Teubern*].» (Tgb) – Brief an *Faktor Reichel:* Goethe kündigt an, daß am Sonntag
der ZWEITE BAND [DER WANDERJAHRE, DRUCKVORLAGE] abgehen wird [→
3. 1.]. «An dem ABSCHLUß soll es zunächst auch nicht fehlen. – [. . .] *Bergrat
Wahl* vom Befinden des auf der Jagd verwundeten *Herrn v. Mauderode* Wissenschaft gebend [→ 7. 1.]. Mittags für mich. Die *Loderische* Sendung ausgepackt und vorläufig studirt [→ Dezember 1828 / 2. 1. – «. . . weil meine vieljährige Erfahrung mich leider genugsam belehrt hatte, was ein übereiltes
Auspacken für . . . Schaden bringt, so sollte zuerst alles darauf vorbereitet werden. Einzelne Kästchen wurden bestellt, Schubladen der nächsten Minerali-
enschränke geleert, . . . alles . . . zurechte gerückt und die Kiste selbst endlich
herbeygetragen. – . . . da nun . . . bey Eröffnung derselben Baumwolle zum
Vorschein kam, ferner eine zugeschnallte lederne Umgebung von etwas

Bedeutendem, so riefen die *Anwesenden* einstimmig: ... diese Kiste sey ...
verwechselt. – Das lederne Gehäus wurde geöffnet, ... (das) nicht Mineralien,
sondern wahrhafte Juwelen sehen ließ. Klänge dieses auch einigermaßen poetisch und exaltirt, so ist es doch nicht hinreichend, das vergnügte Erstaunen
auszudrücken, was jedermann und mich selbst ergriff...» (an *Loder*, 22. 2.)].
Beschäftigung damit bis an den Abend. *Prof. Riemer.* Den ABSCHLUẞ DES
ZWEITEN BANDES DER WANDERJAHRE mit ihm durchgegangen und das
Nothwendige deßhalb besprochen und bestimmt.» (Tgb)
    Samstag, 10. Januar. Brief an *Geh. Oberregierungsrat Schultz:* «Die kritische
Zwietracht, die Sie erregen werden [→ 7. 1.], muß uns allen willkommen seyn.
Ich [...] liebe das Positive und ruhe selbst darauf, insofern es nämlich von
Uralters her [...] uns zum wahrhaften Grunde des Lebens und Wirkens dienen
mag. Dagegen freut mich nicht etwa die Zweifelsucht, sondern ein directer
Angriff auf eine *usurpierte Autorität.* Diese mag Jahrhunderte gelten, denn sie
schadet einem *düstern dummen Volk* nicht, das ohne sie noch übler wäre dran
gewesen; aber zuletzt, wenn das Wahre nothwendig wird, [...] werde [ich]
mich darüber nicht entsetzen, sondern nur auf's genauste aufmerken, welche
Aussicht ich gewinne [...]. – Den *Pomponius Mela* muß ich Ihnen ganz überlassen; ich habe ihn auf meinem Lebenswege niemals berührt. Vom *Vitruv*
[*Schultz'* «Untersuchung über das Zeitalter des römischen Kriegsbaumeisters
Marcus Vitruvius Pollio» erscheint erst 1856] kann ich sagen [...]: daß mir
öftere Versuche, durch ihn mich der ältern Architektur zu nähern, jedesmal
mißlungen sind [→ 26. 10. 86]. Ich konnte nie in das Buch hineinkommen,
[...], davon gab ich mir die Schuld. Und, genau besehen, führte mich mein
Weg eigentlich an der römischen Architektur nur vorbey gegen die griechische, die ich denn freylich in einem ganz andern Sinne zu besuchen [...] hatte.
[...]. – Denn was kann heiterer seyn, daß es beynahe komisch wird, die
BRIEFE [BRIEFWECHSEL ZWISCHEN GOETHE UND SCHILLER] mit der pompo-
sen Ankündigung der Horen anfangen zu sehen und gleich darauf *Redaction*
und *Theilnehmer* ängstlich um Manuscript verlegen. – [...] und doch, wäre
damals der Trieb und Drang nicht gewesen, den Augenblick auf's Papier zu
bringen, so sähe in der deutschen Literatur alles anders aus. *Schillers* Geist
mußte sich manifestiren; ich endigte eben die LEHRJAHRE, und mein ganzer
Sinn ging wieder nach Italien zurück. Behüte Gott! daß jemand sich den
Zustand der damaligen deutschen Literatur, deren Verdienste ich nicht verkennen will, sich wieder vergegenwärtige; thut es aber ein *gewandter Geist,* so
wird er mir nicht verdenken, daß ich hier kein Heil suchte; ich hatte in meinen LETZTEN BÄNDEN bey *Göschen* das Möglichste gethan, z. B. in meinen
TASSO des Herzensblutes vielleicht mehr, als billig ist, transfundirt, und doch
meldete mir dieser *wackere Verleger,* dessen Wort ich in Ehren halten muß: daß
DIESE AUSGABE keinen sonderlichen Abgang habe. – Mit WILHELM MEISTER
[S LEHRJAHRE] ging es mir [1795/96] noch schlimmer. Die Puppen waren den
Gebildeten zu gering, die *Komödianten* den *Gentlemen* zu schlechte Gesellschaft, die *Mädchen* zu lose; hauptsächlich aber hieß es, *es sei kein Werther.* Und
ich weiß wirklich nicht, was ohne die *Schillerische* Anregung aus mir geworden
wäre. [...] *Meyer* war schon wieder nach Italien gegangen, und meine Absicht
war, ihm 1797 zu folgen. Aber die Freundschaft zu *Schillern,* die Theilnahme

an seinem Dichten, Trachten und Unternehmen hielt mich, oder ließ mich vielmehr freudiger zurückkehren, als ich, bis in die Schweiz gelangt, das Kriegsgetümmel über den Alpen näher gewahr wurde. Hätt es ihm nicht an Manuscript zu den Horen und Musenalmanachen gefehlt, ich hätte die UNTERHALTUNGEN DER AUSGEWANDERTEN nicht geschrieben, den CELLINI nicht übersetzt, ich hätte die SÄMMTLICHEN BALLADEN und LIEDER, wie sie die Musenalmanache geben, nicht verfaßt, die ELEGIEN wären, wenigstens damals, nicht gedruckt worden, die XENIEN hätten nicht gesummt [...]. Die SECHS BÄNDCHEN BRIEFE lassen hievon gar vieles durchblicken.» – Brief an *Steinzeichner Müller:* Goethe bekundet seine Anteilnahme an dessen Erkrankung und ermahnt ihn, sich vor seiner Rückkehr [aus Karlsruhe] erst völlig wieder herzustellen. – Sollte es die Absicht des *Adressaten* sein, sein «würdiges lithographisches Blatt [*Raffaels* Sixtinische Madonna]» dem *jetzt regierenden Fürsten [Karl Friedrich]* zu widmen, so würde es sich am 2. Februar [dem Geburtstag *Karl Friedrichs*] wohl ziemen. Für Glas und Rahmen würde Goethe sorgen. – Vor allem möge *Müller* ein Dutzend ausgesuchter Abdrücke auf Rechnung der Bibliothek senden, wovon einer sogleich an *Herrn v. Quandt* nach Dresden gehen wird. Die Teilnahme *Weimarer Künstler* an Ausstellungen und Ankäufen ist zwar gegenwärtig auf Malerei beschränkt, wird aber wahrscheinlich auch auf die übrigen bildenden Künste ausgedehnt werden. – Nach seiner Genesung möge sich *Müller* sogleich nach Eisenach begeben, sich dort einrichten und auch in den Unterricht der dortigen [Zeichen-]Schule «wirksam eingreifen [→ 8. 6. 28]». (Raabe 1, 554 f.) – «[...] Mittag *Herr Hofrat Vogel.* Manches Physiologische und Pathologische durchgesprochen. Einiges an den *Loderischen* Mineralien geordnet [→ 9. 1.]. Abends die Pensées et Réflexions in Gefolg der Histoire des Proverbes gelesen. Ferner Gedanken, Betrachtungen [Grundsätze und Ansichten] [...] Napoleon[s], gesammelt von *Hector Chaussier* [deutsche Ausgabe von *A. v. Fraurax,* 1828], gelesen. Die Briefe *Lenzens* als *Direktor der Mineralogischen Gesellschaft* durchgesehen. Merkwürdige Handschrift gegen Copia zurückbehalten.» (Tgb)

Vor Sonntag, 11. Januar. GEDICHTE WIE IST HEUT MIR DOCH ZU MUTE; ICH SAH'S MIT MEISTERLICHEN HÄNDEN; EIN WUNDER IST DER ARME MENSCH GEBOREN; BIST NOCH SO TIEF IN SCHMERZ UND QUAL VERLOREN [veröffentlicht im ZWEITEN BUCH DER WANDERJAHRE].

Sonntag, 11. Januar. «Am HAUPTGESCHÄFT fortgeschritten.» (Tgb) – Brief an *Riemer:* Goethe sendet ein dem *Adressaten* bereits bekanntes MANUSKRIPT [wohl ZU DEN WANDERJAHREN] mit der Bitte, das Mundum nochmals durchzusehen. – «Der Thüringische Volksfreund 2. Stück. Mittag für mich. Nach Tische, veranlaßt durch die russischen Krystalle, *Naumanns* Lehrbuch der Mineralogie vorgenommen [→ 10. 1.]. Auch damit mich meist den Abend beschäftigt. Vorgedanken für morgen. Auch in der Nacht fortgesetzt. – [...] [An] *Faktor Reichel,* 2. BAND DER WANDERJAHRE [Druckvorlage; → 9. 1.], Augsburg.» (Tgb)

Montag, 12. Januar. Brief an *Jakob* und *Marianne Willemer:* Goethe dankt für eingegangene Geschenke. Er erbittet sich die Route der letzten Sommerreise der *Freunde,* um nach einzelnen Stationen genauer fragen zu können. – Auf *Willemers* allerliebste Reiseträume [von einer Sommerreise zu dritt (an

Goethe, 2. II. 28; Weitz, 203)] hat Goethe «freylich zu erwidern: Plane darf ich nicht mehr machen, sondern habe von Augenblick zu Augenblick [...] zu beachten, was von außen oder innen geboten wird. Die AUSGABE MEINER WERKE [...] legt mir eine schwere Pflicht auf; hiezu habe ich die Zeit, die mir vergönnt ist, sorgfältigst anzuwenden. Wahrscheinlich [...] bring ich einen Theil der Sommermonate wieder auf dem Land in der Nähe zu, wenn ich nicht zufällig nach außen gelockt werden sollte. Doch gebieten mir in meinen Jahren andere Winke, und das Willkürliche wird immer mehr von dem Nothwendigen verdrängt.» – «[...] Einiges am HAUPTGESCHÄFT. *Geh. Hofrat Helbig,* von Mailand verschiedenes Eingekommene bringend, gewisse Verhältnisse besprechend. Übergab *Schuchardten* die Zahlen zu schreiben, um die [russischen] Krystalle nach Nummern zu bezeichnen [→ II. I.]. Mittag für mich. An der Krystallographie fortgefahren. Gegen Abend *Hofrat Vogel.* Ich las die Relation über den bösen, von *Kohlrausch* gegen *Dr. Horn* angeregten Kriminalprozeß.» (Tgb)

Dienstag, 13. Januar. Brief an die *Gräfin Chassepot:* «Der Tod der *Kaiserin Mutter* mit seinen Folgen [→ 14. II. 28] liegt nun auch schwer auf mir, mit empfindend, was unsre *Frau Großfürstin [Maria Paulowna]* schmerzlich entbehrt.» – Den «*Ehrenmann*» *[Graf Belisle],* der sich durch seinen Scherz [in einem Brief an die *Adressatin* von einem Besuch bei Goethe zu berichten, der nicht stattgefunden hatte] an der *Adressatin* und an Goethe «versündigt» hat, möchte Goethe «ganz» ihrer «Gnade und Ungnade» überlassen. – «[...] Das HAUPTGESCHÄFT gefördert. Am Krystallregister fortgefahren. *Färber* kam von Jena, die ausgestopften Vögel abzuholen. *Zenker* hatte den Kurs der Krystallographie zu lesen angefangen. Mittag für mich. Auf *Vincenzo Monti* Bezügliches gelesen und durchgedacht. *Fräulein Adele Schopenhauer,* ein ausgeschnittenes Bildchen für *Rösel* bringend. *Kanzler v. Müller,* ein Schreiben von *Herrn Grafen Reinhard* von Paris mittheilend. Sodann *Prof. Riemer,* mit welchem vielerley besprochen, auch seine Cantate [zum 30. Januar 1829 oder zum 16. Februar 1829?] und was bey Composition derselben vorkam.» (Tgb)

Mittwoch, 14. Januar. Brief an *Lappenberg:* Goethe dankt für das übersendete Hamburger Festprogramm, das ihn gerade zu einer Zeit erreichte, da er sich mit dem *Hamburger Rektor Joachim Jungius* beschäftigte [→ 4. 12. 28]. – «[...] *Mein Sohn* expedirte mancherley auf die Geschäfte der Oberaufsicht Bezügliches. Ich ruckte an der HAUPTARBEIT vorwärts. Ein sinniger Brief von *Zeltern* kam. *Helbig* communicirte Notizen von Mailand. *Ottilie* gab mir eine umständliche und einsichtige Schilderung der gegenwärtigen Societät. [...] beseitigte ich manches. [...] Blieb allein den ganzen Abend. Einige Beschäftigung mit den Krystallen. Weitere Überlegung einer Stereographie aus der Stereometrie entspringend, unabhängig; die Krystallographie wäre eine angewendete Wissenschaft.» (Tgb)

Donnerstag, 15. Januar. «An dem HAUPTGESCHÄFT ernstlich fortgefahren. *Sekretär Kräuter* berichtete, daß der zweymalige Transport der ausgestopften Vögel in Jena glücklich angekommen sey. [...] Mittag für mich. Die allgemeine politische Lage der Welt durchgedacht, nach dem Schema. Abends *Oberbaudirektor Coudray.* Die nach der neusten Convention anzulegenden Chausséen in die Karte gezeichnet. Das ganze Geschäft näher besprochen.» (Tgb)

Freitag, 16. Januar. «Das HAUPTGESCHÄFT gefördert. Die NEUSTE [IV.] LIEFERUNG DER WERKE ausgetheilt. Briefe concipirt. Mittag *Dr. Eckermann.* Er las vor Tische den Aufsatz im amerikanischen Review. Wir besprachen uns darüber sowie über *Carlyle* und *sonstige Fremde.* Abends *Herr Hofrat Soret.* Wurden verschiedene der sibirischen Krystalle mit ihm betrachtet und beurtheilt [→ 14. 1.].» (Tgb)

Samstag, 17. Januar. «Kam eine Sendung [Rücksendung der KAPITEL 1 BIS 12 DES 3. BUCHES DER WANDERJAHRE; → 3. 1.] von *Göttling,* zugleich mit den Mottos für die Medaille [→ 7. 1.].» (Tgb) – Brief an *Göttling:* Goethe übermittelt die VIERTE LIEFERUNG DER TASCHENAUSGABE und die ERSTE LIEFERUNG DER OKTAVAUSGABE [DER ALH]. – «Besonders erfreut mich, daß Sie, durch unmittelbare Anschauung der Wirklichkeit, *meinen Webern und Spinnern* günstig geworden [*Göttlings* Begleitbrief vom 16. 1. enthält eine Würdigung des WERKES, besonders der Darstellung der *Spinner* und *Weber* im 5. KAPITEL DES 3. BUCHES DER WANDERJAHRE. (vgl. Hagen, zu 1422)]. Denn ich war immer in Sorge, ob nicht DIESE VERFLECHTUNG DES STRENG-TROCKNEN TECHNISCHEN MIT ÄSTHETISCH-SENTIMENTALEN EREIGNISSEN gute Wirkung hervorbringen könne. So aber bin ich über Sorgfalt und Mühe, die ich auf DIESE CAPITEL gewendet, gar freundlich getröstet und hinlänglich belohnt. Der ABSCHLUß DES GANZEN folgt nächstens [...].» – «[...] Die ersten Stücke von *Bran.* MUNDA AN DEN WANDERJAHREN durch *Schuchardt.* Mittag *Hofrat Vogel.* Wurde manches die häusliche Klinik betreffend durchgesprochen. Blieb für mich. Dachte das von *Göttling* zurückgesendete MANUSCRIPT durch. Las einige Stücke des Globe rückwärts. [...].» (Tgb)

Sonntag, 18. Januar. «Mit *Schuchardt* am HAUPTWERKE.» (Tgb) – Brief an *Zelter:* Goethe bittet ihn um eine «treue Schilderung des *v. Holteischen* Faust» [nach Goethes Ablehnung der *Holteischen* FAUST-Bearbeitung (→ 28. 6. 28) schrieb dieser ein eigenes Stück, das unter dem Titel «Doktor Johannes Faust», Musik von *Karl Blum,* am 10. 1. am Königstädter Theater in Berlin uraufgeführt worden war]. – *Hofrat Soret,* einen Brief von Genf bringend, wegen der neuen Rückseite zu *Bovys* [Goethe-]Medaille [von 1824 (Zarncke, Nr. 119; vgl. auch GG 6280)] sich berathend. Betrachtung über die gestern von Paris gekommene Fraskatanerin [Bildnis: «... man befindet sich, vor ihr stehend, wie im wohlthätigen Sonnenschein. – ... Diese regelmäßigen Züge, diese vollkommene Gesundheit, diese innerliche selbstzufriedene Heiterkeit hat für uns arme nordische Krüppel etwas Beleidigendes, und man begreift, warum unsre Kunstwerke kränkeln...» (an *Zelter*)]. [...] Kam ein anmuthiges Schreiben von *Geh. Rat Willemer.* Ingleichen eine Sendung von *Jügel.* Mittag für mich. Nach Tische das Vorliegende in Betracht gezogen. *Victor Cousin,* Histoire de la Philosophie [→ 5. 12. 28]. Damit und verwandten Überlegungen den Abend zugebracht. Kam *Wölfchen,* und ich ward verleitet, an seinen Spielen Theil zu nehmen, wobey er sich sehr artig und neckisch benahm.» (Tgb)

Samstag, 17. / Sonntag, 18. Januar. Brief an *Staatsminister v. Fritsch:* Goethe übermittelt die von *Göttling* eingereichten Medailleninschriften [→ 17. 1.]. – Er schlägt vor, neben der bisherigen Rückseite für *Dichter* und *Künstler* eine zweite für *Landleute* und alle technischen Verdienste sowie eine dritte für die übrigen Verdienste um den Staat prägen zu lassen.

Montag, 19. Januar. «DEN ANFANG DES DRITTEN BUCHS DER WANDER-JAHRE nach der *Göttlingischen* Revision nochmals vorgenommen [→ 17. 1.]. Zwey Exemplare MEINER WERKE, SEDEZ-AUSGABE, an Großherzogliche Bibliothek in Tausch. [...] Mit *meinem Sohn* Unterhaltung. Erneuerung der Aufmerksamkeit auf einige Angelegenheiten. [...] Mittag für mich. Sodann die Zeit meist mit dem Lesen der französischen Vorlesungen von *Cousin, Villemain* und *Guizot* zugebracht [→ 5. 12. 28].» (Tgb)

Dienstag, 20. Januar. «Einiges an *Schuchardt* dictirt. *Frau Großherzogin [Maria Paulowna], Gräfin Henckel* und *Frau v. Pogwisch*. Die Zeichnungen des *Herrn v. Reutern* vorgewiesen. Ingleichen das Bild der Fraskatanerin [→ 18. 1.], auch die modernen geschnittenen Steine. Der *Engländer* ... [Lücke im Text]. *Frau v. Münchhausen,* welche *mit uns* speiste. *Dr. Eckermann* brachte den Anfang der Übersetzung aus dem amerikanischen Journal [«American Quarterly Review»]. Ich fuhr fort die Pariser Vorlesungen zu lesen und durchzudenken [→ 19. 1.].» (Tgb)

Mittwoch, 21. Januar. «Einiges an *Schuchardt* dictirt [u. a. AUFSATZ ANTHERICUM COMOSUM, Teil der AUFSATZSAMMLUNG MONOGRAPHIE AUF MORPHOLOGIE gestützt; → 31.8.28; → 15. 12. 28]. *Dr. Weller* kam von Jena. Fuhr am Vorliegenden emsig fort. [...] der *Großherzog [Karl Friedrich],* der nachher *meinen Sohn* zum Spaziergang mitnahm. Mittag speisten *Ottilie* und *Ulrike [v. Pogwisch], Dr. Weller* und *Eckermann,* auch die *Kinder* mit. Die *Frauenzimmer* waren mit ihrer Charadenfête bey *Schwendlers* höchst beschäftigt. Nachher las ich die Hefte der *Pariser Vortragenden* mit Aufmerksamkeit. Die aufgefundenen Silberstangen aus Rußland waren mir übergeben worden.» (Tgb)

Donnerstag, 22. Januar. «[...] Beseitigte Lästiges ohne viel Erleichterung vor mir zu sehen. *John* mundirte zu den WANDERJAHREN [→ 19. 1.]. Mittag *Dr. Eckermann.* Wir besprachen die Übersetzung aus dem amerikanischen Journal. *Ottilie* erzählte nachher die meist lustigen Ereignisse bey den Proben der bevorstehenden Festlichkeit. Abends *Oberbaudirektor Coudray.* Sodann *Prof. Riemer.* Verschiedene Concepte mit ihm durchgegangen. Über die neusten Theaterverhältnisse. Der *Buchbinder* brachte das Musée [des Antiques] des *Bouillon* mit der befohlnen Inschrift.» (Tgb)

Freitag, 23. Januar. Konzept eines Briefes an *Bovy:* «Vorstehendes Bildchen [Entwurf von *Hofrat Meyer*] gibt einen genugsamen Begriff, wie man den zweyten Revers der Medaille wünscht; es ist dabey die Absicht, wie auf dem ersten die Tendenz zur Poesie, also hier die Neigung zur Naturforschung, besonders organischer Wesen, anzudeuten.» – Goethe erläutert Einzelheiten des Entwurfs [→ 18. 1.]. – «[...] Mittag *Dr. Eckermann.* Er brachte abermals von seiner Übersetzung einige Bogen mit [→ 20. 1.]. Gegen Abend *Herr Kanzler v. Müller.* Später *Prof. Riemer,* mit welchem mancherley Bibliotheka-risches und Litterarisches durchgesprochen wurde. *Wölfchen* war gegenwärtig und nahm besonders an einigen kleinen Erzählungen Theil. Beschäftigte sich später mit Betrachtung der Ringe.» (Tgb)

Samstag, 24. Januar. «Überlieferte das *Eckermannische* Manuscript [→ 23. 1.] an *Schuchardt*.» (Tgb) – Brief an *Soret:* Goethe übersendet seinen Brief für Genf [an *Bovy;* → 23. 1.] mit der Bitte, ihn ins Französische zu übersetzen. Er ist zu jeder Stunde bereit, darüber zu konferieren. – «[...] Beschäftigte mich, den LETZTEN BAND DER WANDERJAHRE ZU AJUSTIREN, auch anderes weiter zu bringen [→ 22. 1.]. *Herr Schauspieler [Georg Friedrich] Winterberger* [geb. 1804], neu engagirt [am Hoftheater], ein *hübscher junger Mann,* der sich bilden wird. [...] Mittag *Hofrat Vogel.* Unterhaltung über Weimarische Vergangenheit; nicht weniger, wie gewöhnlich, über medicinisch-praktische Gegenstände, Visitation der Apotheken und dergleichen. Nach Tische *Ottilie,* von den gestrigen Aufführungen sprechend. Abends des *Großherzogs Königliche Hoheit [Karl Friedrich].*» (Tgb)

Sonntag, 25. Januar. «Alles Gangbare vorgeschoben. *Hofrat Soret* Übersetzung der Beschreibung des neuen Reverses [für *Bovy;* → 24. 1.]. KLEINES GEDICHT [SCHWARZ UND OHNE LICHT] an *Rösel.* Mit *Adelens* schwarzausgeschnittener artiger Composition [→ 13. 1.]. Zu Mittag *Dr. Eckermann.* Wir beredeten die Übersetzung aus dem amerikanischen Journal [→ 24. 1.]. Nachher *mein Sohn,* da denn abermals die wohlgelungenen Charaden zur Sprache kamen. Bey *Ottilien* waren häufige Danksagungs-Visiten abgestattet worden. Ich blieb für mich.» (Tgb) – Brief an *Zelter:* «Diese Ehrenzeichen [*Zelter* hatte am 18. 1. den Roten Adlerorden 3. Klasse erhalten] gereichen eigentlich nur zu gesteigerten Mühseligkeiten, wozu man aber sich und andern Glück wünschen darf, weil das Leben immerfort, wenn es gut geht, als ein stets kämpfend-überwindendes zu betrachten ist.» – Goethe berichtet, daß die *neue [Theater-]Direktion* «bis jetzt auf guten Wegen [sei], nicht negativ und ablehnend wie die vorige [*Oberhofmarschall v. Spiegel* hatte am 1. 12. 28 an Stelle des *ausscheidenden Direktors Stromeyer* die Leitung des Hoftheaters übernommen]. [...] Wenn man *hübschen Männern* und *Frauen* die Bretter gönnt, so ist schon viel gethan, und wenn man in Gastrollen von Zeit zu Zeit ein *vorzügliches Talent* auftreten läßt [...]. Dieß scheint man zu verstehn. Mit neuen Stücken muß man's wagen; was auf dem Repertoir bleibt dankbar bewahren, alte Stücke, die an den *Schauspieler* starke Forderungen machen, auch wohl einmal als Aufgabe aufstellen [...]. Übrigens steht die allgemein ästhetische Bildung so hoch, daß es an *Schauspielern* nicht fehlen kann [...].» – «[...] *Walther* kam, der sich mit Ringkästchen und sonstigen Couriosen beschäftigte.» (Tgb)

Montag, 26. Januar. Brief an *Buchhändler Wilmans d. J.:* Dessen Wunsch nach einem Vorwort zu erfüllen, kann Goethe nicht versprechen [→ 9. 1.]. Doch bittet er, ihm nach und nach die Aushängebogen zuzusenden; «so gewinne ich bey'm Lesen derselben vielleicht eine Anregung, die mich befähigt, zu Ihren löblichen Zwecken mitzuwirken». – «[...] *Sekretär Kräuter,* mit ihm Bibliotheksgeschäfte besprochen. Außerdem noch manches fortgeschoben. Brief von der *Prinzeß Radziwill* aus Paris, eine Handschrift verlangend. Mittag *Dr. Eckermann.* War das Buch über *Hegel* [«Ueber Philosophie überhaupt und Hegel's Encyclopädie der philosophischen Wissenschaften insbesondere»] von *[K. E.] Schubarth* [und *K. A. Carganico*] angekommen. Besprochen die unternommene Übersetzung aus dem Englischen [→ 25. 1.]. Einiges über die WANDERJAHRE. Abends *Oberbaudirektor Coudray;* hatte sich *Walther* zu uns gesetzt. Berichtete derselbe einiges über's Geschäft und sprach von bürgerlich-häuslichen Dingen.» (Tgb)

Sonntag, 24. / Montag, 26. Januar. Brief an *Hofmaler Stieler:* Goethe bittet ihn, seine Bestellung des «bewußten Instrumentes» [→ 12. 12. 28] an *Optiker Nickel* weiterzuleiten. – Es freut ihn, daß *Stieler* seiner FARBENLEHRE «fortgesetzte Aufmerksamkeit» gönnt; «sie enthält nichts, als was Sie Ihre Lebzeit über gethan haben und thun [→ 25. 5. / 6. 7. 28]».

Dienstag, 27. Januar. Brief an *Göttling:* Goethe entschuldigt sich, daß er anfängt, seine «Mährchen stückweise zu überliefern» [er sendet die FORTSETZUNG DES 3. BANDES DER WANDERJAHRE, vermutlich KAPITEL 13, zur Durchsicht → 17. 1.]. – «[...] DIE LETZTE CORRECTUR AM DRITTEN BANDE DER WANDERJAHRE BESORGT. INGLEICHEN DEN SCHLUß DERSELBEN AJUSTIRT. *Landrat v. Lyncker.* Sodann *Prinzeß Auguste.* Zeigte derselben die *v. Reuterischen* Aquarelle vor. Kam ein Paket von *Graf Sternberg.* Mittags *Dr. Eckermann.* Bey Gelegenheit von *Schubarths* Anti-Hegel über diese wichtige Angelegenheit das Entscheidende durchgesprochen [→ 26. 1.]. Abends *Prof. Riemer;* mit ihm Theaterangelegenheiten, nicht weniger bibliothekarische beredet.» (Tgb)

Mittwoch, 28. Januar. Brief an *Zauper:* Goethe kündigt die Sendung MEHRERER HEFTE [KuA] an. – «Wie sehr ich meine jährlichen Besuche und das Wiedersehn *so mancher wackern Personen* in Böhmen vermisse, wag ich nicht auszusprechen.» – Brief an *Kanzler v. Müller:* Goethe bittet ihn, «beykommendes Büchlein» [«Relation von dem Kayserlichen Hofe zu Wien...», 1705] an den *«wahrhaft guten und redlichen Freund»* [v. Rochlitz] zu senden, dessen Besuch in der besseren Jahreszeit zu hoffen ist. Doch möge er sich ja ankündigen, «weil wenig Tage auf oder ab in unsern Verhältnissen oft einen großen Unterschied machen». – «[...] Nachricht von dem in Braunschweig aufgeführten FAUST [Uraufführung des FAUST I am 19. 1.] durch *[Theaterdirektor] Klingemann* mitgetheilt. *Herr Geh. Hofrat Helbig,* [...] Laufende[s] besprechend. *Herr v. Beulwitz,* wegen Angelegenheiten der Militär-Bibliothek. Mittag *Dr. Eckermann.* Es wurden die Hefte der französischen diesjährigen Vorlesungen [von *Cousin, Villemain* und *Guizot;* → 21. 1.], auch *Schubarths* letzte Arbeit durchgesprochen [→ 27. 1.]. Blieb nachher für mich. Las in eben gedachten Heften weiter. Nicht weniger die das Prager Museum betreffend [→ 1. 4. 28]. *Wölfchen* spielte indessen und war nicht sehr hinderlich. – *Herrn Prof. Göttling* die FORTSETZUNG DES 3. BANDS WANDERJAHRE [→ 27. 1.] [...].» (Tgb)

Donnerstag, 29. Januar. «Am HAUPTGESCHÄFT fortgefahren. *Frau Großherzogin [Maria Paulowna]* und *Demoiselle Mazelet.* Legte die Risse *[Mechaniker] Kirchners* vor [«Conversation avec Goethe sur la formation d'une Gewerb-Schule ici, faisant le haut de la pyramide et comme la partie supérieure de tous les autres établissements de ce genre du pays de Weimar: elle pourra, avec le temps et la durée, s'élever à la hauteur d'une école polytechnique: approbation qu'il a donnée à cette idée et recommandation faite par lui du jeune *Kirchner* (→ 19. 12. 28)...Goethe désire que ce *jeune homme* soit envoyé pour deux ans en France pour y compléter son apprentissage: j'ai promis de contribuer au frais de son entretien pendant ce voyage avec 150 écus par an pour deux ans ... – Goethe approuve le complément de le grande bibliothèque pour ce dont il faut nécessairement avoir la suite; pour la partie technologique, etc., pour la partie militaire, et approuve les livres et cartes indiquées à cet égard

par *Monsieur de Beulwitz.*» (*Maria Paulowna*, Tagebuch; GG 6281)] [...]. Kam [...] der *Großherzog [Karl Friedrich]*. Ich zeigte *Dupins* Reise nach England vor [→ 15. 4. 27]. Auch kam die Platina für *Döbereiner* zur Sprache. Mittag *Dr. Eckermann*. Nach Tische *Ottilie.* Beyde von dem Auftreten der *Madame Genast* sprechend; zugebend, daß sie ihre Rolle wohl durchdacht, auch in Betragen und Pantomime in Donna Diana [von *A. Moreto y Cabaña*] sich wohl betragen, dagegen aber allzu hoch gesprochen und sich Weimarischen Ohren unerfreulich gemacht habe. Blieb für mich. Las die französischen neusten Vorlesungen. *Wölfchen* spielte nach seiner Art, die zerschnittenen Bilder zusammensetzend.» (Tgb) – Brief *Sohn Augusts* im Auftrag Goethes an *Schriftsteller v. Luck: August* versichert, daß das übersendete Werk [«Das Leben der Fürstin Amalia von Gallitzin» von *Prof. Caterkamp*, 1828] «eine große, ja vielleicht allzu große Theilnahme» bei seinem Vater erregt habe. Nach dem Ableben *«unseres unvergeßlichen Fürsten [Carl August; →* 14. 6. 28]» wird ihm jeder neue Verlust oder die Erinnerung an frühere desto empfindlicher, zumal der einer «*Frau von solcher Anmut und Tugend, reinem Wohlwollen und ungeheuchelter Frömmigkeit*» [→ 7./10. 12. 92]. (WA IV, 45, 379 ff.)
  Freitag, 30. Januar. Geburtstagsbrief an *Großherzogin-Mutter Luise:* «[...] genehmigen [...], daß heute [...] ein unauslöschliches Leiden sich in das tiefste Herz verberge und ein heiteres Äußere die Hoffnungen bezeichne, denen ich mit so vielen Andern mich getrost überlasse; Höchst Dieselben werden zunächst bey'm Eintritt in eine heitre Umgebung [→ 1. 1.], mit erneuter Gesundheit und bestätigten Kräften eine Epoche beginnen, welche die innigsten Wünsche [...] zu erfüllen geeignet ist.» – Brief an *v. Quandt:* Goethe bittet, in Zukunft alle Sendungen [des «*Sächsischen Kunstvereins*»] nach Weimar an ihn persönlich zu richten, da er portofrei ist. – Er kündigt die von *Heinrich Müller* auf Stein gefertigte Kopie des *Müllerschen* Kupferstichs nach der «Madonna del Sisto» an [→ 10. 1.], um die *Dresdner Kunstfreunde* mit diesem «schätzbaren Blatte» bekannt zu machen. – Goethe erkennt dankbar an, daß ihn der *Adressat* «als auswärtiges Comitémitglied betrachten und in den Vereinslisten geneigt aufführen wolle». – Brief an *Frau v. Pogwisch:* Goethe würde die beikommenden Werke, nachdem sie in der [französischen] Lesegesellschaft zirkuliert sind, zum halben Preis für die Großherzogliche Bibliothek ankaufen. – «[...] *Hofrat Vogel*, von einigen Hypothesen, wie sie eine einseitige Philosophie auch in die Medicin gebracht hat. [...] Mittag *Dr. Eckermann.* Die amerikanische Recension [→ 26. 1.]. *Schubarths* neustes Werk [→ 28. 1.]. Auch die neusten Hefte der *französischen Professoren* durchgesprochen [→ 29. 1.]. Gegen Abend *Prof. Riemer.* Die zur Bibliothek wünschenswerthen Werke *Alfieris.* [...] *Prof. Riemer* zeichnete altdeutsche Zierrathen. *Wölfchen* las Italienisch.» (Tgb)
  Mittwoch, 28. / Freitag, 30. Januar. Goethe «zeigte mir *[Eckermann]* einen Brief von *Klingemann* [→ 28. 1.], worin dieser schrieb, mit wie großem Beifall das STÜCK [FAUST I] aufgenommen und wie die *drei Hauptfiguren, der Faust, der Mephistopheles* und *das Gretchen,* nach der Vorstellung herausgerufen worden. Da das STÜCK sich nun über alle deutschen Bühnen verbreiten wird und wir es auch hier hoffentlich sehr bald sehen werden [→ vielleicht Mitte/Ende November 28], so sprachen wir über die Besetzung. *La Roche*

gaben wir den *Mephistopheles* [...]. Über *Faust* und *Gretchen* waren wir nicht entschieden. ‹Es ist zu schade›, sagte Goethe, ‹daß die *Kladzig* als *Künstlerin* nicht ausgebildet genug ist, sie ist schön, sie hat den Wuchs, sie hat die Jugend, das wäre ein *Gretchen!*› [...] Es ist zu selten, [...] daß in *jungen Mädchen* der künstlerische Sinn aufgeht und daß der künstlerische Ernst in ihnen wirksam wird. In der ganzen Reihe von Jahren, die ich dem Theater vorstand, habe ich nur eine einzige gefunden [...]. Es war die *Euphrosyne [Christiane Becker-Neumann]* [...].» (*Eckermann an Auguste Kladzig,* 30. 1.; GG 6282)

Samstag, 31. Januar. Brief an *Döbereiner:* Goethe fühlt sich durch die eingesandten Rechnungen vorläufig unterrichtet, wie der *Adressat* das Studium der Chemie theoretisch und praktisch zu fördern unternimmt. – Er regt an, daß dieser seine Absichten in einem kurzen Vortrag formulieren möge, der der *höchsten Gönnerin [Maria Paulowna;* → 18. 10. 28] vorgelegt werden könnte. – «[...] die *Frau Großherzogin [Maria Paulowna],* mehrere Angelegenheiten durchsprechend. [...] Mittag *Hofrat Vogel,* seine neue medicinische Ansichten vortragend, die ich an meine allgemeine Begriffe anzuschließen trachtete. Es war wirklich angenehm, sich in der Terminologie wechselseitig zu nähern, denn eigentlich unterscheidet man ja nur und vereinigt sich in Worten. Abends *Wölfchen,* die übrigen waren im Schauspiel. *[Eduard] Genast* spielte den *Figaro* in dem Barbier von Sevilla [von G. *Rossini*] als *Gast.* Später *mein Sohn* von dem Erfolg Kenntniß gebend und von geselligen Verhältnissen umständlich erzählend.» (Tgb)

Donnerstag, 22. / Samstag, 31. Januar. Brief an *Grafen Sternberg:* Goethe hatte verschiedentlich Nachricht vom besseren Befinden des «verehrten Freundes» erhalten [→ 5. 10. 28], wünscht nun aber doch zu wissen, wie dieser die erste Hälfte des Winters zugebracht hat. – Er selbst hat diese Zeit her nicht aufgehört, sich «mit Beobachtung jener wunderbaren Pflanze zu beschäftigen», wovon er ein Zeugnis beilegt [den AUFSATZ ANTHERICUM COMOSUM; → 21. 1.]. – «Man wird meine hartnäckige Aufmerksamkeit auf einen so beschränkten Gegenstand belächeln; es ist aber nun meine Eigenschaft, mich monographisch zu beschäftigen, und von so einem Puncte aus mich gleichsam wie von einer Warte rings umher umzusehen.»

Vermutlich Ende Januar / Anfang Februar. «Ich habe im *Schubarth* zu lesen fortgefahren», sagte Goethe; ‹er ist freilich ein *bedeutender Mensch* [...]. Die Hauptrichtung seines Buches [→ 30. 1.] geht darauf hinaus: daß es einen Standpunkt außerhalb der Philosophie gebe, nämlich den des gesunden Menschenverstandes, und daß Kunst und Wissenschaft, unabhängig von der Philosophie, mittels freier Wirkung natürlicher menschlicher Kräfte, immer am besten gediehen sei. Dies ist durchaus Wasser auf unsere Mühle. Von der Philosophie habe ich mich selbst immer frei erhalten, der Standpunkt des gesunden Menschenverstandes war auch der meinige [...]. – Das einzige, was ich an ihm nicht durchaus loben kann, ist, daß er gewisse Dinge besser weiß, als er sie sagt [...]. So wie *Hegel* zieht auch er die christliche Religion in die Philosophie herein, die doch nichts darin zu tun hat.» – Goethe spricht über den «Reiz der Sinnlichkeit, den keine Kunst entbehren kann», so daß der *Künstler* bei der Wahl seiner Gegenstände sein Alter bedenken sollte. – «Meine IPHIGENIE und mein TASSO sind mir gelungen, weil ich jung genug war, um mit meiner Sinnlichkeit das Ideelle des Stoffes durchdringen und beleben zu können. Jetzt in meinem Alter wären so ideelle Gegenstände nicht für mich geeignet, und ich tue vielmehr wohl, solche zu wählen, wo eine gewisse Sinnlichkeit bereits im Stoffe liegt. Wenn *Genasts* hier bleiben, so schreibe ich euch zwei Stücke, jedes in einem Akt und in Prosa [...].» – Weitere Gesprächsthemen sind christliche Religion und Unsterblichkeit. (Eckermann, 4. 2.)

Sonntag, 1. Februar. «Fortgeschritten am HAUPTGESCHÄFT. Der *gute alte [Anton] Genast,* gerührt von *seiner Kinder* Talent und deren Anerkennung [das *Schauspielerehepaar Eduard* und *Caroline Christine Genast* bemüht sich um ein Engagement am Weimarer Hoftheater]. *Meine Schwiegertochter* kam dazu, und er ward durch ihr unbefangenes Lob nur desto mehr gerührt. Mittags *Prof. Riemer,* dem ich die *v. Reuterischen* Aquarelle vorwies. Sodann die *Ovidische Metamorphose* [«Le Metamorfosi d'Ovidio», Radierungen, 1641] von *[J. W.] Baur.* Auch die Handwerker von *Jost Amman* [Holzschnitte zu *Hans Sachs'* «Eygentliche Beschreibung aller Stände auf Erden...», 1568]. Wurden über Kunst und Kunstwerke überhaupt gute Betrachtungen angestellt. Blieb für mich. Abends *Landesdirektionsrat Töpfer,* umständlich die ägyptische Reise des *Dr. Schneider* erzählend, der erst als *enthusiastischer Philhellene* nach Griechenland gegangen, die dortigen Zustände aber gar bald beurtheilend nach Ägypten zu reisen Gelegenheit genommen. Das Weitere, wovon mir der *Reisende* selbst manches erzählt, fernerhin detaillirend. *Oberbaudirektor Coudray* kam dazu, und ich empfahl demselben ein Promemoria zu vorläufiger Instruction und Empfehlung *[Mechaniker] Kirchners* in Paris [→ 29. 1.]. In *Schubarths* neuem Werke gelesen. [...].» (Tgb.)

Montag, 2. Februar. Brief an *Karl Friedrich:* Goethe übermittelt mit den «treusten Wünschen» zu dem «höchst erfreulichen [Geburtstags-]Feste» eine «Frucht vieljähriger fleißiger Anstrengung» [wohl *Steinzeichner Müllers* Lithographie nach *Raffaels* «Madonna del Sisto»; → 30. 1.]. – «Am HAUPTGESCHÄFT vorwärts geschritten. Besuchten mich *Herr Generalkonsul Küstner* und *Herr Hofrat Keil* von Leipzig. Mittag *Dr. Weller* und *Eckermann.* Jenaische und Weimarische Verhältnisse, nicht weniger das Theater. Über *König Ludwigs* Regierung und Holland überhaupt in den französischen Jahren. Ein französisches Werk, von einem *heitern wohldenkenden Manne* geschrieben.» (Tgb)

Dienstag, 3. Februar. «MUNDUM DES ABSCHLUSSES weiter geführt. *Sekretär Kräuter,* wegen der Angelegenheit *Artarias* [→ 8. 1.]. Packte die Exemplare aus von *[Steinzeichner] Müllers* Madonna del Sisto. [...] Mittag *Dr. Eckermann.* Blieb für mich. Abends wurde Lenore [Drama mit Gesang von *Holtei*] gegeben, deßhalb alles im Theater war. Ich las Mémoires Contemporains d'un Apothicaire sur l'Espagne [1828]. Artige rangirte Ereignisse und Erhebungen aus dem Spanischen Kriege, meist natürlich und wahrhaft. Dictirte an *[Diener] Friedrich [Krause]* vorläufig einige Briefe.» (Tgb)

Mittwoch, 4. Februar. «Sendung von *[Prof.] Göttling* [→ 27. 1.]. Den HAUPTBAND geheftet. FORTSCHRITT IN DER REDAKTION. Die Angelegenheit der Continuation der Großherzoglichen Bibliothek [*Artariasche* Angelegenheit] wieder aufgenommen [→ 3. 2.]. *Frau Großherzogin Mutter [Luise].* Zeigte derselben die Sendung von *Cornelius* [→ 13. 12. 28], den Oppenheimer Dom und das wunderlich problematische Gemälde vor. *Herr Hodges, Engländer, der* hier bey *Kapellmeister Hummel* musikalischen Unterricht nimmt. Mittag *Dr. Eckermann.* Nach Tische *Herr Hofrat Soret.* Abends *Wölfchen.*» (Tgb)

Donnerstag, 5. Februar. «Briefconcepte dictirt. Das Mundum wegen der abgebrochenen Fortsetzungen bey *Artaria* berichtigt. Um 12 Uhr *Frau Groß-herzogin Maria Paulowna* [«Conversation avec Goethe sur les moyens à conti-nuer à fournir la bibliothèque publique: – arrangement préalable à faire avec *Artaria* pour cet effet.» (*Maria Paulowna,* Tagebuch; GG 6284) – «Durch Gunst und Theilnahme dieser *herrlichen Fürstin* hoff ich nun auch mit dem unseligen Handel der bey *Artaria* für uns noch liegenden Fortsetzungen zu Stande zu kommen.» (an *Hofrat Meyer,* 6. 2.)] [...]. *Ihro Königliche Hoheit der Großherzog [Karl Friedrich]* kamen dazu. Einige andere Geschäfte beseitigt. Letzter fuhr mit *Oberbaudirektor Coudray* nach Belvedere, um die projectirte Treppe an Ort und Stelle näher zu überlegen. *Fräulein Adele [Schopenhauer]* brachte ihr mit Blumen vorzüglich schön gemaltes Tischblatt [vielleicht entsteht dabei die Skizze Farbenkreis (Corpus V a, 141)]. Ich zeigte ihr dagegen die *v. Reute-rischen* Aquarellen. Wir speisten allein. Gegen Abend *Herr Kanzler v. Müller. Oberbaudirektor Coudray.* Letzterer den Entwurf zur Capelle vorlegend, wel-cher mit ihm genau durchgegangen wurde. Auch der Carton zu dem neuen eisernen Ofen wurde an die Wand geheftet. Ich las den französischen Apothe-ker in Spanien bis zu Ende [→ 3. 2.]. Bereitete manches auf morgen vor. [...].» (Tgb)

Freitag, 6. Februar. Brief an *Hofrat Meyer:* Goethe hat den *Adressaten* in der letzten Zeit «vielfach» zu sich gewünscht, da «recht hübsche Sachen» mit-zuteilen wären. – Die Antiquitäten des *[Désiré] Raoul-Rochette* [«Monuments inédits d'antiquité figurée grecque, étrusque et romaine...», 1828] [für die Bibliothek] anzuschaffen, hält die *Großherzogin* nicht für nötig, da Goethe das Werk «durch die Gunst des *Verfassers*» besitzt und er es den *Weimarer Kunst-freunden* mitteilen kann. – «[...] Las in den gestern angekommenen histori-schen Erinnerungen in lyrischen Gedichten [1828] von *[Friedrich August] Stä-gemann [preußischer Jurist, Staatsbeamter, Schriftsteller;* geb. 1763]. Auch war ein Brief mit Medaillen von *Zelter* und einer von Nürnberg mit alten Münzen angekommen. Um 11 Uhr Schlittenfahrt nach Blankenhain. *Ottilie* entschloß sich nach einiger Weigerung mitzufahren. Ich ging, um sie zu sehen, in die vordern Zimmer. *Herr v. Beulwitz,* wegen einiger Anschaffung für die Militär-Bibliothek. Mittag *Dr. Eckermann* und die *Kinder.* Abends *Prof. Riemer.* Wir besprachen die Cantate des nächsten Geburtstags [zum 16. Februar 1829, dem Geburtstag *Maria Paulownas*]. Er trug einige angenehme kleine Gedichte vor. Wir besprachen uns hierüber und einiges andere. Gaben auch die Sammlun-gen *Stägemannischer* Gedichte Stoff zu theoretisch–praktischer Unterhaltung [«... daß ich diesen Band als ein Zeugniß ansehe: wie bey einer der bedeu-tendsten Epochen der Weltgeschichte, bey dem wichtigsten und unter den größten Gefahren bestandenen Unternehmen ein *echter Mann und Vaterlands-freund* empfunden, gedacht und in höherem Sinne sich ausgedruckt.» (an *Stä-gemann,* 4. 3.)]. *Wölfchen* hatte versprochner Maßen die ganze Zeit über gele-sen und nahm nur zuletzt an der Unterhaltung Theil, da von *Bruno [Riemer]* die Rede war und verschiedenes auf die Beschäftigung der *Knaben ungefähr seines Alters* zur Sprache kam, wobey er glaubte mitreden zu dürfen.» (Tgb)

Samstag, 7. Februar. «Verschiedenes in Bezug auf die Militär-Bibliothek eingeleitet. [...] *Inspektor Weise [Verwalter der Militärbibliothek]* gesprochen. Meldete sich *Genast der Jüngere,* sodann *Direktor [Friedrich Ludwig] Schmidt [Schauspieler, Theaterdirektor, Bühnenschriftsteller* in Hamburg; geb. 1772], die ich aber nicht annehmen konnte. Ich fuhr fort mich dem HAUPTGESCHÄFT zu widmen. Ein Tomus von *Herrn Prof. Hassel* gesammelter Porträte wurde mir zur Ansicht geschickt. Mittag *Herr Hofrat Vogel.* Die herkömmlichen pharmazeutischen Gespräche fortgesetzt. Worauf ich ihm mancherley von früheren hiesigen Zuständen erzählte. [...] Las auf Empfehlung *Adelens* die Erzählung der *Madame Schopenhauer:* Des Adlers Horst. Angenehme Abdrücke von antiken Gemmen waren mitgetheilt worden. Das Schreiben von *Rauch* beherzigt. Was darauf zu erwidern sey bedacht. Im Theater Euryanthe [Oper von *K. M. v. Weber]* vorgestellt. Auch die *Knaben [Walther* und *Wolf]* waren mithineingezogen worden. Der nunmehr *engagierte [Eduard] Genast* [→ 1. 2.] sang den Lysiart [...].» (Tgb)

Sonntag, 8. Februar. Brief an *Riemer:* Goethe sendet das mitgeteilte Gedicht [eine Zueignung zu *Riemers* Kantate zum Geburtstag der *Großherzogin]* mit dem «vollkommensten Beyfall» zurück [→ 6. 2.]. – «Mit CORRECTUREN DER MANUSCRIPTE beschäftigt. [...] *Mein Sohn* war im Schlitten nach Erfurt gefahren. Einen Band Porträte *protestantischer Geistlicher,* von der *Hasselschen Witwe* mitgetheilt, durchgesehen [wohl ein Klebeband, den diese verkaufen wollte]. Mittag *Dr. Eckermann.* Wurden die neusten theatralischen Abenteuer besprochen. Die Übersetzung aus dem amerikanischen Journal ajustirt [→ 30. 1.]. Ihm wurden die *v. Reuterischen* Aquarelle vorgezeigt. Blieb für mich. Pflegte *Wölfchen,* der sich beklagte, dabey aber sehr artig war. Kam *Landesdirektionsrat Töpfer.* Erzählte nach seiner Art, umständlich und gefällig, einige Table d'hôte-Geschichten. Ich hielt mich nachher an *Dr. [J. D.] Choisy* von Genf Vorlesungen: Des Doctrines Exclusives en Philosophie Rationelle [1828], immer fort bemerkend, wie man sich mit der neufranzösischen Philosophie, die wir die *Cousinische* nennen wollen, zu assimiliren trachtet.» (Tgb)

Montag, 9. Februar. «*Schuchardt* schrieb am SCHLUSSE DES DRITTEN BANDES. Ich fuhr in DIESER ARBEIT mit *John* fort.» (Tgb) – Brief an *Prof. Göttling:* Goethe bittet, die Revision der NOCH ÜBRIGEN BÄNDCHEN DER VORIGEN LIEFERUNG [DER ALH FÜR DIE OKTAVAUSGABE] zu fördern, da die *Setzer* drängen. «Könnt ich nur den 13. BAND indessen haben, so wäre jenes Bedürfniß einigermaßen gestillt.» – Brief an *Faktor Reichel:* Goethe kündigt die Absendung des MANUSKRIPTS ZUM 23. BAND [wohl KAPITEL 1 – 13 DES 3. BUCHES DER WANDERJAHRE] für Mittwoch an. – Der völlige Abschluß des WERKES kommt nach, ebenso eine ZUGABE [DIE BETRACHTUNGEN IM SINNE DER WANDERER] zum 22. BAND, damit dieser nicht hinter der normalen Bogenzahl zurückbleibt. – Brief an *Riemer:* Goethe bittet ihn, «BEYKOMMENDEM HEFTE» [vermutlich EIN TEIL DER AN KAPITEL 13 ANSCHLIESSENDEN PARTIEN DER WANDERJAHRE (Hagen, zu 1447)] einige Aufmerksamkeit zuzuwenden, da er «bis gegen Ende der Woche mit DIESEN BOGEN in's Reine» kommen möchte. «Der lästige Alp lüftet sich nach und nach, und man kann alsdenn mit einiger Freyheit wieder umherschauen.» – «[...] Verschaffte mir Weser-Karten, um die mitgetheilten Nachrichten über die neuen Bauten bey Geestendorf [an der Weser] und dem Leher Hafen [im Zusammenhang mit dem Bau von Bremerhaven, 1827 gegründet] besser einzusehen, worüber die *Dr. Meyerischen* Mittheilungen sehr angenehm waren [dem *Vetter des Mediziners Meyer, Senator Dr. Heinecken,* obliegt die obere Leitung dieses Baues]. Mittag *Dr. Eckermann.* Wir wurden einig wegen der EINZELNHEITEN, WIE SIE ZU BEHANDELN UND [in die WANDERJAHRE] EINZUSCHALTEN [berücksichtigt wird vermutlich auch *Reichels* Mitteilung vom 3. 2., daß BAND 21 nur 14 ½ Bogen ergeben habe (Hagen, 1439)]. Nach Tische wendete ich einige Stunden an die Mineralien. Abends blieb ich allein. [...].» (Tgb) – Brief an *Bildhauer Meyer:* Goethe kann dessen Frage, wie er seine Studien und seinen Aufenthalt zukünftig gestalten soll, «nicht direct entscheiden [...]. – Indem Sie Ihren *bisherigen Lehrer [Rauch]* dorthin [nach München] begleiten, bleiben Sie in Ihrem vortheilhaften Studiengang, und was Sie dort unter den Händen des *Meisters* entstehen sehen, ist von der Art, daß es vielleicht im Leben Ihnen nicht wieder zur Erfahrung kommt.» – Goethe neigt dazu, den *Adressaten* in München zu sehen, doch möge er sich hierüber mit *Rauch* und *seinem Vater* [dem *Mediziner Meyer*] beraten.

Dienstag, 10. Februar. Brief an *Hofrat Meyer:* Goethe sendet das letzte Verzeichnis der bei *Artaria* bereitliegenden Fortsetzung [→ 5. 2.]. Mit Genehmigung der *Großherzogin* hat er darauf 1000 Gulden geboten, worauf *Artaria* wohl eingehen wird. Danach wäre zu bestimmen, was fortgesetzt werden soll. – Brief an *Mediziner Meyer* und *dessen Gattin:* Goethe sendet die Abschrift seines Briefes an den *Sohn der Adressata.* – «Die Notizen mit dem Interims-Riß der neuen Anstalten an der Einmündung des Weserflusses sind von mir höchst dankbar empfangen worden [→9. 2.] [...].» – Goethe bittet von Zeit zu Zeit um nähere Informationen. «Ich habe dabey kein anderes Interesse als das allgemein Deutsch-Continentale.» Goethe bittet um die Bezeichnung der Orte, durch die der Weg von der neuen Anlage bis Bremen geführt wird, um sich auf den drei vor ihm liegenden Spezialkarten näher darüber zu orientieren. «Müssen wir doch so viel von den englischen Docks, Schleusen, Canälen und Eisenbahnen uns vorerzählen [...] lassen, daß es höchst tröstlich ist [...] dergleichen auch unternommen zu sehen.» – «[...] Kamen das 3. und 4. Heft der *Zahnischen* Ornamente für's Museum. Ingleichen noch ein Band der *Hasselschen* biographischen Porträt-Sammlung. *Dr. Eckermann* zu Mittage. Wir besprachen was mit dem EINZELNEN zu thun sey [→ 9. 2.]. Abends *Oberbaudirektor Coudray. Generalsuperintendent Röhr* und *Herr Kanzler [v. Müller].* Sodann *Prof. Riemer.* Mit solchem verschiedene Concepte durchgegangen [...].» (Tgb)

Vielleicht Dienstag, 10. Februar. «[...] viel über *Merck* gesprochen [...]. – Über den Zustand damaliger Kultur, und wie schwer es gehalten, aus der sogenannten Sturm- und Drangperiode sich zu einer höheren Bildung zu retten. – Über seine ersten Jahre in Weimar. Das poetische Talent im Konflikt mit der Realität, die er durch seine Stellung zum Hof und verschiedenartige Zweige des Staatsdienstes zu höherem Vorteil in sich aufzunehmen genötigt ist. Deshalb in den ersten zehn Jahren nichts Poetisches von Bedeutung hervorgebracht. FRAGMENTE vorgelesen. Durch Liebschaften verdüstert. Der *Vater* fortwährend ungeduldig gegen das Hofleben. – Vorteile, daß er den Ort nicht verändert, und daß er dieselbigen Erfahrungen nicht nötig gehabt,

zweimal zu machen. – Flucht nach Italien, um sich zu poetischer Produktivität
wieder herzustellen. Aberglaube, daß er nicht hinkomme, wenn jemand
darum wisse. Deshalb tiefes Geheimnis. [...]. – Aus Italien zurück mit großen
Anforderungen an sich selbst. [...] *Herzogin Amalie. Vollkommene Fürstin* mit
vollkommen menschlichem Sinne und Neigung zum Lebensgenuß. Sie hat
große Liebe zu *seiner Mutter* und wünscht, daß sie für immer nach Weimar
komme. Er ist dagegen. [...]. – ‹Der FAUST entstand mit meinem WERTHER;
ich brachte ihn im Jahre 1775 mit nach Weimar. Ich hatte ihn auf Postpapier
geschrieben und nichts daran gestrichen; denn ich hütete mich, eine Zeile
niederzuschreiben, [...] die nicht bestehen konnte.›» (Eckermann, 10. 2.)
   Vor Mittwoch, 11. Februar. GEDICHT BLEIBEN, GEHEN, GEHEN, BLEIBEN
[veröffentlicht im 3. BAND DER WANDERJAHRE].
   Mittwoch, 11. Februar. «[...] [An] *Faktor Reichel,* den 3. THEIL DER WAN-
DERJAHRE, Augsburg [→ 9. 2.] [...]. [An] *Prof. Riemer,* die LETZTEN KAPITEL
DER WANDERJAHRE [«Hiebey den ABSCHLUß DES GANZEN! Könnten wir DIE-
SES HEFT [...] Freytags absolviren, so würde die Versendung dadurch sehr
gefördert seyn. [...] mich verlangt sehr diese Last los zu werden, freylich genau
besehen, um eine neue aufzuladen.» (Begleitbrief)]. – *Ottilie* von den gegenwärtigen geselligen Constellationen erzählend. Mittag *Oberbaudirektor Coudray,* der mir sein Concept wegen *Kirchners* Versendung vorlas [→ 1. 2.]. *Herr
Dr. Eckermann* [«*Coudray* legt Goethen den Riß zu einer fürstlichen Kapelle
vor (→ 5. 2.). Über den Ort, wo der herrschaftliche Stuhl anzubringen; wogegen Goethe Einwendungen macht, die *Coudray* annimmt.» (Eckermann)].
Besahen nach Tische die *v. Reuterischen* Zeichnungen. *Hofrat Soret.* Nachher
die Briefe der *Olympia Morata* gelesen [→ 30. 1. 28].» (Tgb) – Brief an *Zelter:*
Goethe dankt für die wohl angekommenen Medaillen [→ 6. 2.]. Die Medaille
auf *Lessing* hat sich *Sohn August* «sogleich [...] angemaßt», der zu Goethes
«besondern Zufriedenheit» eine Sammlung von Denkmünzen auf *«gute merkwürdige Menschen»* angelegt hat. «Denn in der immer zunehmend zerstreuten
Welt [...] [bringt] ein so geprägtes Metallstück immer einmal wieder [...] alt-
erprobte, zwar halb verschollene, doch immer noch fortwirkende Verdienste
zur Erinnerung. [...]. – Die Tendenz der Zeit, alles in's Schwache und Jäm-
merliche herunterzuziehen, geht immer mehr durch und durch. Ich habe ein
halb Dutzend Gedichte vorzuweisen, mir zu Lob und Ehren, wo ich aber
eigentlich schon als ein selig Abgeschiedener behandelt bin. [...]. – Mit *Oberbaudirektor Coudray* ergetze ich mich die Abende an *Herrn Schinkels* Heften.
Die darin mitgetheilte [...], schon im Bau begriffene [Werdersche] Kirche hat
uns [...] angenehm unterhalten. Ich wünschte wirklich darin einer Predigt
beyzuwohnen, welches viel gesagt ist. [...]. – Gegenwärtiges dictir ich Abends
um acht Uhr, durch die anfrierenden Fensterscheiben in meinen schneebe-
deckten mondbeschienenen Garten hinausblickend. Einsame Abende kann ich
jetzt genug genießen», da *Kinder* und *Freunde* viermal in der Woche das Theater besuchen. Dagegen kann Goethe aber den *jetzigen Theaterführern* das
«Zeugniß geben, daß sie auf guten Wegen sind [→ 25. 1.] [...]. – Hie und da
werd ich, durch die sehr zweckmäßigen Absichten *unsrer regierenden Frau Großherzogin [Maria Paulowna]* zu ein und anderer Thätigkeit aufgerufen, die meinen Jahren und Kräften noch wohl geziemen mag.»

Donnerstag, 12. Februar. Fortsetzung des Briefes an *Mediziner Meyer* und *dessen Gattin* [→ 10. 2.]: Goethe beglückwünscht das *Paar* [zur Geburt einer *Tochter*]. – «[...] Abschrift des VERMÄCHTNISSES [GEDICHT KEIN WESEN KANN ZU NICHTS ZERFALLEN, das den Abschluß von BAND 22 DER AlH, nach den BETRACHTUNGEN IM SINNE DER WANDERER, bilden soll]. *Frau v. Thümmel,* geborne *Gräfin Corneillan.* Mittag *Dr. Eckermann* [«Goethe lieset mir das frisch entstandene... Gedicht: KEIN WESEN KANN ZU NICHTS ZERFALLEN. ‹Ich habe›, sagte er, ‹dieses GEDICHT als Widerspruch der Verse: DENN ALLES MUß ZU NICHTS ZERFALLEN, WENN ES IM SEIN BEHARREN WILL (Schluß des GEDICHTES EINS UND ALLES; → 6. 10. 21), geschrieben, ... welche *meine Berliner Freunde* bei Gelegenheit der Naturforschenden Versammlung zu meinem Ärger in goldenen Buchstaben ausgestellt haben.› – Über den *großen Mathematiker Lagrange* ... ‹Er war ein *guter* Mensch, ... und eben deswegen groß. Denn wenn ein *guter* Mensch mit Talent begabt ist, so wird er immer zum Heil der Welt sittlich wirken, sei es als Künstler, Naturforscher, Dichter oder was alles sonst ... – *Coudray* ist einer der geschicktesten Architekten unserer Zeit. Er hat sich zu mir gehalten und ich mich zu ihm, und es ist uns beiden von Nutzen gewesen. Hätte ich den vor funfzig Jahren gehabt!›» – Goethe hält es für unmöglich, zum FAUST eine passende Musik zu bekommen. – ‹*Mozart* hätte den FAUST komponieren müssen. *Meyerbeer* wäre vielleicht dazu fähig ... – Alles Große und Gescheite... existiert in der Minorität... Leidenschaften und Gefühle mögen popular werden, aber die Vernunft wird immer nur im Besitz *einzelner Vorzüglicher* sein.›» (Eckermann)]. Weitere Verabredung mit demselben wegen REDAKTION DER EINZELHEITEN [→ 10. 2.]. [*L.*] *Wachler,* und zwar lateinische Studien im 15. Jahrhundert [im «Handbuch der Geschichte der Literatur»].» (Tgb)

Freitag, 13. Februar. Brief an *Auktionator Schmidmer:* Goethe dankt für den [ersteigerten] Majolikateller und die Münzen. – Für den Rest der überwiesenen Summe bittet Goethe, Nürnberger Bratwürstchen zu senden, mit denen er *seine hiesigen Freunde* «scherzhaft [...] überraschen» möchte. – «[...] *Schuchardt* überreichte die gefertigten Abschriften. *Coudray* überschickte den Aufsatz über die Gewerkschulen [→ 29. 1.]. Meldete sich der *Königlich Preußische Gesandte v. Jordan.* Auch die von *Gersdorffsche Familie* von Eisenach. [...] Mittag *Dr. Eckermann* [«Die Pflanze geht von Knoten zu Knoten und schließt zuletzt ab mit der Blüte und dem Samen. In der Tierwelt ist es nicht anders ... bei den höher stehenden Tieren und *Menschen* sind es die Wirbelknochen, die sich anfügen... und mit dem Kopf abschließen, in welchem sich die Kräfte konzentrieren ... – Es ist nicht genug, daß man Talent habe, es gehört mehr dazu, um gescheit zu werden; man muß auch in großen Verhältnissen leben und Gelegenheit haben, den *spielenden Figuren der Zeit* in die Karten zu sehen und selber zu Gewinn und Verlust mitzuspielen. – Ohne meine Bemühungen in den Naturwissenschaften hätte ich jedoch die *Menschen* nie kennen gelernt, wie sie sind ... die *Natur* versteht gar keinen Spaß, sie ist immer wahr, immer ernst, immer strenge, sie hat immer recht, und die Fehler und Irrtümer sind immer des *Menschen* ... – Der Verstand reicht zu ihr nicht hinauf, der *Mensch* muß fähig sein, sich zur höchsten Vernunft erheben zu können, um an die Gottheit zu rühren, die sich in Urphänomenen, physi-

schen wie sittlichen, offenbaret, hinter denen sie sich hält und die von ihr ausgehen.» (Eckermann)].

Samstag, 14. Februar. «Kam der 13. BAND revidirt von *Prof. Göttling* an
[→ 9. 2.]. Mundirte das Schreiben an die *Frau Großherzogin [Maria Paulowna]*
zum Geburtstag.» (Tgb): «Wer in hohen Jahren sich beobachtet und prüft, der
findet freylich daß diejenige Munterkeit und Beweglichkeit, welche der
Jugend gegönnt ist, [...] sich nach und nach vermindere, wo nicht gar ver-
liere, und man hat solches als ein allgemeines Menschen Schicksal bescheiden
dahin zu nehmen; dagegen aber auch möglichst zu Rathe zu halten was noch
übrig geblieben und dasselbe wo es nur nutzen kann treulich anzuwenden. –
Welchen lebhaften Danck habe ich daher *Ew. Kaiserlichen Hoheit* abzustatten
daß Höchstdieselben das Wenige was ich allenfalls noch zu leisten vermag
nicht verschmähen; sondern mir sowohl meine Kräfte zu erproben, als einen
rein gewiedmeten Willen darzuthun, gnädigste Veranlassung zu geben geruhen.» – Goethe bedauert, ihr nicht jederzeit «als bereiter unermüdeter Diener
[...] zur Seite [...] bleiben» zu können. – Er versichert die *Adressatin* seiner
«aufrichtigsten Gesinnungen» und übermittelt die «lebhaftesten Wünsche» für
ihr Wohl und das Wohl ihres Hauses. – Brief an *Faktor Reichel:* Goethe teilt
mit, daß das Wenige, was am 2. UND 3. BAND DER WANDERJAHRE noch
fehlt, «nächstens» erfolgen wird. Er sendet den revidierten 13. BAND [der
TASCHENAUSGABE für den Druck der OKTAVAUSGABE] und hofft, daß Ende
des Monats alles in den Händen des *Adressaten* sein wird. – «Schrieb einige
Blättchen für die *Fürstin Radziwill* nach Paris [nichts überliefert]. *John* schrieb
die Nachricht ab über den Bremer neuen Hafen [→ 9. 2.]. Schreiben an *Herrn
v. Schreibers* concipirt.» (Tgb): Goethe versichert, daß «Gesinnungen und Vertrauen voriger Zeit [...] [nach dem Tod *Carl Augusts*] noch immer dieselbigen» seien. So ist ihm die nächste Sendung der «Flora brasiliensis» [von *Pohl*]
besonders willkommen, da er Veranlassung findet, sich wieder mit Botanik zu
beschäftigen [→ 2. 1.]. – «Sollte sich einiges, zur comparirenden Anatomie
gehöriges Osteologisches um einen billigen Preis wieder vorfinden, so bitte
mir solches [...] zuzusenden. Es steht zu hoffen, daß *unser gnädigst regierender
Herr [Karl Friedrich]* seinem *Herrn Vater* [...] auch in Förderniß der Naturwissenschaften nachzustreben sich beeifern werde. [...]. – *Viele werte Männer*
hinweggraffend hat der Januar sich grausam gegen uns erwiesen. [...] *Adam
Müller [Jurist, Schriftsteller]* in Wien, *Friedrich Schlegel* in Dresden, *Doktor Hassel [Statistiker]* in Weimar, *Professor Reisig [der Philologe]* in Venedig wurden
ganz unvermuthet [...] abgerufen; und mir kommt es in meinen hohen Jahren ganz eigen vor, von dem Verluste *so vieler Jüngeren* Zeuge seyn zu müssen.» – «Mittag *Dr. Eckermann*. Er hatte die sehr wohl gerathene Redaction
der EINZELHEITEN vollendet [→ 12. 2.]. Die russischen Mineralien vorgenommen [→ 13. 2.]. Manches im Globe recapitulirt. Abends an *[Diener] Friedrich* dictirt.» (Tgb)

Sonntag, 15. Februar. «[...] Concepte und Munda einiger zunächst abzusendenden Briefe. [...] Im Globe die Élection de Clare wieder in Betracht
gezogen und die Vorzüge der Darstellung abermals bewundert. Mittag
Dr. Eckermann [«Werfen Sie sich auf die Natur», sagte er (Goethe), ‹Sie sind
dafür geboren, und schreiben Sie zunächst ein Kompendium der FARBEN-

LEHRE. (→ 2. 4. 28).› Wir sprachen viel über diesen Gegenstand.» (Ecker-mann)]. Nach Tische die Sendung von *Madame [Sibylle] Mertens [Freundin Adele Schopenhauers]* aus Köln ausgepackt. Bedeutende Antiken, Curiosa und Versteinerungen gefunden und reponirt. Das englische Jahrbuch The Anni-versary durchgesehen. Die darin befindlichen Kupfer mit *Oberbaudirektor Cou-dray.* Erhielt ein gnädiges Antwortschreiben von der *regierenden Frau Großher-zogin [Maria Paulowna].* Holte einiges im Globe nach. [...]» (Tgb)

Montag, 16. Februar. Brief an *Eichstädt:* «[...] darf mit der reinsten Wahr-heit versichern, daß gerade das Höchstvorzügliche Ihrer Arbeiten, welche Sie *unserm verewigten Fürsten* gewidmet, mich gehindert hat, bisher meinen schul-digen Dank [...] abzutragen [→ 12. 8. 28]. Denn Ihre Darstellungen [...] erneuerten meinen Schmerz so lebhaft, daß ich die Gedanken davon wieder abzulenken genöthigt war. [...] Hier findet sich das Außerordentliche ohne Übertreibung und das Gewöhnliche ohne Gleichgiltigkeit.» – «[...] Duplicat eines Schreibens an *Herrn v. Cotta* abgeschrieben [*Cotta* erbittet eine Kopie von Goethes Brief vom → 30. 11. 28 (an Goethe, 11. 2.)] da das Original in *Ihro Majestät des Königs [Ludwig I. von Bayern]* Händen geblieben war. Betrachtung über die Fragmente merkwürdiger Thonbilder, die ich gestern erhalten hatte.» Brief an *Hofadvokat Hase:* Goethe teilt mit, die «Jahrbücher für wissenschaftliche Kritik 1828» zum halben Preis für die Großherzogliche Bibliothek anschaffen zu wollen. – Mit dem Jahrgang 1829 würde er ebenso verfahren. – «[...] Anmeldung [...] *des Kronprinzen [Wilhelm] v. Preußen* [der zur Verlobung mit *Prinzessin Auguste von Sachsen-Weimar-Eisenach* nach Wei-mar gekommen war]. Höchstdieselben kamen um ein Uhr. Mittag *Fräulein Adele [Schopenhauer].* Wurden derselben die angekommenen Curiositäten vorgezeigt. Ihre vorhabende Reise besprochen, Aufenthalt am Rhein, hiesige Verhältnisse und dergleichen [«Daß Sie *(Holtei)* sich die Mühe gegeben, die Erscheinung Ihres Melodramas ‹(Dr. Johannes) Faust› (in einem Brief an *August v. Goethe*) gewissermaßen zu erklären, ist ein neuer Beweis Ihrer Her-zensgüte. Sie hätten, nach der Art, wie der alte Herr (Goethe) sich in der Sache benommen, es kaum nötig gehabt (→ 18. 1.). Aber der alte Herr ist achtzig Jahre alt, und da ist es kein Wunder, daß er oft kaum begreift, wie andere sich unterstehen können, auch existieren zu wollen. *Adele,* die er zuweilen zu einem Diner *tête-à-tête* einladet, war eben bei ihm, als ein Brief (von *S. Rösel* an *Zelter* vom 30. 1.) ankam, der über Ihren Faust aburteilte. Was darin stand, wollte sie nicht beichten, doch so viel ist gewiß, daß es Ihnen schlecht ergangen ist, und daß der Alte seine Freude daran hatte.» (*J. Schopen-hauer* an K. v. Holtei, 19. 2.; GG 6286)]. Ich las die Vorlesungen der franzö-sischen Lehre ferner durch [→ 30. 1.]. Abends *Wölfchen.* Sehr anmuthig und schmeichelhaft um seine Zwecke durchzusetzen.» (Tgb)

Dienstag, 17. Februar. «*Schuchardt* lieferte die fertige Abschrift ein. Der ABSCHLUß DES GANZEN [DER WANDERJAHRE] rückt immer näher. [...] *Frau Großherzogin Mutter [Luise].* Nachher *Herr v. Lützerode* und *Gemahlin* [«Goethe bat uns dringend um Mitteilung eigener poetischer Schöpfungen von *Ew. Königlichen Hoheit.*» (K. A. v. *Lützerode* an Prinz Johann v. Sachsen, 26. 2.; GG 6287)]. *Frau General v. Natzmer* [geborene *v. Richthofen*]. Erhielt von *Göttling* den 14. BAND durchgesehen. [...] Mittag *Dr. Eckermann* [Über

Lavater, Guizot, Villemain und *Cousin* (→ 16. 2.), über indische Philosophie. – «In der deutschen Philosophie wären noch zwei große Dinge zu tun. *Kant* hat die ‹Kritik der reinen Vernunft› geschrieben, womit unendlich viel geschehen, aber der Kreis nicht abgeschlossen ist. Jetzt müßte ein *Fähiger,* ein *Bedeutender* die Kritik der *Sinne* und des Menschenverstandes schreiben...» (Eckermann)]. Weitere Verabredung wegen der EINZELHEITEN [→ 14. 2.].» (Tgb) – Brief an *Soret:* Goethe bittet, ihm die Übersetzung der METAMOR-PHOSE nun zuzusenden. «[...] es wird mir nach langer einsamer Anstrengung das erfreulichste Geschäft seyn, diese gemeinsame Arbeit endlich vorzunehmen [→ 2. 1.]». – Betrachtungen über die plastischen Thonfragmente, die von Köln gekommen. Abschluß der französischen Vorlesungen. [...].» (Tgb)

Mittwoch, 18. Februar. Brief an *Caroline v. Wolzogen:* Goethe teilt mit, daß die FREIEXEMPLARE DES BRIEFWECHSELS [ZWISCHEN GOETHE UND SCHILLER] angekommen seien. – Er schlägt vor, ihr die den *Schillerschen Erben* zustehenden EXEMPLARE nach Jena zu senden, wo *Frommanns* die weitere Verteilung sicher übernehmen würden. – Brief an *Henriette v. Pogwisch:* Goethe übermittelt seine Bereitschaft, die bezeichneten Werke unter den bekannten Bedingungen zur Großherzoglichen Bibliothek zu nehmen. – «[...] Nahm die ITALIENISCHE REISE vor [Wiederaufnahme der Arbeit am ZWEITEN RÖMI-SCHEN AUFENTHALT nach Abschluß von WILHELM MEISTERS WANDERJAH-REN → 15. 5. 28]. *Herr [Anton] Genast,* Nachricht wegen des Bildes von *Correggio* bringend. Mittag *Dr. Eckermann.* Fuhren wir fort über die Betrach-tung der Natur zu sprechen [«Das Höchste, wozu der *Mensch* gelangen kann, ...ist das Erstaunen, und wenn ihn das Urphänomen in Erstaunen setzt, so sei er zufrieden; ein Höheres kann es ihm nicht gewähren, und ein Weiteres soll er nicht dahinter suchen; hier ist die Grenze. Aber den *Menschen* ist der Anblick eines Urphänomens gewöhnlich noch nicht genug, sie denken, es müsse noch weiter gehen, und sie sind den *Kindern* ähnlich, die, wenn sie in einen Spiegel geguckt, ihn sogleich umwenden, um zu sehen, was auf der anderen Seite ist.» – Goethe äußert sich anerkennend über *Merck.* (Ecker-mann)]. Den Vorschlag überlegend, die FARBENLEHRE in's Enge zu bringen [→ 15. 2.]. Nach Tische *Herr Soret,* die Übersetzung der METAMORPHOSE DER PFLANZEN bringend [→ 15. 2.]. Sodann für mich. ITALIENISCHE REISE. Das Botanische und Sonstiges beachtend und durchdenkend.» (Tgb)

Donnerstag, 19. Februar. Brief an *Cotta:* Goethe sendet die gewünschte Kopie [→ 16. 2.] und spricht seine Hoffnung aus, das «verehrte Paar» [*Cotta* und *seine Gattin*] in Weimar zu sehen. – «An *meinen Sohn* das Honorar für *[Hofrat Dr.] Vogel* eingehändigt. *[Gartenbau-]Inspektor Weise,* Quittungen zur Autorisation vorlegend. *Bildhauer Kaufmann,* das revidirte Berliner Modell-chen [das Modell von *Rauchs* Statuette Goethes im Hausrock; → 25. 9. 28] vorzeigend [«Das Kreuzchen hatten Sie *(Rauch)* an der rechten Stelle ange-bracht. Hier war es wirklich, wo das ... Bildchen an einiger Unform litt, ...wie ich den guten *Kaufmann* leicht überzeugen konnte...: denn hier kom-men als Bedürfniß unsrer Kleidung Riemen, Schnallen... und Latz dergestalt auf einem Punct zusammen, daß der ohnehin Beleibte ganz mißgeleibt erscheinen muß; weshalb denn der *Künstler*... seine Emendation, hoffentlich auch zu Ihrer Zufriedenheit, vollführen konnte.» (Goethe an *Rauch,* 23. 3.)].

Frau Großherzogin [Maria Paulowna] und *Demoiselle Mazelet.* Die Ergebnisse der vergangenen und laufenden Tage besprechend. *John* hatte unterdessen die EXEMPLARE SCHILLERISCHER BRIEFE gesondert, wie sie mir und den *Erben* zukommen. Mittag *Dr. Eckermann* und *Wölfchen.* Mit ersterem Diskussion über einige Erscheinungen auf Farbe bezüglich [*Eckermann* widerspricht Goethes Auffassungen in zwei Punkten, worauf Goethe auch ihn einen *«Ketzer»* nennt. *Eckermann* behält sich vor, seine Einwände schriftlich zu formulieren. (vgl. *Eckermann*)] Mit beyden die gestrige Aufführung EGMONTS [in der Bearbeitung *Schillers*] betreffend [Goethe kritisiert die *Schillersche* Bearbeitung, besonders das Herausnehmen der *Regentin* aus dem STÜCK. (vgl. ebenda)]. Blieb für mich. Las in der modernen Insel Felsenburg [*L. Tiecks* Bearbeitung nach *Schnabel*]. *Ottilie* kam aus der Vorstellung der Bereiter. Später *Wölfchen,* welcher sich zu mir setzte und las. Ich ging mit ihm die Bilder seiner Kinderschrift durch. [. . .].» (Tgb)

Freitag, 20. Februar. «Dictirte vielfache Concepte zu allerley Zwecken. [. . .] *Generalmajor v. Brause,* attachirt an den *Prinzen Wilhelm [von Preußen],* besuchte mich. Mittag *Dr. Eckermann.* Wir besprachen das FORTZUSENDENDE EINZELNE [→ 17. 2.]. Nicht weniger was bey einer Redaction der FARBENLEHRE allenfalls zu thun sey [«In der FARBENLEHRE tritt er (Goethe) etwas herüber zu meiner Meinung hinsichtlich der blauen Schatten im Schnee (→ 19. 2.). Er spricht von seiner ITALIENISCHEN REISE, die er gleich wieder vorgenommen. – Über den VIERTEN BAND SEINES LEBENS (DuW), in welcher Art er ihn behandeln will, und daß dabei meine Notizen vom Jahre 1824 über das bereits AUSGEFÜHRTE und SCHEMATISIERTE ihm gute Dienste tuen (→ 10. 8. 24). (Eckermann)]. Abends *Prof. Riemer.* Wir gingen den ZWEITEN AUFENTHALT IN ROM zusammen durch [→ 18. 2.].» (Tgb)

Samstag, 21. Februar. Brief an *Faktor Reichel:* «[. . .] erhalten mit der heut abgehenden fahrenden Post den ABSCHLUß DER DIEßMALIGEN [5.] LIEFERUNG. Durch die BEYKOMMENDEN EINZELHEITEN, unter dem Titel: BETRACHTUNGEN PP., wird der XXII. BAND das rechte Maaß zu den übrigen erlangen [→ 9. 2.; die Sendung enthält weiterhin die DRUCKVORLAGEN ZU DEN KAPITELN 14–18 DES 3. BUCHES DER WANDERJAHRE sowie das sich den BETRACHTUNGEN anschließende GEDICHT VERMÄCHTNIS; → 12. 2. (Hagen, zu 1461)]. – Der ZWEITE BAND DES SCHILLERISCHEN BRIEFWECHSELS ist gleichfalls angekommen. Das *Publikum* erweist sich mit mir [. . .] gegen Druck und Papier ganz wohl zufrieden.» – «[. . .] *Geh. Hofrat Luden,* welcher als *landschaftlicher Deputierter* sich hier befindet. *Prof. Göttling,* welcher wegen seiner Characterisirung als Professor ordinarius honorarius zu danken kam. Mittag *Hofrat Vogel.* Bey'm Nachtisch kam *Prof. Göttling.* Man hielt sich lebhaft an die Erinnerungen seiner italienischen Reise. [. . .] Blieb für mich. Las die wieder aufgefrischte Insel Felsenburg weiter [→ 20. 2.]. Abends die *Kinder,* welche sich mit Ausspielen allerley Kleinigkeiten unterhielten, auch wohl wieder eine Zeitlang im mitgebrachten Büchelchen lasen.» (Tgb)

Sonntag, 22. Februar. «[. . .] ZWEITER AUFENTHALT IN ROM, REVIDIRT [→ 20. 2.]. Mit *meinem Sohn* Geld- und Familiensachen abgehandelt [. . .]. Ging einige große Mappen durch, Kupfer und Zeichnungen revidirend. Zu Mittag *mein Sohn,* über verschiedenes Bevorstehende gesprochen. Nach

Tische fuhr ich fort die Mappen durchzusehen bis in die Nacht. Las alsdann ferner in der neuen aufgefrischten Insel Felsenburg [→ 21. 2.].» (Tgb)

Montag, 23. Februar. «Sprach fernerhin mit *meinem Sohn.* [...] Die *Kirchnerische* Angelegenheit zunächst bedacht [→ 11. 2.]. Schuchardt brachte die Abschrift des ANFANGS DES ZWEITEN AUFENTHALTS IN ROM. Kam an: Sammlung von Anecdoten [1828] von *[Karl Christoph] Zaumsegel.* Ich ging wieder an die Revision der Mappen. Herr Obrist *[Leopold Heinrich Wichard Freiherr]* v. Lützow *[preußischer Offizier;* geb. 1786] [...] Dr. Eckermann speiste mit mir. Es war hauptsächlich von der Redaction der FARBENLEHRE die Rede und von den höhern allgemeinen Ansichten möglich werden [→ 19. 2.] [...]. Wir räumten die norwegischen Mineralien weg. Abends besuchte mich *Frau v. Münchhausen.* Später *Prof. Riemer,* wo wir mit dem Durchgehen des MANUSCRIPTS fortfuhren [→ 20. 2.]. Die Insel Felsenburg weiter gelesen [→ 22. 2.].» (Tgb)

Dienstag, 24. Februar. Brief an *Riemer:* Goethe bittet, «Beykommendes [MANUSKRIPT ZUM ZWEITEN RÖMISCHEN AUFENTHALT, wahrscheinlich die GESCHICHTE VON DER SCHÖNEN MAILÄNDERIN]» durchzusehen. – Das «ARTIGE LIEBESGESCHICHTCHEN» möge der *Adressat seiner Frau* mit den «schönsten Grüßen» mitteilen. – «Erhielt von *Herrn v. Lützow* ein Manuscript den russischen Feldzug [in Bulgarien von 1828] betreffend. [...] Las ferner in *Herrn Sorets* Übersetzung meiner MORPHOLOGIE [→ 18. 2.]. Fuhr mit *Ottilien* spazieren und konnte die traurige Unzulänglichkeit in den Anstalten zum russischen Feldzug nicht aus dem Sinne bringen. v. Martius [und Spix] Reise nach Brasilien. *Dr. Eckermann* zu Mittag. Gespräch über Naturlehre. Las ferner in *Martius* Brasilien. Abends großer Thee bey *Ottilien.* Le Biographe. [...].» (Tgb)

Mittwoch, 25. Februar. «Relation der russischen Campagne gelesen. Einiges Oberaufsichtliche. Übersetzung der METAMORPHOSE. *Frau Badeinspektor Schütz.* [...] Mittag mit *Ottilien* spazieren gefahren. *Dr. Eckermann* zu Tische. Gegen Abend *Gräfin Julie [v. Egloffstein].* Abends allein. Fing an mich näher mit *Herrn Sorets* Übersetzung, den ältern Pflanzenzeichnungen zu befreunden. [...].» (Tgb)

Donnerstag, 26. Februar. «Fuhr in diesen Betrachtungen fort. [...] Um 12 Uhr die *regierenden Herrschaften [Karl Friedrich* und *Maria Paulowna]* und *Demoiselle Mazelet.* Mittag *Dr. Eckermann,* welcher von der gestrigen Vorstellung IPHIGENIENS einige Kenntniß gab. *Herr Soret* übersendete ein französisches Werk: Musée de Sculpture [antique et moderne, 1826/56, hrsg. von *Comte de Clarac],* drey Hefte. Ich sah solche durch und war sehr zufrieden, mehrere Arbeiten des *trefflichen [Jean] Goujon [französischer Bildhauer, Baumeister,* gest. 1572] näher kennen zu lernen.» (Tgb)

Freitag, 27. Februar. «Fuhr an *Sorets* Übersetzung fort. [...] *Herr General v. Müffling,* besonders von seinem Aufenthalt in Gastein und den dortigen Verhältnissen erzählend. Mittag *Dr. Eckermann.* Fortgesetztes über's Vorseyende. *Herr Kanzler* und *Geh. Rat v. Müller.* Publica und Privata durchsprechend. Abends *Prof. Riemer.* Wir nahmen den ZWEITEN AUFENTHALT IN ROM vor [→ 24. 2.]. Er theilte einige wohlgedachte und glücklich gereimte Invectiven mit. AUSHÄNGEBOGEN [ZUR TASCHEN- UND ZUR OKTAVAUSGABE DER ALH] von Augsburg.» (Tgb)

Samstag, 28. Februar. Brief an *Obrist v. Lützow:* Goethe sendet das
«bedeutende Manuscript zurück; es gibt wichtigen, wenn schon unerwünsch-
ten Aufschluß über das Vergangene. Möge das Künftige sich dagegen mit größerer Gunst erweisen [→ 24. 2.]». – «Mittheilung von *Ihro Kaiserlichen Hoheit
[Maria Paulowna]. Hofrat Vogel* zeitig. *Schuchardt* schrieb an dem RÖMISCHEN
AUFENTHALT. [...] *Ottilie* gab Nachricht vom gestrigen Ball. Ich hatte manches zu den FERNEREN LIEFERUNGEN MEINER WERKE zu überdenken. Mittag
Dr. Eckermann. Gegen Abend *Hofrat Vogel.* Unterhaltung über *Herrn v. Müfflings* Krankheit. Die *Rustische* Cur, Gastein und was dem anhängt. Abends
Oberbaudirektor Coudray. Die Angelegenheit der Gewerbeschule [→ 13. 2.]
näher besprochen, ingleichen dessen Promemoria zu *Kirchners* Reise [nach
Frankreich und den Niederlanden; → 23. 2.]. *Wölfchen* war gegenwärtig, hielt
sich still und horchte zu.» (Tgb)

Winter. «Er [Goethe] fühlt, daß ihm in seinem Hause nicht wohl bereitet
ist, und diniert deshalb schon seit ein paar Monaten in seinem Zimmer ganz
allein, oder mit einem *einzelnen Gast,* den er sich einladet. Das wird aber auch
wieder anders. Er hat fast alle Winter solche Sonderbarkeiten, die, wenn die
Tage länger werden und die Kälte abnimmt, ihn wieder verlassen.» (*J. Schopenhauer* an K. v. Holtei, 19. 2.; GG 6286)

Ab März. «En mars, ont commencé les revisions de la MÉTAMORPHOSE.
J'en ai repassé les chapitres avec Goethe qui a d'abord lu ma traduction sans
jeter les yeux sur son texte. Il a été content de l'effet total. Ensuite, il a fait la
confrontation chapitre par chapitre, indiquant en marge les mots douteux ou
fautifs sur lesquels nous avons discuté. Après quoi, les chapitres étaient livrés
au *copiste.* Vers la fin, ils n'ont plus été copiés, parce que Goethe disait que
l'imprimeur obligé d'être plus attentif lorsqu'il avait un manuscrit mal écrit et
original le rendait plus correctement qu'une copie de *secrétaire* trop bien
écrite.» (*Soret,* 16. 3.; GG 6290)

Sonntag, 1. März. «[...] Einige Capitel in der *Soretschen* Übersetzung der
METAMORPHOSE durchgelesen.» (Tgb) – Brief an *Cornelius:* Goethe dankt für
dessen Sendung [→ 13. 12. 28]. Er hebt hervor, «wie durch die farbige Ausführung von der einen Seite die Wirkung des Gemähldes mir dergestalt ent-
gegentritt, als wenn ich es von ferne oder durch verkleinernde Linsen ansähe;
dagegen aber mit Hülfe der Durchzeichnungen die einzelnen charakteristi-
schen Intentionen [...] dem äußern sowohl als dem innern Sinne mir sich
offenbaren». – Brief an *Eckermann:* Goethe bittet ihn zu überlegen, ob aus
«BEYKOMMENDEN PAPIEREN [...] nicht etwa noch EIN PAAR DRUCKBOGEN
MATHEMATISCHEN INHALTES [...] zu redigiren wären [*Faktor Reichel* teilt am
20. 2. noch einmal mit, daß BAND 21 nur 14 ½ Bogen (→ 9. 2.), BAND 22
ohne die ZUGABE (→ 21. 2.) bisher sogar nur 13 ½ Bogen ergeben habe, so
daß sich Goethe vermutlich daraufhin entschließt, die ZWEITE APHORISMEN-
SAMMLUNG (AUS MAKARIENS ARCHIV) zusammenstellen zu lassen (vgl.
Hagen, zu 1468; vgl. auch Eckermann, 15. 5. 31)]. – Brief an *Hofrat Meyer:*
Goethe übersendet beikommends Werk [von *Comte de Clarac;* → 26. 2.] zur
Durchsicht. «Es wird mir nach und nach ganz unerträglich, Sie nicht zu sehen
und zu sprechen.» Am «ersten schönen Tag» läßt Goethe anfragen, ob *Meyer*
nicht mit ihm spazieren fahren und zu Mittag essen möchte. – Er erkundigt

sich nach einer *Göttin* oder *Heroine des griechischen Altertums,* welche ein Ferkel als Schoßhündchen bei sich trägt. – «[...] Die *preußischen Herren* [*Generalmajor von Brause* und *Prinz Wilhelm?*] nahmen Abschied. *Herr v. Froriep* übersendete den Abdruck des Schreibens *Dr. Pöpping* aus Chile. Mittag *Dr. Eckermann.* Wir besprachen die Redaction EINIGER AUFSÄTZE DIE MATHEMATIK BETREFFEND. Ich besah die neuangekommenen Continuationen, von *Artaria* gesendet [→ 10. 2.]. Abends die Fragmente des Merkurs, im zweyten Theil herkulanischen Manuscripte. Abends *Wölfchen,* räumte einige Schubladen rein und spielte sonst ganz artig.» (Tgb)

Mittwoch, 25. Februar / Sonntag, 1. März. Brief an *Minister v. Humboldt:* «Bey dem stillen Lebenswandel, den ich gegenwärtig führe, ist meine Beschäftigung gleichsam nur testamentarisch. Das ORIGINAL MEINER WERKE dergestalt zuzurichten, daß die VIERZIG BÄNDE auf jeden Fall, auch ohne mein Zuthun abgedruckt werden können, ist gegenwärtig meine nächste Sorge. Ist nun dieses zunächst abgethan, so hat sich SO VIEL GEHÄUFT, DAS AUCH REDIGIRT UND ZURECHTE GESTELLT SEYN WILL, daß ich eigentlich auf mehr Jahre als billig Arbeit vor mir sehe und nur immer daran zu denken habe, wie ich jeden Tag das Nöthigste vorwärts schiebe und beseitige.» – Goethe berichtet, daß sich die *Weimarer Kunstfreunde* im vorigen Jahr mit etwa 40 Aktien dem *Dresdner [Kunst-]Verein* angeschlossen haben. Bei dieser Gelegenheit kam zur Sprache, ob ein Verhältnis zum *Berliner Verein* [«*Verein der Kunstfreunde in dem preußischen Staate*», 1825 unter Vorsitz *Wilhelm v. Humboldts* gegründet] nicht vorzuziehen sei, welches jedoch die in den Statuten ausgesprochene Ausschließung der *Fremden* nicht ermöglichte. Deshalb teilt Goethe den Vorschlag des *Adressaten,* hierin jede Beschränkung aufzuheben. – Goethe hat über die Angelegenheit der Vereine vielfach nachgedacht und wird sich «wohl hierüber in dem nächsten Stück KUNST UND ALTERTUM zu erklären suchen».

Montag, 2. März. «*Mein Sohn* referirte, was er gestern bey *Herrn Staatsminister v. Fritsch* ausgerichtet. Ich redigirte ein Concept zu diesem Zweck [«Erwiderung des Etats der academischen Bibliothekskasse betreffend» (Tgb, 4. 3.)]. [...] andere Concepte. Durchsah ein Capitel in *Sorets* Übersetzung. [...] Mittags *Dr. Eckermann.* Wir deliberirten über EINEN ZU BESORGENDEN NACHTRAG [→ 1. 3.]. Ich blieb für mich und setzte mancherley Vorseyendes fort. Durchsuchte MEHRERE PAPIERE und fand manches zu unsern Zwecken geeignet. *Wölfchen* spielte und las.» (Tgb)

Dienstag, 3. März. «Ferneres Durchsuchen der PAPIERE. Sonstige Munda. [...] war *Geh. Hofrat Helbig* bey mir [...] und hatte sich wegen der *beiden italienischen Landschaftsmaler* und deren Verhältnisse zu *Mylius* erklärt. Von einem entstandenen *Blumenverein* Nachricht gegeben. Sich über den aufkeimenden Samen des Anthericum comosum erfreut [→ 21. 1.]. Eine deutsche Übersetzung der *Graf Sternbergschen* Beschreibung mitgetheilt. Auch wie es künftig mit dem Orden gehalten werden solle referirt. *Frau Großherzogin [Maria Paulowna].* Zeigte die Turniere des Königs René vor. Die diesmaligen geselligen Lustbarkeiten wurden durchgesprochen. [...] Mittag *Dr. Eckermann.* Wir vereinigten uns über das nächste Geschäft. Sah die angekommenen Fortsetzungen [für die Bibliothek] durch und überlegte dabey das Weitere [→ 1. 3.]. Las in Edinburgh Review Jan. 1828. Abends *Prof. Riemer.* Einiges revi-

dirt. Betrachtung der neuangekommenen Fragmente von Thon. Setzte nachher das begonnene Lesen fort. [...].» (Tgb)

Mittwoch, 4. März. Brief an *Zelter:* Goethe bekennt, SEINEN BRIEFWECH-
SEL MIT SCHILLER eigentlich «für *solche alte Käuze»* wie den *Adressaten* veröffentlicht zu haben. Für die *«Jetzt- und Folgewelt»* bleibt «dieß Wesen alles
historisch [...]; denen aber, die damals schon lebten [...], dient es zu größerer
Vollständigkeit [...], wenn auch sie das Facit ihres Lebens zu ziehen Lust haben. [...]. – Die Übertriebenheiten, wozu die Theater des großen und weitläufigen Paris genöthigt werden, kommen auch uns zu Schaden [...]. Dieß
sind aber schon die Folgen der anmarschirenden Weltliteratur, und man kann
sich hier ganz allein dadurch trösten, daß, wenn auch das Allgemeine dabey
übel fährt, gewiß Einzelne davon Heil und Segen gewinnen werden [...]. Ist
doch eigentlich das wahrhaft Vernünftige und Auslangende das Erbtheil *weni-*
ger, im Stillen fortwirkender Individuen.» – Über *Zelters* Wappen [dieser hatte am
21. 2. um einen Entwurf gebeten] will Goethe mit *[Hofrat] Meyer* sprechen.
«Verlangst du aber ein Roß, so muß es wenigstens Flügel haben und aus einem
Felde in's andere springen, welches noch weiter zu überlegen seyn wird. [...].
– Das Studium der Witterungslehre geht [...] nur auf Verzweiflung hinaus.
Die ersten Zeilen des FAUST lassen sich auch hier vollkommen anwenden.
Doch muß ich zur Steuer der Wahrheit hinzufügen: daß derjenige, der nicht
mehr verlangt, als dem *Menschen* gegönnt ist, auch hier für angewandte Mühe
gar schön belohnt werde. Sich zu bescheiden ist aber nicht jedermanns Sache.
[...] Man müßte z. B. vor allen Dingen auf das [...] Prophezeyen Verzicht
thun, und wem ist das zuzumuthen.» – Brief an *Faktor Reichel:* Goethe kündigt
an, daß er zum ERSTEN BAND DER WANDERJAHRE noch einen NACHTRAG
senden wird [→ 1. 3.], da dieser «gar zu mager ausgefallen ist. Mich hat die
weitläufige Hand des *Abschreibenden* getäuscht. Kommen noch EINIGE BOGEN
hinzu, so setzt er sich, sowohl was das Äußere als das Innere betrifft, mit den
folgenden eher in's Gleiche.» – Auf die [von *Reichel* am 22. 2. übermittelte]
Anfrage einer Magdeburger Buchhandlung [wie sich das Weitere gestalten
werde, da der «angezeigte Inhalt der ERSTEN XV. BÄNDE 20 BÄNDE angefüllt
habe» (Hagen, 1463)] antwortet Goethe, daß er «DAS BEDEUTENDSTE, WAS
VON ALTEM UND NEUEM MEINER ARBEITEN GEDRUCKT ODER UNGEDRUCKT
vor mir liegt, in DIESE BÄNDE zusammenzudrängen gesinnt» ist. – Er hofft,
«daß die Verlagshandlung hiezu den gehörigen Raum bewilligen werde». –
Brief an *Weller:* Goethe regt an, die Bücher, die der *Herzog von Coburg* der
Bibliothek als Geschenk übergeben hat, mit dem Stempel dieses *Herrn* zu
versehen. – Brief an *Döbereiner:* Goethe kündigt die Anweisung über die
eingereichten Rechnungen an [→ 31. 1.]. – «Die weitern wünschenswerthen
Vorschläge [zum Bau eines neuen chemischen Laboratoriums in Jena]
möchten freylich so leicht nicht in Erfüllung kommen; doch würde ich
rathen, auf alle Fälle darauf los zu arbeiten.» Goethe würde im nächsten Frühling den Auftrag erteilen, Riß und Anschlag zu fertigen und einen entsprechenden Vorschlag einzuleiten. – Auch der *Adressat* möge die Sache indessen
näher überlegen und bedenken, «wie die unerläßlichen Bedürfnisse zwar sach-
gemäß, aber doch in verjüngtem Maaßstab könnten hergestellt werden, indem wir freylich mit allzu hohen Summen *unsre hohe Gönnerin [Maria*

Paulowna] nicht angehen dürfen». – «[...] Die Mannheimer Fortsetzungen weiter angesehen. Mittag *Dr. Eckermann*. Wir fuhren in UNSERN GESCHÄFTEN fort. Besahen sodann die bildliche Reise in den französischen Pyrenäen [«Voyage pittoresque dans les Pyrénées...», 1826, von *Anton Ignaz Melling, Maler, Architekt;* geb. 1763]. Ich beschäftigte mich noch fernerhin mit den eingegangenen Fortsetzungen und Überlegung was weiter zu thun sey. *Zelters* Wappen. Coburgische Chiffre. Sonstige Betrachtungen.» (Tgb)

Donnerstag, 5. März. «APHORISMEN [AUS MAKARIENS ARCHIV] dictirt an *Schuchardt* und *John*. Oberaufsichtliche Geschäfte besorgt. [...] *Frau Großherzogin [Maria Paulowna]* mit *Demoiselle Mazelet*. Dazu der *Großherzog [Karl Friedrich]* [...]. Spazieren gefahren mit *Walthern*. Mittags *Dr. Eckermann*. Nachher *Fräulein Ulrike [v. Pogwisch]*. Angekommen war die Sendung des *Herrn v. Quandt*, enthaltend die Umrisse der angekauften Vereinsbilder [...]. Ferner von Berlin ein Heft [«Die schönsten Ornamente...»] von *Zahn*. Abends *Wölfchen*.» (Tgb)

Freitag, 6. März. «[...] [An *Faktor*] *Reichel* nach Augsburg. Anzeige der *Heinrich Müllerischen* Lithographie [der «Sixtinischen Madonna» von *v. Quandt* mit der Bitte, die Beilage der «Allgemeinen Zeitung» aufzunehmen; → 30. 1. (Begleitbillett)]. EINIGES ÜBER STERNE, wozu gestern Abend mich vorbereitete. Die Dresdner Umrisse betrachtet. Erster sehr schöner Tag. Mit *Ottilien* spazieren gefahren. Speiste mit *Eckermann*. Händigte demselben noch EINIGES MANUSCRIPT ein. Beredete das Nothwendigste. *Demoiselle Seidler* besprach ihr vorseyendes Altarblatt, nahm Kenntniß von den Dresdner Umrissen. Ich förderte manches. Abends *Prof. Riemer*. Auftrag wegen der Antwort nach Dorpat. Er zeigte vorzügliche Arbeiten *seiner Gattin* vor und las von seinen neueren sehr artigen Gedichten.» (Tgb)

Samstag, 7. März. «An *Schuchardt* und *John* dictirt. [...] *Dr. Weller* in bibliothekarischen Angelegenheiten. Mit *Ottilien* spazieren gefahren. Mit *Eckermann* gespeist. Mit demselben das Nächste arrangirt. Gegen Abend *Dr. Weller*. Einiges über Geschäftsverhältnisse und Sonstiges. Ich nahm die PAPIERE DER ITALIENISCHEN REISE vor [→ 28. 2.].» (Tgb)

Sonntag, 8. März. «Die PAPIERE ZUR ITALIENISCHEN REISE schnell zu den nächsten Bedürfnissen geordnet und übersichtlich gemacht. Eine erfreuliche Arbeit. *Mein Sohn* sprach und verlangte einiges zu ihrem morgenden Redouten-Aufzug, welcher sich sehr hübsch arrangirte. Die Dresdner Bilderhefte wurden an die *Teilnehmer* abgegeben. [...] [An] *Faktor Reichel* nach Augsburg 15. BAND [der ALH] revidirt [für die OKTAVAUSGABE].» (Tgb) – Konzept eines vermutlich nicht abgesandten Briefes an *Zelter*: Goethe sendet «Beykommendes [vermutlich *Quandts* Anzeige; → 6. 3.]» mit der Bitte, es in die *Spikersche* Zeitung setzen zu lassen. – Wenn *Zelter* «Kupferstiche unter Glas und Rahmen» neben sich leiden mag, so wird ihm Goethe einen «ausgesuchten Abdruck» des *[Müllerschen]* Blattes senden. (WA IV, 45, 400 f.) – «Mittag *Dr. Eckermann*, die nothwendigste Unterhaltung fortgesetzt. Nahm ich die Hülfsmittel zur ITALIENISCHEN REISE wieder vor und brachte manches in Ordnung. Las die Vorlesungen der *französischen Professoren* mit großem Antheil [→ 17. 2.].» (Tgb)

Montag, 9. März. «Fortsetzung dieser Lectüre. ZWEITER RÖMISCHER AUF-

ENTHALT fortgesetzt. *Demoiselle Caroline Perthaler, sehr geschickte [österreichi-sche] Pianistin* [geb. 1805], ließ sich bey mir hören [vgl. GG 6690]. Kam eine Sendung von *Börner.* Mittag *Dr. Eckermann.* Fortgesetzte Verhandlung über das VORLIEGENDE. *Herr* [...] *[Kanzler] v. Müller,* übergab einen sehr liebens-würdigen Brief von *Rochlitz;* ganz in frühstjährigem Sinn und Ausdruck. Es ist gar erfreulich zu sehen, wie sich die Ganzheit eines so schönen Individuums durchaus frisch und lebendig erhält. *Herr Oberbaudirektor Coudray,* Nachricht gebend von seiner Reise in Bezug auf die neusten Straßenbauten. Verabredung wegen *Kirchners* Angelegenheiten [→ 28. 2.]. *Herr Soret* auf kurze Zeit. *Mein Sohn* und die *Frauenzimmer* [*Schwiegertochter Ottilie* und *Ulrike v. Pogwisch*] prä-sentirten sich in ihren Masken. Er als Falstaff nahm sich besonders gut aus; *Ottilie* als Phantasie, *Ulrike* als englische Dame, hatten nicht verfehlt sich zier-lich zu schmücken. Die *Kinder* als Pulcinelle liefen mit drein [anläßlich des Maskenzuges zu Ehren des *fürstlichen Brautpaares;* → 16. 2.].» (Tgb)

Dienstag, 24. Februar / Montag, 9. März. Brief an *Karl Friedrich:* Dessen Auftrag vom 28. 10. 28 gemäß, berichtet Goethe «über die Angelegenheit des der Baukunst und Mechanik beflissenen *Karl Georg Kirchner*» [→ 23. 2.]. – *Carl August* hatte sich bei einem Aufenthalt in England und Frankreich davon überzeugt, «wie die Technik in Ihro Landen, ungeachtet manches im Einzel-nen sich hervorthuenden *Talents,* noch gar sehr zurück sey [...]. – Nun war es Höchstdesselben großartige Gesinnung, daß er niemals einen Mangel spü-ren konnte, ohne den Wunsch zu fühlen, demselben möglichst abzuhelfen, wobei Er zu der Überzeugung gelangte, daß man an Ort und Stelle sich bege-ben müsse, wo das Gesuchte zu finden [...] sey [...].» – Im chemischen und im botanischen Fache war dies bereits früher gelungen. «Die große Einwir-kung des Technischen ward nunmehr auch sein Augenmerk [...].» Deshalb ließ er *Kirchner,* der «Talent und Neigung für Mathematik und deren Anwen-dung» besaß, in München und Berlin studieren, sodann von *Wahl* und *Döber-einer* in Jena prüfen, wobei er die besten Zeugnisse erhalten konnte. – «Nun entsteht die Frage: ob man seine Ausbildung noch fernerhin begünstigen und ihm das Ausland zu besuchen behülflich seyn wolle?» – Ohne Zweifel war dies die Intention *Carl Augusts* und «es möchte wünschenswerth seyn, Dessen hohen An- und Absichten auch hierinnen nachzugehen [...], denn zuvörderst bleibt es höchst räthlich, einen *Mann* im Lande zu besitzen, welcher von den großen Unternehmungen und Fortschritten des Auslandes unterrichtet sey». – In jüngster Zeit kommt der Vorschlag, den vielen, sich auf die allgemeine Ausbildung beziehenden Instituten noch eine Gewerkschule hinzuzufügen, wieder zur Sprache [→ 13. 2.]. Dieser wichtige Zweck könnte um so vollkom-mener erreicht werden, wenn *ein in dieser Schule anzustellender Lehrer* «zugleich *Technolog* und *Maschinen-Baumeister*» wäre. Für eine solche Stelle dürfte man *Kirchner* als geeignet betrachten, wenn dieser seine beabsichtigte Reise nach Frankreich zu seiner weiteren Ausbildung nutzt und seinen bishe-rigen Studien die der «bürgerlichen Baukunst» hinzufügt. – Da eine gründli-che Einrichtung der Gewerkschule unter einem Jahr nicht zustande kommen würde, könnte *Kirchner* diese Zeit zu einer Reise nach Frankreich und in die Niederlande anwenden. – Auch ist bereits mit *Oberbaudirektor Coudray* bedacht worden, welche Städte *Kirchner* zu besuchen habe und an welche *Per-*

sonen ihm Empfehlungsschreiben mitgegeben werden könnten. – Es entsteht also die Frage, ob der *Großherzog* beschließt, *Kirchner* diese Reise zu ermöglichen, zu der etwa 600 Taler erforderlich sein würden. Die *Großherzogin* hat dazu bereits 150 Taler bestimmt, die Oberaufsichtskasse würde ebenfalls 150 Taler übernehmen. (Vogel, 409 ff.)

Dienstag, 10. März. «*Tischbeinische* Briefe zum Abdruck dictirt [für die Verwertung im ZWEITEN RÖMISCHEN AUFENTHALT]. EINIGES ANDERE HIERHER GEHÖRIGE SCHEMATISIRT. Die Klarheit und Mannigfaltigkeit des Neapolitanischen Lebens trat im größten Glanz vor die Einbildungskraft. Mittags *Dr. Eckermann.* Wir verhandelten die ANGELEGENHEIT DER GESAMMELTEN KURZEN MAXIMEN noch fernerhin. Ich beschäftigte mich nach Tische mit den angekommenen Leipziger Kupferstichen und Zeichnungen. Abends *Oberbaudirektor Coudray,* brachte das Promemoria wegen *Kirchner* beyfällig zurück [→ 24. 2. / 9. 3.]. Wir besprachen die Angelegenheit weiter, nicht weniger was sich auf den Straßenbau bezog, wovon er die einzelnen ohngefähren Anschläge vorlegte.» (Tgb)

Mittwoch, 11. März. Brief an *Hofrat Meyer:* Goethe sendet *John* mit einer Radierung *Rembrandts,* um das Urteil des *Adressaten* einzuholen. – «ZWEITER AUFENTHALT ZU ROM. *Dr. Weller,* einen revidirten Theil der ERSTEN ITALIENISCHEN REISE von *Göttling* bringend. *Hofgärtner Baumann,* eine Sendung amerikanischer Bäume und Sträucher von Karlsruhe ankündigend. Um 11 Uhr *Herr Hofrat Soret.* Ging mit ihm ein Capitel der übersetzten MORPHOLOGIE durch [→ 2. 3.]. Um 12 Uhr das *fürstliche junge Brautpaar* [*Prinz Wilhelm v. Preußen* und *Prinzessin Auguste;* → 16. 2.]; man zeigte mir den Schmuck vor, theils an Steinen, theils an Arbeit höchst merkwürdig. Halsband und Ohrringe des einen, Niello und farbige Steine mit Geschmack und Sorgfalt wie aus dem 16. Jahrhundert. Mittags *Dr. Eckermann.* Unterhaltung über *Rochlitzens* allerliebsten Brief [→ 9. 3.]. *John* hatte *Meyers* Gutachten über die *Rembrandtische* Zeichnung eingeholt. [. . .].» (Tgb)

Donnerstag, 12. März. «Einige Capitel in der übersetzten MORPHOLOGIE durchgegangen. [. . .] *[Gartenbau-]Inspektor* [und *Verwalter der Militärbibliothek*] *Weise* wegen neu eingegangener Karten. Andere einzelne Concepte dictirt. *Unsre gnädigsten Herrschaften* [*Karl Friedrich* und *Maria Paulowna*]. Die Frau *Großherzogin* ließ mich ihr Tagebuch lesen, welches sich besonders auf die neuen Anstalten und nützlichen und wohlthätigen Einrichtungen bezog [u. a. vermutlich die Gewerbeschule betreffend; → 24. 2. / 9. 3.]. Mittag *Dr. Eckermann.* Die Redaction der EINZELNHEITEN näherte sich dem Abschluß [→ 10. 3.]. Manches wurde deßhalb verhandelt. Ich las nachher in Edinburgh Review, Jan. 1828, den Aufsatz über *[John] Dryden* [englischer Dichter; gest. 1700] [. . .]. *Mein Sohn* kam zu einiger Unterhaltung.» (Tgb)

Vor Freitag, 13. März. «Leider muß ich *[Kanzler v. Müller]* aber sogleich äußern, daß Goethe durchaus nicht wünscht, seine Briefe an Sie [*v. Elsholtz;* → 1. 11. 26] oder einen Auszug davon abgedruckt zu sehen. Er führt an, seine Mitteilungen seien rein vertrauliche gewesen und er habe ähnliche Bitte *anderer werter Freunde* neuerdings stets entschieden abgelehnt.» (*Müller* an *Elsholtz,* 13. 3.; GG 6289)

Freitag, 13. März. Brief an *Kunsthändler Börner:* Goethe übermittelt ein

Verzeichnis der Zeichnungen und Kupferstiche, die er behält. – Er bestellt den
«Fischzug Petri» nach *Raffael* von *Dorigny*. – «[...] Beschäftigung mit den
Fortsetzungen der Werke von *Artaria* gesandt; Sonderung an die verschiede-
nen Localitäten hinzugeben [→ 3. 3.]. Mittag *Dr. Eckermann,* nochmalige
Berathung über die APHORISMEN. Später *Hofrat Soret.* Ging mit ihm die neuen
Kupfer und Zeichnungen durch. Abends das Edinburgh Review, Recension
über *Jean Paul*.» (Tgb)

Samstag, 14. März. Brief an *Weller:* Goethe berichtet, daß *Alexander Netz*
aus Jena [geb. 1815] verschiedenen Behörden und schließlich auch ihm selbst
Zeichnungen vorgelegt hat, die, «bei aller ihrer Unvollkommenheit, doch
immer auf ein angebornes Talent hindeuten. Da die bildende Kunst schwer zu
erlernen ist und man sich mit ihrer Hilfe noch schwerer seinen Lebensunter-
halt erwerben kann, möchte Goethe niemanden dazu bestimmen. – Doch
schreibt der *Knabe* bereits eine hübsche Hand und scheint auch sonst Fähigkeiten zu besitzen. So wünscht Goethe ihn «am liebsten hierauf gerichtet zu
sehen, nicht weniger auf Geometrie, welche denn doch zuletzt alles Nachbil-
den regeln muß; da er denn nebenher Köpfe, Figuren und wozu er sonst Lust
hat, nachzeichnen mag». – Goethe beauftragt *Weller,* sich nach den Lebensumständen des *Knaben* zu erkundigen. – Soeben wird Goethe darauf aufmerksam gemacht, daß sich wohl am besten *Rektor Gräfe [Rektor der Jenaer Stadt-
schule]* des *Knaben* annehmen könnte, der die Neigung hat, «neben andern
gewöhnlichen Schulbeschäftigungen auch die *Schüler* sich im Zeichnen üben
zu lassen». – «[...] Angefangene Austheilung der *Artariaschen* Continuationen
[→ 13. 3.]. Abschrift der APHORISMEN geendet und dieselben eingepackt.
Einen Theil der Continuationen abermals angesehen und beurtheilt. Mittag
Hofrat Vogel. Ältere und neuere öffentliche und Privatverhältnisse. Auch wies
ich ihm das neue große statistische Werk von Preußen vor. Ging sodann für
mich manches Vorliegende durch. Las einige Hefte [«Histoire de Napoléon»;
→ 12. 3. 28] von *Norvins*.» (Tgb)

Anfang März / Sonntag, 15. März. «[...] *Monsieur Meyer* a fait une grave
maladie. Il avait pour médecin *Monsieur Huschke* et Goethe n'avait confiance
qu'en *Vogel*. C'est à moi qu'il s'adressait pour avoir des nouvelles du malade.
Jamais je ne l'ai vu plus inquiet et plus disposé à faire part de son inquiétude. Il
m'a chargé de négocier auprès de *Meyer* pour le déterminer à prendre *Vogel*.
‹C'est mon plus ancien ami, disait-il, c'est le seul qui me reste des premiers
temps. Faut-il que je sois condamné à le voir disparaître [...]. [...] il *[Vogel]* se
refuse à le faire [zu *Meyer* zu gehen], tant qu'il ne sera pas appelé par *Meyer;* [...]
arrangez-moi cette affaire!› Pendant qu'il parlait ainsi, de grosses larmes rou-
laient dans ses yeux. Je me rendis de suite pour exécuter ma commission. *Monsieur Meyer* me répondit qu'il verrait avec le plus grand plaisir *Monsieur Vogel*
[...], mais seulement comme aide ou conseil. J'ai rapporté cette réponse à
Goethe qui a paru se contenter de ce moyen terme [...].» (*Soret,* GG 6291)

Sonntag, 15. März. «[...] [An] *Faktor Reichel* nach Augsburg, ABSCHLUSS
DER WANDERJAHRE, zum 21. BAND gehörig [Goethe sendet die von *Eckermann* zusammengestellte APHORISMENSAMMLUNG AUS MAKARIENS ARCHIV
(→ 14. 3.) sowie das GEDICHT IM ERNSTEN BEINHAUS WAR'S (→ 25. 9. 26 f.)
als ABSCHLUSS DES I. BANDES DER WANDERJAHRE; → 4. 3.]. Noch einiges aus

Norvins. Betrachtete die für die Militär-Bibliothek angeschaffte geognostische Karte [→ 12. 3.] [...]. Ich ging mit *Hofrat Soret* einige Capitel seiner Übersetzung der METAMORPHOSE durch. [...] *Herr [Albert Friedrich Wilhelm Karl Freiherr] v. Boyneburg [Offizier]* von München manches ausrichtend und erzählend. Mittag *Dr. Eckermann* und *Wölfchen.* Eine Comödie nach spanischem Zuschnitt [«Die Abenteuernacht» von *T. v. Haupt*] war gestern Abend schlecht aufgenommen worden. Wir besprachen die Ursachen, das Scenario des Stücks [war] keineswegs verwerflich gewesen. Dergleichen muß aber mit Leidenschaft, Manier, Technik, mit einer gewissen Übertreibung und durchgehendem geistigen Leben vorgetragen werden. Ich theilte ihm die SCHILLERISCHE CORRESPONDENZ mit. Ich las nachher *Prof. [L.] Ranke* Serbische Revolution, ein verdienstliches Büchlein [...].» (Tgb)

Montag, 16. März. «Endigte gedachtes Werk. Dictirte weniges an *Schuchardt.* Besuchte mich *Salinen-Direktor Glenck.* Gab mir Nachricht von seinen Fortschritten in Buffleben und Stotternheim, ingleichen von dem Vorhaben bey Kreuzburg. Bey dieser Gelegenheit wurde einiges an der Tabelle rectificirt [→ 22. 5. 28]. Mittag *Dr. Eckermann.* Er hatte mir ein Heft der Conversationen gebracht [→ 6. 1. 28]. Auch sprachen wir über die SCHILLERISCHE CORRESPONDENZ. Ich las in *Norvins* Napoleon. *Oberbaudirektor Coudray.* Mit demselben die neuacquirirten Kupfer und Zeichnungen zu dessen besonderer Theilnahme.» (Tgb)

Etwa Montag, 16. März. Brief an *Perthes:* Goethe bittet um nähere Auskünfte über *Prof. Ranke* [→ 15. 3.].

Dienstag, 17. März. «[...] *Norvins.* Cours d'Histoire par *[F.] Guizot.* [...] die *Frau Großherzogin Mutter [Luise].* Legte derselben die Voyage pyrénéen par *Melling* [→ 4. 3.] vor. Mittag *Dr. Eckermann.* Gespräch über die SCHILLERISCHE CORRESPONDENZ VON 1796. *Norvins* Geschichte Napoleons. Abends *Prof. Riemer;* eine Absicht [...] der *Frau Großherzogin [Maria Paulowna]* mittheilend, welche zusammen überlegt wurde. Abends großer Thee, Unterhaltung mit *vielen Personen* so wie *neue Bekanntschaften.*» (Tgb)

Mittwoch, 18. März. «*Norvins* fortgesetzt. Concept Briefes an *Herrn Geh. Rat Streckfuß* [nichts überliefert]. Bericht von *Dr. Schrön.* Verschiedene [oberaufsichtliche] Concepte [an *Zenker,* das zoologische Museum, und an *Färber,* die Vorlesungen *Wackenroders* über Mineralogie betreffend] [...]. *Prof. Göttling* sendete den ZWEITEN THEIL DER ITALIENISCHEN REISE und eine Übersetzung WERTHERS, Neapel 1812. Spazieren gefahren mit *Ottilien.* Einiges über die *gegenwärtig versammelte Gesellschaft* besprochen. Mittag *Dr. Eckermann.* Über die kleine Abänderung wegen des NACHTRAGS ZU DEN WANDERJAHREN [*Faktor Reichel* teilt am 15. 3. mit, daß BAND 21 mit EINEM HALBEN BOGEN bereits geschlossen sei. Die von Goethe avisierte FORTSETZUNG (→ 4. 3.) würde bedeuten, die bereits gedruckten 6 SEITEN «ins Makulatur zu werfen» und den 15. BOGEN noch einmal zu setzen. (Hagen, 1487)]. Über den DRITTEN BAND DER SCHILLERSCHEN CORRESPONDENZ. Blieb für mich. Las im *Norvins* weiter. Hatte das Meteorologische Jahrbuch für 1827 von *Schrön* erhalten.» (Tgb)

Donnerstag, 19. März. Brief an *Faktor Reichel:* Goethe fügt sich dessen «Vorstellung [...] um so lieber, als der LETZTE [3.] BAND auch nicht stark ist und es hauptsächlich darauf ankommt, daß diese übersendeten APHORISMEN mit gegenwärtiger Lieferung in's *Publikum* treten. Hiernach käme also das Nachgesendete: AUS MAKARIENS ARCHIV an's Ende des DRITTEN BANDES DER WANDERJAHRE [→ 15. 3.].» – «[...] Präsentirte sich *Schrön.* Überreichte einiges Meteorologische. [...] *Frau Großherzogin [Maria Paulowna]* mit *Demoiselle Mazelet.* Sodann der *Großherzog [Karl Friedrich]*, welcher etwas länger blieb. Fuhr mit *Fräulein Ulriken [v.* Pogwisch] spazieren, welche mir von der französischen Comödie erzählte, die sie zu spielen im Begriff sind. Mittag *Dr. Eckermann. Herr Kanzler [v. Müller]* späterhin. Auch *Landesdirektionsrat Töpfer.* Ersterer erzählte den Vortrag der neuen Ständeordnung und der Ständischen Versammlung.» (Tgb)

Freitag, 20. März. «[...] *Dr. Schrön;* besprach mich mit ihm über Meteorologie und Astronomie, bezüglich auf seinen Aufenthalt in Gotha. Bey leidlichem Wetter im Garten. *Frau v. Wolzogen* war von Jena angekommen. Mittag *Dr. Eckermann,* zeigte ihm das Stück von *Mantegnas* Triumphzug mit den Elephanten, Original-Kupferstich, Copie desselben und den *Andreanischen* Holzschnitt. Unterhaltung darüber. Im Garten bey leidlichem Wetter. Abends *Prof. Riemer.* Wurden verschiedene Concepte durchgegangen. Er las einige Scherzgedichte.» (Tgb)

Samstag, 21. März. «[...] *Mineralienhändler* aus dem Zillertal schöne Stücke vorzeigend. [...] Im Garten. [...] Mittag *Hofrat Vogel.* Bey Anlaß der Tiroler Mineralien über Mineralogie und Geologie überhaupt, auch über den Salzgewinn durch *Glenck* [→ 16. 3.]. Beschäftigte mich mit der Lesung der neusten Zeitschrift L'Eco. Ferner mit der zugleich angekommenen Übersetzung der *Schillerischen* Braut von Messina.» (Tgb)

Sonntag, 22. März. «*Populare Astronomie von Frankenheim* [2. Auflage; → 12. 4. 28].» (Tgb) – Brief an *v. Quandt:* Goethe berichtet, daß die übersendeten Umrißzeichnungen [→ 5. 3.] von den *Aktionären [des Sächsischen Kunstvereins]* «wohlgefällig» aufgenommen worden seien. Goethe bittet allerdings darum, «den Zahlungstermin weiter hinaus zu setzen. – Darüber hinaus regt er an, außerhalb der Wertung auch die Arbeit eines *hiesigen Künstlers* auf der [Dresdner] Ausstellung zu zeigen, um den Anteil augenfälliger zu machen, der durch den Beitritt zum *Verein* gewonnen worden ist. – «[...] [An] *Faktor Reichel* den 26. BAND [DICHTUNG UND WAHRHEIT, 3. TEIL, DRUCKVORLAGE FÜR DIE TASCHENAUSGABE DER ALH] nach Augsburg. [...] *Herr Soret* die Tiroler Mineralien ansehend, zugleich ein Capitel von der Übersetzung der METAMORPHOSE mit mir durchgehend [→ 15. 3.]. *Herr Rat Kruse* schickte vorzüglich schönen Honig. Um 12 Uhr der *Prinz [Karl Alexander]* mit *Herrn Soret.* Wir besahen einige Mineralien aus dem Zillertal und kauften einiges. Mittag *Dr. Eckermann;* ich ließ ihn wieder einige Blätter *Mantegnas* sehen. *Norvins* Napoleon. Die Hundert Tage. Die Schlacht von Waterloo und Folgen [→ 18. 3.]. Abends *mein Sohn,* sich an den Mineralien erfreuend, einige Bau- und Einrichtungs-Projecte auf den Sommer vorschlagend. *Herr Oberbaudirektor Coudray.* Gespräch über die diesjährige Baudisposition. Sonstige Bauangelegenheiten, Belvedere und Tiefurt.» (Tgb)

Montag, 23. März. «*Norvins* St. Helena. ZWEITER AUFENTHALT IN ROM NÄHER SCHEMATISIRT UND IN'S ENGE GEBRACHT.» (Tgb) – Brief an *Rauch* [→

7. 2.]: Goethe versichert dem *Adressaten,* daß er sich für «all [dessen] Vornehmen [...] höchlich interessire». Verfügte er über eine größere Mobilität, so würde er ihn in seiner Werkstatt aufsuchen. – Im Frühjahr hofft er auf den Besuch des *Adressaten.* – «[...] *[Stempelschneider] Facius* wegen des *Zelterischen* Wappens [→ 4. 3.] [...]. Mittag *Dr. Eckermann.* Die Fortsetzung von *Mantegnas* Triumphzug betrachtet [«Ich (Goethe) habe unter meinen Papieren ein Blatt gefunden, ... wo ich die Baukunst eine erstarrte Musik nenne. ... die Stimmung, die von der Baukunst ausgeht, kommt dem Effekt der Musik nahe. – Prächtige Gebäude und Zimmer sind für *Fürsten* und *Reiche.* Wenn man darin lebt, fühlt man sich beruhigt, man ist zufrieden und will nichts weiter. – Meiner Natur ist es ganz zuwider. Ich bin in einer prächtigen Wohnung ... sogleich faul und untätig. Geringe Wohnung dagegen, wie dieses schlechte Zimmer, worin wir sind, ein wenig unordentlich ordentlich, ein wenig zigeunerhaft, ist für mich das Rechte; es läßt meiner inneren Natur volle Freiheit, tätig zu sein und aus mir selber zu schaffen.» – Weiterhin über den gegenseitigen Einfluß Goethes und *Schillers* im Schaffensprozeß. (Eckermann)]. Blieb für mich. Nahm die ITALIENISCHE REISE vor. Las in *[J.] Hormayrs* Geschichte von Wien 1. Band [→ 24. 4. 28].» (Tgb)

Dienstag, 24. März. «ITALIENISCHE REISE WEITER SCHEMATISIRT. *[J. d'Audebard de] Férussac* Bulletin [universel ... pour la propagation des connaissances scientifiques et industrielles..., 1829; vielgliedrige wissenschaftliche Zeitschrift]. Mit *Ottilien* spazieren gefahren. Klarer aber sehr kalter Tag. Mittag *Dr. Eckermann.* Fernere Verhandlungen der vorliegenden Fragen. Weitere Blätter von *Mantegna* [«Je höher ein *Mensch,* ... desto mehr steht er unter dem Einfluß der Dämonen, und er muß nur immer aufpassen, daß sein leitender Wille nicht auf Abwege gerate. – So waltete bei meiner Bekanntschaft mit *Schillern* durchaus etwas Dämonisches ob; wir konnten früher, wir konnten später zusammengeführt werden, aber daß wir es grade in der Epoche wurden, wo ich die italienische Reise hinter mir hatte und *Schiller* der philosophischen Spekulationen müde zu werden anfing, war von Bedeutung und für beide von größtem Erfolg.» (Eckermann)]. Blieb für mich. *Férussac* Bulletin, itinerarische Abtheilung. *Prof. Riemer.* Wir gingen einige Concepte durch, besprachen die nächste Aufführung von FAUST nach der Redaction von *Klingemann* [*Riemer, Eckermann* und *Durand* redigieren den FAUST-TEXT nach der Bearbeitung von *Klingemann* (→ 28. 1.) für die Weimarer Aufführung am 29. 8.; → 28. / 30. 1.]. *Wölfchen* kam später und nöthigte mich mit ihm Würfel zu spielen.» (Tgb)

Mittwoch, 25. März. Brief an *Reichel:* Goethe bestätigt dessen [am 21. 3. mitgeteilte] Vermutung, daß einer seiner Briefe an *Schiller* [in der DRUCKVORLAGE zum 4. BAND DES BRIEFWECHSELS] versehentlich zweimal erscheint und korrigiert den Irrtum. (vgl. Jensen, 2048) – Auf Seite 186 sollten statt der Namen *Possel* und *Gentz* nur die Buchstaben P. und G. gesetzt werden. «Man hat durchaus alles Verletzende zu vermeiden getrachtet, und doch ist eins und das andere durchgelaufen.» – Darüber hinaus dankt er für die baldige Beförderung der Anzeige [→ 6. 3.; *Reichel* meldet, daß diese in Nr. 78 der Beilage der Allgemeinen Zeitung vom 19. 3. aufgenommen worden sei]. – Brief an *Lenz:* Goethe sendet von der *Großherzogin [Maria Paulowna]* überreichte

Mineralien mit der Bitte, ihm die Benennungen der Stücke mitzuteilen, da er die Dupla in Weimar behalten hat. – Brief an *Riemer:* Goethe sendet das «Manuscript [vermutlich das Soufflierbuch zu F A U S T nach der Einrichtung *Klingemanns*]» zurück [→ 24. 3.]. – «Einiges kann ohne den Sinn zu stören ausgelassen werden, anderes mit wenigen Federstrichen zurechte gerückt. An einigem seh ich das Bedenken nicht ein. Wollen Sie nun vorerst das Auffallende rectificiren, so sprechen wir wohl noch einmal über das Problematische.» – «[...] [Brief an] ein *hohes Conseil der Russischen Kaiserlichen Universität* zu Dorpat [Goethe dankt als Oberaufsicht für die Zusendung einer zum 25-Jahr-Jubiläum der Wiederherstellung der Universität verfaßten Schrift. (JbGG 12, 42)]. [...] war ich bey *meinem Sohn* gewesen und hatte dessen wohlgeordnete Münzen- und Medaillensammlung betrachtet. [...] Schreiben von *Reichel,* auch von der *Cottaschen* Buchhandlung zu Stuttgart. Überlegung des ersten. Mit *Ottilien* spazieren gefahren. Die letzten Anerbietungen des *Tiroler Mineralienhändlers* angesehen. Hofrat *Soret* übersendete die Übersetzung der E I N L E I T U N G Z U R M E T A M O R P H O S E [→ 11. 10. 28]. Zu Tische *Eckermann,* fortgesetzte Beschauung der folgenden Blätter des Triumphs. *Oberbaudirektor Coudray.* Besprechung über *Kirchners* Reise und über die Weiterführung des ganzen Geschäfts [→ 24. 2. / 9. 3.] *Wölfchen* nach seiner Art.» (Tgb)

Donnerstag, 26. März. Brief an *Soret:* Goethe sendet «wieder etwas zu fortgesetzter Beschäftigung [vermutlich E R G Ä N Z U N G E N Z U M M E T A M O R-P H O S E-P R O J E K T]. Auch ohne gemeinsame Überlegung deshalb werden Sie die Gefälligkeit haben dasjenige, was Ihnen recht dünkt, aufzunehmen und, was allenfalls noch zweifelhaft seyn sollte, auf eine Unterredung zu versparen.» – «[...] Sendung von Berlin, Gewerbangelegenheit betreffend [*Geh. Oberfinanzrat v. Beuth* sendet eine neue Serie der von ihm herausgegebenen «Vorlegeblätter für angehende Steinmetzen und Zimmerleute»; → 12. 3.]. [...] *Zelters* Brief wegen Aufführung der *Bachischen* Musik. [...] um 12 Uhr [waren] *unsre Herrschaften* [*Karl Friedrich* und *Maria Paulowna*] so wie *Demoiselle Mazelet* bey mir [...]. Mittag *Dr. Eckermann. Mantegna* absolvirt. Die Berliner Sendung angesehen. In dem französischen Bulletin zu lesen fortgefahren [→ 24. 3.].» (Tgb)

Freitag, 27. März. Brief an *Färber:* Goethe übersendet ein Tiroler Mineral in Säulenform mit der Bitte, *Zenker* nach dessen Bezeichnung zu fragen. – Brief an *Riemer:* Es ist Goethe angenehm, den Heilsberger Stein nun an «schicklichem Orte glücklich angebracht» zu wissen [→ 12. 3. 27]. – «Angestrichen aber darf die Inschrift nicht werden, weil sonst die [...] sehr ausgewitterten Züge noch mehr an ihrer Lesbarkeit verlieren würden.» – «Das französische Bulletin weiter geführt. B O T A N I C A B E I D E M Z W E I T E N A U F E N T H A L T I N R O M. *Buchbinder Bauer,* seine Nachahmung des beweglichen Heftens und Bindens vorzeigend [→ 29. 12. 28]. Fuhr allein spazieren. Hielt bey dem neuen Anbau der Süßenborner Schenke, mich nach den Schichten des gegrabenen Brunnens befragend. Mittag *Dr. Eckermann.* Er hatte meinen A U F S A T Z Ü B E R M A N T E G N A gelesen [→ 14. 3. 23]. Wir besprachen das Ganze. Er war auf einen Gedanken, den ich früher gehegt hatte, gekommen: man solle dem *Kastellan* von Hampton-Court [das englische Schloß, in dem sich die 9 Kartons des Triumphzugs befinden] eine Übersetzung MEINER BESCHREIBUNG zu Belehrung der *Fremden* einhändigen. *[Kanzler]* [...] *v. Müller*. Fernere Ereignisse der landständlichen Versammlung. Die alte Erfahrung wird in solchen Fällen die Zweifelsüchtigen für die Majorität erwerben, weil wenige genugsamen Charakter haben, die Vortheile des Positiven entschieden anzuerkennen. Nachher *Prof. Riemer*. Einiges sich auf die METAMORPHOSE DER PFLANZEN beziehend ward durchgegangen. Er legte hernach noch einige nothgedrungene Emendationen des *Klingemannischen* FAUST zu heiterer Beurtheilung vor [→ 25. 3.]. Ich las in dem französischen Bulletin weiter.» (Tgb)

Samstag, 28. März. «*Schuchardt* brachte eine Abschrift eines Capitels der übersetzten METAMORPHOSE.» (Tgb) – Brief an *Martius:* Goethe bedauert, daß dieser ihn mit der «spiralen Tendenz des Pflanzenwachsthums» [am → 6. 10. 28] nicht genügend vertraut gemacht hat. Nach Anleitung der kleinen zurückgelassenen Skizze ist er indessen weiter fortgeschritten, hat «MANCHES NOTIRT, EINZELNES STEHEN LASSEN, ANDERES ZUSAMMENGEREIHT». – Goethe bittet den *Adressaten,* ihm seine Gedanken ausführlich zu entwickeln und das geschaffene Modell zu übersenden. – Brief an *Döbereiner:* Goethe dankt für die übersendeten Proben von Strontianglas, die bei ihm den Wunsch erregt haben, «etwas zu weiterer Förderniß dieser schönen Entdeckung beyzutragen [«Dieses Glas ist, nach *Körners* Urteil, klarer, spezifisch schwerer und von stärkerer lichtbrechender Kraft als das beste Kronglas. Ich freue mich, daß es mir endlich gelungen ist, eine recht nützliche Anwendung des Dornburger Cölestins zu entdecken (die Strontia wird aus Cölestin erhalten); (→ wahrscheinlich 9. 7. 28).» (an Goethe, 15. 3.; Schiff, 99)]». – Nach Goethes Auffassung wäre es jetzt das Wichtigste, «das Verhältniß des Brechungs- und Zerstreuungsvermögens auch bey diesem Glase zu ermitteln. Sollten Sie nicht abgeneigt seyn, den *Hofmechanikus Körner* bey Versuchen dieser Art durch gefällige Anleitung zu unterstützen, so würde ich gern hiezu den erforderlichen mäßigen Aufwand zu tragen geneigt seyn [...].» – «[...] *Hofrat Schwabe* brachte ein großes anatomisches Werk im Namen *Ihro Kaiserlichen Hoheit [Maria Paulowna]* für die Jenaische Bibliothek. *[Stempelschneider] Facius* lieferte die bestellten Stempel und die verkleinerte Zeichnung zu *Zelters* Wappen [→ 23. 3.]. Spazieren gefahren mit *Fräulein Ulriken [v. Pogwisch]*. Mittag *Hofrat Vogel*. Physiologische und pathologische Gespräche, besonders aber therapeutische. *Mr. West Jones,* Freund des *Herrn Duncan*.» (Tgb)

Donnerstag, 26. / Samstag, 28. März. Brief an *Zelter:* «[...] die Nachricht der glücklichen Aufführung des großen älteren Musikstücks [erste Aufführung der «Matthäuspassion» nach *J. S. Bachs* Tod am 11. 3. 29 unter *Felix Mendelssohn-Bartholdy* (vgl. *Zelter* an Goethe, 12. 3.; Zelter-Briefwechsel 3, 130 f.)] [...] macht mich denken. Es ist mir, als wenn ich von ferne das Meer brausen hörte. Dabey wünsch ich Glück zu so vollendetem Gelingen des fast Undarstellbaren [→ 26. 3.]. [...] mir ist es unter *meinen vielen Schülern* kaum mit wenigen so wohl geworden.» – SEINEN ENTWURF ZU ZELTERS WAPPEN hat Goethe an *[Stempelschneider] Facius* gegeben [→ 28. 3.]. Mit *[Hofrat] Meyer* konnte er darüber nicht konferieren, da dieser schon seit mehreren Wochen unwohl ist. – «*Dr. Eckermann,* den ich täglich sehe, bildet sich schrittweise rei-

ner aus zu Urtheil und Antheil; er durchsieht mit löblicher Geduld MEINE
ALTEN, HOFFNUNGSLOS ZUGESCHNÜRTEN MANUSCRIPTEN-MASSEN und findet [...] manches darin wohl werth erhalten und mitgetheilt zu werden, so
daß man das ÜBRIGE nun mit Beruhigung verbrennen kann. – [...] Meinen
FAUST wollen sie [im Weimarer Hoftheater] auch geben [→ 27. 3.], dabey ver-
halt ich mich passiv, um nicht zu sagen leidend. Doch überhaupt darf mir für
DIESES STÜCK nicht bange seyn, da es *Herzog Bernhard* [auf seiner Amerika-
reise], in Obercarolina, bey einem *Indianer* gefunden hat.»
  Sonntag, 29. März. «EINLEITUNG ZUR PFLANZEN-METAMORPHOSE abgeschlossen und mundirt [→ 25. 3.] [...].» (Tgb) – Brief an *Riemer:* Goethe bittet
ihn, «Beykommendes [vermutlich MANUSKRIPT ZUM ZWEITEN RÖMISCHEN
AUFENTHALT] vorläufig durch[zu]sehen» [→ 27. 3.]. – «*Major v. Mauderode* für
den Antheil an seiner Verwundung und Cur derselben dankend [→ 9. 1.].
Buchhändler Voigt von Ilmenau, die Geschichte seines Lebensganges und Ver-
lags erzählend. Mittag *[Kanzler]* [...] *v. Müller.* Publica und Privata durchgesprochen. Ich wies ihm die Zeichnungen von München und des *Herrn v. Reutern* vor. Blieb für mich. Hatte etwas im *Bayle* aufgeschlagen und ward
angezogen weiter zu lesen. [...].» (Tgb)
  Montag, 30. März. «[...] Sendung von der *Frau Großherzogin [Maria Paulowna,* Aufsätze zur Errichtung einer Sonntagsschule zur Nachhilfe der weniger *Gebildeten* sowie zur Eröffnung einer Gewerkschule (→ 25. 3.) enthal-
tend]. Überlegung der Erfordernisse.» (Tgb) – Brief an *Maria Paulowna:*
Goethe dankt für das «gnädig Mitgetheilte» in der Hoffnung, am Donnerstag
manches Angenehme vorlegen zu können. So sind [aus Berlin u. a.] 46
«Vorlegeblätter...» eingegangen [→ 26. 3.]. – «*Blumengärtner* von Grunstedt
eine Calla bringend. *Oberförster Sckell* von Waldeck, ein *alter Kriegskamerad.*
Kapellmeister Hummel in Auftrag des *Herrn Castelli. Dr. Weller,* meine Anfragen wegen des *Knaben Alexander Netz* aus Jena vorläufig beantwortend [→
14. 3.]. Derselbe und *Eckermann* speisten mit mir. Ersterer blieb noch eine
Zeitlang. Geschäfte und persönliche Verhältnisse besprechend. Las einiges im
Bayle. Unzufrieden über den gräßlichen Klatsch, der freylich zu seiner Zeit
mannigfaltig wirksam gewesen seyn mag. Zeitig zu Bette. – Billet an *Kapellmeister Hummel,* mit einem Auszug aus *Zelters* neustem Briefe [vom 28. 3., in
dem dieser eine *Madame Müller, Sängerin mit schöner Altstimme,* nach Weimar
empfiehlt (Zelter-Briefwechsel, 3, 135)].» (Tgb)
  Vor Sonntag, 29. / Montag, 30. März. Brief an *Botaniker Meyer:* Goethe
berichtet von seiner und *Sorets* Absicht, die METAMORPHOSE DER PFLANZEN
im ORIGINAL und in französischer Übersetzung mit einer EINLEITUNG herauszugeben. «Mit beiden sind wir schon überhaupt im Reinen; was noch an
der Ausführung und Vollendung fehlt, wird nächstens gethan seyn. – Nun
aber sollte die Wirkung dieses Büchleins auf den Gang der Wissenschaft bis
auf den heutigen Tag hinzugefügt werden», wovon Goethe aber «nur wenig
bekannt ist» [→ 3. 8. 28]. *Hofrat Voigt* aus Jena hat ihm auf sein Ersuchen
bereits einen kurzen Aufsatz hierüber mitgeteilt. Er legt die darin verzeichneten *Namen* bei und fragt an, ob der *Adressat* zu seinen «Zwecken nicht noch
weitere Umsicht geben» könnte.
  Dienstag, 31. März. «Concepte und Munda. Die Papiere der von der *Frau*

Großherzogin aufgetragenen Geschäfte in Tecturen gesondert. Ein Schreiben von *Herrn v. Quandt. Frau Großherzogin Mutter [Luise]*; zeigte die weitere Fortsetzung der Reise in die Pyrenäen [→ 17. 3.]. Fuhr spazieren mit *Walther,* stieg in dem Sommergebäude der Erholung ab und fand den neuen Saal sehr lobenswerth; auch in akustischer Hinsicht vorzüglich [→ 6. 11. 28]. Mittag *Dr. Eckermann.* Es war ein Brief eines *Irländers Seymour* angekommen, welcher sich in Weimar aufzuhalten wünscht. Mit *Eckermann* deßhalb Abrede genommen. Eine Zeitlang im Garten. Abends *Hormayrs* Geschichte von Wien [→ 23. 3.].» (Tgb)

Vielleicht Ende März. Konzept [Bruchstück] eines wahrscheinlich nicht abgegangenen Briefes, vielleicht an *Stieler:* «Und so möchte es denn ganz natürlich seyn, daß die poetischen, d. h. treuherzigen, freysinnigen Äußerungen *eines Mannes* von solchem Streben, solcher That in den höchsten Verhältnissen, uns als das würdigste Geschenk erscheinen [Goethes Äußerungen beziehen sich vermutlich auf einzelne handschriftlich mitgeteilte Gedichte *König Ludwigs I. von Bayern.* Die soeben erschienene zweibändige Gedichtsammlung ist noch nicht in Goethes Händen]. Und das sind sie auch mir geworden; denn wie viel mußte mir daran gelegen seyn *einen Herrn* näher kennen zu lernen, dessen vorwaltende Gunst mich besonders auszeichnet [...].» (WA IV, 45, 411)

Vermutlich ab Frühjahr. «Nachdem denn Goethe erklärt hatte, daß er gegen eine FAUSTaufführung nichts weiter einwenden wolle [→ 24. 3.], daß er aber wünsche, daß sie in *seinem Sinn* vorgenommen werde, ließ er vorerst *eine Gesellschaft von Freunden und Mitgliedern der Bühne* sich in seinem Hause versammeln, denen *er den ganzen ersten Teil vorlas* ... – La Roche rühmt [...] den hinreißenden Vortrag des Dichters und den gewaltigen Eindruck, den die DICHTUNG machte ... – *Fausts* Rolle deklamierte er im Baß eines ältern Mannes bis zu der Stelle, wo er den Verjüngungstrank trinkt in der Hexenküche. – [Von da ab] [...] führte der Dichter die Rolle bis ans Ende durch *«in klangvollstem Jünglingstenor».* – [...] *Die Rolle des Mephistopheles studierte er dann dem Schauspieler La Roche so sorgfältig ein, daß dieser zu sagen pflegt:* ‹In der Rolle des *Mephistopheles,* wie ich sie gebe, ist jede Gebärde, jeder Schritt, jede Grimasse, jedes Wort von Goethe; an der ganzen Rolle ist nicht so viel mein Eigentum, als Platz hat unter dem Nagel!›» (K. J. Schröer: Einleitung zu Goethes Faust, 1886; GG 6681; zu *La Roches* Klagen über Goethes beständige Veränderungen in seiner Sicht auf die *Mephistofigur* vgl. GG 6682)

Mittwoch, 1. April. «Überlegung der neusten v. *Quandt*ischen Sendung. Vollmacht [darauf bezüglich] aufgesetzt. *Von Bielke* sendet ein episches Gedicht [«Der russische Feldzug 1812» von *Callenius* aus Rudolstadt], das man *Ihro Hoheit* zu dediciren gedenkt. Ablehnende Erwiderung. Einzelne kleine Sätze aus dem Bleystiftconcept dictirt. Kurze Zeit im Garten.» (Tgb) – Brief an *Riemer:* «[...] ich bedarf einer deutschen metrischen Übersetzung beykommender sechs *ovidischen* Verse, finde aber hiezu nicht den mindesten rhythmischen Anklang in meinem ganzen Wesen. Möchten Sie mir damit aushelfen, so geschähe mir ein besonderer Gefalle [Den ABSCHLUß DES ZWEITEN RÖMISCHEN AUFENTHALTS bilden die Verse 1–4 und 27–30 aus der 3. Elegie in Buch I von *Ovids* «Tristia». «Ein älterer, für die Endredaktion nicht benutzter

Abschluß, datiert vom 31. 8. 1817, enthält aus der gleichen Elegie darüber hinaus noch die Verse 31/32 im lateinischen Originaltext», so daß es sich hier
möglicherweise um die Verse 27–32 handelt. «In diesem Falle läge allerdings
die Vermutung nahe, daß die ÜBERSETZUNG VON VERS 1–4, die sich auch im
Stile von den folgenden Versen deutlich unterscheidet, von Goethe selbst
herrührt.» (Hagen, zu 1501)].» – «[...] An *Frau Prof. Riemer* ein Exemplar
Anthericum comosum. Spazieren gefahren. Mittag *Hofrat Voigt* von Jena.
Naturgeschichtliche Gespräche. Vorfallenheiten der *Berliner Versammlung* [*der
Naturforscher* im September 28]. Zusammentreffen und Manifestation von
Charakteren. Einige Pflanzen angeschafft: Aucuba japonica und ein Laurus,
beyde blühend.» (Tgb)

Donnerstag, 2. April. Brief an *Zelter:* Goethe berichtet, daß ihm *Kapellmeister Hummel* hinsichtlich der *Sängerin* eine «zwar dankbare, aber ablehnende Erwiderung» zubrachte, da man an der hiesigen Bühne eine *Sopranistin*
benötige [→ 30. 3.]. – Für [den *Philosophen*] *Bendavid* legt Goethe ein Blättchen bei, das dessen Frage nach einem optischen Phänomen [die mit *Zelters*
Brief vom 28. 3. an Goethe gelangt ist (vgl. Zelter-Briefwechsel 3, 135 f.)] mit
dem Hinweis auf SEINE FARBENLEHRE beantwortet. – Goethe kann allerdings
nicht «ohne einigen Unmuth» darüber nachdenken, daß SEINE «ARBEIT [...]
nun bald zwanzig Jahre öffentlich [ist]; das Nützliche davon [...] sich aber
noch nicht in die *Masse* verbreitet» hat. – «In dem neuen Stück des Edinbur-
gher Magazins fand ich eine kurze Notiz von der Gegenwart der Spiralgefäße
in allen Theilen der Pflanzen [→ 28. 3.]. Dictirte die ÜBERSETZUNG an *Schuchardt.* [...] Las das Leben Herders [2. Aufl. 1829] von *[H.] Döring,* gestern
Abend angefangen, hinaus. [...] ich las die 12. Lieferung des Cours de Littérature Française par *Villemain.* Charakter und Talent des *Lord Chatam* [*William Pitt d. Ä., Earl of Chatham,* englischer Staatsmann; gest. 1778] auf eine
merkwürdige Weise hervorgehoben. Um 12 Uhr die *gnädigsten Herrschaften*
[*Karl Friedrich* und *Maria Paulowna*] und *Mademoiselle Mazelet.* Mittag *Dr.
Eckermann.* Betrachtungen über's gestrige Tischgespräch und Sonstiges [«‹Ich
(Goethe) will Ihnen ein politisches Geheimnis entdecken ... *Kapodistrias* kann
sich an der Spitze der griechischen Angelegenheiten auf die Länge nicht halten, denn ihm fehlet eine Qualität, die zu einer solchen Stelle unentbehrlich
ist: *er ist kein Soldat* ...› – ... kamen wir ... auf die Bedeutung von *klassisch*
und *romantisch.* ‹Mir ist ein neuer Ausdruck eingefallen›, sagte Goethe, ‹der
das Verhältnis nicht übel bezeichnet. Das Klassische nenne ich das Gesunde,
und das Romantische das Kranke. ... Das meiste Neuere ist nicht romantisch,
weil es neu, sondern weil es schwach ... und krank ist, und das Alte ist nicht
klassisch, weil es alt, sondern weil es stark ... und gesund ist. Wenn wir nach
solchen Qualitäten Klassisches und Romantisches unterscheiden, so werden
wir bald im reinen sein [→ 27. 9. 27).›» Anläßlich der Inhaftierung *Bérangers*
nach Erscheinen des vierten Bandes seiner «Chansons» 1828 äußert Goethe:
«Es geschieht ihm ganz recht ... Seine letzten Gedichte sind wirklich ohne
Zucht und Ordnung, und er hat gegen *König,* Staat und friedlichen Bürger-
sinn seine Strafe vollkommen verwirkt. Seine früheren Gedichte dagegen sind
heiter und harmlos und ganz geeignet, einen Zirkel ... glücklicher *Menschen*
zu machen ...» – Weiterhin über die Bedeutung von Natur und Klima auf den

Charakter *eines Volkes*. (Eckermann)]. Blieb für mich und unterhielt mich mit den Vorlesungen des *Herrn Guizot* bis in die Nacht [→ 17. 3.].» (Tgb)

Mittwoch, 1. / Donnerstag, 2. April. Brief an *Weller:* Goethe bittet ihn, wegen des *jungen Netz* das Weitere einzuleiten [→ 30. 3.]. – Brief an *Färber:* Goethe sendet einen Schnepfenkopf zum Skelettieren. Sobald er weitere erhält, wünscht er diese ebenfalls skelettiert, aber durchschnitten, so daß man die «Einwirkung der übergroßen Augen und des sehr langen Schnabels auf die übrigen inneren Kopfknochen [...] gut bemerken» kann.

Freitag, 3. April. «Vorlesungen des *Herrn Guizot* abgeschlossen. Den gestern angekommenen Palmenstamm näher betrachtet und gefunden, daß er mit des *Grafen Sternberg* Syringodendron übereinstimme.» (Tgb) – Brief an *Kanzler v. Müller:* Goethe bittet ihn, beikommender Vollmacht die rechte Form zu geben, damit er sie zirkulieren lassen kann [→ 1. 4.]. *Herr v. Quandt* ist in Sorge, es möchten auf der Generalversammlung [des *Sächsischen Kunstvereins*] «in Vorschlag gebrachte Albernheiten durchgehen, und bittet um unsre Vota zur Vernunft». – «Verschiedene Concepte in Bezug auf die vorseyende Gewerbschule an *Schuchardt* dictirt, nach Lesung der Stadtraths-Acten und des Programms der Zöglinge der Berliner Gewerbschule [von *Karl Friedrich v. Klöden*, 1828; → 30. 3.]. Die dort aufgeführten Leipziger, Dresdner, Zittauer Anstalten fand ich für unsre Verhältnisse zu tief, die Berliner zu hoch. Wie schwer ist's seinen Standpunct zu kennen und in demselben original zu seyn! Fuhr mit *Ottilien* in's Schießhaus, um die Blumenausstellung zu sehen, welche für's erstemal artig und interessant genug war. Mittag *Oberbaudirektor Coudray* [wahrscheinlich auch *Eckermann*]. Besprachen die vorseyenden Baulichkeiten; die veränderte Belvederer [Schloß-]Treppe; nachher die Ausfertigungen wegen *Kirchners* betreffend [→ 25. 3. – «...lenkte sich das Gespräch auf *Katholiken* und die Emanzipation der *Irländer.* ‹Man sieht›, sagte *Coudray,* ‹die Emanzipation wird zugestanden werden, aber das *Parlament* wird die Sache so verklausulieren, daß dieser Schritt auf keine Weise für England gefährlich werden kann.› ‹Bei den *Katholiken*›, sagte Goethe, ‹sind alle Vorsichtsmaßregeln unnütz.› Der *päpstliche Stuhl* hat Interessen, woran wir nicht denken, und Mittel, sie im stillen durchzuführen, wovon wir keinen Begriff haben. Säße ich jetzt im Parlament, ich würde auch die Emanzipation nicht hindern, aber ich würde zu Protokoll nehmen lassen, daß, wenn der erste Kopf *eines bedeutenden Protestanten* durch die Stimme eines *Katholiken* falle, man an mich denken möge.› – ... Goethe sprach abermals mit Bewunderung von den Vorlesungen der *Herrn Cousin, Villemain* und *Guizot.* ‹Statt des *Voltairischen* leichten oberflächlichen Wesens›, sagte er, ‹ist bei ihnen eine Gelehrsamkeit, wie man sie früher nur bei Deutschen fand ... Sie sind alle drei vortrefflich, aber dem *Herrn Guizot* möchte ich den Vorzug geben...›» – Weiterhin über die Wirkungsmöglichkeiten eines *Regenten* auf *sein Volk.* (Eckermann)]. Las ferner in *Guizots* Vorlesungen; auch Rosenkranz eines Katholiken von *[H. J.] Königs,* mitgetheilt von *Coudray*.» (Tgb)

Samstag, 4. April. Brief an *Kammerherrn v. Bielke:* Goethe gibt ein negatives Urteil über das eingesandte Gedicht ab [→ 1. 4.] und fügt im Allgemeinen hinzu, daß derartige Versuche «ohne weiteres abzulehnen» seien, um nicht *andere Autoren* zu dergleichen Zudringlichkeiten zu ermuntern. – Billett an *Färber:* Goethe sendet noch einige Schnepfenköpfe [→ 1./2. 4.]. – «[...] *Königs* Rosenkranz weiter gelesen. Nachricht vom Tode der *Frau [Caroline] v. Humboldt* [sie war am 26. 3. gestorben]. *Zelters* Brief. *[Medailleur] Facius* brachte das Siegel [→ 26./28. 3.]. Mémoires [«sur Napoléon», 1829/30, von *L. A. Fauvelet] de Bourrienne.* Spazieren gefahren. Mittag *Hofrat Vogel.* Besah nochmals den versteinerten Stamm. Las ferner in *Bourrienne.* – [...] Das Siegel an *Zelter* abgesendet.» (Tgb)

Sonntag, 5. April. Brief an die *Sektion für Handel, Gewerbe und Bauwesen im Ministerium des Innern zu Berlin:* Goethe dankt für die besondere Gefälligkeit, mit der der von Weimar [durch *Coudray* unter Vermittlung des *Freiherrn v. Müffling*] ausgegangene Wunsch [nach Zusendung der «Vorlegeblätter...»; → 26. 3.] erfüllt worden ist. – Brief an den *Ministerresidenten beim preußischen Hofe v. L'Estocq:* Goethe dankt ihm, die Zusendung der Hefte mit «Vorlegeblätter» vermittelt zu haben, die seinem «guten Willen, Kunst und Handwerk nach Maaß und Möglichkeit zu fördern, gar wirksam zu statten kommen». – «[...] Die Protokolle der Oberbaubehörde wegen *Kirchner* kamen an [→ 3. 4.]. Ich las des *Herrn Kanzler [v. Müllers]* Verhandlungen mit den Landständen, und sein Vortrag wie das Vorgetragene verdienen allen Beyfall. Mit *Ottilien, Oberbaudirektor Coudray* und *Wölfchen* nach [Schloß] Belvedere gefahren. Die neue [Schloß-]Treppe gesehen [→ 3. 4.]. Zu den Glashäusern. Der *Frau Großherzogin [Maria Paulowna]* begegnet. Zu Tisch mit *Eckermann* [über das GEDICHT CUPIDO, LOSER, EIGENSINNIGER KNABE! (vgl. Eckermann)]. Mémoires de *Bourrienne* ersten Band geendigt. Manches auf morgen [...] vorbereitet.» (Tgb)

Montag, 6. April. Brief an *v. Quandt:* Goethe bemerkt [auf dessen Anfrage vom 28. 3.], daß die in der Einladung formulierte Frage: «‹Ob Arbeiten von *Mitgliedern des Comités,* so lange diese bey demselben activ sind, zur Ankaufsconcurrenz gezogen werden können?› den *hiesigen Kunstfreunden,* als dem Hauptzweck des *Vereins* widersprechend, nicht zulässig» erscheint, da dieser «ausdrücklich [...] Aufmunterung und Unterstützung» sein soll. – Goethe glaubt sich in dieser Angelegenheit durch seine bisherige Geschäftsführung zu einer solchen Äußerung legitimiert, könnte aber auch eine schriftliche Vollmacht nachbringen [→ 3. 4.]. – «[...] *Herr [Staatsrat] v. Otto,* ein englisches Souvenir bringend. *Schmeller* wegen einer Zeichnung zu einem Bilde sich berathend. *[James] Richmond, ein Amerikaner* [...]. *Hofrat Vogel,* eine höchst alberne Curgeschichte erzählend. Mittag *Dr. Eckermann* und die *Kinder* [Über den *deutschböhmischen Schriftsteller Karl Egon Ebert* (geb. 1801), der Goethe Anfang März sein Heldengedicht «Wlasta» gesandt hatte. – Über *Bourriennes* «Napoleon»: «Die Gewalt des Wahren ist groß ... Aller Nimbus, alle Illusion, die *Journalisten, Geschichtsschreiber* und *Poeten* über *Napoleon* gebracht haben, verschwindet vor der entsetzlichen Realität dieses Buchs; aber der *Held* wird dadurch nicht kleiner, vielmehr wächst er, so wie er an Wahrheit zunimmt ... – Allerdings ... war seine *Persönlichkeit* eine überlegene. Die Hauptsache aber bestand darin, daß die *Menschen* gewiß waren, ihre Zwecke unter ihm zu erreichen. ... Niemand dient einem andern aus freien Stücken; weiß er aber, daß er damit sich selber dient, so tut er es gerne.» – Weiterhin über die Entstehung von *Zelters* Wappen und die Idee der persönlichen Freiheit bei den

Deutschen. (vgl. Eckermann)]. [...] Fortgesetzte Mémoires de *Bourrienne.* Überlegung was wegen der Gewerbschule weiter zu thun seyn möchte [→ 3. 4.].» (Tgb)

Dienstag, 7. April. «[...] *[Hofmedailleur] Facius* den Abdruck des *Zelterischen* Wappens bringend. *[Oberkonsistorialkanzlei-]Sekretär [Johann Wilhelm] Kirscht* das Verzeichniß der ersten Blumenausstellung überreichend. *Kirchner* Abschied nehmend [um nach Paris zu gehen; → 5. 4.]. *Mechaniker Bohne,* bey dem ich einen Heronsbrunnen bestellte. *Frau v. Heygendorf* und *Tochter* und *Zögling. Prinzeß Auguste* und *Frau v. Hopfgarten,* auch *Hofrat Meyer.* Letzterer speiste mit mir und *Dr. Eckermann* [über die Lage der *Iren* (→ 6. 4.) sowie über *Bourriennes* «Napoleon»-Darstellung, besonders den Ägyptenfeldzug (vgl. Eckermann)]. Ich durchdachte die Angelegenheit der Gewerbschule und schematisirte sie. Abends *Oberbaudirektor Coudray.* Angelegenheit von *Kirchnern* [→ 5. 4.] [...]. Nächster Chausséebau zu den Zwecken des *mitteldeutschen Vereins.* Abends merkwürdiges großes Gewitter.» (Tgb)

Mittwoch, 8. April. «[...] *Färber,* um ausgestopfte Vögel und große Brenngläser abzuholen. *Hofrat Vogel,* Erzählung einiger glücklich fortgesetzten Curen und zugleich seine Vorschritte in therapeutischen Studien. *Graf Reinhard der Jüngere* und *[Kanzler]* [...] *v. Müller.* Im Garten und im Zimmer der Versteinerungen. Zu Mittag *Dr. Eckermann* [«Goethe saß schon am gedeckten Tisch, als ich *(Eckermann)* hereintrat; er empfing mich sehr heiter. ‹Ich habe einen Brief erhalten›, sagte er, ‹woher? – Von *Rom!* Aber von wem? – *Vom König (Ludwig I.) von Bayern!* ... Dort liegt der Brief, nehmen Sie ... und lesen Sie! ... Da sehen Sie einen *Monarchen,* ... der neben der königlichen Majestät seine angeborene schöne Menschennatur gerettet hat ... – Ja›, sagte Goethe, ‹die (RÖMISCHEN) ELEGIEN liebt er besonders; er hat mich hier (am → 28. 8. 27) viel damit geplagt, ich sollte ihm sagen, was an dem Faktum sei, weil es in den GEDICHTEN so anmutig erscheint, als wäre wirklich was Rechtes daran gewesen. Man bedenkt aber selten, daß der Poet meistens aus geringen Anlässen was Gutes zu machen weiß. Ich wollte nur›, fuhr Goethe fort, ‹daß des *Königs* ‚Gedichte' jetzt da wären, damit ich in meiner Antwort etwas darüber sagen könnte. Nach dem wenigen zu schließen, was ich von ihm gelesen, werden die Gedichte gut sein (→ vielleicht Ende März). In der Form und Behandlung hat er viel von *Schiller,* und wenn er nun, in so prächtigem Gefäß, uns den Gehalt eines hohen Gemütes zu geben hat, so läßt sich mit Recht viel Treffliches erwarten. – Indessen freue ich mich, daß der *König* sich in Rom so hübsch angekauft hat.› (Goethe beauftragt den *Bedienten,* den großen Kupferstich von Rom von *Piranesi* im Deckenzimmer auszubreiten.) ... – Das Bild der großen Weltstadt lag vor uns; Goethe fand sehr bald ... den neuen Besitz des *Königs,* die Villa di Malta (die dieser erworben hatte). ‹Sehen Sie›, sagte Goethe, ‹was das für eine Lage ist! Das ganze Rom streckt sich ausgebreitet vor Ihnen hin, der Hügel ist so hoch, daß Sie gegen Mittag und Morgen über die Stadt hinaussehen ...›» (Eckermann)]. [...] Überlegung einer Antwort [auf den Brief des *Königs*]. [...].» (Tgb)

Dienstag, 7. / Mittwoch, 8. April. Promemoria an *Maria Paulowna:* Goethe charakterisiert die Spezifika der Bürgerschule und der Freien Zeichenschule als bereits bestehende Einrichtungen sowie die der «Technischen» und der «Sonntags-Nachhülfs-Vorbereitungs-Schule» als neu zu schaffende Schulen. – Er warnt davor, «das schon Vorhandene mit dem Neuen zu vermischen». – Er schließt die Kenntnis dessen, was andere auf diesem Gebiet bereits getan haben, nicht aus [→ 3. 4.], doch wird man sich in den eigenen Verhältnissen nicht irre machen lassen. – «Wenn es irgend nöthig ist, original zu sein, so ist es in diesem Falle, denn original sein heißt: in seinen individuellen Zuständen das Rechte finden.» («Zum 24. Juni 1898. Goethe und Maria Paulowna», S. 88 ff.)

Donnerstag, 9. April. Brief an *Stieler:* Goethe berichtet, daß der *König [Ludwig I. von Bayern]* in seinem Schreiben vom 26. 3. voraussetzt, daß die ihm bestimmte Kopie seines «wohlgeratenen Porträts» [→ 3. 7. 28] bereits bei ihm eingegangen sei [→ 30. 11. 28; die Kopie wird nicht, wie Goethe annimmt, von *Stieler* selbst ausgeführt, sondern von *dessen Neffen, Friedrich Dürck*]. Goethe bittet deshalb um Beförderung der Absendung. – Brief an *Anatom Blumenbach:* Goethe kündigt die Sendung einer in einem Grabe bei Romstedt gefundenen «untere[n] Kinnlade [an], welche wegen ihres schönes gedrängten Baues Bewunderung verdient». – «[...] Der *jüngere Frommann.* Die *Frau Großherzogin [Maria Paulowna]* und *Demoiselle Mazelet.* Legte vor das Verzeichniß der beyzubehaltenden Fortsetzungen [für die Großherzogliche Bibliothek; → 13. 3.]. Ward genehmigt. Später *Herr Großherzog [Karl Friedrich].* Besah das Liber naturae [«Liber veritatis», 1774/77] von *Claude [Lorrain].* Unterzeichnete das Promemoria wegen der Gewerbschule [→ 7./8. 4.]. Anderes bedacht. Antwort an *Ihro Majestät den König [Ludwig I. von Bayern]* concipirt.» (Tgb): Goethe spricht seinen «gefühltesten Dank» für dessen Brief aus, besonders dafür, daß sich der *Adressat* auf «eine so verehrungs- als liebenswürdige Weise» in seinen Gedichten offenbart hat. – Die ihm zugedachte Kopie seines Porträts werden er und *Seinigen* «als ein ewiges Denkmal von Ew. Majestät unschätzbarem Wohlwollen» aufbewahren. – «[...] *[Kanzler] v. Müller* nahm Abschied, eine Reise nach Dresden antretend.» (Tgb)

Freitag, 10. April. Brief an *Maria Paulowna:* Nach Durchsicht der entsprechenden Akten ist Goethe zu der Ansicht gelangt, daß man sich «über das zu unternehmende Geschäft [Errichtung einer Gewerkschule sowie einer Sonntagsschule] noch nicht genugsam aufgeklärt» habe. – Um diese Angelegenheit «nun einigermaßen einzuleiten», legt er eine «tabellarische Ansicht» [der verschiedenen Schulen] bei, aus der die Differenzen zu ersehen sind [→ 7./8. 4.]. («Zum 24. Juni 1898. Goethe und Maria Paulowna», S. 88) – «[...] Beschäftigte mich mit MEINEM ZWEITEN AUFENTHALT IN ROM [→ 1. 4.]. Sekretär *Kräuter,* wegen Bestimmung der fortzusetzenden Werke durch *Artaria* [→ 9. 4.]. *Herr Stromeyer* [der *ehemalige Direktor des Weimarer Hoftheaters*], Abschied nehmend für Dresden. Im Fürstenhaus, die neueingerichtete Wohnung der *Frau Großherzogin Mutter [Luise]* zu besehen. Einen Augenblick auf der Bibliothek, die eingemauerte Inschrift von Remda zu betrachten [gemeint ist die Heilsberger Inschrift; → 27. 3.]; um's Webicht sodann gefahren. Mittag *Dr. Eckermann* [Über *Claude Lorrain:* «Da sehen Sie einmal einen *vollkommenen Menschen*», sagte Goethe, ‹... in dessen Gemüt eine Welt lag (man betrachtet *Lorrains* Sammlung «Liber Veritatis...»; 9. 4.) ... Die Bilder haben die höchste Wahrheit, aber keine Spur von Wirklichkeit. *Claude Lorrain* kannte die reale

Welt bis ins kleinste Detail auswendig, und er gebrauchte sie als Mittel, um
die Welt seiner schönen Seele auszudrücken. Und das ist eben die wahre
Idealität ... – Ich habe meinen ZWEITEN AUFENTHALT IN ROM wieder vorgenommen, ... damit ich ihn endlich los werde und an etwas anderes gehen
kann. MEINE GEDRUCKTE ITALIENISCHE REISE habe ich ... ganz aus BRIEFEN
redigiert. Die BRIEFE aber, die ich während meines zweiten Aufenthaltes in
Rom geschrieben, sind nicht der Art, um davon vorzüglichen Gebrauch
machen zu können; sie enthalten zu viele Bezüge nach Haus und zeigen zu
wenig von meinem italienischen Leben. Aber es finden sich darin manche
Äußerungen, die meinen damaligen *inneren* Zustand ausdrücken. Nun habe
ich den Plan, solche Stellen auszuziehen und einzeln übereinander zu setzen,
und sie so MEINER ERZÄHLUNG einzuschalten, auf welche dadurch eine Art
von Ton und Stimmung übergehen wird ... – Für uns andere ... wäre Rom
auf die Länge kein Aufenthalt; wer dort bleiben und sich ansiedeln will, muß
heiraten und katholisch werden, sonst hält er es nicht aus ... *Hackert* tat sich
nicht wenig darauf zugute, daß er sich als *Protestant* so lange dort erhalten.»
– Weiterhin über die Grenzen des bildkünstlerischen Talents von Goethe
sowie über *Egon Ebert;* → 6. 4. (Eckermann)]. Ich fuhr in Betrachtung der
ALTEN RÖMISCHEN PAPIERE fort. *Prof. Riemer. Nollis* Plan von Rom [«Nuova
Pianta di Roma», 1748] in Bezug auf Villa di Malta, gegenwärtig in Besitz des
Königs von Bayern. Schreiben an *Ihro Majestät [Ludwig I. von Bayern;* → 9. 4.].»
(Tgb) – Brief *Sohn Augusts* an *Fritz Schlosser:* Dieser spricht seine und seines
Vaters Teilnahme am Tod *[Christian Heinrich] Schlossers* aus. (GG 6295)

Samstag, 11. April. «AUSZÜGE AUS DEN LETZTEN RÖMISCHEN BRIEFEN.
Graf Reinhard [d. J.] und *sein Schwager, Herr [Georg] v. Diemar [Offizier].*
Document durch *Hofrat Völkel,* die Garantie aus Großherzoglicher Schatulle
auf 1400 Thaler für 1830 [für die Kasse der wissenschaftlichen Anstalten]. Mit-
tag *Frau Hofrat Schopenhauer, Ulrike [v. Pogwisch], Herr v. Diemar.* Bey'm
Nachtisch *Herr Graf Reinhard [d. J.]* von Hof kommend. Nach Tische blieb *Dr.
Eckermann.* Kam *Oberbaudirektor Coudray.* Die *Frau Großherzogin Mutter
[Luise]* war in's Fürstenhaus eingezogen.» (Tgb)

Sonntag, 12. April. «Unangenehme Nachricht, daß *Frau Großherzogin
Mutter [Luise]* im Zimmer gefallen sey. Verabredung mit *meinem Sohn,* die
oberaufsichtlichen Angelegenheiten angehende Puncte. [...]. *Schuchardt*
copirte AUSZÜGE AUS DEN ITALIENISCHEN BRIEFEN. *John* mundirte den Brief
an den *König von Bayern* [→ 10. 4.]. Ich nahm die Auswahl der Leipziger Kupfer und Zeichnungen nochmals vor. Auch die darauf bezüglichen Portefeuilles
meiner Sammlung.» (Tgb) – Wahrscheinlich Besuch *Eckermanns.* Goethe
spricht über die ARBEIT AM ZWEITEN RÖMISCHEN AUFENTHALT. «Bei den
BRIEFEN, die ich [Goethe] in jener Periode geschrieben, sehe ich recht deutlich, wie man in jedem Lebensalter gewisse Avantagen und Desavantagen [...]
hat. So war ich in meinem vierzigsten Jahre über einige Dinge vollkommen
so klar und gescheit als jetzt und in manchen Hinsichten sogar besser; aber
doch besitze ich jetzt in meinem achtzigsten Vorteile, die ich mit jenen nicht
vertauschen möchte.» – Weiterhin über die Bedeutung «falscher Tendenzen»
im Leben des einzelnen und in der Geschichte. (vgl. Eckermann)

Montag, 13. April. «[...] *Schuchardt* zog aus den ITALIENISCHEN BRIEFEN weiter aus. [. . .] *Herr Staatsminister v. Gagern,* die allgemeinen Politica besprechend und Privata *mehrerer Freunde.* Mittag *Hofrat Meyer* und *Dr. Eckermann;* nochmalige Durchsicht der Leipziger Kupfer- und Zeichnungs-Sendung [Gespräch über bildende Kunst, besonders die *Franzosen* und *Italiener.* (vgl. *Eckermann*)]. Abends *Fräulein Schopenhauer;* ihre bisherigen und künftigen Verhältnisse durchgesprochen.» (Tgb)

Dienstag, 14. April. «[. . .] ZWEITER AUFENTHALT IN ROM, *Schuchardt* zog weiter aus. *Herr v. Gagern* und *Sohn* [*Maximilian, Jurist;* geb. 1810]. *Herr Gesandte v. Lindenau,* später *Graf Reinhard der Jüngere.* Mittag *Dr. Eckermann* [«*(Hofrat) Meyer* zu Tisch. *Peels Claude Lorrain.* Villa di Malta. *Herzogin Amalia. Herder, Sussex, Gr[af] Münster.* Künstler in der Nacht vom Vatikan kommend auf der Tiber.» (*Eckermann,* Tagebuch; GG 6302)]. Abends *Prof. Riemer;* verschiedene Mittheilungen. Porträt des *Herrn v. Hormayr* [von *Major v. Boyneburg-Lengsfeld* übersandt; → 15. 3.].» (Tgb)

Mittwoch, 15. April. Brief an *Kunsthändler Börner:* Goethe verzeichnet beiliegend die «wenigen» Kupferstiche, die er diesmal zurückbehalten hat [→ 13. 4.]. – Sollten dem *Adressaten* «entschieden gute alte Drucke» von *v. Both, Teniers, Brouwer, Bergchem u. a.* begegnen, so möge er sie zur Ansicht senden. – «Histoire de Russie par [. . .] *[P. P.] de Ségur.* Das erste Vierteljahr des Foreign Review von Edinburgh. Mittag *Dr. Eckermann.*» (Tgb)

Donnerstag, 16. April. «Halb zwölf Uhr die *Frau Großfürstin [Maria Paulowna],* besuchte *Herrn Mako* in dem Atelier, seine sämmtlichen Bilder zu besehen [«Goethe m'a parlé de la Gewerb-Schule (→ 10. 4.): il dit... que si l'idée était d'y admettre tous les artisans indistinctement, l'on manquerait totalement le but, car qu'est-ce que des *boulangers,* des *tailleurs* ou des *cordonniers* avaient besoin de[s] mathématiques et des arts du dessin? que l'on aurait mieux faire de prononcer le nom de Gewerk-Schule au lieu de l'autre dénomination, parce qu'alors cela replaçait les choses dans les termes où elle[s] devenai[en]t exécutable[s] et salutaire[s], [à] savoir dans le domaine de l'architecture et des métiers qui s'y rapportent... ayant trouvé son exposition aussi claire que judicieuse, j'ai prié Goethe de se charger de faire les premiers pas dans cette bonne œuvre, et de protéger le tout, ce qu'il m'a promis» (*Maria Paulowna:* Tagebuch; GG 6304)]. Ein *Engländer Rigby,* der schon vor einigen Jahren hier gewesen. Mittag *Dr. Eckermann* [«Italienische Reise... Wolkenzüge. Barometer. Wetter.» (Eckermann)]. Abends [. . .] der *Großherzog [Karl Friedrich].*» (Tgb)

Karfreitag, 17. April. «Um 12 Uhr *Herr Genast d. J.* Mit *Hofrat Meyer* spazieren gefahren. Derselbe blieb zu Tische; mit *Eckermann.* Abends *Prof. Riemer.*» (Tgb)

Karsamstag, 18. April. «[. . .] *Schuchardt* an der RÖMISCHEN CORRESPONDENZ schreibend. *Kammergerichts-Referendar [Gottfried Joachim Wilhelm] Schnitter [Jurist, Schriftsteller;* geb. 1802] aus Berlin [«Nun wird sich auch *unsere zweite Prinzessin (Auguste)* in das *preußische Königshaus* vermählen (→ 11. 3.). Er (Goethe) verbreitete sich nun über den hellen Verstand der *verlobten Fürstin,* ihre hohe Bildung, ihr reiches Wissen, und beendigte er seine Lobrede, indem er mit dem Ausdrucke herzlicher Befriedigung, insbesondere mit einem sprechenden Kopfnicken sagte: Ja, sie hat etwas gelernt; sie kann schon

mitsprechen in der Welt.» (*Schnitter*, Mein Besuch bei Goethe; GG 6307)].
Mittag *Hofrat Vogel*. Russische Geschichte des *Herrn Ségur* [→ 15. 4.].» (Tgb)
Ostersonntag, 19. April. «*Schuchardt* fuhr auszuziehen fort. [...] *Präsident
Schwendler* wegen vorseyender Einrichtung der Gewerb- und Gewerksschule
[→ 16. 4.]. Mittag *Frau v. Münchhausen* und *Fräulein Schopenhauer*. Letztere
zeigte ein schönes Relief von Papier ausgeschnitten und modellirt. Die Russi-
sche Geschichte weiter gelesen [→ 18. 4.].» (Tgb)
Ostermontag, 20. April. Brief an *Mineralogen Cajetan Senorer:* Goethe
dankt für dessen Schreiben, das ihm die Aussicht eröffnet, mit italienischen
Mineralien mehr als bisher bekannt zu werden. – Er fügt eine Bestelliste bei.
– «*Schuchardt* gelangte in den RÖMISCHEN BRIEFEN BIS ZU ENDE SEPTEMBERS.
[...] Um 12 Uhr *Léon Renouard de Bussière.* Dann *Frau v. Münchhausen* und
Fräulein Schopenhauer; sie besahen die Sammlungen und Curiosa aller Art.
Mittag *Dr. Eckermann* [«Goethe gibt mir die BRIEFE AUS ROM. JUNI. JULI.
AUGUST. SEPTEMBER.» (*Eckermann:* Tagebuch; GG 6308)]. *Ségur* Russische
Geschichte. [...].» (Tgb)
Dienstag, 21. April. Brief an den *Hamburger Theaterdirektor Schmidt:* Goe-
the berichtet, daß ein *Freund der Geschichte des deutschen Theaters* bei ihm
angefragt habe, ob etwas Näheres über die Ballette zu erfahren sei, die unter
Kochs und *Schröders* Direktion in Hamburg aufgeführt worden seien. Goethe
bittet um Förderung dieses kleinen Geschäfts. – Brief an *Bankier Mylius:* Goethe bittet, den *Mitarbeitern der Zeitschrift «L'Eco»* «ein gutes Wort» zu sagen.
«Sie halten sich gar brav und zeichnen sich durch Gründlichkeit, Mannichfaltigkeit und Gefälligkeit unter und vor andern Zeitschriften gar löblich aus.»
– «[...] Die Anerbietungen *Artarias* und anderer an *Hofrat Meyer* zur Überlegung [→ 10. 4.]. [...] Um 12 Uhr *Prinzeß Auguste* [...]. Verehrte derselben
einen Band der Pariser Relieure mobile, nachgeahmt durch *Buchbinder Bauer*
[→ 27. 3.]. Mittag [...] *[Kanzler] v. Müller*, von seiner Dresdner Reise erzählend. Später *Dr. Eckermann*, sodann *Prof. Riemer*, auch *Herr v. Conta* wegen
einer ermangelnden Fortsetzung des Atlasses vom Königreich Bayern. Wir
besprachen auch die bevorstehende Zusammenkunft in Kassel.» (Tgb)
Mittwoch, 22. April. «[...] DEN ZWEITEN AUFENTHALT IN ROM zu beachten fortgesetzt [→ 20. 4.]. [...] *Geh. Oberregierungsrat Kunth* mit *Sohn* durchreisend. *Facius der Sohn [Adolf;* geb. 1803] die Medaille der *Schwester* bringend.
Speiste mit mir *Oberbaudirektor Coudray* von Belvedere kommend; besprach
mit ihm die neuen Chausséen, mit Zuziehung einer Karte von Thüringen;
ferner die anzulegende Gewerkschule [→ 19. 4.]. Zeigte ihm die neu angekommenen Kupferstiche, auch die Medaille der *Facius*, deren Doublette ich
ihm verehrte. Nach Tische *Dr. Eckermann*. Mémoires de Voltaire [von
Longchamps und *Wagnière*] wegen eines gewissen Gedichts wieder vorgenommen [→ 22. 11. 25]; auch las ich die Nachricht von *Voltaires* Aufenthalt in Paris
und seinem Tod abermals mit Interesse und Bedaurung.» (Tgb)
Donnerstag, 23. April. «ZWEITER AUFENTHALT IN ROM ferner beachtet.
[...] *[Geognost] Leopold v. Buch.* Um 12 Uhr die *Frau Großherzogin [Maria Pau-
lowna].* [...] *Gräfin Julie v. Egloffstein.* Der *Großherzog [Karl Friedrich]* [...] mir
die Bilder von *Vater* und *Mutter* in Biscuit [von *J. P. Melchior*] verehrend.»
(Tgb)

Montag, 20. April / Donnerstag, 23. April. Brief an *Botaniker Meyer:*
Dessen Blätter [vom 8. 4., mit denen der *Adressat* Goethes Bitte um Aufklärung über die Wirkungsgeschichte der METAMORPHOSE DER PFLANZEN nach-
kommt [→ 29./30. 3.], haben Goethes eigenen Gedanken bestätigt, «daß man
nämlich die Art und Weise, wie eine in's Leben tretende Idee fortgewirkt
habe, eigentlich historisch nicht werde darstellen können: denn sie weckt
sogleich die Eigenheiten der *Individuen* auf, wirkt psychisch, wirkt moralisch
und kommt daher in den Fall, anstatt einer reinen gesunden Entwicklung zu
genießen, vom rechten Wege krankhaft abgeleitet zu werden. Wird ja ebnermaßen die Geschichte der Kirchen und *Nationen* dadurch so verwirrt, daß der
Hauptgedanke, der höchst rein und klar den Weltlauf begleiten mag, durch
den Augenblick, das Jahrhundert, durch Localitäten und sonstige Besonderheiten getrübt, gestört und abgelenkt wird. [...]. – Herzlichen Dank deshalb
für die ausführliche Ableitung der verschiedenen Sprossungen JENES SAMEN-
KORNS! Ich werde weiter darüber denken und mir alles anzueignen suchen.
[...] Es ist der Mühe werth sich hierüber aufzuklären.» – Goethe sendet die
Abbildung des Anthericum comosum sowie zwei Stolonen, die der *Adressat*
sogleich in die Erde setzen möge. – Er versichert, sich «herzlich [...] über das
[dem *Adressaten*] neuerlich gewordene Gute» [Ernennung zum ordentlichen
Professor und Verheiratung] zu freuen.

Freitag, 24. April. «*Schuchardt* fuhr an GENANNTER ARBEIT fort. [...] *Buchbinder Bauer* brachte die *Rembrandtischen* Skizzen von *[Kupferstecher] Schmidt*
sauber aufgezogen. Um halb 12 Uhr bey [...] *Frau Großherzogin Mutter
[Luise].* Hofrat *Meyer* zu Mittag. Kamen alte Schnitzbilder von Nauendorf und
wurden auf die Bibliothek geschafft. *Herr Hofrat Soret.* Theater der Hindus
[englische Übertragung des Sanskritoriginals von *H. Wilson*], aus dem Englischen übersetzt, von *[Gymnasial-]Prof. Wolff* [1828 (Ruppert, 1792)]. Abends
Prof. Riemer, einiges mit ihm durchgegangen.» (Tgb)

Samstag, 25. April. Briefe an *Hofrat Meyer:* Goethe sendet die «fragliche
Zeichnung zu gefälliger farbiger Wiederherstellung» und fragt an, ob *Lieber*
ein weiteres altdeutsches Bild der Großherzoglichen Bibliothek zu gelegent-
licher Restauration übergeben werden könnte. – Brief an *Gymnasialprof.
Wolff:* Goethe weist ihn «als ein Zeichen der Theilnahme an dieser höchst
interessanten Arbeit» [→ 24. 4.] auf einen verdruckten Bogen hin. – Brief an
Hofmarschall v. Spiegel: Goethe übermittelt den Befehl der *Großherzogin Mutter
[Luise],* ein in ihren ehemaligen Zimmern [im Schloß] befindliches Original-
gemälde von *Hackert* ins Museum versetzen zu lassen. Er bittet, die nötigen
Anordnungen zu treffen. – «*Schuchardt* fuhr an dem ZWEITEN RÖMISCHEN
AUFENTHALT fort. [...] *[Philologie-]Prof. Osann* aus Gießen, über die dortigen
academischen Zustände gesprochen, auch über *Geh. Rat Schultz,* gegenwärtig
in Wetzlar, und dessen philologische Behauptungen [→ 10. 1.]. *Hofrat Voigt*
seine Antiquitäten vorlegend, die er durch *seine Schwiegermutter,* die in Italien
gereist, erhalten, welche vorzüglich gefunden wurden.» (Tgb) – Brief an *Hofrat Meyer:* Goethe bittet ihn um seinen Besuch, da *Voigt* über seine Besitz-
tümer aufgeklärt sein möchte. – «Mittag *Hofrat Vogel;* nach Tische *Hofrat
Meyer,* obige Antiquitäten zu betrachten. [...].» (Tgb)

Sonntag, 26. April. «*Schuchardt* fuhr an OBIGER ARBEIT fort. Ich REDIGIRTE

AN DERSELBEN gleichfalls. Um 12 Uhr die *Frau Großherzogin [Maria Paulowna]* [...]. Mittag *Dr. Eckermann* [«Die Musik *Ihres Freundes (Berlioz)* zu FAUST ... (war angekommen). Goethe zeigte mir gleich das Heft und suchte die Noten mit den Augen zu lesen. Er hatte den lebhaften Wunsch, es vorgetragen zu hören.» *(Eckermann* an F. Hiller; 23. 5.; GG 6315)]. Nach Tische Zeichnungen und Kupfer geordnet. Indische Schauspiele nach dem *Engländer Wilson* [→ 24. 4.].» (Tgb)

Montag, 27. April. «FORTGESETZTES GESCHÄFT. *[Calderons]* Lebensgeschichte des standhaften Prinzen Fernando. *Gries Calderon[-Übersetzung]* 7. Band: Die Locken Absalons. Diplom der *Arcadia [Gesellschaft der Arcadier],* abgeschrieben [für die Aufnahme in den ZWEITEN RÖMISCHEN AUFENTHALT], an *Prof. Riemer* wegen Auslegung des antiken Datums [Goethes Aufnahme am → 4. 1. 87]. *Mechanikus Bohne* Zeichnung und Erklärung des Heronsbrunnen vorlegend. [...] *[Kanzler] v. Müller, Graf Reinhardsche* Angelegenheiten [die Übersiedelung von *Reinhards Tochter, Sophie Caroline v. Diemar,* und *deren Kinder* nach Weimar betreffend]. *Geh. Hofrat Helbig,* einiges vorzeigend. Mittag *Dr. Eckermann.* Nach Tische *Fräulein Ulrike [v. Pogwisch],* Gespräch über die neueren Theater-Exhibitionen, den Vampyr und Sonstiges. *Calderons* Lustspiel: Der Verschlag. [...].» (Tgb)

Dienstag, 28. April. «[...] [An] *Faktor Reichel* nach Augsburg, der ITALIENISCHEN REISE 1. UND 2. TEIL REVISION [DRUCKVORLAGE für DEN 27. UND 28. BAND DER ALH; → 18. 3.; → 11. 3.], 16. UND 17. BAND DER KLEINEN AUSGABE [für die OKTAVAUSGABE] [...]. EINZELNES ZUM ZWEITEN RÖMISCHEN AUFENTHALT. Sprach mit den *Kindern* wegen eines Soupers, das diesen Abend nach der Comödie sollte gegeben werden. Gegen Mittag zu *Ottilien,* wo ich *Fräulein [Auguste] Jacobi* [die den Winter 29/30 als Gast des *Kanzlers v. Müller* verbringt] und Frau [...] *[Kanzler] Müller* fand. Mittag *Dr. Eckermann.* Nach Tische *mein Sohn* [...]. Abends *Prof. Riemer. [Giovanni Mario] Crescimbeni* in Bezug auf *Arcadia.* [→ 27. 4.].» (Tgb)

Dienstag, 28. April, und etwas früher. Brief an *Zelter:* «Auf alle Fälle ist man genöthigt weit in der Welt umherzusehen, um *bedeutende und auslangende Stimmen* zu vernehmen. Das neuste Vierteljahr der Edinburger Revision [«Foreign Review»] der ausländischen Literatur ist so eben angekommen, und höchst merkwürdig, wie sie die *Kontinental-Autoren* betrachten. Sie sind sehr gewissenhaft gegen sich selbst und haben Respect vor *ihrem Publikum.* Ernst, Ausführlichkeit, Mäßigung und Offenheit ist durchaus ihr Charakter, und es ist unglaublich wie weit und tief ihr Blick trägt. [...]. – Bey mir ist die alte Wahrheit wieder aufgestanden: daß, wie Natur und Poesie sich in der neueren Zeit vielleicht niemals inniger zusammengefunden haben als bey *Shakespeare,* so die höchste Cultur und Poesie nie inniger als bey *Calderon.* [...]. – Ein *Franzose [Hector Berlioz]* hat acht Stellen MEINES FAUST componirt und mir die sehr schön gestochene Partitur zugeschickt [→ 26. 4.]; ich möchte dir sie wohl senden, um ein freundliches Wort darüber zu hören.» – Die Gedichte des *Königs [Ludwigs I. von Bayern,* → 8. 4.] sind noch nicht in Goethes Besitz, doch verlangt es ihn, das Werk näher kennenzulernen. «Gewiß gibt es Aufschlüsse über einen Charakter, der uns immer problematisch vorkommen muß.»

Mittwoch, 29. April. «MEINE AUFNAHME IN DIE ARCADIA UND EINE EIN-
LEITUNG dictirt. Mittag *Dr. Eckermann*. Nach Tische *Herr Hofrat Soret,* brachte
die französische Übersetzung der METAMORPHOSE DER PFLANZEN [«Essai sur
la Métamorphose des Plantes, par J. W. de Goethe...», übersetzt von *F. de
Gingins-Lassaraz*]. Blieb für mich, dachte diese Angelegenheit durch, verglich
jene Übersetzung mit der unsrigen [«Die Übersetzung der METAMORPHOSE
durch *Herrn de Gingins* hat unsere (Übersetzungs-)Arbeit nicht beeinträchtigt;
wir wußten schon, daß eine oder zwei erscheinen würden; Herr von Goethe
betrachtet sie als Vorläufer, die ganz gelegen kommen, um die Öffentlichkeit
aufmerksam zu machen.» (*Soret* an Dumont; 27. 7.; GG 6371)].» (Tgb)
Vermutlich vor Donnerstag, 30. April. NOTIZ GELEHRTER GESELL-
SCHAFTEN DEM HERAUSGEBER GEWIDMETE DIPLOME [postum veröffentlicht].
Donnerstag, 30. April. «Verschiedene Briefe. Ging den RÖMISCHEN AUF-
ENTHALT durch, beachtete die Kupfer [von *Dorigny*] nach den *Raffaelischen*
Cartonen mit Vergleichung früherer Blätter von *Marc Anton* und andern
[(Schuchardt 2, S. 63, Nr. 590 ff.) für das KAPITEL PÄPSTLICHE TEPPICHE im
ZWEITEN RÖMISCHEN AUFENTHALT]. *Frau Großherzogin [Maria Paulowna]* und
Demoiselle Mazelet. [Schauspielerin] Madame Wolff und *Tochter [Marianne]* zu
Tische. Verhandelte nachher mit *Riemer* manches aufs Theater Bezügliche in
Betrachtung *dieser vorzüglichen Schauspielerin,* welche hier den Grund gelegt
und darauf fortgearbeitet hatte. Blieb für mich, *Gerani* Schmähschrift auf Neapel. [...]» (Tgb)
Vermutlich April. AUFSATZ AMAZONEN IN BÖHMEN [→ 10. 4.; postum in
der ALH veröffentlicht. – Zur Datierung vgl. BA 18, 898].
Vermutlich Anfang Mai. «Goethe ist sehr böse über die *[Alfred] Nicolo-
viusischen* Albernheiten, überhaupt über sein ganzes neuerliches Benehmen
und eitles, nichtiges Treiben [→ wohl Ende November 25]. Es scheint, daß er
schon länger her alle nähere Beziehung zu ihm aufgegeben habe. Goethe
hörte, er sei *Katholik* geworden, doch wissen wir jetzt bestimmt, daß dem
nicht so. Wußten Sie denn nicht, daß dieser *Alfred* in Bonn studiere? Statt der
Theologie will er nun Diplomatie wählen. Goethe meint, es sei schade, daß
er nicht *Jesuit* geworden, *da* würde er es zur Virtuosität bringen. Doch dies
alles sub rosa...» (*Kanzler v. Müller* an *Graf Reinhard,* 3. 5.; GG 6321)
Freitag, 1. Mai. «[...] Beschäftigung mit dem Vorliegenden, besondere
Aufmerksamkeit auf die *Raffaelischen* Cartone [→ 30. 4.]. Um 12 Uhr *Frau v.
Wolzogen*. Mittag *Dr. Eckermann,* über das Spiel der *Madame Wolff* in Bezug
auf die ältere Weimarische Schule, aus der sie hervorgegangen. Die Bestrafung
des Ananias von *Marc Anton* nach einer Zeichnung *Raffaels* mit dem Kupfer
Dorignys nach dem Carton verglichen [«Goethe erzählt mir *(Eckermann),* daß
der *Papst (Pius VIII.)* den *König von Bayern* auf der Villa di Malta besucht.
ITALIENISCHE REISE. HEILIGER NERI, ZEITGENOSSE VON CELLINI (→ 16. 11.
10).» (*Eckermann,* Tagebuch; GG 6320)]. Abends *Prof. Riemer;* wir gingen die
AUFNAHME IN DIE ARCADIA durch [→ 29. 4.]. ANDERE GEGENSTÄNDE ZUM
BEHUF DES RÖMISCHEN AUFENTHALTS KAMEN ZUR SPRACHE. GESCHICHTE
DER LANDSCHAFTSMALEREI. LEBEN UND WIRKUNG DES PHILIPP NERI,
BESONDERS IN BETRACHTUNG ALS EINES ZEITGENOSSEN DES CELLINI.» (Tgb)
Samstag, 2. Mai. Brief an *Faktor Reichel:* «Der 30. BAND [KAMPAGNE IN

FRANKREICH und BELAGERUNG VON MAINZ, DRUCKVORLAGE] liegt [zur Absendung] [...] bereit, nur bin ich nicht sicher, wann ich den 29. werde absenden können, der meinen ZWEITEN AUFENTHALT IN ROM enthält, und dem ich das möglichste Interesse zu geben hoffe. [...]. – Einzelnen Gebrauch von den SPRÜCHEN AUS MAKARIENS ARCHIV wünsche nicht vor Heraustritt des WERKES [*Reichel* hatte am 26. 4. im Auftrag *Cottas* angefragt, ob diese auch für das «Morgenblatt» benutzt werden dürften (Hagen, 1525)]. Am Schluß desselben und im Zusammenhang des GANZEN finden sie erst ihre Deutung, einzeln möchte manches anstößig seyn.» – Brief an *Universitätsmechaniker Körner:* Goethe bestätigt den übersendeten Glasproben ein «gutes Aussehen» [→ 28. 3.]. Das größere Stück Flintglas wünscht er glatt geschliffen, um dessen «entoptischen Wirkungen besser zu erproben». – Billett an *Bergrat Wahl:* Goethe erbittet Nachricht, «wie es mit der Gesundheit der *Johnschen Kinder* stehe, und ob man ohne Gefahr und Sorge den *Vater [Sekretär John]* wieder in's Haus zur Arbeit berufen könne». – Die 5. LIEFERUNG MEINER WERKE, SEDEZ-AUSGABE, auch den 4. BAND DES BRIEFWECHSELS [MIT SCHILLER] an den *Buchbinder. Bergrat Wahl* wegen Reconvalescenz der *[Sekretär] Johnschen Kinder. Herr Camp, angesehener Handelsmann* aus Elberfeld, eingeführt durch *[Kanzler]* [...] *v. Müller. Frommann der Vater;* manches Freundliche über die SCHILLERSCHE CORRESPONDENZ. Er artikulirte seinen Antheil daran. Mittag *Hofrat Vogel;* ward dessen unternommenes Werk [«Versuch einer neuen Darstellung der practischen Heilmittellehre»?, erscheint 1830] weiter durchgesprochen. Er erzählte von dem Eindruck eines Vortrags deßhalb auf einen *besuchenden Arzt.* Nach Tisch *Frommann der Jüngere.* Las in den Actis Sanctorum [vgl. Keudell, 1992] nach geraumer Zeit das Leben des *Philipp Neri* wieder; suchte desselben Bildniß auf in *[P.]* Fidanza [«Teste scelte di personnaggi illustri», 1756/66; Vorbereitungsarbeiten zum ZWEITEN RÖMISCHEN AUFENTHALT] und ging zeitig zu Bette. [...].» (Tgb)

Sonntag, 3. Mai. «FORTGESETZTE ARBEITEN, BESONDERS AUF PHILIPP NERI BEZÜGLICH. [...]. *[Maler]* Oppenheim in Frankfurt, dessen Bild Susanna lithographirt. *Prinz von [Hessen-]Barchfeld.* Mittag *Hofrat Meyer* und *Dr. Eckermann.* Gespräch bezüglich auf den RÖMISCHEN AUFENTHALT [«Goethe lieset nach Tische die ARCADIA (→ 29. 4.).» (*Eckermann*, Tagebuch; GG 6322)]. Nach Tische *Ottilie* mit *Dr. Eckermann* sich streitend über die gestrige Vorstellung der *Madame Wolff* [in «Kenilworth» nach *W. Scott,* bearbeitet von *Lembert*]. Fortgesetzte Lectüre bis Abend, wo *Herr Oberbaudirektor [Coudray]* kam, Nachricht gebend von seiner Expedition nach Remda. Von der Absteckung der dortigen Chaussée und den dabey vorkommenden Hindernissen.» (Tgb)

Montag, 4. Mai. «Gleichfalls ZWECKMÄßIGES LESEN UND AUFSCHLAGEN [→ 3. 5.]. Besuch von *zwei Stuttgartern: Dr. [Friedrich] Notter [Arzt, Schriftsteller; geb. 1801]* und *[Karl] Wolff [Theologe.* – «Ich *(Notter)* erwiderte, ... sehr häufig bilde der in Aussicht stehende, auch von *Herrn v. Cotta* betriebene Anschluß Preußens an den süddeutschen Zollverein einen Gegenstand der öffentlichen Unterhaltung... Goethe... fragte erst teilnehmend, ob wohl Hoffnung für das Zustandekommen des Anschlusses da sei, und auf meine Erwiderung, nach dem, was ich gehört, glaube ich die Frage bejahen zu dürfen, entgegnete er mit freudigem, tief aus der Brust geholtem Ton: ‹Also doch

Ein Band mehr zur Einigung Deutschlands!»» (*F. Notter,* Zuschrift an die Redaktion des Staats-Anzeigers für Württemberg, 1864; GG 6323)]. *Russischer Staatsrat Turgenjew* aus England und Schottland zurückkehrend und von den *vielen Personen* sprechend, die er kennen gelernt [...]. Mittag *Dr. Eckermann,* fernere Unterhaltung über das vorgestrige Spiel der *Madame Wolff* [...]. Ein Kästchen mit Mineralien [von *Loder*] aus Moskau war angekommen und eine abermalige mystische Zeichnung von Königsberg; unter jenen kleine, gewissermaßen crystallisirte Meteorsteine, auch ein Korundporphyr; jene von *meinem Sohn,* dieser von *Hofrat Soret* sogleich anerkannt. Gelesen bis Abends.» (Tgb)

Vielleicht Montag, 4. Mai, oder wenig später. «In Weimar genoß ich [...] die Unterhaltung Goethes hinter einer Flasche Wein und überschüttet vom scharfen Feuer des Satirikers Goethe auf die *Berliner Philosophen.* (*A. Turgenjew* an W. A. Shukowski, 9. 9.; GG 6325)

Dienstag, 5. Mai. «VORBEREITENDE STUDIEN UND NACHSUCHUNG [→ 4. 5.]. Um 12 Uhr nach [Schloß] Belvedere gefahren, um die Aurikelflor zu sehen; wir fanden daselbst *mehrere Damen* in gleicher Absicht. Mit dem *Inspektor [Sckell]* die verschiedenen Gartenanlagen, besahen die von Nürnberg angekommene Bronzegruppe: Herkules und Antäus. Mittag *Dr. Eckermann,* nach Tische die *Claude Lorrains* von *Gmelin* gestochen durchgesehen. Abends *Prof. Riemer,* VORARBEITEN mit ihm durchgegangen. Unterbrochen las ich den Tag über im Bulletin universel des *Férussac* [→ 27. 3.].» (Tgb)

Mittwoch, 6. Mai. «EINIGES ZUM RÖMISCHEN AUFENTHALT. Schreiben von *Artaria* wegen der [Bücher-]Fortsetzungen [für die Großherzogliche Bibliothek; → 10. 4.]. Schreiben von *Hofrat Voigt* wegen einer Actie auf brasilianische Naturalien. *Prof. Göttling* sendet die REVIDIRTEN BÄNDE DER SEDEZ-AUSGABE BIS ZWANZIG [...].» (Tgb) – Brief an *Prof. Göttling:* Goethe sendet ihm «die antike Tessera in originali, zugleich das dazugehörige Büchlein [«De tesseris hospitalitatis», 1670, von *G. F. Tomasini*]». – Er dankt für die Revision der zurückgesendeten BÄNDE und versichert, daß er sich «keinen umsichtigern *Leser* und *Teilnehmer* [...] wünschen dürfe. Der gegönnte Beyfall ist immer belehrend, weil bey Ihrer weiten Umsicht in aller Literatur Sie EINER JEDEN PRODUCTION ihre Stelle genau anzuweisen verstehen.» – Auch die Wirkung des BRIEFWECHSELS [MIT SCHILLER] auf den *Adressaten* ist Goethe merkwürdig [Dieser charakterisiert das WERK als «eine litterarische Erscheinung, wie sie weder das Alterthum noch die neuere Zeit bei irgend einer *Nation* aufzuweisen hat, [...] auf das bestimmteste beide Geister charakterisirend, den *zusammensetzenden Dichter* wie den aus dem Ganzen schaffenden». (an Goethe, 3. 5.)]. – «[...] Von *Schrön* erhielt die graphische Darstellung, Dublin, Februar 1828. Fuhr spazieren, fand *Herrn Oberbaudirektor Coudray* im Erholungsgarten und durchging mit ihm Anlagen und Gebäude; ich kehrte zurück, fuhr mit *Ottilien* nach [Schloß] Belvedere. Mittag *Dr. Eckermann.* Bulletin universel des *Férussac.* Abends in's Schauspiel [Erstaufführung der Possen «Der Kammerdiener» von *v. Leitershofen* und «List und Phlegma» von *L. Angely*], ohne sonderliche Erbauung.» (Tgb)

Donnerstag, 7. Mai. Brief an *Loder:* Goethe kündigt die Sendung der bisher erschienenen 20 BÄNDE SEINER WERKE sowie DREI BÄNDE SEINES BRIEF-

WECHSELS MIT SCHILLER an, bei deren Lektüre sich auch der *Adressat* gern «in jene Tage [der 90er Jahre] versetzen [wird], welche allen, denen sie gegönnt waren, als eine heitere Lebensepoche wieder erscheinen müssen». – Zwei oberaufsichtliche Schreiben an *Maria Paulowna* und *Hofrat Voigt*, den Ankauf von Naturalien aus Brasilien für die Museen in Jena betreffend. (WA IV, 45, 426) – «[...] Um 11 Uhr *Major Beamisch;* um halb Zwölf *Murray*, ein *Göttinger Studierender* [...]. Um Zwölf die *Frau Großherzogin [Maria Paulowna]*, später *Herr Großherzog [Karl Friedrich].* Schönes Wetter. Sie gingen durch den Garten zur Hinterthür hinaus. Mittag *Dr. Eckermann* [«Landschaften von *Everdingen.»* (*Eckermann:* Tagebuch; GG 6330)]; nach Tische auf einmal Sturm, der Himmel überzog sich von Westen her mit Wolken. Ich las im Bulletin universel [→ 6. 5.].» (Tgb)

Freitag, 8. Mai. «RÖMISCHER AUFENTHALT [→ 6. 5.]. Bulletin universel. Bibliothèque universelle. Abschrift des von *Serenissimo* autorisirten Promemoria's. Mittag *Dr. Eckermann* [«Goethe gibt mir die WANDERJAHRE, DIE AUSHÄNGEBOGEN.» (*Eckermann:* Tagebuch; GG 6331)], sodann *Hofrat Meyer*, welchem ich die russischen Mineralien vorwies [→ 4. 5.]. Obengemeldetes Lesen fortgesetzt. Abends [...] *[Kanzler] v. Müller*, über die Mittheilungen *verschiedener Fremden* sich äußernd. Sodann *Prof. Riemer.* Einiges durchgegangen, anderes besprochen. Ich hatte ein Programm von *Herrn [Philologie-]Prof. Hermann* aus Leipzig durch einen *Reisenden* erhalten, über die Stücke des *Äschylus*, von denen Prometheus der Gegenstand ist [«De Aeschyli Pranetheo Soluto dissertatio», 1828]. Spät noch kam ein Communicat vom *Oberkonsistorium* wegen anständiger Befriedigung der *Wielandschen* Grabstätte zu Oßmannstedt [→ 5. 7. 27]. [...].» (Tgb)

Samstag, 9. Mai. «*Prof. Göttling* sendete die tessera mit geistreicher Erklärung zurück [→ 6. 5.] [...]. Schreiben von *[Bildhauer] Rauch.* [...] *Fräulein Adele [Schopenhauer]* ging ab [sie übersiedelt nach Unkel am Rhein]. *Ottilie* begleitete sie bis Erfurt. *Dr. Weller;* besprach mit ihm die Bibliotheksangelegenheiten und beredete einiges Ausgesetzte. *Herr Hofrat Fries*, die Zeichnung eines *Liebhabers* aus Helmstedt bringend nach dem griechischen Gedichte Charon [→ vor 10. 5. 23]; besprach die Angelegenheit wegen der auf die Sternwarte gehörigen Instrumente. Mittags *Hofrat Vogel;* besprachen einige Krankheitsfälle und auch polizeyliche Medicin Betreffendes; übergab ihm das medicinische Heft des Bulletin universel vom Februar; ich absolvirte nachher die übrigen Hefte. *Dr. Eckermann*, einiges über die WANDERJAHRE sprechend, die er zu lesen angefangen.» (Tgb)

Sonntag, 10. Mai. «[...] EINIGES ZU PHILIPP NERI. [→ 3. 5.].» (Tgb) – Brief an *Ernst Schubarth:* Goethe billigt den Weg, den dieser eingeschlagen hat. – Er muß jedoch bekennen, daß die «polemischen Richtungen» bei ihm selbst «immer schwächer» werden. Er tadelt allerdings die *Jugend* nicht, «wenn sie den Gegensatz, den sie in sich gegen *anders Denkende* empfindet, polemisch ausspricht [...]. – Hiebey das früher Übersendete [das kritische Manuskript des *Adressaten* über *Hegel*, → vielleicht Ende Januar / Anfang Februar] worüber ich kein Urtheil habe, indem sich meine Gedanken in diesen Regionen nicht mehr umsehen [«Da ich in den Hauptpuncten mich auf Aussprüche Ew. Excellenz bezogen habe, so ist das Büchelchen dadurch geeignet, ... Ew.

Excellenz vorgelegt zu werden. Ich will nicht gerade behaupten, dass ich Ew. Excellenz Sache, aber doch die des gesunden Menschenverstandes ... zu verfechten gesucht habe.» (an Goethe, 16. 1.)].» – «[...] Betrachtung des von Bendorf [bei Koblenz] angekommenen Modells des Monuments von Igel [verkleinerte Nachbildung des Denkmals in Bronze nach einem Modell, von *Heinrich Zumpft* im Auftrag des *Bildhauers Rauch* gefertigt, im Hüttenwerk Sayn bei Koblenz gegossen; → 7. 5. 26]. Verschiedene Überlegungen und Studien deßhalb, gleichfallsige nähere Betrachtung der Zeichnung den neugriechischen Charos vorstellend [→ 9. 5.]. *Hofrat Vogel* mit *seinem in die Kur genommenen Augenkranken.* Zu Tische *Dr. Eckermann;* die WANDERJAHRE weiter besprochen. Das Bulletin universel abgeschlossen [→ 9. 5.]. [...] die augenblickliche Lage der *Griechen*-Angelegenheiten näher betrachtet. Die *Russen* setzen sich auf der Halbinsel Methana [an der Ostküste der Peloponnes] fest unter dem Vorwande, Magazine anzulegen.» (Tgb)

Montag, 11. Mai. Brief an *Nöggerath:* Goethe dankt für das übersendte Modell [des Igeler Monuments; → 10. 5.] und bittet, den *«werten Künstlern»* [*Zumpft* und *Karl Osterwald,* beide Beamte der Königlichen Eisenhütte zu Sayn, letzterer hatte Erläuterungen und eigene Zeichnungen des Monuments gesandt] einen «brieflichen Aufsatz» über diesen Gegenstand anzukündigen, für den Goethe eine «persönliche Vorliebe» empfindet [der *Adressat* hatte im Namen der *beiden Künstler* um ein Urteil gebeten, das diese als Vorwort zu *Osterwalds* Beschreibung drucken lassen könnten]. – «[...] Auszug aus dem Hamburger Briefe wegen älterer theatralischer Angelegenheiten [→ 21. 4.]. [...] Vorarbeiten zu dem Schreiben über das Monument von Igel. *Herr v. Schwendler* wegen der Sonntagsschule im Namen der *Frau Großherzogin [Maria Paulowna;* → 19. 4.]. Mittag *Hofrat Meyer;* demselben das Monument von Igel vorgewiesen und eine Recension desselben besprochen; blieb mit *Dr. Eckermann* zu Tische; wurde manches auf Kunst und Kunstgeschichte Bezügliches besprochen [«WANDERJAHRE [...]. Monument von Igel.» (*Eckermann:* Tagebuch; GG 6333)].» (Tgb)

Dienstag, 12. Mai. «[...] *Heinrich Müller* fing an die Terracottas abzuzeichnen. *Ludwig Feuchtwanger* von Hamburg, hübsche Mineralien vorzeigend. Um 1 Uhr *Fürstin [Zenaide] Wolkonsky* mit *zwei jungen Russen [Stepan Petrowitsch Schewyrjow,* Schriftsteller und *Übersetzer;* geb. 1806 (→ 1. 3. 28) und *Nikolai Michailowitsch Roshalin,* Schriftsteller und *Übersetzer* des WERTHER ins Russische; geb. 1805], eingeführt vom [...] *[Kanzler] v. Müller* [«Es ist offenbar, daß er (Goethe) von seiner Unsterblichkeit als Dichter nur allzu überzeugt ist; er will aber auch in *seinen Enkeln* weiterleben. Welch feurige Augen! Jedoch nur diese sind es, die an ihm leben, im übrigen wandelt er nur noch über die Erde. Er saß auf einem Stuhle, wobei er die Hände ausgestreckt hatte und ununterbrochen die Finger zusammenpreßte. Alles fällt ihm schon zur Last, insbesondere aber *unbekannte Gesichter:* es ist, als ob er keine Zeit mehr hätte, Neues zu sehen. Er verläßt jetzt selten das Haus ... Französisch spricht er schlecht. Mit großer Teilnahme hörte er dem zu, was ihm die *Fürstin* darüber sagte, wie er in Rußland geschätzt werde.» (*Schewyrjow* an A. Jelagina, 29. 5.; GG 6336)]. Mittags *Dr. Eckermann;* die Motive der WANDERJAHRE weiter besprochen. Abends *Herr Förster* [der *Maler*] und *Frau [Emma,* geborene *Richter, Tochter Jean Pauls]* bey

Ottilien [. . .]. Abends *Prof. Riemer.* BRIEFAUSZÜGE DES OKTOBERS 1787 durchgegangen und überhaupt die REDAKTION DER VORLIEGENDEN PAPIERE besprochen. Für mich Histoire de Pologne [1827/29] par *[N. A.] Salvandy.*» (Tgb)

Mittwoch, 13. Mai. «[. . .] Oberaufsichtliche Geschäfts-Expeditionen nach Jena. – Ferner AUF ROM UND RÖMISCHE ZUSTÄNDE SICH BEZIEHENDES. *Prinzeß Auguste* und *Frau v. Hopfgarten.* Mittag Dr. *Eckermann.* Bibliotheca agraria. [. . .] *[Kanzler] v. Müller. Hofrat Meyer* in Auftrag der *Frau Großfürstin [Maria Paulowna].* Obiges Werk weiter gelesen. [. . .] Nachher in den vordern Zimmern und im Garten.» (Tgb)

Donnerstag, 14. Mai. «Früh mit *meinem Sohn. Herr Hofrat Meyer.* Um 12 Uhr *Frau Großfürstin [Maria Paulowna]* [. . .]. *Schwendlerische* Promemorias [zur Einrichtung einer Sonntagsschule für Handwerker (vgl. «Zum 24. Juni 1898. Goethe und Maria Paulowna», S. 93); → 11. 5.] an Höchstdieselbe. Sodann *Herr Großherzog [Karl Friedrich].* Abschrift gedachter Promemorias.» (Tgb) – Wahrscheinlich Besuch *Eckermanns:* «*Neri.* Goethe liest Neris Brief an den *Papst (Clemens VIII.)* und dessen Antwort (→ 10. 5.).» (*Eckermann:* Tagebuch; GG 6341) – «Abends im Garten.» (Tgb)

Freitag, 15. Mai. Brief an *Oberregierungsrat Schultz:* «Bleiben Sie ja dabey, vorerst den *Frontin* zu geben [*Schultz* berichtet am 6. 5., bei seinen Untersuchungen über *Vitruv* auf *Frontinus'* Werk «De aquis urbis Romae» gestoßen zu sein und davon zunächst eine Übersetzung angefertigt zu haben, die er im Herbst «mit einem berichtigten Texte» herausgeben möchte (Düntzer, 363 ff.); → 10. 1.]: auf einer vorhergehenden Bejahung findet die Verneinung einen bessern Grund.» – Goethe sendet verschiedene Literaturangaben, um die der *Adressat* gebeten hatte. – «[. . .] *Sekretär Kräuter* machte Ordnung in der Bibliothek unter den vielen einzelnen Papieren. *Herr Hofrat Stark* von Jena. *Herr Bergrat Wahl.* Nachher mit *Ottilien* in den untern Garten gefahren. Mittag *Madame Wolff* und *Tochter,* auch *Dr. Eckermann.* Nach Tische *Fürst Elim [Meschtschersky].* Sodann [. . .] *[Kanzler] v. Müller.* Gegen Abend *Prof. Riemer.* Wir gingen die RÖMISCHE KORRESPONDENZ durch und besahen einige DORTHIN SICH BEZIEHENDE ZEICHNUNGEN.» (Tgb)

Samstag, 16. Mai. «Die ITALIENISCHE REISE weiter bedacht. Spazieren gefahren mit *Ottilien* in den untern Garten, dann um's Webicht. Mittag *Hofrat Vogel.* Dessen neue Anwendung der Arzeneymittel besprochen [→ 2. 5.]. Einzelne glückliche Fälle und Folgerungen. Gegen Abend *Hofrat Meyer.* Die Vorschläge zur Gewerbschule mit ihm durchgesprochen. Sie wurden beyfällig aufgenommen [→ 14. 5.]. *Salvandy,* Geschichte von Polen 1. Theil geendigt [→ 12. 5.] [. . .].» (Tgb)

Sonntag, 17. Mai. «[. . .] RÖMISCHER AUFENTHALT. *Salvandy* Geschichte von Polen 2. Theil. Über MEINE FARBENLEHRE aus dem Morgenblatt. *Mechanikus Bohne* brachte den Heronsbrunnen. *Herr Metzler* aus London, *eine Art von Kunst- und Naturalienhändler.*» (Tgb) – Brief an *Zelter:* Goethe dankt ihm für seine Schilderung *Paganinis* [der in Berlin aufgetreten ist, im Brief vom 30. 4. – 5. 5.] sowie für seine «Entwicklung der wichtigen musikalischen Grundsätze [mit Bezug auf Goethes TONTABELLE (→ 6./9. 6. 27) im Brief vom 13. (?) / 14. 5. (vgl. Zelter-Briefwechsel 3, 148 ff.)]. [. . .] Entschließe dich von Zeit zu Zeit zu dergleichen, du sammelst dir selbst einen Schatz in MEINEN HEFTEN

[Goethe denkt an SEINE HEFTE KuA] [...]. – Ein gar verständiger Aufsatz über das Colorit, in Bezug auf diese FARBENLEHRE, steht im Januar des Morgenblatts [in Nrn. 5 und 6 des zum «Morgenblatt» gehörigen «Kunstblattes»] dieses Jahrs. Es ist ein *praktischer Künstler,* welchem das ihm Nutzbare lebendig geworden ist; er konnte noch etwas weiter gehen; ich nehme zu meiner Beruhigung in diesem Sinn die Sache selbst noch einmal vor.» – Spazieren gefahren. Mittag *Oberbaudirektor Coudray.* Gegen Abend *Herr Kanzler v. Müller* [«Er (Goethe) war sehr mitteilend und ruhig heiter. ‹Die *Menge,* die *Majorität,* ist notwendig immer absurd und verkehrt; denn sie ist *bequem,* und das *Falsche* ist stets viel bequemer als die *Wahrheit*...› – Er sprach vom Aufgeben SEINES JOURNALS KUNST UND ALTERTUM. ‹Wenn man *in* und *für* die Zeit schreibt, ist es gar zu unangenehm, zu finden, daß man nichts auf sie wirkt. Ja, wenn man SCHILLERS UND MEINEN BRIEFWECHSEL liest – da findet man wohl, daß diese Kerls es sich ganz anders sauer werden, ganz höllisch ernst sein ließen. Und man wundert sich, daß sie sich so viele Mühe geben mochten; die albernen Bursche *dachten* nach, suchten sich alles klar zu machen, Theorien von dem, was sie geschaffen hatten, zu ergrübeln; hätten es sich leichter machen können und lieber was Frisches schaffen.»› (*Kanzler v. Müller;* GG 6344)]. Antwortschreiben an *Fürstin Wolkonsky* [nicht überliefert].» (Tgb)

Montag, 18. Mai. «[...] In den untern Garten. Die Geschichte von Polen 2. Theil. Speiste unten mit *meinem Sohne* und *Eckermann.* Blieb für mich. Um 7 Uhr herauf. Einiges vorbereitet.» (Tgb)

Dienstag, 19. Mai. «Fortsetzung [...] der Geschichte von Polen. Brief von *Herrn v. Loder. Frau Großherzogin Mutter [Luise], Gräfin Henckel* und *v. Pogwisch.* Sodann in den unteren Garten. *Hofrat Meyer* kam zum Mittagessen. Wir besprachen besonders das Monument von Igel und dessen Copie in Bronze [→ 11. 5.]. Ich fuhr später nach Hause. Abends *Prof. Riemer;* wir GINGEN DAS LEBEN DES PHILIPPUS NERI DURCH [→ 14. 5.].» (Tgb)

Freitag, 15. / Dienstag, 19. Mai. Promemoria an die *Oberbaubehörde:* «Durch die Absendung des *Karl Georg Kirchner* nach Paris und in die Niederlande [→ 7. 4.] ist höchsten Orts die Absicht ausgesprochen worden, eine Baugewerkenschule des nächsten allhier [...] eingeführt zu sehen [→ 16. 5.].» – Die Oberbaubehörde möge die Angelegenheit baldigst überlegen und ihre Vorschläge mitteilen, wie eine solche Schule einzurichten sei. – Goethe charakterisiert den Inhalt des Unterrichts an der Nachhilfe- und der Baugewerkeschule und erörtert personelle Fragen. Organisatorisch soll die Nachhilfeschule der Bürgerschule angeschlossen, die Baugewerkeschule der *Oberbaubehörde* unterstellt werden. – Es ist die Absicht, die Nachhilfeschule am 1. Juli zu eröffnen. Könnte die Baugewerkschule am gleichen Termin oder nur wenig später ins Leben gerufen werden, wäre dies höchst wünschenswert. («Zum 24. Juni 1898. Goethe und Maria Paulowna», S. 93 ff.)

Mittwoch, 20. Mai. «[...] In den untern Garten. Die Gedichte des *Königs von Bayern* [→ 8. 4.]. MEINE CORRESPONDENZ MIT SCHILLER mitgenommen. Auch den 2. Band der Geschichte von Polen durch *Salvandy* geendigt [→ 18. 5.]. Mittags für mich. Auch nachher. Mit solchem Lesen und Betrachten darüber beschäftigt. Fuhr Abends um's Webicht. Bey mittlerm Barometerstand Ostwind, jedoch die Wolken mehr bringend als auflösend.» (Tgb)

Donnerstag, 21. Mai. «SCHEMA ERNEUERT DES ZWEITEN AUFENTHALTS IN ROM. [...] *Frau Großherzogin [Maria Paulowna]* mit *Madame Mazelet;* die bevorstehende Reise nach Warschau, die eintretenden Familienverhältnisse [Hochzeit der *Prinzessin Auguste;* → 18. 4.] besprochen. Einige Aufträge übernommen. Spazieren gefahren. Mittags zu Hause mit *Eckermann.* Wurden die WANDERJAHRE besprochen [→ 12. 5.]. Auch *Hofrat Meyers* kleine Schriften. Nachher einige Vorarbeiten zu dem Geforderten. *Kanzler v. Müller* [«Im Park-Garten (mit Goethe). – Als ich von *Sternbergs* Kommen sprach: ‹Ich hoffe, er kommt nicht. Ich kann es niemand verargen, der sich nicht aus der Stelle bewegen mag und höchstens der Gefahr aussetzt, Besuch zu bekommen ...› – *Riemer* nannte dies atheistische Diskurse, absolut verneinende. Von *Cottas* Zögern sprechend: ‹Die *Buchhändler* sind alle des Teufels, für sie muß es eine eigne Hölle geben.› ... – Als ich sagte: *Sternberg* werde (nach seiner schweren Erkrankung im August/Oktober 28) nun wohl wieder *frisch* auf sein, meinte er: ‹Unser *Kanzler* ist ein vortrefflicher Mann, aber er liebt immer die *Improprietät* der Ausdrücke. Wie soll ein Achtundsiebzigjähriger (vielmehr Achtundsechzigjähriger) *frisch* sein?› – Mit Schmerz bemerkte ich, wie seine Augen immer mehr umgrauen, die Pupille verknöchert.» (*Kanzler v. Müller;* GG 6346;· vgl. auch Anmerkung dazu)]. Sodann *Serenissimus [Karl Friedrich].* Abends Betrachtung des Bevorstehenden.» (Tgb)

Freitag, 22. Mai. «Das gestern ANGEFANGENE SCHEMA mit *Schuchardt* beendigt. Zeichnungen, Kupfer und Papiere beseitigt. [...]. Der *französische Gesandte v. Caraman* und *Gemahlin. Mr. d'Hailty, Secrétaire de la légation de France à Stuttgart.* Ich fuhr in den untern Garten. Fing den 3. Theil der *Histoire de Pologne* zu lesen an [→ 20. 5.]. *Fräulein [Auguste] Jacobi* speiste zu Mittag mit mir. Abends zurück. Abends *Prof. Riemer.* Er ging EINEN THEIL DER RÖMISCHEN CORRESPONDENZ durch.» (Tgb)

Samstag, 23. Mai. «[...] Heroische Landschaftsmalerey durchgedacht [vielleicht Entstehung des SCHEMAS KÜNSTLERISCHE BEHANDLUNG LAND-SCHAFTLICHER GEGENSTÄNDE; ein Aufsatz zu diesem Thema ist möglicher-weise für .!·n ZWEITEN RÖMISCHEN AUFENTHALT gedacht; → 1. 5.; → etwa 1824 (zur Datierung vgl. SchrGG 61, 165)]. In den untern Garten. Geschichte von Polen weiter gelesen. Zu Tische wieder herauf. *Hofrat Vogel* speiste mit mir. Besahen die skelettirten Schnepfenköpfe [→ 4. 4.]. Unterhaltung deßhalb: Brief von Königsberg, von *Zelter,* von *Soret.* Nochmals in den untern Garten gefahren. Ging zu Fuße herauf. Begegnete *Graf* und *Gräfin Caraman.* Besah nachher die große Allstedter Oolithen-Tafel an ihrem jetzigen Platze. *Eckermann* hatte das Caput medusae gebracht.» (Tgb)

Sonntag, 24. Mai. «Gebadet.» (Tgb) – Brief an *Bildhauer Rauch:* Goethe dankt ihm für die «so zeitig und freundlich gegebene Nachricht [von der Verlobung der *Tochter Rauchs* mit dem *Arzt d'Alton]».* Es war ihm und den *Seinigen,* «als wenn es in unserm eignen Familienkreise geschehen wäre». – «DIC-TIRT IN BEZUG AUF DAS IGELER MONUMENT [AUFSATZ DAS RÖMISCHE DENKMAL IN IGEL UND SEINE BILDWERKE; → 19. 5.]. Besuch von *[Botaniker] Hofrat Voigt* in Jena. [...] Mannigfaltige Sendungen und Briefe. [...] Vom *Salinendirektor Glenck,* Durchbohren des unteren Muschelkalks bis auf den Gips zu Stotternheim, mit 100 Fuß [→ 16. 3.]. Einige botanische Betrachtungen. Speiste für mich, *Gräfin Julie Egloffstein,* ihre Reise nach der Schweiz meldend. Blieb für mich bis Abends. [. . .].» (Tgb)

Montag, 25. Mai. Brief an *Soret:* Goethe dankt für dessen «angenehme Sendung» [einige amerikanische Pflanzensamen enthaltend; → 23. 5.]. «Die Gedichtchen sind allerliebst [*Soret* hatte EINIGE «POÉSIES LÉGÈRES» VON GOETHE übersetzt (an Goethe, 23. 5.) und gesandt] und schließen sich dem Sinne nach, so wie in Darstellung und Ton vollkommen an die ORIGINALE. Wir gehen sie wohl nächstens mit einander durch [. . .].» – «*Hofrat Meyers* Beschreibung und Beurtheilung des Igeler Monuments. Ich wäge für mich alles was deßhalb in meinen Händen ist gegen einander [→ 24. 5.]. *[Bildhauer] Kaufmann* und der *Tischler* stellen die Gipssachen auf. Ersterer bringt eine Mappe mit Zeichnungen von *seinem Sohn [Ludwig].* Bücher auf die Villa Hadrians sich beziehend auf der Bibliothek. Zeichenbuch der *Gräfin Julie [v. Egloffstein.* – GEDICHT EILIGST SEGNEND TREUER WEISE für dieselbe]. Revue Française zwey Stücke von 1829 kommen an [1828 von den *Redakteuren* des «Globe» gegründete Zweimonatsschrift, in der Fragen der Philosophie, Geschichte und Literatur behandelt werden. Politisch sollten die liberalen Gedanken der Französichen Revolution selbständig fortgeführt werden]. Abschluß der Vorlesungen von *Cousin* [→ 8. 3.]. [. . .].» (Tgb)

Dienstag, 26. Mai. «An *Schuchardt* dictirt bezüglich auf das IGELER MONUMENT [→ 25. 5.]. Mit *John* deßgleichen, welcher auch einiges zur ITALIENISCHEN REISE mundirte. *Prinzeß Auguste* und *Frau v. Hopfgarten.* Ich speiste im untern Garten. Las den März der Revue Française weiter. Abends *Prof. Riemer* mit dem Wagen. Wir fuhren um's Webicht und gingen nachher den AUFSATZ ÜBER DAS IGELER MONUMENT mit einander durch.» (Tgb)

Mittwoch, 27. Mai. «*Schuchardt* mundirte am IGELER MONUMENT. Herr *[Karl] Feldhoff* von Elberfeld, einen Brief von *Herrn von Cotta,* nicht weniger von der *Direktion des deutsch-amerikanischen Bergwerks-Vereins* zu Elberfeld Schreiben und Sendung überbringend. Ich fuhr um 10 Uhr auf's Schloß, wo mir *Demoiselle Sokolow [Kammerfrau Maria Paulownas]* die sämmtlichen Schätze des Trousseaus [Brautausstattung der *Prinzeß Auguste;* → 21. 5.] vorzeigte. Ein Anblick wie aus der Tausend und Einen Nacht. Ich wartete alsdann *Ihro Kaiserlichen Hoheit [Maria Paulowna]* auf [Gespräch über *Maria Paulownas* Engagement für die Armenbetreuung (vgl. GG 6349)]. *Serenissimus [Karl Friedrich]* kamen dazu. *Prinzeß Auguste* war spazieren gegangen. [. . .] Mittags *mein Sohn* und *Dr. Eckermann.* Ich fing an den mexikanischen Bergwerksbericht zu lesen [«. . . der mich in Erstaunen gesetzt und zugleich mit Bewunderung des dortigen *Direktors, Herrn Schmidt,* erfüllt hat. Bey einem so labyrinthischen Gegenstand und einer so verflochtenen Administration läßt die Klarheit des Vortrags nichts zu wünschen übrig.» (an *Nöggerath,* 1. 6.)]. *Herr Kanzler v. Müller,* ein Straßburger Journal bringend, das sich mit deutscher Litteratur beschäftigt.» (Tgb)

Donnerstag, 28. Mai. «Ich las in dem Journal. Betrachtete den Bergbericht näher. Erhielt die ferneren Hefte von *Cousins* Vorlesungen über die Philosophie. Mit *Schuchardt,* Reinschrift des AUFSATZES ÜBER DAS IGELER MONUMENT. [. . .] war die *Frau Großherzogin [Maria Paulowna]* bey mir gewesen. Später *Herr Großherzog [Karl Friedrich].* Bey'm Mittagessen war die gestrige

Aufführung der IPHIGENIE durchgesprochen und das Spiel der *Madame Wolff* geschildert. Auch einige lustige Ereignisse, Theilnahme und Ausweichen erzählt. Ich las *Bourrienne* 3. Theil [→ 6. 4.] und hatte gar manches Andringliche zu beseitigen [...].» (Tgb)

Freitag, 29. Mai. «*Bourrienne* abgeschlossen. EINIGES ÜBER LANDSCHAFTLICHE CONCEPTIONEN UND COMPOSITIONEN DICTIRT [vielleicht Entstehung des AUFSATZFRAGMENTS LANDSCHAFTLICHE MALEREI; → 23. 5. (vgl. SchrGG 61, 165 ff.)]. Ich ging einige Portefeuilles durch, um mich zur Einschaltung der vielen neueren Acquisitionen zu orientiren. Fuhr spazieren. Mittag *Oberbaudirektor Coudray*. Relation seiner neusten Wegebau-Arbeiten in der Gegend von Remda und des Besuchs von *Herrn Geh. Rat Schweitzer;* ferner über die Baugewerkschule [→ 15./19. 5.], ingleichen über das *Wielandische* Monument zu Oßmannstedt [→ 8. 5.]. [...] *[Kanzler] v. Müller.* Neuere französische Litteratur. Abends *Prof. Riemer.* Den AUFSATZ ÜBER DAS IGELER MONUMENT nochmals durchgegangen.» (Tgb)

Samstag, 30. Mai. Brief an *Botaniker Voigt:* Goethe meldet, daß im Gefolge des neulich geführten Gesprächs [→ 24. 5.] von der Großherzoglichen Kammer «noch einige Capitalien angenommen werden; die Anmeldung mit Bestimmung der Summe müßte jedoch gleich geschehen». – Brief an *Prof. Göttling:* Goethe hoffte, ihm durch die «wohlgerathene Abbildung der bedeutenden Umsicht einige Freude zu machen [er hatte dem *Adressaten* am 23. 5. «das große Kupfer von der Via und Umgebung» (Tgb) von *Fries* und *Thürmer* gesandt]. – «[...]*Bourrienne* 4. Theil [→ 29. 5.]. Denselben weiter gelesen. *Dr. Körner* von Jena, neue Glasproben bringend und wie gewöhnlich viele Worte machend. Das Resultat schwebte wie immer in der Luft [→ 2. 5.]. Ich fuhr spazieren. Mittag *Hofrat Vogel.* Seine theoretisch-praktischen Arbeiten durchgesprochen [→ 16. 5.]. *Frau Generalin v. Seebach* und *Gräfin Line Egloffstein.* Ich wies die *v. Reuterischen* farbigen Zeichnungen vor. Gedichte des *Königs von Bayern.*» (Tgb)

Sonntag, 31. Mai. «*Bourrienne* 4. Theil zu Ende. Die ANGELEGENHEIT DES IGELER MONUMENTS abgeschlossen [→ 29. 5.]. Dix Chapitres sur la guerre d'Orient. *Bourrienne* 4. Theil geendigt und fortgesendet. *Zahns* Ornamente 6. Heft. [...] Mittags *Herr Geh. Hofrat Helbig.* Einige Publica und Privata behandelt. Nach Tische *Herr Kanzler v. Müller* und *Fräulein [Auguste] Jacobi.* Späterhin *Hofrat Meyer.* Abends für mich. Die Revue Française und Gedichte des *Königs von Bayern.*» (Tgb)

Vielleicht Mai. ABSCHNITT NEUESTE EPOCHE DES AUFSATZES EPOCHEN DEUTSCHER LITERATUR [postum in der ALH veröffentlicht].

Anfang Juni. «Goethe hat in etwas den Vorzug vor allen seiner Zeit: daß er nie tadelt. Er entwickelt die Unarten, aber er schilt sie nicht. Er bemerkt die Fehler als Unzulängliches, aber er prätendiert nicht, daß einer sie hätte wissen und ablegen sollen. Darin übertrifft er bei weitem *Schiller.* Er würde nie eine Rezension wie dieser von *Bürger* [1791] geschrieben haben.» (*Riemer;* GG 6352)

Montag, 1. Juni. Brief an *Nöggerath:* Goethe übersendet seinen AUFSATZ [ÜBER DAS IGELER MONUMENT; → 31. 5.; → 11. 5.] mit der Bitte, diesen den *«braven»* Künstlern auszuhändigen, damit sie «im Ganzen oder theilweise» davon Gebrauch machen können. Dabei läßt sich über das Einzelne «noch sehr viel Günstiges» sagen, wozu Gelegenheit sein wird, wenn das *Publikum* anfängt, sich dafür zu interessieren. – «[...] *Des Königs* Gedichte. [...] Gegen Mittag nach Belvedere. Den *Prinzen [Karl Alexander]* erwartet. Nach dessen Ankunft mit *Herrn Soret* einiges Botanische und Sonstige besprochen. Ein Exemplar der Blumenbachia mit nach Hause genommen. Kalter widerwärtiger Nordwestwind. Mittag *Herr Geh. Rat Schweitzer, Röhr* und *[Hofrat] Meyer.* Nachher *Mamsell Bardua* und *Schwester [Wilhelmine]* nach Paris reisend [«Es ist durchaus nützlich, daß Sie die Kunstschätze von Paris, besonders die modernen, kennenlernen. Wir Deuschen tun wohl, zu sehen, wie die *Franzosen* malen; sie sind außerordentlich weit in der Technik, und wir können viel von ihnen lernen.» *(Wilhelmine Bardua:* Tagebuch; GG 6351)]. Für mich. Hauptsächlich *Dr. Adolph Peters* in Dresden über das Studium der Mathematik auf Gymnasien [1828].» (Tgb)

Dienstag, 2. Juni. «[...] Erstgenanntes Büchlein weiter gelesen. [...] Die *Frau Großherzogin Mutter [Luise]* und *Fräulein v. Pogwisch.* Zu Tische *Herr* und *Frau v. Cotta.* Nachher *mein Sohn,* der von einigen Ereignissen Nachricht gab. Ich nahm die zuletzt acquirirten Zeichnungen und Kupferstiche vor, um sie einigermaßen zu sondern.» (Tgb)

Mittwoch, 3. Juni. Brief an *v. Reutern:* Goethe sendet dessen vortreffliche Aquarelle zurück, die den Beifall der *hiesigen Freunde* gefunden haben [→ 30. 5.; → 28. 12. 28]. «Die große Wahrheit, die treue Behandlung der Theile, die anmuthige Übereinstimmung des Ganzen, alles wurde allgemein empfunden [...].» – «[...] Kam das sehr kunstmäßig gearbeitete Skelett der Schildkröte an. Beachtete des *Maler* und *Kupferstecher [Vincenz Reimund] Grüner* von Prag Brief und Abhandlung [«Phisiognomik der Gestalten», Manuskript]. Ingleichen die Reiseroute des von *Willemerischen Ehepaars* [in die Schweiz] im August vorigen Jahres [verfolgt, «... wobey es mir durch Neigung und Sehnsucht vollkommen erleichtert wird, frühere Eindrücke hervorzurufen und aus dem Bekannten mir das Unbekannte nachzubilden *(Marianne* hatte die Route mit ihrem Brief vom 23. 5. übersandt).» (an Willemers, 12. 6.)] [...]. Mittag *mein Sohn* und *Eckermann. Herr Oberbaudirektor Coudray;* den im Gang seyenden Wegebau, auch *Wielands* Grab besprochen [→ 29. 5.]. Kupfer und Zeichnungen weiter betrachtet und gesondert. Abends Recension *Vogels* über *[Hofrat?] Voigts* Arzeneymittellehre, sehr tüchtig und vorzüglich.» (Tgb)

Donnerstag, 4. Juni. «[...] Den AUFENTHALT IN ROM wieder vorgenommen [→ 29. 5.; → 26. 5.]. *Von Stengelische* Kupferstichsammlung, wegen der Blätter nach *Rubens* Gemälden. Über die angekommene 6. LIEFERUNG MEINER WERKE zu disponiren angefangen. *[Hofrat] Meyers* Herkules bey Admet, sehr löblich in Haltung und Farben restaurirt. [...] *Frau Großherzogin [Maria Paulowna]* [...]. Zu Mittag *mein Sohn* und *Eckermann.* Ich fing an, nachher Kupferstiche und Zeichnungen zu sortiren. *Herr Prof. Riemer,* sein Gedicht zum Abschied der *Prinzeß Auguste* vorlegend [→ 21. 5.]; war sehr wohl erfunden [...]. Blieb für mich und las in der Revue Française.» (Tgb)

Freitag, 5. Juni. «DEN RÖMISCHEN AUFENTHALT DURCHGEGANGEN. BESONDERS DIE ERSTEN MONATE. *Lieber* brachte die Catalogen von der Auction von 1800 des *berühmten [Cornelis] Ploos von Amstel [holländischer Zeichner,*

Kupferstecher; gest. 1798] mit Preisen bezeichnet. Auftrag demselben gegeben. Um 12 Uhr *Prinzeß Auguste* [«Heute nahm *Prinzeß Auguste* freundlichst von mir Abschied, sie ist wirklich so bedeutend als liebenswürdig. Mag es ihr wohlergehen in dem ungeheur weiten und bewegten Elemente (ihre Vermählung mit *Wilhelm von Preußen,* dem *späteren deutschen Kaiser,* findet am 11. 6. in Berlin statt).» (an *Zelter*)] [...]. Setzte die Sonderung der Kupfer und Zeichnungen fort. Mittag für mich. Alterthümer von Tibur [Tivoli] und Präneste [Palestrina]. Immer weitere Sonderung und Ordnung der verschiedensten Blätter. *Frau v. Gerstenbergk* und *Gräfin Beust* zum Thee. [...].» (Tgb)

Samstag, 6. Juni. «DEN AUFENTHALT IN ROM ANGEGRIFFEN.» (Tgb) – Brief an *Riemer:* «Wenn Sie [...] BEYKOMMENDE HEFTE [vermutlich die ERSTEN VIER MONATE, JUNI BIS SEPTEMBER, DES ZWEITEN RÖMISCHEN AUFENTHALTS (Hagen, zu 1545)] gefällig durchgehen, so werden Sie die Beantwortung zweyer Fragen nöthig finden: – 1) Kann man die darin vorkommenden Wiederholungen nicht dadurch benutzen, daß man, wenn sie eben denselben Gegenstand behandelt, sie zusammenzieht und Einen Artikel daraus macht? – 2) Sind etwa in der Correspondenz Gegenstände nur leicht angedeutet, die man in dem Bericht weiter ausführen und dadurch das allzu Subjective der brieflichen Mittheilungen auf eine objective Weise balanciren könnte?» – «[...] Mémoires [sur Voltaire...] de *Longchamps* [→ 22. 4.]. *Herr Dr. Weller.* Wurden oberaufsichtliche Geschäfte besprochen. Dr. [Lücke im Text: *Rubo*], *Jurist von Berlin, Jude, Bräutigam der Demoiselle Ulmann.* Über *Savigny* und sonstige Novissima. Mittag *Hofrat Vogel.* Zeigte ihm die skelettirte Schildkröte vor [→ 3. 6.]. Nach Tische *Hofrat Döbereiner,* sehr schöne Muster seiner letzten Glasschmelzung vorlegend und ihre Zusammensetzung erklärend [→ 2. 5.]. Weitere Verabredung wegen des Nächsten. Abends [...] der *Großherzog [Karl Friedrich].* Endlicher Entschluß nach Berlin zu gehen mit der *ganzen Familie,* wohin der *Kaiser [Nikolaus I.]* kommt. Blieb für mich. Revue Française. Recension der afrikanischen Reise-Unternehmungen.» (Tgb)

Pfingstsonntag, 7. Juni. «[...] [An] *Faktor Reichel* Packet mit [DEN BÄNDEN] 18, 19, 20 DER SEDEZ-AUSGABE [als DRUCKVORLAGE FÜR DIE OKTAVAUSGABE] [...]. Auszug der *Prinzeß Auguste* bey ungünstigem Wetter [→ 5. 6.]. Mittags *Dr. Eckermann.* Gespräch über vielfache Beschäftigungen und Lectüren, welche sämmtlich zur menschlichen wahren Bildung nichts beytragen. Nachher für mich einige Zeichnungen und Kupfer ordnend. *Gräfin Julie Egloffstein. Herr Oberbaudirektor Coudray.* Dictirte Abends an *[Bedienten] Friedrichen.* Beschäftigte mich mit dem Anfang der russisch-türkischen Campagne, dem Gefecht bey Pravadi [Ortschaft in Bulgarien] welches sich sehr deutlich einsehen läßt [→ 10. 5.].» (Tgb)

Pfingstmontag, 8. Juni. «AUFENTHALT IN ROM [→ 6. 6.]. [...] Gefecht bey Pravadi noch näher beleuchtet [→ 7. 6.]. Die *regierenden Herrschaften* reisten ab nach Berlin. *Zwei junge in Göttingen studierende Hannoveraner* [Lücke im Text]. Sodann der *jüngere Batsch* [der *Kaufmann*]. Erzählte von seinen Reisen in Sizilien und Kalabrien und dortigen Staats- und Handelsverhältnissen. Fuhr mit *Hofrat Meyer* spazieren. Er speiste mit mir. Betrachtete nach einem Briefe von *Roux* dessen Wachsgemälde [dieser bemüht sich um eine Technik, bei der Wachs als Bindemittel an die Stelle des Öls tritt]. Wir besprachen den Catalog mit Preisen in einer Auction. Abends ging ich in's Schauspiel. Sah zwey Acte des Oberon [Oper von *C. M. v. Weber*], die recht gut aufgeführt wurden. Das Stück aber könnte man *Viel Lärmen um nichts* heißen.» (Tgb)

Dienstag, 9. Juni. «Früh nahm *Schuchardt* nach Dresden gehend Abschied und übergab mir die Schlüssel des Museums. *John* schrieb den Aufsatz über Raffaels 12 Apostel aus dem [Teutschen] Merkur [Dezemberheft 1789] ab [aus dem Teile in den Zweiten römischen Aufenthalt aufgenommen werden]. *Demoiselle Seidler* kündigte *einige Freundinnen Ottiliens* an, die ich auf morgen bestellte. In den untern Garten gefahren. *Frau v. Wolzogen* um 12 Uhr. Speiste oben mit *meinem Sohn* allein; und wir beredeten die nächste Anordnung der Mineralien und sonstigen Naturgegenständen in dem kleinen Gartenhäuschen. Abends *Prof. Riemer*. Wir gingen die vier ersten Monate des römischen Aufenthaltes durch, und es ward mehr Licht in der Behandlung [→ 6. 6.]. Ich zeigte ihm ferner merkwürdige Naturproducte vor, und wir besprachen manches Merkwürdige über Natur, Kunst und sittliche Verhältnisse.» (Tgb)

Mittwoch, 10. Juni. «Die gestrigen Bemerkungen wohl benutzend, die Angelegenheit weiterführend und in die folgenden Monate Einsicht nehmend. Ich fuhr allein um's Webicht. Sodann in den untern Garten. Briefe von *Graf Reinhard, Stieler* aus München, *Stieglitz* aus Berlin. Zu Mittagstisch *Frau v. Bardeleben, Witwe [Henriette] Solger* [geborene *v. Groeben*] und *Demoiselle Seidler*. Abends *Nollis* Plan von Rom durchgegangen. Kam *Herr Soret*, Abschied zu nehmen [für eine Reise in den Harz mit *Prinz Karl Alexander*]. Ich zeigte ihm meine ehemaligen Harzreisen auf den alten Karten.» (Tgb)

Donnerstag, 11. Juni. Brief an *Geh. Rat Schweitzer:* Goethe sendet die «verdienstlichen *Rouxischen* Wachsmahlereyen» [Heft 3 von dessen Werk «Die Farben», 1824/29 (vgl. Ruppert, 5373)] zurück, worüber *Hofrat Meyer* nicht verfehlen wird, ein «freundliches Wort» zu sagen. – Brief an *Zelter:* Goethe bemerkt, im Gegensatz zum *Adressaten* Herr seiner Stunden zu sein, «die guten benutzend, die schlechten verpassend oder, was besser gethan ist, verschlafend». – «Analecten der Naturwissenschaft und Heilkunde von *[K. G.] Carus* [angekommen]. Fuhr nach [Schloß] Belvedere, um von dem *Prinzen [Karl Alexander]* Abschied zu nehmen. Sie begegneten mir zur *Frau Großmutter [Luise]* fahrend. Ich kehrte zurück. Erwartete sie bey mir. Sie kamen nach 1 Uhr, sodann auch *Herr Schmidt* [der *Hilfslehrer des Prinzen*]. [...]. Ich fuhr noch gegen Umpferstedt zu. Speiste mit *meinem Sohn* und *Eckermann*. Referirte *Graf Platens* [Lustspiel Der romantische] Ödipus, welches zu mancherley Reflexionen Anlaß gab. [...] später zu den neuen Bauplätzen am Jägerhause, auch in *[Hofgärtner] Fischers* Gartenräume und durch einige der oberen Wege. Fand zu Hause *Hofrat Meyer*, welcher mir die Novissima mittheilte.» (Tgb)

Freitag, 12. Juni. «[...] gebadet. Manches an den römischen Heften gefördert. *Zwei Dom-Kandidaten Benecke* und [Lücke im Text] von Berlin, auf einer geistlichen Reisefahrt. Schaffte die Wachsgemälde von *Roux* wieder an. *Herr Geh. Rat Schweitzer. Prof. Zenker* von Jena, von seinen Studien- und Lehrbemühungen sprechend. Munterte *Heinrich Müller* auf, seine Abreise

nach Eisenach zu beschleunigen [→ 10. 1.] [...]. Ich fuhr mit *Hofrat Meyer* in's
Webicht spazieren. Derselbe speiste *mit uns* zu Mittage. Nahm Theil und
besprach verschiedenes neu Eingekommene. Blieb für mich. Behandelte noch
EINIGES AUF ROM BEZÜGLICHE.» (Tgb)

Samstag, 13. Juni. «Bey sehr schönem Wetter früh im Garten. [...] Norwegische Mineralien umgelegt. Betrachtung in den Gartenbeeten über
Wachsthum der Pflanzen und die verschiedenartigen Streben zur Blüthe,
wenn schon nach einem einzigen Princip. Die Lilie war in diesem Jahre zur
höchsten Vollkommenheit gediehen und eben im Begriff, die Blüthen zu entwickeln. *[Steinzeichner] Heinrich Müller* erklärte, auf den Montag abgehen zu
wollen. Ich hatte ihm seine Maschine und Meublement in dem Atelier zeigen
lassen. Ich fuhr um's Webicht. Speiste mit *meinem Sohn* und *Eckermann.* Fuhr
sodann nach [Schloß] Belvedere und machte einigen Umgang mit dem *Hofgärtner [Sckell].* [...] *[Kanzler] v. Müller* war zu Fuße heraufgekommen. Fuhr
mit mir wieder herunter. Verblieb einige Zeit. Dazu *Oberbaudirektor Coudray.*
Wurden verschiedene Geschäfte und Angelegenheiten besprochen. [...].»
(Tgb)

Sonntag, 14. Juni. «*Mein Sohn* war nach Leipzig gefahren, *[Bedienter] Friedrich* nach Jena gegangen. OKTOBER, NOVEMBER, DEZEMBER, DIE HEFTE an
Riemer [zur Durchsicht]. Ich las *Guizots* Vorlesung, Epoche *Karls des Großen*
[→ 3. 4.]. *Villemain* [→ 2. 4.], englische Redner. *[Thomas] Erskine [schottischer
Advokat, Staatsmann, gest.* 1823] und *[James] Mackintosh [englischer Politiker;*
geb. 1765]. Besuch von *Herrn Dr.* und *Frau [Wilhelmine] Körte [geborene Wolf]*
von Halberstadt. [...] Speiste für mich allein. Las in der angekommenen
Revue Française von 1828. Fand einige treffliche Recensionen. *Körtes* [...]
brachten den Abend bey mir zu in Erinnerung der meistens auf *Geh. Rat Wolf*
[den *Philologen*] sich beziehenden Vergangenheiten. *Herrn Körte* zeigte ich
verschiedene ältere und neuere Kunstwerke vor und besorgte die Entrée für
ihn morgen früh in's Schloß. [...].» (Tgb)

Montag, 15. Juni. «ETWAS ZUR GESCHICHTE PHILIPP NERIS [→ 19. 5.]. In
der Revue Française mehrere Artikel gelesen. Um's Webicht gefahren. Mittags *Herr Oberbaudirektor Coudray.* Später *Herr Kanzler v. Müller.* Obige Lectüre fortgesetzt. Sehr schöner Tag. Mußte Abends im Garten viel gegossen
werden. Schön blühende Cactus waren angekommen. *Herr Müller* beurlaubte
sich nach Eisenach gehend.» (Tgb)

Dienstag, 16. Juni. «*Tischler Kolster* lieferte das eingerahmte alte Latium.
Betrachtungen über dasselbe. Revue Française, bedeutende [...] Abhandlungen bey Gelegenheit gewisser neuer herausgekommener Bücher. *Frau Großherzogin Mutter [Luise], Gräfin Henckel* und *Frau v. Pogwisch;* zeigte das Latium
vor, sodann einige landschaftliche Zeichnungen, ferner die von *Gmelin* in
Kupfer gestochenen *Claude Lorrains. Herr Oberbaudirektor Coudray,* das Protokoll [der Oberbaubehörde] wegen der Gewerkschule bringend [einen «ausführlichen Plan zur Begründung und Eröffnung» derselben beinhaltend und
um Prüfung bittend (vgl. «Zum 24. Juni 1898. Goethe und Maria Paulowna»,
S. 98 f.); → 29. 5.]. Abends *Herr Prof. Riemer.* Wurden EINIGE MONATE DES
RÖMISCHEN AUFENTHALTS durchgegangen. Kritische und sittliche Bemerkungen über Verschiedenes angestellt.» (Tgb)

Mittwoch, 17. Juni. «Revue Française, Januar 1828. Einleitung in's Ganze, bedeutende Übersicht des französischen Zustandes. Ebenso die erste Recension oder vielmehr Aufführung. Vorführung mehrerer kleiner politischer Gelegenheitsschriften. *Lieber, die Vollendung verschiedener Restaurationen ankündigend und deren Ablieferung wünschend. Herr Oberbaudirektor Coudray,* die nächsten Schritte wegen der Gewerkschule mit mir überlegend [→ 16. 6.]. Fuhr spazieren in den untern Garten. Eilte wegen eines Gewitters herein, welches mich doch unterwegs einholte. Mittags *Oberbaudirektor Coudray* und *Dr. Eckermann.* Ich hatte in diesen Tagen die norwegischen Mineralien in Ordnung gebracht [→ 13. 6.]. Ich fuhr fort die Revue Française von 1828 zu lesen. Die *Frau Großherzogin Mutter [Luise]* war früh nach Dornburg gefahren. *Hofrat Meyer* war nach [Schloß] Belvedere gezogen. [. . .].» (Tgb)

Donnerstag, 18. Juni. «Revue Française. Brief an *Graf Reinhard.*» (Tgb): Goethe dankt dem *Adressaten* «wahrhaft gerührt», daß dieser seine «bedeutenden Erinnerungen unmittelbar» an ihn richtet und ihn zum Vertrauten «so kostbarer Vergangenheiten» erwählt hat [*Reinhard* hatte einen ländlichen Aufenthalt genutzt, um Goethe in seinem Brief vom 4. 6. einen bekenntnishaften Lebensabriß mitzuteilen (vgl. Reinhard-Briefwechsel, 385 ff.)]. – «Seit einiger Zeit bin ich in das Lesen französischer Bücher gewissermaßen ausschließlich versenkt worden; die acht Bände der Revue française, die mir erst jetzt zur Hand gekommen, nachzuholen, ist keine geringe Aufgabe [. . .]. Die *Verfasser* nehmen ein herausgekommenes Buch gleichsam nur zum Text, zum Anlaß, wobey sie ihre wohlgegründeten Meynungen und aufrichtigen Gesinnungen an den Tag legen. Die Anerkennung aller Verdienste steht dem *liberalen Manne* so gar wohl, und zwar eine Anerkennung, [. . .] welche uns sogleich Beweise gibt eines freyen Überblicks über die verschiedensten Angelegenheiten, von einem höheren Standpuncte aus, der doch eigentlich nur zur Unparteilichkeit berechtigt. – Es ist wirklich wundersam, wie hoch sich der *Franzose* geschwungen hat [. . .]. – Auch der Globe, wenn schon seine special-politische Tendenz uns eine etwas unbehaglichere Stimmung gibt, bleibt mir gleichfalls lieb und werth. Man braucht ja mit *vorzüglichen Menschen* nicht durchaus einig zu seyn, um Neigung und Bewunderung für sie zu empfinden. [. . .]. – *Victor Hugo* ist [ein] entschiedenes poetisches Talent, nur geht er auf einem Wege, wo er den völligen reinen Gebrauch desselben wohl schwerlich finden wird. *Andere vorzügliche Talente* versuchen, wie er, auf dem romantischen Boden Fuß zu fassen, aber es schwärmen in dieser feuchten Region so viel Irrlichter, daß der bravste Wanderer in Gefahr kommt, seinen Pfad zu verlieren; dabey findet man an hellem Tage die freye Landschaft, in die man sich eingelassen, so mannichfaltig anmuthig, daß man sie wohl zu durchwandern gereizt, aber sich da oder dort anzubauen nicht leicht bestimmt wird. Indessen sind die *französischen Talente* noch dran, etwas ganz Treffliches, Haltbares zu leisten. Vor allen Dingen müssen sie suchen im höheren Sinne das für's Theater Brauchbare hervorzubringen, wie es *Casimir de la Vigne [Jean François Casimir Delavigne, französischer Dramatiker; geb.* 1793] mit seinem Marino Faliero gelungen zu seyn scheint. [. . .]. – Sehr bewegt und wundersam wirkt freylich die Weltliteratur gegen einander; wenn ich nicht sehr irre, so ziehen die *Franzosen* in Um- und Übersicht die größten Vortheile davon [. . .].» – «Für mich spazieren gefahren. Mittag *Dr. Eckermann.* Über die *neuan-*

gekommenen Engländer, welche sich in Absicht auf ihre Studien gut anlassen. Communicat von der Oberbaubehörde wegen der Gewerbschule [→ 17. 6.]. Nachricht von *Hofrat Rochlitzens* nächster Ankunft. Revue Française.» (Tgb)

Freitag, 19. Juni. «Kamen die restaurirten Gemälde von *Lieber.* Gab deren Betrachten einige Beschäftigung. *Mein Sohn* war gestern Nachts [aus Leipzig] [...] zurückgekommen. Erzählung der Ereignisse. Schreiben an *Prof. Lichtenstein. Buchbinder Bauer* verwahrte die Meduse [→ 23. 5.]. *Lieber* schaffte die restaurirten Bilder hierher. Ich gab ihm eine Verehrung für die mir geleisteten Arbeiten. Mittag *Dr. Eckermann* und *mein Sohn.* Letzterer von seiner Leipziger Reise erzählend. Blieb für mich in mancherley Überlegungen und Vorbereitungen. Abends *Prof. Riemer.* PHILIPP NERI besprochen [→ 15. 6.] und ANDERES VERWANDTE.» (Tgb)

Samstag, 20. Juni. Brief an *Caroline v. Wolzogen:* Goethe sendet die ihm anvertrauten Papiere [ein Teil ihres Manuskripts von «Schillers Leben, verfaßt aus Erinnerungen der Familie, seinen eignen Briefen und den Nachrichten seines Freundes Körner»] in der Überzeugung zurück, daß das *Publikum* sie so dankbar wie er selbst aufnehmen werde. Im nächsten Gespräch möchte er einige «kleine Bemerkungen» zu beachten geben und sich weiter «über diese schöne Gabe» erklären. – [...] [An] *Prof. Göttling,* 5. LIEFERUNG MEINER WERKE, Jena. *Jacobis* Briefe ersten Theil wieder vorgenommen. Betrachtungen über das närrische liebevolle Entzücken der *damaligen Freunde* im ersten Anfang ihres Zusammentretens, womit es in der Folge so schlecht abläuft. RÖMISCHE BETRACHTUNGEN weiter fortgesetzt. Mittag *Hofrat Vogel,* welcher morgen nach Dornburg zu reisen vorhat. Ich fing an in Bezug auf die *Jacobischen* Briefe den Sebaldus Nothanker [von *F. Nicolai*] zu lesen. *Herr Kanzler v. Müller, Hofrat Meyer,* denen ich das neust Angekommene vorzeigte. Ich fuhr in jenem Lesen fort.» (Tgb)

Sonntag, 21. Juni. Brief an *Maler Grüner:* Goethe bedauert mit Verweis auf sein Alter und seine Pflichten, zu den Zwecken des *Adressaten* [der um die Vermittlung eines *Verlegers* für sein Manuskript gebeten hatte; → 3. 6.] nichts beitragen zu können. – «Ich fing den zweyten Theil [des «Sebaldus Nothanker»] an. [...]Aushängebogen der deutschen Übersetzung von Schillers Leben [von *Carlyle,* deutsch von *M. v. Teubern*], gesendet von *Wilmanns* in Frankfurt [→ 26. 1.]. Mittheilung des [...] *[Kanzlers] v. Müller* verschiedener Briefe und sonstiger Vorkommenheiten. Mittag *Fräulein [Auguste] Jacobi* zu Tische. Nachher mit ihr in den Garten. Abends blieb ich für mich in vielfacher Betrachtung. Sehr bedeutender Brief von *Schultz* aus Wetzlar und dadurch erweckte Erinnerungen.» (Tgb)

Freitag, 19. / Sonntag, 21. Juni. Brief an *Naturforscher Lichtenstein:* Goethe dankt ihm für das übersendete wichtige Heft [den amtlichen Bericht über die *Versammlung deutscher Naturforscher und Ärzte* in Berlin 1828], das ihm nun vollständigere Nachricht über die Zusammenkunft gewährt [→ 1. 4.]. – «Der *deutsche Gelehrte,* der *deutsche Forscher* mußte sich immer als ein isolirtes Wesen, als eine Privatperson fühlen; er wird hier genöthigt, sich als den Theil eines Ganzen zu betrachten, und obgleich dieses gewiß den meisten ungewohnt und unbequem erscheinen muß, so ist doch diese erste Nöthigung von so viel geistigen und sittlichen Forderungen begleitet, daß ein jeder, wenn er nach Haus kommt, sich in seinem löblichen Egoismus doch etwas anders fühlen muß.»

Montag, 22. Juni. «Gebadet.» (Tgb) – Brief an *Oberbaudirektor Coudray:* Goethe möchte beikommende Papiere [die Gewerkschule betreffend] sogleich an die *Oberbaubehörde* gelangen lassen, sofern der *Adressat* keine Bemerkungen beizufügen findet [→ 18. 6.]. – «*Hofrat Vogel* von Dornburg kommend, Abschied nehmend, nach Halle zu gehen. Mittags mit *Dr. Eckermann.* Gegen Abend spazieren gefahren in den untern Garten und um's Webicht.» (Tgb)

Dienstag, 23. Juni. «Vormittag alles Vorliegende bedacht [. . .]. *Baurat Steiner* die Angelegenheiten von der Gewerkschule betreffend [→ 22. 6.]. Mittag mit *meinem Sohn* und *Dr. Eckermann. Frau v. Gerstenbergk* und *Gräfin Häseler* [geborene *Gräfin Beust?*]. Um 6 Uhr *Herr Hofrat Rochlitz* [→ 18. 6. – «Wir fuhren fast volle zwei Stunden (spazieren), erst im Park, dann der untergehenden Sonne zu. Unser Gespräch berührte nicht wenige der wichtigsten Angelegenheiten des innern Menschen, ein jeder von seinem Gesichtspunkte aus, ein jeder den des andern ehrend, aber den seinigen festhaltend ... Bei ihm zurückgekommen, wollte ich mich entfernen; er ließ mich nicht. Das Gespräch wendete ... sich ... besonders auf *Schiller* und dessen innern Lebensgang. Wie liebenswürdig begeistert sprach der große Mann von dem *großen Rival!* Da ich von neuem zu gehen ansetzte, ließ er *seinen Sohn* rufen, und wir drei gingen in ein anderes Zimmer zum Abendtisch. Hier wurden wir jugendfröhlich, indem ich von Wien, er von Neapel auskramte.» (*Rochlitz* an seine Frau, 24. 6.; GG 6356)] [. . .].» (Tgb)

Mittwoch, 24. Juni. Brief an *Kanzler v. Müller:* Goethe bittet ihn, am heutigen Abend mit *Rochlitz* eine kleine Spazierfahrt in die Gegend zu unternehmen. – «Das von der *Oberbaubehörde* heute anzubringende Gesuch wegen Realisirung einer zum Behuf der einzuleitenden Gewerkschule im Jubiläums-Jahre zugesagten Beyhülfe empfehle zu geneigter Förderniß [→ 23. 6.].» – «Wie gestern früh. *Herr v. Kurowski-Eichen.* Ablehnung seiner mystischen Mittheilung. *Herr [Kanzler] v. Müller* und *Hofrat Rochlitz.* Letzterer, *Prof. Riemer* und *Eckermann* speisten mit mir. Nach Tische *Hofrat Meyer;* wir beschauten die mitgebrachten Zeichnungen des *Herrn Rochlitz* mit vielem Antheil. *Herr Kanzler v. Müller* denselben nach Belvedere abholend. Später *Oberbaudirektor Coudray,* von seiner Zusammenkunft mit den *Abgeordneten der nachbarlichen Höfe* in der neuen Wegebau-Angelegenheit erzählend. Nachricht von einem großen Siege der *Russen* über den *Großwesir. Mein Sohn* berichtete was heute in der feyerlichen Loge vorgekommen.» (Tgb)

Donnerstag, 25. Juni. Brief an *Grafen Sternberg:* Goethe kündigt eine Sendung an und bemerkt, «daß der einzige, von mir noch gerettete Same unsres Anthericums gar löblich aufgegangen ist, und das Pflänzchen, ohngeachtet aller Wechselfälle, sich zu erhalten verspricht». – «[. . .] Kam das Bild [Kopie des *Stielerschen* Goetheporträts; → 9. 4.] von München an. *Hofrat John* [Goethes *ehemaliger Sekretär*] in Berlin als Redacteur der [Preußischen] Staatszeitung angestellt [nachdem er seit 1821 als *Zensor* für politische Zeitschriften tätig gewesen war; ab 1836 *Spezialzensor* für das *«Junge Deutschland»* (vgl. H. H. Houben, Polizei und Zensur, 1926, 54 f.)]. *Zwei Engländer, Le Baron Paul Emile Maurice, Mr. Henry Clarke.* Um 12 Uhr *Herr Hofrat Rochlitz* [«Der Tag war köstlich, Vater Goethe ganz besonders traulich gegen mich, zum Beispiel über sein Jugendleben im Zusammenhange (dem innern, geistigen) mit dem spätern, was nun zu sehr ernsten Betrachtungen über den Zusammenhang menschlichen Lebens überhaupt Anlaß gab, und wo wir beide, zwar von den verschiedensten Ansichten ausgehend, doch endlich in einem, dem großen Mittelpunkte alles Lebens und Wirkens, freudig und hoffnungsvoll zusammentrafen.» (*Rochlitz an seine Frau*, 26. 6.; GG 6358)]. Über Verschiedenes die neuere deutsche Literatur betreffend. Auch über die WANDERJAHRE. Er fuhr gegen 2 Uhr zu *[Obermedizinalrat] Froriep*. Ich speiste mit *meinem Sohn* und *Eckermann*. Das Bild ward besehen. Blieb nachher für mich. Fuhr gegen Sieben um's Webicht. Arrangirte manches für morgen. [...].» (Tgb)

Vielleicht Ende November 1828 / Donnerstag, 25. Juni. Brief an *Carlyle:* «Käme so oft ein Anklang zu Ihnen hinüber, als wir an Sie denken und von Ihnen sprechen: so würden Sie gar oft einen freundlichen Besuch bey sich empfinden [Antwort auf den Brief des *Adressaten* vom 25. 9. 28] [...].» – Goethe bittet um eine Skizze von *Carlyles* Wohnung [in Craigenputtock bei Dumfries in Schottland] und Umgebung, da er sich gern einen Begriff von den Zuständen macht, in denen *seine entfernten Freunde* leben. – Den im Brief des *Adressaten* erwähnten *Burns* kennt Goethe «so weit, um ihn zu schätzen [...]. – An seinen Gedichten hab ich einen freyen Geist erkannt, der den Augenblick kräftig anzufassen und ihm zugleich eine heitere Seite abzugewinnen weiß. Leider konnt ich dieß nur von wenigen Stücken abnehmen, denn der schottische Dialect macht uns andere sogleich irre [→ 8. 10. 28].» – Goethe kündigt die VIERTE UND FÜNFTE LIEFERUNG SEINER WERKE [AlH] an.

Freitag, 26. Juni. Brief an *Stieler:* Goethe meldet, daß das Bild «vergnüglich» aufgenommen worden sei und ihm das Gefühl gegeben habe, «es müsse der *treffliche Künstler* ein wahrhaftes Wohlwollen gegen mich und eine herzliche Erinnerung an seinen hiesigen Aufenthalt mitgenommen haben, um diese Nachbildung mit solcher liebevollen Zärtlichkeit auszustatten [Goethe glaubt noch immer, die Kopie sei von *Stieler* selbst angefertigt; → 9. 4.]. – Legen Sie *Ihro Majestät [Ludwig I. von Bayern]* meine unverbrüchliche dankbare Anhänglichkeit an schicklicher Stunde zu Füßen.» – Brief an *Botaniker Meyer:* Auf dessen Anregung [im Brief vom 11. 5.] wird Goethe den PARAGRAPHEN 15 DER METAMORPHOSE noch einmal durchdenken. – «Es machte mir viel Mühe, den freyen lebendigen Gedanken aus dem Capitel La Symmetrie des plantes herauszufinden [→ 31. 7. 28 ff.], und da gewahrte ich denn zuletzt jene höchst einfache unerforschliche, aber doch gewahrliche Wirkung der Natur, durch Mißbildungen, Verschmelzungen, Verwachsungen, Verkrüppelungen und Verkümmerungen endlich mühsam hervortretend.» – Goethe bittet den *Adressaten*, ihn von Zeit zu Zeit aufmerksam zu machen auf das, was sich auf dessen Felde ereignet. – «Gräßlicher aber ist mir nichts entgegen gekommen als *[H. F.] Links* [Elementa] Philosophia[e] botanica[e] [1824]. Die Organisation meines Gehirns wird von einer Art Wahnsinn bedroht, wenn ich mir jene lieben und beliebten Gegenstände mit ihren Eigenschaften und Wesenheiten in solchen Combinationen denken soll.» – «[...] Mittag *Herr* und *Frau* [...] *[Kanzler] v. Müller, Fräulein [Auguste] Jacobi, Hofrat Rochlitz, Dr. Eckermann, Kapellmeister Hummel*. Man blieb unter mancherley Gesprächen zusammen.»

Hummel phantasirte vortrefflich. Das Bild der *Frau von Heygendorf* [von *Stie-ler*] war angekommen und ward aufgestellt [→ vermutlich Ende Juni / Anfang Juli 28]. Ich blieb Abends für mich und beschaute die *Rochlitzischen* Zeichnungen nochmals. *Mein Sohn* erzählte einiges von seiner Leipziger Reise und deren Folgen.» (Tgb)

Samstag, 27. Juni. «Munda verschiedener Concepte [...].» «[...] *Hofrat Rochlitz* war bey *Schmeller,* um gezeichnet zu werden. Kam gegen 12 Uhr mit *Kanzler v. Müller.* Das Modell von dem Genfer See und der Umgegend wurde vorgewiesen. Manches besprochen. Mittag mit *meinem Sohn* und Dr. *Ecker-mann.* Letzterer hatte mir die ERSTEN MONATE [des ZWEITEN RÖMISCHEN AUFENTHALTS] mit Bemerkungen zurückgegeben [vermutlich nicht das am → 20. 4. übergebene MANUSKRIPT, sondern das DRUCKMANUSKRIPT (Hagen, zu 1557)]. Ich las Cymbeline in *Heinrich Voß'* [*Shakespeare-*]Übersetzung und fing an: Ende gut, alles gut. Fuhr um's Webicht. *Kanzler v. Müller* und *Rochlitz* waren im untern Garten. Ich fuhr fort zu lesen.» (Tgb)

Sonntag, 28. Juni. Brief an die *Oberbaubehörde:* Goethe dankt für die ein-gereichten sorgfältigen Überlegungen [→ 16. 6.], die jedoch nicht ohne die Genehmigung der *fürstlichen Personen* zur Ausführung gelangen können. Bis zu deren Rückkehr könnte allerdings der Unterrichtssaal [vorerst der Saal der ersten Klasse des Zeicheninstituts] baulich aus Kammermitteln hergerichtet und den *Innungsvorstehern der Baugewerke* eröffnet werden, welche Vorkennt-nisse man von den *Schülern der Gewerkschule* erwartet, damit sich diese auf das [Aufnahme-]Examen vorbereiten könnten. («Zum 24. Juni 1898. Goethe und Maria Paulowna», S. 99 ff.) – «[...] *Hofrat Rochlitz* ward von *Schmellern* gezeichnet. *Dieser Freund* besuchte mich und fand sich zur Tafel ein. *Mitgäste* waren: *Gräfin Line Egloffstein,* [...] *[Kanzler] v. Müller, Coudray* und *Ecker-mann.* Ein starkes Gewitter stieg um 1 Uhr auf und dauerte bis Abends. *Hofrat Rochlitz* nahm Abschied nach einem sehr vergnügten und zutraulichen Auf-enthalt. Ich las Ende gut, alles gut bis zum Schluß [→ 29. 6.].» (Tgb)

Dienstag, 23. / Sonntag, 28. Juni. «Die acht Tage, die ich *[Rochlitz]* in Weimar mit Goethe [...] verlebt habe [...], gehören mit unter die reichsten und beglückendsten meines ganzen Lebens. Welch ein Mann, eben jetzt, wo er, durch Gespräch angeregt, noch alles ist, was er jemals gewesen, und dazu die heitere Milde, freundliche Eingänglichkeit, liebevolle Zutraulichkeit des Achtzigers (und selbst äußerlich, des schönsten, kräftigsten Achtzigers) gewonnen hat!» (*Rochlitz* an I. v. Mosel; 17./18. 9.; GG 6360) – «Goethes Ant-wort auf Ihre *[v. Mosels]* Anfrage wegen seiner IPHIGENIE als Oper [...] lief darauf hinaus: Die Idee ist sehr gut, [...] [aber] eine gute Oper hab' ich [Goe-the] niemals schreiben können. Die Belege aus früher Zeit liegen ja, leider, vor Augen. Ich konnte mich nie recht in die musikalischen Formen finden: wie viel weniger würde ich's nun als alter Mann etc.» (*Rochlitz* an denselben, 16. 10.; GG 6361) – «[...] war der freundliche Besuch den Sie *[Rochlitz]* uns gönnten ein schöner Beweis daß wir uns im Lebensgange an einander nicht geirrt haben; es zeigte sich daß wir, wenn gleich in einiger Entfernung, par-allel neben einander fortgingen und, bey'm Wiederzusammentreffen, keiner am andern etwas Fremdes empfand; es war Ihnen bey mir behaglich, eben so mußt es wechselseitig seyn. Sie konnten *der Freund meiner Freunde* werden, es ergab sich alles ganz natürlich, ohne daß irgend etwas wäre auszugleichen gewesen [...].» (Goethe an *Rochlitz; 3. 7.*)

Montag, 29. Juni. Brief an *Geh. Oberregierungsrat Schultz:* «Mit der META-MORPHOSE DER PFLANZEN ist es wunderlich gegangen; diese Idee, wie man sie wohl nennen darf, wirkt nun schon, im Stillen und Halbverborgenen, durch Deutschland seit beynahe funfzig Jahren, und die *Franzosen* glauben, erst neuerlich a posteriori, wie man's heißt, darauf gekommen zu seyn. Genau genommen so haben sie solche eigentlich nur genutzt, sie ist in ihren Vorträgen wohl enthalten, aber nicht lebendig, welches mir zu wichtigen Betrachtungen Anlaß gegeben hat.» – Was Goethes FARBENLEHRE eigentlich ermangelte, war, daß sich nicht *ein Mann wie Chladni* ihrer bemächtigt hat und, mit einem aufwändigen Apparat durch Deutschland reisend, «durch das Hokus Pokus der Versuche die Aufmerksamkeit» erregt hätte. – Goethe berichtet von der Preisaufgabe der *Kaiserlichen Akademie der Wissenschaften* zu Petersburg [über die Theorie des Lichtes; → 17. 4. 27]. Er hatte schon damals vorhergesagt, daß sich die Aufgabe nicht lösen lasse, was nun von der *Akademie* selbst bestätigt wurde, die am 29. 12. 28 erklärte, daß bisher keine Zuschrift eingangen sei. – Brief an *Grafen Sternberg:* «Der größte Gewinn unsrer meteorologischen Anstalten war mir die Anerkennung des entschieden gleichförmigen Ganges der Barometer in Bezug auf ihre Höhenstellung über dem Meere. Ebendasselbe sagt die Vergleichung aller von mir sorgfältig gesammelten auswärtigen Beobachtungen. Ich finde mich im Stande, diese Gleichförmigkeit von Dublin bis Charkow nachzuweisen, und bin davon so überzeugt, daß ich unsre *Beobachter* darnach controllire und Tag und Stunde zu wissen glaube, wo nicht genau beobachtet worden [...]. – Die Winde stehen hierzu durchaus in Bezug [...].» – [Vermutliche Fortsetzung dieses Briefes, die allerdings erst am → 6. 7. mit einem Paket an *Sternberg* abgeht: Goethe bekennt, die Monatsschrift des vaterländischen Museums «immer mir wahrhaftem Antheil» verfolgt zu haben. Davon zeugt ein AKTENSTÜCK, das er am Schluß des ersten Jahres zusammendiktiert hatte (→ 2. 4. 28). Es enthält AUSZÜGE AUS DEN ERSTEN ZWÖLF HEFTEN FÜR EINE REZENSION in den Berliner Jahrbüchern. Doch beging Goethe hierbei seinen «alten Fehler» und «holte zu weit aus», so daß er in seinem Bestreben nicht zu Ende kam. Später schoben sich «tausend Obliegenheiten» dazwischen und nun muß Goethe JENES AKTENSTÜCK wirklich beilegen, um seinen «in's Stocken gerathenen guten Willen» zu bestätigen. – Goethe hatte sich gewünscht, die Zusammenkunft der *Naturforscher* möge in diesem Jahr in Prag abgehalten werden, damit sich die *«Masse nord- und westlicher gebildeter Deutscher»* davon überzeugen könne, «was im Osten vorzüglich ist ... – Ich getraute mir kaum zu sagen, wie seltsam der *protestantische Deutsche* sich Böhmen und die kaiserlichen Erblande denkt. Jene sind in ihren Preßfreiheits-Forderungen so leidenschaftlich, daß sie einen jeden für dumm halten, der nicht alles dumme Zeug lesen kann und darf. Als wenn das Leben im Lesen bestünde, und als wenn eine reine durchgreifende Thätigkeit nicht ohne die Quängeleyen der durcheinander schwirrenden Zeitschreiberei irgend nur deutlich wäre.» (WA IV, 45, 445 f.)] – «[...] *Schmeller* brachte *Hofrat Rochlitzens* wohlgerathenes Porträt. [...] Kunstsammlungen des *Nürnberger Sattlermeisters Moritz Alter.* Mittag *Hofrat Meyer, Dr. Eckermann* und *mein*

Sohn. Ich besah die neue Einrichtung im obern Stock [in der Wohnung der *jungen Goethes*]. Fuhr spazieren. Abends kamen die *Frauenzimmer [Schwiegertochter Ottilie* und *Ulrike v. Pogwisch]* mit den *Kindern* von Dessau zurück.» (Tgb)

Dienstag, 30. Juni. «Sprach die *sämtlich Angekommenen,* eins nach dem andern. [. . .] Es besuchte mich ein Engländer *Chambers Hall [Kunstkenner* und *Sammler;* geb. 1786], welcher mir Radirungen von *David Charles Read* vorlegte, einem *englischen in Rembrandts Geschmack arbeitenden Maler* [und *Radierer;* geb. 1790], besonders landschaftliche. Um 12 Uhr *Mr. H. Lombard* von Genf. Mittag mit der *Familie.* Kam *[Bildhauer] Herr Prof. Rauch.* Sodann [. . .] *[Kanzler] v. Müller.* Später der *Amerikaner Albert Brisbane,* welcher, mit der neuen französischen Philosophie bekannt, sich geistreich darüber unterhielt [Nach *Brisbanes* Reisebericht kommt dieser mit *einigen englischen Besuchern* und überreicht die *Readschen* Radierungen (vgl. GG 6364)]. *Herr Rauch* zeigte einige *Mantegnas.* Er hatte Gefallen an dem vortrefflichen Abguß des Igeler Monuments [→ 10. 5.]. Wurde die große Thätigkeit in Kunst und Technik im preussischen Staate besprochen.» (Tgb)

Anfang Juli. «Goethe genießt des herrlichsten Wohlseins, und wenn man sein frisches Gesicht, sein strahlendes Auge und seinen leichten Gang sieht, und wenn man an seinem Geist und den lebendigen Worten seines Mundes noch nicht die Spur von irgend einer Altersschwäche zu bemerken hat, so gibt uns dies die freudige Hoffnung, daß er noch viele Jahre unter uns bleiben und wirken werde.» (*Eckermann* an *Carlyle,* 2. 7.; GG 6366)

Mittwoch, 1. Juli. Brief an *Prof. Göttling:* Goethe sendet ihm «abermals EINIGES MANUSKRIPT» [das DRUCKMANUSKRIPT DER ERSTEN VIER MONATE DES ZWEITEN RÖMISCHEN AUFENTHALTS; → 27. 6.] zur Durchsicht. – «*Mein Sohn* fuhr mit *Herrn Rauch* nach Tiefurt. Die Mailändischen Mineralien kamen an, welche *Wölfchen* auspackte. *John* an PHILIPP NERI mundirend [→ 19. 6.]. *Prof. Rauch* mit *seinem Gehilfen [Ernst] Rietschel [Bildhauer;* geb. 1804. – «*Rauch* nahm mich *(Rietschel)* mit zu Goethe, dessen bekannte Statuette im Oberrocke etwas geändert werden sollte, da Goethe sich beklagt hatte, daß sie ihm zu dick erschiene [→ 19. 2.]. *Rauch* änderte, modellierte vorn und nahm ab, ich arbeitete etwas an der Rückenseite, während der alte Herr zwischen uns stand, liebenswürdig erzählte und dann Kupferstiche zeigte.» (*Rietschel:* Selbstbiographie; GG 6365)]. Dessen *[Rietschels]* Friese, den Einzug Christi in Jerusalem vorstellend, beschauend. Das Einzelne in Gedanken und Ausführung gebilligt, das Unternehmen im Ganzen bedauert [«Wenn man doch nur die Frömmigkeit, die im Leben so nothwendig und liebenswürdig ist, von der Kunst sondern wollte, wo sie, eben wegen ihrer Einfalt und Würde, die Energie niederhält und nur dem höchsten Geiste Freyheit läßt sich mit ihr zu vereinigen, wo nicht gar sie zu überwinden.» (an *Zelter,* 18. 7.)]. Mehrere Zeichnungen besehen. Manches Gute dabey vernommen. Von der Berliner Thätigkeit gränzenlose Relation, von dem was geschieht und geschehen soll genaue Nachricht. Mittag *jene beide, Hofrat Meyer, Coudray, Riemer.* Ersterer nahm Abschied für Karlsbad. *Mein Sohn* fuhr mit *Rauch* in den untern Garten, sich an den Rosenwänden zu ergötzen, und sodann weiter. Abends kamen wir zum Thee zusammen, *Frau v. Häseler* [geborene *Gräfin Beust?*] war gegenwärtig. Ich hatte nach Tische einen Theil der italienischen Mineralien in Ordnung gebracht und fuhr bis spät damit fort.» (Tgb)

Dienstag, 30. Juni / Mittwoch, 1. Juli. «*Rauch hat uns einen gar glücklichen Tag geschenkt und uns durch seine Mittheilungen in die Berliner Trunkenheit mit fortgerissen.*» (Goethe an *Zelter*, 2. 6.)

Donnerstag, 2. Juli. «[...] Burgemeister *[Bürgermeister] Kuhlenkamp* von Bremen. Nachricht von dem neuen Bremer Hafen [→ 14. 2.], Schiffahrt überhaupt, und Handelsverhältnisse eröffnet nach Brasilien. *Mein Sohn* beschäftigt mit Um- und Einräumen älterer Mineralien, um den neuen Platz zu machen. Mittag mit *Dr. Eckermann* allein. Nach Tische die italienischen Mineralien nach den Nummern gelegt [→ 1. 7.]. *Gräfin Caroline v. Egloffstein.* Einiges von der neusten französischen Litteratur, ingleichen das Neuste von Berlin. Persische Erzählungen durch *Rauch* von *Nicolovius* gesendet.» (Tgb)

Freitag, 3. Juli. «Die von *[Faktor] Reichel* gesendeten AUSHÄNGEBOGEN DER VERSCHIEDENEN WERKABTHEILUNGEN [DER AlH] in Ordnung gebracht.» (Tgb) – Brief an *Faktor Reichel:* «Der DREIßIGSTE BAND, ORIGINAL [DRUCKVORLAGE FÜR KAMPAGNE IN FRANKREICH und BELAGERUNG VON MAINZ (vgl. Hagen, zu 1525)], geht mit der heutigen fahrenden Post ab. – Den NEUNUNDZWANZIGSTEN BAND [den ZWEITEN RÖMISCHEN AUFENTHALT beinhaltend] wünschte solange als möglich bey mir zu behalten; haben Sie daher die Güte mir den Termin festzusetzen wann er nothwendig in Ihren Händen seyn muß, und er soll zur rechten Zeit eintreffen.» – Goethe dankt für die orthographische Berichtigung einiger Ortsnamen [in der ITALIENISCHEN REISE] und bittet um gelegentliche Rücksendung der ORIGINALE [DRUCKVORLAGEN]. – «[...] Die AGENDA recapitulirt. [...] Mittag *Dr. Eckermann.* Abends *Prof. Riemer.* EINIGES RÖMISCHE. Antheil desselben an dem kunstreichen Piedestal von Berlin gesendet. [...].» (Tgb)

Sonntag, 4. Juli. «Nach einer üblen Nacht im Bette geblieben. Unterhaltung mit der *Familie.* Die *Frauenzimmer [Schwiegertochter Ottilie* und *Ulrike v. Pogwisch]* erzählten viel von Dessau und Berlin [→ 29. 6.].» (Tgb)

Sonntag, 5. Juli. «Bey besserem Befinden das Nothwendigste beseitigt. *Oberbaudirektor Coudray,* den Gang der Gewerkschule vermeldend [→ 28. 6.]. Auch wegen *Kirchners* neustem Brief aus Paris sich besprechend [→ 7. 4.]. *Herr Hofrat Soret* von seiner Reise [in den Harz] erzählend, Grüße von *Hofrat Blumenbach* bringend, versichernd, daß die Reise dem *Prinzen [Karl Alexander]* sowohl geistig als leiblich wohlbekommen [→ 10. 6.]. *[Enkel] Walther* viel von Dessau referirend. *Ottilie* deßgleichen, auch sonstiges Hiesige besprechend. Mittag für mich. Nach Tische *Wölfchen,* sodann *Dr. Eckermann.* Ich las die angekommenen Vorlesungen von *Guizot, Villemain* und *Cousin* [→ 14. 6.]. Revidirte die italienischen Mineralien [→ 2. 7.]. Mit verschiedenen Entwürfen beschäftigt. [...].» (Tgb)

Montag, 6. Juli. Brief an *Sohn August.* Goethe erbittet durch diesen von *Oberbaudirektor Coudray* das Protokoll der letzten Versammlung der *Innungsvorsteher,* um seinen Bericht an den *Großherzog* zu beschleunigen [→ 28. 6.]. – Brief an *Carlyle:* Da sich die angekündigte Sendung verspätet hat [→ vielleicht Ende November 28/25. 6.], findet Goethe nun Gelegenheit, auch den ERSTEN BAND SEINES BRIEFWECHSELS MIT SCHILLER beizulegen. «Sie werden darin *zwei Freunde* gewahr werden, welche, von den verschiedensten Seiten ausgehend, sich wechselseitig zu finden und sich an einander zu bilden suchen.» – Außerdem sendet Goethe einige Aushängebogen der *[v. Teubernschen]* Übersetzung der Schillerbiographie von *Carlyle* [→ 21. 6.]. «Ist es mir möglich, so sag ich einige Worte zur Einleitung; doch es sind meine Tage so unverhältnißmäßig überdrängt, als daß ich alle meine Wünsche und Vorsätze durchführen könnte [→ 26. 1.].» – «Einige Geschäftssachen fortgeschoben. Gedichte des *Prinzen Johann [von Sachsen]* [...]. *Besuche,* das Porträt der *Frau v. Heygendorf* [von *Stieler*] zu sehen [→ 26. 6.]. Die Sache der *Hoffmannischen* Buchhandlung wegen Fortsetzung und Sonstigem der Entscheidung näher gebracht. Mittags *Eckermann* und die *Kinder. Mein Sohn* war der *Kronprinzeß der Niederlande [Anna Paulowna, Prinzessin von Oranien, Schwester Maria Paulownas]* entgegen gesendet. Ich regulirte einiges in der Kupfersammlung. Ich las *Delavignes* Marino Falieri, und bewunderte, wie er sich von seinem Vorbilde, der Tragödie *Byrons,* so völlig losgemacht und das Ganze aus dem innern geistigen Anschauen in ein äußeres Theaterschauen verwandelt habe. [...] *[Kanzler] v. Müller.* Später *Fräulein [Auguste] Jacobi. Hofrat Vogel.*» (Tgb)

Dienstag, 7. Juli. «*Ermer,* neue Copie der alten [Heilsberger] Inschrift bringend [→ 10. 4.]. *Lieber* mit dem gefirnißten Bilde *Prellers.* [...] *Dr. Weller.* Betrachtung der Heilsberger Inschrift.» (Tgb) – Brief an *Frau v. Pogwisch:* «Nach einer ganz ruhig und heilsam vorübergegangenen Nacht finde ich mich [...] in einem Zustande *Ihro der Frau Großherzogin Königlichen Hoheit [Luise]* nicht unziemlich aufzuwarten.» – Brief an *Grafen Sternberg:* Goethe teilt mit, daß im Kammerberger Steinkohlenwerk «ein tüchtiger Block eines versteinten vegetabilischen Wesens» gefunden worden ist. – «[...] Mittag *Dr. Weller.* Jenaische Verhältnisse, academische, städtische, bürgerliche, häusliche. Nach Tische in *Guizots* Vorlesungen fortgefahren [→ 5. 7.]. *Oberbaudirektor Coudray,* die Gewerbschulen-Angelegenheit betreffend [→ 6. 7.]. *Prof. Riemer.* EINIGES AUF ROM BEZÜGLICHE. Einiges allgemein Sittliche, auch Litterarische [→ 3. 7.] [...].» (Tgb)

Mittwoch, 8. Juli. Brief an *Grafen Sternberg:* Goethes Zweifel bezüglich SEINER ARBEITEN ÜBER DIE MONATSSCHRIFT DES VATERLÄNDISCHEN MUSEUMS wandeln sich nun, da das AKTENSTÜCK abgegangen ist, in Sorge [→ 29. 6.]. Hiervon möchte er sich durch den Vorschlag befreien, seine Vorarbeiten *einem Mitarbeiter der Zeitschrift,* der mit dem gesamten bisherigen Inhalt derselben vertraut ist, zu «einer Art von Redaction und Ausfertigung» zu übergeben. Goethe selbst wäre gern bereit, das Resultat noch einmal durchzusehen und nach Berlin zu senden. – «Noch habe schließlich zu melden daß ich meine Stellung gegen Geologie, Geognosie und Oryctognosie klar zu machen suche, weder polemisch noch conciliatorisch sondern positiv und individuell; das ist das Klügste was wir in alten Tagen thun können.» – «[...] *Frau Großherzogin Mutter [Luise]* und *Frau Generalin v. Egloffstein.* Zeigte die *Stielerischen* Porträte vor und das letzte *Zahnische* Heft. Fuhr mit *Ottilien* spazieren. *Oberappellationsgerichtsrat v. Schröter* aus Jena, *Herrn* und *Madame Schwarz,* bey Dresden wohnhaft, vorstellend. Speiste für mich und las die neuste französische Sendung. Die Vorlesungen der *Herren Guizot, Villemain* und *Cousin* und die

Revue Française. *Herr Soret* einige angenehme Mineralien vom Harze bringend, die italienischen durchschauend, beurtheilend und zum größten Theile
billigend [→ 5. 7.]. *Mein Sohn* theilnehmend. Sodann für mich jene Lectüre
fortsetzend.» (Tgb)

Donnerstag, 9. Juli. «Wunderbares Schreiben von *Kurowski-Eichen*, abge-
sendet von Erfurt. Im französischen Lesen fortgefahren. Einiges Bibliotheks-
geschäft mit *Kräuter* abgeschlossen. Dictirt und Munda. *Frau Großherzogin
[Maria Paulowna; → 7. 7.]*, nachher *Herr Großherzog [Karl Friedrich]* und
Demoiselle Mazelet. Spazieren gefahren mit *Wölfchen.* Mit demselben zu
Tische. Nachmittags Revue Française. [...].» (Tgb)

Freitag, 10. Juli. «[...] Briefconcepte. PHILIPP NERIS LEBEN IN EINIGEN
PUNCTEN NÄHER BETRACHTET [→ 1. 7.]. *Frau Großherzogin [Maria Paulowna]*
sowie die *Frau Kronprinzessin der Niederlande [Anna Paulowna].* Allein um's
Webicht ausgefahren. Mittag für mich. Nach Tische *Kefersteins* neustes Heft
[«Teutschland geognostisch-geologisch dargestellt»] mit großer Zufriedenheit
gelesen, da es ein Zeugniß ablegt, er beuge seine Kniee nicht vor Baal dem
Erschütterer [«... habe mit Vergnügen zu vermelden daß *Keferstein* ...,
sich ... gegen das Heben und Schieben, Brennen und Sengen deutlich erklärt
und bey einer ruhigern, menschenverständlichern Ansicht treu und fest hält.»
(an *Soret*, 1. 8.)]. Verzeichniß der Fossilien bis Buchstaben M. [...].» (Tgb)

Samstag, 11. Juli. Brief an *v. Quandt:* Goethe kündigt zwei Bilder von
Luise Seidler und *Preller* für die Teilnahme an der Ausstellung [des *Sächsischen
Kunstvereins*] an. – Wegen der Preisaufgabe könnte *Böttiger* ersucht werden,
«ein Halbduzend Gegenstände zu solchem Zweck auszusprechen. Man würde
sich dabey in Concreto besser verständigen und vielleicht vereinigen. [...]
Daß man Preisaufgaben aufgestellt und daß sie zu ihrer Zeit genutzt, wird
nicht geläugnet, das aber beweist noch nicht daß der *Dresdner Verein* 1829 dergleichen aufgeben sollte [→ 10. 12. 28].» (WA IV, 46, 297f.) – «Besuch von
dem *Musikmeister Xaver Schnyder von Wartensee [schweizerischer Musiker, Komponist und Schriftsteller; geb.* 1786] einiges von Frankfurt bringend, anderes
erzählend [«Als die Sprache auf eine vor wenig Jahren verstorbene, ihm sonst
sehr liebe Jugendfreundin (vermutlich *Charlotte v. Stein*) kam, so verlor er sich
in der Betrachtung, wie alles Nahe und Liebe ihm voran in das Grab sinkt, er
allein einsam übrig bleibt, und ein Anflug von ... Wehmut kam über ihn. Er
entriß sich bald dieser ihm vielleicht unlieben sentimentalen Stimmung ...
Zum Schlusse übergab ich ihm einige Kompositionen von mir zu einigen von
SEINEN GEDICHTEN, und erzählte ihm die ... Geschichte der Entstehung meiner zwei Kompositionen SEINES HEIDERÖSLEINS, und fragte ihn, welche
Farbe, die sentimentale oder die humoristische, die rechte sei. Er
antwortete...: Beides ist gut und recht, man kann das GEDICHT nehmen, wie
man will. Ich fordere bei meinen Sachen nicht, daß alle sie durch dasselbe Glas
betrachten sollen, jeder mag daraus entnehmen, was *er* darin findet, und dieses
ist dann für ihn das Wahre.» (*X. Schnyder v. Wartensee* an K. J. Blochmann; GG
6368)]. [...] An *Frau Großherzogin [Maria Paulowna]* in Belvedere, die Acten
wegen der Gewerkschule gesendet [→ 7. 7.] [...]. *Fürst Meschtschersky* und
Sohn. Spazieren gefahren mit *meiner Schwiegertochter.* Mittag Herr *Hofrat Vogel.*
Abends zum Thee *Graf Reinhard [d. J.]* und *Schwester [Sophie Caroline v. Die-*

mar], *Fräulein [Auguste] Jacobi*, [...] *[Kanzler] v. Müller* und der *Schweizer Musikus von Wartensee*. Später für mich, einen Brief von *Grafen Reinhard* überlegend.» (Tgb)

Sonntag, 12. Juli. «Einiges dictirt. Sodann in den untern Garten, wo ich das Vorliegende bedachte [...]. Blieb allein bis gegen Abend. Besuchte einige Stellen des Parks und erinnerte mich, was Baumgruppen betrifft sowie die Beleuchtung der großen Massen, der allerbesten Arbeiten in diesem Fache. Merkwürdig waren mir einige auffallende, einzige, sogar malerische, aber nicht zu malende Effecte. Besuch von *Herrn [Chemie-]Prof. Goebel* aus Dorpat, welcher mit seinen dortigen Verhältnissen sehr wohl zufrieden zu seyn sich aussprach.» (Tgb)

Vermutlich vor Montag, 13. Juli. «[...] als [...] der *H[err] G[eh.] R[at] v. M[üller]* zu Tische da war und der *Sohn* mit letzteren in ein amtliches Gespräch sehr verwickelt waren, und beide waren so angelangt, daß sie sich zankten: Goethe hatte lange ganz geduldig zugehört, auf einmal stand er auf, trat vor die Streitenden mit den Worten, sie sollten nun ruhig sein, und wies *seinen Sohn* die Türe, ich *[Diener Friedrich]* räumte den Tisch ab, *sein Sohn* ließ sich's nicht zweimal heißen, ging mit den Worten: Ich habe nun vierzig Jahre geschissen und weiß, was ich zu tun habe, und lasse mir auch nicht sagen, *v. Müller* nahm seinen Hut und ging auch. Ich hätte auch niemanden raten mögen, sich gegen Goethen zu widersetzen. [...] Wie ich Goethen zu Bette brachte, befahl er mir an, daß er morgen im Garten ziehen wolle, ich möchte mich selbst einrichten, [daß er] gleich nach dem Frühstück nunter gehen könnte.» (*Friedrich Krause:* Bericht; GG 6683; vgl. auch GG 6678)

Montag, 13. Juli. «Einiges dictirt. In den unteren Garten, daselbst zu verweilen Anstalt gemacht und die nöthigen Einrichtungen getroffen. [«Ich habe mir hier in meinem Erdsälchen das alte und neue Rom in weitschichtigen Bildern, nicht weniger das alte Italien und Latium vor Augen gehängt und gestellt; viele Bücher dieses Inhalts und Sinnes um mich versammelt und belebe so möglichst die Erinnerungen an meinen zweyten Aufenthalt in Rom ...» (an *Zelter*, 18. 7.)]. Besuch von *Herrn Soret* und *seinem fürstlichen Zöglinge [Karl Alexander]*. Unterhaltung über die Localitäten von Rom nach den aufgehängten Bildern. Ich fuhr selbst fort hierüber nachzudenken. Speiste allein. Abends *Herr Oberbaudirektor Coudray. Graf Reinhard der Jüngere*, einen Brief an *seinen Herrn Vater* mittheilend. Blieb die Nacht daselbst.» (Tgb)

Dienstag, 14. Juli. «An den nächsten Arbeiten fortgefahren. [...] Mittag allein gespeist. Römische Antiquitäten. Abends *meine Schwiegertochter* und *Fräulein Alten* von Hannover. [...].» (Tgb)

Mittwoch, 15. Juli. Brief an *Eckermann:* «Setzen Sie, *mein guter Doktor,* Ihre Luft- und Lustwanderungen so lange fort, bis Sie die guten Wirkungen derselben leiblich und geistig empfinden [*Eckermann* klagt im Brief vom 8. 7. über seinen schlechten Gesundheitszustand, besonders über zerrüttete Nerven. Er lebt bis zum → 30. 8. ganz zurückgezogen im Schmerz um seine unerfüllte Liebe zu der jungen *Schauspielerin Auguste Kladzig.* (vgl. Houben, 349 ff.)]. – [...] fassen Sie den eigentlichen Begriff [im Gedicht an *König Ludwig I. von Bayern*] recht klar, lassen Sie aber als Hauptinhalt Freude und Dankbarkeit der *Meinigen* für die Königliche Gabe [Kopie des *Stielerschen* Goetheporträts; →

26. 6.] entschieden hervortreten.» – «An der Arbeit fortgeschritten. *Frau Großherzogin [Maria Paulowna]* und *Erbprinzeß der Niederlande [Anna Paulowna].*
Sodann *Herr Großherzog [Karl Friedrich].* Mittag für mich. Römische Antiquitäten. [...] hatte mich *Herr Hofrat Vogel* besucht. Abends in die Stadt gefahren. Einiges herausgeholt.» (Tgb)
Donnerstag, 16. Juli. «Kam die entoptische Maschine von [*Optiker Nickel*
aus] München an [die «der künstlerischen Sorgfalt des *Verfertigers* das beste
Zeugniß gibt» (an *Stieler*, 28./30. 7.)]. [...] untersuchte sie. Wahr sehr wohl
gerathen [→ 24./26. 1.]. Einiges Prismatische. [...] Mittag für mich. Beschäftigte mich mit dem angekommenen Instrumente und machte noch einige
chromatische Versuche. Anmeldung eines *Herrn [Philipp Willem] van Heusde*
[geb. 1778], *Professor der alten Literatur* zu Utrecht. [...] *[Kanzler] v. Müller,* die
bevorstehende Abreise *seines Sohns* nach Livorno besprechend. Ich las nachher
in dem Werke [«Brieven over den aard en de strekking van hooger onderwijs»]
des *genannten Niederländers.*» (Tgb)
Freitag, 17. Juli. «[...] Das Hygrometer aus der Stadt hergeschafft. Kamen
die VIER ERSTEN MONATE [des ZWEITEN RÖMISCHEN AUFENTHALTS; → 1. 7.]
von *Herrn Prof. Göttling* zurück. Betrachtung hierüber. *Herr van Heusde* und
Sohn. Der *Vater* noch ein *Schüler von [Philologen] Wyttenbach,* bey dem reinen
Studio *Platons* verharrend, deßhalb auch *alle neue Platoniker* und in Gefolg
dessen *Herrn Creuzers* Bemühungen ablehnend. Mittags für mich. Las im *[J.
J.] Volkmann* [«Historisch-kritische Nachrichten von Italien...», Goethes
Reisehandbuch in Italien; → 12. 9. 86] weiter. Ging das Werk des *[D.] Fontana*
durch, die Bauwerke *Sixtus' V.* darstellend [«Della trasportazione dell'obelisco
Vaticano...», 1590]. Kam *mein Sohn,* und wurden mit demselben die Ver-
handlungen des *landwirtschaftlichen Vereins* und Sonstiges durchgesprochen.
Kam *Ottilie* und *Walther* auf einen Augenblick, vom gestrigen Ball erzählend.
Prof. Riemer, die NEUSTEN BOGEN durchgehend; den RÖMISCHEN AUFENT-
HALT, dortige Gefühle und Gesinnungen besprechend.» (Tgb)
Donnerstag, 16. / Freitag, 17. Juli. Brief an *Karl Friedrich:* Goethe berich-
tet über das bisher zur Vorbereitung einer Gewerbeschule Geleistete [→ 7. 7.].
– «Sollten *Ew. Königliche Hoheit* nunmehr die gemeldeten Vorschläge gnädigst
genehmigen und die Auszahlung der hiezu erforderlichen 300 Taler Großher-
zoglicher Kammer gnädigst befehlen, so könnte eine schon längst gewünschte
Anstalt ungesäumt begründet und in Thätigkeit gesetzt werden.» («Zum 24.
Juni 1898. Goethe und Maria Paulowna.», S. 100 f.)
Samstag, 18. Juli. «Einige Correcturen und Redaction [des ZWEITEN
RÖMISCHEN AUFENTHALTS?]. Die *Herren Döbereiner, Göttling, Niemeyer [d. J.].*
Mannigfaltige auf die Geschäfte *genannter Herren* bezügliche Gespräche. Kam
Wölfchen aus der Stadt und brachte einige Briefe, worunter ein gehaltreicher
von *Zeltern.* In Betrachtung derselben und anderes Eingekommenen verging
die Zeit. Mittag *Hofrat Vogel* und *Wölfchen.* Mit ersterem Verhandlung über
sein neustes Werk [→ 30. 5.]. Andere Krankheits- und Curfälle. Schreiben an
Zeltern dictirt.» (Tgb): «Die *jungen Almanachs-Männer* sollen mir durch dein
Wort so weit empfohlen seyn [*Zelter* hatte seinem Brief vom 12. 6.–16. 7. ein
Schreiben von *H. Stieglitz* mit der Bitte um Vermittlung Goethescher Beiträge
zum «Berliner Musenalmanach für das Jahr 1830» beigelegt] [...]. Find ich

etwas, wär es auch nicht von Belang, aber doch nicht ohne Bedeutung, so send ich es noch zur rechten Zeit. Ich habe es dem *alten Gleim* von Grund aus verdacht daß er seinen Namen, unter den geringfügigsten Dingen, bis in's hohe Alter in den Taschenbüchern fortwalten ließ [...]. Diese widerwärtige Erinnerung macht mir unmöglich auf gleiche Weise zu verfahren. [...]. – Daß du [im o. g. Brief] auf den ZWEITEN FAUST zurückkehrst, thut mir sehr wohl; es wird mich das anregen, manches andere zu beseitigen und wenigstens das Allernächste was hieran stößt bald möglichst auszufertigen. Der ABSCHLUß ist so gut wie ganz vollbracht, VON DEN ZWISCHENSTELLEN MANCHES BEDEU-TENDE VOLLENDET, und wenn man mich von Seiten höchster Gewalten auf-fangen und auf ein Vierteljahr einer hohen Festung anvertrauen wollte, so sollte nicht viel übrig seyn. Ich habe alles so deutlich in Herz und Sinn daß es mir oft unbequem fällt [→ 14. 10. 28]. – [...] Es gereicht mir zur innigen Freude, daß *Prinzeß Auguste* [am 11. 6. mit *Friedrich Wilhelm von Preußen* ver-mählt; → 7. 6.] dir mit Ihren Vorzügen so glücklich erschienen ist; sie verbin-det frauenzimmerliche und prinzeßliche Eigenschaften auf eine so vollkom-mene Weise daß man wirklich in Verwunderung geräth und ein gemischtes Gefühl von Hochachtung und Neigung in uns entsteht.» – «[...] *Fräulein [Auguste] Jacobi* besuchte mich und sprach von den Verhältnissen und Ereig-nissen ihres hiesigen Aufenthalts, klar, gemäßigt und verständig.» (Tgb)

Sonntag, 19. Juli. «[...] Besonders den DECEMBER DES RÖMISCHEN AUFENT-HALTS REDIGIRT, ausgestattet und geheftet. Der *junge v. Müller* nach Livorno gehend nahm Abschied zugleich mit *seinem Begleiter*. [...] Hierauf *[Eduard] Graf Hoverden-Plenken, Königlich Preußischer Kammerherr* und *Geh. Rat des Oberlan-desgerichts von Schlesien [Jurist]. Herr Hofrat Döbereiner.* Sodann *Prof. Göttling* und *Niemeyer [d. J.].* Letzterer Abschied nehmend, indem er nach Halle an's Päd-agogium berufen ist. *Musikdirektor Eberwein,* wegen der ERSTEN SZENE VON FAUST und deren Composition [für die Weimarer Aufführung; → 27. 3.] sich besprechend [«Ich *(Musikdirektor Eberwein)* meldete ihm (vermutlich am 19. 7.), daß es mir jetzt gelungen sei, im ERSTEN AKTE die gewünschte melodramatische Behandlung eintreten zu lassen. So werde der Erdgeist, indem er singend auf-trete, in jeder Beziehung einen Gegensatz zu *Faust* bilden. Goethe genehmigte nicht nur meine ganze Auffassung, sondern versprach auch, er wolle mir noch EINIGE ZUSÄTZE schicken, die ich auch bald erhielt. Der eine wird da gesungen, wo *Faust* im Begriff ist, den Kontrakt mit *Mephisto* abzuschließen; der andere kommt am SCHLUSSE DER VORSTELLUNG vor.» (*K. Eberwein:* Die Musik zum Goetheschen Faust, 1853; GG 6369)]. Mittag für mich. War ein sehr angeneh-mes Büchlein: Ferienschriften von *Karl Zell,* zweyte Sammlung, angekommen. Nach Tische *Herr Kanzler [v. Müller]* und *Ottilie.* Später *Oberbaudirektor Cou-dray,* von einer Expedition nach Berka erzählend.» (Tgb)

Montag, 20. Juli. «Neu Unternommenes angegriffen. Kam der dritte Theil *Calderons* [hrsg. von *J. G. Keil*] von *[Buchhändler] Ernst Fleischer. Sekretär Kräuter* wegen einiger Bibliotheksangelegenheiten. Der *Buchbinder* hatte den 4. UND 5. BAND DER SCHILLERISCHEN CORRESPONDENZ gebracht. *Zells* Ferienschriften hinausgelesen. Mittag für mich. Neue Arbeit fortgesetzt und weiter bedacht.» (Tgb)

Dienstag, 21. Juli. Brief an *Prof. Göttling:* Goethe übermittelt eine weitere

Sendung [das DRUCKMANUSKRIPT DER MONATE OKTOBER, NOVEMBER UND
DEZEMBER DES ZWEITEN RÖMISCHEN AUFENTHALTS (Hagen, zu 1568)] zur
Durchsicht. – Brief an *Schuchardt:* Goethe hofft, daß dieser sein ausführliches
Tagebuch [seines Dresdner Aufenthalts] fleißig fortsetzen wird. – «[...] *Frau
Großherzogin Mutter [Luise],* im untern Sälchen mit den Bildern beschäftigt.
Mittag für mich. Abends *Prof. Riemer.* Sodann *Ottilie* mit Nachstehenden: *Mr.
und Mrs. Parry, Mr. Frederik Parry, Mr. Crosbie, Mr. Foley [Fowley?], Mr. Mead,
Alwine Frommann. Herr Kanzler v. Müller.* Mit *Prof. Riemern* das Büchlein von
Zell besprochen [→ 20. 7.].» (Tgb)
Mittwoch, 22. Juli. Brief an *Anatomieprof. Huschke:* Goethe ersieht aus dem
Vermehrungsbuch, daß sich der *Adressat* «mit steter Aufmerksamkeit»
bemüht, das Anatomische Museum «immer mehr zu vervollkommnen.» –
Über die angeregte Anlegung einer Eisgrube bei der Anatomie soll nähere
Erörterung gepflogen werden, doch kann sich Goethe nicht dafür verwenden, inzwischen die Eisgrube im Botanischen Garten zu nutzen, da diese für
den Bedarf des *großherzoglichen Hofes* bestimmt ist, wenn er sich in Jena befindet. (Wissenschaftliche Zeitschrift der Friedrich-Schiller-Universität Jena, 6.
Jahrgang, Heft 1/2, Mathematisch-naturwissenschaftliche Reihe) – «[...] *Hofrat Soret* manches besprechend. Um 12 Uhr *Ihro Königliche Hoheit [Maria Pau-
lowna]* und *Demoiselle Mazelet.* Mittags allein, lesend in der Bibliothèque universelle. *Herr Hofrat Soret,* besprechend die verschiedenen Mineralien, die er
gesendet hatte. Abends *Herr* und *Frau v. Varnhagen, Frau v. Zielinska;* nachher
Ottilie, Frau und *Fräulein v. Spiegel, Fräulein v. Herder, Herr [George] Seymour.*
Thee vorgesetzt. Interessantes Gespräch mit *Herrn v. Varnhagen* über die
WANDERJAHRE und die CORRESPONDENZ [ZWISCHEN GOETHE UND SCHIL-
LER].» (Tgb)
**Donnerstag, 12. Juni 1828, bzw. Sonntag, 18. Januar 1829 / Mittwoch,
22. Juli.** ABSCHNITT TEILNAHME DER ITALIENER AN DEUTSCHER LITERATUR
DES AUFSATZES STUDIEN ZUR WELTLITERATUR [→ 8. 5. 26].
Donnerstag, 23. Juli. Brief an *v. Quandt:* Goethe kündigt einige Arbeiten
[geschnittene Steine] von *[Hofmedailleur] Facius* [für die Ausstellung des *Säch-
sischen Kunstvereins*] an, die dem Hauptzweck des *Adressaten* zwar nicht dienen
können, doch würde der Ankauf eines Steines durch einen *Liebhaber* den
Künstler erfreuen und aufmuntern. – Brief an *Hofrat Meyer:* Goethe bittet ihn,
gegenüber der *Großherzogin* [die in Kürze nach Karlsbad reist, wo sich *Meyer*
bereits befindet] auszusprechen, «wie ich von dem fortgesetzten gnädigen
Vertrauen gerührt bin und wie ich mich Höchstderselben zu allen und jeden
Diensten aufs treulichste verpflichtet fühle». – Goethe berichtet über verschiedene neuangekommene Kunstgegenstände. – «Die neue Arbeit fortgeführt. Leben des *Peter Cornelius* fortgesetzt. Mittag für mich. Nach Tische
[...] *[Kanzler] v. Müller.* Nachher *Fräulein [Auguste] Jacobi.* Sodann [...] der
Großherzog [Karl Friedrich]. Später *Ottilie* mit *Herrn* und *Frau v. Varnhagen,*
auch *Frau v. Zielinska.*» (Tgb) – «[...] kam *[Enkel] Walther* zum erstenmal mit
Herrn Schmidt zu uns, um mit dem *Prinzen [Karl Alexander]* eine gemeinschaftliche Stunde zu haben ... Goethe ist mit diesem gemeinsamen Unterricht sehr einverstanden, vorausgesetzt, daß er nicht zu oft stattfindet und
nicht in Rivalität ausartet.» (*Soret an Ottilie v. Goethe,* 31. 7.; GG 6373)

Freitag, 24. Juli. «[...] *Cornelius'* Leben geendigt. Besuchte mich *Dr. Weller; Sekretär Kräuter*, einiges Geschäftliche [...]. *Compter* von Jena, wegen einiger Ausbesserung seines Quartiers. Briefe von *Adele [Schopenhauer], Rochlitz* und *Schuchardt*. Mittag für mich. Verschiedenes gelesen. Oberbaudirektor *Coudray*, der sich an den italienischen Antiquitäten und *Rauchs* letzten Hälfte erfreute. *Prof. Riemer*, welcher sich daran gleichfals ergötzte, sodann manches Litterarische und Antiquarische mittheilte.» (Tgb)

Samstag, 25. Juli. «In der Revue Française gelesen. Den Aufsatz de l'Etat des Opinions. [...] Kam *mein Sohn*. Wir besprachen mehrere Geschäfte und andere Angelegenheiten. Besuchte mich *Herr Ludwig Cauer, Direktor einer Erziehungsanstalt zu Charlottenburg* [...]. Ich fuhr fort in den angekommenen *[Branschen]* Heften zu lesen. Mittag *Hofrat Vogel*. Tabelle seiner neuen Therapie. Später *Landgerichtsrat Esser* von Trier [...]. Kam zugleich *Rat Töpfer* mit und *mein Sohn*. Blieb Abends allein. Fing an die neue Ausgabe von *[Louis de Rouvroy Herzog von] Saint-Simon* [«Mémoires complets et authentiques sur le siècle de Louis XIV. et la régence», 1829/31, erste authentische Ausgabe der «Mémoires», hrsg. von *Sautelet;* → 19. 3. 12] zu lesen. *Schmeller* hatte den schattirten Charon gebracht.» (Tgb)

Sonntag, 26. Juli. «An gestriger Lectüre fortgefahren. Einiges an der neuen Arbeit. Malerische Reise durch Jameika [«A picturesque Tour ... in the years 1820 and 1821», 1825] von *[J.] Hakewill.* Der Lauf der Seine und die neuen Straßen in Graubünden [in: *J. J. Meyer*, «Die neuen Straßen durch den Canton Graubünden ... mit Erklärungen von *J. G. Ebel*», 1825]. Kamen die *Enkel [Walther* und *Wolf]*, mit mir zu speisen. Ich las weiter in den Memoiren von *Saint-Simon*. Gegen Abend *v. Froriep, Vater, Sohn* und *Tochter, Gräfin Henckel, Gräfin Schulenburg* [die *Oberhofmeisterin?*] und *Ottilie*.» (Tgb)

Montag, 27. Juli. «Mémoires de *Saint-Simon* geendigt. Verschiedenes vorbereitet und dictirt. *[Gartenbau-]Inspektor Weise* wegen Portos bey der Militär-Bibliothek. Um 12 Uhr mit *Ottilien* um's Webicht, sodann in die Stadt. Speiste mit der *Familie*. Besorgte manches und fuhr Abends wieder heraus. – An *Gräfin Caroline Egloffstein* nach Karlsbad [den Auszug eines Briefes von *v. Rochlitz* an Goethe vom 23. 7., in dem dieser die Bekanntschaft mit der *Adressatin* preist].» (Tgb)

Dienstag, 28. Juli. «*Saint-Simons* 2. Theil angefangen.» (Tgb) – Brief an *Jakob* und *Marianne v. Willemer:* Goethe erklärt [auf Anfrage *Jakob Willemers*, der einen Besuch Goethes in Frankfurt erhofft (vgl. Weitz, S. 211)], daß er sich in diesem Jahr «schwerlich» aus Weimar entfernen wird. «Ich bin in meinen Garten am Park gezogen, und lebe da in continentaler, durch die schmächtige Ilm ruhig bewässerter, Wiesen-Wälder- und Buscheinsamkeit [...].» – Brief an *v. Rochlitz:* Goethe dankt, daß dieser ihm die Stellen bezeichnet hat, die er sich in den NEUEN WANDERJAHREN angeeignet hat. «Eine ARBEIT wie diese, die sich selbst als collectiv ankündiget, indem sie gewissermaßen nur zum Verband der disparatesten Einzelnheiten unternommen zu seyn scheint, erlaubt, ja fordert mehr als eine andere daß jeder sich zueigne was ihm gemäß ist, was in seiner Lage zur Beherzigung aufrief und sich harmonisch wohlthätig erweisen mochte.» – Als Goethe die angedeuteten Stellen wieder aufschlug, «war es eine angenehme Unterhaltung mit einem *abwesenden Freunde*, wo ich, in Spie-

gelung und Wiederschein, gleiche Gesinnung, gleiches Bestreben, zu eigner
Bestärkung gewahrte. Denn [...]: was ich in MEINEN SCHRIFTEN niedergelegt
habe ist für mich kein Vergangenes, sondern ich seh es, wenn es mir wieder
vor Augen kommt, als ein Fortwirkendes an, und die Probleme, die hie und
da unaufgelöst liegen, beschäftigen mich immerfort, in der Hoffnung daß, im
Reiche der Natur und Sitten, dem *treuen Forscher* noch gar manches kann
offenbar werden.» – Brief an *Stieler:* Goethe berichtet, daß das Porträt [Kopie
des Goethe-Porträts von *Stieler;* → 6. 7.] jetzt, «da es in den Zimmern *meiner
Tochter [Ottilie]* aufgehängt ist, gleichsam an Werth [wächst], indem sich jedermann daran erfreut und die *Meinigen* es als ein Capital ansehen können, von
dem sie, für ewige Zeiten, für sich und andere die erfreulichsten Zinsen an
Erinnerung, Wohlbehagen und Dankbarkeit zu gewinnen im Fall seyn werden.» – Das Bildnis der *Frau v. Heygendorf* ist «nicht mit geringerer Theilnahme» empfangen worden [→ 26. 6.]. Goethe behielt es einige Tage in seinem Hause, doch wurden die «Wallfahrten» dazu so häufig, daß er es zur
öffentlichen Beschauung ins Museum senden mußte. – «Mittag *Herr* [...]
[Kanzler] v. Müller. Verschiedentliche Mittheilungen. Gegen Abend *[Gymna-
sial-]Prof. Wolff* mit [Lücke im Text, dafür: *Dr. Adolph Wagner, der Herausgeber*
des «Parnasso italiano»; → 11. 10. 27] von Leipzig, welcher von dortigen
Zuständen einsichtige Nachrichten gab. Der *Mann* gefiel mir so gut und besser
als jemals. [...] *Prof. Riemer* [...]. Hiezu *Herr Kammerdirektor Stichling, Ottilie,
Frau Rat Vulpius* und *Frau Prof. Riemer.* [...] Blieben bis 8 Uhr. Ich fuhr fort
in den Memoiren von *Saint-Simon* zu lesen.» (Tgb)

Mittwoch, 29. Juli. «EINIGES ZUM APRIL 1788 [für den ZWEITEN RÖMI-
SCHEN AUFENTHALT; → 19. 7.]. Den Beytrag zum Berliner Almanach bedacht
und gefördert [→ 18. 7.]. Betrachtung der keimenden vicia faba in Bezug auf
Ernst Schulzens Anfrage. [...] Um 12 Uhr holte mich *Ottilie* ab. Ich fuhr mit
ihr in die Stadt, speiste daselbst. [...] Ordnete die Münzsammlung zurück in
die Schatulle. Mancherley botanische Betrachtungen. Abends mit *Wölfchen* im
Garten. *Herr* und *Frau Minister v. Gersdorff, Tochter [Cäcilie Luise Caroline?;*
geb. 1821] und *Söhne* zum Thee. Unterhaltung über die Bilder von Rom,
wobey sich *Herr v. Gersdorff* seiner dortigen Anwesenheit erinnerte. Über
französische Litteratur, auch sonstige neuere Weltereignisse. – [An] *Herrn Dr.
Körner* nach Jena [mit der Bitte, Prismen für optische Versuche zuzurichten]
[...].» (Tgb)

Donnerstag, 30. Juli. «Memoiren de *Saint-Simon* [→ 28. 7.]. BETRACHTUN-
GEN ZU § 17 DER METAMORPHOSE [vermutlich AUFSATZ BEMERKUNGEN ZU
DEM 15. PARAGRAPHEN MEINER PFLANZENMETAMORPHOSE AUF ANREGUNG
HERRN ERNST MEYER; → 26. 6.]. SCHEMATA ZU DEM APRIL. Allein um's
Webicht gefahren. Mittag für mich. Nachricht von der gefährlichen Krankheit
des *Hofbildhauers Kaufmann*.» (Tgb) – Brief an *Hofrat Vogel:* Goethe ersucht
ihn, «sich zu dem *Hofbildhauers Kaufmann* zu verfügen, welcher mir als dem
Tode nah angekündigt wird», und von dessen Zustand Nachricht zu geben
(Raabe 1, 558) – «*Hofrat Vogel* mich deßwegen besuchend. Botanische Betrach-
tung der Lilienstengel, ingleichen der Stengel des Wollkrauts. Abends ein *Engländer J. Guillemard.* Ein *feiner umschriebener reinlicher Mann* in den Sechzigern
[Gespräch über *Thomas Campbells* Gedichte (vgl. GG 6376)] [...].» (Tgb)

Freitag, 31. Juli. Brief an *Bankier Mylius:* «[...] darf ich ja wohl den Namen *Carl August,* in welchem wir denn doch eigentlich vereinigt sind, nochmals aussprechen; es ist nun schon ein Jahr daß wir ihn vermissen [→ 15. 6. 28], an dessen Schluß wir jedoch, zu unsrer Beruhigung [...] bekennen dürfen: dasjenige, was er so großartig eingeleitet, werde, mit aller Anerkennung, in sichern, zum Zweck führenden Schritten, weiter bewegt, so wie das Bestehende aufrecht gehalten.» – «[...] EINIGES ZUM APRIL. [...] *Frau Hofrat Rehbein,* welche nach Eger zu gehen gedachte. Besuchte mich *Wölfchen.* Holte mich um 12 Uhr *Ottilie* ab und fuhren um's Webicht. Besprachen die Tagsverhältnisse und anderes. *Wölfchen* blieb bey mir zu Tische. *Frau* und *Fräulein v. Diemar* [letztere *Schwester Georg v. Diemars, des Schwiegersohnes des Grafen Reinhard*] gegen 6 Uhr. Ich blieb für mich. Bedachte manches und las in den Memoiren de *Saint-Simon* weiter den 3. Theil.» (Tgb)

Vermutlich Ende Juli. Goethe bemerkt: «Wenn man den *Souverän* einschränkt, so muß man durch Patriotismus (Aufopferung) ihn übertreffen. Sie wollen, daß das Rechte geschehe, sie selbst aber wollen nichts dafür tun. Der *Einzelne* darf sich (dem *Fürsten*) nicht zur Wehre setzen und verhindern, daß das Rechte geschehe, wenn er nichts dafür tun will, daß es geschähe.» (*Riemer:* Tagebuch, 31. 7.; JbSK 4, 56)

Vermutlich Mai/Juli. AUFSATZ ANALYSE UND SYNTHESE [postum veröffentlicht].

Samstag, 1. August. «EINIGES ZUM RÖMISCHEN AUFENTHALT. *Dr. Eckermann* schickte das vorseyende Gedicht zum Theil [«von den *Stielerschen* Gedichten vorläufig das Mittelstück nämlich das Gedicht über das Bild selbst (→ 15. 7.)» (*Eckermann* an Goethe, 31. 7.; WA IV, 46, 311)]. [...] DICTIRTE EINIGES ZU DEM SCHILLERSCHEN LEBEN VON CARLYLE [→ 6. 7.]. Mittag für mich. [...] Ich fuhr fort an den Memoiren de *Saint-Simon.* Las in *Lamartines* Gedichten [vgl. Keudell, 2024–26]. Kam *Ottilie.* Scherz über die falsche Nachricht, *Lamartine* und *Victor Hugo* seyen in Berlin. [...] [der] *Prinz [Karl Alexander]* und *Herr Soret. Frau v. Ramdohr* und *Tochter. Frau Hofrat Vogel* und *Schwester. Graf Schulenburg[-Klosterroda?]* und *ein Engländer.*» (Tgb)

Sonntag, 2. August. «Memoiren de *Saint-Simon.*» (Tgb) – Brief an *Eckermann:* Goethe lobt dessen Gedicht [→ 1. 8.] und ermuntert ihn zur weiteren Gestaltung. – Da das abgeschiedene Leben auf *Eckermann* sehr wohltätig zu wirken scheint, so möge er dieses ruhig fortsetzen. «Vielleicht schließt sich, durch Vollendung Ihres Gedichts, eine Epoche und Sie mögen mir es selbst überbringen.» – Die *Berliner Almanach-Freunde* [neben *Stieglitz Moritz Veit* und *Karl Werder*] haben durch *Zelter* gemeldet, daß sie den ersten [Druck-] Bogen [für einen Beitrag Goethes] offen gelassen haben [→ 29. 7.]. «[...] ich habe unter meinen Sachen nichts einigermaßen von Gestalt und Folge als die CHINESISCHEN JAHRSZEITEN [→ 1. 8. 27]; diese denk ich diesem Zweck zu widmen und wünsche noch soviel Frist um einiges einzuschalten, denn bisher sah es gar zu lückenhaft und sprungartig aus, und wird mehr oder weniger so bleiben.» – Goethe bittet, dies nach Berlin zu melden und den letztmöglichen Abgabetermin für das Manuskript in Erfahrung zu bringen. – «[...] Der lang erwartete *Herr [Henry Crabb] Robinson [englischer Jurist, Rechtsanwalt;* geb. 1775] und *Hofrat Voigt.* Umständliches Gespräch über die Stellung der deut-

schen Litteratur in den drey Reichen [vgl. GG 6377 bis 6379]. Überlegung des
Mitgetheilten. Einiges dictirt zu den nächsten Zwecken. Mittag für mich
allein. Fortgesetzte Lesung des *Saint-Simon.* Abends um 6 Uhr *genannte beide
Herren.* Fortgesetztes Gespräch von heute früh [...].» (Tgb)

Montag, 3. August. «Dictirt wie gestern. *Saint-Simon. Herr Musikdirektor
Eberwein* wegen des FAUST [→ 19. 7.]. *Herr Landesdirektionsrat Töpfer.* Fuhr
allein um's Webicht. Mittag für mich. Fing an *[J.] Flaxmanns* Lectures on
Sculpture zu lesen. Endigte den 3. Theil von *Saint-Simon.* Betrachtungen über
die allgemeine Lage der mir anvertrauten Geschäfte.» (Tgb)

Dienstag, 4. August. «Ordnung in den Papieren [...]. Schöne Aquatintas
[von dem *Wiener Kupferstecher Benedict Piringer;* gest. 1826] nach *Claude Lorrain* von der *Großherzogin-Mutter [Luise]* mitgetheilt. Um halb 11 Uhr kamen
Höchstdieselben selbst, erlaubt, mir eins von den drey Bildern auszusuchen.
Zeigte die neuen Medaillen vor. Sodann *Flaxmanns* Tafeln zu seinen Vorlesungen [→ 3. 8.]. Fuhr um's Webicht. Speiste für mich. [...] *[Kanzler] v. Müller* war gleich nach Tische da gewesen, die unerwartete Rückkehr *seines Sohnes* besprechend [→ 19. 7.]. Fuhr fort in *Flaxmann* zu lesen. Kam
Oberbaudirektor Coudray, Fräulein [Auguste] Jacobi und *Prof. Riemer.* Ersterer
erzählte von der Geburtstagsfeyer des *Königs [Friedrich Wilhelm III. von Preu-
ßen]* zu Erfurt. Die Zweyte sprach von Familienangelegenheiten. Mit dem
Dritten behandelte ich nachher einiges auf FAUST Bezügliches [→ 19. 7.].»
(Tgb)

Mittwoch, 5. August. Brief an *Botaniker Voigt:* Es wäre Goethe sehr ange-
nehm, wenn dieser *Herrn Robinson* auch das nächste Mal hierher begleiten und
so zu einem verlängerten Aufenthalt desselben Veranlassung geben könnte. –
«[...] EINIGES ZUM APRIL DICTIRT [→ 1. 8.]. Die Recensionen des SCHIL-
LERISCHEN BRIEFWECHSELS [von *Varnhagen v. Ense*] und der Gedichte des
Königs von Bayern [von *Wilhelm Neumann* (DVSchrLG 48, 385)] in den Berliner Jahrbüchern [Nrn. 85–88 und Nrn. 103 f. 1829] gelesen. *Eberwein,* wegen
FAUST einiges zu besprechen. *Landesdirektionsrat Töpfer* und *Schützen-Haupt-
mann [Hofapotheker] Tietzmann [d. J.],* die Gedichte ihres letzten Festes überbringend. *Herr Dr. Schneider* von Frankfurt a. M., *vieljähriger Bekannter und
besonderer Kunstfreund,* bekannt durch seine schöne Sammlung von Zeichnungen *lebender Künstler.* Nach Tische *Herr Kanzler v. Müller,* seinen Reiseent-
schluß, den *Sohn* [nach Livorno] zu begleiten, kund thuend [→ 5. 8.]. *Mein
Sohn,* seine Reisegeschichte und Abenteuer erzählend. In den Zwischenzeiten
die *Flaxmannischen* Vorlesungen weiter studirt. [...].» (Tgb)

Nach Mittwoch, 5. August. «Als Goethe von mehreren Seiten angeregt
wurde, ein öffentliches Wort über die Gedichte des *Königs Ludwig von Bayern*
zu sagen, lehnte er es mit dem Bemerken ab, daß er doch nur würde wiederholen können, was *Neumann* darüber in den Jahrbüchern für wissenschaftliche
Kritik erschöpfend gesagt habe [→ 5. 8.].» (*Varnhagen:* Wilhelm Neumann;
GG 6677)

Donnerstag, 6. August. «Flaxmann.» (Tgb) – Brief an *Bergrat Lenz?:* Goethe bittet mitzuteilen, ob beim *Adressaten* ein konserviertes Beuteltier abgegeben worden sei, da man mit dem *Besitzer* desselben handelseinig werden
möchte. – Brief an *Schrön:* Goethe übermittelt Barometerstände von Brzezina

mit der Bitte, diese mit den hiesigen graphisch zu parallelisieren. – Billett an
Prof. Riemer: Goethe bittet, «Beykommendem [dem MONAT APRIL DES
ZWEITEN RÖMISCHEN AUFENTHALTS] einige Aufmerksamkeit [zu] widmen,
besonders aber meine Correcturen inwiefern sie zufällig sind [zu] beobachten». – «[...] *Land- und Stadtgerichtsdirektor Döring* aus Burg, zwischen Magdeburg und Berlin. Mittag *Fräulein Ulrike [v. Pogwisch],* von Hof, Stadt und
Berlin manches Nähere mittheilend. *Ottilie* kam gegen Abend, ihre Unterhaltung mit *Herrn Robinson* erzählend. Sodann kam *Walther* vom Exerciren und
Kanoniren mit viel Verdruß, daß er nicht gut geschossen und nichts gewonnen hatte. *Wolf* nahm Theil an diesen Gefühlen. Die *Frauen* blieben nicht
unpartheiisch, und es gab eine sehr artig lebhafte Scene. Memoiren de *Saint-
Simon* 4. Band [→ 3. 8.].» (Tgb)

Freitag, 7. August. «ZUM RÖMISCHEN AUFENTHALT. *Herr Geh. Hofrat
Helbig* wegen der *Schrönischen* Angelegenheit, ein Schreiben von Gotha vorlegend. Der *Gehilfe [August] Götz* von der Sternwarte, um seine Entlassung
bittend. [...] Mittag für mich. *Saint-Simon* ferner gelesen. In's Allgemeine
gehende Betrachtungen veranlaßt durch *Hofrat Rochlitzens* Brief. Gegen
Abend *Frau [Hofmarschall] v. Spiegel, Fräulein Melanie* und der *Sohn Roderich,*
Abschied nehmend, indem sie auf einer Reise nach Berlin begriffen sind. Später *Prof. Riemer.* Angenehme Unterhaltung bey'm Durchgehen einiger Concepte. Sodann einige Berathung und Verabredung wegen FAUST [→ 4. 8.]. –
Das letzte Rescript *meinem Sohn* mitgetheilt.» (Tgb)

Samstag, 8. August. «EINIGES ABGESCHLOSSEN ZUM RÖMISCHEN AUFENT-
HALT. *Herr Regisseur Durand* mir einige Desideranda zu FAUST vortragend [→
7. 8.]. [...] spazieren gefahren mit *Ottilien.* Mittag *Hofrat Vogel.* [...] Gespräch
über sein Werk [→ 18. 7.]. Sodann noch einiges Geologische. *Herr Oberbaudirektor Coudray.* Betrachtung der schön lithographirten Glypthothek. Im 4.
Bande von *Saint-Simon* weiter gelesen.» (Tgb)

Etwa Samstag, 8. August. Brief an *Großherzogin-Mutter Luise:* Goethe
dankt für das Blatt nach *Claude Lorrain* (Schuchardt I, 204, Nr. 101); «es wird
immer schöner und vorzüglicher je länger man es betrachtet [→ 4. 8.].» – Er
sendet außerdem einen Auszug aus *Saint-Simon,* eine ähnlich unerfreuliche
Witterungsepoche wie die derzeitige zu Beginn des vorigen Jahrhunderts
betreffend.

Sonntag, 9. August. «Vorbereitung um nach der Stadt zu gehen. Um 8
Uhr hineingefahren. [...] Mit *meinem Sohn* Geschäftsverhältnisse, Familiener-
eignisse und anderes. Um 10 Uhr *Baron [Otto Magnus Freiherr v.] Stackelberg
[Maler, Kunst- und Altertumsforscher;* geb. 1787], mit welchem ich seine Reisen
[nach Italien, Griechenland und Kleinasien] [...] durchsprach, auch über
Kunst und Alterthum manches verhandelte. Ich blieb nachher für mich und
fuhr in allerley Geschäften und Arbeiten fort.» (Tgb) – Brief an *Angelika
Facius:* Goethe dankt für die zugesendete Medaille [auf den Tod *Carl
Augusts?*]. – Für das von der *Adressatin* geplante Basrelief empfiehlt er, «im
idyllischen Sinne eine *glückliche Familie* vorzustellen» [*A. Facius* hatte um die
Ausgabe eines Themas zu einem Werk gebeten, das sie auf der diesjährigen
Weimarer Kunstausstellung zeigen wolle (an Goethe, 31. 7.)]. – Über die
Medaille [auf *Zelter,* die die *Facius* anfertigen möchte] wird Goethe demnächst

seine Gedanken mitteilen. – «[...] Gegen 2 Uhr kam er *[Baron Stackelberg]* wieder und speiste *mit uns,* wodurch das Gespräch fortgesetzt wurde und seine Gefangenschaft bey den *Piraten* zur Sprache kam. Er wurde beredet, noch einen Tag zu bleiben und sich bey der *Frau Großherzogin* zu melden. Nach Tische besahen wir die Probedrücke der merkwürdigen Zeichnung nach den Gräbern von Corneto [Stadt in Mittelitalien]; merkwürdige kleine Kunstwerke von gebranntem Thon, colorirt, gleichfalls sehr sorgfältig abgebildet. Ich fuhr mit ihm um's Webicht, hernach in den Garten. Er verließ mich nach 7 Uhr, und ich fuhr in Arbeiten und Betrachtungen fort. [...].» (Tgb)

Montag, 10. August. «Früh aufgestanden. Mémoires de *Saint-Simon.* AUFENTHALT VON ROM [→ 8. 8.]. [...] hatte *Schuchardt* von Dresden zurückkehrend sich gemeldet. Vorbereitung in die Stadt zu gehen. Fuhr gegen Mittag hinein. Manches durchgesehen, geordnet, berichtigt. *Graf Stackelberg* speiste bey der *Frau Großherzogin [Maria Paulowna].* Ich mit der *Familie.* [...] Kam *Baron Stackelberg.* Wir besprachen ferner seine Reisen, seine Unternehmungen und was sonst interessant war. Kam [...] *[Kanzler] v. Müller,* Abschied zu nehmen [für eine Reise nach Italien; → 5. 8.]. Besprach sich mit *Baron Stackelberg* über Italien, Rom, Bequemlichkeiten und Angelegenheiten. Ich fuhr spät in den Garten mit *Wölfchen,* der alsobald zurückkehrte.» (Tgb)

Dienstag, 11. August. «EINIGES AM RÖMISCHEN AUFENTHALT. [...] Der *Baron [Stackelberg]* besuchte das Museum, die Bibliothek und fuhr mit *Ottilien* nach Tiefurt. Ich fuhr zu Tische hinein. *Prof. Riemer* war von der *Gesellschaft* [nebst *v. Stackelberg*]. Wir gingen die kleine Sammlung unsrer griechischen Münzen durch. Einige unbekannte wurden näher bestimmt. Abends *Fräulein Pappenheim.* Manches wurde durchgesprochen, und der *Gast* entschloß sich noch morgen zu bleiben. Ich fuhr wie gestern begleitet spät in den Garten.» (Tgb)

Vermutlich Sonntag, 19. Juli / Dienstag, 11. August. ZWEI CHÖRE für die Weimarer Aufführung des FAUST I: Geisterchor UND WIRD ER SCHREIBEN? [für die PAKTSZENE] und Schlußgesang der Engel IM WOLKENSCHOSS GEBETTET! [für die KERKERSZENE; → 19. 7.].

Mittwoch, 12. August. Brief an *Präsidenten v. Ziegesar:* Es war Goethe sehr angenehm zu erfahren, daß sich den bisherigen Pflichten des *Adressaten* «noch ein ferneres Verhältniß von so großer Bedeutung [*Ziegesar* war zum *Kurator der Universität in Jena* berufen worden] angeschlossen hat». – Er hofft, daß dieser auch den Wirkungen, die ihm selbst dort noch vergönnt sein werden, geneigte Aufmerksamkeit und Förderung schenken wird. – Brief an *Weller:* Goethe bittet, *Prof. Göttling* freundlich zu erinnern, sein MANUSKRIPT bald herüber zu senden [→ 21. 7.]; «die *Augsburger* fangen an dringend zu werden». – «[...] [An] *Musikdirektor Eberwein,* STELLEN ZU FAUST [→ 19. 7. / 11. 8.]. [...] *Schuchardt,* dessen Tagebuch zurück. – *Baron Stackelberg,* der meinen Garten gezeichnet hatte, auf einen Augenblick. *Direktor Eberwein,* einiges besprechend und erinnernd. *[Lebrecht] Martersteig [Weißbäcker* in Weimar], Zeichnung *seines Sohnes [Wilhelm Heinrich Friedrich;* geb. 1814], gegenwärtig in Dresden, bringend. [...] War die Vergleichung des Barometerstandes von Brzezina und Jena [von *Schrön*] graphisch gezeichnet angekommen [→ 6. 8.]. Man erfreute sich über die Übereinstimmung und Gleichmäßigkeit. *[Willi-*

bald] Alexis, der *Berliner,* von Paris kommend [«Viel hatte sich zwischen 1819 und 1829 geändert. Die Zwerge rüttelten am Throne des Giganten; und der Gigant, alt geworden, horchte auf ihr Treiben. Er horchte mehr, als wir annahmen. *Seine Tafelrunde* zündete Kerzen an ... und ließ Trompeten ... klingen, um das Nagen und Murmeln, das bald zu einem Sturm werden sollte, zu übertönen. Gewiß ein unrichtiges Verfahren; Goethe nickte auch wohl nur halbwillig zu dieser Liturgie. Aber er sandte denen, die fest an ihm hielten, freundliche Sprüche zu ... – Die Tür ging auf, und, im grauen Schlafrock, trat der Mensch und Dichter Goethe ein ... – Er zog mich auf das kleine Kanapee neben sich, ... die Unterhaltung ... sie war von selbst da, und ging in anmutigem Flusse fort. Goethe wollte von *seinen Pariser Freunden* wissen ... *Unser gemeinsamer Freund, J. J. Ampère, der Sohn,* konnte sich einer Teilnahme des Greises erfreuen, die mir bewies, daß Goethe wärmerer Gefühle fähig sei, als man ihm zugestand. Ganz undiplomatisch ging es freilich auch hier nicht zu ... Hindeutungen auf eine allgemeine europäische oder Weltliteratur ... traten auch hier in der Unterhaltung heraus. – ... angenehm gesättigt trat ich ... aus dem freundlichen Hause. Das Bild des edlen Greises, in dessen Zügen noch volle Erinnerung an die Götterkraft seiner Jugend blitzte, begleitete mich. Alle Bilder ... drücken das nicht aus, was ich gesehen.» (*W. Alexis:* Dreimal in Weimar, 1839; GG 6380)] [...]. *Herr [F.] Krug von Nidda,* alte Bekanntschaft erneuernd und ein Büchlein [«Gedenk-Büchlein oder Blicke durchs Leben»] bringend. Ich ging in die Stadt [...]. *Fräulein v. Pappenheim* und *Baron Stackelberg* kamen mit den *Kindern* von [Schloß] Belvedere und speisten *mit uns* [zu Tisch auch *Riemer* (vgl. dessen Tagebuch; JbSK 4, 57)]. Der *bedeutende Reisende* erzählte manches höchst Interessante, seine Kupfer und Zeichnungen wurden abermals durchgesehen. [...] Nahm Abschied von dem *vorzüglichen Manne* und ging wieder in den Garten hinunter. Kam *Wölfchen* und verweilte eine Stunde. Ich las *Guizots* und *Villemains* neuste Vorlesungen [→ 9.7.].» (Tgb)

Sonntag, 9. / Mittwoch, 12. August. «[...] der alte, einzige Sänger [Goethe] kam mir *[v. Stackelberg]* mit Achtung und Freundschaft entgegen [...]. – Es war eine Lust, den Alten mit *Kindern,* die immer ab und zu bei ihm vorkamen, sprechen zu hören, denn er hat eine rührende Art, sich mit ihnen zu unterhalten, und spricht dann ganz in ihrem Sinne, drum sie auch an ihm hängen und ganz mit ihm vertraut sind [...] schlicht und naiv ist sein Reden, [...] ungekünstelt und ungewählt sind seine Worte und immer treffend [...]. – Ich war hocherfreut, Goethe mit dem *Raoul-Rochettischen* Streit [Auseinandersetzung *Stackelbergs* mit dem *französischen Archäologen Raoul-Rochette*] bekannt zu wissen, über den er sich völlig indigniert zeigte. Meine Broschüre, die Quelques mots sur une diatribe anonyme, nannte er ein wahres Meisterstück [...]. – Goethes Gesicht ist, den festen, ernsten Charakterausdruck abgerechnet, nicht mehr schön zu nennen; die Nase ist sehr stark geworden, denn die Haut hat sich hüglig erhoben, die Augen stehen schräg, denn die äußeren Augenwinkel haben sich stark gesenkt, die Augensterne sind kleiner geworden, weil sich durch eine starartige Verbildung ein weißer Rand umhergegossen hat. Er geht mit den Füßen schurrend auf dem Boden, aber dennoch über die Treppen herunter, ohne sich anzustützen oder den Arm *eines Begleiters* zu brau-

chen.» (an A. Kestner und E. Gerhard, 15. 11.; GG 6382) – «[...] ich unterließ
nicht, ihm überhaupt seine Meinung über die neuesten Ansichten der Mythologie in *Creuzers* Werke abzugewinnen, und hörte, daß er gar nicht damit
zufrieden sei [...].» (*v. Stackelberg* an dieselben, 30. 1. 30; GG 6383)
   Donnerstag, 13. August. «Die GEDICHTE für Berlin abschließlich zusammengestellt [→ 2. 8.].» (Tgb) – Brief an *Riemer:* «In BEYKOMMENDEM FASCI-
KEL, DEM RÖMISCHEN JUNI GEWIDMET, wären nur DIE LETZTEN BLÄTTER ZU
BEACHTEN DIE VON DEN PÄBSTLICHEN TEPPICHEN OBWOHL ALLZULAKO-
NISCH HANDELN [Nachtrag PÄPSTLICHE TEPPICHE, der in dem *Riemer* am →
6. 6. übersandten MANUSKRIPT DER ERSTEN VIER MONATE noch nicht enthalten war (vgl. Hagen, zu 1581)].» – Außerdem bittet Goethe um Durchsicht der
KLEINEN GEDICHTE, die er dem Berliner Almanach widmet. – «[...] war ich
vom Kloster [Borkenhäuschen im Ilmpark] aus durch die Anlagen des Hügels
gegangen. Die *Frau Großherzogin[-Mutter Luise]* gab ein kleines Frühstück [für
Prinz Karl Alexander] im Stern. Um 12 Uhr *Herr Soret* und der *Prinz* Abschied
nehmend. Sie gehen auf einige Zeit nach Jena [Goethe «sagte mir *(Soret),* er
rechne darauf, uns in Jena zu treffen; ... es ist nicht unmöglich, daß die zu
seinem Geburtstag geplanten Feierlichkeiten ihn veranlassen, aus Weimar zu
flüchten; in diesem Fall wäre es für den *Prinzen* eine ganz besondere Ehre,
ihm für diesen Tag einen Zufluchtsort angeboten zu haben; das ist nur eine
Annahme von mir. Herr von Goethe selbst hat nichts davon gesagt.» (*Soret* an
Maria Paulowna, 15. 8.; GG 6384)]. Speiste für mich. Später *mein Sohn, Rektor
[Christian] Wenig* von Erfurt und *[Landesdirektionsrat] Töpfer.* Ottilie und *Herr
Robinson* kamen zum Thee [«The complete edition of Lord *Byron's* work
including the *Life* by *Moore* (dessen «Letters and journals; with notices of his
life» erscheint 1830) contains a statement of the connection between Goethe
and *Byron,* principally in the *Life.* At the time of my interview with Goethe
the *Life* was actually under the biographer's hands. Goethe was by no means
indifferent to the account which was to be given to the World of that connection and was desirous of contributing all in his power to its completeness. For
that purpose he put into my hands the lithographic dedication to Sardanapalus
to himself and all the original papers which had passed between them. He per-
mitted me to take them to the hotel with me with liberty to do with them
what I liked. In other words, I was to copy them ...» – Als Goethe erfährt,
daß *Robinson* im Besitz der *Wieland-*Büste von *Schadow* ist, erwidert er: «You
must be sensible that it *ought* to be here. A time will come when you can no
longer enjoy it. Take care that it comes here hereafter.» This I promised, and
I have in my will given it to the *Grand Duke* in trust for the Public Library at
Weimar.» (*H. C. Robinson:* Reminiscences; GG 6386)].
   Freitag, 14. August. «EINIGES DICTIRT AM RÖMISCHEN AUFENTHALT und
einige Briefe. *Herr Robinson* auf einen Augenblick [...]. Um 12 Uhr spazieren
gefahren am Schießhaus vorbey durch's Webicht. Mittag für mich. Den 5.
Band von *Saint-Simon* gelesen [→ 10. 8.]. *Dr. [Karl] Herzog* von Jena, *Robinson*
und *Ottilie.* Sodann *Prof. Riemer.* Jene beyden Ersten fuhren aufs Schießhaus,
wohin die *Frau Großherzogin [Maria Paulowna]* kam. Mit Letzterem den
Abend zugebracht. Verschiedenes durchgegangen. Auch wegen dem Fortschreiten der Proben von FAUST [I; → 12. 8.] gesprochen.» (Tgb)

Samstag, 15. August. Brief an *Zelter:* Goethe sendet seinen Beitrag zum
Berliner Musenalmanach mit der Bitte, ihn sogleich abzugeben [→ 13. 8.].
Goethe hat «auf Michael noch zu liefern, was ich viel lieber bis Ostern ver-
schöbe [den ZWEITEN RÖMISCHEN AUFENTHALT FÜR DIE 6. LIEFERUNG DER
ALH] und vielleicht gar nicht leistete, wenn ich nicht gedrängt würde». –
Goethe hofft, daß auch die SECHS BÄNDCHEN DER KORRESPONDENZ [MIT
SCHILLER] zu Michael vorliegen werden. *Zelter* möge die letzten auf einmal
und hintereinander lesen. «Traurigerweise verliert sich diese BEDEUTENDE
FREUNDSCHAFTLICHE UNTERHALTUNG zuletzt wie der Rhein und doch mußte
auch dieses mitgetheilt und dargestellt werden.» – Brief an *Weller:* Goethe
eröffnet im Vertrauen, wegen des MANUSKRIPTS «in großer Verlegenheit» zu
sein, da es heute nach Augsburg abgehen sollte [→ 12. 8.]. «Suchen Sie auf eine
freundliche Weise möglich zu machen daß es mit der nächsten fahrenden Post
herüberkommt; es thut mir leid dem *werten und gefälligen Manne [Prof. Gött-
ling]* so unbequem zu seyn.» – «[. . .] Die gestern angekommene und durchgesehene Sendung von *Artaria* dem *Bibliotheksdiener Römhild* übergeben. *John*
besorgte einiges in der Stadt. Ich fuhr fort an den ABSCHLUß DES MANU-
SCRIPTS ZU DENKEN UND EINZELNHEITEN NACHZUHOLEN. Mittag *Hofrat
Vogel.* Gespräch über sein nunmehr vollendetes Werk [→ 18. 6.], auch einiges
Botanische. Abends *Herr Robinson* [u. a. Gespräch über DAS RÖMISCHE KAR-
NEVAL und über englische Literatur (vgl. *H. C. Robinson:* Tagebuch; GG
6385)]. Wir lasen die Vision des Todtengerichts von *Byron* (vgl. GG 6390 f.).
Er blieb bis 8 Uhr. Ich setzte den 5. Band des *Saint-Simon* fort.» (Tgb)
    Vielleicht Mitte August. «Wir hatten ziemlich ganze vier Wochen daselbst
[im unteren Garten] gewohnt, als einmal seine [Goethes] [. . .] *vertraute Köchin*
runter kam und Goethen zu sprechen wünschte: dieselbe hatte den Auftrag,
seinen *[Sohn Augusts]* Vater wieder um Verzeihung zu bitten [→ vermutlich
vor 13. 7.].» (*Friedrich Krause:* Bericht; GG 6683)
    Sonntag, 16. August. «Einiges dictirt. *[Medizinprof.] Hofrat Suckow* und
Sohn [Gustav, Naturforscher; geb. 1803]. Letzterer überreichte seine Disputation und ein kleineres Heft. *Prof. Wackenroder [Pharmazeut]* von seinem Institut erzählend, auch über den *niedersächsischen Apotheker-Verein,* nicht weniger
über den guten Zustand der hannöverschen Apotheken. Einiges Botanische
durchgedacht. Mittag für mich. *Saint-Simon* 5. Band. Gegen Abend *Ottilie,
Herr Robinson* und *Walther.* Wir lasen Himmel und Erde oder die Sündfluth
von *Lord Byron* [vgl. GG 6393]. Ich las nachher den 13. und 14. Gesang des
Don Juan, nicht ohne erneute Bewunderung des *außerordentlichen Dichtergei-
stes.* [. . .].» (Tgb)
    Montag, 17. August. «Abschrift einiger Blätter aus *[K. P.] Moritzens* Heft
über die bildende Nachahmung des Schönen [1788, zur Verwertung für den
ZWEITEN RÖMISCHEN AUFENTHALT]. Kam die Sendung von *Göttling* der DREI
LETZTEN MONATE DES JAHRS 1787 [→ 15. 8.]. Anmeldung des *Herrn Oberhofmarschall v. Spiegel.* Frühstück in der Stadt. *Frau v. Wahl* und *Tochter. Zwei Italiener* [darunter *Leutnant Buraschi* (vgl. GG 6394)], einer aus Como, einer aus
Brescia, *Herr Robinson* und *Graf Hohenthal.* Mittags mit der *Familie.* Um 5 Uhr
spazieren gefahren. Später im Garten *Herr Robinson,* lasen *Lord Byrons* Himmel und Erde ferner [«*Byron* had not like myself [Goethe] devoted a long life

to the study of nature, and yet I found only once or twice in all his works passages which I would have altered. His views of nature were equally profound and poetical.» (*H. G. Robinson:* Tagebuch; GG 6394) – «*Byron* should have lived to execute his *vocation* (seine Bestimmung). To dramatise the *Old Testament.*» (*H. C. Robinson:* Reminiscences; GG 6395)].» (Tgb)

Dienstag, 18. August. «*Schmeller,* Porträte ankündigend, ward in die Stadt bestellt. *Sekretär Kirscht,* eine abermalige Blumen-Ausstellung meldend. Um 9 Uhr in die Stadt. Halb 11 Uhr *Frau Großherzogin Mutter [Luise].* Nachher *Frau Rat Vulpius* mit *Mamsell [Bianca] Gerhardt* [geb. 1810], *ihrer künftigen Schwiegertochter.* Um 1 Uhr *Prof. Riemer.* Wir gingen einiges [«IN DEN ERSTEN SIEBEN MONATEN» DES ZWEITEN RÖMISCHEN AUFENTHALTS (an *Riemer*)] durch und schlossen ab. Auch wurden einige Theatralia besprochen [→ 14. 8.]. Die *Schmellerischen* Zeichnungen und Gemälde betrachtet. Zurück in den untern Garten. Kam *Herr Robinson.* Wir lasen Samson [Agonistes, 1671] von *[J.] Milton* [«Es ist merkwürdig hier den *Ahnherrn Byrons* kennen zu lernen; er ist so grandios und umsichtig wie der *Genannte,* aber freylich geht der *Enkel* schon in's Gränzenlose, in's wunderlichst Mannichfaltige, wo jener einfach und stattlich erscheint.» (an *Zelter,* 20. 8.) – «Ich wüßte kein Werk anzuführen welches den Sinn und die Weise der alten griechischen Tragödie so annähernd ausdrückte und, sowohl in Anlage als Ausführung, eine gleiche Anerkennung verdiente.» (an *Zelter,* 29./31. 12.; vgl. dazu auch GG 6396 bis 6398)]. Wurde manches Englische und Deutschlitterarische besprochen.» (Tgb)

Mittwoch, 19. August. «Die halbe Sendung des 29. BANDES [ZWEITER RÖMISCHER AUFENTHALT] abgeschlossen und eingepackt.» (Tgb) – Brief an *Faktor Reichel:* Goethe meldet, «daß die erste und wahrscheinlich größte Hälfte» [DES DRUCKMANUSKRIPTS FÜR DEN 29. BAND DER AlH; DIE MONATE JUNI BIS DEZEMBER DES ZWEITEN RÖMISCHEN AUFENTHALTS, wohl auch MORITZ ALS ETYMOLOG, PHILIPP NERI, DER HUMORISTISCHE HEILIGE (vgl. Hagen, zu 1591)] heute mit der fahrenden Post abgeht. «Die zweite soll nächstens erfolgen.» – «*Schuchardt* wegen einiger Geschäfte. [...] Ich fuhr fort an der ZWEITEN HÄLFTE DES 29. BANDES.» (Tgb) – Brief an *Riemer:* «Ich finde fachgemäß den Auszug aus beykommendem Werklein von *Moritz* [→ 17. 8.] zwischen die ÜBRIGEN RELATIONEN einzuschalten, da es in Rom aus unsern Gesprächen entsprungen ist, und, in der Folge, wo nicht auf's *Publikum* selbst Einfluß gehabt hat, doch das Fundament unsrer nachher mehr entwickelten Denkart geblieben ist. Sehen Sie es gefällig an [...].» – «*Herr Geh. Rat Schweitzer* [...]. Hierauf die *beiden Polen [Adam Mickiewicz, polnischer Dichter;* geb. 1798, und *Anton Eduard Odyniec, polnischer Schriftsteller;* geb. 1804. – «... als wir uns gesetzt hatten, wandte er sich zu *Adam (Mickiewicz)* und versicherte ihm, er wisse, daß er an der Spitze der neuen Richtung stehe, welcher sich die Literatur bei uns wie in ganz Europa zukehre. ‹Ich weiß es aus eigener Erfahrung›, fügte er hinzu, ‹was das für eine schwere Sache ist, gegen den Strom zu schwimmen.› ... Er fügte ... hinzu, daß er *Adam* schon aus den Journalen kenne, sowie auch Fragmente aus seiner neuen Dichtung (Wallenrod), ... welche er ... in den Leipziger Jahrbüchern gelesen hatte. Dorther wisse er auch, wie er sich zu mir *(Odyniec)* wendend versicherte, von dem von mir herausgegebenen Almanach (Melitela), welcher Produktionen *aller jetzt lebenden* *polnischen Dichter* enthält, habe auch dort die Übersetzung meiner Dichtung: ‹Die Gefangene des Litauers› gelesen, und lobte die Lebendigkeit der Handlung und des Stiles ... – Als ihm dann *Adam* auf sein Verlangen den ganzen Gang der polnischen Literatur wunderbar konzis und klar vorführte, und zwar von der ältesten bis zu der neuesten Zeit, wobei er denselben mit den historischen Epochen zusammenhielt und verglich: war in den auf ihn unverwandt gerichteten Augen Goethes nicht bloß eine tiefe Würdigung, sondern auch ein lebhaftes Interesse an dem Erzählten zu gewahren.» (*Odyniec* an J. Korsak, 20. 8.; GG 6400)] [...]. Hineingefahren [ins Haus am Frauenplan]. [...] Zu Tische die *beiden Polen, Fräulein [Line] Egloffstein* und *Vogels.* Nach Tische einiges mit *meinem Sohn* besprochen. Um 6 Uhr *Schuldirektor Dieckmann* aus Königsberg mit *seiner Frau.* Zurück in den Garten. Vorbereitung auf morgen. *Hofrat Meyer* seine Rückkehr [aus Karlsbad] meldend. [...].» (Tgb)

Donnerstag, 20. August. Brief an *Hofrat Meyer:* Goethe heißt ihn willkommen in der Hoffnung, die Kur möge wohl angeschlagen haben. – Er fragt nach einem Detail des römischen Aufenthaltes, um in seinem BERICHT [FÜR MONAT APRIL 1788] noch einige Lücken ausfüllen zu können. Brief an *Schwiegertochter Ottilie:* Goethe erkundigt sich, ob sie mit dem *Polen [Mickiewicz]* wegen des Porträtierens durch *Schmeller* gesprochen habe. – Das Profilbild von *Robinson* gedenkt er an *Knebel* zu schicken, damit dieser «*den Freund* gleich an die Wand hängen kann». *Ottilie* möge den Brief dazu schreiben. – Brief an *Zelter:* «MEINEN ZWEITEN AUFENTHALT IN ROM [...] habe ich möglichst ausgestattet, und ich hätte das Doppelte thun können ohne das unaufhörliche Hin- und Herzerren, von *guten lieben Fremden,* die nichts bringen und nichts holen. – Laß dich aber durch diese Jeremiade nicht abhalten manchmal jemanden ein Brieflein mitzugeben denn aus dem Mißbehagen eines Augenblicks steigt denn doch oft eine hübsche Betrachtung hervor.» – «Memoiren de *Saint-Simon* 6. Theil. Hermes Band 32, Heft 2. Ich erhielt von Paris die Histoire de Pologne [von *Salvandy;* → 23. 5.] geschenkt. Lag bey der Prospectus eines merkwürdigen Zeitblatts: La Tribune des Départements. Suchte Kupfer aus. Betrachtete die symbolischen Tabellen der alten Geschichte von *Rühle v. Lilienstern.* Mittag für mich. Gegen Abend *Prof. [Ferdinand] Reich, Professor der Physik* [an der Bergakademie] in Freiberg [geb. 1799]. [...].» (Tgb)

Freitag, 21. August. «Mémoires de *Saint-Simon* 6. Band.» (Tgb) – Brief an *Hofrat Meyer:* «Nachdem ich [...] Ihre Beyträge [fast wörtlich] in MEIN CONCEPT eingeschaltet [→ 20. 8.], schick ich nunmehr das GANZE, mit der Bitte, es durchzusehen. Sie erinnern sich solcher Dinge genauer als ich und finden wohl noch irgend einen bedeutenden Zug der das Ganze mehr charakterisirt und bedeutender macht. Leider mußte ich die ERSTE HÄLFTE DIESES BANDES abschicken ohne [...] Ihres Rathes genießen zu können.» – Brief an *Hofgärtner Fischer:* Goethe bittet ihn, vier Rizinuskörner zu stecken und ihn zu benachrichtigen, wenn die Pflanzen sichtbar sind. – Brief im Namen des *Hofmedailleurs Facius* an *Hofrat Winkler, Sekretär des Sächsischen Kunstvereins:* Unterzeichnender legt eine Quittung für einen geschnittenen Karneol vor, den der *Kunstverein in Dresden* ankaufen möchte [→ 23. 7.]. Er bittet, das Honorar an Goethe zu übersenden. (WA IV, 46, 319) – Brief an *Hofrat Meyer:* «Mögen Sie mir [...] einige gute Worte sagen, über das *Raffaelische* Bild [«Der heilige Lucas malt die Madonna», wohl nicht von *Raffael* selbst, sondern aus der *Raffaelschule* (vgl. Hagen, zu 1597)] auf der Akademie St. Luca. Ich muß dessen erwähnen und habe kaum eine Spur desselben im Gedächtniß.» – «[...] Fortgearbeitet und vorbereitet. Kam Antwort und Erläuterung von *Hofrat Meyer*. [...] mit *Ottilien* spazieren gefahren. Mittag für mich. Den 6. Band *Saint-Simons* fortgesetzt. *Herr Kanzler v. Gerstenbergk,* von seiner Bestimmung in Eisenach sprechend und sich zu freundlicher Mittheilung erbietend. Abends *Prof. Riemer.* Einiges durchgearbeitet. Die historisch-symbolischen Karten des *Herrn Rühle v. Lilienstern* demselben vorgelegt [...].» (Tgb)

Samstag, 22. August. «*Neureuthers* Packet [ein Probeexemplar seiner «Randzeichnungen zu Goethes Balladen und Romanzen» zur Beurteilung vor dem Druck enthaltend] eröffnet und viel Vergnügen daran gefunden [→ 30. 11. 28].» (Tgb) – Brief an *Hofrat Meyer:* Goethe stellt drei weitere Detailfragen zu Abschnitten des ZWEITEN RÖMISCHEN AUFENTHALTS, denen «etwas mehr Ausführlichkeit und Zusammenhang zu wünschen ist» [vermutlich zum Bericht für den MONAT MÄRZ (vgl. Hagen, zu 1600)]. – Brief an *Prof. Göttling:* Goethe sendet «die NEUSTEN FÜNF BÄNDCHEN» [BÄNDE 21–25] zur Durchsicht [für die OKTAVAUSGABE]. – Er dankt für dessen «Mitwirkung bey einem, genau besehen, SCHWEREN UND BESCHWERLICHEN UNTERNEHMEN». [Vermutlich sendet Goethe auch ein Honorar, dessen Höhe nicht bekannt ist (vgl. Hagen, ebenda).] – Brief an *Färber:* Goethe übermittelt Anweisungen zur Sektion eines Känguruhs. – «[...] ein *Schulmann* von Erfurt, Erlaubniß erbittend, die Bibliothek zu benutzen. Ging in den Stern spazieren. *Hofrat Vogel* zu Tische. Ausführliches Gespräch über den Inhalt seines soeben dem Druck übergebenen WERKES [→ 15. 8.]. Brief von *Zeltern.* Einiges über die musikalische Zusammenkunft in Halle.» (Tgb)

Sonntag, 23. August. «Einige Gedenkblätter. Mittheilungen von *Hofrat Meyer. Saint-Simon* 6. Band abgeschlossen. In die Stadt gefahren. [...] Mittag *für uns.* Meldete sich *Bildhauer [Pierre Jean] David* [genannt *David d'Angers;* geb. 1789] von Paris, empfehlende Briefe, manches Buch und Heft mitbringend, auch den Antrag machte, meine Büste zu fertigen, welches ad referendum genommen wurde. Später in den Garten zurück. Besuch von *Oberbaudirektor Coudray.*» (Tgb)

Montag, 24. August. Brief an *Schwiegertochter Ottilie:* Goethe sendet ihr ein Heft, aus dem sie ersehen kann, «daß *Herr David* ein in Frankreich *angesehener Künstler* [...] [und durch Briefe] so empfohlen» ist, daß Goethe seinen Antrag, eine Büste von ihm zu fertigen, nicht wird ablehnen können, «so unbequem» es ihm auch ist. «Spricht er dir davon, wie wahrscheinlich, so rede nur von den Schwierigkeiten, und wenn er insistirt, so erweise dich geneigt sie überwinden zu helfen.» – Da *[Hofbildhauer] Kaufmann* nicht mehr beistehen kann [→ 30. 7.], gedenkt Goethe *Oberbaudirektor Coudray* hinzuzuziehen. – «[...] Besah die fremden und wilden Thiere vor dem Schießhaus. Ging zu Fuß zurück. [...] Dictirte einige Concepte [...]. Fuhr in die Stadt. [...] *Oberbaudirektor Coudray* speiste *mit uns.* Er hatte zufällig schon die Bekanntschaft des *Bildhauers David* gemacht und mit ihm Vorbereitung zur Büste getroffen. Ich zeigte ihm die *Neureutherschen* Lithographien, denen er wie billig Beyfall

WEIMAR

gab. Abends Thee, *mehrere Damen,* die *polnischen, französischen* und *englischen Fremden.* Ich fuhr zurück in den Garten und las noch in den Mémoires de *Saint-Simon* 7. Theil.» (Tgb)

Dienstag, 25. August. «Entschluß in die Stadt zurückzukehren.» (Tgb) – Brief an *Neureuther:* Goethe bekennt, daß ihm die lithographierten Blätter ebenso wie früher die Zeichnungen «viel Vergnügen» bereitet haben [→ 22. 8.]. – Er empfiehlt eine kräftige Farbgebung im Druck, denn «Deutlichkeit und Entschiedenheit ist der Vorzug eines Kunstwerks». – «[...] *Herr Sintenis, Professor* von Gent. Sodann eingepackt und in die Stadt gefahren. Das Vorgefundene geordnet und besorgt. Besuch von *Herrn [Lambert Adolphe Jacques] Quetelet [belgischer Astronom* und *Statistiker;* geb. 1796], *Directeur de l'observatoire* de Bruxelles [*Quetelet* führt im Garten Experimente zur magnetischen Intensität durch; Goethe berichtet von seinen eigenen Studien zur Optik. (vgl. GG 6402)]. Mit der *Familie* gespeist [Möglicherweise sind *Odyniec, Mickiewicz* und *Bildhauer David* zu Gast: Gespräch über die Verschiedenheit der *Nationen* und die Pflicht der «*Höhergebildeten* ..., mildernd und versöhnend auf die Beziehungen der *Völker* einzuwirken. – ... Goethe meint, daß unser neunzehntes Jahrhundert nicht einfach die Fortsetzung der früheren sei, sondern zum Anfange einer neuen Ära bestimmt scheine. Denn solche große Begebenheiten, wie sie die Welt in seinen ersten Jahren erschütterten, könnten nicht ohne große ... Folgen bleiben, wenngleich diese wie das Getreide aus der Saat langsam wachsen und reifen. Goethe erwartet sie nicht früher, als im Herbste des Jahrhunderts, das ist, in seiner zweiten Hälfte, wenn nicht sogar erst in seinem letzten Viertel.» (*Odyniec* an J. Korsak, 25. 8.; GG 6403)]. Gegen Abend den *Hofmeister [Wilhelm Rothe, Kandidat der Theologie] der Kinder* gesprochen. Sodann *Oberbaudirektor Coudray* mit den *Herren David* und *[Victor] Pavie [französischer Schriftsteller;* geb. 1808]. Verabredung mit *Ottilien.*» (Tgb)

Mittwoch, 26. August. «Mémoires de *Saint-Simon* 7. Band. [...] *Herr David* fing an, den Thon zur Büste aufzukneten [Modell für die kolossale Marmorbüste (Schulte-Strathaus, 158)]. Ich sprach ihn und *seinen Gefährten [Pavie]* einen Augenblick. Manches andere geordnet und eingeleitet. [...] Mittag für mich. *Herr David* arbeitete fort an der Büste. Abends Thee. Ich blieb bis nach 8 Uhr.» (Tgb)

Ab Mittwoch, 26. August. «Ich sehe eine ungeheure Masse Thon zusammengebracht und aufgethürmt und, zu meiner nicht geringen Verwunderung, mein Bildniß in colossalen Verhältnissen heraussteigen. Glücklicherweise gelingt es ihm *[Bildhauer David]* nach und nach dem Werke natürliches Ansehen zu geben, so daß jedermann damit zufrieden ist.» (an *Adele Schopenhauer,* 5. 9.)

Donnerstag, 27. August. «Mémoires de *Saint-Simon* 7. Band geschlossen. Oberaufsichtsgeschäfte mit *meinem Sohn* behandelt. Versuchte Fortsetzung des Gewünschten. *Herr David* arbeitete an der Büste. Ich war einige Stunden gegenwärtig. *Herr Quetelet* und *Frau* fuhren in den untern Garten mit *Schuchardt,* magnetische Experimente zum Zweck habend. Alleine gespeist. Abends Thee, *viele Einheimische* und die *Fremden* [«Der heutige Abend bei *Frau Ottilie* war ein Ballabend, – der Polterabend des morgigen Festes. Die *ganze*

Gesellschaft Weimars und die *von allen Seiten hergekommenen Gäste* füllten die reichbeleuchteten Salons. Man sprach die Gratulationen noch nicht formell aus, man spürte sie aber in allem. . . . Goethe war als Sonne und Idol des Festes der Zentralpunkt, gegen den alles gravierte. Die *Menge* folgte ihm, bei seiner Annäherung verstummte das Gespräch und lauschte man nur auf seine Worte. Er beteilte damit, langsam den Salon umschreitend, wohlwollend alle.» *(Odyniec* an J. Korsak, 27. 8.; GG 6404) – «. . . mein *(Holteis) teurer Hermann (Frank)* sah ihn nicht nur, nein, er pflog ein langes Gespräch mit ihm in Sachen ZUR MORPHOLOGIE gehörig . . .» *(Holtei:* Vierzig Jahre, 1845; GG 6406) – «Trotz des wohlwollenden Sprechens und Lächelns konnte man aber unschwer erkennen, daß es nur eine angenommene Rolle sei, die er nur . . . des Anstandes wegen spielte. Auf seinem Statuengesichte war weder Bewegung noch Lebhaftigkeit zu gewahren. Auch seine Gegenwart wirkte durchaus nicht belebend. Solange er im Salon verweilte, bewegte sich das Gespräch wie in Fesseln; erst als er sich inkognito auf seine Zimmer zurückzog (das war etwa um 10 Uhr), wurde das Gemurmel allmählich lauter, bis zuletzt der ganze Salon davon erfüllt wurde.» *(Odyniec* an J. Korsak, 27. 8.; GG 6404)].» (Tgb)

Freitag, 28. August. Brief an *Weller:* Goethe bittet ihn, Beikommendes [zwei Goethe-Medaillen] für den *«lieben Knaben»* [*Wellers Sohn, Goethes Patenkind]* aufzubewahren. – «Tags vorhero verbreitete sich das Gerücht, Goethe werde verreisen und niemand sehen [→ 13. 8.], ich *[Wilhelmine v. Müller]* mußte auch deshalb einen Brief von *König [Ludwig] von Bayern* [vom 17. 8.], welcher [. . .] an Dich *[Kanzler v. Müller]* gekommen war, schon den Abend vorhero herausgeben, weil er [Goethe] ihm gleich bei den Aufstehen erhalten sollte [. . .]. Ich glaube, daß die Überraschung von den schönen Geschenk [Kopie der Figur des Knienden Niobiden (Schuchardt 2, 334, Nr. 94), Geschenk des *Königs v. Bayern]* viel dazu beigetragen hat, daß er seinen Entschluß, Weimar den Tag zu verlassen, schnell geändert hat, denn gleich darauf, als der *Sohn* ihm dahin geführt hat, wo es stand, sagte er, wie ich von der *Ottilie* hörte, ich bleibe hier [. . .].» *(Wilhelmine v. Müller* an *ihren Mann;* 29. 8.; GG 6411) – «Um 10 Uhr zu Goethe mit *meiner Frau [Caroline Riemer].* Den Kredenzteller mit einem Gedicht von mir überreicht. Waren schon *viele Glückwünschende* da, und die Geschenke ausgelegt. Herrlicher Teppich. Schöner Ofenschirm. [. . .] Kamen immer mehr *Glückwünschende, das Theater* usw.» *(Riemer;* GG 6408) – «Endlich kehrte er [Goethe] sich um; meinen Brief ihm darreichend, trat ich *[Eduard v. Simson]* zu ihm. ‹Das ist hübsch›, sagte er, ‹daß von *Zelter* etwas Freundliches zu diesem Tage eintrifft – ich freue mich sehr – Sie erlauben, daß ich den Brief lese›, und *einen jungen Mann* heranwinkend: ‹Unterhalten Sie *diesen Herrn!›*, trat er in das Nebenzimmr, wo ich ihn mit unbewaffnetem Auge das Schreiben lesen sah [. . .]. – Kurz darauf trat er [Goethe] mit dem *Landesdirektionsrat Töpfer* an mich heran [. . .] und äußerte den Wunsch, daß derselbe mich zur *Gesellschaft,* die heut in einem Mittagsmahl das Fest feiert [. . .] einladen solle [. . .].» *(E. v. Simson:* Tagebuch; GG 6409) – «Sobald er uns *[Odyniec* und *Mickiewicz]* eintreten sah, ging er aus dem ihn umgebenden *Männerkreise* auf uns zu, reichte uns die Hand und erwiderte auf unsere wenigen glückwünschenden Worte: ‹Je vous remercie, Messieurs, je vous remercie sincèrement.› Darauf mischten wir uns in den *Schwarm von*

Gästen beiderlei Geschlechtes, die den Salon in Goethes eigenem Appartement
füllten und sich darin umherbewegten.» (*Odyniec* an J. Korsak, 28. 8.; GG
6410) – «Er [Goethe] war sehr heiter, ging umher, sprach, stand wieder still,
und hat sich die ganze Zeit über nicht gesetzt. Seine Haltung war gerade, sein
Auge lebhaft und mild.» (*F. Peucer* an *Böttiger,* 19. 9.; GG 6413) – «Doch der
Hauptgegenstand des Interesses und Gespräches war der Brief des *König-Dichters,* welcher namentlich bei den *Damen* von Hand zu Hand ging [...]. Er
beginnt mit den Worten: ‹Herr Minister!›, erinnert an die für den *Schreibenden*
denkwürdige Stunde, in welcher er selbst Goethe vor zwei Jahren besuchte [→
28. 8. 27]; wünscht ihm, hundert Jahre zu erleben, und bittet ihn, als Angebinde eine mitfolgende Kopie der neuentdeckten altertümlichen Bildsäule,
welche einen Sohn der Niobe vorstellen solle, anzunehmen. Er schließt mit
der Bitte um Bezeichnung des Hauses, das Goethe in seiner Jugendzeit während seines Aufenthaltes in Rom, wohin auch der *König* zu reisen sich
anschicke, bewohnte; ‹denn selbst die geringfügigsten Dinge, wenn sie auf
große Männer Bezug haben, sind wichtig›. Die Unterschrift: ‹Ihr bewundernder *Ludwig.*› – Die erwähnte Bildsäule stand mit einer Blumengirlande
geschmückt auf einem schönen Postamente in dem anstoßenden Büstensaale,
gerade der offenen Salontüre gegenüber, damit sie alle von dort aus sehen
könnten. Doch begnügte sich niemand damit, sondern alle gingen der Reihe
nach, sie in der Nähe besehen. *David* und uns mit ihm führte Goethe selber
hin, entzückt von der harmonischen Schönheit der Einzelnheiten und des
Ganzen. Später sah ich von weitem, wie er allein wieder hinzutrat, sie mit
Aufmerksamkeit betrachtete und dabei die Hände und Finger bewegte, als
wenn er mit jemandem spräche. Im allgemeinen war heute bei ihm unvergleichlich mehr Leben und Gefühl zu gewahren, als gestern; und wer weiß,
ob ihn diese tote Bildsäule, sei es als ein Werk der Kunst, sei es als ein
Geschenk aus königlicher Hand, nicht mehr als die *lebendigen Gäste* belebte. –
Vor Zwei gingen wir mit *David* gerade die letzten fort. Nur *einige Damen* blieben [...]. Denn der gefeierte Papa speiste heute mit lauter *Damen* bei *Frau
Ottilie,* und nur die schönsten neben den angesehensten in Weimar gelangten,
wie es heißt, zu dieser Ehre. *Alle Männer* dagegen, welche sich an dem heutigen Feste beteiligten, verfügten sich ohne Ausnahme vor drei Uhr zu dem im
Hotel ‹Zum Erbprinzen› subskribierten Mittagsmahle [«... *Gesellschaft von
dreißig Personen,* auch *Polen, Franzosen* und *Engländer.*» *Riemer;* GG 6408]. Nur
die *Ausländer* als Gäste der *Deutschen,* das heißt *David, Quetelet, Herr Victor
[Pavie]* und wir, waren gratis auf Kosten der *freundlichen Bewohner Weimars*
geladen.» (*Odyniec* an J. Korsak, 28. 8.; GG 6410) – «[...] spazieren gefahren
in den untern Garten mit *Wölfchen. Herr Oberhofmarschall v. Spiegel.* Abends
allein. Frühzeitig zu Bette.» (Tgb)

Samstag, 29. August. Brief an *König Ludwig I. von Bayern:* «Ein wahrhaft
Königlich Geschenk ist es [→ 28. 8.] [...]. Tret ich vor die unschätzbare
Gestalt; so beug ich mich vor der Majestät der Natur und Kunst und bewundere zugleich, ehrfurchtsvoll, eine tief einschauende Königliche Gnade, die
den angelegentlichsten Wunsch aus meinem Herzen herauszufinden und mir
vor die Augen zu stellen geruhte.» – «[...] *Direktor Quetelet* und *Frau. Herr
David* arbeitete an der Büste fort. Mittags *[Hofrat] Vogel* [wohl auch die *Vor-*

genannten sowie *Odyniec* und *Mickiewicz.* Gespräch über Naturwissenschaften (vgl. GG 6415)]. Nach Tische der *junge Knebel [Karl Wilhelm* oder *Bernhard].* Später *Frommanns. Herr Landrat v. Lyncker* von Jena. Abends allein. Aufführung von FAUST I im Theater [Dem von *Durand, Riemer* und *Eckermann* redigierten TEXT liegt *Klingemanns* Bearbeitung (→ 18. 8.) zugrunde. – «Die Vorstellung dauerte von 6 bis ¹/₄ 10 Uhr. *Karoline (Lortzing)* leistete (als *Gretchen*) alles mögliche. *La Roche* (als *Mephistopheles*) war ebenfalls trefflich. *Durand* (als *Faust*) nicht ganz gleich, vermutlich verstimmt durch die anfängliche Kälte des *Publikums,* dem erst der *Teufel* einheizen mußte. Im Ganzen war die Vorstellung, wenn auch nicht außerordentlich, doch für das erstemal, unter den Umständen, bedeutend.» *(Riemer:* Tagebuch; JbSK 4, 57) – «... fand dieselbe in *acht* Akten und in einer seltsam gestellten Anordnung statt. Manches von dem, was ich *(Holtei)* in meiner (verschmähten) Bearbeitung (→ 28. 6. 28) weggelassen, und weglassen zu *dürfen,* ja zu *müssen* gemeint, war stehen geblieben und machte, wie ich's vorausgesehen, auf den Brettern *keine* oder eine verfehlte Wirkung. Manches aber, was mir wichtig, ja unentbehrlich scheint, war gestrichen. So zum Beispiel *Fausts* erstes Gespräch mit *Wagner,* welches seine Stellung zur gelehrten Welt bezeichnet; dann jene Worte des *alten Bauers,* und was darauf folgt, wodurch sein Verhältnis als praktischer Arzt und die daraus entspringenden skeptischen Zweifel angedeutet werden sollen. Und dergleichen mehr! In den Liebesszenen war denn auch richtig das ewige Hin- und Hergelaufe, was jede Einheit theatralischer Sammlung zerreißt, ungeändert verblieben. Kurz, es war halt eben nichts *getan,* sondern nur gestrichen [...].» *(K. v. Holtei:* Vierzig Jahre, 1845; GG 6417)]. » (Tgb) – «[...] als ihn *[Adam Mikkiewicz]* Goethe [während der anschließenden Soiree im Goethehaus] fragte, welchen Eindruck er vom FAUST auf der Bühne, für die er doch nicht geschrieben wurde, erhalten habe, erging er sich zwar über die einzelnen Szenen, erwähnte aber des Ganzen mit keinem Worte. Und Goethe mochte darüber wohl betroffen sein; denn er sah ihn mit durchdringendem Blicke an, als erwarte er noch etwas, und fragte nicht weiter.» *(Odyniec,* ebenda)

Sonntag, 30. August. Billett an *Mickiewicz:* Goethe bittet ihn, *Schmeller* einige Stunden zu einem Porträt zu gönnen [→ 20. 8.]. (WA IV, 50, 57) – «[...] *Lieber* restaurirte an den Zeichnungen nach den *Elginischen* Marmoren. *Herr Prof. Quetelet* Experimente der Oscillation der Magnetnadel vorzeigend, dagegen ich ihm verschiedenes Chromatische vorlegte. *Dr. Eckermann* von seinem bisherigen Treiben und Wesen Nachricht gebend [→ 15. 7.]. *Herr Soret* mit dem *Prinzen* und *einem jungen Verwandten* [«Wir gratulierten ihm zum Geburtstag, und er zeigte uns einige optische Apparate und die Geburtstagsgeschenke; er hatte die Absicht gehabt, an diesem Tage zu uns nach Jena zu flüchten, aber zahlreiche Besuche, die auf ihn eindrangen, haben ihn daran gehindert.» *(Soret an Maria Paulowna,* 5. 9.; GG 6416)]. Speiste mit *Eckermann* auf dem Zimmer. *Holtei* mit der *Familie* [«... ich *(Holtei)* hatte den Mut, meine Kritik (→ 29. 8.) der Exzellenz deutsch und ehrlich in den Bart zu werfen; auch nicht zu verschweigen, daß ich meine Umarbeitung für ungleich dramatischer, konzentrierter, besser und wirksamer hielte. Worauf denn ein: ‹Ihr junges Volk versteht es freilich viel besser!›, doch sonder Groll, und zum Schlusse das obligate: ‹Nun, nun, das ist ja schön!› lächelnd erfolgte.» *(Holtei;*

GG 6417)]. Gegen Abend *Herr Quetelet* und *Frau,* wegen der Heidelberger Zusammenkunft vertrauliche Äußerungen [«...je (Goethe) vous dirai la vérité tout entière ... Comme poète, mon chemin est fait; je puis le parcourir avec assurance; mais comme physicien, il n'en est pas de même, et les opinions peuvent varier beaucoup au sujet de mes recherches.› Puis, après un moment de silence: ‹Vous allez donc à Heidelberg pour assister à ce grand bazar scientifique (le congrès): chacun y viendra étaler sa marchandise, la prisera fort et dépréciera peut-être celle du *voisin.* Or, je suis un *voisin,* moi; et j'avoue que je serais assez curieux de savoir ce qu'on pense de cette marchandise et si on lui donne quelque estime ... Me promettez-vous de me dire la vérité.› Je lui répondis qu'il pouvait l'attendre pleine et entière. ‹Cela me suffit, dit-il, je compte sur votre promesse.›» (*Quetelet:* Sciences mathématiques et physiques, 1867; GG 6419)]. *Herr Prof. Rasmann* von Gent. Später *Dr. Eckermann.* Allgemeine und besondere Unterhaltung.» (Tgb)

Montag, 31. August. «*Briefe dictirt. Herr David fuhr fort an seiner Arbeit. Herr Oberbaudirektor Coudray kam dazu. Mittag für mich. Abends Thee. Frau v. Staff [Gattin des preußischen Majors v. Staff?]. Frau v. Parry [weiterhin David, Coudray, Eckermann, Frau v. Pogwisch, Ulrike v. Pogwisch, E. v. Simson (vgl. GG 6420)]. Die Polen [Mickiewicz und Odyniec] nahmen Abschied. Einige junge empfohlene Deutsche* [«...erkundigte sich der Alte nach Königsberg, namentlich dem botanischen Garten, Ostpreußen überhaupt ... Er war froh gestimmt durch eine Aufmerksamkeit, die ihm die Leipziger Bühne durch Übersendung eines einfachen Blumenkranzes gemacht hatte, der sich dort über dem Anschlagzettel des FAUST (I, Aufführung vom 28. 8. in der Bearbeitung von *L. Tieck*) von *unbekannter Hand* gefunden hatte. Er rühmte dann auch *Rochlitz* als einen zartfühlenden Mann ...» (*E. v. Simson:* Tagebuch; GG 6420) – «... er (Goethe sprach) meist mit *Adam (Mickiewicz);* doch bekam auch ich *(Odyniec)* mein Teil ... durch seinen liebevollen Blick ermutigt, wagte ich ... ihn ... um seine eigenhändige Namensunterschrift und um zwei gebrauchte Federn anzugehen. Er lächelte und neigte das Haupt ... Als er mir dann zum letzten Abschiede die Hand reichte ... bat ich ihn um seinen Segen. Es mußte ihn nicht beleidigt haben, denn er faßte mich darauf an den Achseln, und küßte mich auf die Stirne und nahm auf dieselbe Art von *Adam* Abschied ... *Frau Ottilie* sagte, es sei dies eine ganz besondere Gunstbezeugung und sie erinnere sich derselben bei keinem *Fremden.* Im Fortgehen nahm er die Kerze vom Tische, und an der Türe stehen bleibend, wandte er sich nochmals um, und neigte die Hand wie vom Munde zu uns. ... – Nach etwa zehn Minuten brachte uns der *ältere Enkel* zwei goldgeränderte ... Blättchen, auf deren jedem sichtlich FRÜHER GESCHRIEBENE VERSE in deutschen Buchstaben standen mit der Unterschrift: *Goethe,* ... dann zwei ihrer Fahnen beraubte Federn ...» (*Odyniec* an J. Korsak, 31. 8.; GG 6423)].» (Tgb)

Vermutlich Ende August. «*David* m'a raconté qu'après notre départ, Goethe lui a dit d'*Adam [Mickiewicz]:* ‹On voit qu c'est un homme de génie.›» (*Odyniec* an ?, 12. 9.; GG 6424)

Ab September. «C'est au mois de septembre de cette année que *Madame de Goethe* a conçu le projet de publier un journal de société intitulé ‹Chaos› en l'honneur de Goethe. Ce journal, publié en trois langues, allemand, français, anglais, a duré jusqu'à la mort de Son Excellence et a donné lieu à différentes plaisanteries. Souvent *Madame de Goethe* fatiguée du travail a tenté de couper court, mais le désir prononcé de son beau-père de maintenir le journal l'a contrainte à le continuer.» (*Soret;* GG 6685) – «Es war uns natürlich immer höchst wichtig, wenn Goethe selbst Beiträge [für die Zeitschrift «Chaos»] sandte. Die Briefe *seiner Freunde,* die er *Ottilien* zum Zweck der Veröffentlichung gab, wurden von ihm erst einer genauen Revision unterworfen [...]. Ebenso verfuhr er mit Gedichten, die ihm in die Hände fielen. Er vernichtete oft über die Hälfte der Strophen; waren die Verse gar zu schlecht, so schüttelte er nur bedenklich den Kopf, brummte ‹hm, hm› oder ‹nu, nu› und legte sie beiseite. Von den Erzeugnissen unserer dilettantischen Muse, die er zurechtgestutzt hatte, pflegte *Ottilie* scherzend zu sagen: ‹Wir haben sie durch das Fegefeuer geschickt.›» (*Jenny v. Pappenheim:* Erinnerungen; GG 6686)

Dienstag, 1. September. «Bey Zeiten zu *Herrn [Bildhauer] David,* welcher immermehr der Vollendung seiner Arbeit zurückte. Um halb Eilf die *Frau Großherzogin [Maria Paulowna].* Später abermals mit *Herrn David. Dr. Eckermann* zu Tische. Auch ihm wurde die Büste gezeigt. Gegen Abend *Frau v. Diemar* und *Fräulein [Auguste] Jacobi;* Nachricht von des *Herrn Kanzlers* glücklich bis nach Schaffhausen vollbrachter Reise. Später *Herr Prof. Riemer,* EINIGE AUFSÄTZE mit ihm abgeschlossen. Sodann über die [FAUST-]Aufführung und was noch daran zu desideriren gesprochen [→ 29. 8.].» (Tgb)

Mittwoch, 2. September. Brief an *Sulpiz Boisserée:* «[...] Es ist wohl keine Frage daß man das WERK [WILHELM MEISTERS WANDERJAHRE] noch reicher ausstatten, lakonisch behandelte Stellen ausführlicher hätte hervorheben können, allein man muß zu endigen wissen; ja dießmal hat mich der *Setzer* genöthigt abzuschließen, vielleicht zum Vortheil des Ganzen, [...] [so] daß jetzt, wenn ich Ihrem Zeugniß vertraue, Gefühl, Verstand und Einbildungskraft ungenirt ihre Rechte behaupten und abwechselnd, [...] ich kann froh seyn daß Sie für die Form ein so rühmliches Gleichniß gefunden haben [«... ich glaubte bei der Darstellung der Sitten und Verhältnisse unserer Zeit einen *Ariost* in ungebundener Rede zu lesen. Da ich diesen Eindruck bei der FRÜHERN AUSGABE (von 1821), so sehr mir dieselbe schon zugesagt, nicht empfangen, so muß ich diesen neuen Genuß der bessern Verbindung zuschreiben, welche Sie durch die Umschaffung des WERKS in die scheinbar umzusammenhängenden Theile desselben gebracht haben.» (an Goethe, 25. 8.; Boisserée 2, 517 f.)]. – Etwas ähnliches, obgleich zerstückter [...], wird Ihnen im 29. BANDE DER NÄCHSTEN SENDUNG [ZWEITER RÖMISCHER AUFENTHALT] vor die Augen treten; [...] das Ganze erhält vielleicht nur dadurch eine Einheit daß es aus einer Individualität, obgleich in sehr verschiedenen Jahren, lange gehegt, auch wohl Jahre lang beseitigt, endlich hervorgetreten.» – Brief an *v. Rochlitz:* Goethe bittet ihn, mit seinen «Betrachtungen über die WANDERJAHRE fortzufahren», da ihm dies, von *Freunden* geschehend, «die größte Belohnung» für seine Arbeit ist. «Die Umbildung der DARIN ENTHALTENEN, SCHON EINMAL IN ANDERER FORM ERSCHIENENEN ELEMENTE war für mich ein ganz neues Unternehmen, wozu mich nur die Liebe zu einzelnen Theilen, welche [ich] [...] einander anzunähern hoffte, bewegen [...] konnte.» – Goethe dankt für die «ausführliche Kenntniß», die ihm der *Adressat*

von der Leipziger Aufführung des FAUST [I in seinem Brief vom 29. 8.] gegeben hat [→ 31. 8.]. – «Es ist wunderlich genug daß DIESE SELTSAME FRUCHT
erst jetzo gleichsam vom Baume fällt.» Goethe bittet um Mitteilung der Leipziger Szenenfolge. Er möchte sehen, «wie man es angegriffen um das quasi
Unmögliche, zum Trutz aller Schwierigkeiten, möglich zu machen.» – Brief
an *Frau v. Levetzow:* «Es ist nun jährig daß Sie [...] mir [in einem verlorenen
Kondolenzbrief] Ihren Antheil zu erkennen gaben bey dem schweren
Geschick das mich betroffen, denjenigen *[Carl August]* vor mir hingehen zu
sehen, dem ich, dem Laufe der Natur und meinen Wünschen gemäß, in jene
Gegenden hätte vorantreten sollen [→ 14. 6. 28]. – Da ich wirklich seit jener
Stunde nur zur Hälfte lebe, so ist es mir um so erfreulicher von *Freunden* und
Gönnern zu erfahren: daß so [...] manches liebe Herz geneigt ist das Lücken-
hafte, was in meinem Zustande sich finden mag, durch Wohlwollen und Neigung zu hegen und auszufüllen.» – Goethe wünscht «aufrichtigst», daß sich
Ulrike [v. Levetzow] «aus diesen Zeilen den treulichsten Gruß herausnehmen
möge», und bittet, ihn von Zeit zu Zeit mit *Familien*nachrichten zu erfreuen.
– Brief an *Hofrat Meyer:* Goethe berichtet vom Geschenk des *Königs von Bayern* [→ 28. 8.]. Es verlangt ihn sehr zu erfahren, wohin der *Adressat* die Plastik
einrangieren wird. – Außerdem möchte Goethe mit *Meyer* über den *französischen Bildhauer David* sprechen. «Es ist höchst merkwürdig durch *einen so
talentvollen Mann* in *eine ganze Nation* hineinzusehen, ihre Denk- und Kunst-
weise, ihr Sinnen und Bestreben gleichsam symbolisch gewahr zu werden.» –
«[...] *Oberbaudirektor Coudray* gegenwärtig. Manches Geistreiche besprochen.
Kunst im besten Sinne, Politik des Tages und sonst. Mittag für mich. Nach
Tische kam *Landesdirektionsrat Töpfer.* Derselbige gegen Abend *zwei Frauenzimmer* bringend, eine *Tochter von Nathusius* [dem *Kaufmann* und *Fabrikherrn
Gottlob Nathusius?*] und eine *Verwandte* derselben. Ich las den 8. Band von
Saint-Simon hinaus [→ 27. 8.]. Aus dem Garten wurden die letzten dort
befindlichen Sachen heraufgebracht.» (Tgb)

Donnerstag, 3. September. Brief an *Maria Paulowna:* Goethe teilt mit, daß
die Ausstellung [der Zeichenschule] nunmehr zur Besichtigung bereit ist. «Es
sind dießmal ganz artige Zeugnisse des Fleißes *unsrer Zöglinge* vorhanden
[...].» – Brief an *Sulpiz Boisserée:* Goethe empfiehlt in beikommendem HEFT
[KuA VI, 2, um das der *Adressat* gebeten hatte] besonders die Seiten 329 ff.
[den AUFSATZ COURS DE LITTÉRATURE GRECQUE MODERNE ...; → 24. 3. 28],
«wo ich hervorgehoben habe was der *gute Verbannte* vor *seinen überliberalen
Freunden* nicht recht aussprechen durfte und was in der neueren Zeit immer
mehr zur Sprache kommt». – «Die zum Geburtstage angekommenen Briefe
und Sendungen durchgesehen. Bey *Herrn [Bildhauer] David.* Kam *Frau Großherzogin [Maria Paulowna],* welche in der Ausstellung gewesen war. Kam um
11 Uhr, die Büste zu sehen, mit *einigen Damen. Hofrat Meyer* gleichfalls. Unterhaltung mit demselben darüber, wie über den eingekommenen Niobiden [→
2. 9.]. Blieb derselbe zu Tische. Verhandelten wir noch manches indessen
Angekommene. Abermals einige Zeit bey *Herrn David.* Kam der Grundbe-
griff preussischer Staats- und Rechtsgeschichte von *Carl Friedrich Ferdinand
Sietze.* Ich las in demselben. Von der wunderlichen Denk- und Sprachweise
angezogen.» (Tgb)

Freitag, 4. September. «[...] [An] *Faktor Reichel* nach Augsburg, ZWEITE HÄLFTE VOM RÖMISCHEN AUFENTHALT [DRUCKMANUSKRIPT; → 19. 8. (vgl. Hagen, zu 1603)]. [An] *Herrn Hofrat Meyer,* Erlaß wegen der Gemälde-Restauration [vgl. WA IV, 46, 325].» (Tgb) – Brief an *Hofrat Meyer:* Goethe teilt mit, seinem Erlaß eine Form gegeben zu haben, wonach der *Adressat* in dieser Sache nun nach eigener Überzeugung vorgehen kann. – «Den glücklichen Gedanken wegen des Profils [*Davids* Profil-Medaillon Goethes (vgl. Schulte-Strathaus, Nr. 159)] werde auszusprechen und durchzuführen suchen, da er mir höchst vortheilhaft und zweckmäßig erscheint.» – «[...] hatten mich besucht: *Herr [Medizin-]Professor Dr. [Justus Friedrich Karl] Hecker* [geb. 1795] aus Berlin, *Dr. [Franz Joseph] Schedel* [→ 10. 11. 28] aus Pest [...]. *Herr David* nahm Besuche an, um die Büste zu sehen. Mittag *Dr. Eckermann.* Vieles vorbereitet. Abends *Fräulein [Auguste] Jacobi. Frau v. Diemar.* Nachricht von der Rückberufung des *Grafen Reinhard* [aus Frankfurt am Main]. Hoffnung auf dessen Besuch. Zeitig zu Bette.» (Tgb)

Vermutlich vor Samstag, 5. September. Brief an *Soret:* Goethe hat das übersendete Werk [«Adalberts Bekenntnisse» von *L. F. Theremine,* 1828] mit «Vergnügen» und «Belehrung» zu lesen begonnen. – Er weist den *Adressaten* auf eine Rezension der *de Candolleschen* Organographie [végétale; → 2. 9. 28] im 1. Heft des 32. Bandes der Zeitschrift «Hermes» [unterzeichnet mit *F. S. V., Friedrich Sigmund Voigt* in Jena?] hin, «welche auf eine zwar bescheidene aber doch ernste Weise das Verhältniß dieses Werks zur METAMORPHOSE ausspricht; daß die Sache im Klaren ist und wir zunächst mit Lust und Zutrauen wieder an UNSRE ARBEIT [die Übersetzung der METAMORPHOSE; → 29. 4.] gehen können».

Samstag, 5. September. Brief an *Färber:* Goethe beauftragt ihn, die im «physikalischen Museum befindliche große Laterna magica» herüberzusenden. – Brief an *Adele Schopenhauer:* Goethe kündigt die Sendung eines Kästchens mit Geschenken für *Madame [Sibylle] Mertens* und den *«freundlichen Geber» [de Noël]* an [die ihm Antiken gesandt hatten]. – «Am 28. [August] haben Sie uns [...] wirklich gefehlt, ich [...] wünschte nach meiner alten Art diesen Tag in Stillem vorüberfließen [zu] lassen, das ging aber weniger als je, da ich denn alle Ursache hatte mich mancher anmuthigen freundlichen Gesichter und mancher schönen Gaben und Geschenke zu erfreuen.» – «[...] [An *Faktor*] *Reichel* nach Augsburg [Avisbrief der gestrigen Sendung, nicht überliefert (vgl. Hagen, zu 1604)]. [...] *Précis de l'histoire moderne de la Grèce par Rizos-Nerulos* zu lesen angefangen [→ 16. 7. 28]. *Oberbaudirektor Coudray* befestigte die beyden großen Zeichnungen im Treppenhaus. *Frau v. Ahlefeld. Frau Prof. Melos. Herr Zimmermann,* die Büste zu sehen. Mittag *Hofrat Vogel.* Seine Lehre nach allgemeinen Begriffen geprüft. Mit *Herrn [Bildhauer] David* und *Coudray,* weitere Anstalten die Form zu fertigen. Die Geschichte des neueren Griechenlands weiter gelesen.» (Tgb)

Sonntag, 6. September. «Einiges Fernere am Symbolischen [FAUST II?; → 18. 7.; → 7. 2.]. *Hofrat Vogel* war früh gekommen, um wegen der augenblicklichen Zustände zu rathen. *Herr David* arbeitete an dem Profilbilde [→ 4. 9.]. Die *Erfurter Gießer* an der Form der großen Büste. Ich wies verschiedene Zeichnungen vor. *Herr Soret* und der *Prinz [Karl Alexander]* kamen dazu. *Hof-*

rat Meyer um 1 Uhr. Wir besprachen die Statue des Niobiden und anderes. Derselbe speiste nebst *Herrn David* und *Coudray mit uns.* Sie besahen nach Tische die Sammlung der Fossilien. Ich las nachher in der neugriechischen Geschichte fort [→ 5. 9.]. [...].» (Tgb)

Montag, 7. September. «Die Form war geöffnet und wurde gereinigt. Sie hatte ganz wohl geglückt. *Herr David* arbeitete an meinem Profil [→ 6. 9.]. *Herr Oberbaudirektor Coudray* kam zu und nahm Theil. [...] *Herr David, sein Compagnon [Victor Pavie]* und *Oberbaudirektor Coudray* speisten *mit uns.* Abends großer Thee.» (Tgb)

Dienstag, 8. September. Brief an *Soret:* Goethe bittet ihn, die französische Übersetzung des Katalogs einer von *Sohn August* zusammengestellten Sammlung von Fossilien aus der Umgebung Weimars zu senden, da er Gelegenheit hat, *Cuvier* eine solche Suite zu übermitteln. – [...] EINIGES AM FAUST [→ 6. 9.]. *Herr David* fuhr an dem Profil fort. Bedeutende Unterhaltung über die französischen öffentlichen Zustände und allgemeinen Gesinnungen. Mittag für mich mit *Wölfchen.* Etwas Ordnung gemacht, welche diese Tage her versäumt gewesen. Abends *Prof. Riemer;* einige Concepte und die FRANKFURTER REZENSIONEN durchgegangen [wohl ABSCHLIESSENDE REVISION DES DRUCKMANUSKRIPTS FÜR BAND 33 DER AlH (vgl. Hagen, zu 1605)] [...].» (Tgb)

Mittwoch, 9. September. Brief an *Schriftsteller Tieck:* Goethe dankt dem *Adressaten* für die Teilnahme, die dieser dem Gelingen SEINER ARBEITEN von jeher gewidmet hat. – «Nunmehr erhalt ich durch die Aufführung von FAUST und die demselben vorgeschickten gewogenen Worte die angenehmste Versicherung auf's neue» [*Tieck* berichtet in seinem Brief vom 30. 8. über die von ihm veranstaltete Dresdner Aufführung des FAUST I am 27. 8. und sendet seinen «Prolog zur Aufführung von Goethe's Faust an Goethe's Geburtstage»]. [...] [Goethe wünscht,] «es möge fernerhin ein so schönes und eignes Verhältniß, so früh gestattet und so viele Jahre erhalten und bewährt, mich auch noch meine übrigen Lebenstage begleiten.» – «[...] Die Angelegenheit von *Schrön* [vermutlich dessen Anstellung betreffend] wieder vorgenommen. Mémoires d'une Femme de Qualité sur Louis XVIII. [von *Lamothe-Langon, Dumas-Hinard, Malitourne* und *Villemarest*] zu lesen angefangen. [...] Herr [*Bildhauer*] *David* und *Victor Pavie*, Abschied zu nehmen. Medaillen verehrt zum Abschiede. Über die gegenwärtigen Zustände liberale Gesinnungen vernommen. *Oberbaudirektor Coudray* holte das Medaillon [*Davids* Profilbild] ab [→ 8. 9.]. Speiste für mich. Las einige Reden des *Bischofs [E.] Tegnér,* übersetzt von *[G.] Mohnike.* Die Mémoires sur Louis XVIII. [...].» (Tgb)

Sonntag, 23. August / Mittwoch, 9. September. «Goethe approuvait mon idée qu'il est impossible d'étudier les *hommes* autrement que sur les nuances, car ils sont toujours en garde sur les choses principales. [...]. – Il [Goethe] a une expression singulière de la lèvre inférieure qui avance, et un certain clignotement des yeux, quand on parle d'un *homme* qui s'est trompé dans quelque chose, comme sentant sa supériorité, comme un *homme* qui a prévu une chose, et, dirai-je, qui est bien aise qu'elle n'ait pas réussi [...]. – Il prend le café à six heures, dans son lit, et il déjeune avec un pain et du vin, à dix heures; très souvent dans la journée, il boit dans un petit verre, du madère, et mange

quelques bouchées de pain. [...]. – Goethe pense que le séjour de Paris peut
nuire à l'originalité, parce qu'on est influencé par tout ce qui vous entoure.
[...]. – Je disais à Goethe que je pensais que les *femmes* avaient une trop grande
influence dans notre nouvelle civilisation. Chez les *Grecs* et les *Romains* ...
les *femmes* étaient seulement occupées à ce pourquoi la nature les a appelées;
qu'à Rome, quand elles ont eu trop d'empire, et aussi en Grèce, ces Etats ont
été près de leur ruine. Il m'a dit: ⟨Je n'aime pas les *femmes auteurs*. Dans MES
OUVRAGES, sans leur dire ouvertement la chose, je les mets dans des situations
où elles peuvent recevoir des avis salutaires, dans mes PETITS CONTES [wohl
die WANDERJAHRE-NOVELLEN], dans mon IPHIGÉNIE.⟩ – Goethe croit à un
principe des choses; il n'est pas partisan des différentes formes sous lesquelles
on adore, parce que ces formes sont inventées par les *hommes* pour satisfaire
leurs passions. Il ne pense pas qu'il soit nécessaire de pleurer continuellement,
de se plonger dans la poussière, pour demander pardon à cet Être d'être sur la
terre. Il pense que la religion protestante est la moins absurde, puisque c'est
une morale débarrassée du culte catholique ... – J'ai souvent eu l'occasion de
remarquer combien ses idées d'observation se portaient sur des choses simples,
et qu'il examinait avec tant de simplicité qu'il fallait toute mon admiration
pour son grand génie, pour fixer mon attention. Il tirait, après, des idées lumi-
neuses des ces choses simples, comme le soleil qui donne souvent une phy-
sionomie à des choses devant lesquelles on aurait passé, sans y fixer
l'attention ...» – Weiterhin Äußerungen Goethes über französische Literatur.
(*David d'Angers:* Souvenirs; GG 6432)

Donnerstag, 10. September. «Neuste Geschichte von Griechenland [→ 6.
9.] [...]. Gegen 9 Uhr [nach Jena] abgefahren. Den *jungen Erbgroßherzog [Karl
Alexander]* im Jenaischen [Prinzessinnen-]Garten besucht. Daselbst verweilt.
Zu Mittage gespeist mit *Herrn v. Ziegesar* und *Dr. Huschke.* Um 5 Uhr abge-
fahren. Sehr schöner Tag und Abend. War die Aussicht aus dem Garten höchst
frey und lieblich. Ich hatte die neuen Anstalten des *Höchstseligen Großherzogs
[Carl August]* noch nicht gesehen. Gegen 8 Uhr wieder zu Hause. *Hofgärtner
Baumann* theilte die schöne Blüthe der Clarkia pulchella mit.» (Tgb)

Freitag, 11. September. ABSCHNITT SCHEMATISCH DES AUFSATZES STU-
DIEN ZUR WELTLITERATUR [→ 12. 6. 28 bzw. 18. 1. 29 / 22. 7. 29]. «*Rizos-
Nerulos* neuste Geschichte von Griechenland [→ 10. 9.]. Mémoires Femme de
Qualité fortgelesen [→ 9. 9.]. *Herr [Schauspieler] La Roche,* dankend für ein
handschriftliches Blättchen [er hatte den *Mephisto* in der Weimarer FAUST-
Aufführung gespielt; → 29. 8.]. *Herr Prof. Hegel* von [Karlsbad nach] Berlin
[reisend] und *Frau Generalin v. Rosenhain.* Fuhr mit *Ottilien* spazieren. Speiste
für mich. Jene Lectüre fortgesetzt. Gegen Abend *Prof. Hegel* nochmals.
Abends *Prof. Riemer.* Gingen wir die ALTEN FRANKFURTER REZENSIONEN
durch [→ 8. 9.].» (Tgb)

Samstag, 12. September. «Mémoires sur Louis XVIII. [→ 11. 9.] [...].
Expeditionen in oberaufsichtlichen Geschäften. *Frau v. Heygendorf.* Spazieren
gefahren mit *Ottilien.* [...] [mit ihr] auf der Ausstellung [der Zeichenschule]
und in dem Museum. Mittags *Bibliothekar Göttling* und *Hofrat Vogel.* Nach
Tische das 8. Heft von *Zahn* vorgewiesen. Einiges Botanische. Die Mémoires
Femme de Qualité 3. Band.» (Tgb)

Sonntag, 13. September. «[...] [Oberaufsichtliche Expeditionen]. *Herr Hofrat Soret,* Übersetzung [der METAMORPHOSE] durchgesehen, zur Abschrift vorbereitet [→ vermutlich vor 5. 9.]. *Herr Prof. Huschke* und *Herr v. Schröter, Arzt,* von Neapel kommend, nach Dänemark gehend. Über das Betragen der *Österreicher* zu Neapel, sowie über die Sammlungen des *[Frei-]Herrn v. Koller.* Auch über seinen Tod [1826], verursacht durch den *Homöopathen. Oberbaudirektor Coudray,* den Abschied des *Herrn [Bildhauer] David* und die Trocknung der Gipsform referirend [→ 7. 9.]. *Herr Frommann der Jüngere* Nachricht gebend, daß er um die Vergünstigung des Sortimentshandels nachgesucht. Der *Erbprinz [Karl Alexander]* und *Herr Soret.* Besahen die Sammlung der Fossilien [→ 8. 9.]. Mittag für mich. Nach Tische *Herr Hofrat Meyer,* die Angelegenheit der Preismedaillen [für die *Teilnehmer an der Kunstausstellung*] durchgesprochen. Er brachte mir den AUFSATZ ÜBER LANDSCHAFTLICHE GEGENSTÄNDE [das AUFSATZFRAGMENT LANDSCHAFTLICHE MALEREI?; → 29. 5.] wieder mit. Abends den 2. Theil der Mémoires d'une Femme de Qualité hinausgelesen.» (Tgb)

Montag, 14. September. «*Schuchardten* die *Soretische* Übersetzung [der METAMORPHOSE] zum Abschreiben ferner übergeben [→ 13. 9.]. Die EINLEITUNG IM ORIGINAL abgeschlossen [→ 29. 3.]. *Herr Prof. Zelter* meldete seine Ankunft mit *Herrn [Friedrich Wilhelm] Ternite [Maler* und *Lithograph, Galerieinspektor* in Potsdam; geb. 1786]. Ich speiste für mich. Er kam nachher. Wir unterhielten uns von dem zunächst Interessanten. Abends großer Thee.» (Tgb)

Dienstag, 15. September. «METAMORPHOSE DER PFLANZEN die Übersetzung durchgegangen [→ 14. 9.]. Die Mémoires d'une Femme de Qualité durchgelesen [→ 13. 9.]. Unterhaltung mit *Prof. Zelter.* Das Nothwendigste beseitigt. Mittag die *Herren Zelter* und *Ternite.* Von des Letztern Verhältnissen zu *Ihro Majestät dem König [Friedrich Wilhelm III.] von Preußen.* Zeigte denselben vor und nach Tische Zeichnungen und Kupfer. Abends großer Thee [«... woselbst *hübsche Leute* beieinander waren; der *alte [Hofrat] Meyer, Leibarzt Vogel, Frau v. Mandelsloh, Frau v. Heygendorf* mit *beiden Töchtern, Exzellenz von Henckel, Frau von Pogwisch, Eberwein,* und wer noch.» (*Zelter:* Tagebuch; GG 6441)].» (Tgb)

Mittwoch, 16. September. «METAMORPHOSE DER PFLANZEN *Herrn Sorets* Übersetzung. Anstalten zur Spazierfahrt mit den *Herren Zelter* und *Ternite.* Um halb 9 Uhr abgefahren [...]. Der Morgen war trocken, obgleich windig. [«... nach Kötschau, wo ein Frühstück eingenommen wurde. Dann von Kötschau ab das Schlachtfeld bei Jena befahren über Isserstedt, Vierzehnheiligen, Krippendorf, nach Dornburg, woselbst man gegen 12 Uhr ankam.» (*Zelter:* Tagebuch; GG 6442)]. Die Terrassen durchgegangen. Im Schlößchen gewesen. Die Wappen des Saales durchgesehen. Zu Mittag gespeist [«Das Mahl, in dem alten Zimmer Goethes (dem Eckzimmer des Renaissanceschlosses; → 7. 7. 28) serviert, behagte nach ihrer Aussage allen.» (*K. A. Ch. Sckell:* Goethe in Dornburg; GG 6443)]. Um ¼5 Uhr abgefahren nach Jena, um 9 Uhr in Weimar. Abends fing es zu regnen an und fuhr so fort.» (Tgb)

Donnerstag, 17. September. «METAMORPHOSE DER PFLANZEN *Herrn Sorets* Übersetzung.» (Tgb) – Brief an *Landesdirektionsrat Töpfer:* Goethe bedauert, am Fest der *Armbrust-Schützengesellschaft* nicht teilnehmen zu können. Er bittet jedoch *Zelter* und *Ternite* um vier Uhr dazu abzuholen. – «[...] *Zelter* [...]. *Frau Großherzogin Mutter [Luise]*. [«Man unterhielt sich ganz artig bis gegen Mittag.» (*Zelter:* Tagebuch; GG 6444)]. Mittag derselbe und *Herr Ternite*. Nach Tische einige Zeichnungen gesehen. Die *beiden Herren* wurden abgeholt durch *Töpfer* und *Waldungen* in's Armbrustschießhaus. Ich benutzte ihre Abwesenheit zu mancherley Geschäften. Dieselben kamen zurück. Dazu *Oberbaudirektor Coudray* und *Eckermann*. Blieben bis 9 Uhr.» (Tgb)

Freitag, 18. September. «Die *Soretische* Übersetzung, eine Abschrift vorbereitend, fernerhin durchgesehen. SCHEMA ZU DEM 3. STÜCK DES 6. BANDES VON KUNST UND ALTERTUM [vermutlich Überarbeitung des SCHEMAS vom → 3. 12. 28]. Ein von *Kräutern* empfohlener *Engländer* [...]. Die Durchsicht der *Soretschen* Übersetzung geendigt. Um 12 Uhr Herr *Inspektor Ternite*. Besah mit ihm *Mantegnas* Triumphzug und mehreres Sonstige, Kupfer und Zeichnungen. Speiste derselbe *mit uns*. Nach Tische die *Venetianische Schule,* wo ihm besonders die Arbeiten von *[John Baptist] Jackson [englischer Holzschneider; gest.* nach 1754] merkwürdig schienen. Abends Anmeldung von *Varnhagen v. Ense* und *Gesellschaft*.» (Tgb)

Samstag, 19. September. Brief an *Eckermann:* Goethe bittet, «beykommendes VIELERLEY in die Tekturen ein[zu]rangiren und sich heute Mittag oder sonst einmal sehen [zu] lassen. Die Abgesondertheit, wie die Nacht, ist keines Menschen Freund.» – «Schöner holzgeschnitzter Becher, mitgebracht von *genannten Reisenden*. [...] Mittag *Varnhagens, Frau v. Zielinska* und *Prof. Zelter* [«Die Rede kam auf Brillen. Ich *(Varnhagen)* sagte ihm, so oft ich mit ihm spräche, hätte ich wohl gegenwärtig, was er von Brillen ... geäußert, und wüßte, was ich verbräche, wenn ich es gleich nicht ändern könnte. Er antwortete: das Gesetz werde immer nur deshalb aufgestellt, damit eben Ausnahmen gemacht werden könnten; die Ausnahmen seien gerade die Hauptsache.» (*Varnhagen:* Tagebuch; GG 6446)]. *Frau v. Zielinska* mit den ersteren reisend. [Möglicherweise ist auch *Eckermann* beim Diner zugegen. « ... wo er (Goethe) mir nachher über beide (*Varnhagen* und *Rahel*) viel Gutes sagte, und besonders von letzterer rühmte, daß sie in Deutschland eine der ersten gewesen, die ihn verstanden und erkannt habe, und die mit treuer Neigung fortgefahren, an ihm zu halten.» (*Eckermann* an Heinrichshofen, 22. 8. 48; GG 6448)] Sodann für mich. *Oberbaudirektor Coudray* sprach ein, wegen *Davids* Medaillon Nachricht gebend [→ 9. 9.]. Alles war in's Schauspiel gegangen, zur Vorstellung der Räuber [von *F. Schiller*]. *[Schauspieler] Krüger* [aus Berlin als *Karl Moor,*] Gastrolle.» (Tgb)

Sonntag, 20. September. «BOTANICA vorgenommen. BESONDERS DIE EINWIRKUNG DES WERKLEINS SEIT SEINER ERSTEN ERSCHEINUNG [Arbeit am 2. NACHTRAG ZUR DEUTSCH-FRANZÖSISCHEN AUSGABE DER METAMORPHOSE: WIRKUNG DIESER SCHRIFT UND WEITERE ENTFALTUNG DER DARIN VORGETRAGENEN IDEE; → 20./23. 4.]. Die Acten deßhalb geheftet. *[Schauspieler] Herr Krüger* und *Gattin [Wilhelmine, geborene Meyen]* und *[Schauspieler] Herr La Roche*. Einige *Baulehrlinge* von Erfurt. *Prof. Zelter* besah die *Neureutherischen* Randzeichnungen. Zu Tische *Herr Kapellmeister Hummel*.» (Tgb)

Montag, 21. September. «*Prof. Zelter*. Um 12 Uhr die *regierende Frau Großherzogin [Maria Paulowna]*. Zu Mittag allein. *Zelter* zur Tafel bey *Frau Groß-*

herzogin-Mutter [Luise]. Reiste gegen Abend ab auf Jena [«Vom alten Freunde Abschied. Ward noch über viel und mancherlei gesprochen, was nicht zu schreiben ist.» (*Zelter:* Tagebuch; GG 6451)]. Die Sendung Kupfer und Zeichnungen von *Weigel* aus Leipzig war angekommen, wurde beachtet und studirt. Abends *Wölfchen*.» (Tgb)

Dienstag, 22. September. «Mehrere Concepte dictirt. [...] *Oberbaudirektor Coudray* packte die Form [zur *Davidschen* Büste] ein [→ 13. 9.]. *Baron v. Fritsch* [der *Oberforstmeister?*], einige Versteinerungen von *Herrn Cotta* bringend. *Herr Matthisson.* Nachher *[Hoftheaterintendant] Herr v. Vitzthum* mit dem *Grafen Fredro.* Mittags allein. Nach Tisch *mein Sohn.* Manuscript [der *Schiller-*Biographie] von *Frau v. Wolzogen* [→ 20. 6.]. Abends *Prof. Riemer.* [...]» (Tgb)

Mittwoch, 23. September. Brief an *Varnhagen v. Ense:* Goethe dankt für dessen «freundliche Gegenwart und angenehme Unterhaltung» [→ 19. 9.]. Er sendet das «erwähnte Herrnhutische Gedicht [«Meiner Tochter Christiane Gregorin ... nach Herrnhut»; → 18. 6. 08], welches vielleicht für das Anmuthigste gehalten werden kann was aus der Religions-Ansicht *jenes merkwürdigen Mannes* [des *Herrnhuter-Bischofs Gregor*], dessen Geschichte Sie so viel Aufmerksamkeit gewidmet, hervorgegangen.» – [...] An *Färber* eine Bleystufe von *Frau Großherzogin [Maria Paulowna]* aus Karlsbad gesendet. [...] *Wölfchen* unterbrach mich mit geographischen Fragen. Zur nächsten Lieferung 3 TEILE gepackt [DRUCKMANUSKRIPT bzw. DRUCKVORLAGE FÜR DIE BÄNDE 33 BIS 35 DER AlH, REZENSIONEN IN DIE FRANKFURTER GELEHRTEN ANZEIGEN und IN DIE JENAISCHE ALLGEMEINE LITERATURZEITUNG sowie BENVENUTO CELLINI (vgl. Hagen, zu 1614)]. Anfrage an *Riemer* wegen eines alten Werkes. *[Joseph Julius Athanasius] Ambrosch* von Berlin, *Philolog [und Archäologe; geb. 1804]*, nach Italien reisend. Sodann *Herr Frommann [d. J.]* mit *Prof. [Ernst Theodor] Gaupp [Jurist, Universitätslehrer; geb. 1796]* aus Berlin. Zwey Gestelle mit Körbchen waren [von *Frommann d. J.*] angekommen. Mittag für mich. Das MANUSCRIPT DER CHRONIK MEINES LEBENS zu revidiren angefangen [→ 17. 3. 26].» (Tgb)

Donnerstag, 24. September. Brief an *Rochlitz:* Goethe dankt für dessen weitere Nachrichten über die Leipziger FAUST-Inszenierung [der *Adressat* teilt am 12. 9. die Szenenfolge und deren Umsetzung mit; → 2. 9.]. «Bey meiner vieljährigen Theaterverwaltung hab ich eine solche oft verlangte ja dringend geforderte VORSTELLUNG niemals begünstigt und sie auch jetzt am Orte im eigentlichsten Sinne nur geschehen lassen. [...] so geht doch besonders aus der [AUFFÜHRUNG] in Leipzig die alte Wahrheit: man solle den Teufel nicht an die Wand mahlen, aufs deutlichste hervor [«Die Rohheit und Frechheit, womit die *Studenten* gewisse Dinge [...] aufgenommen, hat vom *Minister, Grafen Einsiedel* in Dresden, ein Schreiben veranlaßt, nach welchem JENE VORSTELLUNG nicht wiederholt werden soll – bis auf Weiteres, was aber heißen wird: wenigstens auf lange Zeit.» (an Goethe, 12. 9.; Rochlitz, 336)]. – Da Goethe im Monat Dezember «keinen Tag und keine Stunde» von seinem Befinden «sicher» ist, kann er einen so werten Gast wie den *Grafen Manteuffel* in dieser Zeit nicht einladen, doch würde er sich glücklich schätzen, «jede gute mir gegönnte Stunde» mit ihm zu verbringen. – «FORTSETZUNG DES GESTRIGEN GESCHÄFTS. *Sekretär Kräuter* wegen Bücherrechnung. CHRONIK MEINES

LEBENS BIS 1804 durchgesehen [→ 10. 6. 25]. *Friedrich Stünkel, Kapitän von der hannöverschen Artillerie.* [...] die *Frau Großherzogin [Maria Paulowna]* und *Demoiselle Mazelet.* *Herr Obrist [John Hamilton Macgill?] Dalrymple [Earl of Stair;* geb. 1771] und *Gattin.* Mittag *Hofrat Meyer.* Beschauung der neuen angekommenen Kupfer und Zeichnungen [→ 21. 9.]. Anderes besprochen. Bewunderung der geschnittenen und gedrechselten Ahornvase [→ 19. 9.]. Nachher Edinburgh Foreign Review. Abends *Herr Oberbaudirektor Coudray.* Demselben gleichfalls die neuen Acquisitionen vorgewiesen. Das Edinburger Journal fortgesetzt.» (Tgb)

Freitag, 25. September. «*Schuchardt,* die Abschrift der Übersetzung der METAMORPHOSE bringend [→ 18. 9.]. REVISION DER CHRONIK fortgesetzt. Brief des *Kanzlers v. Müller* aus Mailand kam an. [...] Fuhr spazieren mit *Wölfchen.* Speiste für mich, las in Edinburgh Foreign Review. *[Steinzeichner] Heinrich Müller* zeigte einige Porträte vor. Brachte eine Angelegenheit wegen *Nahlischer* Zeichnungen zur Sprache [gemeint ist der *Tischbein-Schüler Johann August Nahl, Maler, Akademielehrer in Kassel;* gest. 1825]. Fuhr in jenem Lesen fort. *Wölfchen* brachte den Abend bey mir zu. Las, und ich zeigte ihm die griechischen Costüms. [...].» (Tgb)

Samstag, 26. September. «AN DER CHRONIK MEINES LEBENS REDIGIRT. Zeitblätter und Zeitschriften flüchtig durchgesehen. *De Candolle,* Versuche über die Arzneykräfte der Pflanzen, um mit *Hofrat Vogel* darüber zu sprechen. Porzelainteller von Blankenhain. Im Garten einige Pflanzenbetrachtungen und Vorsätze deßhalb. In die Ausstellung [der Zeichenschule]. Mit *Hofrat Meyer* und *Walther* spazieren gefahren. Jener blieb zu Tische. Die neusten Kunstblätter durchgesehen. Sittliches und Geselliges besprochen. Gegen Abend *Prof. Riemer.* Concepte durchgesehen. Er theilte neuere kleinere Gedichte mit. – An *Hofgärtner Baumann,* einige Zweige des Cissus verlangend [→ vielleicht Herbst 28].» (Tgb)

Sonntag, 27. September. «CHRONIK MEINER JAHRE WEITER DURCHGESEHEN. Vorbereitung zur Abfahrt. Nach Bergern gefahren in anderthalb Stunden, bey einigem Aufenthalt unterwegs. *Frau [Kanzler] v. Müller* [am Vortage ihres Geburtstags] angetroffen und *Fräulein [Auguste] Jacobi.* Spazierte im Garten. Alsdenn zusammen gespeist. *Wölfchen* betrug sich sehr artig, welchem *Frau v. Müller* allerley Späßchen vorwies und bereitete. Gegen 5 Uhr zurück. Waren in einer Stunde wieder zu Hause. Abends für mich. Fing an die Vorrede von Cain the Wanderer [von *John Edmund Reade]* zu lesen.» (Tgb)

Montag, 28. September. «Die Vorrede geendigt. Gedanken darüber. Sodann auch in das Gedicht selbst hineingesehen. Sendung von *Jügel.* Besuch von *Wegebauinspektor Goetze.*» (Tgb) – Brief an *Luden:* Goethe bittet ihn, *Schmeller* einige Stunden für ein Porträt zu gönnen. – Zum nächsten Besuch wird er dem *Adressaten* «eine starke Sammlung abgebildeter *werter Mitlebenden*» vorweisen. – «[...] *Zwei junge Herren v. Löw, preußische Militärs.* Zu Mittag *Herr Hofrat Vogel.* Über seine neue Curart. Abends den Cain the Wanderer. Merkwürdige Filiation eines solchen Gedichtes, von *Milton* und *Byron* sich herschreibend.» (Tgb)

Dienstag, 29. September. «[...] Oberaufsichtliche Dinge.» (Tgb) – Brief an *Caroline v. Wolzogen:* Goethe berichtet, in das ihm anvertraute Manuskript

[zu «Schillers Leben ...»; → 22. 9.] «hineingesehen» zu haben, doch findet er
es «ganz unmöglich es durchzulesen» [die *Adressatin* hatte am 14. 9. gebeten,
die Einleitung, vielleicht auch die Lebensbeschreibung kritisch durchzuse-
hen]. Er bemerkt schon seit einiger Zeit, daß er «in's längst Vergangene nicht
zurückschauen mag. Mit dem ABGEDRUCKTEN BRIEFWECHSEL [ZWISCHEN
GOETHE UND SCHILLER] geht es mir eben so, er macht mir eher eine traurige
Empfindung, die, wenn ich sie mir verdeutlichen will, sich ohngefähr dahin
auflöst, daß in hohen Jahren, wo man mit der Zeit so haushältig umgehen
muß, man über sich und Andere wegen vergeudeter Tage höchst ärgerlich
wird.» – So läßt Goethe das Manuskript noch einige Tage bei sich liegen, sendet es jedoch zurück, wenn sich sein Gefühl nicht beschwichtigen läßt, mit
«höchst dringender Bitte um Verzeihung eines unerwarteten Seelenereignis-
ses». – Brief an *Pauline Schelling:* «Wenn man eine Jahreshöhe nach der andern
ersteigt und sich von so manchen irdischen Dingen nach und nach entfernt,
so ist nichts tröstender [...] als wenn wir *frühere verehrte und geliebte Freunde*
uns noch immer so nah fühlen als wären wir örtlich niemals von ihnen
getrennt gewesen.» – Goethe dankt ihr für [Geburtstags-]Brief [vom 28. 8.]
und Sendung [die *Adressatin* hatte im Auftrag *ihres Mannes,* der sich in Karlsbad befindet, die zur Feier des 25. Augusts anläßlich Goethes 80. Geburtstag
in der Münchner Akademie der Wissenschaften öffentlich gehaltenen Reden
im Druck übermittelt sowie eine darauf bezügliche Medaille]. – Brief an *Faktor Reichel:* Goethe kündigt die Absendung der DRUCKVORLAGEN für den
nächsten Tag an [→ 23. 9.]. – «Der NACHTRAG ZUM 29. BANDE ÜBER ITA-
LIEN, FRAGMENTE EINES REISEJOURNALS, kann füglich wegbleiben» und später anderweitig untergebracht werden. – «Allerdings haben wir beiderseits
Ursache, da sich UNSER BEDEUTENDES UNTERNEHMEN dem Ende nähert, mit
Dank zur Vorsehung aufzublicken, die uns vergönnte gemeinschaftlich ein
solches WERK zu Stande zu bringen, dessen Abschluß bey meinen hohen Jahren noch zu sehen ich kaum hoffen durfte.» – «[...] war *Geh. Kanzleirat Kun-
temeyer* aus Schwerin dagewesen. *Frau Großherzogin [Maria Paulowna].* Wurden derselben die *Neureutherischen* Lithographien vorgezeigt. Spazieren
gefahren mit *Ottilien.* Mittag für mich. Die französischen Vorlesungen von
Guizot und *Villemain* [→ 12. 8.]. Mémoires de *Saint-Simon* 9. Theil [→ 2. 9.].
Frau v. Gerstenbergk nach Eisenach abgehend. Nachher *Prof. Riemer.* Einiges
auf die Übersetzung der METAMORPHOSE Bezügliches mit ihm durchgegangen [→ 25. 9.]. Nachher wegen der JAHRESBÜCHER Überlegung gepflogen [→
27. 9.]. Ferner Abends spät *Herr [Niccolò] Paganini [Violinspieler;* geb. 1782] mit
einem Begleiter und *kleinen Knaben.* Eine wundersame Erscheinung für den
Augenblick. In Absicht wiederzukehren.» (Tgb)

**Nach Sonntag, 18. November 1827 / vor Mittwoch, 30. September
1829.** «Er [Goethe] war in der Unterhaltung so zutraulich geworden, daß [...]
ich *[Stickel]* die Frage an ihn richtete, wie es Seine Exzellenz nur angefangen
habe, einen so schönen Stil zu schreiben. – Weit entfernt, mich zu belächeln
oder von oben herunter abzufertigen, erwiderte er: ‹Das will ich Ihnen sagen
[...]. Ich habe die Gegenstände ruhig auf mich einwirken lassen und den
bezeichnendsten Ausdruck dafür gesucht.›» (G. *Stickel:* Meine Berührungen
mit Goethe; GG 6687)

Mittwoch, 30. September. «Mémoires de *Saint-Simon*.» (Tgb) – Zwei oberaufsichtliche Briefe, an das Landschaftskollegium und die Landesregierung in Weimar, die Pension der *Witwe des Hofbildhauers Kaufmann* und dessen Inventarium betreffend. (WA IV, 46, 332) – Brief an *Jakob* und *Marianne v. Willemer:* Goethe berichtet, «daß zur besten Stunde ein köstliches Glas» [ein geschliffener Glaspokal, das Geburtstagsgeschenk *Mariannes*] angekommen sei, aus dem *Hudhud* «zu einiger Beruhigung» zugetrunken ward, der «von frühern Zeiten her [...] im Eckchen [sitzend] seine Rechte behauptet, einigermaßen trauernd daß er nicht immer fort und fort wie sonst mit anmuthigen Aufträgen in Bewegung gehalten wird». – Brief an *Frommann d. J.:* Goethe bittet diesen, *Schmeller* einige Stunden zu einem Porträt zu gönnen. Da er auch *andere Personen* in seine Sammlung aufnehmen möchte, mit denen er «in einem näheren oder ferneren guten Verhältnisse stand», wäre es ihm angenehm, wenn der *Adressat einige gemeinsame Bekannte* dafür gewinnen könnte, so etwa *[Medizinprof.] Suckow,* [den *Juristen] Schröter* und [den *Philosophieprof.] Scheidler.* – «[...] DAS JAHR 1804 vorgenommen [→ 24. 9.]. *Johannes Möller [Neffe Ludwig Tiecks]* [...], nach Berlin von Bonn gehend. Von letzterem Orte manches erzählend. *Philosophischer Historiker.* Hierauf *Dr. [Johann Gustav] Stickel,* der sich in Jena aufgehalten, nach Paris gehend, *Orientalist* [und *Theologe;* geb. 1805]. Von China bis Palästina. Mittag für mich. *Saint-Simon* 9. Theil weiter lesend. Nach Tische *Wölfchen* und *Alma,* spielend und lernend. *Herr Hofrat Soret.* Die Übersetzung der METAMORPHOSE besprechend [→ 29. 9.]. Der *Orientalist* von heute früh ein chinesisches Manuscript vorweisend. Er wollte den Titel: Geschichte berühmter Feldherrn, herausgelesen haben. Ich tadelte ihn, daß er es in Papier gerollt vorlegte, anstatt daß er es in einer Decke von Pappe wohl verwahrt hätte. Zum *Kustoden* wird einer vielleicht geboren, schwerlich als *Kustode* [Goethe überreicht ihm ein Blättchen mit einer Stelle aus dem WESTÖSTLICHEN DIVAN. «‹Nehmen Sie es und zeigen Sie es *meinen Freunden* in Paris, es wird Ihnen manche Tür öffnen.› ... – Dieses Blättchen ... hat das einzige Mal, als ich davon Gebrauch machte, wie ein Zauberschlüssel in Paris gewirkt.» (*G. Stickel:* Meine Berührungen mit Goethe, 1886; GG 6456)]. *Fräulein [Auguste] Jacobi.* Umständliches vertrauliches Gespräch über Geistes- und Herzensangelegenheiten. *Saint-Simon* weiter gelesen.» (Tgb)

Donnerstag, 1. Oktober. «Fortgefahren darin. Notiz, daß gegen die *Herren Guizot, Villemain, Cousin* ein Verfahren eingeleitet sey. Sendung von Augsburg kam an. Ich setzte die UNTERSUCHUNGEN WEGEN 1804 weiter fort. *[Steinzeichner] Heinrich Müller* wegen seiner Kassler Angelegenheit, welche abgeschlossen wurde [→ 8. 6. 28]. [...] die *Frau Großherzogin [Maria Paulowna].* Später *Herr Großherzog [Karl Friedrich],* welcher noch eine halbe Stunde blieb. *Herr Graf Reinhard.* Ich speiste für mich. Überlegte das morgende Fest [68. Geburtstag des *Grafen Reinhard].* Las weiter im 9. Bande von *Saint-Simon. Wölfchen* hielt sich zu mir. Neuer Scherz durch den Strohhalm zu trinken. *Oberbaudirektor Coudray,* die Wegebau-Angelegenheiten besprochen. Lectüre fortgesetzt.» (Tgb)

Freitag, 2. Oktober. «*Saint-Simon* 9. Band geendigt. Das Geburtstagsgeschenk an den *Grafen Reinhard* durch die *Kinder* abgesendet. EINIGES IN

BEZUG AUF 1804 ausgelesen und studirt. [...] Die Treppe wurde mit Kränzen
verziert. Gegen 2 Uhr kamen die *Gäste*. Musik. Interessante Unterhaltung
über die gegenwärtigen Gesinnungen der *französischen Regierenden* und *Regierten*. Man blieb nach Tische noch einige Weile zusammen. Um 7 Uhr kamen
zum Thee: *Le Comte [Alexander Benedikt] Batowski [polnischer Diplomat; geb.
1764]* und *Andrzej [Edward] Koźmian [polnischer Schriftsteller; geb. 1804. –
«Gegenstand des Gespräches war die französische Literatur, das Werk *Schlegels*
über Dramaturgie (wohl «Über dramatische Kunst und Litteratur», 1801/11)
und *Mickiewicz*.» (*A. E. Koźmian*: Memoiren; GG 6458)]. *Graf Reinhard* und
die *Seinigen* kamen gleichfalls. Man setzte litterarische und politische Gespräche des Mittags fort und schied nach 9 Uhr.» (Tgb)
    Samstag, 3. Oktober. «Mémoires de *Saint-Simon* 10. Band. BRIEFE VON
1804, NOTAMINA DARAUS.» (Tgb) – Brief an *Bildhauer Emil Cauer* [geb. 1800]:
Goethe wird dessen angekündigte Arbeit [eine Büste *d'Altons*] mit Vergnügen
betrachten. – Zu einer Reise nach Weimar kann er jedoch «nicht rathen,
indem über die fragliche Stelle [...] schon anderweit disponirt worden» ist
[*Cauer* hatte um die durch *Kaufmanns* Tod freigewordene Stelle des Hofbildhauers gebeten (an Goethe, 25. 9.)]». – «[...] *Herr [Karl Friedrich Ludwig] v.
Löw [von und zu Steinfurt, Jurist, Privatdozent; geb. 1803. – «... wahrhaft
erstaunenswürdig war die Art, wie er [Goethe] sprach. Es war der reinste
ununterbrochenste Fluß der Rede, die höchste Mannigfaltigkeit und
Gewandtheit des Ausdrucks, über welchen Gegenstand er auch sprechen
mochte. Da wo sich's um tiefere Dinge handelte und wo selbst ... die *geübten
Denker* in der Regel die Worte suchen müssen, da bewegte er sich mit derselben Leichtigkeit, als wenn er über das Wetter oder eine Stadtneuigkeit spräche.» – Gesprächsthemen sind: Konfessionsfragen, theologische Streitigkeiten
der jüngsten Zeit, *Paulus'* «Universalhistorische Übersicht der Geschichte der
alten Welt ...», Goethes Verhältnis zu *Fritz Schlosser* und *dessen Frau* sowie zu
den *Stolbergs*. (Löw: Besuch bei Goethe, GG 6461 und Kommentar)] von Heidelberg. *Herr Graf Reinhard;* fuhr mit demselben spazieren. Mittag *Herr Hofrat
Vogel*. Nachher Mémoires de *Saint-Simon*. Abends dasselbe fortgesetzt.» (Tgb)
    Sonntag, 4. Oktober. «[...] EINLEITUNG ZUR MORPHOLOGIE, ZWEI DIFFE-
RENTE EXEMPLARE DES ABSCHLUSSES durchgesehen [→ 14. 9.]. Mit *meinem
Sohn* Geschäfte besprochen. [...] *Herr Graf Reinhard*, communicirte die
Papiere seiner Abberufung [→ 4. 9.]. *Schmeller* zeichnete sein Porträt. Wir
besprachen öffentliche und Freundes-Angelegenheiten. Blieb für mich, man-
ches zu ordnen. Speiste allein. *Alma* und *Wölfchen* nach Tische. Ersterer [wohl
Letzterer] blieb und las. Abends *Landesdirektionsrat Töpfer* im Namen der
Schützen-Gesellschaft für die *Zelterische* Sendung [ein von diesem komponier-
ter Kanon für die *Schützengesellschaft*] dankend. Ich fuhr fort den 10. Theil der
Mémoires de *Saint-Simon* zu lesen.» (Tgb)
    Montag, 5. Oktober. «Mémoires de *Saint-Simon*. Einige Auszüge daraus.
DAS JAHR 1804 MEINER TAGEBÜCHER vorgenommen [→ 3. 10.]. Munda in
Geschäftssachen. *Herr Graf Reinhard*. *Schmeller* zeichnete denselben. *Frau v.
Wolzogen* besuchte mich, Abschied zu nehmen. Mittag mit *Wölfchen*. Durch-
sah die *Börnerische* Sendung in näherer Betrachtung der Auswahl. Lernte *sub-
ordinierte Talente der Bologneser Schule* kennen. Gegen Abend *Herr Hofrat Vogel*,

mit welchem ich das Manuscript seines Werkes durchzugehen anfing [→ 22.
8.]; mit besonderer Zufriedenheit und mit der Bemühung, seine Entdeckungen sowohl als seine Gedanken in die Reihe meiner Studien einzuführen.»
(Tgb)

Donnerstag, 1. / Montag, 5. Oktober. «Nie hab ich Goethen so herzlich
gesehen, wie diesmal.» (*Graf Reinhard* an *Kanzler v. Müller*, 23. 10.; GG 6462)
– «En général l'âge, sans préjudice de cette vigueur étonnante de corps et
d'esprit qu'il a conservée, lui a donné [...] eine *Milde* dont tous ceux qui le con-
naissent ont fait la remarque.» (*Graf Reinhard* an Wessenberg, 26. 10.; GG 6460)

Dienstag, 6. Oktober. «EINIGES ZU DEN JAHRBÜCHERN mit *Schuchardt.*
EINIGES ZUR EINLEITUNG IN DIE METAMORPHOSE durch *John.* ABSCHLUß DES
BERICHTS WEGEN [...] SCHRÖNS ANSTELLUNG [→9. 9.]. *Herr Frommann [d. J.]*
die gefärbten Weidenstengel zu den bunten Körbchen überbringend [→ 23.
9.]. Mit *Ottilien* spazieren gefahren. Speiste für mich allein. *Saint-Simon* 10.
Band abgeschlossen. Abends *Prof. Riemer.* EINIGES ZU DEN TAGEBÜCHERN
durchgegangen.» (Tgb)

Mittwoch, 7. Oktober. «[...] An der VORLIEGENDEN ARBEIT fortgefahren
mit *Schuchardt* und *John. Blasius Höfel [österreichischer Kupferstecher,
Holzschneider;* geb. 1792] aus Wiener Neustadt [...]. Brachte aus der gräflichen
Eisengießerey zu Blansko [Stadt in Mähren] zwey kleine Musenstatuen. Legte
Kupferstiche von seiner Hand vor. Ich ließ ihn bey *Hofrat Meyer* einführen,
ingleichen bey *Herrn [Obermedizinalrat] v. Froriep.* Hierauf ein *preußischer Angestellter v. Herforden;* sodann *Herr Des Vœux, Übersetzer* des TASSO, gegenwärtig
in Berlin bey der *englischen Gesandtschaft.* Mittag für mich. Später *Herr Hofrat
Meyer.* Unterhaltung über einige neu angekommene Zeichnungen. Abends
großer Thee. *Vielerley Bekanntschaften.* Nachher *Dr. Eckermann.* Mit demselbigen einiges Vergangene und Vorseyende besprochen.» (Tgb)

Donnerstag, 8. Oktober. «Concepte, Munda. Der *Irländer [Richard Lalor]
Sheil [irischer Schriftsteller, Politiker;* geb. 1791], über den gegenwärtigen
Zustand von Irland. *Frau Großherzogin [Maria Paulowna]* und *Demoiselle Maze-
let* [«Goethe était très causant ... nouveau journal français ‹Le Temps›, qu'il me
semble que Goethe veut acquérir pour la bibliothèque.» (*Maria Paulowna:* Tagebuch; GG 6465)]. Später *Herr Großherzog [Karl Friedrich].* Sodann *Herr Hofrat
Meyer,* welcher mit mir speiste und die *Börnerischen* Kupfer und Zeichnungen
durchsah. Des *Herrn Grafen Reinhard* Porträt von *Schmeller* eingepackt. Abend
Physik. *[August Wilhelm] Neuber [Arzt]* aus Schleswig, ein *geistreicher, munterer
Mann,* und *[Philosophie-]Prof. Reinhold [d. J.]* aus Jena. Abends für mich. Archiv
der deutschen Landwirthschaft, Juli 1829. *Wölfchen* schloß sich an, er war sehr
glücklich. Es hatte ihm *Frau Generalin Zielinska* ein schönes Kästchen in Erwiderung einiger Handschriften von Frankfurt an der Oder geschickt.» (Tgb)

Freitag, 9. Oktober. «Mit *Schuchardt* das JAHR 1804 durchgesehen. [...]
Ich fuhr in den untern Garten, einiges anzuordnen. Mittag *Dr. Eckermann,*
welcher verschiedenes Geordnete wiederbrachte. [...] Abends *Prof. Riemer.*
MANCHES ZU 1804 GEHÖRIGE mit demselben durchgegangen.» (Tgb)

Samstag, 10. Oktober. Brief an *Färber:* Da Goethe den Auftrag hat, für
einen *fremden Naturfreund* eine Sammlung inländischer Käfer anzuschaffen,
möge sich der *Adressat* in Ziegenhain und Jena danach umsehen. (Raabe 1,

562) – Brief an *Weller:* Goethe bittet ihn, weitere Hefte des «Archivs der deutschen Landwirtschaft» zu senden; «es schließt sich das alles an die allgemeineren Natur-Studien, denen ich immerfort ergeben bin [→ 8. 10.]». – «Die *Teilnehmenden an dem nächtigen Balle* kamen erst später zum Vorschein. *Prinzeß Auguste [v. Preußen]* war gestern Abend angekommen. Ich fuhr in allem Vorliegenden lebhaft fort. Mit *Ottilien* um's Webicht. *Hofrat Vogel* speiste mit mir. *Landesdirektionsrat Gilles* Krankheit ward besprochen. Sodann auch die Geschichte der Arzeney-Wissenschaft [1822 ff.] von *Hecker* in Berlin [«In einem Alter wo man sich selbst historisch wird und die geschichtliche Einsicht überhaupt immer größern Werth erhält, weil man eigentlich dadurch den Augenblick immer besser beurtheilen lernt, muß ein gründliches Werk der Art höchst willkommen seyn, das eine der wichtigsten, nie unterbrochenen Bemühungen des Menschengeistes uns auf dem Wege, den sie genommen, darzustellen bemüht ist.» (an *Hecker,* 7. 10.)]. Nachher *Herr [Obermedizinalrat] v. Froriep,* von dem Heidelberger wissenschaftlichen Congreß [*deutscher Ärzte* und *Naturforscher*] erzählend. Ich sah vor und nach Tische die *Ternitische* Sammlung von Durchzeichnungen [pompejanischer und herculanischer Wandgemälde] durch [→ 22. 3. 27]. Abends für mich. Las im Bulletin universel. Berliner Musenalmanach. [. . .].» (Tgb)

   Sonntag, 11. Oktober. Brief an *Kanzler v. Müller:* «Dabey aber ist das Wunderlichste, daß *unsre junge schöne Welt* sich vereinigt hat wöchentlich ein Druckblatt herauszugeben, wovon die Redaction unter meinem Dache [durch *Schwiegertochter Ottilie*] geschieht [→ ab September]. Es sind schon drey Blätter herausgegeben; der Titel ist: Chaos, es darf nur noch die Nacht hinzutreten so ist auch der Eros schon geboren. Ich behauptete, sie sollten diesem gemäß den Titel von Zeit zu Zeit verändern.» – Man rechnet dabei stark auf des *Adressaten* Mitwirkung und hofft, daß er einige Beiträge von seiner [Italien-] Reise mitbringe oder sogar vorraussende. – «[. . .] EINIGES AN DEN JAHRBÜCHERN. Abschrift aus *Saint-Simon* durch *Schuchardt.* Allein gegessen. Nachher *Hofrat Meyer.* Mit ihm die Durchzeichnungen *Ternites* angesehen, die schon am Morgen studirt hatte. *[Landesdirektionsrat] Töpfer.* Späterhin für mich. Die *Heckerische* Geschichte der Medicin.» (Tgb)

   Montag, 12. Oktober. «EINIGES mit *Schuchardt* ZU DEN JAHRBÜCHERN. *John* hatte mundirt. *Geh. Rat Schweitzer. Fräulein Herder,* ihre kleine Mineraliensammlung vorzeigend. [. . .] *Dr. Eckermann* speiste mit mir. Besah nach Tische einen Theil Pompejana. Besuchte mich alsdann *Herr Stumpff* [«Ich mußte ihm viel von London, besonders von *dort lebenden Künstlern, Bildhauern* und *Malern,* erzählen, und die Namen der vorzüglichsten nennen, welche er sich notierte.» – *Stumpff* berichtet, «vor kurzem die Dampfmaschine zum Gegenstand eines Gedichtes ‹Der Kampf der Elemente› gemacht (zu haben). Goethe schien erstaunt zu sein und wünschte diesen poetischen Versuch zu sehen.» (M. M. v. Weber: Goethe und die Dampfmaschine, 1865; GG 6467)]. Erzählte von einer Maschine Fournire zu schneiden, welche in der Ruhl durch *seine Verwandten* errichtet, die er zu besuchen gehe, ingleichen von einer ähnlichen Maschine Elfenbein zu schneiden für die *Pianoforte-Arbeiter.* Abends las ich in *Heckers* Geschichte der Heilkunde in den 2. Band hinein. *Wölfchen* baute eine Stadt zusammen [. . .].» (Tgb)

Dienstag, 13. Oktober. «*Heckers* Geschichte der Heilkunde. *Schuchardt* fuhr an den Auszügen von *Saint-Simon* fort. *Sekretär Kräuter* fing an die Masse eingekommener Bücher zu ordnen. EINIGES ZU VERVOLLSTÄNDIGUNG DER JAHRESBÜCHER. Ich wendete meine Gedanken zu dem Vorkommen der Spiralgefäße in dem Bau der Pflanzen [vielleicht Arbeit am AUFSATZ ÜBER DIE SPIRALTENDENZ; → 2. 4.]. Um halb 11 Uhr *Frau Großherzogin-Mutter [Luise]*. Um 12 Uhr spazieren gefahren mit *Ottilien.* Der *neue Gehilfe bei der Sternwarte [Gotthard Meusezahl]* präsentirte sich. Mittag speiste *Herr Stumpff* von London mit mir [Dieser überreicht sein Gedicht (→ 12. 10.). – «Goethe ersuchte mich, das Gedicht selbst zu lesen; er ... klopfte mich mehrere Male auf den Arm und sagte: ‹Gut, gut, das ist brav, haben Sie die Güte, mir das Gedicht zu lassen›, und fügte hinzu: ‹Haben Sie mehr solcher Verse geschrieben?› – ‹O ja, Exzellenz›, antwortete ich – ‹aber ich habe sie niemandem gezeigt, aus Furcht, man möchte darüber spötteln.› ‹Nein ...›, sagte Goethe, ‹schicken Sie mir Ihre Versuche zu, es liegt ein unbebautes Feld in Ihrer Brust, und es ist Pflicht, solches zu bebauen.›» – Goethe läßt *Stumpff* von *Schmeller* zeichnen (Weber: Goethe und die Dampfmaschine, 1865; GG 6467)]. Ich blieb Abends allein mit *Wölfchen.*» (Tgb)

Mittwoch, 14. Oktober. Konzept eines Briefs an *Read* [abgegangen in englischer Übersetzung]: «Zu einer Zeit wo uns die Englischen Forget me not und andere dergleichen Jahresbücher mit der mikroskopischen Geschicklichkeit *dortiger Kupferstecher* bekannt machen, war es mir eine höchst angenehme Erscheinung», die Arbeiten des *Adressaten* zu sehen [→ 30. 6.]. – Sollte ein *Kunsthändler* den Auftrag haben, diese ins *größere Publikum* zu bringen, so bittet Goethe um Mitteilung. – «*Schuchardt* aus *Saint-Simon* abschreibend. Sodann ein *junger Murray, Sohn des Londoner Buchhändlers John Murray. Zwei Amerikaner von New York, van Rensselaer.* Ingleichen *Hofrat Voigt* von Jena. *Oberbaudirektor Coudray. Herr Spiker* von Berlin mit noch *einem Reisenden.* Mittags mit *Wölfchen.* Abends Prof. *Riemer.* Wir gingen die JAHRBÜCHER durch.» (Tgb)

Donnerstag, 15. Oktober. «*Schuchardt* fuhr an den Auszügen aus *Saint-Simon* fort. [...] Ich überdachte. [...] die Benutzung des *Kaufmännischen* Hauses. [...] die *Frau Großherzogin [Maria Paulowna]* und *Demoiselle Mazelet.* Die Einführung der Gewerkschule besprochen und belobt [→ 16./17. 7. – Nachdem *Karl Friedrich* die Eröffnung der Großherzoglich freien Gewerkschule in seinem Reskript vom 29. 9. genehmigt hatte, findet diese mit einer Vorprüfung der *aufzunehmenden Gewerkschüler* am 25. 10. statt. (vgl. «Zum 24. Juni 1898. Goethe und Maria Paulowna», S. 101 ff.)]. *Serenissimus [Karl Friedrich]* gegen 1 Uhr. Blieb nachher noch einige Zeit. Vorher *Kompositeur [David] Nisle [französischer Musiker, Waldhornspieler; geb. 1778]* aus Stuttgart. Mittag für mich. *Alma* spielte wohl eine Stunde allein und munter dabei. *Walther* darauf, singend und tanzend, in seiner ganzen Possenhaftigkeit. Ich blieb für mich. Abends King Coal's Levee [von *J. Scafe;* → vielleicht Mai 24] mit neuem Interesse und Bewunderung so geistreicher Behandlung eines schwerfälligen Stoffes. Später an *[Diener] Friedrich [Krause]* dictirt.» (Tgb)

Freitag, 16. Oktober. «*Schuchardt* fuhr an den Auszügen der Mémoires de *Saint-Simon* fort. Concepte mit *John.* Die beyden *Prinzessinnen, Marie* und *Auguste [v. Preußen]* [...], mit *Frau Oberhofmeisterin v. Jagow* [«Unsre beiden

Prinzessinnen haben mir durch ihre holde Gegenwart viel Vergnügen gemacht. Man mag solche, schon lange gekannte und geliebte Wesen gar zu gern nach einiger Zeit in behaglichen Zuständen wiedersehen ...» (an *Zelter,* 19. 10.)]. Mittag für mich. Nachher die *Kinder* wie gewöhnlich. *Dr. Eckermann.* Beschaute die pompejanischen Lucidi [von *Ternite*; → 12. 10.]. *Fräulein [Auguste] Jacobi.* Sodann *Prof. Riemer,* durchgesehen EINIGE HEFTE DER CHRONIK [→ 14. 10.].» (Tgb)

Samstag, 5. September / Freitag, 16. Oktober. Brief an *Schriftsteller Reade:* Goethe berichtet, die Vorrede zu dessen Werk [«Cain the Wanderer»; → 27. 9.] gelesen und die übersendeten Exemplare an *seine Freunde* verteilt zu haben. Von der Lektüre des Werkes selbst verspricht man sich angenehme Belehrung. – Ihm selbst ist es jedoch bei hohen Jahren nicht mehr möglich, den gewohnten Anteil an den zeitgenössischen aus- und inländischen literarischen Bemühungen zu nehmen. Sollte es durch *seine Freunde* gelingen, eine Übersetzung des Werkes einleiten zu können, würde er mit Vergnügen davon Nachricht geben.

Samstag, 17. Oktober. Brief an *Weller:* Goethe kündigt eine Büchersendung für die jenaische Bibliothek an. – «[...] Auf die ZWEI LETZTEN LIEFERUNGEN [7. UND 8. DER AlH] BEZÜGLICHES. Um 12 Uhr *Frau v. Groß.* Ich übergab ihr das Porträt des Grafen Sternberg und ein Stehkörbchen. Mittag *Hofrat Vogel. Frau v. Diemar.* Abends für mich. Las der *Gebrüder [Heinrich* und *Rudolf] Meyer* Ersteigen der Jungfrau im Jahr 1811 [erste Ersteigung des Gipfels]. Betrachtung über die heruntergeschobenen Urgebirgsblöcke.» (Tgb)

Sonntag, 18. Oktober. Brief an *König Ludwig I. von Bayern:* «In Bezug auf die von Ew. Königlichen Majestät zu *meinem unvergeßlichen Freunde [Schiller]* gnädigst gefaßte Neigung mußte mir gar oft bey abschließlicher Durchsicht DES MIT IHM VIELJÄHRIG GEPFLOGENEN BRIEFWECHSELS die Überzeugung beygehen: wie sehr demselben das Glück, Ew. Majestät anzugehören, wäre zu wünschen gewesen. [...] mir fehlte nunmehr [nach *Schillers* Tod] eine innig vertraute Theilnahme, ich vermißte eine geistreiche Anregung [...]. Dieß empfand ich damals aufs schmerzlichste; aber der Gedanke, wie viel auch *er* von Glück und Genuß verloren, drang sich mir erst lebhaft auf, seit ich Ew. Majestät höchster Gunst und Gnade, [...] wodurch ich frische Anmuth über meine hohen Jahre verbreitet sah, mich zu erfreuen hatte. – Nun ward ich zu dem Gedanken [...] geführt, daß auf Ew. Majestät ausgesprochene Gesinnungen dieses alles dem *Freunde* in hohem Maße widerfahren wäre [...]. Durch allerhöchste Gunst wäre sein Dasein durchaus erleichtert [...] worden, seine Arbeiten hätte man dadurch belebt und beschleunigt gesehen [...]. – Wäre nun das Leben des *Dichters* auf diese Weise Ew. Majestät gewidmet gewesen, so dürfen wohl auch DIESE BRIEFE [...] Allerhöchstdenenselben bescheiden vorgelegt werden [dieser Brief soll dem 6. BAND DES BRIEFWECHSELS ZWISCHEN GOETHE UND SCHILLER als Dedikation an den *König von Bayern* vorangestellt werden; → 30. 11. 28]. Sie [...] lassen erfreulich sehen; wie in Freundschaft und Einigkeit mit *manchen unter einander Wohlgesinnten,* besonders auch mit mir, er unablässig gestrebt und gewirkt und, wenn auch körperlich leidend, im Geistigen doch immer sich gleich und über alles Gemeine und Mittlere stets erhaben gewesen. [...].» – «[...] VORARBEITEN ZU DER ACHTEN

LIEFERUNG. Mittag *Dr. Eckermann.* Wurde DIESE ANGELEGENHEIT durchgesprochen und demselben das Nöthige mitgetheilt [vermutlich ergeht der Auftrag an *Eckermann,* den INHALT DER BÄNDE 38 UND 39 zusammenzustellen. Es handelt sich im wesentlichen um AUFSÄTZE AUS DEN ZEITSCHRIFTEN KuA und PROPYLÄEN (vgl. Hagen, zu 1633)]. Blieb für mich. Entschied mich wegen der letzten *Börnerischen* Sendung. Zeitig zu Bette.» (Tgb)

Montag, 19. Oktober. Brief an *Kunsthändler Börner:* Goethe sendet das Verzeichnis der ausgewählten Zeichnungen und Kupferstiche. – Der Preis erscheint ihm jedoch zu hoch, so daß er «einigen Rabatt» erwartet. – Brief an *Zelter:* Goethe muß zuvörderst aussprechen, daß er nach dessen Abreise [→ 21. 9.] «äußerst verdrießlich» darüber geworden ist, von den vielen [eingegangenen] bedeutenden Dingen kaum etwas mitgeteilt zu haben. – «Die Gegenwart hat wirklich etwas Absurdes; man meint das wär' es nun, man sehe, man fühle sich, darauf ruht man; was aber aus solchen Augenblicken zu gewinnen sey, darüber kommt man nicht zur Besinnung. Wir wollen uns hierüber so ausdrücken: der *Abwesende* ist eine *ideale Person;* die *Gegenwärtigen* kommen sich einander ganz trivial vor. Es ist ein närrisch Ding, daß durch's Reale das Ideelle gleichsam aufgehoben wird, daher mag denn wohl kommen daß den *Modernen* [den *Romantikern*] ihr Ideelles nur als Sehnsucht erscheint.» – Außerdem vermeldet Goethe, daß *Ternite* ihm mit dem «Schatz von [pompejanischen und herculanischen] Durchzeichnungen», der nun vor ihm liegt, das «ehrenvollste Vertrauen bewiesen» hat [→ 10. 10.]. «Verdient sie jemand zu sehen dem zeig ich sie selbst vor. – Hier nun das Wundersamste des Alterthums [...]; die Gesundheit nämlich des Moments und was diese werth ist. – [...] diese Gestalten geben uns das Gefühl: der Augenblick müsse prägnant und sich selbst genug seyn um ein würdiger Einschnitt in Zeit und Ewigkeit zu werden.» – Goethe bezieht diesen Gedanken auch auf die Musik. – «[...] *Dr. C. Th. Tourtuals* Die Sinne des Menschen [1827]. War die Büste d'Altons, gesendet von *Cauer* in Bonn, angekommen [→ 3. 10.]. War beschädigt. *[Hofstukkateur] Meister Hüttern* übergeben. *Schmeller* lieferte die letzten Porträts ab. *Wölfchen* war diesen Morgen besonders fleißig. [...] *Dr. Tourtual.* Nachher *Oberbaudirektor Coudray;* wie es bey Eröffnung der Gewerkschule zugegangen [→ 15. 10.]. Er besah die pompejanischen Durchzeichnungen mit viel Vergnügen. Wir speisten zusammen. Er fuhr mit jener Durchsicht fort. Blieb für mich und durchsah ältere und neuere Kupferstiche und Handzeichnungen und fand die *Bolognesische Schule* glücklich vermehrt.» (Tgb)

Dienstag, 20. Oktober. AUFSATZ ZUR WINDERZEUGUNG [postum veröffentlicht]. – «[...] DIE EINLEITUNG ZUR METAMORPHOSE endlich abgeschlossen [→ 6. 10.]. Unterhaltung mit *Ottilien* über eine Aufgabe für *Des Vœux* [→ 7. 10.]. Mit *Ottilien* und *Wölfchen* ausgefahren, nach Belvedere, durchs Kieferwäldchen, zum neuen Wartthurm. Das *Kind [Alma]* speiste mit mir. Ich beachtete nachher die *Bolognesische Schule.* Abends *Prof. Riemer.* EINIGE JAHRE DER CHRONIK [→ 16. 10.]. *Hofrat Gries* Gedichte [und poetische Übersetzungen, 1. und 2. Band]. Sonstige poetische und rhetorische Angelegenheiten.» (Tgb)

Mittwoch, 21. Oktober. «[...] Kam ein blaues Körbchen von *Herrn Frommann d. J.* [...].» (Tgb) – Brief an denselben: Goethe dankt für das «glücklich gefertigte Körbchen» und legt einen Brief von *[Saline-]Direktor Glenck* bei. «In Buffleben ist er in geringer Tiefe schon sehr glücklich gewesen; möge sein Wagniß auch bey uns [in Stotternheim] baldigst belohnt werden.» – Brief an *Riemer:* Goethe bittet ihn, «beykommendes Opus [den Brief an *König Ludwig I. von Bayern;* → 18. 10.] [...] [zu] beleuchten [...]; es ist eine alte Schuld die auf mir lastet». – «Fuhr ich mit *Wölfchen* um halb 11 Uhr ab; und wir waren um 1 Uhr in Tannroda, woselbst wir speisten und den *Ober-Landjägermeister v. Fritsch* begrüßten, auch mit dem *Forstmeister [Christian Wilhelm Ludwig] Schnell [Hofjäger* in Tannroda] in seine Wohnung gingen, die neue wohlgebaute Kirche beschauten, um 4 Uhr wieder wegfuhren und um 6 Uhr in Weimar eintrafen.» (Tgb)

Donnerstag, 22. Oktober. «*Tourtual,* Die Sinne des Menschen. Gut unterschieden, parallelisirt und wieder zusammengepaßt [→ 19. 10.].» (Tgb) – Brief an *Jakob* und *Marianne v. Willemer:* Goethe dankt für *Mariannes* «freundliche Bemerkung [...], welche auf die Nachholung eines früheren Versäumnisses hindeutet [*Marianne* hatte am 25. 9. mitgeteilt, «wie tief und schmerzlich die *armen Frankfurter* den Verlust eines solchen Mitbürgers empfinden (Goethe war am 19. 12. 17 aus dem Frankfurter Bürgerverband entlassen worden) ... Gewiß, es bedürfte von Ihrer Seite nur eines leisen Winkes ..., daß es Ihnen nicht unangenehm sei, ein getrenntes Band wieder zu knüpfen, um es auf die ehrenvollste Weise (durch die Verleihung des Ehrenbürgerrechtes) neu zu binden ...» (vgl. Weitz, 218 und Anmerkung)]. Hübsch wär es gewesen wenn man gleich in der ersten Zeit an ein solches ehrenhaft beyzubehaltendes Verhältniß gedacht hätte; auch sind dazwischen manche Epochen eingetreten wo dazu Gelegenheit gewesen wäre. Da nun aber auch die nächstvergangene [Goethes 80. Geburtstag am → 28. 8.] hiezu nicht benutzt ward; so glaube ich es sey am besten gethan diese Angelegenheit ruhen zu lassen und der glücklichen Freundschaftsbezüge im Stillen zu genießen.» – Brief an den *Frankfurter Weinhändler Philipp Jakob Weydt jun.:* Goethe bestellt «20 Flaschen Dry Madeira» sowie Proben sonstiger Dessertweine. – «[...] *Herr Oberbaudirektor Coudray.* Wegen der Gewerkschule und darauf bezügliche Papiere bringend [→ 19. 10.]. Abschrift hievon. Fortgesetztes Dictiren von Concepten, auch Durchsicht von schon vorhandenen. *Frau Großherzogin [Maria Paulowna].* Später *Herr Großherzog [Karl Friedrich].* Einiges in den Portefeuilles geordnet. Mittag für mich. Gegen Abend *Oberbaudirektor Coudray.* [...] Recension der Gedichte des *Königs [Ludwig I.] von Bayern,* übersetzt von *Duchett.* Frühere *Freundes*briefe durchlesend [«... daß ich am Abend ... die sämmtlichen Blätter (Briefe von *Marianne v. Willemer*) vom 7. August bis zum 25. September nochmals durchgelesen und, bey reiner ruhiger Stimmung, den angenehmsten Genuß gehabt ...» (Nachsatz zum Brief an *Marianne*)].» (Tgb)

Freitag, 23. Oktober. «[...] Mit ihm *[Hofgärtner Fischer]* die wunderbare Witterung des Jahres besprochen. Vernommen was er von dem Winter augurirt. Demselben zwey gesunde Cocosnüsse übergeben. Ich fuhr sodann in den untern Garten. Besprach einiges mit dem *Gärtner* sowie mit *Hofrat Meyer,* der mich im Wagen begleitet hatte. Speiste daselbst bey sehr schönem Wetter und ging um 4 Uhr nach Hause. Abends *Prof. Riemer,* mit dem ich Verschiedenes durchging und berichtigte.» (Tgb)

Samstag, 24. Oktober. Brief an *Hofgärtner Baumann:* Zur Bestellung einer neuen Rabatte bittet Goethe, einige frühblühende Gewächse baldigst zuzusenden. – «[...] *Von Trolle* aus Münster. Sodann aus Naumburg ein *Angestellter,* vorweisend einen nach der Leipziger verlornen Schlacht in jener Gegend vorgefundenen *Mamelucken*-Säbel von damascirter und eingelegter Arbeit. Sodann *zwei ältliche Herren Prescott* aus London. Fuhr mit *Ottilien* um's Webicht. *Hofrat Vogel* zu Mittag. *Lieber* übernahm die große Tafel zu möglicher Restauration und Benutzung.» (Tgb)

Sonntag, 25. Oktober. Brief an *Botaniker Voigt:* Goethe nimmt die angekündigte «Summe einiger hundert Species von Käfern» zum vereinbarten Preis an [→ 10. 10.]. – Brief an *Helbig:* Goethe legt die Verbindung zum *Sächsischen Kunstverein* dar und bittet, dies den beiden sich auswärts befindenden *Künstlern* [*Preller* und *Kaiser*] mitzuteilen, damit sie die Zeit bis zum nächsten Juni nutzen, um Bilder zu verfertigen, die man in Dresden ausstellen kann. – Brief an *Soret:* Goethe sendet «die EINLEITUNG ZU DER METAMORPHOSE DER PFLANZEN, abgeschlossen und revidirt [→ 20. 10.], dabey auch den schon übersetzten Theil [...]. Mögen Sie nun dieses Heft vollbringen, so [könnten wir uns] [...] mit der AUSARBEITUNG DES GESCHICHTLICHEN THEILS beschäftigen, wozu die MATERIALIEN schon reichlich gesammelt vorliegen [→ 20. 9.].» – Brief an *Cotta:* «Da mir jedoch jene intentionirte höhere poetische Widmung [an *Ludwig I. von Bayern*] nicht wie ich wünschte gelingen wollen; so sende [...] eine PROSAISCHE [→ 18. 10.]» mit der Bitte, «das was in Förmlichkeit und Titulatur vielleicht noch nachzubringen seyn möchte einsichtig zu bewirken» [*Cotta* berichtet am 10. 10., vom *König* nach der Dedikation des GOETHE-SCHILLER-BRIEFWECHSELS gefragt worden zu sein, und daß er ihm geantwortet habe, diese werde im 6. BAND erscheinen. Da dieser nun gedruckt ist und gegen November ausgegeben werden soll, bittet er um Nachricht.] – «[...] Mittag *Dr. Eckermann.* Manches über die LETZTEN SENDUNGEN [DER ALH] verhandelt [→ 18. 10.]. Auch die Recension des *Jean Paulschen* Briefwechsels in den Berliner Jahrbüchern zusammen gelesen. Sonstige Erinnerungen, Überzeugungen und Beruhigungen. Briefe von *Reichel* aus Augsburg [...]. *[K. Ch. F.] Krause,* [Vorlesungen über die] Grundwahrheiten der Wissenschaft. Manche für mich wichtige Stellen ausgesucht, gelesen und darüber nachgedacht.» (Tgb)

Montag, 26. Oktober. «*Schuchardt* machte Auszüge aus *Saint-Simon. Mein Sohn* besorgte oberaufsichtliche Geschäfte. *Herr Lawrence [der Bruder des englischen Schriftstellers?],* der uns seit 9 Jahren nicht besucht hatte. Brachte ein Billet von *Herrn Walter Scott* und erzählte von seinen vielfachen Reisen. *Wölfchen* zu Mittag mit mir und repetirte seine Rolle. Ich beschäftigte mich mit den Kupfern und Zeichnungen der *Bolognesischen Schule* und fügte die neuen hinzu.» (Tgb)

Dienstag, 27. Oktober. Beilage zum Brief an *Cotta* [→ 25. 10.]: «Schon längst ist von *Naturfreunden* der Wunsch geäußert worden MEINEN ÄLTEREN AUFSATZ ÜBER DIE METAMORPHOSE DER PFLANZEN einzeln abgedruckt zu sehen, wie denn die *Ettingerische* Verlagshandlung in Gotha [in der die Schrift mit dem Titel VERSUCH DIE METAMORPHOSE DER PFLANZEN ZU ERKLÄREN 1790 zuerst erschienen war] deshalb Anträge gethan. Hierauf beschäftigte ich mich, in Gesellschaft des *Herrn Hofrat Soret,* eine Übersetzung ins französische auszuarbeiten. Es soll derselben eine EINLEITUNG vorausgehen, WIE DER VERFASSER ZU DIESEN STUDIEN GELANGT und dem AUFSATZE SELBST DIE GESCHICHTE FOLGEN, WAS SEIT MEHR ALS VIERZIG JAHREN VON DIESEM PUNCTE DER WISSENSCHAFT AUS GELEISTET WORDEN [...]. Das sorgfältigst in beiden Sprachen ausgearbeitete MANUSCRIPT würde über ein Alphabet betragen, wir könnten den Druck alsobald anfangen und wahrscheinlich bis Ostern vollbringen, wenn Ew: Hochwohlgeboren solches in Verlag zu nehmen, den Druck *Herrn Frommann* zu übergeben und ein Honorar von [Lücke im Text] Talern, [...] zu verwilligen geneigt wären. Eine gefällige Erklärung hierauf würde die Angelegenheit entscheiden.» – «[...] *Frau Großherzogin-Mutter [Luise].* Zeigte die Contemporains mit den Facsimiles vor, ingleichen die Mailänder Medaillen. *Zwei Grafen Rantzau, Verwandte der Frau v. Löw,* von Ziegenberg kommend. Mittag allein. *Bourrienne* 4. Lieferung [→ 31. 5.]. Sonderung der bessern Kupfer und Handzeichnungen von den gleichgültigeren. Abends *Prof. Riemer,* einige Concepte durchgegangen. Auch EINEN THEIL DER CHRONIK [→ 20. 10.], nachher *Bourrienne* weiter gelesen von 1806 an.» (Tgb)

Mittwoch, 28. Oktober. «*Bourrienne* fortgesetzt. [...] Betrachtung der Friedensbedingungen. Mittag für mich. Kupfer und Zeichnungen ausgesucht. Gegen Abend *Frau v. Diemar.* Nachher *Fräulein [Auguste] Jacobi.* Mit derselben über den Unterschied zwischen dem Dilettantischen und dem Didaktischen viel gesprochen und denselben deutlich zu machen gesucht.» (Tgb)

Donnerstag, 29. Oktober. Brief an *Riemer:* «Hierbey Parket-Billette für die *liebe Familie;* es wird gut seyn sich so nah als möglich an den *Spielenden [Paganini]* hervorzusetzen, weil es eben so interessant seyn soll ihn spielen zu sehen als zu hören. In meiner Loge muß ich auf diesen Doppelgenuß Verzicht thun.» – Brief an *Karl Friedrich, Medailleur Facius'* Ernennung zum Hofmedailleur betreffend. (vgl. WA IV, 46, 342) – «*Bourrienne.* EINIGES ZUR JAHRESCHRONIK. *[Buchbinder] Bauer* nahm das Maaß von Portefeuillen. Fuhr spazieren allein um's Webicht. Speiste für mich allein. Setzte die angefangene Lectüre fort. Beschäftigte mich mit Kunstblättern. Abends *Herr Großherzog [Karl Friedrich].*» (Tgb)

Freitag, 30. Oktober. «Achter Band von *Bourrienne* [«Erinnerung und Aufklärung gesellen sich für uns in diesem Werke. ... neue Ansicht eines wichtigen Punctes der Geschichte: der *Verfasser* macht höchst wahrscheinlich, daß *Napoleon* nie den Vorsatz gehabt nach England über zu setzen, vielmehr habe er unter dieser Vorspiegelung eigentlich nur die Absicht gehegt den Kern einer großen, thätigen, zu allem bereiten Heeresmacht zu bilden ..., daß er sie, in der kürzesten Zeit, an und über den Rhein bringen könne, welches ihm denn auch auf den Grad gelungen daß er, wider *aller Menschen* Denken und Vermuthen, Ulm eingeschlossen und in seine Gewalt bekommen habe ... – Es ist ein Glück daß zur Zeit da wir dieses erlebten das Ungeheure solcher Ereignisse uns nicht deutlich werden konnte.» (an *Zelter,* 1. 11.)]. No. 4 der Revue Française. Kam das Packet von Augsburg. Ingleichen ein Brief von *Herrn Mylius* von Frankfurt.» (Tgb) – Brief an *Helbig:* Goethe bittet, ihm «abermals vier Flaschen Dry Madeira gegen unmittelbare Bezahlung aus großherzoglicher Hofkellerey» senden zu lassen. – «[...] vorher die *beiden Prinzes-*

sinnen [Auguste und *Marie],* auch der *kleine Sohn der Prinzeß Marie [Friedrich Karl;* geb. 1828]. Mittag *Dr. Eckermann.* Abends [Besuch von] *Paganinis* Conzert [im Hoftheater – «... hab ... sogleich an demselben Abend deinen *(Zelters)* Brief (vom 1.–3. 5.) aufgeschlagen, wodurch ich mir denn einbilden konnte etwas Vernünftiges über diese Wunderlichkeiten zu denken. Mir fehlte zu dem was man Genuß nennt und was bey mir immer zwischen Sinnlichkeit und Verstand schwebt, eine Basis zu dieser Flammen- und Wolkensäule.» (an *Zelter,* 7./9. 11.)].» (Tgb)

Samstag, 31. Oktober. «Das angekommene Packet von *de Cristofori* ausgepackt [Mineralien und Fossilien enthaltend] [...]. *Herr Oberbaudirektor Coudray,* einiges wegen der Gewerkschule vortragend [→ 22. 10.]. Der *russische General Tolly.* Der *jüngere Herr Frommann.* Mein Sohn übernahm die in jener Kiste angekommenen Fossilien. Ich brachte die Gebirgsarten in Ordnung. Mittag für mich. Nach Tische Beschäftigung mit den angekommenen Mineralien. Nachher mehrere Blätter der wichtigen Zeitschrift Le Temps durchgegangen.» (Tgb)

Sonntag, 1. November. Brief an *Zelter:* «[...] alles was ich gegenwärtig persönlich leiste [ist] rein testamentlich. Das MANUSCRIPT DER SIEBENTEN LIEFERUNG ist abgegangen [bisher nur die BÄNDE 33–35; → 29. 9.], DAS DER ACHTEN ist so gut wie beysammen und so wäre denn Ostern das Ziel erreicht, welches ich zu erleben kaum hoffen durfte. – Nun aber muß möglichst redigirt werden, was unter MEINEN ÜBRIGEN PAPIEREN VON ANGEFANGENEN UND ANGEDEUTETEN PAPIEREN befindlich seyn möchte von einigem Werth, auch ist MEINE CORRESPONDENZ [...] durchzusehen; am meisten aber fordert mich auf DASJENIGE ZU RETTEN WAS ICH FÜR NATURKUNDE GETHAN HABE. Von den *dreihundert Naturforschern,* wie sie [zur jährlichen Tagung der *Naturforscher* und *Ärzte* in Heidelberg] zusammengekommen [→ 10. 10.], ist keiner der nur die mindeste Annäherung zu meiner Sinnes-Art hätte, und das mag ganz gut seyn. Annäherungen bringen Irrungen hervor. Wenn man der *Nachwelt* etwas Brauchbares hinterlassen will, so müssen es Confessionen seyn, [...] und die *Folgenden* mögen sich heraussuchen was ihnen gemäß ist und was im Allgemeinen gültig seyn mag.» – «[...] *Bourrienne* fortgelesen [→ 30. 10.]. *Schuchardt* brachte das Kästchen mit den Insecten [→ 25. 10.]. *Landesdirektionsrat Töpfer,* Dank wegen dem anvertrauten Gedenkblatt. *[Friedrich Wilhelm] Graf [v.] Redern [Komponist, seit 28 interimistischer Leiter der Königlichen Schaupiele in Berlin; geb. 1802]* [...]. Aufklärung über die dortigen Verhältnisse. Vortheile und Schwierigkeiten des Geschäfts [die Aufführung eines GEKÜRZTEN FAUST in Berlin betreffend]. Mittag *Dr. Eckermann.* Manches wegen der nächsten Sendung besprochen [→ 25. 10.]. Ich blieb für mich. Betrachtete die neue Zeitschrift le Temps näher in den Einzelheiten. Beschäftigte mich mit der Sendung des *Herrn Decesaris.*» (Tgb)

Montag, 2. November. Brief an *Cristofori:* Goethe dankt für die Mineralien- und Fossiliensendung [→ 31. 10.]. Da er jedoch die wichtigsten Tiroler Mineralien bereits besitzt, bittet er zunächst ein Verzeichnis zu schicken, so daß er sich eher für Bestellungen entscheiden kann. – «[...] Verzeichniß der in Heidelberg zusammen gewesenen *Naturforscher. Krause,* Grundwahrheiten der Wissenschaft [→ 25. 10.] [...]. *Frau Großherzogin [Maria Paulowna]* mit

Demoiselle Mazelet [«... il (Goethe) était très occupé du nouveau journal ‹Le Temps›, qu'il disait être d'une *opposition profonde* et bien plus forte que ‹Le Globe› ...» (*Maria Paulowna:* Tagebuch; GG 6470)]. Speiste Mittags allein. Setzte die Lectüre der Tagesschrift Le Temps fort. Schematisirte das zunächst Abzuthuende. Abends *Wölfchen.*» (Tgb)

Dienstag, 3. November. «[...] *Kräuter* die Vermehrungsbücher [der Groß‑ herzoglichen Bibliothek] bringend und deßhalb Auskunft gebend. *Dr. Schrön,* von Ilmenau kommend, die Anstellung eines *[meteorologischen]* Beobachters referirend, von dessen Aufmerksamkeit etwas zu hoffen ist. *Herr Hofrat Meyer* zu Tische. Neuangekommene Kupfer, Lithographien und Durchzeichnungen angesehen. Einiges die Zeichenschule Betreffende besprochen. Le Temps neu‑ ste Stücke. Auszug daraus *Schuchardten* aufgetragen.» (Tgb)

Mittwoch, 4. November. Brief an *Dr. Weller:* Goethe drückt sein Mit‑ empfinden über den Unfall aus, der den *Adressaten* neulich betroffen hat, und bittet um Nachricht über dessen Befinden. – Er sendet einen englischen Oktavband [*Reades* «Cain the Wanderer»] mit der Bitte, diesen *[Schriftsteller J. M. H.] Döring* zu übergeben und eine auszugsweise Übersetzung anzuregen, um das Werk in Deutschland einzuführen [→ 5. 9. / 16. 10.]. «Als Zeichen der Zeit und Nachwirkung von *Byron* scheint es mir überhaupt sehr merkwürdig [die Übersetzung ist nicht ausgeführt worden].» – «[...] Manches beseitigt. Fuhr mit *Ottilien* spazieren. *Dr. Eckermann* speiste mit mir. Wir besprachen *Chevalier [J. H.] Lawrence* Gedichte. Die Tagesschrift Le Temps. Abends las ich MEINE FRÜHERE SCHWEIZREISE IM 16. BANDE [DER AlH] [...].» (Tgb)

Donnerstag, 5. November. «EINIGES ZUR GEOLOGIE dictirt [AUFSATZ ZUR GEOLOGIE NOVEMBER 1829; postum veröffentlicht]. Wurden Mineralien anher gebracht von *einem Böhmen.*» (Tgb) – Brief an *Soret:* «Die Stufen [...] sind wirklich frisch und interessant; ich würde sie auf alle Fälle für mich und Jena behalten, auch Ihnen das etwa Gefällige angeboten haben.» – Brief an *Maria Paulowna:* Goethe legt «beygehenden Aufsatz» [Auszug aus «Le Temps»] vor. – Außerdem sendet er ein Verzeichnis der Neueingänge der Großherzog‑ lichen Bibliothek von August bis Oktober [→ 3. 11.]. Ein solches könnte monatlich vorgelegt und dann von der *Adressatin* bestimmt werden, welche Werke man näher betrachten wollte. – «[...] *Hofrat Soret.* Die Mineralien wurden sämmtlich ausgepackt und beurtheilt. Nicht weniger die Zettel dazu geschrieben. Er besah die Gegenstände. Man besprach das Weitere. Mittag für mich. Mannigfaltiges zu fremder und einheimischer Litteratur. Abends *Wölf‑ chen,* der mir von der griechischen Mythologie zu erzählen hatte. [...].» (Tgb)

Freitag, 6. November. «GEOLOGISCHES dictirt [→ 5. 11.].» (Tgb) – Brief an *Soret:* Goethe sendet verschiedene Nummern der «Revue française» [für *Maria Paulowna*] sowie «eine Rolle, in gleicher Absicht *Ihro Kaiserliche Hoheit* mit einigem Angenehmen und Nützlichen bekannt zu machen». – «[...] *Prof. Rie‑ mer* entschuldigte sich auf heute Abend wegen der Probe von FAUST. *[Medail‑ leur] Facius* bracht' einen Stempel M. P. [für Bücher der *Großherzogin*]. Kam ein Schreiben von *Herrn Hitzig* aus Berlin an *meinen Sohn.* Die *deutsche Gesell‑ schaft* [die «*Gesellschaft für in- und ausländische schöne Literatur*», 1824 von *Julius Eduard Hitzig* in Berlin gegründet] sollte in Bezug mit dem Auslande gesetzt werden. Mittag für mich. Nach Tische nähere Betrachtung und Sonderung

der Mineralien. Besuch von *Fräulein [Auguste] Jacobi*. *Bergrat Voigt,*
Geschichte des Ilmenauschen Bergwerks. Henri III. et sa Cour. Par *Alexandre*
Dumas.» (Tgb)
Samstag, 7. November. «[...] Billet von *Serenissima [Maria Paulowna].*
Nachricht von *Wellers* Befinden [→ 4. 11.]. Angekommen war: *[D.] Meese*
Plantarum rudimenta. [...] 1763. Die *Prinzessinnen [Marie* und *Auguste v.*
Preußen], Abschied zu nehmen. *Prinzeß Auguste* zeigte mir ihren verwunder-
samen Schmuck vor. Die Juwelierarbeit war daran ganz vortrefflich. [...] Mittags *Prof. Göttling* und *Hofrat Vogel.* Kam erst zur Sprache, daß es mein wei-
marischer Jubiläumstag sey [→ 7. 11. 75]. Diesmal an einem *Familien*tische
versammelt, war die *Gesellschaft* heiter und geistreich. Abends FAUST [im Hof-
theater]. Ich unterhielt mich zu Haus mit vielem neuangekommenen Schätzenswerthen. Die *Enkel* kamen nach dem 3. AKTE, erzählten und urtheilten
nach ihrer Art. Nach geendigtem Stück *[Diener] Friedrich [Krause]*, der gleichfalls referirte. [...].» (Tgb)
Sonntag, 8. November. Brief an *Maria Paulowna:* «*Ew. Kaiserlichen Hoheit*
darf nicht verbergen wie sehr ich mich beglückt fühle, wenn Höchstdieselben
meine Mittheilungen und Anordnungen gnädigst zu billigen geruhen. Ich
wünsche nichts mehr, als daß *Ew. Kaiserliche Hoheit* nach und nach von allen
Zweigen meiner Geschäftsführung Kenntniß nehmen und sie Höchstihro
Beyfalls und Theilnahme würdig finden mögen.» – «[...] Um 11 Uhr *Schmel-*
ler [Arbeit am Porträt Goethes, Kreidezeichnung (Schulte-Strathaus, 161)].
Herr Präsident v. Motz die Statuten der Jenaischen Universität bringend. Her-
nach *Herr Prof. Riemer* zu Tische. Wir gingen die DRAMAS VON 1773 UND 74
durch [«Veranlaßt durch *Reichels* Meldung vom 22. 10. über die zu geringe
Bogenzahl von BAND 33...»» (Hagen, zu 1648)] und hatten sonst noch angenehme litterarische Unterhaltungen. Blieben bis spät zusammen.» (Tgb)
Montag, 9. November. Brief an *Dorow:* «Ich habe mich aufrichtig des
Glücks gefreut, das Sie bey Ihrem Forschen und Suchen in Italien begünstigte
[...].» Doch bedauert Goethe, «daß zwischen den *Männern,* welche sich jetzt
mit so [...] wichtigen Gegenständen beschäftigen, eine Art von Widerwür-
digkeit hervortritt [...]. Plagiate, [...] Unwissenheit, oberflächliche Behandlung, bösen Willen [...] wirft man sich einander vor, wie mir leider aus den
verschiedenartigen Druckschriften zur Kenntniß gekommen [der *Adressat*
hatte eine Abhandlung gesandt, «welche *Raoul-Rochette* über meine Ausgrabungen in Italien, im National Institut vorgelesen hat. Dass bei so unerwarte-
tem Glück ... Neid ... und Verfolgung wach würden..., will ich gern verzeihen.» (an Goethe, 17. 10.); →9./12. 8.]. Thun Sie [...] das Mögliche, diesen
Widerstreit [...] zu mildern, daß die Reinigkeit des wissenschaftlichen
Gegenstandes bewahrt und die Moralität der *Mitwirkenden* nicht verdächtig
werde.» – «[...] Kam die SCHILLERISCHE CORRESPONDENZ an, 4. UND 5.
BAND. Um Zwölf *Schmellern* zum Porträtiren gesessen [→ 8. 11.]. *Hofrat Vogel.*
Von der langwierigen Krankheit der *Madame Lortzing* nähere Nachricht und
Auskunft gebend. Mittag für mich. *Frau v. Schwendler,* wegen eines Schreibens
[...] des *Königs [Ludwig I.] von Bayern* an dieselbe. Manches geordnet und
beseitigt. Mémoires de *Saint-Simon* 11. Band [→ 26. 10.].» (Tgb)
Samstag, 7. / Montag, 9. November. Brief an *Zelter:* Goethe wünscht zu

erfahren, ob von «dem *werten Felix [Mendelssohn]* günstige Nachrichten eingegangen sind [*Zelter* hatte am 27. 10. von einem Unfall, den dieser in London
durch einen Sturz mit dem Wagen erlitten hatte, berichtet]. Ich nehme den
größten Antheil an ihm [...].» – Goethe teilt mit, daß ihn die *Franzosen* «vorzüglich unterhalten [...] Le Globe, La Revue française und seit drey Wochen
Le Temps, führen mich in einen Kreis den man in Deutschland vergebens
suchen würde. [Im Konzept: «Nun meldet neuerlichst auch *Herr v.
Humboldt* ...: der Altai sey auch einmal gelegentlich aus dem Tiefgrund her-
aufgequetscht worden. Und ihr könnt Gott danken, daß es dem Erdbauche
nicht irgend einmal einfällt sich zwischen Berlin und Potsdam auf gleiche
Weise seiner Gährungen zu entledigen. Die Pariser Akademie sanctionirt die
Vorstellung: der Montblanc sey ganz zuletzt, nach völlig gebildeter Erdrinde
aus dem Abgrund hervorgestiegen. So steigert sich nach und nach der Unsinn
und wird ein allgemeiner Volks- und Gelehrtenglaube ... (WA IV, 46, 349)]
– Wenn ich ihnen [den *Franzosen*] aber in allem was unmittelbar auf das Sitt-
lich-Praktische dringt das größte Lob ertheilen muß; so wollen mir ihre
Naturbetrachtungen nicht gleichmäßig gefallen.»

Dienstag, 10. November. «[...] Auszüge aus *Saint-Simon* an *Schuchardt*
übergeben. Abschrift eines Theils des Mailändischen Catalogs für meine
Sammlung [→ 31. 10.]. Das Original an *meinen Sohn* zu übergeben. *Frau Großherzogin-Mutter [Luise]*. Zeigte pompejanische Zeichnungen und anderes
Gute vor. Mittag für mich. Die *Kleine [Alma]* gesellte sich dazu und hielt aus.
Herr Oberbaudirektor Coudray, berichtend wegen der Gewerkschule [→ 31.
10.], auch wegen *Kirchners* Aufenthalt in Paris [→ 7. 4.]. *Prof. Riemer,* interessante Verhandlung über ein ALTES DRAMA [vermutlich PROMETHEUS] und
Sonstiges.» (Tgb)

Mittwoch, 11. November. «Waren Käfer für Mailand von *Hofrat Voigt* in
Jena angekommen [→ 25. 10.].» (Tgb) – Brief an *Auguste Jacobi:* Wenn von
«unserm werten reisenden Freunde» [Kanzler v. Müller] etwas eingehen sollte, so
bittet Goethe, es mitzuteilen. – «[...] *Kräuter* wegen einiger andringenden
Fortsetzungen [von Bibliotheksbüchern]. *Fräulein Seidler* wegen der Dresdner
Kunstangelegenheit. *[Hofmedailleur] Facius* dankend und wünschend [→ 29.
10.]. *Prinz Wilhelm [v. Preußen]* und *Gemahlin [Auguste]* Abschied nehmend.
Herr Oberbaudirektor Coudray zu Mittag. Besah die pompejanischen Durchzeichnungen [von *Ternite*]. Unterhaltung über verschiedenes Laufende.
Abends für mich. Dictirt an *[Diener] Friedrich [Krause]*.» (Tgb)

Vermutlich Dienstag, 10. / Mittwoch, 11. November. Brief an *Hitzig:*
«Wenn eine *Gesellschaft deutscher Männer* sich zusammen begab, um besonders
von deutscher Poesie Kenntniß zu nehmen, so war dieß [...] höchst wünschenswerth [Antwort auf das vom *Adressaten* und *Streckfuß* unterzeichnete
Glückwunschschreiben der «*Gesellschaft für in- und ausländische schöne Literatur
zu Berlin*» vom 24. 8. – Am 1. 11. berichtet *Hitzig* in seinem Brief an *Sohn
August* (→ 6. 11.) über die Festversammlung am 28. 8. und den Beschluß, «ein
europäisches Verständnis durch Beschäftigung mit demjenigen, was diese Länder Poetisches hervorbringen, befördern zu helfen» (BA 18, 899)] [...]. – Die
deutsche Poesie bringt [...] eigentlich nur Ausdrücke, Seufzer und Interjec-
tionen *wohldenkender Individuen. Jeder Einzelne* tritt auf nach seinem Naturell

und seiner Bildung; kaum irgend etwas geht in's Allgemeine, Höhere; [...]
von dem, was Staat und Kirche betrifft, ist gar nichts zu merken. Dieß wollen
wir nicht tadeln, sondern gelten lassen für das, was es ist. [...] die französische
Poesie, so wie die französische Literatur sich nicht einen Augenblick von
Leben und Leidenschaft der ganzen Nationalität abtrennt, in der neuesten
Zeit natürlich immer als Opposition erscheint und alles Talent aufbietet, sich
geltend zu machen [...]. – Folgen wir aber diesen lebhaften Bekenntnissen, so
sehen wir tief in ihre Zustände hinein, und aus der Art, wie sie von uns denken, [...] lernen wir uns zugleich beurtheilen [...].»

Donnerstag, 12. November. «Mit *Schuchardt* einiges beseitigt. Er brachte
Auszüge aus *Saint-Simon. John* hatte das FRAGMENT PROMETHEUS abgeschrieben. Um 12 Uhr *Frau Großherzogin [Maria Paulowna]* und *Demoiselle Mazelet.*
Nachher *Herr Großherzog [Karl Friedrich].* Mittags *Herr Hofrat Meyer.* Verhandlung über das von Genf gesendete Modell [*A. Bovy* berichtet am 26. 10.,
daß die neue Rückseite zur Goethe-Medaille von 1824 in Arbeit ist; → 25. 1.]
und sonstige Beschauungen. Er speiste mit mir. Blieb noch einige Zeit.
Abends *Fräulein [Auguste] Jacobi.* Mittheilungen über *Familien*verhältnisse,
Eltern und *Geschwister.*» (Tgb)

Freitag, 13. November. Brief an *Soret:* Goethe übersendet den Brief von
Bovy [→ 12. 11.]. *Hofrat Meyer* wird einige freundliche Bemerkungen dazu
verfassen, auch Goethe selbst gedenkt etwas hinzuzufügen, wobei er das Übrige mit dem *Adressaten* mündlich zu verhandeln wünscht. – Brief an *Hofrat
Meyer:* «Hierbey ein Abdruck der ersten Zeichnung zu genauer Beurtheilung
der neuen Arbeit *[Bovys]*; sie erscheint daneben freylich nur mangelhafter.» –
Brief an *Zelter:* Goethe berichtet ausführlich von den erfolgreichen Bohrversuchen des *Salinendirektors Glenck* in Stotternheim, der «in der Nacht vom 22.
bis 23. October, in einer Teufe eines Bohrlochs von 1170 Fuß und zwar in
ganz reiner Gestalt, den Bruchstücken noch als theils körniges, theils blättriges
Krystallsalz angetroffen [hat; → 21. 10.]. – [...] nun muß auch dieser Schatz
gehoben und [...] zum allgemeinen Gebrauch herauf gefördert werden. –
[...] die damals [anläßlich des Geburtstags von *Großherzogin Luise;* → 4. 1. 28]
überreichte Sole war aus einer höheren, schwächer begabten Region.» – [Fol-
gender Abschnitt des Konzepts geht in den Brief vom → 29./31. 12. ein:] «Du
meldetest einmal von einem *[Wolfgang] Menzel [Kritiker, Historiker* und *Literaturhistoriker, Redakteur* des Literaturblatts zum *Cottaschen* «Morgenblatt»] der
nicht auf das freundlichste meiner in seinen Schriften [in «Die deutsche Literatur», 1828] gedacht haben solle [*Menzels* Werk wurde «zum vielbeachteten
Auftakt der Goetheopposition der 30er und 40er Jahre des 19. Jahrhunderts».
(Mandelkow, zu 1451); ich wußte bisher weiter nichts von ihm, denn ich
hätte viel zu thun wenn ich mich darum bekümmern wollte, wie die *Leute*
mich und MEINE ARBEITEN betrachten. Nun aber werde ich von außen her belehrt, wie es eigentlich mit diesem *Kritikus* sich verhält: Le Globe vom 7. November macht mich hierüber deutlich [In dieser Ausgabe erscheint «der dritte
und abschließende Teil einer Besprechung der französischen Ausgabe von
Menzels Werk ... In dem wichtigen Schlußabschnitt verteidigt der *Rezensent*
Goethes ‹unpolitischen Objektivismus› gegen die einseitige Hervorhebung
Schillers, dessen patriotisches ‹Genie der Tat› *Menzel* gegen Goethe ausgespielt

hatte». (Mandelkow, ebenda)], und es ist anmuthig zu sehen wie sich nach und nach das Reich der Literatur erweitert hat. Wegen *eines unsrer eignen Landsleute und Anfechter* braucht man sich nicht mehr zu rühren, die *Nachbarn* nehmen uns in Schutz.» – «[...] Beschäftigung für den *Dresdner Kunstverein. Herr [Schriftsteller] Lawrence. Miß Murray.* Mittag für mich. Beschäftigte mich mit Vorarbeiten. [...] *Herr Hofrat Soret,* wegen der Genfer Angelegenheit. Abends *Prof. Riemer.* Mit jenem die CHRONIK durchgegangen [→ 29. 10.].» (Tgb)

Samstag, 14. November. Brief an *Faktor Reichel:* Goethe meldet, «ZWEI KLEINE DRAMATISCHE STÜCKE» [GÖTTER, HELDEN UND WIELAND sowie PROMETHEUS, DRUCKVORLAGEN] abgesendet zu haben, «welche wohl hinreichen werden den 23. [33.] BAND schicklich zu füllen. Da es, wie ich aus Ihrem Schreiben [vom 22. 10.] vermuthen kann, noch Zeit ist, so wünsche daß DIESE BEIDEN KLEINEN HEFTE unmittelbar nach den FRANKFURTER REZENSIONEN und vor den JENAISCHEN gedruckt werden, wo sie der Zeit, und einem gewissen Zusammenhange nach hingehören. – Die EPISCHEN GEDICHTE sollen [...] das Ganze schließen, damit der *Leser,* nach so manchem Denken und Urtheilen, endlich wieder auf Poesie zurückgeführt werde.» – Brief an *Cristofori:* Goethe kündigt die Sendung der Käfer und Schmetterlinge an [→ 10. 11.], wogegen er im Tausch gern «instructive Gestein-Arten von den euganäischen Gebirgen [vulkanische Gebirgsgruppe im nördlichen Italien]» erhalten würde. – «[...] Die Tragödie Eucharis gestern Abend angefangen und heute durchgelesen. *Ottilien* EINIGES für's Chaos gegeben [→ 11. 10.]. Mittag *Hofrat Vogel.* Abends Mémoires de *Saint-Simon* [→ 12. 11.].» (Tgb)

Vor Sonntag, 15. November. GEDICHT IST DAS CHAOS DOCH für die Zeitschrift «Chaos» [→ 14. 11.].

Sonntag, 15. November. Brief an *Schriftsteller Lawrence:* Goethe bittet, *Schmeller* Gelegenheit zu geben, sein Porträt zu zeichnen. «[AUFSATZ] ÜBER DIE GESTALT UND URGESCHICHTE DER ERDE VON DIREKTOR [G. F.] KLÖDEN [2. Auflage; postum veröffentlicht]. *Schuchardt* schrieb an den Auszügen aus *Saint-Simon* fort. Ich übergab die Quittungen für den *Dresdner Kunstverein* dem *Bibliotheksdiener* mit Auftrag, solche einzukassiren. [...] *Dr. Eckermann* speiste mit mir. Blieb nachher für mich und las den Schluß des 11. Bandes der Mémoires de *Saint-Simon.* Merkwürdige Entstehung der Parlamente, successives Übergewicht der *Legisten* über die *Ritter.*» (Tgb)

Montag, 16. November. Brief an *Soret:* Zu den Bemerkungen *Hofrat Meyers* [zu *Bovys* neuster Arbeit, deren Übersetzung *Soret* am Vortag eingereicht hatte; → 13. 11.] hat Goethe nichts hinzuzufügen und bittet daher, diese an *Bovy* zu senden. Die alte Jahreszahl unter dem Bildnis [1824] möge beibehalten und, wenn es die Kosten nicht zu stark vermehrt, eine Randschrift eingeprägt werden. – Brief an *Geh. Rat Schweitzer:* Goethe sendet einige Exemplare der [Tages-]Zeitung «Le Temps», die im allgemeinen zwar «nichts Neues» bringt, «aber interessante Supplemente zur Tagsgeschichte finden sich darin, und über den Zustand von Frankreich kann man wohl nicht besser unterrichtet werden». – AUFSATZ STUDIEN ZUR WELTLITERATUR, 5. ABSCHNITT [ursprünglich wohl für das VORWORT ZUR DEUTSCHEN AUSGABE DER SCHILLER-BIOGRAPHIE VON THOMAS CARLYLE bestimmt, → 1. 8.; postum in der ALH veröffentlicht]. – «[...] Bey *Schmeller* wegen des Porträtirens [→ 9. 11.]. *Geh.*

Hofrat Helbig. Rat Freytag aus Dorpat. *Herr Direktor Glenck.* Mittags allein.
Gegen Abend *Gräfin Line v. Egloffstein.* Abends Vorlesung des EGMONT bey
meinen Kindern.» (Tgb)
Dienstag, 17. November. Brief an *Luise Seidler:* Goethe teilt Einzelheiten
über die Zahlung der Beiträge [zum *Sächsischen Kunstverein*] mit. (WA IV, 46,
355 f.) – «Einiges [...] APHORISTISCH DICTIRT. *Salinendirektor Glenck* brachte
mir die Abschrift seiner Bohrprotokolle [→ 13. 11.]. Revidirte und corrigirte
meine große Tabelle [→ 22. 5. 28]. Erklärte sein Verfahren, um die gesättigte
Soole heraufzubringen und was sonst theoretisch und praktisch sich auf diesen
Gegenstand bezog. *Oberbaudirektor Coudray* speiste *mit uns,* da denn jenes alles
recapitulirt wurde. Auch kamen die artesischen Brunnen zur Sprache und die
Seltenheit des Glückens derselben. Unter 43 Bohrversuchen zu Salinenzwek-
ken stieg ein einzig Mal die Quelle bis zu der Öffnung des Bohrlochs. Wir
blieben bis spät zusammen, und ich verfolgte nachher noch die bisherigen
Betrachtungen. *Herr Prof. Riemer.* Ging mit ihm EINIGE JAHRE DER TAGEBÜ-
CHER durch [→ 13. 11.]. Sonstiges Ästhetisch-Grammatische wurde verhandelt.» (Tgb)
Mittwoch, 18. November. Brief an *Prof. Göttling:* Goethe dankt für die
REVIDIRTEN BÄNDCHEN [→ 22. 8.] und sendet ein weiteres [BAND 26] zur
Korrektur. – *Weller* möge ihm Nachricht von seinem Befinden geben [→ 7.
11.]. – Brief an *Hofrat Voigt:* «Möge die neue Terrassa [im Botanischen Garten,
von deren Fertigstellung der *Adressat* am 14. 11. berichtet] im künftigen Sommer mich wohl geordnet und beblümt anlächeln [...].» – «[...] waren [...]
Kupfer zum Os INTERMAXILLARE von Bonn angekommen, mit einem Schreiben vom *Präsidenten [Nees v. Esenbeck]* und *Sekretär [Anatom Johannes Müller]
der Akademie.* War auch ein freundlicher Brief von *Carlyle* angekommen
[...].» – «[...] Die TAGE- UND JAHRESBÜCHER vorgenommen. *Dr. Rolin,* [...]
[im] Auftrag des *Herrn Quetelet* in Brüssel [...]. *Herr Frommann jun.* besuchte
mich. *Dr. Eckermann* zu Mittag und *Wölfchen.* Dazu kam *Fräulein Ulrike [v.
Pogwisch].* Scherz mit den Weinproben. *Hütter* hatte den Ausguß des Porträts
von *David* gebracht [→ 19. 9.]. Gegen Abend *Fräulein [Auguste] Jacobi.* Lange
Unterhaltung mit derselben über sittliche Zustände, auch wies sie einige
Curiosa und Naturproducte vor.» (Tgb)
Donnerstag, 19. November. «[...] Überlegung einer Antwort nach Bonn
[an *Anatom Müller;* → 18. 11.]. *Frau Großherzogin [Maria Paulowna]* und *Demoiselle Mazelet.* Die Acten der eingerichteten Gewerkschule vorgelegt. Beyfällig
aufgenommen [→ 10. 11.]. *Herrn v. Müfflings* Durchreise. Türkische Verhältnisse und Bezüge. Großer Diebstahl in Brüssel und dessen Folgen. Mittag mit
Walthern, welcher mich mit theatralischen Angelegenheiten unterhielt. Nachher allein, das Nächste ordnend und bedenkend.» (Tgb)
Freitag, 20. November. Brief an *Zelter:* «Läßt man sich in historische und
etymologische Untersuchungen ein, so gelangt man meistens immerfort in's
Ungewisse. Woher der Name *Mephistopheles* entstanden wüßte ich direct
nicht zu beantworten [*Zelter* übermittelt in seinem Brief vom 13./16. 11. eine
entsprechende Anfrage *David Friedlaenders*]; beyliegende Blätter [Abschrift
aus dem Buch «Fausts Höllenzwang», Passau 1612] jedoch mögen die Ver-
muthung des *Freundes* bestätigen [...]. – [Beilage:] Die römische Kirche

behandelte von jeher *Ketzer* und *Teufelsbanner* als gleichlautend und belegte sie beiderseits mit dem strengsten Bann [...]. Mit [...] der nähern Einsicht in die Wirkung der Natur scheint aber auch das Bestreben nach wunderbaren geheimnißvollen Kräften zugenommen zu haben. Der Protestantismus befreyte die *Menschen* von aller Furcht vor kirchlichen Strafen; das *Studenten-wesen* wurde freyer [...]; und so scheint sich, in der Hälfte des sechzehnten Jahrhunderts, dieses Teufels- und Zauberwesen methodischer hervorgethan zu haben, da es bisher nur unter dem *verworrenen Pöbel* gehaust hatte. Die Geschichte von *Faust* wurde nach Wittenberg verlegt, also in das Herz des Protestantismus, und gewiß von *Protestanten* selbst; denn es ist in allen den dahin gehörigen Schriften keine pfäffische Bigotterie zu spüren, die sich nie verläugnen läßt.» – Brief an *Luise Seidler:* Goethe teilt mit, daß die meisten Beiträge [zum *Sächsischen Kunstverein*] erhoben sind und nächstens nach Dresden abgehen können. – Er berichtigt einen kleinen Irrtum und sendet 15 Kupfer, die von der vorjährigen Ausstellung übrig sind. – «[...] *Schmellern* zum Porträtiren gesessen [→ 16. 11.]. *Graf Santi. Herr [Karl] v. Türckheim* und *Tochter* [vermutlich *Friederike Elisabeth Cäcilie v. Türckheim, die Enkelin Lili Schönemanns;* sie hält sich im Winter 29/30 in Weimar auf] und *Fräulein Gersdorff.* Um 1 Uhr *Prinzessin Karl [Marie v. Preußen].* Mittags allein. Nachher Mineralien geordnet. *Herr Hofrat Soret.* Später *Prof. Riemer.*» (Tgb)

Samstag, 21. November. «[...] Das gestern vorgenommene Geschäft der Geldeinforderung für Dresden beynahe vollendet. [...] Zu Mittag *Hofrat Vogel.* Einige Krankheitsfälle und Arzeneymittel durchgesprochen. Nach Tische war *Mademoiselle Seidler* zu Aufklärung des Dresdner Geschäfts dagewesen. Die böhmischen Mineralien vertheilt. Beschäftigung mit den TAG-UND JAHRESHEFTEN [→ 18. 11.]. Abends die Stumme von Portici [Oper von *Auber*]. *Mein Sohn* referirte im Zwischenact. Schreiben vom *Salinendirektor Glenck.*» (Tgb)

Sonntag, 22. November. «[...] Die ÄLTEREN TAGEBÜCHER vorgesucht. Berichtigung mit *Römhild,* betreffend die einkassirten Gelder der ersten und zweyten Serie [für den *Sächsischen Kunstverein*]. *Herr Oberbaudirektor Coudray,* [...] referirend von der gestrigen Vorstellung der Stummen von Portici. Munda und Concepte. [...] *John* schrieb an den TAGEBÜCHERN VON 1821. Mittag *Dr. Eckermann* und *Wölfchen* [«Ich *(Eckermann)* hatte einen schönen Nachmittag bei Goethe; ich erzählte ihm von der Oper (→ 21. 11.), und ich hörte von ihm wie gewöhnlich manches Bedeutende. Nach Tisch kam *Frau v. Goethe* herunter, und wir unterhielten uns geistreich und anmutig fort bis in die Dämmerung, wo wir uns trennten.» *(Eckermann* an Auguste Kladzig, 21. versehentlich für 22. 11.; GG 6472)] [...]. Sodann mit den TAGEBÜCHERN VON 1823 UND 24. Auch *Glencks* Bohrprotokolle vornehmend. – [An] *Herrn Reichel* nach Augsburg, die für die OKTAV-AUSGABE REVIDIRTEN BÄNDCHEN VON 21–25 [→ 18. 11.] [...].» (Tgb)

Montag, 23. November. Brief an *Weydt jun.:* Goethe bemerkt, daß der überschickte Madeira keineswegs dem gleichkommt, den er aus Hamburg erhalten hat. – Die zur Probe gesendeten Weine wird er nach und nach versuchen und dann das Weitere beschließen [→ 22. 10.]. – Brief an *Rochlitz:* «Mit SOLCHEM BÜCHLEIN [WILHELM MEISTERS WANDERJAHRE] aber ist es wie mit dem Leben selbst: es findet sich in dem Complex des Ganzen Nothwendiges und Zufälliges, Vorgesetztes und Angeschlossenes, bald gelungen, bald vereitelt, wodurch es eine Art von Unendlichkeit erhält, die sich in verständige und vernünftige Worte nicht durchaus fassen noch einschließen läßt.» – Goethe möchte die Aufmerksamkeit des *Adressaten* auf «die verschiedenen, sich von einander absondernden Einzelnheiten [lenken], die doch, besonders im gegenwärtigen Falle, den Werth des BUCHES entscheiden». Über deren Wirkungen auf den *Adressaten* würde Goethe gern etwas erfahren. – «*Handle besonnen,* ist die praktische Seite von: *Erkenne dich selbst.* Beides darf weder als Gesetz noch als Forderung betrachtet werden; es ist aufgestellt wie das Schwarze der Scheibe, das man immer auf dem Korn haben muß wenn man es auch nicht immer trifft. Die *Menschen* würden verständiger und glücklicher seyn wenn sie zwischen dem unendlichen Ziel und dem bedingten Zweck den Unterschied zu finden wüßten und sich nach und nach ablauerten, wie weit ihre Mittel denn eigentlich reichen.» – «[...] Die FRÜHEREN TAGEBÜCHER betrachtet. *Saint-Simon* 12. Band. Mittag *Hofrat Meyer.* Wurden die römischen Kunst- und Alterthums-Annalen besprochen. Der Globe brachte Nachricht von der Abdankung des *Herrn La Bourdonnaie*[-*Blossac* aus dem Ministerium in Paris]. Abends Mémoires de *Saint-Simon.*» (Tgb)

Dienstag, 24. November. Brief an *Prof. Göttling:* Goethe teilt mit, das Exemplar von «Fausts Höllenzwang» zu der «übrigen bedeutenden Sammlung verwandten Unsinns auf hiesige Bibliothek niedergelegt [zu haben]; vor einigen Jahren wurde ein ganzes Nest dieser Art im Neustädtischen bey einer *Gesellschaft von Schatzgräbern* entdeckt». – «[...] *Schuchardt* übernahm wieder Auszüge aus *Saint-Simon. John* mundirte an dem JAHRE 1821 DER TAGEBÜCHER. *Frau Großherzogin-Mutter [Luise]* um halb 11 Uhr. Zeigte die merkwürdigen Vogelskizzen nach der Natur von einem *ältern Meister,* wahrscheinlich aus der Hälfte des 17. Jahrhunderts. Sodann kam das bey Stotternheim erreichte Steinsalz zur Sprache. Ich beschäftigte mich mit den Annalen der *römischen Kunstfreunde.* Mittag [...] *[Kanzler] v. Müller,* seinen Reisegewinn mittheilend, besonders den Aufenthalt in Rom darstellend [«... er drang eilig nach Rom vor und schlug sich durch diese Hauptstadt der Welt in fünf Tagen durch. Mit seiner Art zu sehen und aufzufassen hat er wirklich Wunder geleistet.» (an *Zelter,* 12. 1. 30)]. Abends Bullettino der *römischen archäologischen Gesellschaft.*» (Tgb)

Samstag, 21. / Dienstag, 24. November. Brief an *Anatom Müller* [→ 19. 11.]: Goethe dankt für die Übersendung der «so wohl gerathenen Kupferstiche» [der *Adressat* hatte am 3. 11. im Auftrag von *Nees v. Esenbeck* den Probeabdruck zweier Kupferplatten gesandt, «welche nach den der Academie mitgetheilten ZEICHNUNGEN und in Übereinstimmung mit der bereits vorliegenden *Lipsschen* Tafel (→ 2. 2. 24) *Herrn van de Velde* in München zu arbeiten übernommen hatte. Ob Sie nun den bevorstehenden Abdruck des ÄLTERN TEXTES UND DER NACHTRÄGE ÜBER DEN ZWISCHENKIEFER selbst mit einigen Worten gütigst bevorworten oder die Academie hiezu beauftragen wollen ... (TAFELN und TEXT sollen in der 1. Abteilung des 15. Bandes der «Nova acta academiae Leopoldinae-Carolinae» gedruckt werden, wie *Nees v. Esenbeck* am 28. 10. mitteilt). Für den Fall, dass Euer Excellenz letzteres vorziehen, bin ich beauftragt, beiliegende, Namens der Academie verfasste, ganz kurze Vorerinnerung zur ... Beurtheilung und beliebiger Abänderung beizufügen.» *Müller* bittet weiterhin um die Genehmigung, Goethes TEXT in einer Anmerkung «einige neuere ... schätzbare Mittheilungen von *Anatomen*» beifügen zu dürfen. (an Goethe, 3. 11.)]. – Goethe bedauert, im Augenblick die Angelegenheit nicht selbst durch ein Resümee abschließen zu können; doch wird dies auf die angezeigte Weise «schicklich» geschehen. – «Lassen Sie mich hinzufügen, [...] daß es vor vierzig Jahren einen Kampf galt, der zwar gewonnen, aber doch noch nicht geendigt ist. Ein Typus sollte anerkannt werden, ein Gesetz, von dem in der Erscheinung nur Ausnahmen aufzuweisen sind: eben dieß geheime und unbezwingliche Vorbild, in welchem sich alles Leben bewegen muß, während es die abgeschlossene Grenze immerfort zu durchbrechen strebt. Ohne dieß zu bedenken, würde man kaum begreifen, wie ein solcher Aufwand von Zeit und Kräften auf diese Einzelheiten konnte gelenkt werden. Betrachten wir gegenwärtig, was in diesem Fache zeither geschehen und was unsere *trefflichen Landsleute,* die *Herren d'Alton* und *Carus* geleistet, so gebe man wenigstens freundlich zu, daß damals schon ein Bestreben des Nachsinnens und Bearbeitens im Engen und Stillen obwaltete, welches wir jetzt in der größten Breite und Ausführlichkeit zu belehrender Freude glücklich gelungen sehen.»

Sonntag, 22. / Dienstag, 24. November. Brief an *Salinendirektor Glenck:* Goethe teilt mit, «sogleich die Einleitung getroffen und denjenigen Weg eingeschlagen [zu haben,] welcher den neueren Anordnungen dieses Geschäftes gemäß zu nehmen ist [→ 13. 11.]. Ich würde sehr glücklich seyn wenn er zu dem gewünschten Ziel führte.»

Mittwoch, 25. November. Brief an *v. Quandt:* Goethe berichtet, daß «eine dritte Serie sich angeschlossen und schon über ein Dutzend Actien [des *Sächsischen Kunstvereins*] neu unterzeichnet worden [seien]. Hiebey bleibt jedoch noch einiges zu berichtigen, und ich habe die erste Hauptzahlung deshalb nicht aufhalten wollen.» – «[...] Beschäftigung die zwey ersten Serien und ihre Zahlung [den *Sächsischen Kunstverein* betreffend] abzuschließen. [...] Mittag *Dr. Eckermann.* Unterhaltung über die TAG- UND JAHRESBÜCHER, die er durchgesehen. Gegen Abend *Fräulein [Auguste] Jacobi.* Dazu *Herr Oberbaudirektor Coudray,* von einem Feste zu seinem Namenstag erzählend. Später mit ihm allein. Erinnerung an's Koblenzer Schloß. Glücklicher Riß desselben. *Mémoires de Saint-Simon.*» (Tgb)

Donnerstag, 26. November. «Die Abschrift aus diesen Memoiren durchgesehen. AUF DIE TAG- UND JAHRESBÜCHER BEZÜGLICH. Um 11 Uhr *Herr Hofrat v. Reinecke,* im russischen Staatsdienst, bey der Gesandtschaft zu Dresden angestellt. Um 12 Uhr *Frau Großherzogin [Maria Paulowna]* [...] und *Demoiselle Mazelet.* Lebhafte Unterhaltung bis 2 Uhr. Speiste *Wölfchen* mit mir. Gegen Abend *Demoiselle Seidler* wegen der dritten Serie, auch einige Zahlungen bringend [→ 25. 11.]. Später *Saint-Simon* 12. Band.» (Tgb)

Freitag, 27. November. «In demselbigen weiter gelesen. [...] Das neunte Heft [«Die schönsten Ornamente...»] von *Zahn* war angekommen. Die Färbung durch Patronen höchst merkwürdig. Überlegung vom Gebrauch bey'm Ausbau des [West-]Flügels [des Weimarer Schlosses], mit *Oberbaudirektor Cou-*

dray zu besprechen. Mittag *Walther,* unterhielt mich von Schauspielen, die er zu Weihnachten aufführen wollte. Gegen Abend *Prof. Riemer* und *Wölflein.* Gingen das JAHR 1821 durch. Mémoires de *Saint-Simon* 1715.» (Tgb)

Samstag, 28. November. «Jene Lectüre fortgesetzt. Betrachtung der FRÜ-HEREN TAGEBÜCHER. Botanische Überlegungen wegen frühster Entwickelung der Augen. Ich endigte den 12. Theil von *Saint-Simon.* Las die Memoiren der *Frau von Staël* [versehentlich für *M. J. von Staal,* «Memoiren von ihr selbst geschrieben», aus dem Französischen 1793 (vgl. Keudell, 2065)]. Auch Louis XIV., Sa cour et le Régent [1789], par [...] *[L. P.] Anquetil,* wodurch eine fast unmittelbare Anschauung jener Zustände sich hervor that. Mittag *Hofrat Vogel.* Nach Tische zeigte ich ihm die Sammlung meiner Diplome. Abends fortgesetztes obengemeldetes Lesen.» (Tgb)

Sonntag, 29. November. Brief an *Ternite:* Goethe dankt ihm für die [leihweise] Überlassung seiner [pompejanischen und herculanischen] Durchzeichnungen, die er oft mit den *hiesigen Kunstfreunden* durchgesehen hat und die er nun zurücksendet [→ 10. 10. ff.]. – «[...] Die Memoiren der *Frau von Staël [Staal]* durchgelesen. Weiteres auf diese Epoche der Geschichte Bezügliches. *Herr Hofrat Soret* und der *Prinz [Karl Alexander]. Dr. Eckermann* zu Tische, auch *Wölfchen.* Gegen Abend *Herr Kanzler v. Müller* und *Fräulein [Auguste] Jacobi.* Obgemeldete Lectüre fortgesetzt.» (Tgb)

Montag, 30. November. «Gestrige Lectüre fortgesetzt. Abhandlung über die artesischen Brunnen und dergleichen. Um halb 11 Uhr *Frau Großherzogin [Maria Paulowna].* Mittag *Hofrat Meyer,* die römischen Annalen und Sonstiges besprochen. Abends allein. Mémoires de *Saint-Simon* Band 13.» (Tgb)

Wohl Herbst. AUFSATZ GESPRÄCH ÜBER DIE BEWEGUNG VON GRANIT-BLÖCKEN DURCH GLETSCHER [postum veröffentlicht].

Anfang Dezember. «Er [Goethe] ist jetzt eben in der SIEBENTEN LIEFE-RUNG SEINER WERKE sehr beschäftigt, die VIEL NEUES enthalten soll, auch FAUSTISCHES [Einziges Zeugnis dafür, daß Goethe die Veröffentlichung NEU-ER SZENEN AUS FAUST II beabsichtigt; zu denken wäre allenfalls an die BÄNDE 31 und 32, für die Goethe bereits eine zu geringe Bogenzahl ins Auge gefaßt hat. (vgl. Hagen, zu 1670)]. Schließen Sie daraus auf die Frischheit und Munterkeit seines Geistes.» (*Kanzler v. Müller an Botaniker Martius,* 2. 12.; GG 6473)

Dienstag, 1. Dezember. «Fortgesetztes Lesen dieses Werkes [...]. Um 12 Uhr *Frau Großherzogin [Maria Paulowna]* [...]. Es wurde Rechenschaft gegeben von den Bohrversuchen [→ 22./24. 11.] und Sonstigem. Mittag *Herr Prof. Riemer;* demselben manches Neue mitgetheilt. Auch von FAUSTISCHEN SZE-NEN etwas vertraut [Beginn der dritten Etappe in der Erarbeitung von FAUST II; → 26./27. 7. 28. – «Meine einzige Sorge und Bemühung ist nun: die ZWEI ERSTEN AKTE fertig zu bringen damit sie sich an den DRITTEN, welcher eigentlich das bekannte DRAMA, HELENA betitelt [1827 im 4. BAND DER AlH erschienen; → 26. 1. 27], in sich faßt, klüglich und weislich anschließen mögen.» (an *Zelter,* 16. 12.)]. Abends für mich 13. Band von *Saint-Simon.* Hamburger Zeitungen. Nachrichten von dem *[A. v.] Humboldt*ischen Rückwege [von der Reise nach Sibirien].» (Tgb)

Mittwoch, 2. Dezember. «SZENEN IM FAUST berichtigt. Um 12 Uhr die

Herren von Dawidow, russischer Kammerherr [Kammerjunker], und Mr. A. Col-
lier, Engländer [Hofmeister Dawidows] [...]. Mittag *Dr. Eckermann* und *Wölf-*
chen. Nachher *Saint-Simon.* Zeitungen nachgeforscht nach dem Ausdruck
Saphirfels in der *[A.] v. Humboldtischen* Relation. Abends *Walther.* The Tourist
in Switzerland and Italy [1. Band von «Landscape Annual», 1830] by *Thomas
Roscoe* [...] mit merkwürdigen Landschaften, in Wasserfarben nach der Natur
von *Samuel Prout [englischer Maler;* geb. 1783], gestochen mit der größten
Zartheit von Verschiedenen.» (Tgb)

Donnerstag, 3. Dezember. «*Saint-Simon.* Fortgesetzte Geschäfte von
gestern. [...] Den vordern Museumsschlüssel an *Demoiselle Seidler.* Dem *Registrator Schuchardt* den Auftrag gegeben der Translocation des *Ganymeds* in's
Museum. *Frau Großherzogin [Maria Paulowna]* um 12 Uhr mit *Demoiselle
Mazelet.* Des *Kaisers Nicolaus [v. Rußland]* Befinden. Von *Humboldts* Reisen.
Mittag *Wölfchen.* Nach Tische *Walther,* die Mailändischen Theaterscenen
[«Raccolta di scene teatrali...», o. J. (Keudell, 2069)] betrachtend und sich
daran ergötzend. Gegen Abend *Demoiselle Seidler,* Lithographien von *Velten*
bringend, die Actien der *Dresdner Gesellschaft* 3. Serie auszutheilen überneh-
mend [→ 26. 11.]. Mémoires de *Saint-Simon* 13. Band. Abends der *Herr Großherzog [Karl Friedrich].*» (Tgb)

Freitag, 4. Dezember. «*Demoiselle Seidler* die Actien wie gestern Abend
verabredet gesendet. [...] War das Packet mit den SCHILLERSCHEN BRIEFEN
angekommen, 4. 5. UND 6. BAND. Ingleichen die SECHSTE LIEFERUNG MEINER
WERKE [AlH]. Mittags *Hofrat Meyer.* Besah derselbe das Landscape Annual
1830 [→ 2. 12.]. Gegen Abend [...] *[Kanzler] v. Müller.* Gespräch über einiges
Italienische; besonders auch über die Florentiner Wachspräparate, wovon derselbe auch einen Catalog mit Preisen mitgebracht hatte. Später *Prof. Riemer.*
Wir besahen die zwey ersten Hefte von *Neureuther* MEINER ROMANZEN mit
Handzeichnungen [→ 25. 8. – «... es hätte mit nichts Angenehmeres zum heiligen Christ gebracht werden können als Ihre beiden Hefte.» (an *Neureuther,*
12. 12.)]. Er theilte einige erfreuliche kleine Gedichte mit. Ich hatte den 12.
und 13. Band von *Saint-Simon* geendigt. [...].» (Tgb)

Samstag, 5. Dezember. «[...] [An] *v. Quandt,* die Liste der dritten Serie
gesendet. [An] *Frau Großherzogin [Maria Paulowna],* das Monatsverzeichniß
der eingegangenen Bibliotheksbücher [→ 5. 11.]. [...] An *Frau v. Wolzogen* 4.
5. UND 6. BAND DER SCHILLERSCHEN CORRESPONDENZ. [...] An das Verhältniß zu *Carlyle* gedacht, wegen *Wichmanns [Wilmans]* Sollicitationen [→ 1. 8.].
[P. J. F.] Turpin, Aufsatz über Wurzeln und unterirdische Zweige in den
Mémoires du Muséum d'Histoire Naturelle, Tome Dix-neuvième, pag. 1. Zu
Mittag *Hofrat Vogel.* Die Krankheit *meines Sohnes* hatte sich gehoben. Besprechung über die Wachspräparate. Mémoires de *Saint-Simon,* Tome 14. Abends
dictirt an *[Diener] Friedrich [Krause].*» (Tgb)

Sonntag, 6. Dezember. «Das gestrige französische Botanische fortgesetzt.
Ingleichen *Saint-Simon.* Stand seit langer Zeit das Barometer 28" 1"', reiner
Ostwind, Thermometer 11 und halb Grad minus. Endlich einmal wieder
zusammentreffende Correlate. *John* beschäftigte sich mit den angekommenen
Druckwerken der SCHILLERISCHEN CORRESPONDENZ und der 6. LIEFERUNG
MEINER WERKE. *Dr. Eckermann;* wir gingen zusammen die TAGE- UND

JAHRESBÜCHER durch zum Abschluß [→ 28. II.]. Er und *Wölfchen* speisten mit mir. Ich las etwas noch nicht Mitgetheiltes aus FAUST [die I. SZENE DES 2. AKTES, HOCHGEWÖLBTES ENGES GOTISCHES ZIMMER: «‹Da die Konzeption so alt ist›, sagte Goethe, ‹und ich seit funfzig (genauer über sechzig) Jahren darüber nachdenke, so hat sich das innere Material so sehr gehäuft, daß jetzt das Ausscheiden und Ablehnen die schwere Operation ist. Die Erfindung des GANZEN ZWEITEN TEILES ist wirklich so alt, wie ich sage. Aber daß ich ihn erst jetzt schreibe, nachdem ich über die weltlichen Dinge so viel klarer geworden, mag der Sache zugute kommen. Es geht mir damit wie einem, der in seiner Jugend sehr viel kleines Silber- und Kupfergeld hat, das er während dem Lauf seines Lebens immer bedeutender einwechselt, so daß er zuletzt seinen Jugendbesitz in reinen Goldstücken vor sich sieht.› – Wir sprachen über die Figur des *Bakkalaureus.* ‹Ist in ihm›, sagte ich *(Eckermann)*, ‹nicht eine gewisse Klasse *ideeller Philosophen* gemeint?› – ‹Nein›, sagte Goethe, ‹es ist die Anmaßlichkeit in ihm personifiziert, die besonders der *Jugend* eigen ist, wovon wir in den ersten Jahren nach unserm Befreiungskriege so auffallende Beweise hatten. Auch glaubt jeder in seiner Jugend, daß die Welt eigentlich erst mit ihm angefangen und daß alles eigentlich um seinetwillen da sei.›» (Eckermann)]. Abends für mich. Französische und deutsche Tagesblätter. Memoiren *Saint-Simon.* Besuchte mich *Landesdirektionsrat Töpfer,* interessantes Gespräch über polizeyliche Medicin; die Vorkommnisse deßhalb bey der Landesdirection. Eingereichter Bericht deßhalb bey der wichtigen Angelegenheit ungeschickter Behandlung solcher Gutachten bey Criminalfällen.» (Tgb)

Montag, 7. Dezember. «Fortsetzung aller Geschäfte von gestern. POETISCHES. Mittag *Herr Hofrat Meyer.* Das Neuste von Kunst und Verhältnissen. Mannigfaltiges Bestreben. Abends *Herr Oberbaudirektor Coudray.* Ausbau des Schloßflügels und Bedenkliches dabey besprochen [→ 27. II.]. Mémoires de *Saint-Simon* immer fortgesetzt. POETISCHES.» (Tgb)

Dienstag, 8. Dezember. «Gestriges fortgesetzt. Französische Tagesblätter. *Frau Großherzogin-Mutter [Luise]* um halb II Uhr. Das Neuste vorgelegt. Der *Abgeordnete von Herrn Rieth* in Ilmenau, der Mineralien zum Verkaufe vorweist, besuchte mich, legte mir seine Sammlung vor und hinterließ ein hierher gehöriges Heft und seinen Preiscourant. Zu Mittage *Walther. Wolf* nachher. Sie sangen ihre Rollen und Weisen aus JERY UND BÄTELY. Abends für mich. *Saint-Simon.* POETISCHES.» (Tgb)

Mittwoch, 9. Dezember. «Kamen die bey *[Mechanikus] Körner* bestellten Prismen an.» (Tgb) – Brief an denselben: Goethe wünscht das, was er mit dem bestellten Apparat beabsichtigt, gelegentlich mit dem *Adressaten* durchzusprechen. – Es freut ihn, daß dieser «das schöne durch Spiegelung hervorgebrachte Phänomen abschmelzender, gefrorener Fensterscheiben» ebenfalls kennengelernt hat. Er ermahnt ihn, weiterhin auf «alles der Art aufmerksam» zu sein. – «[...] *Lieutenant-Colonel Low* und *Mr. R. Ray* aus New York, welche schon einige Jahre in Europa reisen. Mittag *Dr. Eckermann* und *Wölfchen.* Nachher *Saint-Simon.* Später POETISCHES. *J. Meursii* [Creta] Rhodus [Cyprus ..., 1675; für die KLASSISCHE WALPURGISNACHT verwendet].» (Tgb)

Donnerstag, 10. Dezember. «POETISCHES. [...] *Ottilie* mit einigen Angelegenheiten. [...] *Frau Großherzogin [Maria Paulowna]*. Vorfallenheiten des Wiener Congresses. Mittag *Fräulein [Auguste] Jacobi*. Societätsverhältnisse. Ball bey *Graf Santi*. Sie blieb lange. Dazu *Alma*, sodann *Fräulein [Ulrike] v. Pogwisch.*» (Tgb)

Freitag, 11. Dezember. «Mémoires de *Saint-Simon*. In dem großen Zimmer [Juno-Zimmer] fanden sich unter dem Ofen die Balken angebrannt. Gestern Abend war noch keine Spur von Rauch oder sonstigem Geruch gewesen [ein *Diener* hatte den Brand in der Nacht rechtzeitig entdeckt (vgl. GG 7519)]. *Hofrat Vogel* meldete, daß *Frau Großherzogin-Mutter [Luise]* durch einen Fall im Zimmer das Schlüsselbein gebrochen habe. Mehrere Briefe vorläufig dictirt. Mittag für mich. *Herr Kanzler v. Müller*. *Herr Prof. Riemer*. Mit denselben manches Litterarische und Bibliothekarische durchgegangen.» (Tgb)

Samstag, 12. Dezember. «POETISCHES.» (Tgb) – Brief an *Botaniker Voigt:* Goethe findet die gemeldete Angelegenheit [den Ankauf der Schmetterlingsammlung des *kürzlich verstorbenen Posamentiers Prager*] «dergestalt complicirt, daß es nicht räthlich scheint von seiten großherzoglicher Oberaufsicht sich darauf einzulassen». – Brief an *Angelika Facius:* Goethe dankt ihr für ihre kleine Büste des *Prinzen Wilhelm [von Preußen]*, die von ihrem «sich vorzüglich ausbildenden Talente ein hinlängliches Zeugniß gibt». – Brief an den *Engländer Plunkett:* Goethe bittet ihn, *Schmeller* einige Stunden zu einem Porträt zu gönnen. – «[...] *Meursii* Cyprus [→9. 12.]. Mittag *Hofrat Vogel*. *Frau Großherzogin [Maria Paulowna]* schickte eine chirurgische Pumpe. *Schuchardt* brachte ein wohlgerathenes Frauenporträt. Ich las das Juniheft von Edinburgh Review. Ferner *Meursii* Creta. Landkarten der alten Welt deßhalb, auch wegen sonstiger griechischer Geographie. Interessanter Brief von *Rochlitz*.» (Tgb)

Sonntag, 13. Dezember. «POETISCHES. Zu Mittag *Dr. Eckermann*. Weitere Verabredung wegen der TAGS- UND JAHRESBÜCHER [→6. 12.]. Schreiben von de *Cristofori* aus Mailand. Edinburgh Review. Vorliegendes durchgedacht. Die Venus nähert sich ihrer größten östlichen Ausweichung und steht sehr angenehm zu schauen südwärts am Abendhimmel. Fortdauernde Höhe des Barometerstands und heiteren Himmels. Zweydeutigkeit zwischen der neuen Windfahne des *Nachbars,* die von Westen herdeutet, und des Rauches, der unmittelbar daneben stehenden Össen, welcher sich nach Westen zieht [→11. 12.].» (Tgb)

Montag, 14. Dezember. «POETISCHES. Zu bemerken, daß diese Tage her der Barometerstand immerfort hoch und der Himmel verhältnißmäßig immer klar gewesen. Aus den Berliner Nachrichten vom 10. December: ‹Die Venus ... wird den 26. December ihre sogenannte größte östliche Ausweichung erreichen...; gleichwohl wird sie erst den 13. Januar k. J. in ihrem höchsten Glanze am Himmel prangen ... können die von ihr beleuchteten Körper auf der Erde Schatten werfen...› *Herr Oberbaudirektor Coudray*. Besprechung wegen der neuen Öfen [→13. 12.].» (Tgb)

Vermutlich Montag, 14. Dezember. *Hofrat Meyer* berichtet, daß er Goethe *Caroline v. Wolzogens* «Brief übergeben [habe], sowie auch das Billett der *verwitweten Frau Großherzogin [Luise]* an Sie und das Manuskript [der Schiller-Biographie *Caroline v. Wolzogens;* →29. 9.]. Er hat in meiner Gegenwart alles

gelesen [...]. Das Resultat des Gesprächs war ungefähr folgendes: Es ergebe
sich aus dem Brief des *Großherzogs [Carl August]* an Sie [vom Mai 1801] offenbar, daß derselbe [...] die Aufführung der Jungfrau von Orleans [von *Schiller*]
auf der hiesigen [Weimarer] Bühne vermeiden wollte [*Carl August* hatte 1801
die Uraufführung in Weimar unterbunden] [...]. Aus dem Billett der *Frau
Großherzogin-Witwe* ersehe man ebenfalls, daß es ihr nicht angenehm sein
würde, den Brief ihres *hochseligen Gemahls* durch den Druck dem *Publikum*
bekannt werden zu lassen, und so [...] sei er [Goethe] nach Überlegung der
gesamten Umstände geneigt zu glauben, daß es besser sei, solchen wegzulassen. In der KORRESPONDENZ ZWISCHEN IHM UND SCHILLER hätten sich auch
manche Stellen befunden, welche von Ähnlichem gehandelt hätten, und er
habe solche im Druck auszulassen für gut befunden ... – [...] Goethe meint,
Sie müßten freilich in der Druckschrift angeben, warum die Jungfrau von
Orleans zuerst in Leipzig und nicht in Weimar aufgeführt worden, allein man
könnte [...] allenfalls nur sagen: daß Theater-Verhältnisse daran schuld gewesen seien.» (*Meyer an Caroline v. Wolzogen*, 15. 12.; GG 6476)

Dienstag, 15. Dezember. «POETISCHES. Einiges vorbereitet zur Corre-
spondenz. *Zwei Herren Macarthur* aus Sidney [...]. Erzählten viel Interessantes
von ihren dortigen Zuständen, Landesart der *benachbarten Wilden*. Erhielt von
Frau Großherzogin [Maria Paulowna] Histoire du Congrès de Vienne [von *G.
R. v. Flassan*] und fing an solche zu lesen. [...]. Mittag für mich. Das POETI-
SCHE fortsetzend. Abends *Fräulein [Auguste] Jacobi*, von den musikalischen
Instrumenten des *Schortmanns* [des *Rittergutsbesitzers?*] erzählend [...]. Dazu
Prof. Riemer. Später mit ihm allein. Auf Sprachkunde Bezügliches, bey Gele-
genheit französischer Äußerungen, mit denen ich nicht einstimmen konnte.
Später EINIGES POETISCHE wechselseitig mitgetheilt, woraus noch Anmuthi-
ges entsprang. – [...] hatte *Herr Soret* ein Stück seiner Übersetzung der EIN-
LEITUNG gesendet [→ 25. 10.].» (Tgb)

Mittwoch, 16. Dezember. «[...] [An] *Landesdirektionsrat Gille* [...] [und]
Geh. Hofrat Helbig [Billetts mit der Bitte, *Schmeller* zu einem Porträt zu sitzen]
[...].» (Tgb) – Brief an *v. Quandt:* Goethe kündigt die Überweisung der Weimarer Beiträge zur dritten Serie an [→ 3. 12.]. – Mit dem beigefügten Heft
«Über Preisaufgaben für bildende Künstler» [von *Quandt*] ist Goethe «völlig
einverstanden». Was er hinzufügen könnte, «würde nur zur Verstärkung des
Vorgetragenen dienen» [→ 11. 7.]. – Brief an *Zelter:* Goethe berichtet, daß er
mitten im Winter ein paar neue Öfen setzen lassen muß [→ 14. 12.]. Er fragt
an, ob die des *Adressaten* von der Firma *[T. G.] Feilner [Ofenfabrikant* in Ber-
lin] sind und ob dieser damit noch zufrieden ist. – Auf jeden Fall wünscht er
Zeichnungen und Preise von *Feilner* mitgeteilt. – «Kam ein buntes Körbchen
von dem *jüngeren Frommann*. Mittag *Dr. Eckermann*. Einiges über die JAHRES-
HEFTE [→ 13. 12.]. Sodann Vortrag des NEUSTEN POETISCHEN [2. SZENE DES
2. AKTES, LABORATORIUM, VON FAUST II. – «Überhaupt», sagte Goethe,
‹werden Sie bemerken, daß der *Mephistopheles* gegen den Homunkulus in
Nachteil zu stehen kommt, der ihm an geistiger Klarheit gleicht und durch
seine Tendenz zum Schönen und förderlich Tätigen so viel vor ihm voraus
hat. Übrigens nennt er ihn Herr Vetter; denn solche geistige Wesen wie der
Homunkulus, die durch eine vollkommene Menschwerdung noch nicht ver-

düstert und beschränkt worden, zählt man zu den Dämonen, wodurch denn unter beiden eine Art von Verwandtschaft existiert.› – ‹Gewiß›, sagte ich, ‹erscheint der *Mephistopheles* hier in einer untergeordneten Stellung; allein ich kann mich des Gedankens nicht erwehren, daß er zur Entstehung des Homunkulus heimlich gewirkt hat...› – ‹Sie empfinden das Verhältnis sehr richtig›, sagte Goethe; ‹es ist so, und ich habe schon gedacht, ob ich nicht dem *Mephistopheles* ... einige Verse in den Mund legen soll, wodurch seine Mitwirkung ausgesprochen und dem *Leser* deutlich würde.› – ‹Das könnte nichts schaden», sagte ich. ‹Angedeutet jedoch ist es schon, indem *Mephistopheles* die SZENE mit den Worten schließt: AM ENDE HÄNGEN WIR DOCH AB / VON KREATUREN, DIE WIR MACHTEN.»› (Eckermann)]. Abends für mich. Histoire du Congrès de Vienne [→ 15. 12.]. Edinburgh Review fortgesetzt.» (Tgb)

Donnerstag, 17. Dezember. «Edinburgh Review. Die TAGESBÜCHER etwas weiter arrangirt. In jenem den verdienstlichen Aufsatz über gothische Baukunst gelesen.» (Tgb) – Brief an *König Ludwig I. von Bayern:* Goethe hofft, daß dem *Adressaten* im 29. BAND DER WERKE [ZWEITER RÖMISCHER AUFENTHALT IN DER AlH] eine genügende Antwort auf dessen Fragen geworden ist [→ 28. 8.]. – Für die Zueignung [im 6. BAND] SEINES BRIEFWECHSELS MIT SCHILLER hofft Goethe Verzeihung [→ 25. 10.]. «Wem konnte ich wohl diese nunmehr OFFENBARE GEHEIMSCHRIFTEN am gehörigsten [...] darbringen als demjenigen der die großen Verdienste *jenes Mannes [Schillers]* um Bildung seiner Nation so gründlich zu schätzen wußte.» – Daß einige von Goethes ÄLTEREN LIEDERN [COPHTISCHES LIED und EIN ANDERES] die Bezeichnung COPHTISCHE tragen, erklärt Goethe aus der Entstehungsgeschichte des GROß-COPHTA. Das LUSTSPIEL sollte nach der ersten Intention als Oper erscheinen. «Die wenigen, UNTER DER RUBRIK COPHTISCHE LIEDER AUFBEWAHRTEN GEDICHTE sind die Trümmer jener Arbeit, welche bey abgeändertem Vorsatz übrig geblieben [...]. – Was den freylich einigermaßen paradoxen Titel der Vertraulichkeiten aus meinem Leben WAHRHEIT UND DICHTUNG betrifft, so ward derselbige durch die Erfahrung veranlaßt, daß das *Publikum* immer an der Wahrhaftigkeit solcher biographischen Versuche einigen Zweifel hege. Diesem zu begegnen, bekannte ich mich zu einer Art von Fiction, [...] denn es war mein ernstestes Bestreben das eigentliche Grundwahre, das, insofern ich es einsah, in meinem Leben obgewaltet hatte, möglichst darzustellen [...]. Wenn aber ein solches in späteren Jahren nicht möglich ist, ohne die [...] Einbildungskraft wirken zu lassen, und man also immer in den Fall kommt gewissermaßen das dichterische Vermögen auszuüben, so ist es klar daß man mehr die Resultate und, wie wir uns das Vergangene jetzt denken, als die Einzelnheiten, wie sie sich damals ereigneten, aufstellen und hervorheben werde. [...]. – Dieses alles, was dem Erzählenden und der Erzählung angehört, habe ich hier unter dem Worte: *Dichtung,* begriffen, um mich des Wahren, dessen ich mir bewußt war, zu meinem Zweck bedienen zu können. [...].» Goethe bekennt, weiterhin so zu handeln, als wenn er *Carl August* darüber Rechenschaft zu geben hätte. – In diesem Vorsatz bestärkt ihn das *großherzogliche Paar,* an dem er «die gleiche Nachsicht und [...] Förderniß» zu rühmen hat. (WA IV, 50, 59 ff.) – «[...] *Frau Großherzogin [Maria Paulowna]* und *Demoiselle Mazalet.* Verschiedenes [...] besprochen, auch einige Aufträge. Mittag [...] *[Kanzler] v. Müller*. Blieb bis gegen Abend. Wurde manches auf Italien Bezügliche durchgesprochen [→ 24. 11.]. Große Unbequemlichkeiten wegen der Pässe: bey nicht genugsamer Vidimation, vorgefallener Verlust derselben. Erhielt später MEINE PARENTATION AUF WIELANDS ABLEBEN. Später noch einiges neue Französische und Englische.» (Tgb)

Freitag, 18. Dezember. «Brief und Sendung von *Herrn v. Quandt*, wodurch nun das Dießjährige [hinsichtlich des *Sächsischen Kunstvereins*] alles abgeschlossen worden. Abrechnung von Großherzoglicher Bibliothek. GEDICHT für's Chaos an den *Redakteur [Schwiegertochter Ottilie]*. Unterhaltung mit *Ottilien* über *vorkommende Persönlichkeiten*. Sendung von *Artaria*: Die weiter fortgeschrittene Platte von *Toschi* nach dem Spasimo von *Raffael* in Abdruck auf Tonpapier enthaltend [→ 1. 6. 28], auch ein fertiges Kupferblatt Beatrice Cenci vorstellend nach [*Tommaso Minardis* Zeichnung des Gemäldes von *Guido Reni* von] *Guido [Giovita] v. Garavaglia*. Betrachtung derselben. Mittag für mich. Nachher mit dem höchst schätzbaren Edinburgh Review beschäftigt. Abends *Demoiselle Seidler*. Einige vorkommende Kunst- und Künstler-Verhältnisse, wegen Fortsetzung obgemeldeter Lectüre. War eine Sendung von *[Kunsthändler] Börner* in Leipzig angekommen.» (Tgb)

Vor Samstag, 19. Dezember. GEDICHT BIST DU'S NICHT, SO SEI VERGEBEN [für die Zeitschrift «Chaos»].

Samstag, 19. Dezember. Brief an *Salinendirektor Glenck:* Goethe bittet ihn, *Schmeller* einige Stunden zu einem Porträt zu gönnen. – Er versichert, daß ihm in des *Adressaten* Angelegenheit [die Ausbeute der Stotternheimer Saline betreffend] «von entscheidender Stelle Hoffnung» gemacht worden ist, auf die er vertrauen darf [→ 1. 12.]. – «[...] Zwey neue Porträte von *Schmeller* wurden in die Sammlung eingefügt. Einige Briefe dictirt. Der *russische Gesandte Herr [Andreas] v. Schröder [Gesandter* in Weimar] [...]. Die von *Börner* gesendeten Bilder näher betrachtet [→ 18. 12.]. Mittag *Hofrat Vogel*. Über sein herauszugebendes Werk [→ 5. 10.]. Auch vorliegende Krankheitsfälle. Edinburgh Review. Über die amerikanischen Verhältnisse. Ein vortrefflicher Aufsatz bey Gelegenheit der *Cooperischen* und *Hallischen* Werke [im Juni-Heft 1829 werden die Bücher «Travelers in North-America 1827 – 1828» von *Captain Basil Hall* und «Notions of the Americans» von *Cooper* besprochen]. Die von Leipzig gesendeten Radirungen durchgesehen.» (Tgb)

Sonntag, 20. Dezember. «Den Aufsatz über die Vereinigten Staaten weiter gelesen. Kamen die gewöhnlichen Weihnachtsgeschenke an Papier u. s. von Großherzoglicher Staats-Canzley. Bedeutendes Porträt, wahrscheinlich *Peter der Große*, vielleicht bey seinem Aufenthalt in Holland gemalt. Mittag *Dr. Eckermann* [über *Manzoni*, über den Beruf des Schauspielers, über FAUST II. – «Daß in der Maske des Plutus der *Faust* steckt, und in der Maske des Geizes der *Mephistopheles*, werden Sie gemerkt haben ... – Der *Euphorion* ... ist kein menschliches, sondern nur ein allegorisches Wesen. Es ist in ihm die Poesie personifiziert, die an keine Zeit, an keinen Ort und an keine Person gebunden ist. Derselbige Geist, dem es später beliebt, *Euphorion* zu sein, erscheint jetzt als *Knabe Lenker*, und er ist darin den Gespenstern ähnlich, die überall gegenwärtig sein und zu jeder Stunde hervortreten können.» (Eckermann)]. Landpriester von Wakefield [von *Goldsmith* gelesen], mit Erinnerung an die früh-

sten Eindrücke. Wirkungen von *Sterne* und *Goldsmith*. Der hohe ironische
Humor beyder, jener sich zum Formlosen hinneigend, dieser in der strengsten
Form sich frey bewegend. Nachher machte man den *Deutschen* glauben, das
Formlose sey das Humoristische [«Es wäre nicht nachzukommen, was *Goldsmith* und *Sterne* gerade im Hauptpuncte der Entwicklung auf mich gewirkt
haben … diese Billigkeit bey aller Übersicht, diese Sanftmuth bey aller Wider-
wärtigkeit, diese Gleichheit bey allem Wechsel … erzogen mich aufs löblichste, und am Ende sind es denn doch diese Gesinnungen die uns von allen Irr-
schritten des Lebens endlich wieder zurückführen.» (an *Zelter, 25. 12.*)].» (Tgb)
   Montag, 21. Dezember. «Landpriester von Wakefield geendigt. Die niederländische Staatsverfassung im gegenwärtigen Augenblick klar auseinander-
gesetzt in dem Journal Le Temps, den 15. December. […] die *Frau Großherzogin [Maria Paulowna]* mit *Demoiselle Mazelet*. Kam Allgemeines und
Besonderes zur Sprache. *Herrn v. Schröders* Gegenwart. Verhältnisse zu Preußen. Anfechtungen in der Zollangelegenheit [→ 4. 5.]. Einheimisches. *Kräuter*
hatte einiges Bibliothekarische zur Sprache gebracht, welches in Ordnung
kam. Mittag *Hofrat Meyer*. Ich wies ihm die angekommenen Gemälde und
Radirungen vor. Kam ein Brief von *Schubarth* aus Hirschberg. Aufklärungen
über Mexiko im Globe.» (Tgb)
   Dienstag, 22. Dezember. Brief an *Freiherrn v. Münchhausen:* Goethe sendet verschiedene Haushaltsgegenstände, die er auf der Ausstellung des *Frauenvereins* erworben hat, als Weihnachtsgaben für die *Familie des Adressaten.* –
Brief an *Mineralogen Breithaupt:* Goethe bestellt [im Auftrag *Maria Paulownas*]
eine Sammlung sächsischer Mineralien. – Brief an *Kanzler v. Müller:* «[…]
mich hat der Gedanke von gesetzlicher Spiralwirkung bey'm Entfalten und
Ausbilden der Pflanzen vom ersten Augenblick an, als ich ihn vernommen,
beschäftigt und seit dem schönen auslangenden Modell [von *Botaniker Martius*] nur destomehr bis auf den heutigen Tag. Vielfache Versuche zu diesem
Zweck sind gemacht, GLÜCKLICHE BEOBACHTUNGEN AUFGEZEICHNET [→ 13.
10.]. – Ich bilde mir ein dieses längst dem *verehrten Freunde [Botaniker Martius]*
schon gesagt zu haben [*Müller* hatte am 22. 12. angefragt, was er *Martius* zu
diesem Thema schreiben solle] […].» – «[…] Kam an ein Werk des *Dr. [K.
W.] Justi* von Marburg: Sionitische Harfenklänge. […] Mittag *Prof. Riemer.*
Wir besprachen das nächste Litterarische. Ich zeigte ihm die angekommenen
Kunstwerke. Abends *Herr Geh. Hofrat Helbig,* eine Medaille für *Kolbe* bringend.» (Tgb)
   Mittwoch, 23. Dezember. Brief an *Prof. Göttling:* Goethe teilt mit, daß es
gegen dessen Vorschlag, *Bibliotheksdiener Liebeskind* auch am Jenaer Museum
anzustellen, keine Bedenken gibt. – Er legt ein weiteres BÄNDCHEN [BAND
27 DER TASCHENAUSGABE] zur Durchsicht [für die OKTAVAUSGABE] bei. –
«[…] Die Sendung des 31. BANDES MANUSCRIPT […] nach Augsburg behandelnd. […] Wegen dem *Dresdner Kunstverein* und den eingewechselten Duca-
ten. La Monaca di Monza [von *G. Rossini*]. Mémoires de *Saint-Simon*. Mittag
Dr. Eckermann. Mit ihm über das Nächstgelesene und Gearbeitete gesprochen. Abends für mich. Das Lesen obiger Werke fortgesetzt.» (Tgb)
   Donnerstag, 24. Dezember. «Mémoires de *Saint-Simon* 15. Band.» (Tgb)
– Brief an *Faktor Reichel:* Goethe kündigt die Sendung des 31. BANDES

[DRUCKVORLAGE FÜR DIE ALH, TAG- UND JAHRESHEFTE BIS 1806] mit der nächsten fahrenden Post an. Sollte der nötige Umfang nicht erreicht werden, würde er noch etwas anfügen. – Brief an *Frau v. Pogwisch:* Goethe teilt mit, welche Bücher er [von der *französischen Lesegesellschaft*] kaufen möchte. – «[...] Sendung von *[Schriftsteller] Adolf Wagner* in Leipzig. Die Werke des *Jordanus Brunus* [«Opere di Giordano Bruno...», 1830], in welchen ich gleich zu lesen anfing, zu meiner Verwunderung wie immer, zum erstenmal bedenkend, daß er ein *Zeitgenosse Bacos von Verulam* gewesen. [...] Mittag mit *Walthern.* Nachher *Saint-Simon* fortgesetzt. Auch die französischen Tagesblätter. Abends *Gräfin Line [v. Egloffstein].* Den *Kindern* ward beschert. Sie kamen, um zu danken, sehr fröhlich. [...].» (Tgb)

Freitag, 25. Dezember. «War vieles angekommen. Der Württembergische Catalog. Die Ofenmodelle von Berlin [→ 16. 12.] und sonst. Die französischen Tageblätter gelesen. Artige Darstellung von *[Theodor] Körners* Leben und Talent, freylich nach den *Deutschen,* aber doch galant und theilnehmend, da er ja ein *Held* gegen die *Franzosen* geworden war. Betrachtung der Majolicaschüssel, verehrt von *Ottilien.* Übersicht mancher Zudringlichkeiten. *Hofrat Vogel. Volgstädtische* Geschichte [vermutlich im Zusammenhang mit der Behandlung von *Großherzogin-Mutter Luise* durch den *Leibchirurgen Volgstädt*]. Mittags für mich. Die Comödie des *Jordanus Brunus,* Candelajo weiter gelesen. Die französischen Tagesblätter fortgesetzt.» (Tgb)

Samstag, 26. Dezember. «Vorgemeldetes Stück abgeschlossen. Höchst merkwürdige Schilderung der sittenlosen Zeit, in welcher der *Verfasser* gelebt. London Magazine 1826, von *meiner Tochter [Ottilie]* mitgetheilt, enthaltend eine Recension von *Lord Gowers* Übersetzung des FAUST. John beschäftigte sich mit Abschriften. Mittag *Prof. Göttling* und *Hofrat Vogel. Wölfchen* spielte abends mit seinen Christgeschenken und las darauf. Ich hatte die Lehre von der Spiraltendenz der Pflanzen im Sinne [→ 13. 10.].» (Tgb)

Sonntag, 27. Dezember. «Las die auf vorgemeldete Angelegenheit in der Isis befindlichen Aufsätze [die Zeitschrift veröffentlicht in den Jahrgängen 1828 und 1829 die Protokolle der Versammlung *deutscher Naturforscher* und *Ärzte* der Jahre 1828 und 1829, wo sich *Martius* zu diesem Thema geäußert hatte; Goethe ist «von diesem abschließenden Gipfel rückwärts, herab bis an die Erde, ja unter die Erde gestiegen». (an *Martius*)].» (Tgb) – Fortsetzung des Briefes an *König Ludwig I. von Bayern* [→ 17. 12.]: Goethe bedauert, nur ungewisse Nachrichten über das Befinden des *Adressaten* erhalten zu haben. Er wünscht, diesen «nicht nur erhalten», sondern auch in «großer und behaglicher Tätigkeit» zu wissen. (WA IV, 50, 65) – «[...] *Direktor [Karl Wilhelm Constantin] Stichling* von Dornburg. [...] *[Kanzler] v. Müller.* Mittag *Dr. Eckermann.* Theilte ihm etwas FAUSTISCHES mit [«... las Goethe mir die SZENE VOM PAPIERGELDE (LUSTGARTEN) ... – Kaum war die SZENE gelesen ..., als *Goethes Sohn* herunterkam und sich zu uns an den Tisch setzte. Er erzählte uns von *Coopers* letztem Roman, den er gelesen und den er in seiner anschaulichen Art auf das beste referierte. Von unserer gelesenen SZENE verrieten wir nichts, aber er selbst fing sehr bald an, viel über preußische Tresorscheine zu reden, und daß man sie über den Wert bezahle. Während der *junge Goethe* so sprach, blickte ich den Vater an mit einigem Lächeln, welches er erwiderte und wodurch wir uns zu verstehen gaben, wie sehr das Dargestellte an der Zeit sei.» (Eckermann)]. Die Angelegenheiten des Tages durchdenkend. Abends *Fräulein [Auguste] Jacobi.* Ihre Zustände, manche Charaktere und Verhältnisse durchgesprochen. *Fräulein Frommann.* Jenaische Bezüge und *Persönlichkeiten.»* (Tgb)

Montag, 28. Dezember. «EINIGES POETISCHE. DIE SPIRALTENDENZ DER PFLANZEN FORTGEFÜHRT [→ 26. 12.].» (Tgb) – Brief an *v. Conta:* «[...] können mir [...] nichts Erfreulicheres gewähren, als wenn Sie mich in den Stand setzen von den bisher so ernst und glücklich geführten Geschäften näher unterrichtet zu werden [der *Adressat* hatte angefragt, ob Goethe noch mit den Wiener diplomatischen Berichten gedient wäre].» – «*Maler Kolbe* von Düsseldorf. Ich gab ihm die verliehene goldene Medaille. Er ging darauf zu *Ottilien*, welche ihm meine silberne Jubiläumsmedaille zum Abschied überreichte. *Serenissimus [Karl Friedrich]* betrachtete die Abgüsse des Nürnbergischen Hausaltars. Mittags *Wölfchen. Schuchardt* hatte die von ihm ausgesuchten *Börnerischen* Kupfer gebracht und verzeichnet. Erhielt einen Brief von *Graf Reinhard.* Dictirte darauf Bezügliches Abends an *[Diener] Friedrich [Krause].»* (Tgb): Konzept eines nicht abgesandten Briefes an *Vicomtesse de Ségur:* Goethe versichert, ihre Arbeit [einen Auszug aus WILHELM MEISTER in französischer Sprache] mit Ungeduld zu erwarten, um sehen zu können, «was bey dieser Sichtung von dem *Meinigen* übriggeblieben, oder vielmehr was aus meinem [...] individuellen Leben für eine EDLE WEIBLICHE SEELE vorzüglich Bemerkenswerthes hervorgegangen [...]». (WA IV, 46, 371)

Dienstag, 29. Dezember. «POETISCHES. [...] *Herr Plunkett. Hofrat Vogel.* Über eigene und fremde Zustände. Mittag die *Enkel.* Abends *Prof. Riemer.* Vorbereitung auf morgen. Beachtung eines Briefes von *Graf Reinhard*, nebst Beylage der *Gräfin Ségur* [→ 28. 12.]. Mittheilungen des [...] *[Kanzlers] v. Müller,* Briefe des *Herrn Grafen Reinhard, von Gagern, Hofrat Rochlitz.* Merkwürdige Politica.» (Tgb)

Mittwoch, 30. Dezember. «POETISCHES. Arrangement einiger Concepte. Protokoll geführt von *Schrön* bey der letzten Unterredung mit *meinem Sohne.* Bericht von *Färbern,* die Geschäfte des vergangenen Jahrs betreffend. *Herr Minister v. Fritsch* mancherley obwaltende Geschäfte besprechend. [...] *Ottilie* brachte mir das englische Jahresbüchlein Keepsake. Mittag die *Enkel.* Sodann *Herr Kanzler v. Müller,* manches seiner [Italien-]Reise mittheilend. Auch von diplomatischen Verhältnissen. Sodann *Fräulein Alwine [Frommann].* VORSCHWEBENDES POETISCHE.» (Tgb)

Vermutlich Mittwoch, 30. Dezember. «Nachdem sie nun am Kaiserlichen Hofe Geld haben», sagte er [Goethe], «wollen sie amüsiert sein. Der *Kaiser* wünscht *Paris* und *Helena* zu sehen [...]. Was aber *Faust* unternehmen muß, um die Erscheinung möglich zu machen, ist noch nicht ganz vollendet, und ich lese es Ihnen das nächste Mal. Die Erscheinung von *Paris* und *Helena* selbst aber [SZENE RITTERSAAL] sollen Sie heute hören.» (Eckermann)

Donnerstag, 31. Dezember. «SOLCHES früh ZU STANDE GEBRACHT. *John* mundirte sogleich. Er hatte vorher die oberaufsichtlichen Geschäfte mit *meinem Sohne* durchgeführt. Nach 12 Uhr *Frau Großherzogin [Maria Paulowna]* mit *Demoiselle Mazelet.* Mittag für mich. Blieb in den vordern Zimmern und dachte DAS NÄCHSTE POETISCHE durch. Abends [...] *der Großherzog [Karl*

Friedrich]. [...] *Oberbaudirektor Coudray,* das Programm zur nächsten Redoute [zu *Karl Friedrichs* Geburtstag am 2. 2. 30] besprechend. Fuhr in meinem Geschäft fort und endigte so das Jahr. [...].» (Tgb)

Montag, 28. / Donnerstag, 31. Dezember. Brief an *Preller:* Es bereitet Goethe «ein wahrhaftes Vergnügen», wenn ihm der *Adressat* seine Verehrung für die *beiden Poussins* im Landschaftsfach «so treulich» ausdrückt. – Goethe regt an, daß sich *Preller* im nächsten Juni zu einer Sendung nach Dresden bereit findet [→ 25. 10.]. (zur Datierung vgl. GJb 23, 6)

Dienstag, 29. / Donnerstag, 31. Dezember. Brief an *Zelter:* «Wenn man mit sich selbst einig ist; ist man es auch mit andern. Ich habe bemerkt daß ich *den* Gedanken für wahr halte der für mich fruchtbar ist [...]; nun ist es [...] natürlich daß sich ein solcher Gedanke dem Sinne des andern nicht anschließe, ihn [...] wohl gar hindere, und so wird er ihn für falsch halten. Ist man hievon recht gründlich überzeugt, so wird man nie controvertiren.» – Goethe wendet diesen Gedanken u. a. auf die [wirkungsästhetische] Interpretation einer [der Katharsis-]Stelle in der «Poetik» des *Aristoteles* durch *[F. v.] Raumer* [in dessen Werk «Über die Poetik des Aristoteles und sein Verhältnis zu den neuern Dramatikern», das *Raumer* am 24. 12. an Goethe gesandt hatte] an. «Ich aber muß bey meiner [produktionsästhetischen] Überzeugung bleiben, weil ich die Folgen die mir daraus geworden nicht entbehren kann [→ 25./29. 3. 27]. [...] ein jeder der bey seiner Meynung beharrt versichert uns nur daß er sie nicht entbehren könne. Aller dialektische Selbstbetrug wird uns dadurch deutlich.»

Vielleicht Dezember. «Die Periode des Zweifels», sagte er [Goethe], ‹ist vorüber; es zweifelt jetzt so wenig jemand an sich selber als an Gott. Zudem sind die Natur Gottes, die Unsterblichkeit, das Wesen unserer Seele und ihr Zusammenhang mit dem Körper ewige Probleme, worin uns die *Philosophen* nicht weiter bringen. Ein *französischer Philosoph* der neuesten Tage fängt sein Kapitel [...] folgendermaßen an: Es ist bekannt, daß der Mensch aus zwei Teilen besteht, aus Leib und Seele [...]. *Fichte* [...] zog sich etwas klüger aus der Sache, indem er sagte: Wir wollen handeln vom Menschen als Leib betrachtet, und vom Menschen als Seele betrachtet. Er fühlte zu wohl, daß sich ein so enge verbundenes Ganzes nicht trennen lasse. *Kant* hat unstreitig am meisten genützt, indem er die Grenzen zog, wie weit der menschliche Geist zu dringen fähig sei, und daß er die unauflöslichen Probleme liegen ließ. [...]. – Ich zweifle nicht an unserer Fortdauer, denn die Natur kann die Entelechie nicht entbehren; aber wir sind nicht auf gleiche Weise unsterblich, und um sich künftig als große Entelechie zu manifestieren, muß man auch eine sein.›» (Eckermann, I. 9.)

Vermutlich 1829. FAUST-PARALIPOMENON [?] DER ZAUBRER QUÄLT SICH. – ZEICHNUNGEN ZUR SPIRALTENDENZ DER PFLANZEN; → 28. 12. (Corpus Vb, 149–152)

Vielleicht 1829. TABELLE DES FRAGMENTS EPOCHEN DEUTSCHER LITERATUR [postum in der AlH veröffentlicht; → vielleicht Mai]. – ZAHMES XENION WAS SOLL MIR EUER HOHN.

Vermutlich 1828 / 1829. GEDICHT VERWANDTE SIND SIE VON NATUR [→ Invektive gegen *Menzel* und *Merkel;* → 13. 11.].

1830

Freitag, 1. Januar. «POETISCHES REDIGIRT UND MUNDIRT. [...] *Mein Sohn* erzählte die Ereignisse des gestrigen Erholungsballes. Das Nothwendigste besorgt. [...] Mittag *Prof. Riemer.* Verhandelten das Vorliegende. Gegen Abend *Herr Kanzler v. Müller.* Später der *Landesdirektionsrat Töpfer.*» (Tgb)

Samstag, 2. Januar. Brief an *Großherzogin-Mutter Luise:* Goethe spricht die Hoffnung aus, sie nach ihrer schweren Verletzung [→ 11. 12. 29] bald wieder hergestellt zu sehen. – Er sendet eine «kleine Gabe» [die SECHSTE LIEFERUNG DER ALH], die in diesen «schwerzuüberstehenden Tagen» einige Unterhaltung gewähren möge. – Daß ihm der *Adressatin* «Gunst, Gnade und Vertrauen» bis auf den heutigen Tag geblieben ist, empfindet er als «die schätzbarste Mitgift eines langen Lebens». – Brief an *Maria Paulowna:* Goethe berichtet, das ihm übergebene Programm des Maskenzuges mit *Oberbaudirektor Coudray* und *Prof. Riemer* besprochen zu haben [→ 31. 12. 29]. Letzterer wird den Entwurf nun nach diesen Ansichten redigieren. – Außerdem legt Goethe ein Schreiben von *v. Quandt* bei, aus dem hervorgeht, wie «ernstlich» man es mit dem *Kunstverein* meint und was weiter zu tun sei. – Bei der letzten Verlosung des *Vereins* sind zwei Lose auf die *Adressatin* gefallen. – «Erhielt ein Schreiben von *Herrn v. Cotta* [Dieser signalisiert seine Bereitschaft, die METAMORPHOSE DER PFLANZEN nebst Übersetzung herauszugeben und bittet Goethe, die Höhe des Honorars zu bestimmen; → 27. 10. 29 (an Goethe, 27./28. 12. 29)]. Ingleichen von *Herrn Soret. Frau v. Diemar* besuchte mich. Mit *John* alles möglichst geordnet. Mittag *Hofrat Vogel.* Krankengeschichten. Manches in Bezug auf polizeilich-medicinische Thätigkeit. Fortgesetzte Umsicht, Nachdenken und Revision. *Herr Frommann der Jüngere.* Über sein Tageblatt, der Thüringer Volksfreund, dessen Redaction er übernommen. Über Liberalismus und Radikalismus. Die großen Vortheile des einen, die bedenklichen Gefahren des andern. *Demoiselle Frommann,* Abschied zu nehmen. *Demoiselle Jacobi;* über Charaktere und Zustände bedeutende Unterhaltung.» (Tbg)

Sonntag, 3. Januar. «[...] POETISCHES gefördert. Manches zum Geschäft gehörig. Ordnung der TAGESHEFTE [→ 24. 12. 29]. *Mein Sohn* fuhr nach Erfurt. *Ottilie* erzählte mir von einer einzuleitenden Mittwochsgesellschaft zu musikalischen Zwecken. Mittag *Dr. Eckermann* [«Es geht aus MEINER BIOGRAPHIE nicht deutlich hervor, was *diese Männer* (*Voltaire* und *seine Zeitgenossen*) für einen Einfluß auf meine Jugend gehabt, und was es mich gekostet, mich gegen sie zu wehren und mich auf eigene Füße in ein wahreres Verhältnis zur Natur zu stellen.» (Eckermann)]. Er hatte sein Gedicht für Bayern vollendet und theilte solches mit [→ 2. 8. 29]. Nachher allein. Betrachtete EIGENE POETISCHE ANGELEGENHEITEN näher.» (Tgb)

Montag, 4. Januar. «Einiges [...] mundirt. *Geh. Hofrat Völkel* giebt Nachricht der zweyten Verwilligung von 1400 Thalern. Einige Concepte. Die Acten bezüglich auf die Geschäfte der *Frau Großherzogin [Maria Paulowna]* [...] zu heften angegfangen. *Herr Geh. Rat Schweitzer* [...] freundlicher Neujahrsbesuch. War von dem schleichenden und einschleichenden Pietismus die Rede. Mittags für mich. Betrachtung und Bemühung fortgesetzt. *Eckermanns* Gedicht nochmals betrachtet [→ 3. 1.]. Die neusten Weltbegebenheiten überlegt. Proben einer altdeutschen Sprache communicirt von *[K. F.]* Lacher in Speyer. *Herr Kanzler v. Müller.* [...] *Großherzog [Karl Friedrich].* Vorarbeiten für morgen früh. [...].» (Tgb)

Dienstag, 5. Januar. «POETISCHES CONCIPIRT UND MUNDIRT [→ 3. 1.] [...]. *Meines Sohnes* Anregung wegen der bevorstehenden Maskerarde [→ 2. 1.]. Mittag *Wölfchen.* Nachher fortsetze Vorbereitung zu dem allernächst Abzuthuenden. [...] *Generalsuperintendent Röhr.* Abends *Prof. Riemer.* Die bevorstehende Maskerade, die er mit einzurichten beauftrag worden, durchsprechend.» (Tgb)

Mittwoch, 6. Januar. «POETISCHES VORGERÜCKT, CONCIPIRT, MUNDIRT, EINGESCHALTET, ABGERUNDET.» (Tgb) – Brief an *Bankbeamten W. J.* Sintenis: Goethes hohe Jahre und unvermeidliche Geschäfte haben ihn veranlaßt, das Manuskript des *Adressaten* [die Übersetzung der ersten drei Gesänge von *Lord Byrons* «Don Juan»] zurückzusenden. – Brief an *Weller:* «[...] lassen Sie uns in den unternommenen Geschäften, so lange es gegeben seyn kann, treulich und übereinstimmend fortfahren.» – Brief an *Knebel:* Goethe bedauert, daß man nach einem so lange miteinander verbrachten Leben «zuletzt so ganz ohne Wechselwort» verbleibt. Doch hofft er, daß die günstigere Jahreszeit sie wieder zusammenbringt. – Er sendet Neujahrswünsche. – «[...] *Hofgärtner Baumann* [...]. Besprach mit ihm die Jenaischen Zustände in Absicht auf Botanik und Gartenkultur. Mittag *Dr. Eckermann* [«Goethe lobt mein Gedicht (→ 4. 1.). Gespräche über den *Homunculus.* Entelechie und Unsterblichkeit.» (*Eckermann:* Tagebuch; GG 6480)] [...]. Blick in das Reich der Gnade [Sammlung evangelischer Predigten, 1828] von *[F. W.] Krummacher.* Merkwürdig genug als Erzeugniß des Tages in einer frommen niederländischen Gemeinde. *Demoiselle Seidler,* wegen einiger künstlerischen Angelegenheiten. *Demoiselle Jacobi,* den vorseyenden Maskenzug, einige Inserate des Chaos betreffend.» (Tgb)

Donnerstag, 7. Januar. «POETISCHES CONCIPIRT UND MUNDIRT. *Sekretär Kräuter* machte Ordnung in den Büchern, *John* in den Rechnungen. Um 12 Uhr *Frau Großfürstin [Maria Paulowna]* und *Demoiselle Mazelet.* Abbildung des in Brüssel entwendeten Schatzes. Königreich Griechenland. Mittag für mich. Schreiben von *Direktor Glenck.* Sorge wegen dem Gesundheitszustand der *Frau Großherzogin-Mutter* [→ 1. 1.]. Abends *Geh. Legationsrat v. Conta.* Zollangelegenheit retardirt durch die Braunschweigischen Händel [→ 21. 12. 29]. Hernach *Serenissimus [Karl Friedrich].* Heitere Unterhaltung über Nachwirken der ersten Jugendeindrücke.» (Tgb)

Freitag, 8. Januar. «POETISCHES fortgesetzt. *Hofrat Vogel,* Nachricht von dem Befinden der *Frau Großherzogin[-Mutter Luise]* bringend. [...] *Ottilie* das Neuste von dem Festaufzuge erzählend [→ 6. 1.]. VORLÄUFIGER AUFSATZ

ÜBER DIE ZUSTÄNDE IN GEMARKE [der AUFSATZ «BLICKE INS REICH DER GNADE»; → 6. 1.]. Mittag für mich. Über den Ursprung der Menschen und Völker von *Christian Kapp* [1829. Goethe, *Schelling* und *Hegel* gewidmet]. Historisch-kritisch-etymologisches Bestreben eines gewissen, mit eigenen Gedanken und Richtungen beschäftigten *Gelehrtenkreises*, von dem unsereiner sich weghalten muß. Schreiben von *Edmund Reade* aus London wegen seines Cains [→ 5. 9./ 16. 10. 29].» (Tgb)

Samstag, 9. Januar. «Von *[Hofgärtner] Baumann* gesendet Oxalis versicolor. POETISCHES CONCIPIRT UND MUNDIRT. [...] Der neuangekommene *Regierungsrat [Gustav] Thon [Jurist;* geb. 1804] zum Besuch. Mittag *Hofrat Vogel*, tröstliche Nachricht von der *Frau Großherzogin[-Mutter Luise]* bringend. Gespräch über mancherley vorfallende Krankheiten. *John* schrieb den Brief an [...] den *König von Bayern* ab [→ 27. 12. 29]. Abends [...] der *Herr Großherzog [Karl Friedrich]*. Risse des alten Ilmenauer Schlosses. Charaktermaske zum nächsten Feste. [...].» (Tgb)

Sonntag, 10. Januar. «POETISCHES CONCIPIRT UND MUNDIRT. *Kammerkonsulent Schnauß* und *Sohn [Christian Friedrich Karl;* geb. 1813]. [...] Mittag *Dr. Eckermann*. Über die Thätigkeit der hier befindlichen *Engländer*. Ihm einiges POETISCHE communicirt [«Goethe liest die SZENE, wo *Faust* zu den Müttern geht (I. AKT, 5. SZENE: FINSTERE GALERIE).» (*Eckermann:* Tagebuch; GG 6484). – «Ich (Goethe) kann Ihnen weiter nichts verraten, ... als daß ich beim *Plutarch* gefunden, daß im griechischen Altertume von *Müttern* als Gottheiten die Rede gewesen. Dies ist alles, was ich der Überlieferung verdanke, das übrige ist meine eigene Erfindung.» (Eckermann)]. Zeitungen und sonstiges Neue. Abends *Oberbaudirektor Coudray*. Die vorgeschlagenen Maskendurchzeichnungen nach Theatercostumes. Antike und Nationalgestalten, sehr glücklich und lobenswürdig durchgeführt [→ 9. 1.]» (Tgb)

Montag, 11. Januar. «ÜBERSICHT DER POETISCHEN VORSÄTZE UND SCHEMATISMEN.» (Tgb) – Brief an *Karl Friedrich:* Goethe hat wegen der Maske eines Königs von Ungarn für den *Adressaten* mit *Oberbaudirektor Coudray* gesprochen, der einen stattlichen Entwurf dafür oder auch für ein anderes Kostüm vorlegen könnte. – «[...] Der *Frau Großherzogin [Maria Paulowna]*, Verzeichniß der im December eingegangenen Bücher. – Le Temps, bis Ende des vorigen Jahrs geheftet, an *Herrn Geh. Rat Schweitzer* geschickt. Mittag derselbige mit *Herrn Generalsuperintendent Röhr*. Gegen Abend *Herr Kanzler v. Müller* [«Ich traf Goethen gegen Abend ziemlich abgespannt und einsilbig... – Als ich ihn an den Brief an den *König von Bayern* mahnte, fing er zuerst Feuer. ‹Wenn ich nur jemanden hätte, der meine Briefe, wenn sie fertig diktiert sind, gleich expedierte. Aber gar oft, wenn die Reinschrift mir vorliegt, gefallen sie mir nicht mehr, weil sich indes meine Stimmung verändert hat. Während ich diktiere, denke ich mir die *Person,* an die ich schreibe, als gegenwärtig, überlasse mich naiver Weise dem Eindruck des Moments und meinem Gefühl; später aber vermisse ich jene *Gegenwart* und finde nun manches absurd und unpassend für den *Abwesenden.* Der Brief an den *König* ist fertig, sogar mundiert (→ 9. 1.), aber ich kann mich nicht entschließen, ihn abzusenden.›» – Weiterhin über *La Bourdonnaies* Austritt aus dem Ministerium (→ 23. 11. 29) und die *Saint-Simonschen* Memoiren; (→ 24. 12. 29 – *Kanzler v. Müller*; GG 6485)].

Sodann für mich. Der Curiositäten 10. Band [«Curiositäten der physisch-lite-
rarisch-artistisch-historischen Vor- und Mitwelt»] gelesen. In Erinnerung vergangener Zeiten. Manches Angenehme aufgefrischt.» (Tgb)

Dienstag, 12. Januar. Brief an *Feilner:* Goethe sendet die [Ofen-]Zeich-
nungen zurück [→ 25. 12. 29]. Weitere Entschlüsse behält er sich für das Frühjahr vor, da die Strenge der Jahreszeit eine Interimslösung notwendig gemacht
hat. – Brief an *Zelter:* Dessen Briefe aus den Jahren 28 und 29 liegen nun sauber geheftet vor. Goethe bittet, jetzt die seinigen zur Abschrift zu senden. Die
KORRESPONDENZ MIT SCHILLER zeigt, «daß *ernsten Freunden* der Tag immer
das Beste bringt [...]. Die Einzelheiten sind eigentlich das Leben, die Resultate mögen schätzbar seyn, aber sie setzen mehr in Erstaunen als sie nutzen.
[...]. – Die allgemeine Schneelast ruht auch auf uns. Ich komme kaum aus
meiner Stube und sehe den Garten wie mit einem großen Teppich überdeckt,
weder Beete noch Rabatten sichtbar, [...] zu allem diesem sind die atmosphärischen Erscheinungen aus aller Regel getreten. Barometer- und Thermome-
terstand, Windfahne und Wolkenzüge, nichts trifft mehr zusammen.» – Fortsetzung des Briefes an *Neureuther* [→ 4. 12. 29]: Goethe entschuldigt sich für
die Verzögerung seines Schreibens. Er sendet es nun, da die Gesinnungen
nicht veraltet sind. – «[...] *Sr. Majestät des Königs von Bayern, Herrn Ludwig*
[Absendung des Briefes; → 11. 1.]. Schreiben von *Herrn Reichel.* Über den
31. BAND und dessen [ausreichende] Stärke [→ 24. 12. 29]. Ich nahm hierauf
das MANUSCRIPT DES 32. BANDES vor, das daran Desiderirte zu berichtigen
[*Reichel* bittet um baldige Einsendung des MANUSKRIPTS (an Goethe, 8. 1.;
Hagen, 1702)]. Ich speiste für mich und fuhr in solchen Betrachtungen fort.
Französische Tagesblätter. *Demoiselle Jacobi.* Mittheilung von Nürnberger
Fastnachtslustbarkeiten aus den Curiositäten. *Prof. Riemer.* Er las mir seine
wohlgerathenen Gedichte zum Maskenzuge [«Sängerwettstreit auf der Wart-
burg»] vor [→ 10. 1.]. Wir unterhielten uns weiter über diese Angelegenheit.
Alsdann communicirte ich ihm die problematischen altdeutschen Gedichte,
welche er mit besonderem Interesse aufnahm [→ 4. 1.].» (Tgb)

Mittwoch, 13. Januar «Zum 32. BANDE die Bemühungen weiter fortge-
setzt. MANCHERLEY NOTIZEN zusammengesucht, verschiedene Lücken auszu-
füllen. *Sekretär Kräuter* zu diesen Zwecken. [...] [An] *Prof. Göttling* den 28.
BAND MEINER WERKE zur Revision. – *Kapp* contra *Schelling,* in Bezug auf des
Ersteren Schrift von den Menschen und ihrer Entstehung [Goethe liest *Kapps*
«Sendschreiben an den Präsidenten ... v. Schelling...» (Ruppert 2622); letz-
terer hatte sich in einem Brief vom 4. 11. 29 gegen die Widmung von *Kapps*
Schrift «Über den Ursprung der Menschen...» (→ 8. 1.) verwahrt und ihn des
Plagiats bezichtigt, worauf *Kapp* im «Sendschreiben» entgegnet]. *Mein Sohn*
wegen einiger Medaillen. *Ottilie* wegen der Maskerade und des Chaos. Mittag
Dr. Eckermann. Unterhaltung über EINIGE MONITA ZUM BANDE 32. Nachher
fortgefahren in *Kapps* Ursprung der Menschen und Völker. EINIGES POETI-
SCHE vorbereitet [→ 11. 1.]. *Mein Sohn* kam später aus dem Schauspiel [«Erinnerung», Liederspiel von *Holtei*], indignirt über einige freylich sehr unge-
schickte Darstellungen. Die *guten Modernen* wissen freylich nicht mehr,
wornach sie greifen, noch welchem Heiligen sie sich widmen sollen.» (Tgb)

Donnerstag, 14. Januar. «Vielfaches Zerstreutes und Zerstreuendes. DESI-

DERATA DES 32. BANDES. *Sekretär Kräuter,* angekommene Bücher bringend. [...] Einige Geschäftssachen. *Mein Sohn* wegen seiner Maske [er tritt als Klingsohr auf]. *Schuchardt* eine bey'm Abbrechen eines Hauses in Buchfart gefundene eiserne Maske bringend; sie scheint mit plastischem Verstande in Blech getrieben, wohlgebildete Züge darstellend. Die *Frau Großherzogin [Maria Paulowna]* und *Demoiselle Mazelet.* War von innern und äußern Verhältnissen die Rede. Manches durchgesprochen. Abends der *Großherzog [Karl Friedrich].* Überlegung auf morgen.» (Tgb)

Freitag, 15. Januar. «*John* fuhr im Schlitten nach Tannroda, um die Porträts abzuholen. Mit *Schuchardten* Verschiedenes concipirt und mundirt [...]. Um 12 Uhr *Friedrich Frommann* und *Braut. Hofrat Meyer.* Zeigte demselben den Umriß der Medusa vor [die von *Johann Adam Heinrich Oedenthal* im Auftrag von *Sibylle Mertens* angefertigte Zeichnung des Medusenhauptes nach der römischen Kopie einer hellenistischen Plastik, hängt noch heute im Goethehaus links neben der Tür mit dem «salve»] und anderes inzwischen Angekommenes. Anderes besprochen. Er blieb [...] bis gegen Abend. Abends *Prof. Riemer.* Wir gingen Stanzen zu dem vorseyenden Aufzuge durch, auch die problematischen sogenannten althochdeutschen Gedichte. [→ 12. 1.].» (Tgb)

Samstag, 16. Januar. Brief an *Adele Schopenhauer:* Goethe kann sich nicht daran erinnern, daß in SEINEM BRIEFWECHSEL MIT SCHILLER «etwas für *unsern Freund v. Schlegel* Bedenkliches» enthalten wäre. Doch weiß er noch recht gut, daß er *Schiller* «oft zu beschwichtigen hatte, wenn von den *talentvollen Brüdern* die Rede war; er wollte leben und wirken, deshalb nahm er es vielleicht zu empfindlich wenn ihm etwas in den Weg gelegt wurde, woran es denn die *geistreichen jungen Männer* mitunter nicht fehlen ließen». – Für die Zeichnung des Medusenhauptes spricht Goethe seinen «lebhaftesten Dank» aus [→ 15. 1.]. Der *Künstler* hat es verstanden, «Charakter und Styl des Alterthums» wiederzugeben. «Die Vergleichung mit der Medusa *Rondanini* [→ 21. 10. 25] ist höchst wichtig, der Mund, auf den soviel ankommt, höchst übereinstimmend und so wie diese Nachbildung vor mir liegt, kann sie uns völlig den Begriff des Originals überliefern.» – Sollte ohne bedeutende Umstände und Kosten ein Abguß genommen werden können, so wäre dies höchst angenehm. – Über den «Jugendstreich unsres *Herrn Präsidenten [Nees v. Esenbeck,* der «nach einer 26jährigen Ehe mit einer ebenfalls 20 Jahre lang verheiratheten *Frau* von 45 Jahren durchgegangen ist» (*Adele* an Goethe, 3. 1.)]» spricht Goethe seine «Verwunderung» aus. «Wir andern, die in Ausübung mancher Thorheit alt geworden, dürfen freylich den ersten Stein nicht aufheben und uns nicht vermessen, wenn wir das Glück hatten wohlfeiler davon zu kommen. Doch ist dieser Fall ein bischen gar zu arg [...].» – [...] POETISCHES AUS DEN CONCEPTEN GEORDNET. Ein NEUES SCHEMA dictirt [→ 13. 1.]. Die von *John* eingebrachten Bilder näher betrachtet. *Schmeller* lieferte das Porträt des *Herrn v. Poseck. Herr Hofrat Meyer* mit Auftrag von *Ihro Kaiserlichen Hoheit [Maria Paulowna].* Mittag *Herr Hofrat Vogel.* Nach Tische *sein Töchterchen* und *Alma.* Ich beschäftigte mich mit EINIGEM POETISCHEN, dann aber auch mit BERICHTIGUNG DER CHRONIK [→ 13. 1.]. Brief von *Zeltern,* eine Streitfrage sehr wohl auseinander legend. Abends für mich. OBIGES FORTSETZEND.» (Tgb)

Sonntag, 17. Januar. «[...] [An] *Grafen Sternberg* [...], 6. LIEFERUNG MEI-

NER WERKE [Goethe hofft auf den Besuch des *Freundes* im Sommer (Begleit-brief)] [...]. POETISCHES MUNDIRT UND SCHEMATISIRT. Die TAGE- UND JAHRESHEFTE vorgenommen [→ 16. 1.]. *Herr v. Lyncker* von Kötschau. *Riemer* sendete das Festgedicht [zum 2. 2.; → 15. 1.]. Es ging mit EINIGEN BEMERKUNGEN zurück. Mittag *Dr. Eckermann*. Einige Vorlesung [«Goethe liest die SZENE, wo *Mephisto* zu den Greifen und Sphinxen kommt (II. AKT, 4. SZENE: AM OBERN PENEIOS).» (*Eckermann:* Tagebuch; GG 6488)]. Unterhaltung darüber. Gegen Abend [...] *[Kanzler] v. Müller*. Ich fuhr fort die französischen Tagesblätter zu lesen.» (Tgb)

Montag, 18. Januar. «EINIGES POETISCHE. DEN AUFSATZ ÜBER DIE KRUMMACHERISCHEN PREDIGTEN für *Herrn Generalsuperintendent Röhr* [→ 8. 1.]. *Herr Geh. Hofrat Helbig. Herr Konsistorialdirektor Peucer. Herr Geh. Rat. Schweitzer*. Die besprochenen Geschäfte [u. a. *Wellers* Anstellung an der Jenaer Bibliothek] weiter durchgedacht. Mittag für mich. Obwaltende Controversen durchdenkend. Gegen Abend *Hofrat Soret* [«Vers la fin de 1829 et au commencement de 1830, j'ai négligé, je ne sais trop pourquoi, mes visites habituelles à Goethe tant qu'il s'en est aperçu et m'a fait dire de l'aller voir. Je l'ai trouvé plus faible qu'auparavant et tombant sans le vouloir dans de petits sommeils de deux ou trois minutes, chose à laquelle il n'était pas sujet. Depuis lors et dans le courant de cette année, j'ai observé très fréquemment la chose, surtout l'après-dîner ... – A ma question, s'il n'avait pas lui-même conservé des notes sur cette époque (Goethes Begegnung mit *Napoleon;* → vermutlich März 25), il m'a répondu que non, qu'il n'avait rien écrit sur les temps actuels. ‹Cela touche de trop près à des intérêts encore existants, a-t-il ajouté. J'évite tout ce qui peut amener des conflits délicats. Laissons ce soin à nos *successeurs* et vivons en paix.› On a retrouvé cependant après sa mort quelques notes rapides écrites par lui à la suite d'une conversation avec *Monsieur de Müller*. Mais c'est inachevé et seulement d'un premier jet.» (*Soret*, GG 6489)]. Einiges wegen seiner Übersetzung der METAMORPHOSE besprochen [→ 16. 12. 29].» (Tgb)

Dienstag, 19. Januar. «Die nöthigen Concepte zu dem vorliegenden Geschäft ausgefertigt. EINIGES POETISCHE bedacht und berichtigt. *Dr. Kämpfer* nach dem Ableben des *Bergrat Wahl* als Provincial-Physikus angestellt. [...] *Sekretär Kräuter* wegen des *[Gymnasial-]Prof. Wolff*, gegenwärtig in Jena, Zudringlichkeiten. Sodann *Revisor Geist* als Blumenliebhaber. Ihn über einige mitgetheilte Monstrositäten besprechend, andere zusagend. Das Nähere über seine Geschäftsverhältnisse. Mittag für mich. POETISCHES überlegend. *Prof. Riemer* mir seine Festgedichte vorlegend, über darin beliebte Abänderung sich besprechend [→ 17. 1.]. *Walther* unterhielt mich eine Zeitlang mit seinen Liebhabereyen, die ich denn zu seinem großen Vergnügen gerade zu begünstigen Gelegenheit hatte.» (Tgb)

Mittwoch, 20. Januar. «[...] Concept Berichts [an den *Großherzog* «wegen definitiver Anstellung des *Dr. Weller* bey der Akad. Bibliothek in Jena» (WA IV, 46, 379)]. Nähere Betrachtung der Angelegenheit.» (Tgb) – Brief an *Weller*: Goethe teilt mit, daß dessen Angelegenheit «in ernste Betrachtung» genommen worden und auf eine Entscheidung zu Gunsten des *Adressaten* zu hoffen ist. Dieser möge deshalb gegenwärtig keine Schritte unternehmen, die die Sache nicht fördern könnten. – Brief an *Döbereiner*: Goethe sendet einen silbernen Löffel, der, in einer Blaukohlbrühe abgewaschen, einen Goldschein angenommen hat. Er bittet um Erklärung des chemischen Vorgangs. – Brief an *Generalsuperintendent Röhr:* Goethe sendet beikommendes [seinen AUFSATZ «BLICKE INS REICH DER GNADE»; → 18. 1.] in der Überzeugung, daß sich der *Adressat* das hier «schematisch-aphoristisch Ausgesprochene vollständiger» ausbilden wird; sonst müßte er es zurückhalten. Wenigstens zeigt der AUFSATZ sein Bemühen um eine Erklärung, wie *jener Mann [Krummacher]* «auf solche Verirrungen» geraten konnte. – «[...] *Generalsuperintendent Röhrs* Antwort und Anfrage. *Revisor Geist,* einiges Botanische, besonders Monstrosen vorweisend. [...] der *Großherzog [Karl Friedrich],* einiges über das vorliegende Geschäft besprechend. Mittag *Dr. Eckermann.* Demselben einiges mitgetheilt [«Fernere SZENE, wo *Faust* nach der *Helena* fragt, und der Berg entsteht (II. AKT, SCHLUß DER SZENE PHARSALISCHE FELDER und ANFANG DER SZENE AM OBERN PENEIOS WIE ZUVOR).» (*Eckermann:* Tagebuch; GG 6490)], den Zustand der *Engländer* besprochen. Histoire de France [depuis le 18 Brumaire...] par *[L. P. E.] Bignon* zu lesen angefangen.» (Tgb)

Donnerstag, 21. Januar. Brief an *Geh. Rat Schweitzer:* Goethe sendet das Konzept seines besprochenen Berichtes und dankt für die dem vorliegenden Geschäft verliehene günstige Wendung [→ 20. 1.]. – «[...] EINIGES ZUR LEHRE DER SPIRALTENDENZ IM PFLANZENLEBEN, BEZÜGLICH AUF DIE GESTERN ERHALTENEN MITTHEILUNGEN [→ 28. 12. 29]. Einiger Fortschritt in REVISION DER CHRONIK [→ 17. 1.]. [...] die *Frau Großherzogin [Maria Paulowna].* Einiges zu Aufschluß und Beschwichtigung der leidenschaftlich verworrenen Angelegenheit, die aber durch einsichtigen guten Willen schon beseitigt worden. Mittags für mich. Fortgesetztes Lesen der neuern französischen Geschichte durch *Bignon.* Mannigfaltige Sendungen, welche in das deutsche Litteraturwesen gar wundersame Blicke werfen lassen.» (Tgb)

Freitag, 22. Januar. Brief an *Frommann d. J.:* Goethe legt zu dem neulich besprochenen Zweck einen Bogen der Übersetzung seiner METAMORPHOSE bei mit der Bitte, einen Versuch zu machen, wie sich ORIGINAL und Übersetzung «gegen einander schicklich abdrucken ließen [→ 2. 1.]». – «[...] [Das] Mundum des Berichtes an *Herrn Geh. Rat. Schweitzer.* [...] Die REVISION DER CHRONIK fortgesetzt. Mittag für mich. *Bignons* Napoleontische Geschichte. Mannigfaltige Überlegungen. Die *Kinder* beschäftigten sich mit Voranstalten zu Charaden bey *Präsident v. Schwendler* aufzuführen, welches auch Abends mit Glück geschah.» (Tgb)

Samstag, 23. Januar. «[...]*Sekretär Kräuter,* über die an *Frau Großherzogin [Maria Paulowna]* zum Ansehen abzugebenden Medaillen. Setzte die REVISION DER CHRONIK fort. Mittag *Hofrat Vogel,* welcher von seiner frühern Ansicht MEINER WERKE sprach, die er nach näherer Bekanntschaft mit mir nun besser zu verstehen glaubte. Nach Tische *Herr Frommann [d. J.].* Über den von ihm herausgegebenen Volksfreund und einige Hin- und Widerreden deßhalb. Schönes Beyspiel von Vicia faba, wobey verkümmerte Haupttriebe die hinter den Cotyledonblättern runden Augen deutlich hervorgetrieben hatten. Umfüllung bey dieser Gelegenheit der früher aufgehobenen Exemplare mit Brandewein. Abends *Fräulein Jacobi,* merkwürdige Darstellung von Familien- und Gesellschaftsverhältnissen.» (Tgb)

Sonntag, 24. Januar. «REVISION DER CHRONIK. Den ganzen Morgen damit zugebracht. *Herr Chevalier Lawrence* um 12 Uhr. *Dr. Eckermann* zu Mittag. Manches verhandelt [«... sprachen wir viel von griechischer Mythologie in bezug auf die KLASSISCHE WALBURGISNACHT, und daß er nur solche Figuren genommen, die bildlich einen gehörigen Eindruck machen. ‹Den FAUST habe ich leider dieser Tage aussetzen müssen, um am ZWEITEN BANDE DER ANNA-LEN (BAND 32 DER ALH) noch etwas zu tun. Dann aber soll mich nichts wieder vom FAUST abbringen, ich bin jetzt so weit, daß er mit dem *Chiron* zusammen ist (II. AKT, SZENE AM UNTERN PENEIOS). Der FÜNFTE AKT ist fertig, der VIERTE wird sich von selber machen.› Daß er jetzt so wohl sei, verdanke er *Vogeln,* ohne ihn wäre er längst unter der Erde, alle seine früheren Krankheiten wären aus der schlechten Behandlung der *Ärzte* entstanden.» (*Eckermann:* Tagebuch; GG 6492)]. Er berichtete, daß er die Unterhaltungen fortsetze [→ 16. 3. 29]. Anderes auf *Engländer* und den *jungen Prinzen [Karl Alexander]* Bezügliches [vermutlich *Eckermanns* Unterricht beim *Prinzen* betreffend; die Stunden beginnen wohl am 26. 1. (vgl. Houben, S. 454)]. *Ottilie,* erzählend von den gestrigen Aufführungen bey *Schwendlers,* von sonstig Geselligem, dem nächsten Maskenaufzug und dergleichen. Französische Tagesblätter. Abends *Oberbaudirektor Coudray,* von Geschäfts- und geselligen Zuständen.» (Tgb)

Montag, 25. Januar. «Fortgesetzte REVISION DER CHRONIKHEFTE, sowohl für mich als mit *John. Zelter* sendete die BRIEFE VON 1828 [→ 12. 1.]. DAS JAHR 1828 UND 29. Nach *Herrn v. Gagerns* Rubriken [von dessen Politik-Haustafel] in Parallel gestellt. Jene CORRESPONDENZ *Johnen* übergeben. Mittag für mich. Revue Française No. 12, Novbr. 1829. Vorzüglich schöner Aufsatz über Spanien, vielleicht von *Salvandy.* Abends *Herr Soret,* mir seine Arbeiten über *Herrn [Pierre Etienne Louis] Dumonts* nachgelassene Werke vorlegend; eine Arbeit, die ohne tiefempfundene Pietät für den Verstorbenen nicht hätte geleistet werden können [*Dumont, Philosoph* und *Politiker, Sekretär Mirabeaus,* gest. 1829, war ein *Großonkel Sorets.* Seine Memoiren über *Mirabeau* erscheinen 1832 in Paris (vgl. GG 6493)].» (Tgb)

Dienstag, 26. Januar. «Gestrige Lectüre fortgesetzt. Das MANUSCRIPT DER CHRONIK dem Abschlusse näher gebracht.» (Tgb) – Brief an *Faktor Reichel:* Goethe bedauert, daß die vorgefallene Unterlassungssünde [das MANUSKRIPT DES 31. BANDES weist einige Lücken auf; *Reichel* bittet am 21. 1. um die nötigen Ergänzungen (Hagen, 1719)] [verzögernden] Einfluß auf das Druckgeschäft gehabt hat. – «Schreiben an *Zelter.*» (Tgb): Goethe zeigt sich erfreut, daß der *Adressat* [in seinen Briefen vom 13. und 18. 1.] weiterhin über die Katharsis-Auffassung des *Aristoteles* nachdenkt [→ 25./29. 3. 27]. «Wir kämpfen für die Vollkommenheit eines Kunstwerkes, in und an sich selbst, jene denken an dessen Wirkung nach außen, um welche sich der wahre *Künstler* gar nicht bekümmert, so wenig als die Natur wenn sie einen Löwen oder einen Colibri hervorbringt.» – Goethe gesteht, daß er in seinen WAHLVER-WANDTSCHAFTEN «die innige wahre Katharsis so rein und vollkommen als möglich abzuschließen bemüht war; deshalb bild ich mir aber nicht ein, *irgend ein hübscher Mann* könne dadurch von dem Gelüst nach *eines andern Weib* zu blicken gereinigt werden. – [...] es ist ein gränzenloses Verdienst *unsres alten Kant* um die Welt, und ich darf auch sagen um mich, daß er, in seiner Kritik der Urtheilskraft, Kunst und Natur kräftig nebeneinander stellt und beiden das Recht zugesteht: aus großen Principien zwecklos zu handeln. So hatte mich *Spinoza* früher schon in dem Haß gegen die absurden Endursachen gegläubiget. Natur und Kunst sind zu groß um auf Zwecke auszugehen, und haben's auch nicht nöthig, denn Bezüge gibt's überall und Bezüge sind das Leben.» – «Mittag für mich. Hauptsächlich mit der Revue Française beschäftigt. Die REVISION DER NÄCHSTEN ABSENDUNGEN [MANUSKRIPT ZUM BAND 32 DER ALH] fortgesetzt. [...] Abends allein. Nachher *Fräulein Ulrike [v. Pogwisch]*. Von den nächsten geselligen Zuständen mich unterhaltend. Von *Herrn Soret* mitgetheiltes Manuscript, *Herrn Dumonts* Reise von London nach Paris und dortigen Aufenthalt betreffend [→ 25. 1.] [...].» (Tgb)

Mittwoch, 27. Januar. «Fortgesetzte REVISION DES TAGEBUCHS. Revue Française.» (Tgb) – Brief an *Prof. Göttling:* Goethe sendet den 29. UND 30. BAND SEINER WERKE [zur Revision für die OKTAVAUSGABE]. – Die Bemühungen des archäologischen Instituts in Rom haben Goethes Hochachtung begründet. Er würde es als eine Ehre betrachten, unter *ihre Verbündeten* aufgenommen zu werden [*Göttling* fragt am 20. 1. im Auftrag von *Prof. Gerhard* in Rom an, ob man Goethe als Ehrenmitglied aufnehmen dürfe]. Er würde auch gern einen kleinen Aufsatz übersenden [der, wie gewünscht, in den «Annali» veröffentlicht werden könnte], obgleich er sich in diesem Fache «wenig» zutraut. – «[...] Mittag *Dr. Eckermann*. Einiges über sein Geschäft mit den *Engländern* und dem *kleinen Prinzen* [→ 24. 1.]. Sonstige Bemühungen [u. a. über *Martius'* Lehre von der Spiraltendenz der Pflanzen; → 21. 1. (vgl. Eckermann)]. Verzeichnung an den Unterhaltungen [→ 24. 1.]. Fortgelesen an der Revue Française. *Herr Kanzler v. Müller* [...] von dem neulichen geistreichen Feste bey *Schwendlers* erzählend [«Ich traf ihn (Goethe) freundlich, doch etwas weniger munter als sonst, bekümmert um die *Großherzogin-Mutter* (*Luise;* → 9. 1.). – Pendant zur *Gagernschen* Politik-Haustafel von 1828, an seine Schlafkammertüre angenagelt (→ 25. 1.): ‹Ich disponiere bei der Bibliotheks-Kasse über nichts, was nicht *bar* vorliegt; nur die *Majestäten* dürfen sich dem Bankerutt nähern.› – ‹Man bildet sich vergebens ein, daß man allen literarischen Erscheinungen face machen könnte; es geht einmal nicht; man tappt in allen Jahrhunderten, in allen Weltteilen herum und ist doch nicht überall zu Hause, stumpft sich Sinn und Urteil ab, verliert Zeit und Kraft; mir geht es selbst so, ich bereue es, aber zu spät. Man ... wird um nichts klüger, als wenn man alle Tage in der Bibel läse, man lernt nur, daß die Welt dumm ist, und das kann man in der Seifengasse hier zunächst auch erproben.» (*Kanzler v. Müller;* GG 6494)].» (Tgb)

Donnerstag, 28. Januar. «An den CHRONIKEN, Concepte und Abschriften. *Mein Sohn* referirend von der Probe [zum Maskenzug] gestern Abend. *Geh. Hofrat Helbig* eine Sendung von *Artaria* überbringend. [...] Die Gesundheitszustände der *Frau Großherzogin-Mutter [Luise]* besprechend. *Frau Großherzogin [Maria Paulowna]* und *Demoiselle Mazelet*. Mittag für mich. Absolvirte die Revue Française. Die eingekommenen französischen Tagesblätter; der Globe hatte sich für täglich erklärt. Studirte nahher den von *Geh. Rat Stiedemann* mir übersendeten amtlichen Bericht über die dießjährige [vorjährige] Versammlung der *Naturforscher* in Heidelberg. Alles sehr erfreulich, nur noch immer

nichts als Monologe. Nicht zwey *Forscher,* die zusammenarbeiten und wirken.
Abends [...] der *Herr Großherzog [Karl Friedrich].* Später obige Lectüre fortgesetzt. Poetische Blicke.» (Tgb)

Freitag, 29. Januar. «Fortleitung.» (Tgb) – Fortsetzung des Briefes an *Zelter*
[→ 26. 1.]: «Im *Bourrienne* hab ich nicht fortlesen können; das zupft alles an
dem frischgestickten, frühabgelegten Kaisermantel und denkt dadurch etwas
zu werden [→ 1. 11. 29] [...]. – Die neuere Geschichte Frankreichs von *Bignon*
will ich nicht eben rathen als Lectüre vorzunehmen; er ist jedoch ein wahrer
und gründlicher *Napoleoniste;* als *vieljähriger Diplomat* ist er in dem Fall tiefer
in die Hauptanlässe und Wirkungen hineinzusehen [→ 22. 1.].» – «[...]
ABSCHLUß DER CHRONIKEN. Mittag für mich. Gegen Abend *Fräulein Jacobi*
und *Prof. Riemer.* [...] über den vorseyenden Maskenzug sich unterhaltend.
Ich fuhr fort an die POETISCHE AUFGABE zu denken.» (Tgb)

Vermutlich Freitag, 29. Januar. «[...] il [Goethe] m'a recommandé *Eckermann* pour donner des leçons de littérature au *Prince [Karl Alexander].* J'ai dit
que je l'avais déjà proposé de mon propre mouvement, mais qu'on avait paru
craindre un enseignement trop abstrus, trop métaphysique pour l'âge de
l'enfant, vu qu'*Eckermann* ne s'était jamais occupé que de haute littérature.
Goethe, là-dessus, a fait une observation fort juste et déjà reconnue. L'expéri-
ence a prouvé combien il avait raison par le succès de l'enseignement d'*Eckermann* auprès du *Prince.* C'est que, plus on a approfondi soi-même l'étude d'une
matière quelconque, plus on est en état de la bien enseigner élémentairement.»
(*Soret; GG* 6496)

Samstag, 30. Januar. Geburtstagsbrief an *Großherzogin-Mutter Luise:*
«Indem Ew. Königlichen Hoheit gnädigste Gegenwart so manche Woche
schon zu vermissen habe, fühl ich mich eines schönen Lichtpunctes in den trüben Wintertagen beraubt. Denk ich nun an die Ursache dieses Verlustes, so
ist er aufs vielfachste schmerzlich. Nur darin daß mir durch den *Leibarzt [Vogel]*
täglich sichre Nachricht zukommt kann ich einigermaßen Beruhigung finden.
– Möge, in dem wachsenden Jahre, in den zunehmenden Tagen bald auch eine
vollkommene Besserung eintreten [...].» – «Die *Wellersche* Angelegenheit
gefördert und abgeschlossen [→ 21. 1.]. Sendung von *Frau Fürstin v. Wolkonsky*
kam an. Auch ein Schreiben von *Murray [d. Ä.]* aus London mit einem *Byronschen* Manuscript [«Lord Byron. Letters and journals, with notices of his life
by Thomas Moore»]. *Lieber* zeigte seine restaurirte alte Costumes des
16. Jahrhunderts vor. [...] Der *Zimmermann Bergmann, Schüler der Baugewerken-
Schule,* brachte ein Modell eines ökonomischen Landhauses. Von Jena kamen
die Proben des Abdrucks der PFLANZENMETAMORPHOSE mit Übersetzung [→
22. 1.]. *Sekretär Kräuter* brachte Klagen an wegen der zu erduldenden großen
Kälte bey Ausleihung der Bücher. Mittag *Herr v. Münchhausen* von Herren-
gosserstedt und *Ottilie.* [...] Bemerkungen über sonstige und gegenwärtige
Bezüge der *Gutsbesitzer* zu den oberen Behörden. *Tischler Kolster* hatte die
colossale Meduse aufgespannt gebracht [→ 16. 1.]. Manches dem Abschluß und
sonstiger Förderniß näher geleitet. Gegen Abend 24 Grad Kälte. Im Theater
war der Stern von Sevilla [von *J. C. Freiherrn v. Zedlitz* nach *Lope de Vega*] mit
Beyfall gegeben worden. – *Herrn Dr. Weller,* Abschrift des Rescripts mit Verordnung [...].» (Tgb)

Sonntag, 31. Januar. «POETISCHES eingeleitet [→ 29. 1.]. Mehrere Concepte dictirt. *Wölfchen* übte sich im Durchzeichnen. *Prinz Karl* und *Hofrat Soret* [«C'est ordinairement le dimanche à midi que j'ai conduit le *Prince* en visite chez Goethe. Il est rare que ces visites aient été accompagnées de circonstances intéressantes, les *enfants* tapageaient trop pour qu'on pût songer à une conversation suivie. Il nous a reçus une fois ou deux dans son cabinet de travail et pour empêcher des éclats de voix incommodes dans un si petit espace, il a étalé devant nous quelque portion de ses trésors. – ... nous avons examiné deux épreuves différentes d'impressions pour la MÉTAMORPHOSE, traduction et TEXTE en regard, l'une avec les caractères allemands pour LE TEXTE, l'autre tout en caractères latins. J'ai plaidé pour la seconde qui offre plus d'uniformité et a obtenu la préférence.» (*Soret, GG* 6497)] [...]. Mittag *Dr. Eckermann.* Der *Engländer [George] Seymour* hatte MEINE BIOGRAPHIE [DuW] zu übersetzen angefangen. Es wurden einige Hefte vorgelegt, die sich, soweit man eine fremde Sprache beurtheilen kann, gut lesen ließen. Das colossale Medusenbild veranlaßt immer mehr Bewunderung [→ 30. 1.]. Abends *Herr Kanzler v. Müller.* Sodann *Coudray,* dem ich die griechischen Costumes vorwies. *Meine Frau Tochter* produzierte sich in ihrem eleganten Ballkleide. *Wölfchen* unterhielt sich und mich auf mancherley Weise. Nachts 21 Grad Kälte.» (Tgb)

Etwa Ende Januar. «Mais l'édifice de sa [Goethes] gloire littéraire est d'une solidité incontestable ... – Il sait que son palais restera debout et, profitant avec sagesse des observations qu'on lui fait, il enlève petit à petit avec docilité des défauts presque imperceptibles qui auraient pu rester sans nuire à sa gloire, mais qu'il préfère effacer. *Riemer* et *Eckermann* sont, pour Goethe, deux blanchisseurs de ses murailles.» (*Soret, GG* 6495)

Montag, 1. Februar. «[...] [An] *Faktor Reichel,* nach Augsburg, MANUSCRIPT ZUM 32. BANDE [→ 29. 1.; DRUCKVORLAGEN FÜR DIE TAG- UND JAHRESHEFTE VON 1807 BIS 1822; vgl. weiterhin Hagen, zu 1734] [...]. EINIGES POETISCHE. Brief von *[Botaniker] Sieber* aus Paris, so verrückt wie eine gedruckte Beylage. Hier kann man nicht sagen, in diesem Wahnsinn ist Methode, aber dieser Wahnsinn beherrscht ein unglaubliches Wissen. Mittags allein. Abends *Oberbaudirektor Coudray.* Hernach *Wölfchen.* Die Vorbereitungen im Hause und in der Stadt zu dem morgenden Maskenzug gingen lebhaft fort. *Prof. Riemer* sendete seine wohlgerathenen Gedichte.» (Tgb)

Dienstag, 2. Februar. Brief an *Karl Friedrich:* Goethe bedauert heute besonders, daß ihm seine körperlichen Zustände nicht gestatten, [zur Geburtstagsgratulation] persönlich aufzuwarten. – So sei es ihm vergönnt, «alles dasjenige [...] zu wiederholen [...], was Gutes, Freundliches und Glückliches [...] von Herzen geht». – «EINIGES POETISCHE. *Dr. Weller,* zufrieden, dankbar für die neuste Entscheidung seiner Lage [→ 30. 1.]. *Prof. Göttling* gleichfalls mit den letzten Anordnungen zufrieden. *Hofrat Döbereiner.* Wurden sämmtlich zu Tische gebeten. Das Diplom der *Warschauer Gesellschaft [der Freunde der Wissenschaften]* war angekommen. Bey Tische mancherley Verhandlungen. Einiges von der letzten Zusammenkunft [der *Naturforscher*] in Heidelberg [1829; → 28. 1.]. Einiges philologische Neue. Jenaische sociale Verhältnisse. Absichten die Besitzungen der Erholung zu erweitern und zu verbessern. Sodann für mich. Abend die *Familie* maskirt, zum Balle [anläßlich des Geburtstags von

Karl Friedrich] vorbereitet [Aufführung des Maskenzuges «Sängerwettstreit auf der Wartburg» von *Riemer, Sohn August* als Klingsor, *Walther* und *Wolf* als dessen Knappen]. Im Laufe des Tages waren die in Dresden von den *Aktionärs* [des *Sächsischen Kunstvereins*] gewonnenen Gemälde angekommen.» (Tgb) **Mittwoch, 3. Februar.** «*Mein Sohn* gab Nachricht von den Ereignissen der Nacht [Maskenball von *400 Personen*, wovon 90 den Maskenzug *Riemers* vorstellten]. Alles war glücklich und gut abgelaufen. Französische Tagesblätter. Betrachtung inwiefern die Le Globe und Le Temps nebeneinander bestehen und wie sich ihre Vorzüge gegeneinander verhalten. Betrachtung der eingesendeten Gemälde. Geborne schöne Talente, Bemühung, Fleiß, manches Lobenswürdige und doch zuletzt nur kümmerliche Resultate. Daran ist die neue Zeit schuld, es ist nichts Munteres in den *jungen Leuten*. Die Sehnsucht wird durchaus als das Letzte aller Dinge gepriesen, und überall zeigen sich wo nicht kranke doch deprimirte Gemüther. Dabei haben sich *Künstler* und *Kunstfreunde* das Wort *Ernst* angewöhnt; sie sagen, es sey diesen *Künstlern* Ernst, das heißt aber hier weiter nichts als ein starrsinniges Beharren auf falschem Wege.» (Tgb) – Besuch *Sorets*, Gespräch über *Guizot, Villemain, Cousin, Cuvier* und *Bentham* sowie über den Benthamismus von *Sorets Großonkel Dumont* und dessen Übereinstimmung mit Goethes Positionen; → 26. 1. (vgl. *Soret;* GG 6499 f.) – «EINIGES POETISCHE.» (Tgb) – Brief an *Frommann d. J.*: Goethe sendet ein durchgesehenes Exemplar der METAMORPHOSE ein und bittet, einen Versuch zu machen, den deutschen und den französischen Text in lateinischen Lettern einander gegenüber abzudrucken [→ 31. 1.]. – «Mittag *Dr. Eckermann* und *Wölfchen*. Wiederholung der Geschichte des Festes. *Ottilie* erzählend von ihrer Seite. Abends für mich. Mémoires de *Saint-Simon* [→ 24. 12. 29]. Französische Tagesblätter. [...].» (Tgb)
Donnerstag, 4. Februar. «EINIGES POETISCHE. *Hofrat Vogel.* Gesundheitszustand der *Frau Großherzogin-Mutter [Luise;* → 30. 1.]. Andere persönliche und Hofverhältnisse. *Ihro Kaiserliche Hoheit [Maria Paulowna]* und *Demoiselle Mazelet.* [...] *Herr Monday, Engländer.* Mittag für mich. Fortgesetzte Studien und Betrachtungen über mancherley Gegenstände. Abends *Gräfin Line [Egloffstein], Fräulein Jacobi. Herr Oberbaudirektor Coudray* und *Wölfchen.* Die Gemälde von Dresden an die beyden *durchlauchtigsten Fürstinnen [Maria Paulowna* und *Luise]* gesendet [→ 2. 2.]. Interessante Mittheilung von *Herrn Soret.» (Tgb)*
Freitag, 5. Februar. «EINIGES POETISCHE. Antwort an *Herrn v. Quandt* dicirt.» (Tgb): Goethe berichtet von der freundlichsten Aufnahme der gesendeten «verdienstliche[n] Bilder» [→ 4. 2.]. – Hätte man sich allerdings früher mit einsichtigen *Kennern* über diese Bilder beraten, wäre manches leicht zu vermeiden gewesen, was einen vollkommen guten Eindruck stört. – Brief an *Vitzthum v. Egersberg:* Goethe bittet ihn, *Schmeller* einige Stunden zu einem Porträt zu gönnen. – «[...] *Hofrat Vogel,* Befinden der *Frau Großherzogin-Mutter [Luise].* Die *Schmellerischen* Porträte bis auf das letzte numerirt und catalogirt. Mittag *Walther,* welcher viele musikalische und andere Faxen machte und sehr unterhaltend war. Recension des Traité de haute composition musicale par *A. Reicha.* Zeitschrift Cäcilia, 11. Band, Heft 42. [...] *Herr Kanzler v. Müller.* Dazu *Ottilie.* Unterhaltung über das letzte große Maskenfest [Goethe «war sehr aufgeweckt ... – Er war sehr böse, ja zornig, daß man wagen wolle, der

Großherzogin-Mutter den Maskenzug (auf deren Wunsch hin) vorzuführen:
‹Wenn man achtzig Jahre alt ist, darf man grob sein, und ich will es auch sein!›»
(*Kanzler v. Müller;* GG 6502)].» (Tgb)

Samstag, 6. Februar. «EINIGES POETISCHE [u. a.] SCHEMA ZUR KLASSI-
SCHEN WALPURGISNACHT (PARALIPOMENON 88) [...]. Nachricht von dem
großen Eisgang der Seine. Der *Großherzog [Karl Friedrich]* in Erwiderung meines Geburtstagsschreibens [→ 2. 2.]. Mittag *Hofrat Vogel.* Brachte *[Johann
Friedrich] Meckels* System der vergleichenden Anatomie. Nach Tische *mein
Sohn,* Festzug auf morgen im Fürstenhause ankündigend. Ich fuhr in mancherley Thätigkeiten und Betrachtungen fort. Zeichnungen der *Enkel,* welche
gut ausgefallen waren. Abends entsagte *Wölfchen* auf meinen Rath der Euryanthe [im Theater], dagegen spielte ich Domino mit ihm.» (Tgb)

Sonntag, 7. Februar. Brief an *Artillerie-Wirtschafts-Fourier Busch:* Goethe
erklärt sich mit dessen freundlichem Antrag [eine Patenstelle beim *dritten Sohn
des Adressaten* zu übernehmen] «völlig einverstanden». – «[...] EINIGES POE-
TISCHE. Sonstige Concepte. *Mein Sohn* einige Requisiten zum Maskenzug
verlangend. [...] der *Herr Großherzog [Karl Friedrich].* Fortgesetztes Gespräch
von gestern. Mittag *Dr. Eckermann* [über *Fürst Primas v. Dalberg* (vgl. Eckermann)]. Aufmunterung desselben zu Fortsetzung und Vollendung seines poetischen Geschäftes [→ 6. 1.]. Mémorial [relatif à la captivité de Napoléon à
St. Helène] de *Sir Hudson Lowe [englischer Militär,* geb. 1769; seit 1815 *Gouver-
neur* von St. Helena und *Wächter Napoleons I.*], von *Frau Großherzogin* gesendet. *Mein Sohn* mit den *Kindern* präsentirte sich zur Maskerade gehend, welche sich auf dem Hinweg zum Schloß der *Frau Großherzogin-Mutter [Luise]* im
Fürstenhause vorstellten [→ 5. 2.]. Blieb für mich. Das zunächst ZU FÖR-
DERNDE POETISCHE durchdenkend.» (Tgb)

Montag, 8. Februar. «Mémorial von *Hudson Lowe,* mit sorgfältiger Sammlung der vorhandenen Notizen geschrieben, sehr gut vorgetragen. Auf alle
Fälle eine Composition. Man sieht von vorne herein noch nicht deutlich zu
welchen Zwecken. Einiges die Separatacten zu bilden und zu ordnen. Mittag
Hofrat Meyer. Die neuangekommenen Kunstwerke vorgelegt. Abends *Oberbaudirektor Coudray.* Neue Eisenbrücke in Bamberg. Noch einiges über die
durchgeführte Maskerade. [...] Aushängebogen des 3. Bandes der *de Witi-
schen* Confessionen [gemeint ist vermutlich *Wit,* genannt *v. Dörring,* «Fragmente aus meinem Leben»; → 28. 10. 27]. Mémorial de *Hudson Lowe.*» (Tgb)

Dienstag, 9. Februar. EINIGES POETISCHE. Revision von Concepten.
Sekretär Kräuter kam, eine alte Forderung der *Herren Levrault* in Straßburg zu
berichtigen. Mittag *Wölfchen.* Das Mémorial de *Hudson Lowe* geendigt. In
Meckels System der vergleichenden Anatomie gelesen und die Erinnerungen
angefrischt [→ 6. 2.]. Abends *Prof. Riemer.* Wiederholung des Maskenzugs.
Verschiedene Gedichte. Wirkung derselben und Sonstiges. Ich theilte ihm das
bisher Vorgekommene mit. Auch die Verrücktheiten von *Sieber* aus Paris
gesendet [→ 1. 2.].» (Tgb)

Mittwoch, 10. Februar. «Die *Cottaische* Angelegenheit wegen des Nachdrucks nochmals überlegt [«Vom Haag (Den Haag) aus droht gegenwärtig ein
sehr gefährlicher Nachdruck von *Schillers* Werken, der noch bedenklicher
wird, da auch der BRIEFWECHSEL darinnen aufgenommen werden soll: Dem

erstern suchte ich durch eine... wohlfeilere Ausgabe zu begegnen..., wie aber dem Nachdruck des BRIEFWECHSELS zu begegnen, – weiß ich wahrhaftig nicht – Könnten Euer Excellenz ... ein Privilegium für den BRIEFWECHSEL und für Ihre GESAMMTE WERKE vom *König der Niederlanden* erhalten, so wäre diß sehr gut...» (*Cotta* an Goethe, 28. 12. 29)].» (Tgb) – Brief an *Kanzler v. Müller:* Goethe legt einen Auszug aus dem *v.* Cottaschen Brief bei mit der Bitte, diesen an *v. Gagern [d. Ä.]* gelangen zu lassen und ihn um belehrende Nachricht oder mögliche Mitwirkung zu ersuchen. – «[...] EINIGES POETISCHE. Mittag *Dr. Eckermann* [Goethe lobt *Riemers* Festgedicht. «Überhaupt, ... was *Riemer* macht, kann sich vor Meister und Gesellen sehen lassen.» – Weiterhin über *H. Lowes Napoleon*-Darstellung. (Eckermann)]. Einiges über die *Engländer* [...]. Die Krankheit der *Frau Großherzogin [Luise]* war bedenklicher geworden [wegen einer großen Schwäche werden die beiden *Starks* aus Jena hinzugezogen; → 5. 2.]. Ich setzte das Nothwendigste fort. [...] *[Kanzler] v. Müller* [«Über Magnetismus und die Seherin von Prevorst (von *J. Kerner,* 1829). ‹Ich habe mich immer von Jugend auf vor diesen Dingen gehütet ... Zwar zweifle ich nicht, daß diese wundersamen Kräfte in der Natur des *Menschen* liegen, ja, sie müssen darin liegen; aber man ruft sie auf falsche, oft frevelhafte Weise hervor. Wo ich nicht klar sehen ... kann, da ist ein Kreis, für den ich nicht berufen bin...› – Gespräch über die gefährliche Krankheit der *Großherzogin-Mutter,* die ihn tief bekümmert. ‹Ich sehe sie noch in den Wagen nach Rußland steigen, 1774 (1773), es war auf der Zeil zu Frankfurt.› (späterer Zusatz: ‹Und seit jener ersten Bekanntschaft blieb ich ihr treu ergeben; nie hat der geringste Mißklang stattgefunden.›» (*Kanzler v. Müller;* GG 6505 und Kommentar)]. *Wölfchen* las mir die ersten Acte des blauen Ungeheuers [von *C. Gozzi*] vor. Später las ich die letzten.» (Tgb)

Donnerstag, 11. Februar. «Früh Nachrichten von dem Befinden der *Frau Großherzogin[-Mutter],* das sich nicht sonderlich gebessert hatte [*Vogel* spricht in seinem Bulletin von äußerster Lebensgefahr während der Nacht, später etwas besserem Zustand, doch ohne sichere Hoffnung auf Genesung (Fourierbuch)]. Kam ein Packet von *Reichel* an. Ein anderes von *Graf Sternberg.* Das Nöthige wegen beyder besorgt. Mittag speiste *Walther* mit mir. *Wolf* kam nach Tische, und der Narrensspossen war kein Ende. Blieb nachher für mich. Die französischen Zeitungsblätter wie gewöhnlich. Den Unterschied der ästhetischen Urtheile des Temps und des Globe. Jenes ist sehr rein und natürlich, augenblicklich der Sache gemäß; in diesem sieht man mehr geschichtliche Kenntniß, und das Urtheil erhält daher eine andere Basis und Wendung. Die Sorge für das Heil unsrer *Frau Großherzogin-Mutter* ward etwas gemildert [*Vogels* Bulletin von 7 Uhr abends: «Mit dem Befinden ... der *Frau Großherzogin* hat es sich so auffallend gebessert, daß man die besten Hoffnungen fassen darf, wenn der jetzige Zustand von Dauer ist.» (Fourierbuch)]. Notiz von einem artesischen Brunnen, der den *Marseillern* auf einem ihrer bedeutenden Plätze St. Ferréol gelungen war. Bey dieser Gelegenheit schlug ich die malerische Fußreise durch's südliche Frankreich [1819] von *E. F. Mylius* nach.» (Tgb)

Freitag, 12. Februar. «EINIGES POETISCHE. Briefconcepte und Munda. Mittag *Wölfchen.* Die Angelegenheit und ACTEN DES PRAGER MUSEUMS durch-

denkend und arrangirend [*Sternberg* hatte das teilweise bearbeitete MATERIAL
am 4. 2. zurückgesandt; → 8. 7. 29]. Abends *Prof. Riemer.* Die tolle *Sieberische*
Ankündigung zu munterer Betrachtung durchgegangen [→ 9. 2.].» (Tgb)
  Samstag, 13. Februar. Brief an *Varnhagen v. Ense:* Goethe berichtet, daß
das angekündigte MANUSKRIPT endlich abgegangen ist [Goethe sendet seinen
UNVOLLENDETEN AUFSATZ MONATSSCHRIFT DER «GESELLSCHAFT DES VATER-
LÄNDISCHEN MUSEUMS IN BÖHMEN» nebst der von *Prof. Anton Müller* in
Sternbergs Auftrag verfaßten «Übersicht der in der ‹Monatsschrift› erschienenen Aufsätze»; → 12. 2.]. – Ob der *Adressat* eine Redaktion für nötig und nützlich hält und ob er diese noch übernehmen möchte [vermutlich war zu *Varnhagens* Besuch am → 19. 9. 29 darüber gesprochen worden (vgl. BA 18, 903)],
stellt Goethe ihm völlig anheim. – Er berichtet, daß die *böhmischen Freunde* im
übrigen Deutschland so wenig Teilnahme gefunden haben, daß sie die
Monatsschrift mit dem Jahr 1829 abschließen und sie unter dem Titel «Jahrbücher des böhmischen Museums» künftig vierteljährlich erscheinen lassen wollen. – «Leider versetzt uns seit einiger Zeit das Befinden unsrer *Frau Großherzogin-Mutter* in einige Sorge; doch wollen *umsichtige tüchtige Ärzte* uns von Tag
zu Tag in frischer Hoffnung erhalten.» – Brief an *v. Cotta:* Goethe versichert,
daß ihm die *Autoren* und *Verlegern* «gleich gehässigen Eingriffe des Nachdrucks zuwider sind». Im gegenwärtigen Fall wußte er lange «keine vorsorg-
liche Gegenwirkung» einzuleiten, da kaum ein Geschäftsverhältnis zu den
Niederlanden besteht. Nun hat er jedoch an *v. Gagern* deshalb eine Anfrage
gerichtet [→ 10. 2.]. – [Beilage:] Für die METAMORPHOSE und deren Übersetzung regt Goethe an, ein Honorar von 1000 Talern zu bewilligen [→ 2. 1.]. Es
scheint jedoch nötig, den Druck «unmittelbar zu dirigiren», da der zweispra-
chige Satz manche Schwierigkeiten bringen wird. Auch ist das ORIGINAL
selbst nicht als abgeschlossen zu betrachten [*Cotta* möchte den DRUCK lieber
in seinen Druckereien ausführen lassen, da er schöner ausfallen würde (vgl. an
Goethe, 27./28. 12. 29)]. «Man hegt den Wunsch bey Correctur und Revision
noch die letzte Hand anzulegen. In Wissenschaftlichen Dingen, wo man
gegen ein so *bedeutendes Publikum* steht, kann man nicht vorsichtig genug
seyn.» – «[...] POETISCHES behandelt. *Hofrat Vogel,* Befinden der *Frau Großherzogin-Mutter* [abends war ein «schlummersüchtiger Zustand» eingetreten
(Fourierbuch)]. Mittag allein. Das kleinere Italienische Portefeuille durchgesehen. POETISCHES fortgesetzt. *[Baukondukteur] Kirchners* letzter Bericht von
Paris an die *Oberbaubehörde* [→ 7. 4. 29].» (Tgb)
  Vermutlich vor Sonntag, 14. Februar. Brief an *Zelter:* «Man bedenke daß
mit jedem Athemzug ein ätherischer Lethestrom unser ganzes Wesen durch-
dringt, so daß wir uns der Freuden nur mäßig, der Leiden kaum erinnern
[Äußerung in bezug auf DuW]. Diese hohe Gottesgabe habe ich von jeher zu
schätzen, zu nützen und zu steigern gewußt.»
  Sonntag, 14. Februar. «Den eingegangenen Bericht *[Kirchners]* gelesen und
überlegt [→ 13. 2.]. EINIGES POETISCHE. Sonstiges Geforderte. Das kleine Niederländische Portefeuille. Schreiben des *Herrn v. Vitzthum.*» (Tgb) – «Die *Die-
nerschaft* sagte mir *[Eckermann],* daß *seine Schwiegertochter* soeben zu ihm gegangen sei, um ihm die betrübende Botschaft mitzuteilen [*Großherzogin-Mutter
Luise* war gegen Mittag gestorben]. [...] ich war nicht wenig überrascht, ihn

[Goethe] vollkommen heiter und kräftig mit *seiner Schwiegertochter* und *seinen Enkeln* am Tisch sitzen und seine Suppe essen zu sehen [...]. Wir sprachen ganz heiter fort über gleichgültige Dinge. Nun fingen alle Glocken der Stadt an zu läuten; [...] wir redeten lauter, damit die Töne der Todesglocken sein Inneres nicht berühren und erschüttern möchten [...]. Er saß vor uns, gleich einem Wesen höherer Art, von irdischen Leiden unberührbar. *Hofrat Vogel* ließ sich melden; er setzte sich zu uns und erzählte die einzelnen Umstände von dem Hinscheiden der *hohen Verewigten,* welches Goethe in seiner bisherigen vollkommensten Ruhe und Fassung aufnahm. *Vogel* ging wieder, und wir setzten unser Mittagessen und Gespräche fort [...] blieb ich mit Goethe allein. Er erzählte mir von seiner KLASSISCHEN WALPURGISNACHT, daß er damit jeden Tag weiter komme und daß ihm wunderbare Dinge über die Erwartung gelängen. Dann zeigte er mir einen Brief des *Königs von Bayern* [Antwort vom 7. 2. auf Goethes letzten Brief; → 12. 1.], den er heute erhalten [...]. Goethen schien es besonders wohl zu tun, daß der *König* gegen ihn sich fortwährend so gleich bleibe. *Hofrat Soret* ließ sich melden [...].» (Eckermann) – «Son *Altesse Impériale [Maria Paulowna]* m'a donné l'ordre d'aller voir de sa part [...] Goethe pour [...] faire ses condoléances. [...]. – Comme je m'y attendais, il s'est raidi contre la nouvelle qui depuis quelque temps le menaçait. [...]. – Je l'ai trouvé encore à table en tête-à-tête avec *Eckermann,* achevant sa bouteille de vin, ayant l'air d'être en pointe et parlant avec vivacité. ‹[...] Maintenant le coup est porté! Nous n'avons plus à lutter contre cette cruelle incertitude. Il nous reste à voir comment nous nous arrangerons avec la vie. [...] tant qu'il fait jour, nous saurons tenir tête. Il n'y a pas moyen de céder aussi longtemps que l'on crée. Mais la nuit, la grande nuit viendra où tout travail devra cesser.› – [...] Goethe passant alors à des sujets purement littéraires et s'excitant de plus en plus, a parlé avec un brillant et une vivacité remarquables; c'était un feu d'artifice d'esprit continuel. On y remarquait la tension produite par un acte rigoureux de volonté et secondée par un petit surcroît de boisson. Il chassait intentionnellement toutes les idées qui auraient pu le rapprocher de la nouvelle du jour et on voyait, dans toute sa manière d'être, combien il redoute de se livrer aux impressions naturelles, parce que sans doute il en souffre trop.» (*Soret, GG* 6506) – «Nachmittag wohl eine Stunde bei ihm [Goethe]. Er war gefaßter, als ich ihn erwartet habe, doch sprach er wenig darüber und schien unruhig.» (*Kanzler v. Müller; GG* 6508) – «[...] *Ottilie* und *Ulrike [v. Pogwisch]* kamen. [...] Abends für mich. Mancherlei Vorbereitungen.» (Tgb)

Nach Sonntag, 14. Februar. «*August Goethe* war [vom Tod *Luises*] so ergriffen, wie ich ihn nie vorher gesehen hatte, und Goethe, der Vater, sagte mit trübem Blick: ‹Ich komme mir selber mythisch vor, da ich so allein übrig bleibe.›» (*Jenny v. Pappenheim:* Erinnerungen; GG 6509) – «La mort de la *Grande-Duchesse* [...] causa d'abord en lui l'espèce de réaction qui le caractérisait; mais elle le ramena plus que de coutume vers l'idée qu'un même sort ne tarderait pas à l'atteindre. Plus d'une fois, il parla lui-même à *ses amis* de la mort et des moyens d'y échapper longtemps. ‹Oui, dit-il, nous saurons lui tenir tête encore. Tant que l'on crée, il n'y a pas de place pour mourir, mais cependant la nuit, la grande nuit viendra où tout travail devra cesser.› Il appelait cette époque solennelle l'heure indéterminée.» (*Soret,* 1832; GG 6507)

Montag, 15. Februar. Fortsetzung des Briefes an *Zelter* [→ vor 14. 2.]: «So weit waren wir gekommen als uns ein zwar gefürchtetes, aber durch Hoffnung abgelehntes Übel überfiel [der Tod *Luises*] [...]. Hiebey wirst du manches zu denken haben, als Mitgenosse unsres Denkens und Empfindens.» – «[...] POE-TISCHES [...]. Sendung von *Rochlitz:* Für Freunde der Tonkunst [Bd. 3]. Mit *Ottilien* spazieren gefahren. Speiste *Wölfchen* mit mir. Herr Hofrat *Vogel* über die nächsten Zustände berichtend. Herr Hofrat *Soret,* mit einer freundlichen Botschaft von der *Frau Großherzogin* [«Je *(Soret)* lui (Goethe) ai dit que *Son Altesse Impériale* était dans l'intention de ne pas perdre *Vogel* tout à fait de vue et qu'elle le ferait venir pour des rapports exacts sur la santé de Goethe; Goethe y a paru sensible. Il m'a prié de recommander fortement *son docteur* non seulement en qualité de médecin, mais comme homme que l'on pouvait utiliser sous tous les rapports scientifiques et administratifs.» (GG 6510)]. In *Rochlitz* verschiedenes mit Antheil und Beyfall gelesen. Einige Portefeuilles Zeichnungen und Kupferstiche durchgesehen und mit näherm Urtheil betrachtet. EINIGES POETISCHE vorbereitet.» (Tgb)

Dienstag, 16. Februar. Brief an *Maria Paulowna:* «An dem heutigen feyerlichen Tage [Geburtstag der Adressatin], wo Freude ihn wieder erlebt zu haben nur durch einen Trauerflor durchblickt, Ew. Kaiserliche Hoheit schuldigst zu verehren, finde nichts aufrichtender und stärkender als den Gedanken: daß wir bey allen Unfällen, die uns betreffen, sogleich möglichst gefaßt das Auge dahin richten, wo eine wohlüberlegte Thätigkeit glücklich ihren Zweck erreichte.» – Goethe berichtet, daß er aus einem Brief *Kirchners* ersehen kann, wie dieser seinen [Pariser] Aufenthalt redlich zu seiner weiteren Ausbildung genutzt hat. Er befindet sich auf dem Wege, die Absichten *seiner Gönner* zu erreichen [→ 15. 2.]. – Goethe versichert die *Adressatin* seiner «lebenslänglichen Anhänglichkeit» und wünscht nichts mehr, «als die mir noch gegönnten Kräfte in der Richtung, welche Höchstdieselben mir vorzeichnen, unwandelbar anzuwenden». – «[...] Von Halle ein Missionsbericht mit *[August Hermann] Niemeyers* Porträt. Hermes 32. Band, 2. Heft. *[Philosoph] Hofrat Bachmann* von Jena ließ sich melden. Im Globe eine Anzeige von deutscher Litteratur gab zu eignen Betrachtungen Anlaß. Hier ist nämlich nur vom augenblicklich Wirkenden die Rede, vom fortdauernd Wirksamen nicht; deßwegen sieht die deutsche Litteratur viel magerer aus als sie ist, und auf diesem Wege erfahren die *fremden Nationen* nur das Geringste von uns. Die *Franzosen* geben uns viel deutlichern Begriff vom Nachwirkenden, Erlöschenden, wieder Aufflammenden, Andringenden, Abgelehnten, Eindringenden als hier geschieht, wo überhaupt nur von *der* Tageswelle die Rede ist. Spazieren gefahren mit *Ottilien*. Mittag für mich. Das altdeutsche Portefeuille durchgesehen. [...] Abends *Herr Kanzler v. Müller*. Sodann *Coudray,* die Zeichnungen des errichteten Katafalks vorlegend [Goethe «sprach mit Ruhe und Interesse lange darüber. Er freute sich, daß die Beerdigung des *Morgens* sein solle, er hasse die des Nachmittags; wenn man vom Tische aufstehe, einem Leichen-Kondukt zu begegnen, sei gar zu widerwärtig ... ‹Übrigens imponiert mir ein Sarg nicht, das könnt ihr doch wohl denken.›» *(Kanzler v. Müller;* GG 6511) – Später hinzugefügt: «Kein tüchtiger Mensch läßt seiner Brust den Glauben an Unsterblichkeit rauben!» (derselbe: Goethe in seiner ethischen Eigentümlichkeit, 1832; GG 6512)]. *Hofrat Vogel*, Nachrichten aus dem Trauerhause.» (Tgb)

Mittwoch, 17. Februar. «POETISCHES disponirt. *Rochlitz*, Für Freunde der Tonkunst, 3. Theil. Mit *Ottilien* um 12 Uhr spazieren gefahren. Mittag *Dr. Eckermann* [über Farben der Dekorationen und Anzüge auf der Bühne (vgl. Eckermann)]. Wir besahen nach Tische das Niederländische Portefeuille. Dazu kam *Herr Hofrat Soret*, einiges in Auftrag *Ihro Kaiserlichen Hoheit [Maria Paulowna]* überbringend und vermeldend [«J'ai été chargé le soir de lui dire combien elle (Goethes Brief; → 16. 2.) avait fait plaisir. Il m'a répondu par sa maxime favorite que c'était un devoir de chercher à s'occuper et à occuper les autres au moment de l'épreuve; car, ‹puisqu'on reste dans la vie, a-t-il ajouté, il faut bien s'arranger avec elle.» (*Soret*, GG 6513)]. Abends für mich. Spielte mit *Wölfchen* Domino. *[Diener] Friedrich* war im Fürstenhause gewesen. Referirte von dem Anstand der Ausstellung der Fürstlichen Leiche.» (Tgb)

Donnerstag, 18. Februar. «Die Bestattung [*Luises* in der Fürstengruft] war morgens früh 4 Uhr vor sich gegangen. [«Er (Goethe) war vom Heimfahren der großherzoglichen Beerdigungs-Equipagen früh nach 5 Uhr geweckt worden...» (*Kanzler v. Müller*; GG 6514)]. *[Diener] Friedrich* erzählte davon. Nachher *Wölfchen*, der mit der *Familie* von oben zugesehen hatte. *Herr Léon de Laborde* übersendete das erste Heft [Tafeln] Du Voyage de L'Arabie Pétrée, das uns mit einem nie gesehenen, Sinne verwirrenden Zustand bekannt macht.» (Tgb) – Brief an *Faktor Reichel:* Goethe bestätigt zwei vom *Adressaten* gemeldete Fehler [in der Druckvorlage des 31. BANDES] und dankt ihm für seine Fürsorge. – «[...] Ich fuhr mit *Ottilien* spazieren. Einiges Bedenkliche besprechend. Mittag *Wölfchen*. [...] *Frau v. Gerstenbergk*. Gegen Abend *Herr Kanzler v. Müller* [Goethe war «ziemlich heiter gestimmt, ja aufgeregter als gewöhnlich. – Mit *Frau v. Gerstenbergk* spaßte er sehr artig. – Ich und *sein Sohn* mußten ihm alle Beerdigungs-Feierlichkeiten genau erzählen. – Ich eröffnete ihm mein Nekrolog-Vorhaben, das er sehr billigte. Rat zum Schema. Nicht allzu liberal dürfe man die *Fürstin* schildern, sie habe vielmehr standhaft an ihren *Rechten* gehalten. Ihre gesellige Herablassung sei mehr das *Auslaufen* ihrer Standes-Richtung gewesen. Ihr Mißverhältnis zur *Schwiegermutter*, ja zur *Tochter*, sei als Naturerscheinung der Weiblichkeit anzusehen, unwillkürlich gewesen... – Vom Verbrennen ALLER SEINER GESAMMELTEN BRIEFE bis 1786, als er nach Italien zog. Es lerne ja doch niemand viel aus alten Briefen... – Was gut in den Briefen gewesen, habe seine Wirkung schon auf den *Empfänger* und durch ihn auf die Welt schon vollendet... Alles käme darauf an, ob Briefe aufregend, produktiv, belebend seien. – *Rochlitzens* Briefe, wie schön und lieb auch, förderten ihn doch niemals, seien meist nur sentimental. Bestimmte einzelne Mitteilung der durch die WANDERJAHRE empfangnen Eindrücke habe *Rochlitz* verweigert, statt dessen die alberne Idee gefaßt, das GANZE systematisch... analysieren zu wollen (→ 23. 11. 29). Das sei rein unmöglich... – ‹Ich war ein leidlicher Kerl, ließ mich auf keine Klatschereien ein, stand jedem in guten Dingen zu Diensten, und so kam ich durch.» (*Kanzler v. Müller*; GG 6514)] [...]. Nachher *Fräulein Jacobi*. [...] Abends mit *Wölfchen* Domino gespielt. Ich hatte in den Zwischenzeiten des *Herrn de Laborde* 1. Heft und die kurze Beleuchtung der Tafeln durchgelesen.» (Tgb)

Freitag, 19. Februar. Briefconcept mit *John.* [...] Leipziger Verzeichniß der 22. Kupferstich-Auction. [...] die *Frau Großherzogin [Maria Paulowna].* *Hofrat Meyer* zu Tische. Mit ihm die *Labordischen* Kupfer besehen. Anderes besprochen und eingeleitet. *Prof. Riemer* um 6 Uhr. Zeigte demselben die *Labordischen* Blätter vor, und ward anderes auf Litteratur, deren Förderniß und Hinderniß Bezügliches besprochen. Besonders die Möglichkeit, daß eine *Partei* ein Werk dergestalt verschreyen kann, daß es weder gelesen noch auf irgend eine Weise benutzt werden darf.» (Tgb)

Samstag, 20. Februar. «Angekommener Kupferstich [von *Schaeffer*] nach, *Cornelius,* Orpheus vor Pluto im Höllenreiche vorstellend [«Orpheus erbittet vom Pluto die Rückkehr der Eurydike auf die Oberwelt», München, Glyptothek], eröffnet und studirt. Der früher angekommene Brief von *Boisserée* [vom 12. 2.] mit Vergnügen, als eine wahrhaft freundschaftliche Communication, durchgedacht. Mittag *Herr Hofrat Vogel.* Er erwartete den Abdruck seines Werkes [→ 19. 12. 29]. Andere Zeit-, Tages-, Hof- und Familienverhältnisse durchgesprochen. Abends *Oberbaudirektor Coudray,* den Vorschlag zu einem Katafalk in der Kirche vorlegend. Wir sahen das *Raffaelische* Portefeuille durch, woran er sich sehr ergötzte. Später *Wölfchen.*» (Tgb)

Sonntag, 21. Februar. «POETISCHES, CONCEPT UND MUNDUM. Manches vorbereitet und eingeleitet. Um 12 Uhr *Prinz Karl* und *Herr Hofrat Soret.* *Wölfchen* zeigte seine Kupfer vor. Mittag *Dr. Eckermann.* Ordnete manches. Bereitete anderes vor.» (Tgb)

Montag, 22. Februar. Brief an die *Direktion des Deutsch-Amerikanischen Bergwerk-Vereins* zu Elberfeld: Goethe dankt für die Übersendung des dritten Generalberichtes der *Gesellschaft,* den er mit vielfachem Gewinn gelesen hat [→ 27. 5. 29 f.]. Er fühlt sich dem Unternehmen «durch den reinsten Antheil verwandt» und wünscht weiterhin Gelingen und Gedeihen. – Brief an *Gesandten v. Schröder:* Da *Schmeller* zur Zeit nicht in Weimar weilt, entgeht Goethe das Glück, ein «so sehr gewünschtes Porträt zu besitzen». Er hofft, daß es ihm zu anderer Zeit beschert werden möge. (Raabe 1, 564 f.) – «[...] An die *Frau Großherzogin,* den *Kirchnerischen* Brief in Abschrift [→ 16. 2.] [...]. POETISCHES, CONCEPT UND MUNDUM. Der *Herr Gesandte v. Schröder* und *Herr Vitzthum [v. Egersberg].* Billet von *Frau v. Pogwisch,* näher zu betrachten. Mittag *Ottilien* und *Walther.* Sodann *Herr [Kanzler] v. Müller,* welchem den Münchner Kupferstich [nach *Cornelius*] vorwies. Er brachte einen sehr einsichtigen Aufsatz gegen die *Franzosen* zu Gunsten der Königl. Bayerischen Dichtungen. Besprach einiges von dem Unternommenen zum Andenken der Höchstseligen *Frau Großherzogin [Luise;* → 18. 2. – Zu ihrer Biographie «gab er (Goethe) die Formel: ‹Echte Altfürstlichkeit, durch die Weimarischen individuellen Zustände ins Idyllische hinübergezogen.› Er freute sich sehr der ausgleichenden Aufschlüsse, die *Demoiselle Lorch* (die *Kammerfrau*) über die Ursachen der Verstimmungen zwischen *Prinzeß Caroline* und *ihrer Mutter* gegeben. Vom *seligen Großherzog (Carl August)* sagte er: ‹Er war eigentlich zum Tyrannen geneigt wie keiner, aber er ließ alles um sich her ungehindert gehen, solange es nur nicht ihn selbst in seiner Eigenheit berührte. Es ist unglaublich, ... zu wie vielen schweren Leistungen er ... aufgefordert hat. Gewiß, wo auch sein Geist im Weltall seine Stelle gefunden, er wird dort seine Leute wie-

der gut zu plagen wissen.› Der *Großherzog* ließ sich anmelden, und so mußten wir abbrechen. – ... Er (Goethe) ... sprach sich überhaupt ungünstig über *Falk* aus. (*Kanzler v. Müller; GG* 6516)]. Nachher *Wölfchen* bis spät.» (Tgb)
Dienstag, 23. Februar. «EINIGES POETISCHE, MUNDUM.» (Tgb) – Brief an *Frau v. Pogwisch:* Goethe disponiert über verschiedene französische Bücher. – «Den aufrichtigsten Antheil an dem, uns alle und Sie [die *Adressatin* war Hofdame bei *Luise*] besonders betroffenen Unheil trauen Sie mir zu, ohne daß ich deshalb viel Worte mache.» – «[...] das Nächste beschaut und überlegt. Mittags allein. Das nächste POETISCHE durchgeführt. Abends die WEITEREN PLANE bedacht. Niemand war gekommen.» (Tgb)
Mittwoch, 24. Februar. Brief an *Weller:* Goethe bittet, ihn die Genesung des *«guten Bibliothekars [Göttling]»* baldigst wissen zu lassen, da er den «aufrichtigsten Theil» daran nimmt. – «Wenn *unser gnädigster Herr* an der jenaischen Bibliothek Gefallen finden, soll es mich sehr erfreuen [*Weller* hatte am 20. 2. von einem Besuch *Karl Friedrichs* berichtet] [...].» – «[...] MUNDA DER CONCEPTE von gestern Abend. NEUES PARTIELLES SCHEMA. *Schmeller* seine Abwesenheit entschuldigend. *Major v. Knebel* sendete einen schon früher verfaßten Aufsatz über das Leben und die Weisheit des *Epikur* [mit der Bitte zu beurteilen, ob sich dieser als Zugabe zu der für 1831 geplanten zweiten Auflage von *Knebels Lukrez*-Übersetzung eignet (an Goethe, 22. 2.; Guhrauer, 393 f.)] [...]. *Herr v. Schröder, russischer Gesandter.* Neuste Verhältnisse, besonders des französischen Staates. Mit *Ottilien* spazieren gefahren. Mittag *Dr. Eckermann.* Vom gestrigen Concert bey *Melos.* Verhältnisse und Studien der *Engländer.* Nach Tische den Münchner Kupferstich vorgezeigt [«Das Bild (→ 20. 2.) erschien uns wohl überlegt und das einzelne vortrefflich gemacht, doch wollte es nicht recht befriedigen und dem Gemüt kein rechtes Behagen geben. Vielleicht, dachten wir, bringt die Färbung eine größere Harmonie hinein...» (Eckermann)]. Sodann *Fräulein Frommann.* Dazu *Hofrat Soret.* Zeigte denselben gedachtes Kupfer und das erste Heft von *Herrn de Laborde* [→ 19. 2. – J'ai passé aujourd'hui un quart d'heure pénible chez Goethe. Il paraissait mal disposé; il m'a donné quelque chose à voir et a passé dans sa chambre à coucher. Après quelques instants, il est revenu dans un état d'agitation très prononcée qu'il cherchait à cacher, tout rouge et parlant à voix basse en poussant des soupirs...: *O das Alter! O das Alter!* (Oh! l'âge!) comme s'il faisait à son âge le reproche de quelque infirmité. Ensuite il s'est assis avec assez de peine. *Wolf* est venu le caresser et Goethe lui a rendu ses caresses avec plus de tendresse que de coutume, mais toujours avec agitation. Il s'est levé de nouveau et a chuchoté vers sa fenêtre des paroles inintelligibles. J'ai vu qu'il était bon de m'en aller et j'ai pris congé. *(Diener) Frédéric* m'assure que son maître n'a aucune incommodité et qu'il se porte mieux que de coutume. Au reste, il suffit d'un peu de rétention pour expliquer cela surtout avec une personne habituée à parler seule tout haut et à faire grand bruit pour peu de chose, mais je n'en ai pas moins éprouvé un sentiment de tristesse en voyant Goethe laisser échapper des expressions douloureuses sur son âge.» (*Soret; GG* 6517)] [...]. Später *Fräulein Jacobi.* Familien- und Weltverhältnisse. [...].» (Tgb)
Donnerstag, 25. Februar. «POETISCHES, CONCEPT UND MUNDUM. Um 12 Uhr die *Frau Großherzogin* und *Demoiselle Mazelet.* Mittag *Hofrat Meyer,* besa-

hen das Plutonische Reich von *Cornelius* und stellten sorgfältige Betrachtungen darüber an [→ 24. 2.]. *Herr Kanzler v. Müller.* Die Relation des Globe vor Gericht gefordert. Ich las gleich das erste Stück, worauf dieses geschehn; der Artikel freylich stark und stellt die Existenz der *Bourbonischen Familie* in Frage. Man hat ihnen lange nachgesehen, und sie sind immer kühner geworden. Blieb für mich und las *Meursii* Creta etc. [→ 9. 12. 29].» (Tgb)

Freitag, 26. Februar. Brief an *Hofrat Meyer:* Goethe erbittet dessen Vorschläge, wie sich mit dem *jungen [Bildhauer] Kaufmann* die Angelegenheit wegen der Gipsbüsten abtun ließe. – «[...] Brief und Verzeichniß, ausgestopfte Thiere und Balge betreffend, von *Naturalienhändler Frank* durchgesehen. Um 12 Uhr mit *Herrn Prof. Riemer* spazieren gefahren. Wir besprachen Charakter und Verdienst der *neuen Philologen der verschiedenen Nationen,* besonders des vergangenen und gegenwärtigen Jahrhunderts, durch. Er speiste Mittag mit mir. Ich zeigte ihm das Kupfer von Orpheus Höllenfahrt, das uns manche Betrachtungen über die mit Leidenschaft sich retardirende deutsche Kunst zu machen Gelegenheit gab [«... der treffliche *Cornelius* schickt mir ein Blatt, zu dem ich nichts zu sagen weiß, bey einem Gemälde dieser Art die Behandlung des *Marc Anton* anzuwenden hätte er dem *Kupferstecher* nicht erlauben sollen, was soll man aber zu dem ewigen Rückschreiten sagen..., daran nur zu denken macht mich so müde und so lahm daß ich mich nicht nach Phrasen umsehn mag um es mit einiger Schicklichkeit ohne Verletzung aussprechen zu können.» (Teil eines nicht abgesandten Briefkonzepts an *Sulpiz Boisserée* vom 28. 5.; WA IV, 47, 356)]. Blieb Abends allein. Überlegte das NÄCHSTE POETISCHE.» (Tgb)

Samstag, 27. Februar. «Angenehme Sendung von *Göttling* [der revidierte 30. BAND; → 27. 1.]. Zeugniß seiner Genesung [→ 24. 2.]. Das nächste POETISCHE, CONCEPT UND MUNDUM.» (Tgb) – Brief an *Prof. Göttling:* Goethe gibt seiner Freude über dessen Genesung Ausdruck. – Der fortgesetzte Anteil des *Adressaten* an der WERKAUSGABE gereicht Goethe zur «größten Beruhigung». – Brief an *Knebel:* «Der Aufsatz über das Leben und die Weisheit des *Epikur* ist anmuthig überzeugend, die Betrachtung gründlich und die Zeugnisse der *Vorfahren* am rechten Orte [→ 24. 2.].» – Goethe berichtet von seinem früheren VERSUCH ÜBER LUKREZ [→ 16. 1. 22]. «Mit aller Bemühung aber hätte man doch nur wenige Data zusammengebracht, das Meiste hätte man dazu [...] dichten müssen und so ließ ich die VORARBEIT liegen und überzeuge mich um desto mehr, daß der Weg, den du eingeschlagen hast, der rechte sey.» – «[...] Allein spazieren gefahren. In den untern Garten. Die Wiese war überschwemmt. Ein Schwan zog gleichmüthig auf der Fläche umher. Um's Webicht. [...] *Fräulein Seidler;* die Angelegenheit der *jungen Facius* und die Dresdner Verhältnisse besprechend. Mittag *Hofrat Vogel.* Polizeiliches, besonders über preussische Geschäftsform und die dadurch bewirkten Administrations-Vortheile. EINIGES POETISCHE fortgeführt. Manches Antiquarische. Ein Promemoria mit Verzeichniß von Büchern den *Landfrauen* nützlich.» (Tgb)

Sonntag, 28. Februar. «Anfang des Aufsatzes zu Ehren der *verstorbenen Frau Großherzogin [Luise]* von [...] *[Kanzler] v. Müller* durchgesehen und gebilligt [«Der erste Paragraph verdient vielleicht noch einige Prüfung; [...] an der Folge wüßte durchaus nichts zu erinnern. Der Hauptgedanke ist klar

und doch mit aller Zartheit ausgesprochen, deshalb ich nur um eifrige Fortsetzung dieses Unternehmens zu bitten habe.» (Begleitbrief zur Rücksendung des Manuskripts)]. Die *Göttlingischen* Anmerkungen zur vorigen Sendung durchgesehen und benutzt. *Demoiselle Seidler;* die Angelegenheit der *Angelika Facius* nochmals durchgesprochen. Kupferstich nach der Jubiläumsmedaille [auf Goethe?], Gedicht und Prosa zum Chaos, communicirt von *Otillien*. Fuhr allein spazieren. Mittag *Herr Geh. Hofrat Helbig*. Einige Angelegenheiten durchgesprochen und abgethan. Um 6 Uhr *Herr Geh. Legationsrat v. Conta*. Die Kassler Angelegenheit mit ihm besprochen und sonstige Publica; ferner gab er Nachricht von seinen geognostischen Wanderungen in dem dortigen wundersamen Gebirge. Mit *Wölfchen* Domino gespielt. *Dr. Eckermanns* Gedicht für München [→ 7. 2.]. [...] [An] *Prof. Riemer*, den 37. BAND MEINER WERKE [DRUCKVORLAGEN FÜR WINCKELMANN UND SEIN JAHRHUNDERT und PHILIPP HACKERT] zur Durchsicht.» (Tgb)
    Ende Februar. «Goethe ist wohl und prächtig und in höchstem Grade tätig.» (*Eckermann* an Johanne Bertram, 25. 2; GG 6518)
    Vielleicht Februar. SCHEMA VEREIN DER KUNSTFREUNDE IN PREUSSEN [postum veröffentlicht].
    Montag, 1. März. «POETISCHES, CONCEPT UND MUNDUM. Obiges Gedicht nochmals gelesen [→ 28. 2.] [...]. Spazieren gefahren mit *Wölfchen* in den untern Garten. Das Wasser war in die Ufer zurückgetreten. Um's Webicht. Mittag *[Botaniker] Hofrat Voigt* und *Dr. Eckermann*. Über Naturgeschichte, ein Werk, welches der Erstere übernommen, Philosophie der Natur, Zoologie, Kupferwerke, ausgestopfte Thiere und Bälge von Leipzig angeboten [(vgl. Eckermann) – «Nach Tische, als *Voigt* gegangen war, zeigt Goethe mir das MANUSKRIPT SEINER WALPURGISNACHT, und ich bin erstaunt über die Stärke, zu der es in den wenigen Wochen herangewachsen.» (ebenda)]. Sonstige persönliche Verhältnisse. Gegend Abend *Gräfin Line v. Egloffstein*. Sodann *Frau v. Diemar* und *Schwiegerin*. Ferner *Herr Kanzler v. Müller* [«*Schiller* war ganz ein anderer Geselle wie ich (Goethe) und wußte in der Gesellschaft immer bedeutend und anziehend zu sprechen. Ich hingegen hatte immer die alberne Abneigung, von dem, was mich gerade am meisten interessirte, zu sprechen. Ja, bei der *Herzogin-Mutter (Anna Amalia)* freilich konnte ich zuweilen wohl eine Stunde amüsieren; ... da improvisierte ich oft eine ERZÄHLUNG, die sich hören ließ; ich hatte damals des Zeugs zu viel im Kopfe und Motive zu Hunderten.» (*Kanzler v. Müller;* GG 6520)]. Einige Desiderata durchgesprochen.» (Tgb)
    Dienstag, 2. März. «Ungewöhnlich hoher [...] Barometerstand [...]. Congruirender Nord- und Ostwind, konnte jedoch den bewölkten Himmel nicht frey machen, woraus eine fortgesetzte trübe Regenzeit auch für's laufende Jahr augurirte. Alles trocknete schnell. POETISCHES. CONCEPT UND MUNDUM.» (Tgb) – Brief an *Kanzler v. Müller:* «Könnte man wohl ein königlich niederländisches Privilegium auf die GOETHESCHEN WERKE, wie man eins gnädigst für Luxemburg, als bezüglich auf das gesammte Deutschland, erhalten hat, auch für das ganze Königreich erlangen incl. des BRIEFWECHSELS MIT SCHILLER [→ 10. 2.]?» – Brief an *Schwiegertochter Ottilie:* Goethe fragt an, wie es mit dem Trauerblatt des «Chaos» steht. – Er schlägt vor, mehr Exemplare

drucken und jedem *Interessenten* drei aushändigen zu lassen, mit denen er nach Belieben schalten könnte. – «Ein nicht allzubreites schwarzes Rändchen wäre wohl auf *alle vier* Seiten anständig.» – «*Herr Oberhofmeister v. Motz*, wegen MEINER BRIEFE an die *Höchstselige Frau Herzogin*. In den vordern Zimmern aufzuräumen angefangen. Mittag für mich. Weiter aufgeräumt [...]. *Oberbaudirektor Coudray*, Nachricht gebend von dem Eisgang der Werra und Saale. Beredung wegen einer Thüre, auch neuen Stufen in den untern Garten. Herr *Prof. Riemer*. Manches Grammatische und Kritische verhandelt. [...] der *Großherzog*. Die oben gemeldeten BRIEFE waren versiegelt an mich gekommen. Den 37. BAND mit *Riemer* besprochen. [→ 28. 2.] [...].» (Tgb)

Mittwoch, 3. März. «POETISCHES, CONCEPT UND MUNDUM. DAS ZWEYTE REINERE MUNDUM GEFÖRDERT. Manches vorbedacht. In die vordern Zimmer gegangen. Manches geordnet. Mit *Eckermann* spazieren gefahren. Sein Gedicht durchgesprochen [→ 28. 2.]. Er speiste mit mir [Gespräch über *Wieland* und über die Entelechie: «Die Hartnäckigkeit des Individuums, und daß der *Mensch* abschüttelt, was ihm nicht gemäß ist›, sagte Goethe, ‹ist mir ein Beweis, daß so etwas existiere ... *Leibniz* ... hat ähnliche Gedanken über solche selbständige Wesen gehabt, und zwar, was wir mit dem Ausdruck Entelechie bezeichnen, nannte er Monaden.»» (Eckermann)]. Nachher fortgesetzte Ordnung der Kupfer und Zeichnungen, auch anderer Dinge. Abends *Ottilie* von *Byrons* Correspondenz [«Letters and journals...»; → 30. 1.], auch von der ihrigen referirend. Später spielte mit *Wölfchen* Domino. – [An] *Frau Großherzogin*, Verzeichniß der eingegangenen Bücher vom Februar. [An] *Herrn Prof. Riemer* den 37. BAND vollständiger.» (Tgb) – GEDICHT PARABEL [ICH TRAT IN MEINE GARTENTÜR].

Donnerstag, 4. März. «DAS ZWEYTE MUNDUM GEFÖRDERT, DAS GANZE NOCH EINMAL DURCHGESEHEN UND DURCHDACHT. *Prof. Zenker* kam von Jena, das neuste Heft der Waarenkunde bringend, da er diese Arbeit *Goebels* fortsetzt. *Zeichenmeister Lieber* fragte wegen der alten Zeichnungen und ihrer Aufbewahrung nach. *Buchbinder Bauer;* demselben mehreres übergeben. Um 12 Uhr *Ihro Königliche Hoheit [Maria Paulowna]* und *Demoiselle Mazelet*. Ward das neue Gebäude [im Schloß?] besprochen [→ 7. 12. 29]. Auch den *Frauen* ökonomisch nützliche Bücher. Dann einige Vorkommenheiten. Fuhr mit *Wölfchen* spazieren. Speiste derselbe mit mir. Nach Tische *Walther*. Posse zwischen den beyden wegen eines zu verabreichenden Geburtstagsgeschenkes. Abends [...] *[Kanzler] v. Müller*. Das Trauerblatt des Chaos durchgesprochen [→ 2. 3.]. Ich blieb für mich, sonderte und bereitete manches vor.» (Tgb)

Freitag, 5. März. «Das Trauerblatt Chaos mußte noch leider näher überlegt werden, wegen einiger Veränderungen und Zuthaten. *John* fuhr an dem HAUPTMUNDUM fort. Um 1 Uhr *Herr Graf Voß, Frau, Tochter* und noch *eine Dame*. Ich sah sie in Erinnerung der *Frau v. Berg, Mutter der Frau Gräfin Voß*. Mittag *Hofrat Meyer*. Wir besahen das Portefeuille [*Gaspard* oder *Nicolas*] *Poussin* und *Glauber*. *Prof. Riemer*, der einiges Theatralische anbrachte. *Hofrat Soret*, muntere Unterhaltung [Goethe bedauert, *Lili Schönemanns Enkelin, Frederike Elisabeth Cäcilie v. Türckheim*, nicht öfter bei sich gesehen zu haben; → 20. 11. 29. Er spricht weiterhin über seine Beziehung zu *Lili*. (vgl. *Soret*, GG 6522f.)]. Blieb für mich, das Morgende vordenkend.» (Tgb)

Vermutlich Freitag, 5. März. «‹Enfin, m'a-t-il [Goethe] dit, savez-vous à quoi je m'occupe maintenant? Je fais une collection de toutes les pasquilles, gravures, épigrammes lancées contre les *papes*. Cela produit une singulière suite. Je veux vous en montrer quelque chose. Tenez! Voyez ce cahier de gravures!› Alors le reste de ma visite a été consacré à voir une série d'images en bois grossièrement faites, assez ordinaires et très méchantes contre les *Saints-Pères*, avec des vers de *Martin Luther* et des devises latines ou allemandes passablement mordantes.» (*Soret;* GG 6524)

Samstag, 6. März. «POETISCHES, CONCEPT UND MUNDUM. DAS SCHEMA UMGESCHRIEBEN. [...] *Revisor Geist* brachte das schöne Monstrum von Valeriana phu [Gartenbaldrian], Juny 1829. Auch die Zeichnung desselben im grünen Zustande [→ 20. 1.]. Ich fuhr am HAUPTGESCHÄFT fort. *Herr Staatsminister v. Fritsch,* wegen der hinterlassenen Papiere *Serenissimae. Geh. Sekretär Müller* brachte nachher ein Packet davon. Ich blieb zu Hause, anzuordnen und einzuleiten. Mittag *Hofrat Vogel.* Seine Bearbeitung staatspolizeylicher Gegenstände. Das große Portefeuille der *Italienischen Schule* von *Raffaels* Zeit an durchgesehen. Abends *Oberbaudirektor Coudray,* das Modell mit den beyden Fürstlichen Profilen bringend, Nachrichten von dem errichteten Katafalk ertheilend. Mit *Wölfchen* Domino gespielt.» (Tgb)

Sonntag, 7. März. «Einiges auf die LETZTE [8.] LIEFERUNG Bezügliche. Das Trauerblatt kam an im Reindruck und ward ausgetheilt [→ 5. 3.].» (Tgb) – Brief an *Zelter:* Goethe erkundigt sich nach den Berliner Witterungserscheinungen. – «Auch hast du ganz recht dir den *Begriff* von *Napoleon* nicht nehmen zu lassen [...]. Die Mémoires de *Bignon* sind daher interessanter für uns zu lesen [→ 22. 1.]. Ein ernster *Diplomat,* der den *Helden* und *Herrscher* zu schätzen weiß, nach dessen großen Zwecken wirkte und sich des Vergangenen und Geleisteten mit Anstand erinnert. – Gegenwärtiges dictir' ich unter dem feyerlichen Glockengeläute, welches zum kirchlichen Trauerfeste ruft; es ist genug gesagt um dir meinen Zustand fühlbar zu machen.» – «[...] [An *Kunsthändler*] *Börner* [Auktionsbestellungen] nach Leipzig. – Eröffnung der von Paris angekommenen Kiste. Die große Sammlung der Medaillons [Reliefporträts von *Zeitgenossen*] von *Herrn David* ausgepackt (Schuchardt 2, 340 ff., Nr. 171 ff.) [...]. Dr. *Eckermann* [Goethe spricht «von meinen Gedichten, daß ich von ihm die Ruhe und von *Byron* die Kühnheit habe... Er lobt sodann mein Gedicht zum Andenken der Herzogin-Mutter als vollkommen («Dem Andenken der Unvergeßlichen», gedruckt in Heft Nr. 24 des «Chaos»). Sodann eröffnet er mir, daß er seine WALPURGISNACHT habe zurücklegen müssen, um die LETZTE LIEFERUNG fertig zu machen. Die NACHRICHT ÜBER DAS DIDEROTSCHE MANUSKRIPT UND SEINE ÜBERSETZUNG DESSELBEN wolle er umschreiben und erweitern [→ 6. 11. 23]. Mir selbst überträgt er die Redaktion des 38. UND 39. BANDES. ‹Wenn wir uns dazu halten›, sagt er, ‹können wir in drei bis vier Wochen fertig sein, so daß die LIEFERUNG Ostern abgehen kann. Ich nehme sodann meine KLASSISCHE WALPURGISNACHT wieder auf und gehe im FAUST vor. Hiebei nun bin ich klug gewesen, daß ich aufgehört habe, wo ich noch in gutem Zuge war und noch viel bereits Erfundenes zu sagen hatte. Auf diese Weise läßt sich viel leichter wieder anknüpfen, als wenn ich so lange fortgeschrieben hätte, bis es stockte.› ... – Ferner befand

sich unter der Sendung von *David* ein Blatt mit dem Hute *Napoleons* in den
verschiedensten Stellungen. ‹Das ist etwas für *meinen Sohn*›, sagte Goethe, und
sendete das Blatt schnell hinauf. Es verfehlte auch seine Wirkung nicht; indem
der *junge Goethe* sehr bald herunter kam, und voller Freude diese Hüte *seines
Helden* für das non plus ultra seiner Sammlung erklärte. . . Ehe fünf Minuten
vergangen waren, befand sich das Bild schon unter Glas und Rahmen. . .»
(*Eckermann:* Tagebuch; GG 6525)] [. . .]. Für mich alsdann. Die Sendung
näher angesehen. Vorzüglich die gedruckten Werke, die dabey befindlichen
Briefe und Zuschriften. *Herr Kanzler v. Müller,* Schreiben des *Herrn Grafen
Reinhard* mittheilend [«An *Reinhard* könne er (Goethe) unter einem Monat
nicht schreiben; man fordere zu viel von ihm, er müsse Bankerutt mit seiner
Zeit machen. Wenn man die achtziger Jahre überschritten habe, gehe nicht
alles so leicht von der Hand. Niemand frage darnach, wieviel Mühe ihm die
Herausgabe SEINER WERKE mache. . .» (*Kanzler v. Müller;* GG 6526)] [. . .].
Herr Oberbaudirektor Coudray. Mit demselben über das Angekommene gespro-
chen [. . .]. Antworten besprochen [. . .].» (Tgb)

Montag, 8. März. Brief an *Bildhauer David:* Für dessen überraschende Sendung zu danken, bedient sich Goethe seiner Muttersprache, da er sich in der
des *Adressaten* «nicht so bequem auszudrücken fähig» ist. – Die Sendung hat
«wahrhaft Epoche» im *häuslichen* und *Freundeskreis* gemacht. – «Den physio-
gischen und kraniologischen Lehren *Lavaters* und *Galls* nicht abgeneigt, fühl
ich das lebhafteste Bedürfniß, solche *Personen,* deren Verdienste mir [. . .]
bekannt geworden, auch individuell im Bilde näher kennen zu lernen [. . .].»
– Zu Freude und Beruhigung gereichte dieser Tage ein Brief des *Grafen Reinhard* [an *Kanzler v. Müller*] mit der Mitteilung, daß die Form der von *David*
gefertigten [Goethe-]Büste [→ 13. 9. 29] glücklich beim *Adressaten* angelangt
und der Ausguß derselben «wohlgerathen aufgestellt» sei. Dabei gibt *Reinhard*
die größte Zufriedenheit mit dem Werk zu erkennen. – *[É.] Deschamps* hat
Goethe mit seiner Vorrede [zu dessen Werk «Études françaises et étrangères»,
1829] «ein großes Geschenk verliehen», indem sich Goethe den darin «mit
großer Mäßigkeit und Umsicht eröffneten Überblick» über den Gang der
neueren Literatur Frankreichs zu Nutzen macht. – «[. . .] Durch *Schuchardt* den
Handel mit *[Bildhauer] Kaufmann [d. J.]* wegen der Büsten besorgt [→ 26. 2.].
Weitere Ordnung in die gestrige Sendung. Mit *Ottilien* ausgefahren. «(Tgb) –
Besuch von *Hofrat Soret:* «*Wolf* est le *favori* de grand-papa, je le trouve très souvent là. Quant à *Walther,* il a des formes un peu moins caressantes; il est mis
de côté, le *pauvre garçon,* il ne sait pas flatter comme *son cadet.* Monsieur de
Goethe m'a dit ce soir en caressant *Wolf:* ‹Maintenant c'est cet *enfant* qui, tous
les soirs, mène coucher son grand-papa, qui lui ôte sa cravate et lui en met une
pour la nuit.› *Wolf* avait sommeil, je lui ai dit d'aller se coucher. ‹Non, s'est-il
écrié, il n'est pas encore neuf heures; je dois d'abord emmener coucher grand-
papa.› – On voit par plusieurs paroles de Goethe qu'il est maintenant très
occupé de l'idée de la mort, car il se tient, tant qu'il peut, à ce qui peut le rat-
tacher à la vie.» (*Soret;* GG 6527) – «Mittag *Oberbaudirektor Coudray,* welcher
verschiedenes von *Herrn David* und *Herrn Favier* Gesendete mittheilte. Dagegen ihm einen Theil der angelangten Medaillons vorwies. Wir hatten die
sämmtlichen neusten Ereignisse, Kunst- und Geschäftsereignisse durchgespro-

chen. [...] war *Konsistorialrat Schwabe* dagewesen und hatte mir seine Parentation der *Großherzogin* gebracht. *Fräulein Jacobi*. Ihre Abreise, bisherige und
künftige Zustände verhandelt.» (Tgb)
Dienstag, 9. März. «[...] EINIGES AUF RAMEAUS NEFFEN BEZÜGLICHES
[diktiert (NACHTRÄGLICHES ZU RAMEAUS NEFFE). – Die Erweiterung und
Umformung dieses bereits im Oktober/November 23 entstandenen und TEIL-
WEISE IN KuA VERÖFFENTLICHTEN AUFSATZES erscheint erst postum im
BAND 46 DER AlH, ist jedoch bereits für BAND 36 im Zusammenhang mit
der Aufnahme der ARBEITEN ÜBER DIDEROT vorgesehen; → 7. 3. (vgl. Hagen,
zu 1777)]. *Wölfchen* beschäftigte sich mit Durchzeichnen. Um 12 Uhr *Herr
Hofrat Vogel*. Alsdann spazieren gefahren. Mittag *Oberbaudirektor Coudray*.
[...] Besonders referirte er und communicirte, was schriftlich und im Druck
eingelangt war. Ich ließ ihn alsdann einen Theil der *Davidischen* Medaillen
sehen. Beschäftigte mich mit Ansicht und Ordnen der Kupfer, besonders der
Landschaften. Abends *Prof. Riemer;* gleichfalls die *Davidischen* Medaillen angesehen. Manches Litterarische durchgesprochen. Ich verglich ein Kupfer nach
dem großen Pariser Kamee mit dem Original [Gipsabguß des «sogenannten
Achat des *Tiberius*» (Schuchardt II, 347, Nr. 301)], das mitgekommen war.
Manches Litterarische durchgesprochen, besonders auch die verschiedenen
fragmentarischen Ausgaben altdeutscher Gedichte. Ich las nachher die Tragödie Henri III. et sa cour [1829] von *[A.] Dumas.*» (Tgb)
Mittwoch, 10. März. Brief an *Riemer:* Goethe bittet um eine Korrektur für
die OKTAVAUSGABE. – «Waren die Tagebücher [der *Bibliothesangestellten*] von
Jena angekommen. Nachricht von dem Rückfall des *Bibliothekars* [*Prof. Göttling;* → 27. 2.]. [...] [An] *Faktor Reichel* nach Augsburg, die 6. LIEFERUNG revidirt [DRUCKVORLAGE FÜR DIE OKTAVAUSGABE], der VIERZIGSTE BAND im
Original [REINEKE FUCHS. HERMANN UND DOROTHEA. ACHILLEIS. PAN-
DORA].» (Tgb) – Brief an *Weller:* Goethe bittet darum, mit jeder Gelegenheit
sichere Nachricht vom Zustand *Göttlings* zu erhalten. – «[...] *Van Ghert* [...]
sendete [s]eine academische Rede über FAUST [«Redevoering over den Faustus
van Göthe«]. *Geh. Kanzlei-Sekretär Müller*. Brachte ein Exemplar des neuen
Staatskalenders. Ingleichen den Abguß einer alten Medaille von Mohamed II.
durch einen *Florentiner* [*Bertoldo di Giovanni, Bildhauer, Erzgießer in Florenz;*
gest. 1491] gefertigt. Ist auf alle Fälle ein bedeutendes Stück. Mit *Ottilien* spazieren gefahren. *Dr. Eckermann* zu Tische [über französische Literatur, besonders *Mérimée* und *Béranger,* über Nation. – «Überhaupt ... ist es mit dem
Nationalhaß ein eigenes Ding. – Auf den untersten Stufen der Kultur werden
Sie ihn immer am stärksten... finden. Es gibt aber eine Stufe, wo er ganz verschwindet und wo man gewissermaßen über den Nationen steht, und man ein
Glück oder ein Wehe seines *Nachbarvolkes* empfindet, als wäre es dem eigenen
begegnet. Diese Kulturstufe war meiner Natur gemäß, und ich hatte mich
daran lange befestigt, ehe ich mein sechzigstes Jahr erreicht hatte.» (Eckermann, 14. 3.)]. Einiges an Kupferstichen geordnet. *Frau v. Wolzogen*. Die französischen durch *David* eingesendeten Werke theilweise durchgesehen. Man
blickt in ein entschiedenes ernstes Bestreben hinein, mitunter von wunderlichen Richtungen. [...].» (Tgb)
Dienstag, 9. / Mittwoch, 10. März. Brief an *Grafen Reinhard:* «Die Natur

gab ihr *[Auguste Jacobi]* klare Einsicht in die *Persönlichkeiten* und sonstige Verhältnisse der weltlichen Dinge, dabey ein festes Beharren auf sich selbst und
ihren Begriffen; dagegen aber versagte sie ihr alle Anlage zu einer liebevollen
Nachsicht [...]. Ich habe ihr in den letzten Tagen ihren Zustand deutlich zu
machen gesucht, das mag gelungen seyn; wo aber soll die Sinnesänderung
herkommen, von der ganz allein für die Zukunft einige Hoffnung zu fassen
wäre. Möge sie die Vortheile nicht verscherzen, welche die ihr angekündigte
Situation [...] verspricht. – *Ihrer Frau Tochter [v. Diemar,* → 1. 3.] hab ich nur
mit Bedauern zu erwähnen [...]. Vermuth ich richtig, so ist die Trennung von
ihrem Gemahl ihr das Peinlichste.»

Donnerstag, 11. März. «[...] Communicat an *Großherzogliche Oberbaubehörde*
wegen *Kaufmanns* Quartier.» (Tgb) – Brief an *Frau v. Pogwisch:* «Haben Sie die
Güte mir die fraglichen Samen anzuvertrauen, und ich will damit verfahren als
wenn es meine eigene Angelegenheit wäre, auch Ihnen die Hälfte der Pflanzen
[...] sehr gern zugestehen.» – «[...] Schreiben des *Herrn v. Gagern,* mitgetheilt
von *Herrn v. Müller.*» (Tgb) – Brief an *Kanzler v. Müller:* Goethe bittet, *v. Gagern*
vorläufig den besten Dank zu sagen; «die gegebene Kenntniß reicht schon weit
aus und versetzt unsern Zustand in's Deutliche [«Dass man das Privilegium für
Luxemburg auch auf den BRIEFWECHSEL MIT SCHILLER ausdehnen werde,
scheint sonach keinem Zweifel zu unterliegen...» (Begleitschreiben *v. Müllers*);
→ 2. 3.].». – «Um 12 Uhr *Frau Großherzogin,* blieb bis gegen Zwey. Der *junge
[Wilhelm Heinrich Friedrich] Martersteig [Maler* in Weimar; geb. 1814] von Dresden kommend. *Wölfchen* speiste mit mir. Nach Tische *Herr Kanzler v. Müller.*
Gegen Abend *Oberbaudirektor Coudray.* Über die Dornburger Felsen-Angele-
genheit [vermutlich handelt es sich um ein Naturereignis, das den Dornburger
Felsen und mit ihm das Großherzogliche Schloß bedroht (vgl. «Zum 24. Juni
1898. Goethe und Maria Paulowna», 175)]. Die von *David* eingesendeten Gips-
profile beschäftigten die *sämtlichen Personen,* welche heute bey mir eingesprochen. Einiges in den französischen neuen Werken gelesen.» (Tgb)

Freitag, 12. März. Brief an *Cotta:* Goethe teilt einen Auszug aus einem
Schreiben *v. Gagerns [d. J.* aus Den Haag] mit. «Eine Ausdehnung des uns, zu
Gunsten MEINER WERKE auf Luxemburg gegebenen Privilegiums gleichfalls
auf den BRIEFWECHSEL erstreckt, würde wohl zu erlangen seyn. Sollten es Ew:
Hochwohlgeboren für räthlich halten, so könnte deshalb die nöthigen Schritte
thun. Ein Privilegium auf das ganze Königreich steht nicht zu hoffen [→ 11.
3.].» – «[...] Abschrift des Dornburger Promemoria's von *[Kammerrat] Kruse*
[→ 11. 3.]. Einiges mit *Schuchardt.* Übersetzung des englischen Gedichts von
Schmidt durchgesehen. Mit *Ottilien* spazieren gefahren. Speiste für mich. Ordnete einiges von Kupferstichen und Zeichnungen. *Herr Prof. Riemer* wie
gewöhnlich. Er brachte den 37. BAND revidirt zurück [→ 3. 3.]. Ich überdachte das vielfache Bevorstehende.» (Tgb)

Samstag, 13. März. Brief an *Faktor Reichel:* Goethe sendet eine Korrektur
zum 29. BAND, die in der OKTAVAUSGABE nachzubringen wäre. – Den vor
kurzem erlittenen Verlust [Tod der *Großherzogin Luise;* → 14. 2.] wird der
Adressat sicher nicht ohne Mitempfinden vernommen haben. «In meinen Jahren fällt es freylich schwer sich gegen solche Entbehrungen herzustellen.» –
Brief an *Hofrat Meyer:* Goethe hat dem *jungen Kaufmann* die im eingereichten

Verzeichnis aufgeführten Gegenstände abgenommen [→ 8. 3.]. Er empfiehlt einige weitere zum Ankauf, die Entscheidung den *höchsten Herrschaften* überlassend. − «[...] Gnädigstes Rescript, die auf Großherzogliche Bibliothek zur Verwahrung gesendeten Briefschaften aus dem Nachlaß der *Höchstseligen Großherzogin-Mutter* betreffend. Ich ließ mir solche einliefern. Um 12 Uhr *Herr Zahn* von Berlin, welcher nach glücklich vollendetem 10. Hefte seiner pompejanischen Mittheilungen wieder nach Italien zu gehen gedenkt. [...] *Demoiselle Jacobi* und *Bruder [Friedrich Leopold Victor, Enkel Jacobis; geb. 1809] in Jena studirend. Mittag Hofrat Vogel.* Über die Einwirkung des *Brownischen* Systems auf die Heilkunst und Sonstiges. Abends für mich. Die NEUEN HEFTE VON FAUST durchgelesen.» (Tgb)

Sonntag, 14. März. Brief an *Maria Paulowna:* Goethe sendet das mitgeteilte Heft [vermutlich Angaben über das Dornburger Naturereignis enthaltend; → 12. 3.] zurück und meldet, daß die zuständigen Behörden das Ereignis mehr aufklären und sich darüber beraten werden. − Brief an *Zahn:* Goethe bittet ihn, *Schmeller* einige Stunden für ein Porträt zu gönnen. − «[...] [An *Kaufmann*] Marstaller in Hamburg [Weinbestellung]. − [...] *Herr Hofrat Vogel. Herr Hofrat Soret* und der *Prinz [Karl Alexander].* Ersterem zeigte ich die [...] angekommenen Werke. Der *Prinz* war mit *seinem Herrn Vater* auf dem Bibliotheksmuseum gewesen. Hatte sich der schönen Elfenbein-Arbeiten erfreut. *John* schrieb am FAUST ab. Mittag *Herr Zahn* und *Oberbaudirektor Coudray.* Nach Tische *Schmeller,* Verabredung wegen des *Zahnischen* Porträts. Man wies die *Schmellerischen* Porträte vor. Gegen Abend *Herr Kanzler [v. Müller.* − «Als ich ihm (Goethe) *Feuerbachs* teilnehmende Nachfrage meldete: ‹Nun, antworten Sie nur, mein Bündel sei geschnürt, und ich warte auf Ordre zum Abmarsch.›» (GG 6530)]. Kamen *Serenissimus* dazu. Blieb für mich, einiges durchzusehen und vorzubereiten.» (Tgb)

Montag, 15. März. «EINIGES POETISCHE, CONCEPT UND MUNDUM.» (Tgb) − Brief an *Soret:* Da der *Maler Zahn* «eigentlich nichts Neues und Bedeutendes» vorzuweisen hat, rät Goethe, ihn dem *fürstlichen Paar* nicht vorzustellen. − «[...] *Hofrat Meyer* brachte die Acten wegen *Kaufmanns* Gipsen zurück [→ 13. 3.]. Betrachtete mit demselben den Abguß des Pariser großen Kamees [→ 9. 3.]. *Herr Oberhofmeister v. Motz,* welcher nach Berlin gesendet ward. *Herr Dr. Weiß* von Freiberg. War bey Sonnenschein [...] in den Garten gegangen. Mittag die *Herren Zahn* und *Coudray.* [...] Blieben lange beysammen. Besprachen vieles auf Kunst und Alterthum Bezügliches. Abends *Herr Soret.* Erklärte ihm die oberaufsichtlichen Verhältnisse in Jena und hier [vgl. GG 6531].» (Tgb)

Dienstag, 16. März. «Der *junge Martersteig* brachte einige Zeichnungen, *Schmeller* das Porträt von *Zahn.* Verabredung wegen einer Reise *meines Sohns* [«Morgens besucht mich *Herr (August) v. Goethe* und eröffnet mir, daß seine lange beabsichtigte Reise nach Italien entschieden worden (sei) und daß ich mit ihm gehe.» (*Eckermann:* Tagebuch; GG 6533)]. *Herr Zahn* und *Oberbaudirektor Coudray* waren nach Tiefurt gefahren. Mittagsessen im Kränzchen dem *Fremden* zu Ehren. Speiste *Herr Rothe,* der *Hofmeister meiner Enkel,* mit mir. Nach Tische *Dr. Eckermann* [Goethe «fängt sogleich an, von der Reise *seines Sohnes* zu reden, daß er sie billige, sie vernünftig finde und sich freue, daß ich mit gehe.» (*Eckermann*, ebenda) – «Wir werden die ganze Reise in sechs Monaten machen, und Goethe hat das nötige Geld für uns bewilligt.» (*Eckermann an J. Bertram*, 20. 3.; GG 6534) «... Er zeigte mir sodann einen Christus mit zwölf Aposteln, und wir reden über das Geistlose solcher Figuren, als Gegenstände der Darstellung für den Bildhauer (Goethe hatte fünf Reproduktionen nach *Thorwaldsen*, Christus und vier der Apostel darstellend, erhalten. Die Originale hatte der *dänische Bildhauer* 1821–27 für die Frauenkirche in Kopenhagen, heute Kopenhagen, Thorwaldsen-Museum, geschaffen; Schuchardt 1, S. 142, Nr. 375).» (Eckermann: Tagebuch; GG 6533) – «›Der eine Apostel‹, sagte Goethe, ›ist immer ungefähr wie der andere, und die wenigsten haben Leben und Taten hinter sich, um ihnen Charakter und Bedeutung zu geben. Ich habe mir bei dieser Gelegenheit den Spaß gemacht, einen Zyklus von zwölf biblischen Figuren zu erfinden, wo jede bedeutend, jede anders, und daher jede ein dankbarer Gegenstand für den *Künstler* ist.‹» (Eckermann)]. Gegen Abend *Prof. Riemer. Herr Zahn*, Abschied zu nehmen [«Der Abschied wurde diesmal schwer, denn wir ahnten wohl beide, wie wir einander nicht mehr wiedersehen würden.» (O. Glagau: Ein Künstlerbesuch beim Altmeister Goethe, 1864; GG 6535)]. Gab Kenntniß von seinem lithographischen Verfahren in Berlin. Sodann für mich, das Nächste durchdenkend.» (Tgb)

Mittwoch, 17. März. «Die *Zahnischen* Nachbildungen einige Hefte [«Die schönsten Ornamente...»] durchgesehen. Überlegte eine ANZEIGE derselben. [...] Mittag *Dr. Eckermann*. Recapitulation der dreyzehn biblischen Statuen [→ 16.3.]. Auch aß *Wölfchen* mit. Nach Tische Fortsetzung der morgendlichen Studien, zu den vielfachsten Betrachtungen nach allen Seiten hin genöthigt.» (Tgb)

Donnerstag, 18. März. «POETISCHES REVIDIRT [→ 7. 3.]. [...] Überlegung was wegen *Zahn* nach Wien an *Deinhardstein* gelangen könnte. *Herr Chandler [Candler?]*, ein *Engländer* [...]. Nach 12 Uhr *Frau Großherzogin, Demoiselle Mazelet*. Ich überreichte die kleine Büste des Prinzen Wilhelm. Berichterstattung, neue Aufträge. Mittag für mich. Nach Tische die *Zahnischen* letzten Lieferungen vorgenommen [→ 17. 3.]. Gegen Abend *Herr Oberbaudirektor Coudray*. Über des *Mathematiker [Johann Christoph Sebastian] Vents* Gesuch gesprochen. Zeigte mir derselbe einen Vorschlag zu einer neuen Thüre in den untern Garten [→ 2. 3.].» (Tgb)

Freitag, 19. März. Brief an *Zahn:* Goethe bedauert, dessen zehn Hefte nicht mit ihm gemeinsam durchgegangen zu sein [→ 18. 3.]. Da er eine «ANZEIGE, etwa in das nächste Heft von KUNST UND ALTERTUM», vorbereitet, bittet er den *Adressaten* um Mitteilungen über seinen Lebens- und Studiengang. – Vielleicht könnten auch einige Bemerkungen über dessen Fortschritte im farbigen Druck gemacht werden. – «Den Bericht wegen der *Kaufmannischen Witwe* ajustirt. [...] *Geh. Hofrat Helbig*, wegen des *Maler Kaisers* und anderer Angelegenheiten [→ 25. 10. 29]. Mit *Hofrat Meyer* spazieren gefahren. Derselbe speiste mit mir, auch *Wölfchen*. Wurde das Bild von *Kaiser* ausgepackt, durch schlechte Verwahrung beschädigt. *Liebern* zum Restauriren übergeben. *Herr Hofrat Soret. Herr Prof. Riemer.* Mit demselben einige Dubia von DIDEROTS NEFFEN abgethan [für die Vorbereitung des Drucks von RAMEAUS NEFFEN in BAND 36 DER AlH; → 9. 3. (vgl. weiterhin Hagen, zu 1789)]. [...]» (Tgb)

Samstag, 20. März. «Oberaufsichtliche Concepte und Munda. Um 12 Uhr *Herr Weiß* aus Brüssel, Entwurf und Proben von einem neuen geographischen Atlas vorlegend. *Geh. Hofrat Helbig*, wurde ihm das *Kaiserische* Bild und Beschädigung vorgezeigt, auch solches an *Lieber* zurückgegeben [→ 19. 3.]. Mit *Wölfchen* spazieren gefahren in den untern Garten, dann um's Webicht. Mittag *Hofrat Vogel*, seine schöne, mit dem Großherzoglichen Chiffre bezeichnete Dose vorweisend. Gegen Abend [...] *[Kanzler] v. Müller*. Später bey *Wölfchen*, welcher wegen Verkältung im Bette lag. Hernach *Serenissimus*. – Unterthänigster Bericht wegen *Kaufmanns Witwe* [→ 19. 3.].» (Tgb)

Sonntag, 21. März. «POETISCHES CONCEPT UND MUNDUM.» (Tgb) – Brief an *Botaniker Voigt:* Goethe sendet die von *Frau v. Pogwisch* erhaltenen, unbekannten Samen und empfiehlt sie seiner Aufmerksamkeit [→ 11. 9.]. – «[...] *Dr. Eckermann* zu Tische [«Goethe... spricht zunächst über die Reise *seines Sohnes*, und daß wir uns über den Erfolg keine zu große Illusion machen sollen (→ 16. 3.). ‹Man kommt gewöhnlich zurück, wie man gegangen ist›, sagte er, ‹ja man muß sich hüten, nicht mit Gedanken zurückzukommen, die später für unsere Zustände nicht passen. So brachte ich aus Italien den Begriff der schönen Treppen zurück, und ich habe dadurch offenbar mein Haus verdorben, indem dadurch die Zimmer alle kleiner ausgefallen sind, als sie hätten sollen. Die Hauptsache ist, daß man lerne, sich selbst zu beherrschen. Wollte ich mich ungehindert gehen lassen, so läge es wohl in mir, mich selbst und meine Umgebung zugrunde zu richten.› – Wir sprachen sodann über krankhafte körperliche Zustände und über die Wechselwirkung zwischen Körper und Geist. – ‹... Ich leide oft an Beschwerden des Unterleibes, allein der geistige Wille und die Kräfte des oberen Teiles halten mich im Gange.›» – Weiterhin über die Arbeit an der KLASSISCHEN WALPURGISNACHT, über klassische und romantische Poesie sowie über die zwölf Apostel; → 17. 3. (vgl. Eckermann).] [...]. Gemma von Art, Trauerspiel von *Thomas Bornhauser* [*schweizerischer Schriftsteller, Politiker*; geb. 1799], gelesen und beurtheilt. Hübsche Localität, Sitteneinfalt, die gefällt. Poetisch-rhetorische glückliche Stellen; aber allem diesen der absurdeste Tyrann entgegengesetzt, wodurch der Gang des Stückes und dessen Abschluß widerwärtig wirkt und keineswegs tragisch ist. Zeitig zu Bette.» (Tgb)

Montag, 22. März. «POETISCHES CONCEPT UND MUNDUM. IN DER ZWEYTEN REINSCHRIFT VORGERÜCKT. DAS NOCH ÜBRIGE ZUM GANZEN DURCHGEDACHT. *Herrn v. Müllers* Gedächtniß der *hingegangenen Frau Großherzogin [Luise]*. Sehr wohl gerathen [→ 28. 2.].» (Tgb) – Brief an denselben: «[...] aus dem Stegreife würde ich mich so ausdrücken: der würdige Gehalt ist natürlich, rein und gründlich angeschaut, die Behandlung rhetorisch-diplomatisch im besten Sinne durchgeführt.» – Für einen Satz schlägt Goethe eine inhaltlich-stilistische Variante vor. – Ich sollte nicht glauben daß nach dem Sonnenuntergang etwas Weiteres zu erwarten wäre.» – «*Ottilie* brachte noch einige Trauergedichte. Consultation deßhalb. Büchersendungen. Der *Vossische Shakespeare* 9. Bandes 1. Abtheilung. *Kefersteins* Deutschland 6. Bandes 3. Heft. Der *Panzerische* Büchercatalog. Unterhaltungen und Mittheilungen von und für Bayern, Nürnberger Zeitschrift. Diplom als Ehrenmitglied des *Industrie- und Cultur-Vereins* daselbst. Mittag für mich. War eine Sendung *Bör-*

ners von Leipzig angekommen. Ihre Betrachtung gab mir viel Vergnügen und neue Kenntniß. Abends *Demoiselle [Auguste] Jacobi,* welche von ihrer Nachhause-Reise Nachricht gab.» (Tgb)

Dienstag, 23. März. Brief an *Schwiegertochter Ottilie:* «Das hier zurückkehrende Gedicht [auf den Tod der *Großherzogin Luise*] rathe nicht [im «Chaos»] abzudrucken; es ist ein einseitiges Lob der Hingeschiedenen, welches für die *Zurückbleibenden* beleidigend werden kann. Purpur [...] und Perlen gehören einer *Fürstin* und man kann sogar verlangen daß sie sich damit schmücke. – Wenn Eine dann dieß unterläßt, [...] so hängt das mit ihrer übrigen Denk- und Lebensweise zusammen; kann aber einzeln weder betrachtet noch gerühmt werden. Weiterem Nachdenken diesen Fall überlassend.» – «[...] EINIGES ZU ZAHNS POMPEJI [Vorarbeiten zum AUFSATZ DIE SCHÖNSTEN ORNAMENTE UND MERKWÜRDIGSTEN GEMÄLDE AUS POMPEJI ... (II); → 19. 3.]. IM POETISCHEN FORTGERÜCKT. *Hofrat Vogel* über desselben Werk, worin ich gestern Abend noch gelesen [→ 20. 2.]. Die Aushängebogen [desselben] sind bis g eingegangen. Ausgefahren mit *Hofrat Meyer.* Er speiste mit mir. Wir beschauten die angekommenen Blätter von Leipzig, auch den zweyten Probedruck von der Kreuzführung [*Toschis* Stich nach *Raffaels* «Lo Spasimo». – «Ein herrliches Werk, wenn es vollendet ist...» (an *Zelter,* 27. 3.)]. Besprachen einiges Materielle die Zeichenschule betreffend. Sodann *Herr Kanzler [v. Müller],* manches Vorliegende, besonders seine sehr wohlgerathene Trauerrede auf die *Höchstselige Herzogin* [– «Seit ich die Zeitungen nicht mehr lese, bin ich viel freiern Geistes. *Mein Sohn* wird in Italien seine eignen Wege gehen, das Lumpenpack kümmert sich viel um die Väter.› – Gespräch über seine Unterredung mit *Napoleon* (→ vermutlich März 25; → 2. 10. 08).» (*Kanzler v. Müller;* GG 6539)]. *Herr Prof. Riemer.* Wir gingen DIDEROTS NEFFEN durch und berichtigten DIESEN BAND [→ 19. 3.]. Ferner ein nachgekommenes Trauergedicht. Auch Concpete einiger Briefe. [...] *Kefersteins* Deutschland 6. Bandes 3. Heft gelesen. Die alten Harzer Erinnerungen [Harzreisen 1777, 1783 und 1784], hier durch trockene Worte aufgefrischt, machten mir viel Vergnügen.» (Tgb)

Mittwoch, 24. März. «[...] Ich wendete mich zu dem VORWORT, welches ich versprochen hatte. DICTIRTE EINIGES DEßHALB [Arbeit am AUFSATZ THOMAS CARLYLE, «LEBEN SCHILLERS»]. Suchte die Briefe von *Carlyle* auf und richtete das Ganze im Sinne zurecht [→ 5. 12. 29].» (Tgb) – Brief an *Eckermann:* Goethe sendet das besprochene Gedicht [an *König Ludwig;* → 3. 3.] zurück und bittet ihn zu notiren, was diesem von den Arbeiten *Carlyles* im «Edinburgh Review» bekannt geworden ist. – «[...] Mundum des Briefs an *Herrn v. Deinhardstein* [→ 18. 3.].» (Tgb): Goethe befand sich hinsichtlich dessen Bitte [um einen Beitrag für die Wiener «Jahrbücher der Literatur», deren Redakteur der *Adressat* ist (an Goethe, 1. 2.)] zunächst etwas in Verlegenheit. – Nun plant er jedoch, eine «EINFACHE ANZEIGE» DER ZAHNSCHEN HEFTE «mit einigen Bemerkungen über Ziel und Zweck derselben» aufzusetzen, die er zur «allenfallsigen Benutzung» übergeben wird [→ 19. 3.]. – Goethe bittet, ihn «Ihrem *höchsten Gönner [Metternich]*» zu empfehlen. – «Mittag *Dr. Eckermann* [Goethe «erzählt mir von einem französischen Gedicht, das als Manuskript in der Sammlung von *David* mitgekommen, unter dem Titel ‹Le rire de

Mirabeau» (von *Cordellier-Delaroue, gedruckt erst 1855). ‹Das Gedicht ist voller Geist und Verwegenheit›, sagte Goethe, ‹. . . Es ist, als hätte der Mephistopheles dem *Poeten* dazu die Tinte präpariert. Es ist groß, wenn er es geschrieben, ohne den FAUST gelesen zu haben, und ebenso groß, wenn er ihn
gelesen.*»* (Eckermann)]. Die Angelegenheit von *Carlyle* besprochen. Einiges
von den angekommenen Kupfern und Zeichnungen besehen. *Herr Kanzler v.
Müller. Abends Prof. Riemer.* Gingen den 36. BAND abschließlich durch [→ 23.
3.]. Ich las das wunderliche Büchlein, der todte Esel und die guillotinirte Frau
[«L'âne mort et la femme guillotinnée», 1827]. Der *Verfasser [J.]* Janin besitzt
genugsam, was man Welt- und Menschenkenntniß heißt, auch hat er sich mit
dem Kehricht einer großen Stadt genugsam bekannt gemacht und, um die
neuste Art der *Autoren,* welche sich mit dem Abscheulichen abgeben, zu par-
odiren, [. . .] kann man ihm Findungs- und Erfindungstalent nicht absprechen
[. . .].» (Tgb)
  Donnerstag, 25. März. «Einiges Nothwendige fortgeführt. *Herr [J. Burton]
Harrisson [amerikanischer Reisender]* aus Virginien [geb. 1805] [. . .]. *Frau Großherzogin [Maria Paulowna], Demoiselle Mazelet.* War von der Untersuchung der
Dornburger Felsspalte die Rede [→ 14. 3.]. [. . .] der *Großherzog [Karl Fried-
rich],* der *Erbprinz [Karl Alexander]* mit *Herrn Soret* und *Coudray* waren dage-
wesen. Ich las in dem Roman Cinq-Mars [ou une conjuration sous Louis
XIII., 1826, von *A. de Vigny*].» (Tgb)
  Freitag, 26. März. «POETISCHES CONCEPT UND MUNDUM. Dank an [. . .]
die *Frau Großherzogin [Maria Paulowna]* für die an *Alma* geschenkten Spielsa-
chen. Stammbuch der *Demoiselle Jacobi* zum Abschiede [GEDICHT VIEL GUTE
LEHREN STEHN IN DIESEM BUCHE]. Einige alte Schriften eingesehen, auf Herculanum und Pompeji bezüglich [für den AUFSATZ ÜBER DIE ZAHNSCHEN
HEFTE; → 24. 3.]. Mittags *Herr Oberbaudirektor Coudray.* Mittheilung des
Dornburger Protocolls [→ 25. 3.]. Nähere Auskunft darüber. Einsweilige
Beruhigung über diesen Punct. Nach Tische zeigt' ich ihm *Zahns* 10. Heft.
Betrachtungen über die Brauchbarkeit dieser Mittheilungen zu unsern Zwek-
ken. *Fräulein Jacobi,* Abschied zu nehmen. *Prof. Riemer;* einiges nachträglich
zu DIDEROT verhandelt [→ 24. 3.]. Wölfchen amüsirte sich und uns mit Auf-
schneiden der neuen fanzösischen Bücher. [. . .]» (Tgb).
  Samstag, 27. März. Brief an *Zelter:* «Bey mir ist das Auge vorwaltend, und
ich ergötze mich höchlich wenn mir gelingt, [. . .] irgend ein Kupfer, Radirung
oder Zeichnung zu erlangen; freylich muß es aus älterer Zeit seyn, denn die
neuern bringen uns [. . .] meist in Verzweiflung. [. . .]. – Zu seiner Zeit stieg
dieses Stück [*Lessings* «Emilia Galotti»] [. . .] aus der *Gottsched-Gellert-Weissi-
schen* pp. Wasserfluth [. . .]. Wir jungen Leute ermuthigten uns daran und
wurden deshalb *Lessing* viel schuldig. – Auf dem jetzigen Grade der Cultur
kann es nicht mehr wirksam seyn. [. . .] wir [haben] davor den Respect wie vor
einer Mumie, die uns von alter hoher Würde des Aufbewahrten ein Zeugniß
gibt.» – Goethe bittet um die Zusendung SEINER VORJÄHRIGEN BRIEFE an den
Adressaten [→ 25. 1.]. – «[. . .] EINIGES POETISCHE von gestern Abend in's
MUNDUM. Anderes durchgesehen und durchgedacht. *Schuchardt* wegen Kupferstichen der *Höchstseligen Frau Großherzogin,* auch dem *Kaufmannischen*
Quartier. Mit *Ottilien* spazieren gefahren. Mittag *Hofrat Vogel.* Unterhaltung

über sein Werk [→ 23. 3.]. Einige Geschäfts- und Personenverhältnisse. Nachher die *Zahnischen* Blätter angesehen [→ 26. 3.]. *Herr Großherzog.* Gelesen in denen von *Herrn David* gesendeten französischen Werken.» (Tgb)

Sonntag, 28. März. «[...] *Schmeller, Durands* Porträt bringend, eins der Thonbilder wieder mit zurücknehmend. *[Chemie-]Prof. Wackenroder* von Jena. *Frau Präsident v. Schwendler.* Fuhr allein in den untern Garten. *Dr. Eckermann* kam nach und speiste mit. Um halb 6 Uhr nach Hause. [...] *[Kanzler] v. Müller* und *Oberbaudirektor Coudray* [«Er (Goethe) bat, ich möchte ihm das Merkwürdigste aus den Zeitungen erzählen; über Griechenland, die alte Morgue (öffentliches Leichenschauhaus in Paris); es sei albern von *Kapodistrias,* wenn er die *griechischen Primaten (Häupter der angesehensten griechischen Familien,* deren Widerstand gegen *Kapodistrias* schließlich zu dessen Ermordung führte) schelte, sie taugten überall nichts, nicht bloß dort. Er danke Gott, daß er kein Philhellene sei, sonst würde er sich über den Ausgang des Dramas jämmerlich ärgern... – Er zeigte uns feine Präparate von Schnepfenköpfen, merkwürdig wegen der ungeheuer großen Augen... – Überhaupt hätten die *Franzosen* seit *Voltaire, Buffon* und *Diderot* doch eigentlich keine Schriftsteller erster Größe gehabt... ‹Wenn die *Franzosen* sich mausig machen, so will ich ihnen das noch vor meinem seligen Ende recht derb und deutlich vorsetzen. Ach, wenn man so lange gelebt hat wie ich und über ein halbes Jahrhundert *mit so klarem Bewußtsein* zurückschaut, so wird einem das Zeug alles, was geschrieben wird, recht ekelhaft.»» (*Kanzler v. Müller;* GG 6541)].» (Tgb)

Montag, 29. März. «Einiges zu Zahns Heften dictirt [→ 27. 3.]. Beschäftigte sich *Wölfchen* mit Falzen. *[Karl Georg] Kirchner,* von Paris über London und Brüssel zurückkehrend, von Aufenthalt und Reise vorläufig Nachricht gebend [→ 22. 2.]. Um 12 Uhr spazieren gefahren. Allein gespeist. Nach Tische *Gräfin Line Egloffstein* und *Hofrat Soret,* wozu *Wölfchen* kam.» (Tgb)

Dienstag, 30. März. Brief an *Eckermann:* Goethe bittet ihn, den letzten Brief *Carlyles* auch noch zu übersetzen. – «In Bezug auf Schillers Leben von Carlyle verschiedenes dictirt und arrangirt [→ 24. 3.; Studien zur Weltliteratur, Abschnitt 6; ursprünglich wohl als Teil des Vorworts gedacht] [...]. Halb 1 Uhr allein spazieren gefahren. Speiste *Wölfchen* mit mir. Nachher [...] *[Kanzler] v. Müller,* der mich mit Betrachtung alter Portefeuilles beschäftigt fand [«*Goethe jun.* reist in vier Wochen auf sechs Monate nach Italien, sich physisch und moralisch neu zu beleben. Der alte Herr ist wohler und frischer als seit lange; ja, er hat bereits einen Mittag (→ 28. 3.) in seinem Ilm-Garten zugebracht.» (*Kanzler v. Müller;* GG 6542)]. *Herr Prof. Riemer,* welcher den 37. Band meiner Werke durchgesehen und völlig arrangirt hatte [→ 28. 2.].» (Tgb)

Mittwoch, 31. März. «Einiges zu Carlyle dictirt und schematisirt [→ 30. 3.]. *Dr. Eckermann* um 12 Uhr. Mit demselben im Hausgarten spazierend. Besprachen sein Gedicht [→ 24. 3.]. Speisten zusammen. Nach Tische *Ottilie.* Später mit *Wölfchen.*» (Tgb)

Wahrscheinlich zweite Märzhälfte. Aufsatz Christus nebst zwölf alt- und neutestamentlichen Figuren, den Bildhauern vorgeschla-

GEN [→ 21. 3.; vermutlich zunächst als Ergänzung für die BÄNDE 38 UND 39
DER ALH vorgesehen, jedoch erst postum erschienen (vgl. Hagen, zu 1787)].

Donnerstag, 1. April. «Bezüglich auf *Carlyle* verschiedenes beygeschafft
und durchgedacht [→ 31.3.]. *Sekretär Kräuter* [...]. German Romance [von
Carlyle] vorgenommen [→ 20. 5. 27]. Um 12 Uhr *Kaiserliche Hoheit [Maria
Paulowna]* und *Demoiselle Mazelet.* Mittag *Herr Prof. Riemer.* Ihm die neusten
Kupfer vorgewiesen. Von einer intentionirten *Gesellschaft der hiesigen wissenschaftlichen Männer* gesprochen und gehandelt. Auch die Interressen von *Carlyle* besprochen. Nachher für mich [...] vorgearbeitet.» (Tgb)

Freitag, 2. April. «IN BEZUG AUF CARLYLE gelesen, NOTIRT und REDI-
GIRT.» (Tgb) – Billett an *Riemer:* «Der *Herausgeber* des Chaos *[Schwiegertochter
Ottilie]* getraut sich nicht unter den Varianten zu wählen und bittet um ge-
neigte Selbstbestimmung des *Dichters.*» – Brief an *Kunsthändler Börner:* Goethe
sendet das überschickte Portefeuille sowie ein Verzeichnis der zurückbehalte-
nen Blätter. – Brief an *Faktor Reichel:* Goethe zeigt an, daß der 36. UND 37.
BAND SEINER WERKE [DRUCKVORLAGEN] soeben abgegangen seien. Die BEI-
DEN NOCH FEHLENDEN BÄNDE [die von *Eckermann* zusammengestellten BÄN-
DE 38 UND 39; → 7. 3.] behält er nur zurück, «um sie mit EINIGEM NEUEN
INTERESSANTEN zu schmücken», doch können diese «auf jedesmaliges Ver-
langen» abgehen [→ vermutlich zweite Märzhälfte]. – «[...] *Schmeller* brachte
die Zeichnung von dem einen antiken Thongebilde. *Hofrat Vogel.* Der *junge
Kaufmann* nahm ein Empfehlungsschreiben dictirt nach Rom. Mit *Ottilien*
spazieren gefahren. Allein gespeist. Zu ordnen angefangen in den vordern
Zimmern. Abends [...] der *Großherzog [Karl Friedrich].*» (Tgb)

Samstag, 3. April. «CARLYLE BETREFFEND EINIGES GEFÖRDERT. Schreiben
von *Graf Reinhard* an [...] *[Kanzler] v. Müller.* Absendung der drey verlangten
Medaillen an denselben.» (Tgb) – Brief an *Lieber:* Goethe bemerkt zu der kleinen übergebenen Landschaft, daß sie als einzudruckende Vignette [wohl die
Titelvignette zu der Übersetzung von *Carlyles* Leben Schillers, «Thomas Carlyles Wohnung in der Grafschaft Dumfries...»] zu betrachten und entsprechend zu behandeln sei. – «Fuhr mit *Walther* spazieren. Speiste mit *Hofrat
Vogel.* Interessante Unterhaltung über den Begriff von Identität und Diffe-
renziren. *Kräuter* wegen der Bibliotheksangelegenheit, die alten Gemälde
betreffend. Abends *Wölfchen* mit manchen Possen sich und mich unterhaltend.» (Tgb)

Sonntag, 4. April. «Munda. [...] Die Edinburger Reviews zu VORLIEGEN-
DEN ZWECKEN durchgesehen [→ 3. 4.] [...]. Mit *Ottilien* spazieren gefahren.
Dieselbe und *Dr. Eckermann* speiste mit mir. *Mein Sohn* hatte Hofdienst. Nach
Tische *Hofrat Meyer.* Besprach mit ihm die Bibliotheksangelegenheit und
anderes. Beschäftigte mich mit den EDINBURGER ANGELEGENHEITEN.» (Tgb)

Montag, 5. April. Brief an *Legationsrat Kestner:* Goethe empfiehlt ihm den
Sohn des frühzeitig verstorbenen Hofbildhauers Kaufmann, der nun nach Rom
geht, um bei *seiner Mutter* zu leben, der eine Pension zugestanden worden ist
[→ 19. 3.]. – Der *junge Kaufmann* hat sich «auf eine Art Zeichnerey» gelegt,
die Goethe «nicht gefallen» will. Auch er ist von «dem alterthümlich-frommen
und zugleich sogenannten patriotisch-natürlichen, aber immer doch nur steif-
und mumienhaften Wesen» angesteckt worden. Vielleicht wird der *Adressat*

dessen Arbeiten nachsichtiger beurteilen und kann etwas zur Förderung des
jungen Mannes beitragen. – Brief im Namen von *Sohn August* an *Philologen
Schubarth:* Diesem wird für die ausgesprochene Absicht «schönstens gedankt»
[der *Adressat* bittet am 31. 3. in einem Brief an *Sohn August* um die Erlaubnis,
Goethe seine Vorlesungen über FAUST, die er im vergangenen Winter in
Hirschberg (Schlesien) gehalten hat und die sich nun im Druck befinden, wid-
men zu dürfen]. Man versichert, daß Goethe nie aufgehört hat, an dessen Stu-
dien und Schicksalen Anteil zu nehmen. (WA I V, 47, 316) – «[...] DIE EDIN-
BURGER ANGELEGENHEIT WEITERGEFÜHRT [STUDIEN ZUR WELTLITERATUR,
ABSCHNITT 7, ursprünglich wohl als Teil des VORWORTES ZU CARLYLES
SCHILLER-BIOGRAPHIE gedacht]. *Inspektor Schrön* das Nächste vorlegend,
seine höchst löblichen Frühjahrsunternehmungen vortragend. *Herr Hofrat
Soret* [...]. Speiste derselbe mit mir. Zeigte ihm nach Tische das Schatzkäst-
chen der russischen Mineralien. Dazu *Hofrat Vogel*. Blieb nachher für mich
und bereitete das Nothwendigste vor.» (Tgb)
Vermutlich Montag, 5. April. «Ich [Goethe] kann eigentlich mit niemanden mehr über die mir wichtigsten Angelegenheiten sprechen, denn niemand
kennt und versteht meine Prämissen. Umgewandt verstehe ich zum Beispiel
Vogeln [den *Leibmedikus*] gar sehr gut, ohne seine Prämissen zu kennen; sie
sind mir a priori klar, ich sehe aus seinen Folgerungen, welche Prämissen er
gehabt haben muß.» (*Kanzler v. Müller,* 5. 4.; GG 6545)
Dienstag, 6. April. «ZU DEN AUFSÄTZEN ÜBER CARLYLE.» (Tgb) – Brief
an *Rochlitz:* «In jenen traurigen Stunden, wo wir keine Hoffnung auf die
Erhaltung *unsrer verehrten Fürstin [Luise]* mehr haben konnten, sie aber doch
noch am Leben wußten [...], war *Ottilie* bey mir auf dem Zimmer und Ihre
neusten Bände lagen eben vor. Sie ergriff einen und las [...] dergestalt daß ich
diesen wahren geistreichen Darstellungen in solchen Tagen und Stunden sehr
viel schuldig geworden [→ 15. 2.].» – «[...] *Salinendirektor Glenck. Inspektor
Schrön* von Jena. *Schmeller* meldete sich, daß er dahin gehe. Spazieren gefahren. Nachher *Demoiselle Vilter* und *ein Studierender* vom Rhein [*Heinrich van
Emster* aus Xanten]. Speiste mit *Ottilien*. Nach Tische einige Ordnung im letzten Zimmer.» (Tgb) – «Nur eine Stunde [war ich, *Kanzler v. Müller*] bei ihm
[Goethe] [...]. Wir sprachen von der absurden Idee, *fürstliche Frauen*bilder in
der Bibliothek an die Stelle der *Gelehrten*-Porträts aufzuhängen. *Färbers,* von
Jena, anfängliche Gegenwart gab zu der Äußerung Anlaß: ‹Niemand weiß es
genug zu schätzen, was man mit *Leuten* ausrichten kann, die an einem heraufgekommen sind, sich eine lange Jahresreihe hindurch an uns fortgebildet
haben.› Nun fiel das Gespräch auf griechische Liebe [Liebesbeziehung zwischen *Männern*] [...]. – Er [Goethe] entwickelte, wie diese Verirrung eigentlich daher komme, daß nach rein ästhetischem Maßstab der *Mann* immerhin
weit schöner, vorzüglicher, vollendeter wie die *Frau* sei. Ein solches einmal
entstandnes Gefühl schwenke dann leicht ins Tierische, grob Materielle hinüber. Die *Knaben*liebe sei so alt wie die Menschheit, und man könne daher
sagen, sie liege *in* der Natur, ob sie gleich *gegen* die Natur sei. – Was die *Kultur*
der Natur abgewonnen habe, dürfe man nicht wieder fahren lassen, um keinen Preis aufgeben. So sei auch der Begriff der Heiligkeit der Ehe eine solche
Kultur-Errungenschaft des Christentums und von unschätzbarem Wert,

obgleich die Ehe eigentlich unnatürlich sei. – ‹Sie wissen, was ich von dem Christentum halte – oder Sie wissen es vielleicht auch nicht – wer ist denn noch heutzutage ein *Christ*, wie *Christus* ihn haben wollte? Ich allein vielleicht, ob ihr mich gleich für einen Heiden haltet. [...].»* (GG 6546) – «Um 6 Uhr *Prof. Riemer*. Einige Concepte durchgegangen. Die neuentdeckten Fragmente des *Ulfilas* besprochen.» (Tgb)

Mittwoch, 7. April. «Mundum an dem AUFSATZE [ÜBER CARLYLES SCHILLER-BIOGRAPHIE] für *Wilmans. Färber* verschiedenes vortragend [...].» (Tgb) – Briefe an *Karl Wilhelm* und *Johann Christian Stark*, *Luden*, *Eichstädt* und *Juristen Martin*: Goethe bittet die *Herren*, *Schmeller* einige Stunden zu einem Porträt zu gönnen. – Brief an *Weller*: Goethe kündigt *Schmellers* einwöchigen Aufenthalt in Jena an, der auch die *Kinder des Adressaten* zeichnen soll. Dieser möge ihm anzeigen, an wen man sich wegen eines Porträts außerdem wenden könnte. Goethe hatte auf alle Fälle auch an [den *Philosophen*] *Bachmann* gedacht. – «Etwas Trinkbares [«zwey Flaschen Wein» (Tgb)] folgt hiebey um den Ernst dieser Woche einigermaßen zu erheitern.» – «Im Hausgarten. Mittag mit *Ottilien* und *Dr. Eckermann*. [...] *[Kanzler] v. Müller*. Abends *Frau v. Münchhausen* und *Schwester*.» (Tgb)

Donnerstag, 8. April. «Oberaufsichtliche Geschäfte. MUNDUM [DES AUFSATZES] für *Carlyle* und Concepte deßhalb.» (Tgb) – Brief an *Deinhardstein*: Goethe empfiehlt ihm *Prof. Zahn* und teilt mit, daß die ANZEIGE DER POMPEJANISCHEN HEFTE «baldmöglichst» erfolgt [→ 24. 3.]. – «*Frau* und *Fräulein v. Münchhausen* zum Frühstück. Kam dazu *Herr Soret* und *Vetter [Pierre François Thérémin*, *Pfarrer*, später *Prof. der biblischen Archäologie* an der Universität Genf; geb. 1803]. Um 12 Uhr *Ihro Kaiserliche Hoheit [Maria Paulowna]*. Mittag *Wölfchen*, der die Geschenke zu *seines Bruders* morgendem Geburtstage negocirte. Hatte [...] *Diderots* Jacob den Fatalisten gelesen. Femme de Qualité Tom. V. [→ 15. 9. 29]. Merkwürdiger Unterschied beyder zwey verschiedenen Zeiten angehörigen Schriften. [...] der *Großherzog [Karl Friedrich]*. Fortgesetztes Lesen. [...].» (Tgb)

Karfreitag, 9. April. «[...] Abschrift des *Eckermannischen* Gedichts fortgesetzt [→ 31. 3.]. *Geh. Sekretär Müller*. Medaille von Mohamed II. durch *Berthold [Bertoldo di Giovanni*; → 10. 3.] [...]. *Hofrat Vogel*. Jenaische Studenten nach Bonn reisend. Speiste mit der *Familie*, weil des *Walthers* Geburtstag war. Nach Tische *mein Sohn*. Um 6 Uhr *Herr Prof. Riemer*.» (Tgb)

Karsamstag, 10. April. «CONCEPTE UND MUNDA AUF CARLYLE BEZÜGLICH [→ 8. 4.].» (Tgb) – Brief an *v. Beulwitz*: Goethe hat durch *Riemer* und *Kräuter* erfahren, daß der *Großherzog [Karl Friedrich]* eine Änderung in der Dekoration des Bibliothekssaales [der Großherzoglichen Bibliothek] beabsichtigt [→ 6. 4.]. Er kann sich nicht erinnern, daß man ihm gegenüber etwas davon erwähnt hat, da er sonst aufrichtig bekannt hätte, «daß es mich höchlich betrüben müsse, wenn eine so durchdachte [...] Anordnung, welche der *höchstselige Herr [Karl August]* gebilligt [...], nunmehr abgeschafft werden solle. Dieses Gefühl ist mir um so peinlicher als dasjenige, was an die Stelle treten soll, mir völlig unbekannt ist. – Sollten *Ihro Königliche Hoheit* jedoch diesen Gedanken weitern Raum geben, so bitte unterthänigst daß *Hofrat Meyer* den Auftrag erhalten möge: diejenigen Bilder, die in der Bibliothek aufgestellt werden sollen, als ein Mann von Kenntniß und Einsicht zu betrachten [. . .] und der neuen Aufstellung [. . .] vorzustehen; da solche nicht wohl [. . .] dem Zufall zu überlassen wäre. – Ew. Hochwohlgeboren versichern *unsern gnädigsten Herrn* meiner tiefsten Ergebenheit [. . .] und sprechen gefälligst aus: wie unendlich es mich schmerzen müsse, dießmal Ihren Befehlen mit Besorgniß entgegen zu sehen.» – Brief an *Hofrat Meyer:* Goethe berichtet, daß die «höchst unangenehme [Bibliotheks-]Sache» noch nicht beseitigt sei. Er hat nun versucht, die Angelegenheit wieder in die Hände des *Adressaten* zu legen. «Sehen wir was zu thun ist und ob das Unerfreuliche unvermeidlich sey? Geht es nicht anders so gedenken wir jenes Weisheitsspruches des *kleinen italienischen Mädchens:* Periamo noi, perino anche i bicchieri.» – «[. . .] *Prof. Riemer* in derselben Angelegenheit anfragend. *[Opernsänger] Herr Stromeyer. Herr Genast* und *Madame [Wilhelmine Schröder-]Devrient [Opernsängerin* und *Schauspielerin* in Berlin und Dessau; geb. 1804]. Letztere sang. *Hofrat Vogel* zu Tische. Nachher zeigt' ich ihm BOTANICA AUF METAMORPHOSE DER PFLANZEN bezüglich. *Mémoires d'une Femme de Qualité* [→ 8. 4.].» (Tgb)

Ostersonntag, 11. April. Brief an *Kanzler v. Müller:* Goethe bittet um dessen Besuch, da er ihm die erste Sendung an *Wilmans* vorlegen sowie dessen Rat in einer bedeutsamen Angelegenheit erbitten möchte. – «[. . .] *Geh. Rat Schweitzer.* Im Hausgarten. Mittag *Dr. Eckermann,* die *Kinder.* Jenen ließ ich die VORARBEITEN FÜR CARLYLES LEBEN SCHILLERS durchsehen. *Dr. Weller,* Nachricht bringend was sich bey *Schmellers* Aufenthalt in Jena zugetragen [→ 7. 4.]. [. . .] *[Kanzler] v. Müller;* demselben den Inhalt der Frankfurter Sendung [an *Wilmans*] vorgelegt und ihn um ein Beyschreiben ersucht. Später die Memoiren des *Baron von Frauenburg* mitgetheilt.» (Tgb)

Ostermontag, 12. April. «[. . .] Ordnung gemacht und Übersichten genommen. Die gestern angekommene Sendung von *Herrn v. Cotta* näher beleuchtet [Dieser findet die Mitteilungen *v. Gagerns* «nicht sehr befriedigend. – Das Grosherzogthum Luxemburg ist ein so kleiner Theil der Niederlande, daß es wohl wenig Nutzen bringen würde dafür ein Privileg zu nehmen (→ 12. 3.).» (an Goethe, 3. 4.)]. *Herr Graf Santi,* der *Graf Basile Kotschoubey* und *Mr. J. Joyeux.* Hernach *Herr Banfield [Bampfylde?]. Herr Oberbaudirektor Coudray* zu Mittag. Die letzten *Schmellerischen* Porträte durchgesehen. *Mémoires d'une Femme de Qualité,* 6. Band.» (Tgb)

Dienstag, 13. April. «Gedicht an den *König von Bayern* von *Eckermann* mundirt [→ 9. 4.].» (Tgb) – Brief an *Frommann d. J.:* Goethe wünscht, daß gleich nach der Messe mit dem Abdruck der PFLANZENMETAMORPHOSE und ihrer Übersetzung begonnen werden möge [*Cotta* hatte Goethe in einem undatierten Schreiben vermutlich im März die Wahl des Druckortes freigestellt; → 13. 2.]. – Brief an *Wilmans:* Goethe sendet zwei Zeichnungen von *Carlyles* Wohnung, die die Übersetzung von dessen *Schiller*-Biographie zieren sollen. – Er gibt Hinweise zur Gestaltung der entsprechenden Kupfer. – [Beilage:] Goethe äußert sich näher über die dargestellten Lokalitäten und schlägt zusätzlich eine Abbildung von *Schillers* Gartenhaus in Jena und dessen Wohnhaus in Weimar vor. (Raabe 1, 565) – «[. . .] EINIGES AUF CARLYLE BEZÜGLICH. Um 12 Uhr [. . .] *Frau Großherzogin [Maria Paulowna]* und *Demoiselle Mazelet.* Mittag *Wölfchen.* Sodann *Herr Hofrat Voigt* [der

Botaniker] mit *Frau* und *Sohn,* welchen sie auf das hiesige Gymnasium bringen. Jene Mémoires ausgelesen.» (Tgb)

Karfreitag, 9. / Dienstag, 13. April. Brief an *Carlyle:* Goethe dankt für das übersendete «Schatzkästlein» und erwähnt zuerst der «unschätzbaren Locke [von *Carlyles Gatttin*]», doch muß er eine solche Gabe ohne Hoffnung auf ein genügendes Gegengeschenk annehmen [*Carlyle* hatte um eine Locke Goethes gebeten (an Goethe, 22. 12. 29)]. – Zum Juni kündigt Goethe eine Gegensendung, vor allem ein Exemplar der übersetzten *Schiller*-Biographie mit SEINEM VORWORT an, mit dem er die «Communication beider Länder und Literaturen lebhafter zu erregen» trachtet.

Mittwoch, 14. April. «VERSCHIEDENES AUF CARLYLE BEZÜGLICHES [...].» (Tgb) – Brief an *Elisabeth v. Cotta:* Goethe übersendet *Eckermanns* Gedicht [Die Trilogie «Goethe's Portrait, auf Befehl Sr. Majestät des Königs von Bayern gemalt von Stieler. 1829»; → 13. 4.], das «für- und vielleicht auch wider sich selbst» spricht. Ohne einer Ansicht vorzugreifen, findet Goethe das Gedicht «in Bezug auf *Ihro Majestät* zu naiv und in Bezug auf den Abgebildeten zu enthusiastisch, doch ist der *Poet* gerade in diesen beiden Eigenschaften am wenigsten zu mäßigen. – Im Ganzen stellt es jedoch ein «unwidersprechliches Zeugniß» dar, welch anhaltende Wirkung die Teilnahme der *Majestät* erregt hat.» – «Sollte nicht vielleicht gerade jetzt Ihro Majestät, in gegenwärtiger idyllischen Einsamkeit [der *König* weilt in Italien], ein solcher treuer Zuspruch [...] angenehm seyn und Höchstdieselben sogar [...] in das Vaterland zurück einladen, wo ein *solcher Fürst und Mensch* sich so *vieler treuer Verehrer* gewiß halten kann. [...]. – Doch werde dieses nur als Wunsch und nicht als Vorschlag [...] betrachtet [Man nimmt an, daß Goethe mit der Übersendung des Gedichtes dem *König Eckermann* als Empfänger eines Jahresgehaltes empfehlen möchte, das dieser *einem deutschen Dichter* auszusetzen beabsichtigt. Man plant, *Eckermann* dem *König* auf dessen Italienreise zuzuführen. Der Plan scheitert an der zeitigen Rückreise des *Königs* (vgl. Kuhn 3/2, 199)].» – «[...] Mittag *Dr. Eckermann.* Verabredung wegen des Gedichtes an den *König.* Übergab ihm den FAUST. Das VORWORT für *Wilmans* weiter geführt. Abends *[Diener] Friedrichen* dictirt, Brief nach Paris [an *Gräfin Chassepot?;* → 21. 4.]. Die Übersetzung der METAMORPHOSE vorgenommen [→ 18. 1.].» (Tgb)

Wahrscheinlich Mittwoch, 14. April. GEDICHT WIE AUS EINEM BLATT [mit einem Blatt Bryophyllum Calycinum am 14. 4. an *Marianne v. Willemer* gesandt].

Donnerstag, 15. April. «Das Gedicht an den *König,* Correctur mundirt. Am VORWORT gleichfalls einiges. Übersetzung der METAMORPHOSE bedacht. Das VORWORT für *Wilmans* weiter geführt. *Burns'* Leben und Schicksale in Betracht gezogen. Nicht weniger die von Freiberg gesendeten Cristallisationen. Einige Zeit im Garten. Die französischen Tagesblätter rubricirt. The Upholsterer's Repository. Mittags allein. [...] *[Kanzler] v. Müller. Frau v. Wolzogen.* Vorarbeiten.» (Tgb)

Freitag, 16. April. «Meistens Munda, auch einige Concepte. *Herr Oberschenk v. Vitzthum,* die Handschrift des *persischen Prinzen* lithographirt von Petersburg überbringend. Mittag *Hofrat Meyer.* Die mannigfaltigsten Obliegenheiten beseitigt. Abends *Herr Prof. Riemer.* EINIGES AUF CARLYLE BEZÜG-LICH durchgegangen. Auch den 38. BAND MEINER WERKE [→ 2. 4.].» (Tgb)

Samstag, 17. April. «Alles Vorliegende möglichst gefördert. Das Rescript wegen der *Mineralogischen Gesellschaft* in Jena bedacht und einen BERICHT deßhalb in den Sinn gefaßt. Mit *Ottilien* spazieren gefahren. *Hofrat Vogel.* Über sein eigenes Werk, Polizey- und Criminalfälle [dieser gibt erst 1853 ein Werk «Die medicinische Polizeiwissenschaft» heraus]. Blieb für mich und bedachte jenen Bericht noch weiter.» (Tgb)

Sonntag, 18. April. «[. . .] Mehrere Briefe fortgesetzt. Die Acten von 1826 über die Einrichtung der *Mineralogischen Societät* in der Folge aufgesucht und vorgenommen. *Schuchardt* fing an die Kupfer zu revidiren. *Frau v. Knebel* und *Sohn [Bernhard],* welcher gestern hier examinirt worden war. Im Garten *Walthern* sein Geburtstagsgeschenk eingehändigt. *Dr. Eckermann.* Wurde die KLASSISCHE WALPURGISNACHT recapitulirt [→ 14. 4.]. Nach Tische beschäftigte ich mich mit dem HEFT BEZÜGLICH AUF CARLYLE [→ 16. 4.]. *Hofrat Meyer* hatte mir einen Blechkasten von [. . .] der *Frau Großherzogin* angekündigt. Acten bezüglich auf den neuen Flügelbau [des Schlosses; → 4. 3.]. Ich zog dieselben in Überlegung.» (Tgb)

Montag, 19. April. Brief an *Cotta:* Goethe zeigt an, die 7500 Taler Honorar für die ACHTE LIEFERUNG [DER AlH] erhalten zu haben. – Der GRÖSSTE TEIL DES MANUSCRIPTS ist bereits in den Händen von *Faktor Reichel.* – Die METAMORPHOSE wird im Ganzen 30 Bogen betragen; «wenn Ew: Hochwohlgeboren hiernach eine einsichtige Berechnung stellen mögen so wird das Honorar das Dieselben verwilligen, den Theilnehmern [Goethe und *Soret*] durchaus genügen [*Cotta* hatte in seinem undatierten Brief vom März die «peinliche Verlegenheit» gestanden, in die ihn Goethes Honorarforderung von 1 000 Talern gesetzt hat [→ 13. 2.], da diese nicht im Verhältnis des zu erwartenden steht und darauf hingewiesen, daß vom BRIEFWECHSEL (MIT SCHILLER) kaum 900 Exemplare abgesetzt sind.] [. . .].» – Brief an *Marianne v. Willemer:* «Einige Auskunft über die Räthsel, welche in meinen KLEINEN GEDICHTEN und den GRÖSSERN WERKEN vorkommen, ließe sich anmuthig von Mund zu Mund, aber nicht wohl schriftlich mittheilen [*Marianne* hatte u. a. nach dem MÄRCHEN (in den UNTERHALTUNGEN DEUTSCHER AUSGEWANDERTEN) und den WEISSAGUNGEN DES BAKIS gefragt (an Goethe, Januar 30)].» – Brief an *Hotho:* Goethe bekennt, daß ihm dessen «liebe Sendung [die umfangreiche und bedeutende Rezension des *Adressaten* über die 2. FASSUNG DER WANDERJAHRE aus den «Jahrbüchern für wissenschaftliche Kritik», Dezember 29 und März 30, mit Begleitbrief vom 18. 3.] [. . .] sehr wohltätig geworden ist. Denn was konnte ich mir wünschen als, nach langem Streben und Mühen, den Gang meines Lebens und Wirkens so innig durchdrungen und erkannt zu sehen.» – «[. . .] BERICHT WEGEN DER MINERALOGISCHEN GESELLSCHAFT durchgesehen. Kam die REZENSION DES PRAGER MUSEUMS [redaktionell bearbeitet von *Varnhagen v. Ense;* → 13. 2.] von Berlin an [veröffentlicht in den «Jahrbüchern für wissenschaftliche Kritik», Nr. 58–60, März 1830, unterzeichnet mit Goethes Namen]. Brief von *Varnhagen von Ense,* auch von *Zelter,* das Auftreten der *Demoiselle Sontag* beurtheilend. Sendung von *Herrn Beuth,* die Musterbilder enthaltend. Besuch des *Prinzen [Peter] v. Olden-*

burg und *Herrn v. Rennenkampffs. Hofrat Meyer* zu Tische. Besprachen die
neuen Schloßbaulichkeiten. Ich packte nachher die *Beuthische* Sendung aus,
welche freylich höchst bedeutend und dankenswerth gefunden wurde. Zweytes Schreiben von *Varnhagen* mit dem preußischen Manifest, gegen meine
Zueignung der SCHILLERISCHEN BRIEFE an den *König v. Bayern* [*Varnhagen*
sendet die im Intelligenzblatt Nr. 29 der «Hallischen Literaturzeitung» vom
April 1830 veröffentlichte «Berichtigung» des *preußischen Ministers Karl Friedrich v. Beyme,* in der Goethe vorgeworfen wird, seine Zueignung enthalte
einen mittelbaren Vorwurf an *Schillers fürstliche Zeitgenossen,* diesen nicht
unterstützt zu haben (18. 10. 29). Um diesen Vorwurf wenigstens vom *preußischen König* abzuwenden, hatte *v. Beyme* erklärt, daß *Friedrich Wilhelm III. von
Preußen Schiller* 1804 mit einem jährlichen Gnadengehalt von 3 000 Reichstalern nach Berlin zu ziehen unternommmen habe.]. Unbegreiflichkeit eines
solchen Schrittes. Auf morgen einiges vorbereitet.» (Tgb)
Dienstag, 20. April. «Mundum des BERICHTES WEGEN DER MINERALOGI-
SCHEN SOZIETÄT. *Mein Sohn* legte mir die Abschlußrechnung von seiner Reise
vor [→ 16. 3.]. *Herr Oberhofmeister v. Motz,* von seinem Aufenthalt in Berlin
erzählend. *Herr [Obermedizinalrat] v. Froriep,* die Zeichnung eines monstrosen
Palmzweiges für *Herrn [Medizin-]Prof. Jäger* in Stuttgart sollicitirend. Mehrere
[. . .] Munda [. . .]. Mittag für mich. [. . .] Abends *Prof. Riemer.*» (Tgb)
Mittwoch, 21. April. Brief an *Zelter:* Goethe fragt an, ob er einen Auszug
aus dem vorletzten Brief des *Adressaten,* der sich durch besondere Anmut her-
vortut, im «Chaos» veröffentlichen lassen darf. – Brief an *Staatsminister v.
Fritsch:* Goethe sendet seinen BERICHT [«in der Mineralogischen Sozietäts-
Angelegenheit» (Tgb)] mit der Bitte, Gelegenheit zu einem mündlichen Vortrag darüber zu erhalten. – Er fügt hinzu, daß diese Angelegenheit in der letzten Zeit nicht zu seiner Billigung geführt worden sei, ohne daß er die aus den
bestehenden Verhältnissen entspringenden Mängel hätte steuern können. –
Brief an die *Gräfin de Chassepot:* Goethe berichtet, daß die *jungen Herrschaften*
alles tun, um ihm das Behagen wie in früheren Zuständen zu gewähren. Insbesondere die *Großherzogin* fördert die ihm anvertrauten Geschäfte «auf die
zarteste und sinnigste Weise» und überzeugt ihn dadurch, «daß manches von
mir gestiftete Gute mich überleben soll». – Goethe empfiehlt der *Adressatin,*
seine Porträtbüste von *David* zu besichtigen, die nun im Atelier des *Künstlers*
in Paris aufgestellt worden ist [→ 8. 3.].» – «[. . .] *Schmeller* das *Frommannische*
copirte Porträt bringend.» (Tgb) – Brief an *Frommann d. J.:* Goethe bittet um
Entschuldigung, daß er nicht das Originalporträt sendet [der *Adressat* hatte
leihweise um sein von *Schmeller* für Goethes Sammlung gezeichnetes Porträt
gebeten, um es für *seine Braut* zu kopieren (an Goethe, 15. 4.)]. «Stellen Sie
dagegen ein beykommendes Duplicat *Ihrer lieben Braut* zum Geburtstage vor
[. . .].» – «[. . .] die *Frau Kurfürstin [Augusta] v. Hessen[-Kassel].* Mittag *Eckermann* zum letzten Mal vor seiner Abreise, besprachen manches auf dieses
Unternehmen Bezügliche [«Als ich *(Eckermann)* ging, schenkte er mir ein
Stammbuch, worin er sich mit folgenden Worten eingeschrieben: ‹Es geht
vorüber, eh’ ichs gewahr werde, / Und verwandelt sich, eh’ ich’s merke.›
(Hiob) (Eckermann)»]. Ich revidirte manches Vorliegende. Dictirte spät noch
einiges an *[Diener] Friedrich.* Ging zeitig zu Bette.» (Tgb)

Vor Donnerstag, 22. April. «[...] Sie [Goethe] sagten einmal, als wir von der Reise sprachen, *der Mensch habe nur ein[en] gewissen Grad von Aufnahmevermögen, wenn dieser erfüllt sei, so höre jedes Interesse auf.* Wie wahr sind diese Worte, wenn man reell reist und nicht, um zu sagen, ich bin auch da und da gewesen!» (*Sohn August* an Goethe, 1. 8.; GG 6549)

Donnerstag, 22. April. Brief an *Caroline v. Wolzogen:* Goethe sendet ihr einen Auszug aus einem Brief *Varnhagens v. Ense,* den er bittet, der *«guten vieljährigen Freundin [Frau v. Kalb]»* mitzuteilen. Ihm ist das Büchlein [*Jean Pauls* Briefwechsel mit seinem *Freunde Otto,* 1829] noch nicht zu Handen gekommen, wird auch schwerlich seine «Gränzwachen überlisten» [*Charlotte v. Kalb* fühlte sich durch bestimmte Äußerungen darin kompromittiert und bangte um ihr Ansehen besonders bei Goethe und der *Adressatin. Varnhagen* hatte den Briefwechsel in den «Jahrbüchern für wissenschaftliche Kritik» im Oktober 29 lobend rezensiert.]. − «[...] *Mein Sohn* hatte Abschied genommen und war mit *Eckermann* [nach Italien] verreist [«Der Entschluß zu fliehen, reifte in ihm *[August v. Goethe].* Er glich darin dem alten Goethe, der sich von allen Qualen durch schnelles Losreißen aus den gewohnten Zuständen befreite. Nur wenige wußten um *Augusts* Plan. [...] Der Abschied von seinem Vater soll erschütternd gewesen sein. Mir wurde erzählt, *August* sei ihm plötzlich weinend zu Füßen gefallen und dann davongestürzt, während Goethe, überwältigt von böser Ahnung, auf seinem Lehnstuhl zusammengebrochen sei.» (*Jenny v. Pappenheim:* Erinnerungen; GG 6550)]. Ein Packet von Augsburg kam an, die Aushängebogen der 7. L ieferung bringend; eins von Berlin, den Text zu jenen Kupfertafeln enthaltend; ein anderes mit den Grundrissen von Musik und Philosophie [*G. A. Laütiers* «Praktisch-theoretisches System des Grundbasses der Musik und Philosophie», 1827]. Der *Prinz [Karl Alexander]* und *Hofrat Soret. Studiosus Glasen* von Stettin. *Studiosus Schüler,* der drey Jahre in Freiberg studirt und mich in Dornburg besucht hatte. Mittag *Ottilie, Prof. Göttling* und *Rinaldo Vulpius.* Promemoria von *Hofrat Meyer* [...].» (Tgb)

Freitag, 23. April. «Oberaufsichtliche Geschäfte [Schreiben an die *Oberbaubehörde* mit der Aufforderung, den Abendunterricht der Gewerkschule an den Wochentagen im Gebäude der Zeichenschule an der Esplanade nicht fortzusetzen, bis man sich gemeinsam darüber verständigt habe (→ 19. 11. 29). *Hofrat Meyer* hatte am 22. 4. seine Bedenken geäußert; (vgl. «Zum 24. Juni 1898. Goethe und Maria Paulowna», 1898, S. 104 f.)]. − [...]. Einige Briefe [...] gefördert. *[Groß-]Herzog [August] von Oldenburg* [...], begleitet von den *Herren v. Beaulieu* und *Rennenkampff. Graf Caraman, französischer, Graf Colloredo, österreichischer Gesandte.* Mittag *Hofrat Soret* und *Ottilie.* Ersterem die Freiberger Mineralien vorgewiesen. Nach Tische *Herr v. Henning.* Abends *Prof. Riemer.* Die E inleitung für das L eben S chillers mit ihm durchgegangen [→ 18. 4.]. Auch Sonstiges besprochen.» (Tgb)

Vor Samstag, 24. April. Brief an *Prof. Göttling:* Goethe nimmt dessen Anerbieten [Goethes Dankschreiben an die *Societas Regia Philomathica Varsaviensis,* deren Diplom als Ehrenmitglied vom 3. 1. er erhalten hatte, ins Lateinische zu übersetzen] dankbar an. Zum Inhalt bemerkt er Folgendes: «Seiner eignen Nation einigermaßen genutzt [...] zu haben ist schon ein glücklich erreichtes Ziel, aber auch die Wirkungen seiner Thätigkeit auf auswärtige, Stamm- und Sprachverschiedene, ausgedehnt zu sehen ist als ein unerwartetes Glück zu schätzen.» – Goethe bedauert, aufgrund seiner hohen Jahre keinen tätigeren Anteil an den Unternehmungen der *Gesellschaft* beweisen zu können.

Samstag, 24. April. Brief an *Soret:* Goethe teilt mit, daß der Abdruck der METAMORPHOSE gleich nach beendigter Jubilate-Messe [der Sonntag Jubilate fällt auf den 2. 5.] begonnen werden kann [→ 13. 4.]. Ihm scheint, daß «mit dem TRAKTÄTCHEN [VERSUCH ÜBER DIE METAMORPHOSE DER PFLANZEN]» der Anfang zu machen wäre, sodann die ERLÄUTERUNGEN [NACHTRÄGE UND ZUSÄTZE] folgen sollten [→ 3. 8. 28]. Anbei übersendet er die Übersetzung [*Sorets;* → 15. 4.] nebst der bereits gedruckten [von *Gingins-Lassaraz,* die *Soret* für die Terminologie verwendet (Jensen, zu 2105)]. – Fortsetzung des Briefes an *Prof. Göttling* [→ vor 24. 4.]: Dem von der *Gesellschaft* ausgesprochenen Wunsch entsprechend, einen *würdigen Gelehrten* zur gelegentlichen Aufnahme in die *Gesellschaft* zu empfehlen, nennt Goethe *Göttlings* Namen [den Wunsch der *Gesellschaft* hatte Goethe jedoch mißverstanden]. – «[...] [An] *Faktor Reichel* nach Augsburg den 38. UND 39. BAND MEINER WERKE MANUSCRIPT [Druckvorlagen; → 16. 4.]. [...] hatte der *Zeichner König* eine Nachbildung des monstrosen Palmblatts vorgewiesen [→ 6. 3.]. [...] *Alexis Dosa, Doktor der Rechte,* aus Siebenbürgen. *Doktor [August Wilhelm] Bohtz* [*Ästhetiker, Literaturwissenschaftler;* geb. 1799], *Privatdozent* aus Göttingen. *Madame [Schröder-]Devrient* und *Genast.* Letztere accompagnirte, Erstere sang den ERLKÖNIG von *Schubert* [«...obgleich er (Goethe) kein Freund von durchkomponierten Strophenliedern war, so ergriff ihn der hochdramatische Vortrag der *unvergleichlichen Wilhelmine* so gewaltig, daß er ihr Haupt in beide Hände nahm und sie mit den Worten: ‹Haben Sie tausend Dank für diese großartige künstlerische Leistung!› auf die Stirn küßte; dann fuhr er fort: ‹Ich habe diese Komposition früher einmal gehört, wo sie mir gar nicht zusagen wollte, aber so vorgetragen, gestaltet sich das Ganze zu einem sichtbaren Bild...› – Beim Nachhausefahren sagte sie (die *Schröder-Devrient*): ‹Das ist der schönste alte Mann, den ich je gesehen, in den könnte ich mich sterblich verlieben.›» (*E. Genast:* Aus dem Tagebuche eines alten Schauspielers, 1862; GG 6552)]. *Hofrat Vogel* zu Mittag. Interessantes Gespräch über seine Ansichten und Verwandtes. Ich ging die drey ersten Hefte von *Zahn* durch, in Absicht die RECENSION [DIE SCHÖNSTEN ORNAMENTE UND MERKWÜRDIGSTEN GEMÄLDE AUS POMPEJI, HERCULANUM UND STABIAE II] für Wien vorzubereiten [→ 29. 3.]. Sendete EINEN THEIL DES FAUST an *Riemer* [→ 18. 4.] und zugleich ein Blättchen [mit dem wohl am selben Tag entstandenen GEDICHT GUTER ADLER, NICHT IN'S WEITE (Variante des GEDICHTS GUTER ADLER! NICHT SO MUNTER; → vielleicht 3. 9. 26] für *Madame Devrient.*» (Tgb) – «Als ich *[Kanzler v. Müller]* von *Rauchs* zu hoffenden Besuch...sprach, äußerte er [Goethe]: ‹Ich hoffe nicht, daß er komme; zu was soll das helfen? es ist nur Zeitverderb. Es kommt nicht darauf an, daß die *Freunde zusammenkommen,* sondern darauf, daß sie *übereinstimmen.* Die *Gegenwart* hat etwas Beengendes, Beschränkendes, oft Verletzendes, die *Abwesenheit* hingegen macht frei, unbefangen, weist jeden auf sich selbst zurück. Was mir *Rauch* erzählen könnte, weiß ich längst auswendig.»« – Weiterhin über französische Literatur, deutsche zeitgenössische Philosophie und über Goethes Praxis, Briefe zu beantworten. (GG 6553) – «Elisabeth d'Angleterre, Tragédie en cinq actes, par [...] [J. A. F. P.] Ancelot.» (Tgb)

Sonntag, 25. April. «[...] DIE SPIRALTENDENZ DER PFLANZEN beachtet [21. 1.]. Die *Zahnischen* Hefte wieder vorgenommen. *Dienemann* [Goethes *ehemaliger Kutscher*], der den Wunsch äußert, *seinen Sohn* in die Zeichenschule aufgenommen zu sehen. *[Bau-]Inspektor Heß* wegen verschiedener herrschaftlicher Baulichkeiten. SCHEMA AUSFÜHRLICHER ZU DER VORSEYENDEN POMPEJANISCHEN RECENSION. *Graf Caraman* mit *Bruder* und *Schwägerin. Herr Staatsminister v. Fritsch. Herr Graf Colloredo* und [...] *[Kanzler] v. Müller.* Speiste mit *Wölfchen.* Blieb für mich und machte das geordnete Verzeichniß der *Zahnischen* Tafeln. Ich dachte die ganze Angelegenheit weiter durch. Sonderte auch radirte Landschaften und dergleichen Zeichnungen aus den übrigen Portefeuilles.» (Tgb)

Vermutlich Montag, 19. / Sonntag, 25. April. Brief an *Varnhagen v. Ense:* Goethe dankt «für die glückliche Art und Weise wie Sie den stockenden Kahn vom Stapel laufen lassen [gemeint ist des *Adressaten* Redaktion und Vollendung des AUFSATZES ÜBER DIE MONATSSCHRIFT DER BÖHMISCHEN GESELLSCHAFT; → 19. 4.] [...]. Jene redlichen Bestrebungen unsrer *böhmischen Freunde* werden auf solche Weise zu einiger Evidenz gebracht und es wird doch wohl als ein löbliches Unternehmen betrachtet werden, *Deutsche* mit *Deutschen* näher bekannt zu machen, da wir denn nicht unterlassen können *fremde Nationen* anzusprechen und von ihnen angesprochen zu werden.» – Der *«werthen vieljährigen Freundin» v. Kalb* möge der *Adressat* versichern, daß Goethe der «früheren wahrhaft freundschaftlichen Verhältnisse stets eingedenk» bleibt [→ 22. 4.]. – Goethe bittet, *Staatsminister v. Beyme* seinen Dank dafür auszusprechen, daß er ihn von jener bedeutenden Eröffnung so bald in Kenntnis setzen lassen hat [→ 19. 4.]. «Freylich konnte der, mit jener Erinnerung verbundene Schmerz dadurch nur gesteigert werden, indem ich erfuhr: gerade da als ich den *unschätzbaren Freund [Schiller]* nach einem strebsamen, leidensvollen Leben, in seinem 46. Jahre scheiden sah, eben in diesem Augenblick sey die größte Beruhigung für seine späteren Tage, durch die Gunst *eines großen Monarchen* vorbereitet gewesen.»

Montag, 26. April. «Briefconcepte dictirt. AN DEN POMPEJANISCHEN ARBEITEN FORTGEFAHREN. Sendungen von *Generalkonsul Küstner,* die Religionshändel in Halle betreffend. Fuhr in den Garten. *Ottilie* holte mich ab. Wir fuhren gegen Umpferstedt. Sie speiste Mittags mit mir. Bey schönem Wetter viel im Garten. DIE POMPEJANISCHEN ANGELEGENHEITEN überdenkend.» (Tgb)

Dienstag, 27. April. «*Rektor [G. H.] Martini,* Das gleichsam auflebende Pompeji, 1779. ÜBER DIESEN GEGENSTAND EINIGE PUNKTE AUSGEFÜHRT [→ 26. 4.].» (Tgb) – Billett an *Riemer:* Goethe fragt an, an welcher Stelle sich *Vitruv* über Wandverzierungen beschwert, die man heute Arabesken nennt. – «Zu Fuße in den Garten gegangen. In den Werken über Pompeji fortgelesen. *Wölfchen* war mit herunter gekommen. Der hohe Barometerstand überwältigte erst gegen 11 Uhr die Nebel der Atmosphäre. Der *junge Russe,* der *italie-*

nische Kapellmeister, sein Führer. [...] *[Kanzler] v. Müller.* Ich ging mit ihnen hinein. Abends *Prof. Riemer.* Einige Briefconcepte durchgegangen. Über die Fortsetzung von FAUST gesprochen [→ 24. 4.].» (Tgb)

Mittwoch, 28. April. Brief an *Oberberghauptmann v. Herder:* Goethe dankt für dessen Mineraliensendung [→ 15. 4.] und gesteht, «daß, wenn mich irgend ein Gedanke zu einem Ausflug anwandelt, er vor allem sich nach Freiberg richtet», doch die «Ausführung desselben nicht wohl möglich ist». – «DIE POMPEJANISCHE ANGELEGENHEIT. Ging bald in den Garten. Setzte Betrachtungen über das nächste Nothwendige fort. *Demoiselle Brehme, Tochter des ehemaligen Administrators* in Oberweimar, ein sehr verständiges *Frauenzimmer,* besuchte mich in Erinnerung einiger Freundlichkeit, die ich ihr als einem Kind erwiesen, und machte mich als Braut vertraulich mit ihren Zuständen bekannt. Ein Brief von *meinem Sohn* aus Frankfurt war angekommen. Ich speiste allein. Verfolgte bis gegen Abend in Gedanken die nächsten Gegenstände. Bey'm Hereingehen traf ich auf [...] *[Kanzler] v. Müller,* welcher mit mir nach Hause ging und manches mittheilte und anderes erforschte. [...] Vorbereitungen auf morgen.» (Tgb)

Donnerstag, 29. April. Brief an *Zelter:* «Auf das Publicandum [*v. Beymes* «Berichtigung», die auch *Zelter* am 22. 4. an Goethe sendet vermutlich 19./25. 4.] habe nichts zu erwidern. Leider erneuert sich dabey der alte Schmerz, daß man *diesen vorzüglichsten Mann [Schiller],* bis in sein fünf und vierzigstes Jahr, sich selbst, dem *Herzog von Weimar [Carl August]* und seinem *Verleger [Cotta]* überließ, wodurch ihm eine, zwar mäßige, aber doch immer beschränkte Existenz gesichert war und ihm erst einen breitern Zustand anzubieten dachte, der [...] gar nicht mehr in Erfüllung gehen konnte. – Hiebey werd ich veranlaßt dir etwas Wunderliches [...] zu vertrauen; daß ich nämlich [...] [seit → 25. 2.] alles Zeitungslesen abgeschafft habe und mich mit dem begnüge, was mir das gesellige Leben überliefern will. [...] genau besehen ist es, von *Privatleuten,* doch nur eine Philisterey, wenn wir demjenigen zuviel Antheil schenken was uns nichts angeht. – [...] es [ist] unsäglich was ich für Zeit gewann und was ich alles wegschaffte. – [...] Und dann darf ich dir wohl in's Ohr sagen: ich erfahre das Glück, daß mir in meinem hohen Alter Gedanken aufgehen, welche zu verfolgen und in Ausübung zu bringen eine Wiederholung des Lebens gar wohl werth wäre.» – Brief an *Wegebauinspektor Goetze:* Goethe wünscht baldigst einen einspännigen Karren hinreichend gefüllt mit «kohlschwarzen und schneeweißen Saalkieseln» mittlerer Größe, «eher groß als klein». Da Goethe eine neue Gartentür [im Garten am Stern] errichten lassen muß [→ 18. 3.], möchte er sogleich «ein hübsches Mosaik» pflastern lassen. – Brief an *Minister v. Fritsch:* Goethe entschuldigt sich, wenn er im ausdrücklichen Auftrag des *Generalkonsuls Küstner* mit «ein paar sehr unerfreulichen Heftchen» aufwartet [→ 26. 4.]. «Ein alter sich immer erneuender Streit zwischen Glauben und Forschung [...]. Indessen haben freylich die Regierungen davon Kenntniß zu nehmen um heftige Schwankungen möglichst zu verhüten.» – «[...] Von *Willemers* war ein Packet angekommen. Ein Schreiben von *Frau v. Wolzogen.* Ein Brief von *Eckermann* an *Hofrat Soret* mitgetheilt. POMPEJANA fortgesetzt. Der *Gärtner* brachte einen monstrosen Eschenzweig, der sich in Krümmung endigte. *[Diener] Friedrich* eine keimende Kastanie, wo sich die Augen hinter den Cotyledonen ganz deutlich zeigten. Plan von Weimar angeschafft wegen vergleichender Berechnung der Area. [...] Um 12 Uhr *Ihro Kaiserliche Hoheit [Maria Paulowna]* und *Demoiselle Mazelet.* Gegen 2 Uhr *Prof. Riemer.* Wir unterhielten uns über litterarische Gegenstände, besonders die Sprachen betreffend. Einiges Psychologische. Das Spiralleben der Pflanzen kam zur Sprache [→ 25. 4.]. Der *Gärtner* hatte nach meinem Wunsch die Gegend durchsucht und ein hübsches Exemplar eines monstros gewundenen Eschenzweigs gefunden. Ich fuhr mit demselben in den untern Garten, fand *Herrn Oberbaudirektor Coudray,* welcher die neue Thüre besorgte. Zurück um 6 Uhr. Beschäftigte mich mit der Sendung der *antiquarischen Gesellschaft in Rom* [Das Archäologische Institut (→ 27. 1.) hatte am 22. 3. eine «auserlesene Anzahl von Gemmenabdrücken (Schuchardt II, 344, Nr. 274), deren Originale dem Jahr 1829 verdanckt werden, als die Probe eines von dem Institut in Anregung gebrachten großen Unternehmens zur Sammlung und Erhaltung ähnlicher Gegenstände» gesandt. (Femmel, 305)]. [...] der *Großherzog [Karl Friedrich].*» (Tgb)

Freitag, 30. April. «Früh gebadet.» (Tgb) – Brief an *Sohn August:* Goethe wünscht, daß dessen Reise «weiter glücklich fortgehn» möge. – Er fordert den *Sohn* auf, *Medailleur Bovy* [in Genf] zu besuchen und, wenn seine Medaille mit der neuen Rückseite fertig sein sollte [→ 25. 1. 29], sich ein halbes Dutzend geben zu lassen. Diese möge er besonders für Rom aufheben. – Beiliegend sendet Goethe Empfehlungsschreiben von *[Staatsrat] Nicolovius.* – Brief an *Minister v. Stein zum Altenstein:* Goethe teilt mit, daß [der *Philologe*] *Schubarth,* der gegenwärtig in Hirschberg tätig ist, von den *Vorgesetzten* des Ortes als zum Lehrfach befähigt vorgeschlagen zu werden hofft und sich an ihn mit der Bitte um eine Empfehlung gewandt habe. – Goethe wagt bei dieser Gelegenheit jedoch nur soviel zu äußern, daß er «dem Lebens- und Studiengang *dieses Mannes* seit vielen Jahren mit Antheil gefolgt» ist und ihn «zu schätzen Ursache hatte», so daß er wohl wünscht, der *Adressat* möge sich durch die Berichte [von *Schubarths Vorgesetzten*] überzeugen, daß dieser zu einer solchen Stelle geeignet sein könnte. – Brief an *Beuth:* Goethe spricht seinen Dank für die ihm durch das [preußische] Ministerium des Inneren gewährte Fortsetzung des «unschätzbaren Werks» [«Vorbilder für Fabrikanten und Handwerker»] aus. – Es ist ihm «wahrhaft rührend», daß sich ihm die in früherer Zeit von *Minister v. Bülow* [gest. 1825] zugewendete Gunst über so viele Jahre erhalten hat [→ 27. 4. 23]. – «[...] *[Sänger] Herr Moltke* und *Sohn [Karl Gustav]* mit einem *Baßsänger [Putsch]* von Magdeburg, welcher den KÖNIG VON THULE nach *Zelters* Composition vortrug [vgl. GG 6554]. Mittags *Herr Hofrat Meyer* zu Tische. Zeigte demselben die von Rom angekommenen Gemmenabdrücke vor, worunter ein junger Herkules besonders unsre Aufmerksamkeit erregte [→ 29. 4.]. Anderes durchgesprochen. Auch das Verhältniß zur Gewerkschule [→ 23. 4.]. Abends in den untern Garten gefahren. Kam mit [...] *[Kanzler] v. Müller* zusammen. Auch war *Herr Oberbaudirektor Coudray* unten, wegen der neuen Stufen und Thüre. FORTGESETZTE POMPEJANISCHE BETRACHTUNG.» (Tgb)

Samstag, 1. Mai. «Porträt der *Frau [Caroline] v. Humboldt* durch *[Maler] Wach. [K. F.] Ledebour,* russische Flora [«Icones plantarum novarum Floram Rossicam illustrantes», 1829 ff.], der Bibliothek verehrt durch die *Frau Großherzogin,* ein merkwürdiges, meist neue Species darstellendes Werk. Oberauf-

sichtsgeschäfte beseitigt. Um 12 Uhr *Frau v. Wolzogen*. Um halb 1 Uhr
spazieren gefahren; vorher die neuen Einrichtungen in der untern Etage des
Jägerhauses besehen [*Coudray* «hat ... das Quartier des abgehenden *Regierungsrat Müller*, im Jägerhause, für die Gewerkschule zugesichert erhalten
(durch ein Reskript *Karl Friedrichs* vom 30. 4.; vgl. «Zum 24. Juni 1898. Goethe und Maria Paulowna», 1898, S. 105) und dadurch sowohl sich als uns
bedeutenden Vortheil verschafft, denn auf der Esplanade fing es schon an all-
zueng zu werden (→ 23. 4.). Wie natürlich; denn wenn man die *Schüler* gratis
zusammen ruft ist jeder *Knabe* lernbegierig.» (an *Sohn August*, 10./11. 5.)].
Mittag *Hofrat Vogel*. Nachher in den untern Garten.» (Tgb)
   Sonntag, 2. Mai. «Oberaufsichtliche Geschäfte abgeschlossen [...]. *Demoiselle Seidler* und *zwei Reisende* von Kronach. *Geh. Sekretär Müller. Herr Staatsminister v. Fritsch, Hofrat Soret* und *Prinz Karl*, der *junge Narischkin*. Ein *Elsässer*
zeigte das Modell einer Dampfmaschine vor; ein sehr complicirtes und schwer
zu begreifendes Maschinenwerk. Mittags *Ottilie*. War ein Brief von *meinem
Sohn* von Karlsruhe angekommen. In den untern Garten gefahren.» (Tgb)
   Montag, 3. Mai. «Kam eine Sendung von *Herrn Regierungsrat Meyer* in
Minden an. *Röhrs* kritische Prediger-Bibliothek, 11. Band 1. Heft, MEINEN
AUFSATZ ÜBER KRUMMACHERS PREDIGTEN enthaltend [→ 20. 1.]. EINIGES
POMPEJANISCHE [→ 30. 4.]. Ein morphologisches Heft von *Dr. Schmidt, praktischer Arzt* in Paderborn. Zu Tische *Ottilie* und *Herr Soret*. Sie waren glücklich
über neue musikalische Einleitungen. Von *Varnhagens* Graf Zinzendorf [«Biographische Denkmale», Bd. 5] mit Neigung, gründlich, mit Mäßigung vorgetragen. Zu bedeutendem Nachdenken auffordernd. Mir besonders willkommen, da es mir die Träume und Legenden meiner Jugend wieder vorführt
und auffrischt. [...] der *Großherzog [Karl Friedrich]*, wegen einiger Anstalten
in Cromsdorf sprechend und Sonstiges verhandlend.» (Tgb)
   Dienstag, 4. Mai. «[In] *Varnhagens* Zinzendorf fortgefahren. Kam eine
Sendung von der Oberbaubehörde, *Kirchners* Angelegenheit betreffend [→ 29.
3.]. EINIGES ZU POMPEJI. Das Leben Zinzendorfs hinausgelesen. Betrachtungen darüber aus dem höheren sittlichen und weltlichen Standpuncte. Ich speiste unten. Nach Tische BOTANISCHE BETRACHTUNGEN IN BEZUG AUF DIE
SPIRALTENDENZ [→ 25. 4.]. Abends *Prof. Riemer*; gingen den AUFSATZ ÜBER
POMPEJI durch. Rescript wegen des Locals der Gewerkschule [→ 1. 5.]. – [An]
[...] *Frau Großherzogin [Maria Paulowna]* [...].» (Tgb)
   Mittwoch, 5. Mai. «Vorbereitungen den Tag im unteren Garten zuzubrin-
gen. Einiges beseitigt. *Dr. Meyers* und *Sohn* Ansuchen überlegt. Zeitig in den
Garten. Die COLLECTANEA ÜBER DIE SPIRALTENDENZ DER PFLANZEN separirt
und einigermaßen geordnet [→ 4. 5.]. Das neue Gartenplätzchen ward einge-
leitet. *Compter* von Jena sprach zu und fragte nach. Die *Frau Badeinspektor
Schütz*. Sodann *Herr Soret* und der *Prinz [Karl Alexander]*. Speiste für mich.
Verfolgte die heute früh angestellten Betrachtungen. Ließ in der kleinen
Anlage fortfahren. Kehrte spät nach Hause zurück und ging zeitig zu Bette.
[...].» (Tgb)
   Donnerstag, 6. Mai. «Oberaufsichtliche Geschäfte. [...] EINIGES POETI-
SCHE für *Wendt* [für dessen «Musenalmanach für das Jahr 1831»] ausgesucht;
an *Prof. Riemer* zu geben. *Kirchnern* eine Vergleichung der pompejanischen

Area mit einem Theil von Wien aufgetragen [→ 4. 5.]. [...] Mittag für mich. Blieb in den oberen Regionen und hielt mich hauptsächlich an BOTANISCHE BETRACHTUNGEN. DAS WACHSTUM VON KNOTEN ZU KNOTEN [→ 5. 5.]. Sendung von *Prof. Weiß. Oberbaudirektor Coudray.* Zeigte ihm verschiedenes Neuangekommene vor. *Von Holteis* schlesische Gedichte. *Herr Advokat Haumann* [...].» (Tgb)

Freitag, 7. Mai. «Brief von *Zeltern* von 1808, in die CORRESPONDENZ eine Abschrift eingefügt. KLEINE GEDICHTE [vermutlich WER MIT DEM LEBEN SPIELT; WIE MIR DEIN BUCH GEFÄLLT? – WILL DICH NICHT ... und WIE MIR DEIN BUCH GEFÄLLT? ICH LASSE MIR'S ...; WER HÄTTE AUF DEUTSCHE BLÄTTER ACHT; WIE'S ABER IN DER WELT; → 6. 5.] für *Wendt,* heute Abend an *Prof. Riemer* zu geben. FORTGESETZTE BOTANISCHE BETRACHTUNGEN [→ 6. 5.]. Im Garten und Gartensälchen verweilend. *[Tischlermeister] Kolster* hatte das Münzschränkchen gebracht; dessen Platz und Stellung mußte eingerichtet werden. Auch die Meduse ward aufgehängt [→ 31. 1.]. Speiste für mich. *Herr Kanzler v. Müller.* Das Gespräch kam auf die Streitigkeiten *Cuviers* mit *[Étienne Geoffroy de] St. Hilaire [französischer Zoologe; geb.* 1772] und überhaupt auf den Unterschied der stationären und progressiven Naturbetrachtung [Der berühmte Akademiestreit über den Bauplan der Tiere erstreckte sich vom 15. 2. bis 5. 4. – «*Geoffroy de St. Hilaire* hat mit seinem Urtypus aller Organisationen und mit seinem Système d'analogies ganz recht gegen *Cuvier,* der doch nur ein *Philister* ist. Ich verfiel längst auf jenen einfachen Urtypus; kein organisches Wesen ist ganz der Idee, die zu Grunde liegt, entsprechend; hinter jedem steckt die höhere Idee; das ist mein Gott, das ist der Gott, den wir alle ewig suchen und zu erschauen hoffen, aber wir können ihn nur ahnen, nicht schauen.» (*Kanzler v. Müller,* 7.? 5.; GG 6555)]. *Herr Prof. Riemer.* Den ABSCHLUß DES AUFSATZES [ÜBER ZAHNS POMPEJANISCHE HEFTE] für Wien durchgegangen [→ 4. 5.]. Demselben EINIGES für den Leipziger Musenalmanach mitgetheilt.» (Tgb)

Samstag, 8. Mai. «[...] *John* fing an den AUFSATZ ÜBER POMPEJI abzuschreiben. [...] *Kirchner* brachte die vergleichende Messung von Pompeji mit einem Wiener Local [→ 6. 5.]. Um 12 Uhr die *Frau Großherzogin [Maria Paulowna].* Zu Mittag *Hofrat Vogel.* Mit demselben von einem wunderlichen Jenaischen Duellfall und der Behandlung des *Verwundeten* gesprochen. Wegen Beobachtung des Barometers in Bezug auf Krankheits-Exacerbationen und sonst einige Abrede genommen. Der *Pole Koźmian.* Unterhaltung von französischer [und polnischer] neuster Litteratur [vgl. GG 6556]. Der *Brüsseler Advokat Haumann,* zur *Benthamischen* Lehre geneigt. Zinzendorfs Biographie wieder durchdacht [→ 4. 5.] [...]. *John* fuhr fort, den AUFSATZ für Wien abzuschreiben. Ich übersah die Berechnungen *Kirchners* nochmals.» (Tgb)

Sonntag, 9. Mai. «Abschrift JENES AUFSATZES abgeschlossen. Dieselbe an *Hofrat Meyer* [mit der Bitte um Durchsicht (Begleitbrief)] gesendet. Ein Brief von *meinem Sohn* aus Basel kam an. Verschiedene Briefconcepte vorgearbeitet. Die Singstunde war dießmal bey *Ottilien.* Die bißherigen Blätter vom Globe und Temps waren bis Ende April rangirt und zum Einheften vorbereitet. EINIGES BOTANISCHE [IN BEZUG AUF DIE SPIRALTENDENZ?] fortbewegt [→ 7. 5.]. Seltsamer Contrast eines niedern Barometerstandes, bedeckten Himmels und Ostwinds, zur Verzweiflung dessen, der die Regel befolgt sehen möchte. Mittags *Ottilie*. Einige *Portefeuilles* durchgesehen. Gegen Abend *Herr Kanzler [v. Müller]* [...].» (Tgb)

Montag, 10. Mai. «Einiges zu dem pompejanischen Aufsatze [→ 9. 5.]. *Herr Geh. Hofrat v. Otto*, im Namen der *Frau Großfürstin*, Concept eines Schreibens verlangt. Ausfertigung desselben.» (Tgb) – Brief an *Coudray:* Goethe bittet, ihm das «projectirte Monument für Schiller und Goethe» zu senden. – «*Herr Des Vœux*, nach Konstantinopel reisend. *Herr Hofrat Meyer* speiste mit mir. Ich besprach mit ihm JENEN POMPEJANISCHEN AUFSATZ, ingleichen eine Geschichte der Kupferstecherkunst. Nachher sah ich vor mich das *Portefeuille* der Kupfer des 16. Jahrhunderts. [...].» (Tgb) – Brief an *Sohn August:* «Der Mensch denkt, Nothwendigkeit und Verstand lenken; ich finde es so natürlich als nothwendig und vernünftig daß ihr die Tollpost verlassen habt und euch auf's Zaudern legt [«Die Bewegung thut mir wohl aber ich mußte die Schnellpost verlassen da es mich zu sehr angriff, und zu einem Hauderer meine Zuflucht nehmen, welches zwar etwas theurer, aber... besonders wegen dem Beschauen der herrlichen Gegenden und der Bequemlichkeit vorzuziehen ist.» (an Goethe, 30. 4.)]. Genießet ja [...] das Gute und Herrliche was die Welt euch anbietet, und lasset den Hauptzweck nicht aus Augen. Ich wünsche nur daß dein leiblicher und geistiger Magen sie verdauen lerne, alle geistigen und leiblichen Genüsse sind heilsam wenn man sie zu verarbeiten weiß. [...]. – Das ORIGINAL DER LETZTEN LIEFERUNG MEINER WERKE ist nun auch aus meinen Händen [→ 24. 4.]. In den ÜBRIGEN PAPIEREN hat *Eckermann* sehr lobenswürdige Ordnung gemacht, deshalb ihn mein Dank über die Alpen begleitet [eine Inhaltsaufstellung ZU EINER ALLENFALLSIGEN NACHLIEFERUNG, vermutlich aufgrund der Ordnung *Eckermanns* aufgestellt, datiert vom 22. 4. (vgl. Hagen, zu 1811)] [...]. – Die neue Gartenthüre stolzirt unten auf der Wiese gar architektonisch ansehnlich [→ 18. 3.]; zur Mosaik des Eingangs hat mir *Wegebauinspektor Goetze* frische schwarz und weiße Kiesel geschickt [→ 29. 4.]. *Oberbaudirektor Coudray* wird mir bey der Zeichnung beystehen.»

Dienstag, 11. Mai. «[...] [An] *Kollegienrat v. Otto*, mit einem Concept [an *Varnhagen v. Ense*] für [...] die *Frau Großherzogin*. – NACHTRAG ZU DEM POMPEJANISCHEN. [...] Fuhr in den untern Garten. Verweilte daselbst bis gegen 2 Uhr. Mittag für mich. Später kam *Wölfchen*, der mit der *Mutter* und *Herrn Des Vœux* in Berka gewesen war. *Herr Kanzler v. Müller*. Sodann *Prof. Riemer;* da wir denn, was an der ZAHNISCHEN RECENSION noch zu erinnern war, noch beseitigten. Besprachen die an *Herrn Wendt* zu sendenden KLEINEN GEDICHTE [→ 7. 5.].» (Tgb)

Mittwoch, 12. Mai. Brief an *Wegebauinspektor Goetze:* Goethe dankt für die übersendeten Kiesel, die «wirklich nach Wunsch» ausgefallen sind [→ 29. 4.]. Der *Adressat* möge die dabei beschäftigten *Leute* mit einem Trinkgeld belohnen. – Brief an *Kanzler v. Müller:* Goethe berichtet, daß das MANUSKRIPT für *Wilmans* [→ 23. 4.] nun abgeschickt werden könne und bittet den *Adressaten* um einen Begleitbrief. – Für den Buchumschlag schlägt Goethe eine Abbildung des *Schillerschen* Wohnhauses in Weimar vor [→ 13. 4.]. – «Zur Vignette aber der Rückseite, das für die beiden Freunde [Goethe und Schiller] projec-

tirte Denkmal [→ 10. 5.]. Zeichnungen dazu würden nachgesendet.» – Brief
an *Varnhagen v. Ense:* Goethe teilt mit, daß dessen «Behandlung der Lebens-
und Leistens-Geschichte» *Zinzendorfs* seinen «ganzen Beyfall» gewonnen hat.
– «Ich erfreute mich im Laufe der Erzählung an Ernst und Schonung, Neigung
und Klarheit, Ausführlichkeit und Sparsamkeit und überhaupt an dieser
innern Gleichmäßigkeit, woraus, zu völliger Befriedigung des *Lesers,* eine
ruhmwürdige Gleichheit des Vortrags entspringt.» – Brief an *Wendt:* Goethe
bemerkt zu seinen [SIEBEN KLEINEREN] GEDICHTEN für dessen Almanach, daß
das bezeichnete GEDICHT [PARABEL; → 3. 3.] mit seinem Namen, die ÜBRI-
GEN dagegen nur mit G. unterzeichnet werden sollen [vgl. Drucke, 445 f.]. –
Er wünscht, daß die GEDICHTE «durch den ganzen Almanach vertheilt würden». – «[...] [An] *Prof. Riemer,* das VOLLKOMMEN AJUSTIRTE MANUSCRIPT
WEGEN ZAHN [→ 11. 5.]. – *Dr. Stickel, Orientalist,* von Paris kommend, *Schüler
von Silvestre de Sacy.* Manches Angenehme und Unterrichtende von dort bringend. *Herr Geh. Hofrat Helbig,* die Angelegenheiten *Prellers,* welcher mit *Gräfin Egloffstein* nach Neapel zu gehen wünscht. Ferner die rothblühende Vicia
Faba versprechend. Brief von *meinem Sohn* aus Lausanne. Das Tagebuch vom
1. May bis 4. ej., von Basel bis Lausanne enthaltend. Mittags *Herr Oberbaudirektor Coudray, Hofrat Soret,* und *Ottilie.* Nach Tische allein. Ordnung der
Kupferstiche und Zeichnungen befördernd.» (Tgb)

Donnerstag, 13. Mai. Brief an *Riemer:* Goethe fragt an, ob es irgendwo
nähere Nachricht von dem *holländischen Literaten Jacobus Scheltema* [der Goethe u. a. seine Ausgabe vom «Reyntje de Vos», 1826, gesandt hatte]. – «[...]
Kammerkonsulent Schnauß, das Umständlichere von dem Tod des *jungen Mylius*
zu Triest erzählend. Um 12 Uhr *Frau Großherzogin [Maria Paulowna].* Mittags
mit *Ottilien.* Allerley gesellige Verhältnisse auf Bezüge mit *Fremden* besprochen. *Demoiselle Seidler,* wegen Eröffnung des Ateliers. Später [...] der *Großherzog [Karl Friedrich].* Fortgesetzte Betrachtung von Kupferstichen, besonders: *[Auguste Gaspard Louis Boucher] Desnoyers [französischer Maler* und
Kupferstecher; geb. 1779].» (Tgb)

Freitag, 14. Mai. Brief an *Bankier Mylius:* Goethe findet nicht genug Worte,
sein Beileid [zum Tod des *Sohnes des Adressaten;* → 13. 5.] auszudrücken. –
«Auch ohne meine ausdrückliche Bitte werden Dieselben *meinem Sohn* allen
freundlichen Vorschub geleistet haben, wie ich denn diese Geneigtheit auch
fernerhin fortzusetzen bitte.» – Brief an *Sohn August:* Goethe ersieht aus dessen
Brief [vom 4. 5.] «mit Vergnügen», daß die *Reisenden* nun doch gerade ins Wallis
gehen. «Der Umweg über Genf war mir sehr ärgerlich, doch mocht ich [...]
nichts sagen [«Sie wissen daß Genf außer meinem ersten Plan lag was soll ich
dort? ich bin in meinem Zustande noch nicht so weit um mich in *französischen
Gesellschaften* herumzerren zu lassen, ich will leben, fahren und sehen. Deshalb
faßte ich heute Abend den Entschluß nicht nach Genf zu gehen..., ich theilte
Eckermann dises mit welcher auch darauf gleich einging...» (an Goethe, 4. 5.)].
Auch daß euch die *Engländer* begegnen und sich an *Eckermann* erfreuen, wird
hier sehr gut aufgenommen.» – «[...] Gegen Mittag mit *Oberbaudirektor Coudray* nach dem untern Garten gefahren. Daselbst wegen der Mosaik am Eingang verhandelt [→ 10. 5.]. Er speiste daselbst mit mir. Wir besprachen manches
die vorseyenden Geschäfte betreffend. Hatten [...] die Blumenausstellung im

Schießhaus gesehen. Fuhren zurück um 5 Uhr. Abends *Prof. Riemer*. DIE
RECENSION VON ZAHNS HEFTEN abgeschlossen [→ 12. 5.].» (Tgb)
Samstag, 15. Mai. Brief an *Soret:* Goethe übermittelt, daß er die übersetzten Blätter der METAMORPHOSE durchgesehen und sich mit dem *Adressaten*
noch über einige zweifelhafte Punkte beraten möchte [→ 24. 4.]. – Er wird
jederzeit Raum finden für dieses «angenehme Geschäft». – «[...] An *Oberbaudirektor Coudray* die Doubletten der französischen Profile [von *David;* → 11.
3.], auch den porphyrnen Diskus. *Heinrich Müller* zeigte einige Porträte vor,
seinen Abgang nach Eisenach anmeldend. [...] Vor Tische war ich ausgefahren auf Oberweimar und ging von da die Straße her nach meinem Garten zu.
Mittag *Frau Gräfin [Henckel], Frau v. Pogwisch, Fräulein Ulrike [v. Pogwisch]* und
Hofrat Vogel. Wurden die französischen Medaillons nach Tische vorgezeigt.
Herr Kanzler v. Müller, Descrizione del Cimitero di Bologna, ingleichen Descrizione delle Pitture del Campo Santo di Pisa mittheilend. Sodann kam die
Berliner Berichtigung im Namen des *Herrn Niethammers* zur Sprache, worüber viel hin und wieder gesprochen wurde in Gegenwart *Hofrat Meyers,* wel-
cher dazu kam [Der mit *Schiller* befreundet gewesene *Philosoph Niethammer*
hatte sich am 29. 4. aus München an *Kanzler v. Müller* mit der Bitte gewandt,
«daß die kecke Behauptung (*v. Beymes;* → 19./25. 4.) verschuldetermaßen
zurückgewiesen werden wolle». (vgl. Mandelkow 4, 639)]. Später für mich.
Obige italienische Büchlein durchsehend.» (Tgb)
Vermutlich vor Sonntag, 16. Mai. STUDIEN ZUR WELTLITERATUR, AB-
SCHNITT 8 [ursprünglich vielleicht als Teil des VORWORTES ZU CARLYLES
SCHILLER-BIOGRAPHIE gedacht; → 12. 5.].
Sonntag, 16. Mai. Brief an *Deinhardstein:* Goethe teilt mit, daß sein AUF-
SATZ ÜBER ZAHNS POMPEJANISCHE MITTEILUNGEN [zur Veröffentlichung im
51. Band der «Jahrbücher der Literatur», Wien 1830] heute abgegangen ist. –
Er hätte DIESES KONZEPT gern noch einmal durchgearbeitet, denn er konnte
vorerst nur auf bedeutende Punkte hinweisen, doch läßt sich auf Verlangen
dieses und jenes einzeln nachbringen. – Sollten einzelne Mitteilungen der *Weimarer Kunstfreunde,* «als deren Obmann sich *Hofrat Heinrich Meyer* gar wohl
nennen darf», für die Zeitschrift des *Adressaten* angenehm sein, so könnten
zunächst neuere Werke nach den Grundsätzen der HEFTE KUNST UND ALTER-
TUM vorgeführt werden, «mit Billigung und Mäßigung und zugleich mit red-
licher Anerkennung entschiedenen Verdienstes; das zu Mißbilligende würde
übergangen. Wäre es alsdann genehm, so könnte wohl ein oder der andere
Aufsatz, in's Allgemeine gehend, nachfolgen.» – Brief an *Varnhagen v. Ense:*
Goethe dankt, daß der *Adressat* seine «treuen ernsten Forschungen», die er «mit
so vielem Glück» anstellt, auch gegen ihn und *Schiller* gewendet hat [*Varnhagen*
hatte am 10. 5. seine Rezension des GOETHE-SCHILLER-BRIEFWECHSELS in den
«Jahrbüchern für wissenschaftliche Kritik», Mai 1829, S. 679–691 gesandt]. –
Er ergreift die erwünschte Gelegenheit, eine Beilage «von hoher Hand [von
Maria Paulowna]» zu übermitteln [→ 11. 5.]. – «[...] An [...] *Buchhändler Wilmans,* VORREDE ZU SCHILLERS LEBEN VON CARLYLE [→ 15. 5.] [...]. Einiges
in oberaufsichtlichen Geschäften beseitigt. Mit *Rinaldo Vulpius* die vorliegenden Häuslichkeiten besprochen [dieser wird von Goethe zunehmend zur Verwaltung seines weitläufigen Hauswesens herangezogen] [...]. Mittag mit *Otti-*

lien. Nachher die botanischen Angelegenheiten vorgenommen. Besuch von *Herrn v. Quandt. James Tod,* Annals of Rajast'han [1829 ff.].» (Tgb)

Montag, 17. Mai. Brief an *Geh. Hofrat Helbig:* Goethe bittet um die Personalangaben des *Malers Kaiser,* da er dessen Bild nun nach Dresden absenden möchte [→ 20. 3.]. – Oberaufsichtliche Schreiben [vgl. WA IV, 47, 345]. – «[...] *[A.] Hirts* Kunstbemerkungen [auf einer Reise] über [Wittenberg und Meißen nach] Dresden und Prag. *[J. J.] Rousseaus* botanische Fragmente [«La Botanique...», 1822 (vgl. Keudell 2120 f.); → 2. 8. 24, für die Arbeit am AUFSATZ DER VERFASSER TEILT DIE GESCHICHTE SEINER BOTANISCHEN STUDIEN MIT, der nun nicht mehr als EINLEITUNG, sondern als 1. NACHTRAG ZUR METAMORPHOSE gedacht ist; → 24. 4.; → 25. 10. 29]. [*Victor Hugos* Drama] Hernani zu lesen angefangen. Ein *Wiener Handelsmann* namens *Neustädter.* Zu Mittag *Herr v. Quandt, [Kanzler] v. Müller, [Hofrat] Meyer, Coudray, Vogel* und *Riemer.* Blieben bis gegen Abend [u. a. über die Frage der unbedingten Wahrheitstreue (vgl. GG 6562)]. *Riemer* zuletzt. Einiges in den Kupferstichen eingeordnet.» (Tgb)

Dienstag, 18. Mai. «*Rousseaus* botanische Briefe. [...] Ich fuhr in untern Garten, speiste daselbst. Las den kleinen Nachtrag zur Schilderung von Paris. Bedachte mir anderes. Um 5 Uhr in die Stadt. *Prof. Riemer.* Wir gingen No. 1 DES NACHTRAGS ZUR METAMORPHOSE [DER VERFASSER TEILT DIE GESCHICHTE SEINER BOTANISCHEN STUDIEN MIT] durch. Beriethen einiges.» (Tgb)

Mittwoch, 19. Mai. «ROUSSEAUS BOTANISCHE BEMÜHUNGEN.» (Tgb) – Billett an *Riemer:* Goethe bittet ihn um die Angabe der Stelle, «wo *Rousseau* in seinen Confessionen seiner botanischen Wanderungen und Studien gedenkt». – *John* mundirte. Einiges mit *Schuchardt. Buchbinder Bauer* brachte einiges Gearbeitete. *Herr v. Reutern* nach Livland gehend. Wir besprachen seine farbigen Zeichnungen [«‹Von der Schönheit der Arabeske ergriffen, wollte ich im Anfang wohl schreiben; aber es geschah nicht, und nachher getraute ich mir nicht mehr, etwas hineinzubringen (*Von Reutern* hatte Goethe gebeten, in den freigelassenen Raum einer Arabeske auf Goldgrund einige Zeilen zu schreiben, die als Titelblatt zu einer Sammlung seiner Bilder gedacht war.). Die Sache ist mir viel durch den Kopf gegangen. Sie müßten dazu den ersten Kalligraphen der Welt schreiben lassen.› – Auf die einzelnen Blätter eingehend, hob der Dichter mit der größten Anerkennung die außerordentliche Gabe der Auffassung und Komposition, sowie die Farbentöne, hervor, und riet ihm, fest bei der Aquarellmalerei zu verbleiben.» (B. v. Reutern: Gerhardt von Reutern, 1894; GG 6568)]. Speiste mit *Ottilien.* Nach Tische kam *Herr Soret,* mit welchem ich den Anfang seiner Übersetzung der METAMORPHOSE durchging [→ 15. 5.]. *Hofrat Meyer.* Notirte seine Beurtheilungen indessen über die neusten Kupferstiche.» (Tgb)

Donnerstag, 20. Mai. «FORTSETZUNG DER ERSTEN NUMMER DES ANHANGS. [...] die *Frau Großherzogin [Maria Paulowna].* Zeigte derselben die *v. Reuterischen* Zeichnungen vor. Kamen drey Kisten an, von *Boisserée, Quandt* und *Beuth.* Mittag mit *Ottilien.* Nach Tische die Kisten eröffnet. Den Telephus leider beschädigt gefunden [«... erinnern Sie Sich aus den längst bekannten Herculanensischen Bildern des jungen Telephus der sich an dem Rehe säugt; *Zahn* hat uns in seinen Pompejanischen Heften eine Durchzeichnung im Großen geliefert und *Herr Beuth* ... ein Modell ... übersendet welches mich ganz glücklich macht. Ich hoffe noch so lange zu leben, bis ich es in Bronze ausgeführt vor mir sehe.» (nicht abgesandter Teil eines Briefkonzepts an *Sulpiz Boisserée, 28.* 5.; WA IV, 47, 356)]. *Herr Kanzler v. Müller.* Über das Dresdner Heft [*v. Quandt* hatte am 6. 5. «die zweyte Kupferstichlieferung des *sächsischen Kunstvereins*» übersendet]. *Herrn v. Quandts* Gegenwart. *Gräfin Julie* [*v. Egloffsteins*] Aufenthalt in Rom. Münchner Anforderung wegen der Berliner Berichtigung [→ 15. 5.].» (Tgb)

Freitag, 21. Mai. Brief an *Hofrat Soret:* Goethe sendet sieben Dresdner Hefte mit der Bitte, diese an die entsprechenden *Personen* [der *großherzoglichen Familie* und *Umgebung*] weiterzuleiten. – [...] *Demoiselle Seidler* brachte ihr großes Bild für die Dresdner Ausstellung bestimmt. *Schuchardt* fuhr fort Ordnung in den Zeichnungen zu machen. Die rothblühende Vicia Faba war angekommen und wurde gleich der Erde vertraut. Mitgesendete schon fast einen Fuß lange Pflanzen zeigten bestrittene Behauptung ganz deutlich und wurden wieder in die Erde gesetzt. Mittag *Felix Mendelssohn* und *Fräulein Ulrike [v. Pogwisch,* auch *Schwiegertochter Ottilie:* «... da fand ich *(Felix Mendelssohn)* ihn (Goethe) denn im Äußeren unverändert (letzte Begegnung → 20. 5. 25), anfangs aber etwas still, und wenig teilnehmend ... Da kam zum Glück die Rede auf die *Frauenvereine* in Weimar, und auf das Chaos, eine tolle Zeitung ... Auf einmal fing der Alte an, lustig zu werden, und die *beiden Damen* zu necken mit der Wohltätigkeit, und dem Geistreichtum, und den Subskriptionen, und der Krankenpflege, die er ganz besonders zu hassen scheint; forderte mich auf, auch mit loszuziehen, und da ich mir das nicht zweimal sagen ließ, so wurde er erst wieder ganz wie sonst, und dann noch freundlicher und vertraulicher, als ich ihn bis jetzt kannte ... Nach Tische ... mußte ich ihm vorspielen, und er meinte, wie das so sonderbar sei, daß er so lange keine Musik gehört habe; nun hätten wir die Sache immer weiter geführt, und er wisse nichts davon; ich müsse ihm darüber viel erzählen ... Dann sagte er zu *Ottilie:* ‹Du hast nun schon gewiß Deine weisen Einrichtungen getroffen; das hilft aber nichts gegen meine Befehle, und die sind, daß Du heut hier Deinen Tee machst, damit wir wieder zusammen sind.› Als sie nun frug, ob es nicht zu spät werden würde, da *Riemer* zu ihm käme, und mit ihm arbeiten wolle, so meinte er: ‹Da Du *Deinen Kindern* heut früh ihr Latein geschenkt hast, damit sie den *Felix* spielen hörten, so könntest Du mir doch auch einmal *meine* Arbeit erlassen.»» (*Felix Mendelssohn* an seine Eltern, 24. 5.; GG 6565)] [...].» (Tgb)

Donnerstag, 20. / Freitag, 21. Mai. Brief an *Kanzler v. Müller:* Goethe sendet den ihm anvertrauten Brief *Niethammers* zurück [→ 15. 5.], in dem sich «des *wackern Mannes* treue Gesinnungen» aussprechen. Doch möge dieser ihm verzeihen, daß er zu der fraglichen Angelegenheit «nicht ein gleiches Verhältniß» hegt. – «In meinen hohen Jahren muß die unverbrüchliche Maxime seyn: durchaus und unter jeder Bedingung im Frieden zu leben; ich möchte, um keinen Preis, bey irgend einer Contestation, sie habe einen politischen, literarischen, moralischen Anlaß, als thätig mitwirkend erschienen. – Was sollte aus den schönen, mir noch gegönnten Lebenstagen werden, wenn ich Notiz nehmen wollte von allem was in dem lieben Vaterlande gegen mich und *meine*

Nächsten geschieht. [. . .] Hör ich doch daß selbst aus dem Königreiche, dessen *höchster Herrscher [Ludwig I. von Bayern]* [. . .] günstig über meinen Schicksalen waltet, das Widerwärtigste verlautet und zwar [. . .] unter der Firma *meines werthen Verlegers [Cotta]*, mit dem ich seit vielen Jahren in freundlichster Verpflichtung stehe [Goethe bezieht sich hier auf die von *Menzel* gegen ihn vorgetragenen Angriffe in dessen in *Cottas* Verlag erscheinenden Stuttgarter Literaturblatt und in *Cottas* Augsburger Allgemeiner Zeitung.]. Hat man jemals von mir eine Reclamation deshalb vernommen [. . .]? – Möge Vorstehendes *unsern hochgeschätzten Freund* in München [. . .] einigermaßen geneigt machen, es für recht zu halten, wenn ich auf jene Berichtigung schweige, und dem *Publikum* überlasse, was es darüber denken und urtheilen will. Ich benutze diese Tage was an mir noch zu berichtigen möglich ist, zu berichtigen, und glaube so der mir durch mein ganzes Leben höchst geneigten Vorsehung nach Absicht und Willen zu handeln.»

Samstag, 22. Mai. «Einiges Oberaufsichtliche. *Schulrat [Johann Friedrich Herbart, Philosoph;* geb. 1776] von Königsberg. NÄHERE BETRACHTUNGEN ÜBER ROUSSEAUS BOTANISCHE STUDIEN FORTGESETZT [→ 20. 5.]. Um 12 Uhr kurze Spazierfahrt. Um 1 Uhr *Großherzog [Karl Friedrich].* Sodann *Herr v. Reutern;* mit demselben über sein schönes Talent gesprochen. Reichthum und schickliche Bedeutsamkeit der Vordergründe empfohlen. Mittags die *Herren [Hofrat] Vogel, [Landesdirektionsrat] Gille, Felix [Mendelssohn]* und *Fräulein Ulrike [v. Pogwisch].* Nach Tische *Hofrat Meyer.* Die *v. Reuterischen* Zeichnungen vorgewiesen und besprochen. Später [. . .] *[Kanzler] v. Müller.»* (Tgb)

Sonntag, 23. Mai. «ROUSSEAUS BOTANIK. [. . .] Billet an *Schmeller,* wegen [der Anfertigung eines Porträts von] *Felix Mendelssohn.* [. . .] Ordnung unter den Kupferstichen weiter fortgesetzt. Mittags *Fräulein Ulrike [v. Pogwisch], Felix Mendelssohn* und die *Kinder. Herr v. Conta,* einiges Freundliche von Kassel bringend. Abends im Garten.» (Tgb)

Montag, 24. Mai. Brief an *v. Quandt:* Goethe teilt mit, daß sowohl die übersandten Kupferstichhefte [→ 20. 5.] als auch der Besuch des *Adressaten* [→ 17. 5.] den *Aktionären* Mut gemacht hat, sich dem *Dresdner Verein* näher anzuschließen. – Die Aktien der *seligen Frau Großherzogin [Luise]* übernimmt die *Prinzessin [Augusta] v. Preußen.* – [Im Konzept folgt der AUFSATZ VORSCHLAG, ursprünglich als Beilage zum Brief an *Quandt* gedacht, doch dann für eine andere Gelegenheit aufbewahrt. Er sollte wohl mit dem AUFSATZ CHRISTUS NEBST ZWÖLF ALT- UND NEUTESTAMENTLICHEN FIGUREN (→ wahrscheinlich zweite Märzhälfte) verbunden werden. (vgl. BA 20, 794)] «[. . .] FORTGESETZTE BOTANICA.» (Tgb) – Brief an *Riemer:* «Wo kommt etwas Näheres von des *Rousseaus* Botaniste Sans maître vor? In seinen Werken ist nichts davon zu sehen [. . .].» (Raabe 1, 566) – «*Herr Geh. Hofrat Helbig* Abschied nehmend und wegen *Prellers* Aufenthalt in Italien einiges besprechend [→ 12. 5.]. Ich hatte gebadet. *Felix Mendelssohn* gab einige musikalische historische Exhibitionen auf dem Piano. Mittags *Felix Mendelssohn.* Nach Tische allein. Abends *Gesellschaft,* wobey *Felix* auf dem Piano spielte [«Um zehn war es aus; ich *(Felix Mendelssohn)* blieb aber natürlich unter dummem Zeug, Tanzen, Singen usw. bis zwölf, lebe überhaupt ein Heidenleben. – Der Alte geht immer um neun Uhr auf sein Zimmer, und sowie er fort ist, tanzen wir auf

den Bänken, und sind noch nie vor Mitternacht auseinander gegangen.» (*F. Mendelssohn an seine Eltern, 25. 5.; GG 6567)].*» (Tgb)
Dienstag, 25. Mai. «An *Schuchardt* dictirt. *John* reparirte die von Berlin angekommenen Gipsbilder. *Herr Geh. Hofrat Helbig.* Dann einiges dictirt. Ein Brief von *meinem Sohn* aus Mailand kam an. Ingleichen mehrere Sendungen, aus England und sonst her. Auch ein Brief von *[Fritz] Schlosser* mit Ansichten der Heidelberger Gegend [Lithographien von *Fries,* die Umgebung des *Schlosserschen* Landsitzes (Stift Neuburg bei Heidelberg) darstellend]. Er *[Felix Mendelssohn]* hatte mir [...] Symphonien von *Haydn* und *Mozart* vorgespielt, auch über die *neusten Pianospieler* gute Nachricht gegeben. Um 12 Uhr *Frau v. Wolzogen.* Mittags *Felix* und die *Familie.* Mit demselben einige Gespräche über Musik und bildende Kunst. Abends *Teegesellschaft. Felix* ließ sich auf dem Piano hören.» (Tgb)
Mittwoch, 26. Mai. Brief an *Prof. Göttling:* Goethe dankt für das «classische Ansehn», das dieser seiner Erwiderung an die *Warschauer Gesellschaft* gegeben hat [→ vor 24. 4.]. – «[...] *John* schrieb No. I. DES BOTANISCHEN ANHANGS zu Ende [→ 24. 5.]. *Herr v. Reutern* Abschied nehmend [«Ich bitte, mir das Blatt zu lassen, um in zu guter Stunde geschriebenes Wort darin einzutragen; denn es wäre wirklich zu schade, diese höchst merkwürdige und in gewisser Hinsicht einzige Arbeit durch unnötige Übereilung zu entstellen (→ 19. 5.).» (B. v. Reutern: Gerhardt v. Reutern, 1894; GG 6568)]. Schreiben von *Herrn und Frau v. Cotta. Felix Mendelssohn* und die *Familie* zu Tische, wozu *Herr Hofrat Soret* kam. *Felix* producirte eine Ouvertüre von *Weber* und eine kleine heitre Composition. Abends großer Thee, Musik, große Symphonie von *Beethoven.*» (Tgb)
Donnerstag, 27. Mai. «An *Mademoiselle Seidler,* mit fünf Exemplaren der Dresdner Kupferwerke. [...] Sendung von *Herrn v. Varnhagen.* [...] Halb 1 Uhr *Frau Großherzogin [Maria Paulowna].* [...] Mittags *Felix Mendelssohn* und die *Familie.* Auch *Fräulein Jenny [v. Pappenheim].* Nach Tische besahen wir das eine Portefeuille der Porträte. Abends *Herr Oberbaudirektor Coudray* und [...] *[Kanzler] v. Müller. Felix* spielte einiges. Wir hatten vorher das Portefeuille *Poussin* und *Claude [Lorrain]* angesehen, woran erstgenannter besondere Zufriedenheit bewies.» (Tgb)
Freitag, 28. Mai. Brief an *Fritz Schlosser:* «Die Aufsätze Ihres *Herrn Bruders [Christian Heinrich Schlosser],* dessen Andenken uns immer lieb und werth bleiben muß, sind wohl verwahrt, sollen aufgesucht und baldigst gesendet werden [*Schlosser* hatte in seinem Brief vom 13. 4. darum gebeten; → 25. 5.].» – Daß der *Adressat* dem von ihm «wahrhaft geehrten *Manzoni*» seine Aufmerksamkeit geschenkt und eine «sinn- und geschmackvolle Übersetzung» von dessen «Adelchi» geliefert hat, freut Goethe sehr [ein Exemplar war von *Schlosser* gesandt worden]. Er regt an, auch *Manzoni* ein Exemplar zukommen zu lassen. – «[...] Denkwürdigkeiten [des Philosophen und Arztes] Benjamin Erhards von *Varnhagen von Ense.* Wunderlicher Blick in die achtziger und neunziger Jahre. EINIGES BOTANISCHE [→ 26. 5.]. *Hofrat Vogel* über verschiedene Fälle der polizeylichen Medicin. Mittag *Felix Mendelssohn* und die *Familie,* außer *Walthern,* der in Berka war. Blieb für mich in BOTANISCHEN BETRACHTUNGEN. Abends *Prof. Riemer.* Wir gingen DIE HIERAUF BEZÜGLICHEN CONFESSIONEN

durch. Von 7 Uhr an spielte *Felix* manche interessante Sachen, welche ihre *Meister* bezeichneten. Ich las das französische Werklein La Confession mit Bedacht und ward an *Diderot* und seine Verdienste erinnert.» (Tgb)

Samstag, 29. Mai. «*Schuchardt* catalogirte die *Poussins* und *Glaubers.*» (Tgb) – Brief an *Hofrat Meyer:* «Es freut mich sehr daß Sie meine Wünsche in Absicht der anzuzeigenden Blätter geneigt erfüllen mögen [*Meyer* arbeitet am Aufsatz «Kritische Anzeige neuer und neuester Kupferstiche mit historischer Einleitung», die Goethe an *Deinhardstein* senden möchte; → 9. 5.; → 16. 5.]; es kann gewiß nur Gutes daraus entstehen wenn wir den eingeschlagenen Weg verfolgen [«Ich . . . habe mich ziemlich fleißig an die mir von Ihnen aufgetragene Arbeit gehalten, aber von der eintretenden Kälte leidend, kömmt wenig zu Stande . . .» (an Goethe, 28. 5.)]. – Goethe wünscht, daß der *Adressat* an einem Mittag hereinkommen möge, um einiges zu besprechen. – Brief an *Sulpiz Boisserée:* «Ich befinde mich, verhältnißmäßig zu meinen Jahren, wünschenswerth, habe einen *trefflichen Arzt [Vogel]* zur Seite, der die kleinen Abweichungen der Natur wieder einzulenken weiß. *Unsre gnädigsten Herrschaften* scheinen geneigt mir die großen Verluste, die ich in diesen Jahren erlitten, freundlichst unmerklich machen zu wollen. Mein Geschäftskreis ist derselbige, eher noch erweitert, doch immer meinen Kräften gemäß.» – Die Arbeit an der französischen Übersetzung der METAMORPHOSE DER PFLANZEN hat Goethe in das «schöne Feld wieder zurückgelockt [. . .]. Die Natur ist immer neu und wird immer tiefer, wie ein vorspringender Kies, der sich in einen Fluß erstreckt; kommt der Badende vorschreitend zuletzt in den Strom, so muß er schwimmen, und das geht denn auch.» – «[. . .] *Schuchardt* hatte auch die aufgezogenen Holzschnitte eingeliefert. Mittag der *Engländer Herr* [Lücke im Text]. *Felix [Mendelssohn],* interessante Unterhaltung. Gegen Abend [. . .] *[Kanzler] v. Müller,* einen Franzosen namens [Lücke im Text] auf morgen ankündigend. Abends für mich.» (Tgb)

Pfingstsonntag, 30. Mai. Brief an *Hofgärtner Baumann:* Goethe wünscht verschiedene Bohnen. – Brief an *Hofrat Soret:* Herr Frommann wünscht nun bald mit dem Druck der METAMORPHOSE zu beginnen [→ 24. 4.]. Goethe hat versprochen, EINEN TEIL DES MANUSKRIPTS am Mittwoch zu schicken, so daß es nötig wäre morgen «das Wenige was in den ERSTEN 59 §EN näher zu bestimmen ist», zu besprechen. – «[. . .] Erhards Verlassenschaft [gelesen; → 28. 5.]. Herr Kanzler v. Müller mit dem Angemeldeten [→ 29. 5.] Herr Geh. Rat Beuth [«. . . ein *höchst merkwürdiger Mann* voller Heiterkeit in der ausgebreitetsten Thätigkeit. Freylich erstaunt man wenn man in das furchtbare preußische Treiben und Streben hineinsieht, unerschöpfliche Mittel nach allen Zwecken hingerichtet, *sehr tüchtige Menschen* von denen jeder in der geschäftigen Breite seinen Wirkungskreis findet. Besonders das Technische . . . steht auf einer unglaublichen Höhe . . .» (an *Hofrat Meyer,* 1. 6.)]. [. . .] besonders [über] die Erzgießerey [gesprochen]. Speiste derselbe *mit uns.* Ging einige Stunden spazieren und kehrte dann zurück. *Herr Oberbaudirektor Coudray* kam dazu. Die große neuanzulegende Chaussée ward durchgesprochen; *Obrist v. Pfeil, merkwürdiger Mann,* erwähnt, dessen Talent die *Menschen* zu solchen Arbeiten zu versammeln und zu beherrschen ruhmvoll detaillirt wurde. Blieb zum Abendessen und nahm Abschied.» (Tgb)

Pfingstmontag, 31. Mai. «De l'histoire de la Poésie par *[J. J.] Ampère*, treffliche Arbeit. Er hatte diesen Diskurs in Marseille vorgelesen zu Eröffnung des Cursus über die Geschichte der Poesie überhaupt. [...] Concept Berichts an *Karl Friedrich* wegen *Preller.*» (Tgb): Goethe berichtet, daß der *Maler Preller,* der sich mit Erlaubnis und Unterstützung des *Adressaten* zur Ausbildung in Neapel aufhält, die Zeit genutzt hat, sein «im Fortschreiten begriffenes Talent» weiter ausgeformt und sich «ganz richtige und beyfallswürdige Grundsätze» erworben hat. – Deshalb spricht Goethe den Wunsch aus, *Preller* noch ein weiteres Jahr daselbst zu gönnen. Die dazu nötigen 400 Taler könnten zur Hälfte von der großherzoglichen Kammer, der Rest aus der Reservekasse des Museums und aus sonstigen wohltätigen Beiträgen finanziert werden. – Damit könnte sich *Preller* auf einen Grad vervollkommnen, daß er in der Folge «ein mäßiges und zufriedenes Künstlerleben führen könnte». (WA IV, 50, 66 ff.) – «*Dr. Stickel,* das Bildniß von *Silvestre de Sacy* verehrend [vermutlich das Werk eines *französischen Künstlers* (vgl. Femmel, 358)]. *Herr Prof. Göttling.* Derselbe speiste Mittags mit. Ingleichen *Felix [Mendelssohn].* Nach Tische *Herr Frommann der Ältere. Herr Soret.* Beyde gingen bald. *Felix* trug bedeutende Stücke, ältere, neuere, auch von ihm selbst componirte, vor. *Madame Frommann* und *Alwine. Ottilie* und *Felix* gingen später in die Oper. Oben benannten *Gästen* und *Freunden* hatte ich die französischen Medaillons [von *David*] vorgelegt. Erinnerung an einen biographischen Catalog. Abends *Herr Soret.* Ich ging mit ihm die NOTATA durch zu seiner Übersetzung [→ 30. 5.].» (Tgb)

Vermutlich Pfingstmontag, 31. Mai. «[...] wollte ich *[Felix Mendelssohn]* [...] [nach München] abreisen, und sagte das auch an Goethe bei Tisch, der dazu ganz still war. – Nach Tische aber zog er aus der Gesellschaft *Ottilie* in ein Fenster, und sagte ihr: ‹Du machst, daß er hier bleibt.› Die versuchte denn nun mich zu bereden, ging mir in dem Garten auf und ab; ich aber wollte ein fester Mann sein, und blieb bei meinem Entschlusse. Da kam der alte Herr selbst, und sagte, das wäre ja nichts mit dem Eilen; er hätte mir noch viel zu erzählen, ich ihm noch viel vorzuspielen, und was ich ihm da vom Zweck meiner Reise sagte, das sei gar nichts [...] und was ich hier entbehrte, das ich an meinen *tables d'hôte* finden würde, könne er nicht einsehen; [...] und da [...]*Ottilie* und *Ulrike* auch noch halfen, und mir begreiflich machten, wie der alte Herr niemals die Leute zum Bleiben, und nur desto öfter zum Gehen nötigte, und wie keinem die Zahl der frohen Tage so bestimmt vorgeschrieben sei, daß er ein paar sicher frohe wegwerfen dürfte, [...] so wollte ich wieder *nicht* ein fester Mann sein, und blieb.» (*Felix Mendelssohn* an seine Eltern, 6. 6.; GG 6570)

September 1829 oder Mai 1830. ZEICHNUNG KEIMUNG VON RICINUS COMMUNIS. (Corpus V b, 148)

Dienstag, 1. Juni. Brief an *Hofrat Meyer:* «Neun Hefte von Rhodus sind angekommen; wir verdanken denselben die Überzeugung daß es dort ganz abscheulich aussieht.» – Brief an *Hofrat Soret:* «*Unser trefflicher Riemer* rettet mich aus der gestrigen Verlegenheit. Hier das hoffentlich hinreichende [vermutlich 'in bezug auf *Sorets* Übersetzung der METAMORPHOSE]. – «[...] BESCHÄFTIGUNG MIT BOTANISCHEN ANGELEGENHEITEN. Mittags *Felix Men-*

delssohn. [«. . . fand ich *(Felix Mendelssohn)* den alten Goethe sehr heiter; er kam ins Erzählen hinein, geriet von der Stummen von Portici (Oper von *Auber*) auf *Walter Scott,* von dem auf die *hübschen Mädchen* in Weimar, von den *Mädchen* auf die *Studenten,* auf die Räuber, und so auf *Schiller;* und nun sprach er wohl über eine Stunde ununterbrochen heiter fort, über *Schillers* Leben, über seine Schriften, und seine Stellung in Weimar; so geriet er auf den *seligen Großherzog* zu sprechen, und auf das Jahr 1775, das er einen geistigen Frühling in Deutschland nannte, und von dem er meinte, es würde es kein Mensch so schön beschreiben können wie er; dazu sei auch der ZWEITE BAND SEINES LEBENS (vielmehr der VIERTE BAND VON DuW) bestimmt; aber man käme ja nicht dazu, vor Botanik und Wetterkunde, und all dem anderen dummen Zeug, das einem kein Mensch danken will; erzählte dann Geschichten aus der Zeit seiner Theaterdirektion, und als ich ihm danken wollte, meinte er: ‹Ist ja nur zufällig; das kommt alles so beiläufig zum Vorschein, hervorgerufen durch Ihre liebe Gegenwart.›» *(F. Mendelssohn* an seine Eltern; 6. 6., GG 6570; vgl. auch GG 6571)] [. . .]. Spielte nach Tische treffliche Dinge. [. . .] Las in *Varnhagen von Enses* Erhard, welcher *gute Mann* sich 1830 nicht sonderlich ausnimmt [→ 30. 5.]. [. . .] *[Kanzler] v. Müller. Prof. Riemer. Frau v. Motz* von Hanau. *Herr v. Motz,* nicht *ihr Gemahl,* sondern *Sohn des Ministers. Frau v. Groß* und [Lücke im Text]. Ein *Franzose. Felix* trug wieder treffliche Musik vor.» (Tgb)

Mittwoch, 2. Juni. «[. . .] *Frommann d. J.,* der Anfang von *Frommanns* [irrtümlich für *Sorets*] Übersetzung [der METAMORPHOSE. – Goethe bittet, «die Revision in doppeltem Exemplar (für sich und *Soret)* zu übersenden». (Begleitbrief)]. [. . .] Das Manuscript ferner durchgesehen. *[Sohn] Augusts* Tagebuch aus Mailand lebhaft und gut. *Maler Kaiser* Abschied nehmend. *Felix [Mendelssohn]* dankend für das mitgetheilte ALTE EIGENHÄNDIGE MANUSCRIPT [Blatt aus FAUST]. Kam eine Sendung von Lathyrus und Vicia von Jena [→ 30. 5.]. Die Belvederischen waren gestern unter die Erde gebracht worden. Die *jungen Leute* versammelten sich in den vordern Zimmern und musicirten. Mittags *Fräulein v. Froriep, Ulrike [v. Pogwisch], Felix.* Wurde *Augusts* Tagebuch producirt. *Fräulein Froriep* war auch in Ober-Italien gewesen und nahm daher vorzüglichen Antheil. Nach Tische las ich in Erhards Nachlaß [→ 1. 6.]. *Felix* spielte später gar lobenswürdige Stücke von seinen eigenen.» (Tgb)

Vielleicht nach Mittwoch, 2. Juni. Brief an *Maria Paulowna:* Nach Goethes Überzeugung sollten nur solche *Künstler* begünstigt werden, die den unter *Direktor Hofrat Meyer* zu gewinnenden gründlichen Unterricht ernstlich benutzt und sich durch gewährte Förderung weiter ausgebildet haben. – Ein solcher Fall liegt bei *Landschaftsmaler Preller* vor. Goethe spricht den Wunsch aus, daß die diesem gewährte Pension noch auf das Jahr 1831 verlängert wird und fragt an, ob die *Adressatin* dafür 100 Taler aus der Goethe anvertrauten Separatkasse beizutragen die Gnade hätte [→ 31. 5.].

Donnerstag, 3. Juni. «Die *Soretische* Übersetzung nochmals zum Druck durchsehen. *Schuchardt* brachte die *Everdingens* nochmals revidirt zurück. Ich übergab ihm das Schreiben nach Warschau [→ 26. 5.]. *Felix Mendelssohn* nahm Abschied und fuhr mit *Ottilien* und den *Kindern* nach Jena [vgl. GG 6573]. *Drei Göttinger Studenten.* [. . .] die *Frau Großherzogin [Maria Paulowna.* – «. . . je lui (Goethe) ai proposé d'établir une société et un cabinet de lecture relevant

de la bibliothèque, et d'adjoindre *Monsieur Eckermann* à ce nouvel établisse-
ment afin de l'employer et de régulariser l'inspection de la chose: Goethe a
paru approuver l'idée en ajoutant qu'on lui avait d'un autre côté déjà manifesté
le vœu de former ici une réunión littéraire.» (*Maria Paulowna:* Tagebuch; GG
6578)]. *Herr v. Conta* mit *Herrn Oberbergrat [Theodor] Schwedes* [geb. 1788] aus
Kassel [Gespräch über die geologische Beschaffenheit Kurhessens (vgl. GG
6579)]. Mittag für mich. Im Garten. EINIGES BOTANISCHE [→ 1. 6.]. War auch
Rinaldo [Vulpius] dagewesen, hatte mir die Rechnungsauszüge gebracht.
[...].» (Tgb)

Freitag, 21. Mai / Donnerstag, 3. Juni. «Vormittags muß ich *[Felix Men-
delssohn]* ihm [Goethe] ein Stündchen Klavier vorspielen, von *allen verschiedenen großen Komponisten,* nach der Zeitfolge, und muß ihm erzählen, wie sie
die Sache weiter gebracht hätten; und dazu sitzt er in einer dunklen Ecke, wie
ein *Jupiter tonans,* und blitzt mit den alten Augen. An den *Beethoven* wollte er
gar nicht heran. – Ich sagte ihm aber, ich könne ihm nicht helfen, und spielte
ihm nun das erste Stück der c-Moll-Symphonie vor. Das berührte ihn ganz
seltsam. – Er sagte erst: ‹Das bewegt aber gar nichts; das macht nur Staunen;
das ist grandios›, und dann brummte er so weiter und fing nach langer Zeit
wieder an: ‹Das ist sehr groß, ganz toll, man möchte sich fürchten, das Haus
fiele ein; und wenn das nun *alle die Menschen* zusammen spielen!› [...] [Bei
Tisch] frägt er mich dann sehr genau aus, und wird nach Tische immer so munter und mitteilend, daß wir meistens noch über eine Stunde allein im Zimmer
sitzen bleiben, wo er ganz ununterbrochen spricht. Das ist eine einzige Freude,
wie er einmal mir Kupferstiche holt und erklärt, oder über [...] *Lamartines* Elegien urteilt, oder über Theater, oder über *hübsche Mädchen.* Abends hat er schon
mehreremal *Leute* gebeten, was jetzt bei ihm die höchste Seltenheit ist, so daß
die *meisten Gäste* ihn seit langem nicht gesehen hatten. Dann muß ich viel spielen, und er macht mir vor den *Leuten* Komplimente, wobei ‹ganz stupend› sein
Lieblingswort ist [...]. Ich [...] ließ gestern fragen, ob ich nicht doch vielleicht
zu oft käme. Da brummte er aber *Ottilie* an, die es bestellte, und sagte: ‹Er
müsse erst ordentlich anfangen, mit mir zu sprechen, denn ich sei über meine
Sache so klar, und da müsse er ja *vieles von mir lernen.*» (*Felix Mendelssohn* an
seine Eltern, 25. 5.; GG 6567) – «Mir [Goethe] war seine *[Felix']* Gegenwart
besonders wohlthätig, da ich fand, mein Verhältniß zur Musik sey noch immer
dasselbe; ich höre sie mit Vergnügen, Antheil und Nachdenken, liebe mir das
Geschichtliche, denn wer versteht irgend eine Erscheinung, wenn er sich von
dem Gang des Herankommens [nicht] penetrirt? Dazu war denn die Hauptsache daß *Felix* auch diesen Stufengang recht löblich einsieht [...]. Von der
Bachischen Epoche heran, hat er mir wieder *Haydn, Mozart* und *Gluck* zum
Leben gebracht; von den *großen neuern Technikern* hinreichende Begriffe gegeben, und endlich mich seine eigenen Productionen fühlen und über sie nachdenken machen [...].» (an *Zelter,* 3. 6.) – «Alles, was Kunst im weitesten Begriff
berührte, faßte er *[Felix Mendelssohn]* mit Begeisterung auf, während das wissenschaftliche Gebiet, besonders das naturhistorische, nicht in seinen Interes-
senkreis zu ziehen war [...]. Goethe [...] versuchte oft auf *Felix* einzuwirken.
Es blieb vergebene Mühe; einmal soll Goethe sogar [...] *seinem Liebling* zornig
den Rücken gekehrt haben, weil er ihn nicht verstand. Aufs höchste erschrok-

ken saß *Mendelssohn* wie versteinert vor dem Flügel, bis er, fast unbewußt, mit den Fingern die Tasten berührte und, wie zu eigenem Trost, zu spielen begann. Plötzlich stand Goethe wieder neben ihm und sagte mit seiner weichsten Stimme: ‹Du hast genug, halt's fest!› So erzählte *Felix, der* lange dem Sinn der Worte nachgrübelte. Ein andermal war er auch die indirekte Ursache eines heftigen Auftritts, der freilich wortlos verlief. Er spielte nachmittags bei *Ottilie;* ein *Freund* nach dem anderen kam herein, das neueste ‹Chaos› lag vor uns, wurde besprochen, belacht, sein Spiel verhallte ziemlich ungehört. Da ging die Tür auf, Goethe erschien, warf einen Blick so voll Zorn und Verachtung auf uns, daß unser Gewissen uns sofort mindestens zu Räubern und Mördern stempelte, ging ohne Gruß an uns vorüber, auf *Mendelssohn* zu, und ehe wir zur Besinnung gekommen waren, hatte er mit ihm das Zimmer verlassen. Es war dies das einzige Mal, daß ich Goethe oben sah. Später sagte mir *Ottilie,* der Vater habe sie noch tüchtig ausgezankt und ihr befohlen, auch ihren *Besuchern* sein Urteil nicht vorzuenthalten. Als er hörte, das ‹Chaos› habe uns so unaufmerksam gemacht, besänftigte er sich etwas, da er selbst sich lebhaft dafür interessierte.» (*Jenny v. Pappenheim:* Erinnerungen; GG 6577)

Freitag, 4. Juni. «*Soretsche* Übersetzung durchgegangen. *Schuchardt* hatte die *Claude Lorrains* geordnet [nach dem zu Goethes Lebzeiten begonnenen Katalog seiner Bestände (vgl. Femmel, 358)]. Ich bereitete manches vor, besonders auch die Haushaltung betreffend. [...] der *Großherzog [Karl Friedrich].* Mittag mit der *Familie.* Einiges in Kupferstichen und Zeichnungen geordnet. *Herr Kanzler v. Müller.* Über die Anwesenheit und Bedeutung des *Königl. Preußischen Präsidenten v. Motz* gesprochen. Anderes bezüglich auf die NEUSTE LIEFERUNG MEINER WERKE. Später für mich. Auf morgen verschiedenes vorbereitet.» (Tgb)

Samstag, 5. Juni. Brief an *Auguste v. Preußen:* Goethe dankt ihr, «auf so mannichfaltige Weise» zu erkennen gegeben zu haben, daß sie ihre «zurückgelassenen Verehrer und Begünstigten [...] noch immer in thätigem Andenken» erhält. – Er sendet ihr das Heft mit den Dresdner Nachbildungen der seit zwei Jahren dort angeschafften und verlosten Kunstwerke und gibt Auskunft über die Aktien der *Adressatin,* unter denen sich auch die Losnummern der *verstorbenen Großherzogin [Luise]* befinden [→ 24. 5.]. – «[...] *Rinaldo Vulpius;* Haushaltungs-Angelegenheiten. Mit *Ottilien* deßgleichen. Kam ein Brief an von *Carlyle* [...]. Fuhr mit *Ottilien* in den untern Garten. Die besondere Schönheit des Augenblicks bewundernd. Mittags *Hofrat Vogel,* der mir vorher die Species Facti über das letzte Duell vorlas, zu Tische blieb, wozu *Dr. Weller* kam; einige Verabredung wegen Jena. Nach Tische und gegen Abend für mich. Es mußte wegen großer Trockenheit gegossen werden. Manches wegen *Carlyle* bedenkend.» (Tgb)

Sonntag, 6. Juni. «Schreiben nach Warschau besorgt [→ 26. 5.]. *Schmellers* Zeichnung des einen eleusinischen Votivbildes angenommen.» (Tgb) – Brief an *Carlyle:* Goethe bemerkt, daß an dem Plan, wie dieser die Geschichte der deutschen Literatur zu behandeln beabsichtigt, «nichts zu erinnern ist». Nur hier und da finden sich einige Lücken, auf die er die Aufmerksamkeit des *Adressaten* zu lenken gedenkt. Überhaupt kann die erste Auflage eines solchen Werkes nur «als Concept» betrachtet werden, das in den folgenden «immer mehr gereinigt und bereichert hervortreten soll». – Um *Carlyles* Zwecke zu fördern, sendet Goethe *Ludwig Wachlers* «Verlesungen über die Geschichte der deutschen Nationallitteratur» von 1818 in der Überzeugung, daß er, «diesem Faden folgend, nicht irren» kann. – Außerdem legt er *Wachlers* «höchst wichtiges Heftchen» [...] «Über Werden und Wirken der Literatur, zunächst [in Beziehung] auf Deutschlands Literatur unserer Zeit» von 1829 bei. – Auch aus den vier Bänden von GOETHES KORRESPONDENZ MIT SCHILLER wird *Carlyle* manches zu seinen Zwecken deutlich werden. – Die beiden Bände der FARBENLEHRE sind «gar zu sehr Fleisch von meinem Fleisch und Bein von meinem Bein, als daß es Ihnen nicht anmuthen sollte. Sagen Sie mir einiges darüber.» – Im Kästchen befindet sich weiterhin der Schluß der Übersetzung der *Schiller*-Biographie, deren Herausgabe sich verzögert hat. Um *Verleger* und Sache zu nutzen, wollte Goethe das «Werklein eigens aufputzen [...]. – Das Titelkupfer stellt Ihre Wohnung dar in der Nähe, die Titelvignette dasselbe in der Ferne. Nach den gesandten Zeichnungen, wie ich hoffe, so gestochen daß es auch in England nicht mißfallen kann. Außen auf dem Hefte sieht man vorn *Schillers* Wohnung in Weimar, auf der Rückseite ein Gartenhäuschen [die Gartenzinne in *Schillers* Jenaer Garten], das er sich selbst erbaute, um sich von *seiner Familie,* von aller Welt zu trennen. Wenn er sich daselbst befand, durfte Niemand herantreten [→ 12. 5.].» – Über Goethes VORWORT [→ 16. 5.] möge *Carlyle* selbst urteilen. «In jedem Falle war nöthig zu interessiren und aufzuregen.» – Durch die Übersendung ihrer Silhouette ist Goethe *Carlyles Gattin* «schon viel näher getreten. Er wünscht nun auch das Bildnis des *Adressaten* zu sehen. – Brief an *Kammerherrn v. Beulwitz:* Goethe bittet ihn, sich von *Schmeller* porträtieren zu lassen. – «[...] Ich fuhr auf die Höhe am Webicht, um die aufsteigenden Gewitter am Horizont zu beobachten, welche bald nach Zwey besonders von Westen heranrückten, sehr mäßig abregneten, den Himmel bedeckt ließen. Einiges in den Kupferstichen gekramt. *Herr Kanzler v. Müller,* einen Brief von *Mylius* vorlegend, über litterarische Gespräche in Belvedere sich erklärend. Ich überlegte bey mir die letzten Aufträge *Ihro Kaiserlichen Hoheit [Maria Paulowna]* wegen Einrichtung eines gesellschaftlichen Instituts [«Als ich ihm der *Großfürstin* Streben erzählte, Weimar in der bisherigen Bedeutung, vorzüglich in sozialer Hinsicht, zu erhalten, erwiderte er: ‹Das Streben ist recht und löblich, aber sie hat den falschen russischen Begriff einer Zentralisation. – *Weimar* war gerade nur dadurch interessant, daß nirgends ein Zentrum war. Es lebten *bedeutende Menschen* hier, die sich nicht miteinander vertrugen; das war gerade das Belebendste aller Verhältnisse, regte an und erhielt jedem seine Freiheit. Jetzt finden Sie hier auch nicht *sechs Menschen,* die zusammen in *einen* geselligen Kreis paßten und sich unterhalten könnten, ohne einander zu stören.› Und nun ging er die *bedeutendsten unsrer Männer* durch mit epigrammatischer Schärfe und schneidender Kritik. ‹Darum entsage ich der Geselligkeit und halte mich an die tête à tête. Ich bin alt genug, um Ruhe zu wünschen. Ich habe keinen Glauben an die Welt und habe verzweifeln gelernt.›» (*Kanzler v. Müller;* GG 6580)].» (Tgb)

Montag, 7. Juni. «Mittheilung von *Hofrat Meyer.*» (Tgb) – Brief an *Niemcewicz:* Goethe sendet der «verehrten [Warschauer] Akademie» seine «schuldige Verpflichtung» im «schicklichsten Idiom [in *Göttlings* lateinischer Überset-

zung; → 6. 6.] und möchte auch dem *Adressaten* seinen Dank dafür aussprechen, daß er die Aufmerksamkeit der *Gesellschaft* auf ihn gewendet hat. – Der
Anregung des *Adressaten* gemäß empiehlt er der *Akademie* die *Professoren Rie-*
mer und *Göttling.* – «Bittschrift des *[Hof-]Schnitzmeisters Depont* wegen *seines*
Sohns. Herr v. Vitzthum, Obermundschenk. Um 12 Uhr [...] die *Frau Großher-*
zogin [Maria Paulowna. – «Goethe a commencé par me dire qu'après avoir bien
réfléchi à ce que je lui avais dit au sujet du cabinet littéraire et de la société de
lecture (→ 3. 6.), il le croyait impraticable ici parce que tout y était basé sur
l'isolement et la proéminence individuelle, que cela ne pouvait se changer et
que même le mérite principal de Weimar avait jadis consisté dans cette faculté
distinctive ou élévation des *individus* comme tels par l'intelligence et le
savoir..., mais que néanmoins il penserait encore à la chose et verrait ce qu'il
y aurait à faire...» (*Maria Paulowna:* Tagebuch, GG 6581)]. Spazieren gefahren
mit *Wölfchen* in den untern Garten. War das Grün in vollkommner Fülle. Mittag mit der *Familie.* Nach Tische [...] *[Kanzler] v. Müller.* Abends *Oberbau-*
direktor Coudray. Mit ihm die Verzierung zu Schillers Leben von *Carlyle*
besprochen [→ 6. 6.]. Communicat vom Hofamte, wegen des Gartens am
Atelier. [...].» (Tgb)

Dienstag, 8. Juni. «[...] Verordnung an *Malerin Seidler.* Einiges durch
[Christian Theodor] Musculus [Privatgelehrter in Weimar; geb. 1799] Mitgetheilte, wovon schon gestern Abend Vorkenntniß genommen war [«Das
später von *Musculus* zusammengestellte Register für die AUSGABE, das schon
zu Goethes Lebzeiten begonnen worden war?» (Hagen, zu 1813)]. Verschiedenes mit *Kräuter* abgethan. Concepte. *A. Lewin, Bernsteinarbeiter* aus Tilsit,
mit artigen kleinen Galanteriesachen. Mittag mit *Ottilien* allein. *Wolf* war mit
Herrn Rothe nach Lützendorf [bei Weimar] gegangen. *Herr Kanzler v. Müller*
[«‹Eckermann* versteht am besten, LITERARISCHE PRODUKTIONEN mir (Goethe)
zu extorquieren durch den sensuellen Anteil, den er am BEREITS GELEISTETEN,
BEREITS BEGONNENEN nimmt. So ist er vorzüglich Ursache, daß ich den FAU-
STEN fortsetze, daß die ZWEI ERSTEN AKTE DES ZWEITEN TEILS beinahe fertig
sind.› – Ich nahm Anlaß, ihn an die Vollendung des VIERTEN TEILS SEINER
MEMOIREN (DuW) zu erinnern; er sagte: ‹In ruhigen vier Wochen könnte ich
wohl damit zustand kommen, aber jetzt beschäftigt mich meine neue Edition
der PFLANZEN-METAMORPHOSE allzusehr. Übrigens wird dieser VIERTE TEIL
nur das Jahr 1775 umfassen, aber einen wichtigen, inhaltvollen, gleichsam
bräutlichen Zustand darstellen, eine Hauptkrisis meines Lebens.›» (*Kanzler v.*
Müller; GG 6582)]. Ich sah eben das Niederländische Portefeuille durch und
bedachte mir den Gang der Landschaftsmalerey. Später *Prof. Riemer,* da wir
denn gar manches Sprache, Stil und Litteratur betreffend verhandelten.» (Tgb)

Mittwoch, 9. Juni. Brief an *Maler Kaiser:* Goethe nimmt an, daß sich dieser
in Eisenach bereits eingerichtet und umgesehen hat. Da man hofft, ihm einige
Bestellungen verschaffen zu können, wünscht Goethe, daß sich der *Adressat*
in der Umgebung von Eisenach nach geeigneten Ansichten und auf den
Märkten nach Motiven für die Staffage umsehen und Skizzen nach der Natur
senden möge. – Brief an *Faktor Reichel:* Goethe muß nach langem Warten nun
doch melden, daß die EXEMPLARE DER SIEBENTEN LIEFERUNG [DER AlH]
noch nicht eingegangen sind. – «Einiges bezüglich auf oberaufsichtliche

Geschäfte. *Hofmechanikus Körner* von Jena. Über die Schwierigkeiten bey'm Achromatismus. *Demoiselle Seidler,* wegen der Gartenangelegenheit. Mittag mit *Ottilien* und *Wölfchen,* ward manches Äußere und Innere durchgesprochen. *Hofrat Meyer* brachte einen vortrefflichen Aufsatz über das Herankommen der Kupferstecherkunst und Recensionen einiger der neusten Blätter [→ 29. 5.]. [...] *[Kanzler] v. Müller* dazu. Ich zog mich zurück und dachte auf morgen.» (Tgb)

Donnerstag, 10. Juni. «Packet von Augsburg: SEDEZ-AUSGABE wenig, viel von der OKTAVAUSGABE. Manche Concepte dictirt. [...] Die vorletzte Sendung MEINER WERKE an *Göttling* zurechte gelegt [In Ermangelung der 7. LIEFERUNG DER TASCHENAUSGABE möglicherweise Zusammenstellung der AUSHÄNGEBOGEN zur Korrektur für die OKTAVAUSGABE (vgl. Hagen, zu 1816)]. Die Rechnungen der Separatcasse überdacht. Ein Promemoria an die *Frau Großherzogin* vorbereitet. Spazieren gefahren mit *Wolf.* Speiste mit der *Familie.* [...] *[Kanzler] v. Müller. Herr Oberbaudirektor Coudray.* Letzterer brachte die landschaftlichen Zeichnungen für *[Wilmans* in] Frankfurt [→ 6. 6.].» (Tgb)

Freitag, 11. Juni. «Oberaufsichtliche Geschäfte.» (Tgb) – Brief an *Polizeirat Grüner:* «Nun reisen die *Unsrigen [Großherzog Karl Friedrich]* zu Ihnen hin, ohne mich, und ich muß so zusehen. – Die besten Grüße kann ich mir jedoch nicht versagen, auch lege ich ein hübsches Mineral bey.» – Konzept eines möglicherweise nicht abgegangenen Briefes an *Prof. Göttling:* Goethe sendet verschiedene «HEFTLEIN», die jedoch «als Bände gelten sollen», mit der Bitte um Revision [→ 10. 6.]. «[...] versprechen uns die *Augsburger* die OKTAVAUSGABE in kürzeren Fristen, sie sind schon bis zum 29. BANDE vorgerückt.» – Brief an *Wilmans:* «[...] erhalten hiebey zwei Zeichnungen für den Umschlag [zur Übersetzung von *Carlyles Schiller*-Biographie; → 10. 6.]. Qualificiren sie sich nicht zum Holzschnitt, so wird es der Lithographie leicht seyn sie auszuführen.» – «[...] Ich hatte ihm *[Riemer]* [...] ZWEI BÄNDE DER 7. LIEFERUNG eingehändigt zur Revision. Mundum des Aufsatzes über die Kupferstecherkunst [von *Meyer;* → 9. 6.] [...]. In den vordern Zimmer Ordnung gemacht. Speiste mit der *Familie. Prof. Riemer.* Zeigte ihm die griechischen Costumes [«Costumes et usages des peuples de la Grèce moderne», 30 ausgemalte Blätter (Schuchardt 1, S. 218, 115. 21)] von *Baron [O. M.] Stackelberg.* Auch die landschaftlichen Zeichnungen von dem *Engländer Read.* Wir besprachen MANCHES BIOGRAPHISCHE.» (Tgb)

Samstag, 12. Juni. «Beachtung von FAUST wieder vorgenommen [→ 8. 6.; → 27. 4.]. Sonstige Munda durch *John* und *Schuchardt.* Einiges wegen des Locals im Jägerhause besprochen. Mittag allein. Nach Tische *Herr Hofrat Meyer.* Die kurze Geschichte der Kupferstecherkunst [→ 11. 6.] und sonstige Zwecke besprochen. Abends allein. *Plutarchs* Biographien vorgenommen.» (Tgb)

Sonntag, 13. Juni. «[...] Das Mundum des *Meyerschen* Aufsatzes fortgesetzt [→ 12. 6.]. *Prof. [Heinrich] Müller,* Porträts vorzeigend. [...] der *Großherzog [Karl Friedrich]* in's Karlsbad gehend. Mittags mit der *Familie.* Nach Tische verschiedenes besorgt. Abends *Plutarch.*» (Tgb)

Montag, 14. Juni. «FAUST HAUPTMOTIVE [DER KLASSISCHEN WALPURGISNACHT] ABGESCHLOSSEN. *[Emil] Cauer* [geb. 1800], *Bildhauer,* welcher *d'Altons* Büste geleistet hatte und nun *Herrn v. Froriep* abbildete. *[Johann Ernst] Preller*

[Konditor in Weimar], dem ich die Nachricht von Verlängerung der Pension *seines Sohnes* mittheilte [→ vielleicht nach 2. 6.]. [. . .] Schreiben des *Präsidenten Kapodistrias* an *Prinzen Leopold* [*von Sachsen-Coburg*. Dieser hatte die ihm angebotene griechische Krone am 11. 2. unter bestimmten Bedingungen angenommen, am 21. 5. jedoch wieder abgelehnt.]. *Mademoiselle Purgold* aus Gotha. Mundum des *Meyerschen* Aufsatzes beendigt [→ 13. 6.]. Mittags mit der *Familie*. Nachmittags *Plutarch*. *Wölfchen* las in dem ERSTEN BAND MEINER BIOGRAPHIE und machte neckische Bemerkungen. Bald zu Bette. [. . .].» (Tgb)

Sonntag, 13. / Montag, 14. Juni. Brief an *Carlyle*: [Goethes Sendung an den *Adressaten* enthält u. a.:] «Das Chaos, Wochenblatt, Manuscript für *Freunde*. Gesellige Scherze einer *geistreichen weimarischen Gesellschaft* [. . .]. Es darf eigentlich niemand mitgetheilt werden als wer dazu Beyträge liefert, da nun aber [. . .] auch *Mitarbeiter* von Edinburgh datiren, so ist es billig daß auch ein Exemplar nach Schottland wandere. [. . .] Leider kann man kein vollständiges Exemplar schicken, die *Gesellschaft* war im Anfang sehr klein und wurden nur wenig Exemplare gedruckt [. . .]; nach und nach wuchs der Antheil, die Auflage ward stärker aber die ersten Blätter stufenweise nicht mehr zu haben. [. . .] sie *[Ottilie]* ist ganz eigentlich der *Redakteur* dieses Blattes und dirigirt mit *einigen treuen verständigen Freunden* die ganze mitunter bedenkliche Angelegenheit.»

Dienstag, 15. Juni. «NEUE RESOLUTION WEGEN FAUST. *Katholischer Pfarrer* von Nordhausen, *Breitenbach*.» (Tgb) – Brief an *Oberbaudirektor Coudray*: Goethe teilt mit, daß sich *Breitenbach* nach der «hiesigen vakanten Stelle» erkundigen möchte, und bittet, diesem die nötigen Auskünfte zu geben. – «Schreiben von *Victor Cousin*, einen *Herrn Girardin* einführend. *Ottilie* sprach ihn zuerst. Mittag mit der *Familie*. Herr *Rothe* zeigte die Aushängebogen seines in Halle zu druckenden Werkes [«Dogmatik»]. Abends Thee bey *meiner Tochter*. Herr *[François Auguste Saint-Marc] Girardin [französischer Schriftsteller; geb.* 1801], *Frorieps, Coudray* und *Riemer*. Auch *Frau v. Mandelsloh* und *Fräulein Teubner* [*v. Teubern*, die *Übersetzerin* von *Carlyles Schiller*-Biographie. –

«J'ai vu Goethe à Weimar; j'ai vu cette petite et glorieuse ville qui a été pendant quelque temps l'Athènes de l'Allemagne et que peuple encore aujourd'hui la présence de Goethe. Mais cette vie, qu'elle tient de son grand homme, commence à s'affaiblir comme le grand homme lui-même. Quand je visitais Goethe, quand je voyais ce front encore majestueux, mais qui semblait fatigué de penser, ces yeux qui commençaient à pâlir, cette bouche qui n'avait plus ni sa vivacité ni son expression première, et quand, sortant de l'entretien de l'auguste vieillard, je parcourais cette ville de Weimar, si brillante autrefois et si animée, triste aujourd'hui, avec un air de solitude dans ses rues et d'engourdissement dans ses *habitants,* je ne pouvais pas me défendre de croire qu'il y avait entre Goethe et Weimar je ne sais quel rapport mystérieux, que le destin de la ville était lié au destin du poète, qu'elle avait été florissante et fréquentée quand le poète était dans le midi de son âge et de son génie: peu à peu l'éclat du génie s'était amorti; la ville s'était senti languir, et à mesure que la vieillesse s'emprégnait sur le front de Goethe, elle semblait s'empreindre aussi sur la ville. Et ne croyez pas que ce soit ici un rapprochement d'orateur ou de rêveur; ce que je dis, chacun à Weimar le sentait, *les hommes les plus simples* comme *les plus éclairés*. Ah! ce n'est plus le bon temps de Monsieur de Goethe, me disait-on; son excellence ne peut pas vivre longtemps encore. Sa mort sera le dernier coup pour notre pauvre ville.» (*Saint-Marc Girardin:* Notices politiques et littéraires sur l'Allemagne, 1835; GG 6585)].» (Tgb)

Mittwoch, 16. Juni. Brief an *Dr. Weller:* Da das Wetter einer Fahrt nach Jena im Moment widerstrebt, teilt Goethe mit, daß er ohne weitere Vorankündigung losfährt, sobald ihm das Barometer einen Wink gibt. – «Kam der ERSTE BOGEN METAMORPHOSE von Jena [→2. 6.]. [...] hatte mich *Herr v. Feldhoff* besucht und brachte mir ein Packet von der *Direktion des Deutsch-Amerikanischen Bergwerk-Vereins* in Elberfeld. Ich beschäftigte mich sowohl früh als Abends in den übersendeten Circularien. [...] *Herr Ritter Spontini* durchreisend. Brachte seine Composition von: KENNST DU DAS LAND [vgl. GG 6586] [...]. Das Stehkörbchen für *Frau Hofrat Vogel* zubereitet. Mittag mit *Wölfchen* und *Herrn Rothe.* Mit letzterem über die Veranlassung seines Werks, einer Dogmatik mit Sprüchen [→ 15. 6.]. *Hofrat Meyer.* Wir besprachen die vorzunehmende Arbeit über Kupferstechen und Kupferstecher. Ich übergab ihm die Acten dazu [→14. 6.]. Fing nachher *Gustav v. Gülich* geschichtliche Darstellung des Handels, der Gewerbe und des Ackerbaues [zu lesen] an. [...].» (Tgb)

Donnerstag, 17. Juni. «Den ERSTEN BOGEN DER METAMORPHOSE revidirt. Die nothwendigen ANZUFÜGENDEN NOTEN NACH DEN PARAGRAPHEN bemerkt [→ 16. 6.]. Ein *Gehilfe* aus dem Industrie-Comptoir brachte mir das Erforderliche zum lithographischen Schreiben. Ich schrieb acht Octavblätter. [«Die Anforderungen von EIGENEN HANDSCHRIFTEN vermehren sich immer, und wird mir immer unmöglicher sie zu befriedigen. Daher hab ich mich entschlossen dergleichen mit lithographischer Dinte zu schreiben, da sie sich denn gar wohl vermehren lassen [...].» (an *Sohn August,* 25. 6.)] [...]. *Hofrat Meyer* kam bey Zeiten, um noch einige Kupfer zu beurtheilen [→ 16. 6.]. Wir speisten zusammen. Ich rühmte *Gustav v. Gülich,* Geschichte des Handels pp., theilte daraus manches mit. Wir besahen nach Tische noch einige Kunstsachen. Ich las in *Gülich* weiter und bedachte das Bevorstehende.» (Tgb)

Freitag, 18. Juni. Brief an *Mediziner Meyer:* «Mein Sohn und Doktor Eckermann sind nach Italien gegangen und mir ist dadurch so manche Last zugewachsen, die ich seit geraumen Jahren auf Jüngere übertragen hatte.» – Deshalb muß Goethe das mitgeteilte [medizinische] Manuskript [eines *Dr. Schmidt* aus Paderborn] zurücksenden, ohne es gründlich betrachtet zu haben. – Das Gedicht von *Meyers Sohn* [*Karl Victor Meyers* Epos «Armint»] hat «wirklich Bewunderung und allen Beyfall erregt». Von den kleineren Gedichten des *Adressaten* sind schon einige im «Chaos» gedruckt worden. – PROLOG DES DRITTEN AKTS [PARALIPOMENON 91, später nicht ausgeführt (vgl. Gräf II, 2, 553)]. – «[...] Kam ein Schreiben des *Herrn v. Deinhardstein,* ingleichen *Herrn Sorets. Bauer* heftete die ZELTERISCHE CORRESPONDENZ VON 1828 UND 1829. *Demoiselle Seidler* sendete eine Zeichnung. *Hofrat Meyer* zu Tische. Behandelte noch einige Kupferstiche. Wir besprachen das Wiener Verhältniß [→ 29. 5.]. *Herr Kanzler v. Müller.* Behandlung der Verlassenschaft der *Frau Großherzogin-Mutter.* [Hinzu kommen *Claude Philippe Mounier* (geb. 1784) und *seine Frau* (vgl. GG 6587)]. *Prof. Riemer.* BOGEN I DER METAMORPHOSE revidirt. Er las

in dem Nachlasse *Byrons* durch *[T.] Moore* [«Letters and journals...»; →
30. 1.]. Ich überschlug das VORRÄTHIGE MANUSCRIPT [DER METAMORPHOSE]
und dessen Verhältniß zu dem Druck. *Fräulein Ulrike [v. Pogwisch]* nahm
Abschied [für eine Reise nach Dessau].» (Tgb)

Samstag, 19. Juni. «*Wölfchen* nahm Abschied [ebenfalls nach Dessau zu
gehen]. Ich besorgte viel nach allen Seiten, wegen meines Entschlusses nach
Jena zu gehen [→ 16. 6.]. Zu Tische mit *Hofrat Vogel* und *Ottilien.* Gegen
Abend nach Jena. Im botanischen Garten abgestiegen und den Erker [im
Inspektorhaus] bezogen. Fand alles in bester Ordnung. Die Terrasse zunächst
des Hauses sehr löblich angelegt. An den Wegen war noch einiges zu thun.
Mit *Baumann* die Wege durchgegangen. Einiges notirt zu meinen nächsten
Zwecken. *Dr. Weller, Kustos Färber.* Verabredung wegen morgen.» (Tgb)

Sonntag, 20. Juni. «Früh aufgestanden. Die Angelegenheiten überdacht.
Im botanischen Garten. Um 10 Uhr in's Schloß mit *Dr. Weller.* Erst das mineralogische, dann das zoologische Museum durchgegangen. Das kleinere mineralogische zu didactischem Zweck, ingleichen das Auditorium. Ferner die
beyden untern Säle. Überall gute Ordnung und Zucht. Durchaus die größte
Reinlichkeit auf's Neue empfohlen. Mittag mit *Dr. Weller.* Manches über die
Jenaischen Zustände. Nachmittag dessen *Schwester* und *zwei Kinder.* Die *Professoren Voigt* und *Göttling* gesprochen und das Nächste mit ihnen verhandelt.
Dr. Wellern einige Aufträge wegen des botanischen Gartens gegeben. Um
4 Uhr abgefahren. Furchtbar geballte Wolkenberge über dem Harz. Der ganze
Horizont ringsumher regen- und gewitterhaft. Gewaltsames Wetter ging an
dem Ettersberg hin über Weimar weg und faßte uns zwischen Frankendorf
und Umpferstedt. Nach wenigen Minuten war es vorüber, die Sonne schien
wieder, aber der ganze Horizont war umlagert und umtrübt. Nach Hause
gelangt macht' ich noch Ordnung in manchen Dingen. Recapitulirte das am
heutigen Tage Geschehene. Unterhielt mich mit *Ottilien,* welche mir Nachricht gab von einem auf den 23. Juni intentionirten Feste [anläßlich des fünf-
zigsten Jahrestages von Goethes Aufnahme in die *Freimaurerloge;* → 23. 6. 80].
Worüber nachzudenken war. Ich schlief in den vordern Zimmern, weil die
hintern gescheuert worden. – [An] *Herrn Frommann [d. J.]* die Revision des
ERSTEN BOGENS METAMORPHOSE [→ 18. 6.].» (Tgb)

Montag, 21. Juni. «[...] [An] *Herrn Fikentscher* nach [Markt-]Redwitz,
Bestellung von Gläsern für das anatomische Museum. – Brachte *Kräuter* die
meteorologischen Tabellen vom May. Aus der *Froriepschen* Anstalt die lithographischen Probedrücke [→ 17. 6.]. Einiges in Bezug auf den 23. Juni. Um
1 Uhr mit *Ottilien* zu *Frorieps* gefahren. Die wohlgerathene Büste des *Herrn
Obermedizinalrats v. Froriep* von *[Bildhauer] Cauer* besehn und belobt. Mit derselben zu Tische. Gegen Abend *Herr Oberbaudirektor Coudray,* welcher mir
von dem Feste auf den 23. d. M. nähere Nachricht gab.» (Tgb)

Dienstag, 22. Juni. «Früh aufgestanden. Bald wieder niedergelegt. *Hofrat
Vogel* abgewartet. Nochmals vereitelter Versuch aufzustehen [«... eine Un-
päßlichkeit, die, wie er es selbst darüber ausgedrückt, der Seekrankheit vergleichbar schien, indem nur eine horizontale Lage erträglich war.» (*Holtei,*
GG 6591)]. Indessen arbeitete ich immerfort. Schrieb, dictirte, ließ mundiren,
sodaß ich bis gegen Abend erwünscht zu Stande kam. Um 6 Uhr *Prof. Riemer.*

Verschiedenes durchgesprochen. Unternommenes Sach- und Namenregister zu MEINEN WERKEN [→ 8. 6.; vgl. dazu Hagen, zu 1823]. *Ottilie* brachte später von *Frau Gräfin Henckel* zurückkehrend einiges was die *Dame* für mich mitgebracht hatte.» (Tgb)

Mittwoch, 23. Juni, oder etwas früher. GEDICHT DEM WÜRDIGEN BRUDERFESTE [zur Datierung vgl. GG 6589].

Mittwoch, 23. Juni. «Entschloß mich im Bette zu bleiben. Revidirte dabey die gestrigen Arbeiten und brachte sie mehr in's Reine. Die 7. LIEFERUNG MEINER WERKE war angekommen [→ 9. 6.]. Nachmittag [...] *[Kanzler] v. Müller,* welcher mit *Ottilien* das Weitere beredete und derselben, da ich früh die mir angeordnete Deputation nicht annehmen können, ein bedeutendes Pergament [ein Ehrenmitgliedschaftsdiplom (vgl. WA III, 12, 399], einzelne kleinere Blätter desselben Inhalts und ein Gedicht [«Zum Maurerischen Jubelfeste des Ehrwürdigen und geliebten Bruders Johann Wolfgang von Goethe...» von *Riemer?*] übergab, welches alles dieselbe mir noch am Abend zustellte [«...sie haben diesen Tag gar anmuthig geehrt...» (an *Sohn August,* 25. 6.)].» (Tgb)

Donnerstag, 24. Juni. «Das gestern eingetretene fünfzigjährige Jubiläum meiner Freymaurerschaft ward heute in der Johannisloge gefeyert [«...der Saal (war) von *Coudray* auf eine eigene geschmackvolle Weise decorirt (worden)...» (an *Sohn August,* 25. 6.) – Die Rede hält *Kanzler v. Müller.*]. Ich hielt mich still und dictirte *John* die weitere Redaction der BISHERIGEN ARBEIT. [...] Angenehme Briefe von *Boisserée* und *Felix Mendelssohn* waren angelangt. *Holteis* waren in der Nacht angekommen. Um 12 Uhr stand *Ottilie* bey *Vogels* Gevatter. Mittags speisten bey derselben *Herr* und *Frau [Julie] v. Holtei* [geborene *Holzbecher, Schauspielerin*] und die *Herren Riemer, Vogel* und *v. Gerstenbergk.* Nach Tische fuhr ein Theil der *Gesellschaft* nach Tiefurt. Ich versuchte wieder in's Leben zu treten. Verfügte mich aber bald wieder zur Ruhe.» (Tgb)

Freitag, 25. Juni. «Früh aufgestanden. [...] Das Nächste sogleich beseitigt. [...] Besonders das LUISENFEST FRÜHSTER JAHRE [AUFSATZ; → 9. 7. 78], für *Serenissimum* bestimmt, näher gebracht. Mittags waren *Holteis* bey *Ottilien* zu Tische, auch *Frau Gräfin Henckel,* [...] *[Kanzler] v. Müller* und *Oberbaudirektor Coudray.*» (Tgb) – Brief an *Sohn August:* «[...] versichere: daß deine Tagebücher aus Mailand höchst löblich sind, wie du am eigenen Behagen daran fühlen mußt. Den *Menschen* und den Sachen gerade in die Augen zu sehen und sich dabey auszusprechen wie einem eben zu Muthe ist, dieses bleibt das Rechte, mehr soll und kann man nicht thun.» – Goethe berichtet vom Sommeraufenthalt der *Herrschaften,* die von Dornburg aus auch Jena und die dortigen Anstalten besuchen werden, «wo meine Sorge ist sie anständig zu empfangen, welches, bey *Lenzens* völlig geistig-leiblichem Zurücktreten, in Betracht des mineralogischen Kabinetts, einige Schwierigkeit hat; demohngeachtet aber geleistet werden soll». – Auch die *beiden Enkel* sind verreist, «und ich kann versichern daß ich die Gegenwart ihrer Arten und Unarten jeden Augenblick vermisse. – Wenn *Eckermann,* bey soviel Lockungen und Verführungen, noch beysammen und ein rückwärts blickender Mensch geblieben ist, so sag ihm: Die WALPURGISNACHT sey völlig abgeschlossen [→ 14. 6.], und wegen des fernerhin und weiter Nöthigen sey die beste Hoffnung.» – «[...] Um 6 Uhr *Prof. Riemer.* Wir revidirten das 1. BÄNDCHEN DER 7. LIEFERUNG.» (Tgb)

Samstag, 26. Juni. Brief an *Enkel Wolf:* «Die beyliegenden Blättchen [litho-graphierte Handschriften] vertheile wohlwollenden *Freunden* [in Dessau], ich habe sie selbst geschrieben und nicht selbst geschrieben; ein Räthsel welches du [...] gar wohl auflösen wirst.» – «[...] Kam ein Circular von der Geh. Staatskanzlei, wegen des morgenden Festzugs [300-Jahrfeier der «Confessio Augustana»].» (Tgb) – Brief an *Kanzler v. Müller:* Goethe dankt dem *Adressaten* für die ihm «in diesen Tagen unschätzbar erwiesene Aufmerksamkeit». Er wünscht, diesen «heute vor Tisch» wegen des morgigen Kirchgangs zu spre-chen, zu welchem er nicht erscheinen kann, wohl aber *seine Untergeordneten* hinzuschicken hat. Hierzu möchte er den Rat des *Adressaten* erbitten. – «*Herr [Kunsthändler] Börner* von Leizpig zeigte verschiedenes seiner Verlagsartikel und ließ ein Portefeuille älterer Kupferstiche und Zeichnungen zurück. *Herr Schüler* von Freiberg, jetzt in Jena, brachte einige Mineralien und trug seine Angelegenheiten vor. Alles Nöthige wegen des morgenden Fests besorgt. Cir-cular an *sämtliche Untergeordnete [der Oberaufsicht* über deren Teilnahme an der Feier des Festes]. Promemoria an ein *hohes Staatsministerium* [...].» (Tgb): Goethe bedauert, daß ihn sein Alter und sein Gesundheitszustand daran hin-dern, am morgigen Fest teilzunehmen und sich «in so später Zeit [...] öffent-lich als einen treuen und anhänglich Gewidmeten der protestantischen Kirche zu beweisen und darzustellen». – Für *seine Untergebenen* ersucht Goethe jedoch um die Gunst, daß sich diese «an die Hochdenenselben *untergebenen Glieder der Staatskanzlei*» anschließen dürfen. – «Die *sämtlichen, hiernächst verzeichneten Personen* sind befehligt, auf großherzoglicher Bibliothek sich vor der bestimm-ten Stunde zu versammeln und werden daselbst die fernere Anordnung schul-digst erwarten.» – «[...] zustimmende Antwort [aus der Staatskanzlei]. Mit-tags *Herr Hofrat Vogel.* Das schon mehrmals angeregte Gespräch wegen der Zurechnung, Strenge und Milde in Criminalfällen; in der Überzeugung stimmte er völlig mit mir überein. Mir sind seine besonderen praktischen technischen Kenntnisse höchst schätzenswerth. Durchsah nachher das *Börne-rische* Portefeuille, wozu *Hofrat Meyer* kam. Es war darunter manches Ange-nehme und Bedeutende.» (Tgb)

Sonntag, 27. Juni. «[...] daß heute die Feyer zu Gedächtniß der Übergabe der augsburgischen Confession ganz anständig begangen worden. Da weder ich noch du zu Anführung *unseres Departements* gegenwärtig waren, so fand man es schicklich, die darunter begriffenen *Personen* gleich hinter dem *Mini-sterio* und der *Staatskanzlei* eintreten zu lassen, wobey denn also *Hofrat Meyer* und *Prof. Riemer* den Reihen führten. Alles Übrige verlief ganz löblich.» (an *Sohn August*) – «Indem das Fest vor sich ging, ordnete ich alles, was vorerst vorzunehmen sey. Da man denn freylich nicht säumen darf. [...] Ein *Englän-der* [Lücke im Text], welcher ein ganz artiger junger Mann schien, nachher aber bey *meiner Schwiegertochter* eine wunderliche Scene machte. Mittag *Hofrat Meyer,* von dem Verlauf der Festlichkeit und dem daran genommenen schick-lichen Antheil erzählend. Wurde auch das Verhältniß zu Wien ferner bespro-chen [→ 18. 6.]. Bey herankommendem starken Gewitter entfernte sich der *Freund.* Es wuchs sehr stark an. Ich betrachtete übrigens die neuangelangten Kupfer und Zeichnungen abermals und sortirte dieselben.» (Tgb) – Besuch von *Hofrat Vogel* und *Kanzler v. Müller:* «Streit über die Wahl des Tages zur

Feier der Augsburgschen Konfession [Sie war in Weimar vom 25. auf den
27. 6. verlegt worden, weil dies ein Sonntag war.]. Goethe erklärte sich für die
geschehne Verlegung, allein er gab zu, daß es politisch gewesen wäre, der
Volksstimme nachzugeben. ‹Das *Volk* will zum besten gehalten sein, und so
hat man unrecht, wenn man es nicht zum besten hält. Übrigens muß man sich
um die *Erfolge* nichts kümmern, wenn der Beschluß vernünftig war.›» (*Kanzler
v. Müller;* GG 6593) – «In der Nacht war das Gewitter mit großer Gewalt
zurückgekommen. Die Ilm war stark gewachsen und des Morgens übergetre-
ten.» (Tgb)

Montag, 28. Juni. «Ich besorgte eine reine Abschrift vom LUISENFESTE,
vorbereitend eine stattlichere für *Serenissimum* [→ 25. 6.]. Die sämmtlichen
48 Bände der Wiener Jahrbücher für Litteratur trafen ein. Sowie eine Sendung des *Hirschberger Schubarth* an *meinen Sohn* gerichtet. Ingleichen von
Herrn v. Quandt mit sechs kleinen Kupferstichen. Ich fuhr gegen die Bibliothek zu, stieg aus und ging an dem oberen Parkplatz her bey der Klause hinunter. Die Wirkungen des schon wieder in seine Gränzen getretenen Wassers
betrachtet. Den Weg über die Wiesen zu meinem Garten konnte man noch
nicht einschlagen. [...] Begegnete einem *jungen Frauenzimmer,* [...] besprach
mich mit ihr. Setzte mich in den Wagen und fuhr zurück. Mittag *Hofrat Vogel.*
Bedeutende Unterhaltung über medicinische praktische und polizeyliche
Angelegenheiten. Las in den Wiener Jahrbüchern der Litteratur verschiedenes, besonders die Tragödie von *Grillparzer* Betreffendes. [...] *[Kanzler] v.
Müller* [«Über drei Stunden bei ihm (Goethe). Er war heitrer Laune und sehr
mitteilend... ‹Erhard, der Arzt,* den *Varnhagen* trefflich schildert, war eben
auch ein hübsches Talent, ein guter Kopf, aber einer von den *unzulänglichen*
Menschen, die einem so viel Qual machen, weil sie sich einbilden, etwas zu
sein, etwas zu können, ... dem sie nicht gewachsen sind, und aus ihrer Sphäre
herausgehen (→ 2. 6.)... – *Voltaire,* einer der größten Geister, hatte im hohen
Alter die Schwachheit, noch ein neues Trauerspiel von sich aufführen zu lassen; ich dagegen spüre immer mehr Neigung, das BESTE, was ich gemacht
und noch machen kann, zu sekretieren.› – Erzählung von der ehemaligen *Frei-
tagsabend-Gesellschaft* bei Goethe zu literarischen Zwecken ... Überhaupt
habe der *Herzog [Carl August]* eine wahre Passion für Jena gehabt.» (*Kanzler
v. Müller;* GG 6594)]. Nachher *Oberbaudirektor Coudray.*» (Tgb)

Dienstag, 29. Juni. «Weitere Ordnung und Vorbereitung. Nachschrift *meines Sohnes* aus Mailand. Schreiben an denselben [...].» (Tgb): «[...] ich erkläre
also hiermit ausdrücklichst und feyerlichst: daß es mir sehr angenehm seyn
wird in deinen Tagebüchern deinen Einzug in die Porta del Popolo [in Rom]
zu vernehmen. Du mußt dir in jedem Fall, da du so großen Vortheil von deiner Reise körperlich und geistig schon empfunden hast, jetzt, mit immer frey-
erem Gemüth und Sinn, überlegen was dir fernerhin nützlich seyn kann. –
[...] Aus der Ferne ist [hinsichtlich der weiteren Reiseroute] gar nicht zu
rathen. Die Hauptsache bleibt, daß du von fremden Gegenständen und von
fremden Menschen berührt werdest. Überlege daher mit dir selbst und den *werthen Freunden Mylius* das Vortheilhafteste. Begib dich zu denen Orten, die du
noch nicht gesehen hast, an denen die du sahst halte Nachlese, wozu jeder Ort
die größten Reichthümer beut. [...] – Du muß dir immer sagen: deine Absicht

sey, eine große Welt in dich aufzunehmen und jede in dir verknüpfte Beschränktheit aufzulösen. Überzeuge dich nur daß es, in diesem Sinne, keineswegs von Bedeutung sey, wenn du auch ein paar Achatkugeln aus dem belobten Rosenkranze vermissen solltest. Du kannst daher das *Myliusische Haus* in meinem Namen versichern: daß ich allen und jeden Credit, den Sie dir zugestehen, honoriren und ihre hierauf zu stellenden Anweisungen ungesäumt bezahlen werde. − [...] Sollte *Eckermann*, wie's wohl möglich ist, an dem bisherigen Genüge haben, so gib ihm die Mittel bequem zurückzukehren; er soll uns willkommen seyn, mit allem was er aufgeladen hat. Auf die Ankunft der Medaillen freue ich mich; wenn du dergleichen findest, so laß dich die Auslage nicht reuen [*August* hatte über den Ankauf von Medaillen aus dem 15., 16. und 17. Jahrhundert berichtet. (an Goethe, 24. 5.)]. [...]. − *Ottilie* grüßt besonders, wenn gleich leidend immer lieb und gut. Das *kleine Mädchen [Alma]* wird alle Tage neckischer.» − «ABGESCHLOSSENES MANUSCRIPT DES LUISENFESTES und weitere Disposition deßhalb [→ 28. 6.]. In der Darmstädter Kirchenzeitung den Aufsatz gegen *Schlegels*. Die Erinnerung voriger Zeiten wieder herbeygerufen. Mehres in den Österreichischen Jahrbüchern vom Jahr 1829. Ich speiste für mich. Setzte das Lesen von Morgens fort. [...] *[Kanzler] v. Müller*. Manches Ältere und Neuere besprochen. *Prof. Riemer*. [...].» (Tgb)

Mittwoch, 30. Juni. «Vier merkwürdige Blätter nach *Sandro Botticelli* von *Herrn v. Quandt*. Drei *Göttinger Studierende*. *Hofrat Vogel*, die Eigenheiten eines *Dresdner Bibliotheksekretärs* vor kurzem in einem Tagesblatt mitgetheilt. *[Botaniker] Hofrat Voigt* meldete sich und wurde zu Tisch eingeladen [vgl. GG 6595]. Jugendliche Fragmente, gestern durch *Prof. Riemer* zur Sprache gebracht. Das Wahre, aber unentwickelt, sodaß man es für Irrthum ansprechen könnte. Mittag *Hofrat Voigt*. Interessante Gespräche über wissenschaftliche Arbeiten und Zustände, ingleichen über academische Intrigue und Kabale. *Hofrat Meyer,* Sendung eines Portefeuilles. Zeichnungen von *Weigel* in Leipzig. Betrachtung und Auswahl. Plafond in Belvedere. Anstalten denselben aufzubringen. Österreichische Litteratur-Jahrbücher. Höchst merkwürdig im Verfolg zu lesen. [...]. [An] *Prof. Göttling,* mit ZWEI BÄNDEN MEINER WERKE [wohl 34 und 35 zur Revision für die OKTAVAUSGABE] [...].» (Tgb)

Donnerstag, 1. Juli. «Gestern Abend gegen 10 Uhr großes Wasser, welches einen großen Theil des Floßholzes mit sich fortnahm, die Wiesen überschwemmte und über die obern Stufen meines Gartens am Stern ging. Ein Fall, der sich seit mehr als 50 Jahren nicht ereignet. [...] Einen Schädel aus der *Jagemannischen* Verlassenschaft erhalten, der für *van Dycks* ausgegeben wird, auf alle Fälle aber von der vorzüglichsten Construction ist.» (Tgb) − Brief an *Hofrat Soret:* Goethe berichtet, einige Mineralien von Bedeutung aus Rußland erhalten zu haben, die der Beleuchtung «des *einsichtigen Freundes*» harren. − «Mittag für mich. Beschäftigt mit den Wiener Jahrbüchern. Die *Weigelische* Kupfersendung wieder vorgenommen. Einiges einrangirt. *Herr Kranzler v. Müller. Lamartine* neuere Gedichte belobend, anderes Litterarische durchsprechend.» (Tgb)

Freitag, 2. Juli. «Manches [...] vorgeschoben. Tagebuch von *Walther* aus Frankenhausen. Mit *Ottilien* darüber conferirt, und was weiter geschehen solle. Mittag für mich. *Schuchardt* hatte den Catalog der *Raffaelischen* Nachbildungen im Museum gebracht. Ich sah mein Raffaelisches Portefeuille durch, in Absicht einen gleichen Catalog fertigen zu lassen. Sonstige Kupfer und Zeichnungen durchgesehen, einiges eingerahmt. Österreichische Jahrbücher. Aufmerksamkeit auf Tendenz, Geschmack. Besonders merkwürdiger Fleiß und Ausführlichkeit im Einzelnen. Wir gingen den 32. BAND MEINER WERKE durch, wo er besonders die Rechtschreibung der Namen besorgt hatte. Abends *Prof. Riemer* [«Von 1000 *Gelehrten* seien 999, denen eine Sache nichts angehe, wovon der Eine *fait* mache und sie durchsehe. Diese ließen das gut sein, weil ihnen nichts daran liege: wie auf dem Basar kein *Kaufmann* etwas dagegen habe, daß der andre seine *Perlen* los werde, wenn Er nur seine *Shawle* verschleißen könne.» (*Riemer;* GG 6596)]. Mit demselben das Kurzvorstehende verhandelt. Sodann ab er auch den AUFSATZ ÜBER DAS LUISENFEST [→ 29. 6.].» (Tgb)

   Vor Sonntag, 3. Juli. Brief an *Sulpiz Boisserée:* Goethe empfiehlt ihm [aus der SIEBENTEN LIEFERUNG DER ALH] vor allem den «23 [versehentlich für 33.] BAND», die FRÜHEN REZENSIONEN enthaltend. «[...] ich komme mir selbst darin oft wunderbar vor, denn ich erinnere mich ja nicht mehr daß ich diesem oder jenem Werke, *dieser oder jener Person* zu seiner Zeit eine solche Aufmerksamkeit geschenkt; ich erfahr es nunmehr als eine entschiedene Neuigkeit und freue mich nur über die honette, treue Weise womit ich früher oder später dergleichen Dinge genommen.» – Die Zeitschrift «Chaos» «ist von mehr Bedeutung als man glaubt für *unsern Kreis;* alles dichtet und will sich gedruckt sehen, auch haben wir *manche Subjekte, Auswärtige und Einheimische* um uns her, die gar wohl Anspruch darauf machen dürfen». – Goethe selbst hat «weder an dem Vornehmen noch an der Ausführung im geringsten Theil», sieht es «aber gerne» und teilt sowohl EIGENE KLEINIGKEITEN als auch Fremdes, was ihm zur Hand kommt, mit. – Gedächte *Boisserée,* an dem Blatte teilzunehmen, so könnte er einen Aufsatz von allgemeinem Interesse senden und würde die folgenden Nummern der Zeitschrift erhalten. – «Mögen Sie *Herrn Cornelius* etwas Freundliches von mir ausrichten! Ich bin nicht sowohl wegen seiner, als wegen München überhaupt in Verlegenheit [→ 26. 2.]. In «sämmtlichen Tages- und Wochenblättern» wird «unfreundlich» gegen Goethe und die *Seinigen* verfahren. «Ehrfurcht und Dankbarkeit gegen *Ihro Majestät den König [Ludwig von Bayern]* fordert von mir daß ich bey den Unarten der Seinigen schweige, welches ich um so leichter kann als ich sie ja nur zu ignoriren brauche [→ 20./21. 5.].»

   Sonntag, 3. Juli. Fortsetzung des Briefes an *Sulpiz Boisserée:* «Ich habe jetzt die Hauptlebenspuncte der Kunst, Literatur, der Wissenschaften im Auge. Berlin, Wien, München, Mailand beschäftigen mich besonders. Paris, London und Edinburgh in ihrer Art. Die Einzelnen wissen durchaus nicht woran sie sind; es wäre aber schlimm wenn ich mir, durch mein vieljähriges Mühen, nicht sollte eine vielseitige Aussicht nach den verschiedenen Himmelsgegenden erworben haben, die ich um so reiner bewahren kann als ich sie nur mir selbst zu nutzen suche.» – Des weiteren berichtet Goethe von verschiedenen künstlerischen Neuerwerbungen und erbittet einige Auskünfte. – Brief an das *großherzogliche Hofmarschallamt:* Goethe fragt an, ob aufgrund vorliegender Protokolle Tag und Jahr des Luisenfestes genau festzustellen seien [→ 2. 6.]. –

«[...] Verordnung an *Dr. Schrön* nach Jena. – DAS LUISENFEST an *Prof. Riemer.* Mit *Buchbinder Bauer* wegen dem Binden des dazu bestimmten Papieres Abrede genommen. *Herr Geh. Hofrat Helbig* wegen der *Boisseréeschen* und *Prellerischen* Angelegenheit [→ 14. 6.]. Mit *Herrn Oberbaudirektor Coudray* zu *Straubes* [*Straube, Zeichner, Modelleur* in Weimar] gefahren, um den Sarg [Sarkophag für *Carl August*] zu sehen, welcher nach Zeichnungen des Genannten theils in Guß und Treibewerk gefertigt worden. Ein höchst bedeutendes originelles Werk. Zu Mittag *Hofrat Vogel* und *Ottilie.* Nachher mit ihm allein. Über sein Werk sprechend [→ 17. 4.]. Die *Weigelischen* Zeichnungen nochmals durchgegangen. Später *Hofrat Meyer,* mit demselbigen über dieses und anderes. Er fuhr wieder nach Belvedere zurück. Fortsetzung der Wiener Jahrbücher der Litteratur.» (Tgb)

Sonntag, 4. Juli. «Berichtigung der abzusendenden EXEMPLARE MEINER WERKE [vermutlich Beschäftigung mit den BÄNDEN 31 BIS 33 FÜR DIE OKTAVAUSGABE (Hagen, zu 1830)]. *Herr [Kanzler] v. Müller* schickt die GESCHICHTE MEINER BOTANISCHEN STUDIEN zurück. Familienbriefe, das unglückliche Verhältniß der *v. Diemarischen Eheleute* betreffend. Brief von *meinem Sohne;* Abreise desselben von Venedig, über Mantua, Cremona nach Mailand zurück. [...] Absonderung der lithographirten Blättchen [→ 17. 6.]. Mittag mit *Ottilien.* Nach Tische Betrachtung von Kunstblättern. Einiges Litterarische. Manches vorbereitet.» (Tgb)

Montag, 5. Juli. «Kam das Kästchen von Mailand an [Sendung von *Sohn August*]. Wurde ausgepackt. Die sehr bedeutenden Bronzmedaillons des 15. und 16. Jahrhunderts betrachtet [«... um mit dem Preise anzufangen, so würde ich verlegen seyn, wenn ein *Handelsmann* das Doppelte dafür verlangte. Es sind die allermerkwürdigsten Exemplare ... und es ist nun, bey unserer lang stagnirenden Sammlung, wirklich eine neue Glücksepoche eingetreten ... Es ist eine Freude deine Einsicht in diese Dinge zu sehn ...» (an *Sohn August*)] [...]. Auch anderes Mitgekommene ausgetheilt und reponirt. Brief an *meinen Sohn* nach Mailand.» (Tgb): «Dein hübsches verträgliches Leben mit den *Mailänder Wirtsleuten* und *andern guten Menschen* denen du begegnest, [...] wird dich überzeugen daß jeder durch's Leben gebildete *Mensch,* in friedlichen Zuständen, auf eine gewisse mäßige Weise seine Existenz fortsetzen und der Tage genießen will. [...] Wer sich in die Welt fügt wird finden daß sie sich gern in ihn finden mag. Wer dieses nicht empfindet oder lernt, wird nie zu irgend einer Zufriedenheit gelangen. Nach deiner Art und Weise, wie du bisher verfuhrst, ist kein Zweifel daß du leiblich und geistig in einen erfreulichen Zustand gelangen wirst.» – «*Frau Präsident Schwendler* vor ihrer Reise nach Brückenau einsprechend. Mittag mit *Ottilien.* Nach Tische die Medaillen zu betrachten fortgesetzt, die Umschriften zu lesen und die Allegorien der Rückseite auszulegen gesucht. [...] *[Kanzler] v. Müller,* der die METAMORPHOSE DER PFLANZEN zur Sprache brachte [Goethe: «Man darf die Grundmaxime der Metamorphose nicht allzu breit erklären wollen; zu sagen: sie sei reich und produktiv wie eine Idee, ist das Beste. Man muß lieber sie in einzelnen Beispielen verfolgen und anschauen. – Das Leben kehrt ebensogut in der kleinsten Maus wie im Elefanten-Koloß ein und ist immer dasselbe; so auch im kleinen Moos wie in der größten Palme.›... – Als ich sagte: ‹Das unendlich üppige Entfalten des kleinsten Samenkorns zu einem riesenhaften Baume sei wie eine Schöpfung aus Nichts», erwiderte er: ‹Ja, aus *Etwas*. Verstünde die Natur nicht, das Kleinste, und gänzlich Unmerkbare im Raume zusammenzuziehen und zu konsolidieren, wie wollte sie es da anfangen, ihren unendlichen Zwecken zu genügen?› . . . – Lob meiner Rede am Johannisfest: ‹. . . Ich bin alt genug, um das, was mir zu Ehren geschrieben wird, wie ein Unparteiischer beurteilen und loben zu können [→ 24. 6.].» (*Kanzler v. Müller; GG* 6597)].» (Tgb)

Dienstag, 6. Juli. «Die Dresdner Angelegenheit in Ordnung gebracht. EINIGES BOTANISCHE. *Inspektor Weise* brachte Landkarten. Die Münzen weiter untersucht. Den Schicksalen der *abgebildeten Personen* nachgeforscht. Mittag *Ottilien*. In obigem Geschäft fortgefahren. Abends *Prof. Riemer*, das 33. BÄNDCHEN ausgefertigt. Auch das LUISENFEST meistens berichtigt [→ 3. 7.].» (Tgb)

Mittwoch, 7. Juli. «[. . .] [An] *Faktor Reichel* nach Augsburg, 31. 32. 33. BÄNDCHEN.» (Tgb) – Brief an *v. Quandt*: Als Gegengabe für die Nachbildungen einiger vorzüglicher Gemälde aus dem Besitz des *Adressaten* sendet Goethe die Weimarische Pinakothek. «Die Schwierigkeiten eines solchen Unternehmens haben Sie selbst empfunden, und ich will das Weitere meinen Nachfahren überlassen.» – Für die diesjährige Dresdner Ausstellung kündigt Goethe Bilder von *Luise Seidler, Kaiser* und *Preller* an. – «Um 11 Uhr *Madame Durand*, dankend für die Aufmerksamkeit zu ihrem gestrigen 25. theatralischen Jubelfeste. Ein *junger Schriftsteller* Namens [Lücke im Text]. *Herr Landesdirektionsrat Gille*, die mitgetheilten Briefe *Augusts* zurückbringend [. . .]. *Hofrat Vogel*. Alsdann ein *Musicus, Bruder der Schauspielerin Zischka*, ferner *v. Nieszkowski, Berliner*. [. . .] Brief des *Herrn Grafen Sternberg*, denselben auf den 14. hujus anmeldend. Mittags *Ottilie*. Einige geographische und historische Unterhaltung. Sodann nahm ich die Medaillen wieder vor. Suchte die Umschriften zu entziffern und was sonst dergleichen. *Hofrat Meyer*, welchem zwey Schublädchen vorgelegt wurden, wobey sehr angenehme kunsthistorische Bemerkungen vorkamen. Er fuhr wieder nach Belvedere, und ich verfolgte meine Betrachtungen und Bemerkungen. Auch hatte ich den Tag über mehreren Pflanzen meine Aufmerksamkeit geschenkt, besonders in Betracht der neusten bedeutenden Anschauung [SPIRALTENDENZ; → 9. 5.].» (Tgb)

Donnerstag, 8. Juli. Brief an *Zelter*: «Seine [*Sohn Augusts* Reise-]Tagebücher [. . .] zeugen von seinen guten Einsichten in die irdischen Dinge, von besonnener Thätigkeit sich mit *Menschen* und Gegenständen bekannt zu machen und zu befreunden. Der große Vortheil für ihn und uns wird daraus entstehen daß er sich selbst gewahr wird, daß er erfährt was an ihm ist, welches in unsern einfach-beschränkten Verhältnissen nicht zur Klarheit kommen konnte.» – Brief an *Faktor Reichel*: Goethe meldet die Ankunft der 7. LIEFERUNG [DER TASCHENAUSGABE; → 23. 6.] sowie der OKTAVAUSGABE BIS ZUM 25. BAND. – Die BÄNDE 31 BIS 33 sind gestern [als Druckvorlage] für die OKTAVAUSGABE abgegangen. – «[. . .] Reise nach Spitzbergen von *Barto v. Löwenigh*. Mittag *Ottilien* damit bekannt gemacht. Andere unbequeme Sendungen. Ich nahm die ältesten Medaillen vor. BESCHRIEB IHRE VOR- UND RÜCKSEITE KÜRZLICH. Jahrbücher der Litteratur von Wien 49. Band 1. Heft war angekommen. Ich beschäftigte mich damit, Gesinnungen und Urtheile näher zu prüfen.» (Tgb)

Freitag, 9. Juli. Brief an *Deinhardstein:* Obgleich Goethe schon seit Jahren Belehrung und Anregung [aus den Wiener Jahrbüchern] gezogen hat, überzeugt ihn nun die vor ihm liegende geschlossene Folge, daß hier «manches Bedeutende nachzuholen» ist. – *«Hofrat Meyer* [...] wird die Vollendung eines Aufsatzes beeilen, der als Anfrage dienen kann: ob wohl Betrachtungen solcher Art, als den dortigen Zwecken gemäß anzusehen seyen [→ 16. 6.].» – Brief an *Cotta:* Goethe berichtet, daß das typographische Geschäft [Druck der METAMORPHOSE; → 20. 6.] bereits beim ERSTEN BOGEN stockt, da *Frommann [d. J.]* «einige Anordnungen vermißt». Wäre es bei *Sorets* Hofverhältnissen möglich gewesen, ein «reines Manuscript der Übersetzung» anzufertigen, hätte man es gern nach Augsburg geschickt [*Cotta* hatte am 19. 5. noch einmal darauf hingewiesen, daß man in Augsburg «schöneren Druck» erhalten hätte]. – «Indessen habe noch zu versichern daß wir uns mit dem, im Schreiben vom 19. May beliebten Honorar [von 500 Talern] gerne begnügen. – Nach einer «möglichen Einwirkung auf das Königreich der Niederlande» hat sich Goethe «sorgfältig erkundigt», doch will man ihm «zu keinem dergleichen Schritte rathen [*Cotta* hatte von einem *Freund* den Rat erhalten, Goethe und die *Schillerschen Erben* mögen sich mit einem Privilegiumsgesuch direkt an den *König der Niederlande* wenden; → 12. 4. (an Goethe, 7. 6.)]». – *Cottas Gemahlin* dankt Goethe für die geneigte Vermittlung jenes Gedichtes [von *Eckermann* an *König Ludwig von Bayern;* → 14. 4.]. – Für den Damenkalender findet Goethe unter SEINEN KLEINEN GEDICHTEN «auch nicht das Mindeste, was sich zu einer solchen Mittheilung eignen könnte» [*Elisabeth v. Cotta* hatte berichtet, daß im «Taschenbuch für Damen auf das Jahr 1831» Gedichte des *Königs Ludwig von Bayern* veröffentlicht werden, denen man gern Beiträge Goethes zur Seite stellen wollte (an Goethe, 20. 5.)]. Leider hat Goethe auch ein Versuch, «im Augenblick etwas gehörig Bedeutendes hervorzubringen», nicht glücken wollen [Als Grund für Goethes Zurückhaltung ist vermutlich die in Bayern und besonders in *Cottas* Blättern sich formierende Goethe-Opposition anzusehen; → vor 3. 7.; → 20./21. 5. (vgl. dazu auch Kuhn 3/2, 203 ff.)]. – «[...] [An] *Herrn Fikentscher* nach [Markt-]Redwitz [Bestellung von Gläsern für die Jenaer Anstalten]. [An] *Herrn Marstaller* nach Hamburg [Weinbestellung] [...]. Wiener Jahrbücher weiter gelesen. Museum *Mazzucchelli* vorgenommen und die neuangekommenen Medaillen darin aufgesucht. Mittag mit *Ottilien.* Nachher setzte ich die Münzbetrachtungen fort. [...] *[Kanzler] v. Müller.* Mittheilungen in der *gräflich Reinhardischen* Sache. Abends *Prof. Riemer.* Er legte den Entwurf des Registers zu MEINEN WERKEN vor [→ 22. 6.]. Ich zeigte ihm die *Cavinischen* Münzen [*Giovanni Cavini, italienischer Stempel- und Steinschneider; gest.* 1570], auch den Folioband Museum der heiligen Genoveva in Paris, wobey manche antiquarische Betrachtung angestellt wurde.» (Tgb)

Samstag, 10. Juli. Brief an *Marianne v. Willemer:* «Mein zweiter Enkel *[Wolf],* als er bey Eröffnung des Kästchens [von *Marianne* am 14. 5. gesandt] das Vögelein sah, erkannt es zwar gleich, [...] daß es ein Wiedehopf sey, dabey blieb er jedoch nicht stehen, sondern sagte: ‹aber ich weiß es ist ein Liebesbote!› Was sagen Sie zu der Cultur *unsrer zehnjährigen Knaben?* es ist eine hoffnungsvolle *Nachkommenschaft.*» – Goethe erkundigt sich nach der *Sängerin*

Heinefetter, die er kürzlich von einem *Musikus* aus Kassel hat rühmen hören [→ 7. 7.], welcher auch zugestand, sie sei aus einer guten Schule hervorgegangen [*Sabine Heinefetter* war eine *Schülerin Mariannes* gewesen]. – «[. . .] *John* schrieb das Verzeichniß der *Cavinischen* Münzen aus den *Köhlerischen* Münzbelustigungen ab. Manches geordnet und beseitigt. [. . .] *[Kanzler] v. Müller* giebt Nachricht von der Wirkung unseres Erlasses nach München [→ 20./21. 5.]. Ich suchte in *meines Sohnes* Münzschrank nach *Cavineern,* unterließ aber das Weitere bis auf eine nähere Untersuchung. Mit *Ottilien* spazieren gefahren. Mittag *Hofrat Vogel* und *Ottilie.* Er zeigte mir nachher die [Lücke im Text] Arterienwerke auf die fragliche Wunde *jenes Studenten* bezüglich. *Hofrat Meyer,* welcher seine bisherige Arbeit über die Kupferstecherkunst vorlegte. Ich ging mit ihm die übrigen neugesendeten Medaillen durch. Blieb für mich, noch einiges darauf und die *Weigelische* Zeichnungssendung Bezügliches zu bearbeiten. *Walther* war von Frankenhausen zurückgekommen.» (Tgb)

Sonntag, 11. Juli. «Die Abschrift des Münzverzeichnisses geendigt.» (Tgb) – Billett an *Baurat Steiner:* Goethe bittet den *Adressaten,* sich von *Schmeller* porträtieren zu lassen. – «Blieb im Bette wegen Unwohlseyn und brachte still den ganzen Tag zu.» (Tgb)

Montag, 12. Juli. «Morgens blieb deßgleichen im Bette. Um 12 Uhr Besuch von *Herrn Oberbaudirektor Coudray.* Sendung von *Herrn Hofrat Meyer.*» (Tgb) – Brief an denselben: Goethe sendet «einiges Unannehmliche aus der zweyten Klasse der Zeichenschule» mit der Bitte, bis Mittwoch darüber nachzudenken. – «Was mich betrifft, so wag ich noch nicht das Bett zu verlassen; solche Unbilden verlangen immer einen gewissen Decurs den man geduldig abzuwarten hat.» – «[. . .] Später *Herr Hofrat Soret,* von seiner Reise mit dem *Prinz Karl [Alexander* nach Sachsen] nähere Nachricht gebend [«Il (Goethe) sort du lit pour me recevoir; il est indisposé des suites d'un coup de froid probablement compliqué d'une indigestion dont il ne se vante qu'à demi. ‹Vous voyez, m'a-t-il dit, la copie d'un goutteux. Il ne peut bouger de sa place et cela ne l'empêche point de caresser la cause de ses maux.› Tout en disant cela, il me montrait la demi-bouteille de vin blanc qu'il venait d'achever.» (*Soret; GG* 6598)]. Ich hatte manches gelesen. Stand Abends auf und ordnete das Nöthige.» (Tgb)

Dienstag, 13. Juli. «Die Kupfer- und Zeichnungsrechnung in Ordnung gebracht. *[Buchbinder] Bauer* reichte das Bändchen ein zum LUISENFESTE [→ 3. 7.]. Ich übergab solches mit dem CONCEPT, auch nöthigen Anweisungen an *John.* Suchte die Berliner Musterblätter auf, Kupfer und Text. Letzteren an *Bauer* zum Heften. *Walther* spielte auf dem Flügel. [. . .] Mit *Ottilien* und *Walthern* zu Tische. Herr *[Kanzler] v. Müller* Abschied nehmend, in's Hannöversche reisend. *Prof. Riemer.* Wir gingen die KLASSISCHE WALPURGISNACHT durch, das Nöthige zu berichtigen [→ 14. 6.].» (Tgb)

Mittwoch, 14. Juli. «*John* übernahm die Abschrift des LUISENFESTES. Ich dictirte einiges an *[Diener] Friedrich. Herrn Grafen Sternberg* erwartend. Suchte manches zu ordnen und zu entwirren. Mittag *Ottilie* und *Walther.* Erstere beschäftigt mit englischen zu verkaufenden Büchern. Nach Tische las ich *Perikles,* ein jüngeres Werk von *Shakespeare;* die leichte geistreiche Behandlung. Später ließ *Herr Graf Sternberg* seine Ankunft melden [→ 7. 7.].» (Tgb)

Donnerstag, 15. Juli. «*John* brachte die Abschrift des LUISENFESTES. Weniges beseitigt. Kam *Herr Graf Sternberg.* Brachte mit demselben den Tag zu. Mittags speiste *Ottilie* und *Walther* mit. Es wurden wissenschaftliche und Weltangelegenheiten durchgesprochen.» (Tgb)

Etwa Mitte Juli. «C'est dans le courant de ce mois que j'ai rédigé, de concert avec *Monsieur Meyer,* les plans relatifs à une société de lecture [→ 7. 6.], plans auxquels *Monsieur Schweitzer* a pris une part active. Quant à Goethe que j'étais chargé de consulter, il a fait beaucoup de simagrées pour approuver et semblait, dans les premiers temps, peu favorable à l'exécution du projet auquel il a pris plus tard un intérêt véritable.» (*Soret; GG 6600*)

Freitag, 16. Juli. Brief an *Riemer:* Goethe gibt Anhaltspunkte, wie das eigentliche Datum des Luisenfestes zu ermitteln wäre. – «Vorhaben und Geschäften die möglichste Folge gegeben. [...] *Graf Sternberg* um 10 Uhr. Ich zeigte ihm die Berliner Musterblätter zu seiner Bewunderung vor. Zu Tische *Ottilie* und *Walther.* Nachher beschäftigten wir uns mit Betrachtung der von *August* eingesendeten Medaillen. Hiezu *Herr Hofrat Soret.* Brachte derselbe sehr schönes chromsaures Alcali, merkwürdig durch Gestalt und Farbe. *Graf Sternberg* und *Ottilie* fuhren spazieren. Nach der Rückkunft noch einiges von allgemeinem Interesse. Die Einnahme von Algier hatte sich bestätigt [nach der Kriegserklärung Frankreichs an Algerien 1830 hatten französische Truppen Anfang Juli Algier besetzt].» (Tgb)

Samstag, 17. Juli. Brief an *Chemieprof. Wackenroder:* Goethe bittet um eine chemische Analyse beikommender zweier Mineralien. – Außerdem bittet er zu untersuchen, «ob die Blasen der Colutea arborescens [Blasenstrauch], welche, wie bekannt, nach der Befruchtung sich aufblähen, ob sie mir irgend einem besondern und entschiedenen Gaß angefüllt seyen? Bisherige *Untersuchende* wollen nur atmosphärische Luft darin gefunden haben, dieses will aber mit meinen sonstigen Überzeugungen nicht zusammen treffen.» – Billett an *Hofgärtner Baumann:* Goethe beauftragt ihn, *Prof. Wackenroder* die nötige Zahl aufgeschwollener Blasen der Colutea arborescens auszuhändigen. – «[...] Um 10 Uhr *Herr Graf Sternberg.* Wir besahen die Medaillen des 15. und 16. Jahrhunderts; ingleichen anderes Interessante. Besprachen viele Verhältnisse. Derselbe speiste in Belvedere. Mittag *Hofrat Vogel* bey uns. Gegen Abend *Herr Graf Sternberg.* Fortsetzung der Beschauungen und Betrachtungen. *Hofrat Meyer,* die Berliner Musterblätter durchschauend. Unterhaltung darüber, den Kunstgehalt und die kupferstecherische Ausführung betreffend. *Rat Töpfer* vor seiner Reise nach Gotha, Aufträge wünschend. *Graf Sternberg* zum Thee. Allgemeine und besondere Unterhaltung mit *Ottilien.*» (Tgb)

Sonntag, 18. Juli. Brief an *Zelter:* Dessen «*guten Taschenbuchs-Brüdern*» ist es Goethe «durchaus unmöglich», etwas mitzuteilen [*Zelter* übersandt einen Brief von *Moritz Veit* mit der wiederholten Bitte um einen Beitrag zum Berliner Musenalmanach für 1831]. Wollte *Zelter* ihnen die KANTATE AUF SEINEN GEBURTSTAG vergönnen [→ 20. 10. 28], so hat Goethe nichts dagegen. – Wie «artig» Goethes Freimaurerjubiläum gefeiert worden ist, kann der *Adressat* aus beiliegenden Blättern ersehen. «Kannst du aus den STROPHEN [des Gedichts DEM WÜRDIGEN BRUDERFESTE; → 23. 6. oder etwas früher] was machen, so thu's [...]. – *Mein Sohn* ist wirklich als realistisch Reisender ganz musterhaft

und fühlt erst jetzt wie viel Kenntnisse er eingesogen hat.» – «[...] *Graf Sternberg* fuhr mit *Ottilien* nach Tiefurt. War ein Brief von *August* angekommen,
seine Abreise von Mailand nach Genua meldend. *Herrn Grafen Sternberg* nach
der Rückkehr einige *Zahnische* Hefte vorgewiesen. Fuhr derselbe nach Belvedere. Ich speiste mit *Ottilie* und *Walthern*, durchsah später einige Kupferstiche,
einige Portefeuilles. Zuletzt das Bilderbuch: Der englische Spion [1825] von
[*B. Blackmantle*, illustriert von *George*] *Cruikshank* [*englischer Zeichner, Kupferstecher* und *Maler*; geb. 1792]. Wenig im Garten.» (Tgb)
  Montag, 19. Juli. Brief an *Soret:* Obgleich der Abdruck der METAMOR-
PHOSE noch immer stockt [→ 9. 7.], sendet Goethe die GESCHICHTE SEINER
BOTANISCHEN STUDIEN, «neu durchgesehen», zugleich mit des *Adressaten*
abgeschlossener Übersetzung [→ 4. 7.]. – Er bittet, «alles nochmals durchzugehen». – Billett an *Hofgärtner Christian Sckell:* «Sollte in Belvedere ein frischer oder getrockneter Stamm eines Pisangs [Banane], oder auch nur ein
ellenlanger Theil desselben sich befinden», so bittet Goethe, diesen zu übersenden. – «[...] [An] *Prof. Riemer,* Verzeichniß der Medaillons von [*Bild-
hauer] David* [mit der Bitte, «an der Seite zu bemerken was allenfalls von
diesen *Personen,* ihren Werken und Arbeiten Weiteres zu sagen wäre».
(Begleitbrief)] [...]. *Herr Graf Sternberg* kam gegen 11 Uhr. Wir frühstückten zusammen und besprachen mehrere wissenschaftliche und sonstige Angelegenheiten. Um 12 Uhr war *Ihro Kaiserliche Hoheit [Maria Paulowna]*
eingetroffen. Überbrachten Höchstdieselben ein Geschenk von polnischen
Münzen für das Großherzogliche Münzcabinet; besprachen hiesige und allgemeine Verhältnisse und kehrten um 1 Uhr nach Belvedere zurück. Blieb
derselbe *[Graf Sternberg]* bey Tafel und wurde viel über unser Weimarisches
Verhältniß mit den *Bewohnern der drei Königreiche* gescherzt. Der *edle Freund*
nahm Abschied, und ich blieb für mich. Das Nothwendigste durcharbeitend.
Herr Oberbaudirektor Coudray. Hindernisse und Negociationen bey Veränderung des Locals der Gewerkschule [→ 1. 5.]. Communication mit *Meyer* und
Soret in Belvedere.» (Tgb)
  Dienstag, 20. Juli. Brief an *Oberberghauptmann v. Herder:* Goethe dankt für
dessen Mineraliensendung, wobei sich der *Adressat* aufs genaueste der Gegenstände erinnert hat, die Goethe von jeher das größte Interesse abgewonnen
haben. «Krystallisationen aller Art suchte ich zu sammeln, welche man theils
ursprünglich und natürlich, theils abgeleitet und künstlich hervorgebracht
sieht, und welche zusammen für natürlich angesprochen werden müssen
[...].» – Die Sendung hat Geothe zu mannigfachen Betrachtungen Anlaß
gegeben, auch hat er «EINIGES ZU PAPIER» gebracht, was bei näherer Betrachtung jedoch nicht die Reife erlangt hatte, um sich «vor *Meister* und *Gesellen*»
sehen lassen zu können. – Goethe empfiehlt sich als dankbarer Jubilar der
Freiberger Schule, «der sich durch das wildgräßliche Gepolter neuester Ge-
birgsaufwiegelungen, besonders des *Herrn [Jean Baptiste Armand Louis Léonce]
Elie de Beaumont [französischer Geologe;* geb. 1798], nicht im mindesten in
Erschütterung bringen ließ [Dieser hatte ein geologisches System vorgetragen, das am 28. 10. 29 der französischen Akademie von der Untersuchungs-
kommission zu beifälliger Aufnahme und Förderung empfohlen worden
war.]». – «GESCHICHTE DER LEHRE VON DER METAMORPHOSE zu redigieren

angefangen [→ 25. 10. 29]. *[Botaniker] Herr Hofrat Voigt,* von einer Unterhandlung mit *Zenker* in Gegenwart des *Herrn Kurator Ziegesar* Nachricht gebend. [...] ein *Offizier* von Potsdam, durchreisend. [...] war noch *Herr Rittmeister von Thompson* bey mir gewesen. Ich hatte ihm für die gute Behandlung *Walthers* bey dem Aufenthalt in Frankenhausen zu danken. Mittags mit der *Familie. Herr Rothe* erzählte von seiner zurückgelegten kleinen Reise. Nach Tische eröffnete ich das von Warschau angekommene Kästchen und ordnete die darin enthaltenen Münzen zu den übrigen in das besondere Schränkchen. Abends *Prof. Riemer.* Er brachte das Register der Profile von *[Bildhauer] David* mit einigen Bemerkungen zurück [→ 19. 7.]. Wir gingen die Concepte durch und besprachen einige Probleme.» (Tgb)

Mittwoch, 21. Juli. «Abschrift des Berichts an die *Frau Großherzogin,* bey Einsendung der Rechnung von 1829. [...] REDAKTION DER MITTHEILUNGEN DIE GESCHICHTE DES EINFLUSSES MEINER METAMORPHOSE betreffend [→ 20. 7.]. Mittag mit der *Familie.* Nach Tische mit *Ottilien.* Über sittliche und öconomische Verhältnisse *verschiedener Bekannten.* Die Geschichte der Musik fortgelesen. *Hofrat Meyer,* die bisherigen Arbeiten besprochen. Den Text zu den Berliner Mustertafeln ihm mitgegeben. [...].» (Tgb)

Donnerstag, 22. Juli. «Die gestrige REDAKTION fortgesetzt. [...] die *Frau Großherzogin,* verschiedenes Ihro zurückgelegte Reise nach Warschau betreffend. Ich gab die Rechnungen des Jahres 1829 der Separatcasse mit. Principes de Philosophie Zoologique [Discutés en Mars 1830 au sein de l'académie royale des sciences] par Mr. *Geoffroy de St. Hilaire.* Streit zwischen den *beiden Klassen der Naturforscher,* der analysirenden und synthesirenden [→ 7. 5.]. Mittag mit der *Familie.* Nachher für mich. Obgemeldetes französisches Werk zu lesen fortgefahren und das was vor soviel Jahren in Deutschland deßhalb geschehen wieder in's Andenken gebracht. [...].» (Tgb)

Freitag, 23. Juli. Brief an *Sulpiz Boisserée:* Goethe sendet ein Blatt des Bryophyllum calycinum sowie die zugesagten lithographierten Blättchen. «Sie haben für mich selbst etwas Magisches, denn ich habe sie geschrieben und nicht geschrieben.» – Goethe wünscht, einem *Liebhaber von Kuriositäten* eine Artigkeit zu erweisen und sucht deshalb ein Manuskript von Ende des 15. oder Anfang des 16. Jahrhunderts. Sollte der *Adressat* wissen, wo solches zu finden wäre, bittet Goethe um Mitteilung. – Brief an *Marianne v. Willemer:* Goethe sendet auch ihr ein paar Blätter der «vermehrungslustigen Pflanze» und die verlangten [lithographierten] Blättchen. – Er berichtet, daß die Überschwemmung seinen [unteren] Garten zwar nicht erreicht [→ 1. 7.], die Umgebung aber so unfreundlich gemacht hat, daß er seit jener Zeit nicht mehr hinabgekommen ist. – Brief an *Auktionator Schmidmer:* Goethe fragt auch bei ihm nach einem alten Manuskript. – «[...] Den Streit der *französischen Naturforscher* weiter beachtet [→ 22. 7.]. Ein Brief von *Grafen Reinhard* von Beaujeu, seine Reise dieses Jahres ausführlich erzählend, einiges andere hinzufügend. Um 12 Uhr *Herr Oberbaudirektor Coudray.* Mittags mit der *Familie. Herr Kanzler v. Müller* von der Reise [nach Hannover] zurückgekommen. Mit demselben in den untern Garten gefahren, um die Pflasterarbeit zu besehen [→ 14. 5.]. [...] *Herr Hofrat Soret.* Um 6 Uhr *Prof. Riemer.* Fuhr mit demselben um's Webicht.» (Tgb)

Samstag, 24. Juli. «Einiges Oberaufsichtliche geordnet [...]. Um 12 Uhr *Herr Obermedizinalrat [Johann Ludwig] Casper [Arzt, Universitätslehrer* in Berlin; geb. 1796] [...] und *Gattin*, eingeführt von *Hofrat Vogel.* Mittags mit der *Familie.* Nachher *Herr Hofrat Meyer;* brachte seinen fortgeführten Aufsatz über Kupferstiche [→ 10. 7.], brachte die Berliner Musterblätter zurück und nahm die Apostel von *Thorwaldsen* [→ 21. 3.], auch einiges andere mit. Ich setzte meine Lesung der französischen Streitigkeit und Betrachtung darüber fort [→ 23. 7.].» (Tgb)

Sonntag, 25. Juli. «Fortgesetzte Betrachtung über die französischen wissenschaftlichen Streitigkeiten. *Frau Prof. [Amalie] Thiersch [geborene Löffler]* und der *junge Frommann. Herr [Freiherr] v. Vitzthum. Herr v. Beulwitz* einen Brief aus Warschau bringend. *Demoiselle Seidler*, welche früher einige Porträts geschickt hatte. Mittag mit der *Familie.* Fortgesetzte Betrachtung über die Streitigkeiten in der französischen Academie. *Herr Kanzler v. Müller,* Nachricht bringend von *[Simón] Bolívars* Abdankung [am 27. 4.] und der Aussicht des *Prinz Paul von Württemberg,* Vorgesetzter der griechischen Angelegenheiten zu werden [→ 14. 6.]. *Herr Oberbaudirektor Coudray,* über die Heizung mit erwärmter Luft nach den neusten Einrichtungen Kenntniß gebend, ingleichen die Plane vorlegend, wie die vier neuen Zimmer der *Frau Großherzogin* eingerichtet werden sollen. Ich verfolgte obgemeldete Brachtungen. [...].» (Tgb)

Montag, 26. Juli. «Früh beim Erwachen *Wölfchen*, der gestern Abend von Dessau zurückgekommen war [→ 19. 6.]. *Le Temps* vom 20. Juli bringt ferneren Dissens zur Sprache, der sich bey der letzten Sitzung der französischen Academie hervorgethan. In oberaufsichtlichen Geschäften einiges vorbereitet. Göttinger [Gelehrte] Anzeigen [Nr. 114f., 1830], [Kritik von] *Pacho* mitternächtliches Afrika [«Relation d'une voyage à la Marmarique, la Cyrénaique...», 1828]. *[J. C. D.] Lacretelle* Frankreich nach der Restauration [1829f., ebenda, Nr. 116]. *Demoiselle Seidler.* Zu Mittag *Fräulein Pogwisch,* vieles erzählend von *Dessauischen Persönlichkeiten* und Zuständen. *Wolf* brachte die Localitäten zur Sprache, besonders das altdeutsche Haus. Ich setzte verschiedene Betrachtungen fort. Abends *Prof. d'Alton, Schwester* und *Frau.* Mit Ersterem vieles über Berlin und München. Auch *Frau Münderloh,* die *Herren Coudray* und *Vogel* waren gegenwärtig.» (Tgb)

Dienstag, 27. Juli. Brief an *Dr. Weller:* Goethe bittet ihn, im Lektionskatalog der Universität nachzuschlagen, wann *[Botaniker] Geh. Hofrat Stark* Vorlesungen über Goethes METAMORPHOSE DER PFLANZEN gehalten hat [→ 21. 7.]. – «EINEN AUFSATZ ÜBER DIE STREITIGKEITEN DER FRANZÖSISCHEN NATURFORSCHER [PRINCIPES DE PHILOSOPHIE ZOOLOGIQUE] zu dictiren angefangen [«... die ... zwischen *Geoffroy de St. Hilaire* und *Baron Cuvier* ausgebrochene Streitigkeit ... ist für die Naturwissenschaften von großer Bedeutung. Ich suche in einem AUFSATZ für mich und meine Nächsten diese Angelegenheit, die sich aufs widerwärtigste zu verwirren droht, in's Klare zu setzen und darin zu erhalten.» (an *Sulpiz Boisserée*)]. *Gräfin Fritsch,* einiges von Warschau bringend und meldend. *Maler [Ehregott] Grünler* [geb. 1797] aus Italien kommend und von seiner Reise Studien und Beschäftigungen meldend. Mittag mit der *Familie.* Nach Tische Beschäftigung mit Zeichnungen und Kupferstichen. Die französische Streitigkeit nicht außer Augen lassend.» (Tgb)

Mittwoch, 28. Juli. «An jenem AUFSATZ fortdictirt. Mittags mit *Wolf* und *Herrn Rothe.* Nach Tische den französischen Streit bedacht. *Hofrat Meyer.* Mit ihm die angekommene Zeichnung nach *Tischbein* durchgesprochen. Seinen Aufsatz für Wien ferner beredet [→ 24. 7.]. Einige Kupfer zurückgenommen. Den Kölner Dom mitgegeben. Abends in den Garten mit *Walther.* Die Pflasterung angesehen [→ 23. 7.]. Wunderschöne Beleuchtung bey großer Stille des Grüns. Einiges nachher zu Hause berichtigt und vorgearbeitet.» (Tgb)

Donnerstag, 29. Juli. «ÜBER DIE FRANZÖSISCHE ANGELEGENHEIT fernerhin dictirt. [...] Um 12 Uhr *Ihro Kaiserliche Hoheit [Maria Paulowna].* Vorschläge der *Blumenliebhaber* mittheilend. Mittag mit der *Familie.* Nach Tische Kupfer und Zeichnungen sortirend. Abends mit *Walther* in den untern Garten. Über Oberweimar zurück.» (Tgb)

Freitag, 30. Juli. «FRANZÖSISCHE AKADEMISCHE STREITIGKEIT. Einiges Oberaufsichtliche. Nähere Betrachtung der gestern angekommenen Sendung von *Baron Stackelberg. [P. O.] Bröndsteds* Athen [«Reisen und Untersuchungen in Griechenland...», Bd. 2, 1830] und *[Ch. R.] Cockerells* Wiederherstellung des Capitols [Kupferstich, 1829]. Um 12 Uhr *[Schauspieler] Herr Durand.* Hernach *Herr Hofrat Vogel* mit *Professor* [*Karl Julius Sillig, Philologe,* seit 1825 *Lehrer* an der Kreuzschule in Dresden; geb. 1801; vgl. GG 6602]. Zu Mittag mit den *Kindern.* Nachher *Herr Hofrat Vogel,* wegen dem Verband. Sodann [...] *[Kanzler] v. Müller,* nach Brückenau gehend. *Herr Prof. Riemer;* mit demselben spazieren gefahren, in den untern Garten und über Oberweimar. Ich zeigte ihm das Kupfer des römischen Forums und Zubehör.» (Tgb)

Samstag, 31. Juli. «[...] oberaufsichtliche Geschäfte [...]. DIE FRANZÖSISCHE GELEHRTEN-STREITIGKEIT WEITER DURCHGEARBEITET. [...] der *Großherzog.* Mittag *Hofrat Vogel* und die *Familie.* Nachricht von der aufgehobenen Cammer, sowie der Preßfreyheit und was dem anhängt [mit Bezug auf die sogenannten Juli-Ordonnanten *Karls X.*]. Andere Hof- und Stadtgeschichten. *Hofrat Meyer.* Das forum romanum demselben vorgewiesen. Die nächsten Arbeiten mit ihm verabredet. *Oberbaudirektor Coudray.* Dasselbe Blatt mit ihm angesehen und durchgesprochen. Zusammen nach dem untern Garten gefahren. Bey androhendem Gewitter bald nach Hause. *[K. E.] Schubarth* über Goethes Faust nach Vorlesungen in Schmiedeberg.» (Tgb)

Sonntag, 1. August. «ÜBERSICHT DES AUFSATZES DIE FRANZÖSISCHE STREITIGKEIT BETREFFEND. [...] *Frau v. Wolzogen.* Der *Prinz Karl* und *Hofrat Soret. Hofrat Vogel* und die *Familie.* Nach Tische mit demselben allein. Vorliegende Geschäfte. *Hof-* und *Stadt-Persönlichkeiten* und -Ereignisse. Marino Falieri von *Delavigne.* Abends mit *Ottilien* um's Webicht, zurück, oben an dem Garten vorbey. In's Thal herunter den neuen Weg über Ehringsdorf und nach Hause.» (Tgb)

Montag, 2. August. «Die Abschrift angefangen über den FRANZÖSISCHEN STREIT. Concepte in Oberaufsichtsangelegenheiten. [...] *Herr Geh. Rat Schweitzer* über manche Geschäfts- und Geselligkeitsverhältnisse. Ich zeigte ihm gleich das bewundernswürdige forum romanum von *Cockerell* [→ 30. 7.]. Mittag mit der *Familie.* Nach Tische: Scènes Populaires en Irlande par [...] *[R. L.] Shiel [Sheil].* Paris 1830. Unschätzbare Klarheit der An- und Übersicht sowie der Darstellung und des Vortrags. Abends spazieren gefahren mit *Otti-*

lien die gestrige Tour. Obiges fortgelesen. Die französischen Pariser Zeitungen waren ausgeblieben [→ 31. 7.].» (Tgb)
Vermutlich Montag, 2. August. «Nouvelles inquiétantes de Paris... – ‹Eh bien! s'écrie-t-il, que pensez-vous *(Soret)* de cette grande affaire? Les voilà tous en combustion; ce n'est plus une affaire à huis-clos, le volcan vient d'éclater.› – ‹La chose est terrible, me suis-je mis à répondre. Une aussi misérable *famille* donne bien peu d'espoir, appuyée sur un aussi misérable ministère. On finira par le chasser.› – ‹Mais je ne parle pas de ces *gens*-là. Que m'importe! Il s'agit de la grande querelle entre *Cuvier* et *Geoffroy!*› – A cet éclaircissement inattendu, je demeurai stupéfait et j'eus besoin de quelques minutes pour me faire à l'idée d'écouter avec un peu d'intérêt les longs détails sur un chapitre scientifique bien indifférent à mes yeux en présence des grandes questions qui vont s'agiter.» *(Soret; GG 6603)*
Dienstag, 3. August. «Erste Nachricht von dem Aufstand in Paris. [Beginn der Juli-Revolution am 27. – 29.7.].» (Tgb) – Brief an *Cotta:* Goethe berichtet, daß der Druck der METAMORPHOSE stockt, da *Frommann* noch keine Bestimmung über die Auflagenhöhe erhalten habe, die wiederum von einer noch ausstehenden Äußerung Goethes abhängig sei [*Frommann d. J.* hatte Goethe am 2. 8. dahingehend informiert]. – Goethe erklärt deshalb noch einmal, daß *Soret* und er das von *Cotta* angesetzte Honorar in Höhe von 500 Talern akzeptieren [→ 9. 7.]. – Brief an *Frommann d. J.*: Goethe setzt ihn von seinem Schreiben an *Cotta* in Kenntnis. – Er bittet, *Hofrat Soret* den ERSTEN DRUCKBOGEN nochmals vorzulegen, wenn dieser nach Jena kommt. – Brief an *Weller:* Goethe gratuliert zum *Familienzuwachs* und bittet, der *Adressat* möge *Göttling* an die BÄNDCHEN [DER TASCHENAUSGABE] erinnern, die dieser in den Händen hat [→ 30. 6.]. – Brief an *Färber:* Da sich der *Erbgroßherzog* für einige Zeit in Jena aufhalten wird, haben diesem die Museen jederzeit offen zu stehen. *Hofrat Soret* ist als ein «vorzüglicher Mineralog und Krystallograph befugt, sich auf jede Weise mit dem Kabinett bekannt zu machen. *Professor Bachmann* wird ihm als «Prodirector» der mineralogischen Societät hiebey assistiren und in jedem Falle, wenn *unsre höchsten Herrschaften* das mineralogische Museum besuchen sollten, hiebey gehörig einwirken, da *unserm guten würdigen Direktor Lenz* sich öffentlich zu zeigen nicht mehr gegeben ist [→ 25. 6.]». – «[...] Meldung, daß die *Prellerischen* Malereien unterwegs sind [→ 7. 7.]. *Herr Hofrat Helbig* deßwegen. *Hofrat Vogel* jene Pariser Geschichten umständlicher meldend. Auf Ansuchen *Sekretär Kräuters* ein paar *junge Leute* auf morgen früh bestellt. Ein Brief *meines Sohnes* aus Genua war angekommen. Die *Grafen Salm [Hugo Karl Eduard,* geb. 1803, und *Robert Anton,* geb. 1804] aus Mähren mit *Hofrat* und *Burgemeister [Bürgermeister] Schwabe.* Mittags mit der *Familie.* Nach Tische die irländische Lectüre fortsetzend. Sodann die Sacountala [von *Kalidasa* in der französischen Übersetzung] von *[A. L.] Chézy* (Ruppert 1787). Abends die *beiden Grafen Salm, Hofrat Schwabe* und eine *größere Gesellschaft von Damen* und *Herrn.* Man beschäftigte sich viel mit den Bilderchen des Londoner Spion.» (Tgb)
Mittwoch, 4. August. Brief an *Hofrat Soret:* Goethe berichtet, was in Vorbereitung auf dessen Jena-Aufenthalt an *Färber, Prof. Bachmann* und *Frommann [d. J.]* ergangen ist. – Brief an *Prof. Bachmann:* Goethe wünscht, daß dieser

dem *Erbprinzen* baldigst aufwartet und die Bekanntschaft von *Hofrat Soret*
macht. In Hinsicht auf die *Mineralogische Gesellschaft* möge der *Adressat* als
Prorektor derselben handeln. – «[...] FORTGEFAHREN AN DEM STREIT DER
FRANZÖSISCHEN AKADEMIKER [→ 2. 8.]. Ich las die Königl. französischen
Erlasse, welche die neusten Bewegungen hervorbrachten [→ 31. 7.]. Es ist
merkwürdig, den Vorabends großer Begebenheiten zu beachten. *Zwei junge
Leute* aus Berlin. Mittag mit der *Familie.* Nach Tische Sacountala des *Herrn de
Chézy.* Gegen Abend *Hofrat Meyer,* den Aufsatz über die neuen Kupferstiche
bringend [→ 28. 7.]. Den Oppenheimer Dom beschauend. Las obgenanntes
Werk bis zu Ende und fing die Noten an.» (Tgb)

Donnerstag, 5. August. «Den Aufsatz *[Meyers]* über Kupferstiche an *Schuchardt.* An der FRANZÖSISCHEN STREITIGKEIT weiter mundirt. Viel Eingaben
die Bibliothek betreffend. *Geh. Hofrat Helbig,* den Brief eines *Buchhändlers* aus
Berlin bringend. *Herr v. Conta,* in Auftrag *Serenissimi,* gleichfalls auf die
Bibliothek Bezügliches. Le Temps vom 31. Juli war wieder angekommen
nach einer Pause von vier Tagen: den Beginn der großen Umwendung
berichtend, auch ein beygelegtes Blättchen mit der Declaration des *Herzog
[s Louis-Philippe] von Orléans. Frau Großherzogin* [«... il (Goethe) m'a paru
très content de la manière dont la *société de lecture* s'arrange, il l'approuve
maintenant (→ etwa Mitte Juli): je l'ai assuré que son assentiment était nécessaire à toute bonne chose ici, ce qui a paru lui être agréable. – La chose va
donc s'arranger et je pense qu'avant l'automne, elle sera en train ... Il m'a
parlé du *Frauen-Verein* dont il avait le compte rendu pour 1829 sur la table ...:
il est frappé par la multitude des détails que renferme l'institut patriotique, et
m'a demandé depuis quand il était en train, je lui ai dit que c'était depuis
l'année 1815...» (*Maria Paulowna;* GG 6604)] [...]. Äußere und innere
Zustände besprochen. Mittag *Dr. Weller.* Jenensia durchgearbeitet. Nach
Tische Travels in Various Parts of Peru, by *Edmond [Edward] Temple.* Ein
heiterer, allerliebster Reisender, der's nicht zu genau nimmt. Ohne wissenschaftliche Richtung, aber doch klar und menschenverständlich gebildet, vollkommen wie man einen Reisegefährten wünschte. Die Reise beginnt 1825, in
Geschäften einer Bergwerks-Association.» (Tgb)

Freitag, 6. August. «*Schuchardt* lieferte einen Theil des Manuscripts ab die
Kupferstiche betreffend [→ 5. 8.]. Ich setze Concept und Mundum des AUF-
SATZES ÜBER DIE FRANZÖSISCHE STREITIGKEIT fort. Ein *emigrirter Geistlicher
aus Mailand, Bernard Castelli.* Ich gebe ihm [...] [eine Empfehlung an] *Hofrat
Steffens* nach Breslau. – Mittag mit der *Familie* die Reise nach Potosi und den
Aufenthalt daselbst [von *Temple*] fortgelesen. Noch einiges auf die französi-
sche Umwälzung Bezügliches.» (Tgb)

Samstag, 7. August. Brief im Namen *Riemers* an die Königliche Alexan-
der-Universität in Warschau: Die *Weimarer Literaturfreunde* bitten um «einige
Elegien des *vorzüglichen Dichters Kochanowski*» in der lateinischen Ursprache.
(WA IV, 47, 393) – «Die Separatrechnung von *Ihro Kaiserlichen Hoheit [Maria
Paulowna]* mit Approbation zurück [→ 21. 7.]. DIE GESCHICHTE DER DEUT-
SCHEN BEMÜHUNGEN UM VERGLEICHENDE ANATOMIE SCHEMATISIRT [für den
AUFSATZ ÜBER DIE FRANZÖSISCHEN STREITIGKEITEN]. [...]. Die ZWEI von
Göttling erhaltenen BÄNDCHEN VON CELLINI durchgesehen und einpacken

lassen. *Frau v. Arnims* Zudringlichkeit abgewiesen [möglicherweise Reaktion Goethes auf ein in Weimar geschriebenes Billett, mit dem *Bettina* sich ihm nähern wollte (vgl. SchrGG 14, 196 f., 359)]. Ein Attestat für *[Diener] Friedrich* unterschrieben. Manches vorbereitet. [...] der *Herr Großherzog.* Mittag *Hofrat Vogel.* Allerley zu Belehrung eines Hof- und Leibmedicus. Nach Tische las ich den ersten Band der Reise nach Potosi [von *Temple*] durch, ein Werk mit allem Beyfall aufzunehmen [→ 6. 8.].» (Tgb)

Sonntag, 8. August. «Briefe dictirt und mundirt. Die *Frau Großherzogin* hatte Rechnungen geschickt. *Herr v. Conta,* gefällig die Abwechselung der zugestandenen und weggenommenen Preßfreyheit gesammelt und ältere Zeitungen gesendet [→ 31. 7.]. Brief von *meinem Sohn* aus Genua. Anderes vorbereitet und durchgedacht. Globe und Temps vom 3. August waren höchst bedeutend. Mittag mit *Ottilien* und den *Kindern.* Nachher *Buffons* Histoire naturelle des animaux [1749 ff.]. BETRACHTUNGEN DARÜBER BEZÜGLICH AUF DAS ERSCHEINEN DIESES WERKS [für den AUFSATZ PRINCIPES DE PHILOSOPHIE ZOOLOGIQUE . . .; → 7. 8.]. Einige Portefeuilles durchgesehen und geordnet. Auch die Auswahl aus den Sendungen von *Weigel* und *Börner* abgeschlossen. – [An] *Herrn Faktor Reichel,* CELLINI zur OKTAV-AUSGABE, Augsburg.» (Tgb)

Montag, 9. August. Brief an *Sohn August:* «Von uns hab ich wenig zu sagen, *Frau* und *Kinder,* außer den herkommlichen Gebrechen, befinden sich munter und thätig; die Aprikosen unter meinen Fenstern sind zur Reife gediehen, die *Knaben* lassen sich solche schmecken, das *Mädchen* zieht die Kirschen vor. Die Geschäfte gehen den täglichen Gang, meine Correspondenz, so wie die ZUM DRUCK BESTIMMTEN ARBEITEN, fordern immer mehr Zeit und guten Humor als mir grade zugetheilt ist; doch bleibt nichts stocken [...]. – Die AUSHÄNGEBOGEN DER LETZTEN LIEFERUNG [der TASCHENAUSGABE DER AlH] kommen denn auch nach und nach, die OKTAVAUSGABE rückt zu und so wirst du wohl den Abschluß bey deiner Rückkehr vorfinden. Möge diese für mich wichtige Epoche mit deiner völligen Wiederherstellung zusammentreffen.» – Die von *August* gesendeten landschaftlichen und architektonischen Blätter auf Mailand und die Lombardei geben Anlaß zu mannigfaltiger Unterhaltung. Besondere Freude bereiten Goethe und *Meyer* jedoch die Medaillen. Der *Adressat* möge nicht versäumen, dergleichen zu erwerben, «selbst bey etwas höheren Preisen». Auch vor Dubletten soll er sich nicht scheuen, die sich bei der Seltenheit solcher Altertümlichkeiten vorzüglich zum Tausch eignen. – Das «in Paris eingetretene Unheil» kann zwar auf die Reise des *Sohnes* keinen weiteren Einfluß haben, doch «hat man freylich Ursache auf jede Weise vorsichtiger zu seyn [→ 3. 8.]». – Brief an *Eckermann:* Goethe ermahnt ihn, auch wieder «ein Wörtchen Genießens und Behagens» verlauten zu lassen. – «Möge euch dieser belehrende Reisegenuß inniger verbinden, damit ich auch bey eurer Rückkehr von der erworbenen Kenntniß und Thatlust meinen Vortheil ziehe und belohnt werde daß ich, auch für euch und statt eurer, so manche Last übernehme.» – Brief an *Bankier Mylius:* Goethe dankt ihm für die Gefälligkeiten, die der *Adressat seinem Sohn* erwiesen hat. Durch seine Empfehlungen ist *August* «überall auf das Beste aufgenommen und in seinen Zwecken gefördert» worden. – «[...] Der Temps und Globe vom 4. August. [...] Einiges auf den *Dresdner Verein* bezüglich. Über Dresden kam eine Gold- und Pla-

tina-Stufe von Petersburg [Ein Geschenk vom *Grafen Kankrin, dem russischen
Finanzminister.* – «... wie die mir gegönnten theuren Pfänder, die meiner wiederholten Ansicht als Wunder der Natur erscheinen, mir auch als Symbol
allerhöchster Gnade und wünschenswerthester Gunst gelten müssen (*Kankrin*
teilt am 15./27. 6. mit, daß die Sendung mit Wissen des *Zaren* geschieht; WA
IV, 47, 393).» (an *Kankrin*, 15. 8.)]. Mittag mit der *Familie.* Nach Tische las ich
in *Buffon* [«Histoire naturelle»] weiter, auch *Turners* [vermutlich *Temples*] amerikanischer Reise [→ 7. 8.].» (Tgb)

Dienstag, 10. August. Brief an *Hofrat Soret:* «Ich habe indessen den ZWEI-
TEN NACHTRAG VON DER WIRKUNG DES BÜCHLEINS, VON DER BELEBUNG
DER IDEE UND WAS SICH HIERAUF BEZIEHEN MÖCHTE [WIRKUNG DIESER
SCHRIFT UND WEITERE ENTFALTUNG DER DER DARIN VORGETRAGENEN IDEE],
auch schon meist in guter Ordnung und Ausführung [→ 23. 7.] [...]. – Seit
beynahe 40 Jahren leben und arbeiten sie [*Cuvier* und *Geoffroy de Saint-Hilaire*]
neben einander, nicht Eines Sinnes, und sprechen es heftig aus, gerade zu
einer Zeit, wo ganz andere Conflicte das Interesse der Menschheit aufrufen.
Ich habe [...] einen AUFSATZ unternommen, um die Angelegenheit in's Klare
zu setzen; es ist dieß schwer, denn *beide Parteien* streiten gewissermaßen im
Dunkeln [→ 8. 8.] [...]. – Und so lassen wir denn die *Franzosen* sich wider
sich rüsten und gelegentlich totschlagen. Le Temps und Le Globe cursiren
lebhaft, *unsre schönen Freundinnen* disputiren über die Vorfallenheiten, sind
aber darin einig: daß sie als *Pariserinnen* durchaus Charpie zupfen würden,
ohne des Beyspiels der *Prinzessin von Orléans* zu bedürfen [Die Augsburger
«Allgemeine Zeitung» hatte am 7. 8. aus Paris gemeldet: «Man verteilt Brot;
alle *Frauen* zupfen Charpie» (für die in den Straßenkämpfen am 28. 7. Verwundeten). Auch die *Herzogin von Orléans*, Gattin des am 7. 8. zum König erwähl-
ten *Louis Philipp*, beteiligte sich daran. (vgl. Mandelkow 4, 644)].» «Peruanische Reise [von *Temple*] fortgesetzt [→ 7. 8.]. Sendung von Berlin. Das
Verzeichniß der Gemäldesammlung, ingleichen der Bildhauerwerke, mit
einem freundlichen Brief von *Rauch,* von seiner italienischen Reise die interessantesten Nachrichten gebend. Mittag mit der *Familie.* Einiges mitgetheilt
aus der peruanischen Reise. Die Kölner Domblätter in den neuen Pappkasten
eingelegt. Sonstiges geordnet. Die *Prellerischen* Landschaften und die *Grünle-
rischen* Porträte näher betrachtet. Die peruanische Reise weiter gelesen. – [...]
[An] *Hofrat Meyer* den Temps von heute und die Papiere wegen des *blumistischen Vereins* zurück [«Der darauf zu erlassende Beschluß (von *Maria Paulowna*) will mir nicht ganz gefallen, habe aber ein Besseres noch nicht auszu-
sinnen gewußt...» (Begleitbrief)] [...].» (Tgb)

Mittwoch, 11. August. «[...] Briefconcepte dictirt. Mit *Schuchardt* einiges
besorgt. *Schmeller* brachte das Porträt vom *Oberkammerherrn v. Wolfskeel.* Mittag *Herr v. Conta.* Wurden die Vorfälle des Tages in mancherley Bezügen
durchgesprochen. Gegen Abend *Hofrat Meyer.* Wurden verschiedene Geschäfte besprochen, verhandelt, auch abgeschlossen und verabredet. Verfolgt'
ich die Lectüre der peruanischen Reise und überdachte das Nächstauszufer-
tigende.» (Tgb)

Donnerstag, 12. August. Brief an *Caroline Sartorius:* Goethe dankt ihr für
die «würdige Sendung» und ihre «theuren Worte» [die *Adressatin* hatte am 27.

7. die von *ihrem Mann* fast vollendete und von *Lappenberg* herausgegebene «Urkundliche Geschichte des Ursprungs der deutschen Hansa» gesendet. *Georg Sartorius* war am 24. 8. 28 gestorben.]. – «[...] Über die verglasten Burgen in Schottland. Die peruanischen Reisen geendigt. In der Revue Française die ältere Geschichte von Irland. *Demoiselle Facius* von Berlin kommend. Hatte sich recht anständig und anmuthig gebildet. Sie brachte mir eine kleine Büste des *Kaiser Nicolaus*. [...] die *Frau Großherzogin* nur auf kurze Zeit. Einiges besprochen, bezüglich auf Geschäft, auch auf die neusten Welthändel. Hernach *Prof. Schneider* aus Ungarn, welcher durch Deutschland reist, um die Schulanstalten näher zu besehen. Mittag *Herr Geh. Rat Schweitzer, Herr Generalsuperintendent Röhr.* Dazwischen *Herr v. Conta;* die Nachricht, wie der *Herzog von Orléans* zum *König der Franzosen* ausgesprochen worden. Jenen *beiden Herren* zeigte ich die von *David* gesendeten Profile. Blieb nachher für mich. Ordnete manches und bereitete anderes vor.» (Tgb)

Freitag, 13. August. «Die oberaufsichtlichen Angelegenheiten [u. a. die Sternwarte betreffend] angegriffen. [...] Die französischen Blätter brachten die Ernennung des *französischen Königs* umständlich [→ 10. 8.]. Brief von *meinem Sohn* von Spezia. Mittags mit der *Familie.* Nach Tische Sacountala von *Chézy,* die Noten zur Übersetzung [→ 4. 8.]. Abends *Prof. Riemer.* Gingen einige Concepte durch. Besprachen die russischen Mineralien und wurden dadurch in die Naturgeschichte geführt. Schnell eintretendes und vorübergehendes Gewitter und Sturm. [...].» (Tgb)

Samstag, 14. August. Brief an *Chemieprof. Wackenroder:* Goethe dankt ihm für seine Mitteilungen über die angestellten Versuche [→ 17. 7.] und bittet ihn, auch einem anderen Gegenstand seine Aufmerksamkeit zu widmen. – Er hat «von den sogenannten *verglasten Burgen* in Schottland» näherer Kenntnis erhalten [→ 12. 8.] und sich erinnert, daß ihm früher ähnliche Erscheinungen begegnet sind. – Dabei ist ihm der Gedanke gekommen, am Pulverturm in Jena untersuchen zu lassen, inwiefern Witterungserscheinungen aller Art vielleicht «einen solchen chalcedonartigen Überzug hervorgebracht» haben. – «Wir sprechen nicht mehr von einer Kieselerde, sondern von einer Kieselsäure, und sollte sich diese nicht hier in ihrer Thätigkeit manifestiren? und sollte die Chemie nicht vielleicht ein Mittel finden, irgend einem Sandstein unsrer Nachbarschaft, ohne Feuergewalt, eine so modificirte Oberfläche zu geben?» – Brief an *Wangemann:* Goethe sendet eine Partie Okulierreiser für dessen wohleingerichteten Baumgarten. – «[...] Revue Française, Recension der Mémoires des *Elie de Beaumont.* Erhielt die Wiener Jahrbücher der Litteratur Heft 50. Darin eine Anzeige MEINER NEUSTEN ARBEITEN. Ingleichen *Rochlitzens* Für Freunde der Tonkunst. [...] Mittag *Herr Hofrat Vogel* und *Landesdirektionsrat Gille. Hofrat Meyer.* Die *Boisseréeschen* Lithographien zu recensiren [Aufsatz über Steindrucke nach Bildern aus *Boisserées* Sammlung]. Abends *Oberbaudirektor Coudray.* Ich beschäftigte mich mit Überdenken der nächsten Vorkommenheiten [...]. War auch der französischen Regierungsveränderung im Stillen eingedenk. *Herr Kanzler v. Müller* von Brückenau kommend. [...].» (Tgb)

Sonntag, 15. August. «*Schuchardt* schrieb das *Meyerische* Manuscript ferner in's Reine [→ 4. 8.].» (Tgb) – Brief an *Polizeirat Grüner:* Dessen «vertrauliches Schreiben» [vom 29. 6., worin der *Adressat* um die Erhebung in den Adelsstand durch den *Großherzog Karl Friedrich* bittet], hat Goethe «mit Betrübniß erfüllt», da er sich nicht im Stande fühlt, die «so ernsten als bedeutenden Wünsche» *Grüners* zu erfüllen. «Wäre vielleicht solches unter unserm *höchst seligen Herrn [Carl August]* möglich gewesen, welcher, bey seiner entschiedenen Persönlichkeit und vieljähriger Regierungs-Erfahrung auch wohl einmal über manche Bedenklichkeiten hinausgehen mochte; so ist gegenwärtig, da alles in einen geregelten Geschäftsgang eingeleitet ist, von welchem Abweichungen nicht statt finden, für ein solches Gesuch keine günstige Entscheidung zu erwarten.» – Die *Männer,* denen diese Geschäfte besonders anvertraut sind, bestätigten leider Goethes Bedenken. – «Sind nun Ew. Wohlgeboren von meiner aufrichtigen Neigung überzeugt so werden Sie empfinden wie Leid es mir seyn muß unser vieljähriges schönes, vertrauliches Verhältniß nicht, auf eine so würdige Weise, krönen und bestätigen zu können.» – «[...] Die Wiener Jahrbücher zu beachten fortgesetzt. Mittag die *Alma* mit am Tisch. Die *Knaben* speisten in [Schloß] Belvedere mit dem *Prinzen,* der von Jena da war. Sacountala wiederholt gelesen [→ 13. 8. – «Ich begreife erst jetzt den überschwenglichen Eindruck, den dieses Werk früher auf mich gewann (→ 18. 5. 19). Hier erscheint uns der *Dichter* in seiner höchsten Function, als Repräsentant des natürlichsten Zustandes, der feinsten Lebensweise, des reinsten sittlichen Bestrebens, der würdigsten Majestät und der ernstesten Gottesbetrachtung: zugleich aber bleibt er dergestalt Herr und Meister seiner Schöpfung, daß er gemeine und lächerliche Gegensätze wagen darf, welche doch als nothwendige Verbindungsglieder der ganzen Organisation betrachtet werden müssen.» (an *Chézy,* 9. 10.)]. Einiges an Zeichnungen und Kupfern revidirt.» (Tgb)

Vermutlich Mitte August. Brief an *Maria Paulowna:* Goethe spricht die treue und tätige Anhänglichkeit aus, die er seit mehr als 50 Jahren gegenüber dem *fürstlichen* Hause empfindet. «Einsicht und Übersicht, thätige Besonnenheit, reine Beharrlichkeit [...] seh ich [...] wirksam zu klarsten edelsten Zwecken und genieße auf solche Weise eines Glücks, welches wohl selten einem Menschen zu Theil wird.»

Montag, 16. August. «[...] Ich beschäftigte mich mit einigem auf die Naturwissenschaft Bezüglichen. Um 12 Uhr spazieren gefahren mit *Ottilien.* [...] Mittag mit der *Familie.* Nachher Cours d'histoire moderne par *Mr. Guizot* von der 12. Lieferung an [→ 29. 9. 29].» (Tgb)

Dienstag, 17. August. «Geschichte meines Verhältnisses zur vergleichenden Anatomie zum Zweck jenes Aufsatzes über die französische Streitigkeit [→ 7. 8.]. Geh. *Hofrat Helbig,* einige Wünsche vorbringend. *Ottilie,* von der gestrigen Parthie in Tiefurt erzählend. [...] *Mademoiselle Seidler. Zwei Demoiselles Hose* [die Töchter des *Malers Hose*] von Eisenach, die eine in Berlin der Kunst sich widmend, die ältere einem Institut in Eisenach vorstehend. Mittag mit der *Familie.* Ich fuhr fort die Vorlesungen von *Villemain* zu lesen [→ 29. 9. 29]. Abends *Prof. Riemer.* Wir gingen den *Meyerschen* Aufsatz über Kupferstecherkunst und Kupferstiche durch [→ 15. 8.]. Auch sonstige Concepte.» (Tgb)

Mittwoch, 18. August. «Den Discours préliminaire von Geoffroy de St. Hilaire durchgelesen und ausgezogen. [...] Erhielt eine schöne Kalkcrystallstufe vom Harz durch *Herrn Soret.* [...] der *Großherzog,* ein spani-

sches Werk für die Bibliothek ankündigend. Mit *Ottilien* in den untern Garten
gefahren. Mittag mit der *Familie*. *Hofrat Meyer*. Mit demselbigen manches ver-
abredet. Landschaftliche Zeichnungen vorgewiesen. Die Ausstellung [der
Zeichenschule] besprochen. DIE FRANZÖSISCHEN ANGELEGENHEITEN NÄHER
BEACHTET.» (Tgb)
Donnerstag, 19. August. «An dem AUSZUG DES FRANZÖSISCHEN ZOOLO-
GISCHEN WERKS fortgefahren.» (Tgb) – Brief an *Sohn August:* «Um dir einen
Brief nach Florenz zu senden ergreife ich selbst die Feder, da ich noch zau-
dere von dem Unfall andre zu benachrichtigen [*August* hatte sich am 26. 7.
bei einem Sturz mit der Kutsche das linke Schlüsselbein gebrochen und ein
Wundfieber zugezogen, wenige Tage später tritt eine Hautkrankheit hinzu.
(an Goethe, 27. 7. und 1. 8.) – *Eckermann* hatte sich am 25. 7. von *August*
getrennt und die Rückreise über Genf angetreten.]. Es ist die ängstlichste
Beschäftigung der Einbildungskraft sich dahin versetzen zu wollen wo sie
Hülfe nöthig findet, wenn sie sich zugleich von ihrer völligen Ohnmacht zu
überzeugen hat. – Wie du bisher deine Reise wacker nutztest so trägst du
nun männlich das höchst unangenehme Ereigniß; möge in dem Augenblick
da ich dies schreibe die Besserung schon glücklich vorgeschritten seyn. [...]
Ich billige deinen Vorsatz [*August* hatte seine Rückreisetour mitgeteilt
(ebenda)]. Florenz und Bologna sodann München werden dir noch zu schaffen machen, den Ernst der Kunst wirst du an jenen beyden Orten erst
gewahr werden, in der letzten eine eigene Lebhaftigkeit des Wirkens. [...]
Mögest du alsdann an dem seligen Frieden unsers Hauses, wie wir ihn jetzt
genießen, ganz hergestellt mit Liebe und Freude Theil nehmen.» – Oberaufsichtlicher Brief an die *Königliche Alexander-Universität* in Warschau: Dankschreiben für eine dem Großherzoglichen Münzkabinett verehrte bedeutende Anzahl polnischer Münzen. (Raabe 1, 567) – «[...] Le Temps war
ausgeblieben. Le Globe wurde fortgesetzt. *Frau Großherzogin.* Sodann *Herr v.*
Ziegesar. Mittags mit der *Familie*. Abends *Baurat Moser* von Berlin. Später
[...] *[Kanzler] v. Müller*.» (Tgb)
Freitag, 20. August. Brief an *Kanzler v. Müller:* Goethe sendet das Blatt
[*Rochlitz'* Brief an den *Adressaten* vom 19. 8. mit Nachrichten über die Unruhen in Frankreich] zurück, das in «Vortrag und Gesinnung wirklich von
einem *musterhaften Manne* zeugt». – Er regt an, die letzte Seite des Briefes der
Großherzogin abschriftlich mitzuteilen; «sie ist im eigentlichen Sinne klassisch
d. h. für jetzt und für alle Zeit vollkommen gültig [...]. – Die letzten Briefe
meines Sohnes habe nicht in Händen, sollen aber bald erfolgen [→ 19. 8.].» –
«Einiges Oberaufsichtliche. Fortgesetzte Beschäftigung mit dem AUFSATZ
ÜBER DIE FRANZÖSISCHE STREITIGKEIT. Mittags mit der *Familie*. Abends *Prof.*
Riemer. Den *Meyerischen* Aufsatz über die Kupferstecherkunst durchgegangen
[→ 17. 8.].» (Tgb)
Samstag, 21. August. «Dictirt an dem AUFSATZ ÜBER DIE FRANZÖSISCHE
STREITIGKEIT. FERNERE BESCHÄFTIGUNG DAMIT. Um 12 Uhr [...] der *Groß-*
herzog. Mittags *Hofrat Vogel* und *Ottilie*. Hernach *Hofrat Meyer*. [Dessen] Auf-
satz über lithographische Blätter [→ 20. 8.]. *Herr Hofrat Soret*. Später ein
Schweizer Theolog [Johannes Linder; geb. 1790]. Dekan im Bezirk von Basel, reisend, zu eigener Beruhigung den Zustand der Theologie in Deutschland ken-

nen zu lernen [vgl. GG 6606]. Merkwürdige Mittheilung über Elberfeld und das Wuppertal.» (Tgb)

Sonntag, 22. August. «FRANZÖSISCHE ATOMISTISCH-MECHANISCHE TER-MINOLOGIE. *Kammerkonsulent Schnauß. Herr Rat Wangemann. Prof. [Karl August v.] Hase [protestantischer Theologe;* geb. 1800] von Jena [dort seit 1830 *Universitätslehrer.* – «Das Gespräch blieb durchaus gemessen und ruhig, er (Goethe) schien wohlwollend im allgemeinen ohne etwas Persönliches und Herzliches. Der Anfang ziemlich ministeriell über das, was Jena mir biete und von mir erwarte.» – Gespräch über Italien. – «. . . doch blieb mir ein schmerzlicher Eindruck vorwaltend, indem ich bedachte, daß dieser alte Mann, wo nicht der größte, doch der glücklichste Mensch des Zeitalters sei, und doch hatte auch er dem Schicksal seine Schuld bezahlt, niemals des Hauses stilles Glück gefunden, wohl selbst nie die Seligkeit oder den Schmerz einer hohen, seiner würdigen Liebe, und nun steht er vereinsamt unter einem *entfremdeten Geschlecht* und denkt an die Herrlichkeit seiner Jugend.» (*K. Hase* an Pauline Härtel; 23. 8.; GG 6607)]. *Frau Präsident Schwendler* von Brückenau kommend. *Herr v. Conta,* eine Sendung von *Herrn v. Hoff* überbringend. Mittag mit der *Familie.* Die französischen Angelegenheiten, literarische und politische, durchgedacht. Briefe eines Verstorbenen [Ein fragmentarisches Tagebuch aus England, Wales, Irland und Frankreich . . ., von *H. v. Pückler-Muskau,* anonym erschienen] vorgenommen. Ist eigentlich ein wunderliches Werk, aus zwey nicht zusammengehörigen Manuscripten zusammengesetzt. Die briefliche Reisebeschreibung in ihren Einzelnheiten höchst schätzenswerth, das andere sind sehr freysinnige Äußerungen, die besonders gegen die *Frömmler* gerichtet zu seyn scheinen. Dem *Leser* wird durch diese wunderliche Zweyheit ganz verwirrt [die Tagebücher begründen den literarischen Ruhm des *Verfassers*].» (Tgb)

Montag, 23. August. «CUVIER CONTRA GEOFFROY FERNER BETRACHTET UND DESHALB DICTIRT. Anderes geordnet. War gestern der Pack von Frankfurt mit Schillers Leben von *Carlyle* angekommen [→ 16. 5.]. Alsobald die Versendungen nach Berlin [an die «*Gesellschaft für ausländische schöne Literatur*»] und Schottland [an *Carlyle*] vorbereitet. Mittag mit den *Kindern. Ottilie* speiste bey *Frau v. Schwendler.* Nach Tische *Frau v. Münchhausen* und ein *junger v. Windheim.* Abends fortgesetzt Briefe eines Verstorbenen [→ 22. 8.].» (Tgb)

Dienstag, 24. August. Brief an *Riemer:* Dessen Anfrage [wie man die kommende Vorstellung des GÖTZ VON BERLICHINGEN ankündigen solle] versetzt Goethe «in einige Verlegenheit» [Man beabsichtigt, anläßlich von Goethes 81. Geburtstag am 28. 8. den GÖTZ im Hoftheater in der gekürzten Fassung ähnlich der vom 8. 12. 04 aufzuführen.]. Er schlägt vor: GÖTZ VON BERLICHINGEN / TRAUERSPIEL IN FÜNF AKTEN / von Goethe. – «Das STÜCK hat so viele Metamorphosen erlitten daß ich selbst nicht wüßte wie man die gegenwärtige besonders auszeichnen sollte.» – «[. . .] WISSENSCHAFTLICHE [KONZEPTE] [. . .]. *Maler Starcke.* Holte den monstrosen Dipsacus fullonum wieder ab, um die andere Seite zu zeichnen [→ 29. 4.]. [. . .] *Herr Frommann [d. J.]* meldet, daß an der METAMORPHOSE fortgedruckt werden könne, und thut einige Anfragen [→ 3. 8.]. Mittag mit der *Familie.* Die Briefe eines Verstorbenen 1. Band hinausgelesen. Außer jener fremdartigen Einschaltung nichts weiter Ungeschicktes gefunden [«Goethe sagt, es sei das *beste* Buch, was neuerdings erschienen,

in *jedem* Betracht...» (*Caroline v. Egloffstein* an ihre Mutter, 6. 9.; GG 6622)].
Abends [...] *[Kanzler] v. Müller.* Ich sah die von *Weigel* gesendeten Zeichnungen abermals durch. *Prof. Riemer.* Wir verbrachten den Abend mit Unterhaltungen über Litteratur und Sprache. Vernachlässigung und Beyfall auf dem rechten Standpuncte, fand sich Beruhigung und reine Übersicht. Nächste Vorstellung des GÖTZ VON BERLICHINGEN kürzlich besprochen.» (Tgb)
Mittwoch, 25. August. Brief an *Hofrat Soret:* Goethe berichtet, daß der Druck der METAMORPHOSE nun fortschreiten kann. – «Deshalb sende denn sogleich das GANZE MANUSCRIPT; ich habe einiges mit Bleystift beygeschrieben, beurtheilen Sie solches und machen Sie nach Gefallen davon Gebrauch. – Die Revision des Französischen sey Ihnen ganz überlassen, wir wollen dagegen das DEUTSCHE sorgfältig durchsehen [...].» – Goethe nimmt 12 FREI-EXEMPLARE für sich, doch möge sich *Soret* nicht genieren, wenn er mehr benötigen sollte. – Brief an *Frommann d. J.:* Goethe teilt die Modalitäten der Revision der METAMORPHOSE und andere Einzelheiten mit. – «[...] Der März des allgemeinen Bulletins war in acht Heften angekommen. Der *junge Temler.* Eine *englische Familie deutschen Ursprungs; Verwandte* in Dornburg besuchend. Der *Vater,* ein *lutherischer Geistlicher* in London [...]. *[Botaniker] Hofrat Voigt* von Jena. Königliche Hoheit der *Großherzog.* Mittags mit der *Familie.* Sodann *Herr Hofrat Meyer.* Später *Oberbaudirektor Coudray.*» (Tgb)
Donnerstag, 26. August. «Einiges mundirt. [...] Um halb 1 Uhr [...] die *Frau Großherzogin* [«...il (Goethe) m'a recommandé de faire attention aux discussions que présente le journal ‹Le Temps›, qui se sont élevées dans les Chambres par rapport à la mise en accusation des *ministres* (nach der Abdankung *Karls X.* fand ein Prozeß gegen *Minister* seines Kabinetts statt).» (*Maria Paulowna:* Tagebuch; GG 6608)]. Sodann *zwei Engländer: Herr Dr. Gordon, Medikus,* ein heiterer gemüthlicher Mann; *Mr. John Charrington,* still und vor sich hinblickend. Zu Mittage die *Kinder* und *Familie.* Las fort in den Briefen eines Verstorbenen.» (Tgb)
Freitag, 27. August. Brief an *Faktor Reichel:* Goethe bestätigt, daß die vom *Adressaten* [am 22. 8.] gemeldete Wiederholung [im 38. BAND DER TASCHEN-AUSGABE] irrtümlich unterlaufen und deshalb zu eliminieren sei (vgl. Hagen, zu 1844). – Billett an *Caroline v. Wolzogen:* Goethe bedauert, sie heute nicht bei sich sehen zu können. – «[...] *Herr v. Henning.* Unterhaltung über manches was gemeinsam interessirte. Mit ihm um's Webicht gefahren. *Gräfin Caroline Egloffstein. Herr v. Henning* zu Mittage. Nach Tische [...] *[Kanzler] v. Müller;* wurden besonders berlinische Verhältnisse durchgesprochen. Gegen Abend *Prof. Riemer.* Brachte ein merkwürdiges Transparent [«...ein Lichtschirm von der transparenten Porzellanmasse.» (ein Geschenk von *Buchhändler Reimer;* vgl. *Riemer;* GG 6609)] und zwey Exemplare des *Wendtischen* Taschenbuchs [Musenalmanach für 1831; → 7. 5.]. Wir gingen einige Concepte durch und besprachen das Vorliegende.» (Tgb)
Samstag, 28. August. Brief an *v. Quandt:* Goethe bedauert mit ihm, daß die [dem *Sächsischen Kunstverein*] bewilligten Gelder «von dem rechten Ziele [...] mitunter abgelenkt» werden [*Quandt* hatte am 18. 8. von Mißhelligkeiten im *Komitee des Vereins* und seinem zeitweiligen Austritt aus dem *Vorstand* berichtet]. Doch werden dessen «reine Gesinnungen» zur Beruhigung der

Teilnehmer das Nützliche geltend zu machen wissen. – Das Gemälde *Kaisers*
[→ 7. 7.] würde wohl mit 100 Talern zu honorieren sein, die an Goethe zu senden wären, da er dem *jungen Künstler* einen Vorschuß gezahlt hat. – Brief an
Hitzig: Goethe übersendet «Beykommendes» [*Carlyles Schiller*-Biographie],
womit er seine «stille Theilnahme an den ernsten [...] Bestrebungen unsrer
edlen Gesellschaft [für in- und ausländische schöne Literatur]» melden möchte
[Den EINGANG VON GOETHES EINLEITUNG bildet ein offener Brief vom April
an die *Gesellschaft,* in dem Goethe seine Wertschätzung derselben ausspricht
und sie mit *Carlyle* in Verbindung bringen möchte (→ 23. 8.; → 10./11. 11.
29).]. – «[...] viele freundschaftliche Besuche dankbar empfangen [Um 10 Uhr
überbringt *Riemer* mit *seinem Sohn Bruno* ein gesticktes Mohnkranzkissen
von *seiner Frau* und ein Gedicht. (vgl. Riemer; GG 6610) – «*Mehrere Theater-
mitglieder,* darunter auch ich (der *Weimarer Schauspieler Heinrich Franke*),
brachten... dem ehrwürdigen Greise unsere Glückwünsche und trugen ihm
die Bitte vor, er möge am Abend dem Theater die Ehre seines Besuches schenken. Mit den Worten: ‹Ich bin zu alt› lehnte er in freundlicher Weise die Bitte
ab, sagte aber doch schließlich, als wir hervorhoben, daß wir so lange schon
vergeblich ihn in den Zuschauerräumen gesucht hätten und daß seine Gegenwart *alle Mitwirkenden* hoch begeistern würde: ‹Nun, wir wollen einmal
sehen.› Er unterhielt sich darauf lebhaft mit uns über das STÜCK (→ 24. 8.) und
die einzelnen Rollen.» (*H. Franke,* 1881; GG 6611) – Weitere Gäste sind *Frau
Melos* und *ihre Töchter Marie, Ida* und *Louise* (vgl. GG 6612)]. – «Gegen zwey
Uhr *unsre gnädigsten Herrschaften* [Karl Friedrich und Maria Paulowna]. Mittag
Fräulein Ulrike [v. Pogwisch], Alwine Frommann und *Familie.* Nach Tische mit
den *Kindern. Herr Hofrat Soret* und der *Erbgroßherzog [Karl Alexander].* Gegen
Abend *Oberbaudirektor Coudray,* den silbernen Becher [Der ziselierte silberne
Pokal ist ein Geschenk *Frankfurter Bürger,* der beim Festmahl im Weimarer
Stadthaus eingeweiht worden war.] wieder bringend und von dem Fest auf
dem Stadthaus Nachricht gebend [«Mittags Feier des Goethischen Geburtstages im Stadthaussaale, gegen *sechzig Personen.* Sehr anständig und gesetzt
fröhlich. Meine *(Riemers)* Lieder fanden Beifall, durch *Eberweins* schöne Komposition und *Stromeyers* vortrefflichen Gesang. Abends Theater: GÖTZ VON
BERLICHINGEN, nach der Bearbeitung von Goethe auf Einen Abend (→ 24.
8.).» (GG 6610) – «In der Vorstellung erschien er (Goethe) leider nicht, weil
er vernommen, daß ihm seitens des *Publikums* Ovationen bereitet werden
sollten.» (*H. Franke;* GG 6611)].» (Tgb) – «Mein Geburtstag ward auch sehr
lebhaft begangen, ich entschloß mich hier zu bleiben; warum soll man so viel
Gutem und Lieben ausweichen. *Viele Gönner* und *Freunde,* die ich vielleicht
des Jahrs nur selten sehe, traten ein [...].» (an *Sohn August,* 3. 9.)

Sonntag, 29. August. Brief an *Wilmans:* Goethe spricht seine Freude an
der gelungenen Edition [der Übersetzung von *Carlyles Schiller*-Biographie]
aus [→ 23. 8.]. Das Buch erscheint in einer Gestalt, die den «Inhalt empfiehlt
und für das *Publikum* etwas Anziehendes haben muß. – «[...] Manches Angekommene [...] betrachtet.» (Tgb) – Besuch von *Eduard Genast,* der vom
Erfolg der gestrigen AUFFÜHRUNG berichtet. Goethe äußert sich über die
VERSCHIEDENEN FASSUNGEN DES STÜCKES. (vgl. GG 6614) – «[...] *Herr Hofrat
Voigt* um 12 Uhr. Zu Mittage mit der *Familie.* Später [...] *[Kanzler] v. Müller*

[«Nachmittags kurze Zeit bei Goethe puncto ultimae voluntatis p. (→ 19. 8.).»
(*Kanzler v. Müller;* GG 6615)]. Fuhr nachher nach Belvedere.» (Tgb)
   Montag, 30. August. Zwei Briefe an *Minister v. Gersdorff:* Goethe dankt
ihm für die gestrigen Mitteilungen. – «Allerdings geben die Notizen des *Herrn
v. Piquot* gute Hoffnung. Denn da man, bey Einsetzung der *Bourbonen,* die eignen Interessen gar wohl zu fördern und zu sichern verstand, so ist nicht abzusehen warum man die *Orléans,* wenn sie sich dessen bescheiden, nicht auch
wollte gewähren lassen.» – Goethe berichtet von der Erkrankung *seines Sohnes*
[→ 19. 8.] und bittet, eine Verlängerung von dessen Urlaub etwa bis Jahresende zu bewirken. – «[...] Um 11 Uhr *Herr [Heinrich Karl Wilhelm] Fürst
Carolath[-Beuthen, preußischer Offizier?]* mit *Gemahlin* und *Kindern.* Nachher
ein reisender *ungarischer Theolog* [...]. Nachher *Royaards, Professor zu Utrecht,*
und *Frau.* Mittags mit der *Familie.* Abends *Oberbaudirektor Coudray,* der Nachklänge des Geburtstagsfestes gedenkend. Ich hatte *Carus* Organographie vorgenommen.» (Tgb)
   Dienstag, 31. August. «Etwas über die Briefe eines Verstorbenen
[Aufsatz «Briefe eines Verstorbenen»; →24. 8.].» (Tgb) – Brief an *Kanzler
v. Müller:* Da der Urlaub des *Sohnes* nun bis zum Jahresende verlängert worden
ist, möchte Goethe «an jenes Document erinnern, welches wir früher besprochen; durch dessen Vollziehung mein Lebensgang diese Monate hin desto
beruhigter und sicherer sich bewegen würde. Je eher dieß vollbracht werden
könnte, desto dankbarer würde ich es anerkennen [→ 29. 8.].» – «[...] *Prof.
[Johann Ludwig] v. Deinhardstein [österreichischer Schriftsteller, Prof. der Ästhetik*
in Wien, redigiert seit 1829 die Wiener «Jahrbücher der Literatur»; geb. 1794].
Einladung desselben.» (Tgb) – Brief an *Generalkonsul Küstner:* «Ich habe dafür
um desto lebhafter Dank zu sagen als ich mir wirklich eine griechische Münze
[«die erstgeprägte Münze des wiedergebohrnen Griechenlands» (an Goethe,
18. 8.)] besonders gewünscht und die mexicanische [aus dem «kurzen Kayser-
reich *Iturbidens*» (ebenda)] mich wirklich überraschte.» – Goethe wäre sehr
erfreut, wenn der *Sohn des Adressaten* ihm «eine Stufe gediegenen Silbers, aus
den ehemaligen Bergwerken von Potosi [→ 7. 8.] oder sonst», verschaffen
könnte. – Brief an *Kanzler v. Müller:* Goethe berichtet, daß sich *Prof. Deinhardstein* angemeldet hat und man wohl tut, ihm «auf das freundlichste» zu
begegnen. Er unterbreitet Vorschläge, wie der Abend mit ihm gestaltet werden könnte. – «Mittag mit der *Familie.* Die Briefe eines Verstorbenen weiter
durchgelesen. Abends die *Herren Deinhardstein, Röhr, [Kanzler] v. Müller, Riemer,* die *beiden Frauenzimmer [Schwiegertochter Ottilie* und *Ulrike v. Pogwisch.* –
«Ich *(Deinhardstein)* werde diesen Abend nie vergessen. Welch reiner geistiger
Verkehr, welch eine im eigentlichsten Verstande *gute Gesellschaft.* Es wurde
mitunter auch mit vieler Achtung der *bedeutenderen Schriftsteller meines Vater-
landes* vergangener und gegenwärtiger Zeit gedacht, unter den letzteren
besonders *Pyrkers* und *Grillparzers.* Goethe war die Liebenswürdigkeit selbst,
belebt und voll Humor.» (*Deinhardstein:* Skizzen einer Reise, 1831; GG 6616)].
Nachher Unterhaltung mit *Ottilien* über die geführten Gespräche.» (Tgb)
   Vielleicht August. «*Max [Verlagsbuchhändler* in Breslau] wünschte sehr, die
nächste Ausgabe der Goetheschen Werke zu verlegen, und beauftragte
mich *[Eduard Genast],* mit Goethe darüber zu sprechen und ihm in seinem

Namen ein Gebot von 110000 Talern zu tun. Als ich nach meiner Heimkehr [nach Gastspielen in Breslau und Leipzig] mich des Auftrags entledigte, dankte Goethe freundlich, ging aber nicht darauf ein, sondern meinte, er wolle, trotz der lockenden Anerbietung, seinem alten und bewährten *Verleger [Cotta]* treu bleiben.» (Aus dem Tagebuche eines alten Schauspielers, 1862; GG 6698)

Vermutlich Anfang September. «Und jetzt noch ein Wort über Frankreich. Der Eindruck, den diese blitzschnelle Revolution auch hier gemacht, ist unbeschreiblich. Keine größere Krisis haben wir gehabt. Goethe spricht, er könne sich nur dadurch darüber beruhigen, daß er sie für die größte Denkübung ansehe, die ihm am Schlusse seines Lebens habe werden können. Wir hoffen, gleich Ihnen, daß das Prinzip des Guten die Oberhand behalten werde, sind aber freilich auch nicht ohne ernste Besorgnisse.» (*Kanzler v. Müller* an Rochlitz, 4. 9.; GG 6619)

Mittwoch, 1. September. «Den AUFSATZ ÜBER DIE BRIEFE DES VERSTORBENEN dictirt [→ 31. 8.]. Das DANKSAGUNGSGEDICHT [ERWIDERUNG DER VON FRANKFURT NACH WEIMAR DEN 28. AUGUST 1830 ANGELANGTEN FESTLICHEN GABEN] für hier und Frankfurt ausgefertigt. [...] der *Großherzog.* Mittag *Geh. Rat Schweitzer. Prof. Deinhardstein* von Wien. *Hofrat Meyer, Hofrat Vogel, [Obermedizinalrat] v. Froriep* und *Sohn, [Theologe] Dr. Schütze* und *Landesdirektionsrat Töpfer* [«Goethe war ganz der muntere liebenswürdige Gesellschafter, für die kleinsten Bedürfnisse seiner *Gäste* Sorge tragend; nur zuweilen schaute er mit den leuchtenden Augen starr vor sich hin.» (*J. L. Deinhardstein:* Skizzen einer Reise; GG 6617)]. Blieb nachher für mich. Abends [...] *[Kanzler] v. Müller,* welcher den anmuthigen Vorgang bey dem Gastmahl im Schießhaus erzählte. Museum *Mazzuchellianum* weiter durchgesehen.» (Tgb)

Donnerstag, 2. September. Brief an *Kanzler v. Müller:* Goethe sendet das GEDICHT an die *«alt- und neuvaterstädtischen Freunde»* zu empfehlender Bestellung. – Brief an *Frau v. Münchhausen:* Goethe dankt ihr für ihren schriftlichen Zuspruch und versichert, daß ihm ihr persönliches Eintreten immer «die angenehmsten Augenblicke» gewährt. *Ihren Mann* ersucht er dringlich «auch unangemeldet mit unserm *Familie*ntisch vorlieb [zu] nehmen», sobald ihn ein Geschäft nach Weimar führt. – «[...] Erhielt von einem *Kalligraphen* [F. W. Balthasar, Lehrer der Kalligraphie und Handelswissenschaft in Dresden] ein Blatt Facsimiles. Demoiselle Zimmermann aus der Ruhl, Klavierspielerin, welche bey Hummel studirt, exhibirte sich sehr brav. [...] die Frau Großherzogin. Mittag mit der Familie. Nach Tisch einiges aufgeräumt. Das Nächste durchgedacht und vorbereitet.» (Tgb)*

Freitag, 3. September. «Kam ein Brief von *meinem Sohn,* der seine Abreise von Spezia meldete.» (Tgb) – Brief an *Freiherrn v. Gersdorff:* Goethe sendet die «bedeutenden Papiere» [politische Berichte über die neusten Regierungsveränderungen in Frankreich, die der *Adressat* am 29. 8. übermittelt hatte] zurück mit der Bitte, ihm von «ähnlichen Ereignissen und Gesinnungen» fernerhin Kenntnis zu geben. – Für den so schleunig bewirkten Urlaub für *seinen Sohn* [→ 30. 8.] dankt Goethe und berichtet, daß dieser am 19. August «nach vollendeter Heilung» aus Spezia entlassen worden sei und nun seinen Weg nach

Livorno fortsetzt. – Brief an *Sohn August:* Goethe hofft, daß seine Nachricht vom verlängerten Urlaub den *Adressaten* in Rom antrifft. «Du kannst dir leicht denken welchen Antheil wir an deinem Unfall genommen, wir secretirten ihn, aber von *Mylius* wurde an den *Kanzler [v. Müller]* berichtet. Doch weil wir schwiegen ging es als ein Geheimniß herum und kam ich ohne Rede und Widerrede über meinen Geburtstag hinaus, den ich [...] um desto heiterer beging, als sowohl dein, wie *Sterlings* Brief [*Sterling* hatte *August* eine Woche lang in La Spezia gepflegt] deine leidlichen Zustände berichtete. – Wer in Rom eingetreten ist, dem kann man nichts sagen. Wenn er fühlt daß er neu geboren ward, so ist ers werth und mag denn auch bey einem längeren Aufenthalt in allem Guten fortwachsen.» Der heute eingegangene tröstliche Brief vom 18. 8. teilt nun die Genesung des *Sohnes* mit und berichtet zugleich von dessen «guten Gebrauch der Zeit». – «[...] De la Littérature russe. Par le *Prince Elim Meschtscherski.* Analecten von *Gruithuisen,* 6. Heft [«Ew. Hochwohlgeboren Bemühungen, uns den Äther näher kennen zu lehren, sind auch mir von dem größten Werthe... (Sie geben mir) Stoff zu mancherlei Betrachtungen..., ob ich mich gleich in die himmlischen Angelegenheiten nicht eigentlich mischen darf.» (an *Gruithuisen,* 22. 9.)]. [...] Mittag mit der *Familie.* Nach Tische in den hinteren Zimmern *d'Altons* Skelette durchgesehen. Abends *Prof. Riemer.* Wir gingen die GESCHICHTE DER METAMORPHOSE durch [→ 23. 7.].» (Tgb)

Samstag, 4. September. Brief an *Prof. Göttling:* Goethe bittet ihn, das angekündigte alte Manuskript herüberzusenden. – Brief an *Botaniker Hofrat Voigt:* «Wann, und durch welche Veranlassung, ist der Beyname amphicarpus aufgekommen? [...] Soviel ich mir erklären kann, soll er heißen: um die Frucht, um das Samenkorn thue sich eine unregelmäßige Fructification hervor, welche nicht erst den ganzen Gang der geregelten Metamorphose zu durchlaufen braucht um den Kreis der Vegetation abzuschließen. Da nach meiner Ansicht diese Erscheinung weiter deutet, so würde ich mir hierüber nähere Auskunft erbitten; zugleich ob in dem botanischen ausgedehnten Kreise noch andere Pflanzen diesen Beynamen führen?» – Außerdem bittet Goethe, ihm verschiedene monströse Holzpräparate [des botanischen Museums] herübersenden zu lassen. «Ich habe einige höchst merkwürdige Erscheinungen dieser Art erhalten und zeichnen lassen und würde jene hinzufügen [→ 24. 8.].» – «[...] Dem *Maler Starcke* einige Aufträge botanischer Zeichnungen. Mittheilungen von *Herrn Minister v. Gersdorff* [politische Nachrichten aus Berlin, Wien und den Niederlanden im Zusammenhang mit den Ereignissen in Frankreich (vgl. GJb 13, 103 f.)]. *Fünf Leipziger Studierende* sangen ganz früh im Garten vor meinem Fenster. Ich verehrte durch *Wolf* jedem ein Exemplar von HERMANN UND DOROTHEA. [...] der *Großherzog.* Bedeutendes Gespräch über zeitgemäßes, würdiges Betragen eines *Fürsten,* bey Veranlassung seiner vorhabenden Reise an den Rhein. In der Ausstellung [der Zeichenschule] um 1 Uhr. Mittag *Hofrat Vogel.* Nach Tische wichtige Unterhaltung über Krankheit, Mittel und Heilung, immer mehr Aufklärung über seine Behandlungsweise. Nachher *Sömmerings* osteologische Hefte. Überlegung der zunächst bestehenden Ausarbeitungen [...]. Publica.» (Tgb)

Sonntag, 5. September. «Schreiben von *Boisserée* [...]. Mittheilungen des *Herrn Staatsministers v. Gersdorff* über die Novissima. EINIGES AN DER THEIL-

NAHME AM STREITE CUVIERS UND GEOFFROY ST. HILAIRES [→ 23. 8.]. *Dr.*
Weller, einige Notizen von Jena. *Wölfchen* hatte freywillig einige Stunden ver-
schiedenes Corrigirte mundirt. Die *Frau Großherzogin* vor ihrer Abreise nach
Dornburg. Mittag mit *Ottilien* und *Herrn Rothe.* Ich fuhr fort das verschiedene
Vorliegende zu bedenken. [...] *[Kanzler] v. Müller,* das Vorseyende bespre-
chend. Die *gute liebe Frau v. Wegner* starb in den Abendstunden. – AUFSATZ
ÜBER DIE BRIEFE DES VERSTORBENEN an *Prof. Riemer* [zur Durchsicht; →
1. 9.].» (Tgb)

Vermutlich Sonntag, 5. September, und danach. «Goethe war in großer
Erregung über die französischen Zustände, die ich *[Minister v. Gersdorff]* ihm
zu erklären versuchte. Das ist mir neu, ganz neu, warf er oft dazwischen, da
er, wie Du weißt, alles politisch Aufregende als demagogisch verabscheute
und selten die historische Notwendigkeit solcher staatlicher Gewitter sofort
einsah. Er war aber auch hier für jede Art Belehrung zugänglich, die jedoch
eine sehr gründliche sein mußte, sonst kam er zu leicht mit verblüffenden Ein-
würfen. Seinem Wunsche folgend, machte ich ihm von nun an regelmäßig
Mitteilung von den mir zugehenden Nachrichten, und da es meist solche
geheimer Natur waren, schrieb ich sie selbst, wobei selbstverständlich eigene
Auffassung und Beurteilung mit unterlief.» (an Jenny v. Pappenheim, unda-
tiert; GG 6620) – «[...] unser *Diener* sagte uns, der alte Herr sei ihm oft ganz
aufgeregt entgegengekommen, um die Briefe selbst in Empfang zu nehmen.»
(*Jenny v. Pappenheim:* Erinnerungen; GG 6621)

Montag, 6. September. «Alsobald AN DEN NATURBETRACHTUNGEN IN
BEZUG AUF DIE FRANZÖSISCHE STREITIGKEIT [→ 5. 9.]. Sonstige Concepte.
Litterarische Umsicht. Gespräch mit andern wird durch die revolutionären
Auftritte verschlungen. *Inspektor Schrön,* von seiner ersten meteorologischen
Tour über Halle und Allstedt von Jena aus zurückkehrend. Gegen Mittag *Hof-
rat Meyer,* einige Kunstblätter beachtend und beurtheilend. Blieb bey Tische.
Die Zeitläufte durchgesprochen. *Galeni* de usu partium [1538 (vgl. Keudell,
2153)]. Über das Verhältniß des Organismus. Das Weitere durchgedacht.
Bourrienne, ses erreurs [→ 1. 11. 29].» (Tgb)

Dienstag, 7. September. «Succession der *drey Herzoginnen*» (Tgb) – Brief
an *Minister v. Gersdorff:* Goethe bittet ihn, mit den Sendungen fortzufahren. –
«Besonders da auch in unserer Nähe sich Bewegungen ereignen, welche nur
in stumpfer Überlieferung zu mir kommen; dagegen denn nichts wünschens-
werther wäre, als solche Ereignisse, zuverlässig und mit einsichtigen Bemerkungen begleitet, zu erhalten.» – Brief an *Sulpiz Boisserée:* Goethe sendet sein
GEDICHT PARABEL [ICH TRAT IN MEINE GARTENTÜR; → 3. 3.] mit der Bitte
an *Neureuther,* dazu eine Zeichnung anzufertigen. – «[...] *[Kanzler] v. Müller*
und *[Gerichts-]Sekretär [August] Schnaubert* [Jurist, tätig in der Regierungs-
kanzlei zu Weimar] wegen der häuslichen Angelegenheiten [der Besuch gilt
der Aufnahme von Testamentsbestimmungen; → 29. 8.]. Mittag mit der *Familie.* Abends *Prof. Riemer.* Einige Concepte besprochen. Sonstiges berichtigt.»
(Tgb)

Mittwoch, 8. September. «Abschrift der Recension von Berlin [*Humboldts*
Rezension?; → 10. 9.]. Brief von *meinem Sohn* von Florenz.» (Tgb) – Billett an
Riemer: Goethe bittet um Rücksendung des «in Händen habende BÄND-

CHEN[S]» [vermutlich BAND 40 (vgl. Hagen, zu 1847) der TASCHENAUSGABE],
da die *Augsburger* auch mit der OKTAVAUSGABE schnell vorrücken. – «[...]
den 36. BAND DER KLEINEN AUSGABE an *Prof. Göttling* [zur Revision]. – *Fräulein Jenny [v. Pappenheim]* im Garten. Mittag *zu vieren. Ottilie* war bey der *Frau
Mutter [Frau v. Pogwisch].* Manches Vorseyende durchgedacht und vorbereitet.» (Tgb)

Donnerstag, 9. September. Brief an *Minister v. Gersdorff:* «Jemehr sich
diese wundersamen Ereignisse verwickeln und das in Frankreich entzündete
Feuer sich, nicht sowohl verbreitet als verderblich überspringt; erwehr ich
mich nicht der Erinnerung an jene, wie es damals schien, frevelhafte Äußerung *Cannings,* welche doch dahin deutete: es komme nur auf eine Anregung
an, so wäre der ganze Norden in Revolution gesetzt.» – Brief an *Faktor Reichel:*
Goethe präzisiert [auf Rückfrage des *Adressaten* vom 3. 9.] noch einmal, welche TEILE DES MANUSKRIPTS ZUM 38. BAND nicht gedruckt werden sollen
[→ 27. 8.]. – AUFSATZ WIRKUNG DER SONNE AUF BERGESHÖHEN [postum veröffentlicht]. – «[...] Mittheilungen des *Herrn Staatsministers v. Gersdorff,
[Kanzler] v. Müller.* Ein von *Herrn v. Varnhagen* empfohlener *José de la Luz,*
gebürtig von Havana. Mittag *Herr Kanzler v. Müller.* Öffentliche und Privat-
Angelegenheiten durchgesprochen. Abends *große Teegesellschaft,* wobey die
Fremden, die sich gemeldet hatten. Das durchscheinende Porzellainbild wurde
vorgewiesen [→ 27. 8.]. [...].» (Tgb)

Freitag, 10. September. «[...] Kam ein Brief von *Herrn v. Cotta* [mit der
nochmaligen Bitte um einen Beitrag für den Damenkalender; → 9. 7. (an
Goethe 5. 9.).]» (Tgb) – Brief an *Varnhagen v. Ense:* Goethe berichtet, daß
v. Henning [→ 27. 8.] ihm Mut gemacht hat, den Jahrbüchern wieder einen
Beitrag zuzudenken, «ja ihm gleich einen ANGEFANGENEN AUFSATZ [PRINCIPES DE PHILOSOPHIE ZOOLOGIQUE . . . , 1. TEIL] zu übergeben [...]. – DIESE
BOGEN waren Anfangs Juli niedergeschrieben, das Ende des Monats machte
freylich eine gewaltsame Diversion, man muß ein wenig zusehen bis das Wissenschaftliche sich dort wieder regt; denn, da wir Deutsche bey dieser Gelegenheit im Vortheil sind, dürfen wir die Absicht dorthin zu wirken nicht aufgeben. – Auch möcht ich, da meine MORPHOLOGISCHEN HEFTE so lange
stocken, einiges, nicht didaktisch-anmaßlich, sondern discursiv, als wenn es
nichts wäre, ob es mir schon sehr auf dem Herzen liegt, bey dieser Gelegenheit
aussprechen.» – Außerdem legt Goethe EINIGE BLÄTTER bei, die ihm ein
«wunderliches, höchst interessantes Büchlein abgelockt hat» [den AUFSATZ
«BRIEFE EINES VERSTORBENEN»; → 5. 9.]. – «Die Geneigtheit des *Herrn Minister v. Humboldt,* über MEINEN ZWEITEN AUFENTHALT IN ROM sich auszusprechen, ist mir von dem größten Werthe [dieser hatte Goethes WERK in den
«Jahrbüchern...», Nr. 45–47, September 1830, rezensiert] [...].» – Brief an
Kanzler v. Müller: Goethe sendet einen Brief *Cottas* [vom 5. 9.] und das Konzept seiner Antwort [→ 10./16. 9.]. – «Unter MEINEN PAPIEREN ist durchaus
nichts Brauchbares. Außer INVECTIVEN und LÜSTERNHEITEN; an den erstern
würde *mancher Schadenfrohe* Vergnügen finden, die zweyten dürften sich die
Damen wohl im Stillen gefallen lassen, den Damenkalender jedoch würden sie
diskreditiren. – [...] vielleicht könnte mündlich noch darüber gerathschlagt
werden; doch weiß ich keine Auskunft.» – «WARD AN DER ABHANDLUNG

ÜBER DIE FRANZÖSISCHE WISSENSCHAFTLICHE STREITIGKEIT FORTGEFAHREN
[→6. 9.]. Mit *Ottilien* in den untern Garten gefahren. Mittags mit der *Familie*.
Nachher einiges Englische. Unterhaltung über die hier verweilenden *Engländer*. Abends *Prof. Riemer*, die AUFSÄTZE ÜBER DIE FRANZÖSISCHEN ANGELE-
GENHEITEN durchgesprochen.» (Tgb)

Samstag, 11. September. «Antwort des *Herrn Kanzler v. Müller*, welcher
nach Dornburg fuhr. FORTGESETZTE ARBEIT AN DER FRANZÖSISCHEN ANGE-
LEGENHEIT. Mittags mit der *Familie* und *Hofrat Vogel*. Nachher mit demselben
Staats-, Revolutions- und Kriegs-Verhältnisse. Auch über die Bezüge der Ein-
zelnen zu verschiedenen wichtigen Zeitläuften. Sodann *d'Altons* Knochenge-
rüste. Verschiedene Hefte durchgesehen und zu meinen Zwecken betrachtet.
Abends Hernani [von *Victor Hugo*] übersetzt von *Peucer* [im Hoftheater;
Goethe besucht die Aufführung nicht].» (Tgb)

Sonntag, 12. September. «Concepte oberaufsichtlicher Geschäfte [...].»
(Tgb) – Brief an *Knebel*: «*Geoffroy* merkt und ahnet, daß er in den *Deutschen*
Alliirte findet; ihn darüber aufzuklären und uns von der rechten Seite zu zeigen ist eigentlich meine Absicht [mit dem AUFSATZ ÜBER DEN FRANZÖ-
SISCHEN AKADEMIESTREIT] [...]. – Es ist zwar bemerkenswerth, aber nicht
wunderbar, daß wir die Reprise der Tragödie von 1790 wieder erleben müssen; indessen ist es weder Wahl noch Schuld von unsrer Seite und wir wollen
uns das alte Wort durate! [Aeneis I, 207: Ausdauer im Leiden und Dulden]
gesagt seyn lassen.» – «*Ottilie* referirte über die Aufführung von Hernani. Brief
meines Sohns von Florenz, Datum vom 28. August. Brief von Stuttgart den
Hamburger Nachdruck meldend [*Reichel* hatte am 7. 9. die Kopie einer
Anzeige von GOETHES WERKEN aus der Redaktion der «Allgemeinen Zeitung» in Augsburg an die *Cottasche* Buchhandlung gesandt, von dort wurde sie
am 8. 9. an Goethe geleitet. Da die Buchhandlung *Schuberth* und *Niemeyer* in
Hamburg und Itzehoe keinen Verlag nennt und ihre Angaben über die Band-
zahl zur Errechnung von 60 Bänden führen, entsteht der Eindruck, daß es sich
um einen Nachdruck handelt. In Wirklichkeit avisiert die Buchhandlung die
bei *Cotta* eingekaufte ALH. (vgl. Kuhn 3/2, 208)]. *Herr Landjägermeister
v. Fritsch*, von Karlsbad und Pyrmont Grüße und Nachrichten bringend.
Sodann *Landesdirektionsrat Töpfer, Hofrat Winkler* und *Gattin* anmeldend.
[...].» (Tgb)

Montag, 13. September. «Schreiben von *Herrn von Quandt* mit 100 Talern.
für den *Maler Kaiser* [→28. 8.]. Ausgleichung der Angelegenheit mit der Kasse
und *Geh. Hofrat Helbig* [...].» (Tgb) – Brief an *Faktor Reichel*: Goethe dankt
für die «unangenehme Nachricht» [über den angeblichen Hamburger Nachdruck; →12. 9.]. Er sieht «dem einsichtigen Sentiment des *Herrn Verlegers*
[Cotta] entgegen, wie in dieser bedeutenden Angelegenheit gemeinsam zu
verfahren seyn möchte». – «Der ZWEITE REVISIONSBOGEN DER METAMOR-
PHOSE kam an. An *Riemer* 2. REVISIONSBOGEN [zur Durchsicht. – «*Herr Soret*
revidirt zwar den französischen Text, es ist aber doch gut daß wir gleichfalls
aufmerken, denn ich finde in dem ERSTEN AUSHÄNGEBOGEN [→20. 6.] ungeachtet aller unsrer Sorgfalt doch Übersetzungs-Versehen, nicht gerade auffallend so daß es hingehen mag. Die Schwierigkeiten sind zu groß und wer hat
bey solchen Revisionen die Aufmerksamkeit immer scharf auf die Sache

gerichtet.» (Begleitbrief)]. *Herr Hofrat [Karl Gottlieb Theodor] Winkler [Jurist, Theatersekretär, Schriftsteller unter dem Namen Theodor Hell;* geb. 1775] und *Gattin.* Angekommen von *Herrn Rühle v. Lilienstern* mehre symbolische Darstellungen der alten Geschichte. Mittag mit der *Familie.* Manches auf die Zeitläufte Bezügliches. [...]. [An] *Demoiselle Seidler,* die zwey Actienkarten von *Quandt* erhalten.» (Tgb)

Dienstag, 14. September. Brief an *Generalkonsul Küstner:* Goethe sendet ihm die Hamburger Anzeige seiner WERKAUSGABE und fragt an, ob ihm die nachfolgenden Expeditionen «nöthig und nützlich» erscheinen: 1. «Ein Schreiben an das *königliche Consistorium zu Dresden* in Bezug auf das von demselben ausgefertigte Privilegium, begleitet von dem Ansuchen, die dem *Bürgerkommissar* zu Leipzig damals gegebenen Befehle [...] besonders [...] bey bevorstehender Messe wiederholt einzuschärfen.» – 2. Ein Schreiben an den *Bücherkommissar* selbst. – 3. «Ein Schreiben an den *Magistrat nach Hamburg* in Bezug auf das von demselben [...] ertheilte Privilegium, mit Bitte, [...] den Nachdruck zu bestrafen [...].» – 4. Ein gleiches Schreiben an die *oberste Justizbehörde* in Itzehoe. – Goethe bittet den *Adressaten,* den *Bücherkommissar* vorläufig von der Angelegenheit zu benachrichtigen [In Leipzig fungiert eine *Bücherkommission,* deren mit den *Buchhändlern* verkehrendes Organ ist der *Bücherinspektor, Ratsvizeaktuar Johann Michael Jäger*]. – «[...] Promemoria für Hamburg, an *Robert Froriep* zu weiterer Besorgung abgegeben. Communicat an die *Immediat-Commission der academischen Finanzen* [eine Beschwerde *Göttlings* betreffend (vgl. WA IV, 47, 410). – Um 12 Uhr [...] die *Frau Großherzogin.* Mittag mit der *Familie.* Nach Tische mit *Ottilien,* über gesellige Verhältnisse der *Einheimischen* und *Fremden.* Abends *Prof. Riemer,* EINEN BOGEN DER METAMORPHOSE durchgegangen.» (Tgb)

Mittwoch, 15. September. «Schreiben an *Graf Beust* nach Frankfurt a. M. concipirt.» (Tgb): Goethe setzt ihn vom Hamburger Nachdruck in Kenntnis und berichtet, welche Schritte er bisher eingeleitet hat. – «Dürfte es wohl vorerst der Sache angemessen seyn, wenn ich an die *beiden Herrn Bundestags-Gesandten,* sowohl den der freyen Stadt Hamburg, als den königlich dänischen, geziemend anginge und sie, meine schon gethanen Schritte, bey ihren *hohen Committenten* und sonst zu begünstigen bäte?» – Außerdem bittet Goethe, die Angelegenheit gegenüber den *anderen Gesandten* mit einigen empfehlenden Worten zu erwähnen. – «[...] Den Brief *Carlyles* näher betrachtet und was darauf zu erwidern überlegt. *Demoiselle Seidler* Skizzen und Studien zu ihrem nächsten Bilde vorzeigend. *Herr Hofrat Soret* von Jena kommend. Einiges über den 2. BOGEN DER MORPHOLOGIE. Mittags mit *Herrn Rothe* und den *Kindern. Ottilie* war nach Jena bey *Frommanns* gefahren. Die verschiedenen angekommenen Briefe wieder durchgesehen. Das augenblicklich Nöthige überdacht. [...] *Hofrat Meyer* von Jena kommend. Abends [...] [Kanzler] v. Müller, Publica und Privata. [...].» (Tgb)

Donnerstag, 16. September. «[...] Gestern angekommene Radirungen von *Read* betrachtet [wohl radierte Landschaften (vgl. Schuchardt I, 218, Nr. 32)]. Dem Abschluß der *Meyerischen* Abhandlung über Kupferstiche entgegen gearbeitet [→ 21. 8.]. Auftrag deßhalb an *Schuchardt.* [...] die *Frau Großherzogin.* Les Barricades [... du peuple] de [Paris ... de ... juillet] 1830. Gespeist mit der *Familie*. Erzählung wie es mit der *Familie* ergangen durch *Ottilien. Herr Geh. Rat Schweitzer*. Nachher *Fräulein Ulrike [v. Pogwisch]*. Sodann *Oberbaudirektor Coudray*.» (Tgb)

Freitag, 10. / Donnerstag, 16. September. Brief an *Cotta* [→ 10. 9.]: Dessen Schreiben [vom 5. 9. mit der nochmaligen Bitte um einen Beitrag für das «Taschenbuch für Damen» für 1831] setzt Goethe «wirklich in Verlegenheit», da er in seinen Papieren «durchaus nichts Würdiges zu solchen Zwecken» findet. «[...] um aber meinen besten Willen zu zeigen wäre die Frage: ob das durch den *Herrn Kanzler [v. Müller]* erhaltene GEDICHT [DEM WÜRDIGEN BRUDERFESTE ...], welches Sie fürs Morgenblatt bestimmen in Gesellschaft des beykommenden späteren [ERWIDERUNG DER VON FRANKFURT NACH WEIMAR DEN 28. AUGUST 1830 ANGELANGTEN FESTLICHEN GABEN; → 1. 9.] in dem Damenkalender Platz finden könnte; ob ich gleich solche UNTERGEORDNETE PRODUCTIONEN ganz von freyen Stücken nicht rühmen noch dazu rathen möchte.»

Freitag, 17. September. Brief an *Minister v. Humboldt:* «Ein Wort! Ein Händedruck! und tausendfältiger Dank! Der erste freye behagliche Augenblick soll treu freudiger Erwiderung gewidmet seyn [«Ich habe, indem ich (in der Rezension des ZWEITEN RÖMISCHEN AUFENTHALTS; → 10. 9.) von Ihnen spreche, zu zeigen gesucht, daß Ihre Beschäftigungen mit Naturwissenschaften eins sind mit Ihrem Dichtungsgenie, und daß beide aus dem Tiefsten Ihres Wesens, aus Ihrer Art, die Dinge anzusehen und sich einen Begriff von ihrer Gestaltung zu machen, herstammen.» (an Goethe, 4. 9.)].» – «[...] Alles Vorliegende möglichst fortgeschoben, wodurch gar viel erledigt wurde. Mit *Prof. Riemer* den 2. BOGEN, besonders die französische Übersetzung durchgegangen, wobey gar manches Gute bewirkt wurde [→ 15. 9.]. Derselbe war nach Belvedere eingeladen und entfernte sich bald. [...] *[Kanzler] v. Müller* über die eindringlichen Angelegenheiten. *Herr Geh. Legationsrat v. Conta* deßgleichen, einige Papiere bringend. Vor Schlafengehen die Angelegenheiten durchdacht.» (Tgb)

Mittwoch, 15. / Freitag, 17. September. Fortsetzung des Briefes an *Sohn August* [→ 3. 9.]: «Es ist ein schönes glückliches Ereigniß deiner Reise, daß weder ein innerer noch äußerer Zwiespalt deine Aufmerksamkeit zerstreut, und du, obgleich unterrichtet genug, doch immer noch als ein Naturkind gegen die ungeheure Kunst stehst. Den Anblick des riesenhaften Pferdebändigers gönn ich dir, ob ich ihn gleich niemals so günstig beschauen konnte; in Rom wird er dir wieder neu und durch eine solche Vorbereitung begreiflicher werden. [«In einem ungeheueren Saal (der Accademia dell'Arte in Florenz) aber fand ich zu meinem Erstaunen und übermäßigen Genuß den Abguß der ganzen Statüe des einen Rossebändigers auf Monte Cavallo. Mir fiel Rudolstadt ein wo ich zuerst den Kopf desselben gesehen hatte ... Alles was ich bis jetzt gesehen erschien mir wie nichts ... Wie glücklich fühlte ich mich in diesem Augenblick, und wie dankte ich Gott, daß ich durch die von Ihnen erhaltene glückliche Natur und Bildung im Stande war dieses Große zu fassen und zu erkennen.» (*Augusts* Florenzer Tagebuch, 24. 8.)] – [...] Im Allgemeinen hat ein alberner Nachahmungstrieb überall [...] Brennereyen hervorgebracht und die Widerwärtigkeiten gegen die *Regierungen* haben sich, wie in Brabant, an mehreren Orten, mit Grund und Ungrund, hervorgethan. In Leipzig haben sie Häuser gestürmt, in Dresden das Rathhaus verbrannt [am 9. 9.] und die Polizeyarchive zerstört. In einigen Fabrikorten sind auch dergleichen Auftritte gewesen [im Gefolge trat die konservative sächsische Landesregierung zugunsten eines Reformen gegenüber offeneren Ministeriums zurück]. – In Braunschweig geschah das Absurdeste; die *Feuerlustigen* manövrirten neben den Kanonen vorbey, die man gegen sie aufgeführt hatte, und brannten die eine Seite des Schlosses ganz ruhig und ungestört nieder [am 6./7. 9. wurde das Schloß belagert und *Herzog Karl II.* vertrieben] [...]. – Im Allgemeinen haben, nach dem Vorgange Preußens [das *Louis Philippe* am 9. 9. formell anerkennt], Rußland und Österreich den *König der Franzosen* anerkannt und nun kommt alles darauf an, daß die Niederlande, von Holland getrennt, als zwey besondere Staaten, einem *König aus dem Hause Nassau* untergeben bleiben [am 25. 8. war in Brüssel ein Aufstand ausgebrochen, der die Trennung Belgiens von den Niederlanden zur Folge hatte, dem es auf dem Wiener Kongreß zugeordnet worden war]. Es ist zu hoffen daß die Noth auch hier das Nützliche und allen Theilen billig und gleichmäßig Vortheilhafte bewirken wird. – Ich schreibe diese Hauptpuncte umständlich, damit du bey allen Zeitungs-Nachrichten [...] doch wissest wie es im Grund steht und [...] die dir gegönnte Zeit mit offnen Augen, Glauben und Vertrauen, auf die Außenwelt wie auf dich selbst, verharrend genießest und nützest [...] füg ich noch einige Publica hinzu: die Unruhen und Unthaten in Braunschweig und Dresden haben sich, der Legitimität unbeschadet, durch eine Veränderung des *Gouvernements* beruhigt. In Braunschweig hat man, nach dem Entweichen des *Herzogs, seinen jüngern Bruder [Wilhelm]* von Hamburg berufen. In Dresden ist *Prinz Friedrich [August II.],* nachdem sein *Herr Vater Max* auf die Succession Verzicht gethan, zum *Mitregenten* angenommen worden. Die Gebäude mögen sie wieder aufbauen, nach verbrannten Acten und Rechnungen wieder von vorne zu regieren anfangen.»

Samstag, 18. September. Brief an *Minister v. Gersdorff:* Goethe sendet die mitgeteilten Papiere zurück und bittet um fernere Kommunikation von dergleichen Nachrichten und Dokumenten, «welche hoffentlich auf eine gewünschte Entwirrung öffentlicher Zustände hindeuten». – «[...] [An] *Frommann jun.* den 2. VÖLLIG REVIDIRTEN BOGEN DER METAMORPHOSE [→ 15. 9.]. [...] – Schreiben von *Herrn [Kanzler] v. Müller,* die erneuten Unruhen in Jena betreffend. Diese Angelegenheit ferner bedacht und ein Promemoria entworfen. Mit *Ottilien* in den untern Garten gefahren. Darauf den *Bibliotheksekretär Kräuter* in seinem neuen Hause besucht. Mittag Geburtstag *Wölfchens* scherzhaft gefeiert. Er war glücklich über die vielen Geschenke, die er empfangen. *Hofrat Vogel* und *Landesdirektionsrat Gille* speisten mit. Ernste Gespräche über die gegenwärtigen öffentlichen Zustände bis spät fortgesetzt.» (Tgb)

Freitag, 17. / Samstag, 18. September. Brief an *v. Quandt:* Goethe hofft, daß dessen schöne Besitzungen [in Dresden] während der Erschütterungen unangetastet geblieben sind. – «Möge, in diesem vertheilten Deutschland, dieses heimliche Übel auch theilweise seine Krisen durchführen; möge das Ganze in seinem Zustand bleiben, der immer noch dankes- und ehrenwerth zu nennen ist.»

Sonntag, 19. September. «Schreiben *meines Sohnes* von Florenz und Livorno, von wo er im Begriff war, mit dem Dampfschiff nach Neapel zu gehen.» (Tgb) – Brief an *Deinhardstein:* Goethe kündigt die Sendung des *Meyerschen* Aufsatzes [«Kritische Anzeige neuer und neuester Kupferstiche . . .»; → 16. 9.] an. Die Anzeige «zögerte etwas länger, weil die Absicht war sie nach allen Seiten hin mannichfaltig auszustatten». – Die Anzeige des Hamburger Nachdrucks SEINER WERKE beilegend, empfiehlt er *Deinhardstein* diese Angelegenheit. – «[. . .] *Hofrat Vogel.* Das gestrige Gespräch fortgesetzt und commentirt. Mit *Ottilien* spazieren gefahren um's Webicht. Mittag mit der *Familie.* Nach Tische *Hofrat Vogel.* Über die öffentlichen Zustände das Weitere gesprochen. Kupferstiche geordnet. *Herr Hofrat Soret* kam nach seiner Rückkunft von [Schloß] *Belvedere. Ihro Kaiserliche Hoheit [Maria Paulowna]* waren hereingezogen [«Les petits troubles d'Iéna et l'agitation qui paraît gagner Weimar ont porté la crainte dans l'esprit de Goethe et l'ont rendu malade. Il a eu hier des crampes au cœur. J'ai été envoyé auprès de lui par *Son Altesse Impériale* pour m'informer de sa santé. Je l'ai trouvé inquiet sur la tournure de l'événements, se plaignant du bruit et du désordre qui en résulteraient. Il était monté sur la corde tragique. Goethe est libéral d'une manière abstraite, mais dans la pratique il penche pour les principes ultra.» (*Soret;* GG 6628)]. Abends Cour.» (Tgb)

Montag, 20. September. NOTIZ MONSTROSES RUNKELRÜBENKRAUT Teil der Aufsatzsammlung MONOGRAPHIE AUF MORPHOLOGIE GESTÜTZT [→ 21. 1. 29]. – «Ordnung in den Papieren gemacht. [. . .] *Hofrat Vogel* die Tagesneuigkeiten. Sodann *Ottilie,* von den abermaligen Händeln in Jena. Spazieren gefahren. Sodann in den untern Garten mit *Ottilien.* Wir hatten *Alma* mitgenommen. Mittag *Familie* und *Hofrat Meyer.* Nach Tische *Landesdirektionsrat Töpfer, Oberbaudirektor Coudray,* [. . .] *[Kanzler] v. Müller.* War auch der *Prosektor der Veterinärschule, [Christian Eduard] Burgemeister,* dagewesen und hatte von Jenaischen Unfertigkeiten referirt.» (Tgb)

Dienstag, 21. September. «Briefe angekommen von Herrn *Generalkonsul Küstner,* von *Kammerherrn v. Cotta.*» (Tgb) – Brief an *Kanzler v. Müller:* «Dem Vorschlage den Zwiebelmarckt in den Raum um das Schieshaus zu verlegen, möchten große Schwierigkeiten entgegenstehen, weniger wenn man den Marckt, [. . .] in die *Carlsstraße,* von der Apotheke bis zur Schule bringen wollte [man befürchtet politische Unruhen]. Er könnte auch künftig dort bleiben, weil der jezige Raum beengt, unzugänglich in jedem Falle gefunden wird. Die Stadt ist erweitert, man erweitere die öffentlichen Anstalten!» – «[. . .] Die *Frau Großherzogin* um 12 Uhr. Mittag mit der *Familie.* Nachher *Hofrat Meyer.* Die Angelegenheit wegen der Preismedaillen [für die *Zeichenschüler*]. *Dr. Weller,* von den Jenaischen Auftritten und Anstalten erzählend. Abends *Prof. Riemer.* Mit ihm einige Concepte revidirt. Die Recension *Herrn v. Humboldts* von meinem ZWEITEN AUFENTHALT IN ROM zu lesen angefangen [→ 17. 9.].» (Tgb)

Mittwoch, 22. September. «[. . .] Schreiben von Herrn *v. Cotta* wegen des Nachdrucks.» (Tgb) – Brief an *Georg v. Cotta:* Goethe erfüllt dankbar dessen Bitte [die Patenstelle bei seinem am 28. 8. geborenen *ersten Sohn* einzunehmen]. «Sie knüpfen, durch ein neues geistiges Band, die schönen bedeutenden Verhältnisse, welche mich so viele Jahre mit *Ihrem Herrn Vater* verbinden, nur desto fester [...].» – Brief an *Generalkonsul Küstner:* Goethe dankt ihm für seine Tätigkeit und die Bereitwilligkeit des *Leipziger Stadtmagistrats.* – Die Ausflüchte des *Buchhändlers* [es handle sich um die bei *Cotta* erschienene ALH; → 14. 9.] zu entkräften, übermittelt er eine beglaubigte Abschrift eines Briefes von *Cotta* [vom 18. 9.], in dem dieser sich gegen den Nachdruck ausspricht und Goethe bittet, Schritte dagegen zu unternehmen. – «[...] Der Begleiter des *französischen Gesandten* [im Weimar], *Gauthier,* ein *Elsässer.* Der *Gesandte Graf [René] Bouillé* selbst, mit *Herrn Minister v. Fritsch.* Mittag *Hofrat Meyer.* Dazu *Hofrat Vogel.* Ich betrachtete die Kupfer der französischen Schule und dachte nach über die *Individuen* und den Zeitsinn. Blieb Abends für mich.» (Tgb)

Donnerstag, 23. September. Brief an *Generalkonsul Küstner:* Nach der gestern übersandten Abschrift des *Cottaschen* Briefes wird nun kein weiteres Bedenken bestehen, gegen den gemeldeten Nachdruck vorzugehen. – «Leider ist aus diesem Vorfalle zu ersehen, was man den *Buchhändlern* zutraut, indem der *Leipziger Commissionair* [von *Schuberth* und *Niemeyer*] *Taubert* der *Cottaschen* Buchhandlung offenbar eine Collusion hinter dem *Autor* her mit jenen Buchhandlungen zutraut.» – «[...] Kam das bestellte alte Manuscript von *Boisserée* [→ 23. 7.]. *[Philologe] Hofrat Thiersch* brachte noch mehr von diesen *Freunden* aus München [u. a. das 3. Heft von *Neureuthers* «Randzeichnungen zu Goethes Balladen...»]. Kam ein Schreiben von *Minister Altenstein* zu Gunsten *Schubarths* in Hirschberg [→ 30. 4.]. Das Verzeichniß der französischen Medaillons [von *David*] an *meine Tochter.* Um 12 Uhr die *Frau Großherzogin.* Mittag *Herr Kanzler v. Müller.* Durchgesprochen die allgemeinen Angelegenheiten, *Neureuthers* Lithographien. *Hofrat Vogel.* Sodann *Landesdirektionsrat Gille,* worüber sich *Wölfchen* betrübte, aber doch zuletzt die Limonade mit Appetit verzehrte. NB. *Herr [Heinrich Adolf] v. Zastrow [preußischer Offizier; geb.* 1801] war dagewesen, vom Rhein nach Berlin gehend, ein *wohlgestalteter* und *angenehmer Militär.* [...].» (Tgb)

Freitag, 24. September. Brief an *Cotta:* Goethe berichtet, in der Nachdruckangelegenheit bereits an *Generalkonsul Küstner* geschrieben zu haben [→ 23. 9.]. Er regt an, daß ihm der *Adressat* eine förmliche Erklärung zukommen läßt, um diese für den Notfall bereit zu halten. Indessen ergeht das Nötige an *Konsul Swaine* nach Hamburg und Itzehohe. – Soeben erhält Goethe ein Schreiben des *Grafen Beust,* in dem ebenfalls auf die Hamburger Behauptung verwiesen wird, die Ausgabe geschehe im Einverständnis mit dem *Verleger [Cotta].* – Goethe bittet deshalb um einen «entscheidenden Artikel», der in die Beilage des Hamburger Correspondenten und andere öffentliche Blätter gesetzt werden kann. – «[...] *Goldschmied Koch* das alte Manuskript übergeben [→ 23. 9.]. Ausgefahren allein. Mittag mit der *Familie.* Beschäftigung mit den *Neureutherischen* Lithographien. Abends *Prof. Riemer,* dem ich das *Waldische [Walchsche]* alte Stammbuch vorlegte.» (Tgb)

Samstag, 25. September. Beilage zum Brief an *Cotta* [→ 24. 9.]: Goethe spricht seinen Dank aus, daß ihn die *Familie* zum Pathen berufen hat und sendet gute Wünsche. – Brief an *Schmeller:* Goethe beauftragt ihn, das Porträt *Duprés* zu zeichnen. – «[...] Kam die RECENSION von Berlin, GEOFFROY DE ST. HILAIRE betreffend. [→ 10. 9.; der ERSTE ABSCHNITT DES AUFSATZES

PRINCIPES DE PHILOSOPHIE ZOOLOGIQUE ... erscheint in den «Jahrbüchern für wissenschaftliche Kritik», September 1830, Nr. 52 f.]. [...] In Nr. 211 des Globe sehr schöner Aufsatz über *Diderot*. Um 12 Uhr der *französische Gesandte Graf Bouillé* mit [...] *[Kanzler] v. Müller*. Interessantes Gespräch. Mittags *Hofrat Vogel*. Nach Tische *Herr* und *Frau v. Münchhausen*. Dazu *Herr Gauthier*, attachirt an den *Gesandten*. Ich befand mich übel wegen Verkältung. Begab mich bald in meine hinteren Zimmer und brachte eine üble Nacht zu. Deßhalb auch *Hofrat Vogel* mir rieth im Geheimen zu bleiben.» (Tgb)

Sonntag, 26. September. «[...] Kam ein Brief von *Eckermann* an; auch eine Bemerkung von Augsburg.» (Tgb) – Brief an *Neureuther:* Goethe sendet ihm den seine «Randzeichnungen nach Goethes Balladen ...» betreffenden Auszug aus *Meyers* Rezension [«Kritische Anzeige ...»; → 19. 9.] für die Wiener Jahrbücher und versichert ihm, daß die «Randzeichnungen» «unter diejenigen Ereignisse gehören, die mir eigentlich das Schicksal erfreulich machen, so hohe Jahre erreicht zu haben». – Brief an *Eckermann:* Goethe fordert ihn auf, «ja in Frankfurt [zu bleiben], bis wir wohl überlegt haben, wo Sie Ihren künftigen Winter zubringen wollen [*Eckermann* hatte dargelegt, daß er wenig Neigung spürt, seine bisherige Tätigkeit in Weimar fortzusetzen, da der Deutschunterricht bei *jungen Engländern* auf die Dauer einen «sehr nachteiligen Einfluß» auf ihn ausübt. Statt dessen läge es ihm am Herzen, sich für einige Monate zurückzuziehen, um bei *Verwandten* in der Nähe von Göttingen sein Manuskript [die «Gespräche mit Goethe»; → 27. 1.] zu vollenden, um sie Goethe dann zur Genehmigung der Publikation vorzulegen. (an Goethe, 12. 9. 30; Mandelkow, Briefe an Goethe, 2, 552 ff.)]. – Der Ihnen von hier aus gethane Antrag war mir bekannt, ob ich gleich auf diese neue Anstalt nicht den mindesten Einfluß habe. Daß eine solche Stelle Ihnen nicht conveniren würde sah ich voraus. – Doch ich gehe schon zu weit [*Soret* hatte an *Eckermann* geschrieben, man habe die Absicht, ihm eine kleine Stelle (die Leitung des in Weimar zu gründenden Lese-Museums; → 5. 8.) zu geben, und die *Großherzogin* hoffe, seinen Unterricht bei dem *Prinzen Karl Alexander* bald fortgesetzt und vermehrt zu sehen.] [...].» – Goethe empfiehlt den *Adressaten* an *Willemers*, Freunde, die «im edelsten Sinne mit mir verbunden sind». – Brief an *Marianne* und *Jakob Willemer:* Goethe empfiehlt *Eckermann* «als einen geprüften Haus- und Seelenfreund». – Billett an *Hofrat Meyer:* «Zwey neue Hefte von Neureuther sind angekommen die den ersten nichts nachgeben [→ 23. 9.; das 4. Heft hatte der *Künstler* am 18. 9. gesandt].» – «[...] [An] *Hofrat Soret* den 3. BOGEN DER METAMORPHOSE. [An] *Herrn Prof. Riemer* dasselbige [jeweils zur Revision; → 18. 9.]. [...] *Demoiselle Seidler* brachte eine von *Hofrat Thiersch* zurückgelassene Zeichnung [eine Szene aus der Ilias darstellend (Schuchardt I, 289, Nr. 674)] von *[Ludwig] Schwanthaler* [*Bildhauer* in München; geb. 1802]. Ich las die Broschüre, die Reise des flüchtigen Königs von St. Cloud nach Cherbourg beschreibend. Deßgleichen 1830, *Scènes historiques*. Ich hatte mich sogleich erholt. Speiste aber Mittags allein. *Hofrat Meyer* kam und sah die *Neureutherischen* zwey neuen Hefte durch. *Hofrat Vogel. Oberbaudirektor Coudray*. Kriegsgeschichten von 1806. Besonders die Retirade der *Franzosen* nach der Leipziger Schlacht [1813] über Fulda.» (Tgb)

Montag, 27. September. Brief an *Faktor Reichel:* Goethe sendet die mitgeteilten AUSHÄNGEBOGEN [DES 38. BANDES DER ALH] zurück und bestimmt, welche Stellen im TEXT belassen und welche gestrichen werden sollen [der *Adressat* hatte am 21. 9. Doppelungen im 38. BAND gemeldet]. – «[...] Neue Mittheilung von *Küstner* in Leipzig. Anderes durchgedacht und beseitigt. *Herr Hofrat Soret*, einiges über den 3. BOGEN DER METAMORPHOSE [→ 26. 9.]. Mittag mit der *Familie*. Die *Neureutherischen* Lithographien vorgenommen. Waren [...] *zwei Fremde* von Bergamo, welche *mein Sohn* in Mailand kennen lernte, bey mir zum Besuch, Namens [*Johann* und *Friedrich*] *Frizzoni*. *Hofrat Meyer*. *Hofrat Vogel*. Das Interessanteste und Nothwendigste des Tages durchgesprochen. [...].» (Tgb)

Dienstag, 28. September. Brief an *Kanzler v. Müller:* Goethe sendet einen sehr interessanten Brief von *Quandt* [mit Nachrichten über die Unruhen in Dresden] sowie das Gedicht eines *Patrioten*, anfragend, ob man es ins «Chaos» aufnehmen sollte. – «[...] Im Garten und Gartenhaus. Das problematische Mineral betrachtet. *Dr. [Friedrich Eduard] Beneke [Philosoph, Universitätslehrer;* geb. 1798] aus Berlin, ein *Anti-Hegelianer*. Mittag mit der *Familie*. Die Vorlesungen *Villemains* absolvirt [→ 17. 8.]. Abends *Hofrat Meyer*. Sodann *Prof. Riemer*. BOGEN 3 DER METAMORPHOSE durchgesehen [→ 26. 9.]. – *Herrn Faktor Reichel* 36. UND 40. BAND ZUR OKTAV-AUSGABE, Augsburg. [...].» (Tgb)

Mittwoch, 29. September. Brief an *Konsul Swaine:* Goethe meldet den Hamburger Nachdruck und bittet den *Adressaten* mit Hinweis auf das Privileg für die ALH, hiervon die Behörden baldmöglichst in Kenntnis zu setzen [→ 24. 9.]. – «[...] [An] *Frommann [d. J.]* den 3. BOGEN METAMORPHOSE und EINIGES MANUSCRIPT nach Jena. [...] *Maler Starcke*, botanische Zeichnungen bringend [→ 4. 9.]. *Hofrat Vogel*, Anklage der *französischen Minister* [→ 26. 8.]. Schreiben von *Herrn v. Gagern* an *Kanzler v. Müller*. Schreiben von *meinem Sohn*, seine zwar stürmische, aber doch glückliche Überfahrt von Livorno nach Neapel meldend. Mittag mit *Herrn Rothe*. Gespräch über die Eigenschaften der *Kinder*, über die Zustände und Stellung der *protestantischen Geistlichen* in unserem Bereich. Nachher für mich. Gegen Abend *Hofrat Vogel*, Oberbaudirektor *Coudray* und [...] [Kanzler] v. Müller [«Abends spät bei Goethe, der noch etwas unwohl war und in seinem Hinterzimmer schrecklich geheizt hatte.» (Kanzler v. Müller;* GG 6632)]. Das *Militär* war bey fortwährenden Unruhen in Jena heute dahin abgegangen.» (Tgb)

Donnerstag, 30. September. Fortsetzung des Briefes an *Sohn August* [→ 15./17. 9.]: Es freut Goethe, daß dieser mit *Zahn* zusammentrifft. Duch ihn wird er in Pompeji «ganz und gar einheimisch werden [...]». – «Gera, Altenburg, besonders letztes ist stark beschädigt worden. In Jena ist es schon über 14 Tage unruhig, die *Besseren* haben das Mögliche gethan, doch mußte man zuletzt *Militair* hinüber schicken. Auch hier am Orte waren schon die wildesten Drohungen ausgestreut, die *Personen* genannt, welche man, in und mit ihren Häusern, zu beschädigen gedächte. Der *Großherzog* war abwesend, doch nach einigem Zaudern entschloß man sich unser *sämtliches Militair* heranzuziehen; *achthundert Mann* im Ganzen. Da mit und mit sonstiger Vorsicht hoffen wir durch zu kommen. [...]. – *Ottilie*, treu ihren Consular- und Redactionspflichten, nicht weniger an Galatagen sich gränzenloser Hüte befleißigend, die *Knaben* gutartig-gesellig, fortschreitend in der Musik, wie es mit den übrigen Studien gelingt ist abzuwarten. Das *Mädchen* zum Bewundern gescheut, von lebhaftem Willen, sehr leicht auf einen andern Gegenstand zu lenken, deshalb ihre Gegenwart höchst anmuthig.» – Brief an *Soret:* «Nicht goldene Aepfel [...] kann ich Ihnen anbieten, wohl aber zarte, vergilbte Blätter, die, wenn sie, im Herbste, von hesperischen Bäumen abfallen, von sorgfältigen Gärtnern der reichen Gefilde nicht ungern aufgelesen werden [Goethe sendet das Honorar für die Übersetzung der METAMORPHOSE, 60 Dukaten (vgl. GG 6633); → 3. 8.]. [...] lassen uns fernerhin den unsterblichen Wärterinnen des ewig keimenden, blühenden und fruchtenden Reiches treu und angehörig bleiben!» – «[...] Fortgesetzte Betrachtung über den politischen Zustand. Schreiben des *Herrn Varnhagen von Ense,* mit Sendung von Nr. 56 und f. der Berliner Jahrbücher [mit *Varnhagens* Rezension von *Pückler-Muskaus* «Briefen eines Verstorbenen», GOETHES REZENSION erscheint in Nr. 59; → 10. 9.]. *Rinaldo [Vulpius]* ward copulirt. *Prinzeß Auguste [von Preußen]* nahm zu ihrem Geburtstag Gratulation an. *Schuhmachermeister Unverzagt;* eine merkwürdige, in Wurzeln und Knollen ausgewachsene Kohlrübe [→ 20. 9.]. Mittag mit den *Kindern. Ottilie* speiste bey *Rocheids.* Betrachtungen fortgesetzt nach allen Seiten hin. *Alma* brachte eine Stunde gar artig bey mir zu. – [An] *Prinzeß Auguste* zu ihrem Geburtstag ZWEI THEILE DER NEUEN AUFLAGE MEINER GEDICHTE. [...].» (Tgb)

Freitag, 1. Oktober. «Concepte und Munda vorgeschoben. Zu Mittag mit der *Familie. Dr. Weller* und *Prof. Riemer.* Die Geschichte der Jenaischen Unruhen im geheimsten Detail. Letzterer erfreute sich nach Tisch an *Neureuthers* Lithographien. Ich blieb nachher für mich. Las manches in Bezug auf die Tagesneuigkeiten. Zuletzt in Tristram Shandy und bewunderte aber- und abermal die Freyheit, zu der sich *Sterne* zu seiner Zeit emporgehoben hatte, begriff auch seine Einwirkung auf unsre *Jugend.* Er war der Erste, der sich und uns aus Pedanterey und Philisterey emporhob.» (Tgb)

Samstag, 2. Oktober. Brief an *Generalkonsul Küstner:* Goethe ersucht ihn, seine bisherigen Bemühungen durch die Mitteilung zu krönen, daß das an die Leipziger Buchhandlungen gerichtete Zirkular «nunmehr wirklich erlassen worden» sei [*Küstner* hatte am 26. 9. berichtet, er habe sogleich seine Eingabe bei der *Bücherkommission* und seine Bitte um weiteres strenges Verfahren gegen den nunmehr wenig zu bezweifelnden Nachdruck erneuert; → 27. 9.]. – Brief an *Riemer:* Goethe sendet die von *Frommanns* erhaltene zweite Revision des 3. BOGENS [der METAMORPHOSE] mit der Bitte um Durchsicht [→ 29. 9.]. – Brief an *Varnhagen v. Ense:* «Es war im eigentlichen Sinne des Worts recht liebenswürdig [...], daß Sie meine REZENSION [«BRIEFE EINES VERSTORBENEN»] nach der Ihrigen abdrucken ließen [→ 30. 9.]. [...] *Verfasser* und *Verleger* können zufrieden seyn, denn wer wird dieß Buch jetzt nicht lesen. [...]. – Die von *Herrn Minister v. Humboldt* zugegangene Auszeichnung [mit dem Schwarzen Adlerorden] und die Hoffnung ihn wieder in äußerer Thätigkeit [durch seine Wiederberufung in den preußischen Staatsrat] zu sehen, freut auch mich von Herzen. Seine Anzeige meines 29. BANDES [der ALH; *Humboldts* bedeutende Rezension über den ZWEITEN RÖMISCHEN AUFENTHALT; → 21. 9.] hat mir viel Vergnügen gebracht. Sich wieder einmal in einem verwandten, so lange geprüft verbundenem Geiste zu spiegeln ist vollkommen behaglich fördernd. [...]. – Soll ich aufrichtig gestehen so ist mein Antheil an der neueren Kunst jetzt ganz eigentlich symbolisch, ich sehe immer mehr worauf die Arbeiten hindeuten, als was sie sind. Ob auf Geist? that is the question.» – «[...] Herr [Anatomie-] Prof. Huschke, auf seiner Durchreise von Hamburg kommend, die ersten Nachrichten von der dortigen Versammlung [der deutschen Naturforscher und Ärzte] bringend. Prinzeß Auguste [von Preußen] und Umgebung. [...] der Großherzog. Herr v. Rennenkampff. Zu Mittag Hofrat Vogel und Prof. Göttling von Jena. Prof. [E.] Reinholds [Handbuch der allgemeinen] Geschichte der Philosophie [3. Band].» (Tgb)

Donnerstag, 30. September / Samstag, 2. Oktober. Brief an Sulpiz Boisserée: «In den hohen Jahren werden mir alle halbe Verhältnisse ganz unmöglich durchzuführen; das famose leben und leben lassen, wodurch wir unsre Tage zu Grunde richten, geht nicht mehr; was nicht rein aus der Seele kommt kann nicht ausgesprochen werden.»

Sonntag, 3. Oktober. «EINIGES ZUR WISSENSCHAFTLICHEN STREITIGKEIT DER FRANZÖSISCHEN NATURFORSCHER [Arbeit am 2. TEIL DES AUFSATZES PRINCIPES DE PHILOSOPHIE ZOOLOGIQUE ...; → 11. 9.]. Zweyte Revision des 3. BOGENS DER METAMORPHOSE an Frommann [→ 2. 10.]. Registrande der Oberaufsicht durch John. Fuhr mit Ottilien nach Berka bey'm schönsten Wetter. Zu Tische wieder zurück. Herr Kanzler v. Müller speiste mit, erzählte die revolutionären Albernheiten dieser Tage. Anderes Vorliegende besprochen. Zum Andenken Georgs Sartorius, eine wohl vorgetragene Schrift [Ruppert, 217]. Machte mich meine vieljährigen Verhältnisse zu diesem Ehrenmann recapituliren. [...].» (Tgb)

Vermutlich Sonntag, 3. Oktober. Brief an Zelter: «Ich verglich dich neulich, in guter Gesellschaft, einer wohleingerichteten Mühle, die zu dem Umschwung ihres Räderwerks Wasser braucht und, damit ihre Steine sich nicht selbst aufreiben, Waizen die Fülle nöthig hat. Ob du nun gleich, als ein organisches Wesen, dieß alles selbst besitzest und hegst, so forderst du doch von außen Zufluß in deinen Mühlgraben und zahlreiche Mahlgäste. – [...] es ist Sonntag Morgens und von außen beunruhigt mich nichts; denn fast sind wir schon der neusten in der Volks- und Pöbelmasse aufgeregten Wildheiten gewohnt, auch Durchmärsche nehmen wir als bekannt an. Wundersam kommt mir freylich vor daß sich nach vierzig Jahren der alte tumultuarische Taumel wieder erneuert. [...].» – Goethe bittet Zelter, für die Zeitschrift «Chaos» eine Komposition zu senden. – «Der Abschluß des [1.] Jahrgangs d. h. 52 Blätter ist vor der Thüre, ich animire sie fortzufahren, es beschäftigt die kleine Gesellschaft und wirkt nach vielen Orten hin.»

Montag, 4. Oktober. Brief an v. Quandt: «Wir am Orte dürfen hoffen ohne Beschädigung diese wunderlichen Tage zu überleben; ob das Übel vorübergeht, oder von bedeutender Einwirkung ist? weiß noch kein Mensch zu sagen.» – Goethe meldet eine weitere Teilnehmerin [am Sächsischen Kunstverein]. – «EINIGES ZU DER FRANZÖSISCHEN NATURHISTORISCHEN STREITIGKEIT. Sartorius zu Ende gelesen. Schuchardt brachte die Durchzeichnung der Tizianischen Landschaft. Mit Ottilien die Tour am Ettersberge her. Mittag für uns. Hofrat Meyer, Oberbaudirektor Coudray und Hofrat Vogel. [...].» (Tgb)

Dienstag, 5. Oktober. «Abgefahren nach Dornburg um 7 Uhr bey schönem Wetter. Um halb 11 Uhr angekommen [«... kam Goethe ... mit *drei Herren aus Petersburg (?)* nach Dornburg. Der Empfang war ... ein äußerst freundlicher. Die *Herren* amüsierten sich im traulichen Gespräche in den Gartenräumen ...» (*K. A. Ch. Sckell:* Goethe in Dornburg, 1864; GG 6635)]. Herrliche Sonnenbeleuchtung mit abwechselnden Wolkenschatten. Prächtiger Anblick der Gegend [«Während der Tafel ließ mich Goethe auf sein Zimmer kommen, sprach nebst den *Fremden* seine volle Zufriedenheit über das improvisierte Mahl aus und nötigte mich, ein Glas Champagner zu trinken. Nach Tische mußte ich den *fremden Herren* auf Goethes Veranlassung über verschiedenes Auskunft erteilen.» (ebenda)]. Die *Meinigen* waren froh um 3 Uhr abgefahren. [«Später ... kam Goethe auf mich zu, beschenkte mich wieder in reichem Maße und sagte: ‹Das wird nun wohl das letzte Mal gewesen sein, daß ich Sie besucht habe; aber Sie können mich in Weimar besuchen ... wenn dies nicht der Fall sein sollte, so leben Sie wohl! Der liebe Herr Gott erhalte Sie und die lieben Ihrigen noch viele Jahre recht gesund!›, und fügte mit gen Himmel gerichteten Augen, in denen eine Träne glänzte, innig gerührt hinzu: ‹Dort oben finden wir uns wieder.›» (ebenda)]. Gegen 6 Uhr in Kötschau, wo bald nachher der Regen einbrach und uns bis Weimar begleitete.» (Tgb)

Vor Mittwoch, 6. Oktober. Brief an *Carlyle:* Goethe sendet dessen «Leben Schillers» in deutscher Übersetzung [nachdem sich die *«Gesellschaft für in- und ausländische schöne Literatur»* geäußert hatte; → 28. 8.]. «Mögen Sie zufrieden seyn mit der Art wie ich wünschte Sie und meine *Berliner Freunde* in lebhaftem und fruchtbarem Verhältniß zu sehen. In meinen Jahren muß es mir angelegen seyn, die vielen Bezüge, die sich bey mir zusammenknüpften, sich anderwärts wieder anknüpfen zu sehen und zu beschleunigen was der Gute wünscht [...]: eine gewisse sittlich freysinnige Übereinstimmung durch die Welt [...]. Möge Ihnen gelingen, Ihrer Nation die Vortheile der *Deutschen* bekannt zu machen, wie wir uns immerfort thätig erweisen den unsrigen die Vorzüge der *Fremden* zu verdeutlichen. [...]. – Die *Berliner Freunde* haben MEINE WIDMUNG Ihres Schillerischen Lebens gar geneigt aufgenommen und sind zu allen wechselseitigen Mittheilungen erbötig. Sie haben mir ein Diplom zugeschickt, worin sie *Herrn Thomas Carlyle* [...] zum auswärtigen Ehrenmitglied ernennen.» – Goethe legt eine Abschrift bei.

Mittwoch, 6. Oktober. «[...] Sonstiges überdacht und vorbereitet. Mittag mit *Ottilien* und *Herrn Rothe;* die *Kinder* waren in der Zeichenschule. Überlegung des Nächsten. *Prinzeß Auguste [von Preußen]* Abschied nehmend. *Hofrat Vogel.* Höchst interessantes Gespräch über einige Krankheitsfälle. Weitere Aufklärung seiner Ansichten über vergangene und gegenwärtige Zustände.» (Tgb)

Donnerstag, 7. Oktober. «Concepte für die nächsten Posttage. Kam ein Schreiben von *Zeltern. General Geismar.* Merkwürdiges Gespräch über seine Lage im türkischen Feldzuge, über seine Reisen durch Deutschland und angränzende Länder bißher. Er war acht Tage vor dem Aufstande von Brüssel [am 24. 8.] aus dieser Stadt gegangen. Erinnerung an die Hülfe, die er uns Anno 1813 mit seinen *Kosaken* gebracht. *Geh. Hofrat Helbig, die Prellerische* Angelegenheit [die Verlängerung von dessen Urlaub in Italien] anregend [→

3. 7.]. Mittag mit der *Familie*. Nachher *Madame Milder*. Abends des *Terenz* Eunuchus gelesen.» (Tgb)

Freitag, 8. Oktober. Brief an *Jakob* und *Marianne Willemer:* Goethe berichtet, *Eckermann* ein Blättchen an die *Adressaten* geschickt zu haben, doch weiß er nicht, ob dieser es abgegeben hat [→ 26. 9.]. «*Junge Leute* sind wunderlich, waren wir's doch auch.» – Goethe dankt für die Frankfurter Geburtstagsgaben [→ 28. 8.] und versichert, daß seine Gedanken oft bei den *Freunden* weilen. – Brief an *Philologen Schubarth:* Goethe drückt seine Freude über die ihm aus Berlin zukommende Nachricht [des *Ministers Altenstein* vom 14. 9. an Goethe] aus, daß der *Adressat* für eine Probezeit von einem Jahr am Gymnasium in Hirschberg angestellt wird [→ 23. 9.]. Er ist überzeugt, daß *Schubarth* die Gelegenheit ergreifen wird, nun sein künftiges Schicksal zu bestimmen. – «[...] Ich hielt mich an den ZWEITEN ABSCHNITT, DIE FRANZÖSISCHE STREITIGKEIT BEHANDELND. *Geh. Hofrat Helbig,* die *Prellerische* Angelegenheit erinnernd. Mittag mit der *Familie*. Die artigen Zeichnungen eines *Engländers* kamen zur Sprache. Ich las ferner im *Terenz. Hofrat Meyer*. Wir sprachen die nächsten Angelegenheiten durch. Nimmt man es genau, so ist eigentlich die geist- und herzlose Behandlung der Geschäfte im Friedenszustande und der völlige Unbegriff der Augenblicke Schuld an allem Unheil. *Herr Landesdirektionsrat Gille,* die bevorstehenden bedenklichen Epochen besprechend. Sicherheitsmaßregeln wurden entwickelt. Abends *Prof. Riemer*. Wir gingen einige Concepte durch. Ich machte ihn mit anderem Interessanten bekannt.» (Tgb)

Samstag, 9. Oktober. Brief an *Geh. Hofrat Helbig:* Goethe teilt mit, daß der *Großherzog Prellers* Aufenthalt in Italien für das Jahr 1831 gestattet und die dazu nötigen Gelder bewilligt hat. Die Angelegenheit wird wie bisher in den Händen des *Adressaten* bleiben (→ 8. 10.). (WA IV, 50, 70 f.) – Brief an *Cotta:* Goethe berichtet, das Honorar für die METAMORPHOSE DER PFLANZEN und die Übersetzung bezogen zu haben [→ 30. 9.]. – Was die Nachdrucksangelegenheit betrifft, so möchte das Weitere zu erwarten sein, da von *Konsul Swaine* die Angelegenheit «in aller Form» angebracht worden ist [→ 29. 9.]. – Indessen erhält Goethe von zwei Seiten Mitteilung, daß die *Buchhändler Schuberth* und *Niemeyer* erneut erklärt haben, es handle sich um die von *Cotta* bezogene NEUESTE AUSGABE [AlH]. – «Wie sich das alles entwirren wird ist zu erwarten.» (vgl. dazu Kuhn 3/2, 212) – Brief an *Riemer:* «Wollten Sie wohl [...] das DEUTSCHE ansehn, zum Französischen sende das MANUSCRIPT nach [vermutlich 4. BOGEN DER METAMOPHOSE; → 3. 10.]. – Brief an *Soret:* Goethe bittet bei Rücksendung der Revision [des 4. BOGENS] abermals um etwas MANUSKRIPT. – «[...] Das Sonntagsblatt revidirt. Mittag *Hofrat Vogel*. Nach Tische Gespräch mit ihm über die [in Rußland ausgebrochene] Cholera morbus. Arrangement des Zwiebelmarkts mit polizeylicher Zweckmäßigkeit, den Umständen angemessen [→ 21. 9.]. Im *Terenz* fortgefahren zu lesen. Die allerzarteste theatralische Urbanität, womit halb unsittliche Gegenstände behandelt sind, höchlich bewundert; sowie auch den coupirten Dialog, der Größe des Theaters und der Entfernung der *Zuschauer* höchst angemessen. Überhaupt die höchste Keuschheit, Nettigkeit und Klarheit der Behandlung. Aliter pueri, aliter *Grotius* [vgl. ZAHMES XENION «ANDERS LESEN KNABEN

DEN TERENZ . . .»; → vor 8. 8. 22]. *Madame Milder* sang im Don Juan [von *Mozart*] die Elvire.» (Tgb)

Sonntag, 10. Oktober. «Einige Concepte ajustirt. *Sömmerings* frühere Verdienste bedacht. *Edmund Reade*, Revolt of the Angels in Bezug auf die *Berliner Freunde* näher angesehen. Die kleinen Gedichte am Ende liebenswürdig. Einzelne vorzüglich gefunden. Mittag mit der *Familie*. Nach Tische öffentliches Nahes und Fernes. Gegen Abend *Herr Kanzler v. Müller*. Fortsetzung dergleichen Betrachtungen. Der Zwiebelmarkt war sorgfältig arrangirt, um alle Störungen und Verwirrungen zu vermeiden. Es regnete, alles ging ruhig vorüber [→ 9. 10.]. Abmarsch eines Truppentheils nach Kahla, auf Gesuch der *Altenburgischen Regierung*.» (Tgb)

Etwa Sonntag, 10. Oktober. Brief an *Hofrat Soret:* Goethe bittet ihn, den § 73 [der Übersetzung der METAMORPHOSE, auf BOGEN 4] nochmals durchzugehen, da wohl ein Übersetzungsfehler vorliegt. (Raabe 1, 569)

Montag, 11. Oktober. «In diesen Tagen hoher Barometerstand. Bedeckter Himmel. Nebelhaft und nebelwolkig, demohngeachtet aber die Congruenz von Nordwest- und Nordluft. Auf diesen Winter ist wieder großer Schnee vorauszusagen. [...] Bericht an *Serenissimum* [...].» (Tgb): Goethe bittet für *Registrator Schuchardt,* der seit 1824 als Kustos des in den Sälen des großen Jägerhauses eingerichteten Kupferstich- und Zeichnungskabinetts tätig ist, um eine Besoldungserhöhung von 200 auf 400 Taler. – In einer Beilage schildert Goethe *Schuchardts* Lebensweg und würdigt ausführlich dessen Wirken für die Sammlungen. (WA IV, 50, 71 ff.) – «NÄHERE BETRACHTUNG VON [PETRUS] CAMPERS [*holländischer Anatom, Universitätslehrer; gest.* 1789] VERDIENSTEN [für den AUFSATZ PRINCIPES DE PHILOSOPHIE ZOOLOGIQUE . . .; → 8. 10.]. Die Öfen im vordern Zimmer wurden wieder eingesetzt. Mittag mit der *Familie*. CAMPERS LEBEN UND VERDIENSTE. Gegen Abend *Hofrat Vogel*. Im *Terenz* weiter gelesen.» (Tgb)

Dienstag, 12. Oktober. «Brief von *Dr. Eckermann* [vom 10. 10.], sogleich beantwortet.» (Tgb): Goethe begrüßt ihn in seiner Vaterstadt, wo er «die wenigen Tage in traulichem Vergnügen» mit seinen «*vortrefflichen Freunden*» [den *Willemers*] zugebracht haben wird [→ 8. 10.]. – Wenn *Eckermann* von dort nach Nordheim [dem Wohnort seiner *Braut Johanne Bertram*] zu gehen wünscht, um sich «in stiller Zeit» mit dem Manuskript [der «Gespräche»] zu beschäftigen, so ist Goethe dies um so angenehmer, «weil ich zwar keine baldige Publication desselben wünsche, es aber gern mit Ihnen durchgehen und rectificiren möchte. Es wird seinen Werth erhöhen, wenn ich bezeugen kann, daß es ganz in meinem Sinne aufgefaßt sey [→ 26. 9.].» – «Ingleichen von *Konsul Swaine* aus Hamburg einsweilen ad acta [→ 9. 10.]. *Kustos Färber* von Jena, Nachricht bringend von dem ungestörten Zustand der Museen. Er und eine *große Gesellschaft* hatten mit großem Beyfall den bronzenen Sarg *Serenissimi* [*Carl Augusts*] gefunden und gesehen [→ 3. 7.] [...]. Mittag mit der *Familie*. Im *Terenz* weiter gelesen. Abends *Hofrat Vogel*. [...].» (Tgb)

Vermutlich Dienstag, 12. Oktober. «Nach einem Gespräch mit Goethe über die Metamorphose der Pflanzen, worin ich die Summe des Nachstehenden behauptete, annuente eo. – ‹Je höher eine Organisation steht, desto bedingter ist sie; desto weniger Freiheit hat sie. – Die Vernünftigkeit

beschränkt uns am meisten, und die Vernunft ist die ärgste Tyrannin. – Der
Vernunft steht vieles nicht mehr frei zu tun, was der *Unvernünftige* sich her-
ausnimmt, und ihm nicht für Sünde gerechnet wird, eben weil er es nicht als
gesetzwidrig empfindet.» *(Riemer; GG 6636)*
  Vor Mittwoch, 13. Oktober. «Über den Eindruck Ihrer Rezension auf
Goethe kann ich Sie *gänzlich* beruhigen [*J. F. Rochlitz* hatte die WANDERJAHRE
und den ZWEITEN RÖMISCHEN AUFENTHALT in Band 50 der Wiener «Jahrbücher der Literatur» rezensiert]. Noch ehe er wußte, wer sie verfaßt, pries er
mir sie schon unbedingt an, und als er [durch *Rochlitzens* Brief an *Müller* vom
10. September] erfuhr, wem er sie zu danken habe, erhöhte sich seine Freude
noch mehr. [...] Gerade, daß sie nicht unbedingt lobend ist, macht ihren
Wert.» *(Kanzler v. Müller* an Rochlitz, 13. 10.; GG 6627)
  Mittwoch, 13. Oktober. Brief an *Soret:* Goethe hofft, ihm noch in dieser
Woche die «wenigen dunklen Stellen» des in seinen Händen befindlichen
AUFSATZES [2. NACHTRAG ZUR METAMORPHOSE] aufzuklären, um das MA-
NUSKRIPT baldmöglichst zum Druck geben zu können [→ 27. 7.]. – «EINIGES
AUF DIE METAMORPHOSE BEZÜGLICHES. Schreiben des *Herrn Grafen Reinhard*
an *Kanzler v. Müller* [«Goethe unpäßlich.» *(Kanzler v. Müller;* GG 6637)]. Mit-
tag für mich. Nachher förderte ich Einzelnes möglichst. *Demoiselle Seidler* verlangte Urlaub nach Berlin. *Hofrat Meyer* gegen Abend. *Ottilie* von der *Frau
Großherzogin* kommend. Ich suchte mich durch Ruhe herzustellen. *Hofrat Soret*
wegen des MANUSCRIPTS [«J'ai été chez Goethe que j'ai trouvé mal disposé.
Nous avons corrigé ensemble L'APPENDICE DE LA MÉTAMORPHOSE. Il m'a
montré des tableaux botaniques où il avait inscrit des noms de plantes en latin
et en allemand pour les étudier. Une de ses chambres en était tapissée et il faisait des exercices de mémoire en se promenant tout autour... Il se sert encore
de tableaux aujourd'hui, ainsi qu'il l'a fait dans sa jeunesse, comme étant un
moyen d'étude fort efficace.» *(Soret;* GG 6638)]. – *Herrn Frommann* den 4.
BOGEN nach Jena [→ etwa 10. 10.].» (Tgb)
  Nach Mittwoch, 13. Oktober. Konzept eines nicht abgesendeten Briefes
an *Eckermann:* «Mit meiner METAMORPHOSE, die *Soretsche* Übersetzung an der
Seite, sind wir erst am fünften Bogen, ich wußte lange nicht ob ich DIESEM
UNTERNEHMEN mit Fluch oder Seegen gedenken sollte. Nun aber da es mich
wieder in die Betrachtung der organischen Naturen hineindrängt, freu ich
mich daran und folge dem Berufe willig. Die für mich nun über vierzig Jahr
alte Maxime gilt noch immer fort; man wird durch sie in dem ganzen labyrinthischen Kreise des Begreiflichen glücklich umher geleitet und bis an die
Gränze des Unbegreiflichen geführt, wo man sich denn nach großem Gewinn
gar wohl bescheiden kann.» (WA IV, 47, 435)
  Donnerstag, 14. Oktober. «*Absurde Depeschen vom Herrn Generalkonsul
Küstner* [dieser teilt am 10. 12. mit, es habe sich erwiesen, daß die in Hamburg
vertriebene AUSGABE kein Nachruck sei; → 2. 10. (vgl. Kuhn 3/2, 213)].»
(Tgb) – Brief an *Cotta:* «[...] werden aus beykommenden Abschriften [u. a.
ein Zirkular der Leipziger Bücherkommission vom 6. 10., mit dem das Verbot
der von *Schuberth* und *Niemeyer* vertriebenen GOETHE-AUSGABE aufgehoben
wird] ersehen, welche unangenehme Wendung unser Geschäft [...] genommen hat. Ich [...] unterlasse aber doch nicht auszusprechen: daß, wenn die

Geschäfte auf diese Weise behandelt werden, es niemand wundern darf wenn die Staaten in denen es geschieht, als höchst gefährlich krank angesehen werden müssen. Dieses Actenstückchen ist, ob es uns gleich verdrießen muß ein Muster ganz unschätzbar.» – Goethe bittet *Cotta*, seine ferneren Schritte zu dirigieren. «Weiter compromittiren möcht' ich mich nicht gerne.» – Brief an *Soret:* Goethe sendet den «noch durchzugehenden Rest von ORIGINAL und Übersetzung». Er weist darauf hin, daß «die GANZE STELLE WELCHE SICH AUF ROUSSEAU BEZIEHT [im 1. NACHTRAG] *neu* und also erst zu übersetzen ist». – «[...] Verschiedenes zu Berichtigung der BOTANISCHEN MANUSCRIPTE. *Geh. Hofrat Helbig.* Mittag mit der *Familie.* War gestern die *[Napoleon-]*Büste von Opalglas angekommen [ein Eau-de-Cologne-Gefäß, Geschenk *Eckermanns,* das dieser bei einem *Friseur* in Straßburg für Goethe gekauft hatte – «(in Weimar)...sollen Sie jenes Bild in der heftigen klaren Sonne stehen sehen, wo, unter dem ruhigen Blau des durchscheinenden Angesichts, die derbe Masse der Brust und der Epauletten, von dem mächtigsten Rubinroth in allen Schattirungen auf- und abwärts leuchtet..., so sich hier das trübe Glasbild in Farbenpracht manifestirt. Man sieht hier wirklich den *Helden* auch für die Farbenlehre sieghaft.» (Konzept eines nicht abgesandten Briefes an *Eckermann,* nach 13. 10.; WA IV, 47, 435)]. Nach Tische *[Hofmedailleur] Facius,* ein plastisches durchscheinendes Bild von *seiner Tochter* in Berlin vorweisend. [...] hatte ich das Venetianische Portefeuille durchgesehen. *Hofrat Meyer.* Nachher *Herr Kanzler [v. Müller],* über einen Brief des *Herrn Grafen Reinhard* sich zu besprechen [«Kurze Zeit bei Goethe, der über *Reinhards* Mission nicht die erwartete Freude äußerte (dieser kommt als *französischer Gesandter* an den sächsischen Höfen nach Dresden).» (*Kanzler v. Müller; GG* 6639)]. Beyde gingen in's Concert zu der *Frau Großherzogin.* Ich blieb für mich und dachte das Nächste durch. [...].» (Tgb)

Freitag, 15. Oktober. Brief an *Generalkonsul Küstner:* Goethe fühlt sich ihm für die «unermüdete Sorgfalt», die dieser dem «unangenehmen Geschäft» [der Nachdruckangelegenheit] gewidmet hat, höchst verpflichtet [→ 2. 10.]. – «Ganz beruhen kann ich die Sache nicht lassen und [will] wenigstens das, was in der Unterbehörde geschehen, an das Königliche Ober-Consistorium in Dresden bringen, damit man eine solche wunderbare Behandlungsweise dort kennen lerne.» – Billett an *Soret:* Goethe bittet ihn, beikommende «KURZE EINSCHALTUNG» baldigst übersetzt zurückzusenden. – «Die Übersetzung *Herrn Sorets* des GESCHICHTLICHEN THEILES vorgenommen. *Schuchardt* schrieb einige Blätter ab. Über das Nächstfolgende conferirte ich mit jenem. Kam der 2. Brief *meines Sohns* aus Neapel vom 23. September, seine Expeditionen mit *Zahn* berichtend. Bey schönem Wetter einige Stunden im Garten. Mittags mit der *Familie.* Betrachtung der *Soretischen* Übersetzung. *Hofrat Meyer.* Über die Berliner Ausstellung und deren Catalog. Fernere Betrachtung der *Cavinischen* Münzen. Blieb für mich. Überlegte das Nächstfolgende. Anmeldung von *Herrn General-Lieutenant von Valentini* abgelehnt.» (Tgb)

Samstag, 16. Oktober. «*Schuchardt* schrieb an dem LETZTEN MUNDUM DES ERSTEN NACHTRAGS. [...] Anmeldung von *Frau v. Wolzogen* abgelehnt. ANDERES AUF BOTANICA BEZÜGLICH. Mittag *Hofrat Vogel* und die *Familie. Dr. Weller* nach Tische, wo die Jenaischen Händel in ihrer Eigenthümlichkeit

durchgesprochen wurden. Ich blieb für mich und bereitete das Nothwendige
auf morgen vor. [...].» (Tgb)

Sonntag, 17. Oktober. Brief an *Carlyle:* Goethe sendet die Abschrift des
Briefes von *Hitzig,* mit dem dieser die Ernennungsurkunde *Carlyles* zum
Ehrenmitglied der *Gesellschaft für ausländische Literatur* übersandt hatte [→ vor
6. 10.]. Er hofft, daß der *Adressat* durch diese Vermittlung ein Verhältnis in
Deutschland gewinnen werde, das ihm nützlich werden kann. – «Von der
Société St. Simonienne bitte sich fern zu halten.» – Brief an *Sulpiz Boisserée:*
«Aus der Beylage ersehen Sie [...], daß die lebhafte Redaction sich alsobald
der allerliebsten Erzählung bemächtigt hat [Der *Adressat* hatte in seinem Brief
an Goethe vom 24. 9. von seinem Besuch eines Passionsspieles in Oberammer-
gau berichtet. Diese Erzählung war von Goethe zur Veröffentlichung im
«Chaos» freigegeben worden.]. Schon rechtfertigt der allgemeine Beyfall diese
Kühnheit.» – Goethe fordert den *Adressaten* dringend auf, «solche Lebens-
und Sittenzüge» auch weiterhin festzuhalten und einzusenden. – «[...] *Herr
Geh. Legationsrat v. Conta* besuchte mich, Abschied nehmend für München.»
– Nachtrag zum Brief an *Boisserée:* Goethe empfiehlt *v. Conta* als trefflichen
Geschäftsmann, der erstmals nach München geht, um «gewisse Gränz- und
Zolldifferenzen in's Gleiche zu bringen». – «Ich besprach mit *[Rinaldo] Vulpius*
die künftige Behandlung der Weinabgabe. *Schuchardt* lieferte die weiteren
Bogen der französischen Übersetzung des ERSTEN NACHTRAGS. Mittag mit
der *Familie.* [...] *[Kanzler] v. Müller.* Alsdann *Hofrat Vogel* und *Oberbaudirektor
Coudray,* welcher eine Geschäftsreise in's Oberland gemacht hatte, auch in
Geisa bey den *geistlichen Herren* eingesprochen hatte. Über die verschiedenen
Wünsche und Beschwerden dortiger Gegend. Verhältniß zu Bayern und
sonst.» (Tgb)

Montag, 18. Oktober. «Schreiben an *Herrn v. Humboldt* concipirt.» (Tgb):
«Wie oft [...] habe ich diese Wochen her mich an Ihre Seite geflüchtet, Ihre
trefflichen Blätter [die Rezension des ZWEITEN RÖMISCHEN AUFENTHALTS, →
2. 10.] wieder vorgenommen und mich daran erquickt. – [...] so sind auch wir
von jener westlichen Explosion, wie vor vierzig Jahren, unmittelbar erschüttert worden. – Wie trostreich, in solchen Augenblicken, mir Ihre unschätzbaren Blätter zu Handen kommen mußten, werden Sie selbst empfinden [...].
Durch den entschiedensten Gegensatz ward ich in jene Zeiten zurückgeführt,
wo wir uns zu einer ernsten gemeinsamen Bildung verpflichtet fühlten, wo
wir, mit *unserm großen edlen Freund [Schiller]* verbunden, dem faßlich Wahren
nachstrebten, das Schönste und Herrlichste, was die Welt uns darbot, zu Auf-
erbauung unsres willigen sehnsüchtigen Innern [...] auf das [...] fleißigste zu
gewinnen suchten [Der *Adressat* hatte am 4. 9. auch über die von ihm besorgte
Herausgabe seines Briefwechsels mit Schiller berichtet, zu der er eine «Vorerinnerung» verfaßt hat, welcher er Goethes Beifall wünscht.] – Wie schön
[...] ist es nun daß Sie auf jenen glücklichen Boden Ihre letzte Darstellungen
gründen, daß Sie mich und meine Bestrebungen in jener operosen Zeit zu
entziffern und das, was daran zufällig, ermangelnd eines Zusammenhangs,
einer Folge scheinen möchte, auf eine geistige Nothwendigkeit, auf individuelle charakteristische Verknüpfungen, aufmerksam und liebevoll, zurückführen mochten. – [...] doch will ich dießmal nur noch den Glücksstern segnen,

der sich, in diesen Augenblicken, über Ihnen und *Ihrem würdigen Herrn Bruder*
so glänzend hervorhebt [*Alexander v.* Humboldt wird seit September mit wichtigen diplomatischen Aufträgen in Paris betraut].» – «VERSCHIEDENES AUF
BOTANIK BEZÜGLICHES, ingleichen auf Medaillen. Anfragen und Notizen
durch *Kräuter*. *Buchdrucker Hertel* seinen Dank abstattend für den Antheil an
dessen Jubiläum. *Ottilie* wegen der *Graf Reinhardischen* Angelegenheit. Um 12
Uhr [...] die *Frau Großherzogin*. Mittag mit der *Familie*. Beschäftigte mich mit
Nächstbevorstehendem, sodann mit Übertragung einiger ältern Medaillen in
die neuern. Nähere Bekanntschaft mit dem *Bildhauer* und *Medailleur* [*Antoine*
oder *Guillaume*] *Dupré* [beide um 1625] unter *Ludwig XIII*. Hofrat *Meyer*
nahm Theil an diesen Untersuchungen. Sodann: Causes et Conséquences des
événements du mois de Juillet 1830. Par *J.* Fiévée. Paris 1830.» (Tgb)
    Dienstag, 19. Oktober. «Vorgemeldetes Heft ausgelesen. [...]. [An] *Frau
v. Pogwisch,* wegen Anschaffung neuer Bücher. – Mr. *[John] Hardwich [englischer
Kunstfreund* aus London berichtet, daß Goethe und *Ottilie* «were among the
warmest admirers of ‹Vivian Grey› (von *Benjamin Disraeli, englischer Dichter
und Staatsmann,* geb. 1804); . . . and they spoke enthusiastically of it as being
after *Scott* the first of their *English favourites*». (W. F. Monypenny: The Life of
Benjamin Disraeli, 1910; GG 6641)] [...]. *Zwei Irländer Sohnles* und *Dr.
Hauython*. Bey schönem Wetter einige Stunden im Garten. *Freiherr v. Würtz-
burg* und *Gemahlin,* geb. *Gräfin von Seinsheim,* aus Bayern, besahen die Kunstwerke in den vordern Zimmern. Gespeist mit der *Familie.* Nach Tische im
Garten. Kam *Fräulein Ulrike [v. Pogwisch].* Blieb für mich. Beachtete das
Nächste. Abends *Prof. Riemer.* Wir besprachen das Vorgekommene. Besahen
die *Ovidischen* Metamorphosen von *Baur* [→ 1. 2. 29]. Ich hatte mich mit den
Medaillen beschäftigt.» (Tgb)
    Mittwoch, 20. Oktober. «GESCHICHTE DER LEHRE DER PFLANZENMETA-
MORPHOSE [→ 18. 10.]. Im Garten bey schönem Wetter. Mittag mit *Ottilien*
und *Herrn Rothe.* Ich fuhr an der GESCHICHTE DER METAMORPHOSE fort.»
(Tgb) – Vermutlich Besuch *Sorets* [→ 17. 10]. Gespräch über die «*Société St.
Simo-nienne*» [→ 17. 10.]: «Goethe s'est alors prononcé contre le principe de
l'utilité [...] je lui ai fait observer que le véritable utilitaire ne prêchait pas
l'égoïsme, mais la coopération de chacun au bonheur de tous comme condi-
tion indispensable du bonheur individuel. ‹Je ne sais pas pourquoi on veut
sacrifier l'intérêt des *individus* à celui des *masses*. Je soutiens que chacun doit
rester ce qu'il est, travailler et produire d'après sa conviction intime. Je n'ai
jamais considéré l'intérêt de la *masse* en écrivant, mais j'ai cherché à dire des
choses vraies, à n'écrire que ce que je pensais et croyais bon en soi. Il en est
résulté le bien des autres sans que cela ait été mon premier but. Ainsi, dire que
chacun doit se sacrifier au bien de tous me paraît un faux principe; chacun
doit se sacrifier à sa propre conviction.› – ‹Mais vous m'accorderez, ai-je dit,
que cette conviction individuelle doit être, bien entendu, juste, convenable,
utile à l'individu même qui l'éprouve, avant de se manifester au dehors.› –
‹Cela va sans dire, a répliqué Goethe; sans cela elle ne porterait point de fruits
pour les autres et me nuirait à moi-même.› – ‹En ce cas, ai-je repris, nous ne
sommes pas loin d'être du même avis, car l'intérêt personnel bien entendu
n'est autre chose que l'intérêt du grand nombre.› – ‹Oui, mais où nous ne nous

entendons pas, c'est que vous faites de l'intérêt du plus grand nombre le prin-cipe; j'en fais la conséquence.» (*Soret;* GG 6644) – «Abends *Herr Kanzler [v. Müller], Hofrat Meyer* und *Hofrat Vogel.* Mit *Meyern* die Verdienste *Michelange-los* durchgesprochen. Die einzelnen Statuen desselben durchgegangen.» (Tgb)
Vielleicht Mittwoch, 20. Oktober. «I [*William Makepeace Thackeray, engli-scher Romanschriftsteller;* geb. 1811] saw for the first time old Goethe to-day, he treated me very kindly and rather in a more distingué manner than he used the other *Englishmen* here.» (an seine Mutter, 20. 10.; GG 6642)
Donnerstag, 21. Oktober. «Pflanzenmetamorphose fortgesetzt. Meh-rere Bücher für die Bibliothek von der *Frau Großherzogin* erhalten. Kam die *hohe Dame* selbst. *Merkwürdige Persönlichkeiten* durchgesprochen. Im Garten bey schönem Wetter. Mittag mit der *Familie.* Organisation Systématique und geographisches Verhältniß der Infusionsthierchen [Zwei Vorträge in der Aka-demie der Wissenschaften zu Berlin gehalten in den Jahren 1828 und 1830 von *C. G. Ehrenberg*] als Geschenk angekommen und nähere Kenntniß davon ge-nommen [«... es sind vierzig Jahre verflossen, seit ich mich auch um jene geheimnißvollen Tiefen bemühte... – Nun aber kann ich mit größter Bequemlichkeit und Klarheit mich wieder ungescheut in solche Abgründe wagen...» (an *Ehrenberg,* 6. 11.)] [...].» (Tgb)
Freitag, 22. Oktober. «Botanische Betrachtungen. Die Isagoge des *Joachim Jungius* sorgfältig durchgesehen und excerpirt [→ 28. 7. 28]. Die Sen-dung *meines Sohnes* von Florenz, nach seinem Brief vom 2. September dort abgegangen, von Nürnberg her angekündigt. *Schmeller* brachte das Bild des *Herrn Duprés* [→ 25. 9.]. *Hofgärtner Baumann* von Jena. Um 12 Uhr spazieren gefahren. Mittags mit der *Familie.* Nachher *Oberbaudirektor Coudray. Prof. Rie-mer.* Später [...] der *Großherzog.*» (Tgb)
Samstag, 23. Oktober. «Isagoge des *Joachim Jungius* von Lübeck [→ 22. 10.]. Um 11 Uhr in den untern Garten gefahren. Daselbst gefrühstückt. Kam *Frau Gräfin Henckel.* Es war Manöver bey Oberweimar gewesen. Mittag *Hof-rat Vogel.* Abends *Hofrat Meyer.*» (Tgb)
Sonntag, 24. Oktober. «Altes verdorbenes Bild der *Wielandischen Familie* von Jena zum Restauriren eingesendet. Kamen Briefe von *meinem Sohn, Zelter* und dem *Grafen Beust.* Das Manuscript in den Tuilerien gefunden weiter gelesen. Bezieht sich keines05wegs auf die gegenwärtigen Zustände, sondern mag ein ganz vernünftiger Vortrag aus der Königszeit seyn, was man in Frankreich in den verschiedenen Departementern Gutes stiften könnte. Mit-tag mit der *Familie.* Obgenanntes Buch fortgelesen. Kam eine angenehme Sendung russischer Mineralien von *Geh. Rat v. Loder. Hofrat Vogel.* Krank-heitsgeschichten. Die Last des Wissens zur Praxis besprochen.» (Tgb)
Montag, 25. Oktober. «Joachim Jungius und seine Verhältnisse zur Naturgeschichte. Einiges hierüber dictirt [→ 23. 10.]. Kam von *Weigel* das Verzeichniß der 24. Auction mit Preisen.» (Tgb) – Brief an *Generalmajor v. Egloffstein:* Goethe bittet ihn, sich von *Schmeller* porträtieren zu lassen. – «Im Garten. Schöner Tag. Mittag mit der *Familie.* Sodann *Hofrat Meyer,* dem ich den *Weigelischen* Catalog vorlegte und den Inhalt besprach. Später *Oberbaudi-rektor Coudray.* Mit beyden wurden die russischen Mineralien angesehen. [...].» (Tgb)

Dienstag, 26. Oktober. «Die fortschreitenden Pariser Begebenheiten wurden nach den eintreffenden Tagesblättern immerfort beherzigt. DIE SPIRAL-TENDENZ DER PFLANZEN beachtet [→ 7. 7.]. *Herr Hofrat Vogel,* die Geschichte eines gestrigen Tauffestes erzählend. Mittag mit der *Familie.* Das Vorliegende fortgesetzt. Abends *Prof. Riemer.* Den 5. REVISIONSBOGEN DER METAMOR-PHOSE abgefertigt [→ 13. 10.].» (Tgb)

Mittwoch, 27. Oktober. «DAS VEGETABILISCHE SPIRALSYSTEM GEFÖRDERT [→ 26. 10.]. Brief an *Zelter* dictirt.» (Tgb): «Wie gern möcht ich in eurem unschätzbaren Museum [das von *Schinkel* erbaute «Neue Museum» am Lustgarten, 1828 vollendet] mein Erkennen und Wissen recapituliren, meine Unwissenheit gestehen, meine Begriffe bereichern und vervollständigen, am meisten aber einen freyen Genuß einmal, ohne Kritik und Geschichte, mir gewinnen. Das Denken über ein Kunstwerk ist eine schöne Sache; der Beyfall aber muß vorausgehen und das Urtheil folgen.» – Goethe berichtet, Zeichnungen gewonnen zu haben «von der Art die man sein Lebenlang nicht wieder von sich läßt». – «Hermes 34. Band 2. Heft. Mittag mit *Herrn Rothe.* Bibliothèque universelle die drey letzten Stücke [vgl. Keudell, 2167]. *Hofrat Vogel* zu Abend. Später *Ottilie* aus dem Theater kommend. Neue Händel zwischen *Baron Cuvier* und *St. Hilaire* vom 11. October [→ 11. 10.]. – *Herrn Frommann [d. J.]* den 5. REVISIONSBOGEN, Jena [Goethe gratuliert ihm zu «dem neuen heiteren Laden» und wünscht Glück «zur angetretenen frischen Lebensweise» (der *Adressat* hatte sich ein Haus am Markt gekauft und ein Sortimentsgeschäft begonnen). (Begleitbrief)].» (Tgb)

Donnerstag, 28. Oktober. «EINIGES ZUR SPIRALTHEORIE [→ 27. 10.]. Die Registrande der Oberaufsicht durchgegangen und alles expedirt. Mitgetheilte Briefe durch *Herrn Kanzler [v. Müller]. Herr v. Schenk, Münch, Rochlitz. Starcke* brachte die Zeichnung einer Weinranke. [...] die *Frau Großherzogin.* Kupferstiche und lithographirte Blätter vorgelegt von einem, *Heigel* genannt. Mittag mit der *Familie.* Die Hefte über den Prozeß der *Minister Karls des Zehnten* [→ 29. 9.]. Abends *Oberbaudirektor Coudray,* das sächsische Wappenschild, den *Armbrustschützen* gehörig, vorzeigend. [...] *[Kanzler] v. Müller.* Einige ältere Medaillen vorgewiesen. [...].» (Tgb)

Freitag, 29. Oktober. Brief an *Färber:* Goethe billigt die vorgeschlagene Änderung, die der *Adressat* bei der Aufstellung der ausgestopften Vögel [im Jenaer Museum] vornehmen möchte. (Raabe 1, 569) – «Hefte des Prozesses der *Minister.* [...] Ward *Almas* Geburtstag auf dem Fürstenhaus gefeyert. BOTANICA. *[W.] Curtis* Botanical Magazine. New Series Vol. I und f. Schreiben von *meinem Sohn* aus Neapel [*Sohn August* war in der Nacht vom 26./27. 10. in Rom gestorben, Goethe hat die Nachricht noch nicht erhalten]. Einiges dictirt. *Kräuter* wegen Bibliotheksangelegenheiten. Mittag mit der *Familie.* Nach Tisch BOTANICA. Abends mit *Walther.* Las derselbe in Acerra philologica [vgl. Keudell, 2168].» (Tgb)

Vielleicht Freitag, 29. Oktober. Besuch *Caroline v. Wolzogens:* «Indessen kommt auch immer Unbedeutendes und Unwahres über *Schillers* Leben [...] heraus. So hat Goethe jetzt ein ganz nulles Werk [*Carlyles* «Leben Schillers» in der Übersetzung *M. v. Teuberns*] aus dem Englischen einem *armen Fräulein* zu Gefallen introduziert [...]. Ich sagte ihm selbst, es sei nichts – aber er fand

es wichtig zu wissen, wie die *Engländer* uns ansähen? Wahrscheinlich enthält
es sein eignes übermäßiges Lob. Diese Schwachheit nimmt leider mit dem
Alter [...] nur noch zu. Doch ist er so freundlich und liebenswürdig, daß man
ihm alles vergibt, und den Moment, der mir nicht sehr entfernt mehr scheint,
wo er uns fehlen wird, schmerzlich vorempfindet.» (*Caroline v. Wolzogen* an
W. v. Humboldt, 10. 11.; GG 6645) – «Am 29. Oktober, als er *[Sohn August]*
schon tot war, sprach mir noch der *Vater* in Weimar mit Freude von seinen
Briefen und von der Art, wie er die Reise benützte.» (*Caroline v. Wolzogen* an
E. v. Schiller, 22. 11.; GG 6666)

Samstag, 30. Oktober. «Haushaltungsangelegenheiten. Brief des *Grafen
Reinhard* an [...] *[Kanzler] v. Müller*. Einiges Oberaufsichtliche. Mittag *Hofrat
Vogel*. Gegen Abend *Hofrat Meyer*. Wir besahen einen Band alter Kupferstiche
von der Bibliothek. Wurden bekannt mit dem Namen eines *Künstlers S. du
Perac [Etienne Dupérac, französischer Architekt, Kupferstecher und Maler;* gest.
1604].» (Tgb)

Sonntag, 31. Oktober. «EINIGES DICTIRT ZUR BOTANIK und zu Briefen.
DEN 39. BAND MEINER WERKE 12° AUSGABE an *Prof. Riemer*. [...] Herrn *Faktor Reichel* nach Augsburg 37. BAND. [...] *Gruithuisens* Hefte. Um 11 Uhr Herr
[August] v. Weckherlin [Landwirt, Fachschriftsteller; geb. 1794] und *[Obermedizi-
nalrat] Prof. v. Froriep*. [...] war *Rinaldo [Vulpius]* mit dem *Böttcher* bey mir
gewesen. War eine Revision und Kellerverzeichniß angeordnet. Mittag mit
der *Familie*. Es war *Ottiliens* Geburtstag gefeyert worden. Ich blieb am nächsten Vorliegenden. Gegen Abend *Herr Kanzler v. Müller*. Unterhaltung über
die *Société St. Simonienne* [→ 20. 10.], als eine Wiederholung der allgemeinen
Forderungen, die nicht einmal ideell genannt werden können, ohne den mindesten Begriff der zu berücksichtigenden Bedingungen, auf welche man
unausweichlich angewiesen ist. *Wolf* las mir seine *Mährchen* vor.» (Tgb)

Anfang November. «Der Vater [Goethe] gibt mir viele, viele Sorge; ich
weiß nur zu sagen, daß er, obgleich nicht krank, doch kränkelt, – doch mehr
wie das ist die wunderbare Empfindung, die ich sonst hatte, als wäre sein
Leben mir so sicher wie der Glanz der Sonne, aus meinem Innern verschwunden, und ich blicke der Zukunft mit Angst und Bekümmernis entgegen.»
(*Ottilie v. Goethe* an Eckermann, 8. 11.; GG 6647)

Montag, 1. November. «EINIGES IN BEZUG AUF DIE GESCHICHTE DER
METAMORPHOSENLEHRE [→ 31. 10.]. [...] Schreiben von *Herrn v. Gagern*. [...]
Mittag *Fräulein Ulrike [v. Pogwisch]*. Gegen Abend *Hofrat Meyer*. Wir besprachen die für die Bibliothek neuangekommenen Werke. Sodann *Prof. Riemer*,
mit welchem ich EINIGES BOTANISCHE durchging. [...] der *Großherzog* unterbrach uns. Wir setzten nachher etymologische Gespräche fort.» (Tgb)

Dienstag, 2. November. «[...] [An] *Frau Großherzogin,* das Verzeichniß
der Bibliotheksvermehrung. – *Herr* und *Frau Regierungsrat v. L'Estocq* von
Erfurt. Ein *Irländer,* der sich in kurzer Zeit mit der deutschen Sprache und
Litteratur bekannt gemacht hatte, Namens *Archer*. Mittag mit der *Familie*.
Betrachtete die angekommenen Hefte, so auch das neue Werk der griechi-
schen Alterthümer, besonders architektonische. Abends Ballet im Theater.
Ball bey *Frorieps*.» (Tgb)

Mittwoch, 3. November. «Nachricht von *meines Sohns* Ankunft in Rom.»

(Tgb) – Brief an *Frommann d. J.*: Goethe bittet ihn, sich nach einer Schrift des *Prof. [Georg August] Goldfuß* umzutun, in der verschiedene Methoden zur Systematisierung des Pflanzenreiches dargestellt werden [*Goldfuß* hatte keine derartige Schrift verfaßt]. – Brief an *Giuseppe de Valeriani*: Goethe bittet um Nachsicht, da es ihm unmöglich ist, alle Zusendungen zu erwidern. – «[. . .] Schreiben des *Herrn Grafen Sternberg,* besonders seine Tour auf Helgoland. [. . .] Den BOGEN DER METAMORPHOSE 6 an *Prof. Riemer* [→ 27. 10.]. Mittag mit der *Familie.* Abends *Oberbaudirektor Coudray. Hofrat Meyer.* Mit beyden das große neue architektonische Werk über Griechenland.» (Tgb)

Donnerstag, 4. November. «EINIGES AN DER METAMORPHOSE.» (Tgb) – Brief an *Sulpiz Boisserée*: Goethe berichtet, daß in diesen Tagen «eine neue Serie» [der Zeitschrift «Chaos»] eröffnet wird, und meldet die Beitrittsbedingungen [das beiliegende Aufnahmediplom besteht in einem lithographierten Gedicht «Du sollst und mußt Ungedrucktes bringen», das von einer humoristischen Zeichnung von *Obermedizinalrat Froriep* umrahmt wird]. – Er legt eine Nachbildung der drei Könige [Schuchardt I, 313, Nr. 924] bei, deren Komposition er «so schön» findet, daß er sie *jungen Künstlern* geben möchte, diese «zu reproduzieren und in's Vollkommene zu steigern». – Goethe berichtet, «ganz unschätzbare Dinge, um derentwillen man länger leben möchte», in seinen Besitz gebracht zu haben. «Der Genius der Poesie von *Julius Roman* [Schuchardt I, 81, 778]. Gedanke! vor dem man die Kniee beugt, mit der sorgfältigsten Federausführung. Ich besitze vielleicht hundert seiner Blätter, einige von ihm, viele nach ihm, aber als glücklichem Wurf ist diesem kaum eines zu vergleichen. Ich sehe deshalb sorgfältig nach und wäge die Motive mit Genauigkeit. Es ist eine angenehme Beschäftigung, das Vortreffliche mit dem Vortrefflichen zu vergleichen.» – «[. . .] Um halb Zwölf [. . .] die *Frau Großherzogin.* Jenes Architekturwerk ward ihr vorgelegt. Mit *Ottilien* und *Wolf* spazieren gefahren. Mittags mit der *Familie.* Schreiben von *Wilhelm v. Humboldt,* mit seiner Vorerinnerung über *Schiller* zum herauszugebenden Briefwechsel [→ 18. 10.]. Zeitig zu Bette.» (Tgb)

Um Donnerstag, 4. November. «Für den Mächtigsten halte ich [Goethe] den, der die andern am meisten geniert, der am meisten die andern ärgern kann, der ihnen am meisten Unangenehmes erzeigen kann, der ihre Freiheit am meisten einschränkt, der da macht, daß sich alles nach ihm bequemt. – Goethe hat mich und uns andre was Ehrliches geärgert. Er hat uns in unserem Wesen auf alle Weise eingeschränkt. Wir haben uns nach ihm genieren müssen und – setze ich hinzu – auch wollen.» (*Riemer;* GG 6646)

Freitag, 5. November. Brief an *Zelter:* «Daß *Bürgers* Talent wieder zur Sprache kommt, wundert mich nicht [*Zelter* hatte über sein Verhältnis zu *Bürger* berichtet (an Goethe, 9.–21.10)]; es war ein entschiedenes deutsches Talent, aber ohne Grund und ohne Geschmack, so platt wie sein *Publikum.* [. . .] – *Schiller* hielt ihm freylich den ideellgeschliffenen Spiegel schroff entgegen [in seiner Rezension der *Bürgerschen* «Gedichte», 1791 in der «Allgemeinen Literaturzeitung» erschienen], und in diesem Sinne kann man sich *Bürgers* annehmen; indessen konnte *Schiller* dergleichen Gemeinheiten ohnmöglich neben sich leiden, da er etwas Anderes wollte, was er auch erreicht hat. – *Bürgers* Talent anzuerkennen kostete mich nichts, es war immer zu seiner Zeit

bedeutend; auch gilt das Echte, Wahre daran noch immer und wird in der
Geschichte der deutschen Literatur mit Ehren genannt werden.» – «[...] EINI-
GES ZUR GESCHICHTE DER METAMORPHOSE. Der *böhmische Mineralienhändler*
meldete sich. *Buchbinder Bauer* brachte einiges, anderes wurde bestellt. Mittag
mit der *Familie*. Ich fuhr fort, die mancherley Obliegenheiten [...] durchzuarbeiten. Gegen Abend *Hofrat Meyer*. Sodann *Serenissimus*. Zuletzt *Prof. Riemer*, mit dem ich den 6. BOGEN DER METAMORPHOSE sorgfältig durchging [→
3. 11.]. Nicht weniger einige andere Conzepte. Unterhaltung über das unternommene Register zu MEINEN WERKEN [→ 9. 7.].» (Tgb)

Samstag, 6. November. «[...] Die NACHTRÄGE UND ZUSÄTZE [ZUR
METAMORPHOSE] angegriffen und zum Absenden vorbereitet. Kam die Sendung *meines Sohns* von Florenz an. Wurde ausgepackt, gesondert und beurtheilt. Der *böhmische Mineralienhändler* packte seine Stufen aus.» (Tgb) – Brief
an *Färber*: Goethe bittet ihn herüber zu kommen, da ein *Mineralienhändler*
«schöne Sachen» ausgelegt hat, wovon er einiges für das Zimmer der *Großherzogin* [Sammlung *Maria Paulownas* im Mineralogischen Museum in Jena] zu
erwerben wünscht. Leider kann er selbst die Exemplare im Moment nicht
beurtheilen. (Raabe I, 570) – «MANCHES WAR IN BEZUG AUF VERTICAL- UND
SPIRALTENDENZ NOTIRT WORDEN [→ 28. 10.]. – Mittag *Hofrat Vogel* und *Dr.
Weller*. Gegen Abend *Hofrat Meyer*. Wir besahen und beurtheilten das von
August Gesendete. Derselbe las die Fortsetzung der Kunstgeschichte von
Augustus Zeiten an. Vorher den politischen und kriegerischen Zustand des
römischen Reichs im ersten Jahrhundert. Kam *Frau v. Wolzogen*. Wir bespra-
chen die Jenaischen Angelegenheiten. Sodann einiges über *Schiller* und
Wilhelm v. Humboldt [→ 4. 11.].» (Tgb)

Sonntag, 7. November. «[AUFSATZ] CEPHALUS UND PROKRIS [von *Giulio
Romano*] für *Zelter* dictirt [dieser hatte am 29. 10./2. 11. um nähere Aufklärung über dieses Blatt gebeten]. [...] [An] *Frommann [d. J.]*, 6. REVISIONS-
BOGEN, ÜBERGANG VON DER ABHANDLUNG ZU DEN NACHTRÄGEN, ANFANG
DES ERSTEN NACHTRAGS [Goethe gibt Hinweise zur Druckgestaltung und
bemerkt, daß nun eine Pause in der Drucklegung eintreten wird, da *Soret*,
eilig zu *seinem totkranken Vater* abgereist, die FOLGE DES MANUSKRIPTS eingeschlossen hat. (Begleitbrief)]. Brief von *August*, ingleichen von *Carlyle*. Herr
Geh. Hofrat Helbig, wegen *Preller*. *Prof. Riemer* Glück wünschend, vorher
schon durch *sein Söhnchen*. [...] Es sind heute 55 Jahre, daß ich nach Weimar
kam. *Färber* war von Jena gekommen [...]. *Hofrat Vogel*, einige Krankheits-
und Polizeygeschichten vertrauend. [...] die *Frau Großherzogin*, mit *Frau Erb-
herzogin [Amalia] von Sachsen-Altenburg*. [...] *Landesdirektionsrat Töpfer* [...].
Zu Tische *Kustos Färber*, der sein Geschäft mit dem *Mineralienhändler* abgeschlossen hatte. Er packte nachher ein und fuhr mit der Sammlung nach Jena
zurück. Ich sah verschiedene Portefeuilles durch. Abends *Oberbaudirektor
Coudray*, seine Expedition nach Jena referirend, nicht weniger die Translocation der Gewerkschule meldend [→ 19. 7.]. NB. *Johannes Lutz* aus Herisau
in der Schweiz trat bey mir vor [...].» (Tgb)

Montag, 8. November. «Briefe concipirt. [...]. Schreiben von *Carlyle*
bedacht zur Erwiderung. Der *Schauspieler [Karl] Seydelmann* [geb. 1793] von
Stuttgart, welcher Gastrollen hier zu geben gekommen war, besuchte mich

[...]. Ich besorgte, daß das große Portefeuille von *Preller* an die *Frau Großher-zogin* kam. Bereitete Sonstiges vor, auch das BOTANISCHE betreffend. Mittag mit der *Familie.* Nachher neuste Weltbegebenheiten. Abends *Herr Kanzler* [*v. Müller.* – «... bei Goethe, der aber ziemlich mattherzig war.» (*Müller; GG* 6648)]. Nachher *Prof. Riemer.* Auch die Revision des 38. BANDES besprochen. Blieb für mich. Früh zu Bette.» (Tgb)

Dienstag, 9. November. Brief an *Zelter:* Goethe sendet seinen AUFSATZ CEPHALUS UND PROKRIS [→ 7. 11.]. – Zur Samariterin [Gemälde «Christus und die Samariterin» von *Wilhelm Hensel,* 1827, zuerst in Paris, dann im Schloß Bellevue gezeigt, über das sich *Zelter* im Brief vom 29. 10. – 2. 11. geäußert hatte] bemerkt Goethe, daß jedes Auftreten von Christus dahin geht, «das Höhere anschaulich zu machen», was aber sinnlich nicht darzustellen ist. – Dazu fällt ihm ein, daß *Schiller* «eben diese echte Christus-Tendenz einge-boren [war], er berührte nichts Gemeines, ohne es zu veredeln. [...] Es sind noch manuscripte Blätter da, aufgezeichnet von einem *Frauenzimmer,* die eine Zeitlang in *seiner Familie* lebte [*Christiane v. Wurmb,* spätere Frau *Bernhard Rudolf Abekens,* lebte 1801/02 im Hause *Schillers* in Weimar. Ihre Aufzeich-nungen wurden erstmals in dem aus *Abekens* Nachlaß veröffentlichtem Buch «Goethe in meinem Leben», 1904, gedruckt.]. Diese hat einfach und treulich notirt, was er zu ihr sprach [...]; alles Unterhaltungen im höheren Sinne, woran mich sein Glaube rührt; dergleichen könne von einem *jungen Frauen-zimmer* aufgenommen und genutzt werden. Und doch ist es aufgenommen worden und hat genutzt; gerade wie im Evangelium [...]. – Nun mahle man *Schillern* bey'm Theetisch einem *jungen Frauenzimmer* gegenüber!» Dies möchte immer noch ein löblicherer Gegenstand sein, «nur kein mahlerischer». – Brief an *Marianne Willemer:* «Den *guten Eckermann* hätt ich Ihnen näher bekannt gewünscht [→ 26. 9. – Die *Adressatin* hatte berichtet, daß *Eckermann* während seines Aufenthalts «fast immer unpäßlich» und nur am letzten Tag vor seiner Abreise einige Stunden in ihrem Hause gewesen sei. «... sonst mag er etwas Scheues und Zurückhaltendes in seinem Wesen haben, ... etwas Rät-selhaftes.» (an Goethe, 27. 10.)]. Das Problematische an ihm löst sich auf, wenn man erkennt, daß er eine einfach reine Seele ist, die mit sich und der Welt ebenfalls gern rein seyn möchte. Wie wenige jedoch gelangen dazu! Ein Wesen wie das seinige kann sich nur nach und nach offenbaren.» – Goethe berichtet, daß *sein Sohn* «auf eigene Weise» seine Reise nach Rom vollbracht habe und «von da [...] nun wohl sachte zurückkehren wird. – *Sterne* hat uns Beywörter von allerlei Reisenden gegeben; ich möchte diesen den *Kühnen, Vollständigen* benamsen; wenn er zuletzt glücklich nach Hause gelangt, so soll er willkommen seyn. Er hat alles gesehn und durchgeschaut, woran ich vor-überging. Die Aufgabe, die auf mir lag, war freylich bedeutend.» – «[...] *Geh. Hofrat Helbig* wegen der *Demoiselle Facius* Aufenthalt in Berlin [Verlängerung des Studienaufenthalts auf das Jahr 1831], auch wegen *Preller* [→ 9. 10.]. *Ober-hofmeister v. Motz,* aus dem Hessischen, von Kassel und von Fulda, kommend. Mittag mit der *Familie.* Sodann die älteren und neueren Medaillen arrangirt. Kam die Nachricht, daß *Dr. Eckermann* bald nach Weimar kommen würde [Nachdem dieser von *Soret* die Nachricht erhalten hatte, daß sein Unterricht beim *Erbprinzen* erweitert und mit einem fixen Gehalt von 30 Talern monatlich honoriert werden soll, entschließt er sich, nach Weimar zurückzukehren. Er trägt sich mit dem Gedanken, sich «dort häuslich einzurichten und für immer zu befestigen [→ 12. 10.]». (an Goethe, 6. 11.; GSA 28 (286)]. Ich las Abends im 3. BANDE MEINES LEBENS [DuW] und nahm die VORARBEITEN ZUM 4. vor die Hand. Ich vergegenwärtigte mir die damaligen Zustände und arrangirte das MANUSCRIPT in ein neues Portefeuille, um es besser sehen zu können [→ 8. 6.; → 6.12.26].» (Tgb)

Ab Dienstag, 9. November. «Das Außenbleiben *meines Sohns* drückte mich, auf mehr als Eine Weise, sehr heftig und widerwärtig; ich griff daher zu einer ARBEIT, die mich ganz absorbieren sollte. Der VIERTE BAND MEINES LEBENS lag, über zehn Jahre, in SCHEMATEN und THEILWEISER AUSFÜHRUNG, ruhig aufbewahrt, ohne daß ich gewagt hätte die ARBEIT wieder vorzunehmen. Nun griff ich sie mit Gewalt an [. . .].» (an *Zelter*, 10. 12.)

Montag, 8. / Mittwoch, 10. November. Konzept eines nicht abgesendeten Briefes an *Sohn August:* Goethe drückt seine Freude über dessen florentinische Sendung [→ 6. 11.] aus und hebt einzelne Kunstgegenstände besonders hervor. – «Deine Tagebücher sind ununterbrochen zu uns gelangt und haben uns viel Freude gemacht; besonders da sich die willkürlichen und unwillkürlichen Excentri[ci]täten immer bald wieder in das rechte Gleis finden. Da du so *vieler Menschen* Städte gesehen und Sitte gelernt hast, so ist zu hoffen, daß dir auch die Art, wie sich auf dem Frauenplane zu Weimar mit *guten Menschen* leben läßt, werde klar geworden seyn. [«Desswegen verfolge ich meine Zwecke, Italien zu sehen und kennen zu lernen, ich hoffe es gelingt mir und ist für meine ganze künftige Existenz sehr wichtig. Menschenkenntniss und höhere Kunst- und Naturbildung sind etwas Großes. Es ist das erste mal, im *40. Jahre,* daß ich zum Gefühle der Selbständigkeit gekommen, und unter *fremden Menschen! Lazaronis,* sogar *Räubern, Barcarolis* und andern, auch *vornehmen Gesindel.* Man wollte mich heranziehen, *Spiel, Mädchen, Frauen:* dise drei letzeren Dinge hatte ich verschworen. So kehre ich frey und frank zurück, wenn ich auch bei anderen Gelegenheiten etwas mehr Geld ausgegeben als andere. Kunst, Natur und Volks-Leben kennen zu lernen war mein Zweck und den habe ich so weit meine Kräfte reichen, erreicht.» (an Goethe, 16. 10)]. – ‹Goethe, Father and Son. – The Son of the great German poet, Goethe, the Chambelain Goethe, has just drawn up a diary of his journey through Italy, which Goethe the father is about to publish. – Literary Gazette.› – Vorstehendes, aus einer englischen Zeitung genommen, wollen wir auf sich bewenden lassen; daß du aber deine Tagebücher redigiren und der Vollständigkeit näher führen mögest, ist mein Wunsch und wird dir eine angenehme Beschäftigung geben.» Goethe berichtet, daß die LETZTE LIEFERUNG DER TASCHENAUSGABE gedruckt und revidiert sei, auch von der OKTAVAUSGABE wird zum Jahresende nur weniges im Rückstand sein. «Und so kommst du denn eben zum Schluß, wo wir beide ein Fazit ziehen und eine neue Aera beginnen können [. . .]. – Über die tumultuarischen Volks-Erregung[en] sind wir glücklich hinausgekommen; Weimar hat sich in allen Ehren und Würden erhalten, dem Gouvernement sey's gedankt. Zeit war gewonnen, hiernach durchgreifender, nicht übereilter Entschluß!» (WA IV, 48, 274 ff.) – Konzept eines nicht abgesandten Briefes an *Bankier Mylius:* Goethe dankt ihm für die Geneigtheit, mit der dieser *seinen Sohn* aller Orten empfohlen hat; «er ist überall freundlichst aufgenommen und in seinen löblichen Zwecken gefördert worden [...]. – Nach dem Zufall, der *meinen Sohn* zwischen Genua und Livorno getroffen und welcher ihn in Spezia einen Monat lang aufhielt, ist ihm alles gelungen, und es ist auch fernerhin zu hoffen, daß er die schönen Kenntnisse, die er gesammelt, glücklich nach Hause bringen werde.» (WA IV, 48, 277)

Mittwoch, 10. November. «FUHR IN DIESER ARBEIT FORT UND SCHRIEB EINIGES NUR SCHEMATISIRTE AUSFÜHRLICHER [ARBEIT AM 16. BUCH VON DuW]. Mittag mit der *Familie.* Nachher an den Medaillen rangirt. DIE BETRACHTUNGEN VOM MORGEN FORTGESETZT. Gegen Abend [...] *[Kanzler] v. Müller* und *Hofrat Vogel,* mir mit möglichster Schonung das in der Nacht von 26. bis 27. October erfolgte Ableben *meines Sohns* in Rom zur Kenntniß zu bringen [«*Kestner* von Rom kündet *Goethes des Sohnes* Tod an. Desfalls bei der *Großherzogin.*» (Kanzler v. Müller; GG 6649) – «Es war eine harte Aufgabe für mich, die Schreckenskunde der *Familie,* insbesondere dem Vater beizubringen. Wir ließen ihn nur ahnen, sprachen das entscheidende Wort nicht aus.» (*Kanzler v. Müller* an Riemer, 11. 10; GG 6651) – «... er empfing sie (die Nachricht) mit großer Fassung und Ergebung, ‹non ignoravi, me mortalem genuisse›, rief er aus, als seine Augen sich mit Tränen füllten.» (*Kanzler v. Müller* an Rochlitz, 15. 11.; GG 6664) – *Hofrat Vogel* berichtet: «Es war rührend, den Greis mit Mühe seine Tränen unterdrücken zu sehen, als ich ihm die Botschaft brachte. ‹Ich weiß, daß ich einen *sterblichen Sohn* gezeugt›, waren die Worte, mit welchen er mir das Todeswort abschnitt.» (an Rahel Varnhagen, 25. 11.; GG 6709) – «Er bekannte, vom Anfang der Reise her einen üblen Ausgang befürchtet und aus den letzten Briefen aus Neapel schon auf eine gewaltig aufgereizte, widernatürlich gespannte Stimmung geschlossen zu haben. Es schien ihm mitten im Schmerz beruhigend, daß der *Hingeschiedene* unter der treusten Pflege und Fürsorge *schmerzlos* geendet habe, nicht etwa unterwegs in unwirtbaren Räumen, unter fremden, teilnahmslosen *Menschen.* Als nach einigen Stunden die *Schwiegertochter,* die ich früher schon durch ihre *Mutter* hatte in Kenntnis setzen lassen, zu ihm eintrat, sprach er, sie bei der Hand fassend, nichts weiter als: ‹Wir müssen nun wohl um so fester zusammen halten›, und vermied alsdann jede wörtliche Gefühlsäußerung, die ihn zu mächtig erschüttert haben würde.» (*v. Müller* an A. Kestner, 16. 11.; GG 6665)] [...]. [An *Faktor] Reichel,* Augsburg, den 38. BAND DER KLEINEN AUSGABE [→ 8. 11.].» (Tgb) – *Kanzler v. Müller* hört abends «bei Hofe ... Gemütliche Äußerungen des *Großherzogs* über *August Goethe.*» (GG 6649)

Nach Mittwoch, 10. November. «In wieweit die Trauerkunde von dem plötzlichen Ableben des *Sohnes* den hochverehrten Vater angegriffen, hat niemand ergründen können, da er auf das geflissentlichste vermied, darüber zu sprechen, selbst nicht mit seiner *Schwiegertochter, entfernter Stehende* aber das tiefste Schweigen darüber beobachten mußten, auch alle Förmlichkeits-Kondolenzen verbeten waren.» (*Kräuter* an Ch. Wenig, 5. 12.; GG 6653)

Donnerstag, 11. November. «Er ließ die *Enkel* am andern Morgen zu sich kommen und behielt sie um sich, jeden andern Zuspruch sich versagend. ‹Ich muß erst suchen, eine neue Lebensbasis zu gewinnen, mich wieder zu sammeln, ehe ich den Anblick dritter Personen ertragen kann.› Mit gesteigerter Lebhaftigkeit warf er sich auf wissenschaftliche Beschäftigungen, diktierte und las abwechselnd.» (*Kanzler v. Müller; GG an A.* Kestner, 16. 11.; GG 6665) – «AUS MEINEM LEBEN 4. THEIL FORTGESETZT [→ 10. 11.]. Auch bedeutende Familiennotizen dictirt. [...] [An] *Geh. Rat v. Willemer* [...].» (Tgb): Da Goethe diesen Winter einen Fußteppich benötigt und die aus Leipzig eingegangenen Muster «alle zu prächtig und bunt» sind, bittet er *Marianne,* ihm «einige Muster der allerbescheidensten Fußteppiche» zu senden, «weder auffallend durch Farbe noch Dessin, so mäßig, daß man gern drauf hingehen mag, und daß es die übrigen Möbels nicht beschämt». [der Brief trägt das Datum 11. 11., war vermutlich jedoch geschrieben, bevor die Nachricht von *Augusts* Tod eintraf (vgl. Weitz, 462)]. «[...] Mittag mit der *Familie.* Einiges zu weiterer Ordnung des Münzcabinettes vorgenommen. Abends *Herr Kanzler v. Müller, Hofrat Vogel* und *Prof. Riemer* [«Goethe erwähnte nichts von der Sache.» (*Riemer;* GG 6658].» (Tgb) – «*Ottilie* und *die Pogwisch* sind *tief* ergriffen, die *Kinder* begreifen wenig davon, und der alte Goethe ist schmerzlich bewegt, aber ruhig und ergeben.» (*Henriette v. Beaulieu-Marconnay* an ihre Tochter Julie, GG 6652) – «Ließ mich *[Riemer]* die *Großherzogin* kommen, um sich über Goethe zu erkundigen.» (GG 6658)

Freitag, 12. November. «BEARBEITUNG DES 4. BANDES FORTGESETZT [→ 11. 11.]. *Herr Hofrat Meyer.* Holte das *Hackertische* und *Kaiserische* Bild aus dem Museum und brachte sie zu weiterer Beförderung in's Haus. Wir besprachen einiges auf Kunst bezüglich und besahen einige Zeichnungen. Zufällig nahm ich CELLINI vor. Mittag mit der *Familie.* Ich förderte die Ordnung der Medaillen des 15. und 16. Jahrhunderts. Gegen Abend *Hofrat Vogel,* [...] *[Kanzler] v. Müller.* Später *Prof. Riemer,* mit welchem ich das Museum *Mazzuchellianum* durchging [«Zeigte er (Goethe) mir *(Riemer)* Kunstsachen, die ihm *August* noch aus Italien geschickt. Antike Käfer von Serpentinstein.» (GG 6659).]» (Tgb) – «Der Vater hält sich, äußerem Anscheine nach, aufrecht. Es darf ihm niemand das Wort Tod aussprechen. Allein was in seinem Innern vorgeht, welche Folgen dieser Schlag auf seine Gesundheit im Laufe des Winters üben wird, darüber wagt niemand zur Zeit ein Urteil. *August* hatte sich nach allen brieflichen Mitteilungen (insbesondere seinem gediegenen Tagebuch) so außerordentlich wohl befunden, so herrliche Genüsse in sich aufgefaßt, daß wir uns alle, vor allen sein Vater, der Rückkehr freuten und die schöne Hoffnung hegten, Kunst und Altertum würden ihn mit dem gewöhnlichen Leben, welches ihm mannigfachen Ekel erregte, versöhnt haben, namentlich aber noch ein neues Band zwischen ihm und seinem großen Vater knüpfen. Dies alles ist nun dahin!» (*J. F. Gille?* an K. v. Holtei; GG 6660)

Samstag, 13. November. «AUS MEINEM LEBEN 4. BAND GEFÖRDERT. Ein Fußkästchen an den *Tapezier. Herr Generalsuperintendent Röhr.* Fuhr mit *Ottilien* um's Webicht. Mittag die *Familie, Hofrat Vogel, Fräulein v. Pogwisch* und *Allwine [Frommann.* – «. . . daß ich Goethe körperlich leidlich» wohl gefunden . . . Goethe spricht fast mit niemand darüber; mit *seinem Arzt, Geh. Rat Müller, Röhr* und vielleicht noch wenigen; mit *Ottilien* fast gar nicht, welches eine große Qual für sie ist, da sie aufs heftigste erschüttert ist, doch ist er *sehr freundlich* gegen sie und hat sie viel um sich; mittags ißt sie mit den *Kindern* bei ihm,

seit *August* weg ist, und auch abends läßt er sie jetzt meistens einige Stunden
zu sich kommen; sie beklagt sehr, nicht über Kunstsachen mit ihm sprechen
zu können, da er sich auch jetzt damit am meisten beschäftigt; alles hofft für
ihn, daß *Zelter* kommt. Mich hat sein Anblick tief erschüttert, – und während
er an seinem Geburtstag . . . so heiter und liebenswürdig war wie seit Jahren,
saß er jetzt oft ganz versunken da; dann wollte er wieder freundlich mit uns
sprechen, man fühlte aber die Anstrengung; oft sah er die *Kinder* wehmütig an
und sagte: ‹Ihr *armen Kinder*› – es schnitt mir durchs Herz, auch schien er *mir*
unwohl; Ottilie sagte aber, sie finde ihn wieder besser als vor einigen Wochen.
Er sieht ziemlich viel *Besuch* – das Traurigste ist, daß alle, die *August* im letzten
Jahr beobachten konnten, und wohl auch der Vater, selbst wenn auch er nicht
alles wußte, fühlen müssen, daß *dies* das Mildeste war, was geschehn konnte
. . . – Die *Enkel* sind viel um Goethe und hängen sehr an ihm. *August* hatte
seinen letzten Willen aufgesetzt, auch die *Vormünder seiner Kinder* bestimmt
(*Franz Ernst v. Waldungen* und *Hofadvokat Karl Büttner*) und alles geordnet.»
(*Allwina Frommann* an Marianne v. Willemer, 16. 11.; GG 6661)]. Ich beschäftigte mich vor und nach Tisch mit den Medaillen. Gegen Abend [. . .] *[Kanzler]*
v. Müller. Oberbaudirektor Caudray, welcher die Arbeiten der Blankenhainer
Chaussée in Rissen vortrug, auch einige neue technische Berliner Werke vorlegte, auch von der neuen Einrichtung der Gewerkschule vollständige Kenntniß gab [→ 7. 11.]. Später *Ottilie.* Über einiges Litterarische und Kunstgemäße
gesprochen. Vorsätze von dergleichen Mittheilungen. [. . .].» (Tgb)

Sonntag, 14. November. «FORTSETZUNG AM 4. THEIL AUS MEINEM
LEBEN. *Sekretär Kräuter,* Bibliotheksangelegenheiten [. . .]. *Römhild* brachte die
erste Ausgabe WERTHERS aus der Auction, die ich seit vielen Jahren nicht mit
Augen gesehen hatte. [. . .]. Ich fuhr in OBGENANNTEM GESCHÄFT fort. *Ihro
Kaiserliche Hoheit [Maria Paulowna]* und *Demoiselle Mazelet* nach 12 Uhr.
Machten auch *meiner Schwiegertochter [Ottilie]* einen Condolenzbesuch. Ich
that einiges zu weiterer Ordnung der Medaillensammlung. Mittag mit der
Familie. Nach Tische *Herr Gille.* Abends Unterhaltung mit *Ottilien.*» (Tgb)

Montag, 15. November. «GESCHICHTE VON 1775 WEITER AUSGEFÜHRT
[ARBEIT AM 18. BUCH]. Mit *Ottilien* spazieren gefahren. Umsichtig das
Nöthige geordnet. [. . .] der *Großherzog.* Mit *Ottilien* spazieren gefahren [«. . .
dies bekam ihm sehr wohl.» (*Kanzler v. Müller* an A. Kestner, 16. 11; GG
6665)]. Mittags mit der *Familie.* Umsicht des Vorzunehmenden. Abends *Hofrat
Vogel.* [. . .] *[Kanzler] v. Müller* [«. . . bei Goethe, dem ich jetzt erst *(August)*
Kestners (*Diplomat, Kunsthistoriker, Hannoverscher Resident* in Rom, *Sohn von
Charlotte Kestner, geborene Buff;* geb. 1777) Brief gab (vermutlich *Kestners*
Brief an Goethe vom 28. 10., den dieser an *Kanzler v. Müller* geschickt hatte.
Kestner berichtet darin ausführlich über *Sohn Augusts* Aufenthalt in Rom, über
den letzten mit ihm und dem *Maler Preller* unternommenen Ausflug nach
Albano und Frascati, von dem *Sohn August* leicht erkrankt zurückgekehrt war.
Der herangezogene *Arzt Dr. Riccardi* diagnostizierte ein (Scharlach-)Fieber,
doch schien der Zustand nicht bedenklich, so daß *Kestner* «den theuren *August*
des Abends (am 26. 10.) um 10 Uhr vollkommen sorgenlos verließ». *Preller* und
der *Dresdner Maler Meyer* wachten bei dem *Kranken,* der um 2 Uhr verschied.
Nicht die Krankheit sei das eigentliche Unglück gewesen, sondern ein

«Schlagfluß». Das Fieber war «nicht sehr strenge, aber doch streng genug, um plötzlich eine Ader im Kopfe zu zerprengen, die vermöge der Desorganisation des Gehirns diesem Bruche nicht allein in dieser Krankheit, sondern fortwährend ausgesetzt war». (GSA 30/11) – Um Gerüchten vorzubeugen, hatte *Kestner* eine Sektion angeordnet. «Heute deuten Ärzte wie W. H. Veil den Sektionsbefund (vergrößerte Leber, verdickte, mit der Gehirnoberfläche verwachsene Hirnhaut) als Meningitis, die verschärft durch die geschädigte Leber, zum raschen Tod führte. Hugo Otto Kleine aber, der sich vom Standpunkt moderner Blutmerkmalforschung mit dem Untergang der Goethesippe beschäftigte, sieht in dieser Organveränderung rhesogene Spätschäden.» (Effi Biedrzynski, Goethes Weimar, 1992, S. 147f.) – [«Ihr Brief tat ihm wahrhaft wohl! Es war sehr recht und beruhigend, daß Sie die Sektion veranstalteten ... – Ein Monument soll allerdings an der Grabstätte errichtet werden, doch ist Goethe mit der Idee dazu noch nicht im reinen.» (*Kanzler v. Müller* an Kestner, 16. 11.; GG 6665) und ihn über die *Vormünder* besprach (→ 13. 11.). Nachher großer Streit darüber mit *Ottilie* (sie erklärt sich mit der Wahl der *Vormünder* am 27. 12. gegenüber der Regierung einverstanden; vgl. Grumach, S. 365).» (*Müller*, GG 6663)]. [...]. *Prof. Riemer.* Einiges Concept mit ihm ajustirt, mancherley Litterarisches mit ihm verhandelt. An diesem Tage war die *Gesellschaft* [das *Lese-Museum*] auf dem Fürstenhaus eröffnet worden, wovon einiges zur Sprache kam [→ 5. 8.]. Später mit *Ottilien.* Einiges wegen künftigen Abendunterhaltungen besprochen.» (Tgb)

Vor Dienstag, 16. November. «Die schönen Eigenschaften, die Biederkeit der Gesinnung, die mannigfachen Kenntnisse, welche der Verstorbene *[Sohn August]* besaß, lassen es zweifach beklagen, daß er jene, wohl von der *Mutter* angeerbte und durch deren zu geringe Aufsicht in den frühsten Jahren allmählich entwickelte Neigung [zum Alkohol] zu beherrschen nicht vermochte und so früh ihr zum Opfer fiel. Welchen reichen Genuß würden bei seiner glücklichen Wiederkehr dem Vater seine Erzählungen gewährt haben! Letzterer äußerte mir mehrmalen in diesen Tagen: ‹Mein Sohn hatte schöne Anlagen und Talente, aber von Jugend auf mochte er niemals Maß und Ziel anerkennen, sich gern dem Unbedingten hingeben, und dies war sein Unglück!›» (*Kanzler v. Müller* an A. Kestner, 16. 11.; GG 6665)

Dienstag, 16. November. «FERNERE REDACTION VON 1775. *Herr Geh. Hofrat Helbig*, wegen der Angelegenheit der *Facius* [→ 9. 11.]. Um Zwölf spazieren gefahren in den unteren Garten. Daselbst bey sehr schönem Sonnenschein und milder Luft einige Zeit verweilt. Sodann um's Webicht. Abends *Herr Hofrat Meyer.* – Ihro Kaiserlichen Hoheit [Maria Paulowna] Verzeichniß des Zuwachses an Kupfern pp. im Museum.» (Tgb)

Mittwoch, 17. November. «FORTGESETZTES DICTIREN AN DEM JAHRE 1775. Manche Briefe empfangen. Anderes eingeleitet. *John* copirte die Relation vom Ableben *meines Sohns* von *Kestner*. Um halb 12 Uhr spazieren gefahren. Sodann um's Webicht und bis Neuwallendorf. Mittags mit *Ottilie* und *Herrn Rothe.* Die *Kinder* in der Zeichenstunde. Abends *Herr Kanzler v. Müller. Oberbaudirektor Coudray,* der seine Vorlegeblätter zur sogenannten Reißkunst der *Franzosen,* Géométrie Descriptive, vorlegte und erklärte. Nachher *Ottilie.* Die laufenden Tagesereignisse auf neuere englische Verhältnisse und Blätter.» (Tgb)

Donnerstag, 18. November. «FORTSETZUNG AN 1775. REDACTION UND VERKNÜPFUNG DES VORHANDENEN. [. . .] LAVATERS PHYSIOGNOMIK NÄHER BETRACHTET [ARBEIT AM 18. UND 19. BUCH VON DuW]. Um 12 Uhr [. . .] die *Frau Großherzogin.* Zu Mittag mit der *Familie* und *Prof. Göttling.* Gegen Abend *Kanzler v. Müller, Oberbaudirektor Coudray.* Letzterer die neusten bey günstiger Witterung fortgesetzten Wegearbeiten referirend. WEITERE BETRACHTUNG DER LAVATERISCHEN PHYSIOGNOMIK. Später *Ottilie* und *Wölfchen,* Unterhaltung verschiedener Art.» (Tgb)

Freitag, 19. November. «FORTSETZUNG DER REISE DURCH BADEN IN DIE SCHWEIZ. Ein *junger Theologe* aus Riga, Namens *Temler,* verwandt mit *unserm Zeichenmeister,* ein *besonders hübscher und angenehmer junger Mann.*» (Tgb) – «Als ich *[Kanzler v. Müller]* mich heute *um halb eins mittags* bei Goethe einfand, um, seinem Wunsche gemäß, die Einrichtung seines Testamentes näher zu besprechen [→ 11. 11.; → 29. 8.], sprach er zuvörderst von der Wichtigkeit und Umfänglichkeit der Pflichten, die den *Vormündern seiner Enkel* zufallen würden [→ 15. 11.]. – ‹Meine Nachlassenschaft ist so kompliziert, so mannigfaltig, so bedeutsam, nicht bloß für *meine Nachkommen,* sondern auch für das ganze geistige Weimar, ja für ganz Deutschland, daß ich nicht Vorsicht und Umsicht genug anwenden kann, um jenen *Vormündern* die Verantwortlichkeit zu erleichtern und zu verhüten, daß durch eine rücksichtslose Anwendung der gewöhnlichen Regeln und gesetzlichen Bestimmungen großes Unheil angerichtet werde. MEINE MANUSKRIPTE, MEINE BRIEFSCHAFTEN, meine Sammlungen jeder Art, sind der genausten Fürsorge wert. Nicht leicht wird jemals so vieles und so vielfaches an Besitztum interessantester Art bei einem einzigen Individuum zusammen kommen. Der Zufall, die gute Gesinnung *meiner Mitlebenden,* mein langes Leben haben mich ungewöhnlich begünstigt. Seit sechzig Jahren habe ich jährlich wenigstens 100 Dukaten auf Ankauf von Merkwürdigkeiten gewendet, noch weit mehr habe ich geschenkt bekommen. Es wäre schade, wenn dies alles auseinander gestreut würde. Ich habe [. . .] jedesmal mit Plan und Absicht zu meiner eigenen folgerechten Bildung gesammelt und an jedem Stück meines Besitzes etwas gelernt. – In diesem Sinne möchte ich diese meine Sammlungen *konserviert* sehen. Einige davon, namentlich meine Münzen und die Medaillen – deren Wert in historischer und artistischer Hinsicht nicht genug zu schätzen ist –, wünschte ich für die hiesige Bibliothek und respektive Münzkabinett akquiriert zu sehen, nach billigem Anschlag. – Die übrigen Sammlungen soll man wenigstens zwanzig bis fünfundzwanzig Jahre lang nicht zerstreuen, noch veräußern, damit *meine Enkel* sich an ihnen heraufbilden und erst in spätern, reifern Jahren weitere Beschlüsse darüber fassen. – Den *Bibliothek-Sekretär Kräuter* will ich zum Konservator dieser Gegenstände und meiner sämtlichen Literalien bestimmen; er ist mit vielem davon schon seit lange bekannt, ist sehr ordentlich und pünktlich und wird gewiß alles in guter Ordnung erhalten. – Was jedoch MEINE EIGNEN MANUSKRIPTE anlangt, so wird man ohne Beirat, Prüfung und Zustimmung des *Prof. Riemer* nichts davon drucken zu lassen haben, und überhaupt sehr vorsichtig damit umgehen müssen. Die Kontrakte mit *Cotta* sind verwikkelt und oft schwierig zu behandeln; ich rechne hinsichtlich deren vorsichtigen Geltendmachung sehr auf Obervormundschaftliche Direktion und auf

Ihre spezielle Fürsorge, *Herr Kanzler!* – Auch mein Haus und meine Gärten wünschte ich in den ersten zwanzig bis fünfundzwanzig Jahren nicht verkauft. Ein förmliches Fideikommiß will ich gerade nicht daraus machen; man muß die spätern Generationen nicht zu sehr fesseln, aber jenen Zeitraum der Unveräußerlichkeit wünsche ich beachtet. – Was die Verhältnisse zu *meiner Schwiegertochter* anlangt, so bitte ich Sie, mir zuvörderst anzugeben, was gesetzlich erfolgen würde, wenn ich kein Testament machte.› – Ich setzte Ihm hierauf dies auseinander, namentlich auch mit Rücksicht auf die Ehepakten, die Er im Jahr 1817 genehmigt und unterzeichnet hat [→ 13. 6. 17]. – Darauf äußerte Er: Da *Ottilien* die Erziehung der *Kinder* zunächst obliegt, so ist es billig, daß ihr für jedes derselben ein so ansehnliches jährliches Quantum ausgesetzt werde, daß sie davon für sich selbst reichlich übrig behalte. Allein man muß auch daran denken, daß sie, wenn dereinst das *jüngste Kind* volljährig wird, auch so viel jährlich behalte, um anständig leben zu können. Wie ist dies am füglichsten einzurichten? – Ich: Auf mehrfache Weise; da es ohnehin noch zweifelhaft ist, ob nicht die *überlebende Mutter* den vollen Nießbrauch des Vermögens ihrer *Kinder* bis zu ihrer Volljährigkeit oder Etablierung ansprechen könne, so hängt es ganz von Ihnen ab, zu bestimmen, a) daß Ihre *Frau Schwiegertochter* diesen Nießbrauch haben solle, wo sie sich dann bis zur Beendigung desselben füglich ein ansehnliches Kapital ersparen könnte. – Oder b) Sie könnten bestimmen, wie viel sie an jährlicher Alimentation für *jedes Kind* haben sollte, zum Beispiel 800 Reichstaler, und daß ihr ebenso viel, als sie für ein *Kind* sonach erhielte, auch dann, wenn der Nießbrauch dereinst wegfällt, lebenslänglich behalten solle. – Oder aber c) Sie könnten ihr gleich ein Kapital eigentümlich aussetzen. – Er: Allerdings wird eins von diesen zu wählen sein. Ich will mich darüber bedenken [...] und wir sprechen dann ehester Tagen weiter darüber. [...] Dann helfen Sie mir weiter zum förmlichen Aufsatz. Sie [...] werden in meinem Sinne die Aufgabe ebenfalls durchdenken können. Meine sämtlichen Gelder und Dokumente sind, wie Sie wissen, in *Rinaldo Vulpius'* Verschluß, dem ich darin volles Vertrauen schenke, und der auch über alles Rechnung und Rechenschaft geben wird. – Es kommt mir vor allem darauf an, daß meine Verlassenschaft liberal in meinem eignen Sinne behandelt werde, daß man nicht pedantisch und lieblos damit verfahre, sondern daß die *Überlebenden, Schaltenden* und *Waltenden* mich gleichsam fortzusetzen, allenthalben konservatorisch zu verfahren suchen. [...]. – So war die Speisestunde herangekommen, und er begab sich nun ganz heiter mit mir in das vordere, sogenannte Urbino-Zimmer zu Tische, wo sich auch bald *seine Schwiegertochter, Walther* und *Wolf* und deren *Hofmeister [Rothe]* einfanden. – Noch muß ich bemerken, daß beim Besprechen meiner hinsichtlich *seiner Schwiegertochter* gemachten Vorschläge ihm der zweite unter b) am meisten zuzusagen schien.» (*Kanzler v. Müller,* Aufzeichnung; GG 6707) – «Mittag [...] die neusten französischen Verhandlungen beredend, nach seinem *[Müllers]* glücklichem Gedächtniß vollständig, mir höchst willkommen, da ich wieder eine Pause in dem Zeitungsleben eintreten ließ. De la Grèce Moderne et de ses Rapports avec l'antiquité par *Edgar Quinet,* den Übersetzer der *Herderschen* Ideen. Gegen Abend *Herr Prof. Riemer.* Manche nähere Verhältnisse, auch fernere litterarische, wurden besprochen.» (Tgb)

Samstag, 20. November. «FORTSETZUNG DER SCHWEIZERREISE [19. BUCH
VON DuW]. Oberaufsichtliche Geschäfte [...]. Schreiben von *Zelter*. Erwiderung desselben.» (Tgb): «Nemo ante obitum beatus [Niemand ist vor seinem
Tode glücklich zu preisen. Wort des *Solon* zu *Krösus*, zuerst überliefert von
Herodot.] ist ein Wort, das in der Weltgeschichte figurirt, aber eigentlich
nichts sagen will. Sollte es mit einiger Gründlichkeit ausgesprochen werden,
so müßte es heißen: ‹Prüfungen erwarte bis zuletzt.› – Dir hat es, mein Guter,
nicht daran gefehlt, mir auch nicht, und es scheinet, als wenn das Schicksal die
Überzeugung habe, man seye nicht aus Nerven, Venen, Arterien und andern
daher abgeleiteten Organen, sondern aus Drath zusammengeflochten. – Dank
für deinen lieben Brief [vom 13. - 18. 11. – *Zelter* schreibt u. a.: «Unsere Brü-
derschaft, mein Guter, bewährt sich ernsthaft genug. Müssen wir das erleben
und stillhalten und schweigen! ... Stolz sag' ich: wir, indem ich den Schmerz
habe, wenn Dich eine Nadel sticht.» (Zelter-Briefwechsel 3, 336)]! hatt ich dir
doch auch einmal eine solche Hiobsbotschaft als gastlichen Gruß einzureichen
[*Zelter* hatte bei seiner Ankunft in Weimar am → 28. 9. 16 von Goethe den
Tod seiner *Tochter Clara* erfahren.]. Dabey wollen wir es denn bewenden lassen. – Das eigentliche Wunderliche und Bedeutende dieser Prüfung ist, daß
ich alle Lasten, die ich [...] mit dem neuen Jahre [...] einem jünger Lebigen
zu übertragen glaubte, nunmehr selbst fortzuschleppen und sogar schwieriger
weiter zu tragen habe. – Hier nun allein kann der große Begriff der Pflicht
uns aufrecht erhalten. Ich habe keine Sorge, als mich physisch im Gleichgewicht zu bewegen; alles Andere gibt sich von selbst. Der Körper muß, der
Geist will, und wer seinem Wollen die nothwendigste Bahn vorgeschrieben
sieht, der braucht sich nicht viel zu besinnen. – Weiter will ich nicht gehen,
behalte mir aber doch vor, von diesem Puncte gelegentlich fortzuschreiten.»
– «Mittag *Hofrat Vogel* und *Demoiselle Seidler*, von Berlin kommend, von den
dortigen Kunstsammlungen und Ausstellungen viel erzählend. *Quinets*
Griechenland fortgesetzt zu lesen. Abends *Herr Hofrat Meyer*. Trug die Kunst-
geschichte von *August* bis *Trajan* vor. Mit *Ottilien* einige Blätter in *Miltons
Samson*.» (Tgb)
Sonntag, 21. November. «FERNERE WANDERUNG AUF DEN GOTTHARD.
Briefe von *Herrn von Conta*, *Cotta* und *Demoiselle Jacobi*. [Anatomie-]*Prof.
Huschke*, wohlgerathene Gipsmodelle, das Organ des Ohrs erläuternd, vorle-
gend. Auftrag noch einige Gehirn-Präparate anzuschaffen. Um 12 Uhr mit
Ottilien spazieren gefahren. Mit der *Familie* gespeist. *Quinets* Grèce moderne
weiter gelesen. Besuch von [...] *[Kanzler] v. Müller* [Goethe ist «sehr heiter».
(*v. Müller*; GG 6708)]. Abends *Ottilie*, Samson von *Milton* fortgesetzt bis zum
Abgange der Delila. EINIGES BIOGRAPHISCHE. [...]» (Tgb)
Vor Montag, 22. November. «Jetzt soll er [Goethe] mit *Ottilie* sprechen
und die gemeinsamen Angelegenheiten bedenken.» (*Caroline v. Wolzogen* an
E. v. Schiller, 22. 11.; GG 6666)
Montag, 22. November. «DIE TOUR AUF DEN GOTTHARD REDIGIRT. Anstalt
die Actiengelder für Dresden einzusammeln.» (Tgb) – Brief an *Geh. Hofrat Helbig*: Goethe teilt mit, daß *Maria Paulowna* das von *Kaiser* zur Ausstellung ein-
gereichte Bild gekauft hat [→ 28. 8.]. Die ausgezahlte Summe könnte dem
Adressaten sogleich zu weiterer Besorgung übergeben werden. – Darüber

hinaus bittet Goethe um Mitteilung, was für *Angelika Facius* erreicht worden
ist [→ 16. 11.]. – *Hofrat Vogel,* einige Bemerkungen wegen der Cholera morbus
[→ 9. 10.]. Drittes *Weigelisches* Verzeichniß von Radirungen. Mittag mit der
Familie. Sodann *Quinets* Griechenland. [...] *[Kanzler] v. Müller. Fräulein Ulrike
[v. Pogwisch],* Theaterurtheile referirend. Sendung von *Nees v. Esenbeck.* Von
Oberberghauptmann Herder. Ich las die gesendeten Papiere, höchstbedeutender
Vorschlag eines tiefen Stollens bey Meißen, an [Herders Manuskript «Der tiefe
Meissener Erbstollen, der einzige den Bergbau der Freiberger Reviere in die
fernste Zukunft sichernde Betriebsplan», 1838 veröffentlicht]. Notiz von einer
Sendung Mineralien. Teppichproben [→ 11. 11.]. *Quinets* Griechenland
geendigt. Später mit *Ottilien* in *Miltons* Samson fortgefahren. [...].» (Tgb)
Dienstag, 23. November. «RÜCKKEHR NACH FRANKFURT REDIGIRT.
Oberaufsichtliche Geschäfte. Mit *Ottilien* und *Herrn Rothe.* Nach Tische häusliche und geschäftliche Zustände mit *Ottilien* verhandelt. Einige Schubladen
der Medaillensammlung aufgenommen. Abends *Hofrat Meyer.* Las weiter in
der römischen Kunstgeschichte. *Prof. Riemer,* ging EINIGES VOM JAHR 1775
mit ihm durch. *Dr. Eckermann* war angekommen [«Er (Goethe) stand aufrecht
und fest und schloß mich in seine liebenden Arme. Ich fand ihn vollkommen
heiter und ruhig, wir setzten uns und sprachen sogleich von gescheuten Dingen, und ich war höchst beglückt, wieder bei ihm zu sein ... Wir sprachen
sodann von meiner Angelegenheit mit dem *Prinzen* (*Soret* hatte am 27. 10. von
der *Großherzogin* das Anerbieten eines fixen Gehalts von wenigstens monatlich dreißig Talern (vgl. Bergemann, 816) übermittelt, wenn *Eckermann* seinen
Unterricht beim *Erbprinzen* fortsetzen wollte, worauf *Eckermann,* der sich nun
doch in Weimar einrichten möchte, gern einzugehen bereit ist; → 12. 10.) ...»
(*Eckermann* an J. Bertram, 24. 11.; GG 6710; vgl. auch Eckermann, 6. 11. und
die daran gefügten Passagen)]. Verschiedenes mit ihm durchgesprochen. *Otti-
lie* zuletzt, einiges Nothwendige verhandelt.» (Tgb)
Mittwoch, 24. November. «FORTSETZUNG AN 1775. *Herr v. Gagern* ist nach
Aachen gegangen, wo möglich in den Niederlanden einzuwirken. Erhielt ein
Rundschreiben von der *Direktion des Deutsch-Amerikanischen Bergwerk-Vereins*
zu Elberfeld. Ingleichen Schreiben von *Rat Schlosser* aus Frankfurt. LAVATE-
RISCHE PHYSIOGNOMIK [ARBEIT AM 19. BUCH VON DUW; → 18. 11.]. Mittag
Dr. Eckermann [«Diesen Mittag war ich nun mit Goethe und *Frau v. Goethe* zu
Tisch, und ich hatte manches zu erzählen ... Aus Goethes Andeutungen schien
hervorzugehen, daß ich ihn (den *Erbprinzen*) auch in der Literatur unterrichten
soll. Was mich aber besonders freut, ist, daß Goethe gleich von den Konver-
sationen anfing (→ 12. 10.) und meinte, es müsse meine erste Arbeit sein und
wir wollten nicht eher nachlassen, als bis alles vollkommen getan und im reinen
wäre.» (*Eckermann* an Johanne Bertram, GG 6710) – «Übrigens erschien Goethe mir heute besonders stille und oft in sich verloren, welches mir kein gutes
Zeichen war.» (Eckermann)]. Nach Tische Medaillen vorgenommen. Abends
Oberbaudirektor Coudray. [...] *[Kanzler] v. Müller, Ottilie.* Weiter gelesen im
Samson *Miltons. Wölfchen* besucht, der unwohl war.» (Tgb) – «Ich *[Caroline v.
Egloffstein]* sah ihn [Goethe] zum ersten Mal und fand nun einen *alten* Mann;
er spricht mit den *Freunden* nur wenig über seinen Verlust, aber ich glaube, er
empfindet ihn tiefer, als man denkt.» (*C. v. Egloffstein;* GG 6711)

Donnerstag, 25. November. «1775 FORTGESETZT. [...] An *Inspektor Schrön,* Meteorolgie und Sternwarte betreffend. [...] die *Frau Großherzogin.* [...] Von *Herder* sendet ein wichtiges Gutachten über Führung eines tiefsten Stollens von Meißen bis in die Freiberger Gruben [→ 22. 11.] [...]. War zu Tische *Dr. Eckermann* [«*Frau v. Goethe* kam auch bald, und wir setzten uns. Ich erzählte über Tisch manches aus meiner Reise, wobei ich mich jedoch in acht nahm, *seinen Sohn* zu berühren, um nicht schmerzliche Empfindungen zu erwecken.» (*Eckermann* an Johanne Bertram, GG 6713)]. Nacher *Herr Landesdirektionsrat Töpfer.* Dictirte einiges an *[Diener] Friedrich.* Dann *Ottilie,* vorgelesen. Um 9 Uhr zu Bette. Kam *Walther* aus dem Schauspiele und erzählte. Schlief ein, wurde aber nach 10 Uhr durch einen Bluthusten wieder aufgeweckt. Wurde *Hofrat Vogel* gerufen, welcher sogleich zur Ader ließ. Worauf sich's besserte.» (Tgb) – «[...] Goethe, durch eine frühere, sehr schwere Herzkrankheit und durch neuere Ereignisse zu Unregelmäßigkeiten im Kreislaufe des Blutes durch die Atmungsorgane disponirt, wurde, (vielleicht in Folge anhaltenden und lauten Sprechens), den 26. (25.) November, Nachts gegen elf Uhr plötzlich von einem ungemein heftigen Lungenblutsturze befallen. Ein starker Aderlaß am Arme und geeignete innerliche Mittel hemmten mit dem Blutergusse die drohende Erstickungsgefahr.» (Bulletin *Vogels* vom 29. 11., WA III, 12, 410f.) – «[...] und es [die Arbeit am 4. BAND VON DuW] gelang so weit, daß der BAND, wie er liegt, gedruckt werden könnte, wenn ich nicht Hoffnung hätte den Inhalt noch reicher und bedeutender, die Behandlung aber noch vollendeter darzustellen. – So weit nun bracht ich's in vierzehn Tagen [→ ab 9. 11.], und es möchte wohl kein Zweifel seyn, daß der unterdrückte Schmerz [um den Verlust des *Sohnes*] und eine so gewaltsame Geistesanstrengung jene Explosion, wozu sich der Körper disponirt finden mochte, dürften verursacht haben. Plötzlich, nachdem keine entschiedene Andeutung, noch irgend ein drohendes Symptom vorausging, riß ein Gefäß in der Lunge und der Blutauswurf war so stark: daß, wäre nicht gleich und kunstgemäße Hülfe zu erhalten gewesen, hier wohl die ultima linea rerum sich würde hingezogen haben.» (an Zelter, 10. 12) – *Hofrat Vogel* bestätigt diese Einschätzung Goethes: «Goethe liebte *seinen Sohn* wirklich und schenkte ihm fast unbegrenztes Vertrauen; dieser widmete seinem Vater die innigste Verehrung. Ich besitze davon viele unzweideutige Beweise, was auch böser Wille über das zwischen beiden bestandene Verhältnis ausgestreut haben mag. Der Lungenblutsturz ... war lediglich Folge der ungeheuern Anstrengung, womit Goethe den bohrenden Schmerz über den vorzeitigen Verlust des *einzigen Sohnes* zu gewältigen strebte...» (*Hofrat Vogel:* Die letzte Krankheit Goethes; GG 6719)

Freitag, 26. November. «Den ganzen Tag ging es leidlich bis Abends von 5-6 Uhr, wo der Anfall [«sich zwei mal»] wiederholte [«...wurde aber sogleich durch innerliche Mittel unterdrückt.» (Bulletin *Vogels* vom 29. 11., ebenda)].» (Tgb) – *Riemer:* «Die Nacht dort bis 1 1/2 Uhr mit gewacht. War der *Kanzler [v. Müller],* Vogel, Volgstädt, Dr. Rothe mit dabei.» (GG 6714) – Alle empfanden «die höchste Angst um sein kostbares Leben [...]. Die Nacht vom 26./27. ging jedoch ziemlich ruhig hin [...].» (*Müller* an Rochlitz; GG 6718)

Samstag, 27. November. «[...] fühlte er [Goethe] sich bedeutend besser.» (*Müller* an Rochlitz, ebenda) – «Früh schickte ich an *Herrn Prof. Riemer* zwey Concepte zur Correctur. Den ganzen Tag ging es gut. *Frau Großherzogin* [...] schickten mir Compott.» (Tgb) – «Große Freude über Goethes Besserung.» (*Kanzler v. Müller*, GG 6717)

Sonntag, 28. November. «Die Kiste aus Freiberg mit Mineralien war angekommen.» (Tgb) – Brief an *Uwarow:* Goethe bekundet seine Anteilnahme an der in Rußland ausgebrochenen gefährlichen Krankheit [Cholera]. Seine Korrespondenz mit *vertrauenswürdigen Ärzten* ist mit Betrachtungen hierüber beschäftigt [→ 22. 11.]. – In einem beiliegenden Blatt [nicht überliefert] sendet Goethe ein Resultat solcher Mitteilungen. «Man beeilt sich [...] einen [...] Vorschlag mitzutheilen, der, wenn er auch nur geeignet wäre, *gesunde Personen,* welche das gefährliche Geschäft des Wartens und Pflegens auf sich nehmen, einigermaßen sicher zu stellen und zu ermuthigen, schon einen erwünschten Zweck erreicht haben würde.» – «*John* mundirte einiges. Mit *Ottilien* über das neue englische Ministerium gesprochen. Abends *Fräulein Ulrike [v. Pogwisch].* [...].» (Tgb) – «Sein [Goethes] Aussehen ist fast unverändert; er zeigt sich gelassen und heiter, und ob ihm wohl das Sprechen untersagt ist, so unterläßt er doch nicht, von Zeit zu Zeit einige gemütvolle Worte, ja selbst scherzhafte, an die *Seinigen* zu richten, wobei seine Stimme stets kraftvoll und kräftig ist. – *Seine Schwiegertochter* weicht nicht von seiner Seite, und ihre liebevolle Pflege und Fürsorge scheint ihm sehr wohl zu tun.» (*Kanzler v. Müller* an Rochlitz; GG 6718)

Montag, 29. November. «In der soeben vergangenen Nacht hat der Kranke sieben Stunden geschlafen. Die Kräfte sind verhältnismäßig wenig vermindert, der Appetit stellt sich wieder ein, genug, es ist mehr Hoffnung als Besorgnis über den Ausgang zu fassen.» (*Hofrat Vogel* an Rahel Varnhagen; GG 6720) – «[...] Früh *Fräulein Ulrike [v. Pogwisch].*» (Tgb) – Brief an *Hofrat Meyer:* Goethe bittet ihn, mit dem *Zeichner Starcke* beikommende Mappe [Zeichnungen zur Botanik] durchzugehen und sich über einen Preis zu einigen [→ 29. 9.]. – «Nachmittags *Ottilie.* Abends las dieselbe vor.» (Tgb)

Samstag, 27. / Montag, 29. November. «Seit dieser Zeit [26. 11.] wird nur zuweilen offenbar früher ergossenes, geronnenes, mit Schleim vermengtes Blut in geringer Qualität ausgehustet. Man kann behaupten, daß jetzt alle Funktionen in Ordnung sind. Der Schlaf ist gut, der Appetit nicht unbedeutend, die Verdauung regelmäßig. Die Kräfte sind bey weitem nicht so geringe, als man bey solchen Vorgängen fürchten mußte. Die vortreffliche Constitution des verehrten Kranken läßt eine baldige völlige Wiederherstellung mit gutem Grunde hoffen.» (Bulletin *Vogels* vom 29. 11.; WA III, 12, 411)

Dienstag, 30. November. «Die Nacht ruhig zugebracht. Früh wieder aufgestanden.» – Brief an *Maria Paulowna:* Goethe berichtet, daß der *Großherzog* entschieden hat, der *Künstlerin Angelika Facius* zu ermöglichen, ihre Studien in Berlin auch im Jahre 1831 fortzusetzen [→ 22. 11.]. – Er legt die geplante Finanzierung des Aufenthaltes dar. (WA IV, 50, 77f.) – Brief an *Riemer:* Goethe bittet ihn, Beikommendem [MANUSKRIPT DER LEBENSNACHRICHTEN VON 1775] seine Aufmerksamkeit zu schenken, «bis es uns vergönnt ist gemeinschaftlich darüber zu berathen [→ 25. 11.]». – Brief an *Eckermann:* «Haben Sie die Güte [...], beykommende schon bekannte GEDICHTE nochmals durchzugehen, die voranliegenden NEUEREN einzuordnen, damit es sich zum Ganzen

schicke [wohl Redaktion für die FORTSETZUNG DER ALH; → 5. 5.]. FAUST
folgt hierauf!» – Billett an *Kanzler v. Müller [?]:* «Nehmen Sie, theuerster Herr
und Freund, beygehendes Problematische Werck [vermutlich eine «Figur von
Alabaster» (laut Tgb vom 1. 12. an den *Kanzler* gesandt)], zum unzweydeuti-
gen Andencken, Vaters und *Sohnes* der Verpflichteten [dies wohl als Dank an
den *Adressaten,* der sich der Sorgen um das Goethesche Testament annimmt;
→ 19. 11. (vgl. Raabe 2, 332)]. (Raabe 1, 571) – «[...] *Wölfchen* und *Alma*
besuchten mich. Nach Tische *Ottilie,* welche vorlas.» (Tgb)

Dienstag, 30. November / Mittwoch, 1. Dezember. «Es ist durchaus kein
beunruhigendes Symptom [bei Goethe] mehr vorhanden. Schlaf und Appetit
sind gut; seit gestern wandelt er mitunter wieder in der Stube umher, schreibt
– da er sich des Sprechens billig noch möglichst enthalten muß – häufig Fragen an die *Seinigen* über diesen oder jenen Gegenstand auf [...].» (*Kanzler
v. Müller* an Rochlitz, 1. 12.; GG 6725)

Ende November. «[...] sage, daß der alte Goethe den schweren Schlag sehr
leicht überwunden hat, wozu sein Alter und die Überzeugung beiträgt, die
Du ja selbst beim Anblick *seines Sohnes* hattest, daß dieser nämlich für den *bessern Teil der Menschheit* verloren sei... *August* hat 5000 Taler Schulden hinterlassen, die der Vater bezahlen muß und daher viele Einschränkungen vorzunehmen beabsichtigt. Überdies erhält *Ottilie* nur 400 Witwengeld von ihm
[entsprechend dem auch von Goethe unterschriebenen Ehevertrag vom 17. 6.
17] und 240 aus der hiesigen Witwenkasse, was für jede andere als *Ottilie* bei
freier Existenz sehr viel sein würde, ihr aber wie nichts erscheint. Wenn der
Alte kein Testament macht, so muß sie künftig mit diesen 640 Talern existieren, da den *Kindern* schon *Vormünder* gesetzt sind und solche kein Recht
haben, ihnen etwas zu vergeben. Überdies sieht sie sich, gegen ihre Neigung,
gezwungen, sehr viel um den Vater zu sein, ihn zu pflegen und ihren frivolen
Hofstaat aufzugeben [...]. [*Ottilie* wünscht] sehr, daß der Vater die Büste bei
Thorwaldsen verfertigen lassen möge, daher wolle sie nebst dem *Kanzler* alles
aufbieten, um ihn dahin zu bringen, nur müßte man wissen, wie hoch die
Büste kommen könne, denn aufs Ungewisse werde der Alte, bei seinen
Sparungsplänen, schwerlich eingehen [vielleicht bestand bereits der Plan
Thorwaldsens, eine Büste nach *Augusts* Totenmaske, abgenommen von *Chri-
stian Lotsch,* anzufertigen; → 15. 11. (vgl. GG, zu 6711)].» (*Henriette v. Beau-
lieu-Marconnay* an ihre Tochter Julie, 25. 11.; GG 6711)

Ab Anfang Dezember. «Nach Goethes rasch erfolgender völligen Gene-
sung wendete er sein ganzes Interesse auf den VIERTEN AKT DES FAUST, sowie
auf die Vollendung des VIERTEN BANDES VON WAHRHEIT UND DICHTUNG. –
Mir *[Eckermann]* empfahl er die Redaktion seiner KLEINEN BIS DAHIN UNGE-
DRUCKTEN SCHRIFTEN, desgleichen eine Durchsicht seiner TAGEBÜCHER und
ABGEGANGENEN BRIEFE, damit es uns klar werden möchte, wie damit bei
künftiger Herausgabe zu verfahren [→ 30. 11.]. An eine Redaktion meiner
Gespräche mit ihm war nicht mehr zu denken; auch hielt ich es für vernünftiger, anstatt mich mit dem bereits Geschriebenen zu befassen, den Vorrat
ferner durch Neues zu vermehren, so lange ein gütiges Geschick geneigt sein
wolle, es mir zu vergönnen.» (*Eckermann,* ohne Datum, dem 30. 11. lose ange-
fügt)

Mittwoch, 1. Dezember. «*Herrn [Rinaldo] Vulpius* die Ringe u. a. überge-ben.» (Tgb) – Brief an *Zelter:* «Noch ist das Individuum beysammen und bey Sinnen. Glück auf! – Mit der leidigen Krankheitsgeschichte verschon ich dich, Hier! was *mein trefflicher Artzt* von der löblichen Genesung sagt: [Goethe fügt den Schluß von *Vogels* Bulletin ab «Man kann behaupten...» ein; → 27./ 29. 11.)] – Und so steht es noch heute [...] [Ein gleichartiger Brief geht an *Willemers.*].» – «[...] Nach Tische *Ottilie* vorlesend. Conversations-Lexicon. Schenkte derselben einen Lichtschirm.» (Tgb)

Donnerstag, 2. Dezember. Brief an *Marianne v. Willemer:* Goethe bittet sie, baldigst ein Kästchen mit Gerätschaften zu mancherlei Taschenspieler-künsten für einen *Anfänger [Enkel Walther]* zu senden. – Woraus zu ersehen ist, «daß uns nichts anders übrig bleibt als nach Meiden, Scheiden, Leiden, wieder an Freuden zu denken, wenn auch nicht für uns, doch für andere. – Hier ist es nun zu thun, das Weihnachtsfest den *Enkeln* [...] möglichst aus-zuschmücken, welche, so froh, als lange [läge (vgl. Weitz, 248)] nichts hinter ihnen, dieser so ersehnten Epoche lernend, musicirend, spielend entgegen leben. – [...] darf ich vermelden: daß, verhältnißmäßig zu der Lage, ich mich nicht besser befinden konnte.» – Die Teppichmuster gehen ohne Bestellung zurück [→ 22. 11.]. Goethe hätte das grüne gewählt, «wenn es Zeit wäre das Haus zu schmücken». – «[...] Verordnungen an *Kontrolleur Hoffmann,* wegen *Demoiselle Facius* in Berlin [→ 30. 11.] und einer Minera-liensammlung von Freiberg. – Briefschaften durchgesehen und ausgewählt. Für mich gespeist. Nach Tische geordnet und geruht. Abends *Ottilie.* Vorge-lesen Die Sterner und Psitticher [Novelle, 1831, zuerst im «Gesellschafter» von 1821], gesendet [und verfaßt] von *Varnhagen von Ense. Hofrat Vogel.* Nachts an FAUST gedacht und einiges gefördert [→ 25. 6.].» (Tgb)

Freitag, 3. Dezember. Brief an *Gustav Friedrich Richter [Administrator der bergakademischen Mineralien-Niederlage* in Freiberg]: Goethe dankt für die Mi-neraliensendung [→ 28. 11.]. – «Leider entfernt sich Wunsch und Hoffnung, Freiberg zu besuchen, immer mehr [...].» – «[...] Anderes Geschäftliche berichtigt. *Schuchardt* meldete, der neue große Schrank sey fertig und aufge-stellt worden. [...] Mittag für mich. Im Sondern der Papiere fortgefahren. Abends *Ulrike [v. Pogwisch]* und *Ottilie.* Letztere las mir später aus dem Con-versations-Lexicon vor und erzählte von manchen Vergangenheiten. Um 9 Uhr zu Bette. Nach 1 Uhr einige Stunden gewacht. Verschiedenes in Gedan-ken gefördert. Bis früh geschlafen.» (Tgb)

Samstag, 4. Dezember. «EINIGES AM FAUST. Kam ein Brief von *Zelter. Römhild* berichtete wegen seiner Einnahme vom *Dresdner Verein* und erhielt weitern Auftrag. Sehr bedeutendes Schreiben von *Frau v. Beaulieu* [Sie berich-tet von einer früheren Begegnung mit *Lili v. Türckheim:* «Mit seltener Auf-richtigkeit gestand mir *Frau von Türckheim,* ihre Leidenschaft für denselben (Goethe) sei mächtiger als Pflicht und Tugendgefühl in ihr gewesen, und wenn seine Großmut die Opfer, welche sie ihm bringen wollte, nicht stand-haft zurückgewiesen hätte, so würde sie späterhin, ihrer Selbstachtung und der bürgerlichen Ehre beraubt, auf die Vergangenheit zurückgeschaut haben ... Sie müsse sich daher als *sein* Geschöpf betrachten und ... mit reli-giöser Verehrung an seinem Bilde hangen.» (an Goethe, 3. 12.; Mandelkow,

Briefe an Goethe, 2, 566)]. *Sekretär Kräuter* wegen der nächsten Verhältnisse
[«Ich *(Kräuter)* traf ihn beim Frühstück, auf dem gewohnten Platze, und er
unterbrach meinen Glückwunsch, mir freundlich zurufend: ‹Da sitzen wir
wieder!›» (*Kräuter* an Ch. Wenig, 5. 12.; GG 6727)]. *Maler Starcke,* die botanischen Zeichnungen bezahlt [→ 29. 11.]. Anderes anzuordnen fortgefahren.
Mittag für mich. Nach Tische die *Schuchardtischen* Radirungen angesehen und
etwas ausgewählt. Abends *Ottilie,* welche das Schillerische Leben, geschrieben
von *Frau [Caroline] v. Wolzogen,* vorlas.» (Tgb)

Sonntag, 5. Dezember. Brief an *Kräuter:* Goethe beauftragt den *Adressa-
ten,* «die Custodie» über seine «sämmtlichen Sammlungen» zu übernehmen [→
19. 11.]. «Meinen Bücher-Vorrath hat er geordnet [...]. – Gleichfalls meine
Privat-Scripturen, Acten, Collectaneen, TAGEBÜCHER, eingegangene und
ABGESENDETE BRIEFE [...]. – Zu meinen Sammlungen folgen anbey die mei-
sten Schlüssel.» – «[...] Mittag für mich. Verschiedenes eingeleitet [...].
Abends *Ottilie.* Las weiter in dem Leben Schillers von *Frau v. Wolzogen.* Hofrat
Vogel, neuste Braunschweigische und Warschauische Händel. – [An] *Herrn
Prof. Riemer,* den [aus Ahornholz] geschnitzten Becher [mit der Bitte, sich «des
zierlichen Anblicks» zu erfreuen «in Hoffnung und Aussicht den alten treuen
Freund noch eine Zeitlang in Ihrer Nähe zu wissen».] [...] – [An] *Dr. Ecker-
mann* den Brief von *Carlyle.* [...].» (Tgb)

Montag, 6. Dezember. Brief an *Zelter:* «Es wird sich wohl einleiten lassen,
daß unsere Mittheilungen nicht unterbrochen werden. Ich schreibe manches
mit Bleystift, welches mundirt wird. Alles kommt darauf an, daß die Kräfte,
die mir geblieben sind und die sich allmählig verstärken, wohl genutzt werden
[...]. Die mir auferlegten Lasten vermindern sich nicht, doch vertheil ich sie
auf *Wohlgesinnte,* die sich an diesem Falle doppelt erproben. [...] Schon seit
einiger Zeit trau ich dem Landfrieden nicht und befleißige mich, das Haus zu
bestellen [...]. – Wegen UNSRER CORRESPONDENZ ist Vorsorge getroffen.
Willst du [...] den künftigen nicht unbedeutenden Betrag des Erlöses auch für
[Tochter] Doris bestimmen, so drücke es in einem legalen Document gegen
mich aus, damit es sich an die andern Verfügungen gesetzlich anschließe [...].»
– «[...] Acta die FORTSETZUNG MEINER WERKE UND DEREN 9. UND 10.
LIEFFERUNG betreffend eingeleitet [→ ab Anfang Dezember]. *Sekretär Kräuter,*
einiges Geschäftliche vorlegend. Ich übergab ihm die Schlüssel mit einer Note
[→ 5. 12.]. Er brachte *Serenissimi* Jagdpartie-Zeichnung von *Schwerdgeburth.*
Erhielt das Geld zurück für die *Starckischen* Zeichnungen [→ 4. 12.]. Berichtigte noch einiges wegen des *Dresdner Vereins.* Mittag für mich. Nachher
einige Stunden geschlafen. Abends *Wölfchen,* der mir aus einer Sammlung
werkwürdiger Geschichten vorlas. Sodann *Ottilie,* welche *[L.] Holbergs* Bram-
arbas [1823] vorlas. Betrachtung über die Bildung jener Zeiten mit den jetzigen. Nachts wachend, alles Vorliegende durchgedacht und manches gefördert.» (Tgb)

Dienstag, 7. Dezember. «Weiteres zum *Dresdener Kunstverein* gefördert.»
(Tgb) – Brief an *Frau v. Beaulieu-Marconnay:* «Ihr theures Blatt mußte ich, mit
Rührung, an die Lippen drücken [→ 4. 12.].» – Nachsatz zu einem Brief *Eckermanns* vom 6. 12. an *Carlyle:* «Glücklicherweise kann ich eigenhändig hinzufügen daß ich lebe und hoffen darf noch eine Zeitlang in der Nähe meiner

Geliebten zu verweilen [...].» – «[...] An *Alfred Nicolovius* nach Göttingen, seinen Weihnachtsbesuch abgelehnt [«Dem *Herrn Alfred Nicolovius*, von einer vorhabenden Reise nach W. abzurathen hat man alle Ursache, da er sich daselbst eines höchst unerfreulichen Empfangs zu gewärtigen hätte (→ vermutlich Anfang Mai 29).» (Konzept eines wahrscheinlich in Goethes Namen von *Eckermann* geschriebenen Briefes; WA IV, 48, 286)]. – Oberaufsichtliche Sachen durchgegangen. [...]. Mittags allein. Hernach *Dr. Eckermann.* Später *Prof. Riemer,* welcher mich von seinem Antheile an der FORTSETZUNG DES 4. BANDES [von DuW; → 30. 11.] unterhielt.» (Tgb)

Mittwoch, 8. Dezember. «Einige Briefconcepte. Die Acten der Oberaufsicht geordnet [...]. Mittag allein. *Hofrat Meyer* nachher. Sodann [...] *[Kanzler] v. Müller.* Später *Ottilie.* In dem Schillerischen Leben fortlesend [→ 5. 12.].» (Tgb)

Donnerstag, 9. Dezember. «La Grèce moderne [von *Quinet]* an *Hofrat Meyer* [Mit der Bitte zu notieren, was dem *Adressaten* neu darin erscheint, «denn daß mir darin manches neu vorkommt, ist kein Wunder, da ich das Bekannte nicht hell und klar vor mir habe (→ 22. 11.)». (Begleitbrief)]. Das *Steinerische* Manuscript an *Coudray* zurück. [...] Um 12 Uhr *Ihro Kaiserliche Hoheit [Maria Paulowna]* mit *Demoiselle Mazelet.* Schreibzeuge angesehen und eins gekauft. *Wolf* und *Alma* kamen und spielten ganz artig. Mittag für mich. Nach Tische ein wenig geruht. Manuscrits authentiques trouvés aux Tuileries et dans les ministères gelesen, ein merkwürdiges Buch, enthaltend Rapporte über die periodische Presse, Notizen über die *Armee* und einen Catalogen über die *Jesuiten* in Frankreich Anfangs 1830. Abends *Ottilie, Hofrat Vogel.* Später kam *Ottilie* zum zweytenmal und las im Schillerschen Leben von *Frau v. Wolzogen* [→ 8. 12.]. Zuletzt kamen die *beiden Knaben [Walther* und *Wolf]* und referirten mit Lebhaftigkeit von ihren unternommenen Theaterstücken.» (Tgb)

Wahrscheinlich Mittwoch, 8. / Donnerstag, 9. Dezember. Konzept eines vermutlich nicht abgegangenen Briefes im Namen von *Maria Paulowna* an *Varnhagen von Ense:* Wenn nicht zu läugnen ist, daß wir in das Mittelalter, welches man freylich nicht zurückrufen möchte, uns wenigstens gern in Gedanken versetzen, so können Sie sich des Beyfalls versichert halten, welcher Ihrer so anmuthigen als kräftigen Schilderung zu Theil werden müßte [*Varnhagen* hatte ein Exemplar seiner Novelle «Die Sterner...» auch an die *Großherzogin* gesandt; → 2. 12.].

Freitag, 10. Dezember. Brief an *Zelter:* «Du hast vollkommen recht, mein Bester! Wenn ich das Uhrwerk meiner Lebensbetriebe nicht gehörig in Ordnung hielte, so könnt ich in einem dergleichen leidigen Falle kaum weiter existiren. Dießmal aber hat der Zeiger nur einige Stunden retardirt, und nun ist alles wieder im alten mäßigen Gange.» – «*Hofrat Vogel* bey Zeiten. Ich besprach mit ihm die oberaufsichtlichen Angelegenheiten [die diesen nun besonders betreffen, da er in der Nachfolge von *Sohn August* dessen Pflichten in der Oberaufsicht übernehmen soll]. *John* mundirte verschiedenes auf's Geschäft bezüglich. Kamen ein: *[J. K.] Zenkers* merkantilische Waarenkunde [oder Naturgeschichte der vorzüglichsten Handelsartikel..., 1829 ff.], ferner Die Pflanzen und ihr wissenschaftliches Studium überhaupt, von demselben. Ferner: Über Tyrtäos und seine Gedichte von *[N.] Bach. Sekretär Kräuter*

einige neue Bücher vorlegend. Mittag *Dr. Eckermann.* Verschiedene litterari-
sche Verhandlungen [vermutlich im Zusammenhang mit der 9. UND 10. LIE-
FERUNG; → 6. 12.]. Das französische Werk bis zu Ende gelesen [→ 9. 12.].
Abends *Prof. Riemer.* Gingen wir die ERSTEN ABTHEILUNGEN DES VIERTEN
BANDES zusammen durch [→ 7. 12.]. Nachher *Ottilie.* Las den ersten Band des
Schillerischen Lebens von *Frau v. Wolzogen* bis zu Ende.» (Tgb)

Samstag, 11. Dezember. Brief an *Hofrat Meyer:* Goethe bittet, seinen Versuch eines Schreibens an *Varnhagen* [→ wahrscheinlich 8./9. 12.?] der *Großherzogin* vorzulegen und zu melden, wenn es anders gewünscht werden sollte. –
«EINIGES POETISCHE. Kam ein Brief von *Boisserée.* Auch von *Knebel.* [...]
Graf Reinhard mit [...] *[Kanzler] v. Müller;* die neusten Weltangelegenheiten
wurden confidentiell besprochen. Mittag für mich. Die *Frau Gräfin* speiste
mit *Ottilien. Dr. Eckermann* hatte die NEUERN UND ÄLTERN NOCH NICHT
GEDRUCKTEN GEDICHTE geordnet wieder gebracht [→ 30. 11.]. Abends *Graf
Reinhard* und *Gemahlin* und [...] *[Kanzler] v. Müller.* Ich und *Ottilie* schlossen
den Kreis.» (Tgb) – «Was für entsetzliche Momente mir *[Ottilie v. Goethe]* des
Vaters Krankheit gegeben, hast Du wohl gedacht; und doch war es etwas
Stärkendes, Erhebendes für mich darin, ihm etwas zu sein. Er ist ganz besser,
nur sieht er noch *wenig Menschen,* und die Abende bin ich immer, bis daß er
schlafen geht, mit ihm allein. Gewöhnlich lese ich ihm etwas vor.» (an *Adele
Schopenhauer;* GG 6730)

Sonntag, 12. Dezember. «EINIGES ZU FAUST.» (Tgb) – Brief an *Gille:*
«Beykommendes freundliche Kunstwerk [«ein größeres Kristallglas in
Becherform, in welches vier verschiedene farbige Glaspasten, die Köpfe von
Goethe, Schiller, Herder und Wieland darstellend, eingesetzt waren» (Femmel, 306)] ist Ew. Wohlgeboren nicht unbekannt; Sie haben es als Zierde in
dem wohlgeschmückten Zimmer gesehen, wohin der *werthe Freund [Sohn
August]* nicht wieder zurückgekehrt ist. Stellen Sie es bey sich auf und
gedenken mit den *werthen Ihrigen* liebevoll eines *jungen Mannes,* der Ihnen so
anhänglich war und welchem Ihre nachsichtige Freundschaft über manche
getrübte Stunde hinausgeholfen.» – «[...] [An] *Hofrat Winkler,* Ankündigung
der 300 Taler [Beiträge der *Weimarer Mitglieder des Sächsischen Kunstvereins*].
– Sonstige Vorsehung wegen des *Dresdener Kunstvereins.* Unterhaltung mit
Rinaldo [Vulpius] wegen öconomischer und Kasse-Angelegenheiten. Briefe
von *Mylius* und *Cattaneo* aus Mailand, *Baron v. Stein* aus Breslau. *Graf Reinhard* und [...] *[Kanzler] v. Müller.* Ersterer las aus seinen Tagebüchern merkwürdige, der letzten Umwälzung vorhergegangene Unterredungen und
Ereignisse. Mittag *Dr. Eckermann.* Brachte das MANUSCRIPT VON FAUST
zurück. Das darin ihm Unbekannte wurde besprochen, die letzten Pinsel-
züge gebilligt. Er nahm die KLASSISCHE WALPURGISNACHT mit. *Oberbaudirektor Coudray.* Bisherige zurückgebliebene Geschäftssachen verhandelt. [...]
Sodann *Graf Reinhard.* Auch [...] *[Kanzler] v. Müller.* Wurden Politica und
Parisiensia besprochen. Blieb für mich. Später *Ottilie* und die *Kinder.* Wurde
der Character und die Art des *Herrn Attaché, Herrn von Sieyès,* besprochen.»
(Tgb)

Donnerstag, 9. / Sonntag, 12. Dezember. Brief an *Minister v. Fritsch:*
Goethe schlägt [auf Anfrage des *Adressaten*] *Hofrat Vogel* als *Assistent der ober-*

aufsichtlichen Geschäfte vor. [→ 10. 12.]. – Dieser hat «seit Jahren» auf «alle Weise» Goethes Vertrauen zu verdienen gewußt und war unter den jüngst vergangenen Umständen [der Erkrankung Goethes; → 25. 11. ff.] «der einzige Mann [...], mit welchem [ich] mich einigermaßen zu erklären im Falle gewesen wäre». – Darüber hinaus hat *Vogel* aufgrund seiner Stellung zur großherzoglichen Landesdirektion bereits öfter unmittelbaren Einfluß auf die akademischen Anstalten in Jena ausgeübt. Sollte der *Großherzog* zu einer solchen Anstellung geneigt sein, würde Goethe *Vogel* mit allen Umständen des Geschäfts vertraut machen.

Montag, 13. Dezember. «WEITERE ERGÄNZUNG DES FAUST.» (Tgb) – Brief an *Kanzler v. Müller:* Goethe bittet ihn zu überlegen, wie «beykommende [TESTAMENTARISCHE] [...] ABSICHT» zu legalisieren sei. – «Es war in den Sternen geschrieben, daß unsere frühere Vorsorge nicht gelten, sondern eine fernere sich nöthig machen sollte» [→ 19. 11.]. – «[...] Mittag *Dr. Eckermann.* Wurde die KLASSISCHE WALPURGISNACHT besprochen. Kam eine Sendung von *Geoffroy de St. Hilaire.* Ich studirte dieselbige [→ 11. 10.]. Abends *Herr Graf Reinhard* und *Gemahlin.* Auch *Mr. Sieyès, Attaché.* Auch *Frau v. Diemar.* Nachher noch kurze Zeit mit *Ottilien* und den *Kindern.*» (Tgb)

Dienstag, 14. Dezember. «Bey Zeiten zu arbeiten angefangen. DAS POETISCHE blieb im Gange.» (Tgb) – Fortsetzung des Briefes an *Zelter* [→ 10. 12.]: «Der *getreue Eckart [Eckermann]* ist mir von großer Beyhülfe. Reinen und redlichen Gesinnungen treu, wächst er täglich an Kenntniß, Ein- und Übersicht und bleibt, wegen fördernder Theilnahme, ganz unschätzbar; so wie *Riemer,* von seiner Seite, durch gesellige Berichtigung, Reinigung, Revision und Abschluß der MANUSCRIPTE, so wie der Druckbogen mir Arbeit und Leben erleichtert. Möge uns beiden so viel Kraft und Behagen verliehen seyn, um bis an's Ende wirksam auszudauern.» – Brief an *Frommann [d. J.]:* Goethe sendet die mitgeteilten Druckschriften zurück; das gewünschte Buch ist leider nicht dabei [→ 3. 11.]. – Zugleich teilt Goethe dem *Adressaten* mit, daß entgegen der Verabredung mit dem *Verleger [Cotta]* die ZUSÄTZE ZUR METAMORPHOSE nicht im verabredeten Umfang geleistet werden können [→ 19. 4.]. Als Ursachen nennt er die «verspätete Erklärung des [...] *Verlegers* über die Anzahl der Exemplare», die schnelle Abreise *Sorets* [→ 7. 11.] und als «schlimmste» den Verlust in *seiner Familie* und seinen «eigenen schweren Krankheitsfall [...]. Wir werden uns wohl mit der Hälfte begnügen müssen.» – Brief an *Adele Schopenhauer:* Goethe fragt nach dem von ihm gesuchten Werk von *Prof. Goldfuß* [→ 3. 11.]. – «[...] EINIGES AUF DIE STREITIGKEIT DER FRANZÖSISCHEN NATURFORSCHER BEZÜGLICH [→ 13. 12.] [...]. Mittag *Dr. Eckermann.* Die WALPURGISNACHT näher besprochen. Anderes verhandelt. Ich machte mich mit der angekommenen Frankfurter Sendung [von *Willemers*] näher bekannt. Um 6 Uhr *Prof. Riemer.* Wir gingen den 7. BOGEN DER METAMORPHOSE durch [→ 7. 11.]. Sodann AUS MEINEM LEBEN 4. BAND [→ 7. 12.]. Besprachen einiges auf den *Grafen Reinhard* Bezügliches.» (Tgb)

Mittwoch, 15. Dezember. «AN FAUST FORTGEFAHREN.» (Tgb) – Brief an *Knebel:* «Der neuen Ausgabe deines *Lukrez* haben wir uns zu freuen [→ 24. 2.]; sende mir den fraglichen Brief, damit ich sehe, ob nicht noch etwas Behufiges hinzuzufügen sey [*Knebel* hatte um die Erlaubnis gebeten, Goethes Brief vom → 27. 2. zur Beförderung der Neuausgabe mit abdrucken lassen zu dürfen (vgl. Guhrauer, 403)]. Leider hab ich die guten Intentionen, deren ich einmal in KUNST UND ALTERTUM [III, 3, im AUFSATZ VON KNEBELS ÜBERSETZUNG DES LUKREZ] bey Gelegenheit deines *Lukrez* gedachte, nicht durchführen können [→ 16. 1. 22]. Vielleicht wären sie gerade gegenwärtig am Platz gewesen, wo aber nicht Raum noch Muth zu solchen Betrachtungen blieb.» – «Kamen Briefe von *Geoffroy de St. Hilaire* von Paris, von *Kaufmann Paraviso* und *Auktionator Schmidmer,* beyde von Nürnberg. *Maler Kaiser,* daß er den Winter hier bleiben wolle, vermeldend. [. . .] *Serenissimus. Minister v. Fritsch* [. . .]. Mittag *Dr. Eckermann.* Unsre litterarischen Unterhaltungen fortgesetzt. Brief von *Zelter* wegen der AUSGABE UNSRER CORRESPONDENZ [→ 6. 12.]. Revue Française, No. 16, 1830. Vortrefflicher Aufsatz über das, was sie *Poésie fugitive* nennen, sodann über die Verdienste des *deutschen Dichters Uhland. Prof. Riemer,* BOGEN 7 DER METAMORPHOSE. Einiges andere durchgesprochen. Die *Kinder* kamen später. *Ottilie* las in Rouge et Noir von *Stendhal.* [. . .].» (Tgb)

Vor Mitte Dezember. «Ich *[Eckermann]* habe auf Goethes Rat bei dem *hohen Adel, der zunächst zum Hofe gehört,* Besuche gemacht. Sie müssen sich [als Lehrer des *Erbprinzen*] als ein zur *fürstlichen Familie* Gehöriger ansehen, sagte er, und von diesem Vorrechte Besitz nehmen.» (an Johanne Bertram, 17. 12; GG 6735)

Mitte Dezember. «In ihm [Goethe] ist Mensch und Schriftsteller eins. Es ist ein Mensch, der sich nur auch noch schriftlich äußern kann und mag, der das zu Papier zu geben versteht, was er ist.» (*Riemer,* 16. 12.; GG 6734)

Donnerstag, 16. Dezember. «AN FAUST FORTGESCHRIEBEN. Oberaufsichtliche Geschäfte. *[Chemie-]Prof. Wackenroder,* von Helgoland referirend und einige Gebirgsarten bringend; auch von dem calcedonisirten Sandstein Splitter, abgeschlagen auf der Lüneburger Heide [→ 14. 8.]. [. . .] die *Frau Großherzogin* und *Demoiselle Mazelet,* übergab mir ein Schreiben von *Hofrat Voigt.* Über die Zeitläufte verschiedenes gesprochen und reflectirt. Auch einiges Neuere und Ältere und geheime Verhältnisse. Kam eine Sendung von Augsburg, OCTAVAUSGABE. Mittag Dr. *Eckermann* [«Er (Goethe) hat mir gestern erzählt, daß *Herr v. Cotta* und der *König* auf mein Gedicht nicht eine Silbe geantwortet, während er erwartet hätte, daß der *König* mir eine Auszeichnung geben würde (→ 9. 7.). Er meinte, man müsse es jetzt durch den Druck öffentlich machen.» (*Eckermann* an Johanne Bertram, 17. 12.; GG 6735)]. Fortsetzung litterarischer Gespräche. Beredung für das Nächste und für die Folge. *Oberbaudirektor Coudray,* die Gewerkschule betreffend [→ 13. 11.], Straßen-Brückenbau und Sonstiges. *Ottilie* las in Rouge et Noir. Nachher die *Kinder.* Ich ging zeitig zu Bette.» (Tgb)

Freitag, 17. Dezember. «ABSCHLUß VON FAUST UND MUNDUM DESSELBEN. Kamen an Jahrbücher der Litteratur, 51. Band, 1830. *Ernst Meyer* von Königsberg: De Plantis Labradoricis. Ein kindisches Religionsbüchlein von *Carové. Sekretär Kräuter,* brachte einige Dresdner Denkmünzen für's kleine Münzcabinett. Mittag *Dr. Eckermann,* welcher die SAMMLUNG DER AUS DEN OPERN AUSGEZOGENEN UND AUSRANGIRTEN LIEDER brachte [«Wohl die Grundlage für den Abdruck der LIEDER FÜR LIEBENDE. FÜR DIE ZWECKE DES

COMPONISTEN UND SÄNGERS NEU ZUSAMMENGESTELLT in BAND 47» DER ALH. (vgl. Hagen, zu 1899)]. Ich gab ihm den ABSCHLUSS VON FAUST mit. *Prof. Riemer.* Wir gingen die BOGEN DER MORPHOLOGIE 7 UND 8 durch [→ 15. 12.], auch einiges vom 4. BANDE AUS MEINEM LEBEN [→ 14. 12.]. Ich las weiter in Rouge et Noir von *Stendhal.* Später *Ottilie.*» (Tgb)

Samstag, 18. Dezember. [...] [An] *Fromman [d. J.]* BOGEN 7 UND 8 MORPHOLOGIE [METAMORPHOSE mit der Bitte, BOGEN 8 zu nochmaliger Durchsicht zu senden. Goethe teilt mit, daß man *Soret* in der nächsten Woche zurückerwartet. (Begleitbrief)].» (Tgb) – Billett an *Kanzler v. Müller:* Goethe erbittet gegen Abend seinen Besuch, um das «bewußte Geschäftliche» [die TESTAMENTARISCHEN BESTIMMUNGEN] zu besprechen [→ 19. 11.]. – «[...] Die *Professoren Göttling* und *Bachmann* von Jena. Ingleichen *Wackenroder.* [...] *[Kanzler] v. Müller* [«Testamentarische Besprechung mit Goethe.» (*v. Müller;* GG 6736)]. Mittag *Hofrat Vogel.* Nach Tische *Dr. Weller,* welcher von der Stellung der *Parteien* in Jena umständlich erzählte, woraus das heimlich Unheilbare der dortigen Lage nur allzusehr hervorging. Abends *Hofrat Meyer.* Wir lasen die Lebensgeschichte oder eigentlich Charakterschilderung Georgs des Zweyten. Später las ich Rouge et Noir von *Stendhal.* Zuletzt *Ottilie* und die *Kinder.*» (Tgb)

Sonntag, 19. Dezember. Brief an *Jakob* und *Marianne Willemer:* «Von meinen Zuständen kann ich das Beste versichern. Da die Krisis einmal vorüber ist, läßt sich denken, daß ich mich besser befinde als vorher, wo doch immer etwas unbestimmt Bedrohliches im Körper lag. Doch ist mir nicht beschieden, ein meinem Alter und Kräften gemäßes behagliches Leben zu führen. Die äußere Welt fragt nicht, wo man die Kräfte hernimmt, ihre Forderungen bleiben gleich [...]. Doch suche ich mit Mäßigung und Gleichheit über die Verschränkungen und Beschränkungen hinauszukommen, die mich seit zwey Monaten umfangen und festhalten.» – Brief an *Kanzler v. Müller:* Goethe sendet das Gutachten von *Zelters Anwalt [Justizrat Heincius* über die Rechtslage hinsichtlich des BRIEFWECHSELS ZWISCHEN GOETHE UND ZELTER vom 11. 12. (vgl. Zelter-Briefwechsel 3, 351 f.)] und legt «*Zelters* Entsagung [dieser überläßt Goethe alle Rechte am BRIEFWECHSEL und bittet ihn, dessen Anerbieten entsprechend (→ 6. 12.), in seinem Testament eine Verfügung zugunsten *seiner Töchter Charlotte Rosamunde* und *Doris* zu treffen (vgl. an Goethe, 9. 12.; Zelter-Briefwechsel, 348 ff.)] [...] zur Beurtheilung und gefälligen Benutzung vor». – «[...] Einiges oberaufsichtliche Geschäfte betreffend [...]. Rouge et Noir fortgesetzt. Sesenheimer Briefe vorgenommen. Concepte zu Danksagungsschreiben an *Teilnehmende* dictirt. Mittag *Dr. Eckermann* und *Ottilie.* Rouge et Noir den 1. Band ausgelesen. *Herr Kanzler v. Müller* [«*Cornelius'* Zeichnungen zu *Dante* («Umrisse zu Dante's Paradies...») wurden hart von ihm beurtheilt. Liebliche Salzburger radierte Blätter (*Ludwig Richter:* Malerische Ansichten aus den Umgebungen von Salzburg).» (*Kanzler v. Müller;* GG 6737)]. Später *Ottilie* und die *Kinder.* Erstere las die Geschichte der *Königl. englischen Familie.* Hernach machte *Wolf* Pagenstreiche.» (Tgb)

Montag, 20. Dezember. «Kamen mehrere Packete an, von Augsburg die OCTAVAUSGABE, von Mailand ein Kästchen in Neapel gepackt, Bilder enthaltend, Naturalien und Anticaglien. Um 12 Uhr *Hofjäger Schnell,* für die

Medaille zu seinem Jubiläum zu danken. *Herr [Ludwig] Devrient [Schauspieler; geb.* 1784] *und Frau [Auguste, geborene Brandes], auch Hofrat Vogel. Mittag Dr. Eckermann. Rouge et Noir. Später Ottilie vorlesend.* [...].» (Tgb)

Dienstag, 21. Dezember. «Oberaufsichtliche Geschäfte und einige Munda. WENIGES POETISCHE. MUNDUM DES 4. BANDES AUS MEINEM LEBEN [→ 17. 12.]. Um halb 1 Uhr *v. Gansenbach* von St. Gallen. Dann *Herr v. Gerstenbergk. Mittags Dr. Eckermann* und *Wölfchen* [«Mit dem Leseinstitut (Lesemuseum in Weimar) ist es nichts. Es wäre viel zu tun und wenig Geld und eine wankende Sache (→ 15. 11.; → 26. 9.). Goethe ist ganz meiner Meinung...» (*Eckermann* an J. Bertram, GG 6738)]. Nach Tische *Hofrat Meyer.* Las in der Kunstgeschichte von *Hadrian* bis *Constantin.* Später *Ottilie* und die *Kinder.* Nachts Rouge et Noir geendigt.» (Tgb)

Mittwoch, 22. Dezember. «Oberaufsichtliches. [...] [An] *Knebel* nach Jena, die *Lukrezischen* Papiere zurück [«Was einmal gut gedacht und gesagt ist, soll man beruhen lassen und nichts daran mäkeln und ändern (→ 15. 12.).» (Begleitbrief)] [...]. *[G. B.] Passeri,* Lucernae fictiles [1739 ff.]. *Hofgärtner Baumann. Herr Präsident v. Ziegesar.* Um 1 Uhr *Prof. Riemer.* Verschiedenes durchgegangen. Speiste mit mir. Wurde manches besprochen. Blieb für mich. Den Proceß der *Minister* beachtete ich [→ 29. 9.]. Mit *Ottilien* besorgte ich Weihnachtsgeschenke für die *Kinder.* Las die Epistel *Ulrichs von Hutten* an *Pirckheimer* bis zur Hälfte [für das 17. BUCH VON DUW]. *Herr Hofrat Soret* besuchte mich, eben von Genf zurückgekehrt [→ 7. 11. – «Revenu avant-hier de Genève. J'ai écrit hier une lettre à Goethe où je faisais allusion à notre double perte. Aujourd'hui, il m'a reçu fort amicalement, ne m'a point parlé de son *fils* ni de mon *père* (*Sorets Vater* war am 30. 11. gestorben), mais s'est montré affectueux avec moi. En me parlant, il me disait: *Mein Sohn* (mon fils). C'est la seule réponse qu'il a faite à ma lettre, c'est la seule que je désirais.» (*Soret;* GG 6739)].» (Tgb)

Donnerstag, 23. Dezember. «Gedachte Epistel durchgelesen. Brief an *Kestner* in Rom mundirt. Verschiedenes oberaufsichtliche Angelegenheiten betreffend.» (Tgb) – Billett an *Kanzler v. Müller:* Goethe sendet seinen Brief an *Kestner* [→ 23./27. 12.] «mit bescheidentlicher Anfrage, ob Sie etwas daran zu erinnern wüßten oder vielleicht ein paar Worte beylegen möchten». – Brief an *Soret:* Goethe bittet, ihm alles, was dieser an DEUTSCHEN und französischen BLÄTTERN [ZUR METAMORPHOSE] noch bei sich hat zu übersenden, damit der 8. BOGEN abgeschlossen werden kann [→ 18. 12.]. – «Um 12 Uhr *Ihro Kaiserliche Hoheit [Maria Paulowna].* Tagesereignisse, Anstalten und Einrichtungen. *Hofrat Meyer.* Wir besahen das neu angekommene Kupfer von *Garavaglia* nach *Appiani* [«Die Zusammenkunft Jakobs mit Rahel... (Schuchardt 1, S. 5, Nr. 27)]. Einige Ansichten von Neapel. Auch *Kaisers* Porträt und Landschaft. Speiste derselbe mit mir. Ältere Kunstgeschichte besprochen. Auch neuere Exhibitionen. Abends *kleine Gesellschaft; Herr Devrient* las aus Shakespeare, Kaufmann von Venedig und Heinrich IV. Sendung von *Nees von Esenbeck* und *Geh. Rat Leonhard.* [...].» (Tgb)

Freitag, 24. Dezember. Brief an *Mineralogen Leonhard:* Goethe dankt für das übersendete Werk [«Grundzüge der Geologie und Geognosie. Lehrbuch...», 1831], von welchem, «selbst im hohen Alter, Kenntniß zu nehmen als entschiedene Pflicht zu achten ist». – Soeben geht auch der erwünschte Aufsatz [über die verglasten Burgen in Schottland; → 14. 8.] ein [der *Adressat* hatte auf der Naturforschertagung in Heidelberg 1829 zu diesem Thema gesprochen], so daß Goethe nun nur noch auf die Mitteilung einiger Musterstücke hofft. – Brief an *Riemer*: Goethe sendet mit «den ZU REVIDIREN-DEN BOGEN» nochmals SÄMTLICHE AUSHÄNGEBOGEN um zu prüfen, ob ein im französischen Text vermuteter Orthographiefehler tatsächlich unterlaufen ist. – Beilage zum Brief an *v. Conta* [→ 28. 12.]: Goethe bittet um die Zusendung eines Hippuriten [Gattung kreidezeitlicher Muscheln mit ungleich großen Schalen], wie er bei der *Versammlung der Naturforscher* in München vorgezeigt worden ist. – «[...] ÜBERSETZUNG AUS HUTTENS EPISTEL AN PIRCKHEIMER. [...] *[Kanzler] v. Müller* [«Von 1½ bis 2½ bei Goethe, dem ich den TESTA-MENTSENTWURF vorlas (→ 18. 12.). Er war sehr heiter und gemütlich.» (*v. Müller; GG* 6742)] [...]. Mittags in den vordern Zimmern mit *Dr. Eckermann*. Betrachtung des schönen geschliffenen Bechers aus getrübtem Glase. Nachher den Proceß der *französischen Minister* von vorn herein gelesen, bis zu der Deposition des *Herrn Arago* gelesen und überdacht [→ 22. 12.]. Alles war beschäftigt mit Heiligenchrist-Angelegenheiten. Geben und Nehmen, Hoffen und Empfangen. Ich blieb für mich [...].» (Tgb)

Samstag, 25. Dezember. «Christfest. [...] Ich besorgte [...] Entwürfe nothwendiger Erwiderungen. Nahm die *Soretische* Übersetzung MEINER METAMORPHOSE vor. Ingleichen die GESCHICHTE UND AUSBREITUNG DIESER IDEE. Suplirte das gestern Zurückgelassene in HUTTENS BRIEF AN PIRCKHEI-MER. Besorgte das nothwendige auf die Haushaltung Bezügliche. Promemoria für *Soret*, die schöne Sendung von Freiberg, Gangformationen enthaltend, betreffend. [...] Anmeldungen abgelehnt. Anfrage von *Hofrat Völkel*, wegen der Zudringlichkeit eines *Erfurter Predigers [Johann Jeremias Kummer]*. Mittag *Dr. Eckermann* und *Alma*. *Huttens* Werke fortgesetzt. *Ottilie*. *Oberbaudirektor Coudray*. Neues Verschönerungs-Magazin zu Verschönerung der Gärten von *[K. A.] Menzel* vorzeigend. *Serenissimus*. Zeitig zu Bette. *Wölfchen* besuchte mich.» (Tgb)

Sonntag, 26. Dezember. «*John* schrieb am ABSCHLUẞ DES VIERTEN BAN-DES [VON DuW]. Ich überlegte die Anordnungen KÜNFTIGER AUSGABE MEI-NER WERKE. Kamen Briefe von Rom an [...] *[Kanzler] v. Müller*, die er mit-theilte. Ich nahm nähere Kenntniß eines dem Freiberger Catalog einer Gangsuitensammlung. Um 12 Uhr *Cailloué* mit [...] *[Kanzler] v. Müller*. Jener ist ein *Rechtsgelehrter*, welcher Rußland und Preußen bereist hat in Bezug auf Gesetze und Justizwesen [«Tribunaux de conscience in Rußland und England. Große Bestechlichkeit der russischen Justiz. Über den Ministerprozeß (→ 24. 12.).» (*Kanzler v. Müller; GG* 6743)]. Ich überlegte das von Rom Gekommene. Mittag *Dr. Eckermann* und *Wölfchen*. Jenem übergab ich die ersten Hefte der ABGESENDETEN BRIEFE. Blieb für mich. Von *Huttens* Leben weiter gelesen. Einiges zu den botanischen Studien. Kam *Ottilie*. Wir unterhielten uns auf mannigfaltige Weise.» (Tgb)

Montag, 27. Dezember. «Übergab ich dem *Kutscher [König]* die Schlüssel zum Holzstall und ließ für alle Heizungen Scheite tragen. Erhielt die Schlüssel zurück. [...] EINIGES IN DIE BOTANISCHEN STUDIEN EINGESCHALTET [→ 25.

12.]. Auszug aus *Dutrochet* [wohl aus dessen Aufsatz «Des Travaux Physiologiques» in der Revue française Nr. 16].» (Tgb) – Brief an *Völkel:* Goethe hält die Bestrebungen «des *guten Pastor Kummer*» zwar für «löblich», doch fehlt es ihm an «geschmackvoller Ausbildung», so daß der *Großherzogin* nicht anzuraten sei, die Widmung von *Kummers* Fabeln anzunehmen. – Doch wäre ihm wohl ein mäßiges Gratial zu einer Beihilfe zu gönnen. – «[...] *Landschaftsmaler Kaiser.* Ich sagte ihm aufrichtig, wie ich über seine unternommenen Fortschritte denke. Er vertraute mir seine verrückte Intention nach Schottland zu gehen und verlangte Unterstützung. Diesem *düstern Geschlecht* ist nicht zu helfen. Mittag *Prof. Riemer.* Wir gingen vor Tisch einige Concepte durch [...]. *Herr Hofrat Soret.* Brachte einiges von Genf. Einen sehr geistreichen, fratzenhaften Roman in Carricaturen [«Die Abenteuer des Dr. Festus» von *Rodolphe Töpffer, Maler* und *Schriftsteller, Professor* an der Akademie in Genf; geb. 1799. – «Elles ont fait un singulier plaisir à Son Excellence. ‹Cela est trop fou, répétait-il de temps en temps, mais il pétille de talent et d'esprit...› – Pour la première fois, il a fait allusion à la mort de son *fils* en me disant qu'en mon absence le sort avait frappé son toit d'événements bien douloureux; mais il n'a pas insisté.» (*Soret;* GG 6744)]. Auch Gedichte eines *jüngeren neuen Poeten* [«Poèmes suisses» von *Juste Daniel Olivier;* geb. 1807]. Abends wurde beydes von *Ottilien* durchgesehen und beachtet. *Wölfchen* kam aus dem Theater, mit großen Antheil an *Devrients* Schewa [im Schauspiel «Der Jude» nach *Richard Cumberland*] [...].» (Tgb)

Donnerstag, 23. / Montag, 27. Dezember. Brief an *Legationsrat August Kestner* [→ 23. 12.]. «Je länger ich aufschiebe, theuerster Mann, Ihnen zu schreiben, desto schwerer wird es mir [...]. – Wenn ich mich zu Ihnen nach Rom denke, so muß ich mir den bänglich zweifelhaften Zustand wieder vor die Seele führen, in welchem ich die acht vergangenen Monate verlebte. *Mein Sohn* reiste um zu genesen, seine ersten Briefe [...] waren höchst tröstlich und erfreulich, er hatte Mailand, die Lombardei [...] mit einem tüchtigen frohen Antheil bereist und beschaut, war ebnermaßen bis Venedig und nach Mailand wieder zurückgekommen. Sein ununterbrochenes Tagebuch zeugte von einem offenen, ungetrübten Blick für Natur und Kunst; er war behaglich bey Anwendung und Erweiterung seiner früheren mehrfachen Kenntnisse. Eben so setzte sich's fort bis Genua, wo er mit einem *alten Freunde* vergnüglich zusammentraf und sich darauf von seinem bisherigen Begleiter, dem *Doktor Eckermann,* [...] trennte. – Der Bruch des Schlüsselbeins, der zwischen gedachtem Ort und Spezia sich leider ereignete, hielt ihn hier an vier Wochen fest; aber auch dieses Unheil [...] übertrug er mit männlich gutem Humor; seine Tagebücher blieben vollständig [...]. – Hierauf war er [...] in Neapel gelandet. Hier fand er den *wackern Künstler, Herrn Zahn* [...]. – Seine Briefe von dorther wollten mir jedoch [...] nicht recht gefallen; sie deuteten auf eine gewisse Hast, auf eine krankhafte Exaltation, wenn er sich auch in Absicht auf sorgfältiges Bemerken und Niederschreiben ziemlich gleich blieb. In Pompeji ward er einheimisch; seine Gefühle, Bemerkungen, Handlungen in jener Stadt sind heiter, ja lustig-lebendig. – Eine Schnellfahrt nach Rom konnte die schon sehr aufgeregte Natur nicht besänftigen. – Leider schließen sich hier Ihre freundschaftliche Behandlungen, Ihre Fördernisse, Ihre Sorgfalt, Ihre

Beyhülfe, Ihr Schmerz an meine Briefschaften schmerzlich an [...], nachdem
ich die gehegte Hoffnung verloren, ihn bey seiner Rückkehr gesund und munter zu begrüßen, ihm seinen Theil an gemeinsamen Geschäften, die Führung
des Haushalts, die Unterstützung *seiner Gattin,* die Erziehung *seiner Kinder* für
die Zukunft zu übergeben, dieses alles nunmehr lastend auf mir zurückbleibt
[...]. – Hier muß ich schließen, indem ich nochmals versichere, daß ich alles
dasjenige, was von *römischen Gönnern* und *Freunden meinem Sohn* in den wenigen Tagen Ergetzliches und Hülfreiches geschehen, so wie das, was nach seinem Ableben veranstaltet worden, in seinem gründlichen Werthe vollkommen anerkenne. Denen *Herren [Christian Karl Josias Freiherr] v. Bunsen* [geb.
1791, *Sprach- und Altertumsforscher, preußischer Diplomat,* von 1827 bis 1837
preußischer Ministerpresident in Rom], *[Ernst Zacharias] Platner,* [geb. 1773,
Maler und *Kunstschriftsteller], [Gregorio] Riccardi [italienischer Arzt,* der die Sektion der Leiche von *Goethes Sohn* durchgeführt hatte], *[Bildhauer] Thorwaldsen*
und allen und jeden meine dankbarsten Empfehlungen; den *guten und geschickten Preller* mit eingeschlossen [...].»
    Dienstag, 28. Dezember. Brief an *v. Conta* [→ 24. 12.]: Goethe bekennt,
daß er in «bedenklichen Augenblicken», die ihn «von dem Erdkreis abzuberu-
fen schienen», in Gedanken vorzüglich in München festgehalten worden sei,
wo er sich der «Theilnahme *verehrter Gönner* und *geliebter Freunde*» gewiß fühlen konnte. – Brief an *Cotta* und *dessen Frau Elisabeth:* Goethe dankt für deren
«herzliche Theilnahme» [in den Briefen vom 14. 11. und 9. 12.] und bittet, «am
rechten Orte [...] dasjenige auszusprechen wozu mir die Worte fehlen»
[«...aufs Innigste aber ... hat sich ... der *König (Ludwig von Bayern),* in einer,
mir Gestern geschenkten Unterredung darüber ausgedrückt. – Ich hatte
Höchstdemselben einen Auszug eines Briefes von *Herrn Eckermann,* in dem
die frohe Nachricht (von Goethes Genesung) enthalten, sogleich nach Empfang mitgetheilt und der *König* welcher ... diesen Brief mit Zittern erbrochen
hatte, gerieth darüber in die lebhafteste ... Freude und trug mir auf Ew.
Excellenz seine ganze, tief gefühlte Theilnahme auszudrücken...» (*Cotta an
Goethe,* 9. 12.)] [...]. – Brief an *Zelter:* [Im Konzept: Goethe spricht den
Wunsch aus, daß die BRIEFSAMMLUNG (BRIEFWECHSEL ZWISCHEN IHM UND
DEM ADRESSATEN) «nur nach unserm beiderseitigen Heimgange möge
gedruckt werden. Meine Absicht ist, daß sie unverändert erscheine; denn
gerade das ist das Salz solcher Hinterlassenschaft, daß man das Kräftige mitzutheilen wage. Manches der Art habe ich in der SCHILLERISCHEN CORRES-
PONDENZ weggelöscht, wodurch sie an Bedeutendheit viel verloren hat. –
Statt dessen im Brief:] «Unsre Angelegenheit [die testamentarische Festlegung
zum BRIEFWECHSEL ZWISCHEN GOETHE UND ZELTER; → 19. 12.] [...] ist nun
der juristischen Werkstatt *[Kanzler v. Müller]* übergeben, wo sie hoffentlich
bald fix und fertig für künftige Zeiten dauerhaft und hinreichend hervorgehen
soll. [...] – Der Berliner Musenalmanach [für 1831, hrsg. von *Moritz Veit*]
nimmt sich dießmal ganz wunderlich aus, wenn man Anfang und Ende zusam-
menhält. Er beginnt mit ernstem funfzigjährigen Rückblick [dem LOGENGE-
DICHT FUNFZIG JAHRE SIND VORÜBER; → 18. 7.] und endigt mit der Gelb-
schnabeley der Sancta juventus [von *Moritz Veit*] [...].» – Goethe bittet *Zelter,*
ja sogleich SEINE BRIEFE DES VERGANGENEN JAHRES zu senden, damit der Jahr-

gang alsbald mundiert werden könne. – «Doch will ich nicht verhehlen, daß ich DEINE CORRESPONDENZ und die SCHILLERISCHE in Gedanken verglichen habe; wenn ich dir das mittheile, so wirst du dich dabey ganz wohl befinden.» – «Vormittags testamentarische Konferenz bei Goethe (→ 24. 12.).» (*Kanzler v. Müller;* GG 6745) – «[...] Nachricht, daß am 21. December Nachts die große Crisis zu Paris glücklich vorübergegangen. Brief von *Adelen [Schopenhauer].* Nähere Betrachtung der VERORDNUNGEN FÜR DIE ZUKUNFT. Mittag *Herr Hofrat Vogel.* Fortgesetzte Unterhandlung über Krankheiten, Heilmittel und Heilmethoden. [...] Abends *Prof. Riemer.* Das MANUSCRIPT DES 4. BANDES weiter durchgegangen [→ 26. 12.]. Später *Ottilie.* Publica und Privata.» (Tgb)

Mittwoch, 29. Dezember. Brief an *Kanzler v. Müller:* Goethe sendet das der Besprechung gemäß ajustierte Konzept [seines TESTAMENTS] und bittet um eine nochmalige Unterredung [→ 28. 12.]. – «Die römische Verlassenschaft [von *Sohn August*], gemeldet von *Herrn Platner,* mehr beleuchtet und besprochen. *John* mundierte am SCHLUß DES 4. BANDES. Ich revidirte den NACHTRAG ZUR MORPHOLOGIE [METAMORPHOSE], ORIGINAL und Übersetzung. Brief von *Herrn Abeken.* Kam die LETZTE LIEFERUNG MEINER WERKE [AlH] AN IN SEDEZ. Mittags *Dr. Eckermann.* Brachte die CORRESPONDENZ VON 91 wieder mit [→ 26. 12.]. Wir beriethen uns über das Weitere. Ich las EINIGE DAMALIGE BRIEFE an den *Herrn v. Reinhard.* Übereinstimmende Gesinnungen und Überzeugungen mit den jetzigen. Ausgesprochene Einsicht, daß *Cuvier* philosophischen Ansichten entgegen seyn müsse. [...] *Oberbaudirektor Coudray. Herr Kanzler v. Müller* [«... abermals konferiert puncto TESTAMENTS.» (*v. Müller;* GG 6746)]. Verschiedene Geschäfte besprochen und abgethan. Später *Ottilie.* Wir fingen an die ZELTERISCHE CORRESPONDENZ zu lesen.» (Tgb)

Donnerstag, 30. Dezember. Billett an *Generalsuperintendent Röhr.* Goethe sendet «das von Rom eingegangene Zeugniß [von *Friedrich August v. Tippelskirch, evangelischer Prediger* bei der königlich preußischen Gesandtschaft in Rom, am 15. 11. ausgestellter Totenschein über das Ableben und die Beisetzung von *Goethes Sohn* am 29. 10. auf dem protestantischen Friedhof in Rom, von *Ernst Platner* am 11. 12. beglaubigt] in originali zu gesetzlichem Gebrauch». – «[...] [...] *Fräulein v. Pogwisch.* Um 12 Uhr [...] *Frau Großherzogin.* Mittag *Dr. Eckermann.* Weitere Verhandlung wegen der CORRESPONDENZ. Ich las Letters on Demonology and Witchcraft [1831] von *Walter Scott,* offenbar geschrieben, um den vorwaltenden Aberglauben zu beseitigen. Man blickt in die wunderbarsten Zustände, wenn man genau betrachtet, wogegen er ficht und mit was für Waffen. Abends um 6 Uhr [...] der *Großherzog.* Um 8 Uhr *Ottilie.* Wir lasen in der ZELTERISCHEN CORRESPONDENZ.» (Tgb)

Freitag, 31. Dezember. «Die AGENDA auf den Januar revidirt [...]. Oberaufsichtliche Angelegenheiten durchgearbeitet. [...] [An] *Frommann [d.J.],* wegen einer [stilistischen] Bemerkung zum 8. BOGEN [→ 18. 12.]. – DIE ZWEITE HÄLFTE DES ERSTEN NACHTRAGS, ORIGINAL und Übersetzung, revidirt und geheftet. *Eckermann* hatte gestern das MANUSCRIPT von *Soret* erhalten. Mittag *Dr. Eckermann.* Weitere Unterhaltung über die BRIEFSAMMLUNG. Las ferner in *Walter Scotts* Demonology. Verfolgte die botanischen Betrachtungen. *Herr v. Lützow, Schwiegersohn der Frau Geh. Rätin Loder,* mit einem

Briefchen von ihr. Ich ajustierte die AGENDA vom Januar. Berichtigte manches
in Haushaltungsangelegenheiten mit *[Rinaldo] Vulpius.* Dachte anderes durch
für die Folge. Später *Ottilie,* in ZELTERS CORRESPONDENZ fortgelesen.» (Tgb)
Ende Dezember. «Im Goetheschen Hause geht alles den alten Gang, und
die Lücke ist schon völlig ausgefüllt, die der Tod des *Sohnes* und *Gatten,* ja des
Vaters sogar, gemacht hatte. Die *Kinder* denken nicht mehr an ihn, und selbst
der *Kanzler [v. Müller]* ist davon empört. Der Alte schreibt frisch drauflos, um
die Unkosten, die dies Ereignis nach sich zog, zu ersetzen. Dennoch glaube
ich, daß er den *Sohn* tief betrauert, weniger den Toten als den Verlornen.»
(*Henriette v. Beaulieu-Marconnay* an ihre Tochter Julie, 24. 12.; GG 6741) –
«Aber da nun der Vater [Goethe] den Verlust *[des Sohnes]* nicht hoch nimmt,
so sieht [man] die Unbedeuten[d]heit oder Unwürdigkeit des Verstorbenen als
Rechtfertigung für sein baldiges Vergessen, und niemand spricht von ihm oder
erwähnt ihn auch nur. – Wie der alte Goethe aber parteiisch zu Werke geht...,
hat er kürzlich einen auffallenden Beweis gegeben. – Es ist ihm eine Kasse von
jährlich ohngefähr 5000 Reichstalern anvertraut, die er zum Besten der Insti-
tute für Kunst und Wissenschaft verwenden soll. ... Es sollen Vorschriften in
die öffentliche Zeichenstunde, Kupferstiche, Bücher und dergleichen angeschafft werden. Das unterbleibt; dagegen hilft er *elenden Künstlern,* die ihm
schmeicheln, gibt ihnen zu tun, bezahlt sie aus diesem Fonds ... und wählt endlich in der Person *seines Arztes, des Doktor Vogel,* der nicht geliebt ist und keine
Praxis hat, einen Gehülfen bei Verwaltung dieser Geschäfte, den er aus jener
Kasse besoldet.» (Wilhelmine Günther an Amalie Thiersch, 31. 12.; GG 6747)
   Vermutlich 1830. AUFSATZ GIPSABGÜSSE [postum veröffentlicht].
   Vielleicht 1830. GEDICHT WENN SCHÖNES MÄDCHEN SORGEN WILL [an
die *Pfarrerswitwe Luise Krafft* in Köln, die Goethe die 1830 erschienene Samm-
lung von Predigten ihres *Gatten* gesandt hatte, um ihn zu bekehren; vgl. DKV
I, 2, 1274]; GEDENKST DU NOCH DER STUNDEN; JEDER GEHT ZUM THEATER
HERAUS [veröffentlicht in der Zeitschrift «Chaos»]. – Goethe äußert hinsichtlich des Drängens der *Freunde,* DICHTUNG UND WAHRHEIT fortzusetzen: «Die
wahre Geschichte der ersten zehn Jahre meines weimarischen Lebens könnte
ich nur im Gewande der Fabel oder eines Märchens darstellen; als wirkliche
Tatsache würde die Welt es nimmermehr glauben. Kommt doch jener *Kreis,*
wo auf hohem Standort ein reines Wohlwollen und gebührende Anerkennung
– durchkreuzt von den wunderlichsten Anforderungen –, ernstliche Studien
neben verwegensten Unternehmungen, und heiterste Mitteilungen trotz
abweichenden Ansichten sich betätigen, *mir selbst,* der das alles miterlebt hat,
schon als ein *mythologischer* vor. Ich würde vielen weh, vielleicht nur wenigen
wohl, mir selbst niemals Genüge tun; wozu das? Bin ich doch froh, mein
Leben hinter mir zu haben; was ich geworden und geleistet, mag die Welt
wissen; wie es im einzelnen zugegangen, bleibe mein eigenstes Geheimnis.»
(*Kanzler v. Müller;* Goethe in seiner ethischen Eigentümlichkeit, 1832;
GG 6702)
   Vielleicht 1829 / 1830. GEDICHTE DAS GUTE ZU BEWIRKEN UNGEDULDIG
[vgl. DKV I, 2, 1315]; EILE ZU IHR [vgl. ebenda, 1314]; EIN RASCHER SINN,
DER KEINEN ZWEIFEL HEGT [vgl. ebenda] und GEDICHTFRAGMENT MEIN
BLICK WAR AUF DEN HIMMEL HINGERICHTET.

1831

Vielleicht 1830/1831. «[...] wurde von Goethe bemerkt, daß, wie der Mensch, so auch das Tier ein Rätsel und ein vielleicht noch schwerer zu lösendes sei; denn nicht nur, daß durch die Sprache der Menschenbruder uns sein geheimes Wesen offenbare, der Mensch sei doch trotz aller Rassenunterschiede immer einer von derselben Gattung, wogegen die Tierwelt in unendlich viele spezifisch voneinander verschiedenen Gattungen und Arten getrennt sei. Bei der Psychologie des Menschen haben wir es immer nur mit einer und derselben Seele zu tun; bei der Tier-Psychologie verlangen die Seelen der Vierfüßer, der Vögel, der Fische, der Insekten, bis zu den Infusorien herab, eine jede eine besondere Wissenschaft. Mit der herkömmlichen Bezeichnung ‹Instinkt› kommen wir nicht mehr aus.» (*F. Förster:* Aus dem Nachlaß, 1873; GG 6701)

Vielleicht 1831 oder etwas früher. «Als wir in den letzten Jahren auf häusliche Dinge zu reden kamen, namentlich auf elterliche Gefühle, bemerkte er [Goethe] mit Tränen der Rührung: ‹ein *Franzose* habe gesagt: das Zarteste, was die Natur erschaffen habe, sei ein – *Vaterherz.*» (*Riemer:* Mitteilungen über Goethe, 1841; GG 7050)

Vielleicht ab 1831. «Goethe liebte seine *beiden Enkel* [*Walther* und *Wolf*] über alle Maßen. Er beobachtete sie in zärtlichster Weise, nahm an ihrem Lernen teil, und um sich auch dann von ihnen nicht zu trennen, etablierte er jedem von ihnen in seinem Studierzimmer in den Fensternischen einen kleinen Schreibtisch, an dem sie ihre Schulaufgaben schrieben. Goethe liebte es namentlich in seinen späteren Jahren, während er denkend oder diktierend auf und ab ging, eine Flasche Rheinwein zu leeren. Da machte es ihm ein besonderes Vergnügen, die emsig lernenden *Enkelchen* mit aus seinem Glase trinken zu lassen und sich herzlich zu freuen, wenn sie ganz fröhlich wurden und das Lernen völlig vergaßen. ‹Ich hatte alle Mühe und mußte allerlei Vorwände erfinden›, erzählte *Ottilie von Goethe,* ‹um die *Kinder* diesem überaus gemütlichen Tun des Großpapas zu entziehen.» (*L. A. Frankl:* Wahrheit aus Goethes Leben, 1882; GG 7059)

Anfang 1831. «Goethe frug mich damals wieder in der peremptorischen Art eines Examinators nach der Entwickelung der revolutionären Bewegungen, die ihm inzwischen aus dem näheren Gesichtskreis verschwunden waren, und ich mußte ihm wohl zwei Stunden Rede und Antwort stehen» [→ vermutlich 5. 9. 30 und danach]. (*E. Ch. A. v. Gersdorff* an Jenny v. Pappenheim?; GG 7061)

Anfang Januar. «Zwar lebt er [Goethe] eingezogen und sieht wenig *Menschen,* doch ist er auch nicht unzugänglich: er empfängt, wer ihm eben behagt und wen er will. Aber nicht alle, die *ihn* wollen, werden angenommen. *Großherzog* und *Großherzogin* besuchen ihn öfter. Letztere hat die Sitte der *verstorbenen Großherzogin,* ihn wöchentlich am bestimmten Tag und Stunde mit einem Besuch zu beehren, aufgenommen und fortgesetzt. Goethe ist wieder mitten in seinen alten Gewohnheiten; er beschäftigt sich fleißig mit der Vollendung der Herausgabe SEINER WERKE, wobei ihm *Dr. Eckermann* wesentlich hülfreiche Hand leistet. [...] Durch *Soret* scheint es sich nun gemacht zu haben, daß dem *Dr. Eckermann* die Aussicht eröffnet wurde, hier in Weimar eine fixe, ehrenvolle Beschäftigung zu finden. Auch Goethe dachte schon mehrmals daran, ihm eine Anstellung bei der Großherzoglichen Bibliothek hier zu verschaffen. Es fehlte aber an Entschiedenheit im Wollen und Wirken, woran es Goethe stets gefehlt hat. Nun aber gibt *Eckermann* dem *Erbgroßherzog* Unterricht im Englischen und in der Literatur, wozu auch Stil-Übungen gerechnet werden» [→ 9. 11. 30]. (*F. Peucer* an Böttiger, 7. 1.; GG 6752)

Samstag, 1. Januar. «*Walter Scotts* Demonology. Ein Werk, das immer interessanter wird, indem er den Wahn einer wirklichen Verwandtschaft, eines bestehenden Verhältnisses zu außernatürlichen, phantastischen Wesen historisch gar anmuthig entwickelt und die merkwürdigsten Anecdoten und Traditionen heiter vorträgt [→ 30. 12. 30]. Besuche der *Nächsten. Revisor Hoffmann* übersandte die Rechnungsauszüge; diese überlegt. BOTANICA gefördert [→ 31. 12. 30]. Mittag *Hofrat Vogel.* Fortgefahren in der Demonology zu lesen. [...] *[Kanzler] v. Müller* [«Über Rouge et Noir von *Stendhal* war sein (Goethes) Urteil meist günstig.» (*Kanzler v. Müller,* GG 6748)]. Später *Ottilie,* ZELTERS CORRESPONDENZ gelesen [→ 31. 12. 30].» (Tgb)

Vermutlich Samstag, 1. Januar. «Heute nach Tisch besprach ich *[Eckermann]* mit Goethe die vorstehende Angelegenheit punktweise, wo er denn diesen meinen Vorschlägen seine beifällige Zustimmung gab [*Eckermann* hatte seit dem → 26. 12. 30 GOETHES BRIEFE AUS DEN JAHREN 1807 BIS 1809 durchgesehen und einen schriftlichen Vorschlag erarbeitet, in dem er im wesentlichen für eine vollständige und chronologisch geordnete Edition derselben plädiert. (vgl. Eckermann, 1. 1.)]. ‹Ich werde›, sagte er, ‹in meinem TESTAMENT Sie zum Herausgeber dieser BRIEFE ernennen und darauf hindeuten, daß wir über das dabei zu beobachtende Verfahren im allgemeinen miteinander einig geworden.›» (Eckermann, 1. 1.)

Sonntag, 2. Januar. «Visitenkarten herumgeschickt in Erwiderung der gestrigen Gratulation. Einiges Oberaufsichtliche. Haushaltungsangelegenheiten. *Herr Lawrence. Herr Staatsminister v. Fritsch.* Sodann *Prof. Riemer.* Wir gingen den ERSTEN NACHTRAG ZUR METAMORPHOSE durch. Speisten zusammen und besprachen Allgemeines und Besonderes [«Wie man sich gegen die Verwundungen herstelle und abhärte, die wir täglich von andern erfahren. Wie man sich gegen das Wetter arrangiere, entweder sich durchregnen lasse oder sich notdürftig dagegen schirme, im ganzen aber doch immer dagegen wie gegen das Wetter verhalte, das heißt als gegen ein Gegebenes, Positives, Unabänderliches. Wer das nicht kann, der muß zu Hause bleiben und lieber nicht ausgehen.» (*Riemer;* GG 6749)]. Demonology [→ 1. 1.]. *Devrient* spielte den Falstaff [in *Shakespeares* «König Heinrich IV.»]. Die *Kinder* waren im Schauspiele. Ich dictirte an *[Diener] Friedrich.*» (Tgb): Brief an *Zelter:* «Die ZWEI ERSTEN AKTE VON FAUST sind fertig. [...] *Helena* tritt zu Anfang des

DRITTEN AKTS, nicht als *Zwischenspielerin,* sondern als *Heroine,* ohne weiteres auf. Der Decurs dieser DRITTEN ABTHEILUNG ist bekannt [aus der Veröffentlichung im 4. BAND DER AlH; → 15. 12. 26]; inwiefern mir die Götter zum VIERTEN AKT helfen, steht dahin. Der FÜNFTE bis zum Ende des Endes steht auch schon auf'm Papiere. Ich möchte diesen ZWEITEN TEIL DES FAUST, von Anfang bis zum Bacchanal, wohl einmal der Reihe nach weglesen. Vor dergleichen pfleg ich mich aber zu hüten [...]. – Noch ein bedeutendes Wörtchen zum Schluß; *Ottilie* sagt: UNSRE CORRESPONDENZ sey für den *Leser* noch unterhaltender als die SCHILLERISCHE.» – Brief an *Grafen Sternberg:* Goethe dankt für dessen Reisebericht [→ 3. 11. 30] und erzählt seinerseits vom Verlust *seines Sohnes.* – «*Meine Töchter* ist heiter, geistreich und liebenswürdig, *meine Enkel* gätlich-passende, sich mäßig frey entwickelnde Wesen; die *Freunde* in jedem Sinne hülfreich und aufrecht haltend, die *höchsten Herrschaften* schonend und bis zur Beschämung sorgfältig.» – «[...] An die *Großherzogin,* Verzeichniß der im letzten Monat eingegangenen Bücher.» (Tgb)

Montag, 3. Januar. «EINIGES ZUM NACHTRAG NR. I.» (Tgb) – Brief an *Soret:* Goethe bedauert dessen Erkrankung. – Die BOTANISCHEN ARBEITEN [METAMORPHOSE] geht er einstweilen mit *Riemer* durch, ehe er sie zum Druck gibt. Dem *Adressaten* sind Korrekturen bei der Revision möglich. – Goethe legt den 2. NACHTRAG [WIRKUNG DIESER SCHRIFT...] mit der Bitte um Übersetzung bei. – «*Herr [Heinrich Karl Friedrich Levin Reichs-]Graf Wintzingerode [württembergischer Staatsmann;* geb. 1778], *Gemahlin [Aeone, geborene Freiin v. Hagen;* geb. 1800] und *Schwiegerin. Revisor Hoffmann,* wegen des *Quartalextracts.* Verabredung wie es zu Ostern gehalten werden sollte. *John* mundirte. Kam eine angenehme Sendung von *Adele [Schopenhauer].* Ingleichen von *Niebuhr,* Römische Geschichte 2. Theil [2. überarbeitete Auflage, 1830]. Ich las sogleich die kurze Vorrede, die man ihm schrecklich übel nimmt, weil er das drucken ließ, was gar viele im Stillen fürchten. Mittag *Herr Rothe.* Sprachen über die Studien der *Knaben* [...]. Über Predigten und *Prediger.* Auch die Existenz der *Adeligen* in der Umgegend. Las weiter in *Niebuhrs* Römischer Geschichte 2. Theil. Kriege und anderes, besonders auch Besitz und Eigenthum betreffend. Wie nach und nach die Anstellung der *Decemvirn* herankommt. Der *Staatsrat [Adolf] Fabritius [de Tengnagel]* aus Kopenhagen und *Sohn,* ein vorzüglicher *Pianospieler,* um 12 Uhr. [...] *Oberbaudirektor Coudray,* welcher allerley Stadtneuigkeiten erzählte. Später las *Ottilie* in ZELTERS CORRESPONDENZ. [...].» (Tgb)

Dienstag, 4. Januar. «[...] ORIGINAL mit Übersetzung, zur METAMORPHOSE gehörig, an *Herrn Hofrat Soret* [mit der Bitte um Durchsicht (Begleitbrief)]. [...] EINIGE NOTIZEN MEINE WERKE BETREFFEND. [...] Mittag *Dr. Eckermann.* Nach Tische *Niebuhr* gelesen [→ 3. 1.]. Vergleichung der Schwefelabdrücke mit den Kupfern des Büchleins von dem Schatz der Heiligen Drey Könige [«Sammlung der prächtigen Edelgesteine, womit der Kasten der ... Weisen Königen in der ... Domkirche zu Köln ausgezieret ist ...», 1781 (Ruppert, 2391)], welches *Adele [Schopenhauer* im Auftrag von *Sibylle Mertens]* gesendet [«Hier sind, das Übrige alles nicht erwähnt, 226 geschnittene Steine hinreichend gut abgebildet; Schwefelabgüsse davon besitz ich 156 Stück, welche ich also mit den Abbildungen genau vergleichen kann.» (an *Adele Schopen-*

hauer, 10. 1.)]. Abends *Prof. Riemer.* Wir gingen das MANUSCRIPT DES VIERTEN BANDES [DUW] durch [→ 28. 12. 30]. Später *Ottilie;* sie referirte aus den Zeitungen. Las nachher in den ZELTERISCHEN BRIEFEN. Von *Herrn Soret* communicirte Carricaturfabel [«Abenteuer des Dr. Cryptogame»] des talentreichen *Herrn Töpffer* in Genf [→ 27. 12. 30 – Goethe: «On fait tort à *Töpffer* ... en comparant son génie à celui de *Rabelais* ou en disant qu'il lui emprunte des idées. C'est un talent tout à fait original.» *(Soret; GG 6750)].»* (Tgb)

Mittwoch 5. Januar. «EINIGES BOTANISCHE. Verhandlungen deßhalb mit *Herrn Soret.* EINIGES CODICILLARISCHE. [...] Mittag *Dr. Eckermann.* Weitere Verhandlung wegen der CORRESPONDENZ. Demonology fortgelesen [→ 2. 1.]. Abend *Herr Kanzler [v. Müller:* Goethe «genehmigte völlig den letzten TESTAMENTSENTWURF (→ 29. 12. 30) und zeigte sich sehr dankbar dafür, da ich ihm ‹diese große Sorge von der Brust nehme›. – ‹Eine Wiederverheiratung *(Ottilies)* würde das Fallgatter sein, das zwischen meiner Liebe und ihr niederfiele.› – ... *Walter Scotts* Briefe über Geistererscheinungen und Hexerei las er gerade und lobte sie sehr. *Niebuhrs* gehaltvoller Brief bei Übersendung des zweiten Teils seiner Römischen Geschichte. In der Vorrede wird ein Zeitalter der Barbarei als Folge der französischen und belgischen Revolution geweissaget. – ‹Der Wahnsinn des *französischen Hofes* hat den Talisman zerbrochen, der den Dämon der Revolution gefesselt hielt.› – ‹Die Phantasie wird durch *Niebuhrs* Werk zerstört›, sagte Goethe, ‹aber die klare Einsicht gewinnt ungemein.› – ... Es schien ihm Bedürfnis, diesen Abend recht viel, was mir interessant sein möchte, mitzuteilen. ‹Man sollte das öfter tun›, sagte er, ‹oft kann man damit einem *Freunde* Freude machen, und mancher gute Gedanke keimt dabei auf. Nun, wenn ich nur erst meine TESTAMENTS-Sorge vom Herzen habe, dann wollen wir wieder frisch auftreten. ZEHN NEUE BÄNDE MEINER SCHRIFTEN sind fast schon parat; vom FAUST der FÜNFTE AKT und der ZWEITE fast ganz. Der VIERTE muß noch gemacht werden, doch im Notfall könnte man ihn sich selbst konstruieren, da der Schlußpunkt im FÜNFTEN AKT gegeben ist.»* (Kanzler v. Müller; GG 6751)]* [...]. Später *Ottilie.* ZELTERISCHE CORRESPONDENZ. Es waren einige Hefte [weitere Karikaturen von *Töpffer* (vgl. Soret, GG 6939)] von *Herrn Soret* angekommen. Auch der Probedruck von der Medaillen-Rückseite [von *Bovy;* → 16. 11. 29].» (Tgb)

Donnerstag, 6. Januar. «[...] Das Concept des DOKUMENTES an [...] *[Kanzler] v. Müller* zurückgesendet [→ 5. 1.] [...]. Die Schachtel mit den Musterstücken der verglasten Burgen in Schottland von *Leonhard* eröffnet [→ 16. 12. 30]. Einiges revidirt und mundirt. *John* beschäftigte sich mit der Küchrechnung. [...] die *Frau Großherzogin* und *Demoiselle Mazelet.* Politica, erheitert durch die Demonology und darin vorkommende Geschichtchen. Brief von *Leonhard.* Mittag *Dr. Eckermann.* Reiseerinnerungen, Gegenden, Charaktere u. s. w. Las in der Dämonologie *Walter Scotts.* Abends *Herr Kanzler,* das Mundum des DOKUMENTS bringend [TESTAMENT; → 4. 7. 00: «Ich ernenne *meine drei Enkel Walther, Wolfgang* und *Alma von Goethe* zu meinen Universalerben ... – Die Verwaltung des ihnen zufallenden Vermögens soll bis zu ihrer Volljährigkeit lediglich ihren ... *Vormündern* zustehen (→ 13. 11. 30).» – Seine Kunst- und Naturaliensammlungen, Briefsammlungen, TAGEBÜCHER, Kollektaneen und Bibliothek stellt Goethe unter die Kustodie *Kräu-*

ters, der in der Ausübung dieser Pflicht nur unter der Oberaufsicht des *Testamentsvollstreckers* steht. *Kräuter* ist ein jährliches Honorar von 50 Talern zu zahlen. – Goethe hält es für das zweckmäßigste, wenn seine Kunst- und Naturaliensammlungen an eine öffentliche Anstalt, möglichst an eine weimarische, «gegen eine billige Kapitalsumme oder Rente» veräußert würde. Sollte er selbst den Vertrag darüber nicht mehr abschließen können, so werden die *Vormünder seiner Enkel* damit beauftragt. Findet sich keine günstige Gelegenheit zur Veräußerung, sollen die Sammlungen bis zur Volljährigkeit seiner *Enkel* aufbewahrt werden, «da ich sie nicht einzeln versteigert wünsche». – Über seine HINTERLASSENSCHAFT als Schriftsteller wird Goethe in einem KODIZILL nähere Bestimmungen festlegen. – Dies betrifft auch die KORRESPONDENZ MIT ZELTER, worüber er bereits verfügt, daß diese «nach beiderseitigem Ableben *vollständig* ausgeboten und abgedruckt werden soll». Die Hälfte des Erlöses fällt seinen *Enkeln,* die andere Hälfte den *beiden unverheirateten Töchtern Zelters,* Doris und *Rosamunde, zu* (→ 28. 12. 30). – «Mein Wohnhaus und meine Gärten mögen bis zur Volljährigkeit meiner *Enkel* von ihnen in Gemeinschaft besessen und unveräußert erhalten werden, es sei denn, daß die Umstände eine Veräußerung *besonders* ... notwendig machten ... – *Meine geliebte Schwiegertochter Ottilie* ... soll außer freier Wohnung und Gartengenuß jährlich fünfhundert Taler sächsisch an Wittum aus meinem Nachlaß erhalten. Überdies soll ihr für *jedes meiner Enkel* jährlich fünfhundert Taler sächsisch Alimentations- und Erziehungsgeld bis zur Volljährigkeit eines jeden ... ausgezahlt werden. ... – Sobald *eins meiner Enkel* volljährig wird, soll dasselbe, und zwar ein jedes, gehalten sein, seiner *Mutter* den dritten Teil obigen Alimentationsquantums, mithin einhundertsechsundsechzig Taler sechzehn Groschen sächsisch jährlich auf ihre Lebenszeit fortzuzahlen, damit, wenn einst *meine sämtlichen Enkel* volljährig, gedachter meiner *Schwiegertochter* gleichwohl jährlich fünfhundert Taler Einkommen noch *außer* ihrem Wittum und ihrer Witwenpension verbleibe. – Sie soll ferner den freien Gebrauch meines Hausmobiliars ... bis zur Volljährigkeit meiner *Enkel* haben. – Würde meine *Schwiegertochter* sich wieder vermählen, wie ich jedoch nicht hoffe, so fallen natürlich sowohl das Wittum als der freie Gebrauch des Mobiliars weg; die übrigen zu ihren Gunsten getroffenen Bestimmungen aber ... bleiben aufrecht (→ Ende November 30).» – Goethe vermacht *Rinaldo Vulpius,* der schon seit einigen Jahren seine Vermögensrechnungen «aufs treuste geführt hat», 200 Taler sächsisch, dem *Bibliothekskopisten Johann John* «in Anerkennung seiner treuen Dienstleistungen» 200 Taler sächsisch und seinem «braven *Diener» Friedrich Krause* 150 Taler sächsisch und das in seinem Besitz befindliche Krautland an der Lotte, wenn *Krause* bis zu Goethes Ableben bei ihm bleibt. – Goethe ernennt *Kanzler v. Müller* zu seinem Testamentsvollstrecker.]. *Serenissimus.* Erwähnung von *Walter Scotts* Dämonologie. Später *Ottilie.* ZELTERISCHE BRIEFE BIS 1808.» (Tgb)

Freitag, 7. Januar. «Ausfertigung des DOKUMENTS.» (Tgb) – Billett an *Kanzler v. Müller:* «Mit wiederholtem tausendfältigen Danke darf ich wohl um Legalisirung beykommenden DOKUMENTES bitten.» – «[...] einige Briefe dictirt. Um 12 Uhr Regierungs-Deputation in der Person des *Regierungsrat Schmidt* und *Sekretär Schnaubert.* Beobachtete Formalitäten [«Ihr Herr Großvater war kein Mann, der sich Einwirkungen von außen hingegeben hätte, er kannte aber *Persönlichkeiten* und Weltlauf zu genau, um nicht in seinem TESTAMENT alle möglichen Maßregeln zu treffen, die seiner geliebten *Enkel dauernde* Wohlfahrt sichern möchten. Gleichwohl sagte er mir *(Kanzler v. Müller)* bei gerichtlicher Übergabe seines TESTAMENTS: ‹Man hat das Testament *Ludwigs XIV.* umgestoßen, man wird es auch mit dem meinigen versuchen, aber halten Sie wenigstens daran so lange wie möglich.›» (an Wolfgang v. Goethe, 13. 3. 43; GG 6754)]. Mittag *Dr. Eckermann.* Über die Möglichkeit und Thulichkeit von Vorlesungen über die Geschichte deutscher Litteratur wie sie verlangt wird. Fortgesetzt *Niebuhrs* Römische Geschichte zweyten Theil. Abends *Prof. Riemer,* die SCHWEIZERREISE VON 1775 [DUW, 18. BUCH] durchgegangen [→ 4. 1.]. Nachher referirte *Ottilie* aus den Zeitungen. Die verschiedenartigen Verwirrungen in den großen Reichen. Lasen darauf in der ZELTERISCHEN CORRESPONDENZ. Die *Kinder* kamen von *Melos.* Merkwürdiges Nordlicht bey sehr hohem Barometerstande 28" 3'" [Goethe beschreibt das Nordlicht] [...].» (Tgb)

Samstag, 8. Januar. Brief an *Riemer:* Goethe bittet um Durchsicht des beikommenden DEUTSCHEN AUFSATZES, mit dem er die GESCHICHTE SEINES BOTANISCHEN LEBENSLAUFES [ERSTER NACHTRAG ZUR METAMORPHOSE] abschließen möchte [vgl. WA II, 6, 126f.]. – «Eigentlich ist es eine stille Polemik gegen einige Albernheiten der *Genfer,* gegen die *Herr Soret* sich schon auflehnen wollte. Da ich aber dergleichen Fehden nicht liebe, so will ich lieber mit einer ruhigen Parade diese Unzulänglichkeiten ablaufen lassen.» – Brief an *Zelter:* Goethe sendet «die beiden Documente»; eines zur Verwahrung durch den *Adressaten,* das andere erbittet er unterschrieben und legalisiert zurück. – [Beilage:] Goethes Erklärung darüber, daß die Hälfte des künftigen Honorars für den GOETHE-ZELTER-BRIEFWECHSEL an *Zelters Töchter Doris* und *Rosamunde* bzw. *deren Erben* ausgezahlt werden [→ 6. 1.]. Die Erklärung ist von *Kanzler v. Müller* beglaubigt [vgl. Zelter-Briefwechsel 3, 367f.]. – «[...] *Herrn Sorets* Übersetzung conferirt mit dem ORIGINAL. *[Hofrat] Voigts* Übersetzung von *Cuviers* Naturgeschichte und Zugaben [Aushängebogen]. Einiges Oberaufsichtliche. Um Zwölf *Regierungssekretär Schnaubert,* das gestrige Protocoll vorlegend. Zu Mittag *Hofrat Vogel.* Verschiedenes Oberaufsichtliche, Theoretische, Praktische. *Niebuhrs* Römische Geschichte. [...] Betrachtung über die Zeichnung von *Annibale Carracci,* das Wunder des heiligen Didacus [St. Diego] vorstellend [Die Zeichnung «übertrifft alle Erwartung, weil ein *ganzer Mann,* aus seiner ganzen Natur, etwas glücklich hervorgebracht hat [...]. – Das begreifen unsre neusten *Kunstaristokraten* nicht, welche gegen diese höchst schätzbare *Familie* und ihre Wirkung eine ganz absurd-vornehme Stellung nehmen; und doch sind jene gerade die *Leos* und *Durantes* ihrer Kunst und Zeit (*Leonardo Leo, italienischer Komponist* von Opern und Kirchenmusik, *Kapellmeister* in Rom; gest. 1746; *Francesco Durante, italienischer Komponist* in Neapel; gest. 1755).» (an *Zelter,* 19. 2.)]. *Fräulein Ulrike [v. Pogwisch],* gesellschaftliche Ereignisse, Charactere und Irrungen erzählend. *Ottilie,* in der ZELTERISCHEN CORRESPONDENZ DAS JAHR 1808 vorlesend. Angekommen waren die Tagebücher der academischen Bibliothek von 1830. *Wölfchen* kam aus der Vorstellung von *[Shakespeares]* Lear noch ganz leidlich zusammengenommen.» (Tgb)

Sonntag, 9. Januar. Brief an *Hofrat Voigt:* Goethe sendet die Aushängebo-

gen sowie dessen Aufsatz über *Cuvier* dankbar zurück. – Er bittet um Auskunft
darüber, was *Cuvier* in seinem neuen Werk über die Fische «gegen die *sogenannten Naturphilosophen*» vorgebracht hat. Da die *Franzosen* auf seinen AUF-
SATZ in den Berliner Jahrbüchern aufmerksam geworden sind [→ 25. 9. 30],
möchte Goethe mit «aller Mäßigung» weiter vorgehen [er arbeitet an einer
FORTSETZUNG DES AUFSATZES; → 14. 12. 30]. – «[...] Die *Cuviersche* Gesinnung und Behandlung wissenschaftlicher Angelegenheiten näher bedenkend.
Schreiben von der *Fürstin Carolath[-Beuthen]*. Schon gestern hatte ich ange-
fangen, die auf NATUR BEZÜGLICHEN DRUCKSCHRIFTEN aufzulösen und zu
ordnen [wohl im Zusammenhang mit den für die NACHTRAGSLIEFERUNGEN
VORGESEHENEN NATURWISSENSCHAFTLICHEN BÄNDE (vgl. Hagen, zu 1915)].
Schreiben von *Schubarth* aus Hirschberg. Rechnungsauszüge [...] revidirt.
[...]. Mittags *Dr. Eckermann. Niebuhrs* Römische Geschichte 2. Theil. Abends
Herr Kanzler v. Müller. Unerfreuliche Nachricht von *Niebuhrs* Tod [am 2. 1.
in Bonn]. Später *Ottilie* von Hof kommend. Las noch die ZELTERISCHE COR-
RESPONDENZ VON 1809.» (Tgb)

Montag, 10. Januar. Brief an *William Parry:* Goethe bittet ihn, sich von
Schmeller porträtieren zu lassen. [Ein Brief vermutlich ähnlichen Inhalts geht
auch an *Präsidenten Weyland* ab. (vgl. Tgb).] – Brief an *Soret:* Goethe sendet
ihm die ERSTEN SIEBEN AUSHÄNGEBOGEN [DER METAMORPHOSE], damit dieser sehen kann, «wie unsre mühselige Arbeit sich im Reinen ausnimmt». – An
der Übersetzung glaubt Goethe zu bemerken, sich an einigen Stellen des
ORIGINALS nicht deutlich genug ausgedrückt zu haben. Er hat deshalb EINIGE
BEMERKUNGEN verzeichnet. – Die Rückseite der Medaille ist «außerordentlich
schön» geraten [→ 5. 1.]. – Brief an *Adele Schopenhauer:* Goethe dankt für das
gewiß seltene Werk, das ihm verehrt worden ist [→ 4. 1.], und fragt an, ob in
Köln noch einzelne Abdrücke der Sammlung zu erhalten sind. – «[...] Beson-
dere Einrichtung des Artikels Privatacten, wegen VERSCHIEDENER DRUCK-
SCHRIFTEN und deren künftiger Besorgung [Vorbereitungen für die NACH-
TRAGSBÄNDE DER AlH (vgl. Hagen, zu 1916)]. Mittags *Dr. Eckermann.*
Weitere Verabredung wegen der CORRESPONDENZ [→ vermutlich 1. 1.].
Dr. Weller, Jenaische Verhältnisse. *Niebuhrs* Römische Geschichte. Zusam-
menstellung der PHYSIKALISCHEN, MORPHOLOGISCHEN DRUCKSCHRIFTEN.
Später *Ottilie.* Las in ZELTERS BRIEFEN weiter.» (Tgb)

Dienstag, 11. Januar. «Einiges Oberaufsichtliche, nachdem ich mit *Revisor
Hoffmann* gesprochen. [...] Die Privatacten wegen VORLIEGENDER MANU-
SCRIPTE weiter gefördert. *Herr Hofrat Soret* [«Il se plaint d'être surchargé de
travail et surtout de la peine que lui donnent les soins du ménage dont il se
voit obligé de se charger par la mort de *son fils*.» (*Soret;* GG 6757)]. Mittag
Herr Hofrat Meyer. Vorher besahen wir verschiedenes was an Kunstwerken
indessen angekommen war und beredeten einiges für die Folge. Ich setzte das
Nothwendigste nachher fort. [...] Abends *Prof. Riemer.* Wir gingen einige
Concepte durch sowie einige Lagen des VIERTEN BANDES [→ 7. 1.]. Kamen
wegen Sonstigem überein. Später nöthigte mich *Wölfchen* mit großer Heiterkeit, ein Stück von *Kotzebue* anzuhören, welches er lebhaft und gehörig vortrug. – An *Herrn Frommann [d.J.]* nach Jena, ORIGINAL und Übersetzung DER
METAMORPHOSE.» (Tgb)

Mittwoch, 12. Januar. Brief an *Soret:* Goethe sendet die ERKLÄRUNG, MIT WELCHER ER DEN BOTANISCH-BIOGRAPHISCHEN NACHTRAG zu schließen wünscht [→ 8. 1.]. «[...] veranlaßt ward ich dazu durch Ihren Aufsatz, wodurch Sie die Äußerungen der Bibliothèque universelle zu widerlegen gesonnen waren. Ich habe mich, wie Sie sehen, im Widerspruch so mild als möglich gehalten [...].» (Tgb) – Goethe bittet um Übersetzung. – Brief an *Zelter:* Den Gedanken, das Wappen des *Adressaten* [→ 9. 8. 29] auf die Rückseite der [von *Angelika Facius* vorbereiteten] ZELTER-Medaille zu setzen, kann Goethe nur billigen. «Man versetzt sich oft höchst unschicklich in's Mittelalter zurück, hier aber kann man eine recht löbliche Gewohnheit [des ausgehenden 15. und beginnenden 16. Jahrhunderts] [...] erneuern.» – «[...] Mittag *Dr. Eckermann.* Nachher L'Occasion, Tragödie von *Clara Gazul [Prosper Mérimée].* Völlig der vorigen Arbeiten werth. Der *Dichter* hat das Talent die eigentlichen unverträglichen, wahrhaft tragischen Motive zu finden, die auf keine Weise zu versöhnen sind und welche den Untergang nach sich ziehen müssen. Ein zweytes Stück, Le Carosse du Saint Sacrement, ist gleichfalls ein komisches Meisterstück, wo das Unverträgliche, quasi Unversöhnliche auf dem Absurden ruht und am Ende durch Absurde in's Gleichgewicht gebracht wird.» (Tgb)

Donnerstag, 13. Januar. Brief an *Kanzler v. Müller:* Goethe sendet eine Anlage [KODIZILL] zu seinem TESTAMENT mit der Bitte um Durchsicht [→ 6. 1.]. – «*John* überzieht die BLEISTIFTKORREKTUREN [...]. BETRACHTUNG DER SPIRALTENDENZ [→ 6. 11. 30]. Um 12 Uhr [...] die *Frau Großherzogin.* Äußere und innere Lage der Zustände, gelungene Einrichtung des [Lese-]Museums [→ 15. 11. 30]. Schreiben von *Färber,* ingleichen von *Hofrat Voigt.* Ein *junger Franzos,* von *Frau Generalin Dentzel* in Erinnerung alter Zeiten einen Gruß bringend. *General Dentzel* war 1806 in den bedenklichen Tagen *Kommandant* in Weimar gewesen und hat sich überhaupt, besonders auch gegen mich sehr gut benommen [→ 16. 10. 06; → 6. 5. 08]. Er quartirte *Herrn Denon* bey mir ein und machte dadurch die unglücklichen Tage zu frohen Festtagen, indem auch der *Genannte* wegen früherer Verhältnisse und einem herkömmlichen Zutrauen mir das Lästige des Augenblicks nicht fühlen ließ [→ 18. 10. 06]. Mittag allein für mich. Hatte BOTANICA wieder angegriffen. Abends *Serenissimus;* hierauf *Oberbaudirektor Coudray, Alwine Frommann, Ottilie* zuletzt, vom Hof kommend. Revision der corrigirten Bogen des 4. BANDES [→ 11. 1.].» (Tgb)

Freitag, 14. Januar. «*John* fuhr fort die CORRECTUREN zu berichtigen. Ich wandte mich an den AUFSATZ ÜBER DIE SPIRALTENDENZ. Nahm deßhalb *Martius'* Vorträge in der Isis wieder auf [→ 27. 12. 29]. *Hofrat Meyer* in Auftrag *Ihro Kaiserlichen Hoheit [Maria Paulowna]* wegen Abänderung gewisser Vorsätze und Anstalten. Schreiben von Frankfurt. Mittag *Dr. Eckermann.* Die Redaction der BRIEFCONCEPTE betreffend [→ 10. 1.]. Nach Tische zeigt' ich ihm das Portefeuille der Venetianischen Schule, zur Erinnerung dessen was er an Ort und Stelle gesehen hatte. Ich besah für mich *Menzels* architektonische Hefte und bedauerte, daß er nicht in die friedliche Zeit von *[Christian Cay Lorenz] Hirschfeld* [*Theoretiker des Gartenbaus;* gest. 1792] und andern *Gartenfreunden* gekommen sey, wo ein tiefer Friede den Menschen Mittel und Muße gab, mit

ihrer Umgebung zu spielen. [...] *[Kanzler] v. Müller*, über den KODIZILLARI-
SCHEN ENTWURF verhandelnd. Später *Prof. Riemer*. Wir gingen die SCHWEI-
ZERREISE VON 1775 [DUW] durch. Später *Ottilie* und die *Kinder*.» (Tgb)
Samstag, 15. Januar. Brief an *Frommann d. J.*: Goethe sendet den 8. BOGEN
[DER METAMORPHOSE] «ganz berichtigt» mit verschiedenen Erklärungen. –
«[...] *John* fuhr fort die BLEYSTIFTCORRECTUREN zu fixiren. Der *Pfarrer* von
Ulrichshalben ein Gemälde vorzeigend, eine Copia der Madonna della Seg-
giola von *Raffael*, reinlich von einem beginnenden *Dilettanten*. Mittag *Hofrat
Vogel*. Nachher Architektonik der Blüthen und Blumen von *Martius* in der Isis
[→ 14. 1.]. Abends *Prof. Riemer*. Fortsetzung der SCHWEIZERREISE VON 1775
durchgegangen.» (Tgb)
Vor Mitte Januar. «Mit Goethe steht es so gut, als Du es nur wünschen
kannst, aber mit *Ottilien* schlechter, als Du denken magst, in jeder Hinsicht,
besonders in häuslicher. Der Alte fängt an zu geizen und beträgt sich besonders gegen *Ottilie* recht unväterlich. Ihr mangelt sogar das Notwendige, und
Du hältst sie für eine reiche *Witwe!* Jetzt wünscht man schon den *Verschmähten*
aus dem Grabe zurück [...].» *(Henriette v. Beaulieu-Marconnay* an ihre Tochter
Julie, 8. 1.; GG 6755)
Sonntag, 16. Januar. «Einiges corrigirt und beseitigt. *Herr* und *Frau v.
Münchhausen* zum Frühstück. Wurde einiges Allgemeine, dann auch Besondere, auf den preußischen Staat Bezügliche durchgesprochen. Fuhren um
12 Uhr ab. Mittag *Dr. Eckermann*. Die Redaction der ÄLTERN CORRESPONDENZ
besprochen [→ 14. 1.]. Verschiedene Sendungen von Düsseldorf eine Anzahl
meist frömmelnder Bilder, die mich bis zum Lachen betrübten. Die *Menschen*
versinken immer tiefer in Absurdität; es wäre jetzt Zeit für einen *trefflich gebornen Künstler*, wenn er als wahrhaft menschliches Kunstorigial geboren würde
und sich im Stillen hartnäckig bildete. 's ist aber kaum möglich, denn der
Mensch ist immer mehr oder weniger ein Organ seiner Zeit. Sendung von
Herrn v. Hoff und freundlich theilnehmender Brief. [...] *Kanzler v. Müller*,
einiges Litterarische durchsprechend. *Herr Oberbaudirektor Coudray*, die *Menzelischen* Kupfer erinnernd. *Serenissimus*, manches Vorliegende zur Sprache
bringend. Später *Ottilie* von Hof kommend; zuletzt blieb *Wolf* und erzählte
mir ein Mährchen, das er sich ausgedacht hatte. [...].» (Tgb) – Brief an *Wilhelmine v. Münchhausen*: Goethe spricht ihr seinen «tiefempfundenen Danck»
dafür aus, daß sie seine lang gehegte «Sehnsucht» durch ihren Besuch befriedigt
hat [bereits seit Oktober 1830 gehen Briefe und kleine Aufmerksamkeiten hin
und her (vgl. Raabe 1, 568, 570ff.)]. Die kurze Zeit, in der er sie sehen konnte,
läßt ihn um so lebhafter empfinden, wie seine «Anhänglichkeit an eine
geprüfte *Freundin* nichts von ihrer Innigkeit verlohren hat». (Raabe 1, 573 f.)
Montag, 17. Januar. Brief an *Zelter*: «Von dem unschätzbaren *Niebuhr*
erhielt ich [...] einen schönen Brief zu Begleitung seines zweyten Theils der
römischen Geschichte; er war geschrieben in dem vollen Vertrauen, daß ich
ihn kenne, daß ich sein Verdienst anerkenne [→ 3. 1.] [...]. Ich [...] las mich
in das Werk anhaltend hinein [...]. – Eigentlich ist es nicht mein Bestreben,
in den düstern Regionen der Geschichte bis auf einen gewissen Grad [...] klarer zu sehen; aber um des *Mannes* willen [...] wurden seine Interessen auch
die meinigen. [...] Die sämmtlichen *Ackergesetze* gehen mich eigentlich gar

nichts an, aber die *Art,* wie er sie aufklärt, wie er mir die complicirten Verhältnisse deutlich macht, das ist's, was mich fördert, was mir die Pflicht auferlegt, in denen Geschäften, die ich übernehme, auf gleiche gewissenhafte Weise zu handeln. – Er erscheint von jeher als ein *Skeptiker eigener Art,* nicht von der Sorte, die aus Widersprechungsgeist verfahren, sondern als ein *Mann,* der einen ganz besondern Sinn hat, das Falsche zu entdecken, da ihm das Wahre selbst noch nicht bekannt ist. – Auf diese Weise leb ich nun beynahe einen Monat mit ihm als einem Lebenden [→ 9. 1.]. – «[...] *Hofrat Soret,* die letzte Revision des 8. BOGENS. – Den AUFSATZ ÜBER DIE SPIRALTENDENZ angegriffen [→ 14. 1.]. Schreiben von *Frommann,* eine Irrung auflösend. Einiges Concept. *Sekretär Kräuter,* die *Völkerische* Sache in's Klare setzend. Verabredung wegen morgen. *Boisseréesche* Sendung von Darmstadt. Fortdauernde Betrübniß über die jammervollen kunstzerstörenden frommen Blätter. *Hofrat Meyer* zu Tische. Betrachtungen über den frömmelnden Kunstwahnsinn im Besondern, wo es ganz unbegreiflich wird, wie ein *Direktor* dergleichen in seinem Sprengel dulden, durch Ankauf honoriren und durch Nachbildung die Kenntnisse eines so gräßlichen Mißbrauchs noch über die übrige Welt verbreiten möchte, ohne die mindeste Ahnung, daß noch irgendwo ein vernünftiger Mensch leben möchte. *Oberbaudirektor Coudray* von seinen weiteren Anstalten bey der Gewerkschule berichtend, die *Menzelischen* Risse mit mir beschauend, wozu *Hofrat Soret* sich gesellte [«J'ai apporté un écu de cinq francs de 1830, à l'effigie de *Charles X.* Goethe plaisante sur sa tête pointue. ‹Il a l'organe de la religiosité bien prononcé, dil-il. C'est sans doute en raison de sa foi qu'il s'est cru dispensé de payer sa dette; mais nous, nous en avons contracté une bien grande avec lui depuis ce beau coup de tête qui a mis l'Europe sens dessus dessous.›» – Goethe äußert seine Wertschätzung von *Stendhals* «Rot und Schwarz». (*Soret,* GG 6759)]. Später [...] *[Kanzler] v. Müller,* [im Auftrag von *Kapellmeister Hummel]* ein Festgedicht für *Madame Mara* [geborene *Schmehling]* sollicitirend. Ich schrieb solches vor Schlafengehen, da ein glückliches Motiv in der Vergangenheit gefunden war [Gedichte DER DEMOISELLE SCHMEHLING und AN MADAME MARA; → 8. 10. 78].» (Tgb)

Dienstag, 18. Januar. «Mundum des GEDICHTES durch *John* in Duplo. EINIGES AN DEN ACTEN DER SPIRALTENDENZ.» (Tgb) – Brief an *Kanzler v. Müller:* Goethe übersendet seine BEIDEN GEDICHTE, bei deren musikalischer Behandlung sich *Hummel* «aller Freyheit» bedienen wird. – «[...] Mittag *Waltherchen,* der mich von seinen Taschenspielerkünsten unterhielt. Sodann das Separatportefeuille der *Niederländer* durchgesehen. Ferner die NÄCHSTEN NATURBETRACHTUNGEN durchgedacht. Abends *Prof. Riemer,* das 19. BUCH DES 4. BANDES durchgegangen [→ 15. 1.] [...].» (Tgb)

Mittwoch, 19. Januar. «Den AUFSATZ ÜBER DIE SPIRALTENDENZ gefördert. DIE WIRKUNG JENER ÄUßERUNG IN SACHEN CUVIER CONTRA GEOFFROY ÜBERDACHT, da indessen eine neue von der einen Seite approbatorische Eröffnung vorgegangen [→ 9. 1.].» (Tgb) – Brief an *Oberberghauptmann v. Herder:* Dessen bald nach der Nachricht vom Tod *seines Sohnes* [→ 10. 11. 30] eintreffender Brief vom 10. November «gab mir die tröstliche Übersicht: wie die *liebenden Glieder einer ausgebreiteten Familie* für mich gesinnt seyen, und ich mich nicht ganz sohnlos auf dieser Erde zu halten habe». – Brief an *Hof-*

rat Meyer: Goethe bittet ihn, einige Desiderata hinsichtlich des Genfer Medaillen-Abdrucks aufzuzeichnen [→ 10. 1.]. – Brief an *Bergrat Mahr:* Goethe fragt nach dem genauen Fundort des ihm zugesandten Felsenstückes. Veranlaßt durch die von *Leonhard* zur Sprache gebrachten verglasten Burgen in Schottland interessiert ihn, «ob in der Gegend diese Steinart, *Gneiß,* irgendwo anstehend gefunden» wird [→ 6. 1.]. – «[...] Kupferplatten zu dem Dictionnaire des Sciences Naturelles. Mittag *Dr. Eckermann.* Fernere Verabredung, wie es mit den BRIEFEN, TAGEBÜCHERN UND DERGLEICHEN gehalten werden solle [→ 16. 1.]. Überlegung des zunächst zu Behandelnden. Niederländisches Portefeuille, einige neue Sachen hineingelegt. *Ottilie,* manches erzählend und berichtend. Las in der ZELTERSCHEN CORRESPONDENZ DAS JAHR 1816 [→ 10. 1.].» (Tgb)

Donnerstag, 20. Januar. Brief an *Frommann d. J.:* Goethe sendet den von *Soret* nochmals durchgesehenen 8. BOGEN und bedauert, daß der Druckerei daraus neue Bemühung erwächst [→ 15. 1.]. Doch hofft er, daß nun alles in guter Folge fortgehen kann. – «VERTICAL- UND SPIRALTENDENZ. ANORDNUNG AUF DIE ZUKUNFT [→ 14. 1.]. [...] die *Frau Großherzogin* hatte eben *Grafen Mortimart [französischer außerordentlicher Gesandter* in Sankt Petersburg] auf seiner Durchreise nach Petersburg gesprochen. Veranlassung zu bedeutenden Gesprächen. Kam [...] eine Rolle, enthaltend eine Sendung von Rom, von dem *dortigen Kunstverein* [dem «Istituto di Corrispondenza archeologica»]. Mittags *Dr. Eckermann,* weitere Überlegung, wie die VORLIEGENDEN PAPIERE zu nutzen [→ 19. 1.]. Sodann einige Absonderung italienischer und niederländischer Radirungen und Zeichnungen. Ich hatte [...] die Sendung von Rom beachtet. Sowohl Text als Tafeln. Abends Besuch von *Serenissimo.* Las *Ottilie* sodann in ZELTERS BRIEFWECHSEL.» (Tgb)

Freitag, 21. Januar. «[...] [An] *Frommann [d. J.],* mit dem 8. BOGEN nach Jena [→ 20. 1.]. *Herrn Hofrat Soret,* mit den *Meyerschen* Bemerkungen zu *Bovy* Medaillen-Rückseite [→ 19. 1.]. – Mundum des KODIZILLS [→ 20. 1.]. Wiener Jahrbücher der Litteratur 49. Band. Einiges auf Bibliothek bezüglich, weßhalb denn auch *Sekretär Kräuter* einsprach. Mittag *Hofrat Meyer.* Wir besahen und besprachen die Sendung der *römisch-antiquarischen Gesellschaft* [→ 20. 1.]. Auch anderes auf alte Kunst Bezügliche. Ich las im zweyten Theil jener Memoiren fort. Abends *Hofrat Soret,* die Bemerkungen bey der Genfer [Medaillen-] Rückseite übersetzt vorlegend. Einiges daran geändert. *Prof. Riemer.* ABSCHLUß DES VERHÄLTNISSES ZU LILI. VERHÄLTNIß ZU KRAUS [DUW, 20. BUCH].» (Tgb)

Samstag, 22. Januar. «SPIRALTENDENZ weitergeführt [→ 20. 1.]. Oberaufsichtliche Expeditionen [...]. *[Rinaldo] Vulpius* übergab mir Rechnungen und Belege vom vorigen Vierteljahr, soweit sie gediehen. *Herr Kanzler v. Müller,* freundlich Abschied zu nehmen [nach Ilmenau]. Einiges auf die Durchreise des *Herzogs v. Mortimart* Bezügliches. Mit *Ottilien* einiges Ökonomische. Das KODIZILL ausgefertigt [Die SEDEZAUSGABE DER WERKE (ALH) ist vollendet, die OKTAVAUSGABE nähert sich ebenfalls der Fertigstellung. Das vereinbarte Honorar ist gezahlt worden. – Goethe weist auf die Bestimmung hin, daß der *Verleger* für jedes über 20 000 verkaufte Exemplar einen Anteil zahlen wird, allerdings mit der Einschränkung, daß diese Zahl «wohl niemals erreicht wer-

den dürfte . . . – Die meiste Aufmerksamkeit verdienen die aus MANUSKRIP-
TEN, GESAMMELTEN DRUCKSCHRIFTEN bestehenden zehn bis zwölf Bände,
welche in Gefolg der vierzig herausgegeben werden könnten. Sie bestehen: 1.
GÖTZ VON BERLICHINGEN, erstes Manuskript. 2. DERSELBE FÜR DAS THEA-
TER BEARBEITET. 3. FAUST. ZWEITER TEIL; der ZWEITE und DRITTE AKT voll-
endet, so daß nunmehr *Helena* als Heroine im DRITTEN AKT auftritt. 4.
SCHWEIZER REISE VOM JAHRE 1797. 5. KUNST UND ALTERTUM, sowohl das
Gedruckte als neue Dinge enthaltend. 6. NEUSTE KLEINE GEDICHTE. 7. ALL-
GEMEINE NATURLEHRE. 8. ENTWURF EINER FARBENLEHRE (wenn man auch
den HISTORISCHEN und POLEMISCHEN TEIL weglassen wollte). 9. MORPHO-
LOGIE, daher METAMORPHOSE, UND WAS SICH AUF ORGANISATION BEZIEHT.
ABGEDRUCKTES, NEUHINZUKOMMENDES, KRITISCHE BETRACHTUNGEN ÜBER
DAS GANZE UND EINZELNE.» – Goethe überträgt *Eckermann* die Herausgabe
dieser BÄNDE gegen ein «billiges» Honorar. – Beim Vertragsschluß mit dem
Verleger wäre zu versuchen, ein höheres Honorar zu erlangen, um die
getäuschte Hoffnung beim Verkauf der ALH auszugleichen. – Über die
Benutzung der KORRESPONDENZ, TAGEBÜCHER und anderer biographischer
Hilfsmittel ist mit *Eckermann* «Abrede genommen worden und man hat . . .
zum Versuch den Anfang mit dem Jahre 1807 gemacht (→ 20. 1.; → vermut-
lich 1.1.)». – Hiernach wäre ein Vertrag mit *Eckermann* zu schließen und ihm
als künftigem Herausgeber ein billiges Honorar zuzugestehen sein. – Die
KORRESPONDENZ MIT SCHILLER ist 1850 nach den ORIGINALEN herauszuge-
ben (→ 18. 1. 27). Goethe weist nachdrücklich auf die literaturgeschichtliche
Bedeutung dieser ORIGINALAUSGABE hin. – Die Hälfte des Erlöses kommt den
Schillerschen Erben zu. – Die Herausgabe des BRIEFWECHSELS MIT ZELTER wird
Riemer übertragen, der mit der Revision der BÄNDE längst begonnen hat. Ihm
wäre dafür ein billiges Honorar zu zahlen.]. Mittag *Hofrat Vogel* und *Ottilie.*
Auswärtige Politik. Blieb allein und suchte das Mögliche zu fördern. *Brans
Minerva.* Einige interessante Briefe. *Ottilie* und die *Kinder.* Sie lasen in der
Minerva. Sodann ZELTERS BRIEFWECHSEL.» (Tgb)
    Sonntag, 23. Januar. Attestat für den *Gärtner Andreas Köhler:* Goethe
bestätigt, daß dieser seine Gärten vielleicht seit 15 Jahren zu seiner Zufriedenheit besorgt habe. Gegenwärtig erfordern die Umstände jedoch eine neue
Einrichtung. (WA IV, 48, 308) – «Oberaufsichtliche Angelegenheiten. Um
12 Uhr der *Prinz [Karl Alexander* und *Hofrat Soret].* Die *Kinder* zeigten ihre
Weihnachten und *Walther* seine Taschenspielerkünste vor. Mittag *Dr. Eckermann.* Die Behandlung der BRIEFE und anderer Hülfsmittel wurden näher
bestimmt [→ 22. 1.]. Nachher für mich die römische Sendung näher betrachtend [→ 20. 1.]. Ein Kistchen von Mailand [gesendet von *Bankier Mylius*]
eröffnet, den Inhalt [die letzten Stücke aus dem Nachlaß von *Sohn August*]
gesondert. Abends bey Zeiten *Ottilie,* mancherley Städtisches und Weltliches
mittheilend. Kamen die *Kinder* von einer nächtlichen Eisfahrt mit Pechfak-
keln. *Walther* besonders höchst vergnügt, welches bey einem unerfreulichen
Spaße man ihm gern gönnen mußte.» (Tgb)
    Montag, 24. Januar. «Oberaufsichtliches, besonders die Angelegenheiten
der Jenaischen Sternwarte betreffend. [. . .] Weniges auf Kunst Bezügliches.
Einige gute alte Kupfer salvirt und ansehnlicher gemacht. Mittags *Wölfchen.*

Nachher las ich in der Beschreibung Roms fort [«Beschreibung der Stadt Rom» von *E. Platner, K. v. Bunsen, E. Gerhard* und *W. Röstell,* 1830]. Gegen Abend [...] der *Großherzog,* welcher in ZELTERS BRIEFEN las. Die *Kinder* waren bey *General Vavasour* zum Ball.» (Tgb)

Dienstag, 25. Januar. Brief an *Marianne v. Willemer:* «*Eckermanns* Gegenwart ist mir von großem Werth; er übernimmt eine Arbeit, die ohne entschieden verabredete Folge nicht denkbar wäre.» – Goethe berichtet, daß ihm die *Fremden* am meisten zu schaffen machen. Gerade «die *Interessantesten* [sind] die Gefährlichsten [...]; «denn sie erregen in mir ein fremdes Interesse, was mich in dem Augenblick gar nichts angeht und doch anzieht und ablenkt von dem, was ich eigentlich zu leisten habe». – «[...] *John* überzog die BLEYSTIFTCORRECTUREN [zu DuW]. Ich las in *Zenkers* botanischem Grundriß, welcher zum Recapituliren besonders vortheilhaft ist [→ 10. 12. 30]. Mittag *Dr. Eckermann.* Brachte die Auszüge des TAGEBUCHS VON 1807 zu weiterer Prüfung und Überlegung des Geschäftes [→ 23. 1.]. Nach Tische Beschreibung von Rom. Abends *Prof. Riemer.* Wir fuhren in der REVISION DES 20. BUCHES fort [→ 21. 1.]. Besprachen anderes Obliegende. Später *Ottilie,* vorlesend aus den ZELTERISCHEN BRIEFEN. Einiges über die Sendungen *Augusts* aus Italien besprochen.» (Tgb)

Mittwoch, 26. Januar. «EINIGES BOTANISCHE. Oberaufsichtliches [u. a. *Zeichenlehrer Müller* betreffend]. Besuchte mich *Salinendirektor Glenck.* Ich fragte nach den artesischen Brunnen. Unter 49 verschiedenen Bohrversuchen fand er nur zwey wirkliche Springquellen [...]. Um 12 Uhr *Herr Alexander v. Humboldt,* mich über die Vorfälle von Paris aufklärend, Individualitäten schildernd und Verhältnisse näher bezeichnend [→ 18. 10. 30]. *Herr Prof. Riemer* zu Mittag. [...] Verhandelten wegen der ZELTERSCHEN BRIEFE das Nähere. Auch zufällig angeregt einiges Naturhistorische. Beschreibung von Rom fortgesetzt. *Ottilie* später, ZELTERS BRIEFE vorlesend. [...].» (Tgb)

Donnerstag, 27. Januar. «DIE LETZTE SENDUNG MEINER WERKE war vom *Buchbinder* gekommen. [...] ausgetheilt an die *Freunde.* Kam die *Zelterische* Erklärung wegen der BRIEFE gerichtlich ausgefertigt [→ 8. 1.]. *Herr Alexander v. Humboldt* um 11 Uhr. Seine Reise durch das russische Reich in Gegenwart der Karte kürzlich erzählend, auch einige merkwürdige dort gewonnene Mineralien versprechend. Um 12 Uhr *Frau Großherzogin, Demoiselle Mazelet.* Die schwierige politische Lage des Augenblicks confidentiell durchgesprochen. [...] Mittag *Ottilie.* Allen Stadtklatsch durchgearbeitet [...]. Ich fuhr in der neuen Beschreibung von Rom fort und freute mich der *Niebuhrschen* Fundamente. Von *jener Gesellschaft* mit großem Fleiß ergriffen, sich angeeignet und fortgebaut. Die 40 BÄNDE DER SEDEZ-AUSGABE in einer Reihe vor mir aufgestellt zu sehen, machte mir ein dankbar anerkennendes Vergnügen. Ich hatte das zu erleben nicht gehofft. Abends *Oberbaudirektor Coudray.* Ich ging mit ihm das Portefeuille italienischer Miscellen durch. Seine künstlerische Theilnahme, die das Würdige lebhaft ergreift, ist höchst angenehm. Er legte mir die wohlgerathenen Decorationen zu dem neuen Zimmer der *Frau Großherzogin* vor [→ 25. 7. 30]. Später *Ottilie,* ZELTERS BRIEFWECHSEL vorlesend. Sodann die *Kinder,* gutwollend und artig.» (Tgb)

Freitag, 28. Januar. «[...] Einiges Oberaufsichtliche. Rückseite der *Zelterischen* Medaille [→ 12. 1.]. Schreiben an denselben.» (Tgb): «[...] Mein

TESTAMENT, worin unsre Angelegenheit ausführlich besorgt ist, ward schon am 8. Januar großherzoglicher Regierung übergeben; in diesen Tagen kam auch ein KODIZILL zu Stande, um meine äußerst complicirten Zustände für die *Nachkommen* in's Klare zu setzen [→ 22. 1.]. Man muß darin das Möglichste thun [...]. – Ich beschäftige mich mit deinem Wappen auf die Rückseite der Medaille; hier darf es durchaus nicht aussehen wie ein Petschaft [...]. Du erhältst eine Zeichnung; die SKIZZE hab ich entworfen und will sie nur in's Reine bringen lassen. [...]. – Nun will ich aber bekennen, daß ich neulich gefrevelt habe, wenn ich [...] zu sagen mich vermaß: nur *Niebuhr* sey es und nicht das von ihm so glücklich behandelte altrömische Wesen, was mich interessire [...]. Denn der *Verständige,* der irgend eine Angelegenheit liebevoll und gründlich behandelt, [...] nöthigt uns in seine Angelegenheiten hinein. So find ich es jetzt, da die *römisch-antiquarische Sozietät* fortfährt mir ihre Bemühungen mitzutheilen [→ 20. 1.], die ganz im Sinne *Niebuhrs,* von ihm angeregt und nun, auf seine eigentlichste Weise fortgeführt, ihn nach seinem Abscheiden wirklich wieder beleben. Er geht noch umher und wirkt. [...] – Das MANUSCRIPT [DES GOETHE-ZELTER-BRIEFWECHSELS] [...] ist reinlich geschrieben, aber doch voller einzelnen Mängel, die wir bey'm Durchlesen [mit *Ottilie*] merken und bemerken. *Professor Riemer* übernimmt die künftige Herausgabe gegen ein billiges Honorar. Ich will suchen, noch bey meinen Lebzeiten das MANUSCRIPT möglichst gereinigt zu sehen und deshalb mit ihm conferiren. Auslassungen und Fehlstellen kann ich ohne weiteres berichtigen, über die man späterhin viel und oft vergebliche Nachsuchungen anstellen müßte.» – «[...] Anfrage bey *Facius* wegen der [dessen] Congreß-Medaille [von 1808], verneinend beantwortet [*Zelter* wünschte eine solche zu kaufen (an Goethe, 20. 1.; Zelter-Briefwechsel 3, 372)]. Mittags *Dr. Eckermann.* Fortgesetzte Betrachtungen und Unterhaltungen. Die Beschreibung von Rom zu lesen fortgesetzt. Abends *Prof. Riemer.* Den ABSCHLUß DES 4. BANDES durchgegangen. *[Alexander v.] Humboldts* Aufenthalt und Einwirkung besprochen. Die unglaublichen socialen Einwirkungen dieses *Mannes* bewundert. Derselbe nahm den AUFSATZ ÜBER DIE SPIRALGEFÄßE mit [→ 22. 1.].» (Tgb)

Samstag, 29. Januar. «[...] An den *Bibliothekar Göttling,* Jena, mit der LETZTEN LIEFERUNG MEINER WERKE für ihn und die academische Bibliothek. [...] An *Prof. Renner,* Anfrage wegen den Unbilden der Veterinärschule. [...] [An] *Prof. Zelter,* die LETZTE LIEFERUNG MEINER WERKE [...]. Mittag *Hofrat Vogel.* Medicinisches, Hof- und Geschäftsverhältnisse. Blieb für mich. Beschreibung von Rom. *Ottilie* las in ZELTERS CORRESPONDENZ. Die *Knaben* kamen von einem Besuch bey *Germars.*» (Tgb)

Sonntag, 30. Januar. «*John* überzog BLEYSTIFTCORRECTUREN. Ich mundirte den Glückwunsch [an *Karl Friedrich*] auf den 2. Februar.» (Tgb): «[...] welches Glück *mein Verehrter Fürst* seinem alten Einsiedler gewähre, wenn Höchstderselbe ihm irgend eine Abendstunde gönnen und, durch geistreichgemüthliche Gespräche, zu manchem guten Gedancken Veranlassung geben will.» – Goethe spricht seine treusten Wünsche aus und bittet für seine übrigen Lebenstage weiterhin um die Gunst und Gnade des *Adressaten.* – Billett an *Schwiegertochter Ottilie:* «Wollte nur vorläufig bemerken daß für Küchenausgaben für den nächsten Monat Februar nur *dreysig* Thaler können zugestanden werden.» (Raabe 1, 574) – «*Prof. Huschke,* zeigte braunschweigische Wachspräparate vor; das Gehirn in horizontalem und verticalem Durchschnitt. Referirte verschiedenes Academische und Sonstiges. *Wölfchen* zeichnete Kleidertrachten durch. Mittag *Dr. Eckermann.* Nach Tische die niederländische politische Mappe mit *Wölfchen* durchgesehen. Ein willkommenes Heft über *Bohuslav Hassenstein de Lobkowitz* [*böhmischer Humanist,* gest. 1510], und ein Gedicht desselben auf Karlsbad [«Ode latine sur Carlsbad ...», 1829]. Abends *Kanzler v. Müller.* Darauf *Serenissimus.* Später *Ottilie;* lasen in ZELTERS BRIEFWECHSEL. Nachher die *Knaben* vom *Prinzen [Karl Alexander]* kommend. Besahen Theatercostumes.» (Tgb)

Montag, 31. Januar. Brief an *v. Quandt:* Goethe bedauert, daß das farbige Glasgemälde [von *Scheunert,* die heilige Barbara darstellend] «gänzlich decomponirt» hier angekommen sei [*Karl Friedrich* hatte das Bild bei der Verlosung des *Dresdner Kunstvereins* gewonnen]. Ein *Glaser* bemüht sich nun um dessen Wiederherstellung. – Daß sich der *Adressat* dem Vorsteheramt nicht entzogen hat, ist von den *hiesigen Mitgliedern des Vereins* mit Beifall aufgenommen worden [*v. Quandt* hatte seine Bereitschaft erklärt, das Amt bis Ostern 32 wieder zu übernehmen; → 28. 8. 30]. – «[...] *Serenissimä,* Monatsbericht von *Sekretär Kräuter.* [...] Das in dem gestrigen Schriftchen angekündigte Werk von *Herrn Hassenstein-Lobkowitz* [«Farrago poematum...», 1570] fand sich in hiesiger Bibliothek aus dem Nachlaß des *Herrn Logau.* Wenige Blicke darein gaben das höchste Interesse. Persönlich war mir sehr angenehm die Abbildung des Schlosses Hassenstein zu sehen, wo ich in dessen Ruinen in der besten *Gesellschaft* von Eisenberg aus die köstlichsten Stunden zugebracht. Seit langer Zeit eine völlig verrückte Sendung des verkehrten *Kurowski-Eichen.* Niederer Barometerstand, Kälte 18 Grad; klarer Himmel, vollkommener Sonnenschein. Mittag *Herr Hofrat Meyer.* Das kleine Portefeuille Italien durchgesehen, einige Probleme besprochen und bis auf einen gewissen Grad gelöst. Die Gedichte des von *Lobkowitz-Hassenstein,* dessen Prosa und Correspondenz. Höchste Cultur und Veredlung der Welt durch die *Griechen* aus dem überwundenen Byzanz; unglaublich energische Cultur, woraus zuletzt aus dem Naturell der *Norddeutsch-Gebildeten* der Protestantismus entstand, der auch in den vordern Kreisen Böhmens sich entwickeln mußte. Abends *[Jean Pierre] Vaucher [französischer Botaniker, Universitätslehrer* in Genf, geb. 1765], dessen botanische Bemühungen und Tendenzen [für den ZWEITEN NACHTRAG ZUR METAMORPHOSE]. Sodann *Ottilie,* ZELTERS CORRESPONDENZ.» (Tgb)

Januar. «Goethe entschuldigt sehr, daß er jenen inhaltreichen Brief [von *Rochlitz* vom 19. 12. 30] noch nicht beantwortete. Er wollte eine recht heitre Stimmung dazu abwarten; da kam ihm nun auf einmal die Überzeugung, es sei Pflicht, SEINEN NACHLASS zu ordnen, und die vielfachen Beratungen darüber mit mir, die zahllosen Zerstreuungen, die ihm die Durchsicht und Inventarisierung SEINER BRIEFSCHAFTEN und MANUSKRIPTE dieserhalb brachten, füllten den ganzen Januar aus. Nun ist das ausführliche TESTAMENT glücklich übergeben [→ 22. 1.; → 6. 1.], und er sieht, wie von einem überstiegenen Berge, jetzt wieder frisch gemutet in die Welt.» (*Kanzler v. Müller* an Rochlitz am 6. 2.; GG 6764)

Vielleicht Ende Januar. GEDICHT IM ZEICHEN HIER [für *Jane Carlyle*].
Vermutlich Dezember 1830 / Anfang Februar 1831. «Goethe hat nach dem Tode des *Sohnes* an einem schönen Tage den Haushalt umgestürzt und dem Schuldenmachen der *Schwiegertochter* gesteuert. Ich mußte lachen über die Pedanterie, womit er jetzt die Wirtschaft treibt. Aber nötig mag es sein. Er hat den Schlüssel des Holzstalles unter seinem Kopfkissen und läßt das Brot abwiegen. Auch machte er Aufzeichnungen über den Abgang seiner Nachthemden. Als Gesellschafterin behandelt er *Ottilie* sehr artig; aber im Hause muß sie sich fügen.» (*Caroline v. Wolzogen* an E. v. Schiller, 16. 2.; GG 6769) – «*Mägde* und *Diener* bereichern sich und haben es so arg getrieben, daß er [Goethe] [...] [genötigt gewesen ist], einen Teil der *Dienstboten* zu verabschieden. – Die *Schwiegertochter* bekümmert sich nicht darum, weil sie, wie sie behauptet, nichts von Wirtschaft versteht, oder weil sie, wie andere sagen, nichts davon verstehen will. Es mag auch in ihrer Lage nicht leicht sein, die Zügel des Hauses zu lenken.» (Wilhelmine Günther an Amalie Thiersch, 19. 4.; GG 6822)
Dienstag, 1. Februar. Brief an *Zelter:* Goethe berichtet über seine vergebliche Nachfrage wegen der Kongreßmedaille [→ 28. 1.]. – Er bittet den *Adressaten,* SEINE BRIEFE VON 1830 baldigst einzusenden. «Deine Reise-Relationen machen höchst lichte Stellen in der CORRESPONDENZ. – [...] *Eckermann,* der als wahrhafter Ali durchdrungen ist von dem hohen Begriff, daß Licht und Dunkel im Trüben die Farben hervorbringen, hat mir eine kleine Büste *Napoleons* von Opalglas mitgebracht, die allein eine Reise um die Welt werth ist [→ 14. 10. 30]. Sie steht der aufgehenden Sonne entgegen: bey'm ersten Strahl derselben erklingt sie von allen allen, die sämmtlichen Edelsteine [...].» – «[...] Die Sendungen aus Italien gesondert; das zu Vertheilende an *Ottilien* gegeben. Porträt des *Herrn v. Schröder [russischer Gesandter]* empfangen. BEY GELEGENHEIT DES WERKES VON VAUCHER BETRACHTUNGEN ÜBER DE CANDOLLES SYMÉTRIE DES PLANTES. Wie durch eine umgekehrte Methode das Wahre unzugänglich wird [→ 31. 1.]. *Hofrat Vogel,* schöne Unterhaltung über die Wirkungen der verschiedensten Arzeneyen bey ähnlich scheinenden Übeln und Forderungen; über Einfachheit der Recepte, Absonderung alles Überflüssigen und dadurch Schädlichen. Das Geistreiche scheint immer zu wachsen, indem es immer dasselbige bleibt, aber immer eine größere Breite beherrscht und dadurch ansehnlicher erscheint. Botanisches von Mantua, mitgetheilt durch *Herrn Zahn.* Dasselbige angeschlossen an die Lehre von der Spiral- und Verticaltendenz. Abends *Prof. Riemer,* den AUFSATZ ÜBER DIE SPIRALTENDENZ durchgegangen [→ 28. 1.]. Später *Ottilie,* ZELTERISCHE CORRESPONDENZ. Die *Kinder* kamen aus dem Schauspiel und sahen Bilder durch.» (Tgb)
Mittwoch, 2. Februar. «[...] Eigenhändige Abschrift des FESTGEDICHTES für *Madame Mara,* gesendet an *Hummel* [→ 17. 1.]. *John* wegen Haushaltungsverhältnissen. Botanische Werke nachgesehen in Bezug auf Valisneria [Froschbißgewächs]. DIE STELLE DES DR. BARBIERI ÜBERSETZT [zur Problematik SPIRALTENDENZ]. *Dr. Weller. Hofrat Voigt,* dessen Besuch ich ablehnte. *Dr. Schnauß* gab einen Einschluß von Mailand ab. Mittag *Dr. Weller,* Academisches und Städtisches verhandelt. Nach Tische Kupferstiche. Abends *Prof. Riemer.*

DIE VERTICAL- UND SPIRALTENDENZ durchgegangen. Später *Ottilie.* Später
die *Kinder* aus der Dame als Soldat [Oper nach *Mazzola,* Musik von *Kapellmeister Naumann*] kommend, auch erzählend von der Belvederischen Schlittenfahrt und dem Kinderdiner zum Geburtstag des *Großherzogs.* [...].» (Tgb)

Donnerstag, 3. Februar. Brief an *Eckermann:* Goethe erkundigt sich nach
dessen Befinden und fragt an, ob beikommendes, aus Mailand gesandtes Blatt
Manzoni darstellt. – «[...] EINIGES BOTANISCHE. [...] Einiges in *Hassenstein-
Lobkowitz* [→ 31. 1.]. *[Gesandter]* [...] v. *Schröder* [...], die *Frau Großherzogin*
und *Mademoiselle Mazelet. Herr Wilmot,* einer der ältesten Weimar besuchenden *Engländer* [...], *Diplomat,* gegenwärtig angestellt bey'm Stand Bern. *Mittag Ottilie.* Gegen Abend *Herr v. Lützerode, Sächsischer Geschäftsträger an den
sächsischen Höfen und am hessischen.* Mit allen diesen *Besuchenden* leidige Unterhaltungen über die Tagesübel, wobey niemand wohl zu Muthe ist. Under-
dessen ward man von den Individualitäten, Besonderheiten, von guten und
schlimmen Aussichten durchaus des Nähern unterrichtet.» (Tgb)

Dienstag, 1. / Donnerstag, 3. Februar. Brief an *Bankier Mylius:* Goethe
zaudert noch immer, das längst schuldige Schreiben abzufassen, da er sich
dabei an Umstände zu erinnern hat, «die man so gern einer wohlthätigen Ver-
gessenheit überlieferte». – Er dankt dem *Adressaten* für die Unterstützung, die
dieser *seinem Sohn* in Italien gewährt hat. – Auch das Kästchen [von *Sohn
August* selbst gepackt und dem *Adressaten* zur späteren Absendung übergeben]
ist glücklich angekommen [→ 23. 1.].

Freitag, 4. Februar. Brief an *Zelter:* «Hier kommt die ZEICHNUNG des
Wappens [→ 28. 1.], welches freylich von einem geistreichen, in dieser Art
geübten *Künstler* ausgeführt werden müßte.» – Im Vergleich zum Petschaft des
Adressaten ist zu beachten, daß «die strenge Symmetrie aufgehoben und durch
ein geistreiches Gleichgewicht ersetzt werde». – Sollte die Medaille von *Angelika Facius* gefertigt werden, so wäre es ratsam, wenn sie zunächst ein Modell
in derselben Größe in Wachs modellierte, über das man noch einmal sprechen
könnte. – «Ihrem *Vater* wird sie durch Trauern und Säumen nichts helfen; er
hat sich thöriger Weise durch Selbstcuriren einen Schaden am Fuße zugezogen, ist unglücklicher Weise in der seltsamsten Hypochondrie befangen.
[...] Seinem Hauswesen haben *Wohldenkende* nachzuhelfen gesucht; er ist, wie
ich höre, auf der Besserung [...].» – «[...] VALISNERIA NACH PAOLO BARBIERI
von Mantua [→ 2. 2.]. VAUCHER WIEDER AUFGENOMMEN [→ 1. 2.]. Mittags
Dr. Eckermann. Über HACKERT und WINCKELMANN, die er eben gelesen,
manches durchgesprochen. Abends *Prof. Riemer.* DAS BOTANISCHE CAPITEL
VERTICALER UND SPIRALER TENDENZ durchgesehen. [...] der *Großherzog.*
Noch einiges mit *Riemer.* Später *Ottilie,* ZELTERISCHE CORRESPONDENZ. Die
Knaben.» (Tgb)

Samstag, 5. Februar. «NÄHERE UNTERSUCHUNG IN BEZUG AUF VALISNE-
RIA. Haushaltungs-Einleitungen und weitere Rücksprache deßhalb. Einiges
Oberaufsichtliche. Mittag *Hofrat Vogel.* Medicinisch-practische Unterhaltung.
Hauptaugenmerk practischer Thätigkeit. Merkwürdige Aufklärung hierüber.
Auch über die Behandlung der jetzt obwaltenden schleimigen Übel. Weitere
Aufmerksamkeit auf das Leben *Boguslaw v. Lobkowitz* [→ 3. 2.]. Einiges
Naturhistorische. *Oberbaudirektor Coudray.* Sprach über die Vorlesungen in der

Gewerkenschule, alsdann auch über die physikalischen Vorlesungen [von *Gymnasiallehrer Karl Ludwig Albrecht Kunze*, geb. 1805] in dem Saale der Bürgerschule.» (Tgb)

Sonntag, 6. Februar. Brief an *Riemer:* Goethe sendet mit der Bitte um Durchsicht die SCHLUßREDE SEINES BOTANISCHEN LEBENSLAUFS, in der er versucht hat, die bemerkten Stellen der Übersetzung dem ORIGINAL anzunähern. – Außerdem legt er die «NATURGESCHICHTE DER VALISNERIA [bei], welche anmuthig genug ist zu WEITERER ERLÄUTERUNG DER VERTICAL- UND SPIRAL-TENDENZ». – «[...] Einiges Öconomische besprochen. Mittag *Dr. Eckermann.* Weitere Beredung wegen 1807 [→ 23. 1.]. Ich beschäftigte mich nachher mit *Boguslav v. Hassenstein,* in dem lateinischen Werke. *Herr Kanzler v. Müller,* einige allgemeine Staatsverhältnisse, auch öconomische besondere. Kamen *Serenissimus* auf eine halbe Stunde. Ich nahm EINIGE BOTANISCHE BETRACHTUNGEN vor. [...] *Ottilie* kam von Hof. Erzählte Dortiges. Auch was sonst sich in diesem Cirkel zugetragen habe. Las in ZELTERS CORRESPONDENZ. Wurde einiges bemerkt und corrigirt.» (Tgb) – Besuch des *Kanzlers v. Müller:* «Eröffnungen wegen Inventarisierung des Nachlasses *seines Sohnes.*» (*Müller;* GG 6765)

Montag, 7. Februar. «In öconomischer Anordnung vorgerückt. Mehrere Concepte in eignen und oberaufsichtlichen Geschäften. *[Sänger] Ehlers* Brief von Kassel, der auch von der musikalisch-poetischen Seite in jene wunderlichen Zustände hineinschauen läßt [Dieser erbittet Goethes Verwendung für eine Anstellung als *Gesangslehrer* oder *Regisseur* und entwickelt den Plan einer in St. Petersburg zu errichtenden Bildungsanstalt für *Sänger* und *Schauspieler.* (an Goethe, 3. 2.; WA III, 13, 284f.).] [...]. Kam eine Sendung von *Herrn v. Quandt* mit neuen Probeabdrücken von Kupferstichen jener angeschafften Bilder, welchen man billigerweise Beyfall geben muß, da sie keine Spur tragen von jener gränzenlosen Absurdität, deren sie sich in Düsseldorf nicht schämen, von schaler Frömmeley und hohler Alterthümeley. Mittag *Dr. Eckermann.* Später allein. Nachts *Herr Hofrat Soret.* Nachher las *Ottilie* vor.» (Tgb)

Dienstag, 8. Februar. «Beschäftigung mit Oberaufsichtlichem. [...] Häusliche Angelegenheiten, besonders Rechnungssachen betreffend.» (Tgb) – Billett an *Hofrat Meyer:* Goethe fragt an, ob dieser ihm für kurze Zeit mit 300 Talern aushelfen kann. – «Um 1 Uhr *Herr Hofrat Meyer.* Die Dresdner Preiskupfer mit ihm durchgesehen. Verhältnißmäßig billig gelobt. Abends *Prof. Riemer.* Einiges auf die BOTANISCHEN ARBEITEN sich Beziehendes durchgesehen. *Ottilie* las die ZELTERISCHE CORRESPONDENZ 1829 zu Ende.» (Tgb)

Mittwoch, 9. Februar. «Durch *John* Bezahlung der Haushaltungsschulden. Manches bezüglich auf die nothwendige Veränderung [in der Haushaltung; → vermutlich Dezember 30 / Anfang 31]. Unterhaltung über diesen Gegenstand mit *Ottilien* und *Vulpius.* [...] Mittag *Dr. Eckermann* [«Die früheren Ausgaben jenes Gedichts («Luise» von *J. H. Voß d. Ä.,* Erstveröffentlichung 1783/84, stark erweitert 1795, 1807 und später) ... sind in solcher Hinsicht weit besser ... Später jedoch hat *Voß* viel daran gekünstelt, und aus technischen Grillen das leichte Natürliche der Verse verdorben. Überhaupt geht alles jetzt aufs Technische aus, und die *Herren Kritiker* fangen an zu quengeln, ob in einem Reim ein s auch wieder auf ein s komme und nicht etwa ein ß auf ein s. – Wäre ich noch jung und verwegen genug, so würde ich absichtlich gegen alle solche technische Grillen verstoßen, ich würde Alliterationen, Assonanzen und falsche Reime, alles gebrauchen, wie es mir käme und bequem wäre, aber ich würde auf die Hauptsache losgehen und so gute Sachen zu sagen suchen, daß jeder gereizt werden sollte, es zu lesen und auswendig zu lernen.» (*Eckermann*: Tagebuch; GG 6766)]. Weitere Besprechung, TAGEBUCH und BRIEFE betreffend [→ 6. 2.]. Sonstige Vorbereitungen zu der Veränderung im Haushalt. Abends *Büchner* [vermutlich *Friedrich Büchner*, Wirt «Zum goldenen Adler» in Weimar (Auskunft GSA)], mit welchem das Weitere verabredet worden. *Ottilie* kam aus der physikalischen Vorlesung und erzählte das Vorgetragene [→ 5. 2.]. Las sodann in den ZELTERISCHEN BRIEFEN.» (Tgb)

Donnerstag, 10. Februar. «*Büchner* stellte mir den jungen *[Gottlob] Straube* vor, welcher als *Koch* in meine Dienste trat. Das Allgemeine durchgesprochen. Das Weitere vorbehalten. *Vulpius* entließ die *Köchin [Augusta Kluge]* mit billiger Entschädigung. Von dieser Last befreyt konnt' ich an bedeutende Arbeiten gehen; ich kann hoffen, die Epoche werde fruchtbringend seyn. [...] Herr v. Schröder, russischer Gesandter. [...] Frau Großherzogin* mit *Demoiselle Mazelet*. Mittags *Ottilie*. Ich blieb in den vordern Zimmern, richtete einige Portefeuilles ein. Las mit Wohlgefallen und Beystimmung F. G. *Schön,* über die Kleidung der Schauspieler in den Bacchanten des Euripides [Ruppert, 1264]. Abends *Herr Kanzler v. Müller*. Las derselbe G. F. *Jägers* naturgeschichtliche Vorlesung vor, von geistreichem und vergnüglichem Inhalt. Hatten *Ihro Hoheit der Großherzog* uns eine halbe Stunde geschenkt. Später *Ottilie* vom Hof kommend, manches erzählend.» (Tgb)

Freitag, 11. Februar. «Fortgesetzte Sorgfalt für die neue Haushaltungseinrichtung.» (Tgb) – Brief an *v. Lützerode:* Goethe bittet ihn, *Schmeller* zu einem Porträt zu sitzen. – Brief an *Luise Seidler:* Goethe sendet ihr einen Bogen im Format seiner großen Porträtsammlung mit der Bitte, ihm «das Antlitz unseres werthen *Niebuhrs,* wie es Ihnen auf dem Papier und gewiß auch in der Seele zurückgeblieben [...], herüber[zu]bilden». – «[...] *Schöns* Theater-Costumes, gar löblich. Ein Philolog, der doch einmal der Aufführung des Stücks zu Leibe geht und die Rhythmik den *Kapellmeistern* überläßt. Mittag Dr. *Eckermann* [«... erzählte mir Goethe, daß er den VIERTEN AKT DES FAUST angefangen, und so fortzufahren gedenke (→ 5. 1.) ... – So finden sich zum Beispiel in *Graf Platen* fast alle Haupterfordernisse eines guten Poeten: Einbildungskraft, Erfindung, Geist, Produktivität besitzt er in hohem Grade, auch findet sich bei ihm eine vollkommene technische Ausbildung; allein ihm fehlt – die Liebe.» (*Eckermann*: Tagebuch; GG 6768)]. Fortgesetzte Unterhaltung über die ÄLTERN TAGEBÜCHER [→ 9. 2.]. Fortgesetzte Betrachtung der griechischen Theater-Costumes [→ 10. 2.]. Abends *Prof. Riemer,* in demselbigen Büchlein zusammen fortgelesen. Darüber gesprochen. Philologische Behandlung dergleichen Gegenstände und Sonstiges verhandelt.» (Tgb)

Vor Samstag, 12. Februar. «Ich [...] gedenke eines Bildes, das Goethe mir in diesen Tagen zeigte, wo *Christus* auf dem Meere wandelt, und *Petrus,* ihm auf den Wellen entgegenkommend, in einem Augenblick anwandelnder Mutlosigkeit sogleich einzusinken anfängt. – ‹Es ist dies eine der schönsten Legenden›, sagte Goethe, ‹die ich vor allen lieb habe. Es ist darin die hohe Lehre ausgesprochen, daß der *Mensch* durch Glauben und frischen Mut im schwierigsten Unternehmen siegen werde, dagegen bei anwandelndem geringsten Zweifel sogleich verloren sei.›» (Eckermann, 12. 2.)

Samstag, 12. Februar. Brief an *Schwiegertochter Ottilie:* Goethe sendet ihr die Probedrucke der Kupferstiche, welche von Dresden zu erwarten sind mit der Bitte, sie an *Parry* weiterzuleiten. – Der *Dresdner Verein* erzeigt sich «sehr artig», indem er statt der versprochenen Umrisse ausführliche Blätter austeilt. – «Es ist mir sehr viel werth, daß diese Angelegenheit auch sich fernerhin empfiehlt.» – Brief an *Schrön:* Goethe wünscht, das Weitere über das Erscheinen [des 1832] zu erwartenden Kometen zu vernehmen. – «[...] [An] *Prof. Dr. Göttling,* die Tagebücher [der *Bibliotheksangestellten*] [...]. Auch Unterhaltung mit *Ottilien* über den gegenwärtigen Haushaltungszustand. Mittag ˙Hofrat *Vogel.* Besonders den administrativen Theil der medicinischen Polizey, auch die Verhältnisse zur allgemeinen durchgesprochen. Nach Tische die Memoiren [«Mémoires écrits par lui-même et publ. pas sa famille», 1823; → 20. 4. 23] des *General [J.] Rapp,* auf die ich aufmerksam geworden. Haushaltungsangelegenheiten weiter geordnet. Das HAUPTWERK [4. AKT DES FAUST II] muthig und glücklich angegriffen [→ 11. 2.]. Abends *Ottilie,* erzählend aus der physikalischen Stunde [→ 9. 2.]. Er *[Gymnasiallehrer Kunze]* hatte das Gehör, Schall, Ton u. s. w. vorgetragen. Anderes besprochen.»

Sonntag, 13. Februar. «Alles Gestrige verhältnißmäßig fortgesetzt. Der *Kanzlist [Georg Gottfried] Rudolph [Registrator* in Weimar] wegen der Angelegenheit des *Major Luck* in Münster [der ein unpassendes Schreiben an *Maria Paulowna* gesandt hatte]. *Mehrere Fremde und Einheimische,* deren Besuche bisher abgelehnt worden [darunter wohl *Caroline v. Wolzogen:* «Ich finde seine (Goethes) Züge seit der letzten Krankheit doch sehr verändert und glaube an kein langes Leben mehr.» (*Caroline* an E. v. Schiller, 16. 2.; GG 6769)]. Mittag *Dr. Eckermann* [«... Goethe ... erzählt mir, daß er im VIERTEN AKT DES FAUST fortfahre und daß ihm jetzt der ANFANG so gelungen, wie er es gewünscht. ‹Das, *was* geschehen sollte›, sagte er, ‹hatte ich, wie Sie wissen, längst; allein mit dem *Wie* war ich noch nicht ganz zufrieden, und da ist es mir nun lieb, daß mir gute Gedanken gekommen sind. Ich werde nun diese ganze Lücke, von der HELENA bis zum fertigen FÜNFTEN AKT, durcherfinden und in einem AUSFÜHRLICHEN SCHEMA niederschreiben, damit ich sodann mit völligem Behagen und Sicherheit ausführen und an den STELLEN arbeiten kann, die mich zunächst anmuten. DIESER AKT bekommt wieder einen ganz eigenen Charakter, so daß er, wie eine für sich bestehende kleine Welt, das übrige nicht berührt und nur durch einen leisen Bezug zu dem VORHERGEHENDEN und FOLGENDEN sich dem GANZEN anschließt.›» – Weiterhin über die «sittliche Großheit» der *Evangelisten,* über *Carl Augusts* Teilnahme an allem Großen und Bedeutenden jeglichen Fachgebietes und über den «männliche(n) Geist» früherer Kunstepochen. (Eckermann) – «Wir sprachen noch über *Kant,* der sich nicht vom Flecke bewegte und doch in weltlichen Dingen zu den höchsten Ansichten gekommen ...» (*Eckermann:* Tagebuch; GG 6770)]. Fortgesetzte Haushaltungseinrichtungen. Mémoires du *Général Rapp.* Abends *Ottilie.*» (Tgb)

Montag, 14. Februar. «Schreiben an *Ihro Kaiserliche Hoheit [Maria Pau-*

lowna] zum Geburtstag [am 16. 2.] vorbereitet.» (Tgb): «Ew. Käyserliche Hoheit tragen mehr als ich ausdrucken kann zur Vollständigkeit meines Daseyns bey. Denn welche Lücke würde in meinen Wochentagen erscheinen, wenn ich nicht das Glück hätte, Höchst-Dieselben zu geregelter Stunde [donnerstags] verehren zu dürfen, und einer so höchst interessanten Unterhaltung in Höchstjhro Gegenwart zu genießen. – Die Fortsetzung der bedeutenden Beyhülfe, welche HöchstDieselben den mir untergebnen Anstalten zu widmen geruht, gereicht zu meiner größten Beruhigung.» – Goethe spricht seine Wünsche aus und fügt den Dank seiner *gebildeten Mitbürger* hinzu, die sich durch die neu gegründeten Anstalten «unterrichtet, erhoben und aufgeklärt fühlen». – «[...] *John* fuhr fort an Inventarium [→ 6. 2.]. Mittag *Dr. Eckermann* und *Wölfchen*. Wurde über die bessere Küche gescherzt. Kam der REVISIONS-BOGEN NR. 9 von Jena an [→ 20. 1.]. Mémoires du *Général Rapp*. Zwey unerträgliche Situationen, die Festhaltung von Danzig und die Revolte der Truppen in Straßburg. Jedermann sollte es lesen, um einen Begriff zu haben, was ein *männlicher Mann* ausdauern und leisten kann. Abends *Ottilie*. ZELTERISCHE CORRESPONDENZ. *Walther* aus dem Schauspiel: Heinrich der Dritte [nach *A. Dumas* von *Ludwig Robert*]. Heiter-hartnäckiger Streit der beyden *Knaben* über den Werth des Stücks, ein symbolisches Publicum. [...] [An] *Hofrat Soret* und *Prof. Riemer* den REVISIONSBOGEN NR. 9.» (Tgb)

Dienstag, 15. Februar. «BOTANICA. VAUCHER. ANLAß GENOMMEN ÜBER DE-CANDOLLES SYMMETRIE ZU SPRECHEN. *John* EINIGES HIERZU GEHÖRIGE abschreibend [→ 8. 2.]. Das Haushaltungswesen kam immer mehr in's Klare. Um 12 Uhr spazieren gefahren mit *Ottilien* und *Wolf*. Mittag *Dr. Eckermann* [über die Aufführung des GROß-COPHTA (vgl. Eckermann)]. BOTANISCHE BETRACHTUNGEN fortgesetzt. Abends *Prof. Riemer,* den BOGEN NR. 9 durchgegangen. Über Spracheigenheiten und Sprachgeheimnisse. Die fortdauernden Veränderungen in der Sprache. Neue Regeln, Recht und Unrecht abgeleitet. Er brachte bey Gelegenheit von *Alexander v. Humboldts* Gegenwart gewisse geologische Probleme zur Sprache. Ich sagte ihm meine Gedanken darüber; wenn man bey'm Auflösen der Probleme es den *Menschen* leicht macht, so hat man die *Menge* vor sich, und da zeigt sich denn allgemeine Überzeugung. Es ist den *Männern vom Fach* nicht übel zu nehmen, wenn sie sich's bequem machen. Wenn man statt des Problems ein anderes hinsetzt, so denkt die gleichgültige *Menge* schon, es wäre ihr geholfen. Jeder sucht sich in seinem Fach zu sichern und läßt den andern auch zu, sich mit den ihrigen zu befestigen. So habe ich mit Verwunderung in ihrem Fache sehr *consequente, verständige, vortreffliche Männer* gesehen, wie sie in andern Fächern das Absurdeste zugaben und nur sorgten, daß man ihre Kreise nicht störe. Auch in den Wissenschaften ist alles ethisch, die Behandlung hangt vom Charakter ab.» (Tgb)

Mitte Februar. «Goethe: ‹METAMORPHOSE DER PFLANZEN ist ein von den Würmern und Insekten herüberentlehntes Wort und Begriff, wo ihn jeder zugibt, weil es dort sukzessiv eintritt, bei den Pflanzen zugleich, wo es niemand sehen will. – Der ganze Schmetterling ist schon in der Puppe. Die Puppe ist der Schmetterling; ja, man sieht die Raupe in der Puppe. – Es ist das Übergreifen und Drankommen der Systeme. Die Raupe spinnt und spinnt, um ihr Spinnsystem vollends loszuwerden; nun treten die andern ein.

– Der *Mensch* hat nach der Geburt noch eine Metamorphose zu bestehen, die der Pubertät. Die Pubertät kann sich lange verziehen, weil zuerst das Knochensystem sein völliges Recht haben muß. Dieses frißt zuerst erstaunlich viel weg. (Die Pflanzen hängen, gleichsam wie das Kind mit der Mutter durch die Nabelschnur, mit der Erde zusammen.) ... – Es ist keine Frage, daß der Wein und Branntwein große Veränderung unter die *Menschen* gebracht. Daher bei rohen *Menschen, Wilden,* der Wein in kurzer Zeit den *Menschen* bis zur Unkenntlichkeit verwandelt (indem es Öl ins Feuer gegossen heißt), da Verstand und Vernunft und was den *Menschen* im Gleichgewicht erhält, den Augenblick überwältigt sind.» (*Riemer;* GG 6771)

Mittwoch, 16. Februar. «Ich DICTIRTE DAS gestern von *Riemer* GEWÜNSCHTE [AUFSATZ GEOLOGISCHE PROBLEME UND VERSUCH IHRER AUFLÖSUNG]. [...] An *Herrn Frommann [d. J.],* Jena, den 9. REVISIONSBOGEN. – *[Mediziner] Hofrat Stark* von Jena. *[Chemie-]Prof. Wackenroder.* Um 12 Uhr mit *Ottilien* spazieren gefahren. Mittags mit den *Kindern* und *Rothe.* Nach Tische *Herr Hofrat Soret,* die BOTANISCHEN ARBEITEN anknüpfend [«Il (Goethe) est rarement brillant à présent, il est abattu ou fait semblant de l'être, sans doute parce que les visites le fatiguent. Il se plaint de l'état de révolution où l'on se trouve et qui paralyse tout travail scientifique.» (*Soret;* GG 6772]. Nachts *Ottilie* vorlesend.» (Tgb)

Donnerstag, 17. Februar. «BOTANICA. Wurde das MANUSCRIPT VOM 2. TEIL DES FAUST in eine Mappe geheftet [«... damit es mir als eine sinnliche Masse vor Augen sei (→ 13. 2.). Die Stelle des fehlenden VIERTEN AKTES habe ich mit weißem Papier ausgefüllt, und es ist keine Frage, daß das FERTIGE anlocket und reizet, um das zu vollenden, was noch zu tun ist. Es liegt in solchen sinnlichen Dingen mehr, als man denkt, und man muß dem Geistigen mit allerlei Künsten zu Hülfe kommen.» (Eckermann)]. Um 12 Uhr *Frau Großherzogin* und *Demoiselle Mazelet.* Später *Maler Kaiser.* Mittag *Dr. Eckermann.* KARLSBADER AUFENTHALT VON 1807 besprochen [*Eckermann* hatte GOETHES TAGEBUCH VON 1807 redigiert zurückgebracht; → 25. 1. (vgl. *Eckermann:* Tagebuch; GG 6773) – «Der ERSTE TEIL (DES FAUST) ist fast ganz subjektiv; es ist alles aus einem befangeneren, leidenschaftlicheren Individuum hervorgegangen, welches Halbdunkel den *Menschen* auch so wohltun mag. Im ZWEITEN TEILE aber ist fast gar nichts Subjektives, es erscheint hier eine höhere, breitere, hellere, leidenschaftslosere Welt, und wer sich nicht etwas umgetan und einiges erlebt hat, wird nichts damit anzufangen wissen.» (Eckermann)]. Gegen Abend [...] *[Kanzler] v. Müller.* Sodann *Hofrat Meyer;* wurden die neusten Kunterzeugnisse nach Werth und Unwerth durchgesprochen. Nachher referirte *Ottilie,* wie es in der *Gesellschaft* aussähe. *Jenny [v. Pappenheim]* hatte die Masurka allzu liebenswürdig getanzt, welches jedermann tadelte, ich aber wohl hätte sehen mögen. REISE NACH DER SCHWEIZ VOM JAHR 1797 [vermutlich in Vorbereitung der in den NACHLASSBÄNDEN geplanten Veröffentlichung (Hagen, zu 1933)]. War der Abguß eines höchst interessanten antiken Basreliefs als Gabe des höchst gefälligen *Beuth* von Berlin angekommen [Es diente in Argos umgekehrt als Treppenstufe und wird jetzt in der Kupferstichsammlung des Britischen Museums als anstößiger Gegenstand unter Verschluß gehalten. (an Goethe,

11. 2.; WA IV, 48, 318f.)]. Ernsthafte Betrachtungen darüber, ganz esoterisch.» (Tgb)

Freitag, 18. Februar. «Fortgesetzte Übersetzung des *Herrn Soret,* des ZWEITEN NACHTRAGS. [...] Briefe dictirt. [...] ZELTERISCHE CORRESPONDENZ VON 1830 an *John* übergeben. Die hiesigen Versuche *Rumfordischer* Nahrungsmittel vorgesetzt. Mittags *Dr. Eckermann* und *Wölfchen* [«... über verschiedene Regierungsformen, und es kommt zur Sprache, welche Schwierigkeiten ein zu großer Liberalismus habe ...» – Die Übersetzung und VOLLENDUNG DER METAMORPHOSE kommt nach vielen Verzögerungen jetzt gut voran. «Nun aber komme ich in den Fall, alle diese Hindernisse zu verehren, indem im Laufe dieser Zögerungen außerhalb, bei andern trefflichen *Menschen,* Dinge (die Erkenntnisse über die Spiraltendenz; → 6. 2.) herangereift sind, die jetzt als das schönste Wasser auf meine Mühle mich über alle Begriffe weiter bringen und MEINE ARBEIT einen Abschluß erlangen lassen, wie es vor einem Jahre nicht wäre denkbar gewesen. Dergleichen ist mir in meinem Leben öfter begegnet, und man kommt dahin, in solchen Fällen an eine höhere Einwirkung, an etwas Dämonisches zu glauben, das man anbetet, ohne sich anzumaßen, es weiter erklären zu wollen.» (Eckermann)]. Nach Tische durchsah ich einige Schubfächer des Schrankes im letzten Zimmer. *Wölfchen* schrieb die Verzeichnisse. Abends *Prof. Riemer.* Wir gingen EINIGE BOTANICA durch, auch betrachteten wir das GEDICHT AN MADAME MARA [→ 17. 1.]. Nachts war großer Ball auf dem Stadthause, Veranstaltung der Ressource. Die *Herrschaft* war auch gegenwärtig.» (Tgb)

Samstag, 19. Februar. Brief an *Zelter:* Goethe berichtet, daß derzeit «FÜNF STÄRKERE UND SCHWÄCHERE BÄNDE MANUSCRIPT» [SEINES BRIEFWECHSELS MIT ZELTER] vorliegen, «1830 wird den 6. BAND anfangen. Alsdann möchte man ACHT GEDRUCKTE BÄNDE, wie die SCHILLERISCHE CORRESPONDENZ, [...] garantieren können. [...] *Riemer* übernimmt die nicht geringe Arbeit der Redaction [→ 22. 1.] [...]. So lange ich lebe, werd ich ihm nachhelfen; denn es verlangt [...] auch Resolution, weil ich besonders alles Auffallende und Beleidigende möchte getilgt sehen, ohne daß dadurch der Derbheit und Tüchtigkeit Eintrag geschehe.» – Hinsichtlich der Medaille möge die *gute Facius* ja im bisherigen Sinne fortfahren und ihm das Resultat ihrer Bemühungen senden [→ 4. 2.]. – «Gerade da, wo vom Entstehen eines Kunstwerks die Rede ist, kommt unter vernünftigen Menschen das Beste zur Sprache. [...] – Nun noch einen löblichen Hauptpunct! Das Außenbleiben *meines Sohnes* muß ich mir nun nach und nach gefallen lassen; der aufgedrungene Versuch, nochmals Hausvater [nach dem vielgespielten Stück «Der deutsche Hausvater» von *Otto v. Gemmingen*] zu seyn, gelingt mir nicht übel; damit aber doch *jene bedeutende Natur* für seine *Gönner* nicht so stumpf abklinge, so habe ich zuerst den *italienischen Freunden* einen, freylich nur sehr flüchtigen, Abriß seiner Reisemonate aufgesetzt [→ 23./27. 12. 30] [...]; freylich sind seine Tagebücher höchst interessant, aber wegen der immer hervorstechenden Individualität, die du ja kanntest, nicht in ihrer eigensten Energie und Entschiedenheit mitzutheilen. Das wäre einmal eine Lesung, wenn es sich glücklich fügte, daß du uns wieder besuchtest. [...].» – «[...] [An] *Prof. Riemer,* GESCHICHTE DER METAMORPHOSEN-LEHRE, deren Anfang übersetzt von *Soret.* [...] [An] *Kanzler v. Müller,*

Schellings academische Rede [an die Studierenden der Ludwig-Maximilians-Universität, in der Aula Academica am Abend des 30. Dez. 1830 gehalten] zurück. [An] *Herrn Dr. Eckermann*, MEINE BRIEFE an *Geh. Rat Wolf. – Dr. Alexander Braun*, Spiralstellung der Schuppen an den Tannenzapfen [«Vergleichende Untersuchung über die Ordnung der Schuppen an den Tannenzapfen ...», in: Nova Acta Leopoldina 12, 1. Abteilung (1831), S. 195–312]. Erscheint höchst merkwürdig, zum ABSCHLUß MEINES AUFSATZES [ÜBER DIE SPIRALTENDENZ; → 18. 2.]. *Oberförster Sckell* von Waldeck mich zu meiner Genesung begrüßend. Er hatte die Campagne in der Champagne mitgemacht, auch die Belagerung von Mainz abgewartet, deren Einzelnheiten er sich mit seinem und meinem Vergnügen erinnerte. Er ist seit dreyßig Jahren in Waldeck angestellt, und auf mein besonderes Befragen erfuhr ich, daß daselbst auf waldigen Felsen noch von denen ästhetischen Anlagen Spuren geblieben seyen, welche *Bertuch* und *Kraus* im damaligen idyllischen Zustand als *Verehrer* und *Werber der Töchter von [Friedemann Traugott] Slevoigt [Forstbeamter* in Waldeck] angelegt hatten. Das sind nun reine sechzig Jahre, daß dies dauert, und niemand weiß, woher ein oder der andere Fleck bedeutender oder anmuthiger ist. *Hofrat Vogel* und *Eckermann* zu Mittag. Kamen bedeutende praktische Fragen [des Impfschutzes bei Blattern] zur Auflösung [vgl. Eckermann]. Ein neues Werklein über die Sinneswerkzeuge [«Ueber die Sinnesempfindung» von *K. A. Steifensand*]. Später mit *Vogel*, Hauptmaximen des Betragens im Leben. Willige vorsichtige Entsagung, einer gezwungenen leidenschaftlichen zuvorkommend. Vergleichung mit einer Blattereinimpfung. *Alexander Braun*, Blattstellung, mit Aufmerksamkeit studirt. Abends die Umwälzungen der Erdrinde [1830] von *[G.] Cuvier*, übersetzt von *Nöggerath*. Schöne Gelegenheit zu dissentiren und zu assentiren. Wir sind ja alle nur einzelne Personnagen, die nach unseren Prämissen richtig oder falsch urtheilen. Niemand ist von dem einen gewiß und vor dem andern sicher, man muß lange leben und zwischen diesen beyden zu einer Art von Sicherheit gelangen. Abends *Walther*, der sich ruhig hielt. *Ottilie* war unwohl.» (Tgb)

Sonntag, 20. Februar. «*John* vollbrachte das Einheften der DREY ERSTEN ACTE VON FAUST IN MANUSCRIPT. Das MUNDUM war von mancherley Seiten zusammenzusuchen [→ 17. 2.]. Fortgesetztes Studium der *Braunischen* Blattstellung. Rückkehr auf MEINE BIßHERIGEN ARBEITEN [ZUR SPIRALTENDENZ; → 19. 2.], die dadurch abgeschlossen und rückwärts begünstigt werden. *Schmeller* brachte das wohlgerathene Porträt des *Herrn v. Lützerode*. Um 12 Uhr *mehre Freunde*, die mich bißher zu sehen gewünscht. Mittag *Dr. Eckermann* [«Er (Goethe) eröffnete mir, daß er meine Beobachtung über die blauen Schatten im Schnee, daß sie nämlich aus dem Widerschein des blauen Himmels entstehen, geprüft habe und für richtig anerkenne [→ 19. 2. 29) ... – ‹Es ist dem *Menschen* natürlich›, sagte Goethe, ‹sich als das Ziel der Schöpfung zu betrachten und alle übrigen Dinge nur in bezug auf sich und insofern sie ihm dienen und nützen ... – Die *Nützlichkeitslehrer* würden glauben, ihren Gott zu verlieren, wenn sie nicht *den* anbeten sollen, der dem Ochsen die Hörner gab, damit er sich verteidige. Mir aber möge man erlauben, daß ich *den* verehre, der in dem Reichtum seiner Schöpfung so groß war, nach tausendfältigen Pflanzen noch eine zu machen, worin alle übrigen enthalten, und nach tausendfältigen Tieren ein Wesen, das sie alle enthält: den Menschen. – Man verehre ferner *den,* der dem Vieh sein Futter gibt und dem *Menschen* Speise und Trank, so viel er genießen mag; ich aber bete *den* an, der eine solche Produktionskraft in die Welt gelegt hat, daß, wenn nur der millionteste Teil davon ins Leben tritt, die Welt von Geschöpfen wimmelt, so daß Krieg, Pest, Wasser und Brand ihr nichts anzuhaben vermögen. Das ist *mein* Gott!»' (Eckermann)]. Ein Schubfach Zeichnungen durchgesehen und notirt. *Herr Oberbaudirektor Coudray.* Gelungenes Fest zu Ehren der *Frau Großherzogin.* Er sah ältere Landschaften mit Vergnügen durch. [...] der *Großherzog.* Blieb sodann allein. Überdachte das Nothwendigste. Erholte mich von einigem Unerwarteten. [...].» (Tgb)

Montag, 21. Februar. «Haushaltungs-Angelegenheiten. [...] Concepte. Spazieren gefahren mit den *Knaben,* welche beyde mit dem lustigsten Wetteifer ihre theatralischen Tendenzen, Theilnahme, Unternehmungen und Pläne auf das Lebhafteste vortrugen, als wahrhafte *Poeten* sich darstellend, indem wenn der Andere sich mit Enthusiasmus erging, der Eine sich in's Gähnen verlor, und wenn dieser an die Reihe kam, der andere pfiff. Mittags *Dr. Eckermann* [«Goethe ... lobt sehr *Schellings* Rede, womit dieser die *Münchener Studenten* beschwichtigt (→ 19. 2.). ‹Die Rede›, sagte Goethe, ‹ist durch und durch gut, und man freut sich einmal wieder über das vorzügliche Talent, das wir lange kannten und verehrten und das sich, wunderlich, so lange verborgen hat.'» (*Eckermann:* Tagebuch; GG 6776) – «‹Das Altertum›, sagte ich, ‹mußte Ihnen doch sehr lebendig sein, um alle jene Figuren (in der KLASSISCHEN WALPURGISNACHT) wieder so frisch ins Leben treten zu lassen und sie mit solcher Freiheit zu gebrauchen und zu behandeln, wie Sie es getan haben.› – ‹Ohne eine lebenslängliche Beschäftigung mit der bildenden Kunst›, sagte Goethe, ‹wäre es mir nicht möglich gewesen. Das Schwierige indessen war, sich bei so großer Fülle mäßig zu halten und alle solche Figuren abzulehnen, die nicht durchaus zu meiner Intention paßten.'» (Eckermann)]. Ich hatte die BOTANISCHE BETRACHTUNG [ZUR SPIRALTENDENZ] wieder vorgenommen [→ 20. 2.]. Ich verfolgte sie nach Tische lesend, denkend, notirend. Gegen Abend zu *Ottilien,* die sich erholte. [...] *[Kanzler] v. Müller* war indessen dagewesen, hatte ein politisches Neujahrsgeschenk [von *Eugen v. Vaerst*] zurückgelassen. [...].» (Tgb)

Dienstag, 22. Februar. «[...] Heft von *Eugen v. Vaerst,* 1831. Man mag die Sache auch einmal von dieser Seite ansehn, doch kommt es einem wunderbar vor von Recht reden zu hören, wo man eine dreyzehnjährige Strategie und Taktik *zweier Parteien* gegen einander im Auge haben muß, um die neuste Umwälzung natürlich zu finden. *Karl X.* und *seine Minister* waren verloren, als sie bey'm Antritt seiner Regierung die Presse frey gaben. Probiren doch einmal Holland und die Niederlande die Freyheit der Meereswogen und Bergströme zu proklamiren! BOTANISCHES gefördert.» (Tgb) – Brief an *v. Beuth:* Goethe dankt für dessen «unschätzbare Gabe [→ 17. 2.]. Hier erscheint die Kunst vollkommen selbstständig, indem sie sich sogar unabhängig erweist von dem, was dem edlen *Menschen* das Höchste und Verehrungswürdigste bleibt, von der Sittlichkeit.» – Goethe verweist ihn auf das letzte Heft der Wiener Jahrbücher für Literatur von 1830 [mit *Meyers* Aufsatz «Kritische Anzeige neuer ... Kupferstiche»; → 19. 9. 30], woraus er ersehen möge, wie anhaltend sich die *Weimarer Kunstfreunde* mit der Betrachtung der «unvergleichlichen Musterbilder» [für Fabrikanten und Handwerker] beschäftigt haben. – «[...] Spazieren gefahren. Mittags mit *Dr. Eckermann* und *Wolf.* [...] *[Kanzler] v. Müller.* Abends *Herr Prof. Riemer.*» (Tgb)

Ab Dienstag, 22. Februar. Es entstehen weitere NOTIZEN ÜBER JUNGIUS [→ 25. 10. 30].

Mittwoch, 23. Februar. «BOTANISCHES.» (Tgb) – Brief an *Zelter:* Goethe sendet seinen Bericht über die Reise *seines Sohnes* [im wesentlichen gleichlautend mit dem Brief an *Kestner;* → 23./27. 12. 30]. – «[...] die ehren- und liebevolle Aufnahme [in Rom durch die] [...] dortigen deutschen *Männer* und bedeutenden *Künstler* scheint er auch nur mit einer fieberhaften Hast genossen zu haben. Nach wenigen Tagen schlug er den Weg ein, um an der Pyramide des Cestius auszuruhen, an der Stelle, wohin sein Vater, vor seiner Geburt, sich dichterisch zu sehnen geneigt war. Vielleicht gibt es Gelegenheit in künftigen Tagen, aus seinen Reiseblättern das Gedächtniß dieses *eignen jungen Manns Freunden* und *Wohlwollenden* aufzufrischen und zu empfehlen.» – Brief an *Hofrat Soret:* Da die *Setzer* drängen, bittet Goethe, ihm die noch einzuschaltenden Blätter baldigst zu senden. Auch wünscht er demnächst mit ihm das von *Riemer* bereits durchgesehene MANUSKRIPT in ORIGINAL und Übersetzung noch einmal durchzugehen. Einiges bedarf noch der Sanktion durch den *Adressaten.* – «[...] Oberaufsichtliches. [...] *[Zeichenlehrer] Prof. Müller* von Eisenach. Um 12 Uhr spazieren gefahren mit *Wolf.* Mittags *Dr. Eckermann* [«... kam das Bestreben gewisser *Naturforscher* zur Erwähnung, die, um die organische Welt zu durchschreiten, von der Mineralogie aufwärts gehen wollen. ‹Dieses ist ein großer Irrtum›, sagte Goethe. ‹In der mineralogischen Welt ist das Einfachste das Herrlichste, und in der organischen ist es das Komplizierteste. Man sieht also, daß beide Welten ganz verschiedene Tendenzen haben, und daß von der einen zur andern keineswegs ein stufenartiges Fortschreiten stattfindet.» (Eckermann)]. Nach Tische *Herr Oberbaudirektor Coudray.* War die Dresdner Kiste mit den gewonnenen Bildern ausgepackt worden. Besuchte *Ottilien,* welche noch nicht genesen war. [...].» (Tgb)

Donnerstag, 24. Februar. Brief an *Zahn:* Goethe berichtet, daß das Schreiben *seines Sohnes* aus Neapel vom 13. 9. «eines der angenehmsten seiner bisherigen Wallfahrt» gewesen sei und dankt dem *Adressaten* für die Leitung und Führung, die er *seinem Sohn* hat angedeihen lassen. – «Wenn das durch Ihre Vermittlung möglich gewordene Ereigniß einer besonders gewidmeten Ausgrabung auch fernerhin die Folge haben kann, daß unser Name heiter in Pompeji von Zeit zu Zeit ausgesprochen werde, so ist das einer von den Gedanken, mit denen unsre, über der Vergangenheit spielende Einbildungskraft sich angenehm beschäftigen, Schmerzen lindern und an die Stelle des Entflohnen das Künftige sich vorzubilden Gelegenheit nimmt [Als *Zahn* und *August v. Goethe* am 7. 10. 30 in Pompeji zusammentrafen, hatte *Zahn* gerade mit der Freilegung einer Villa begonnen, die er «Casa di Goethe» (heute «Casa del Fauno») nannte.]. – Die ANZEIGE, die Goethe den schönen Heften des *Adressaten* gewidmet hat, ist von *Deinhardstein* «gern und willig» in die Jahrbücher aufgenommen worden [→ 16. 5. 30]. – *Oberbaudirektor Coudray* wendet die Hefte «zu sichtbarem Nutzen täglich» an, indem er manche der Blätter von *Schülern* der Gewerkschule nachzeichnen läßt. – «[...] Ich hatte früh eine Sendung von *Herrn Beuth* aus Berlin ausgepackt [...]. *Joachim Jungius* Isagoge nochmals durchzulesen angefangen [→ ab 22. 2.]. *Herr Hofrat Soret.* Einige Blätter des ZWEITEN ANFANGS [vermutlich ANFANG DES 2. NACHTRAGS ZUR METAMORPHOSE; → 18. 2.] revidirt und abgeschlossen. [...] die *Frau Großherzogin* und *Demoiselle Mazelet.* Mittag *Dr. Eckermann* und *Wölfchen.* Nach Tische *Hofrat Meyer,* beschaute die neuangekommenen Dresdner Bilder. Sodann *Oberbaudirektor Coudray,* englische Möbelbücher bringend. Er besah gleichfalls die Dresdner Bilder. Ich gab ihm Nachricht von 80 Thalern, welche *Ihro Kaiserliche Hoheit* für die *Gewerkenschüler* zu Prämien bestimmte. [...] Er hatte mir vor einigen Tagen die sämmtlichen Arbeiten der *jungen Leute* in fleißigen, triftigen Heften und mitunter höchst lobenswürdigen Zeichnungen vorgewiesen. Auch hatte ich neue basaltische Bemühungen von *Geh. Rat Leonhard* erhalten. Später [...] der *Großherzog.»* (Tgb)

Freitag, 25. Februar. «Den AUFSATZ ÜBER VAUCHER gefördert [→ 15. 2.]. [...] Ich ließ zur Ader in Gegenwart des *Hofrats Vogel.* Mittag speiste *Oberbaudirektor Coudray* und *Hofrat Vogel* mit. Gegen Abend *Hofrat Soret.* Sodann *Prof. Riemer.* Ging mit ihm die botanische Übersetzung [der METAMORPHOSE] durch und verabredete Sonstiges wegen Quantität und Accent verschiedener Namen und Worte.» (Tgb)

Samstag, 26. Februar. « Die BOTANISCHE ANGELEGENHEIT durchgesehen und weitergeführt.» – Brief an *Henriette v. Schwendler:* Goethe bittet sie, sich von *Schmeller* porträtieren zu lassen. – Brief an *Steuerrat Groß:* Goethe bittet auch ihn, *Schmeller* Gelegenheit zu einem Porträt für seine Sammlung zu geben, in welcher sich bereits die Abbilder der meisten der *Freunde seines Sohnes* befinden. – Brief an *Oberbaudirektor Coudray:* Goethe regt an, anläßlich des Geburtstages der *Großherzogin* in einem Aufsatz die Einrichtung, Führung und die bisherigen Leistungen der Gewerkschule darzustellen. Er würde dann dafür sorgen, daß der Aufsatz in den «Thüringer Volksfreund» eingerückt wird. – «[...] Kam eine Sendung von der *Direktion des Deutsch-Amerikanischen Bergwerkvereins* zu Elberfeld, Verhandlungen der Generalversammlung in der Mitte Februars. *Schmeller* brachte das Bild von *Naylor,* wohlgetroffen. [...] Mittag *Hofrat Vogel.* Mexikanische Bergwerks-Angelegenheiten näher betrachtet. Das Werk über die Jesuiten ausgelesen. Mich sodann zu dem Leben und Schriften des *Joachim Jungius* gewendet [→ 24. 2.]. Die VORARBEITEN durchgesehen, die sich noch vom Dornburger Aufenthalt herschreiben [→ 28. 7. 28].» (Tgb)

Sonntag, 27. Februar. «[...] Einiges Oberaufsichtliche. Um 11 Uhr in die vordern Zimmer, nach dem Verzeichniß [aufgeräumt]. Mittags allein. Nach Tische [...] *[Kanzler] v. Müller* [«Er (Goethe) frug nach *Prof. Kunzens* (physikalischen) Vorlesungen (→ 12. 2.), und dies gab bald Gelegenheit zu den interessantesten Äußerungen seinerseits, da sich seine Teilnahme an unsern Naturstudien fortwährend steigerte, als er hörte, daß wir an der Farbenlehre stünden. – ‹Die Sache ist eigentlich sehr einfach, aber gerade darum schwer. Die größten Wahrheiten widersprechen oft geradezu den Sinnen, ja fast immer. Die Bewegung der Erde um die Sonne – was kann dem Augenschein nach absurder sein?

Und doch ist es die größte, erhabenste, folgereichste Entdeckung, die je der Mensch gemacht hat, in meinen Augen wichtiger als die ganze Bibel ...>» (*Müller; GG 6780*)]. Später zu *Ottilien.*» (Tgb)

Montag, 28. Februar. «In den BOTANISCHEN ARBEITEN fortgefahren. Oberaufsichtliches. *Hofrat Vogel* für *[Hofmedailleur] Facius* intercedirend. Um 12 Uhr *Staatsminister v. Fritsch,* wegen der in Dresden gewonnenen Landschaft. Mittag mit *Wölfchen.* Nach Tische *[H. F.] Link,* [Elementa] Philosophia[e] botanica[e, 1824]. *Joachim Jungius'* Leben und Verdienste näher beachtet und die deßhalb BIßHER BESCHRIEBENEN PAPIERE durchgesehen und geordnet [→ 26. 2.]. Abends zu *Ottilien.*» (Tgb)

Dienstag, 1. März. «*Links* Philosophia botanica [→ 28. 2.]. Der *Buchbinder [Bauer]* brachte ZWEI EXEMPLARE MEINER WERKE gebunden [...]. *[Diener] Friedrich* und *[Kutscher] König* reichten die Monatsrechnungen ein. *Hofrat Soret,* zu Durchsicht des BOTANISCHEN MANUSCRIPTS. Mittag mit *Wölfchen.* Abends die Umwälzungen von der Erdrinde von *Cuvier,* übersetzt von *Nöggerath* [→ 19. 2.].» (Tgb)

Mittwoch, 2. März. Brief an *Frommann d. J.*: Goethe sendet den ABSCHLUß DES ERSTEN NACHTRAGS [ZUR METAMORPHOSE] in ORIGINAL und Übersetzung und fragt an, wie viel das dem *Adressaten* noch vorliegende MANUSKRIPT im Druck ergeben wird. – Brief an *Marianne v. Willemer:* Goethe dankt für das Fäßchen [mit Honig], das im Hause «freundliche Gesichter» bewirkt. – Er fühlt das lebhafte Bedürfnis, «das Einschauen in meinen entschlafenen Klostergarten mit einer Übersicht frey und frisch aufgrünender Landschaften zu vertauschen». – «[...] Ich sah die BLÄTTER DES ZWEITEN NACHTRAGS [ZUR META-MORPHOSE] nochmals durch. Um 12 Uhr der *Prinz von [Hessen-Philippsthal] Barchfeld.* Mittag *Dr. Eckermann* [«‹Das Dämonische›, sagte er (Goethe), ‹ist dasjenige, was durch Verstand und Vernunft nicht aufzulösen ist. In meiner Natur liegt es nicht, aber ich bin ihm unterworfen.› – ‹Napoleon›, sagte ich, ‹scheint dämonischer Art gewesen zu sein.› – ‹Er war es durchaus›, sagte Goethe, ‹im höchsten Grade, so daß kaum ein anderer ihm zu vergleichen ist. Auch der *verstorbene Großherzog* war eine dämonische Natur, voll unbegrenzter Tatkraft und Unruhe, so daß sein eigenes Reich ihm zu klein war, und das größte ihm zu klein gewesen wäre. Dämonische Wesen solcher Art rechneten die *Griechen* unter die Halbgötter.›» – Weiterhin über das Dämonische in Begebenheiten. – Unter *Künstlern* «findet es sich mehr bei *Musikern,* weniger bei *Malern.* Bei *Paganini* zeigt es sich im hohen Grade (→ 29. 9. 29) ...». (Eckermann)]. Unterhaltung über den 4. BAND MEINER BIOGRAPHIE [von Goethe am 27. 2. übermittelt (vgl. Eckermann, 28. 2.); → 28. 1.], den er gelesen und studirt hatte. Überlegung was noch gefordert werde [«Goethe bittet mich aufzuzeichnen, was noch daran möchte zu tun sein.» (Eckermann)]. Revision der HISTORISCH-BOTANISCHEN BLÄTTER, ORIGINAL und Übersetzung. Abends *Prof. Riemer.* ÜBER VAUCHER, ÜBER JUNGIUS [→ 28. 2.]; ich legte ihm die BIßHERIGEN PAPIERE vor, die er zu redigiren unternahm. Allgemeinere Sprach- und grammatische Gespräche angeregt durch das Vorhergehende. Ich bewunderte seine Umsicht und tief eindringende Sprachkenntnis. Lustige Unterhaltung zugleich über des guten *Kunze* physikalische Vorlesungen in der Bürgerschule. Auch er hatte aus allen Farben weiß d. h. grau d. h. weiß gemacht. *Alt* und *Junge* freuten sich über dieses unerwartete Wunder. O du armseliges Menschengeschlecht [→ 27. 2.]! – Bericht an *Serenissimum* wegen [einer zu bewilligenden Unterstützung für *Hofmedailleur*] *Facius* [vgl. WA IV, 48, 321]. [. . .] [An] *Prof. Riemer*, hier, BOTANISCHES MANUSCRIPT. [. . .].» (Tgb) **Donnerstag, 3. März.** SCHEMA ZUM VORTRAG DES GANZEN [der NOTIZEN ZU JUNGIUS; → ab 22. 2.]. – Brief an *Riemer:* Goethe sendet ihm die JUNGIUS BETREFFENDEN PAPIERE. «Wenn man die WIEDERHOLUNGEN beseitigt, so wird das Übrige meist brauchbar seyn, indem man es umstellt und das ZUSAMMENGEHÖRIGE vereinigt. Ich arbeite indessen, um den Hauptpunct zu völliger Klarheit hindurchzuführen. – Da ich mich durch Ihre Theilnahme vollkommen erleichtert fühle, so seh ich erst wieder, wie angenehm eine solche ARBEIT ist, welche zu denken gibt, indem sie unterrichtet.» – Brief an *Soret:* Goethe gibt ihm wegen der BEDENKLICHEN STELLE völlig recht und bittet, «in französischer Sprache aufzusetzen, was in diesem Falle schicklich seyn möchte». Er will es nachher ins Deutsche übersetzen. – «[. . .] *Soret* sendete *[J. F. L.] Hausmanns* [Untersuchungen über die] Formen der leblosen Natur [1821]. [. . .] *Hofrat Vogel.* Interessantes Gespräch über die Unfähigkeit der *Menschen* sich mit der einfachen Wahrheit zu befreunden und ihre Neigung zu dem complicirten Irrthum. [. . .] *Frau Großherzogin* und *Demoiselle Mazalet.* Mittag *Dr. Eckermann.* [. . .] fortgesetzte Unterhaltung über den 4. BAND DER BIOGRAPHIE. Es ist freylich nochmals ein ernster Angriff an DIESE ARBEIT zu wenden [→ 2. 3.]. *Herr Oberbaudirektor Coudray.* Ein für die *Schützengesellschaft* von [. . .] *Frau Großherzogin* bestimmter [Becher], die Zeichnung davon vorgewiesen. Mit dem Frankfurter meinigen conferirt [→ 28. 8. 30]. Auch zeigt' ich ihm die von Berlin angekommenen Vorlegeblätter für Maurer [«Vorbilder für Fabrikanten und Handwerker»]. Wurden sonstige Bedürfnisse der Gewerkschule durchgesprochen. Später *Serenissimus.* Sodann besucht' ich *Ottilien*, welche mir aus Byrons Leben und Briefen, herausgegeben von *Moore*, manches erzählte [→ 3. 3. 30], auch ein chinesisches Schachspiel vorwies.» (Tgb) – GEDICHT VOR DIE AUGEN MEINER LIEBEN [für *Marianne v. Willemer*, aber noch nicht abgesandt].

Freitag, 4. März. Brief an *Soret:* Goethe teilt mit, daß dessen Behandlung der bedenklichen Stelle «fürtrefflich» sei. «Die französische Sprache eignet sich unvergleichlich zu solchen diplomatischen Äußerungen. [. . .] Ich will sehen, es glücklich in's Deutsche zu versetzen [→ 3. 3.].» – Brief an *Beuth:* Goethe berichtet, daß es *Oberbaudirektor Coudray* durch die Unterstützung der *Großherzogin* gelungen ist, eine Gewerkschule zu errichten, die sich in kurzer Zeit «gar erfreulich» entwickelt hat. Hier werden nun die «höchst schatzbaren Blätter» [«Vorbilder für Fabrikanten und Handwerker», seit 1821 in mehreren Lieferungen vom *Adressaten* an Goethe gesandt] zum Grunde gelegt. – Goethe bittet, dem [Preußischen] Ministerium des Innern seinen Dank zu beteuern. – «[. . .] auf Berichte von *Göttling* und *Schrön* das Nothwendige verfügt und eingeleitet. Briefe gesondert und verbrannt. Die aufzubewahrenden eingesiegelt. *Hofrat Meyer* kam um 1 Uhr. Betrachtete den Kupferstich des *Garavaglia* nach *Appiani:* Jacob, der den Töchtern Labans begegnet [Zusammenkunft Jacobs mit Rahel; → 23. 12. 30], und einiges andere. Ein Fries des Bilds von *[Christian Wilhelm Ernst?] Dietrich* gab uns zu freudigen Betrachtungen Anlaß.

Auch ließ ich ihn das neue Basrelief sehen [→ 17. 2.]. Wir verhandelten über die Bemühungen der *römischen Kunstfreunde* [→ 28. 1.]. Über einige Recensionen der östereichischen Jahrbücher. Später *Oberbaudirektor Coudray*, dem ich die Berliner Musterbilder für Maurer vorzeigte. Um 6 Uhr *Prof. Riemer*, mit welchem ich LEBEN UND VERDIENSTE DES JOACHIM JUNGIUS durchging und bey diesem Anlaß manche höhere Puncte der Wissenschaft und Methode berührte [→ 3. 3.][...].» (Tgb)

Nach Freitag, 4. März. «Am 4. März [starb] mein geliebter *Vater [Regisseur Anton Genast]* [...] nach langen, schweren Leiden [...]. Erst nach mehreren Tagen ließ mich Goethe zu sich kommen. Er empfing mich mit ernstem Gesicht und sagte: ‹Ich habe einen *alten Getreuen*, Du hast einen *trefflichen Vater* verloren. Genug!›, und mit einem Händedruck und raschem Lebewohl entließ er mich.» (*E. Genast:* Aus dem Tagebuche eines alten Schauspielers, GG 6783)

Samstag, 5. März. «[...] [An] *Frommann [d. J.]*, MANUSCRIPT ZUM ZWEITEN NACHTRAG [→ 2. 3.]. – Durchzeichnung eines *Cellinischen* Apolls und dazu gehörigen eigenhändigen Aufsatz von *Graf Stackelberg* aus München gesendet. *Kanzlist Rudolph*, wegen der von *Luckischen* Correspondenz [→ 13. 2.]. *Oberbaudirektor Coudray* sendet einen Aufsatz über die Ausstellung und Einrichtung der Gewerkenschule [→ 26. 2.]. *Herr Hofrat Vogel* zu Tische. Blieb allein. *Ottilie* brachte die *Byronsche* Angelegenheit zur Sprache. Ich las in *Byrons* Briefen und Journalen, 3 Bände [→ 3. 3.] Nahm die BOTANISCHEN GESCHÄFTE wieder vor. [...].» (Tgb) – «Nachmittags bei Goethe, der am Fuß litt, doch heiter war.» (*Kanzler v. Müller;* GG 6785) – «Die *Knaben* kamen Abends aus der [Oper] Aschenbrödel [von *N. Isouard*, genannt *Niccolo de Malte*, Text von *V. J. E. de Jouy*] und erzählten von dem Gesehnen und Vorgefallenen.» (Tgb)

Sonntag, 6. März. «Aufmerksamkeit auf die FORTSETZUNG DES MANUSCRIPTS. Ingleichen die *Byronsche* Angelegenheit.» (Tgb) – Brief an *Schwiegertochter Ottilie:* Goethe sendet das *Mooresche* Werk zurück mit der Bitte, alle Stellen zu bezeichnen, die sich auf die Dedikation beziehen. Er würde jene Druckstellen sowie das Originalblatt abschreiben lassen. «Dieß gäbe ein gar hübsches Actenstückchen zu unsrer *Byronschen* Sammlung.» – Brief an *Oberbaudirektor Coudray:* Goethe hält dessen Aufsatz [→ 5. 3.] für «vollkommen zweckmäßig», er wünschte nur die ihm betreffende Stelle wegzulassen. – Es folgen anbei die Vorlegeblätter für Maurer, die Goethe «sehr gern dem so kräftig lebendigen Institut» [der Gewerkschule] widmet. – «*Generalsuperintendent Röhr* meldete sich an. Ich mußte den Besuch ablehnen. Schreiben des *Gehülfen* bey der Jenaischen Sternwarte *[Meusezahl]*. *Alma* beschäftigte sich den ganzen Morgen sehr artig um mich her. Mittag *Dr. Eckermann*. Wir besprachen die geniale Fratze von HANSWURSTS HOCHZEIT [«... woran ich mich freute, daß alles in der produktivsten Stimmung, ohne ein Wort zu verändern, zu Papiere gebracht worden, und daß sich seine Hand seit den fast sechzig Jahren bis jetzt vollkommen gleich geblieben.» (*Eckermann:* Tagebuch; GG 6786) – «Es war nicht zu denken, daß ich das STÜCK hätte fertig machen können», sagte Goethe, ‹indem es einen Gipfel von Mutwillen voraussetzte, der mich wohl augenblicklich anwandelte, aber im Grunde nicht in dem Ernst meiner Natur lag, und auf dem ich mich also nicht halten konnte. Und dann sind in

Deutschland *unsere Kreise* zu beschränkt, als daß man mit so etwas hätte hervortreten können. Auf einem breiten Terrain wie Paris mag dergleichen sich
herumtummeln, so wie man auch dort wohl ein *Béranger* sein kann, welches
in Frankfurt oder Weimar gleichfalls nicht zu denken wäre.»» (Eckermann)].
Über den 4. TEIL DER BIOGRAPHIE wurde gleichfalls einiges verhandelt [→ 3.
3.]. [...] *[Kanzler] v. Müller. Serenissimus. Ernst Meyer, Flora [«De plantis
labradoricis...» (?); → 17. 12. 30] [...].» (Tgb)

Montag, 7. März. «Den HISTORISCHEN NACHTRAG 2. HÄLFTE weiter redigirt und genauer durchgesehen. *Schuchardt* wegen der Schweizer Zeichnungen. FERNERE BOTANICA.» (Tgb) – Brief an *Hofrat Meyer:* Goethe war jener
«kleinen schweizerischen Familiensammlung von fast- und halbgleichzeitigen
Künstlern» vom ersten Augenblick an günstig und bestimmte 20 Taler dafür.
«Die Blätter von *Heinrich Füßli* sind es allein werth und mehr.» Gibt der *Adressat* seinen Beifall, so schafft Goethe die Sammlung an. – «[...] Kam ein Brief
von *Zelter. Kanzlist Rudolph* um 11 Uhr wegen des von *Luckischen* Briefes [→
5. 3.]. Mittags *Dr. Eckermann*, wurden die Desiderata des 4. BANDES verhandelt. Abends *Ottilie.* [...] [An] *Hofrat Soret*, den ARTIKEL VAUCHER [«Die
ÜBERSETZUNG IHRES SCHÖNEN ARTIKELS wird Sie lächeln machen [...]; um
einigermaßen höflich zu seyn hab ich mehr Worte bedurft.» (Begleitbrief)].»
(Tgb)

Dienstag, 8. März. Billett an *Kräuter:* Goethe wünscht einige biographische Kenntnisse über den *französischen Botaniker* und *Pflanzenzeichner Turpin*
[für den 2. NACHTRAG ZUR METAMORPHOSE]. – «EINIGES UMDICTIRT ZUR
METAMORPHOSE GEHÖRIG. [...] Mittags *Dr. Eckermann* [Über *Walter Scotts*
großes Talent, über das Dämonische, dessen Ausprägung in der Musik und
beim *verstorbenen Großherzog* (vgl. Eckermann)]. Abends *Prof. Riemer.* Ich
hatte den 1. Band von Ivanhoe [von *W. Scott, 1819*] gelesen.» (Tgb)

Mittwoch, 9. März. Brief an *Zelter:* «*Diderot* ist *Diderot,* ein einzig Indivi-
duum; wer an ihm oder seinen Sachen mäkelt, ist ein *Philister,* und deren sind
Legionen. Wissen doch die *Menschen* weder von Gott, noch von der Natur,
noch von ihres Gleichen dankbar zu empfangen, was unschätzbar ist.» – Goethe bittet ihn, im *Ungerschen* Nachlaß nachforschen zu lassen, ob sich noch ein
Exemplar des Nachdrucks der englischen Übersetzung der IPHIGENIE [von *W.
Taylor, 1793* anonym erschienen, *1794* von *Unger* nachgedruckt] finden läßt.
«Es würde mir viel Freude machen.» – Zwei Briefe an *Frommann [d. J.]:* Goethe sendet den revidierten 10. BOGEN [DER METAMORPHOSE] und erbittet den
korrigierten Bogen zu nochmaliger Revision [→ 16. 2.]. – Der *Adressat* hat in
seinem Tagesblatt [«Thüringer Volksfreund»] so oft von mißlungenen Anstalten zu sprechen, so daß es ihm gewiß Freude machen wird, von einer «auf das
beste prosperirenden Unternehmung» Nachricht zu geben [durch *Coudrays*
Aufsatz über die Gewerkschule; → 6.3.]. – Dabei wünscht Goethe, daß der
Adressat bei seinem nächsten Besuch die Schulstunden in Augenschein nehmen möge, um die Teilnahme der *Wohlwollenden* in Jena an dieser Anstalt zu
beleben. – «An Ivanhoe fortgefahren. DIE EINZELNHEITEN DER METAMOR-
PHOSE 2. NACHTRAGS näher ajustirt. Ivanhoe 2. Theil angefangen. Mittags
Dr. Eckermann [«‹Man liest viel zu viel geringe Sachen›, sagte er, ‹womit man
die Zeit verdirbt ... Man sollte eigentlich immer nur das lesen, was man

bewundert, wie ich in meiner Jugend tat und wie ich es nun an *Walter Scott* erfahre. Ich habe jetzt den ‹Rob Roy› angefangen und will so seine besten Romane hintereinander durchlesen. Da ist freilich alles groß, Stoff, Gehalt, Charaktere, Behandlung, und dann der unendliche Fleiß in den Vorstudien, so wie in der Ausführung die große Wahrheit des Details! Man sieht aber, was die englische Geschichte ist, und was es sagen will, wenn einem tüchtigen *Poeten* eine solche Erbschaft zuteil wird. Unsere deutsche Geschichte in fünf Bänden («Geschichte der Deutschen» von *Johann Christian Pfister*, 1829 ff.) ist dagegen eine wahre Armut, so daß man auch nach dem GÖTZ VON BERLICHINGEN sogleich ins Privatleben ging und eine ‹Agnes Bernauerin› (von *Joseph August Graf v. Törring*, 1780) und einen ‹Otto von Wittelsbach› (von *Joseph Marius v. Babo*) schrieb, womit freilich nicht viel getan war.»(Eckermann)]. Ivanhoe durchgelesen. Nachts *Ottilie*. [...].» (Tgb)

Donnerstag, 10. März. «EINIGES AN DER METAMORPHOSE UMDICTIRT. Um 11 Uhr *Herr Hofrat Soret*. BOTANICA verhandelt [«Goethe a une plaie ouverte à la jambe droite depuis deux ou trois jours. Après avoir souffert deux ou trois mois et négligé des symptômes précurseurs, il ne peut recevoir que *ses connaissances les plus intimes*. Je fais des vœux pour qu'on n'ait pas l'imprudence d'arrêter l'écoulement dans le cas où il s'établirait tout de bon. A l'âge de Goethe, il faut entretenir un pareil mal, lorsqu'il s'est établi, sinon tenir son testament tout prêt. (Le jour suivant, j'apprends que *Vogel* donne un onguent pour fermer la plaie!)» (*Soret; GG 6788*)]. Um 1 Uhr derselbe noch einmal in Auftrag *Ihro Kaiserlichen Hoheit [Maria Paulowna]*. Zu Tische *Fräulein Ulrike [v. Pogwisch]*. Rob Roy von *Walter Scott* angefangen. [...] *[Kanzler] v. Müller. Oberbaudirektor Coudray*. Rob Roy [1817] fortgelesen. Später *Ottilie*. Fing an in *[F.] Raumers* Pariser Briefen [«Briefe aus Paris und Frankreich im Jahre 1830»] zu lesen, welche mir nicht gefallen wollten.» (Tgb)

Freitag, 11. März. «BOTANICA. *Link,* Philosophia plantarum abermals fleißig durchgesehen. [→ 1. 3.]. Das unseligste und unmethodischste Werk von der Welt. Ich bejammere diejenigen, die danach in diese schönen Studien eingeführt werden. *Hofrat Vogel* referirte von seinem gestrigen Besuch in Jena. Vollkommen einsichtig besonders über die Veterinärschule und deren Mängel, beyfällig über den botanischen Garten und die Bibliothek. Mittag *Dr. Eckermann* [Über *Walter Scott*. «Ich ersuchte ihn (Goethe), seine Ansichten zu Papiere zu bringen, welches er jedoch mit dem Bemerken ablehnte, daß die Kunst in jenem *Schriftsteller* so hoch stehe, daß es schwer sei, sich darüber öffentlich mitzuteilen.» (Eckermann)]. Ich stockte in Rob Roy wegen der schottischen Sprache. Abends *Prof. Riemer*. Allgemeinere Unterhaltung über verschiedene Gegenstände. Nachher *Ottilie*. Nachts war großer Ball, zu dem der *Verein [der Erholung?]* sich versammelte und eingeladen hatte.» (Tgb)

Samstag, 12. März. «*Inspektor Schrön* schickte den verlangten Aufsatz über den Cometen von 1832 [→12. 2.]. Ein sehr schöner verständiger Aufsatz. Jenes Wandelgestirn wird in der 2. Hälfte des Novembers 1832 erwartet. EINIGES BOTANISCHE. LINKS PHILOSOPHIA BOTANICA [2. NACHTRAG ZUR METAMORPHOSE]. *Hoffmann, Revisor;* ward mit ihm einiges besprochen und abgemacht. *Sekretär Kräuter Turpins* Arbeiten, Sonstiges [→ 8. 3.] Er brachte die große Woche der Polen, eine Broschüre [von *K. B. A. Hoffmann*]. Mittag *Hofrat Vogel*. Wurden die Jenaischen Zustände durchgesprochen. Auch andere ärztliche Verhältnisse. Las *Otto v. Kotzebue, Neue Reise um die Welt* [1830]. Ward die Stumme von Portici gegeben. Später *Ottilie*. Auch *Walther,* der aus musikalischem Purismus nicht in die Stumme [von Portici, in *T. v. Haupts* Bearbeitung mit der Musik von *Auber*] gegangen war. Auf so närrische Weise kann man auch *Kinder* in eine Opposition ziehen.» (Tgb)

Vor Sonntag, 13. März. Brief an *Major v. Luck* [→ 7. 3.]: Goethe weist ihn in «Erinnerung heitrer und ernster Stunden» darauf hin, daß sein seltsames Schreiben mit den «mißfarbigen Bildern» dem Zartgefühl der *Großherzogin* «höchst unerfreulich» gewesen sein muß und ersucht ihn «nicht ohne höhere Veranlassung», die *Großherzogin* künftig «weder mit solchen Schreiben, so wenig als mit Gedichten und Zueignungen anzugehen».

Sonntag, 13. März. «BOTANISCHES. [...] An *Kanzlist Rudolph* das Schreiben an *Major v. Luck*. DIE ANGELEGENHEIT WEGEN LINK UND TURPIN WEITER DURCHGEFÜHRT. Niederkunft der *Frau v. Münchhausen* mit einer *Tochter* gemeldet. Wichtige Betrachtungen in's Allgemeine und Besondere. Frage ob man sie nicht aus dem Stegreife dictiren und alsdann secretiren sollte; was jetzt ganz unnütz zu sagen wäre, könnte denn doch einem genialen *Nachfolger* wie ein altes Glas Wein zu glücklicher Aufregung dienen. Kamen die *drei Kinder* und waren nach ihrer Art dienstfertig und egoistisch, auch spaßhaft. [...] Ich schärfte ein die Unterlage bey'm Siegeln eines Briefes, denn es begegnet mir oft, daß schöne Bände eines Buches durch unvorsichtige heiße Siegelung gänzlich verdorben oder ein Dedicationsexemplar verschändet wird. Ebenso geht es mit Hauptstellen eines Briefes [...]. Die leichtsinnige Übereilung der *Menschen* ist gar zu groß. *Wölfchen* speiste mit mir. Ich fuhr in den BOTANISCHEN STUDIEN fort. Abends *Ottilie. Kotzebues* Reise [→ 12. 3.]. – [An] *Prof. Riemer,* EINIGES BOTANISCHE [DIE STELLE ÜBER LINKS «ELEMENTA PHILOSOPHIAE BOTANICAE» (vgl. WA IV, 48, 325)] mitgetheilt [mit der Bitte, es «als EIN FÜR SICH BESTEHENDES FRAGMENT (zu studieren)...; mein Wunsch ist, kurz, redlich und tüchtig, doch anständig über diese Angelegenheit hinauszukommen». (Begleitbrief)].» (Tgb)

Montag, 14. März. «BOTANICA. *[Maler] Kaiser* schickte ein Porträt und eine Landschaft. Jenes unerfreulich. Diese im Mittelgrunde vorzüglich gut. Die Ferne könnte mannichfaltiger seyn. Studieren muß er das Fernste und Nächste, Wolken und Vordergrund. *Börner* sendete von Leipzig den willkommenen St. Diego von *[Giovanni Andrea] Podesta [italienischer Kupferstecher;* gest. vor 1674] nach *Annibale Carracci.* Auch gute Blätter zum Verkauf. *Hofrat Vogel* brachte die Berliner Redensarten [Federzeichnungen aus dem Berliner Volks- und Straßenleben], gezeichnet von *[Franz Burchard] Dörbeck [baltischer Kupferstecher, Steinzeichner;* geb. 1799]. Der *Künstler* ist lobenswürdig, daß er sich nicht in eine Karrikatur verliert, die keinen Charakter mehr hat. Ich fuhr fort, mich mit *Turpins* Verdiensten bekannt zu machen. Mittag *Dr. Eckermann* [Dieser berichtet von der Aufführung der Oper «Die Stumme von Portici» von *Daniel Auber,* die 1830 in Brüssel das Signal zum Ausbruch der Revolution gab. «Die ganze Oper», sagte Goethe, «ist im Grunde eine Satire auf das *Volk...*»» (Eckermann).]. Weitere Betrachtung des Kupferstichs von *Podesta,*

welcher offenbar eine Nachbildung meiner Zeichnung ist [→ 8. 1.]. Fortsetzung der MORGENDEN STUDIEN. Abends *Ottilie. Kotzebues* Reise fortgesetzt.»
(Tgb)
Dienstag, 15. März. «Die BOTANICA weiter geführt. *Rudolph,* das Schreiben an *Major v. Luck* zurückbringend. *Ihro Kaiserliche Hoheit [Maria Paulowna]*
hatten meinen Vorschlag angenommen, daß ich es in meinem Namen erlassen
wollte [→ 13. 3.]. *Hofrat Soret,* wegen einiger theatralischen Angelegenheiten
[«Envoyé par *Son Altesse Impériale* chez Goethe pour lui montrer le plan de
Monsieur de Spiegel relatif aux encouragements à donner aux pauvres *artistes* du
théâtre sur les mille écus qui leur sont destinés (als Unterstützung von Seiten
Maria Paulownas). Monsieur de Goethe a trouvé le plan convenable et insiste
pour qu'on donne la plus grande liberté d'emploi à la *direction.*» (*Soret; GG*
6789)]. *Hofrat Vogel* brachte das Protokoll von Jena. Ich ließ es mundiren. *John*
mundirte EINIGES BOTANISCHE. Mittag *Hofrat Meyer.* Wir besahen nach
Tische das *Börnerische* Portefeuille und erfreuten uns über manche gute
Sachen. *Herr Prof. Riemer.* VERSCHIEDENE BOTANICA durchgegangen. Auch
die Absicht besprochen, diesen AUFSATZ [METAMORPHOSE, 2. NACHTRAG]
bald zu beendigen.» (Tgb)
Vielleicht Mitte März. Billett, vermutlich an *Riemer* gerichtet. «Sanct
Diego verwandelt Brote in Rosen! Von dieser Legende wünscht man nähere
Nachricht.» (WA IV, 48, 325)
Vor Mittwoch, 16. März. «Ich *[Caroline v. Wolzogen]* dachte, Goethe über
die Poesie des *Sohnes [August* hatte unter dem Pseudonym Adoro einige
Gedichte im «Chaos» veröffentlicht] etwas Schönes zu sagen. Er sagte: ‹Das ist
nun so gekommen, wie ein Pistolenschuß›, und schien eben keine Freude
daran zu haben. Im ganzen fand ich ihn etwas matt, aber freundlich und artig.»
(an E. v. Schiller, 16. 3.; GG 6790)
Mittwoch, 16. März. «Fortgefahren in den GESTRIGEN GESCHÄFTEN. Um
11 Uhr *Inspektor Schrön,* das Geschäft der Sternwarte, auch sonstige Astrono-
mica mit ihm durchgesprochen. Mittag *Dr. Eckermann.* Er hatte das MANUS-
CRIPT VOM 4. BANDE zurückgebracht [→ 7. 3.]. Wir unterhielten uns über die
nothwendigsten Forderungen [*zu Eckermanns* Vorschlägen und Bemerkungen
vgl. Eckermann, 15. 3.]. Abends *Prof. Riemer.* BOTANISCHES revidirt. Auch
den 1. BAND DER ZELTERISCHEN CORRESPONDENZ WEGEN EINIGER ZWEIFEL-
HAFTEN STELLEN durchgegangen. *Ottilie* las im Ethnographischen Archiv eine
Reise in's nördliche Afrika. – *Herrn Prof. Riemer,* TURPIN betreffend. *Herrn
Hofrat Soret,* LINK betreffend [mit der Bitte um Übersetzung; → 13. 3.
(Begleitbrief)].» (Tgb)
Donnerstag, 17. März. «Das BOTANISCHE revidirt. Sodann oberaufsichtli-
che Expeditionen. Kam die LETZTE SENDUNG DER OKTAVAUSGABE MEINER
WERKE. Mittag *Hofrat Meyer.* Wurden ältere und neure Verhältnisse durchge-
sprochen. Auch die frisch angebotenen Hefte. Ferner das Mitgebrachte von
Herrn v. Conta von München her. *Schorns* [und *Klenzes*] Beschreibung der
Glyptothek [1830] u. s.w. [...] *Oberbaudirektor Coudray.* [...] der *Großherzog.*
Später *Ottilie* und die *Kinder.* Reise im nördlichen Afrika gelesen. Auf *Wölfchens* Veranlassung wurde der Globus geholt und die letzte Reise der *Russen*
um die Welt [von *O. Kotzebue;* →14. 3.] dadurch versinnlicht.» (Tgb) –

«Abends bei Goethe, der an seinem Fuße stärker als bisher litt, doch gesprächig war [→ 5. 3.].» (*Kanzler v. Müller;* GG 6793)

Freitag, 18. März. «BOTANICA. DIE BLÄTTER REVIDIRT VOM 17. ARTIKEL AN. [...] Expeditionen in oberaufsichtlichen Angelegenheiten [...]. *Hofrat Vogel,* der die *Schrönschen* Berichte gelesen hatte. Die *Kinder* zum Frühstück. *Hofrat Soret,* einiges in den BOTANISCHEN BLÄTTERN berichtigend. Mittags *Dr. Eckermann.* Über die Aufführung des Tartüffe [von *Molière*]. Ich legte mich wegen des Fußes zu Bette [→ 5. 3.]. Abends *Prof. Riemer.* Wir corrigirten an den ZELTERISCHEN BRIEFEN. Er ging halb acht Uhr an Hof. *Ottilie* las in der Reise von Afrika weiter, nachdem sie einiges von den Tagesereignissen erzählt hatte. [...].» (Tgb)

Samstag, 19. März. Brief an *Faktor Reichel:* Goethe bestätigt die Ankunft der letzten Sendungen [→ 17. 3.; → 29. 12. 30] und spricht dem *Adressaten* seine dankbare Anerkennung für dessen immer gleiche, einsichtige Tätigkeit [beim Druck der ALH] aus. – Brief an *Frommann [d. J.]:* Goethe sendet «WENIGE BLÄTTER» MANUSKRIPT ZUM 2. NACHTRAG ZUR METAMORPHOSE (vgl. Jensen, zu 2197)]. Er hofft, nächstens den SCHLUß liefern zu können. Man wird vermutlich in den 13. BOGEN hineinkommen. – Der *Adressat* möge indessen an einen hübschen, dauerhaften Umschlag denken. – Goethe bittet, ihm einige Exemplare des «Volksfreundes» mit dem Aufsatz über die Gewerkschule zu senden [→ 9. 3.]. Er hatte versäumt, Abdrücke auf besserem Papier zu bestellen, um diese den *höchsten Herrschaften* und *höheren Behörden* vorzulegen. – «[...] EINIGES BOTANISCHE. *Wölfchen* mundirte fleißig seine Comödien. Die Gazette Médicale T. I. N. 43, wo von MEINEM EINSCHREITEN ZWISCHEN DIE STREITIGKEITEN VON CUVIER UND GEOFFROY die Rede ist, erhielt ich durch *Weyland* [→ 19. 1.]. *John* mundirte. Ich dictirte ihm einiges. Mittags *Hofrat Vogel.* Einiges Oberaufsichtliche. Über Adminstration der verschiedenen Staatstheile in Bezug auf einander. Mängel in unsern innerlichen Bezügen. Der Staatskalender besprochen. Nachher für mich. BOTANICA durchgedacht und gefördert. Daphnis und Chloë [von *Longos*] übersetzt von *Courier [de Méré,* 1810 erschienen]. Es ist eine bewundernswürdige Tagesklarheit in dieser Darstellung. Sie ist von der höchsten Milde, aller Schatten wird Reflex. Welcher *Künstler* überhaupt das doch verstünde! [vgl. dazu auch Eckermann, 9. 3.] *Herr Oberbaudirektor Coudray,* die Prämien vorzeigend für verdiente *Schüler* seiner Anstalt. [...] *[Kanzler] v. Müller* [«...bei Goethe, den ich zu Bett... traf, doch war er teilnehmend.» (*Müller;* GG 6793)]. Ich ward mit den Weltbegebenheiten bekannt, mehr als mir lieb war, da ich bißher das Zeitungslesen streng unterlassen habe.» (Tgb)

Sonntag, 20. März. «BOTANISCHES MANUSCRIPT und Übersetzung durchgesehen und ajustirt. *Schmeller* brachte das Porträt des *Prinzen von [Hessen-Philippsthal-]Barchfeld.*» (Tgb) – Brief an *Sulpiz Boisserée:* «[...] daß die großen Unbilden, die mich [...] zu Ende des vorigen Jahrs überfielen, meine Bezüge gegen die Außenwelt gar sehr verändern mußten, werden Sie denken. [...] Aus der Stellung des Großvaters zum Hausvater, aus dem Herrn zum Verwalter überzugehen, war eine bedeutende Forderung [→ vermutlich Dezember 1830/Anfang Februar 31]. Sie ist gelöst, und wenn ich sage, daß *Tochter [Ottilie]* und *Enkel* sich so betragen, daß man sich über ihre Fügsamkeit, Zucht und

Anmuth, über alles unabsichtliche Zuvorkommen und harmonisches Überein-
seyn nicht genug erfreuen kann, so ist noch nicht alles gesagt. Wollte man dieses Behaben und Behagen nach der Wirklichkeit schildern, so würde es zwi-
schen die Idylle und das Mährchen hineinfallen.» – «[...] Überdachte den
LITTERARISCHEN ABSCHLUß ZUR METAMORPHOSE. Mittag *Dr. Eckermann,
Courier,* Daphnis und Chloe; auch seinen Aufsatz über die deßhalb enstandene
Verdrießlichkeiten gelesen [vgl. Eckermann]. Abends *Hofrat Meyer.* [...] der
Großherzog. Ich beschäftigte mich nachher mit Durchdenken und Arrangiren
des Nächsten. – *Herrn Prof. Riemer. Herrn Hofrat Soret.* Beyden AUF BOTANIK
BEZÜGLICH.» (Tgb)

Montag, 21. März. «Kam der 10. AUSHÄNGEBOGEN, die Correctur des 11.
und mehrere Exemplare des Volksfreundes in Bezug auf die Gewerkschule [→
19. 3.]. Das Original der englischen Übersetzung [der IPHIGENIE; →9. 3.], auch
eine schwedische Übersetzung gefällig mitgetheilt von *Herrn Spiker* [leihweise
aus der Königlichen Bibliothek zu Berlin]. Mittag *Dr. Eckermann.* Wurden
bedeutende Resultate durchgesprochen [«Wir sprachen über politische Dinge,
über die noch immer fortwährenden Unruhen in Paris (vor und nach dem
Sturz *Laffittes)* und den Wahn der *jungen Leute,* in die höchsten Angelegenheiten des Staates mit einwirken zu wollen.» (Eckermann)]. Ich hielt mich
nachher an BOTANISCHES und sonstiges Nächste. Las auch einiges in *Couriers*
Philippiken gegen *Furia* [*Unterbibliothekar* der Bibliothek von San Lorenzo in
Florenz, zu *Couriers* Streit mit ihm 1809/10 hatte die Entdeckung des 1. Buchs
des dort verwahrten Manuskripts «Les Pastorales de Longus, ou Daphnis et
Chloé» Anlaß gegeben], die Academie und sonst. Abends *Ottilie.* Las in den
geographischen Heften. – *Herrn Soret,* AUSHÄNGEBOGEN NR. 10, CORRECTUR
VON NR. 11, [...] FRANZÖSISCH. *Herrn Prof. Riemer,* DIE DEUTSCHE. [...].»
(Tgb)

Dienstag, 22. März. Fortsetzung des Briefes an *Sulpiz Boisserée* [→ 20. 3.]:
«Des religiosen Gefühls wird sich kein *Mensch* erwehren, dabey aber ist es ihm
unmöglich, solches in sich allein zu verarbeiten, deswegen sucht er oder macht
sich *Proselyten.* – Das letzere ist meine Art nicht, das erstere aber hab ich treulich durchgeführt und, von Erschaffung der Welt an, keine Confession gefunden, zu der ich mich völlig hätte bekennen mögen. Nun erfahr ich aber in
meinen alten Tagen von einer Secte der *Hypsistarier* [*christliche Sekte* des
4. Jahrhunderts in Kapadozien in Kleinasien], welche, zwischen *Heiden, Juden*
und *Christen* geklemmt, sich erklärten, das Beste, Vollkommenste, was zu
ihrer Kenntniß käme, zu schätzen, zu bewundern, zu verehren und, insofern
es also mit der Gottheit im nahen Verhältniß stehen müsse, anzubeten. Da
ward mir auf einmal aus einem dunklen Zeitalter her ein frohes Licht, denn
ich fühlte, daß ich Zeitlebens getrachtet hatte, mich zum *Hypsistarier* zu qualificiren; das ist aber keine kleine Bemühung: denn wie kommt man in der
Beschränkung seiner Individualität wohl dahin, das Vortrefflichste gewahr zu
werden [vgl. dazu Mandelkow 4, 653f.]? – In der Freundschaft wenigstens
wollen wir uns nicht übertreffen lassen.» – Brief an *v. Quandt:* Goethe meldet
einige Veränderungen unter den *[Weimarer] Mitgliedern des Sächsischen Kunstvereins* sowie das Eintreffen der Gewinne. Leider ist die gezeichnete Landschaft im Format so groß, daß sie an keine Wand paßt und der *Gewinner* sie

an eine öffentliche Anstalt verschenken mußte. Er bittet, die *Künstler* darauf aufmerksam zu machen. – Mit Blick auf das Verzeichnis der Skizzen von *Otto Wagner* regt Goethe an, doch ein Dutzend davon zu kaufen und dadurch um ein leidliches Geld die Anzahl der Gewinne zu erhöhen. «[...] oft ist eine halbweg sorgfältige Zeichnung nach der Natur, geistreich ausgeführt, dem *Liebhaber* angenehmer als Ölbilder, die nicht immer anmuthen. Könnte man das Skizziren nach der Natur überhaupt dem *Landschaftsmaler* abgewöhnen, damit er gleich lernte, einen würdigen Gegenstand unmittelbar geschmackvoll in einen Rahmen zu beschränken, so wäre viel gewonnen. Das verstand *Hackert* [...].» – Auch wäre den *deutschen Landschaftsmalern* zu empfehlen, die Wolkenformen nach *Howard* zu studieren und sie dem jeweiligen Charakter der Landschaft gemäß darzustellen. – Brief an *Kanzler v. Müller:* Goethe dankt «für den bedeutenden Brief des *vorzüglichen Mannes* [*Rochlitz'* Brief vom 19. 3. an *Müller*], der mir immer ehrwürdiger erscheint». – Brief an *Mediziner Meyer:* «Es bedarf nur weniger Worte, solchen *Eltern,* solchen *Freunden* mein innigstes Beyleid zu bezeugen [des *Adressaten jüngerer Sohn Karl Victor* war am 12. 11. 30, sein *ältester Sohn Johann Wolfgang* am 7. 1. 31 gestorben]. – Nur der Schmerz versteht die Schmerzen.» – Brief an *Weller:* Goethe übersendet ein «wunderliche[s] Bittschreiben» und beauftragt ihn, den *Mann* für ein paar Taler die notwendigen Kleidungsstücke zu verehren. – Fände der *Adressat* diese Wohltätigkeit deplaziert, möge er bitte vorstellig werden. – «[...] *Herr Soret,* den 11. BOGEN revidirt zurück [→ 21. 3.]. Erfreulicher Brief von *Felix Mendelssohn,* datirt Rom den 5. März [«... welcher das reinste Bild des vorzüglichen *jungen Mannes* darstellt ... Für den ist nun weiter nicht zu sorgen, das schöne Schwimmwamms seines Talents wird ihn auch durch die Wogen und Brandungen der zu befürchtenden Barbarey hindurchführen.» (an *Zelter;* 31. 3.)] [...]. Um 12 Uhr *Prof. Stickel* von Jena. Unterhaltung über Orientalisches. *Pariser Persönlichkeiten.* Anderes in Bezug auf meinen DIVAN [«Als ich dann meiner Bewunderung Ausdruck gab, wie vortrefflich ... SEINE ÜBERSETZUNG DES ARABISCHEN HELDENGEDICHTES IM DIVAN sei, richtete sich sein Haupt empor; obwohl sitzend, war es doch, als ob seine Gestalt größer und größer würde; in majestätischer Hoheit, wie ein olympischer Zeus, hob er an: UNTER DEM FELSEN AM WEGE / ERSCHLAGEN LIEGT ER ... – Während er DIESE STROPHEN mit volltönender Stimme rezitierte – für einen Greis in seinen Jahren welch bewunderungswürdig treues Gedächtnis! – war es, als ob sie sich in ihm, wie einem vom poetischen Raptus Ergriffenen, neu erzeugten, seine Augen waren groß und weit geöffnet, Blitze schienen aus ihnen hervorzusprühen. – Der Eindruck war in Wahrheit überwältigend und wird mir, solange ich atme, unvergeßlich bleiben.» (G. *Stickel:* Meine Berührungen mit Goethe, 1886; GG 6794)]. Mittag *Dr. Eckermann.* Einwirkung der transalpinischen Zustände auf den *Reisenden,* also auch auf ihn, der doch die ganze Lombardei bis Venedig gesehen und bis Genua gelangt war. Dieses Gespräch wurde veranlaßt durch *Felix Mendelssohns* Schreiben [insbesondere über die *deutschen Künstler* in Rom (vgl. Eckermann)]. Ich dachte den ABSCHLUß DES BOTANISCHEN HEFTES durch, zufrieden dießmal es zu endigen. Doch schließt sich so viel Neues an, daß man immer wieder neue Bemühungen voraussieht. Abends *Prof. Riemer.* Wir berichtigten die Revision des ELFTEN BOGENS. Später *Ottilie.* Unbilden des Tags und was sich dabey Erfreuliches hervorthut.» (Tgb)

Mittwoch, 23. März. «[...] Eine Sendung von *Herrn Soret* an *Prof. Riemer* mitgetheilt. – [...] Arrangirte das Nächstzubesorgende [...]. Mittag *Herr Rothe;* über die Fähigkeiten und Fleiß der *Kinder* gesprochen. Blieb für mich. [...] *[Kanzler] v. Müller.* Später *Ottilie.* Reise nach Montenegro.» (Tgb)

Donnerstag, 24. März. «Brief und Geschäftsconcepte. Um 11 Uhr *Herr Soret.* Wir gingen EINIGE ARTIKEL DER ÜBERSETZUNG durch. Um 12 Uhr *Ihro Kaiserliche Hoheit [Maria Paulowna].* Sehr vergnügt über den glücklichen Fortgang der verschiedenen Anstalten, welche von Höchstdenenselben eingeleitet worden und auf welche freylich bedeutende Summen verwendet werden. Man hat diese *Dame* immer mehr zu bewundern, das Bestreben allgemein Nutzbares zu verbreiten, die Klarheit über das Einzelne, wodurch alles eigentlich von Ihr abhängig bleibt [«Nous avons parlé du Chaos, de la littérature, et du désir que j'avais de voir commencer ici un journal littéraire intéressant. Goethe n'était pas de cet avis, et disait que l'on [n'] écrivait déjà que trop: – sur ma remarque que la gazette littéraire de Iéna (die Jenaische Allgemeine Literatur-Zeitung) ne répondait guère à son origine, il est tout aussi peu entré en matière...» *(Maria Paulowna:* Tagebuch; GG 6795)]. Mittag *Herr Rothe* und die *Kinder.* [...] *[Kanzler] v. Müller,* das neuste Französische wie auch das vom Bundestag mittheilend. Merkwürdig in dem letzten die braunschweigische Regierungsveränderung, die Vorschläge zu Gesetzen in Absicht auf die Academie. Die Krankheit liegt klar, von der Cur ist nicht viel zu hoffen. *Oberbaudirektor Coudray.* Hierauf *Serenissimus,* munter und theilnehmend, geneigt sich von sittlichen Problemen zu unterhalten. *Ottilie,* Reise nach Montenegro geendigt.» (Tgb)

Freitag, 25. März. «Einiges Geschäftliche [Oberaufsichtliche, die Veterinärschule betreffend] beseitigt. *[G.] Cuviers* Geschichte der Fische [«Histoire naturelle des poissons», 1828f.] angesehen. Dem ABSCHLUß DER METAMORPHOSE und deren Übersetzung näher gerückt. Mittag *Dr. Eckermann.* Thätigkeiten angeregt und neu Hervortretendes beherzigt. Album lithographique [de divers sujets, 1828] von *[Achille] Devéria [französischer Maler, Steinzeichner,* geb. 1800]. *Hofrat Meyer.* Betrachtung über die merkwürdige Behandlung der Lithographie in diesen Blättern. *Prof. Riemer.* Revision des ELFTEN BOGENS [→ 21. 3.]. Beschäftigung mit dem FOLGENDEN MANUSCRIPT. *Ottilie,* allgemeine und besondere Notizen des Tages.» (Tgb)

Samstag, 26. März. «[...] [An] *Frommann [d.J.],* 11. BOGEN REVISION [den ABSCHLUß DES MANUSKRIPTS kündigt Goethe für das Ende der nächsten Woche an (Begleitbrief)]. [...] *John* mundirte. [...] *Sekretär Kräuter,* Text und Tafeln des großen *Cuvierschen* Fischwerkes überliefernd. Um 1 Uhr *Dr. Weller* [→ 22. 3.]. Mittags *Hofrat Vogel. Dr. Weller* speiste mit *Ottilien.* Nach Tische derselbe, von Jenas öffentlichen und Geschäftsangelegenheiten. Nachts *Ottilie,* Reisebeschreibung vorlesend.» (Tgb)

Sonntag, 27. März. «BOTANISCHES DICTIRT, DIE SPIRALTENDENZ BETREFFEND. Hielt mich bey gutem Wetter im Garten auf. Speiste daselbst mit *Dr. Eckermann* [Goethe äußert sich über *Maria Paulowna, Lessing, Merck* und *Landesdirektionsrat Gille* (vgl. Eckermann)]. Abends *Hofrat Meyer.* Sodann *Serenis-*

simus. Später *Ottilie,* Unterhaltung über verschiedene Neuigkeiten und sonstige Verhältnisse des Tages.» (Tgb)

Montag, 28. März. «An der SPIRALTENDENZ fortgearbeitet. Sprach am Gartenfenster den *ungarischen Studiosus der Theologie Carl Szüts* von Debreczin [Debrecen]. Mittag *Dr. Eckermann* [«‹Ich kann es gewissermaßen beneidenswürdig nennen, daß mir noch in meinem hohen Alter vergönnt ist, die GESCHICHTE MEINER JUGEND zu schreiben, und zwar eine Epoche, die in mancher Hinsicht von großer Bedeutung ist (→ 16. 3.).› – Wir sprachen die EINZELNEN TEILE (von DuW) durch, die mir wie ihm vollkommen gegenwärtig waren. ‹Bei dem dargestellten Liebesverhältnis mit *Lili*›, sagte ich, ‹vermißt man Ihre Jugend keineswegs...› ‹Das kommt daher›, sagte Goethe, ‹weil solche Szenen poetisch sind und ich durch die Kraft der Poesie das mangelnde Liebesgefühl der Jugend mag ersetzt haben...› – ‹Sie *(Goethes Schwester)* war ein merkwürdiges Wesen›, sagte Goethe, ‹sie stand sittlich sehr hoch und hatte nicht die Spur von etwas Sinnlichem. Der Gedanke, sich einem *Manne* hinzugeben, war ihr widerwärtig, und man mag denken, daß aus dieser Eigenheit in der Ehe manche unangenehme Stunde hervorging. Ich konnte daher *meine Schwester* auch nie als verheiratet denken, vielmehr wäre sie als *Äbtissin* in einem Kloster recht eigentlich an ihrem Platze gewesen. – Und da sie nun, obgleich mit *einem der bravsten Männer* verheiratet, in der Ehe nicht glücklich war, so widerriet sie so leidenschaftlich meine beabsichtigte Verbindung mit *Lili.*»* (Eckermann)]. BOTANISCHES nachgeholt und überdacht. Abends *Ottilie.* Mannichfaltige Nachricht und Unterhaltung.» (Tgb)

Dienstag, 29. März. «SPIRALTENDENZ abgeschlossen. Den 4. BAND DER BIOGRAPHIE vorgenommen und eine NEUE EINTHEILUNG DER BÜCHER überdacht [→ 28. 3.]. Mittag *Dr. Eckermann* [über *Merck;* vgl. Eckermann]. VORGEDACHTE ARBEIT durchgesprochen. Nach Tische einiges hierauf Bezügliche zurechtgelegt. *Wölfchen* führte seine türkische Armee vor. [...] *[Kanzler] v. Müller,* hatte die Gefälligkeit mir die neusten Ereignisse und Lecture-Interessen zu erzählen [«Goethe... war freundlich, doch minder teilnehmend und lebendig wie sonst, weil er noch immer etwas leidend am Fuße ist (→ 18. 3.). Nach außen lehnte er jede Beziehung ab: ‹Ich will gerne nichts von den *Freuden* der Welt, wenn sie mich nur auch mit ihren *Leiden* verschonen wollte p. Wenn man etwas vor sich bringen will, muß man sich knapp zusammennehmen und sich wenig um das kümmern, was andere tun.›» *(Müller;* GG 6799)]. *Prof. Riemer.* EINIGES BOTANISCHE durchgegangen. Später *Ottilie,* einiges Geographische vorgelesen in Bezug auf den indischen Archipelagus [Malaiischer Archipel]. [...].» (Tgb)

Vor Mittwoch 23. / Dienstag, 29. März. Brief an *Verlagsbuchhändler Murray d. J.*: Goethe dankt für dessen angenehme Sendung [→ 30. 1. 30] und versichert, wie ihm das «eigenhändige wunderbare Schreiben des hochverehrten *Lord Byrons* [...] von dem höchsten Werthe gewesen und geblieben» ist. – «Mir aber bleibt es traurig, daß *Lord Byron* [...] nicht erlebt hat, wie wohl ihn die *Deutschen* zu verstehen und wie hoch sie ihn zu schätzen wissen. [...] wer jetzt und künftig von dieser ungemeinen *Individualität* sich einen annähernden Begriff machen kann, sie ohne Lob und Tadel in ihrer Eigenthümlichkeit anzuerkennen weiß, der darf sich eines großen Gewinnes rühmen. Mir wenigstens an meinem Theil gereicht ein solches Bestreben zu großem Genuß.» – Goethe bedankt sich dafür, daß ihm der *Adressat* mit dem Namen und den Zuständen des *Verfassers [Scafe]* des didaktischen Gedichts «King Coal's Levee» näher bekannt gemacht hat und bittet, diesem seine Teilnahme an der «geistreichen Arbeit» zu übermitteln [→ vielleicht Mai 1824]. – Goethe macht auf den *Maler David Charles Read* aufmerksam, der ihm durch landschaftliche Radierungen bekannt geworden ist [→ 16. 9. 30]. Dieser kann sich gegenwärtig keiner vorzüglichen Aufmerksamkeit erfreuen, «weil sein Talent im Widerspruche mit dem Tage steht», seine Radierungen nicht mikroskopisch sind, sondern etwas Rauhes haben. Doch hat er in «gewissen Nacht- und Dämmerungseffecten» und in «ländlich geschmackvollen Compositionen [...] schätzbare Blätter geliefert». Vielleicht möchte sich der *Adressat* gelegentlich nach ihm erkundigen. «Ich wenigstens ergreife gern die Gelegenheit mich um problematische *Talente* zu bekümmern, welche wegen der augenblicklichen Tagesrichtung nicht zur Evidenz kommen.»

Mittwoch, 30. März. «[...] [An] *Frommann [d. J.]* nach Jena, MANUSCRIPT. Den AUFSATZ ÜBER DIE SPIRALTENDENZ revidirt [→29. 3.]. *Wölfchen* fuhr fort ziemlich sauber zu illuminiren. *Hofrat Vogel,* der sich wieder erholt hatte. Ich las *[Dramatiker] Kotzebues* Indianer in England und bedachte das Talent dieses *merkwürdigen Mannes* [→ 27. 9. 01]. Mittag *Dr. Eckermann* und *Wölfchen*. Wir besprachen den 3. BAND ZUR BIOGRAPHIE. EINIGES ZUM 4. BANDE [«... reden wir wieder über das Dämonische. ‹Es wirft sich gerne an *bedeutende Figuren*›, sagte er, ‹auch wählt es sich gerne etwas dunkele Zeiten. In einer klaren prosaischen Stadt wie Berlin fände es kaum Gelegenheit, sich zu manifestieren.›» (*Eckermann:* Tagebuch; GG 6800) – «Ich (Goethe) nannte das Buch WAHRHEIT UND DICHTUNG, weil es sich durch höhere Tendenzen aus der Region einer niedern Realität erhebt... Ein Faktum unseres Lebens gilt nicht, insofern es wahr ist, sondern insofern es etwas zu bedeuten hatte.» (Eckermann)]. Nachher fuhr ich fort diese Umstände weiter zu bedenken. Sodann *Hofrat Meyer,* welcher von currenten Romanen erzählte, deren Lesung ihm *höchsten Orts* aufgetragen worden war, weil man sie empfohlen hatte. Es war verfluchtes hohles Zeug, und wir erinnerten uns an den guten Einfall der *Franzosen,* wenn sie dafür hielten: Die *Deutschen* hätten eine Litérature fugitive, wo eben alles vorüber gehe, das Gute wie das Schlechte, und eines mit dem andern einer augenblicklichen Aufmerksamkeit gewidmet werde. Später *Oberbaudirektor Coudray.* Nachstich und Übersetzung [von *K.F.A. Conta*] der Elemente der Baukunst von *[J. N. L.] Durand* [1806]. Später *Ottilie.* Darstellung des indischen Archipelagus fortgesetzt.» (Tgb)

Donnerstag, 31. März. «ÜBERLEGTES CAPITEL ZUM 4. BANDE. AUFSATZ ÜBER SPIRALGEFÄSSE an *Riemer* [mit der Bitte, den nach der «neuliche(n) Unterredung (→ 29. 3.) einigermaßen erweiterten AUFSATZ» zu prüfen (Begleitbrief)].» (Tgb) – Brief an *Zelter:* «Nun erinnerst du dich wohl, daß ich mich der kleinen Terz immer leidenschaftlich angenommen und mich geärgert habe, daß Ihr theoretischen *Musikhansen* sie nicht wolltet als ein *donum naturae* gelten lassen. [...] dem *Menschen* hat die Natur die kleine Terz verliehen, um das Unnennbare, Sehnsüchtige mit dem innigsten Behagen ausdrücken zu können; der *Mensch* gehört mit zur Natur, und er ist es, der die

zartesten Bezüge der sämmtlichen elementaren Erscheinungen in sich aufzunehmen, zu regeln und zu modificiren weiß. – [...] Ich bin hierüber
neuerlich aufgeregt worden und ich möchte dir vor allem Kenntniß geben, wo
ich hartnäckig verharre und warum.» – «[...] Um 12 Uhr *Ihro Kaiserliche
Hoheit [Maria Paulowna* – «...il (Goethe) a développé une sagacité, une per-
spicacité et un jugement bien étonnant: l'on dirait que la passion ne l'a jamais
aveuglé, il a tout pénétré, il a plané sur les objets, et il en parle avec une justesse
comme une connaissance de cause: – il en est de même de son opinion sur les
individus, elle est claire et lumineuse.» (*Maria Paulowna:* Tagebuch; GG 6802)
– Goethe ist von seiner Wunde am Bein genesen; → 29. 3. (vgl. *Soret;* GG
6801)]. Mittags *Ottilie, Eckermann* [Irrtum Goethes, *Eckermann* ist nicht anwe-
send; vgl. Bergemann, 827] und *Wölfchen.* Gegen Abend *Herr v. Conta. Kanzler v. Müller. Serenissimus. Herr v. Spontini* von Paris kommend, von seiner
neuen Oper [«Die Athenerinnen»], die er mit *[Victor Joseph Étienne de] Jouy*
vornimmt, unterrichtend. Die Einsendung des Textes versprechend
[«...deren Motive Goethe sehr lobte. – ... Im ganzen viel muntrer heute,
Spontini und mehreres Politische und Literarische, was ich erzählte, heiterte
ihn auf ... Viel über *Klingers* Tod (am 9. 3.), der ihn sehr betrübt hat. ‹Das
war ein treuer, fester, derber *Kerl* wie keiner. In früher Zeit hatte ich auch viel
Qual mit ihm, weil er auch so ein Kraft-Genie war, das nicht recht wußte,
was es wollte. ... Es ist gut, daß *Klinger* nicht wieder nach Deutschland kam;
der Wunsch darnach war eine falsche Tendenz. Er würde sich in unsrem sans-
culottischen Weimar und respektive Deutschland nicht wiedererkannt haben,
denn seine Lebenswurzel war das monarchische Prinzip.›» (*Müller;* GG 6803)].
Später *Ottilie.* Einige Verhältnisse des Tages besprochen.» (Tgb)

Vielleicht ab Frühjahr. «*Alma,* die beim Tode ihres *Vaters* kaum zwei Jahre
zählte, wurde für dessen Zärtlichkeit durch die Liebe des Großvaters entschä-
digt, der die blühende *Enkelin* zum Liebling erkoren hatte. Jeden Tag am Morgen um 8 Uhr, wenn sie mit ihrer bildhübschen, wohlgewachsenen *Wärterin
Josepha* die Treppe hinab in den Garten und am Arbeits- und Schlafzimmer
des ‹Opapa› vorüber ging, stattete sie diesem einen Besuch ab, ihm den guten
Morgen zu bieten und sich Bonbons bei ihm abzuholen. Und der alte Herr
küßte und herzte das rosige *Kind,* wobei er immer noch einen Kuß übrig
behielt, den er beim Abschied dessen schöner *Begleiterin* gab.» (*Auguste
v. Littrow-Bischoff:* Erinnerungen an Goethes Familie; 1887; GG 7055)

Karfreitag, 1. April. «Die Monatsrechnungen durchgesehen und in Tabellen gebracht. *Herrn v. Reuterns* Portefeuille eröffnet. Die gewünschte
INSCHRIFT überlegt [In der von *v. Reutern* am 24. 2. übersandten Mappe mit
Bildern befindet sich eines, das als Titelblatt für eine Sammlung von Bildern
aus dem hessischen Volksleben gedacht ist. Der Maler bittet Goethe, in den in
der Mitte freigelassenen Raum ein GEDICHT einzutragen]. Der *Maler Kaiser,*
die Unterstützung *Serenissimi* notificirend. Ich sagte ihm gute Wahrheiten.
Das *junge Volk* hört aber nicht mehr. Zum Hören gehört freylich auch eine
besondere Bildung. Nachher der *junge Martersteig,* ein frohes entschiedenes
Talent. Würde der in einer rechten Werkstatt zum Nothwendigen und Rechten gedrungen, so könnte irgend was draus werden. Die INSCHRIFT für *Herrn
v. Reutern* näher bestimmt [GEDICHT INSCHRIFT]. Mittag *Dr. Eckermann.*

Zeigte demselben die INSCHRIFT vor, und wir wurden über die Behandlung
einig. Abends *Prof. Riemer*. Wir berichtigten einige Concepte [«Als ich
bemerkte aus *Rochefoucaulds* Maximen («Réflexions ou sentences et maximes
morales», 1665), daß eine *Regierung,* sobald man sie laut tadeln könne, verach-
tet sei, so erwiderte Goethe: Das sei so gewiß, daß, wenn *Oken* und *N.N.*
(gemeint vermutlich *Luden*) den *Kotzebue* nicht so vernichtiget hätten, daß er
verächtlich geworden, er nicht ermordet worden wäre. Wir kamen dann darauf, wie dieser neumodische Vernichtigungs- und Vernichtungsprozeß von
den *Deutschen* zuerst vorgenommen worden, von *Fichte* gegen *Nicolai,* früher
von andern: *Lessing* gegen *Klotz, Voß* gegen *Heyne,* und er eigentlich von den
Philologen ausgehe.» (*Riemer;* GG 6806)]. Später *Ottilie,* einige neuere Verhältnisse erzählend und berichtend. Die *Kinder, Wolf* besonders schläfrig.» (Tgb)
Karsamstag, 2. April. «Nähere Berichtigung der Haushaltungsausgaben
vom vergangenen Monat. EINIGES BIOGRAPHISCHE [→ 31. 3.]. In das Album
des *Herrn Sekre [Segré?]* eingeschrieben. An *Frommann [d. J.]* BOTANICA VON
NR. 30 BIS VAUCHER, mit Bemerkung der Lücke [Goethe sendet darüber
hinaus die «wohlausgedachte vegetabilische Umschlagszierde» zurück und
spricht seine Wünsche zur Gestaltung des Titelblattes aus (Begleitbrief)].»
(Tgb) – Brief an *Soret:* «Auch DIESEN BLÄTTERN [...] gönnen Sie Ihre Auf-
merccksamkeit; wir nähern uns almählig dem Ende.» – «*Wölfchen* illuminirte
und schnitt aus, ziemlich ruhig und nicht unbequem. Mittag *Hofrat Vogel.*
Bedeutende Unterhaltung über Medicin. Praxis, polizeyliche Medicin, Bezug
der unmittelbaren Anstalten hierauf. Für mich manches beseitigt. *Oberbaudirektor Coudray.* Später *Ottilie.* Ich zeigte ihr die Radirungen von *C. Read* von
Salisbury. [...].» (Tgb)
Ostersonntag, 3. April. «Auszug aus der Registrande, die Geschäfte der
Sternwarte betreffend. [...] *[Rinaldo] Vulpius* brachte die Vierteljahrsrechnung. *Hofrat Vogel.* Besprechung wegen einer nächsten Expedition desselben
nach Jena. Mittag *Hofrat Meyer* und *Dr. Eckermann.* Vergnüglich belehrende
Unterhaltung. Man konnte einige Zeit im Garten zubringen. [...] *Serenissimus.* Nachher mit *Ottilien* die auf *Byron* bezüglichen Papiere durchgesehen
und die ihr zu weiterer Berichtigung übergeben. Einige Unterhaltung aus *[J.]
Atkinsons* [State of Agriculture ... in] New South Wales [1826]. – An die *Herren Soret* und *Riemer* den 12. REVISIONSBOGEN [→ 26. 3.].» (Tgb)
Montag, 4. April. Brief an *Freiherrn v. Münchhausen:* Goethe spricht seine
herzliche Teilnahme an dem glücklichen Familienereignis [Geburt einer
Tochter] aus [→ 13. 3.]. – «Vorarbeiten zu *Hofrat Vogels* Absendung nach Jena.
Walther und *Wolf* fuhren nach Jena. *John* heftete die Sternwarte-Acten. Um
11 Uhr *Professor Osann, Göttling* und *[Prof. Henning] Ratjen [Jurist, Universitätslehrer und -bibliothekar; geb.* 1793] aus Kiel. Der erstere *Professor der Physik*
zu Würzburg. *Ihro Kaiserliche Hoheit [Maria Paulowna]* um 12 Uhr mit
Demoiselle Mazelet. Ich zeigte des *Herrn v. Reuterns* merkwürdiges Bild vor
[→ 1. 4.]. Mittags *Ottilie* und *Herr Rothe.* Manches vorbereitet. Abends spät
Ottilie. Besprechung über gegenwärtige Ereignisse. Ich hatte indessen *Atkinsons* Neu-Südwales durchgesehen [→ 3. 4.]. – An *Prof. Riemer, Hofrat Sorets*
Revision [von BOGEN 12 zum Vergleich mit der Revision des *Adressaten;* →
3. 4. (Begleitschreiben)].» (Tgb)

Dienstag, 5. April. «[. . .] Von [Neu-]Strelitz war eine Sendung von dem guten *Nauwerk* [vermutlich die 3. Lieferung von dessen FAUST-Lithographien; → 14. 6. 24 (JbSK 6, 315)] eingegangen für mich und *Hofrat Meyer*. *Zwei Studiosen* aus Siebenbürgen. Mittags *Dr. Eckermann* [über *Neureuther* (vgl. Eckermann)]. Viel im Garten. *Hofrat Vogel* hatte Abschied genommen, um morgen nach Jena zu gehen. Abends *Prof. Riemer*, REVISION DES 12. BOGENS. Einige Concepte. [. . .].» (Tgb)

Mittwoch, 6. April. «INSCHRIFT auf die *von Reuternische* Tafel [«. . . ich sah mich . . . durch Ihren wiederholten Wunsch . . . beynahe unvermeidlich gedrungen, ein Verlangen zu erfüllen, welches mir einigermaßen bange machte. Mit solchen Empfindungen stellte ich das merkwürdige Bild . . . der *Frau Großherzogin* vor, welche, sehr zufrieden solches wiederzusehen, mich ernstlich ermahnte, die verlangte INSCHRIFT auf die leergelassene Tafel einzuschreiben (→ 4. 4.). Hierdurch gewann ich Muth. . .» (an *v. Reutern*, 22. 4.)] [. . .]. Im Garten. *Herr Dr. Ilgen* und *Sohn;* ersterer verläßt seine Stelle in Schulpforta, geht pensionirt nach Berlin, wo der *Sohn* bey dem Joachimsthalschen Gymnasium angestellt ist. Zum Theil im Garten. [. . .] [An] *Frommann d. J.* den 12. REVISIONSBOGEN [mit der Bitte um eine nochmalige Revision (Begleitbrief)] [. . .]. In den untern Garten gefahren. Daselbst für mich gespeist und das Nothwendigste durchgedacht. Die *Soldaten* exercirten auf der Wiese. Ich machte meine Bemerkungen über die taktische Grammatik. Abends zu Hause. Oberaufsichtliche Geschäfte durchdenkend.» (Tgb)

Ostersonntag, 3. / Mittwoch, 6. April. Brief an *Loder:* Goethe dankt für die «höchst wichtigen russischen Mineralien», die «manche schöne Stunde des Betrachtens und Erinnerns gewähren» [→ 24. 10. 30]. – Er sendet dagegen gleichfalls einen «Schatz», die BÄNDE 21 BIS 40 SEINER WERKE. – «Hier soll aber Schatz nicht heißen: der Werth des Errungenen, sondern soll die Mühseligkeiten des Beschwörers andeuten, die er übernehmen müssen, um DIESEN FUND, wie er auch sey, zu Tage zu fördern.»

Donnerstag, 7. April. «AUFSATZ ÜBER DIE BIßHERIGE METEOROLOGISCHE ANSTALT, in Betracht, daß dieß für die Folge aufzuheben sey. *Hofrat Vogel* gab vollständigen einsichtigen Bericht über die Jenaischen Angelegenheiten. Ich hielt mich im Garten auf, besorgte dessen Reinlichkeit und bedachte das Nächste. Gegen Abend *Serenissimus*. Gaben mir einen Begriff von den Warschauer Localitäten, die Sie zweymal sorgfältig durchschaut hatten. *Ihro Kaiserliche Hoheit [Maria Paulowna]* waren nicht ganz wohl, deßwegen heute früh nicht eingetroffen. Später *Ottilie*. Neue Städte in Oberkanada aus einem *Fraserischen* Journal gelesen. Vergleichung mit den Ansiedelungen in Sydney.» (Tgb)

Freitag, 8. April. «Das nothwendigste Oberaufsichtliche. FORTSETZUNG DES PROMEMORIA ÜBER ABSCHAFFUNG DER METEOROLOGISCHEN ANSTALTEN. [. . .] Das bunte Osterey an *Hofrat Vogel* gegeben. Mittag *Wölfchen*. Nach Tische im Garten. Abends *Prof. Riemer*. Wir gingen das LEBEN UND DIE WERKE DES JOACHIM JUNGIUS durch [→ 4. 3.]. Ich übergab ihm die 2. REVISION DES 12. BOGENS [→ 6. 4.], auch theilte ich ihm das von Breslau erhaltene Heft über die alten *belgischen Schriftsteller* [«Horae Belgicae», 1830 ff.] von *Hoffmann [von Fallersleben]* mit. [. . .].» (Tgb)

Samstag, 9. April. «Oberaufsichtliche Registrande revidirt. [...] [An] *Prof. Renner,* Verordnung wegen *Burgemeister.* [...] Den Inhalt der BÜCHER DES 4. BIOGRAPHISCHEN TEILES reiner und vollständiger verzeichnet und eingelegt [→ 2. 4.]. Den AUFSATZ WEGEN ABSCHAFFUNG DER METEOROLOGISCHEN ANSTALT ajustirt. [...] Mittag *Hofrat Vogel.* Nähere Unterhaltung über die Jenaischen Zustände. Nach Tische im Garten bis gegen Abend. Die Gebirgsfolgen in dem Gartenhaus am Frauenthor durchgesehen. Die Erinnerung wie solche gesammelt worden, die Örtlichkeiten und *Personalitäten* recapitulirend. ANDERES GEHEIME BEDENKEND. PHILEMON UND BAUCIS UND VERWANDTES sehr zusagend [→ 20. 2.]. Später *Ottilie.* Allgemeines und Besonderes im Tagesklatsch.» (Tgb)

Sonntag, 10. April. «JOACHIM JUNGIUS' LEBEN UND VERDIENST mundirte *John* [→ 8. 4.]. *Hofrat Vogel.* Merkwürdige Curen. Scherzhafte Ereignisse. Die alte tüchtige *F. v. D.* besorgt um ihre *Enkelin.* Man kriegt von *Homojopathen [Homöopathen]* keine Explication, weil sie keine Raison haben. Außerdem war mir höchst merkwürdig eine Sinnesänderung, dabey die Frage mir entstand, ob sie aus innerer Bekehrung oder aus äußern verständigen Rücksichten bewirkt worden. Ein paar junge *Fremde,* die bey schönstem Wetter im Garten spazierten, sprach ich aus dem Fenster. Hübsche *junge Leute. Ottilie* war zu einem Frühstück in den Erholungsgarten gefahren. Um 12 Uhr spazieren gefahren. Speiste mit *Dr. Eckermann* daselbst. Um 4 Uhr nach Hause. *Demoiselle Seidler,* wegen der Gliederpuppe sprechend. [...] *[Kanzler] v. Müller. Serenissimus.* Später *Dr. Eckermann.* Nachher *Ottilie.* – Die Acten der Sternwarte und Meteorologie [...] [an] *Hofrat Vogel* abgeliefert.» (Tgb)

Montag, 11. April. Brief an *Soret:* Goethe übersendet den 13. BOGEN [→ 8. 4.]. – «Beschäftigte mich mit Durchsicht des 4. BANDES DER BIOGRAPHIE, BERICHTIGTE DESIDERATA [→ 9. 4.]. Mittags *Dr. Eckermann.* Gegen Abend ein schwäbischer *Durchreisender.* Abends *Hofrat Meyer.* Wir besahen Kupferstiche und Lithographien. Später *Ottilie.* Zeitig zu Bette.» (Tgb)

Dienstag, 12. April. «Die DESIDERATA ZUM 4. TEILE mundirt und eingeschaltet. ANDERES BETRACHTET. ÄLTERE PAPIERE vorgesucht und gelesen. Den Ankauf von der Dresdner Landschaft vom *Frauenverein* für's Museum berichtigt. *Hofrat Vogel* brachte die Concepte seines Berichtes die Jenaische Expedition betreffend. *John* erhielt sie zum Mundiren. [...] Die nähere Betrachtung der vor einigen Tagen gefundenen Tremella Nostoc fortgesetzt. Mittags *Dr. Eckermann.* Nachher im Garten. [...] Gegen Abend *Prof. Riemer.* REVISION DES 13. BOGENS. Manches andere Übersichtliche.» (Tgb)

Mittwoch, 13. April. «An dem 4. BANDE DER BIOGRAPHIE weiter gearbeitet, vervollständigt. Die Lücken betrachtet und deren Ausfüllung erwogen. *Junge Leute* von Berlin, *zwei Herren Schede* [die *Studenten Hermann Schede,* geb. 1812, *Schüler Zelters,* und *dessen Bruder],* ein *[Alexander] Mitschke* und ein *Meyer.* [«Man möchte ihn (Goethe) für einen Sechziger halten. Schade, daß ihm alle Zähne fehlen; man vergißt bei ihm durchaus den vornehmen Mann, und er ist so *affable,* daß auch kein ängstliches Gefühl in mir aufkommen konnte, was ich doch eigentlich erwartete.» (L. *Schede* an seine Eltern; G G 6815)] [...]. Der Polarschein von *Prof. [S. G.] Dittmar* in Berlin. Die *vier obgemeldeten Fremden* um 12 Uhr. Mittags die *Familie* mit *Fräulein Frommann.*

Nachher bey schönem Wetter im Garten. *Graf Santi,* wegen des Porträtes. *Schmeller* brachte die Porträts des *Prinzen von Barchfeld.* Narrative of a Journey through Greece [1830], By *Captain T. Abercromby Trant.* Später *Ottilie.* Unterhaltung über die Tagesereignisse.» (Tgb) – Brief an *Frommann d.J.:* Goethe sendet den 13. BOGEN mit der Bitte um eine nochmalige Revision.

Donnerstag, 14. April. «Oberaufsichtliche Geschäfte. Am 4. BANDE DER BIOGRAPHIE. Um halb 1 Uhr [...] die *Frau Großherzogin.* Sodann *Herr v. Sprecher* [...]. Mittags mit *Wölfchen.* Nach Tische allein. Jene Reisebeschreibung durch Griechenland. Abends *Serenissimus.* [...].» (Tgb)

Freitag, 15. April. «Das Verschiedenste [...] fortgeführt. Die *Herren A. Liévin* und *Theodor Cohn, junge Leute* von Danzig, *Mediziner,* nach Heidelberg gehend. *Dr. Eckermann* zu Mittag [«Goethe ... zeigte mir den VIERTEN BAND (von DuW) der von Tage zu Tage stärker wurde.» (*Eckermann:* Tagebuch; GG 6816)]. Verabredung wegen der NATURHISTORISCHEN und MORPHOLOGISCHEN HEFTE. Fortsetzung der Reise nach Griechenland. Abends *Prof. Riemer.* Wir berichtigten ORIGINAL und Übersetzung ÜBER DIE SPIRALGEFÄSSE [der AUFSATZ ÜBER DIE SPIRALTENDENZ geht als DRITTER NACHTRAG in die DEUTSCH-FRANZÖSISCHE AUSGABE DER METAMORPHOSE ein, ohne daß Goethe darin die Vielzahl seiner NOTIZEN und FRAGMENTE erschöpfend aufarbeiten kann].» (Tgb)

Samstag, 16. April. «*Schuchardt* schrieb die französische Übersetzung [vermutlich des AUFSATZES ÜBER DIE SPIRALTENDENZ] ab. *Herr Soret* kam um 11 Uhr. Wir beredeten die Angelegenheit, besonders wegen seiner bevorstehenden Abreise. Kam ein Kistchen mit Kunstsachen von *[Bildhauer] David* aus Paris [«... sehr viele (Medaillon-)Bildnisse *bedeutender Männer* enthaltend ...» (an *Kanzler v. Müller;* 17. 4.)]. Wurden von Freiberg Mineralien angemeldet. *John* fing an die innern Schränke zu arrangiren zu Aufnahme MEINER WERKE. Um 12 Uhr spazieren gefahren mit *Ottilien.* Speiste sie, *Hofrat Vogel* und *Dr. Eckermann* mit mir. Sodann *Hofrat Meyer.* Später *Ottilie.* Wir konnten keine rechte unterhaltende Lesung finden.» (Tgb)

Sonntag, 17. April. Brief an *Schmeller:* Goethe teilt mit, daß ihn *Frau v. Beaulieu* morgen zum Porträtieren erwartet. (Raabe 1, 575) – «EINIGES ZUM 4. BANDE DER BIOGRAPHIE. Oberaufsichtliche Registrande besorgt. *John* sonderte die EXEMPLARE DER OCTAVAUSGABE und reponirte sie in den obern Schrank des kleinen Stübchens. Um 12 Uhr *Prinz Karl* mit *Herrn Soret. Herr v. Beulwitz. Staatsminister v. Fritsch. Fischer, ein Schweizer Studiosus,* von Jena abgehend. Ein *Geistlicher* [der *Theologiestudent Johann Jacob Schmied,* aus St. Gallen kommend; geb. 1809] aus der Schweiz [«Denke Dir, wie ernst bei aller Heiterkeit Goethe und ich gestimmt waren. Als ich mit aller Wärme von dem Eindruck sprach, welchen sein FAUST auf mich machte und immer noch macht, da traten ihm, dem greisen Goethe, helle Tränen in sein offenes, schönes Auge, und seine Stimme zeugte von seiner Rührung.» (*Schmied* an seine Schwester, 4. 5.; GG 6819)]. Mittags *Dr. Eckermann* und *Wölfchen.* Nachher *Oberbaudirektor Coudray,* die Pariser Sendung ansehend. [...] *[Kanzler] v. Müller,* Familienverhältnisse im juristischen Sinne durchsprechend [«Glückliche Verhandlung mit Goethe wegen der Nachlassenschaft *seines Sohnes.* Minder günstige puncto *Juliens* Mannequin (eine

Gliederpuppe für Zeichenübungen, die *Julie v. Egloffstein, Tochter der Frau v. Beaulieu*, von *Carl August* geschenkt erhalten hatte, die nun aber von *Maler Kaiser* benötigt wird, der den *Großherzog* malt; → 10. 4.). Geistreicher Brief der *Frau v. Beaulieu* an ihn (mit der Bitte, die Gliederpuppe nach Marienrode bringen zu dürfen; vgl. Grumach, 369) ... Resolution an *Frau v. Goethe* aufgesetzt («gegen den von *Ottilie* und den *Vormündern* am 1. 4. 1831 bei der *Regierung* eingereichten Erbteilungsplan erhob die Regierung am 18. 4. Einspruch, indem sie, mit ausdrücklichem Einverständnis Goethes, den Plan zugunsten *Ottiliens* abänderte; nach dem alten Plan hätte sie die Schulden *August v. Goethes* übernehmen sollen; Grumach, 369).» (*Kanzler v. Müller;* GG 6820)]. *Serenissimus.* Später *Ottilie.» (Tgb)*

Montag, 18. April. Brief an *Frau v. Beaulieu:* Goethe teilt mit, daß jene Angelegenheit [Übersendung der Gliederpuppe; → 17. 4.] demnächst besorgt werden wird. – «Das Nothwendigste durchgedacht. *Hofrat Vogel,* Concepte auf Jena bezüglich bringend. *John* mundirte sie. Schreiben von *Dr. Schottin* in Köstritz, mit Sendung von Georginenbollen [Dalienknollen]. Mittag *Dr. Eckermann.* Wir besprachen die weitere Redaction der nächsten SCHRIFTSTELLERISCHEN WERKE durch. *Hofrat Meyer.* Manches der Kunst und dem Tage Angehörige. Abends las *Ottilie* Mémoires [sur les Cent Jours, 1822] de *[H. B.] Constant [de Rebecque].* – [...] Herrn *Prof. Riemer,* SPIRALTENDENZ, ORIGINAL und Übersetzung [mit der Bitte um Durchsicht (Begleitbrief)].» (Tgb)

Dienstag, 19. April. «Oberaufsichtliche besondere Angelegenheiten vorbereitet und redigirt. Zeitig mit *Ottilien* spazieren gefahren. Schreiben von *Rochlitz* war angekommen. Mittag *Dr. Eckermann.* Verabredung wegen MEINER WERKE. Catalogirt die angekommenen Pariser Medaillons [→ 16. 4.]. Las in der griechischen Reise fort [→ 15. 4.]. Abends *Herr Kanzler v. Müller,* wegen des *Rochlitzischen* Gesuchs [um Verleihung des Ritterkreuzes vom weißen Falken an *Rochlitz*]. *Prof. Riemer.* Wir berichtigten den Titel zum BOTANISCHEN HEFTE und Sonstiges. Die Vergünstigung *seinen Sohn* in das Berliner Cadettenhaus aufzunehmen war angekommen. Betrachtungen über diese Zustände, Folgen, Hoffnungen und Erwartungen. Später *Ottilie,* fortgelesen in den Mémoires de *Constant.»* (Tgb)

Mittwoch, 20. April. «[...] Verordnung[en] [...].» (Tgb) – Brief an *Frommmann d. J.:* Goethe teilt mit, daß er «die STELLE, welche erst bestimmt war eingeschoben zu werden, ganz an's Ende, als einen besondern NACHTRAG, bringen» will [3. NACHTRAG: ÜBER DIE SPIRALTENDENZ], so daß das bereits übersandte MANUSCRIPT fortlaufend gedruckt werden kann [→ 15. 4.]. – Er legt den Entwurf des TITELS bei, der typographisch zu arrangieren wäre. – «[...] Schreiben von *Herrn v. Müller* wegen der gestrigen Angelegenheit. Concept deßhalb. [...]. Mittag *Dr. Eckermann.* Vorher mit demselben die NATURGESCHICHTLICHEN AUFSÄTZE recapitulirt und ihm die MANUSCRIPTE deßhalb übergeben. Anderes verhandelt. Nach Tische die Reise durch Griechenland [→ 19. 4.]. Die Gipsmedaillons von *David* wurden catalogirt und beseitigt. Abends *Ottilie.* Die Memoiren *Constants* weiter gelesen [→ 18. 4.].» (Tgb)

Nach Mittwoch, 20. April. Es entstehen weitere NOTIZEN ÜBER DIE SPIRALTENDENZ.

Donnerstag, 21. April. «Die unschätzbare Zeichnung von *Neureuther* mit

einem Briefe desselben war angekommen, Großformat, colorirt: DER GAR-
TENBESITZER UND SEINE FREUNDE. PARABEL [→ 7. 9. 30. – «... muß ich sagen,
daß er sich hier, wie immer, des vorliegenden Zustandes höchst geistreich
bemächtigt, ja sogar dessen Sinn und Bedeutung gesteigert und auf wundersame Weise emporgehoben hat. ... Zeichnung und Ausführung sind vom
höchsten Fleiß. Da das Blatt aquarellirt ist, so besticht es gleich bey'm ersten
Anblick....» (an *S. Boisserée,* 23. 4.)]. Göttingische Anzeigen [14. und 16. 4.
31, 56.–60. Stück], *[H. G.] Tzschirner,* Fall des Heidenthums [1829] recensirt,
ein altes abgedroschenes Mährchen, mehr in's Einzelne, Klare hervorgezogen,
wodurch die Sache nicht anders wird; in den Jahrhunderten, da der *Mensch*
außer sich nichts wie Greuel fand, mußte er glücklich seyn, daß man ihn in
sich selbst zurückwies, damit er sich statt der Objecte, die man ihm genommen hatte, Scheinbilder erschuf an ihre Stelle; der Polytheismus stellte sich in
drey Personen der Gottheit, einer Göttin-Mutter, den 12 Aposteln und soviel
Heiligen weit zahlreicher wieder her. *Pantheisten* zu seyn fehlte diesen Jahrhunderten die Naturanschauung, welche diese Denkweise allein begründet,
und was dergleichen mehr ist. Oberaufsichtliches geordnet und abgethan.
Ingleichen die Separatacten auf [...] die *Großherzogin* bezüglich. *Neureutheri-
sche* Zeichnung eingerahmt; fortgesetzte Bewunderung derselben. [...] die
Frau Großherzogin und *Demoiselle Mazelet.* Fortgesetzte Betrachtung des
Neureutherischen Werkes. [...] *Geh. Rat Schweitzer.* [...] *[Kanzler] v. Müller.*
Serenissimus fing an die mitgetheilte handschriftliche Biographie zu lesen
[Goethe: «Nur ein ehmals als *Page* hinter dem Stuhl Gestandener wisse den
Sitz an der Hoftafel recht zu schätzen. So auch strebten die in Städten vom
Magistrat erst recht unter der Schere *Gehaltnen* am meisten nach Magistrats-
stellen für sie selbst. – *Serenissimus* sprach sehr bewegt und enthusiastisch über
die *Beaulieu.* Goethe sagte: sie habe bei männlicher, ritterlicher Kraft weib-
liche Anmut zu bewahren gewußt.» (*Kanzler v. Müller;* GG 6824)]. Später
Ottilie, die von Hof kam, und die *Kinder.* [...]» (Tgb)

Freitag, 22. April, oder wenig früher. GEDICHT WORT UND BILDER [bei
Absendung des *v. Reuternschen* Blattes mit INSCHRIFT; → 6. 4.].

Freitag, 22. April. Brief an *Rochlitz:* Goethe teilt mit, daß er das ihm ver-
traute Anliegen [→ 19.4.] mit *Kanzler v. Müllers* Zustimmung «sogleich in diejenigen Wege geleitet habe, wo am ersten Förderniß zu hoffen ist». – «[...]
TAGEBUCH VON 1828 wegen einiger Momente des Dornburger Aufenthalts.
Las die biographische Mittheilung bis zu Ende. Im Garten, bey sehr schönen
Stunden. Tiefer Barometerstand und Ostwind balancirten einander. Mit *Ottilien* den neuen Weg gefahren. Sie speiste mit mir. Nach Tische *Hofrat Meyer,
Eckermann.* Betrachtung und Hochschätzung des *Neureutherischen* Blattes [→
21. 4.]. Abends *Prof. Riemer.* Das LETZTE MANUSCRIPT ZUR METAMORPHOSE
abgeschlossen [→ 18. 4.]. [...].» (Tgb)

Samstag, 23. April. «Kam die Museumsrechnung von Jena, die ich durchging.» (Tgb) – Brief an *Chemieprof. Wackenroder:* Goethe dankt für die mitgeteilten «Musterstücke der Stearinsäure. Die aus dieser Materie gezogenen
Lichter haben den Fehler, daß sie allzu brüchig sind, vielleicht ließe sich durch
irgend eine chemische Operation diesem Mangel abhelfen.» – Die beigefügte
Partie Tremella Nostoc hat sich in diesen Tagen häufig auf den Sandwegen

des Gartens gefunden [→ 12. 4.]. Goethe erbittet eine Analyse. – Brief an *Sulpiz Boisserée:* Goethe berichtet, daß *«Freund Soret»* [bei der Übersendung der METAMORPHOSE] EIN PAAR HAUPTSTELLEN in seinem Deutsch nicht verstehen konnte, so daß er sie in sein Französisch übersetzte. *Soret* «übertrug sie in das seinige, und so glaub ich fest, sie werden in jener Sprache allgemeiner verständig seyn, als vielleicht im Deutschen». – Bei der dem *Adressaten* «vielleicht übereilt vertrauten Confession» [→ 22. 3.] ist es Goethe «sehr ernst [...], aber, genau besehen, nach meiner eigenen Weise, die nicht einen jeden anmuthen möchte». – Mit dem BOTANISCHEN HEFT [DER ZWEISPRACHIGEN AUSGABE DER METAMORPHOSE] hebt sich «doch ganz eigentlich eine große Last» von Goethe, was man den 15 BOGEN nicht ansehen wird. Das WERK seit vergangenem Juni «durch alle Wechselfälle durchzuarbeiten und durchzuführen, war für mich kein Kleines». – «[...] An die *Frommannsche* Druckofficin [MANUSKRIPT DES 3. NACHTRAGS ZUR METAMORPHOSE, DRUCKVORLAGE (Begleitbrief)]. – Es war ein Brief von *Boisserée* angekommen. Gegen Mittag mit *Ottilien* in den untern Garten, über Oberweimar den neuen Weg zurück. Es war von den neu angekommenen *Engländern,* briefschaftlichen Meldungen und Büchersendungen die Rede. *Oberbaudirektor Coudray,* die Zeichnungen zu den neuen Zimmern des Schloßflügels vorweisend [→ 27. 1.], die verschiedenen dabey in Thätigkeit gesetzten Talente schildernd, auch zu meinen Zwecken Beyrath gebend. Mittag *Hofrat Vogel.* Bedeutende Unterhaltung über *Persönlichkeiten,* deren Einfluß auf die Geschäfte, Benutzung und Mißbrauch der Formen. *Oberbaudirektor Coudray* wußte die *Neureutherische* colorirte Zeichnung zu schätzen [→ 22. 4.]. Abend *Ottilie.* Fortgesetzte Lesung der Memoiren von *Constant* [→ 20. 4.]. *Wölfchen* kam aus dem Vampyr [Oper nach *Lord Byrons* Stück, bearbeitet von *Wohlbrück,* Musik von *H. Marschner*] ohne die mindeste Gemüthsbewegung mit ganz freyem Urtheil zurück. Einige Beschäftigung mit dem Wappenmodell der *Facius* [→ 19. 2.].» (Tgb)

Sonntag, 24. April. «*Wölfchen* setzte bey'm Frühstück die Relation des Stückes und seiner Ansichten fort.» (Tgb) – Brief an *Zelter:* «Zuvörderst muß ich versichern, daß mir die forgesetzten Nachrichten aus eurer dramatisch-musikalischen Welt zu großem Vergnügen gereichen und meine Einsamkeit wirklich, in höherem Sinne, sonor machen. Daß meine *Enkel* von Zeit zu Zeit mir etwas vorklimpern, muß mir wohlgefallen; ich gönne ihnen herzlich, daß sie auf eine nicht ungeschickt praktische Weise in die höchst gesellige Region der *Musikfreunde* so zeitig eingeführt werden.» – Das von *[Angelika] Facius* modellierte Wappen rückt an Goethes Absichten «schon [...] ganz nah heran». Er sendet es mit «einiger Modification» zurück [→ 23. 4.]. – *Zelters* jetzige Erklärung über die kleine Terz hat Goethe «völlig beruhigt» [→ 31. 3. (vgl. an Goethe, 14. 4.; Zelterbriefwechsel 3, 405)]. – Goethe erkundigt sich nach dem [nach Berlin gereisten] *Schweizer Theologen* [*Schmied;* → 17. 4.], der ihm «interessant [war] wegen seiner reinen Naivität». – «[...] Ich fing an das von *Walthern* zurückgelassene Büchlein: Das Buch der Mährchen [für Kindheit und Jugend..., 1819] von *[J. A. C.] Löhr* zu lesen und fand es in seiner Art beyfallswürdig, nur daß er durch sansculottische Partheylichkeit geschmacklose Seitenblicke gegen die *höhern Stände* sich erlaubt, wodurch die reine Unbefangenheit des Mährchens gestört und die höhere Maxime der Pädagogik, daß man *Kinder* sowie *Un- und Halbgebildete* nicht in der Ehrfurcht gegen *höhere Zustände* stören solle. Auch war die reine Unbefangenheit des *Mährchens,* welche dessen Hauptcharakter ist, unangenehm getrübt. Abends [. . .]*[Kanzler] v. Müller* [«Über unsre Museums-Feierlichkeiten zum 2. Mai (Eröffnung des Lesemuseums; → 15. 11. 30).» *(Kanzler v. Müller;* GG 6825)]. [. . .] der *Großherzog.* Später *Ottilie* von Hof kommend, erzählend und vorlesend.» (Tgb)

Montag, 25. April. AUFSATZ EPOCHEN GESELLIGER BILDUNG. − Brief an *Kanzler v. Müller:* Goethe sendet beikommenden flüchtigen AUFSATZ, veranlaßt durch die gestrige Unterhaltung. «Möge er Ihnen irgend Anlaß geben, um auf eine oder die andere Weise Gebrauch davon zu machen.» − Goethe könnte sich ein Gedicht oder eine Rede [zur Eröffnungsfeier des Lesemuseums] danach vorstellen. − «[. . .] Spazieren gefahren bey unangenehmen und Regenwetter. Mittag *Dr. Eckermann.* Die vorläufige Redaction der NATURWISSENSCHAFTLICHEN HEFTE betreffend. Diese Angelegenheit wurde vielfach aufmunternd durchgesprochen. Nach Tische *Oberbaudirektor Coudray.* Über das heute früh dem *Leseverein* communicirte PROMEMORIA. *Hofrat Meyer;* seltene Zufriedenheit desselben mit dem Porträt des *Grafen Santi* [von *Schmeller*]. Gespräch über *Herrn Hirts* Reise nach Dresden [→ 17. 5. 30].» (Tgb)

Dienstag, 26. April. «[. . .] *Hofrat Vogel,* einige Verabredung wegen seiner morgenden Expedition nach Jena. Um 12 Uhr mit *Dr. Eckermann* spazieren gefahren, derselbe bey Tisch. CHROMATICA besprochen [für die Redaktion der NATURWISSENSCHAFTLICHEN ARBEITEN für die NACHLAßBÄNDE; in diesem Zusammenhang stehen auch die mit *Eckermann* durchgeführten praktischen Versuche (vgl. Hagen, zu 1966]. Auch den Apparat im kleinen Zimmer gemustert. Nach dem *Färberischen* Catalog revidirt. Das Schwungrad versucht und vorgewiesen. Farbige Dorle [Kreisel] verabredet. [. . .] *[Kanzler] v. Müller* nach Leipzig gehend. Abend *Prof. Riemer,* den BOGEN 13 durchgegangen [→ 12. 4.]. Später *Ottilie.*» (Tgb)

Mittwoch, 27. April. «Einiges Oberaufsichtliche. Ich las *Constants* Napoleon 2. Band [→ 23. 4.]. Mit *Eckermann* zu Tische, welcher die bunten Dorle brachte. Ferneres Chromatische. Mit *Wölfchen* spazieren gefahren über Oberweimar. *Herr v. Conta,* Münchner Porträte bringend, von daher erzählend, *Gruithuisen* und andern, eines Studienplanes erwähnend von . . . Später *Ottilie.* Ich hatte den 2. Theil von *Constant* durchgelesen.» (Tgb)

Donnerstag, 28. April. «*Herr v. Conta* communicirte gedachten Studienplan. Ich fing an ihn zu lesen. *Hofrat Vogel* berichtete von seiner gestrigen Expedition in Jena. Um 11 Uhr *Frau Generalin Vavasour* und *Tochter, Herr Major Blanchard* und *Gemahlin.* Um 12 Uhr *Ihro Kaiserliche Hoheit [Maria Paulowna]* und *Mademoiselle Mazelet.* Bedeutende Unterhaltung [über die gegenwärtige sittlich-moralische Situation, den *dritten Stand* in Deutschland und die Folgen der politischen Erschütterungen in Frankreich (vgl. *Maria Paulowna:* Tagebuch; GG 6826)]. Blieben bis gegen 2 Uhr. Mittag *Dr. Eckermann.* Verabredung wegen der Mischung des Hell und Dunkel der Farben durch Dorle. *Oberbaudirektor Coudray.* Abends *Ottilie.* Einiges aus den *Branischen* Miscellen. [. . .]» (Tgb)

Freitag, 29. April. «Oberaufsichtliches. *Hofrat Vogel* referirte noch über

einige Puncte seiner Expedition. Die Mineralien aus der Auvergne ausgepackt. Um 12 Uhr spazieren gefahren mit *Ottilien*. Mittag dieselbe. *Fräulein
Ulrike [v. Pogwisch]* und *Dr. Eckermann. Herr Hofrat Meyer.* Sodann *Prof. Riemer. Serenissimus.* Ich las den in den Münchner Heften vorgeschlagenen Studienplan.» (Tgb)

Samstag, 30. April «[...] EINIGES POETISCHE [Beginn der letzten großen
Arbeitsphase an FAUST II; → 9. 4. – «... in widerwärtigen Situationen, anstatt
mich abzumüden, nahm ich den Abschluß des DR. FAUSTUS vor. Ich durfte
nicht hinter mir selbst bleiben und mußte also über mich selbst hinausgehen
und mich in einen Zustand versetzen und erhalten, wo der Tag mit seinen Sei-
ten mir ganz niederträchtig erschien.» (an *Sulpiz Boisserée*, 27. 9.)]. *Herr Generalmajor von Lützow.* Um 12 Uhr spazieren gefahren. Zu Tisch *Hofrat Vogel.*
Jenaische und Weimarische Zustände. Neapolitanische Malereyen. Nähere
Betrachtung der Mineralien aus der Auvergne. *Oberbaudirektor Coudray.*
Schreiben des *Herrn Staatsministers v. Fritsch*, in Sachen *Rochlitz* [→ 22. 4.].
Ließ ich die *Prellerischen* Landschaften aus dem Museum holen. Abends *Ottilie.*
Fortsetzung des Diariums einer *französischen Dame* [in *Constants* Memoiren;
→ 27. 4.].» (Tgb)

Ab Samstag, 30. April. «... indeß ich ganz in's innere Klostergarten-
Leben beschränkt bin, um [...] den ZWEITEN TEIL MEINES FAUST zu vollenden. Es ist keine Kleinigkeit, das, was man im zwanzigsten Jahre concipirt hat,
im 82. außer sich darzustellen und ein solches inneres lebendiges Knochenge-
ripp mit Sehnen, Fleisch und Oberhaut zu bekleiden, auch wohl dem fertig
Hingestellten noch einige Mantelfalten umzuschlagen, damit alles zusammen
ein offenbares Räthsel bleibe, die *Menschen* fort und fort ergetze und ihnen zu
schaffen mache.» (an *Zelter;* 1. 6.)

Vermutlich Frühjahr. «Ich *[Henriette v. Beaulieu-Marconnay]* schreibe mein
Leben und habe schon drei Hefte vollendet [...]. Ich hatte diesen Winter
schon ein Heft in Weimar geschrieben und es dem *Kanzler [v. Müller]* mitgeteilt, der dann, nach beliebter Manier, es auch Goethen lesen ließ. Das eigenhändige Billett, welches letzterer dem zurückgehenden Heft beifügte [nicht
überliefert], hat mir der *Verräter* überliefert, und es mag als Sanktion bei dem
Werk bleiben. Goethe nennt dieses ein unschätzbares Manuskript [...].» (an
ihre Tochter Julie, 23. 9.; GG 6906) – «Goethe ist freundlich gegen sie *[Luise
Seidler]*, aber ohne sie aufzumuntern, wie er sich überhaupt mehr und mehr
von der Kunst und von dem Leben zurückzieht.» (Wilhelmine Günther an
Amalie Thiersch, 19. April; GG 6822)

Sonntag, 1. Mai. «EINIGES POETISCHE [→ 30. 4.]. *[Diener] Friedrich* überreichte die Monatsrechnungen. *[Rinaldo] Vulpius* berichtete [...] wegen der
Differenzien meiner *Frau Tochter* mit der Regierung [→ 17. 4.]. Die REVISION
DES 14. BOGENS DER METAMORPHOSE durchgesehen und abgeschickt. In den
untern Garten gefahren. EINIGES POETISCHE [ANFANG DES 5. AKTS VON
FAUST II; → 9. 4.]. *Ottilie* holte mich ab. Wir fuhren zurück. Sie speiste mit
mir und *Eckermann* [«... nach Tisch zeigte ich Goethen die Experimente (mit
farbigen Dorlen; → 27. 4.), der sich freute, daß ich alles so gut herausgebracht
hatte, und mir seinen entschiedenen Beifall gab. Er sagte, es würde dies ein
neues Kapitel in der FARBENLEHRE bilden, das wir weiter bereden wollten.»

(*Eckermann:* Tagebuch; GG 6827)]. Um 4 Uhr mit ihr und *Wolf* nach Belvedere. Einige Botanica mit dem *jüngern Sckell.* Besahen auch den Aurikelflor. Wunderbarer Eigensinn der beyden entgegengesetzten Abtheilungen, der Luycker und englischen Sorten. Gewundene Bäume. Zurück mit *Hofrat Meyer.* Betrachtung über die *Prellerischen* Landschaften. Sonstige Kunst- und Tagesverhältnisse. *Serenissimus,* über seinen letzten Aufenthalt in Jena. Einiges vorgearbeitet und bedacht. [...].» (Tgb)

Montag, 2. Mai. «POETISCHES. BEDEUTENDES MUNDUM durch *John.* *Demoiselle Vilter,* ein Packetchen vom Rheine überbringend. Anstalt die *Prellerischen* Bilder [nach Dresden] fortzuschicken. Überlegung eines lakonischen, nicht desobligeanten Schreibens an *Herrn v. Quandt.* Das HAUPTGESCHÄFT durch alles dieses nicht unterbrochen. Mittags *Dr. Eckermann* und *Wölfchen* [«Goethe erfreute mich mit der Nachricht, daß es ihm in diesen Tagen gelungen, den bisher fehlenden ANFANG DES FÜNFTEN AKTES VON FAUST so gut wie fertig zu machen. – ‹Die Intention auch DIESER SZENEN›, sagte er, ‹ist über dreißig Jahre alt; sie war von solcher Bedeutung, daß ich daran das Interesse nicht verloren, allein so schwer auszuführen, daß ich mich davor fürchtete. Ich bin nun durch manche Künste wieder in Zug gekommen, und wenn das Glück gut ist, so schreibe ich jetzt den VIERTEN AKT hintereinander weg.› – Bei Tisch sprach Goethe mit mir über *Börne.* ‹Es ist ein Talent›, sagte er, ‹dem der Parteihaß als Alliance dient, und das ohne ihn keine Wirkung getan haben würde...›» (Eckermann)]. Nach Tische die Dorl-Versuche wiederholt und besprochen [→ I. 5.]. [...] Abends *Ottilie.* Die Lebensgeschichte der französischen Dame in den Memoiren von *Constant* [→ 30. 4.].» (Tgb)

Dienstag, 3. Mai. «POETISCHES FORTGESETZT. Einiges Geschäftliche. *Hofrat Vogel* mit guten Aspecten. Um 12 Uhr mit *Ottilien* um's Webicht. Merkwürdige und liebenswürdige Neigungen in ihrer Dauer und Folgen. Mittag speiste *Ottilie* mit mir. Auf dem Schießhaus war große Vereinstafel [Festessen anläßlich der Eröffnung des Lesemuseums; → 25. 4.]. Ich fuhr fort das BISHERIGE POETISCHE durchzusehen und zurückzurücken. Abends in den Memoiren von *Constant.* Poesien von denen *Brüdern* [*Heinrich* und *Peter*] *van Emster;* schwer zu definiren, was ursprüngliches Talent sey. Die ganze Behandlung nicht zu tadeln, Einzelnes wirklich lobenswerth, im Ganzen keine eigentliche Facilität; es sieht immer aus wie ein Errungenes, doch ist Ernst und treuer Wille nicht zu verkennen.» (Tgb)

Mittwoch, 4. Mai. «Brief von *Wackenroder* mit chemischer Sendung. ABSCHLUß DER 5. ABTEILUNG. BEGINN DER VIERTEN [gemeint sind 5. und 4. AKT DES FAUST II]. 13. AUSHÄNGEBOGEN [DER METAMORPHOSE]. Mittag [...] *[Kanzler] v. Müller;* die bißherigen Ereignisse und Vorkommenheiten durchgesprochen [«...bei Goethe, der sehr munter war. Ärger über seine egoistische Apathie puncto *Rochlitzens* Wunsche (→ 22. 4.), und über *Ottiliens* Erbteilungs-Protestationen («gegen den Änderungsvorschlg der Regierung erhob *Ottilie* am 17. 5. 1831 schriftlich Einspruch und bewirkte so eine nochmalige Änderung der Nachlaßaufteilung, wonach ihr nunmehr die Übernahme von *Augusts* Schulden zugesprochen wurde»; → I. 5.; Grumach, 370). Luftpumpen-Experimente.» (*Müller;* GG 6829)]. *Hofrat Meyer.* Tages- und Kunstangelegenheiten. Ich überlegte mir *Herrn Kestners* Brief aus Rom.

Abends *Ottilie*. Die Memoiren von *Constant*. Die Pariser Medaillons wurden eingeräumt [→ 20. 4.]. *Herr Jacobi der Jüngere [Georg Arnold?].*» (Tgb)

Donnerstag, 5. Mai. «EINIGES AN DER 5. ABTEILUNG AJUSTIRT UND DER ÜBEREINSTIMMUNG NÄHER GEBRACHT. SPIRALITÄT DES STIELES TARAXACON. [...] *Um 12 Uhr Ihro Kaiserliche Hoheit [Maria Paulowna] bis halb Zwey. Mittags Herr Rothe.* Unterredung über sein Werk [«Dogmatik»], dogmatische Beweisstellen enthaltend, auch über die Fähigkeiten und Studien der *Kinder*. Section der vom *Kondukteur Sckell* eingesendeten Pisangstämme. Merkwürdige Spiralität. Deßgleichen die Stengel des Leontodon gespalten. Das Kräuseln derselben mehr bemerkt. *Serenissimus.* Einiges vorbereitet. [...].» (Tgb)

Freitag, 6. Mai. «DIE 5. ABTEILUNG REVIDIRT UND MANCHES AUSGEGLICHEN. DIE 4. BEACHTET. *John mundirte Bericht und Communicat wegen der Veterinärschule.*» (Tgb) – Brief an *v. Quandt* [→ 2. 5.]: Goethe kündigt die Sendung zweier Landschaften von *Preller* an [→ 2. 5.] und empfiehlt ein Bild [«Poesie und Kunst» nach einer Aufgabenstellung Goethes] von *Luise Seidler*, auf das die *Künstlerin* «viel Fleiß und ihr ganzes Talent» gewendet hat. Dieses Bild wird nachgereicht. – «*[Eduard] Stegmann, ordinirter Prediger* in Nienhagen bey Halberstadt, reist, um sich zu seiner Bestimmung vorzubereiten, nach dem Wuppertale. Ohe! Mittag *Dr. Eckermann.* Ereignisse der vergangenen Tage. Einweihung des [Lese-]Museums den 2. May, Gastmahl den 3. ejd., Gedichte und Rede mitgetheilt [→ 25. 4.]. *Herr v. Müller* [«... bei Goethe, den ich heftig wegen *Rochlitz* bestürmte, aber vergeblich ... (→ 4. 5.).» (*Kanzler v. Müller; GG* 6830)] [...]. *Ottilie* speiste bey demselben mit *Graf Reinhard* und *Gemahlin.* Dieselbigen und sonstige *Freunde* waren Abends bey uns zum Thee. [...].» (Tgb)

Samstag, 7. Mai. «POETISCHES FORTGESETZT. Einiges Oberaufsichtliche. *John besorgte einiges bey Hofrat Vogel.*» (Tgb) – Brief an *Neureuther*: Goethe gesteht, daß dessen Illustration [der PARABEL; → 21. 4.] alle seine Erwartungen überbietet. – Wenn er einem *Künstler* eine Aufgabe stellt, so versucht er, sie sich in dessen Geist und Sinn aufzulösen. Nun hat er diesmal, «wie nicht oft, das Vergnügen gehabt, zu sehen: wie das eigentliche *Genie* dasjenige überflügelt, was der Dilettant mit dem besten Willen in seiner Verständigkeit auszudenken weiß». – «*Graf Reinhard* mit *Kanzler v. Müller.* Gespräch über die Dresdner Verhältnisse und Ereignisse [«... Goethe, der sehr munter, witzig, ironisch und humoristisch war. Lob unsres Museums-Heftes («Zur Einweihungsfeier des Museums zu Weimar am zweiten und dritten Mai 1831»). Urteil über die Anschließung ans preußische Zollsystem [→ 21. 12. 29].» (*Kanzler v. Müller; GG* 6831)] [...]. Mittag *Hofrat Vogel,* Geschäftsverhältnisse, wissenschaftliche Angelegenheiten und andere. Gegen Abend *Gräfin Reinhard, Vavasour* und *Ottilie.* Später der *Herr Graf* und *Kanzler v. Müller.* Ersterer erzählte von Charakteren aus seinem diplomatischen Lebenslaufe [vgl. *Kanzler v. Müller; GG* 6831]. [...].» (Tgb)

Sonntag, 8. Mai, oder etwas früher. Goethe spricht mit *Soret* über die Herausgabe seiner NATURWISSENSCHAFTLICHEN SCHRIFTEN und der UNVERÖFFENTLICHTEN POETISCHEN WERKE. «Goethe espère avoir achevé dans deux ou trois ans, si Dieu lui prête vie. Sinon, *Eckermann* continuera tout seul l'OUVRAGE.» (*Soret; GG* 6832)

Sonntag, 8. Mai. «[...] *Hofrat Vogel,* die laufenden Geschäfte besprechend,

Concepte bringend, welche, von *John* abgeschrieben, expedirt wurden [...].
[Rinaldo] Vulpius seine Rechnungsangelegenheiten auch einmal in der Nähe
betrachtend. Ich übergab ihm das Frankfurter Loos zur Frankfurter Lotterie.
John besorgte das Einheften und weitere Ordnen des oberaufsichtlichen
Geschäftes. Mittags *Dr. Weller* und *Eckermann.* Mit ersterem die Jenaischen
Geschäfte und andere Verhältnisse durchgesprochen. *Geh. Rat [Leo] v. Klenze*
[*Baumeister;* geb. 1784] aus München und *Kanzler v. Müller,* welche schon vor
Tische dagewesen waren. Ersterer nahm Abschied. *Hofrat Meyer.*» (Tgb)
   Montag, 9. Mai. «[...] Ich las die Memoiren von *Constant* hinaus [→ 4. 5.].
Mittag *Graf* und *Gräfin Reinhard, Fräulein Ulrike [v. Pogwisch]* und [...] *[Kanz-
ler] v. Müller* [«...sehr munter bei Goethe gespeist. Er wurde mit *Minnchen
Münchhausen* geplagt. ‹Seht, so paßt eine Frau der andern auf den Dienst.›
Camera obscura nach Tische, *Ulrike* und *Virginie (Reinhard)* mit tollem
Gelächter zugleich unterm schwarzen Mantel.» (*Müller; GG* 6833)]. Bedeu-
tende Unterhaltung über Öffentliches sowohl als Besonderes. Abends für
mich. Verfolgte die Betrachtung über die Structur des Pisang [Banane],
wodurch mir manches Allgemeine aufging. Abends Erwartung des *Grafen,*
welcher ausblieb.» (Tgb)
   Vielleicht Samstag, 7. / Montag, 9. Mai. «*Reinhard,* von dem ich eben
komme ... grüßt Sie als den, von welchem ihm Goethe sagte, es habe niemand
unter den *jetzt Lebenden* ihn besser verstanden.» (*Böttiger* an *Rochlitz,* 29. 3. 32;
GG 6834)
   Dienstag, 10. Mai. «*Hofrat Vogel* das Concept eines Berichts bringend.
Sonstige Verabredungen. Schreiben von *Willemers.* Um 12 Uhr *Herr v. Holtei*
und *Frau* [Warnungsstimmen hatten *Holtei* in Weimar zugeflüstert, er möge
Goethe gegenüber nicht von *Sohn August* sprechen, «das sei streng ver-
pönt ... Eine so feige Nachgiebigkeit wäre mir unmöglich gewesen, und um
es kurz zu machen, fing ich, gleich nach meinem Eintritt, gerade mit dem ver-
botenen Gespräche an. Er aber ging *nicht* darauf ein. Er versuchte von andern
Dingen zu reden, und auch das gelang uns nicht. Ich empfand, daß ich (als
Freund des Sohnes) jetzt, neben dem Vater sitzend, nur des *Sohnes* gedenken
könne, und er zeigte deutlich genug, daß meine Gedanken ihm klar wären.
Es kam keine Konversation zustande. Nach zehn Minuten empfahl ich mich,
und er entließ mich: ‹Auf Wiedersehen!› Aber ich sah ihn nicht wieder. Wir
wurden zur Tafel geladen, stellten uns ein, und − Goethe speisete auf *seinem
Zimmer.* Er wollte den *Menschen* vermeiden, der es nicht über sich gewinnen
konnte, ihn zu schonen.» (*Holtei:* Vierzig Jahre, 1845; *GG* 6835)]. Sodann *Herr
v. Wegner der Jüngere,* bißher in Königsberg angestellt, zum 3. Examen nach
Berlin reisend. Mittag *Dr. Eckermann.* Beschäftigung mit der Section des
Pisangs [→ 9. 5.]. Des *Herrn Staatsministers v. Fritsch* für *Herrn Rochlitz* günstiges Handschreiben [→ 4. 5.]. *Prof. Riemer.* Wir gingen ZELTERISCHE BRIEFE
VON 1827 durch. − Bericht an *Serenissimum* wegen des Mineralogischen Cabinets. *Herrn Hofrat Rochlitz* [nichts überliefert] [...].» (Tgb)
   Mittwoch, 11. Mai. Brief an *Staatsminister v. Fritsch:* Goethe dankt für dessen «geneigte Vermittlung» [des *Rochlitzschen* Gesuchs; → 10. 5.]. − «Wenn
auch eine so gewünschte Zierde einen jeden nach außen erhöht, so ist doch
hier der Fall daß das Innerste eines würdigen *Mannes* dadurch gerettet und

sein vieljähriger Zustand aufs Neue befestigt worden.» – «[. . .] EINIGES POE-
TISCHE. Sonstige Umsicht, *Herr [Kanzler] v. Müller* theilte einen Brief von
Rochlitz mit. Die Ankunft der LETZTEN LIEFERUNG MEINER WERKE IN OCTAV
angekündigt. [. . .] Mit *Ottilien* [. . .] in den untern Garten. [. . .] *[Kanzler] v.
Müller* kam hinab. Es war die Rede von meiner neuen *polnischen Nachbarin
[Kathinka v. Tscheffkin, geborene Gräfin Tomatis?].* Wir fuhren zusammen herauf. Besprachen sodann die *Rochlitzische* Angelegenheit. Auch sein allenfallsi-
ges Hierherkommen [*Rochlitz* plant, am Hof musikalisch-historische Vorträge
zu halten]. Mittag *Dr. Eckermann.* [. . .] die NÄCHSTEN LITERARISCHEN INTER-
ESSEN [besprochen], auch von *Personen,* welche vielleicht gründlichern
Antheil nehmen. *Serenissimus.* Dank für die Gnade, womit *Rochlitz* angesehen
worden. Ich durchsah einen Theil der Gebirgsarten aus der Auvergne [→ 30.
4.], setzte meine Betrachtungen über den Pisang fort. Auch sonstige Botanica.
Später *Ottilie,* über die Vorfälle des Tags. Das Interesse der *Einheimischen* und
Fremden.» (Tgb)

Donnerstag, 12. Mai. «Disposition der MANUSCRIPTE und Acten in den
Schatullen. EINIGES POETISCHE. Mit *Hofrat Vogel* im Garten verschiedenes
Botanische besichtigt und aufgeklärt. *John* berichtigte die Haushaltungstabelle
der Hauswirthschaft. Um 12 Uhr *Ihro Kaiserliche Hoheit [Maria Paulowna]* und
Mademoiselle Mazelet. Mittags mit *Ottilien.* Nach Tische mit den längst ein-
gekommenen Mineralien beschäftigt. Um 6 Uhr [. . .] der *Großherzog.*» (Tgb)

Freitag, 13. Mai. «*Konsistorialrat Schwabe,* nach dem Rheine reisend, gegen
11 Uhr. [. . .] Kam ein aufklärendes Schreiben von Freiberg an. Mit den Mineralien beschäftigt. Um 12 Uhr mit *Ottilien* in den Süßenborner Kiesbruch, wo
vor einiger Zeit die Elephantenbackzähne und andere Knochen gefunden
wurden. Mittag *Hofrat Meyer.* Alle Verhältnisse und Angelegenheiten durchgesprochen. Ich gab ihm die Gedichte von *Julius Treutler* mit. Fing an die Correspondenz des *John Sinclair [englischer Ökonom* und *Politiker;* geb. 1754] zu
lesen. Ging die Autographa dieser Bände durch. Später *Ottilie.* Sie hatte von
Vavasours Abschied genommen. Für die *Miß* hatte ich durch *Ulriken [v. Pog-
wisch]* gegen Abend einige Andenken überliefert.» (Tgb)

Samstag, 14. Mai. «Früh POETISCHES. *Wölfchen* setzte sich zu mir und
arbeitete gar artig und fleißig. *Herr Staatsminister v. Fritsch,* anfragend in der
Rochlitzischen Angelegenheit [→ 11. 5.]. Die Freiberger Mineralien weiter ausgepackt und betrachtet. [. . .] Mittag *Dr. Hofrat Vogel.* Verdrießlich wegen Ses-
sions-Unannehmlichkeiten. Ich trug ihm einige Botanica vor. Gelesen und
vorbereitet.» (Tgb)

Sonntag, 15. Mai. Vertrag mit *Eckermann* [→ 22. 1.]: «Zu nächster Ausgabe
eines NACHTRAGS ZU MEINEN WERKEN liegen bereit oder werden redigirt,
ajustiert zu diesem Zwecke: NEUERE GEDICHTE. FAUST. ZWEITER TEIL:
Abschluß des ERSTEN AKTS. ZWEITER AKT, einschließlich der KLASSISCHEN
WALPURGISNACHT, *Helena,* bildet den DRITTEN AKT. Der VIERTE AKT ist
erfunden und schematisiert und erwartet eine glückliche Ausführung. Am
FÜNFTEN AKT fehlt etwa der Anfang, der Schluß des Ganzen aber ist vollendet.
GOTTFRIED VON BERLICHINGEN, erstes Manuskript. GÖTZ VON BERLICHIN-
GEN, für die Bühne bearbeitet. AUS MEINEM LEBEN. VIERTER BAND. SCHWEI-
ZERREISE VON 1797. KLEINE ÄLTERE SCHRIFTEN. KLEINE NEUERE SCHRIFTEN.

EINZELNES MIT EINGESCHLOSSEN.» – Die NATURWISSENSCHAFTLICHEN
SCHRIFTEN [→ 25. 4.] sollten wie folgt verteilt werden: «Erster Band [:] DIE
FARBENLEHRE. THEORETISCHER TEIL. – Zweiter Band [:] DIE FARBENLEHRE.
HISTORISCHER TEIL. – Dritter Band [:] MORPHOLOGIE, ALLES AUF DIE PFLAN-
ZEN- UND KNOCHENLEHRE BEZÜGLICHE enthaltend. – Vierter und fünfter
Band [:] MINERALOGIE, METEOROLOGIE, NATUR IM ALLGEMEINEN, EINZEL-
NES UND ÜBERHAUPT ALLES, WAS SICH VON PAPIEREN FÄNDE, DIE IN DIE DREI
ERSTEN BÄNDE NICHT EINGEHEN.» – *Eckermann* hat Goethe «seit verschiede-
nen Jahren bei der Bearbeitung vorstehender WERKE treulich beigestanden»
und kann darüber Auskunft geben, inwiefern sie als abgeschlossen oder unvollendet anzusehen sind. – Die Verhandlungen mit dem *Verleger* werden den *Vormündern der Enkel,* der *Obervormundschaftlichen Behörde* und besonders *Kanzler
v. Müller* übergeben. *Eckermann* wird mit der Aufteilung und Anordnung der
BÄNDE beauftragt und liefert gegebenenfalls ein gereinigtes MANUSKRIPT. –
Dafür erhält er 5 % des Erlöses [→ 8. 5. oder etwas früher]. – Brief an *Frommann
d. J.:* Goethe bittet ihn, einen Abdruck des 15. BOGENS [DER METAMORPHOSE]
herüberzusenden. Obgleich das GANZE abgeschlossen ist [→ 1. 5.], möchte er
noch einen ABSATZ hinzufügen, wofür er gern den ABDRUCK vor Augen hätte.
– «Daß die unglückliche Nr. 36 [des «Thüringer Volksfreundes»], die uns hier
soviel Verdruß gemacht hat, auch für Sie bey Ihrer Rückkehr nicht ohne unangenehme Folgen geblieben, ersehe aus der 39. Schon längst fühlte ich mich verpflichtet, aus alter Anhänglichkeit an Ihr werthes Haus über diese Sache ernstlich mit Ihnen zu sprechen und mache mir Vorwürfe, nicht früher meine
wohlgemeynten Bedenklichkeiten geäußert zu haben. Ich behalte mir vor, bey
nächster Zusammenkunft es zu thun [Nr. 36 hatte einen anonymen, gegen
Mißhandlungen durch *Offiziere* gerichteten Aufsatz «Rekrutendressur»
gebracht, durch den sich der *Adressat* in Nr. 39 zu der Erklärung veranlaßt sah,
er habe wegen Abwesenheit Nr. 36 nicht redigiert] [...].» – «[...] *John Sinclair*
Correspondence [→ 13. 5.]. *Herr Humann* aus Brüssel. Merkwürdiges Gespräch
über die belgischen Angelegenheiten und die allgemeine politische Stellung der
Welt. *Herr Präsident Weyland* mit *seinem Sohn* [*Gustav Theodor;* geb. 1806], welcher als *Arzt* und *Chirurg* nach Paris geht. *Herr A. Feye, Adjunct* bey der lateinischen Schule zu Arendal [Stadt in Norwegen], gab mir erfreuliche Notizen
über die *norwegischen Bergbeamten, Freunde der Mineralogie und Geognosie.* Mittag
Dr. Eckermann, unser LITERARISCHES GESCHÄFT durchsprechend [«Wenn
einer, wie ich, über die achtzig hinaus ist›, sagte er, ‹hat er kaum noch ein Recht
zu leben; er muß jeden Tag darauf gefaßt sein, abgerufen zu werden, und daran
denken, sein Haus zu bestellen. Ich habe, wie ich Ihnen schon neulich eröffnete, Sie in meinem TESTAMENT zum *Herausgeber* MEINES LITERARISCHEN
NACHLASSES ernannt und habe diesen Morgen, als eine Art von *Kontrakt,* eine
KLEINE SCHRIFT aufgesetzt, die Sie mit mir unterzeichnen sollen.› – Mit diesen
Worten legte Goethe mir den AUFSATZ vor... – Das benannte MATERIAL, mit
dessen Redaktion ich mich bisher schon von Zeit zu Zeit beschäftigt hatte,
schätzte ich zu etwa fünfzehn Bänden; wir besprachen darauf einzelne noch
nicht ganz entschiedene Punkte. – ‹Es könnte der Fall eintreten›, sagte Goethe,
‹daß der *Verleger* über eine gewisse Bogenzahl hinauszugehen Bedenken trüge,
und daß demnach von dem mitteilbaren MATERIAL verschiedenes zurückblei-

ben müßte. In diesem Fall könnten Sie etwa den POLEMISCHEN TEIL DER FAR-
BENLEHRE weglassen. Meine eigentliche Lehre ist in dem THEORETISCHEN
TEILE enthalten, und da nun auch schon der HISTORISCHE vielfach polemischer
Art ist, so daß die Hauptirrtümer der *Newtonischen* Lehre darin zur Sprache
kommen, so wäre des Polemischen damit fast genug. Ich desavouiere meine
etwas scharfe Zergliederung der *Newtonischen* Sätze zwar keineswegs...; allein
im Grunde ist alles polemische Wirken gegen meine eigentliche Natur...› –
Ein zweiter Punkt, der von uns näher besprochen wurde, waren die MAXIMEN
UND REFLEXIONEN, die am Ende des ZWEITEN UND DRITTEN TEILES DER
WANDERJAHRE abgedruckt stehen... – Goethe lachte dazu. ‹Es ist nun einmal
geschehen›, sagte er heute, ‹und es bleibt jetzt weiter nichts, als daß Sie bei Herausgabe MEINES NACHLASSES diese EINZELNEN SACHEN dahin stellen, wohin
sie gehören; damit sie, bei einem abermaligen Abdruck MEINER WERKE, schon
an ihrem Orte verteilt stehen, und die WANDERJAHRE sodann, ohne die EIN-
ZELNHEITEN und die BEIDEN GEDICHTE, in ZWEI BÄNDEN zusammenrücken
mögen, wie anfänglich die Intention war (→ 1. 3. 29).› – Wir wurden einig,
daß ich alle AUF KUNST BEZÜGLICHEN APHORISMEN in einen BAND ÜBER
KUNSTGEGENSTÄNDE, alle AUF DIE NATUR BEZÜGLICHEN in einen BAND ÜBER
NATURWISSENSCHAFTEN im allgemeinen, sowie ALLES ETHISCHE UND LITE-
RARISCHE in einen gleichfalls passenden BAND dereinst zu verteilen habe.»
(Eckermann)]. Mineralogisches. [...] Botanisches. Abends *Serenissimus*. Spä-
terhin absichtliche Lectüre.» (Tgb)
    Montag, 16. Mai. Billett an die *Schauspieler Lortzing, Seidel* und *Genast:*
Goethe bittet die *Adressaten*, sich von *Schmeller* porträtieren zu lassen. – «[...]
Communicat an die Oberbaubehörde. [...] *Hofrat Vogel* erwies sich im
Geschäft immerfort thätig. Um 12 Uhr spazieren gefahren in den untern Gar-
ten mit *Ottilien.* Mittag *Dr. Eckermann.* Unterschrift unsrer Übereinkunft
wegen KÜNFTIGER HERAUSGABE DES NACHTRAGS ZU MEINEN WERKEN. Weitere Beobachtungen der Pisangpflanze [→ 11. 5.]. Die Freiberger Mineralien
näher beherzigt. Gegen Abend *Hofrat Meyer*, der mir seine Recension über die
Hirtischen Reisebetrachtungen [«Hirts Kunstbemerkungen auf einer Reise über
Wittenberg und Meißen nach Dresden und Prag»; → 25. 4.] vorlas. Später
Ottilie. Sie fing das Werk über die Nordsee zu lesen an.» (Tgb)
    Dienstag, 17. Mai. «POETISCHE VORARBEITEN. Ingleichen Oberaufsicht-
liches. *Hofrat Vogel.* In diesen Angelegenheiten. Anderes collegialische
Unannehmliche betreffend. Der junge *Maler Preller* zeigte sich [aus Italien
zurückgekehrt]. Kranken Ansehens, durch den widerwärtigen Schnurrbart
[mit dem *Preller* seine Pockennarben zu verdecken sucht] noch unglücklicher
aussehend. Leider deutet mir so fratzenhaftes Äußere auf eine innere Ver-
worrenheit. Wer sich in einer solchen unnützen Maskerade gefällt und sich
zu den hergebrachten Formen nicht bequemen mag, der hat sonst was
Schiefes im Kopfe; den Bayern mag's verziehen seyn, dort ist's eine Art von
Hofuniform [«Der *Heimgekehrte (Preller)* fand den freundlichsten Empfang
(bei Goethe; vgl. auch GG 6853). Daß ihm gegenüber dabei von dem jetzt
Zweiundachtzigjährigen nicht die Rede auf seinen in Italien *verstorbenen*
Sohn gebracht wurde, wird niemand wundern ... – Ein stillschweigender
Verkehr über *August* sollte zwischen ihnen aber doch noch stattfinden. Als

Preller ihm erzählte, daß er in seine Skizzenbücher die Porträts *aller seiner Bekannten* in Rom gezeichnet habe, bat Goethe sich dieselben aus, um sie für sich zu durchblättern. *Preller* verstand, daß er nach den Zügen *seines Sohnes* suchen wollte, welche sich in der Tat darin befanden, und brachte ihm die Bücher.» (O. Roquette: Friedrich Preller, 1883; GG 6856)]. Ein *Amerikaner* [...] aus Portsmouth, angekündigt durch *Vavasours. Herr Soret.* Nachher *Herr [Karl Ludwig Bernhard v.] Arnswald [weimarischer Offizier,* später *Kommandant* der Wartburg], seine Miniaturzeichnung vorweisend. Spazieren gefahren mit *Ottilien* um's Webicht. Jahrmarktshändel, durch die hiesigen *Schuster* gegen die *Erfurter* begonnen. Trauriger Erfolg uralter bocksbeutelischer Herkömmlichkeiten bey ganz veränderten Umständen. Zu Tische *Dr. Eckermann.* Unterhaltung über UNSER GESCHÄFT. Abends *Prof. Riemer.* Später *Ottilie,* das nähere Detail der Jahrmarktshändel referirend.» (Tgb)

Einige Tage nach Dienstag, 17. Mai. «Als er *[Preller]* nach einigen Tagen wiederkam, reichte Goethe sie [die Skizzenbücher] ihm ‹still und ernst› zurück. Aber zu Hause angelangt und an bekannter Stelle nachschlagend, fand *Preller,* daß er recht gehabt, denn *Augusts* Porträt war nicht mehr da.» (O. Roquette: Friedrich Preller, 1883; GG 6856)

Mittwoch, 18. Mai. Brief an *Frommann d. J.:* Goethe bestellt 20 Freiexemplare [der METAMORPHOSE]. – Brief an *Kunsthändler Börner:* Goethe übersendet das Portefeuille mit Kupfern und Zeichnungen, einige wenige zurückbehaltend. – Briefe an *Riemer* und *Soret:* Goethe übermittelt den ABSCHLUß DER «MÜHSAMEN ARBEIT» [METAMORPHOSE] zur Revision. – «[...] Mittag *Dr. Eckermann.* Später *Hofrat Meyer.* Mit demselben die neu ausgewählten Kupfer und Zeichnungen besehen und besprochen. Später ·[...] *[Kanzler] v. Müller* [«...bei Goethe, der sehr munter. Von den Spukgeschichten in seinem Garten, die er selbst absichtlich ausgebreitet.» (*Müller;* GG 6837)]. Unangenehme Jahrmarktsereignisse, entsprungen aus herkömmlichem städtischen Schlendrian in bedenklichen Zeiten.» (Tgb)

Donnerstag, 19. Mai. Brief an *Riemer:* Goethe sendet die stark revidierte französische Übersetzung der LETZTEN BLÄTTER mit der Bitte um nochmalige Durchsicht. – «Sendung von Paris in Bezug auf die Streitigkeit von *St. Hilaire,* besonders aber ein kurzer Aufsatz des letzteren, MEINE NATURWISSENSCHAFTLICHEN STUDIEN betreffend [«Sur des écrits de Goethe lui donnant des droits au titre de savant naturaliste», in: «Annales des Sciences Naturelles», Februar 1831, S. 188–193].» (Tgb) – Brief an *Soret:* Goethe sendet ihm das [soeben eingegangene] Heft aus Paris und teilt mit, die noch übrig gebliebene letzte Seite [der METAMORPHOSE] für einen DIESBEZÜGLICHEN NACHTRAG [APPENDICE. ANNALES DES SCIENCES NATURELLES] nutzen zu wollen, um dessen Übersetzung er bittet. Aus Platzgründen soll er nur auf Französisch erscheinen. – «[...] *[Modelleur] Straube* mit dem Wachsmodell des *Zelterischen* Wappens [→ 24. 4.]. *Hofrat Vogel,* Jenaische Angelegenheit der *Mineralogischen Sozietät* bey Gelegenheit des Rescripts weiter durchgesprochen. Mittags *Herr Rothe, Wolf* und *Walther.* Um 6 Uhr Abends [...] der *Großherzog.* Befand mich nicht wohl [«Wir wissen, daß er (Goethe) ... infolge jenes Verlustes *(seines Sohnes)* krank wurde (→ 25. 11. 30 ff.), und daß er einen Rückfall erhielt, nachdem er den jungen *Maler*

(Preller) gesprochen (→ 17. 5.), in dessen Armen *sein Sohn* gestorben ist, ob er gleich mit demselben nicht ein Wort von *seinem Sohne,* sondern mit der größten Heiterkeit von der Kunst gesprochen hatte.» *(Conta* an?, etwa 1832; GG 6839)]. [...].» (Tgb)

Freitag, 20. Mai. «Wegen des Catarrhs der Tag ungenützt hingegangen. Abends *Prof. Riemer* die LETZTEN BLÄTTER DER METAMORPHOSE arrangirt [→ 18. 5.].» (Tgb)

Samstag, 21. Mai. «Unruhige Nacht.» (Tgb) – Brief an *Frommann d. J.:* Goethe sendet die LETZTEN BLÄTTER [DER METAMORPHOSE] und bittet «inständig» um einen nochmaligen Abdruck zur schließlichen Revision, da sich besonders bei dem Französischen manches zu bedenken findet. – Er bedauert, ihn bei seinem Hiersein nicht empfangen haben zu können; selbst das Diktieren ist ihm «wegen des heftigen Reizes zum Husten» untersagt [→ 15. 5.]. – «[...] erlauben Sie mir, bey nächster Zusammenkunft das Allgemeine zu sagen. Ein gründlich denkender *Redakteur* und *Staatsbürger* kann leicht einen jeden Aufsatz beurtheilen, wenn er fragt: ob dadurch Wohlwollen oder Mißwollen verbreitet werde. Das erste ist wünschenswerth, für jetzt und die Zukunft gültig, das andere, als verneinend, durchaus abzulehnen, weil es immer, wie es auch sey, allen reinen Fortschritt verhindert [→ 15. 5.].» – «[...] Die Umrisse von FAUST von Göttingen waren angekommen. Werk des *John Sinclair,* 1. Band, [Exposition de la] Doctrine de Saint-Simon [Hauptwerk der Schule des *Grafen,* verfaßt von *Armand Bazard* und *Barthélemy-Prosper Enfantin,* 1829 f.] zu lesen angefangen. Mittags mit *Hofrat Vogel* und *Ottilien.* Nach Tische [...] *[Kanzler] v. Müller* [«Ich traf Goethe zu Bett, er ließ sich nicht sprechen.» *(Müller;* GG 6840)]. Nachher allein.» (Tgb)

Pfingstsonntag, 22. Mai. «Brachte den Vormittag allein zu. Um 12 Uhr [...] *[Kanzler] v. Müller* [«... Goethe, der noch immer sehr unwohl. Ich referierte Politica, und er sprach viel über *Rochlitz.*» *(Müller;* GG 6841)]. Mittag mit *Dr. Eckermann.* Später allein. Die Zeit mit Lesen zugebracht.» (Tgb)

Pfingstmontag, 23. Mai. «Vormittag allein zugebracht. Mit *Ottilien* und *Dr. Eckermann* zu Mittag gespeist [vermutlich Gespräch über Goethes Anteil an «Wallensteins Lager» von *Schiller* (vgl. Eckermann, 25. 5.)]. Herr *Hofrat Meyer* und [...] *[Kanzler] v. Müller* [sowie *Ottilie*]. Letzterer blieb bis 8 Uhr [«... Goethe ... war ziemlich munter und sprach sehr schön über den Beginn einer neuen Weimarischen Periode.» *(Müller;* GG 6842) – Goethe «will, daß Sie *(Rochlitz)* so oft als möglich *tête à tête* bei ihm zu Mittag speisen sollen, da *größere Gesellschaft* ihn angreift. Ihr Couvert soll stets gelegt sein, ohne vorherige besondere Anmeldung, damit Sie in nichts geniert sein und die erst spät noch kommenden Hofeinladungen keine Störungen hervorbringen.» *(Müller* an Rochlitz, 24. 5.; GG 6843)].» (Tgb)

Dienstag, 24. Mai. «Bis 12 Uhr im Bett gelegen. Mittags allein gespeist. Mit Lesen beschäftigt.» (Tgb) – «Goethe schlimmer als gestern.» *(Kanzler v. Müller;* GG 6844)

Mittwoch, 25. Mai. «Unruhige Nacht. Gelesen. Besuchte mich *Ottilie.* Mittags allein. Nachmittags auch. Frühzeitig zu Bett.» (Tgb)

Donnerstag, 26. Mai. «Schlaflose Nacht. Den ganzen Vormittag still zugebracht. *Ottilie* mit *Alma. Ulrike [v. Pogwisch]* Abschied nehmend, nach Karls-

bad gehend. Mittags allein. Später gelesen.» (Tgb) – «Goethe ... immer un-
wohler.» (*Kanzler v. Müller;* GG 6845)

Freitag, 27. Mai. Brief an *Riemer:* Goethe sendet das LETZTE BLATT *Sorets*
Korrekturen des APPENDICE; → 19. 5. (Jensen, zu 2242)] nochmals zur
Durchsicht. – Brief an *Soret:* Goethe übermittelt einige Exemplare des Equi-
setum eburneum zu anmutiger Unterhaltung und meldet, daß er «zwar eine
gute Nacht gehabt, aber doch bey'm Erwachen [sich] [...] noch immer in die
katarrhalischen Unbilden befangen» fühlt. – «Einiges Oberaufsichtliche gelesen. *Herr Hofrat Rochlitz* war angekommen und hatte ein Portefeuille zum
Ansehn gebracht und gesendet [→ 23. 5.]. Mittag für mich. [...] Nach Tische
die Zeichnungen und Kupfer angesehen, von vortrefflicher Art. Abends *Ottilie.* Einiges aus der Musikzeitung. Aufsatz von *Rochlitz.* Zeitig zu Bett. Leidliche Nacht. Närrischer Einfall, veranlaßt durch die geborgte Eselin.» (Tgb) –
«Goethe bessert sich.» (*Kanzler v. Müller;* GG 6846)

Samstag, 28. Mai. Brief an *Rochlitz:* «[...] so sey es denn gesagt: daß ich
mich in einem leidlichen, aber freylich nicht präsentablen Zustand befinde;
aufnehmen und verarbeiten kann ich wohl, aber nicht erwidern [...]. – Der
Anblick unschätzbarer Blätter dient zur innersten Wiederherstellung. Die
wahre Universalmedizin ist das Vortreffliche. Ich werde mich, diese Stunden, unausgesetzt daran erfreuen [...].» – «Manches [...] beseitigt, damit
man nach und nach wieder in's Geschick kommt. Um 1 Uhr [...] *[Kanzler]
v. Müller* [«Kurze Zeit bei Goethe, den ich viel wohler fand.» (*Kanzler v.
Müller;* GG 6847)]. Mittags *Ottilie.* Nachher Zeichnungen und Kupfer
betrachtet. Abends *Ottilie.* – An *Herrn Frommann [d. J.]* den VÖLLIGEN
ABSCHLUSS DER REVISION. [...].» (Tgb)

Sonntag, 29. Mai. «Den Morgen allein zugebracht. [...] *[Kanzler] v. Müller.* Mittag mit *Dr. Eckermann* gespeist. Nach Tische Zeichnungen und Kupfer
betrachtet. Abends *Ottilie.*» (Tgb)

Donnerstag, 19. / etwa Sonntag, 29. Mai. «[...] ich habe diese 14 Tage
Gefangenschaft unter einer harten katarrhalischen Despotie gar wohl zu nutzen gewußt, indem ich gränzenlos las und die merkwürdigsten Dinge, an die
ich sonst nie gegangen wäre, mir klar machte, z. B. das wunderliche Treiben
der *St. Simonisten* in Paris [→ 21. 5.]. – Dabey sind mir auch sehr bedeutende
ältere Zeichnungen für einen billigen Preis zu Handen gekommen, und da
kann denn der schnupfenhafteste Nebel weder Neigung noch Einsicht verdüstern.» (an *Zelter,* 1. 6.)

Montag, 30. Mai. «Einiges gefördert. Im Garten, das unglaubliche
Wachsthum des Heracleum speciosum [Bärenklau] angesehen. Mittag *Dr.
Eckermann.* Die gemeinsamen ARBEITEN durchgesprochen. Gälisches Wörterbuch. Bemühung dem *St. Simonistischen* Wesen auf den Grund zu kommen [→ 19. / etwa 29. 5.]. Deßhalb gelesen bis Abends. *Oberbaudirektor Coudray.* Nachrichten von dem Weimarischen Chausséebau, dessen Zwecken in
Bezug auf das Nachbarliche. Ein gar vorzüglich denkender, umsichtiger und
auf dem rechten Wege wirkender *Mann.* Abends war musikalische Unterhaltung bey *Kanzler v. Müller. Hofrat Rochlitz* brachte Älteres und Neueres mit
Beyfall zur Theilnahme.» (Tgb)

Dienstag, 31. Mai. «Vorbereitung die äußere Correspondenz wieder anzuknüpfen. [. . .] Inzwischen war *Alma* einige Stunden bey mir, betrug sich sehr artig auf dem Wege einer sittlich-socialen Cultur. Mittag *Dr. Eckermann.* Einiges über die musikalische Exhibition bey *Herrn v. Müller.* Derselbe kam etwas später und erzählte von den Äußerungen des *Herrn Cousins. Prof. Riemer,* mit welchem ich einige Artikel des *Musculussischen* Namensverzeichnisses berichtet [→ 5. 11. 30]. Über das Gälische Wörterbuch. [. . .].» (Tgb)

Mittwoch, 1. Juni. Brief an *Hofrat Meyer:* Goethe sendet das *Weigelsche Portefeuille,* aus dem er sich etwa ein halb Dutzend Blätter ausgewählt hat. Da noch gute Sachen darunter sind, bittet er, etwas für das Museum auszusuchen. – «[. . .] Die ausgewählten Zeichnungen nochmals betrachtet. Besonders die von *[Francesco] Primaticcio [italienischer Maler; gest.* 1570] nebst der Copie von *[Antonio] Fantuzzi [italienischer Maler, Radierer; gest.* nach 1550] verglichen. Um 12 Uhr *Herr Hofrat Rochlitz.* Angenehme Unterhaltung über die angenehmsten Gegenstände. Mittags mit *Ottilien* und *Dr. Eckermann.* Souvenirs, Épisodes et Portraits [pour servir à l'histoire de la Révolution et de l'Empire] par *[C.] Nodier.* Mit *Hofrat Meyer* die *Weigelischen* Zeichnungen durchgesehen und einiges für's Museum ausgesucht.» (Tgb)

Donnerstag, 2. Juni. «[. . .] Mittag mit *Wölfchen.* Alsdann [. . .] *[Kanzler] v. Müller* [«. . . kurze Zeit bei Goethe, der wohler, aber noch sehr verdrießlich ist. Dann eine Stunde bei *Rochlitz* . . . Über Goethes auffallendes Schweigen hinsichtlich *Rochlitzens* Vorhaben, Zeichnungen p. der hiesigen Bibliothek zu vermachen.» *(Kanzler v. Müller;* GG 6848)]. Ingleichen *Hofrat Meyer. Nodier.* Abends *Ottilie* und *Oberbaudirektor Coudray.*» (Tgb)

Freitag, 8. April / Donnerstag, 2. Juni. Brief an *Carlyle:* Goethe berichtet, daß sich *Ottilie* mit den *Kindern* nach *Sohn Augusts* Tod näher an ihn angeschlossen hat, «da wir denn genugsam wechselseitiges Interesse und daraus entspringende Unterhaltung finden, und zwar mitunter so abgesondert von der übrigen Welt, daß wir eine Art von Craigenputtock mitten in Weimar zu bilden im Falle waren». – Auch *Eckermann* ist «heiter und in seiner Art wohlgemuth. Sein zartes und zugleich lebhaftes, man möchte sagen, leidenschaftliches Gefühl ist mir von großem Werth, indem ich ihm MANCHES UNGE-DRUCKTE, bisher ungenutzt Ruhende vertraulich mittheile, da er denn die schöne Gabe besitzt, das VORHANDENE, als genügsamer *Leser,* freundlich zu schätzen und doch auch wieder nach Gefühl und Geschmack zu Forderndes deutlich auszusprechen weiß.» – Goethe legt die LETZTE LIEFERUNG SEINER WERKE, den DEUTSCH-FRANZÖSISCHEN DRUCK DER METAMORPHOSE u. a. bei.

Freitag, 3. Juni. «Die JUNI-AGENDA dictirt. Die Kistchen der MANU-SCRIPTE und ACTEN gezeichnet, Nr. I. II. III. [→ 12. 5.; vermutlich enthält Nr. I die für die NACHTRAGSBÄNDE VORGESEHENEN MANUSKRIPTE, Nr. II die KORRESPONDENZ MIT ZELTER und Nr. III die ORIGINALE DER KORRESPON-DENZ MIT SCHILLER (vgl. Hagen, zu 1990; zu Nr. III vergleiche jedoch → 18. 1. 27]. *Hofrat Vogel* über den fortdauernden lebhaften Conflict im *Publikum* die *Lynckerische* Angelegenheit betreffend. [. . .] Die Schlüssel zu dem Kistchen gesiegelt und numerirt. Mittag *Dr. Eckermann.* Sodann *Hofrat Meyer,* mit welchem die Kupfer in dem *Rochlitzischen* Portefeuille näher betrachtete, auch das kleinere eigene Portefeuille deutscher Nationen. *Prof. Riemer,* einige

Anfragen berichtigt wegen *Musculus'* Register zu MEINEN WERKEN [→ 31. 5.].
Er sollicitirte Autographa für einige *Personen.* [...].» (Tgb)
Samstag, 4. Juni. Brief an *Rochlitz:* Goethe bedauert, daß dessen Besuch in
Weimar ihnen kaum Gelegenheit zur Begegnung gibt [→ 23. 5.; auch *Rochlitz*
ist erkrankt]. – Er legt ein Promemoria bei, in welchem er ein Blatt aus dem
Portefeuille des *Adressaten* lobt, vier Kirchenväter vorstellend, die sich über
eine wichtige Lehre des Christentums vereinigen, ein Stich nach *Rubens* von
Cornelis Galle. Er besitzt die Originalgouache von *Rubens* (Schuchardt 1, 180,
Nr. 358) und wünschte sich den Kupferstich zum Vergleich hinzu, ohne dem
Adressaten die Freiheit des Entschlusses schmälern zu wollen. – Brief an *Soret:*
Goethe bittet, die beikommenden Bände [von *Nodier;* → 2. 6. (Tgb)] an die
Großherzogin zu geben; es ist «ein ganz unschätzbares Werk». – «[...] Mittag
Hofrat Vogel. Überlegung für den nächsten Monat. Ich erhielt das Blatt von
Cornelius Galle nach *Rubens,* die vier Kirchenväter vorstellend, von *Herrn Hof-*
rat Rochlitz und betrachtete solches gegen das Original. [...] Die heiligen drey
Könige von *Lucas van Leiden* Original und Copie höchst merkwürdig. Andere
Kunst- und Sittenbetrachtungen. Einiges notirt. Im *Chateaubriand* gedacht.
Ich habe mit dem besten Willen nie was von ihm gelernt.» (Tgb)
Sonntag, 5. Juni. «*John* copirte einige Aufsätze von *Vogeln.* Ich dictirte
einiges. Revidirte die AGENDA [...].» (Tgb) – Brief an *Hofrat Bachmann* als
Dienstnachfolger des verstorbenen *Bergrats Lenz,* Instruktionen enthaltend. –
Brief an *Weller,* dessen Verpflichtungen gegenüber dem Zoologisch-minera-
logischen Kabinett und der Mineralogischen Gesellschaft betreffend. (vgl. WA
IV, 48, 350 f.) – «Die ausgewählten Zeichnungen [aus dem *Weigelschen* Porte-
feuille] wurden an *Schuchardt* übergeben. Mundum verschiedener oberauf-
sichtlicher Expeditionen verabredet mit *Hofrat Vogel.* Mittags *Wölfchen.* Gegen
Abend *Oberbaudirektor Coudray.* Fortsetzung der Chaussée durch [Groß-(?)]
Obringen durch, sehr glücklich arrangirt und abgeschlossen.» (Tgb)
Montag, 6. Juni. «Oberaufsichtliches fortgesetzt. [...] Briefe dictirt. Mittag
Dr. Eckermann und *Wölfchen.* Jenen ließ ich etwas frisch Producirtes lesen.
Abends *Hofrat Vogel. Ottilie* hatte in Belvedere gespeist. Ich las die ersten
Nummern der Revue de Paris.» (Tgb)
Dienstag, 7. Juni. Brief an *Marianne Willemer:* Goethe berichtet, wie er
nach und nach in allen Dingen Ordnung schafft und ALLERLEI MANUSKRIPTE
ALS SUPPLEMENT ZU SEINEN BISHER HERAUSGEGEBENEN WERKEN arrangiert.
«Der verständige gute *Eckermann* ist mir hiebey von besonderer Hülfe, auch
von zutraulicher Aussicht auf die Zukunft [→ 15. 5.]. – [...] *meine drei Enkel*
sind wirklich wie heiteres Wetter, wo sie hintreten, ist es hell. Am Augenblick
Freude, er sey wie er wolle; das theilt sich denn unmittelbar auch den Ältesten
mit [...].» – Goethe bittet die *Adressatin,* ihm einen Staatskalender der freien
Reichsstadt Frankfurt aus der Zeit zu besorgen, in der *sein Großvater [Johann*
Wolfgang Textor] das Schultheißenamt innehatte [seit 1747, benötigt für die
Arbeit am 4. BAND VON DuW]. – «[...] Die Mineralien von Schneeberg, welche gestern zu betrachten angefangen hatte, weiter vorgenommen. *Herr Hof-*
rat Soret, freundlicher Besuch und Anfrage. Mittag *Dr. Eckermann.* Ich gab
ihm den 5. AUFZUG VON FAUST mit [→ 17. 5. – «Ich *(Eckermann)* las bis zu der
Stelle, wo die Hütte von *Philemon* und *Baucis* verbrannt ist, und *Faust* in der

Nacht, auf dem Balkon seines Palastes stehend, den Rauch riecht, den ein lei-
ser Wind ihm zuwehet (SZENE: TIEFE NACHT). – ‹Die Namen *Philemon* und
Baucis›, sagte ich, ‹. . . lassen mich jenes berühmten *altertümlichen Paares* gedenken (*Ovid:* Metamorphosen, Buch VIII); aber doch spielet unsere Szene in
der neueren Zeit und in einer christlichen Landschaft.› – ‹Mein *Philemon* und
Baucis›, sagte Goethe, ‹hat mit jenem *berühmten Paare des Altertums* und der
sich daran knüpfenden Sage nichts zu tun. Ich gab *meinem Paare* bloß jene
Namen, um die Charaktere dadurch zu heben. Es sind ähnliche *Personen* und
ähnliche Verhältnisse, und da wirken denn die ähnlichen Namen durchaus
günstig.› – Wir redeten sodann über den *Faust,* den das Erbteil seines Charak-
ters, die Unzufriedenheit, auch im Alter nicht verlassen hat und den, bei allen
Schätzen der Welt und in einem selbstgeschaffenen neuen Reiche, ein paar
Linden, eine Hütte und ein Glöckchen genieren, die nicht sein sind . . . – Wir
sprachen sodann über den SCHLUß, und Goethe machte mich auf die Stelle
aufmerksam, wo es heißt: GERETTET IST DAS EDLE GLIED . . . (VERS 11934–
11941) – ‹In DIESEN VERSEN›, sagte er, ‹ist der Schlüssel zu *Fausts* Rettung enthalten: in *Faust* selber eine immer höhere und reinere Tätigkeit bis ans Ende,
und von oben die ihm zu Hülfe kommende ewige Liebe. Es steht dieses mit
unserer religiösen Vorstellung durchaus in Harmonie, nach welcher wir nicht
bloß durch eigene Kraft selig werden, sondern durch die hinzukommende
göttliche Gnade. – Übrigens werden Sie zugeben, daß der Schluß, wo es mit
der geretteten Seele nach oben geht, sehr schwer zu machen war und daß ich,
bei so übersinnlichen, kaum zu ahnenden Dingen, mich sehr leicht im Vagen
hätte verlieren können, wenn ich nicht meinen poetischen Intentionen durch
die scharf umrissenen christlich-kirchlichen Figuren und Vorstellungen eine
wohltätig beschränkende Form und Festigkeit gegeben hätte.›» (Eckermann)].
Abends *Prof. Riemer.* Wir gingen die CORRESPONDENZ VON ZELTERN 1829
durch [→ 10. 5.]. Revue de Paris. Die *Franzosen* bleiben immer wunderlich
und merkwürdig, nur muß der *Deutsche* nicht glauben, daß er irgend etwas
gründlich für sie thun könne; sie müssen erst alles, was es auch sey, sich nach
ihrer Weise zurechte machen. Ihr unseliger Respect für den Calcül bornirt sie
in allen artistischen, ästhetischen, litterarischen, philosophischen, historischen,
moralischen, religiösen Angelegenheiten, als wenn das alles dem unterworfen
seyn müßte. Sie merken gar nicht, daß sie hier auf die niederträchtigste Weise
Knechte sind; in allem Übrigen, wo sie sich gehen lassen und sich ihrer Vorzüge freudig bedienen, sind sie allerliebst und einzig, man darf sie nicht aus
den Augen lassen.» (Tgb)

Donnerstag, 2. / Dienstag, 7. Juni. Brief an *Oberberghauptmann Herder:*
Goethe dankt ihm für verschiedene Sendungen. [Im Konzept zieht Goethe
eine Bilanz seiner naturwissenschaftlichen Studien. In der Morphologie sieht
er mit Freude, wie sich *durch ihn geleitete Menschen* auf eigenen Wegen glücklich bemühen. Er denkt vor allem an *Carus* in Dresden. In der Farbenlehre ist
es ihm nicht geglückt, SEINE LEHRE ins Praktische zu leiten. Er kritisiert des
«trefflichen *Naumanns* Mineralogie»; → 11. 1. 29. Zur Geologie muß er sich
«noch stummer verhalten; gibt es denn ein Dictionnaire, aus welchen man mit
vollkommen verrückten *Menschen* sprechen könnte». (WA IV, 48, 351 f.)] –
Die Hoffnung, den *Adressaten* diesen Sommer in Weimar zu sehen, ist ihm von

größter Bedeutung. Sich schriftlich über die ihm im Vorjahr vorgelegten Fragen zu äußern, ist ihm «ganz unmöglich [der *Adressat* hatte nach der Erzführung der Gänge in großer Tiefe im Zusammenhang mit dem projektierten Stollen bei Meißen gefragt; → 22. 11. 30; an Goethe, 10. 11. 30; Naturwissenschaftliche Korrespondenz 1, 190 ff.)]. Mündlich lassen sich diese zartesten allergeheimsten Dinge wenigstens mit einiger moralischen Sicherheit und geistigen Heiterkeit behandeln.»

Mittwoch, 8. Juni. Brief an *Zelter:* «[...] das leidige Marterholz, das Widerwärtigste unter der Sonne, sollte kein vernünftiger Mensch auszugraben und aufzupflanzen bemüht seyn. Das war ein Geschäft für eine bigotte *Kaiserin Mutter* [die *heilige Helena,* gest. 326 n. Chr., *Mutter Konstantins des Großen,* fand nach der Legende das Kreuz *Christi* zu Golgatha], wir sollten uns schämen, ihre Schleppe zu tragen. Verzeih! aber wenn du gegenwärtig wärst, müßtest du noch mehr erdulden.» – Goethe weist den *Adressaten* auf einen Artikel über *Paganini* in der Revue de Paris Nr. 1, dritter Jahrgang, worin sich ein *Arzt* über den Zusammenhang zwischen dem Talent des *Künstlers* und den Proportionen seiner Glieder äußert. – «[...] Einiges zu mehrerer Feststellung LITTERARISCHER VERLASSENSCHAFT. Aufmerksamkeit auf die *Kestnersche* Sendung von Rom und *Prellers* Rückkunft. Auftrag an *Schmeller* wegen Zeichnung des *Herrn Obermarschalls [v. Waldungen?]* [...]. Mittag *Dr. Eckermann. Walther* kam von Leipzig zurück. Ich wendete meine Aufmerksamkeit auf die Schneeberger Mineralien [«jene merkwürdige Kobaltformation» (an *Soret,* 9. 6.)] und Beschreibungen [von *Oberberghauptmann Herder;* → 2./7. 6.]. *Hofrat Meyer.* Sprach von denen bey *Preller* zu machenden Bestellungen. Später *Kanzler v. Müller* [«Über *Rochlitzens* zarten Charakter und strenge Gemessenheit, Hypochondrie und Wunderlichkeit. *Oberjägermeister v. Fritsch* war anfangs dabei... Mit Goethe auch über ‹Les deux rencontres› von *Balzac* gesprochen. Er nahm die Bizarrerie der Erfindung in Schutz.» (*Müller;* GG 6849)] [...]. Später *Ottilie,* einiges von den Reiseereignissen der *Damen* [vielleicht *Gräfin Henckel* und *Ulrike v. Pogwisch,* die sich in Karlsbad befinden] erzählend. [...].» (Tgb)

Donnerstag, 9. Juni. «Schneeberger Bergrevier, die Karte vorgenommen.» (Tgb) – Brief an *Zelter:* Um mit dem unternommenen Wappen zum Abschluß zu kommen, sendet Goethe das Modell der *Künstlerin [Angelika Facius]* zurück, zugleich ein zweites [von *Straube?;* → 19. 5.], das ihr für bestimmte Details zur Orientierung dienen möchte. Goethe geht differenziert auf das Modell der *Facius* ein und gibt Hinweise. – «Das französische Theater wird in seinen komischen, heiteren, socialen Productionen immer unerreicht bleiben, sowohl was die Anlage, als die Ausführung betrifft. Es ist hier eine überhundertjährige Kunst und Technik, ein Metier, das seine *Ahnen* hat, indessen man sich bey uns vergebens abmüdet. Unsere *Schauspieler* wissen nichts mehr von Kunst, vom Handwerk haben sie gar keinen Begriff; alles beruht noch auf dieser und jener *Individualität.*» – Brief an *Legationsrat Kestner:* Goethe bedankt sich für die angekündigte Sendung [146 Gipsabdrücke von meistens kleineren antiken geschnittenen Steinen aus der Sammlung des *Adressaten* (Schuchardt 2, 344, Nr. 276)], die allerdings noch nicht in seinen Händen ist. – Er dankt ebenfalls für die freundliche Behandlung, die *Kestner Preller* während seines Aufenthalts in Rom gegönnt hat. Dieser wurde von den *Herrschaften* gnädig aufgenommen, auch sind Bestellungen in Aussicht. – Goethe bittet den *Adres-saten*, ihm eine einfache, kleine Skizze von *Carraccis* «Wunder des heiligen St. Diego» zu senden, auf der man die Komposition des Werkes erkennen kann [→ 14. 3.]. – Bei *Platner* befindet sich noch eine geringe Hinterlassenschaft *seines Sohnes*, die über *Mylius* nach Weimar geschickt werden könnte. – Goethe fragt an, ob es nicht «thunlich und schicklich» sei, das Grab *seines Sohnes* «auf irgend eine Weise bescheidentlichst» zu bezeichnen. – «[...] Wegen der Wachsmodelle des *[Zelterschen]* Wappens abgeschlossen. *John* brachte Stücke von Birkenstämmen. Die gewundene Tendenz derselben, sich bey der Spaltung vorweisend. Sendung von *Jügel*: Generalkatalog französischer, italienischer und spanischer Bücher. Ich fing an, ihn durchzugehen. Von *Herrn Soret* mitgetheilte Memoiren de *Dumont* [«Souvenirs sur Mirabeau et sur les deux premières assemblées législatives», 1832, Aushängebogen; → 3. 2. 30], auf die Anfänge der französischen Revolution sich beziehend, von großer Bedeutung, weil man hinter die Coulissen gestellt wird und einigermaßen begreift, woher die ungeheuren Wirkungen kommen.» (Tgb) – Brief an *Soret*: «In das Geheimste von *Mirabeau* hineinzusehen, ist des besten Dankes werth [...]!» – «Mittag *Walther* von seiner Leipziger Reise erzählend. Nachher bey *Dumont* verharrend mit großem Antheil und besonderem Nachdenken. Später *Ottilie*, die Tagesereignisse erwähnend.» (Tgb)

Freitag, 10. Juni. «*Dumont* fortgesetzt.» (Tgb) – Brief an *Soret*: «Die Mittheilungen des *Herrn v. Dumont* halten sich bis zu Ende in gleichem Werth. [...]. – Bey mir wollen die guten Geister noch nicht einkehren; das dreywöchentliche Übel hat mir eine solche Mattigkeit zurückgelassen, daß ich mich kaum zu benehmen weiß. Der *Arzt [Hofrat Vogel]* vertröstet mich auf besseres Wetter, eine Aussicht, die nicht viel hoffen läßt.» – Brief an *Frommann d. J.*: Goethe dankt für die zwei Exemplare Umschlag [der METAMORPHOSE] und wünscht noch die AUSHÄNGEBOGEN 15 UND 16, um wenigstens einstweilen ein EXEMPLAR geheftet zu sehen [→ 28. 5.]. – «[...] Die Freiberger Gangformationen zu studiren angefangen [→ 2./7. 6.].» (Tgb) – «Un instant chez Goethe. Il a presque aussi bonne mine qu'avant sa maladie; mais il se plaint du temps qu'il a perdu.» (Soret, GG 6850) – «Mittag *Dr. Eckermann.* Fortsetzung mancherley wichtiger Betrachtungen. *Hofrat Vogel* hatte mir von seiner Jenaischen Expedition erzählt und referirt. Es leitet sich alles gar verständig und ordentlich ein. Revue de Paris, Tome 25. Höchst wichtig, aber man thut nicht wohl, solchen Dingen zu folgen, die, wenn sie uns auch angingen, doch zu leiten und zu lenken keines Menschen Geschäft mehr ist. Abends *Prof. Riemer.* Wir nahmen EINEN BAND DER CORRESPONDENZ [MIT ZELTER] vor [→ 7. 6.] und besprachen den Aufsatz über die deßhalb zu übernehmenden Verpflichtungen.» (Tgb)

Samstag, 11. Juni. «[...] Fortgesetzte Betrachtungen der Freiberger Gangformationen, wovon die Exemplare musterhaft ausgesucht von der größten Frische und Bedeutung sind. *Dr. Eckermann* um 1 Uhr, um das KISTCHEN NR. I [MIT DEM LITERARISCHEN NACHLAß] zu revidiren und zu übernehmen, wo ihm denn auch der Schlüssel zugestellt wurde [der von *Eckermann* und Goethe unterzeichnete Vermerk über die Schlüsselübergabe trägt das Datum 10. 6.; → 3. 6.]. Er speiste mit mir, und wir besprachen das Nächste. Sodann nahm ich die unschätzbare Freiberger Sammlung der Gangformationen vor und suchte sie in Gedanken auf die einfachsten mir bekannten Vorkommenheiten dieser Art zurückzuführen [→ 10. 6.]. Wenn man sich von dem Mikromegischen in der Natur genugsam durchdringen könnte, so würde man schon zu manchen Begriffen gelangen, allein das Kleine entwischt uns und das Große verblüfft uns, und so bleiben wir eben Menschenverstands-Philister, wie wir waren. *Oberbaudirektor Coudray,* wegen einem *Teppichfabrikanten,* der Muster und Zeichnungen vorweisen wollte, welches ich ablehnen mußte. *Herr Hofrat Meyer,* mannichfaltige Unterhaltung. Besonders auch über das *Jügelische* Verzeichniß der theuren neuern großen italienischen Kupferstiche. Billete [von *Mirabeau,* gesendet] von *Herrn Soret.* Sonstige Mittheilungen. Rückkehr zu den Gangarten.» (Tgb)

Sonntag, 12. Juni. Brief an *Soret:* Goethe sendet ihm die letzten, seinem Exemplar [DER METAMORPHOSE] noch fehlenden AUSHÄNGEBOGEN und legt zugleich die *Mirabeauschen* Billette bei. Faksimiles derselben wären ihm [für seine Autographensammlung] sehr willkommen. – «Nun aber wollen wir uns denn doch zum vollendeten gemeinsamen Geschäft [ZWEISPRACHIGE AUSGABE DER METAMORPHOSE] Glück wünschen und uns, insofern es möglich ist, in einigem Behagen wenigstens ausruhen. Die Gangarten geben die beste Gelegenheit dazu.» – «Das Thierreich [2. Auflage] von *Hofrat Voigt.* Vielfaches angeregt.» (Tgb) – «Vor Tisch bei Goethe, der ärgerlich über seine andauernde Schwäche war.» (*Kanzler v. Müller;* GG 6851) – «Mittag *Dr. Eckermann.* In den ANGELEGENHEITEN DES KÄSTCHENS weiter geschritten. Ich besah den gigantischen Wachsthum des Heracleum speciosum [→ 30. 5.]. Betrachtete ein Dutzend Stücke der Freibergischen Gangsendung. [...].» (Tgb)

Montag, 13. Juni. «Versuchte mich wieder in den vordern Zimmern einzurichten [...]. Schreiben von [...] *Karl Feldhoff* zu Elberfeld. Ingleichen von *Frau Amalie Wortmann* in Bezug auf frühere Mittheilungen. Ich fuhr mit *Wölfchen* nach Neuwallendorf. Das Wetter war zum ersten Mal erträglich in diesem schrecklichen Sommer. Sendung von *Frommann d. J.* Ein Portefeuille von *Weigel* aus Leipzig mit wenigen aber bedeutenden Zeichnungen. [...] *Hofrat Soret* [...]. Wir verhandelten mancherley hinter einander. Ich legte ihm die Freiberger Gangformationen vor. Er richtete einiges aus von *Serenissima.* Auch zeigt' ich ihm vor die Ordnung, welche *Herrn Duvals* Abdrücke zierlich aufstellt [→ 24. 4. 26]. [...] Überlegung des Nächstbevorstehenden.» (Tgb)

Dienstag, 14. Juni. «Aufmerksamkeit auf die letzte *Weigelische* Sendung.» (Tgb) – Brief an *Kanzler v. Müller:* Goethe sendet das «unselige Schreiben des werthen *Freundes»* zurück und empfiehlt, es «nicht [...] weiter sehen zu lassen» [*Rochlitz* hatte dem *Adressaten* am 12. 6. berichtet, wie unfreundlich er, krank und fiebernd, in Eckartsberga von den *Beamten eines preußischen Zollhauses* behandelt worden sei und gebeten, den Brief auch den *höchsten Herrschaften* zu zeigen]. – «[...] *Hofgärtner Fischer* schickte eine bedeutende Merkwürdigkeit, eine Celosia cristata, aus deren unterem Stengelblatt sich eine kleine Blume entwickelt hatte. Fuhr mit *Wölfchen* in den untern Garten und verweilte daselbst. Der Tag war schön. Die Vegetation von übermäßiger Fülle. Die Rosen um das Haus im Aufbrechen. Mittag *Dr. Eckermann.* Verhandlungen über das NÄCHSTE. Gegen Abend *Prof. Riemer.* Wir unterschrieben die Übereinkunft wegen der ZELTERISCHEN CORRESPONDENZ; ich übergab ihm den Schlüssel zum KASTEN NR. II [→ 3. 6.]. Die Abdrücke des *Herrn Legationsrats Kestner* in Rom, überbracht durch *Preller*, gaben Gelegenheit zu vieler Betrachtung über die natürliche Heiterkeit der antiken Kunst [→ 9. 6.]. *Prof. Riemer* bewunderte das Wachsthum des Heracleum speciosum. Ich fing an Notre-Dame de Paris par *Victor Hugo* zu lesen.» (Tgb)

Mittwoch, 15. Juni. Brief an *Carlyle:* Goethe sendet ihm «die fünf verflossenen Monate dieses Jahres von einer unsrer beliebtesten Zeitschriften: dem *Morgenblatt* [...] nebst seinen Beyblättern über Kunst und Literatur. Sie werden dadurch mitten in's Continent versetzt». – Brief an *Hofrat Voigt:* Goethe berichtet, daß ihm das mitgeteilte Werk bereits «manche angenehme und lehrreiche Stunde» bereitet hat. Er lobt die Erweiterungen und die Klarheit des Vortrags [→ 12. 6.]. – «[...] Notre-Dame de Paris fortgesetzt. [...] *Hofrat Vogel* mit einem *Dessauer Freunde.* Mittag *Dr. Eckermann.* Geistreiche Unterhaltung über die von Freiberg eingesendeten Gangarten [→ 13. 6.]. Einiges was hätte sollen niedergeschrieben werden. Später *Hofrat Meyer.* Nachher Betrachtung der *Kestnerischen* Gemmenabdrücke [→ 14. 6.]. Mittheilung der höchst angenehmen [Rhein-]Landschaft von *Sachtleben* [*Herman Saftleven, niederländischer Maler, Radierer;* gest. 1685 – «Dieser Anblick erhielt mich aufrecht, ja es ging so weit, daß, wenn ich mich augenblicklich schlecht befand und davor trat, fühlt ich mich wirklich unwürdig es anzusehn. [...] Wischt ich mir aber die Augen aus und richtete mich auf, so war es denn freylich heiterer Tag wie vorher.» (an *Zelter,* 18. 6.)]. Abschluß der Notre-Dame de Paris. Das vorzügliche Talent des *Victor Hugo* kann nicht aus dem unseligen Kreise der Zeit heraus; das Allerhäßlichste mit dem Allerschönsten zu vermählen, das ist es, wozu sie in ihrem Elemente gezwungen sind.» (Tgb)

Donnerstag, 16. Juni. Brief an *Kanzler v. Müller:* «Finden Ew. Hochwohlgeboren beykommendes Anerbieten acceptabel, so würde am 24. Juni die Ausfertigung des Conceptes und die Übergabe des Werkes zu veranstalten wissen [Goethe beabsichtigt, das große *Zedlersche* Universallexikon, ein Vorläufer der Konversationslexika, das aus früheren Zeiten in der Obhut der Oberaufsicht verblieben war, anläßlich des Geburtstags des *Erbprinzen* dem Lesemuseum zu schenken; → 6. 5.].» – Brief an *Cotta:* Goethe berichtet, mit dem nun ABGESCHLOSSENEN HEFT DER METAMORPHOSE nur bis zur Hälfte, zum 15. Bogen gelangt zu sein, und er nach früherer Verabredung wegen der anderen Hälfte der Schuldner des *Adressaten* bleibt. Die Differenz wird sich auf die eine oder andere Weise gar wohl ausgleichen lassen [→ 14. 12. 30; *Cotta* hat die Hälfte des gezahlten Honorars von 500 Talern nach Goethes Tod zurückgefordert (vgl. Kuhn 3/2, 216 f.)]. – Es freut Goethe besonders, auf den letzten Seiten eine wissenschaftliche Angelegenheit zur Sprache gebracht zu haben, die die botanische Welt «höchlich» beschäftigt [der AUFSATZ ÜBER DIE SPIRALTENDENZ (→ 15. 4.) kommentiert neueste Forschungsergebnisse von *Martius* über spirale Wuchsformen von Pflanzen; → 27. 12. 29]. – Goethe darf nicht unterlassen, *seine Freunde* «zu rühmen, die *Herren Meyer, Riemer, Eckermann,* welche mir die MANNIGFALTIGEN PAPIERE, die sich um mich häuften, zu ordnen, zu redigiren und gewissermaßen zu gestalten beyräthig sind [seit dem TESTAMENT vom → 6. 1. wirkt *Kanzler v. Müller* als Testamentsvollstrecker. Goethe verhandelt über die Herausgabe seines NACHLASSES nicht mehr

selbst mit *Cotta* (vgl. Kuhn 3/2, 217)]». – Sollte von *Neureuthers* Pariser Arbeiten etwas übermittelbar sein, würde es Goethe angenehm unterhalten [dieser
lithographiert Arabesken zu Revolutionsliedern]. – «[...] *Ihro Kaiserliche
Hoheit [Maria Paulowna]* und *Demoiselle Mazelet.* Mittag *Dr. Eckermann.* Die
römischen Gemmenabdrücke ernstlicher durchgesehen. [→ 15. 6.]. [...]
[Kanzler] v. Müller. Er billigte mein Anerbieten, dem Museum das *Zedlerische*
Lexicon zu übergeben, und besprach anderes in's Allgemeine und Besondere
bezüglich [«...Goethe über seine jenaische Bibliotheks-Administration; er
versprach, die Bände der von den Fakultäten abgelieferten Bücher zu bezah-
len. Goethe schimpfte über die Verachtung der Höfe und der *Aristokratie,* die
Frau v. Beaulieu und *Frau v. Wolzogen* manifestiert hätten.» *(Kanzler v. Müller;*
GG 6855)].» (Tgb)

Freitag, 17. Juni. «Das Heracleum speciosum hatte sich endlich zur Blüthe
entfaltet und gab immer mehr zu Betrachtungen auf METAMORPHOSE bezüglich Anlaß [→ 12. 6.]. Schreiben des *Herrn v. Gagern* an *Herrn v. Müller,* von
schönster Bedeutung für das Innere des *Schreibenden.* Die *Kinder* nahmen
einige Zeit weg. Ich dictirte abzusendende Briefe. [...] Das *Zedlerische* Lexicon brachte er *[Tischlermeister Hager]* mit zurück [aus Jena]. Mittag mit *Dr.
Eckermann.* Später im Garten. Um 6 Uhr *Prof. Riemer;* berichtigten einiges an
der ZELTERISCHEN CORRESPONDENZ [→ 14. 6.]. Besuchte mit demselben *Ottilien.* [...].» (Tgb)

Samstag, 18. Juni. Brief an *Zelter:* «Wie es die Welt jetzt treibt, muß man
sich immer und immerfort sagen und wiederholen: daß es tüchtige *Menschen*
gegeben hat und geben wird, und solchen muß man ein schriftlich gutes Wort
gönnen, aussprechen und auf dem Papier hinterlassen. Das ist die *Gemeinschaft
der Heiligen,* zu der wir uns bekennen. Mit den Lippen mag ich nur selten ein
wahres, grund-gemeyntes Wort aussprechen; gewöhnlich hören die *Menschen*
etwas Anderes, als was ich sage, und das mag denn auch gut seyn.» – Goethe
berichtet, [durch seine *Hugo*-Lektüre] «in die gränzenlosen Schrecknisse der
neusten französischen Romanliteratur [...] hineingeschleppt worden [zu sein].
Ich will mich kurz fassen: *es ist eine Literatur der Verzweiflung.* Um augenblicklich zu wirken (und das wollen sie doch, weil eine Ausgabe auf die andere folgen soll) müssen sie das Entgegengesetzte von allem, was man dem *Menschen*
zu einigem Heil vortragen sollte, dem *Leser* aufdringen, der sich zuletzt nicht
mehr zu retten weiß. Das Häßliche, das Abscheuliche, das Grausame, das
Nichtswürdige, mit der ganzen Sippschaft des Verworfenen, in's Unmögliche
zu überbieten, ist ihr satanisches Geschäft. Man darf und muß wohl sagen
Geschäft: denn es liegt ein gründliches Studium alter Zeiten, vergangener
Zustände, merkwürdiger Verwicklungen und unglaublicher Wirklichkeiten
zum Grunde, so daß man ein solches Werk weder leer, noch schlecht nennen
darf. Auch entschiedene *Talente* sind's, die dergleichen unternehmen, geistreiche vorzügliche *Männer,* von mittleren Jahren, die sich durch eine Lebensfolge
verdammt fühlen, sich mit diesen Abominationen zu beschäftigen.» – Brief an
Ulrike v. Pogwisch: Goethe sagt ihr, was sie schon weiß, «daß wir uns nämlich
von Herzen längst angehören». – Er berichtet von den *Enkeln,* die gegenwärtig um ihn her sind und in den vorderen Zimmern «tumultuiren». – *Walther*
muß man ein «musikalisches Talent» zusprechen. Er scheint von der ersten

Leipziger Sängerin «einen Sonnenstich» erlitten zu haben und komponiert ihr Arien. «In der Hauptsache aber haben die Bemühungen deiner *Frau Mutter* seinem Flügelspielen entschiedenen gründlichen Vortheil gebracht [...]. – *Wölfchen* hält sich wie immer ganz nah an dem Großvater, wir frühstücken zusammen, und von da an zieht sich's durch den ganzen Tag durch. Das Theater reißt im Grunde diese guten *Creaturen* mit sich fort, er schreibt Trauer- und Lustspiele, sammelt die Comödienzettel, liest gränzenlos. Mir kommt immer vor, daß unsre *Kinder* sich wirklich als mit Purzelbäumen bilden. [...] – *Wolf* ist klug, wie alle *Kinder* und alle *Menschen,* die unmittelbare Zwecke haben. [...] – Das *Mädchen* ist allerliebst und, als ein ächt gebornes Frauenzimmerchen, schon jetzt incalculabel. Mit dem Großvater im besten und liebevollen Vernehmen, aber doch, als wenn es nichts wäre, ihre Herkömmlichkeiten verfolgend. Anmuthig, indem sie, bey entschiedenem Willen, sich ablenken und beschwichtigen läßt. Übrigens keinen Augenblick ruhig, lärmig, aber leidlich, und mit einigem Scherz gar bald in Ordnung und Zucht gebracht. – *Wolf,* halb eifersüchtig, bemerkte schon, daß sie in einigen Jahren seine Rolle übernehmen und dem Großvater manches ablocken könnte.» – «[...] Der *Maler Preller* seine Skizzen und Entwürfe vorzeigend. Um 12 Uhr *Demoiselle Seidler,* wegen der Gliederpuppe [→ 17. 4.] und Sonstigem. Erregte meinen Antheil durch die Erzählung des Unfalls, der ihrem bedeutenden Bilde begegnet war [→ 6. 5.]. Ich fuhr mit *Wölfchen* um's Webicht. Mittags mit *Hofrat Vogel.* Die Verhandlungen wegen der Cholera morbus umständlich durchgesprochen. Gegen Abend *Regierungsrat John* aus Berlin. Nochmals ausgefahren. Ich besuchte *Ottilien* [sie leidet seit Anfang Mai unter heftigen Gesichtsschmerzen]. *Frau v. Pogwisch* kam zu ihr. Tagesneuigkeiten, innere und äußere. Später kam *Ottilie* herunter. Wir machten ein Picknick von unsern Gebrechen und Leiden. Heracleum speciosum hatte sich zur Blüthe entwickelt, mit herrlicher Manifestation der Spathen und ihrer Bedeutung [→ 17. 6.]. [...].» (Tgb)

Sonntag, 19. Juni. Brief an den *Vorstand des Lesemuseums* zu Weimar: Goethe berichtet, daß das große *Zedlersche* Lexikon, obgleich nicht ganz vollständig, seit einigen Jahren als Hinterlassenschaft der ehemaligen *Batschschen naturforschenden Gesellschaft* ungenutzt in Jena aufbewahrt wird. – Er unterbreitet den Vorschlag, dieses anläßlich des Geburtstags des *Erbprinzen* der hiesigen *Lesegesellschaft* zur Aufstellung und Nutzung in ihrem Museum zu übergeben [→ 16. 6.]. – Brief an *Soret:* Goethe sendet verschiedene Bücher zurück, darunter *Beudants* Mineralogie [«Traité élémentaire de Minéralogie», 2. Auflage, 1830], die ihn «aus diesem Paradiese herauszujagen drohte». – Den zweiten Teil von «Notre-Dame de Paris» wagt er nicht zu erbitten; «warum sollte ein Mensch, der sich bis in's hohe Alter einen natürlichen Sinn zu erhalten suchte, sich mit solchen Abominationen abgeben». – «[...] *Preller* zeichnete das Heracleum speciosum [→ 18. 6.]. Die Tage waren sehr schön. Das Barometer stand 9 Linien über 27 und behauptete in dieser Höhe sein altes Recht, da in der mittleren Höhe Unsicherheit obwaltet und die alten Naturgesetze widerwärtige Ausnahmen erleiden. Mittag *Dr. Eckermann* und *Weller.* Wurde von den Jenaischen Zuständen und Gesinnungen viel gesprochen. Später fuhr ich mit *Dr. Eckermann* in den untern Garten, wo

wir uns im Grünen niederließen und das Wetter sehr schön fanden als seltene Ausnahme. Über Oberweimar zurück. *Ottilie kam Abends, wo manches Neue durchgesprochen wurde.»* (Tgb)
Vielleicht Montag, 20. Juni, und etwas früher. «Ehe ich *[Schauspieler Eduard Genast]* diese Reise [nach Paris] antreten sollte, kam der *Maler Schmeller* im Auftrag Goethes zu mir, um mich noch vor meiner Abreise für sein Album zu zeichnen. ‹Ich muß Ihnen aber bemerken›, sagte *Schmeller,* ‹daß ich dem Herrn Geheimrat mitgeteilt habe, daß Sie jetzt einen Bart tragen, und wie Ihnen bekannt ist, mag er das bei *Schauspielern* nicht leiden.› Ich erwiderte, daß ich die hohe Ehre, in Goethes Album aufgenommen zu werden, sehr anerkenne, aber den Bart ließe ich mir vor der Pariser Reise nicht abschneiden [*Genast* hat sich den Bart extra für seine Gastrollen wachsen lassen]; nach dieser stände ich nach Wunsch zu Diensten. Die Verhandlungen wegen des Bartes gingen einige Tage hin und her, bis ich mich entschloß, selbst mit Goethe darüber zu sprechen. [...] Als ich bei ihm eintrat, musterte er mich vom Kopf bis zu den Füßen, und ich fragte: ‹Nun, wie gefalle ich Ew. Exzellenz im Schnurrbart?› – ‹Ich finde, daß er Dir nicht übel steht›, antwortete er. ‹Na, so mag er denn meinetwegen mit abkonterfeit werden.»» (*E. Genast:* Aus dem Tagebuche eines alten Schauspielers, 1862; GG 6858)
Montag, 20. Juni. Brief an *Hofrat Meyer:* Goethe bittet [für seine STUDIEN ÜBER DIE SPIRALTENDENZ] um den Namen «der drey gewundenen Bäume im belvederischen Park» [Crataegus torminalis, Adelsbeere]. – Die botanischen *Freunde* in Belvedere möge er darauf aufmerksam machen, daß bei ihm ein Heracleum speciosum, gebürtig vom Fuße der Pyrenäen und des Kaukasus, «zu einem seltenen Grade von Größe und Entwicklung gekommen ist». – Brief an *Soret:* Goethe berichtet, daß seine Freiexemplare [der METAMORPHOSE] angekommen sind. Er beabsichtigt, eines an *Geoffroy* sowie an *Girardin* zu senden und möchte sich deshalb mit dem *Adressaten* besprechen. – «[...] Mehreres Oberaufsichtliche in Ordnung gebracht [...]. Schreiben von *Zelter.* Unterhaltung mit *Hofrat Vogel.* Kam *Herr Musculus* in Auftrag der *Herren Vorsteher des Museums.* Mittag *Dr. Eckermann.»* (Tgb) – «Il m'avait écrit pour me consulter, voulant adresser un EXEMPLAIRE à *Geoffroy-Saint-Hilaire* avec un hommage d'*auteur* en français. Je lui ai dit que *Geoffroy* mettrait sans doute plus de prix à l'hommage en allemand et Goethe s'est rangé à mon idée.» (*Soret;* GG 6857) – «Den 2. Theil von Notre-Dame de Paris angefangen. Verdruß an den Gliedermännern, die der Verfasser für Menschen giebt, sie die absurdesten Gebärden machen läßt, sie peitscht, poltert, von ihnen radotirt, uns aber in Verzweiflung setzt. Es ist eine widerwärtige, unmenschliche Art von Composition. Gegen Abend *Ottilie.* Sodann *Gräfin Line [v. Egloffstein],* anmuthige Unterhaltung. Für mich bedeutende Betrachtungen auf Natur bezüglich.» (Tgb)
Dienstag, 21. Juni. «[Die bedeutendsten Erz- und Gesteinlager ... im] Schwedische[n] Urgebirge von *[G.] Suckow.»* (Tgb) – Brief an *Botaniker Meyer:* Dessen sorgfältig geschriebenem Werk [«De plantis labrodoricis...»; → 6. 3.] verdankt Goethe «bedeutende Umsicht und gründliche Belehrung». – Er sendet seinerseits das verzögerte HEFTLEIN [METAMORPHOSE] und hofft, darin angenehmen Gebrauch von den Mitteilungen des *Adressaten* gemacht zu

haben [→ 20./23. 4. 29]. – «Daß ich nahe am Ende meiner Laufbahn noch von
dem Strudel der Spiraltendenz ergriffen werden sollte, war auch ein wunderlich Geschick. Ich habe hier, in der DRITTEN BEYLAGE, nur die Gipfel der Aussichten anzudeuten gesucht, aber indessen SEHR VIELE UND ANGENEHME PHÄ-
NOMENE GESAMMELT, DIE, EINIGERMAẞEN ZUSAMMENGESTELLT, auf das
Weitere hindeuten mögen.» – Goethe berichtet über Beobachtungen am
Heracleum speciosum und bittet den *Adressaten* um Mitteilungen über seine
Exemplare dieser Art. – «[...] *Revisor Geist* von der blumistischen Ausstellung
im Schießhaus Nachricht gebend, das Heracleum speciosum bewundernd,
andere Notizen mittheilend von öconomischen und architektonischen Unternehmungen. Schiefer in Platten von Rudolstadt. Herr *[Staatsrat] v. Otto* im
Namen *Ihro Kaiserlichen Hoheit [Maria Paulowna]*; das Geschäft abgemacht,
über gegenwärtige politische Zustände gesprochen. Den Froschmäusler [von
Rollenhagen, Ausgabe von 1819] von der Bibliothek. Mittag *Dr. Eckermann*
über den Froschmäusler gesprochen. Die Vorzüge des gradblickenden Menschenverstandes hervorgehoben, denn der ist es allein, der diese Alterthüm-
lichkeiten respectabel macht. Abends *Prof. Riemer*, auf die ZELTERISCHE COR-
RESPONDENZ Bezügliches. Wir besuchten *Ottilien*, welche sich gar nicht
sonderlich befand.» (Tgb) – GEDICHT WÜRD' EIN KÜNSTLERISCH BEMÜHEN
[in das Stammbuch des *Fräuleins Melanie v. Spiegel*].

Mittwoch, 22. Juni. «[...] *Baron v. Wolbock*, führte *drei Franzosen* ein, die,
wie sie sagten, von Paris unmittelbar nach Petersburg gingen: *Mr. Hippolyte
Cloquet* [geb. 1787], *Docteur en Médecine [Anatom], Membre de l'Académie royale
de Médecine*. Präsentirte sich gut und würde mir gefallen haben, wenn er nicht
eine Brille auf der Nase gehabt hätte. *[Joseph] Paul Gaimard [französischer
Naturforscher; geb.* 1790], ein kleiner, schwarzköpfiger, zusammen genomme-
ner, nicht unangenehmer *Mann;* er hatte die Expedition mitgemacht, um die
Reste von *La Peyrouse* aufzusuchen [*Jean François de Galaup, comte de La
Pérouse, französischer Seefahrer;* geb. 1741, 1788 verschollen], erzählte kürzlich
was sie für Überreste gefunden hatten und von den unberechenbaren Gefahren der Corallenriffe. *Auguste Gérardin [französischer Arzt],* eine große, behaglich wohlwollende Gestalt, wahrscheinlich ein *Chirurgus,* wie denn die ganze
Expedition etwas Ärztliches zu haben schien. Ich habe den Verdacht, sie würden für Polen bestimmt seyn. *Herr Hartknoch [Musiker]* folgte darauf. Er
brachte mir einen lieben Brief von *Staatsrat v. Loder* und das merkwürdige
versprochene Mineral, krystallisirten Graphit, auch ein Fragment einer Blitz-
röhre. Ich bedachte manches und bereitete Erwiderungen vor.» (Tgb) – Brief
an *Loder*: Goethe sendet ihm die ALH; «die besten Tage DIESER PRODUCTIO-
NEN waren einer gemeinsamen Thätigkeit angehörig, deren wir uns so gern
erinnern [...].» – «*Hofgärtner Fischer* betrachtete das Heracleum speciosum.
Mittag *Dr. Eckermann. Herr Hofrat Meyer.* [...] *[Kanzler] v. Müller.* Später bey
Ottilien.» (Tgb)

Donnerstag, 23. Juni. «Neue AGENDA auf den MONAT JULI. Einiges dictirt. [...] *Prof. [Ludwig] Döbler* aus Wien [*österreichischer Graveur, Taschenspie-
ler, Zauberkünstler;* geb. 1801], *Walthern* einige Kunststücke zu lehren. Um 12
Uhr *Kaiserliche Hoheit [Maria Paulowna]* und *Demoiselle Mazelet.* Mittags mit
den *Kindern* und *Herrn Rothe.* Zu *Demoiselle Seidler,* um ihr Bild zu sehen.

Auch das Museum durchgegangen und einiges angeordnet. Bey *Schuchardt* die Einrichtung gesehen. Abends [...] der *Großherzog.* Bey *Ottilien. Oberbaudirektor Coudray.* Übersicht der Wegebau-Arbeiten. Maß der zu bestellenden landschaftlichen Gemälde [vermutlich für die neuen Zimmer im Schloß; → 23. 4.] besprochen und was sonst dabey zu beobachten bedacht.» (Tgb)

Freitag, 24. Juni. «Einige Hoffnung zu glücklicher Fortsetzung des UNTERNOMMENEN [FAUST II; → 7. 6.]. Schreiben des *Herrn Grafen Sternberg* über die Zusammenkunft [der *Naturforscher*], so bevorsteht, in Wien. Dessen Jahrbücher des Böhmischen Museums 2. Band 2. Heft 1831 näher angesehen. [...] Mittag *Dr. Eckermann.* Unterschrift des Duplums unsres Contractes [→ 15. 5.]. Ich las in *Galileis* Werken [«Systema cosmicum...», 1699], höchst bewundernd womit und auf welche Weise man sich damals beschäftigte. Die ganze Forschung ist noch auf eine wundernswürdige Weise dem Menschenverstand und einer in sich selbst uneinigen Philosophie überlassen; man interessirt sich innigst, wie sich ein *so außerordentlicher Mann* dabey benimmt. Er starb in dem Jahre, da *Newton* geboren wurde. Hier liegt das Weihnachtsfest unsrer neueren Zeit. Von dem Gegensatz dieser beyden Epochen geht mir erst jetzt der Begriff auf; ich freue mich ihn zu verfolgen. Abends *Prof. Riemer.* Mit demselben in die öffentliche Baumschule bey *Rat Wangemann.* In mehr als einem Sinne merkwürdiger Standpunct, der von *Fremden* und *Einheimischen* mit Achtung und Ehrfurcht betreten werden sollte. NB. Ein *polnischer Offizier,* der sich hier einige Tage aufgehalten hatte, ließ sich melden; ich nahm ihn an, fand aber eine *zweideutige Person,* mit der ich mich einigermaßen einzulassen mich nicht geneigt fühlte. [...].» (Tgb)

Samstag, 25. Juni. Brief an *Weller:* Goethe beauftragt ihn, alle im [Mineralogischen] Museum befindlichen Exemplare des «böhmischen Trümmer-Achats» herüber senden zu lassen. – Brief an *Frau v. Knebel:* So gern Goethe etwas zur Beruhigung *seines alten Freundes* und *dessen Familie* beitragen möchte, muß er doch vorläufig bemerken, daß die Angelegenheit des von *Knebels* bewohnten Hauses nach wie vor in den Händen von *v. Lyncker* liegt, ohne dessen Einverständnis und Mitwirkung Goethe nicht gern etwas beschließen möchte [Die *Adressatin* hatte am 22. 6. mitgeteilt, sie möchte die auf dem von *Knebels* bewohntem Hause stehenden Aktien ankaufen und damit das Haus bis zu *Knebels* Geburtstag, dem 30. 11., in den Besitz der *Familie* bringen. Eine Aktie besitzt Goethe, und man wünscht, daß er diese an *Knebels Sohn Bernhard* abträte.]. Goethe bittet, ihn über die Angelegenheit zunächst weiter ins Klare zu setzen. – Brief an *Soret:* Goethe sendet den zweiten Teil von «Notre-Dame de Paris» zurück, woran er sich nicht bis zum Schluß erbauen konnte. «Alle Spur von Wahrscheinlichkeit, natürlichem Zustand und Ereigniß verliert sich nach und nach in einem Chaos von Abominationen.» – «[...] Sonstige höhere Betrachtung, Fördernisse nicht unbedeutend. Angenehmer Brief von *Thomas Carlyle* aus Schottland, gute Aussichten gebend. Mittag *Hofrat Vogel,* wissenschaftliche, praktische, administrative Gegenstände durchsprechend. Gegen Abend *Hofrat Meyer.* Er übernahm die Bestellung der Landschaften bey *Preller* und *Kaiser* von Seiten *Ihro Kaiserlichen Hoheit* [*Maria Paulowna;* → 23. 6.]. Wir fuhren in den untern Garten. Alsdann brachte ich ihn nach Belvedere. Besuchte *Ottilien.* Wurde von Hof- und Tagsneugkeiten berichtet.» (Tgb)

Sonntag, 26. Juni. «FORTGEFÜHRTER HAUPTZWECK. [...] *Prof. [Karl August Siegmund] Schultze [Anatom, Universitätslehrer;* geb. 1795]. Sein [Systematisches] Lehrbuch der vergleichenden Anatomie [1828] und einige sonstige Programme [«Am meisten erfreue ihn (Goethe), daß ich seinen lieben *Batsch* (im Anatomielehrbuch) nach Gebühr gewürdigt und als *Vorläufer Cuviers* diesem vorangestellt habe; die *Naturforscher* hätten *Batsch* seit zwanzig Jahren völlig vergessen.» (*Schultze* an ?; GG 6860)]. [...] *Geh. Rat Schweitzer* wegen der Angelegenheit des *Volksfreundes* und der Anschaffung des *Voigtischen* Münzkabinetts [im April hatte *Philologie-Prof. Osann, Schwiegersohn des verstorbenen Staatsministers v. Voigt, Großherzog Karl Friedrich* die Sammlung zum Kauf angeboten; Goethe wird mit der Regelung der Angelegenheit beauftragt; → 21. 1. 14]. Mittag *Dr. Eckermann.* Obgedachte Schriften des *Herrn Schultze* näher betrachtet. Zwey Exemplare des *Wappenkalenders* von dem älteren Frankfurt kamen an [→ 7. 6.], auch ein dazu gehöriger Brief [von *Jakob Thomas,* dem zwölfjährigen *Enkel von Jakob v. Willemer*]. [...].» (Tgb)

Montag, 27. Juni. «[...] [Brief an] *Prof. Zelter* nach Berlin.» (Tgb): Goethe bemerkt, daß in der Musik ein «allgemein angenommener Grund» vorhanden ist. – «Ihr habt [...] eure Gesetze, eure symbolische Sprache, die jeder verstehn muß. Jeder *Einzelne,* und wenn er das Werk seines *Todfeindes* aufführte, muß an dieser Stelle das Geforderte thun. Es gibt keine Kunst, kaum ein Handwerk, das dergleichen von sich rühmen kann.» – *Felix Mendelssohns Vater* hatte sehr unrecht, *seinen Sohn* nicht nach Sizilien zu schicken, da dieser nun «eine Sehnsucht ohne Noth» behält. «Es muß in MEINEN LETZTEN SIZILIANISCHEN ODER DARAUF FOLGENDEN NEAPOLITANISCHEN BRIEFEN eine Spur sich finden, welchen unangenehmen Eindruck mir diese vergötterte Insel zurückgelassen hat [vgl. ITALIENISCHE REISE, Bericht vom 13. 5. 87] [...].» – Nicht verraten muß *Zelter,* daß das Gedicht der WANDERER bereits im Jahre 1771 [Anfang 1772; → 6./13. 4. 72] geschrieben ist, doch ist es der Vorteil des Dichters, voraus zu ahnen [*Felix Mendelssohn* hatte am 7. 5. an *Zelter* geschrieben, er glaube, zwischen Pozzuoli und Bäja das «Lokal» zu diesem GEDICHT gefunden zu haben (vgl. Mandelkow 4, 656)]. – Über die *Réligion Simonienne* urteilt Goethe: «An der Spitze dieser *Sekte* stehen *sehr gescheite Leute,* sie kennen die Mängel unserer Zeit genau und verstehen auch das Wünschenswerthe vorzutragen; wie sie sich aber anmaßen wollen, das Unwesen zu beseitigen und das Wünschenswerthe zu befördern, so hinkt sie überall. Die *Narren* bilden sich ein, die Vorsehung verständig spielen zu wollen, und versichern, jeder solle nach seinem Verdienst belohnt werden, wenn er sich mit Leib und Seele, Haut und Haar an sie anschließt und sich mit ihnen vereinigt [→ 30. 5.]. – Welcher Mensch, welche Gesellschaft dürfte dergleichen aussprechen [...].» – Zu seiner *Hugo*-Lektüre bemerkt Goethe, daß es sich um «eine Literatur der Verzweiflung [handelt], woraus [sich] nach und nach alles Wahre, Ästhetische [...] von selbst verbannt». – Insbesondere besitzen die handelnden Figuren «keine Spur von Naturlebendigkeit», der *Verfasser* geht mit ihnen «auf das unbarmherzigste» um, «doch das alles geschieht mit dem entschiedenen historisch-rhetorischen Talent». – «*John* brachte die ZELTERISCHE CORRESPONDENZ so weit sie bißher abgeschrieben. *Preller* anzeigend, daß ihm im Fürstenhaus kein Atelier angewiesen worden. Mittag *Dr. Eckermann.* Nach Tische *Hofrat Soret.* In *Galilei* gelesen. *Wölfchen* las nach seiner Gewohnheit Schauspiele. Zu *Ottilien,* wo ich *Frau v. Gerstenbergk* fand.» (Tgb)

Dienstag, 28. Juni. «Brief von *Adele [Schopenhauer],* welche das Bild von *[Jakob] Jordaens [niederländischer Maler;* gest. 1678] erinnerte und um dessen Absendung bat. [. . .] Den HAUPTZWECK nicht außer Acht gelassen [→ 24. 6.]. Kamen die Erinnerungsblätter an Weimar. Merkwürdiges Bild des *Kupferstecher Goetz,* von lobenswerther charakteristischer Ausführung im Einzelnen, durchaus aber chinesisch, ohne den mindesten Begriff von Schatten und Haltung. Alles durch Localtinten zu bewirken gesucht. *Schuchardt* zeigte seinen *Arion* vor nach *Carracci.* Um 1 Uhr [. . .] die *Frau Großherzogin* mit *Demoiselle Mazelet,* im Begriff nach Dornburg abzureisen. Mittag mit *Dr. Eckermann.* Über seine Vögel; einige muntere Unterhaltung. *Prof. Riemer.* Dazu *Hofrat Meyer.* Mit diesem Verabredung wegen der nächsten Obliegenheiten. Einrichtung *Prellers* [→ 27. 6.]. Einsicht in das *Voigtische* Münzkabinett [→ 26. 6.]. Abends bey *Ottilien.* [. . .].» (Tgb)

Mittwoch, 29. Juni. «Einiges Oberaufsichtliche.» (Tgb) – Brief an *Jakob Thomas:* Goethe dankt ihm für seine «angenehme Sendung» [→ 26. 6.; «Da ich schon so viel von Ihnen gehört habe, so möchte ich Ihnen gern eine Freude machen . . .» (der *Adressat* in seinem undatierten Brief an Goethe; Weitz, 467)] und übermittelt ihm als Dank «das Allerneuste vom Tage [. . .]: Weimar und seine Umgebung» [wahrscheinlich die beiden Kupferstiche Weimar und Tiefurt von *Eduard Lobe*] mit der Einladung zu einem Besuch in Weimar. – «[. . .] [An] *Hofrat Voigt,* Jena, Verordnung wegen des hintern Gartenflecks, auch autorisirter Anschlag der Reparatur des alten Glashauses. – Um Zwölf [. . .] der *Großherzog,* Abschied zu nehmen, nach Karlsbad gehend. *Hofrat Meyer* brachte ein Portefeuille, woraus wir zwey Zeichnungen aussuchten, wornach Gemälde bestellt werden sollten. Ferner referirte er vorläufig, wie er das *Voigtische* Kabinett gefunden [→ 28. 6.]. Übergab auch die Katalogen. Nachher für mich mit Betrachtung der Gangarten beschäftigt, das HAUPTGESCHÄFT nicht außer Augen lassend.» (Tgb)

Donnerstag, 30. Juni. «ZUM ZWECK FORTGEARBEITET.» (Tgb) – Brief an *Rochlitz:* Goethe berichtet, daß er *Kanzler v. Müller* geraten hat, jenes Schreiben des *Adressaten* niemandem zu zeigen, «unangenehme Eindrücke befürchtend» [→ 14. 6.]. – Bei den Hindernissen während des Besuchs des *Adressaten* empfand es Goethe als besonders schmerzlich, daß er «unmittelbar an dem vorzüglichen Pianoforte» gesessen hat [dessen Kauf *Rochlitz* vermittelt hatte; → 14. 7. 21], ohne daß *seine Enkel* darauf vorgespielt hätten, «um recht sinnlich auszudrücken: daß dieses Organ zu unserem häuslichen Daseyn vollkommen unentbehrlich ist». – Brief an *Grafen Sternberg:* Goethe sendet endlich das längst intendierte HEFT [METAMORPHOSE]. «Der DRITTE NACHTRAG ÜBER DIE SPIRALTENDENZ ist nur ein SUMMARISCHER AUSZUG VON MEINEN BEMERKUNGEN IN DIESER ANGELEGENHEIT. Seit jenen Winken des *Freund Martius* hab ich nicht nachgelassen, zu beobachten und zu denken. Es ist schön, wenn uns in hohen Jahren ein solches Problem, das sich aus unsern frühern Gedanken entwickelt und mit ihnen vollkommen congruirt, dargeboten wird.» – Aus dem neusten Heft der mitgeteilten böhmischen Museumszeitschrift hat sich

Goethe besonders die böhmischen Geologica zu Gemüte geführt [Jahrbücher des böhmischen Museums 1830 I 3, 280: *F. X. M. Zippe,* Über das Vorhandenseyn der salzführenden Gebirgs-Formationen in Böhmen]. – Brief an *Adele Schopenhauer:* Goethe kündigt die Rücksendung des Gemäldes an [→ 28. 6.].
– «An unsrer kleinen Haushaltung ist nichts auszusetzen, als daß *Ottilie* immer leidend ist; wie sie sich aber auf ihre Füßchen stellt, ist sie gleich wieder bey der Hand. Die *Kinder* sind allerliebst. Alles Andere hat sich, mit einiger Vernunft, so hübsch gefügt, daß wir mit dem häuslichen Gange unsrer Tage recht wohl zufrieden seyn können. Vielleicht wären wir über manches geschwinder hinausgekommen, wenn Sie uns mit Ihrer Gegenwart begünstigt hätten.» – «Kam ein Brief von *Schelvern,* mit seinem System der allgemeinen Therapie im Grundsatze der magnetischen Heilkunde. NB. War ein Brief von *David* aus Paris angekommen, die Absendung der colossalen [Goethe-]Büste verkündigend [→ 13. 9. 29]. Mittag *Hofrat Meyer.* Die gestern besprochenen Angelegenheiten nochmals vorgenommen. Ich gab ihm das neue Stück der römischen Annalen und einige Blätter Bulletins nach Karlsbad mit. Abends *Oberbaudirektor Coudray.* Die Hauptunterhaltung war die zu erwartende Büste von *David* und deren allenfallsige Aufstellung. Später bey *Ottilien,* welche sich ziemlich erholt hatte. Die *Kinder* trieben ihr Wesen dazwischen immerfort. Die [Freiberger] Gangarten vorgenommen und beachtet [→ 13. 6.].» (Tgb)
Juni. GEDICHT «DONNERSTAG NACH BELVEDERE!» [in das Stammbuch von *Ernestine Durand-Engels*].
Vermutlich vor Juli. «Goethe hatte oftmals davon gesprochen, wie er mit diesem DRITTEN HEFTE DES SECHSTEN BANDES das ganze Unternehmen [KUA] abzuschließen beabsichtige und nur noch durch die sich auferlegte unerläßliche Vollendung seines FAUST daran behindert werde.» (*Kanzler v. Müller:* Schlußwort zu «Kunst und Altertum», 1832; GG 7067)
Freitag, 1. Juli. «DEN HAUPTZWECK VERFOLGT. [...].» (Tgb) – Brief an *Schmeller:* Goethe beauftragt ihn, *Prof. Döbler* zu porträtieren. (Raabe 1, 576) – «Einige Bibliothekssachen. Mittag *Dr. Eckermann* in der Unterhaltung über seine Vogelsucht. Blieb für mich, das HAUPTGESCHÄFT fördernd. Abends *Prof. Riemer;* mit demselben bey *Ottilien.*» (Tgb)
Vermutlich Freitag, 1. Juli. «‹Wie in *Stein ausgehauen* und *angestrichen* kommt sie mir vor, die *wirkliche Welt,* gegen die *Idee* oder das Ideal, das sich Phantasie und Einbildungskraft von ihr macht. Es hat etwas schreckhaft Überraschendes, wenn man die Gegenstände, so körperlich und massiv vor sich sieht, die in der Idee zwar Form und Gestalt, aber nichts Massives und Impenetrables zeigen.› – Diese Bemerkung teilte ich Goethen eines Abends mit, und er gab mir darin völlig recht.» (*Riemer;* GG 6862)
Samstag, 2. Juli. «[...] DEN HAUPTZWECK VERFOLGT. Um 12 Uhr in den untern Garten. Einiger Aufenthalt daselbst. Die Rosen blühten um's ganze Haus und die Vegetation war gedrängt und reich. Gegen Ehringsdorf und zurück. Mittag *Hofrat Vogel.* Redaction seiner gestrigen Expedition in Jena. *Renners* gränzenlos unregelmäßiges Betragen. Verfügung dagegen. Ein liebenswürdiger Brief von *Zelter.* Die FRÜHARBEIT fortgesetzt. *Herr* und *Madame Durand* [das *Schauspielerehepaar*], *ihren Sohn* nach Münster bringend, Abschied zu nehmen. Bey *Ottilien.* Nachher *Demoiselle [Lisinka Cornelia Lina] Wange-*

mann [geb. 1819], mit einem Körbchen Erdbeeren von allen Sorten aus der Baumschule. Die Hausrechnungen wurden eingereicht.» (Tgb)

Sonntag, 3. Juli. «DAS HAUPTGESCHÄFT FORTGESETZT. Die Haushaltungs-rechnungen wurden revidirt und in die Tabelle eingetragen. *John* EINIGES MUNDUM. Mittags *Dr. Eckermann.* [...] *[Kanzler] v. Müller,* encyclopädisch alles Vorgefallene geneigt referirend [«... bei Goethe, der ganz munter war, mir sein Herculeum speciosum von enormer Höhe zeigen ließ, jedoch über *Rochlitz* sich unzufrieden mit seinen Sonderbarkeiten und Grillen aussprach.» *(Kanzler v. Müller;* GG 6863)]. Abends besucht' ich *Ottilien.*» (Tgb)

Montag, 4. Juli. «Auf den HAUPTZWECK losgearbeitet. *John* MUNDIRTE. Ein gesprächiger munterer *Engländer,* der bis tief in den Norden gereist war und die Mitternachtssonne zu Torneå [in Finnland] gesehn hatte. *Herr Seguin, ein Genfer* [vielmehr ein *Juwelier* aus Petersburg (vgl. WA III, 13, 297)], der einen großen reinen Luchs–Saphir vorwies. Ich gab ihm drey ordinäre Exemplare der METAMORPHOSE auf Verlangen des *Herrn Soret* nach Genf mit. Mittags *Dr. Eckermann.* Ich gab ihm *Diderots* Werke mit, um eine Stelle zu übersetzen. *John* fuhr fort ZU MUNDIREN. Zu *Ottilien* bis späte. *[Diener] Friedrich* war un-paß geworden.» (Tgb)

Dienstag, 5. Juli. «Den HAUPTZWECK nicht außer Augen gelassen. EINIGES MUNDUM DESSHALB. Bericht von *Schrön,* wegen abgethaner hallischer Ange-legenheit, auch Übereinkunft mit dem *Gehilfen.* Mittag *Dr. Eckermann.* Die gewöhnlichen Verhandlungen fortgesetzt. Abends *Prof. Riemer.* REVISION DER ZELTERISCHEN BRIEFE weiter geführt [→ 21. 6.]. Auch über Memoranda, Col-lectaneen und sonstige Hülfsmittel des Gedächtnisses und Denkens gespro-chen.» (Tgb)

Mittwoch, 6. Juli. «DAS HAUPTGESCHÄFT VERFOLGT. [...] *Hofrat Vogel,* wegen der *Rennerischen* Angelegenheit [→ 2. 7.]. Mittag *Fräulein Frommann, Otti-lie* und *Eckermann.* Nach Tische manches gefördert. Einiges gelesen. [...].» (Tgb)

Donnerstag, 7. Juli. «DEN HAUPTZWECK VERFOLGT. Sendung von *Herrn [Bankier] Mylius* aus Mailand eröffnet und mich mit dem Inhalt bekannt gemacht. *Oberbaudirektor Coudray* wegen des Nachbarhauses. *Revisor Geist* und *[Zeichner] Straube,* einiges Monstrose bringend und das Heracleum beschauend. *Demoiselle Seidler* mit einem Entwurf der [von Goethe] gegebe-nen Aufgabe [«Thisbe, welche an der Mauer auf die Stimme des Geliebten lauscht»]. La Calcografia [1830] del *Signor [G.] Longhi* zu lesen angefangen. Mittag *Dr. Eckermann.* Nach Tische in der Calcographie fortgefahren [«Mir nimmt dieß Werk den Dilettanten-Schleyer auf einmal von den Augen weg und ich begreife deutlich, daß ich einen Kupferstich niemals eigentlich einge-sehen habe. Nun finde ich erst, was für kostbare, von dem trefflichen *Mann* so hochgeschätzte Werke ich selbst besitze [...]. Sonst erfreut ich mich an einem geglückten Ganzen, jetzt erfahr ich von nothwendigen Strichen und Puncten wodurch es hervorgebracht wird. Wenn ich nicht zu alt bin, um bei-des zugleich zu ergründen und zu genießen, so steht mir auch noch in diesen Regionen eine anmuthige Epoche bevor.» (an *Sulpiz Boisserée,* 27. 9.)]. Gegen Abend *Ottilie,* den Inhalt des Romans Die Großtante erzählend. *Walther* spielte sehr artig auf dem Piano. *Wölfchen* war auf seine habsüchtige Art gar neckisch. – An den *Prof. Dr. Renner* Verordnung.» (Tgb)

Freitag, 8. Juli. «ANNÄHERUNG ZUM HAUPTZWECK. [...] Um 12 Uhr [...] die *Frau Großherzogin* und *Demoiselle Mazelet*. Zu Tische *Dr. Eckermann*. Um 5 Uhr mit *Prof. Riemer* spazieren gefahren um's Webicht, in den untern Garten. Mit demselben über Oberweimar nach Hause. Besuchte mich *Ottilie*. [...].» (Tgb)

Freitag, 1. / Freitag, 8. Juli. Brief an *Zelter:* Goethe beschreibt ein Gemälde: «Eine wohlgegliederte weibliche Gestalt [Danaë] liegt, nackt, den Rücken uns zukehrend, uns über die rechte Schulter anschauend, auf einem wohlgepolsterten anständigen Ruhebette [...]. Nun bemerkt man erst wohin die Schöne deutet. Ein in Karyatidenform, den Bettvorhang tragend, zwar anständig drapirt doch genugsam kenntlicher Priap ist es auf welchen sie hinweis't, um uns anzuzeigen wovon eigentlich die Rede sey. – [...] Man stellt es gern kurz nach *Paul Veronese;* es mag's ein *Venetianer* oder auch ein *Niederländer* gemahlt haben. [...]. Behalte das für dich; denn *unsern Meistern,* welche sich mit traurenden Königspaaren beschäftigen [Anspielung auf *Carl Friedrich Lessings* Gemälde «Das trauernde Königspaar» nach *Uhlands* Romanze «Das Schloß am Meer»], ist dergleichen ein Ärgerniß und den *Schülern,* die sich in heiligen Familien wohlgefallen, gewiß eine Thorheit [→ 16. 1.]. [...]. – Bey dir, mein Bester, bedarf es wohl keiner Versicherung, daß der Gegenstand auf mich nicht die geringste Einwirkung hat. Ich bewundere nur wie der echte *Künstler* die wahre Katharsis geübt hat [...]. – Goethe berichtet, daß es ihm «in jedem Sinne wohlgeht, dergestalt, daß ich mir ein vor meinem nächsten Geburtstag zu erreichendes Ziel vorgesteckt habe, das ich nicht voreilig berufen will [die Vollendung des FAUST II]. Ist es gelungen, so sollst du der erste seyn dem es notificirt wird.»

Samstag, 9. Juli. «*John* die CORRECTUREN DER ZELTERISCHEN CORRESPONDENZ VOM JAHRE 1829 UND 1828 berichtigend [→ 5. 7.]. AN DEM HAUPTGESCHÄFT FORTGEFAHREN. Um 12 Uhr *Herr v. Mülinen*, mit *Frau v. Groß*, [württembergischer] Gesandter am französischen Hof; hatte derselbe auch seine Gemahlin mit. Mittag mit *Hofrat Vogel*. Nachher *Oberbaudirektor Coudray* wegen des Nachbarhauses [Goethe beabsichtigt, das Haus Frauenplan Nr. 4 zu kaufen. Der Kauf wird 1832 realisiert und das Haus der *Familie Vulpius* zur Miete überlassen (vgl. Effi Biedrzynski, Goethes Weimar, 1992, 168)]. Später *Ottilie*. Anmeldung des *Herrn James Morier, Verfasser* des Hajji Baba [1824 ff.]. Nachforschung nach diesem Roman.» (Tgb)

Sonntag, 10. Juli. «DAS HAUPTGESCHÄFT UNUNTERBROCHEN FORTGESETZT. In dem calcographischen Werke von *Longhi* fortgefahren [→ 7. 7.]. *Herr Morier, Gattin* und ein *Dritter. Der jüngere Herr Frommann*, von einem naturhistorischen Taschenbuch sprechend, welches er mit *Hofrat Voigt* zu unternehmen gedenkt. Mittag *Dr. Eckermann*. Wir besprachen manche technologische Eigenheiten, welche bey FORTGESETZTEN POETISCHEN WERKEN zur Erscheinung kommen. Ich fing an den Hajji Baba zu lesen. Um 5 Uhr kam *Eckermann* wieder. Wir fuhren um's Webicht. In den untern Garten und über Oberweimar nach Hause. Der Tag wie der Abend waren außerordentlich schön. Hajji Baba weiter gelesen. [...].» (Tgb)

Montag, 11. Juli. «DEN HAUPTZWECK VERFOLGT.» (Tgb) – Brief an *Frau v. Reutern:* Deren Schreiben an *seine Schwiegertochter* hat ihn «tief im Innersten geschmerzt». Er hatte gehofft, ihren *Gemahl* bald bei sich zu sehen und erfährt nun von der «höchst bänglichen Lage», in der er sich befindet [*v. Reutern* ist in Livland an Cholera erkrankt]. – Den Wunsch des *Adressaten* zu erfüllen und den zwischen den «herrlich-reinlichen Arabesken gelassenen Raum durch Schrift zu verunstalten», hat sich Goethe lange Zeit gescheut, sich dann aber doch ein Herz gefaßt [→ 6. 4.]. Das Blatt liegt nun zur Absendung bereit. – «[...] Den 1. Band von Hajji Baba geendigt.» (Tgb) – Besuch *Sorets:* Goethe «se préoccupe toujours de questions relatives à la botanique. Le voilà plus enti- ché que jamais de la ‹tendance spirale›. Il m'a sérieusement affirmé qu'elle aurait sur la botanique le même effet envahisseur que la cristallographie sur la minéralogie.» (*Soret;* GG 6865) – «Mittag *Dr. Eckermann.* Jene Lectüre fort- gesetzt. Abends um 6 Uhr mit *Wölfchen* in den untern Garten. EINIGE ERWÜNSCHTE FORTSCHRITTE ZUM HAUPTZWECK. [...] *Alwine [Frommann].* Später *Ottilie* und die *Kinder.* Eine Zeitlang Aufenthalt im obern Garten. Sehr schöner Abend. [...].» (Tgb)

Dienstag, 12. Juli. «Das Barometer war stark gesunken. Ganz bedeckter Himmel. DIE VERBINDUNG GELANG MIT DER HAUPTPARTHIE. *John* MUNDIRTE. Ich las in Hajji Baba fort und fand das Werk in seiner Art immer lobenswürdiger. *Alma* war einige Stunden bey mir und ließ sich beschäftigen. Der *Hausgnome* [vermutlich ein *Diener* Goethes] besserte die Teppiche aus und gab Anlaß zu scherzhafter Vergleichung mit der persischen Lectüre. *Ottilie* wohnte der Taufe von *Parrys Knaben* bey. Die *Knaben* waren in Belvedere gewesen, um nachzu- fragen. [...] war *[Hofmedailleur] Facius* da, sich für die Aufmerksamkeit bedan- kend, die man während seiner Krankheit für ihn gehabt hatte [→ 4. 2.]. Mittag *Dr. Eckermann,* über den persischen Roman. Auch sonstige Bemerkungen über sonstige Productionen. Den 3. Band gedachten Romans geendigt. Abends mit *Prof. Riemer* um's Webicht gefahren, an den untern Garten, über Oberweimar nach Hause. Litterarische, etymologische und sonstige Verhandlungen.» (Tgb)

Mittwoch, 13. Juli. «FORTGESETZTES HAUPTGESCHÄFT. Die Marmorbüste [Kolossalbüste Goethes von *David*] von Paris war angekommen [→ 30. 6.]. *Wölfchen* schrieb sehr fleißig. Schreiben von *Boisserée* mit Münzkatalogen, von *Hofrat Meyer* aus Karlsbad. Der *junge Straube* nahm Abschied, um nach Berlin zu gehen. Ich fand ihn sehr übel aussehend und fürchtete für ihn. [...] Mittag mit *Dr. Eckermann.* Abends mit *Wölfchen* in den untern Garten. Besuchte mich daselbst *Herr Oberbaudirektor Coudray.* Besprechung wegen des Nachbarhauses [→ 9. 7.]. Abends *Ottilie.* [...].» (Tgb)

Donnerstag, 14. Juli. «EINIGE CONCEPTE. [...] *Obrist v. Lyncker* von Kötschau wegen der *Knebelischen* Hausangelegenheit [→ 25. 6.]. Gegen 12 Uhr [...] der *König [Wilhelm I.] von Württemberg* mit einem *Adjutanten. Hofrat Soret* und der *Erbgroßherzog.* Mittag mit *Wölfchen.* Nach Tische *Oberbaudirektor Coudray.* Hatte die Büste in der Bibliothek aufgemacht und sie unversehrt gefunden [→ 13. 7.]. *[Rinaldo] Vulpius* wegen des Hauskaufs an den *Oberbau- direktor Coudray* gewiesen. Abends mit der *Familie. Walther* machte seine Becherkünste recht artig.» (Tgb)

Freitag, 15. Juli. «EINIGE CONCEPTE. MUNDUM eingeheftet. *Weinhändler Will* von Schweinfurt. Nachher für mich allein. Lectüre zu den nächsten Zwecken. Mittag *Dr. Eckermann.* Gegen Abend *Prof. v. Seelus [Botaniker],* sehr zarte Pflanzenskelette vorweisend.» (Tgb) – Brief an *Kanzler v. Müller:* Goethe empfiehlt ihm *Prof. Seelus* und schlägt vor, ihn auf dem [Lese-]Museum einzuführen, wo er Musterstücke seiner Kunst vorweisen könnte. Wegen seiner Vorträge ergäbe sich dann sicher das Weitere. – «Später mit *Ottilie* in den untern Garten, eine Zeitlang in dem oberen.» (Tgb)

Samstag, 16. Juli. «[...] Manches Zurückgesetzte wieder angegriffen. Ein Heft von *Geoffroy de St. Hilaire.* Ferner ein Heft Kupfer [von *Jean Marie Leroux, französischer Kupferstecher;* geb. 1788], das Grabmal des *General Foy,* durch *David,* vorstellend [«La statue et les bas-reliefs du monument érigé à la mémoire du général Foy» (Schuchardt 1, 225, Nr. 118)]. *Hofrat Vogel* blieb aus wegen der tödlichen Krankheit der guten *Lortzing.* Deßhalb ich allein speiste und an der ferneren Ordnung der *Davidischen* Medaillone fortfuhr [→ 4. 5.]. Um 5 Uhr der kunstreiche *Prof. v. Seelus,* zeigte mir und den *Meinigen* die kunstreich skelettirten Blätter und andere dergleichen Merkwürdigkeiten vor. Dazu kam *Prof. Riemer,* mit welchem noch anderes besprach. [...].» (Tgb) – Brief an *Soret:* Goethe bestellt für 100 Taler sächsisch Medaillen bei *Bovy* [Goethe-Medaillen mit der neuen Rückseite; *Soret* hatte deren Fertigstellung gemeldet; → 21. 1.]. – Er äußert seine Freude darüber, daß der *König von Württemberg* einiges Gefallen an seiner Unterhaltung gefunden hat [→ 14. 7.], «da man immer ungewiß bleibt, inwiefern gewisse aufrichtig-heitere Mittheilungen von so *hohen Personen* dürften aufgenommen werden». – Von *Prof. Seelus* berichtet Goethe, daß er an skelettierten Pflanzenblättern «das noch nie Gesehene vorweis't, indem er die mittlere Rippe zugleich mit der abgelös'ten obern und untern Epiderm» zeigt, die gewöhnlich durch Fäulnis verloren gehen.

Sonntag, 17. Juli. «[...] Der *Frau Großherzogin,* die eingegangenen Bücher, welche zur Bibliothek eingegangen, meldend. *Herrn Hofrat Vogel,* allenfallsige Verordnung an *Renner* [→ 6. 7.] [...]. An den Münzschränken und den kleinen Bronzstatuen weiter zu ordnen und einzurichten fortgefahren. Ein freundlicher Brief von *Herrn [Legationsrat] Kestner* in Rom, Anfrage wegen eines Monuments [für *Sohn Augusts* Grab; → 9. 6.]. *Herr [Kammerjunker] v. Wegner* besuchte mich. Mittag *Dr. Eckermann.* Nachher allein, beschäftigte mich mit *Davids* Medaillons [→ 16. 7.], auch mit Münzen. *Walther* gab eine Vorstellung seiner erlernten Taschenspielerkünste. Spät *Ottilie.*» (Tgb)

Montag, 18. Juli. «Früh gebadet. *John* brachte die JAHRE 1826 UND 27 DER ZELTERISCHEN CORRESPONDENZ MIT DEN VOLLFÜHRTEN CORRECTUREN. AM HAUPTGESCHÄFT FORTGEFAHREN [→ 15. 7.]. *Prof. Seelus* gab seine Absichten etwas näher zu erkennen. Mittags *Dr. Eckermann,* dessen Vergnügen am Gelingen der HAUPTVORSÄTZE. Nachher allein. Die Dresdner Vereins-Kupfer waren angekommen. Später *Oberbaudirektor Coudray.* Der römische Cippus [für *Sohn Augusts* Grab] besprochen [→ 17. 7.]. Später *Ottilie.* Einige Tagesangelegenheiten. Angekommene Sendung von Oldenburg und London.» (Tgb)

Dienstag, 19. Juli. «IM HAUPTGESCHÄFT VORGERÜCKT. *John* MUNDIRTE.» – Brief an *Kanzler v. Müller:* An der zurückkommenden Anzeige [der Vorträge von *Prof. Seelus* im Stadthaus, die *Müller* für das «Weimarische Wochenblatt», Nr. 57 vom 19. 7. vorgesehen hat] hat Goethe nur einen einzigen Ausdruck geändert. Doch wünscht er nicht, daß sein Name bei dieser Gelegenheit genannt wird [wie *Müller* mitteilte, hatte *Froriep,* der *amtierende Vorsitzende* des Lese-Museums, die Anzeige im Namen des Museums abgelehnt]. «Ich wünsche dem wirklich merkwürdigen *Manne* alles Gute; allein da man doch nicht recht sieht, wo er zuletzt mit dem Technischen hinaus will, um praktisch-populär zu werden, so darf man mit dem besten Willen nicht weiter gehen.» – «*Oberbaudirektor Coudray,* hatte die Aquatinta nach *[John] Martin* [*Maler;* geb. 1789] besorgt. *Herr Dr. [Wilhelm] Crusius [Jurist, Rittergutsbesitzer auf Sahlis und Rüdigsdorf in Sachsen;* geb. 1790] und *Frau,* über die Dresdner Verhandlungen. Auch einiges wegen des *Kunstvereins.* Betrachtung des Belsazar von *Martin* und dessen Sündfluth. Mittag *Dr. Eckermann.* Um 4 Uhr *Prof. v. Seelus.* Erklärte mir seine Art Blätter zu skelettiren und andere Kunststücke zu geselliger technischer Unterhaltung. Um 6 Uhr *Prof. Riemer.* [...].» (Tgb)

Mittwoch, 20. Juli. Brief an *Hofrat Meyer:* Goethe berichtet, daß der Tod des *Großfürsten Konstantin [ältester Bruder Maria Paulownas,* verstorben am 27. 6., die Nachricht erreichte Weimar am 10. 7.] trübe Tage in Belvedere verursacht und er die *Großherzogin* seither nicht gesehen hat. – *Prellers* Bildentwurf in Originalgröße [vermutlich für die neuen Zimmer im Schloß] ist «recht wacker» ausgefallen und möge dem *Adressaten* und der *Großherzogin* erfreulich sein [→ 23. 6.]. – Goethe hat «den, nunmehr seit vollen vier Jahren, wieder ernstlich aufgenommenen ZWEITEN TEIL DES FAUST in sich selbst arrangirt, BEDEUTENDE ZWISCHENLÜCKEN AUSGEFÜLLT UND VOM ENDE HEREIN, VOM ANFANG ZUM ENDE DAS VORHANDENE ZUSAMMENGESCHLOSSEN. Dabey hoffe ich, es soll mir geglückt [seyn], alle den Unterschied des Früheren und Späteren ausgelöscht zu haben. [Im Konzept: Ich wußte schon lange her *was,* ja sogar *wie* ich's wollte, und trug es als ein inneres Mährchen seit so vielen Jahren mit mir herum, führte aber nur die EINZELNEN STELLEN aus, die mich von Zeit zu Zeit näher anmutheten. Nun sollte und konnte dieser ZWEITE TEIL nicht so fragmentarisch seyn, als der ERSTE. Der Verstand hat mehr Recht daran, wie man auch wohl schon an dem DAVON GEDRUCKTEN TEIL ersehen haben wird. Freylich bedurfte es zuletzt einen recht kräftigen Entschluß, das GANZE zusammenzuarbeiten, daß es vor einem gebildeten Geiste bestehen könne...] Und so ist nun ein schwerer Stein über den Bergesgipfel auf die andere Seite hinabgewälzt. Gleich liegen aber wieder andere hinter mir [besonders die Vollendung des 4. BANDES VON DUW und die REDAKTION DER NATURWISSENSCHAFTLICHEN SCHRIFTEN] [...].» – Brief an *Luise Seidler:* Goethe hält es für ratsam, ihr die unangenehme Nachricht, daß man ihr Bild in Dresden nicht behalten möchte, sogleich mitzuteilen [→ 6. 5.]. Er rät ihr, *Herrn Crusius,* der ihm dies im Auftrag von *v. Quandt* vorläufig angezeigt hatte, sogleich aufzusuchen, um dieser für sie so wichtigen Sache durch ihre Persönlichkeit vielleicht eine glücklichere Wendung zu geben. – «[...] AM HAUPTGESCHÄFT FORTGEFAHREN. Um Eilf der *junge Preller;* über seine Landschaft mit ihm gesprochen. Um Zwölf *Herr Landrat v. Linker* aus Denstedt; vieles über inländische Geschäftsverfassung und Landesverhältnisse, höchst interessantes Gespräch. Mittag *Dr. Eckermann.* Sodann *Herr Hofrat Soret* [«Nous avons parlé de Carlsbad à l'occasion de *Monsieur Meyer.* Goethe prétend qu'on ne doit jamais aller aux bains si l'on n'use pas de la précaution d'y tomber amoureux. Sans cela, c'est à périr d'ennui. ‹Aussi, poursuit-il, j'ai toujours trouvé des *Wahlverwandtschaften* ... à Carlsbad...»» (*Soret,* GG 6870)].

Später *Herr Geh. Rat* und *Leibarzt [Philipp Franz v.] Walther [Leibarzt des König Ludwig I. von Bayern;* geb. 1782] aus München und ein *Kanonikus,* bringend ein Schreiben von *Schelling.* Beyde kamen hier durch als *Begleiter der Königin von Bayern,* welche nach Doberan reiste. Später *Ottilie;* günstige Nachricht von der Vorlesung des *Prof. v. Seelus.* [. . .].» (Tgb)

Donnerstag, 21. Juli. «ABSCHLUß DES HAUPTGESCHÄFTES. [. . .] Mittag *Dr. Eckermann* und *Wölfchen. Prof. Seelus* noch einiges erläuternd und vorzeigend. Abends *Oberbaudirektor Coudray,* von dem Jubelfeste des *Amtmann Schenk* kommend und die Vorfallenheiten heiter erzählend. *Ottilie* war gegenwärtig.» (Tgb)

Freitag, 22. Juli. «DAS HAUPTGESCHÄFT zu Stande gebracht. LETZTES MUNDUM. ALLES REIN GESCHRIEBENE eingeheftet. Brief- und andere Concepte. Um 12 Uhr *französische Gesandte Herr [Alfred Graf] v. Vaudreuil [Diplomat,* 1831–1833 *französischer Gesandter* in Weimar]. Mittag *Dr. Eckermann.* Nachher [. . .] *[Kanzler] v. Müller. Prof. Seelus* noch einiges mittheilend. Um 5 Uhr spazieren gefahren mit *Prof. Riemer.* Begegnet dem *Staatsrat Schultz* und *Prof. Zelter.* Kehrten um und brachten, nachdem die *Herrn* sich im Schwane eingerichtet, den Abend miteinander zu. Wurde [. . .] mit *Herrn Schultz* seine neue Ausgabe des *Frontin* und die Einrichtung der römischen und orientalischen Wasserleitungen besprochen. War auch ein Circular der *Bergwerksgesellschaft* am Rhein zu Elberfeld eingelangt.» (Tgb)

Samstag, 23. Juli. Brief an *v. Quandt:* Da man der Arbeit von *Luise Seidler* [→ 20. 7.] «unverkennbare Vorzüge» einräumt und sie auffordert, die vorgekommenen Unrichtigkeiten zu verbessern, kann Goethe dem Wunsch der *Künstlerin,* nach Dresden zu gehen und die Mängel unter den Augen der dortigen *Kenner* zu berichtigen, seinen Beifall nicht versagen. – Aus einem Aufenthalt in Dresden würde die *Künstlerin,* der es «wirklich ernst ist, etwas zu lernen und zu leisten», große Vorteile ziehen. Goethe selbst bietet in diesem Falle seine Hilfe an und empfiehlt dem *Adressaten* diesen vermittelnden Vorschlag. – «[. . .] An die *Oberbaubehörde,* die Gewerkschul-Casserechnung. – [. . .] concipirt und vorbereitet. Kam ein Bericht von *Färbern* über die Reinigung der Thierarzeneyschule [→ 7. 7.]. Ich sprach die *Berliner Freunde* einen Augenblick, eh' sie mit *Ottilien* nach Tiefurt fuhren. [. . .] Mittag *Prof. Zelter, Staatsrat Schultz, Vogel, Eckermann* und *Ottilie.* Die beyden ersten blieben zum Thee. Wurden alte Verhältnisse und Mittheilungen wieder angeknüpft. *Zeltern* hatte ich den ANFANG DES 4. TEILS MEINER BIOGRAPHIE [DuW] mitgetheilt.» (Tgb)

Sonntag, 24. Juli. «[. . .] *Schmeller* zeichnete *Herrn Schultz.* Wir besahen Kupfer und Handzeichnungen, besonders italienische Schulen. Mittags *Zelter, Schultz, Coudray, Vogel, Eckermann* und *Ottilie.* Es wurden abermals einige Portefeuilles durchgesehen. *Herr Schultz* machte schöne Bemerkungen. Da er ein sehr aufmerksamer und selbst schöne Gegenstände besitzender *Liebhaber* ist. Man blieb zum Thee beysammen. Nach kurzen Abwesenheiten fand man sich zum Nachtessen wieder. Man klärte sich auf über verschiedene öffentliche und Privatverhältnisse. *Zelter* schenkte dem sich entwickelnden Talente *Walthers* für Musik freundliche Aufmerksamkeit und versprach ein Gleiches für die Folge.» (Tgb)

Montag, 25. Juli. «*Geh. Oberregierungsrat Schultz* nahm Abschied, nachdem wir vorher noch einige Portefeuilles durchgesehen hatten, und fuhr 8 Uhr ab. Hierauf kam *Zelter*, dem ich die KLASSISCHE WALPURGISNACHT anvertraute.» (Tgb) – Brief an die *Cottasche Buchhandlung*: Goethe sendet die Berechnung des Absatzes SEINER SÄMTLICHEN WERKE [ALH] in Abschrift unterzeichnet zurück. Das Original hat er zu seinen Akten genommen und bittet, mit derartigen Mitteilungen von Zeit zu Zeit fortzufahren [Die *Cottasche Buchhandlung* hatte am 12. 7. eine Berechnung gesandt, die seit Ende November 1829 673 verkaufte EXEMPLARE ausweist. Insgesamt sind bisher 15 206 EXEMPLARE abgegeben worden, wovon *Cotta* 11 361 als voll bezahlte EXEMPLARE abrechnet (vgl. Kuhn 2, 312 f. und Kuhn 3/2, 218 f.)]. – «[...] *Kräuter* brachte die *Voigtischen* Münzkatalogen wieder und referirte, inwiefern er sich daraus belehrt habe [→ 29. 6.]. Mittag *Herr Kanzler v. Müller*. Lebhaftes Taggespräch übergehend in unerfreuliches Politisches. Verschiedene Bildwerke vorgezeigt. Ich las in *Frontins* Werke von den Wasserleitungen. Abends war *Graf* und *Gräfin Vaudreuil* bey *meiner Frau Tochter*. Mit *Zelter* noch manches verhandelt. Abends *wir Dreie* mit den *Kindern*. *Prof. v. Seelus* hatte mir die Art vorgetragen und vorgewiesen, die Schmetterlinge abzudrucken und die Flügel dieses Insects wie die Pflanzenblätter in drey Theile zu trennen. Mir eine höchst merkwürdige und zum Nachdenken auffordernde Operation.» (Tgb)

Vor Donnerstag, 14. / Montag, 25. Juli. Brief an *Sulpiz Boisserée:* Der *Adressat* hat Goethe mit den drei letzten großen Blättern seines Domwerkes «genugsame Beschäftigung» gegeben. – «Bey dem Kölner Dom schien mir's immer wichtig, daß die *ersten Bauenden,* gleichsam im Vorgefühl einiges Mißtrauens, nicht etwa nur Wartesteine, wie man wohl zu thun pflegt, sondern Wartemauern, -Thürme und -Massen aufgeführt, damit ihre *Nachfolger* angelockt würden, da oder dort wieder einzugreifen, und auf diese Weise die Folgezeit zu Vollendung des ersten Plans in eine unausweichliche Nothwendigkeit sich versetzt sähe. – Durch Ihre Zusammenstellung glaubt man nun zu begreifen, wie diese Thätigkeit nach und nach zu einer ganz unmeßbaren Größe gelangt sey.» – Den «verehrten und geliebten *König Ludwig [I. von Bayern]*» kann Goethe dieser Tage in Gedanken gar nicht verlassen [«Er bedarf freilich auch sehr der Wünsche treuer *Freunde,* denn er hat in dieser schlimmen Zeit viel zu leiden. Die zu große Nachsicht, welche er früher mit der Presse gehabt, wird ihm jetzt bitter gelohnt...» (Boisserée an Goethe, 8. 7.) – «In München hatten sich um Weihnachten 1830 ‹Studentenspektakel› ereignet, in denen sich Unmut über die Regentschaft des *Königs* zeigte. Seitdem hatte *Ludwig* mit Widerständen auch in der Regierung zu kämpfen. Vor allem wurden seine hohen Ausgaben für die schönen Künste getadelt.» (Kuhn 3/2, 218)]. «Es war seit langer Zeit meine Furcht: es möchte, wie es jenen frommen *Bauherren* mit der Nachwelt ging, ihm schon so mit seinen *Zeitgenossen* ergehen. Doch lenkt und richtet sich so manches im Leben unvermuthet, daß uns immer Hoffnung zum Bessern übrig bleibt.» – Die Preise in den Münzkatalogen hat Goethe als «durchaus abschreckend» empfunden [→ 13. 7.]. «Sollten diese unter den *Liebhabern* gelten, so wäre meine Sammlung ganz unschätzbar [...].» – Da der Sammler aber immer verführbar ist, hat Goethe drei angebotene Münzen angestrichen, die er den *Adressaten* zu prüfen und für ihn «so bil-

lig als möglich» zu erwerben bittet. «Ich darf nur auf Originale ausgehen, als
eigentliche Belege zur Kunstgeschichte.»
Mittwoch, 20. / Montag, 25. Juli. Attestat für *Prof. Seelus:* Goethe bestätigt, daß *Prof. Seelus* in besonderen Vorträgen «bedeutende Präparate» vorgezeigt und dargelegt habe, wie diese anzufertigen seien. – Er empfiehlt ihn «größern oder kleinern Gesellschaften gebildeter Personen». (WA IV, 49, 293 f.)
Freitag, 22. / Montag, 25. Juli. «Unsres werthen *Schultz* Gegenwart hatte
auch einen ganz eignen guten Eindruck hinterlassen; indem ich mich umsah
nach den Gegenden, wo sein Interesse ihn festhielt, hab ich auch für mich
Merkwürdiges angetroffen. *Vorzügliche Menschen* gab es immer, die uns denn
auch mitunter glückliche Spuren ihres Daseyns hinterließen.» (an *Zelter,*
13. 8.)
Dienstag, 26. Juli. Brief an *Bergrat Mahr:* Goethe dankt für die geognostischen Mitteilungen und fragt an, ob die angekündigte Expedition [nach der
«hohen Tanne» zwischen Ilmenau und Stützerbach zur Klärung von Goethes
Fragen; → 19. 1.] stattgefunden habe, deren Kosten er dankbar erstatten
wird. – «[...] Vorhergängige bedeutende Unterredung [mit *Zelter*] über Vergangenes, Gegenwärtiges und Künftiges. Neu zu belebende Correspondenz.
Zelter nahm Abschied [letzter Besuch bei Goethe]. Um 8 Uhr fuhr er ab mit
Ottilien und den *beiden Knaben.* Die *Alma* hat sie für den Tag auswärts untergebracht. Mittag Dr. *Eckermann.* Nachmittags allein. Chronique [du règne]
de Charles IX. [von *Prosper Mérimée,* 1829]. Um 6 Uhr *Prof. Riemer.*» (Tgb)
Freitag, 22. / Dienstag, 26. Juli. «Dießmal [...] dächt ich, könnten wir mit
unsrer Zusammenkunft zufrieden seyn; du hast gegeben und empfangen, wir
sind unsrer alten Bezüge aufs neue gewiß geworden und werden nur desto
freudiger das was beiden wohlthut auswechseln.» (an *Zelter,* 13. 8.) – «... neulich sagte er *[Zelter]* mir: Ottilie weiß die *Jungen* zu erziehn, das hat mir noch
mein Alter [Goethe] gesagt; sie ist gut, unverdorben, ohne Eitelkeit, und daraus muß etwas kommen...» (*Doris Zelter* an Ottilie v. Goethe, 11. 4. 32; GG
6875)
Mittwoch, 27. Juli. «[...] Verordnungen [an *Renner* und *Färber*]. – Der *junge
Temler* von Kassel kommend. Um 1 Uhr *Hofrat Vogel* mit *Kapellmeister [Johann
Friedrich] Naue* von Halle [*Musikdirektor* an der dortigen Universität; geb.
1787], welcher die große musikalische Unterhaltung unternimmt. Mittag Dr.
Eckermann und *Ottilie.* Nachher *Oberbaudirektor Coudray.* Später *Ottilie.*» (Tgb)
Donnerstag, 28. Juli. «[...] An *Kontroleur Hoffmann,* Quittung der Separatcasse, auch Erinnerungen gegen die Hauptcasserechnung. – Herr *Kanzler
v. Müller* mit einem *jungen Theologen* von Frankfurt a. M., welcher sich in Jena
habilitiren will. *Demoiselle Seidler* über ihre verschiedenen Zustände und Vorsätze sprechend [→ 23. 7.]. Mittag Dr. *Eckermann.* Geistreiche Analyse poetischer Darstellungen. Mémoires de *Constant* [→ 9. 5.] und Beendigung des Hofs
von Carl IX [→ 26. 7.]. *Hofrat Meyer,* von Karlsbad zurückkehrend, Briefe und
mineralogische Packete mitbringend, von *Wiener Freunden* ihm aufgetragen.»
(Tgb)
Freitag, 29. Juli. «Oberaufsichtliche Gegenstände vorgenommen, sowie die
zunächst zu berichtigenden Etats.» (Tgb) – Brief an *Legationsrat Kestner:* «Um
nunmehr von dem Monument zu sprechen [→ 18. 7.], darf ich wohl meine

Rührung bekennen die mich ergreift, als ich [...] das Anerbieten des *Herrn Thorwaldsens* vernehme, welches ich nicht anders als höchst dankbar anzuerkennen habe, wie ich in Worten kaum auszusprechen wage [«Ich liess durch einen *Freund, den geschickten Bildhauer Lotsch* aus Karlsruhe, den Abdruck des Gesichts des theuren *Verschiedenen* nehmen, und dachte an eine Büste, oder ein Basrelief-Profil durch denselben. Als aber *Freund Thorwaldsen*... von dem Vorhaben hörte, ein solches Bildniss zu einem Grabmonumente zu verwenden, ergriff er diesen Anlass, Ew. Excellenz seine Verehrung an den Tag zu legen, und wollte sich die Sorge für das Grabmal nicht nehmen lassen; das Medaillon ist bereits fertig, und eine Zeichnung zu dem Cippus, den er dazu vorschlagen will, versprach er mir, zu diesem Briefe zu liefern... Er bittet Ew. Excellenz einige Zeilen Inschrift zu senden für die auf der Zeichnung des Steins hierzu angedeutete Stelle. Auch bittet er durch mich Ew. Excellenz, demnächst die Büste des lieben *Sohns,* welche er nach Beendigung dieses Werks beginnen will, so wie dieses, zum Geschenk von ihm anzunehmen. ...Eben tritt *Thorwaldsen* herein mit der Zeichnung, ...Zu dem dreyzehn Palmen hohen Steine schlägt er den Travertin vor, und zu den beyden Platten weissen Marmor...» (an Goethe, 5. 7.)] [...]. Mit der Absicht, den Cippus auf zwölf Palmen zu setzen, bin ich völlig einvertanden, wie denn durch einen in der Zeichnung versuchten Einbug eine recht angenehme Proportion hervortritt. Auch eine INSCHRIFT ist beygelegt, welcher ich der dortigen *Kenner* Beyfall gleichfalls wünsche [Inschrift nicht mehr vorhanden; sie lautet nach einer Notiz *Kestners,* eigenhändig geschrieben: «Goethe Fil. / Patri. / antevertens. / obiit. / Annor. XL. / MDCCCXXX.»]. – Goethe dankt für die Bemühungen um das Bild von *Carracci* [→ 9. 6.]; der *Adressat* hatte mitgeteilt, es müsse als verloren gelten]; so gewinnen seine beiden Blätter nun den Wert der Rarität. – «[...] *Wölfchen* arbeitete sehr fleißig. *Preller* kam, einen neuen Carton zu einer Landschaft vorlegend. Mittag *Hofrat Meyer,* den Aufsatz über das von *Voigtische* Münzkabinett bringend [→ 25. 7.]. *Eckermann.* Jenem zeig' ich die *Prellerischen* Cartone vor. Gab ihm den einen mit. Ingleichen das Werk von *Longhi* über die Kupferstecherkunst [→ 10. 7.]. Blieb für mich, das Nächstbevorstehende überlegend. Abends bey *Ottilien,* wo der *französische Gesandte v. Vaudreuil* mit *seiner Gemahlin* sich befand, ingleichen einem *Attaché,* [...] wozu *Herr v. Lützerode* kam.» (Tgb)

Samstag, 30. Juli. Brief an *Prof. Bachmann:* Goethe stimmt zu, die *vier genannten Männer* in die *[Mineralogische] Gesellschaft* aufzunehmen. Er bittet den *Adressaten,* ein Exemplar der alten, unbrauchbar gewordenen Diplome zu übersenden und anzugeben, welche Veränderungen bei einem Neudruck zu beachten seien. – «[...] Um 10 Uhr *Dr. Eckermann,* arbeitete mit demselben bis 12 Uhr. *Dr. Sillig* von Dresden, *Verfasser* des Catalogus artificum Graecorum et Romanorum [1827]. *Minister v. Fritsch* aus Sachsen zurückkehrend. Mittags *Hofrat Vogel, Ottilie* und *Dr. Eckermann.* Um 5 Uhr mit *Ottilien* spazieren gefahren in den untern Garten. Abends mit derselben ferneres Gespräch.» (Tgb)

Sonntag, 31. Juli. «Oberaufsichtliches fortgesetzt. Um Zehn *Dr. Eckermann.* Wir frühstückten zusammen und besprachen das Nächste. Sodann *Herren [Karl Leopold Christoph] v. Reitzenstein [sächsischer Kammerherr; geb. 1777]* und *v. Beaulieu* durch *Ottilien* [...] eingeführt. Auch *Fräulein Jenny [v. Pappen-heim]* erfreute mich durch ihre anmuthige Gegenwart. Mittag *Dr. Eckermann.* Ich machte einen Versuch, Cinq-Mars von *Alfred de Vigny* zu lesen [→ 25. 3. 30]. *Prof. Riemer* mit *seinem Sohne [Bruno]*, Abschied zu nehmen [dieser geht in die Kadettenanstalt nach Berlin; → 19. 4.].» (Tgb)

Vermutlich Ende Juli. «Den noch fehlenden VIERTEN AKT [DES FAUST II] vollendete Goethe darauf in den nächsten Wochen, so daß im August der ganze ZWEITE TEIL geheftet und vollkommen fertig dalag [→ 22. 7.]. Dieses Ziel, wonach er so lange gestrebt, endlich erreicht zu haben, machte Goethe überaus glücklich. ‹Mein ferneres Leben›, sagte er, ‹kann ich nunmehr als ein reines Geschenk ansehen, und es ist jetzt im Grunde ganz einerlei, ob und was ich noch etwa tue.» (Eckermann, 6. 6.)

Juli. GEDICHT BEDARF'S NOCH EIN DIPLOM BESIEGELT? [in das Stammbuch *Ludwig Döblers;* → 23. 6.].

Montag, 1. August. Brief an *v. Quandt:* Goethe drückt seine Freude dar-über aus, daß der *Adressat* die entstandene Differenz auf die glücklichste Weise auszugleichen bereit ist [dieser stimmt der Absicht *Luise Seidlers* zu, die Ver-besserungen an ihrem Bild in Dresden vorzunehmen; → 23. 7. (an Goethe, 28. 7.]. – Dieses Entgegenkommen wird der Verbindung mit dem *Dresdner Verein* zu Gute kommen, da man [in Weimar] «hie und da zu wanken anfängt, und dieses wohlgelittene *Frauenzimmer* überall sich und der Sache Gunst zu erwer-ben im Falle ist». – «[...] Erwiderung des *Herrn Grafen Sternberg* auf das MOR-PHOLOGISCHE HEFT [METAMORPHOSE]. Auch von *Geoffroy de St. Hilaire* theil-nehmendes Schreiben kam an. Oberaufsichtliches wurde fortgesetzt. Ich besprach das Nächste mit *Hofrat Vogel.* Mittag *Dr. Eckermann.* An dem Vor-liegenden fortgearbeitet. Abends mit *Ottilien* in den untern Garten gefahren, wo die Malvenallee sich sehr blühend ausnahm. Ich las in den neusten Minerva und Miscellen. *Ottilie* zum Thee bey *Frorieps.*» (Tgb)

Dienstag, 2. August. Brief an *Soret:* Goethe teilt ihm die Erwiderung des *Grafen Sternberg* auf ihre GEMEINSAME ARBEIT mit [→ 1. 8.]. – Brief an *Kanzler v. Müller:* Goethe hatte *Oberbaudirektor Coudray* gegenüber ausgesprochen, daß er die Aufstellung seiner Büste [von *David* auf der Großherzoglichen Bibliothek] nicht mit einer Art von Funktion verbunden wünscht [→ 14. 7.]. Nun hört er jedoch, daß man beabsichtigt, der Enthüllung einige Feierlichkeit zu geben, gegen die er nichts einwenden will, doch folgendes bemerken muß. – Auf dem Frachtbrief, der die Büste begleitete, war diese mit einem Wert von 4000 Franken verzeichnet, so daß sich Goethe dem *Künstler* gegenüber in einer bedeutenden, «wenn auch nicht gerade pecuniären Schuld» befindet [die Büste ist ein Geschenk des *Künstlers* an Goethe]. Goethe hatte die Büste auf der Großherzoglichen Bibliothek aufzustellen gedacht, weil dort *Freunden* und *Schaulustigen* der Zutritt am bequemsten offensteht. Da er nun kaum wagt, sich dieses Eigentum selbst zuzueignen, so kann er es noch weniger ver-äußern, so daß er sich und den *Seinigen* dieses Kunst- und Freundeswerk zu reklamieren vorbehält. – Wenn sich diese Erklärung mit der intendierten Feier verbinden läßt, hat er nichts dagegen einzuwenden. – Brief an *Varnha-gen v. Ense:* Goethe dankt für dessen angenehme Sendung [der *Adressat* hatte 30. 6. seine Anzeige «The Correspondence of... Sir John Sinclair...», erschienen in den «Jahrbüchern für wissenschaftliche Kritik», Juni 1831, Nr. 114 – 116, gesandt], die nach seiner Lektüre des *Sinclairschen* Werkes [→ 15. 5.] einen desto vollständigeren Eindruck auf ihn machen mußte. Er wird darin den «Meister biographischer Kunst» gewahr, mit dessen Ansichten er vollkommen übereinstimmt. – Nachdem Goethe dem *Adressaten* SEINEN ERSTEN VERSUCH ÜBER DIE HÄNDEL DER FRANZÖSISCHEN NATURFORSCHER zugeschickt hatte [→ 10. 9. 30], war sein Interesse an diesem Gegenstand «auf einem hohen Grad lebendig» und er diktierte sogleich eine Fortsetzung, die ihn in die Zeiten *Buffons* und *Daubentons* zurückführte [→ 3. 10. 30ff.]. Nun ist er aber weit davon abgelenkt. «Führe ich weiter fort, was ich nicht gerne aufgeben möchte, so send ich es zu beliebigem Gebrauch.» – «Das oberaufsichtliche Geschäft wieder angegriffen. Einiges darüber mit *Dr. Vogel.*» (Tgb) – «Früh mit *(Staatsrat) Köhler* bei Goethe, seltsamer Brief von ihm puncto der Marmorbüste von *David.*» *(Kanzler v. Müller; GG 6876)* – «*Dr. Eckermann.* Wir verhandelten die Angelegenheit wegen der *Davidischen* Marmorbüste. Er kam gegen Mittag wieder. Wir speisten zusammen. Ich bereitete manches vor.» (Tgb) – «Visite à Goethe dans l'après-dîner; nous parlons de la MÉTAMORPHOSE. Il donne quelques coups de griffe contre la théorie de *Decandolle* et prétend que la symétrie est une illusion.» *(Soret; GG 6877)* – «Abends mit *Ottilien* in den Garten, wo ein starkes aber bald vorübergehendes Gewitter eintrat. Später las ich zu Hause in *Brans* Miscellen. *Herr Geh. Rat Dr. Schweitzer,* Abschied nehmend.» (Tgb)

Mittwoch, 3. August. «[...] In oberaufsichtlichen Geschäften war das Concept zum nächsten Bericht gereinigt und umgeschrieben [EINLEITUNG Goethes zu dem von *Meyer* erstatteten Gutachten über die zu erwerbende *v. Voigtsche* Sammlung antiker Münzen; → 29. 7. (WA IV, 49, 307)]. *Hofrat Vogel* besorgte den Transport der anatomischen Präparate von der Landesdirection auf die Bibliothek. *Färber* entschuldigte sich wegen seines Ausbleibens. *Hofrat Meyer* brachte die Zeichnung von Nelumbium speciosum und ein Stengelblatt von Belvedere. [...] Um 12 Uhr *Ottilie* und *Walther* und *Wolf* zum Concert nach Erfurt. Mittags allein. *Eckermann* war auch in Erfurt. Nachher mit Ordnen der Kupfer im hintern Zimmer beschäftigt.» (Tgb)

Donnerstag, 4. August. «Weitere Vorarbeiten zum Bericht an *Serenissimum* wegen des künftigen Etats. Anderes Oberaufsichtliche, besonders den Ankauf des Münzkabinetts von *Staatsminister v. Voigt* betreffend [→ 3. 8.]. Um 12 Uhr *Ihro Kaiserliche Hoheit [Maria Paulowna]* und *Demoiselle Mazelet*. *[Schriftsteller] Hofrat Förster* von Berlin [«Gespräch über neuere Kunst und neuere Künstler;* Goethe hat an beides keinen rechten Glauben... Es fehlt unseren *Künstlern* der Grund und Boden, sie wollen etwas für sich sein, ohne rückwärts oder vorwärts zu sehen. In diesem Punkte bin ich Aristokrat, der *Künstler* muß eine Herkunft haben, er muß wissen, wo er herstammt. – *Raffael* wäre nichts geworden, wenn er die *alten Florentiner* nicht angesehen... – Er freute sich sehr, von mir *(Förster)* zu hören, daß der selige *Körner* mir den Briefwechsel mit *Schiller* vermacht hat. Für *Schiller* war ein Mann wie *Körner* ein wahres Glück, er bedurfte einen *Freund* und *Ratgeber* von solcher Treue, Gewissenhaftigkeit und Gutmütigkeit. Darin waren wir sehr verschiedener Natur. Daß *Schiller* nichts schrieb und dichtete, ohne es vorher vielfach zu besprechen; ... seinen Demetrius hätte ich fortsetzen gekonnt, so genau hatte er mich davon unterrichtet. Mir ging's anders; wenn ich etwas von meiner Muse ausgeplaudert hatte, eh' sie mich damit beschenkt, so kam dann nichts davon zustande! Er rühmte *Schillers* unsäglichen Fleiß bei seiner großen Kränklichkeit.» (*F. Förster:* Niederschrift, 4. 8.; GG 6878)] [...]. Mittags mit demselben, *Ottilien* und *Eckermann* zu Tische. Dessen merkwürdige Erzählung von einem in höchstem Grade musikalisch gebornen *Knaben.* Um 6 Uhr mit *Ottilien* spazieren gefahren, sowie später mit ihr die Erfurter Leistungen und Begebenheiten durchgesprochen.» (Tgb)

Freitag, 5. August. «Die verschiedenen oberaufsichtlichen Geschäfte sämmtlich vorwärts geführt. Haushaltungsrechnungen durchgesehen und gebilligt. *John* war mit einer neuen Tabelle beschäftigt. *[Diener] Friedrich* mundirte in Bezug auf's *Voigtische* Kabinett [→ 4. 8.].» (Tgb) – AUFSATZ ZWEI ANTIKE WEIBLICHE FIGUREN [am 6. 8. an *Legationsrat Kestner* nach Rom gesandt nebst den Zeichnungen zweier antiker weiblicher Figuren, bestimmt für das «Istituto di Corrispondenza archeologica» (vgl. NFJbGG 33, 200 ff.)]. – «*Demoiselle Seidler* nahm Abschied, auf einen Brief von *Hofrat Quandt* nach Dresden zu gehen im Begriff [→ 1. 8.]. *J. Reding, Capitaine au Service de Sa Majesté Britannique, ein vorzüglich gewandter Mann* in mittlern Jahren, der viel Welt mit klaren Augen gesehen hatte. *Einen jungen Russen* wenige Augenblicke gesprochen. *Ottilie* war mit den *Kindern* wieder nach Erfurt gefahren. Schreiben von *Herrn Soret* mit *Graf Sternbergs* Briefe. Ich nahm die Freiberger Gangsuiten wieder vor [→ 30. 6.]. Mittags Dr. *Eckermann. Hofgärtner Sckell* von Belvedere, eine merkwürdige Pflanze überbringend. Nachher allein, im Hausgarten mich aufhaltend, manches bedenkend und vorbereitend.» (Tgb)

Samstag, 6. August. «*Wölfchen* erzählte bey'm Frühstück umständlich vom Nonnenkloster zu Erfurt, das sie besucht hatten. Ich suchte den abzustattenden Bericht [über das *Voigtsche* Münzkabinett] völlig zu ajustiren [→ 5. 8.]. *Herr [Steuerrat] v. Groß* einige zweifelhafte Mineralien vorzeigend. Mittag *Hofrat Vogel* und *Ottilie*. Später *Hofrat Meyer*, besonders über *Longhis* Werke. Ich fuhr mit ihm und *Ottilien* in den untern Garten [anwesend auch *Kanzler v. Müller* (vgl. GG 6880)]. *Ihro Kaiserliche Hoheit [Maria Paulowna]* fuhren vorbey und hielten einen Augenblick an. Wir fuhren über Oberweimar zurück. *Serenissimus* waren bey mir vorgefahren gewesen.» (Tgb)

Sonntag, 7. August. «Oberaufsichtliches weiter geführt, besonders den abzustattenden Bericht [→ 6. 8.]. *Herr Dr. Danz* [der *Theologe?*] aus Jena. [...] *Fürst* und *Fürstin Scherbatow; eine früher gekannte Dame* [→ 2. 10. 27]. Nachher *Frau von Rothschild, ein junges anmuthiges Wesen*. Mittag mit *Ottilien* und *Vogel* nach Belvedere gefahren, um die Plumeria... blühend zu sehen. Sodann in den Park hinab, die drey bis vier Stämme Crataegus torminalis und ihre merkwürdigen Windungen zu betrachten [→ 20. 6.]. Abend mit *Ottilien* zugebracht.» (Tgb)

Montag, 8. August. «Das Oberaufsichtliche ferner ajustirt. [...] *General-Postdirektor Vrintz-Berberich* von Frankfurt a. M. [er überbringt einen Becher als Geburtstagsgeschenk der *Willemers* (vgl. Weitz, 259 und 468]. [...] der *Großherzog. [Obermedizinalrat] Prof. v. Froriep* mit *zwei Fremden*. Mittags *Hof-*

rat Meyer. Dr. Eckermann. Nach Tisch mit *Hofrat Meyer* nach Belvedere, von da nach dem untern Garten. Abends *Ottilie.*» (Tgb)

Dienstag, 9. August. «Die oberaufsichtlichen Geschäfte weiter geführt. Die Reinschrift des Berichtes an *Serenissimum* abgeschlossen [→ 8. 8.]. *Herr Oberbaudirektor Coudray.* Fuhr mit demselben auf die Bibliothek, die aufgestellte Büste von *David* beschauend [→ 2. 8.]. Um 1 Uhr *Herr Dr. Stolze* aus Celle. Zu Mittag [...] *[Kanzler] v. Müller, Coudray* und *Ottilie.* Nach Tische in den untern Garten, blieb daselbst bis Abends nach 7 Uhr. Große *Teegesellschaft.*» (Tgb)

Vielleicht Mittwoch, 10. August, oder etwas früher. Konzept eines Briefes an *Baron Cuvier:* Goethe drückt seine innige Dankbarkeit darüber aus, am Ziele seiner Laufbahn gewahr zu werden, wie eine *berühmte Sozietät* seinen Forschungen freundliche Aufmerksamkeit gönnt [*Geoffroy de Saint-Hilaire* hatte das ihm von Goethe gewidmete Exemplar der METAMORPHOSE der *französischen Akademie* überreicht, wofür *Cuvier* als «Secrétaire perpétuel de l'Académie» am 2. 8. dankt]. – Im Folgenden würdigt Goethe die wissenschaftlichen Anregungen, die er dem *Adressaten* verdankt, dessen unschätzbare Werke haben ihm «zum Leitstern» bei seinen Forschungen gedient.

Mittwoch, 10. August. «Oberaufsichtliches.» (Tgb) – Brief an *Soret:* Veranlaßt durch *Geoffroy* kommt nun auch eine Artigkeit der *Königlichen Akademie der Wissenschaften* zu Goethe, welche er beiliegend übersendet [der Dankesbrief von *Baron Cuvier*], zugleich das Konzept seiner Antwort. Goethe bittet, *Soret* möge sich den Inhalt ganz zu eigen machen und dann mit der ihm eigenen Anmut ausdrücken, so daß man das Gesagte in Paris gern lesen möchte. Sollte dieser mit dem Ganzen nicht zufrieden sein, erbittet Goethe seine Bemerkungen. – «[...] Unser guter *Tenorist Moltke* war gestern Abend verschieden. Vor Tische *Herr Eberwein,* mit *Demoiselle Schneider, einer angehenden anmutigen Sängerin* aus Berlin. Mittag *Dr. Eckermann.* Erzählte von *zwei neuen Schülern,* die er [zum Unterrichten] angenommen. Gegen Abend *Herr Hofrat Meyer.* Er nahm die *Kestnerischen* Gemmenabdrücke mit dem Katalog zu sich [→ 15. 6.], auch den letzten Band der österreichischen Jahresschrift. Betrachtungen über beyde. Auch wurden *Neureuthers* Pariser Lithographien [wohl «27, 28, 29 Juillet 1830 représentes en trois tableaux...» (Femmel, 361)] vorgezeigt. Sie sind aus keinem innern Beruf entsprungen. Äußere Veranlassung, seinem Genie zuwider, nöthigte ihn dazu [→ 16. 6.]. Unterdessen hat er sich immer als derselbige bewiesen. *Ottilie* und ich begleiteten den *Freund* nach Belvedere. Fuhren in den untern Garten, um der bunten Malven und der ruhigen Umgebung gewahr zu werden. Sodann die Chaussée am Webicht hin, gleichfalls wieder zurück. Die Abende wurden schon wieder kühl und feucht.» (Tgb)

Donnerstag, 11. August. «[...] Bericht über das *Voigtsche* Münzkabinett mit Beylagen an *Serenissimum.* [...].» (Tgb) – Brief an *Schatullier Otto:* Goethe erinnert daran, *Maria Paulowna* eine «schon etwas veraltete Angelegenheit» ins Gedächtnis zu rufen [die *Großherzogin* schuldet Goethe 75 Taler] und zu beseitigen. (Raabe 1, 576 f.) – «Ein Schreiben von *Herrn Soret,* mit Rücksendung der *Geoffroy St. Hilairischen* Papiere. [...] Günstiger Bericht von dem Deutsch-Amerikanischen Bergwerksverein. [...] die *Frau Großherzogin, Demoiselle Mazelet* [«Visite à Goethe le jeudi 11 août, – il était extrêmement bien; nous avons parlé longtemps circonstances et surtout de la disposition malveillante générale dans les esprits: – Goethe m'a dit que c'était aussi très remarquable dans les sciences, et qu'il approuvait tout-à-fait mon avis qui était qu'il fallait savoir être au-dessus de l'opinion...» (*Maria Paulowna:* Tagebuch; GG 6882)]. Nachher *Frau v. Tscheffkin* und [...] *[Kanzler] v. Müller.* Mittag *Dr. Eckermann* und *Wölfchen.* Gegen Abend mit *Ottilien* in den Garten gefahren. Nachher über Oberweimar und in's Webicht.» (Tgb) – GEDICHT GEGEN FRÜCHTE ALLER ARTEN [für *Frau Martius*].

Freitag, 12. August. Brief an *Soret:* Goethe dankt ihm für die französische Fassung eines Briefes [an *Cuvier;* → 11. 8.]. Um einiges näher zu überlegen, erbittet er sich das Konzept seines Schreibens zurück. – Brief an *Philosophie-prof. Bachmann:* Auch Goethe findet es dringlich, nunmehr die Form der Diplome [für die *Mitglieder der Mineralogischen Gesellschaft*] festzusetzen [→ 30. 7.]. Er hat aus den Diplomen, die er erhalten hat, beikommendes französische Muster ausgewählt und ein Blatt danach zeichnen lassen. – Der *Adressat* möge dieses vorläufige Muster mit *Frommann d. J.* besprechen und eine Probe anfertigen lassen. – «[...] *Hofrat Vogel,* einige Conflicte berührend wegen polizeylicher Anstalten. *Herr v. Conta* hatte von Karlsbad Musterchen von Sprudelsteinarten mitgebracht. [...] Mittag *Dr. Eckermann.* Fortgesetzte Unterhandlungen wegen der Redaction MANCHER UMHERLIEGENDER PAPIERE [→ 30. 5.]. Abends mit *Ottilien* auf die Kiesbruchshöhen zwischen Süßenborn und Umpferstedt [→ 13. 5.]. *Walther* trug nachher noch ganz anmuthige Melodien auf dem Pianoforte vor.» (Tgb)

Samstag, 13. August. «Sendung von Herrengossterstedt.» (Tgb) – Brief an *Zelter:* Goethe berichtet, daß die kolossale Marmorbüste von *David* «viel zu reden» gibt [→ 2. 8.]. «Ich verhalte mich ganz ruhig; denn ich habe in und mit dem kleinen Format schon genug zu thun, als daß ich begreifen könnte wie sich eine doppelt und dreyfach vergrößerte Form benehmen könnte. Indessen ist es trefflich gearbeitet, außerordentlich natürlich, wahr und übereinstimmend in seinen Theilen. Der Marmor aus den Pyrenäen, den die *französischen Bildhauer* jetzt brauchen müssen, weil auf dem carrarischen ein schwerer Zoll liegt, hat einen sehr angenehmen Ton der in's Bräunliche zieht.» – Aus den zum Wegebau benutzten Kiesbrüchen hat Goethe «neuerlich Elephanten-Backzähne von der größten Schönheit erhalten [→ 12. 8.]. Denke dir! die Oberfläche welche kaut hat Wurzeln, die aber auch wieder nachschieben [...]. – *Die Natur tut nichts umsonst,* ist ein altes Philister-Wort. Sie wirkt ewig lebendig, überflüssig und verschwenderisch, damit das Unendliche immerfort gegenwärtig sey, weil nichts verharren kann. – Damit glaube ich sogar mich der *Hegelischen* Philosophie zu nähern, welche mich übrigens anzieht und abstößt; der Genius möge uns allen gnädig seyn.» – «[...] Um 12 Uhr spazieren gefahren. Mittags mit *Hofrat Vogel.* Kamen die fremden Meynungen über die Vorsichtsmaßregeln gegen die Cholera zur Sprache [die Nachricht vom Ausbruch der Cholera in Sankt Petersburg war am 10. 7. nach Weimar gekommen]. *Herr Hofrat Meyer.* Wir brachten ihn nach Belvedere zurück; nach einer verlängerten Spazierfahrt. Abends *Oberbaudirektor Coudray.* [...].» (Tgb)

Sonntag, 14. August. «Allein beschäftigt, da *John* die oberaufsichtlichen Acten und anderes darauf Bezügliche in Ordnung brachte. *[Schauspieler] Herr*

La Roche, von Dresden kommend; über das dortige Theater, *Herrn Tieck* und anderes. *Dr. Eckermann* arbeitete im hintern Zimmer. Mit *Ottilien* in den untern Garten, die Malvenallee in ihrer vollen Blüthe zu sehen. Mittag mit *Dr. Eckermann* und *Wolf.* Sodann *Oberlandjägermeister v. Fritsch* von Karlsbad kommend, Angenehmes mitbringend. Um 5 Uhr mit *Walther* spazieren gefahren.» (Tgb)

Montag, 15. August. *«John* fuhr in den gestrigen Geschäften fort. Ich fuhr mit *Wolf* auf die *Schenkische* Ziegeley über Gaberndorf. Gewann einige hübsche naturhistorische und technische Bemerkungen. Mittag *Dr. Eckermann.* Einiges über Pfauenfedern und die Entstehung des Auges. [...] Verschiedenes concipirt. Einiges für's nächste Fest vorgearbeitet. Mémoires de *Constant,* 6. Band [→ 28. 7.].» (Tgb)

Freitag, 12. / Montag, 15. August. «Ich hatte diese Tage her des *Boccaccio* Genealogiae Deorum, auch den vorgebundenen goldenen Esel des *Apulejus* gelesen [der die berühmte Geschichte «Amor und Psyche» enthält. «Goethe wollte diese wunderschöne Fabel, die er äußerst hochschätzte, ebenfalls bearbeiten, kam jedoch, auch spät noch erinnert, nicht dazu.» *(Riemer:* Mitteilungen über Goethe, 1841; GG 6883)].» (Tgb vom 15. 8.)

Vor Mitte August. «Bekräftigen muß ich aber doch vertraulich, daß es mir gelungen ist, den ZWEITEN TEIL DES FAUST in sich selbst abzuschließen. [...] Nun bedurft es zuletzt einen recht tüchtigen Entschluß, das GANZE zusammenzuarbeiten, ich bestimmte fest in mir: es müsse vor meinem Geburtstag geschehen seyn. Und es war in der Hälfte des Augusts, daß ich nichts mehr daran zu thun wußte, das MANUSCRIPT einsiegelte, damit es mir aus den Augen und aus allem Antheil sich entfernte [→ 22. 7.]. Nun mag es dereinst die specifische Schwere der FOLGENDEN BÄNDE MEINER WERKE vermehren, wie und wann es damit auch werde.» (an *Graf Reinhard,* 7. 9.)

Dienstag, 16. August. «Einiges vorgearbeitet [...]. In den untern Garten gegangen und bis 2 Uhr daselbst verweilt. Mittags oben mit *Eckermann.* Von den Mémoires de *Constant* den 6. Band [→ 15. 8.]. Anderes bedacht.» (Tgb)

Mittwoch, 17. August. Brief an *Soret:* Wenn man einen Gedanken zwischen zwei Sprachen hin- und widerwälzt, verändert sich mit dem Ausdruck zugleich der Sinn. Auf diese Weise sah sich Goethe genötigt, seine Antwort an die *französische Akademie* [→ 12. 8.] nochmals umzuschreiben, «das Besondere wegzulassen und mehr im Allgemeinen zu bleiben». Goethe bittet, sein Schreiben näher zu betrachten und zu melden, «wobey es endlich bleiben könne». – Brief an die *Direktion des Deutsch-Amerikanischen Bergwerk-Vereins:* Goethe äußert seine Freude über die unmittelbar nach der Generalversammlung eingegangene «günstige Nachricht von einer nunmehr zu erwartenden einsichtigen Behandlung und deren vorauszusehenden glücklichen Folgen» [→ 11. 8.]. – Er fragt an, «ob es nicht möglich sey, von dem jetzigen so günstig sich erweisenden Werke Anangueo einige Stufen zu erhalten, um sich sowohl geognostisch als mineralogisch jene höchst bedeutenden Erdpuncte vergegenwärtigen zu können». – «[...] *Generalsuperintendent Röhr* mit einem in Deutschland der Sprache wegen sich aufhaltenden *Engländer [James Manning?].* Er brachte mir das 77. Stück der Geschichte der Hallischen Missionsanstalten. Mittag mit *Dr. Eckermann* und *Wölfchen. Herr Hofrat Meyer* brachte

den Aufsatz über die *Kestnerischen* geschnittenen Steine [→ 10. 8. − «Nach-mittags kurze Zeit bei Goethe, der nicht eben liebenswürdig war, wie sehr oft, wenn *Meyer* dabei ist. Er wollte sich nicht über *(Steinzeichner?)* Müllers Zeichnung aussprechen, schimpfte auf *Hufelands Griechen*-Kollekte (dieser veröffentlichte mit Erlaubnis des *preußischen Königs* in den Zeitungen einen Aufruf, für die notleidenden *Griechen* zu spenden; vgl. Grumach, 372) und wehrte ab, als ich ihm aus dem Globe vorlas.» *(Kanzler v. Müller;* GG 6885)].
Mit *Ottilien* begleitete ich ihn nach Belvedere, über Oberweimar zurück. Vorarbeiten für die nächsten Tage überdacht.» (Tgb)

Donnerstag, 18. August. «War das verzierte Petschaft, [Goldenes, email-liertes Petschaft mit einer Schlange, deren Kopf den Schwanz berührt, und der Inschrift OHNE HAST, ABER OHNE RAST, gearbeitet von den *Goldschmieden Salter, Widdowson* und *Tate,* Geburtstags-]Geschenk *englischer Freunde* [darun-ter *Carlyle, Walter Scott, William Fraser* und *William Wordsworth*], angekom-men, mit Büchern und Heften. Gelesen und betrachtet. Um 11 Uhr *Herr v. Conta* von Karlsbad und einer sonstigen geognostischen Reise einiges erzäh-lend und vorlegend. Halb Zwölf *[Schauspielregisseur] Herr Durand,* die Aufführ-rung von MAHOMET besprechend. Um Zwölf *Kaiserliche Hoheit [Maria Pau-lowna]* und *Demoiselle Mazelet.* Der prägnante Augenblick ward beherzigt [vgl. GG 6886]. Mittag mit *Dr. Eckermann.* Einige hohe sittlich-asotische Puncte besprochen. [...] *[Kanzler] v. Müller.* Schreiben von *Graf Reinhard* bedacht und das wunderliche diplomatische Verhältniß [*Nachdem Reinhard* im September 30 zum *französischen Gesandten* am königlichen Hof in Dresden und an den her-zoglich-sächsischen Höfen ernannt worden war, kamen ihm nun Gerüchte zu Ohren, daß er abberufen werden sollte. *Außenminister Sebastiani* ernannte Ende Juni 31 *Herrn v. Vaudreuil* zum *französischen Gesandten* in Weimar [→ 22. 7.], obwohl der *Gesandte* in Dresden üblicherweise auch in Weimar akkredi-tiert war. *Reinhard,* dem diese Ernennung durch Zeitungsmeldungen bekannt wurde, betrachtete sie als persönliche Kränkung und sprach sich in Briefen an *Kanzler v. Müller* vom 24. 5. und 15. 8. darüber aus. (vgl. Reinhard-Briefwech-sel, 548 f.)]. Einiges vorgewiesen und mitgetheilt. Das angekommene Pet-schaft. Das Monument von General Foy [von *David;* → 16. 7.].» (Tgb)

Donnerstag, 18. / Freitag, 19. August. GEDICHT AN DIE FÜNFZEHN FREUNDE IN ENGLAND.

Freitag, 19. August. Brief an *Carlyle:* Goethe sendet ihm sein DANKGE-DICHT [→ 18./19. 8.], das auch an die *Freunde* nach London abgegangen ist, deren Geschenk ihm «ein so außerordentliches als unerwartetes Vergnügen» bereitet hat. − «[...] *Landesdirektionsrat Töpfer,* welchen lange nicht gesehen, der nach seiner Weise manches Interessante mittheilte. Nachmittags mit der englischen Sendung beschäftigt. *Ottilie* und die *Kinder* im Schießhause. Kamen um 9 Uhr zurück und besprachen noch das Vorgefallene.» (Tgb)

Vermutlich Freitag, 19. August. Konzept einer Zuschrift an *Kupferstecher Leroux* [wahrscheinlich dem Brief an *David* beigegeben]: Goethe würdigt des-sen Kupfer [des *Davidschen* Monuments des Generals Foy; → 16. 7.] als «vor-zügliche» Arbeit. «Ich will hier nur der Basreliefe gedenken [sie zeigen Porträts zahlreicher *Zeitgenossen*], welche in ihrer Art einzig genannt werden können [...].» (WA IV, 49, 315)

Samstag, 20. August. Brief an *Bildhauer David:* Goethe versichert, die Marmorbüste «mit lebhaft dankbarer Empfindung» aufgenommen zu haben «als ein Zeugniß des Wohlwollens eines unmittelbaren *Geistesverwandten,* als einen Beweis der Auflösung strenger Nationalgränzen, und wir glauben dadurch uns der erhabenen Intention des Gebers angenähert zu haben [→ 2. 8.]». – Brief an *Zelter:* Dessen Sendung einer solchen Anzahl von [38] Kupferstichen [des *Radierers* und *Kupferstechers Georg Friedrich Schmidt;* eines *Großonkels des Adressaten;* gest. 1775] ist für Goethe von «ganz besonderer Bedeutung», zumal *Longhi* ihn in seinem Werk über die Kupferstecherkunst speziell hervorhebt [→ 7. 7.]. – Da es die *«guten lieben Weimaraner»* nicht lassen können, seinen Geburtstag zu feiern, wird er sich wohl in diesen Tagen, wenn auch nicht weit, entfernen. Dergleichen wohlgemeynte Huldigung persönlich abzuwarten, wird mir immer unmöglicher. Je älter ich werde, seh ich mein Leben immer lückenhafter, indem es andere als ein Ganzes zu behandeln belieben und sich daran ergötzen. [...]. – Aus England ist mir eine *Übersicht der deutschen Literatur* zugekommen, geschrieben von *W. Taylor* [«Historic Survey of German Poetry»], der vor vierzig Jahren in Göttingen studirte und daselbst die Lehren, Meynungen und Phrasen, die mich vor sechzig Jahren schon ärgerten, nun auf einmal losläßt. Die gespensterhaften Stimmen der *Herrn Sulzer, Bouterwek* und *Consorten* ängstigen uns nun ganz als Nachklänge von Abgeschiedenen. *Freund Carlyle* dagegen wehrt sich musterhaft und dringt bedeutend vor [...].» – Brief an *v. Henning:* Goethe drückt seine Freude darüber aus, daß dieser es nicht unterläßt, die FARBEN-LEHRE durch seine Vorträge zu verbreiten [der *Adressat* liest im Sommersemester zum zehnten Male über dieses Thema (an Goethe, 9. 8.]. – «Nichts ist schwerer als daß der *Mensch,* dem man das *Eine Fruchtbare* überliefert, es bey sich auch fruchtbar werden lasse.» – «[...] [Brief an] *Baron v. Cuvier* [die nicht überlieferte französische Fassung von *Soret;* → 17. 8. (vgl. WA IV, 49, 317 ff.] [...]. Die Sendung von *Carlyle* näher angesehen. Die Karlsbader geognostische Sammlung für *Herrn v. Groß* näher bereitet [→ 12. 8.]. *Kräuter* brachte das Verzeichniß der *Voigtischen* numismatischen Bücher [→ 11. 8.]. Briefconcepte und Munda für morgen vorgearbeitet. Spazieren gefahren. Mittag *Hofrat Vogel* und *Ottilie.* In *Carlyles* Mittheilungen fortgelesen. *Hofrat Meyer* sprach nicht ein. Ich fuhr mit *Ottilien* an dem Vogelschießen vorbei. Abends sie und die *Kinder.* Allerley lustige Geschichten vom Betragen der *fremden Vorübergehenden. Walther* spielte recht artig und unterhaltend.» (Tgb)

Sonntag, 21. August. Brief an *Staatsminister v. Fritsch:* Goethe übermittelt einen Brief des *Bibliothekars Göttling,* worin dieser vermeldet, daß ihm die Rektorstelle in Schulpforta mit bedeutendem Einkommen angetragen worden sei. *Göttling* erbittet nun Goethes Rat, der nur darin bestehen kann, sich mit der Angelegenheit an die höchsten Behörden zu wenden. «Der allgemeine Wunsch, daß er möge erhalten werden, schließt sich an den seinen, und ich melde nur vorläufig, was sich ereignet, da Ew. Excellenz am besten übersehen, ob die angedeutete Verbesserung ihm allenfalls könne zu Theil werden.» (Raabe 1, 577 f.) – «[...] die Mittheilungen von *Carlyle* mit vielem Antheil gelesen. *Hofrat Vogel,* welcher mit dem *Prosektor Burgemeister* über die Veterinärschule und deren Mängel gesprochen hatte [→ 23. 7.]. Ich nahm die *von*

Großische Karlsbader Sammlung vor [→ 20. 8.]. *Herr Staatsminister v. Fritsch* wegen der *Göttlingischen* Angelegenheit. Der *junge Frommann, einen Freund Stüve* von Osnabrück oder vielmehr von Hannover einführend. Interessante Aufklärungen über jene Zustände. Mittag *Dr. Eckermann.* Das Nächste ward besprochen. Ich fuhr fort *Carlyles* Mittheilungen zu lesen. Abends *Oberbaudirektor Coudray.* Er verlangte das englische Petschaft zu sehen [→ 18. 8.] und besprach anderes für die nächsten Tage. *Ottilie* und die *Kinder* waren nach den Bereitern gegangen und referirten später was sie gesehen und wie sie es gesehen.» (Tgb)

Montag, 22. August. «[...] [Brief an *Prof.*] *Göttling,* wegen des *Voigtischen* Katalogs [Auftrag, das Verzeichnis der *Voigtschen* numismatischen Bibliothek mit den Beständen der Jenaer Universitätsbibliothek zu vergleichen; → 20. 8. (WA IV, 49, 321 f.)]. Antwort wegen seiner Angelegenheit [*Göttling* kann in Jena gehalten werden (vgl. Raabe 2, 335)]. – Um 12 Uhr mit *Ottilien* spazieren gefahren. Mittags mit *Dr. Eckermann.* Abends mit *Ottilien* und *Walther* am Vogelschießen vorbey und um's Webicht.» (Tgb)

Dienstag, 23. August. «Oberaufsichtliches concipirt und mundirt. Um 11 Uhr *Herr Graf [Leo]* und *Gräfin Henckel.* Um 12 Uhr *Ihro Kaiserliche Hoheit [Maria Paulowna]* und *Demoiselle Mazelet;* die prägnanten Vorfälle des Tags durchgesprochen. *Ihro Hoheit* verehrten mir ein Reiseportefeuille. Mittags *Dr. Eckermann. Prof. Bachmann* berichtet mit Sendung eines Probedrucks vom Diplom [→ 12. 8].» (Tgb)

Mittwoch, 24. August. «Kam ein Brief von *Carlyle* aus London an.» (Tgb) – Brief an *Prof. Bachmann:* Goethe stimmt der vorgeschlagenen Einfassung der Diplome zu. – Nach seiner Meinung sollten vorerst nur wirksame *Mitglieder* [in die *Mineralogische Gesellschaft*] aufgenommen werden mit der Bedingung, «daß sie aus ihren Gegenden entweder entschiedene Exemplare von bedeutenden Mineralien oder geognostische Notizen und Bemerkungen einsendeten». – «[...] Um 12 Uhr spazieren gefahren. Mittags mit *Dr. Eckermann. Herr Hofrat Meyer.* Brachte mit Vorbereitungen zur Abreise zu.» (Tgb)

Donnerstag, 25. August. «[...] Alles Nöthige zusammen gepackt. Kam *[Schriftsteller] Hofrat Förster* mit *Familie* [«... lagen ZWEI STARKE FOLIOBÄNDE, MANUSKRIPTE enthaltend, auf seinem [Goethes] Arbeitstische, und auf diese zeigend, sagte er: ‹Unter sieben Siegeln liegt hier der ZWEITE TEIL DES FAUST verschlossen; erst aber, wenn ich es nicht mehr imstande sein werde, mögen andere ihre Hand daran legen.› ... – Ich suchte das Gespräch wiederum auf die Bearbeitung des FAUST für die Bühne zu leiten, und Goethe stimmte meiner Ansicht bei, daß die großen Dramen und Tragödien in alter wie in neuerer und neuester Zeit nur durch die Vorstellungen auf der Bühne zu allgemeinem Verständnis und allgemeiner Anerkennung gelangt wären. ‹Aber eben die *Bearbeitung*›, bemerkte Goethe, ‹das ist der schwierige Punkt, zumal bei einem Drama wie der FAUST, bei welchem der Dichter von Haus aus gar nicht an eine Aufführung auf der Bühne gedacht hat. Hält es doch schwer genug, selbst die gedrungensten Stücke *Shakespeares,* der doch ausdrücklich nur für die Darstellung schrieb, für *unser* Theater bühnengerecht zu bearbeiten.›» (*F. Förster:* Aus dem Nachlaß, 1873; GG 6889)]. Speiste derselbe *mit uns.* Der musikalische *Knabe* spielte bedeutend auf dem Flügel [*Karl Eckert,* geb. 1820, *Musiker* und *Komponist*, später *Direktor* der Kaiserlichen Oper in Wien, der *Pflegesohn Försters*. – Er gilt als *Wunderkind* und spielt seine Komposition des ERLKÖNIGS auf dem Klavier vor, *Försters Frau* singt dazu (vgl. GG 6888)]. Nach Tische [. . .] *[Kanzler] v. Müller, Fräulein Ulrike [v. Pogwisch], Oberbaudirektor Coudray.* Später *Oberlandjägermeister v. Fritsch. Frau Prof. Riemer*, von Berlin kommend, brachte ein anmuthiges Geschenk zum Geburtstag [einen Teller aus *Kunckelschem* Purpurglas].» (Tgb.)

Freitag, 26. August. «Wolkiger regenloser Tag. Früh halb Sieben aus Weimar [«Die dießmal sehr gesteigerte Feyer des 28. August, welche zu dämpfen ich kein Recht hatte, glaubte ich nicht in der Nähe bestehen zu können. Deshalb verfügte ich mich mit meinen *beiden Enkeln (Walther* und *Wolf* sowie *Diener Friedrich Krause*) nach Ilmenau, um die Geister der Vergangenheit durch die Gegenwart der Herankommenden auf eine gesetzte und gefaßte Weise zu begrüßen. (an *Graf Reinhard,* 7. 9.) – Über Berka, Tannroda, Kranichfeld, Barchfeld, Dienstedt, Groß-Hettstedt]. Nach 12 Uhr in Stadtilm [«Im Hirschen . . . (abgestiegen), wo das Mittagessen für diesmal sehr einfach war, indem sie sich auf keine besonderen *Gäste* vorbereitet hatten . . .» (*G. F. Krause:* Tagebuch; GG 6892)] [. . .]. Um 3 Uhr ab [Man fuhr weiter «bis ungefähr eine Viertelstunde vor Gräfenau, wo der Herr Geh. Rat ausstieg und so eine ganze Strecke zu Fuß ging, um teils das schöne Wetter, teils die reizende Umgebung, welche ein schönes Panorama bietet, zu genießen». (ebenda)], nach Sechs in Ilmenau [abgestiegen im Gasthof zum Löwen]. Die *Kinder* waren munter und befriedigten überall ihre Neugierde.» (Tgb)

Samstag, 27. August. «Ganz heiterer Himmel wie selten in diesem Sommer. [. . .] Früh halb 5 Uhr aufgestanden. Mit den *Kindern* gefrühstückt. Sodann *Rentamtmann Mahr* [«Seine Freude war, wie er (Goethe) sagte, sehr groß, die hiesige Gegend, welche er seit dreißig Jahren nicht wieder besucht hatte, da er doch sonst so oft und so viel hier gewesen, wieder zu sehen.» (*J. Ch. Mahr:* Goethes letzter Aufenthalt in Ilmenau, 1855; GG 6896)]. *[Diener] Friedrich* ging mit den *Kindern* durch die Gebirge auf den Gickelhahn. Ich fuhr mit *Herrn Mahr* auch dahin [Goethe erkundigt sich nach geognostischen Neuigkeiten aus der Gegend und wünscht, das ihm aus früherer Zeit her merkwürdige Jagdhäuschen auf dem Gickelhahn zu sehen. «Also fuhren wir beim heitersten Wetter auf der Waldstraße über Gabelbach. Unterwegs ergötzte ihn der beim Chausseebau tief ausgehauene Melaphyr-Fels, sowohl wegen seines merkwürdigen Vorkommens mitten im Feldsteinporphyr als wegen des schönen Anblicks von der Straße aus. Weiterhin setzten ihn die nach Anordnung des *Oberforstrats König* in den Großherzoglichen Waldungen angelegten Alleen und geebneten Wege in ein freudiges Erstaunen, indem er sie mit den früher äußerst schlechten, ihm sehr wohl bekannten Fahrstraßen auf den Wald verglich. Ganz bequem waren wir so bis auf den höchsten Punkt des Gickelhahns gelangt, als er ausstieg, sich erst an der kostbaren Aussicht auf dem Rondell ergötzte, dann aber die herrliche Waldung freute und dabei ausrief: ‹Ach! hätte doch dieses Schöne mein guter *Großherzog Carl August* noch einmal sehen können!› Hierauf fragte er: ‹Das kleine Waldhaus muß hier in der Nähe sein? Ich kann zu Fuß dahin gehen, und die Chaise soll hier so lange warten, bis wir zurückkommen.› Wirklich schritt er rüstig durch die auf der Kuppe

des Berges ziemlich hochstehenden Heidelbeersträuche hindurch, bis zu dem
wohlbekannten zweistöckigen Jagdhause, welches aus Zimmerholz und Bret-
terbeschlag besteht. Eine steile Treppe führt in den obern Teil desselben. Ich
erbot mich, ihn zu führen; er aber lehnte es mit jugendlicher Munterkeit ab,
ob er gleich tags darauf seinen zweiundachtzigsten Geburtstag feierte ...
Beim Eintritt in das obere Zimmer sagte er: ‹Ich habe in früherer Zeit in
dieser Stube mit meinem Bedienten im Sommer acht Tage gewohnt und
damals einen KLEINEN VERS hier an die Wand geschrieben. Wohl möchte ich
diesen VERS nochmals sehen, und wenn der Tag darunter bemerkt ist, an welchem es geschehen, so haben Sie die Güte, mir solchen aufzuzeichnen (→ 6.
9. 80).› Sogleich führte ich ihn an das südliche Fenster der Stube, an welchem
links mit Bleistift geschrieben steht: ÜBER ALLEN GIPFELN IST RUH, / In allen
Wipfeln spürest du / Kaum einen Hauch. / Es schweigen die Vöglein im
Walde; / Warte nur, balde / Ruhest du auch. – [...]. Goethe. // Goethe über-
las DIESE WENIGEN VERSE, und Tränen flossen über seine Wangen. Ganz langsam zog er sein schneeweißes Taschentuch aus seinem dunkelbraunen Tuch-
rock, trocknete sich die Tränen und sprach in sanftem, wehmütigem Ton: ‹Ja,
warte nur, balde ruhest du auch!›, schwieg eine halbe Minute, sah nochmals
durch das Fenster in den düstern Fichtenwald, und wendete sich darauf zu
mir, mit den Worten: ‹Nun wollen wir wieder gehen.› – Ich bot ihm auf der
steilen Treppe meine Hülfe an, doch erwiderte er: ‹Glauben Sie, daß ich diese
Treppe nicht hinabsteigen könnte? Dies geht noch sehr gut. Aber gehen Sie
voraus, damit ich nicht hinuntersehen kann.› Wieder erwähnte er in dieser
wehmütigen Stimmung den Verlust ‹seines guten *Großherzogs Carl August*›.
Auf dem Rückwege nach der Allee, wo der Wagen wartete, fragte er, ob auf
der Kuppe des Gickelhahns auch das Vorkommen des verschmolzenen Quar-
zes, wie auf der hohen Tanne bei Stützerbach, stattfinde? worauf ich erwiderte, daß derselbe sehr zerklüftete bleiche Quarzporphyr ebenso wie dort auf
jener Höhe vorkomme und solches fast allen höchsten Punkten des nordwest-
lichen Teiles des Thüringer Waldes eigentümlich sei. Er sagte darauf: ‹Dies ist
eine sonderbare und merkwürdige Erscheinung und kann vielleicht künftig zu
bedeutenderen Schlüssen in der Geognosie Veranlassung geben ... (Es) können auch die meteorologischen Beobachtungen, wenn solche unermüdet fortgesetzt werden, gewiß noch zu bedeutenden Resultaten führen.› Beim Wagen
angelangt, ergötzte er sich nochmals an der herrlichen Aussicht und der köstlichen Umgebung, deren Anblick bei so reinem Himmel ein besonders günstiger war ...» (ebenda)] [...]. Das Gabelbacher [Jagd-]Haus besehen. Die
Chaussée mit Bewunderung bis zum Auerhahn befahren. Um 2 Uhr waren
wir zurück. Zu Mittag blieb derselbe *[Mahr]* zu Tische. Wir besprachen das
problematische Gestein auf der hohen Tanne, wovon er Musterstücke und
Beobachtungen im Wechsel nach Weimar gesendet hatte [→ 26. 7.]. –
[«... von den *beiden Enkeln* (wurden) die abenteuerlichen Wege durch die
Fichtenwälder, da sie bisweilen die steilsten Abhänge hinauf- und hinunterge-
gangen waren, sehr malerisch geschildert ... Der erhabene Apappa (so nannten ihn seine *Enkel*) hatte seine herzliche Freude darüber, wie seine freundlichen Gesichtszüge verrieten.» (ebenda)]. Er *[Mahr]* führte die *Kinder* auf das
Kammerberger Kohlenbergwerk, von da über den Langenbach und den

Gabelbach zurück. Ich war zu Haus geblieben und las in *[K.] Herzogs* altdeutscher Litteratur [«Geschichte der deutschen Nationalliteratur»] und *von Knebels* Übersetzung des *Lukrez* neue Ausgabe. Seltsamster Kontrast! [Deine
(Knebels) liebwerthe Sendung... kam glücklicher Weise mir in dem Augenblicke zu Handen, als ich, in Ilmenau am Fenster stehend, deine Wohnung,
wo du an dem trefflichen Werke schon emsig gearbeitet hattest, in der Nähe
sehen und den Platz davor in seiner grünen Baumreihe wieder erkennen
durfte... ich konnte, meistens in ununterbrochener Stundenfolge, bey meinem dortigen Aufenthalt die drey ersten Bücher ungestört durchlesen. Sie
waren mir nicht neu, aber höchst willkommen, und ich darf wohl sagen,
wahrhaft rührend: wie sich *jene edle Seele (Lukrez)* auf den Fußpfaden seines
Meisters (Epikur) eben da abmüdet, wo wir, wenn wir nicht das Gleiche thun
wollen, uns demüthig bescheiden müssen. Dieß war mir dießmal ein großer
Gewinn...» (an *Knebel,* 21. 10.)].» (Tgb)
   Sonntag, 28. August. «Heiterer Sonnenschein, doch wolkig. [...] Früh
nach Fünf aufgestiegen.» (Tgb) – Brief an *Amalie v. Levetzow* [eigenhändig]:
«Heute, verehrte Freundin, auf dem Lande, freundlich veranstalteten Festlich-
keiten ausweichend, stelle ich jenes Glas vor mich, das auf so manche Jahre
zurückdeutet, und mir die schönsten Stunden vergegenwärtigt [→ 28. 8. 23].
– Nach, so wundersam unerfreulichen Schicksalen, welche über mich ergangen, an denen Sie gewiß herzlichen Antheil genommen, wende ich mich wieder zu Ihnen und *Ihren Lieben,* einige Nachricht erbittend, die Versicherung
aussprechend: Daß meine Gesinnungen unwandelbar bleiben.» – «Mit *Wölfchen* gefrühstückt. Der gute *Walther* setzte sein Morgenschläfchen fort. Der
Stadtmusikus [Merten] brachte ein Ständchen. *Fünfzehn Frauenzimmerchen* in
weißen Kleidern ein Gedicht [des *Superintendenten Schmidt*] und Kranz auf
einem Kissen bringend. *Herr [Oberlandjägermeister] v. Fritsch,* welcher gestern
Abend angekommen war. *Rentamtmann Mahr.* Gegen 8 Uhr fuhren alle in
zwey Chaisen [über Roda] nach Elgersburg [«...um die herrliche Felsen-
gruppe des Körnbaches zu sehen.» *(Mahr,* GG 6896)]. Auf dem unbequemen,
aber sehr interessanten Wege über Roda. Die *Kinder* sahen die Porzellanfabrik.
Wir fuhren auf die Massenmühle, welche zwischen Felsen ein allerliebstes
Bildchen macht. Auch wurde auf dem Weg dahin der Widerschein des Schlosses im Teiche nicht versäumt [«Eigenhändig schrieb er seinen Namen in das
in der Porzellanmassenmühle ausgelegte Stammbuch für Fremde...» *(Mahr,*
ebenda)]. In Elgersburg trafen wir wieder auf die *Kinder,* die das Schloß noch
besehen wollten. Wir fuhren über Martinroda zurück; begrüßten unterwegs
die dicke Eiche, die ich nun schon bald sechzig Jahre kenne. Zu Mittag *Herr
v. Fritsch, Mahr,* die *Kinder.* Nach Tische die *Herren Justizamtmann Schwabe,
Superintendent Schmidt, Burgmeister Conta* [«Auf Goethes Gesicht malte sich
die größte Heiterkeit, und die froheste Laune hatte ihn begleitet.» *(Mahr,* GG
6896)]. *Herr v. Fritsch* und *Mahr* fuhren mit den *Kindern* nach der langen
Wiese zum Vogelschießen. Ich setzte obige Lectüre [des *Herzogschen* Werkes]
mit manchem Kopfschütteln fort. [...] war ein *Bote* von Weimar mit allerley
Sendungen gekommen. Gegen Abend lebhaftes aber kurzdauerndes Gewitter.
Blitz, Donner und Regen. Um halb Acht jene zurück [«Abends ließ ich *(Mahr)*
mit Janitscharenmusik die ganze *Kammerberger Bergknappschaft* mit ihren Gru-

benlichtern aufziehen und ihm eine Abendmusik vor dem Gasthof zum
Löwen bringen; wobei die Bergknappen auch ‹den Bergmann und den Bauer›
dramatisch aufführten. Das erfreute ihn ganz besonders, hauptsächlich wegen
seiner *beiden Enkel*. Mit Vergnügen erinnerte er sich des Stückes aus früherer
Zeit, da er noch mit dem *Geh. Rat v. Voigt* die Immediatkommission des hiesigen Silber- und Kupferbergbaues bildete.» (ebenda)] [...].» (Tgb) – In Weimar wird Goethes Geburtstag unterdessen «durch [die] Aufstellung seiner
kolossalen, herrlich gelungenen Marmorbüste von *David* in Paris auf der
Bibliothek mit Gesang, Rede und Musik, dann durch ein Diner von *zweihundert Personen* [gefeiert; → 2. 8.].» (*Kanzler v. Müller* an Julie von Egloffstein,
1. 9.; GG 6895) – «[...] die *Großherzogin* giebt Ihnen zu Ehren die erste diesjährige Cour in Belvedere, die sich unmittelbar unserm Mittagsmahl anschließen wird.» (*Kanzler v. Müller* an Goethe, 28.8.)
    Vielleicht Sonntag, 28. August. GEDICHT DANKBARE ERWIDERUNG [an
Jenny v. Pappenheim für ihr Geburtstagsgeschenk, ein Paar bestickte Pantoffeln].
    Montag, 29. August. Brief an *Schwiegertochter Ottilie* [eigenhändig]:
«Schönsten Dank für den freundlichen Gruß und für das Gesendete! [...]. –
Grüße *Alma* schönstens und fahre fort uns alle zu lieben und zu dulden!» –
Brief an *Kanzler v. Müller:* «Tausendfach verpflichteten Danck für alles Eingeleitete, Gethane, Gesendete [...]. Auch ist gar manches zu vermelden, von
der Wallfahrt zu den Stellen früherer Leiden und Freuden, reiche Betrachtungen aufdringend. Ich entschließe mich das Concept eines TAGEBUCHS mitzu-
senden, um den Boten nicht durch Reinschrift aufzuhalten.» – «Früh gegen 6
Uhr mit *Wölfchen* gefrühstückt. Die *Kinder* zum *Rentamtmann Mahr.* Derselbe
und *[Oberlandjägermeister] v. Fritsch* mit den *Kindern* in die Puppenfabrik. Ich
blieb zu Hause. Um 1 Uhr zu *Herrn v. Fritsch;* speisten daselbst. Nach Tische
besucht' ich den [...] *Hofkommissär Hetzer* [«welcher in gleichem Alter mit
ihm war ... bei welcher Gelegenheit er sich mit großer Lebhaftigkeit der frü-
hesten Jugendjahre mit ihm erinnerte, wie sie sich beide in Frankfurt am Main
kennen gelernt hatten.» (*Mahr*, ebenda)]. Jene *Herren* fuhren mit den *Kindern*
in die Eisengießerey nach Amt Gehren. Ich setzte jene Lectüre [des *Herzogschen* Werkes] fort. Sie kamen halb 9 Uhr zurück.» (Tgb)
    Dienstag, 30. August. «[...] Mit den *beiden Kindern* gefrühstückt. Ich fuhr
allein auf der Chaussée bis gegen Martinroda. Beobachtete noch einmal die
dicke Eiche. Fuhr alsdann um die Stadt herum, gegen Langewiesen zu. Ferner
die neue Chaussée nach Frauenwalde bis auf den Auerhahn [zurück über
Gabelbach nach Ilmenau]. Die *Kinder* waren mit mehrgenannten *Herrn* nach
Stützerbach und kamen um Zwey wieder zurück. Bey *Herrn v. Fritsch* zu
Tische, wo *Herr Kammerrat Hercher* und *Kammersekretär [Adolf] Pinther* [*Amts-
advokat in Weimar*] waren, die eine Conferenz mit den *Preußischen* wegen
einer Wasserleitung gehalten hatten. Nach Tische *[Diener] Friedrich* mit den
Kindern in den Felsenkeller. Abends *Herr Mahr.* Speiste mit den *Kindern.*»
(Tgb)
    Sonntag, 28. / Dienstag, 30. August. «[...] nach seinem [Goethes]
Wunsch besuchten wir ganz allein Wald und Fels. Alle die schönen Stellen des
Thüringer Waldes hiesiger Gegend erweckten so lebhaft in ihm die Bilder der
daselbst glücklich verlebten Vorzeit – im Verein mit denen trefflichsten *Freun-*

den –, daß ihm der treuesten *Führer* selbst zu viel schien, und er einige fast verstohlen ganz allein besuchte. Vielleicht in Ahndung und Gefühl, daß er sie zum Abschied – begrüße!» (*F. A. v. Fritsch* an Nathalie v. Kielmansegge, 24. 10.; GG 6895a) – Auf *Oberschulrat Lauckhards* Frage, ob Goethe auf den Waldspaziergängen freundlich zu *Mahr* gewesen sei, antwortet dieser «mit vor Bewegung bebender Stimme: ‹O, er war die Liebe selbst!›» (J. Schwabe: Harmlose Geschichten; GG 6897) – «Nach so vielen Jahren war denn zu übersehen: das Dauernde, das Verschwundene. Das Gelungene trat vor und erheiterte, das Mißlungene war vergessen und verschmerzt. Die *Menschen* lebten alle vor wie nach ihrer Art gemäß, vom *Köhler* bis zum *Porcellanfabrikanten.* Eisen ward geschmolzen, Braunstein aus den Klüften gefördert, wenn auch in dem Augenblicke nicht so lebhaft gesucht wie sonst. Pech ward gesotten, der Ruß aufgefangen, die Rußbüttchen künstlichst und kümmerlichst verfertigt. Steinkohlen mit unglaublicher Mühseligkeit zu Tage gebracht, colossale Urstämme, in der Grube unter dem Arbeiten entdeckt [...]; und so ging's denn weiter, vom alten Granit, durch die angränzenden Epochen, wobey immer neue Probleme sich entwickeln, welche die neusten *Weltschöpfer* [die *Vulkanisten*] mit der größten Bequemlichkeit aus der Erde aufsteigen lassen.» (an *Zelter,* 4. 9.) – «Die jungen Wesen [*Walther* und *Wolf*] [...] drangen ohne poetisches Vehikel in die ersten unmittelbarsten Zustände der Natur. Sie sahen die *Kohlenbrenner* an Ort und Stelle, *Leute,* die das ganze Jahr weder Brot noch Butter noch Bier zu sehen kriegen und nur von Erdäpfeln und Ziegenmilch leben. Andere, wie *Holzhauer, Glasbläser,* sind in ähnlichem Falle, aber alle heiterer als unser einer, dessen Kahn sich so voll gepackt hat, daß er jeden Augenblick fürchten muß, mit der ganzen Ladung unterzugehen.» (an *Graf Reinhard,* 7. 9.)

Mittwoch, 31. August. «Früh halb 7 Uhr aus Ilmenau [«Goethe verließ... Ilmenau mit der Versicherung, im künftigen Jahre seinen Geburtstag womöglich wieder hier feiern zu wollen.» (*Mahr;* GG 6896)]. Gegen 11 Uhr in Stadtilm. Gespeist und ausgeruht. Nach 12 Uhr wieder abgefahren. [Über Groß-Hettstedt, Dienstedt, Barchfeld, Kranichfeld.] In Tannroda bey *Herrn [Hofjäger] Schnell* ausgestiegen, Kaffee getrunken und mancherley artige Erinnerungen voriger Zeiten; bildliche ältere Abenteuer, besonders ein hübsches Festgeschenk von *Schwerdgeburth* gesehen. [Berka.] Nach 6 Uhr in Weimar angekommen [letzte größere Reise Goethes]. [...].» (Tgb)

August. GEDICHT. GEOGNOSTISCHER DANK [an *Nathalie v. Kielmansegge* als Dank für einen aus Franzensbad übersandten «Aplomgranaten von seltener Vollkommenheit» (an Goethe, 30. 7.; vgl. VSchrGG 2, 63 ff.)].

Wohl Sommer 1831. «Goethe übergab mir *[Eckermann]* heute das MANUSKRIPT DES ZWEITEN TEILES SEINES FAUST, um es nebst SEINEM ÜBRIGEN NACHLAß einstens herauszugeben. ‹Sie lesen es wohl noch einmal›, sagte er, ‹und bemerken wohl, was Ihnen etwa auffällt, damit wir es nach und nach ins reine bringen. Ich wünsche übrigens nicht, daß es jemand anders lese. Sie wissen, ich habe *Zelter* davon einiges gezeigt; aber sonst kennt es außer *Ottilien* und Ihnen niemand. Anderen guten *Freunden,* die nach dem MANUSKRIPT einige Neugierde verrieten, habe ich weisgemacht, ich hätte es mit sieben Siegeln belegt und fest verschlossen [→ 25. 8.]. Wir wollen es dabei bewenden lassen, damit ich nicht ferner geplagt werde!›» (*Eckermann:* Aufzeichnung; GG 7065)

Donnerstag, 1. September. «Nahmen den Bericht an das Landschaftscollegium wieder vor. Ich übersah die angenehmen Geburtstagsgeschenke. Eröffnete die vielen Briefe und Packete, die inzwischen angekommen. Mittag *Ottilie*. Mancherley Zustände der Gegenwart und Vergangenheit erzählend und vorrufend. [...] *[Kanzler] v. Müller* war abgereist. *Dr. Eckermann* und *Prof. Riemer* besuchten mich. Abends *Ottilie*. Las die Festgedichte und Reden. Erzählte die Vorkommnisse. Die *Kinder* wiederholten ihre Reiseabenteuer.» (Tgb)

Freitag, 2. September. «Die Munda der Tabellen zum Etat fortgesetzt. Anderes Oberaufsichtliche. Nach 12 Uhr *Frau Großherzogin [Maria Paulowna]* und *Mademoiselle Mazelet*. Mittag mit *Dr. Eckermann*. Zunächst zu fördernde ARBEITEN durchgesprochen. Nachher *Oberbaudirektor Coudray*. Abends *Prof. Riemer*, welcher manches von Berlin zu erzählen hatte.» (Tgb)

Samstag, 3. September. «[...] Im Oberaufsichtlichen fortgefahren.» (Tgb) – Brief an *Riemer:* Goethe bittet ihn, sich beikommenden Vorschlag zu den neuen mineralogischen Diplomen anzusehen [→ 24. 8.]. – Brief an die *Frankfurter Festgenossen:* Goethe dankt ihnen für ihre «so würdige Gabe» [achtundvierzig Flaschen Wein], die auf die «Behaglichkeit eine höchst anmuthige Wirkung ausübt». – Brief an *Kanzler v. Müller:* Goethe bittet, den *Frankfurter Freunden* sein «treu-prosaisches Schreiben» zu übermitteln. Leider ist ihm nur eingefallen, «daß auf *Achtundvierziger* sich *Würziger* gar wohl reimen mag; das ist aber noch kein Gedicht». – «[...] *Kollegienrat v. Otto*, wegen der Freiberger Mineraliensammlung [→ 5. 8.]. *Von Conta* einige Mineralien von seiner Reise in's Voigtland vorlegend. Mittags mit *Hofrat Vogel*. Sodann *Hofrat Meyer;* demselben die angenehmen Sendungen von *Rösel* vorzeigend. *Fräulein Ulrike [v. Pogwisch],* bißherige frauenzimmerliche Vorkommnisse. [...] der *Herr Großherzog*. Abends *Ottilie* über das Chaos gesprochen. Einsendungen dazu, Vorrath, Bedenklichkeiten.» (Tgb)

Vor Sonntag, 4. September. GEDICHT WAS IST EIN PHILISTER.

Sonntag, 4. September. Brief an *Zelter:* «Nun aber, da diese Forderungen [Vollendung des FAUST II; → vermutlich Ende Juli] befriedigt sind, drängen sich neue sogleich hinten nach [...]. Was gefordert wird weiß ich wohl, was gethan werden kann, muß die Folge zeigen. Ich habe gar zu vielerlei Bauwerk angelegt, welches zu vollführen doch am Ende Vermögen und Kraft ermangeln. An die NATÜRLICHE TOCHTER darf ich gar nicht denken; wie wollt ich mir das Ungeheure, das da gerade bevorsteht, wieder in's Gedächtniß rufen [→ 2. 4. 03; *Zelter* hatte in seinem Brief vom 31. 8. über die geplante Fortsetzung des WERKES gesprochen]?» – «[...] hatten mir die *Weimarischen Blumenfreunde* ein Erodium gruinum in besonderm interessantem Blüthen- und Fruchtstande zugesendet. Um 12 Uhr *Herr Alexander Koscheleff [Koscheljow, russischer Politiker; geb. 1806 (vgl. GG 6898 f. und 6902)]*. Mittags *Prof. Riemer*. Demselben manches bißher Eingekommene vorgezeigt und durchgesprochen [«Zeigte er mir das Petschaft, welches die *Engländer* ihm zu seinem Geburtstag machen lassen (→ 18. 8.). Wir bemerkten gemeinschaftlich, daß es bei aller Technik doch ohne alle Kunst sei, ohne etwas Dargestelltes, ohne Bedeutung, bloß kostbar und teuer. Mit einer Art von Desperation fügte er hinzu, daß nun einmal die *Engländer* jetzt von aller Kunst entblößt wären...» (*Riemer;* GG 6900)]. *Dr. Eckermann,* der sich von seiner Liebhaberey zu den Vögeln losgesagt hatte. Abends *Frau v. Savigny, von Bardeleben, Jenny v. Pappenheim, Sohn von Frau v. Savigny, ein junger Guaita [Sohn des Frankfurter Senators?* – «Sie so heiter und rüstig zu finden, und mit so viel Güte von neuem von Ihnen aufgenommen zu werden, hat ihr *(Frau v. Savigny)* einen tiefen Eindruck gemacht...» *(F. K. v. Savigny* an Goethe, 10. 10.; GG 6901)]. Ein *Engländer Goff* bey meiner *Tochter* zum Thee. Ich war ein Stündchen oben.» (Tgb)

Montag, 5. September. Brief an *Prof. Göttling:* «[...] von uns entfernt und in jenen Klostermauern, wenn gleich als Abt, Sie zu denken, fiel mir ganz unmöglich, und da gleiche Gesinnung der höchsten Behörde mir bekannt war, so konnte sich mir nichts angenehmer ereignen, als [...] zu Ihrer Erhaltung, Beruhigung und bequemern Stellung beytragen zu können [→ 21. 8.].» – Goethe freut sich besonders, nun auf eine Folgezeit von Jahren für ein Geschäft [die Leitung der Universitätsbibliothek] gesorgt zu sehen, das ihm «so sehr am Herzen liegt». – «[...] Um 12 Uhr *Serenissimus.* Manches besprochen. [...] Mittag *Dr. Eckermann.* Nach Tische mit *Wölfchens* Kupfersammlung beschäftigt. War angekommen Neue Costüme der Berliner Theater, 23. Heft, von *Graf Brühl.* Rapport sur les épopées françaises du XII. siècle. Mit beyden bis gegen Abend beschäftigt. *Oberlandjägermeister v. Fritsch,* hatte sich windende Floßscheite geschickt. Abends *Ottilie.* Einiges in *Herzogs* altdeutschen Dichtungen [→ 29. 8.].» (Tgb)

Dienstag, 6. September. Brief an *Generalkonsul Küstner:* Goethe dankt ihm für die mitgeteilten Münzen, aus denen er sich [der Bitte des *Adressaten* gemäß] die ihm nutzbaren Stücke [als Geburtstagsgeschenk] ausgewählt hat. – «[...] Um 12 Uhr *Herr v. Groß,* die ergänzte Karlsbader Sammlung in Empfang nehmend [→ 21. 8.]. Mittag *Dr. Eckermann.* Gegen Abend mit *Ottilien* eine Stunde spazieren gefahren. Nachher *Herr Oberbaudirektor Coudray.*» (Tgb)

Mittwoch, 7. September. Brief an *Graf Reinhard:* «Der verehrte Freund überzeugt sich daß auch mich die wunderlich-unschickliche Complication, die ihm peinlich ist, nicht weniger beunruhigt. *Freund v. Müller* hat mich von allem unterrichtet [→ 18. 8.] [...].» Goethe bittet um Mitteilung, wie die Sache inzwischen steht. – «[...] An *Hofrat Bachmann,* Revision des Diploms [→ 3. 9.] [...]. Um 12 Uhr *Herr Staatsminister v. Fritsch.* Nachher in den untern Garten gefahren. Speiste daselbst allein. Las im 1. BANDE MEINER BIOGRAPHIE [DUW] [...]. Zurück um 6 Uhr. *Oberbaudirektor Coudray.* Später *Ottilie.*» (Tgb)

Donnerstag, 8. September. Brief an *Sulpiz Boisserée:* «Nun sollte und konnte dieser ZWEITE THEIL [DES FAUST] nicht so fragmentarisch seyn als der ERSTE. Der Verstand hat mehr Rechte daran [...]. Da steht es nun, wie es auch gerathen sey. Und, wenn es noch Probleme genug enthält, keineswegs jede Aufklärung darbietet, so wird es doch denjenigen erfreuen, der sich auf Miene, Wink und leise Hindeutung versteht. Er wird sogar mehr finden als ich geben konnte.» – Goethe berichtet, daß das «Chaos» sich von seinem Geburtstag an wieder zu entwickeln begonnen hat; «ich habe Sie dringend um einen Beytrag zu bitten». – «[...] *Gruithuisens* Analecten [für Erd- und Himmelskunde, Heft 7]. Um 11 Uhr der *junge Graf Reinhard* und *Frau [Amalie, geborene v. Lerchenfeld].* Um 12 Uhr *Kaiserliche Hoheit [Maria Paulowna]* und *Demoiselle Mazelet. Kapellmeister Chelard* und *Baumgärtner* von Genf, der deutschen Sprache wegen sich hier aufhaltend. Zu Tische *Dr. Weller.* Jenaische Verhältnisse. Lebhafter Partheysinn. Nach Tische mit *Wolf* in den untern Garten. Die wenigen Erdarbeiten betrachtet. Abends *Ottilie.* Sie las den 1. BAND MEINER BIOGRAPHIE hinaus [→ 7. 9.].» (Tgb)

Freitag, 9. September. Brief an *Felix Mendelssohn Bartholdy:* Goethe lobt dessen Berichte von einem Unwetter [das der *Adressat* im Berner Oberland erlebt hatte] sowie von einer Aufführung des «Wilhelm Tell» von *Schiller* in Luzern. «*Ottilie* hat Lust, ihr neuauflebendes Chaos damit zu schmücken», und Goethe hofft, es wird ihm nicht unangenehm sein. – «Daß du DIE ERSTE WALPURGISNACHT [GEDICHT] dir so ernstlich zugeeignet hast, freut mich sehr; da niemand, selbst unser trefflicher *Zelter,* diesem GEDICHT nichts abgewinnen können [«. . . ich will es mit Orchesterbegleitung als eine Art großer Cantate komponieren, und der heitere Frühlingsanfang, dann die Hexerei und der Teufelsspuk, und die feierlichen Opferchöre mitten durch könnten zur schönsten Musik Gelegenheit geben. Ich weiß nicht, ob mirs gelingen wird, aber ich fühle, wie groß die Aufgabe ist, und mit welcher Sammlung und Ehrfurcht ich sie angreifen muß.» (an Goethe, 5. 3.; zitiert nach Mandelkow 4, 662)]. Es ist im eigentlichen Sinne hoch symbolisch intentionirt. Denn es muß sich in der Weltgeschichte immerfort wiederholen, daß ein Altes, Gegründetes, Geprüftes, Beruhigendes durch auftauchende Neuerungen gedrängt, geschoben, verrückt und, wo nicht vertilgt, doch in den engsten Raum eingepfercht werde. Die Mittelzeit, wo der Haß noch gegenwirken kann und mag, ist hier prägnant genug dargestellt, und ein freudiger unzerstörbarer Enthusiasmus lodert noch einmal in Glanz und Klarheit hinauf. Diesem allen hast du gewiß Leben und Bedeutung verliehen [. . .].» – «[. . .] Mittag *Dr. Eckermann.* Nach Tische spazieren gefahren und nachdenkend. Abends *Oberbaudirektor Coudray.* Dann *Prof. Riemer.* Abends *Ottilie,* den ERSTEN BAND MEINER BIOGRAPHIE hinauslesend.» (Tgb)

Samstag, 10. September. «[. . .] [An] *Prof. Zelter,* ÜBERSETZUNG AUS LONGHI [«La Calcografia», einen Abschnitt über den *Maler* und *Kupferstecher Georg Friedrich Schmidt;* → 20. 8.], Berlin. [. . .] Regime der Untersuchungen wegen des von *Voigtischen* Münzkabinetts. Rückcommunicat an das Landschaftscollegium [Goethe schlägt vor, die Sammlung nach der vom ehemaligen *Besitzer* selbst angegebenen Schätzung für 3000 Taler zu erwerben (WA IV, 49, 331); → 22. 8.] [. . .]. Schreiben an *Herrn v. Quandt.*» (Tgb): Goethe berichtet, daß ein Teil der Jahresbeiträge bereits einkassiert und nach Dresden abgegangen sei. Er regt an, den *Bibliotheksdiener Römhild,* der diese Aufgabe seit drei Jahren unentgeldlich übernommen hat, eine Entschädigung zukommen zu lassen. – Goethe dankt für die freundliche Aufnahme und Fördernis der *Seidler* [→ 5. 8.], doch gestattet er sich zu bemerken, «daß es politisch seyn wird, unsern *Künstlern* etwas zu Gute zu thun», denn es schwankt das Zutrauen der hiesigen *Aktionäre* in die Erfüllung der Zwecke des *Vereins.* – «Mit unserm *Preller* z. B. haben Sie es nach meiner Ansicht zu hart genommen. Ich will jenen beiden Bildern das Wort nicht reden, weil ich dabey auch manches zu erinnern habe; verzeihen Sie aber, wenn ich auf Ihre Behauptung: es ließe sich aus Kupferstichen die Nachahmung *Poussins* nachweisen, erwidere: [. . .] daß der Charakter der Apenninen noch immer derselbige ist, und daß *Poussin* [. . .] sich selbst wiederholen müßte. [...]. – Unser *Preller,* dem man ein eingeborenes Talent zur Mahlerey nicht abläugnen kann, wenn er auch vielleicht hie und da den Weg verfehlt, hat bey seiner Rückkehr aus Italien Zeichnungen und Skizzen nach der Natur zu Hunderten nach Haus gebracht. Sollt ich ihm Ew. Hochwohlgeboren Urtheil mittheilen, müßt er in Verzweiflung fallen.» – Goethe hätte Vorstehendes nicht ausgesprochen, wenn er diese Angelegenheit [des *Sächsischen Kunstvereins*] nicht neben anderen Obliegenheit zum Ende des Jahres aus den Händen geben würde. – «Unsre *gnädigsten Herrschaften* so wie die nächsten *höchsten Behörden* erlauben mir, mich sachte zurückzuziehen, damit bey meinen hohen Jahren alles was etwa noch von mir abhängt dergestalt eingeleitet sey, daß es seinen ungestörten Gang in jedem Falle weiter fortschreiten könne.» – «Um 1 Uhr mit *Ottilien* spazieren gefahren. Mittag dieselbe und *Hofrat Vogel*. Nach Tische *Hofrat Meyer,* welcher die Zeichnungen nach FAUST [sechzehn Federzeichnungen] des *jungen [Gustav] Nehrlich [Maler;* geb. 1807] in Karlsruhe durchsah. [...] AGENDA notirt und vorbereitet. Abends las *Ottilie* im 2. THEIL MEINER BIOGRAPHIE.» (Tgb)

Sonntag, 11. September. Brief an *Rochlitz:* Goethe teilt mit, daß *Kanzler v. Müller* an den Rhein gereist sei, doch auch dieser auf das schätzenswerte Anerbieten des *Adressaten* [vom 21. 8., nunmehr vor dem *Weimarer Hof,* vor Goethe und *v. Müller* seine musikalischen Abendunterhaltungen zu veranstalten] nichts erwidern könnte [*Rochlitz* bemerkt jedoch in seinem Brief vom 31. 8., daß die von Berlin näherrückende Cholera die Ausführung seiner Absicht vorerst vereitelt]. «Wir erhalten die Briefe von Berlin durchstochen [zu Desinfektionszwecken], wie sonst nur von Konstantinopel [...]. Und so haben wir nun [...] still und gefaßt auf unserm Flecke zu seyn und das Unvermeidliche über uns weg und, wenn das Glück gut ist, an uns vorbeygehen, zu lassen.» – «[...] Um 10 Uhr *Herr* und *Frau v. Münchhausen* zum Frühstück. Zum Mittagessen *Frau v. Pogwisch, Fräulein Ulrike [v. Pogwisch], Ottilie* und *Dr. Eckermann.*» (Tgb) – Brief an *Hofrat Meyer?:* Goethe sendet die höchst schäzbare Mittheilung [...] danckbarlichst zurück. Eilig, auf daß sie bekannter werde, da sie tröstliches enthält, und dem practischen *Arzt* sehr belehrend seyn wird» [R. Grumach vermutet tröstliche Nachrichten über die grassierende Cholera: die Zeitungen bezeichneten damals die Krankheit als nicht ansteckend (vgl. Raabe 2, 335)]. (Raabe 1, 578) – «Gegen Abend *Oberbaudirektor Coudray,* von dem Wegebau und dem Bau im Schloß Nachricht gebend [→ 23. 4.]. Auch von der Brauchbarkeit des angestellten gereisten *Hütters* [des *Hofstukkateurs*]. Spät *Ottilie* von Belvedere kommend, den Hofzustand schildernd, mit Neigung, wie ich's liebe. Die *Kinder* schlossen nach ihrer Art den Abend.» (Tgb)

Montag, 12. September. «Briefconcepte. Oberaufsichtliches. [...] Um 1 Uhr [...] der *Großherzog.* Nachher *Demoiselle Seidler* von Dresden zurückkehrend [→ 10. 9.]. Mittag *Dr. Eckermann.* Ich beschäftigte mich mit Betrachtung der von *Börner* aus Leipzig gesendeten Kupfer. Um 7 Uhr *Ottilie.* Die Nachricht von der verlornen Sache der *Polen* machte große Sensation [Nachricht von der Einnahme Warschaus durch russische Truppen am 8. 9.]. Sie las im 2. BANDE MEINER BIOGRAPHIE.» (Tgb)

Dienstag, 13. September. Brief an *Maria Paulowna:* Goethe berichtet vom erfolgreichen Aufenthalt *Luise Seidlers* in Dresden und regt an, ihr 50 Taler

Unterstützung für diesen Zweck zukommen zu lassen [→ 12. 9.]. (WA IV, 49, 334 f.) – Brief an *Hofrat Meyer:* Goethe bittet ihn, der *Großherzogin* beikommenden Vertrag zu überreichen. – «Die *Seidler* ist ziemlich getröstet wiedergekommen; wir wollen im Einzelnen das Beste hoffen, im Ganzen bleibt's immer ein Mick-Mack.» – «[...] *Prof. Stickel* aus Jena besuchte mich. Brachte manches Erfreuliche vom Orient her zur Erinnerung. Ich fuhr fort, die *Börnerischen* Kupfer mit Aufmerksamkeit durchzusehen. Mittag *Dr. Eckermann.* Nach Tische die *Börnerischen* Kupfer, den *Füßli* dabey zu Rathe gezogen. Abends *Prof. Riemer.* Wir fingen an, den 4. BAND DER BIOGRAPHIE wieder durchzugehen [→ 17. 4.].» (Tgb)

Mittwoch, 14. September. «Im GESCHÄFT von gestern Abend fortgefahren. Für die nächsten Sitzungen einiges vorbereitet. Um 9 Uhr in's Jägerhaus zur [Kunst-]Ausstellung. Auch die neue Gliederfigur und das sonstige Museum in Augenschein zu nehmen.» (Tgb) – Brief an *Geh. Rat Schweitzer:* Goethe sendet die ihm anvertrauten Aktenstücke, die *Voigtsche* Münzsammlung betreffend, zurück. Aus beiliegendem Resümee [→ 10. 9.] geht der Zustand zumeist hervor, doch wäre darüber noch eine mündliche Absprache zu wünschen. – «[...] Mittag *Dr. Eckermann.* War seine bevorstehende Veränderung zur Sprache gekommen [vermutlich die nach zwölfjähriger Verlobungszeit für den 9. 11. festgesetzte Hochzeit mit *Johanna Bertram*]. Ich nahm den 4. BAND MEINER BIOGRAPHIE wieder vor. Im Einzelnen und Ganzen einiges zu bewirken und zu leisten [«Nun darf ich sagen daß mir das Gewonnene (die Vollendung des FAUST II; → vermutlich Ende Juli) Lust und Freude macht, ein Nächstes ebenmäßig anzugreifen. – So bin ich denn an den VIERTEN BAND MEINER BIOGRAPHISCHEN VERSUCHE gelangt. Das was seit vielen Jahren vorlag, verdiente wohl gestaltet zu werden.» (an *Sulpiz Boisserée,* 27. 9.)]. Abends beyfällige Resolution *Ihro Kaiserlichen Hoheit [Maria Paulowna]* wegen der *Seidlerischen* Beyhülfe [→ 13. 9.]. *Ottilie* kam aus der Oper: Der Barbier von Sevilla [von *Rossini*]. Las einiges vor. Sprach die Tagesangelegenheiten durch. Später die *Kinder,* gleichfalls aus der Oper kommend. Da denn der Münchner *Tenorist Bayer* günstig beurtheilt wurde.» (Tgb)

Donnerstag, 15. September. Brief an *Luise Seidler:* Goethe teilt mit, daß ihr gegen beikommende Quittungen 50 Taler [als Beitrag zu ihrer Dresdner Reise von *Maria Paulowna*] ausgezahlt werden. – Er bittet sie, die mechanische Figur auf ihre Benutzbarkeit hin zu prüfen [→ 14. 9.]. – «[...] *John* überzog die BLEYSTIFTCORRECTUREN mit rother Tinte. Ich wirkte EINIGES AUF DEN 4. THEIL [VON DUW]. *Wölfchen* zeigte sich besonders thätig, geistreich und aufmerksam. Mittags *Ottilie.* Ich fuhr fort mich in's Jahr 1775 zu versetzen und den 4. BAND auszustatten. Um 12 Uhr *Ihro Kaiserliche Hoheit [Maria Paulowna]* und *Mademoiselle Mazelet.* Die nächsten großen Ereignisse besprochen [«... il était parfaitement bien disposé et prenait la plus vive part à la cessation des troubles de Pologne auxquels la prise de Varsovie et la soumission de *l'armée polonaise* ont fait atteindre: il disait que cet événement devait avoir une majeure influence sur toutes choses, et que la tranquillité y gagnerait: – enfin nous pensions de même à cet égard (→ 12. 9.). (*Maria Paulowna:* Tagebuch; GG 6903)]. Blieb nach Tische für mich und suchte gar manches in Ordnung zu bringen. [...] war *Demoiselle Seidler* gekommen, für die verwilligte Beyhülfe zu danken und über manche Vorsätze zu sprechen. Ich sagte ihr aufrichtig meine Meynung, inwiefern es fruchtet, wollen wir abwarten. Abends *Ottilie* vorlesend.» (Tgb)

Freitag, 16. September. Brief an *Prof. Bachmann:* Goethe sendet hier unterzeichnete Diplome [der *Mineralogischen Gesellschaft*] zurück und zeigt sich zufrieden mit der Gestaltung derselben [→ 7. 9.]. – Er schlägt *Kammerherrn v. Groß* und *Rentamtmann Mahr* mit der Auszeichnung durch ein Diplom vor. – «[...] Zwey Interimsquittungen an neue Aktionärs [des *Sächsischen Kunstvereins*] [...]. AN DEM JAHRE 1775 REDIGIRT. Anderes beseitigt und vervollständigt. Höchst interessantes Tagebuch des *Herrn [Kanzler] v. Müller.* Ich behielt das Nothwendigste immer im Auge. Die *englische Familie Simson* nach 12 Uhr. Mittag *Dr. Eckermann.* Sehr erfreulicher Brief von *Herrn [Geh. Oberregierungsrat] Schultz* vor seiner Abreise von Wetzlar [nach Bonn]. Gegen Abend *Prof. Riemer.* Ging mit ihm EINIGE EINSCHALTUNGEN VOM JAHR 1775 durch. Die *englische Familie* war bey *meiner Schwiegertochter* zum Thee.» (Tgb)

Samstag, 17. September. Brief an *Zelter:* «Die *Hansnarren* des Tages wollen den *Adel* aufgehoben sehen, als wenn es möglich wäre daß ein tüchtiger *Mann* von tüchtigen *Vorfahren* etwas verlieren könnte. [...] Sie sollten täglich und stündlich auf den Knieen Gott bitten: daß man das Altgeprüfte legitim nennen möge und daß von Zeit zu Zeit eine *Creatur* geboren würde, mit deren Namen Jahrhunderte könnten durchgestempelt werden [nach Mandelkow 4, 662 sind vermutlich die *St. Simonisten* gemeint; in der «Exposition de la Doctrine de Saint-Simon» (→ 21. 5.) wird der Adel des persönlichen Verdienstes gegen den Geburtsadel ausgespielt].» – Der von *Zelter Empfohlene* [der *Musiker* und *Komponist Otto Nicolai*] soll freundlich aufgenommen werden. «*Ottilie* weiß wie es einzurichten ist, daß ein Fremdes, mich im Augenblick nicht Interessirendes zur guten Stunde hereintrete. Bey dieser Gelegenheit will ich nicht verfehlen zu sagen: daß sie und die *Kinder* sich allerliebst benehmen, wovon viel zu melden wäre, aber nichts zu melden ist, weil das Zarte sich nicht in Worten ausspricht.» – «[...] *Herr* [Lücke im Text] von Stettin aus dem südlichen Deutschland zurückkehrend. Mittag *Hofrat Vogel,* Relation seiner Expedition nach Jena in oberaufsichtlichen Angelegenheiten. Das Nothwendigste vorschiebend. Gegen Abend war *Geh. Rat v. Walther* angekommen, hatte *Ihro Majestät die Königin [Therese] von Bayern* angemeldet, welche auch bald darauf mit ihrem *zweiten Prinzen [Otto], unserm Großherzog* und *beiderseitigen Umgebungen* eintraf. *Schillers* Zustände und mein Verhältniß zu ihm dienten zu bedeutender Unterhaltung [«Es ist mir dadurch eine wahre Wohlthat geworden daß ich eine so würdige, schöne, anmuthige *Dame* mir nun auch in dem weiten, großen, herrlichen München und *Ihro Majestät dem Könige [Ludwig I.]* zur Seite denken kann.» (an *Sulpiz Boisserée,* 27. 9.)]. Abends *Ottilie.*» (Tgb)

Sonntag, 18. September. Brief an *Geh. Oberregierungsrat Schultz:* «Ich danke der kritischen und idealistischen Philosophie, daß sie mich auf mich selbst aufmerksam gemacht hat, das ist ein ungeheurer Gewinn; sie kommt aber nie zum Object, dieses müssen wir so gut wie der gemeine Menschenverstand zugeben, um am unwandelbaren Verhältniß zu ihm die Freude des Lebens zu genießen.» – «[...] *Geh. Hofrat Helbig,* eine Mailändische Sendung bringend. *Geh. Rat Walther* von München, zutrauliche und bedeutende

Unterhaltung [«Ich kann nicht sagen, welch einen gründlich angenehmen Eindruck mir seine Gegenwart zurückgelassen hat.» (an *Sulpiz Boisserée*, 27. 9.)]. *Ihro Hoheit Prinz Karl [Alexander], Hofrat Soret* [«Quoique la conversation n'ait guère roulé que sur le choléra, elle a été fort intéressante. *Monsieur Walther* ne le croit pas contagieux, ni transmissible par mer, mais se communiquant de proche en proche par des miasmes agissant sur des corps prédisposés.» (*Soret;* GG 6904) – «On a fait la remarque assez juste qu'il évitait les conversations sur les sujets pénibles... ; mais ce n'était point chez lui le résultat de la faiblesse ou de la pusillanimité; c'était celui de la réflexion et d'une connaissance de soi-même portée à un haut degré. Fort impressionnable, ... soumis à la puissance des idées nouvelles, ... il devait, ... redouter celles qui auraient pu le sortir tout à fait de son ornière et faire divaguer sans frein son immense imagination... Mais nous l'avons entendu questionner dans les plus grands détails *Monsieur Walther*... sur cette terrible maladie... Dans ce cas..., il était sûr de n'entendre que des choses intéressantes, raisonnables et mettait à profit l'occasion qui s'offrait à lui.» (*Soret:* Notice sur Goethe, 1832; GG 6905)]. Der *junge Martersteig*. Mittags *Dr. Eckermann*. Gegen Abend *Oberbaudirektor Coudray*. Später *Ottilie*.» (Tgb)

Montag, 19. September. Brief an *Rentamtmann Mahr:* Goethe dankt für die bedeutende [Mineralien-]Sendung, die dieser für ihn zuzusammengestellt und durch Beschreibung und Zeichnung erläutert hat [*Mahr* hatte am 24. 8. eine Sammlung von 8 Gebirgsarten aus der Ilmenauer und Stützerbacher Gegend gesandt, darunter auch Proben jenes zusammengebackenen Gesteins von der «hohen Tanne» bei Stützerbach; → 27. 8.]. – Mitgeteilte Ergebnisse fortgeführter Studien würden Goethe «wahrhaft verbinden», da dieses treffliche Grundfach mich eigentlich mehr als andere ununterbrochen beschäftigt hat». – Brief an *Adele Schopenhauer:* Goethe dankt für die [zur Ansicht übersendete] «französische Übersetzung des bedeutenden Werks über den Schatz der drey Könige» [ein weiteres Werk über den berühmten Reliquienschrein im Dom zu Köln; → 10. 1.]. – Er bittet sie, ihm viel von sich und ihrer *Mutter* zu erzählen und empfiehlt ihr *Geh. Oberregierungsrat Schultz,* der von Wetzlar nach Bonn geht [→ 16. 9.]. «Möge das ewige Gesetz der sittlichen Wahlverwandtschaften auch Sie mit dieser werthen *Familie* zusammenbringen.» – «[...] *Oberberghauptmann v. Herder* sendet durch *[Kammer-]Herrn v. Reitzenstein* sehr Angenehmes. Um 12 Uhr mit *Ottilien* und *Walther* spazieren gefahren. Mittags *Dr. Eckermann*. Betrachtung des von Freiberg gesendeten unschätzbaren Beyspiels der wechselnden Spiegelung an einem ganz frischen Exemplar von gestricktem Kobalt [«Von dem altenbergischen Beryll hab ich schöne Stücke, aber bey dem gegenwärtigen zeigt sich eine Spur von Salbändern, die ich früher nicht bemerkt hatte, wodurch auf sein Vorkommen als Gangart hingedeutet wird. Das schillernde Stück Wismuth-Kobalt ist mir nicht weniger werth, theils weil es den Einfluß des Arseniks auf eine sehr zarte Crystallbildung bemerklich macht, theils weil ich auf die verschiedenen Spiegelungen jetzt doppelt aufmerksam bin, wodurch die Ursache alles Schillerns zu Tage kommt. [...] Wenn man mit diesen Phänomenen recht ausführlich bekannt ist, so findet man sich auf einmal von der prätendirten *Polarisation des Lichts* und allen ihren Quängeleyen völlig befreyt.» (an *Oberberghauptmann v. Herder,*

30. 9.)]. Abends *Ottilie*. Las die widerwärtigen Krankheitsfälle des 2. THEILS MEINER BIOGRAPHIE [→ 12. 9.].» (Tgb)

Dienstag, 20. September. «Früh einige Consultationen mit *Hofrat Vogel*. Sodann Entwicklung der verschiedenen bey seinem Aufenthalt in Jena mehr oder weniger deutlicher gewordenen Erfordernisse. Manches andere überlegt, besonders die Grundphänomene der entoptischen und anderer verwandten Erscheinungen. Mittag *Wölfchen;* dessen Geburtstagsdiner. Auch *Dr. Eckermann*. Ich war mit meinen tieferen Naturbetrachtungen beschäftigt und konnte nur freundlich seyn. Gegen Abend *Hofrat Meyer;* ward manches durchgesprochen in Bezug auf lebende *Künstler*. *Hofrat Vogel;* einige Consultationen wegen diätetischen Betragens. Abends *Ottilie*. Gesellige Zustände, erheiternde Vorlesung von einigen Mährchen. *Prof. Riemer*. Mit Recht sehr beängstigt wegen *seines Sohnes*, den er in's Berliner Cadettenhaus gebracht hatte [→ 31. 7.]. Es ist einer der unangenehmsten Fälle, die mir vorgekommen sind. Ein so lange mit Verstand und Consequenz durchgeführtes Geschäft, daß nun gerade die *Hauptfigur [Bruno Riemer]*, zu deren Gunsten so viele Jahre bis in die letzten Wochen alles Fördernde und Hoffungsreiche geschah, ... nun von jenem orientalischen Ungeheuer [der Cholera] bedroht zu sehen. Wir schieden bald. Darauf obige VORLESUNG.» (Tgb)

Mittwoch, 21. September. «Ein sehr verständiger beruhigender Brief von *Herrn v. Quandt* [→ 10. 9.]. [...] [Oberaufsichtliche] Verordnung[en] [...]. Die Famiglie celebri [«Famiglie celebri d'Italia», hrsg. von *Pompeo Litta*, 1819 ff.; → 4. 11. 19] mit der 17. Lieferung geschlossen, hatte ich angesehen [...]. *Wölfchen* schrieb seine Theaterurtheile und war überhaupt anhaltend thätig. Mittags *Dr. Eckermann*. Über die Oper Macbeth [von *Chélard*]. Auch sonstiges Ästhetische. [...] Später *Ottilie*, Berliner Geschichten, Furcht und Hoffnung mit sich bringend. *Hofrat Meyer*, die Leipziger Kupferstiche anzusehen [→ 13. 9.].» (Tgb)

Donnerstag, 22. September. Brief an *Jakob* und *Marianne Willemer:* «Da indeß die *Frankfurter verbundenen Freunde* einen Reichthum von Flaschen, der in einem Jahre nicht auszuschlürfen ist, gesendet haben [→ 3. 9.], andere *gute Seelen* aber einen Becher hinzufügten [→ 8. 8.], das edelste Gestein überbietend, so können wir hoffen durch Erhöhung unserer innern Kraft manches Übel zu neutralisiren das uns bedrohen möchte.» – «[...] [Oberaufsichtliches]. *Von Martius'* brasilianische Reise [vermutlich 3. Teil] war angekommen. [...] Um Zwölf *Ihro Kaiserliche Hoheit [Maria Paulowna]* und *Demoiselle Mazelet*. Nachher [...] *[Kanzler] v. Müller* und *Minister v. Gagern*. Von der Lage dessen Gutes Hornau am Taunus und von den anmuthigen Maingegenden vieles gesprochen. Mittag *Wölfchen*. Ich beschäftigte mich nachher mit dem englisch-zoologischen Werke. Abends *Ottilie*. Über die religiosen Gespräche und Verhandlungen mit *Engländern*, kamen die wunderbarsten Dinge zur Sprache.» (Tgb)

Freitag, 23. September. «Das Chaos Nr. 5. Einiges in Reisebeschreibungen gelesen.» (Tgb) – Brief an *Soret:* Goethe bittet ihn, von einem etwa in der Orangerie von Belvedere abgestorbenen Baum, dessen Stamm zu Drechslerarbeiten gebraucht wird, ein Stück von einer Elle Länge übersenden zu lassen. – «[...] *John* erkundigte sich nach Orangestämmchen. Einen Brief von *Herder* aus Freiberg mit einer Untersuchung des Wismuthskobalterzes erhalten. *Prof.*

Riemer sendete die sämmtlichen Werke *[J. F.] Castellis* [...]. Ich machte mich damit bekannt. Mittag *Dr. Eckermann. Prof. Riemer* entschuldigte sich für den Abend, die Complication, in welche die Berliner Cholera *seine Familie* gesetzt hatte, als traurigen Grund anführend [→ 20. 9.]. Später *Ottilie* und die *Kinder,* welche des Tags auf dem Lande gewesen waren. Sie las in *Castellis* Wiener Lebensbildern [1828] vor.» (Tgb)

Samstag, 24. September. «[...] *Herrn v. Cotta,* München, Dankschreiben für 28. August [Goethe hebt besonders hervor, «ein so vieljährig fruchtbares Verhältniß in seiner Blüte und an reifen Früchten zu erkennen».].» (Tgb) – Brief an *Kanzler v. Müller:* Goethe regt an, ein Bildnis «unseres verehrten *Gastes*» [des *Königlich Niederländischen Ministers v. Gagern; →* 22. 9.] zeichnen zu lassen und bittet, einen Termin mit *Schmeller* zu vermitteln. – Brief an *Hofrat Meyer:* Goethe erklärt, daß er das von *Hofkupferstecher Schwerdgeburth* gewünschte Darlehen von 400 Talern nicht aus der Oberaufsichtskasse zahlen kann, da zunächst andere dringende Ausgaben zu bestreiten sind. – Er nennt besonders die Wiederbelebung der Mineralogischen Gesellschaft, den Ankauf der *Voigtschen* Münzsammlung und die Wasserversorgung der oberen Terrassen im Botanischen Garten. – Um *Schwerdgeburth* etwas zuzuwenden, schlägt er vor, ihm ein paar *junge Leute* in die Lehre zu geben, was jetzt durch das Erscheinen von *Longhis* «Calcografia» [→ 6. 8.] besonders begünstigt wird. Doch müßte man damit das Ende des Rechnungsjahres abwarten. – Billett an *Schmeller:* Goethe beauftragt ihn, *Minister v. Gagern* zu porträtieren. (Raabe 1, 578) – «[...] *Bibliotheksekretär Kräuter,* einiger Geschäftsangelegenheiten wegen. Zu Mittag *Hofrat Vogel.* Publica und Privata, Physiologica und Pathologica. Ich suchte mir nachher aus der *Börnerischen* Sendung verschiedene Blätter aus [→ 21. 9.]. Später *Hofrat Meyer,* dem ich sie vorwies, er billigte die Wahl. Weitere Verabredung deßhalb. *Ottilie* hatte den ersten Act des Alpenkönigs [von *F. Raimund*] gesehen und referirte denselben. Der Gedanke ist nicht übel und verräth Theaterkenntniß. *Castellis* Bären gaben eine heitere Unterhaltung.» (Tgb)

Sonntag, 25. September. «*Wölfchen* referirte bey'm Frühstück die folgenden Acte des Alpenkönigs und schrieb nachher seine Recension auf. Ich suchte die vorliegenden Geschäfte vorzuschieben. Kam ein freundlicher Brief von *Boisserée. Geh. Hofrat Helbig,* wegen einer Meldung von *Mylius. Sekretär [Rinaldo] Vulpius,* wegen Aufkündigung eines Cammercapitals, auch sonstige Häuslichkeiten. Um 12 Uhr bey sehr schönem Sonnenschein spazieren gefahren. Mittag *Dr. Eckermann.* Kam von Clausthal eine sehr angenehme Sendung zum 28. August [ein Quartheft: «Vorgetragen bei der Freunde Zusammenkunft zur Feier von Goethes Geburtstag...», von *Johann Wilhelm Mejer* verfaßte Stanzen, die Personen aus Goethes DICHTUNGEN in den Mund gelegt werden]. Später *Herr Minister v. Gagern* und [...] *[Kanzler] v. Müller.* Besahen die französischen Medaillons [von *David*], und ward manches Politische voriger Zeiten ausführlich entwickelt. Dem Gegenwärtigen und Künftigen manche Betrachtung geschenkt. Später für mich. Einiges Heitere intercalirt, welches nöthig war, da eine umständliche Nachricht vom Ableben des *Minister v. Stein* eingegangen [gestorben am 29. 6.]. Höchst unerfreuliche Schwäche.» (Tgb)

Montag, 26. September. «Einiges mundirt. [...] Ankunft des Thesaurus Graecae Linguae. Vol. I. Nähere Betrachtung des wichtigen Werkes. Sendung von *Boisserée*, das letzte Domheft für's Museum, die lithographischen Hefte, Lieferung 27 und 28, für das Museum und mich. Bewunderung der drey Könige *van Eycks*. Verhandlung mit dem *Tischler Hager* wegen der Bretchen aus Orangenholz. *Herr Banquier [Ludwig] Lesser* aus Dresden durchreisend. Um 12 Uhr mit *Ottilien* in den untern Garten gefahren. Mittag *Dr. Eckermann*. Einleitung verschiedener Geschäfte überlegt. Besonders *Hofrat Vogels* Vortrag wegen der Veterinärschule [→ 23. 7.]. Abends ward MAHOMET gegeben. *Ottilie* nach den ersten Acten, gab Auskunft über das Spiel.» (Tgb)

Dienstag, 27. September. Brief an *Sulpiz Boisserée:* «Ihre wenigen Reisezeilen möchte ich sogleich in's Chaos geben [→ 8. 9.]. Dagegen folgen aber auch die bisher ausgefertigten Blätter. Ich begünstige das wunderliche Unternehmen, da es die *Sozietät* geistreich anregt und unterhält.» – «[...] *Hofrat Vogel,* über die Vorstellung des MAHOMETS. Einsichtige Relation. [...] Concipirt, mundirt. [...] Betrachtung der Clausthaler Feyer meines Geburtstags [→ 25. 9.]. Geschäftliches. [Kaiserin] Elisabeth [v. Rußland], Kupferstich von *[G. F.] Schmidt* [nach *Tocqué*] an *Buchbinder Bauer.* Porträt des *Herrn v. Gagern* [von *Schmeller;* → 24. 9.]. Höchst bedeutend in der Sammlung. [...] Mit *Ottilien* in den Garten bey sehr schönem Wetter gefahren. Blieben drunten zu Tische, bis gegen Abend. Um 6 Uhr *Prof. Riemer.* Über die Acquisition der von *Voigtischen* antiken Münzsammlung [→ 14. 9.]. [...] *Geh. Rat Schweitzer,* wegen gedachter Münzsammlung. Später *Ottilie.* Verschiedene Tagesverhältnisse.» (Tgb)

Mittwoch, 28. September. «Eben dieses Geschäft weitergeführt. [...] Berliner Staatszeitung, wegen dem neulichen atmosphärischen Phänomen bey'm Untergang der Sonne. Auch über den neuen Vulkan gegen Sciacca [Stadt auf Sizilien] gegenüber [am 18. 7. im Gefolge postvulkanischer Tätigkeit im Bereich der Insel Pantelleria entstandene Insel, bald wieder von Wellen überspült]. [...] Um 12 Uhr mit *Ottilien* ausgefahren. Mittag *Dr. Eckermann.* Wir lasen *Wolfs* Recensionen der Theaterstücke [→ 25. 9.]. *Hofrat Meyer;* wir suchten Kupfer für's Museum aus. Später *Oberbaudirektor Coudray,* von der Aufführung des MAHOMETS erzählend, auch von den neuen Zimmern der *Frau Großherzogin* referirend [→ 11. 9.]. *Ottilie,* den *Theseus* aus *Plutarchs* Biographien [«Vergleichende Lebensbeschreibungen», übersetzt von *J. F. S. Kaltwasser,* 1799 f.] lesend. [...].» (Tgb)

Ab Mittwoch, 28. September. «*Ottilie* lies't mir die Abende die Leben *Plutarchs* vor und zwar auf neue Weise, nämlich erst die *Griechen;* da bleibt man denn doch in einem Local, bey einer Nation, einer Denkens- und Bestrebensweise. Sind wir damit durch, so wird es an die *Römer* kommen, und auch diese Serie durchgeführt. Die Vergleichungen lassen wir weg und erwarten von dem reinen Eindruck wie sich das Ganze zum Ganzen vergleicht.» (an *Zelter,* 5. 10.)

Donnerstag, 29. September. «Einiges Oberaufsichtliche. [...] An die *achtzehn* [versehentlich für dreizehn] *Frankfurter Freunde* Danksagung [GEDICHT HEITERN WEINBERGS LUSTGEWIMMEL und die schließlich verworfene VARIANTE DER BEIDEN LETZTEN STROPHEN: JEDES REDLICHE BEMÜHEN; → 3. 9.] [...]. Mittag *Wölfchen.* Ich las den *Lykurg* in *Plutarchs* Biographien und verwunderte mich, wie man einem solchen ganz unwahrscheinlichen Mährchen einigen Glauben habe schenken können. Das GEDICHT an die *Freunde* durchgegangen. Abends *Ottilie*. Las die Biographie *Salons*. Das sieht nun freylich schon menschlich-historischer aus und ist sogar naturgemäß grandios, daß einer zeitlebens will, die *Menschen* sollen sich unter einander regieren, und muß zuletzt noch *Kabinettsrat* eines *Despoten* werden, mit dem er von Jugend auf rivalisirte, um in seinem alten hohen Sinn nur einiges Gute zu bewirken.» (Tgb)

Freitag, 30. September. «[...] Bericht an *Serenissimum,* wegen *Voigts* Münzkabinett [den endgültigen Antrag enthaltend, die Sammlung und die dazugehörige numismatische Bibliothek für 3000 Taler zu kaufen (WA IV, 49, 350); → 27. 9.].» (Tgb) – Brief an *Oberberghauptmann v. Herder:* «Die neue Antonshütte [unweit von Schwarzenberg im Erzgebirge eingeweiht] muß ein wohlüberdachtes zweckmäßiges Unternehmen seyn. Es ist Ihnen vielleicht nicht unbequem, mich etwas näher damit bekannt zu machen [...].» – «[...] Das GEDICHT an die *Frankfurter* in's Reine gebracht. Einiges Bedeutende aus *Longhi* mir zugeeignet. *Hofrat Vogel* von den Zuständen des Museums einige Kenntniß gebend. Um 12 Uhr mit *Ottilien* spazieren gefahren. Mit *Eckermann* gespeist. Die neuen Bewegungen besprochen. Blieb für mich. Gegen Abend *Herr Kanzler v. Müller*. Später las noch *Wölfchen* in dem Büchlein über Nationen.» (Tgb)

Vielleicht September. AUFSATZ TOSKANISCHE MÜNZE [postum erschienen].

Ab Oktober. «[...] vous devez avoir reçu [...] le premier Numéro de la ‹Création›, journal anglais entrepris par *Goff* par opposition au ‹Chaos›; il est à craindre que cette idée, d'ailleurs très-heureuse, ne puisse pas se soutenir, parce qu'il y a des personnalités dans les deux premières feuilles, parce que *Goff* ne s'est pas gêné de nommer les masques en toutes lettres, enfin parce que le papa Goethe qui tient au Chaos tel qu'il est a pris la Création en mauvaise part, croit y voir une attaque malicieuse et s'est refusé à lire.» (*Soret* an Caroline v. Egloffstein, 11. 10.; GG 6911)

Samstag, 1. Oktober. «[...] An *Herrn Oberpfarrer* und *Konsistorialrat Kirchner,* das GEDICHT AN DIE 18 FREUNDE [→ 29. 9.] [...]. Verabredung mit *Kräuter* mundirt und geheftet. Correspondenz zu verbrennen angefangen. ‹Frühere Fehler hindern spätere nicht.› Umsicht mancher Art. Spazieren gefahren. *Hofrat Vogel*. Früheres, wieder aufgenommenes Gespräch von Wichtigkeit, das mich an den Streit der *Nominalisten* und *Realisten* erinnerte. Dergleichen wird's immer geben, so wie *Guelfen* und *Ghibellinen*. Wer hievon deutlichen Begriff hat und seine Einsicht praktisch zu benutzen weiß, der steht im Vortheil; alles Übrige ist vom Übel. Ein sehr geschicktes *Frauenzimmerchen* [*Clara Josephine Wieck,* spätere Gattin von *Robert Schumann, Pianistin;* geb. 1819], Pianoforte spielend, von ihrem *Vater* [*Friedrich Wieck, Klavier- und Gesangslehrer, Inhaber* einer Pianofortefabrik in Leipzig; geb. 1785] angeführt, hatte sich bey mir hören lassen [«‹Den 1. Oktober mittags 12 Uhr›, berichtet das Tagebuch *(Friedrich Wiecks),* ‹hatten wir Audienz bei dem dreiundachtzigjährigen Minister Exzellenz von Goethe. Wir fanden ihn lesend, und der *Bediente* führte uns ein ohne weitere Anmeldung, nachdem er uns den Tag vorher zu dieser Zeit hatte bestellen lassen. Er empfing uns sehr freundlich; *Clara* mußte sich zu ihm auf das Sofa setzen. Bald darauf kam *seine Schwiegertochter* mit ihren beiden sehr geistreich aussehenden *Kindern* von zehn bis zwölf Jahren. *Clara* wurde nun aufgefordert zu spielen, und da der Stuhl vor dem Klavier zu niedrig war, holte Goethe selbst aus dem Vorzimmer ein Kissen und legte es ihr zurecht. Sie spielte ‹La Violetta› von *(Henri) Herz* (deutscher Abstammung, in Paris lebend; der derzeit gefeiertste *Pianist* und *Klavierkomponist* der Welt; geb. 1803). Während des Spiels kam noch mehr Besuch, und sie spielte dann noch Bravour-Variationen von *Herz,* op. 20. – Goethe fällte über die Kompositionen und das Spiel der *Clara* ein sehr richtiges Urteil, nannte die Komposition heiter und französisch pikant und rühmte *Claras* Eindringen in diesen Charakter.› Mit dieser letzen Äußerung scheint ein anderer, im Tagebuch nachgetragener Ausspruch Goethes im Widerspruch zu stehen, der aber für *Clara* jedenfalls schmeichelhaft war: ‹Über *Claras* Darstellung vergißt man die Komposition.›» (B. Litzmann: Clara Schumann; GG 6907)] [...]. Mit *Hofrat Meyer* Auswahl einiger Kupferblätter für's Museum. In den Gedichten *Gustav Pfizers [Lehrer, Lyriker* und *Epiker der Schwäbischen Schule; geb.* 1807. – «Der *Dichter* scheint mir ein wirkliches Talent zu haben und auch ein guter Mensch zu seyn. Aber es ward mir im Lesen gleich so armselig zu Muth und ich legte das Büchlein eilig weg, da man sich bey'm Eindringen der Cholera vor allen deprimirenden Unpotenzen strengstens hüten soll. Das Werklein ist an *Uhland* dedicirt und aus der Region worin dieser waltet möchte wohl nichts Aufregendes, Tüchtiges, das Menschengeschick Bezwingendes hervorgehen. So will ich auch diese Production nicht schelten, aber nicht wieder hineinsehen. Wundersam ist es wie sich die *Herrlein* einen gewissen sittig-religios-poetischen Bettlermantel so geschickt umzuschlagen wissen, daß, wenn auch der Ellenbogen herausguckt, man diesen Mangel für eine poetische Intention halten muß.» (an *Zelter,* 2. 10.)]. Einiges zur Anordnung und Fortsetzung des Bevorstehenden.» (Tgb)

Sonntag, 2. Oktober. «Die Rechnungen des vergangenen Monats durchgesehen, in die Tabellen eingetragen, anderes tabellarisch Nothwendige besorgt. Einiges angeordnet. Brief an *Zelter* dictirt.» (Tgb): Goethe berichtet, daß er den übersendeten Abdruck von *Schmidts* russischer Kaiserin auf Leinwand aufziehen läßt [→ 27. 9.]. Doch zeigte ihm das Werk auch, warum er «diesem trefflichen *Mann* niemals [etwas] abgewinnen» konnte. Er lebte zu der «unseligen Zeit [...] wo alle Umgebungen der *Menschen* [...] sich in's Abgeschmackte verloren hatten, da er sich gerade «der Einfalt [...] zu bilden anfing». – Er lebte «fast mit keinem eigentlich würdigen *Künstler* zu gleicher Zeit. Sein Ergreifen von *Rembrandts* Verdiensten zeigt seinen großen tüchtigen Sinn; es ist aber sehr glücklich daß gerade, da *Longhi* auf das Technische aufmerksam macht [→ 7. 7.], du mir mit so vorzüglichen Beyspielen zu Hülfe kommst [→ 20. 8.]. – [...] Mit der Poesie ist es ein ganz Anderes, da muß ich gar zuviel hinzuthun und weiß nicht recht ob ich wohl thue, das eine aufzunehmen und das andere abzulehnen.» – «Das Interesse an den neuacquirirten Kupferstichen in Verbindung mit den älteren mußte immer wachsen, da man *Longhis* Werk mehr studirte. Es gilt hier wie durchaus in aller lebendigen Kunst und der dazu erforderlichen Technik, daß es unendlich wird, sobald man sich ernstlich darauf einläßt. Mittag mit *Dr. Eckermann.* Nachher *Oberbaudirektor Coudray.* Abends *Ottilie.* Angekommen waren zwey Bände Fragments de Géologie [et de climatologie asiatiques] par *Alexandre de Humboldt,* und ich fing an darin zu lesen.» (Tgb) **Montag, 3. Oktober.** «Oberaufsichtliches mundirt. Die Registrande eingetragen.» (Tgb) – Brief an *Soret:* Goethe meldet die Ankunft der langerwarteten, aber «desto vorzüglicher gerathenen Medaille» [von *Bovy;* → 16. 7.]. – «Um 12 Uhr Ihro Königliche Hoheit der *Großherzog.* Um 1 Uhr *Graf Caraman* und *Vaudreuil.* Mittags *Dr. Eckermann.* Nachmittags allein, *v. Humboldts* Fragments. Abends *Ottilie.* Biographien des *Plutarchs,* griechische Serie [→ 29. 9.].» (Tgb) **Dienstag, 4. Oktober.** Brief an *Riemer:* «[...] ich fühle ganz die peinlichste aller Lagen mit, in die Sie durch die seltsamste Complication von Umständen versetzt worden [*Frau Riemer* war nach Berlin gereist, um *Sohn Bruno* anläßlich der Cholera heimzuholen, doch wurde den *Rückkehrenden* der Eintritt ins Großherzogtum verwehrt. Sie mußten sich auf preußischem Gebiet, in Eckartsberga, einer verlängerten Quarantäne unterziehen. *Riemer* reiste ebenfalls dorthin, um seiner *Frau* beizustehen, die er in einem beunruhigenden Zustand vorfand; → 23. 9.] [...]. – Lassen Sie *Bruno* ein paar Worte an die *Kinder* schreiben, das *junge Volk* erheitert sich am besten unter einander. Grüßen Sie die liebe *Frau* zum schönsten.» – «[...] Um halb 1 Uhr in die Ausstellung des *Gartenvereins* [im Schießhaus], wo sehr schöne und merkwürdige Früchte zu sehen waren. Mittag [...] *[Kanzler] v. Müller.* Nachher für mich. 15. Septembre 1831 par *F. Alphonse de Syon.* Abends *Ottilie,* den *Alcibiades* des *Plutarchs* vorlesend.» (Tgb) **Mittwoch, 5. Oktober.** «[...] Communicat an das Oberkonsistorium hier, mit Zeichnungen. *Herrn Hofrat Voigt,* mit Anschlägen zur neuen Röhrenfahrt [und dem Auftrag, die Röhrenleitung im botanischen Garten in Jena ausführen zu lassen (WA IV, 49, 353)]. *Herrn v. Otto,* Separatcasse-Rechnung [mit der Bitte, sie *Maria Paulowna* vorzulegen].» (Tgb) – Brief an *Zelter:* «Schon seit drey Monaten les ich keine Zeitungen und da haben *alle Freunde* bey mir das schönste Spiel. Ich erfahre den Ausgang, den Abschluß, ohne mich über die mittlern Zweifel zu beunruhigen. Wenn ich denke, was man der Belagerung von Missolunghi für unnützen Antheil zugewendet [...]. – Die herrlichste Cur aber [...] ist der Spaß, einen Jahrgang von 1826 gebunden zu lesen, wie ich mir ihn jetzt mache, wo so klar ist daß man durch diese Tagesblätter zum Narren gehalten wurde und daß [...] im Sinn einer höhern Bildung [...] auch nicht das Mindeste abzuleiten war. [...]. – Ich habe die zwey Bände: Fragments de Géologie par *Alexandre de Humboldt* [...] durchgesehen [→ 3. 10.] [...]. Das außerordentliche Talent dieses außerordentlichen *Mannes* äußert sich in seinem mündlichen Vortrag, und genau besehen: jeder mündliche Vortrag will überreden [...] und so sind die Abhandlungen die uns hier vorgelegt werden wahrhafte Reden, mit großer Facilität vorgetragen, so daß man sich zuletzt einbilden möchte, man begreife das Unmögliche. Daß sich die Himalaja-Gebirge auf 25 000′ aus dem Boden gehoben und doch so starr und stolz als wäre nichts geschehen in den Himmel ragen, steht außer den Gränzen meines Kopfes, in den düstern Regionen, wo die Transsubstantiation pp. hauset,

und mein Cerebralsystem müßte ganz umorganisirt werden [...] wenn sich
Räume für diese Wunder finden sollten.» – «[...] Jenes französische Heft [von
Syon] durchgelesen. Die neuacquirirten Kupfer an *Schuchardt*. *[Diener] Fried-
rich* meldete sich krank, und war daher manches Hinderniß im Hauswesen.
Ich übernahm das Geld von *[Rinaldo] Vulpius* und brachte die angeschafften
Kupfer für das Museum und mich in Ordnung. Mittag *Dr. Eckermann*. Nach
Tische *Hofrat Meyer*. Das Heft von *Syon* weiter betrachtet und gewürdigt.
Abends *Oberbaudirektor Coudray*, mit Anträgen von der *Klavierspielerin [Clara
Wieck; →* 1. 10.]. Später *Ottilie*. Verhältnisse zu dem *französischen Abgesandten
[Vaudreuil]* und seiner *Gemahlin*.» (Tgb)

   Donnerstag, 6. Oktober. «Wackerer Brief von *Zelter*. [Oberaufsichtliche
Verordnungen].» (Tgb) – Brief an *Soret*: Goethe berichtet, daß seine
«Wochenrechnung durch die vermißte Donnerstagsfeyer völlig in Unord-
nung» gekommen sei [der *Adressat* hatte den Besuch *Maria Paulownas* am 29.
9. und 6. 10. wegen einer Erkältung der *Großherzogin* abgesagt] und hofft auf
die Genesung der «so geliebte[n] als verehrte[n] *Fürstin* [...]. – Die Medaille
[→ 3. 10.] verdient allen Beyfall; es freut mich daß unser *Meyer* ihr auch sein
Zeugniß nicht versagt. Lassen Sie solche *Ihro Kaiserlichen Hoheit [Maria Pau-
lowna]* bey Gelegenheit sehen. Was sich so nahe auf mich bezieht möcht ich
ihr nicht gerne vorlegen; es hat immer einen Schein von Anmaßung.» – «[...]
Ein junger *Mediziner* aus Hamburg, in Halle studirend, Namens *[Johannes]
Nölting*, ein kleiner, hübsch zusammengefaßter junger Mann. Fortgesetztes
Studium des französischen Heftes [→ 5. 10.]. Der *Verfasser* ist freylich auch ein
Redner, dem man aufpassen muß, aber trefflich überschauend und alle
Zuständlichkeiten bis in die letzten Winkel verfolgend. Mittags *Wölfchen*.
Nachher das Nächste in Betracht gezogen. Manches gesondert und geordnet.
Abends *Ottilie*. *Alcibiades* bis zu Ende gelesen [→ 4. 10.]. Sociale Verhältnisse
besprochen. [...].» (Tgb)

   Freitag, 7. Oktober. Brief an *Kanzler v. Müller*: Goethe sendet das von
Klinger selbst unterzeichnete Manuskript [*Klingers* Brief an Goethe vom 26.
Mai 1814, die Geschichte seiner geistigen Bestrebungen enthaltend], welches
gewiß einen entschiedenen Beitrag zu einem Ehrengedächtnis geben wird. –
«[...] Die Briefschaften des grünen Portefeuilles [das *Sohn August* auf seiner
Reise in Italien begleitete] besichtet und einen Theil verbrannt. Die Störung
durch *Friedrichs* Krankheit war ziemlich in's Gleiche gebracht. Mit *Wölfchen*
spazieren gefahren. Mittags *Dr. Eckermann*. Hernach allein. Die Leipziger
Sendung nochmals näher betrachtet. Gelesen. Abends *Ottilie*.» (Tgb)

   Samstag, 8. Oktober. «Briefconcepte. Einiges Oberaufsichtliche. *Buchbinder Bauer* brachte das aufgezogene Kupfer Kaiserin Elisabeth. War geglückt
[→ 2. 10. – «Die Klarheit und Unbegreiflichkeit des Stichs, der sich nach den
gränzenlosen materiellen Gegenständen zu schmiegen und nach den Eigenschaften der unzählbaren Oberflächen zu bewegen und zu richten weiß,
leuchtet im vollsten Glanze ... Bey deiner nächsten Anherkunft ... soll dir
diese hohe ... Dame die grazioseste Audienz geben.» (an *Zelter*, 20. 10.)]. *Geh.
Hofrat Helbig*. Um 12 Uhr der *Großherzog* [...]. Zu Tische *Hofrat Vogel*. Später
Quittungen für den *Dresdner Verein*. Studium der *Rembrandtischen* Blätter nach

dem Band des Museums. *Hofrat Meyer.* Beunruhigung wegen der Krankheit unserer *Frau Großherzogin* [→ 6. 10.]. *Wölfchen.* Thee bey *Ottilien,* deßhalb dieselbe erst später kam.» (Tgb)

Sonntag, 9. Oktober. «Fortgesetztes Studium *Rembrandtischer* Blätter. DIC-TIRT ÜBER DEN BARMHERZIGEN SAMARITER [AUFSATZ REMBRANDT DER DENKER; postum in der ALH veröffentlicht]. Ein *ungarischer junger Geistlicher Hrabowski, ein verständiger hübscher Mann.* Um 12 Uhr Concert. *Clara Wieck,* ihr *Vater* und ein *Violinspieler,* ließen sich hören [«*Clara* spielte das Duo mit *Herrn (Musikdirektor) Götze, (Franz) Hünten* Rondo à 4 m[ains] mit mir, ihre Variationen ... Er sprach mehrmals mit uns aufs freundlichste. Einmal sagte er zu *Clara:* ‹Das *Mädchen* hat mehr Kraft als *sechs Knaben* zusammen.›» (*Friedrich Wieck:* Tagebuch; GG 6908)] [...]. Gegenwärtig waren die nächsten der *Familie,* dabey *Frau Geh. Rat [v. Müller?]* und *Herr General v. Wolzogen.* Mittags mit *Wölfchen,* welcher sehr mäßig und gätlich war. Gegen Abend [...] *[Kanzler] v. Müller,* Unerfreuliches mittheilend.» (Tgb)

Montag, 10. Oktober. Brief an *v. Quandt:* Goethe dankt ihm dafür, die Angelegenheit der *Seidler* zu einem erwünschten Ende geführt zu haben [→ 12. 9.]. – Sie hat sich um den *[Sächsischen Kunst-]Verein* viel Verdienst erworben, indem sie neue *Mitglieder* zugewinnen konnte. Goethe legt ein Verzeichnis der neu hinzutretenden *Personen* bei. – Seinen Namen bei Gelegenheit einer Übersetzung der IPHIGENIE ins Italienische erwähnt zu sehen, wäre Goethe sehr angenehm [*Edvige de Battisti de Scolari, Tochter des Präsidenten von Verona,* hatte die IPHIGENIE übersetzt und läßt Goethe durch den *Adressaten* bitten, ihm ihre Übersetzung widmen zu dürfen. (*Quandt* an Goethe, 30. 9.) Die Übersetzung erscheint 1832.]. – «Einiges weggearbeitet. Um 11 Uhr zum Manöver hinausgefahren mit der *Familie* und *Vogel.* Mittags mit *Dr. Eckermann.* Nachher La Peau de Chagrin [von *H. de Balzac*] zu lesen angefangen. Abends *Ottilie.* Aus der Geschichte des *Fitz Gerald* [«Memoirs of Lord Edward Fitzgerald» (*irischer Patriot,* gest. 1798) von *Thomas Moore*] erzählt.» (Tgb)

Dienstag, 11. Oktober. Brief an *Kunsthändler Börner:* Goethe sendet dessen [Kupfer-]Portefeuille zurück nebst Rechnungen über die Blätter, die er für das Museum und für sich selbst behalten hat. – Er bittet um einen besseren Abdruck des guten Samariters von *Rembrandt* [→ 9. 10.] und erkundigt sich nach dem Preis, den man für *Schmidts* Kupferstich der russischen Kaiserin Elisabeth fordern könnte [→ 8. 10.]. – «[...] Obige französische Lectüre fortgesetzt. *Herr Frommann d. Ä.,* die Einrichtung seines neuen Hauses mir erzählend. Mittag *Wölfchen.* Ich las La Peau de Chagrin weiter und beschäftigte mich damit die übrige Zeit, wie ich denn in der Nacht auch mit dem 2. Theil fertig wurde. Es ist ein vortreffliches Werk neuster Art, welches sich jedoch dadurch auszeichnet, daß es sich zwischen dem Unmöglichen und Unerträglichen mit Energie und Geschmack hin und her bewegt und das Wunderbare als Mittel, die merkwürdigsten Gesinnungen und Vorkommenheiten sehr consequent zu brauchen weiß, worüber sich im Einzelnen viel Gutes würde sagen lassen.» (Tgb)

Mittwoch, 12. Oktober. «[...] DEN 4. BAND MEINER BIOGRAPHIE wieder angegriffen [→ 16. 9.]. Die gestrige Betrachtung über das bezauberte Fell rief mir *Victor Hugos* Notre-Dame de Paris wieder in's Gedächtniß [→ 20. 6.]. Wenn ich jene Terminologie beybehalten will, so muß ich sagen, er hat das Unmögliche und das Unerträgliche dargestellt und, anstatt es durch ein Wunder zu verknüpfen, durch eine seltsame Realität, die uns nur Augenblicke besticht, zu vereinigen gesucht. Seine Darstellung eines unmöglichen Details, das noch dazu widerwärtig ist, stößt uns ab. Ich habe den zweyten Theil nicht auslesen können.» (Tgb)

Donnerstag, 13. Oktober. Brief an *Riemer:* Goethe möchte ihm gern selbst sagen, wie sehr ihn seine Rückkunft freut und lädt ihn deshalb für den Abend ein [→ 4. 10.]. – «Einige Expeditionen in oberaufsichtlichen Angelegenheiten. Einiges zu eignen Zwecken. Wenige Blicke in das Leben *Fitzgeralds,* wovon ich gestern Abend mit *Ottilien* mit vielem Antheil gesprochen hatte [→ 10. 10.]. Besuch von *Dr. Hartig* und *Froriep.* [...] der *Großherzog.* Die *Herren Sterling* und [Lücke im Text]. Zu Mittag *Wölfchen.* Ich nahm das Leben *Lord Fitzgeralds* wieder vor. Es ist höchst merkwürdig, wie *Thomas Moore* und die *Briten* überhaupt so ein Buch zu machen wissen, durchaus collectiv und doch ein meisterhaftes liebenswürdiges Ganze. Das kommt aber von ihrem immerfort agitirten öffentlichen Leben, nicht weniger von den großen Vortheilen, die der *Autor* aus seinen Productionen zieht, sodaß es der Mühe werth ist, sich lange Zeit darauf zu concentriren. Abends *Oberbaudirektor Coudray,* von dem *Virtuosen Wieck* und *seiner Tochter* nähere Nachricht gebend. Sodann *Hofrat Riemer* von Eckartsberga zurückkehrend. Geschichte seiner und der *Seinigen* Abenteuer. Ferner über die Einrichtung der Schulstudien in der neuern Zeit bey Gelegenheit der vacanten Directorstelle von Schulpforta [→ 21. 8.]. *Ottilie* ging zum Ball bey *Gersdorffs.*» (Tgb)

Freitag, 14. Oktober. «[...] Die Registrande der Oberaufsicht durchgegangen. [...] *Ottilie* erzählte vom gestrigen Balle. Das Wetter fuhr fort, sehr schön zu seyn. Mittag mit *Eckermann* im untern Garten gegessen. Spät herauf. Abends *Prof. Riemer* [Goethe gratuliert ihm zur Ernennung zum Hofrat (vgl. *Riemer;* GG 6913)]. Einige Correcturen besprochen. Griechische Sprache und deren Vorzüge. Einiges von Kunstsachen vorgewiesen. Ich schlief wieder in dem hintern Zimmer.» (Tgb)

Samstag, 15. Oktober. Brief an *Grafen Brühl:* Goethe dankt für das übersandte Heft [→ 5. 9.]. Er möchte ihm bei Gelegenheit desselben «recht stark in's Gewissen reden [...]: lassen Sie sich ja nicht reuen was Sie gethan und geleistet haben und verkümmern Sie sich's in der Erinnerung nicht selbst. Scheint auch ein redliches Bemühen nicht von solcher Wirkung, wie man gewünscht, wie man gehofft hatte, so hat es auf eine andere, uns vielleicht unbekannte Weise genutzt, gefördert und gebessert. [...]. – In irdischen Dingen ist alles folgereich, aber durch Sprünge. Glaubt man, irgend ein Eindruck sey verloren, so tritt die Wirkung da oder dort hervor. Vielleicht vernehmen wir es nicht, oder es gibt uns auch wohl keine Zufriedenheit, weil es nicht in unserm Sinne, nicht nach unsern Absichten sich äußert. – Verzeihen Sie diese Allgemeinheiten! Es sind die Früchte des Alters, an denen wir uns wieder her-

stellen müssen [der *Adressat* hatte sich am 20. 8. resignierend über sein Wirken
für das Theater ausgesprochen; er hatte im Herbst 1828 die Generalintendanz
der königlichen Schauspiele niedergelegt und war 1830 zum *Generalintendan-
ten* der Berliner Museen ernannt worden] [...].» – Brief an *Prof. Wolff*: Goethe
erklärt, daß die Vergünstigung eines neuen Abdrucks von FAUST nur der *Verleger Cotta* erteilen kann, der im Besitz der Rechte ist [der *Adressat* hatte am
8. 10. mitgeteilt, daß im Gefolge seiner Antrittsvorlesung in Jena über die
Bearbeitung des Faust-Stoffes bei den verschiedenen *Völkern* Europas unter
besonderer Berücksichtigung des Goetheschen FAUST aus England die Bitte
an ihn gerichtet worden sei, in Verbindung mit einem *englischen Gelehrten*
Goethes FAUST mit einem englischen Kommentar herauszugeben, um den
Briten die Dichtung im Original zugänglicher zu machen]. – «[...] Einiges
Mineralogische. *Hofrat Göttling* gegen 11 Uhr. [...] Ich fuhr fort, gewisse
Lebensepochen [für DuW] zu bedenken [→ 12. 10.]. Mittag die *Hofräte Vogel*
und *Göttling*. Heiteres und wissenschaftliches Weltgespräch. Nachher manche
Betrachtungen über natürliche Dinge. In den Gartenhäusern mineralogische
Gegenstände besehen. Abends *Ottilie* vom Geburtstag ihrer *Frau Mutter* kom-
mend. Sie las den *Timoleon* [von *Plutarch*] vor [→ 6. 10.].» (Tgb)

Sonntag, 16. Oktober. «[...] Manches concipirt und mundirt. Betrachtungen über *Herrn Olfers'* Berliner Vorlesungen das Grab der Tänzer bey
Cumae betreffend [veröffentlicht in den «Historisch-philologischen Abhandlungen der Berliner Akademie», Entstehung des AUFSATZES EIN GRAB BEI
CUMAE, postum veröffentlicht]. Der Zwiebelmarkt war heute wie gewöhnlich gehalten und erinnert an die Epoche von 1806. *Vulpius* übergab die
Vierteljahrsrechnung. Sonstige umsichtige Vorbereitung. *Herrn Goffs* Übersetzung der ZUEIGNUNGSSTANZEN VON FAUST. Wohlgerathen. Mittag *Dr.
Eckermann*. Manches Gute besprochen, besonders die glücklichen Augenblicke, wenn uns ein fruchtbares Gewahrwerden deutlich wird und wir nun
unter dessen Leitung fortbeobachten und uns bilden. Altdeutsche Kupfer
betrachtet, besonders den köstlichen Abdruck vom Hinscheiden der Marie
durch *Martin Schön* [vgl. Schuchardt 1, 140, Nr. 349 u. 350]. Abends *Oberbaudirektor Coudray*. Fortschreiten der Chausséen bey guter Witterung; dessen
verschiedene Expeditionen die Woche über besprochen. Auch manches über
die Wirkung und Fortwirkung der Gewerkenschule. *Longhis* Calcographie
näher studirt [→ 2. 10.].» (Tgb)

Montag, 17. Oktober. «Concepte und Munda. [...] Um 12 Uhr *Ihro Kaiserliche Hoheit [Maria Paulowna]* mit *Demoiselle Mazelet* [«... je lui (Goethe)
avais envoyé la vie du *Lord Edouard Fitzgérald* par *Moore* ...; il en a été
enchanté, me disant que c'était là un des livres les mieux faits qu'il eût lus,
qu'il l'avait relu deux fois et presque trois fois tant il en avait été content:
qu'il m'avouait qu'il avait la mauvaise habitude de commencer ordinairement à lire un ouvrage par la moitié, qu'il l'ouvrait et que, de là, il partait
pour en continuer la lecture s'il trouvait que la chose en valait la peine: –
qu'il lui semblait qu'à la moitié du livre l'on pouvait mieux juger du mérite
de l'ouvrage qu'au commencement.» (*Maria Paulowna*: Tagebuch; GG
6914)]. Über das Schicksal, welches *Riemern* betroffen [→ 13. 10.]. Manches

andere Äußere und Innere. Auch des ausgegrabenen Elephantenzahns wurde gedacht [→ 13. 5.]. Mittag *Dr. Eckermann*. Ich zeigte ihm einiges auf Kunst und anderes auf Physik Bezügliche. Er wußte das auf seine eigenthümliche Art zu betrachten und sich zuzueignen. Kam der Elephantenzahn von Belvedere zurück, leider nicht in seiner vollkommenen Integrität, wurde im Gartenhaus niedergestellt. Ich beschaute einige Portefeuilles in Bezug auf *Longhis* Werk. *Herr v. Berlepsch,* ein wunderlicher aber schätzbarer Liebhaber aller Arten von Curiositäten, hatte mich [...] besucht und theilte ein Stammbuch *eines seiner Vorfahren* mit aus der Mitte des dreißigjährigen Kriegs. Abends *Ottilie,* manches aus dem geselligen Leben erzählend, welches wie immer im Schwanken blieb.» (Tgb)

Dienstag, 18. Oktober. «*Sekretär Kräuter* bearbeitet die neuangekommenen Bücher und Schriften, um vor Winters dem Zustand noch einige Sicherheit zu geben. Bey Betrachtung des Ankaufs der von *Voigtischen* Münzsammlung einige neue, weiter durchgreifende Gedanken [→ 27. 9.]. Den Elephantenzahn angesehen und zu dessen Conservation Anstalten gemacht. Es ist das Merkwürdigste was in dieser Größe und so vollständig gefunden worden. [...] Mittags *Dr. Eckermann*. Abends *Hofrat Soret. Geh. Rat Schweitzer,* die morgende Ausstellung in Belvedere ankündigend und dazu einladend. Um 6 Uhr *Hofrat Riemer*. Einiges mit ihm durchgegangen. Schöne allgemein sprachliche Bemerkung. Nachts *Ottilie,* die *Kinder*.» (Tgb)

Mittwoch, 19. Oktober. «Mehrere Briefconcepte. An *Prof. Renner* einen monstrosen Hirschfuß und Magenstein. – Um 11 Uhr nach Belvedere. Zur Ausstellung des *landwirthschaftlichen Vereins*, wo bedeutende Vegetation [«die besten Zeugnisse von dem Fortgang einer von oben so sehr begünstigten Feld- und Garten-Cultur» (an *Augusta v. Preußen*, 9. 11.)] [...], auch meinen Speculationen förderlich vor Augen lagen [«Goethe est survenu et a tout visité avec beaucoup d'attention. Son apparition a fait un plaisir général surtout aux *personnes* qui ne le connaissaient point encore. *Monsieur Döbereiner* lui a montré une jolie cristallisation de bismuth avec d'autres qu'il m'avait données; Goethe a tout pris.» (*Soret; GG* 6916)]. Kam die Nachricht von der glücklichen Niederkunft der *Prinzeß Wilhelm [Augusta v. Preußen]* mit einem *Prinzen [Friedrich Wilhelm Nikolaus Karl* später *Kaiser Friedrich III.,* geb. am 18. 10.; «eine Nachricht ... die uns ganz an das höchste Ziel menschlicher Glückseligkeiten versetzte» (an *Augusta v. Preußen,* 9. 11.)]. Mittags mit *Dr. Eckermann* und *Wölfchen*. Ferner *Ottilie*. [...] *[Kanzler] v. Müller* war wegen der Gemälde *Juliens [Julie v. Egloffsteins]* anfragend gekommen. Hatte auch anderes zur Sprache gebracht.» (Tgb)

Donnerstag, 20. Oktober. Brief an *Zelter*: «Die *Gebrüder Schlegel* waren und sind bey soviel schönen Gaben unglückliche *Menschen* ihr Leben lang; sie wollten mehr vorstellen als ihnen von Natur gegönnt war und mehr wirken als sie vermochten; daher haben sie in Kunst und Literatur viel Unheil angerichtet [*Zelter* hatte Goethe am 15. 10. auf Epigramme *A. W. Schlegels,* veröffentlicht unter der Überschrift «Litterarische Scherze» im Leipziger «Musenalmanach für das Jahr 1832», aufmerksam gemacht, die sich gegen den GOETHE-SCHILLER-BRIEFWECHSEL und die XENIEN richteten]. Von ihren falschen Lehren in der bildenden Kunst, welche den Egoismus, mit Schwäche verbunden, präconisirten, lehrten und ausbreiteten, haben sich die deutschen Künstler und Liebhaber noch nicht erholt [Die *Gebrüder Schlegel* waren mit ihren gegen den Klassizismus der «Propyläen» gerichteten Schriften zur bildenden Kunst zu *Wegbereitern* der christlich-religiösen Malerei der Romantik geworden (vgl. Mandelkow 4, 665)] [...]. – [...] so erstickte doch *Friedrich Schlegel* am Wiederkäuen sittlicher und religioser Absurditäten, die er auf seinem unbehaglichen Lebensgange gern [...] ausgebreitet hätte; deshalb er sich in den Katholicismus flüchtete und bey seinem Untergang ein recht hübsches, aber falsch gesteigertes Talent, *Adam Müller,* nach sich zog. – Genau besehen war die Richtung nach dem Indischen auch nur ein pis-aller. Sie waren klug genug zu sehen, daß weder im deutschen noch im lateinischen und griechischen Felde etwas Brillantes für sie zu thun sey; nun warfen sie sich in den fernern Osten und hier manifestirt sich das Talent von *August Wilhelm* auf eine ehrenvolle Weise. Alles das – und + wird die Folgezeit reiner in Evidenz setzen. *Schiller* liebte sie nicht, ja er haßte sie, und ich weiß nicht ob aus dem BRIEFWECHSEL hervorgeht, daß ich, in unserm engen Kreise wenigstens, sociale Verhältnisse zu vermitteln suchte. Sie ließen mich bey der großen Umwälzung, die sie wirklich durchsetzten, nothdürftig stehen, zum Verdrusse *Hardenbergs,* welcher mich auch wollte delirt (ausgelöscht) haben [Goethes Äußerung liegt die Kenntnis der entstellten und verstümmelten vier Goethe-Fragmente in der *Schlegel-Tieckschen* Edition der *Moralischen* «Schriften» von 1802 zugrunde, die als eine Polemik gegen das GESAMTWERK GOETHES verstanden werden muß. *Novalis'* vollständige Wilhelm-Meister-Kritik erscheint erst in den Werkausgaben seit 1901 (vgl. Mandelkow, ebenda)] [...]. – *Schiller* war mit Recht auf sie erbos't; wie er ihnen im Wege stand, konnt er ihnen nicht in den Weg treten. Er sagte mir einmal, da ihm meine allgemeine Toleranz, sogar die Förderniß dessen was ich nicht mochte, nicht gefallen wollte: ‹*Kotzebue* ist mir respectabler in seiner Fruchtbarkeit als jenes unfruchtbare, im Grunde immer nachhinkende und den *Raschfortschreitenden* zurückrufende und hindernde *Geschlecht.*› – Daß *August Schlegel* so lange lebt, um jene Mißhelligkeiten wieder zur Sprache zu bringen, muß man ihm gönnen. Der Neid, so viele wirksamere *Talente* auftauchen zu sehen, und der Verdruß, als junger *Ehemann* [in seiner 1818 mit *Sophie Paulus* in Heidelberg geschlossenen Ehe] so schlecht bestanden zu haben, können unmöglich das Innere dieses guten *Mannes* in's Wohlwollen gelangen lassen.» – «[...] Um 12 Uhr *Ihro Kaiserliche Hoheit [Maria Paulowna].* [...] Fing an Ordnung zu machen, damit der Umzug in die Winterquartiere erleichtert werde. Gegen Abend *Hofrat Meyer.* Gespräch auf Leben und Kunst bezüglich. Haus-, Hof-, Stadt- und Weltinteresse durchgesprochen. Blieb für mich und bedachte das Nächste.» (Tgb)

Freitag, 21. Oktober. Brief an *Geh. Oberrevisionsrat v. Savigny:* Goethe legt dar, wie er sich beim Lesen des zweiten Bandes von *Niebuhrs* «Römischer Geschichte» seine Gedanken darüber in Form eines Dialogs mit dem *Autor* im Kopf zurecht legte [→ 3. 1.ff.], der Schmerz über die unerwartete Nachricht von *Niebuhrs* Tod ihn jedoch gehindert hatte, etwas dazu niederzuschreiben [→ 9. 1.; der *Adressat* hatte von *seiner Frau* erfahren, daß Goethe seine Gedanken zum Zwecke der Mitteilung formuliert habe und erbittet dieses Manu-

skript als Vorwort zum 3. Band der «Römischen Geschichte», der voraussicht-
lich in Bälde aus *Niebuhrs* Nachlaß erscheinen wird; → 4. 9.]. – Brief an
Knebel: «Es darf dir wirklich in deinem hohen Alter ein heiteres Gefühl von
Selbstzufriedenheit geben, [...] wenn man sein Leben einem großen, fast
unübersehbaren und kaum zu vollendenden Werke widmet. – [...] [erst kürz-
lich] habe ich erst auf's deutlichste wieder empfunden, welches Verdienst es
sey, uns diese tiefen, errungenen, dem Widerspruch ausgesetzten Vorstellungen, die durch mächtige Geister Realität gewinnen und sich uns als positiv
ausdrücken, mit solcher Klarheit und Anmuth in einer neuern faßlichern
Sprache vorzutragen [...].» – «[...] *Dr. v. Froriep, einige Fremde* anmeldend.
Um 12 Uhr *Dr. Suckow* von der Breslauer Universität. Sodann die *Doktoren*
[H.] Scoutetten *[Chirurg am Militärkrankenhaus in Strasbourg]* und *[Felix]*
Maréchal [aus Metz], zwey sehr schätzbare *Mediziner,* von Berlin kommend,
wo sie sich neunzehn Wochen? (Tage?) aufgehalten, um in Auftrag ihres Gouvernements nach den Bezügen der Cholera sich zu erkundigen. Sie brachten
ohngefähr soviel mit als wir schon wissen, besonders den alten sittlichen Satz
bestätigt, die Furcht sey größer als das Übel. *Herr [Karl] Beaulieu[-Marconnay,*
Student der Rechte, später *Regierungsbeamter* in Oldenburg; geb. 1811], ein junger angenehmer *Mann* in Jena studirend [«Die Unterhaltung kam dann weiter
auf *Wilhelm Tischbein,* der mich als Kind in Eutin gezeichnet hatte, und von
diesem auf *Johann Heinrich Voß,* der von Eutin nach Jena und von dort nach
Heidelberg gekommen war. Goethe äußerte sich mit großer Anerkennung
über diesen *Mann,* schüttelte jedoch sehr bedenklich den Kopf, als auf die literarischen Fehden desselben, namentlich mit *Creuzer,* die Rede kam. – Goethe
war in durchaus heiterer Stimmung und scherzte freundlich mit den *Damen;*
von seiner äußern Erscheinung empfing ich den Eindruck, daß er im Gesichte
ein wenig eingetrocknet aussah; allein die prächtig leuchtenden Augen ließen
es vollständig vergessen, daß man vor einem zweiundachtzigjährigen Greise
stand.» (*Karl v. Beaulieu:* Erinnerungen an Alt-Weimar; GG 6879)] [...]. Mittag *Dr. Eckermann.* Über die erfreulichen Vorschritte des *jungen Erbgroßherzogs*
[Karl Alexander]. ANDERES AUF UNSRE ARBEITEN BEZÜGLICHES. Nachher
einiges geordnet und die Winterquartiere vorbereitet. Die *Kinder* waren in
Belvedere bey der landwirthschaftlichen Ausstellung gewesen. Abends *Hofrat*
Riemer. Gingen einiges durch. Besprachen anderes in Gegenwart und mit
Theilnahme von *Wölfchen,* der sich nach seiner Art herbeygethan hatte.» (Tgb)
Samstag, 22. Oktober. «Den AUFSATZ DIDEROTS NEFFE weiter gestaltet
[→ 9. 3. 30]. [...] Tecturen eingerichtet. Das gnädigste Rescript wegen der *v.*
Voigtischen Medaillensammlung wurde insinuirt [→ 18. 10.]. Um halb zwey
Uhr [...] der *Großherzog.* Mittag *Hofrat Vogel.* Aufregung der ZOOLOGISCHEN
ENTWÜRFE [→ 2. 8.; 19. 3.]. Gegen Abend *Hofrat Meyer.* Besprachen die Zür-
cher Localitäten. [...].» (Tgb)
Sonntag, 23. Oktober. «DIE ZOOLOGISCHEN ACTEN UND ENTWÜRFE vorgenommen [→ 22. 10.]. *John* mundirte. Ich besorgte Tecturen. Alles Vorliegende zu ordnen und einzuleiten bemüht. Abends *Oberbaudirektor Coudray,*
von dem lebhaften Fortgang des Straßenbaues bey so schönem Wetter referirend. Ingleichen einiges auf's Theater bezüglich.» (Tgb)
Montag, 24. Oktober. «An den ZOOLOGISCHEN HEFTEN fortgefahren. [...]

An *Frau Staatsminister v. Voigt.*» (Tgb): Goethe teilt die Bedingungen mit, unter denen das *v. Voigtsche* Münzkabinett und die numismatische Bibliothek übernommen werden sollen [→ 22. 10.]. – Brief an *Hofrat Winkler:* Goethe teilt die Namen der von *Luise Seidler* gewonnenen neuen *Mitglieder* [für den *Sächsischen Kunstverein*] mit. – «[...] *Demoiselle Seidler,* einen Entwurf vorzeigend, der wohlgerathen war. Der *Stuttgarter Arzt* nahm Abschied. Mittag *Dr. Eckermann.* Ich fuhr in den morphologischen Studien fort. Abends *Ottilie;* wir lasen den *Philopömen* [von *Plutarch*].» (Tgb)

Dienstag, 25. Oktober. «An dem MORPHOLOGISCHEN AUFSATZ fortdictirt [→ 24. 10.]. Damit und mit dem MUNDIREN den ganzen Morgen zugebracht. Mittag *Dr. Eckermann.* Gegen Abend [...] *Kanzler v. Müller. Herr v. Henning* und seine schöne *Dame. Hofrat Vogel.* Zuletzt *Hofrat Riemer,* mit welchem die MORPHOLOGISCHE CONTROVERS durchzugehen anfing.» (Tgb)

Mittwoch, 26. Oktober. «*Hofrat Vogel* war nach Jena gefahren. Das Wetter vollkommen schön. Ich setzte das GESTRIGE GESCHÄFT gleichmäßig fort und widmete ihm den ganzen Morgen. Mittag *Dr. Eckermann,* seine Abreise ankündigend [um *seine Braut* nach Weimar zu holen; → 14. 9.], sowohl Bücher als MANUSCRIPTE zurückgebend. Abends für mich. Das Nächste bedenkend. Später *Ottilie;* wir lasen des *Plutarchs Philopömen.* Höchst merkwürdig wird es, auf diese Weise die trefflichsten *Männer* nach und nach zwar wie vorher zwischen *eigene Partheien,* zuletzt auch zwischen *Makedonier* und *Römer* geklemmt zu sehen.» (Tgb)

Donnerstag, 27. Oktober. «AM AUFSATZ FORTGEFAHREN. IN DER GE-SCHICHTE MEINER STUDIEN DER VERGLEICHENDEN ANATOMIE MUNDIRT, CONCIPIRT. Um 12 Uhr *Ihro Kaiserliche Hoheit [Maria Paulowna]* und *Demoiselle Mazelet* [«... nous avons parlé d'*individus* pour lesquels il faut s'intéresser tels que *Messieurs Eckermann, Schwerdgeburth* etc.; pour le premier les choses vont leur train et l'on verra plus tard ...» (*Maria Paulowna:* Tagebuch; GG 6917)]. Mit *Ottilien* spazieren gefahren. Mit *Wölfchen* zu Tische. Nachher allein. Gegen Abend *Oberbaudirektor Coudray.* Nachts *Ottilie.* Lasen den *Lysander* [von *Plutarch*].» (Tgb)

Freitag, 28. Oktober. «AN DEM CURRENTEN FORTGEFAHREN. Bey dem schönsten Wetter allein nach Berka. Speiste daselbst im neuen Badehause. Nach 5 Uhr kam ich zurück. *Prof. Riemer.* EINIGES AUF DEN FRANZÖSISCHEN STREIT BEZÜGLICHES DURCHGEGANGEN.» (Tgb)

Samstag, 29. Oktober. «DIESELBE MATERIE FORTGESETZT. Einiges Geschäftliche beseitigt. Bücher von der Bibliothek erhalten. Einige Stellen aufgeschlagen. Merkwürdiges bedacht. *Hofrat Vogel* um 1 Uhr. Wir besprachen das vorgekommene Oberaufsichtliche. Er speiste mit mir. Wir setzten die Unterhaltung über seine und meine gegenwärtigen Arbeiten fort, insofern sie zusammentreffen, und hatten die Zufriedenheit gleicher Hauptansichten. *Almas* und *Fräulein [Ulrike v.] Pogwisch[s]* Geburtstag war gefeyert worden. Ich setzte die zu meinen Zwecken nothwendige Lectüre fort. Blieb allein. Abends *Walther.* Artig und unterhaltend. Später *Ottilie,* von *Gräfin Vaudreuil,* der ein *Kind* krank geworden, zurückkehrend. Sie las mir noch den Schluß des *Lysanders* und den Anfang *Kimons* vor [→ 27. 10.] [...]. Hoher Barometerstand und völlig bedeckter Himmel den ganzen Tag.» (Tgb)

Sonntag, 30. Oktober. «Wenig gesunkener Barometerstand und regnerisches Wetter. Höchst leidige Unregelmäßigkeit. *Ottilie* dennoch nach Jena. *Hofrat Riemer* durch ein Mißverständniß besuchte mich. Ich machte ihn sogleich mit der *Voigtischen* Angelegenheit bekannt [→ 24. 10.] [...]. Ich nahm die *d'Altonischen* Skelette vor. Mittag *Herr Rothe.* Unterhielt mich mit ihm über der *Kinder* Fortschritte und war mit seiner Weise den Unterricht zu behandeln wohl zufrieden. Suchte manches [...] vorzubereiten. [...] Abends *Ottilie.* Weniges im *Plutarch* gelesen. Sie war mit *Alwine [Frommann]* von Jena zurückgekommen. [...] An *Bibliothekssekretär Kräuter,* in der *v. Voigtischen* Angelegenheit [die Überführung der *Voigtschen* Sammlung auf die Bibliothek betreffend].» (Tgb)

Montag, 31. Oktober. «ZUR VERGLEICHENDEN ANATOMIE FORTGEFAHREN [→ 29. 10.].» (Tgb) – Brief an *Zelter:* Goethe dankt ihm, daß er sich der guten *Facius* so treulich angenommen hat. Wegen ihrer Zukunft ist er in einiger Verlegenheit, da es kaum abzusehen ist, wie man ihre Pension über das laufende Jahr hinaus verlängern soll. *Zelter* möge seine Gedanken mitteilen, inwiefern sie selbst etwas verdienen kann, damit man ihr allenfalls einen Zuschuß auswirken könnte. – Goethe bittet den *Adressaten,* in seinen Briefen die Stellen zu kennzeichnen, die er im «Chaos» abdrucken lassen darf. – «Die *Frömmler* habe ich von jeher verwünscht [«Unser theologische Eiferer *Hengstenberg* soll eine bleischwere Kritik über die WAHLVERWANDSCHAFTEN entlassen haben (die anonym erschienene Kritik ‹Ueber Göthe's Wahlverwandschaften› in der von *Hengstenberg* herausgegebenen Berliner «Evangelischen Kirchen-Zeitung», 1831, Nr. 57-61, deren *Autor* nicht bekannt ist; vgl. Mandelkow 4, 666). Ich kenn' ihn nicht, und wenn er Dich nicht versteht, wirst Du ihn auch nicht kennen.» (ebenda, S. 498)]. [...] *Einer dieses Gelichters* wollte mir neulich zu Leibe rücken und sprach von *Pantheismus,* da traf er's recht; ich versicherte ihm mit großer Einfalt: daß mir noch niemand vorgekommen sey, der wisse was das Wort heiße. [...]. – Was die Tragödie betrifft, ist es ein kitzlicher Punct [*Zelter* hatte anläßlich *Schillers* Brief an Goethe vom 12. 12. 97 und Goethes Antwort vom 13. 12. zu dieser Frage Stellung genommen (an Goethe, 27. 10.; Zelter-Briefwechsel 3, 500f.)]. Ich bin nicht zum tragischen Dichter geboren, da meine Natur conciliant ist; daher kann der rein-tragische Fall mich nicht interessiren, welcher eigentlich von Haus aus unversöhnlich seyn muß, und in dieser übrigens so äußerst platten Welt kommt mir das Unversöhnliche ganz absurd vor.» – «[...] *Herrn Kammerherrn v. Groß,* Diplom der *Mineralogischen Sozietät* zu Jena [→ 16. 9.]. Um 12 Uhr [...] der *Großherzog.* Ottiliens Geburtstag. Mittags *Herr Oberbaudirektor Coudray.* Unüberlegtes Programm des Weimarischen Gymnasiums, die Invectiven des *Simonides* gegen die Weiber [«De mulieribus carmen»] griechisch und deutsch enthaltend, bringt großen Skandal unter den *Schülern* zu Wege. Abends *Alwine Frommann.* Sodann *Ottilie.* Las des *Plutarchs Nikias.*» (Tgb)

Dienstag, 1. November. «Zu dem FRANZÖSISCHEN STREIT GEHÖRIGES gelichtet und gesondert. *Herr von [Weiss?], russischer Offizier,* nach Italien reisend, Nachricht von *Herrn v. Reutern* bringend, welcher sich in Riga aufhält. *Herr v. Groß* für das Diplom dankend und einige Mineralien vorweisend [→

16. 9.].» (Tgb) – Brief an *Rentamtmann Mahr:* Goethe teilt ihm mit, daß er die ihm übersandten Belege jener problematischen Gebirgsart nebst deren Beschreibung [→ 19. 1.] der *mineralogischen Gesellschaft* übergeben habe, weil sie dort besser genutzt werden können als in einer Privatsammlung. – Er dankt für die «Abdrücke der verkohlten Schale des colossalen unterirdischen Stammes» und sendet «zur Erinnerung freundlichster Begrüßung» [am → 27. 8.] seine soeben fertig gewordene Medaille [von *Bovy*] für *Mahrs Tochter* und das Diplom der *Mineralogischen Gesellschaft* für den *Adressaten* selbst [→ 16. 9.]. – «[...] Mittag *Ottilie.* Später *Hofrat Meyer,* welcher in der Stadt blieb. [...] *[Kanzler] v. Müller.* Scherzhaftes Räthsel von einem großen öffentlichen Skandal, welcher beyden Tagesneuigkeiten liebenden *Herren* verborgen geblieben war. Um 6 Uhr *Herr Hofrat Riemer.* Wir gingen einige Concepte durch. Besprachen die *Voigtische* gestern transportirte Münzsammlung [→ 30. 10.].» (Tgb)

Mittwoch, 2. November. «Gemeldetes Geschäft forgeführt. *Sekretär Kräuter* brachte seine Relation. Ich dictirte den BERICHT [über die vollzogene Übernahme des *Voigtschen* Münzkabinetts; Goethe schlägt vor, *Kräuter* für die Verwaltung der vereinigten Münzsammlungen 100 Taler Gehalt zu bewilligen (WA IV, 49, 366f.)] und fing an mich in den hinteren Zimmern einzurichten. *Hofrat Meyers* Recension über *Nehrlichs* FAUST [→ 10. 9.][...]. Mittag *Fräulein Alwine Frommann.* Sehr erfreuliche Unterhaltung mit dem vorzüglichen *Frauenzimmer.* Gegen Abend *Herr Oberbaudirektor Coudray.* Später *Ottilie* von dem Geburtstagsdiner des *Herrn Kanzlers [v. Müller]* kommend. Wir beschlossen das Leben des *Nikias* von *Plutarch.* [...].» (Tgb)

Donnerstag, 3. November. «DIE FRANZÖSISCHE ACADEMISCHE STREITSACHE [→ 1. 11.]. Der abgeschlossene Transport des *v. Voigtischen* Münzkabinetts. Weitere Einrichtung in den hinteren Zimmern. Um 12 Uhr *Ihro Kaiserliche Hoheit [Maria Paulowna]* und *Demoiselle Mazelet.* Die holländischen Angelegenheiten kamen bedeutend zur Sprache. Mittag *Wölfchen.* Lobenswürdige, aber höchst unbequeme, unermüdete Thätigkeit des *Knaben.* [...] Kam *Ottilie* bald. Lebhaftes Verhältniß zur *Gräfin Vaudreuil.* [...] Wir lasen den *Eumenes* des *Plutarch.* Die *Knaben* kamen aus der Probe der FISCHERIN und waren mit sich und den Anstalten zufrieden. Kam die neue Ausgabe der *[Euripideischen]* Iphigenie von *Hermann* in Leipzig an. Ich hatte mich den ganzen Abend mit der Vorrede beschäftigt.» (Tgb)

Freitag, 4. November. «Mannichfaltige Vorarbeiten. Concepte und Munda [...] [u. a. AUFSATZ NEHRLICHS DARSTELLUNGEN AUS «FAUST» auf der Grundlage von *Meyers* Gutachten; veröffentlicht in: «Wegweiser im Gebiete der Künste und Wissenschaften» (Beilage zu «Abendzeitung»). Nr. 105; 31. 12. 31; → 2. 11.] [...]. Wintereinrichtung. Zu Mittag *Wölfchen.* Übereinkunft wegen künftiger Stundeneinrichtung. Fuhr fort, die Iphigenie des *Ritter Hermanns* zu betrachten. [...] der *Großherzog. Prof. Riemer* gegenwärtig, und kamen mancherley Psychologica und Mythologica zur Sprache. Nach Tische hatte ich die verschiedenen gleichsam neuentdeckten Schubladen vorgenommen, die letzten Sendungen *meines Sohns* enthaltend, gesondert und disponirt. Zuletzt *Hofrat Riemer.* Wir nahmen die Vorrede zur *Hermannischen* Iphigenie vor. [...].» (Tgb) – GEDICHT VON DER BLÜTE ZU DEN FRÜCHTEN [für *Rätin Wangemann*].

Samstag, 5. November. «[...] Kam *Joachim Jungii* Logica Hamburgensis [1681] von Jena. Sowohl Geschäftliches als WISSENSCHAFTLICHES und Persönliches [...] vorbereitet. Deßhalb Concepte und Munda [...]. Mittag *Hofrat Vogel.* Gespräch über seine allgemeine Pathologie und Therapie. Dann über den kitzlichen Punct von Synthese und Analyse hauptsächlich im practischen Sinne. Gegen Abend *Hofrat Meyer,* der wieder in die Stadt gezogen war [vermutlich Besprechung des AUFSATZES ÜBER NEHRLICH; → 4. II.]. [...] *[Kanzler] v. Müller.* Mancherley Nachrichten und Nova mittheilend. [...].» (Tgb)

Sonntag, 6. November. Brief an *Oberbaudirektor Coudray:* Da die *Großherzogin* zu wünschen scheint, daß Goethe die neuen Zimmer [im Schloß; → 28. 9.] bald ansieht, möge sie bitte einen Tag dafür bestimmen. – «[...] Mittags mit *Wölfchen* gespeist. Sodann für mich. Abends bey *Ottilien,* wo das SINGSPIEL DIE FISCHERIN, componirt von *Max Eberwein* in Rudolstadt, mit sehr geschmackvoll zur Decoration arrangirten Zimmern, von den *Kindern* unter sorgfältiger Anleitung des *Herrn Eberwein* aufgeführt wurde.» (Tgb)

Montag, 7. November. «Für mich höchst merkwürdiger Tag, als stiller Jahresfeyer meines sechsundfunfzigjährigen Wirkens in Weimar [→ 7. II. 75]. *Frau Hofrat Riemer* überraschte mich mit einem sehr zierlichen Blumenkranze und Strauß. Um II Uhr *Hofrat Riemer* [Goethe: «In der Poesie einer jeden Nation ist etwas Konventionelles, so auch bei *Euripides.* Zu seiner Zeit, die schon rhetorisch war, wollte man nur *das* sehen und hören. Es ist nicht zu leugnen, daß die Art des *Sophokles* und *Äschylus* etwas hat, was näher an die Natur geht.» (*Riemer;* GG 6921)]. Sodann *Sekretär Kräuter.* Beyde Glück wünschend. Um 12 Uhr mit der *Familie* spazieren gefahren. Mit *Walther* gespeist [«Chez Goethe qui dînait en tête à tête avec *Walther;* il a été si content de la manière dont son *petit-fils* a joué la comédie qu'il l'en récompense par cette faveur. Hier, les *enfants* ont dû répéter la comédie qu'ils ont jouée (LES PECHEURS) à quatre heures devant Goethe tout seul. – Il a été question, à ce sujet, de la représentation des PECHEURS à Tiefurt. Monsieur de Goethe m'en a décrit les circonstances. La jeune fille était donnée par *Corona Schröter* et un *secrétaire du Consistoire* faisait l'amant. ‹Comment! me suis-je écrié, est-ce que déjà le Consistoire avait des relations avec le théâtre?› – ‹Sans doute, a répliqué Goethe, car ils sont plus rapprochés qu'on ne pense; il y a une grande parenté entre les *théologiens* et les *comédiens.*»» (*Soret;* GG 6922, vgl. auch GG 6923)]. Nachher für mich. Beschäftigt mit DEM DURCH DIE FRANZOSEN AUFGEREGTEN STREIT ÜBER SYNTHESE UND ANALYSE [→ 5. II.]. *Oberbaudirektor Coudray,* Verabredung wegen Besichtigung der neuen Schloßzimmer. Nachts *Ottilie,* gesellige Vorfallenheiten. – BERICHT wegen des *v. Voigtischen* Münzkabinetts auf die *Geh. Staatskanzlei* [→ 3. II.].» (Tgb)

Dienstag, 8. November. «Schreiben von *Maler [Benjamin Robert] Haydon* [geb. 1786] aus London, Einladung zum Ausspielen eines bedeutenden Gemähldes. EINIGES CONCIPIRT IN DER WISSENSCHAFTLICHEN ANGELEGENHEIT. *Hofrat Meyer.* Verschiedene Angelegenheiten mit ihm besprochen [vermutlich auch den AUFSATZ ÜBER NEHRLICH; → 5. II.]. Fuhr mit ihm spazieren. Setzte ihn bey Hofe ab. Fuhr weiter. Speiste mit *Wölfchen.* Betrachtete Iphigenie in Aulis näher. Noch anderes hiezu Gehöriges. Abends *Hofrat Rie-*

mer. Wir setzten unsre Betrachtungen über die *Euripideische* Iphigenie in Aulis und die Bearbeitung des *Ritters Hermann* fort [→ 4. 11.].» (Tgb)
Mittwoch, 9. November. Brief an *Augusta v. Preußen:* Goethe dankt für ihr gnädigstes Handschreiben, das den 28. August «dergestalt verherrlicht», daß er sich davon noch immer «wie geblendet» fühlt. – Er dankt für das «gnädigste Andenken» und drückt sein treues Mitempfinden am frohen Behagen der *hohen Familie* aus [→ 19. 10.]. – «[...] Um 12 Uhr mit *Herrn Oberbaudirektor Coudray* in's Schloß gefahren, die neuen Zimmer zu besehen, welche schön, angenehm und prächtig eingerichtet gefunden worden. Die *gnädigsten Herrschaften* [*Karl Friedrich* und *Maria Paulowna*] und *nächste Umgebung* waren eben auch mit der Besichtigung beschäftigt, und ich freute mich, zu dieser neuen Einrichtung Glück wünschen zu können [→ 6. 11.]. Allein gespeist. Abends [...] *[Kanzler] v. Müller,* manches Neue mittheilend, anderes anregend.» (Tgb)
Donnerstag, 10. November. Brief an *Wegebauinspektor Goetze:* Der *Adressat* hat «wohl gethan», Goethe an seine versäumte Schuld [vermutlich die Weinlieferungen während des Dornburger Aufenthalts; → wahrscheinlich 9. 7. 28] zu erinnern, doch bittet er, ihm eine Rechnung zuzusenden, «wobey du den Wein zu Gelde anschlügst. – Mein Keller ist vor Winter nicht so versehen, daß ich in natura eine Anzahl Flaschen erstatten könnte, und du kennst deinen *Weinhändler* und weißt wie du dich mit ihm abfindest.» – Goethe bittet, nochmals einen Tragkorb schwarzer, eventuell zusätzlich auch weißer Steine für seinen Garten am Stern schicken zu lassen. – Brief an *Karl Nehrlich:* Goethe kündigt die Rücksendung der FAUST-Zeichnungen [von *Nehrlichs Sohn*] an, die ihm und seinen *Freunden* «viel Vergnügen» gemacht haben. – Er legt seinen AUFSATZ [→ 8. 11.] für den *Sohn* bei. – «Concepte und Munda zum oberaufsichtlichen Geschäft und litterarische Forderungen. Kam ein Schreiben von *Herrn [Minister] v. Humboldt* mit der ägyptischen Ankündigung. Auch ein Mahnebrief von Karlsbad, wegen der Sprudelsteinsammlung, die man bevorwortet wünscht [*Mineralienhändler Knoll* hatte bereits am 4. 8. Proben seiner nun vollständigen Sammlung von 60 Sorten Karlsbader Sprudelsteine übersandt (→ 12. 8.) und um ein Gegenstück zum AUFSATZ ECHTE JOSEPH MÜLLERISCHE STEINSAMMLUNG ... (→ 2. 9. 21) gebeten, aufgrund dessen er seine Sammlungen verkaufen wolle]. Um 12 Uhr *Ihro Kaiserliche Hoheit [Maria Paulowna].* War von der monstrosen neuen französischen Litteratur die Rede. Nach 1 Uhr *Kunstgärtner Motz* im Garten, den uralten ungarischen Weinstock nach *Kechtischer* Methode zurecht zu schneiden [«... seit der (Dornburger) Zeit (→ 13. 8. 28) gab ich mich (damit) ... emsig immerfort ab. In Weimar, Belvedere, Jena und sonst ergriff man die ausgesprochene Maxime alsobald, ich pflanzte wenige Weinstöcke, die sind nun drey Jahre alt und wurden nach jener Art zurecht geschnitten. Aber in meinem Garten, an der Wand des Hinterhauses, steht ein uralter, mächtiger ungarischer Weinstock, der sehr schöne große blaue Trauben, aber unregelmäßig, bald viel bald wenig, brachte. *Kechts wohlerfahrner Schüler* und *Anhänger,* der ihn eben jetzt methodisch verstümmelte, versprach uns für's nächste Jahr achtzig Trauben. Du bist eingeladen, bey der Lese *Zeuge* zu seyn und *Mitgenießender.*» (an *Zelter,* 15. 11.)] [...]. Mit *Wölfchen* gespeist. Gegen Abend *Demoiselle Seidler,* wegen hiesiger und Dresdner Kunstangelegenheiten. Auch an mich war ein sehr angenehmes Schreiben

von *Herrn v. Quandt* gekommen. [...] der *Großherzog. Alwine Frommann. Ottilie* auf dem Hofballe. [...].» (Tgb)

Freitag, 11. November. «Alles Vorliegende weiter geführt. Die ägyptische Ankündigung näher betrachtet. Exemplare des Chaos geordnet.» (Tgb) – Brief an *Schriftsteller Christian Leopold Julius Pulvermacher* [geb. 1797]: Goethe lehnt die Widmung des beiliegend zurückgesendeten Trauerspiels [«Die Macht des Gewissens»?] ab. – «[...] Mit *Walther* gespeist, welcher unter vielerley Späßen seine Wünsche und Bitten anbrachte. Abends *Hofrat Riemer.* Wir gingen EINIGE AUFSÄTZE und Briefconcepte durch. Nahmen *Ritter Hermanns* Iphigenia wieder vor. Es fanden sich glückliche Bemerkungen im Ganzen wie im Einzelnen [→ 8. 11.].» (Tgb) – «...der Vater ließ mich den Abend nicht rufen, doch war ich Vormittag eine Stunde bei ihm gewesen.» (*Ottilie v. Goethe:* Tagebuch; GG 6924)

Samstag, 12. November. Brief an *Ritter Hermann:* «[...] haben mich so oft aus düstern kimmerischen Träumen in jenes heitere Licht- und Tageland gerufen und versetzt, daß ich Ihnen die angenehmsten Augenblicke meines Lebens schuldig geworden.» – Goethe dankt für die ehrenvolle Weise, in der der *Adressat* ihm zugesteht, «als treues Echo jene Klänge [der *Griechen*] unserm gemeinsamen Vaterland zugelenkt» zu haben [«Ich habe mir erlaubt, es (beigekommendes Buch, → 4. 11.) Ihnen zu widmen, und Ihnen ... ein öffentliches Zeichen einer Verehrung zu geben, die ich im Namen des alten Griechischen Geistes ... aussprechen darf ...» (an Goethe, 2. 11.)]. – «Der Hauptgedanke, nach welchem Sie uns ein so herrliches Stück wiederherstellen, ist bewunderswüdig, die Ausbildung in's Einzelne unschätzbar.» – «[...] An dem AUFSATZE ÜBER DEN STREIT DER FRANZÖSISCHEN NATURFORSCHER REDIGIRT [→ 8. 11.]. Kam eine Sendung Pflanzenabdrücke von *Oberbergrat Kleinschrod.* In diese Tage fiel ein interessantes Heft von *Witzleben* über Zuwachs und Abnahme des polnischen Reiches, welches bequeme Übersichten gab [→ 15. 9.]. Mittag *Hofrat Vogel.* Bedeutendes Gespräch über wechselseitig sittliche, wissenschaftliche und praktische Ausbildung. DIE FRANZÖSISCHE NATURHISTORISCHE STREITIGKEIT für mich weiter verfolgt. Abends Iphigenie von *Euripides.* Die große tragisch-rhetorische Technik bewundert, und wie man offenbar sieht, wie er sich nach Geschmack und Forderung seines *Publikums* eingerichtet hat; denn der *Zuschauer* bleibt immer die eine Hälfte der sehr tragischen Vorstellung. Später *Ottilie,* welche vom Catarrh gehindert nicht auf den Bällen gewesen war, doch manches daher zu erzählen wußte.» (Tgb)

Sonntag, 13. November. «Kam ein Dankbrief von *Mahr.* Ich redigirte am AUFSATZ ÜBER DIE FRANZÖSISCHE STREITIGKEIT, ohngeachtet der wunderlichen Form doch eine genügende Übersicht dem *Teilnehmenden* zu verschaffen. Die *Kleinschrodische* Sendung weiter betrachtet [«Die mir übersendeten Exemplare der Flora subterranea sind köstlich und machen nunmehr nebst den Ilmenauischen und *Graf Sternbergischen* ein höchst bedeutendes Fach meiner fossilen Sammlung aus.» (an *S. Boisserée,* 22. 11.)] und etwas Freundliches dagegen vorbereitet. Mittag *Dr. Weller* von Jena. Wurden die litterarischen, academischen und politischen Tendenzen durchgesprochen. Auch einiges Oberaufsichtliche. Die *Euripidischen* Trauerspiele ferner beachtet, zu immer größerem Erstaunen über ein *Talent*, das wir gar nicht mehr begreifen. Denn was gehörte dazu, nach *Äschylos* und *Sophokles* seiner Zeit genug zu thun, welche genau besehen jenen ersten nicht gewachsen war, und der daher sehr wohl that, das Mindere zu allgemeiner Zufriedenheit in Gang zu bringen. Abends *Ottilie*. *Agesilaus* [im *Plutarch*] geendigt. *Alexandern* angefangen. Die allgemeinen und besonderen Tagesbewegungen kamen zur Sprache.» (Tgb)

Montag, 14. November. «Einiges Oberaufsichtliche. Ingleichen AUF DIE FRANZÖSISCHE STREITIGKEIT BEZÜGLICHES. Sonstige Umsicht. Ausgefahren in den untern Garten, daselbst die von dem *Kunstgärtner Motz* geschnittenen Weinstöcke zu betrachten [→ 10. 11.]. Nach Tische die Karlsbader Sprudelsteine nach dem Wunsche des *Handelsmanns David Knoll* betrachtet und einen AUFSATZ dazu überlegt [→ 10. 11.]. Zum *Euripides* zurückgekehrt. Abends *Ottilie*. Tagesbegebenheiten. Lebensbeschreibung *Alexander des Großen* von *Plutarch*.» (Tgb)

Dienstag, 15. November. Brief an *Mineralienhändler Knoll:* Goethe versichert ihm, sich im Laufe der Wintermonate seiner Angelegenheit anzunehmen und ihm den KLEINEN AUFSATZ zur Förderung seines Unternehmens rechtzeitig vor den Kurmonaten zuzusenden [→ 14. 11.]. – «[...] Die von Jena angekommenen Kiesel in den untern Garten geschafft [→ 10. 11.]. *Revisor Hoffmann*, wegen einer Casseangelegenheit. *Musikdirektor Eberwein*, für die Medaille zu danken und über das Haupttheater und die kindlichen Nebentheater zu sprechen [→ 6. 11.]. Es gab einige Übersicht über die Zustände, besonders die Singstimmen betreffend. Mittag mit *Wölfchen*. Nach Tische die FARBENLEHRE angegriffen und zwar den HISTORISCHEN TEIL [«Seitdem ich das Glück hatte, meinen FAUST abzuschließen ..., hab ich mich wieder in die naturwissenschaftlichen Dinge geworfen, um sie so zu redigiren, zu stellen und zu ordnen, daß sie sich dereinst an die AUSGABE MEINER WERKE schicklich anschließen mögen. Auf diesem Wege such ich gerade jetzt aus meiner FARBENLEHRE zwar nicht ein Lesebuch, aber doch ein lesbares Buch zu machen. Ohnerachtet des grimmig-hassenden Widerstrebens der *Physiko-Mathematiker* wirkt sie im Stillen, wovon mir anmuthige Beweise zugekommen sind. Freylich lasten die Schulnebel zu schwer auf den *Überliefernden* ...; wer weiß aber ob das Barometer der Vernunft nicht so hoch steigen kann, um jenen dichten Dunstkreis auf einmal zu zerreißen ...» (an *S. Boisserée*, 22. 11.) – Diesen alten Plan kann Goethe nicht mehr vollenden; → 15. 5.]. Überlegend, wie viel zu redigiren und in's Enge zu ziehen sey. Abends *Prof. Riemer*. DIE NEUSTE REDAKTION DER LITERARISCHEN VORFALLENHEITEN WEGEN RAMEAUS NEFFEN BETREFFEND [→ 22. 10.]. Später *Ottilie* und die *Kinder*.» (Tgb)

Mittwoch, 16. November. «Das Vorliegende fortgeführt. *John* schrieb ab am GESTRIG REDIGIRTEN. Der *Kutscher [König?]* ward auf den Holzmarkt geschickt und brachte nachher Jenaische Kieselschiefer aus dem Garten herauf [→ 15. 11.]. [...] Spazieren gefahren mit dem *Kinde [Alma]*. *Wolf* speiste mit mir. Ich fuhr fort, den *Euripides* zu lesen. Abends *Hofrat Meyer*, [...] *[Kanzler] v. Müller*. Mit Ersterem die Behandlungsart der Reben um *Zürch*, und inwiefern sie mit der *Kechtischen* übereinstimmt; wie man sich derselben überall genähert oder davon durch Schlendrian pp. abgewichen, wäre eine herrliche Darstellung, wenn ihr jemand gewachsen wäre, denn das Wahre liegt immer im Nothwendigen, und man kommt darauf mehr oder weniger zurück.»(Tgb)

Donnerstag, 17. November. Brief an *Kanzler v. Müller:* Goethe bedauert, daß ihm für die «vortreffliche *Dame» [Kathinka v. Tschewkin]* noch kein Verslein [ins Stammbuch] eingefallen ist. Er schlägt vor, der *Adressat* solle etwas dichten, was er dann unter Angabe des *Verfassers* als «nicht unschicklichen Scherz» eigenhändig abschreiben will. – «[...] Ward [...] das nächst Nothwendige mit *Kräuter* wegen der *v. Voigtischen* Münzsammlung besprochen [→ 7. 11.]. Um 12 Uhr *Ihro Kaiserliche Hoheit [Maria Paulowna]* und *Demoiselle Mazelet.* Nachher ein *junger Mann,* Namens *Lenz,* aus der *Familie meines unseligen Jugendfreundes.* Mittag *Wölfchen.* Nach Tische *Euripideisches.* Gegen Abend *Dr. Eckermann* einsprechend nach seiner Rückkunft [von seiner Hochzeitsreise mit *Johanna Bertram;* → 26. 10.]. Er theilte einen interessanten Brief von *Mejer* in Clausthal mit [→ 25. 9.]. [...] Abends *Ottilie.* Nahes und Fernes besprochen. *Plutarchs Alexander* ausgelesen.» (Tgb)

Freitag, 18. November. *«John* mundirte den AUFSATZ ÜBER RAMEAUS NEFFEN [→ 15. 11.]. Ich brachte die Austheilung einiger Exemplare des Chaos in Ordnung. [...] Besorgte die neusten Angelegenheiten des *Dresdener Vereins.* Suchte den AUFSATZ BEZÜGLICH AUF DIE FRANZÖSISCHE WISSENSCHAFTLICHE STREITIGKEIT seinem Abschluß zu nähern [→ 14. 11.]. [...] *Dr. Eckermann* zum ersten Mal wieder mit mir speisend. Er theilte verschiedene merkwürdige Beyspiele von einer Culturstufe mit, welche alle Achtung verdient und manches Räthsel der Zeit auflöst. Wir besprachen ferner was zunächst in CHROMATICIS zu thun sey und wie man manches durchzuführen und zu completiren habe, wodurch der eingetretene Winter könnte nützlich zugebracht werden [→ 15. 11.]. Nachher REVISION DES HISTORISCHEN THEILS DER FARBENLEHRE. Abends *Hofrat Riemer;* EINIGES AUF DIE FRANZÖSISCHE STREITIGKEIT BEZÜGLICHE durchgegangen, auch sonstiges neuste Litterarische besprochen. Besonders wurden die angekündigten Werke über Ägypten und Morea, wie es auch damit seyn möge, für die Bibliothek unentbehrlich gefunden. Ferner noch einiges über das neu einzurichtende Kabinett antiker Münzen.» (Tgb)

Samstag, 19. November. «Im NATURHISTORISCHEN FACHE Munda. Verschiedenes bezüglich auf oberaufsichtliche Gegenstände. *Wölfchen* arbeitete an seinen Theaterrecensionen. *Hofrat Bachmann* hatte sich melden lassen. Mittag derselbe und *Hofrat Vogel* zu Tische. Angenehme und gründliche Unterhaltung über Philosophie und Naturbetrachtung. Sodann ein *Handelsmann* mit Glasbechern, die er *Serenissimo* zum Kaufe anbieten wollte. FORTGESETZTE BETRACHTUNG DES HISTORISCHEN THEILS MEINER FARBENLEHRE. Abends *Hofrat Meyer.* Las die [dessen] Recension über *Longhis* Calcographie. Wir besahen die Kupfer von *[William] Sharp [englischer Kupferstecher; gest.* 1824], besprachen das Blatt [«Die schöne Madonna mit St. Antonius und St. Barbara»] von *[Michele] Bisi [italienischer Kupferstecher; geb.* 1788] nach *[Bernardino] Luini [italienischer Maler, bedeutendster lombardischer Meister seiner Zeit; gest.* 1532]. Später *Ottilie,* vom gestrigen Ball sprechend bey *Santis.* Liebenswürdige Natürlichkeit der *Gräfin Vaudreuil.* Andere *Persönlichkeiten,* Betragen, Erwartungen und dergleichen.» (Tgb)

Sonntag, 20. November. [...] «FORTGESETZTE BETRACHTUNG DES CHRO-MATISCH GESCHICHTLICHEN. *Hofrat Vogel.* Die bißherigen Betrachtungen über Krankheit und Heilmittellehre forgesetzt. *Fischers* von Erfurt Abhandlung deßhalb. Früh die Atmosphäre durchaus verfinsterndes Schneegestöber. Sodann klarer Sonnenschein. Einige Unterschriften für *Wölfchen.* Um 1 Uhr *Herr Staatsminister v. Fritsch,* Nachrichten von *Fräulein [Emilie?] v. Gore* aus Pisa mittheilend. Mittags *Dr. Eckermann,* von seinem Aufenthalt im Hannöverschen und auf der Reise gemachten Bekanntschaften und Bemerkungen, bedeutend über den Zeitaugenblick gegenwärtiger Bewegungen, Charaktere und Gesinnungen. Ein Portefeuille italienischer Zeichnungen durchgesehen. Nachts *Ottilie.* Vorfallenheiten des Augenblicks. *Plutarchs Alexander* gelesen. [→ 17. 11.].» (Tgb)

Montag, 21. November. «Vormittag allein zugebracht, überlegt und vorbereitet was bis zu Ende des Jahrs zu leisten sey. *Dr. Eckermann* zu Tische. Wunderliches Holzschnitzwerk, den protestantischen Lehrbegriff nicht ohne Geschicklichkeit der Figuren und deren Bedeutung ausgeführt, aber auf die gemeinste Weise der Kartenmalerey colorirt. Nachts *Ottilie,* sodann die *Kinder,* welche ihren Singparoxismus hatten.» (Tgb)

Dienstag, 22. November. Brief an *Zelter:* Goethe wird der Zeitschrift «Chaos» nach und nach das Schickliche aus den Briefen des *Adressaten* mitteilen. «[...] denn, ob ich gleich dem *geistreichen Kreise* der sich damit befaßt nur zur Seite bleibe und mich weder um Tendenz noch um Urtheil bekümmere, wie wir alten Herrn es am Schlusse des Jahrs 1831 alle Ursache zu halten haben, so geb ich doch gern etwas dazu, weil es als eine Art von Sauerteig die geistlose politische Zeitungsexistenz zu balanciren oder wenigstens zu incommodiren vermag.» – Goethe berichtet von *Ritter Hermanns* neuer Ausgabe der «Iphigenie» [→ 12. 11.]. Diesmal beeindruckte ihn besonders «das so gränzenlose als kräftige Element worauf er sich bewegt. [...] Alles ist ihm zur Hand: Stoff, Gehalt, Bezüge, Verhältnisse; er darf nur zugreifen, um seine Gegenstände und *Personen* in dem einfachsten Decurs vorzuführen oder die verwickeltsten Verschränkungen noch mehr zu verwirren, dann zuletzt, nach Maaßgabe, aber doch durchaus zu unsrer Befriedigung, den Knoten entweder aufzulösen oder zu zerhauen. – Ich werde nicht von ihm ablassen diesen ganzen Winter.» – Brief an *Sulpiz Boisserée:* Als Goethe sein FAUST-MANUSKRIPT einsiegelte [→ wohl Sommer], mußte er sogar «als Dichter, der sein Licht nicht unter den Scheffel setzen will, [...] verzweifeln, indem ich auf die nächste unmittelbare Theilnahme Verzicht that. Mein Trost ist jedoch, daß gerade die, an denen mir gelegen seyn muß, alle jünger sind als ich und seiner Zeit das für sie Bereitete und Aufgesparte zu meinem Andenken genießen werden.» – «[...] *Schmeller* brachte die Porträte von *Schwerdgeburth* und *[Schauspieler] Moltke.* Der *junge Martersteig* einige Zeichnungen vorzeigend. Mittag *Dr. Eckermann* und *Wölfchen.* Kamen seine Reisebemerkungen wieder zur Sprache. Ich las hernach den Ion des *Euripides* abermals zu neuer Erbauung und Belehrung. Mich wundert's denn doch, daß die *Aristokratie der Philologen* seine Vorzüge nicht begreift, indem sie ihn mit herkömmlicher Vornehmigkeit seinen Vorgängern subordinirt, berechtigt durch den *Hanswurst Aristophanes.* Hat doch *Euripides* zu seiner Zeit ungeheure Wirkungen gethan, woraus hervorgeht, daß er ein eminenter *Zeitgenosse* war, worauf doch alles ankommt. Und haben denn alle Nationen seit ihm einen *Dramatiker* gehabt, der nur werth wäre, ihm die Pantoffeln zu reichen? *Hofrat Riemer* war dispensirt. *Sein Knabe [Bruno]* ging heute Nacht nach Berlin ab [→ 13. 10.]. Später *Ottilie,* welche mit *Gräfin Vaudreuil* Visiten gemacht hatte. [...].» (Tgb)

Mittwoch, 23. November. Brief an *Amalie v. Voigt:* Goethe wünscht beiden Teilen Glück zu der so «wünschenswerthen Übereinkunft» [Ankauf der *v. Voigtschen* Münzsammlung, → 7. 11.], «auch mir besonders, da ich Gelegenheit finde, meine liebevolle Verehrung, welche ich so lange Jahre *meinem abgeschiedenen Freunde [Minister v. Voigt]* gewidmet, für jetzt und künftig, auch über mein eignes Bleiben hinaus, zu bethätigen.» – Denn auf Goethes Rat hin hat der *Großherzog* die Großherzogliche Münzsammlung insgesamt dem «so thätigen als einsichtigen *Bibliotheksekretär* [...] *Kräuter* [...] als einem zuverlässigen Kustoden» übergeben, wodurch sorgfältige Anordnung und zweckmäßige Benutzung auch der *Voigtschen* Sammlung eingeleitet worden sind. – «[...] *Herr Soret* schickte seine Trilogie [«L'invocation du Berger», «L'Étoile filante» und «Minuit»], die im Sinne der Zeit recht vorzüglich gedichtet ist [vgl. dazu auch GG 6928]. *Neureuther* schrieb über eine Subscription zu neuen Randzeichnungen [zu den Dichtungen deutscher Klassiker, deren 1. Heft möglicherweise schon Weihnachten erscheint und neben Goethes ZAUBERLEHRLING auch Zeichnungen zu Werken von *Schiller, Wieland* und *König Ludwig v. Bayern* enthalten soll (an Goethe, 18. 11.; WA IV, 49, 381)]. Mittag *Dr. Eckermann.* Ich hatte dem Ion des *Euripides* abermals meine Betrachtung gewidmet und das Werk von der Seite hoher sittlicher Rhetorik betrachtet. In jenem Sinn zeugt es von der größten Reinheit, in diesem von der größten Gewandtheit [→ 22. 11.]. Abends *Ottilie.* Gelesen *Agis, König von Sparta.*» (Tgb)

Donnerstag, 24. November. «[...] Kamen die Vorlesungen [über Psychologie] von *Dr. Carus* an. Um 12 Uhr [...] *Frau Großherzogin.* Mittags speiste *Wölfchen* mit mir. Nach Tische *Carus' Psychologie. Ottilie* ging auf den Hofball. Die *drei Kinder* brachten den Abend bey mir zu. War ein jedes in seiner Art unterhaltend. *Alma* beschäftigte sich sehr artig mit Bleystift und Papier.» (Tgb)

Freitag, 25. November. Brief an *Soret:* Goethe versichert ihm, daß die verschiedenen Teile seines Gedichts den beabsichtigten Eindruck hervorbringen [→ 23. 11.]. «Die Tagszeiten sind hell und klar, nach ihrem Charakter, und Mitternacht ist wahrhaft dunkel gehalten, ein Kunststück welches dem trefflichen *Victor Hugo* selbst nicht immer gelingt [...].» – Brief an *Kanzler v. Müller:* Goethe bittet ihn, *Herzog Bernhard [von Sachsen-Weimar]* zu versichern, daß er an seiner *Person* sowie an jenen Zuständen [in den Niederlanden, 1830 hatte sich Belgien von den Niederlanden getrennt] jederzeit aufrichtigsten Anteil nimmt [→ 3. 11.]. – «[...] In der Wiener Zeitschrift [Jahrbücher der Literatur] *Rückerts* Recension von *Schlegels* indischen Bearbeitungen [des «Ramayana»]. Darmstädtisches Programm über leichtere Erlernung fremder Sprachen. Mittag *Dr. Eckermann* und *Walther.* Letzterer producirte singend den größten Theil von *Chelards* Macbeth [die Oper war in der Bearbeitung von *C. M. Heigel* am 19. 11. in Weimar aufgeführt worden]. Es ist wundersam, wie solche eingeborne Fähigkeiten durch äußere lebhafte Anlässe sich entwikkeln und steigern. Ich fuhr fort in *Carus'* Psychologie zu lesen. Besorgte vieles rechts und links. Einige angenehme Entwicklungen bezüglich auf VERTICAL-UND SPIRALTENDENZ DER PFLANZEN gelangen mir [→ 5. 5.]. Abend *Hofrat Riemer,* gingen einige Concepte, sodann aber den ZELTERISCHEN BRIEF-WECHSEL 1830 durch [→ 5. 7.].» (Tgb)

Vermutlich vor Samstag, 26. November. Konzept eines Briefes an *Haydon:* Goethe beteiligt sich gern an der Subskription auf dessen wichtiges Gemälde [«Xenophon und die 10 000 Griechen sehen das Meer»; der *Adressat* hatte Goethe am 28. 10. um seine Beteiligung gebeten]. – Er bedauert die zeitgenössischen Kunsttendenzen, nimmt aber die «trefflichen Arbeiten» von *Sharp* aus seiner Kritik aus [→ 19. 11.]. «Ich für meine Person läugne nicht, daß ich mich an die alten Muster halte, deswegen auch die unter Ihrer Direction gearbeiteten Nachbildungen der unschätzbaren antiken Werke mir immer eine Bestätigung bleiben daß ich nicht unrecht handle, auf solchen Fundamenten mein Leben auferbaut zu haben. – Die *Großen dieser Erde* bedaure ich eher als daß ich sie schelte, denn bey aller Gewalt die ihnen ertheilt ist können sie den Lauf des Jahrhunderts nicht ändern und müssen oft beschützen was sie selbst nicht billigen [die letzten beiden Abschnitte sind in das englischsprachige Mundum vom 1. 12. nicht eingegangen; WA IV, 49, 384f.]. – Konzept eines Briefes an *Cattaneo:* Goethe dankt ihm für die Anteilnahme am Tod *seines Sohnes* [im Brief des *Adressaten* vom 1. 12. 30] und entschuldigt seine späte Antwort. (WA IV, 49, 387f.)

Samstag, 26. November. Brief an *Doris Zelter:* Der Besuch der *Adressatin* zu Weihnachten oder Neujahr würde die *Familie* sehr freuen. *Ottilie* meint, *Doris* sollte bei ihr logieren. – Goethe kann ihr das Weimarer Theater «verhältnismäßig empfehlen. Wenn schon enger beysammen, ist es doch nicht ohne Verdienst, gewisse Partien lobenswürdig, andere vorzüglich; und man schmeichelt mir, ein gewisses Fundament früherer Zeit sey noch geblieben auf welchem mit Geschmack und gutem Willen [...] fortgebaut werde [...].» – «[...] Betrachtete ferner *Herrn Sorets* Trilogie [→ 25. 11.].» (Tgb) – Brief an *Soret:* Goethe übersendet seinen Brief [an *Cattaneo*] mit der Bitte um Übersetzung. – Das Gedicht «Le Volcan» [von *Soret*] würde er nicht raten, an die Trilogie anzuschließen, «indem sein Glanzfeuer die wahre Finsterniß jener Mitternacht sogleich aufheben und zerstören müßte». – «[...] *Ottilie* frühstückte mit mir. Erzählung vom gestrigen Ball. Verhandlung wegen *Neureuther* [→ 23. 11.] und anderen Novissimis. Auch über die Pedanterie der englischen Titulatur [...]. Besuchte mich *Rentamtmann Mahr* von Ilmenau. Speiste mit mir und *Hofrat Vogel.* Wurde manches über genannten Ort, seine Umgebung und Thätigkeiten gesprochen. Auch zuletzt manches Bedeutende über die Zustände des Augenblicks. Blieb für mich. Las in *Carus'* Psychologie fernerhin und bedachte, wie dieses allgemeine Schema sich in meiner besondern Individualität manifestire, und ich fand, daß zu Darstellung derselben eine umgekehrte Methode stattfinden müsse. Abends *Ottilie.* Im Werk seyende dramatische Unterhaltungen der *Gesellschaft* und was dabey wie gewöhnlich sich für Unbilden hervorthun. *Kleomenes, König* *von Sparta,* ward gelesen [→ 23. 11.]. Ein Loos der Frankfurter Lotterie für die achtzigste Classe ward nach der löblichen Collectantenmanier statt hundert Thalern Gewinn eingesendet. [...].» (Tgb)

Vermutlich Samstag, 26. November. Konzept eines nicht abgesendeten Briefes an *Carus:* «Ganz naturgemäß habe ich bey dem Allgemeinen das Sie vortragen auf die individuelle Psychologie meiner abgeschlossenen Persönlichkeit zu reflectiren gehabt und glaubte immer doch nur die Ramificationen jenes geistig organischen Systems auf die verschiedenste Weise durchgeführt in Wirksamkeit zu erblicken.» (WA IV, 49, 380)

Sonntag, 27. November. Brief an *Neureuther:* Es freut Goethe, daß sich der *Adressat* wieder auf sein eigenes Feld, «in die vaterländische Concentration, Einheit und Einfalt zurückgezogen» hat [→ 10. 8.]. – Er subskribiert sehr gern auf sechs Exemplare des angekündigten Heftes [→ 23. 11.]. – «[...] Anderes Häusliche geordnet. Um 12 Uhr *Herr Erbgroßherzog [Karl Alexander],* Herr *Hofrat Soret.* Ich zeigte ihnen die neapolitanischen Gouachen. Mit *Herrn Hofrat Soret* Gespräch über seine schätzbaren Gedichte. Mittag *Dr. Eckermann,* welcher seine wohlangestellten Versuche auf die geforderten Farben bezüglich vorlegte [→ 27. 4.]. Las ich die Miscellen und die Minerva von *Bran* und fand nach dem Tode des *wackern Mannes* [am 15. 9.] eine ganz schickliche Fortsetzung. Später *Ottilie,* die von Hof kam, und die *Kinder* gleichfalls, die sich über die Plumpsackpüffe bey etwas lebhaftem Spiel bey dem *Erbgroßherzog* beklagten. Ich setzte obige Lectüre noch weiter in die Nacht fort.» (Tgb)

Montag, 28. November. Brief an *Minister v. Humboldt:* Goethe berichtet, ihm häufiger nahe zu sein, als er annimmt, «indem die Unterhaltungen mit *Riemer* gar oft auf's Wort, dessen etymologische Bedeutung, Bildung und Umbildung, Verwandtschaft und Fremdheit hingeführt werden [*Humboldt* hatte mitgeteilt, sich anhaltend mit Sprachuntersuchungen zu befassen (an Goethe, 2. 11.)]». – Dem *Bruder des Adressaten* verdankt Goethe «einige Stunden offner freundlicher Unterhaltung», denn obgleich Goethe dessen geologische Ansichten nicht teilt, hat er doch «mit wahrem Antheil und Bewunderung gesehen wie dasjenige, wovon ich mich nicht überzeugen kann, bey ihm folgerecht zusammenhängt und mit der ungeheuren Masse seiner Kenntnisse in eins greift, wo es denn durch seinen unschätzbaren Charakter zusammengehalten wird [→ 5. 10.; 27. 1.]. – Darf ich mich [...] in altem Zutrauen ausdrücken, so gesteh ich gern daß in meinen hohen Jahren mir alles mehr und mehr historisch wird: ob etwas in der vergangenen Zeit, in fernen Reichen oder mir ganz nah räumlich im Augenblicke vorgeht, ist ganz eins, ja ich erscheine mir selbst immer mehr und mehr geschichtlich; und da mir meine gute *Tochter* Abends den *Plutarch* vorlies't, so komm ich mir oft lächerlich vor, wenn ich meine Biographie in dieser Art und Sinn erzählen sollte [...]. – Von meinem FAUST ist viel und wenig zu sagen; gerade zu einer günstigen Zeit fiel mir das Dictum ein: GEBT IHR EUCH EINMAL FÜR POETEN, / SO COMMANDIERT DIE POESIE [FAUST, V. 220 f.]; und durch eine geheime psychologische Wendung, welche vielleicht näher studiert zu werden verdiente, glaube ich mich zu einer Art von PRODUCTION erhoben zu haben, welche bey völligem Bewußtsein dasjenige hervorbrachte, was ich jetzt noch selbst billige, ohne vielleicht jemals in diesem Flusse wieder schwimmen zu können, ja was *Aristoteles* und *andere Prosaisten* einer Art von Wahnsinn zuschreiben würden.» – Brief an *Hofrat Winkler:* Goethe teilt verschiedenes, den Jahresabschluß [der Zusammenarbeit mit dem *Sächsischen Kunstverein*] Betreffendes mit und bittet, auch fürderhin alle Sendungen an ihn zu adressieren, «wie ich denn geneigt bin, die Übersicht des Geschäfts zu behalten, jedoch dasselbe dergestalt in jene Hände zu legen, daß es bey irgend einer Veränderung keine Stockung erleide und die hochverehrlichen *Dresdener Freunde* sich eines dauernden guten Verhältnisses mit den *weimarischen Aktionärs* versichert halten können» [→ 10. 9.]. – Brief an *Soret:* Auf dessen Anfrage im Auftrag der *Großherzogin* [hinsichtlich eines Geschenks für den *Erbgroßherzog*] antwortet Goethe, daß die *Mionnetischen* Pasten nunmehr einen «unschätzbaren Wert» erhalten, nachdem die Originale [in der Nacht vom 5. zum 6. November] gestohlen worden sind. «Wir besitzen schon die griechischen und wenn man eine Auswahl der römischen Kaisermünzen der ersten drey Jahrhunderte bestellen wollte, so [...] [würde] der geliebte *Prinz* [...] dadurch in diese Abtheilung der römischen Geschichte initiirt und gewönne zugleich eine Annäherung an das neu angeschaffte *v. Voigtische* Kabinett [→ 7. 11.].» – «[...] Kam ein heiterer Brief von *Zelter.* Nach 12 Uhr *Serenissimus.* Im Stillen und fortwährend Betrachtung und Entwicklung des Pflanzenorganismus. Mittags *Dr. Eckermann.* Er brachte den AUFSATZ ÜBER DIE LANDSCHAFTSMALER zur Sprache und holte den ENTWURF herbey, den ich durchging und mir die Angelegenheit wieder in's Gedächtniß rief [→ 29. 5. 29]. Ich zeigte ihm das Portefeuille mit einigen *Poussins* und viel *Glaubers.* Wir sprachen über die beyden *Maler Preller* und *Kaiser* und ihre in's Wilde und Triste gehenden Tendenzen. Ich verfolgte nachher diese Gedanken. Abends las *Wölfchen* in dem romantischen Bildersaal großer Erinnerungen aus der Geschichte des österreichischen Hauses. Gut gewählt und unterhaltend genug. [...] Später *Ottilie,* das Leben des *Kleomenes* auslesend [→ 26. 11.].» (Tgb)

Dienstag, 29. November. «[...] Speiste mit *Dr. Eckermann.* Unterhaltung über unsre beyden *Landschaftsmaler Preller* und *Kaiser* und die wunderbare Tendenz des talentvollen ersten zur Einsamkeit [...] etc., wobey an keine freye Aussicht in die landschaftliche Welt zu denken ist. Was haben sich diese armen *Menschen* in Italien in ihrer chimärischen Deutschhaftigkeit bestärkt. [...] *[Kanzler] v. Müller,* zu *Knebels* morgendem Geburtstag auf Jena reisend und einiges zur Theilnahme mitnehmend. Abends *Hofrat Riemer.* Einige Concepte durchgegangen. Betrachtung über manches Ethisch-Ästhetische.» (Tgb)

Mittwoch, 30. November. «Auf Häusliches bezüglich. Holz angekauft. Munda von Briefen. Um 12 Uhr die *Frau Großherzogin* und *Mademoiselle Mazelet.* Vergnügen der trefflichen *Dame* über Wohlgelungenes in der Erziehung und öffentlichen Verhältnissen. Nachher zu *meiner Tochter,* wo ich *Dr. Pfeiffer* traf, einen *bayerischen Arzt,* der in's nördliche Deutschland gereist war, die Cholera zu beobachten, und die tröstliche Überzeugung gewonnen hatte und mitzutheilen suchte, daß sie nicht ansteckend sey. Einige scherzhafte Wechselreden über einen so bedenklichen Gegenstand. Mittags *Dr. Eckermann.* Fortgesetzte gestrige Unterhaltung. Ich ging mit ihm das Portefeuille sowie Sammlungen von *Claude Lorrain, Poussin* und *Glauber* durch, wie ich gestern schon gethan hatte [«‹Diese Form (die Trilogie)›», erwiderte Goethe, ‹ist bei den *Modernen* überhaupt selten. Es kommt darauf an, daß man einen Stoff finde, der sich naturgemäß in drei Partien behandeln lasse, so daß in der ersten eine

Art Exposition, in der zweiten eine Art Katastrophe, und in der dritten eine
versöhnende Ausgleichung stattfinde. In meinen GEDICHTEN VOM JUNGGE-
SELLEN UND DER MÜLLERIN (DER JUNGGESELL UND DER MÜHLBACH, DER
MÜLLERIN VERRAT, DER MÜLLERIN REUE, eigentlich ein vierteiliger Zyklus
mit dem GEDICHT DER EDELKNABE UND DIE MÜLLERIN) finden sich diese
Erfordernisse beisammen, wiewohl ich damals, als ich sie schrieb, keineswegs
daran dachte, eine Trilogie zu machen. Auch mein PARIA ist eine vollkommene Trilogie, und zwar habe ich diesen Zyklus sogleich mit Intention als Trilogie gedacht und behandelt. Meine sogenannte TRILOGIE DER LEIDENSCHAFT
dagegen ist ursprünglich nicht als Trilogie konzipiert, vielmehr erst nach und
nach und gewissermaßen zufällig zur Trilogie geworden. Zuerst hatte ich, wie
Sie wissen, bloß die ELEGIE als selbständiges Gedicht für sich (→ 19. 9. 23).
Dann besuchte mich die *Szymanowska,* die denselbigen Sommer mit mir in
Marienbad gewesen war und durch ihre reizenden Melodien einen Nachklang
jener jugendlich-seligen Tage in mir erweckte. Die STROPHEN (das GEDICHT
AUSSÖHNUNG; → 16./18. 8. 23), die ich dieser *Freundin* widmete, sind daher
auch ganz im Versmaß und Ton jener ELEGIE gedichtet und fügen sich dieser
wie von selbst als versöhnender Ausgang. Dann wollte *Weygand* eine neue Ausgabe meines WERTHER veranstalten und bat mich um eine Vorrede, welches
mir denn ein höchst willkommener Anlaß war, mein GEDICHT AN WERTHER
zu schreiben (→ 23. 3. 24). Da ich aber immer noch einen Rest jener Leidenschaft im Herzen hatte, so gestaltete sich das GEDICHT wie von selbst als Intro-
duktion zu jener ELEGIE. So kam es denn, daß ALLE DREI JETZT BEISAM-
MENSTEHENDEN GEDICHTE von demselbigen liebesschmerzlichen Gefühle
durchdrungen worden und jene TRILOGIE DER LEIDENSCHAFT sich bildete, ich
wußte nicht wie.» (Eckermann, 1. 12; vgl. dazu auch *Soret;* GG 6930)]. Las
Marion Delorme [1829] von *Victor Hugo* [«... c'est aussi une production de la
littérature de désespoir, mais où il règne de vraies beautés et beaucoup de génie,
comme le trouve Goethe.» (*Maria Paulowna:* Tagebuch, 31. 12.; GG 6935)].
Nachher Unterhaltung mit *Ottilien.* Über die neue französische dramatische
Kunst.» (Tgb)

Donnerstag, 1. Dezember. «[...] Den Holzvorrath bedenkend, der für
den Winter noch hinreicht. Von einem Buchfarther *Bauer* Wellenholz vortheilhaft gekauft. Mittag mit *Wölfchen.* Ich las Allotria, um mich von ernsteren
Betrachtungen zu zerstreuen. Abends *Hofrat Meyer.* Wir sahen die Biblia
sutorum durch. Ein wunderlicher Versuch der *Protestanten* die Biblia paupe-
rum nachzuahmen. Er fällt wenigstens in die erste Hälfte des 16. Jahrhunderts.
Später *Ottilie.* Wir fingen an die Biographie des *Aratus* zu lesen. Wie doch die
alte Geschichte, besonders die griechische, im Jahr 1831 anders aussieht als vor
sechzig Jahren.» (Tgb)

Freitag, 2. Dezember. «[...] An *Zelters* Geburtstag gedacht. *Ifflands*
Leben, womit sich *Wölfchen* beschäftigt hatte, eingesehen. Wie wunderlich
Sentimentalität und Kunst bey diesem vorzüglichen *Manne* durcheinander
wirkten. Mir kommt vor, weil wir in unsern Tagen meist nur Halbkünste ausüben, daß man noch irgend ein Supplement nöthig hat, damit die Production
als etwas Ganzes erscheine. Meine FARBENLEHRE gefalzt kam vom *Buchbinder,*
um solche in's Enge zu ziehen und vielleicht für die *nächste Generation,* wo

nicht gar erst für die folgende, brauchbar zu machen [→ 20. 11.]. Mittag *Dr. Eckermann*. Gegen Abend [...] *[Kanzler] v. Müller*. [...] der *Großherzog*. Um 6 Uhr *Hofrat Riemer*. Die ZELTERSCHE CORRESPONDENZ 1830 mit ihm durchgegangen [→ 25. 11.]. Später *Teegesellschaft* bey *meiner Tochter*.» (Tgb)

Samstag, 3. Dezember. «Einiges Oberaufsichtliche [...]. *Marc Antons* Morbetto mit einer Copie, späterm Exemplar, und einer Zeichnung verglichen. *Hofrat Vogel* um 1 Uhr. Derselbe zu Tische. *Hofrat Meyer. Oberbaudirektor Coudray*, der aus dem Eisenachischen zurück kam. Später *Ottilie*. Wir lasen im *Aratus* weiter [→ 1. 12.]. *Wolf* kam aus dem Schauspiel. Eine Schlittenfahrt kam von Belvedere zurück. Trat ab bey *Grafen Vaudreuil*, wohin *Ottilie* sich auch verfügte.» (Tgb)

Sonntag, 4. Dezember. «DIE GESCHICHTE DER FARBENLEHRE, im Sinne solche zu redigiren, durchgegangen [→ 2. 12.]. *Hofrat Vogel*, brachte die Verordnung an *Färber* wegen der Veterinärschule [→ 23. 7.]. Um 1 Uhr *Dr. Eckermann*. Wir verhandelten über die REDAKTION DER FARBENLEHRE [→ 2. 12.]. Er speiste mit mir. Studirte nachher den *Vasari* [«Vite de' più eccellenti pittori...»] in Bezug auf *Giorgiones* Porträt als David mit dem Kopfe Goliaths, nachgebildet von *[Wenceslaus] Hollar [von Prachna, böhmischer Kupferstecher, Radierer;* gest. 1677], höchst merkwürdiges Blatt, schöner Abdruck. [...] der *Großherzog*. *Wölfchen* las nachher vor. Später *Ottilie* von Hof kommend. Einwirkung der schönen *französischen Gesandtin [Vaudreuil]*.» (Tgb)

Montag, 5. Dezember. «Oberaufsichtliche Munda. [...] Ich führte die REDAKTION DER GESCHICHTE DER FARBENLEHRE weiter. Empfing mancherley Briefe [...]. Mittag *Dr. Eckermann*. Bedenklichkeiten bey der REDAKTION DER FARBENLEHRE UND ZUBEHÖR. Blieb für mich. Nahm den *Vasari* vor, welcher mich zu meinen Zwecken sowohl als zunächst beschäftigt [→ 4. 12.]. Abends *Hofrat Meyer*. Wir besprachen verschiedenes zunächst Vorzunehmendes; auch bezüglich auf *Davids* [Goethe-]Büste [→ 28. 8.]. Besahen neu angekommene Kupfer mit Nutzen und Freude.» (Tgb)

Dienstag, 6. Dezember. «REDAKTION DER FARBENLEHRE FORTGESETZT.» (Tgb) – Brief an *Jakob* und *Marianne Willemer:* Goethe berichtet, sein «beschäftigtes Leben» wie sonst zu führen, «das mir von Zeit zu Zeit lästig und unfruchtbar und sodann wieder einmal wirksam und fröhlich erscheint und also von seiner alten Art und Sitte nicht lassen will [...]. – Die *Meinigen* sind wohl und thun mir wohl, indem sie sich, mit eigenen Charakteren und Tendenzen, an mich anschließen und, von mir gewinnend, auch mir zur Förderung und Gewinn dienen.» – «*Schmeller* brachte des *Grafen Vaudreuil* Porträt. *Ottilie* gab Nachricht von dem Ball der *Großmama;* von manchen andern gesellschaftlichen Verhältnissen. Kam die Anzeige der allgemeinen Theaterchronik von Leipzig. REDAKTION DER FARBENLEHRE FORTGESETZT. Mittag *Dr. Eckermann*. Eigenes Geschäft die FARBENLEHRE zu epitomisiren, besonders auch ihre Geschichte. Las weiter im *Vasari*. Abends *Prof. Riemer*. Wir gingen die ZELTERISCHE CORRESPONDENZ durch [→ 2. 12.]. *Ottilie* und die *Knaben* waren zum Ball bey der *Großmama*.» (Tgb)

Mittwoch, 7. Dezember. «[...] FARBENLEHRE. DIE GESCHICHTE DES 17. JAHRHUNDERTS ANGEGRIFFEN. Englische Taschenbücher communicirt von *Frau Gräfin Vaudreuil*. Merkwürdige vertriebene Licht- und Schatteneffecte in

den Stahlstichen, welche mit großem Gelde honorirt werden müssen. Ich fuhr
fort, die GESCHICHTE DER FARBENLEHRE näher anzusehen. Mittag *Dr. Ecker-*
mann. Unterhaltung darüber. [Wohl auch Besuch *Sorets,* Gespräch über dessen
Trilogie; → 27. 11. (vgl. *Soret;* GG 6931)] Nach Tische *Wölfchen.* Dessen Thea-
terleidenschaft scherzhaft beschwichtigt. Besieht man es genau, so findet sich,
daß das Theater das einzige eigentlich Lebendige im bürgerlichen Leben ist,
welches dadurch, daß es jeden Abend in sich selbst abschließt und am nächsten
sich wie ein Phönix erneut, lebhaft wirkt und seine Wirkung gleich selbst wieder aufhebt, durch eine unübersehbare Mannichfaltigkeit den Geist beschäftigt
und bey Anlasse zum Denken in den *Zuschauern* das Urtheil aufruft, reinigt
und schärft. *Wölfchens* Recensionen sind deßhalb sehr merkwürdig, weil er dieselben nicht anders als beurtheilend aufnimmt, anstatt daß *Walther* sich nach
der Absicht des *Dichters* und *Spielers* zu leidenschaftlichem Antheil hinreißen
läßt. *Ottilie,* die aus dem Paria [Trauerspiel von *M. Beer*] kam. Wir beschlossen
das Leben des *Aratus* [→ 3. 12.]. Die *Kinder* kamen nach, und die Verhandlungen über jenes Stück gaben Anlaß zu obstehenden Betrachtungen.» (Tgb)

Donnerstag, 8. Dezember. «GESCHICHTE DER FARBENLEHRE überdacht.
Durch *Wölfchens* Veranlassung einiges *Ifflandische* gelesen. Ein merkwürdig
wundersames *Talent* von Penetration in die pathologischen Winkel der bürgerlichen Gesellschaft, was *Schiller* von seinem hohen Standpunct Misère
nennt. Um 12 Uhr [...] *Frau Großherzogin, Mademoiselle Mazelet* [«Nous nous
sommes enfin entendus avec Goethe au sujet de *Monsieur Eckermann* auquel il
faut arranger une situation sans créer pour cela de nouvelle place: sur ma
demande réitérée si donc *Eckermann* ne pourrait pas lire un cours sur la littérature anglaise, allemande ou italienne, Goethe m'a objecté qu'il lui faudrait
avant tout des travaux préparatoires pour une société privée et choisie, par là
même peu nombreuse, que devant un public.» (*Maria Paulowna:* Tagebuch;
GG 6933)]. Mittag mit *Wölfchen.* Nachher allein. Paris ou [...] Le Livre des
Cent-et-un [*verschiedene Verfasser* beschreiben die gesellschaftlichen Zustände
in Paris zur Zeit der Julirevolution von 1830]. Ich las weit hinein. Abends *Otti-*
lie.» (Tgb)

Freitag, 9. Dezember. «Vormittags mit jenem französischen Werke zuge-
bracht. Um 12 Uhr *Geh. Hofrat Helbig.* Ich sprach über die Angelegenheit der
Facius [ihren Aufenthalt in Berlin für ein weiteres Jahr finanziell zu unterstüt-
zen; → 31. 10.]. Mittags *Dr. Eckermann.* Fernere Behandlung der FARBENLEHRE.
[...] *[Kanzler] v. Müller.* Um 6 Uhr *Hofrat Riemer.* Wir gingen ZELTERISCHE
CORRESPONDENZ durch [→ 6. 12.]. *Ottilie* war zum Ball aufs Stadthaus.» (Tgb)

Samstag, 10. Dezember. «[...] SCHEMA ZU EINER REZENSION ÜBER DAS
FRANZÖSISCHE WERK [«LE LIVRE DES CENT-ET-UN»; → 9. 12.]. Um Zwölf
Demoiselle Seidler, einige Zeichnungen bringend, einigen Rath und Nachwei-
sung verlangend. Mit *Ottilien* spazieren gefahren. *Hofrat Vogel* zu Tische. Klat-
schereyen und Geschäftsverwicklungen. Das französische Werk im Einzelnen
betrachtet. Später allein. Nachts *Ottilie.*» (Tgb) – GEDICHT EIN FÜLLHORN
VOLL BLÜTEN [an *Zelter*].

Sonntag, 11. Dezember. «EINIGES AN DEM AUFSATZE DER
WISSENSCHAFTLICHEN FRANZÖSISCHEN STREITFRAGE DICTIRT [→ 18. 11.].
Hofkupferstecher Schwerdgeburth. Mittag *Dr. Eckermann.* Seine Bemerkungen

über die ERSTEN ABTHEILUNGEN DER FARBENLEHRE; über unsre Ansichten
einig. [...] *Hofrat Meyer.* Wir besahen die drey neuen Hefte des *[L.] Labordischen* Werkes, uns bis jetzt unauflösliches Problem, wie eine solche Architektur entstehen können [→ 19. 2. 30]. [...] *[Kanzler] v. Müller.* [...] *der Großherzog. Hofrat Meyer* blieb. Wir verhandelten noch einiges Bevorstehende.
Später *Ottilie.* Wir lasen den Anfang des Ion [→ 23. 11.]. Eine wiederholte
Einladung an *Doris* abgehen zu lassen ward beschlossen [→ 26. 11.]. Später die
Kinder vom *Prinzen [Karl Alexander]* kommend.» (Tgb)
    Vielleicht Sonntag, 11. Dezember. «Kurz vor Weihnachten 1831 ließ mir
[Kupferstecher Schwerdgeburth] Goethe sagen – daß er zu seiner Porträt-Sammlung auch das meinige haben wollte [...]. Diese ehrenvolle Gelegenheit hielt
ich [...] für die günstigste, meinen Wunsch auszusprechen [...]. Schön
beleuchtet saß er vor mir [...], ich bat um die Gunst – daß er mir eine Stunde
sitzen möchte, und mit folgenden Worten schlug er mir ab: – ‹Ich habe so oft
Künstlern gesessen, und man hat mich geplagt, ja gemartert damit, und von
allen den vielen Abbildungen von mir, welche in der Welt kursieren, ist keine,
womit ich recht zufrieden sein könnte, und ich bin nun verdrüßlich gemacht
worden, habe es mir nun zum Gesetz gemacht, nie wieder jemand zu sitzen
[...].› Bei dieser mich sehr zurückschlagenden Rede verwandte ich doch kein
Auge von seinem Gesicht – denn den Jupiterkopf hatte ich in voller Schönheit
und ausdrucksvollster Zeichnung vor mir. Freundlich entließ er mich, ich eilte
nach Hause, schloß mich ein, zeichnete den Kopf – wie er meiner Einbildungskraft noch vorschwebte, zeigte ihn der *Frau Geheimen Kammerrätin von
Goethe* – mit der Erzählung meiner fehlgeschlagenen Hoffnung, und bat um
die Vergünstigung, wenigstens meine Zeichnung [Brustbild (Schulte-Strathaus 164)] mit dem lebenden Original vergleichen zu dürfen.» (*Karl August
Schwerdgeburth* an K. W. Müller, 1832; GG 7078)
    Montag, 12. Dezember. «Das französische Werk [«Le Livre...»] vorge-
nommen und WEITER AUSGEZOGEN [→ 10. 12.]. War Verkauftag des *Frauenvereins.* [...] *[Herr v. Conta]* war vor Tische bey mir gewesen, als neuangestell-
ter *Vizepräsident bey der Landesdirektion.* Mittag *Dr. Eckermann* und *Wölfchen.*
Die REDAKTION DER FARBENLEHRE weiter besprochen [→ 11. 12.]. Ich verfolgte für mich die nothwendigsten Geschäfte. Abends *Ottilie.* Sie präsentirte
sich nachher in dem Ballputz zur Réunion bey *Herrn v. Conta.*» (Tgb)
    Dienstag, 13. Dezember. «DIE AUFSÄTZE ÜBER DIE FRANZÖSISCHEN
OBENGEMELDETEN ANGELEGENHEITEN fortzusetzen und abzuschließen
getrachtet [→ 11. 12.; 12. 12.]. Verschiedene Briefe [...]. Mittags *Dr. Eckermann.* Fortgesetzte Unterhaltung über das VORERST ZU LEISTENDE. Das neue
französische Werk im Einzelnen durchgesehen. Abends *Prof. Riemer.* EINIGE
STELLEN ZU DER FRANZÖSISCHEN STREITIGKEIT.» (Tgb)
    Mittwoch, 14. Dezember. «ABSCHRIFTEN ZU VORGEMELDETEM ZWECKE.
DEN VÖLLIGEN ABSCHLUß FÜR DIEßMAL VORBEREITEND. Die Berliner Sendung abzuwarten und alsdann das Weitere zu besorgen. *Maler* und *Kunsthändler Börner.* Kurzer Besuch, aber unterhaltend und belehrend. Mittag *Dr. Eckermann;* fortgesetzte Unterhandlung über das VORGENOMMENE. Nach Tische
die KRITIK DER FRANZÖSISCHEN HÄNDEL nochmals durchgedacht. Abends, in
einem durch die Entfernung der Sonne in der frühen Nacht wie vor Alters

deprimirten Zustand, beging ich einen Fehler, mir von *Wölfchen* die ersten
Acte der Erinnerung von *Iffland* vorlesen zu lassen. Ein Stück der Art, welches
Einen mitten im Sommer am längsten Tage und bey'm höchsten Barometerstand deprimiren müßte.» (Tgb)
Donnerstag, 15. Dezember. «Früh aufgestanden. *Wölfchen* förderte bey
Licht wie diese Tage her seine Präparationen und grammatischen Aufgaben,
das Ordnen der ihm verehrten Opernbüchelchen, die Abschrift seiner Thea-
terkritiken mit einer fast umbequem werdenden thätigen Leidenschaft. Zwey
schöne Landschaften [von *Traugott Faber*] aus der *Zinggischen* Schule [*Adrian
Zingg, schweizerischer Kupferstecher, Akademielehrer* in Dresden; gest. 1816], die
erbetene Lage von Dittersbach vorstellend, kamen an und erfreuten durch
ihre herkömmlichen Verdienste [Darstellungen des 1829 von *v. Quandt*
gekauften Rittergutes in der Nähe von Dresden, um die Goethe gebeten
hatte]. [...] *Ihro Kaiserliche Hoheit [Maria Paulowna]* und *Großfürstin Helena*
[*Paulowna von Rußland*, geborene *Prinzessin Friederike Charlotte Maria von
Württemberg;* geb. 1807]. Mittag mit *Wölfchen.* Ich besah nachher die von *Börner* übersendeten Radirungen und Kupfer. Briefe eines Verstorbenen erster
Theil, jetzt im umgekehrten Sinn der dritte [→ 10. 9. 30]. Die *Kinder* kamen
von Hof, wo sie die *kleinen Prinzessinnen* unterhalten und der *Großfürstin
Helena* vorgestellt wurden. Später bey *Ottilien,* welche ganz munter, obgleich
noch bettlägrig war.» (Tgb)
Freitag, 16. Dezember. «Kam eine Sendung vom *preußischen Kunstverein
[Verein der Kunstfreunde im preußischen Staate]* durch Vermittelung *Herrn
Beuths* [die «sämtlichen Verhandlungen und die Jahrgänge ... (der) gestochenen Blätter» des *Vereins* enthaltend (Beuth an Goethe, 6. 12.; WA IV, 49, 402].
Löbliche Gegenstände natürlich und kunstmäßig entwickelt. Zuletzt zwar,
wie sie sagen, verunglückter Steindruck von *Lessings* traurendem Königspaar
[→ 1./8. 7.], immer hinreichend, sich einen Begriff von diesem merkwürdigen
und vielbesprochenen Bilde zu machen. Für morgen Briefe vorbereitet.
Kamen die Küchangelegenheiten zur Sprache. Mittag *Hofrat Meyer;* mit demselben die Berlinischen Kupfer durchgesehen und Gelegenheit zu manchen
Reflexionen gefunden. Abends *Hofrat Riemer.* Einige Briefconcepte durchgegangen. Anderes besprochen. Später hinauf zu *meiner Tochter,* wo sich *Frau v.
Münchhausen* befand. Einladung auf morgen zu Mittag.» (Tgb)
Samstag, 17. Dezember. «[...] Küchenangelegenheiten im Einzelnen
durchgegangen. Überlegung und Entschluß. *Graf* und *Gräfin Vaudreuil* mit
dem *Herrn [Polydor Fürst von] la Rochefoucauld [französischer Gesandter* in Wei-
mar]. Sodann *Herr* und *Frau v. Münchhausen* und *Hofrat Vogel* zu Tische. Die
verschiedenen in diesen Tagen angelangten Kupfer abermals durchgesehen
und bedacht. *Hofrat Vogels* Bericht in der Angelegenheit der Veterinärschule
[→ 4. 12.]. Später *Ottilie.* Im *Plutarch* weiter gelesen [→ 7. 12.], mit großem
Unwillen *Wölfchens,* welcher aus der Entführung aus dem Serail [von *Mozart*]
kam und erzählen wollte.» (Tgb)
Donnerstag, 15. / Samstag, 17. Dezember. Brief an *v. Quandt:* Goethe
dankt für die beiden Zeichnungen [→ 15. 12.]; «ich schätze diese Art, die sich
von *Zingg* und *Klengel* herschreibt, von denen ich gar schöne aquarellirte
Zeichnungen aus früherer Zeit besitze». – Brief an *Rentamtmann Mahr:* Goe-

the dankt für die merkwürdige fossile Pflanze [aus dem Kammerberger Koh-
lebergwerk]. Dergleichen ist ihm bisher nicht bekannt geworden. Zunächst
hat er die Pflanze für ein Farnkraut gehalten, doch erscheint sie bei genauerer
Betrachtung kaktusartig. – Er fragt an, ob sich nicht noch ein kleineres Stück
davon fände, das er dem *Grafen Sternberg* senden könnte.

Sonntag, 18. Dezember. «Mit *[Rinaldo] Vulpius* die nothwendige haushäl-
tische Veränderung betreffend. Mancherley Concepte, ingleichen Auszüge
dictirt und gefertigt. *Herr Hofrat Vogel* Nachricht von *Herrn Sorets* Krankheit
und Zunehmen. Anderes auf Geschäft und Wissenschaft sowie Privatinteresse
Bezügliches. [...] Um Zwölf mit *Ottilien* spazieren gefahren. Mittags mit *Dr.
Eckermann* Kupfer betrachtet. Um 6 Uhr [...] der *Großherzog*. Nachher *Ottilie*.» (Tgb)

Montag, 19. Dezember. «Oberaufsichtliches. Briefconcepte. Um 12 Uhr
Herr Minister v. Schröder. Nachher *Demoiselle Seidler* und ihre *Freundin* [Lücke
im Text]. Später allein. Werke des *Herrn [F.] v. Raumer*. Seine Pariser Briefe
[«Briefe aus Paris und Frankreich im Jahre 1830»; → 10. 3.] 2. Theil zu lesen
angefangen [erhalten hat Goethe ebenfalls «Briefe aus Paris zur Erläuterung
der Geschichte des sechzehnten und siebzehnten Jahrhunderts»]. Abends *Frau
v. Gerstenbergk*. Nachts *Ottilie*. Die *Kinder*. *Wolf* schrieb noch seine Kritik: Die
Entführung aus dem Serail.» (Tgb)

Dienstag, 20. Dezember. «*Von Raumers* Briefe fortgesetzt. Einen AUF-
SATZ [vermutlich DAVID KNOLLSCHE SAMMLUNG VON SPRUDEL-STEINEN,
ROH ODER GESCHLIFFEN, ANGEZEIGT UND EINGEFÜHRT VON GOETHE; möglicherweise auch JOSEPH MÜLLERSCHE JETZT DAVID KNOLLSCHE SAMMLUNG
ZUR KENNTNIS DER GEBIRGE VON UND UM KARLSBAD, ANGEZEIGT UND
ERLÄUTERT VON GOETHE 1807; ERNEUERT 1832; → 2. 9. 21] für Karlsbad
entworfen [→ 15. 11.] [...]. Mittag [...] *[Kanzler] v. Müller*. Die vorliegenden Verhältnisse, auch einiges Durchzuführende besprochen. In *Raumers*
Briefen aus Paris fortgefahren; höchst merkwürdig, daß sie im Augenblick
der letzten großen Umwälzung bis an die südliche Gränze von Frankreich
und an der östlichen wieder zurückführen. Dergleichen Documente des
Augenblicks werden in der Folge erst recht schätzbar erscheinen, weil man
sich die   Wirkungen und Gegenwirkungen in ihrer seltsamen Wirklichkeit
niemals imaginiren kann. Abends *Hofrat Riemer*. Den AUFSATZ ÜBER DIE
FRANZÖSISCHEN STREITIGKEITEN UNTER DEN NATURFORSCHERN nochmals
durchgegangen [→ 14. 12.].» (Tgb)

Wahrscheinlich Freitag, 2. / Mittwoch, 21. Dezember. Konzept eines
möglicherweise nicht abgegangenen Briefes vielleicht an das *Staatsministerium* oder *Maria Paulowna*: Goethe übermittelt ein [auf *Zelters* Vermittlung
hin entstandenes] Schreiben des *Modellmeisters* der Berliner Porzellanmanu-
faktur *[Johann Karl Friedrich Riese]*, aus dem hervorgeht, daß ein *Künstler*,
der zur Ausübung seines Berufes viel technische Beihilfe benötigt, «an einem
Ort wohnen muß, wo ihm dergleichen von selbst geboten wird». – Dies ist
im Metier der *Angelika Facius*, bei Stempel- und Steinschnitt, besonders
nötig. Goethe erinnert daran, welche Probleme der *alte Facius* mit der technischen Seite seiner Kunst in Weimar hatte. – Da nun überdies von *Riese* die
Hoffnung ausgesprochen wird, daß die *Facius* Aufträge für kleinere fürstliche

Büsten für die [Berliner] Porzellanfabrik erhalten könnte, wie sie bereits einige gefertigt hat, schlägt Goethe vor, ihr auch für das kommende Jahr 300 Taler Unterstützung für ihren Aufenthalt in Berlin zu zahlen (→ 9. 12.). (WA IV, 49, 389 f.)

Mittwoch, 21. Dezember. «Die *Raumerschen* Briefe abgeschlossen [→ 19. 12.]. Ein doppelwerthes Büchlein, besonders auch weil es uns von jeder Reiselust entbindet. Man muß jung und gewandt seyn, um durch die widerwärtigsten Zustände hindurch zu kommen.» (Tgb) – Brief an *Modellmeister Riese:* Goethe dankt für das, was dieser zugunsten von *Angelika Facius* ausgesprochen hat. Er selbst hat versucht, es zu ihrem Vorteil zu benutzen und zweifelt nicht, daß sie ihren Zweck bei den hiesigen *Herrschaften* erreichen wird [→ wahrscheinlich 2./21. 12.]. – «[...] *Dr. Eckermann.* Unterhaltung über eine methodische Behandlung der Dorle und andere Vorschläge bezüglich auf FARBEN-LEHRE [→ 12. 12.; vgl. Eckermann]. Ich las ferner Antony, Drame par *Alexandre Dumas.* Sodann den 2. Theil der *Raumerischen* Briefe.» (Tgb)

Donnerstag, 22. Dezember. «Mancherley Concepte. Die Lectüre fortgesetzt. Mundum des BERICHTS wegen der Veterinärschule [→ 17. 12.]. Die *Frau Großherzogin* [...] und *Demoiselle Mazelet.* Einige wohlgerathene Porträte von *Schmellern* wurden aufgestellt. Kam ein Bericht von *Prof. Riemer* wegen des von ihm gewünschten Vorschusses. Mittag mit *Wölfchen.* Nachher v. *Raumers* Pariser Briefe fortgesetzt. Abends [...] der *Großherzog.* Später jene und verwandte Lectüre fortgesetzt. *Oberbaudirektor Coudray.* Mit demselben die neue Acquisition von Radirungen durchgesehen, an denen er als *Kenner* einsichtige Freude hatte. [...].» (Tgb)

Freitag, 23. Dezember. Brief an *Karl Friedrich:* Goethe befürwortet *Riemers* Bitte um Vorschuß, da dieser durch die Schwierigkeiten, die sich bei der Einführung seines *Sohnes* in preußische Dienste ergeben hatten, empfindlichen finanziellen Belastungen ausgesetzt war [→ 4. 10.]. – «[...] AUFSATZ ÜBER DAS V. VOIGTISCHE MÜNZKABINETT [VOIGTS MÜNZKABINETT] revidirt und ajustirt [→ 7. 11.]. *Schmeller* einige Bilder vorzeigend. Deßgleichen *Preller* eine untermalte Landschaft. Auch *Schwerdgeburth* ein angefangenes Porträt [«...nach einigen Tagen (→ vielleicht 11. 12.) wurde ich zu Goethe gerufen, und in ein Zimmer geführt, wo ich schon alle Anstalten vorfand, um da jemand zeichnen zu können, als die Tür aufging, Goethe meine Zeichnung in der Hand mit der größten Freundlichkeit trat herein, klopfte mich mit den Worten auf die Schulter: – ‹Das haben Sie recht gemacht, daß Sie sich hinter die *Frauenzimmer* gesteckt haben, mir ist die Entstehung dieser Zeichnung eine freudige Erscheinung, und ich will nun recht gern alles tun, was Ihnen zum Ziel Ihres Vorhabens führen kann, und so oft sitzen, als Sie wollen; jetzt haben Sie wieder nichts zu ändern – als den zu ernsten Zug um den Mund, wozu ich gleich sitzen will, und sowie Sie Ihre Zeichnung auf ein anderes Blatt übergetragen haben, lassen Sie mir es den Tag vorher wissen, wenn ich sitzen soll. Wir wollen alles tun, Ihr so gut angefangenes Werk zur möglichsten Vollkommenheit zu bringen.› – Nachdem ich bei dieser Sitzung alles berichtigt hatte, entließ er mich mit den aufmundern(d)sten Worten.» (*K. A. Schwerdgeburth* an K. W. Müller; GG 7078)]. *Dr. Eckermann;* weiteres Gespräch über die Wirkung der Dorle, über verwandte Erscheinung und

Beurtheilung derselben [→ 21. 12.]. Fortgefahren die *v. Raumerische* Sendung zu betrachten. Abends *Prof. Riemer.* DIE ANZEIGE DES ANGESCHAFFTEN MÜNZKABINETTS betreffend. Den Bezug mit den *Berliner* und *Dresdner Kunstfreunden* überdacht und Erwiderungen beschlossen.» (Tgb)

Samstag, 24. Dezember. «[...] [An] *Prof. Riemer,* ANZEIGE DER KARLSBADER SUITENSAMMLUNG [→ 20. 12.]. [An] *Herrn Hofrat Voigt,* wegen einer anzukaufenden Treppe [für den botanischen Garten] [...]. *Von Raumers* dreyßigjähriger Krieg. AUFSATZ FÜR KARLSBAD. *Ottilie* wegen der Christgeschenke. Mittag *Hofrat Vogel.* Theils ärztlich-praktische, theils psychologisch-sittliche Betrachtungen. Die neusten Kupferstiche und Radirungen durchgesehen. Sonstiges zur Berliner Sendung nachgebracht. Die *Familie* war zu *Frau v. Pogwisch,* wo der heilige Christ aufgestellt war. Ich las in den *Raumerischen* höchst merkwürdigen Excerpten in Paris.» (Tgb)

Sonntag, 25. Dezember. «Früh die *Kinder,* zufrieden mit ihren Weihnachtsgeschenken. Dictirte mehrere Briefconcepte und sonstiges Geschäftsmäßige. Ein Schreiben vom *jungen Seebeck,* des *Vaters* Tod [am 10. 12.] verkündend, kam an. Neue Einrichtung der Küche und des Mittagessens. Die *Familie* speiste im Deckenzimmer; ich blieb für mich. Fortgelesen an *v. Raumers* historischen Briefen [→ 19. 12.]. Abends *Hofrat Meyer.* Da wir denn unsre Lectüre fortsetzten. Später *Ottilie* gleichfalls.» (Tgb)

Montag, 26. Dezember. Brief an *Kunsthändler Börner:* Goethe sendet drei Portefeuilles nebst einer Liste der diesmal zurückbehaltenen Blätter. – «[...] Um 12 Uhr *[Anatomie-]Prof. Huschke.* Kam der Mangel an Leichnamen bey der Jenaischen Anatomie zur Sprache und zugleich die Vortheile der Modelle. Zu Mittag mit der *Familie.* Nach Tische mit *Ottilien.* Die Lithographien zum Don Juan besehen. Gegen Abend *Oberbaudirektor Coudray. Ottilie* später. Beyde lasen in *Raumerischen* Sendungen.» (Tgb)

Dienstag, 27. Dezember. «Concepte durchgesehen und andere dictirt. [...] Um 12 Uhr *Dr. Bran. Dr. Schnauß.* Am Familientische *Hofrat Göttling.* Heitere Unterhaltung über Philologisches und sonst Litterarisches. Setzte Betrachtungen über die nächst abzulassenden Briefe fort. Abends *Prof. Riemer.* Gingen verschiedene Concepte durch, die ANZEIGE DER VOIGTISCHEN MÜNZSAMMLUNG [→ 23. 12.], ingleichen der KARLSBADER MINERALIEN-SAMMLUNG [→ 24. 12.] betreffend.» (Tgb)

Mittwoch, 28. Dezember. «Vorstehendes arrangirt und mundirt. Um 12 Uhr *[Zeichenlehrer] Prof. Müller* von Eisenach. *Serenissimus;* war von Silhouetten und deren Bedeutung die Rede. Um Mittag mit der *Familie* gespeist. Nachher die *v. Raumerischen* Mittheilungen vorgenommen. Abends *Ottilie.*» (Tgb)

Donnerstag, 29. Dezember. Brief an *Musikschriftsteller Karl Johann Planitzer:* Da sich Goethe «kein Urtheil über die Theorie der Musik anmaßen darf», gebührt es ihm nicht, dessen Werk gründlich zu empfehlen. – «[...] MUNDUM DES AUFSATZES für *Knoll* in Karlsbad, deßgleichen für die Allgemeine Zeitung das von VOIGTISCHE MÜNZKABINETT betreffend. Um Zwölf [...] *Frau Großherzogin* und *Mademoiselle Mazelet.* Nachher *Fräulein v. L'Estocq* und *Frau. v.* [Lücke im Text]. Mittags mit der *Familie.* Abends *Dr. Eckermann.* Später *Ottilie.*» (Tgb)

Freitag, 30. Dezember. «GESCHICHTE DER FARBENLEHRE: AGUILONIUS UND PATER KIRCHER [→ 12. 12.]. Concepte, nochmaliges Mundum des AUF-SATZES für *Knoll.* Um halb 1 Uhr *Herr v. Spiegel,* die Abbildung des neuent-standenen Vulkans im Mittelländischen Meere als Geschenk [...] *des Prinzen Karl von Preußen* überbringend [→ 28. 9.]. Nachher *Maler Kaiser,* mit lobens-würdigen Studien und Compositionen. *Hofrat Meyer.* Mit demselben gedachte Arbeiten sowie auch *Prellers, der Berliner* und *Dresdener Vereine* Sendungen durchgesehen und durchgesprochen. Nach Tische fortgesetzt. Abends *Hofrat Riemer.* Gingen die neusten Concepte durch. War das gnädige Rescript, sei-nen Vorschuß gewährend, angekommen [→ 23. 12.]. Die *Kinder von* der Hof-bescherung zurückkommend.» (Tgb)

Samstag, 31. Dezember. «Ausfertigung in der *Riemerischen* Sache.» (Tgb) – Brief an *Steifensand:* Goethe teilt auf dessen Nachfrage vom 20. 12. mit, daß es ihm unmöglich ist, auf alle an ihn gesendeten Werke gebührend zu antwor-ten. – Die verdienstliche Schrift des *Verfassers* [→ 19. 2.] habe er im Laufe des Jahres mit *Leibarzt Vogel* gelesen und besprochen. Goethe fordert ihn auf, auf seinem Wege fortzuschreiten. – «[...] Nähere Betrachtung des von *Mahr* gesendeten Pflanzenabdrucks aus Kammerberg [→ 15./17. 12.] [...]. Mittag *[Ferdinand] Nicolovius, der junge Pfarrsohn* [Lücke im Text] und *Hofrat Vogel.* Unterhaltung, besonders über preußische Administration, den neuen Wege-bau im Hennebergischen und dergleichen. War ein Backzahn eines ganz jun-gen Elephanten von Süßenborn angekommen. Höchst merkwürdig wegen der einzelnen Zahnbildung [→ 13. 5.]. Abends für mich. Das neuste aus Kam-merberg angekommene fossile Pflanzenexemplar näher beleuchtet und mit schon vorhandenen Abbildungen verglichen [→ 15./17. 12.]. Abends mit den merkwürdigen Auszügen *v. Raumers* aus französischen ungedruckten Docu-menten beschäftigt. Einige Übersicht des Nächstbevorstehenden.» (Tgb)

Ende 1831 / Anfang 1832. «Am Schlusse dieses und zu Anfange des näch-sten Jahres wandte sich Goethe ganz wieder seinen Lieblingsstudien, den Naturwissenschaften, zu und beschäftigte sich, teils auf Anregung von *Boisse-rée,* mit fernerer Ergründung der Gesetze des Regenbogens, sowie besonders auch, aus Teilnahme an dem Streit zwischen *Cuvier* und *Saint-Hilaire,* mit Gegenständen der Metamorphose der Pflanzen- und Tierwelt. Auch redi-gierte er mit mir gemeinschaftlich den historischen Teil der FARBENLEHRE, sowie er auch an einem Kapitel über die Mischung der Farben innigen Anteil nahm, das ich auf seine Anregung, um in den theoretischen Band aufgenom-men zu werden, bearbeitete [→ 23. 12.]. – Es fehlte in dieser Zeit nicht an mannigfachen interessanten Unterhaltungen und geistreichen Äußerungen seinerseits. Allein, wie er in völliger Kraft und Frische mir täglich vor Augen war, so dachte ich, es würde immer so fortgehen, und war in Auffassung seiner Worte gleichgültiger als billig [...].» (Eckermann, 21. 12.)

1832

Wahrscheinlich 1831 oder Anfang 1832. AUFSATZ ZU MALENDE GEGEN-STÄNDE [postum veröffentlicht in der ALH].

1831/1832. «Goethe bedauerte, daß Ihr Orient [«Bilder des Orients», Gedichte von *Heinrich Stieglitz*] zu einer Zeit hervortrete, wie sie nicht ungünstiger gedacht werden könne. Er urteilte über den ersten Band, wovon er in meiner Gegenwart verschiedenes über Tisch las, sehr günstig.» (*Eckermann an H.* Stieglitz, 9. 10. 32; GG 7072) – «Es ist hier [...] die Stellung zu erwähnen, welche Goethe gegen den Landtag des Großherzogtums angenommen. Dieses Verhältnis darf umso weniger mit Stillschweigen übergangen werden, als man in öffentlichen Blättern und in Privatkreisen auf das hämischeste darüber abgeurteilt hat. – Allerdings wendete Goethe alles an, um von der Befolgung des ihm nach dreiundfünfzigjähriger rühmlichster Dienstzeit und im einundachtzigsten Lebensjahre zum ersten Male ernstlicher gestellten Ansinnens, dem Landtage verfassungsgemäß die Oberaufsichts-Rechnungen vorzulegen, dispensiert zu werden. Er konnte den bei der öffentlichen Stimmung des Jahres 1831 leicht begreiflichen Gedanken, sich am Ende seiner Laufbahn vielleicht bloßgestellt zu sehen, nicht ertragen. Dabei ist indessen zu bemerken, daß alle desfallsigen Verhandlungen nicht förmlich geführt worden und daß es daher keineswegs über allen Zweifel feststeht, daß Goethe nicht auch in diesem Falle, wie früher immer, einem ausdrücklichen Befehle seines *Fürsten* Folge geleistet haben würde. Sein Tod machte einen solchen überflüssig, und das Anerkenntnis, welches der Landtag, nach Einsicht der Rechnungen, der Dienstführung des Verewigten offiziell und öffentlich angedeihen lassen, beweist, wie wenig Ursache Goethe hatte, seine Verwaltung, die er jederzeit dem Ministerium bereitwilligst dargelegt, nicht auch der Prüfung durch den Landtag zu unterwerfen.» (*K. Vogel:* Goethe in amtlichen Verhältnissen, 1834; GG 7073)

Letzte Lebensjahre, vielleicht Anfang 1832. AUFSATZ EIN WORT FÜR JUNGE DICHTER [postum in der ALH veröffentlicht].

Anfang 1832. AUFSATZ HAUSMANNS VORLESUNG postum erschienen, die von *Johann Friedrich Ludwig Hausmann* am 27. 8. 27 in der Göttinger Akademie vorgetragene Abhandlung «Die origine saxorum per Germaniae septemtrionalis regionis arenosas dispersorum commentatio» erscheint in den «Commentationes Societatis Regiae Scientiarum Gottingensis», Cl. Phys. 7, 1832]. – «Ich *[Riemer]* erinnere mich, etwa im Anfang des Jahres Goethen die Bemerkung vorgelegt zu haben, daß wir *Bürgerliche* ja auch *Ahnen* hätten, daß ich die *Meinigen* bis über hundert Jahre, *Peucer* auf dreihundert Jahr zurückführen könnte. Ei freilich! meinte er, wir wären nur so sorglos darüber, weil nichts dabei herauskäme; ja, wenn was darauf beruhte, Vorteile, Privilegien, Vorrechte und dergleichen, da würde es auch geschehen und geschehen sein, wie in Reichsstädten.» (GG 7075)

Sonntag, 1. Januar. «Neujahr. Die verschiedenen auszufertigenden Concepte durchgesehen und überlegt. Gute Ordnung und Cassebestand in den oberaufsichtlichen Geschäften mit Vergnügen bemerkt; des ausgesprochenen Beyfalls *Serenissimi* und des *hohen Ministerii* mich erfreut, so wie auf's neue die Theilnahme des *Hofrat Vogel* zu schätzen Ursache gehabt. In der Haushaltung manches Förderliche, worauf mit Ernst zu beharren ist. Die nöthigen Visiten durch Billete abgethan. Andere empfangen. *Dr. Weller,* zu Tische eingeladen. Angenehme Sendung von *Varnhagen v. Ense.* Die mannichfaltigen Obliegenheiten vorgeführt. Die diplomatischen Auszüge fortgelesen.» (Tgb) – «Zwischen 5, 6 Uhr trafen *Coudray* und ich *[Kanzler v. Müller]* ihn [Goethe] sehr heiter und aufgelegt, ja er neigte sehr zu seiner Lieblingsform, der Ironie. Als ich das Verbot von *Raumers* Untergang Polens rügte, verteidigte er es lebhaft. ‹Preußens frühere Handlungsweise gegen Polen jetzt wieder aufzudekken und in übles Licht zu stellen, kann nur schaden, nur aufreizen. Ich stelle mich *höher* als die gewöhnlichen, platten moralischen *Politiker;* ich spreche es geradezu aus: Kein *König* hält Wort, kann es nicht halten, muß stets den gebieterischen Umständen nachgeben; die *Polen* wären doch untergegangen, *mußten* nach ihrer ganzen verwirrten Sinnesweise untergehen; sollte Preußen mit leeren Händen dabei ausgehen, während Rußland und Österreich zugriffen? Für uns arme Philister ist die entgegengesetzte Handlungsweise Pflicht, nicht für die *Mächtigen* der Erde.› – Diese Maximen widerten mich an, ich bekämpfte sie, jedoch erfolglos. – Sodann zeigte er uns die schöne Münze *Alexanders von Medici;* auch einen herrlichen bronzenen Knopf aus jener Zeit, einen Amor vorstellend [...]. Auch ein Gemälde der neu entstandenen Insel Nerita, zwischen Sizilien und Malta, mit dem vulkanischen Feuerwerk, ließ er uns schauen [→ 30. 12. 31]. ‹Seht hier das neuste Backwerk des Weltgeistes!›» (*Kanzler v. Müller;* GG 6936) – «Notirt und schematisirt was nächstens auszuführen ist.» (Tgb)

Vor Montag, 2. Januar. Brief an *Zelter:* «Die heilsame Quelle, welche aus deinem Schwanenkiel [...] zu mir herüberströmte, ist auf einmal [...] ausgeblieben [...]. Dieß versetzte mich zuletzt wirklich in einige Sorge», zumal auch *Tochter Doris* nicht eingetroffen ist [→ 11. 12. 31]. – «Die CORRESPONDENZ VON 1830 ist, was die Schreibefehler betrifft, revidirt; dem guten *Riemer* bleibt nunmehr Erwägung und Beurtheilung wegen auszulassender oder zu modificirender Stellen; er wird hoffentlich bey überströmendem Schwall der allmächtigen Preßfreyheit nicht allzu genau und knapp zu Werke gehn.»

Montag, 2. Januar. «Haushaltungsangelegenheiten. [...] Mit *[Rinaldo] Vulpius* deßhalb Verabredungen. An *John* das Nähere übertragen. Gehoffter Brief von *Zeltern,* der einige Zeit geschwiegen hatte. [...] An [...] *Frau Großherzogin,* das Bücherverzeichniß vom December. – Um zwölf Uhr *Ihro Kaiserliche Hoheit [Maria Paulowna].* Bedeutendes Innere und Äußere [«... pour lui souhaiter la bonne année ... Nous causons encore sur les *hommes de lettres,* et nommément sur *Eckermann* qui fait faire des progrès à *mon fils* pour l'anglais.» (*Maria Paulowna:* Tagebuch; GG 6937)]. *Hofrat Stark;* gar freundliche Erwähnung meiner CORRESPONDENZ MIT SCHILLERN und seines deßfallsigen Antheils. Mittags mit der *Familie.* Ein *Sohn* [Lücke im Text], gar wohlgezogener und unterrichteter *Knabe.* Die *Kinder* waren dieser Tage mit der französischen Comödie beschäftigt. Nach Tische Unterhaltung mit *Ottilien* über verschiedene Einrichtungen und Übereinkunft. Brief von *Zeltern.* Dictirte Antwort. – [Fortsetzung des Briefes an denselben; → vor 2. 1.].» (Tgb): Bei der eingetretenen Kälte möchte wohl die Reise für *Doris* nicht rätlich sein. Möge sie sie für bessere Tage aufsparen. «Der *Papa* holte sie ab und so würden einige Wochen ganz auferbaulich werden.» – [Im Konzept berichtet Goethe von seinen vielfältigen Beschäftigungen, so «daß ich gar keine Zeit habe mich zu verbrennen, vielmehr in größter Thätigkeit abwarte, bis dieser wunderliche Organismus sich in sich selbst verkohlt oder auch wohl durch einen andern chemischen Proceß sich umbildet und wo möglich thätiger vergeistet».] – Das Anerbieten *Friedlaenders,* die seltene Medaille von *Sperandeus* [*Niccolò Sperandio, italienischer Bildhauer, Medailleur;* gest. 1528, auf den *Dichter Ludovicus Carbo*] gegen die Genfer Medaille [auf Goethe von *Bovy*] einzutauschen, nimmt Goethe gern an. «Ich habe wohl ein halb Dutzend Medaillen dieses vorzüglichen *Mannes,* der, wenn man ihn in seinem Jahrhundert betrachtet, als höchst bedeutend anzusehen ist.» – «Die *Kinder* zur Probe der französischen Comödie aufs Schloß. Abends mit *Ottilien,* wegen künftigen Vorlesens.» (Tgb)

Dienstag, 3. Januar. Brief an *Soret:* Hinsichtlich der Mineralien für die *Prinzeß Auguste [von Preußen]* befindet sich Goethe in einiger Verlegenheit. Bei der vorherrschenden Kälte sind seine Sammlungen unzugänglich. Überdies wird sich wohl nur sehr weniges für den angegebenen Zweck darin finden lassen. – Zu den Glücksfällen zählt Goethe, daß ihm der «Backzahn eines Elephanten-Ferkels [...] zugekommen ist, die eigentliche Zahnwerdung ist hier in ihren ersten Anfängen höchst belehrend zu betrachten [→ 31. 12. 31]». – Brief an *Moritz Seebeck.* Goethe erwidert auf dessen Schreiben [vom 20. 12. 31] «daß das frühzeitige Scheiden Ihres trefflichen *Vaters [Thomas Seebeck,* gestorben am 10. 12. 31] für mich ein großer persönlicher Verlust sey». Er bedauert das Verstummen, das sich in die gegenseitige Beziehung eingeschlichen hatte [letzte Begegnung → 16. 6. 18, letzter Brief Goethes an den *Verstorbenen* → 16. 4. 23], für «eine Art von Unbehülflichkeit», deren er sich in seinem gedrängten Leben «öfters schuldig gemacht» hat, und er will auch im gegenwärtigen Fall «den Vorwurf nicht ganz» von sich ablehnen, doch versichert er, daß er es «für den zu früh *Dahingegangenen* weder als Freund an Neigung, noch als Forscher an Theilnahme und Bewunderung je» hat fehlen lassen. – «Doch hat das vorüberrauschende Leben unter andern Wunderlichkeiten auch diese, daß wir [...] gar selten die angebotenen Einzelnheiten des Augenblicks zu schätzen und festzuhalten wissen. – Und so bleibt denn im höchsten Alter uns die Pflicht noch übrig, das Menschliche, das uns nie verläßt, wenigstens in seinen Eigenheiten anzuerkennen und uns durch Reflexion über die Mängel zu beruhigen, deren Zurechnung nicht ganz abzuwenden ist [*Seebeck* hatte geschrieben: «War in den letzten Jahren die Reinheit des freundschaftlichen Verhältnisses getrübt worden, so empfand es mein *Vater* im innersten Gemüte schmerzlich; tat er gleichwohl keinen Schritt zur Versöhnung, so hat dies allein seinen Grund darin, daß ... er sich niemals entschließen konnte, etwas zu tun, was auch nur einen Anschein des Unwürdigen tragen konnte ...; die Bewunderung, welche einen festern Grund als den einer persönlichen Neigung hatte, blieb ungeändert. Ew. Exzellenz SCHRIFTEN jedes Inhalts kamen nicht von seinem Tische, sie waren seine liebste Lektüre; oft sprach er aus: ‹Unter allen lebenden *Naturforschern* ist Goethe der *größte, der einzige,* der weiß, worauf es ankommt!› ...» (an Goethe, ebenda; zitiert nach Mandelkow 4, 667f.)]. – An [...] *[Faktor] Reichel* in Augsburg, mit der ANZEIGE DAS V. VOIGTISCHE MÜNZKABINETT betreffend [Goethe bittet, den AUFSATZ in die Beilage der «Allgemeinen Zeitung» aufzunehmen (Begleitbrief); er erscheint in Beilage Nr. 11 und 12 vom 9. 1.; → 29. 12. 31]. [...] Sendung von *Herrn Soret.* Zur Aufnahme der Lehre vom Regenbogen. Fernere Untersuchung der flora subterranea wegen den neusten von Kammerberg eingesendeten tüchtigen Exemplaren. Museum *Mazzuchellianum,* wegen einer von *Friedlaender* angebotnen Medaille [→ 2. 1.]. Mittag *Dr. Eckermann und die Familie* außer *Ottilie.* Kupferstiche der französischen Schule angesehen. Abends *Hofrat Riemer.* Einige Concepte. Sodann ZELTERS CORRESPONDENZ 1830. Im Stillen großes Bedenken über *Carus'* Psychologie von der Nachtseite [→ 26. 11. 31]. Gegenwirkung einer dergleichen von der Tagseite zu schreiben; gleich festgestellt und Nachts bey einigen schlaflosen Stunden durchgeführt. Streiten soll man nicht, aber das Entgegengesetzte faßlich zu machen ist Schuldigkeit.» (Tgb)

Mittwoch, 4. Januar. Brief an *Beuth:* Goethe dankt für dessen wichtige Sendung, die ihn «schon viel denken und überlegen gemacht» hat [→ 16. 12. 31]. – «[...] Nach 12 Uhr *Herr Staatsminister v. Fritsch.* Bedeutende erfreuliche Unterhaltung. Ich konnte Gelegenheit nehmen, das in der Trauerloge so höchst schätzbare Andenken *Augusts* dankbar anzuerkennen. Mit *Dr. Eckermann, Rothe* und den *Knäblein [Walther* und *Wolf]* gespeist. In den Bänden des *Mazzuchellischen* Kabinetts gelesen. Ferner in den Gefahren des Meeres, mitgetheilt von *Wölfchen.* Abends allein. War *Wölfchen* viel gegenwärtig, aber sehr muthwillig.» (Tgb)

Donnerstag, 5. Januar. Brief an *v. Pückler-Muskau:* Goethe dankt für dessen Sendung [«Briefe eines Verstorbenen», 3. und 4. Teil; → 31. 8. 30]. Er hat den Reisenden teilnehmend begleitet, ist sich jedoch auf den ersten Schritten selbst begegnet, was «immer etwas Apprehensives, ja Sinneverwirrendes» hat. Sich davon so eilig als möglich wieder herzustellen, hält Goethe «als Langelebender für Pflicht». – «[...] Um 12 Uhr *Kaiserliche Hoheit [Maria Paulowna].* Um halb 2 Uhr *[Mineraloge] Hofmann,* welcher mit *v. Kotzebue* die Reise um die Welt gemacht [→ 17. 3. 31]. Mittag mit *Herrn Rothe* und den *Knaben.* Nach Tische manches vorbereitet. Abends *Fräulein Ulrike [v. Pogwisch]* und *Dr. Eckermann.* Ich besuchte *Ottilien,* wo ich *Fräulein Jenny [v. Pappenheim]* fand. Durchaus war viel von der französischen Repräsentation die Rede, von der man jedoch nichts als Lobenswürdiges zu sagen wußte. Später mit *Dr. Eckermann* allein.» (Tgb)

Montag, 5. Dezember 1831 / Donnerstag, 5. Januar. Brief an *Varnhagen v. Ense:* Goethe bedauert tief, «daß wir den hochbegabten bedeutenden *Reihenführer,* so wohl gegründeten und mannichfaltig thätigen *Mann* und *Freund*

[Hegel] [...] verloren haben [er war am 14. 11. 31 der Cholera erlegen]. Das Fundament seiner Lehre lag außer meinem Gesichtskreise, wo aber sein Thun an mich heranreichte oder auch wohl in meine Bestrebungen eingriff, habe ich immer davon wahren geistigen Vortheil gehabt.» – Goethe kündigt den ZWEITEN TEIL SEINES AUFSATZES ÜBER DIE FRANZÖSISCHEN WISSENSCHAFT-LICHEN HÄNDEL an. «Er ist weitläufig und wunderlich geworden und doch keienswegs erschöpfend, an Hin- und Herdeuten hat es nicht gefehlt [→ 20. 12. 31].» – Die Anzeige seines letzten HEFTES [METAMORPHOSE] von *Carus* [in den «Jahrbüchern für wissenschaftliche Kritik»] wird Goethe «höchlich erfreuen und fördern. Mit den neu hervortretenden BETRACHTUNGEN ÜBER DIE SPIRALITÄT übergeben wir den *Nachkommen* mehr einen gordischen Kno-ten als einen liebevollen Knaul. Auf diesen Punct hab ich große Aufmerksam-keit verwendet, andere mögen auch sehen wie sie zurecht kommen.»
Freitag, 6. Januar. Billett an *Hauslehrer Rothe[?]:* Goethe wünscht seine *Enkel* bis Ostern von der Zeichenschule dispensiert. (Raabe 1, 580) – Brief an *Mineralienhändler Knoll:* Goethe kündigt die beiden versprochenen AUFSÄTZE an [→ 30. 12. 31]. – Er dankt für die geschliffene Sammlung [von Sprudel-steinen; → 12. 8. 31]. «[...] sie ist wirklich höchst erfreulich durch Mannich-faltigkeit und gute Anordnung und sehr saubere Behandlung. Das kleine For-mat macht die Sache noch annehmlicher und ich zweifle nicht an gutem Succeß.» – «[...] Sendung von *[Oberberghauptmann v.] Herder* war angekom-men. Sendung von dem *Deutsch-Amerikanischen Bergwerks-Verein.* [...] Mittag *Dr. Eckermann* und die *Familie.* Ich bedachte die AGENDA von Januar. [...] Expedirte das Geschäft mit *Hofrat Meyer.* Abends *Hofrat Riemer,* einiges zur Expedition nach Karlsbad. Die schönen Zeichnungsbücher von [*Rudolf Töpffer* aus] Genf vorgewiesen.» (Tgb)
Samstag, 7. Januar. Brief an *Wilhelmine v. Münchhausen:* «Sie so nah zu wissen, und nicht zu sehen, [...] war mir sehr peinlich; möge Sie eine bessere Jahreszeit treulich zu uns führen!» (Raabe 1, 580) – Brief an *Soret:* Goethe sen-det «eiligst» die bezeichnete Medaille [der *Adressat* hatte vorgeschlagen, *Prin-zessin Auguste* als vorläufigen Ersatz für die Mineralien (→ 3. 1.) die *Bovysche* Medaille zu schicken (an Goethe, 5. 1.)] und bittet, sie mit den freundlichsten Worten zu begleiten. – «[...] *Registrator Rudolph,* von *Herrn Hofrat Otto* die Zahlung aus der *Frau Großherzogin* Casse ankündigend. *Salinendirektor Glenck,* seine bißherigen weitverbreiteten Arbeiten, Bohrversuche und praktisches Gelingen ausführlich vortragend. Merkwürdig fiel mir dabey wieder auf: daß tüchtig praktische *Menschen* von den theoretischen Irrthümern keineswegs gehindert werden vorwärts zu gehen. Dieser wackere *Mann* spricht von der neumodischen Heberey und Sinkerey als von etwas ganz Bekanntem und merkt nicht, daß er nur von höher oder tiefer liegenden Gebirgsarten spricht. Auch braucht er ein teleologisches Argument mit Behagen, da er doch weiter nichts ausspricht als das was da ist und was daraus folgt. Dieß belehrt uns, in dem menschlichsten Sinne, tolerant gegen Meynungen zu seyn, nur zu beob-achten, ob etwas geschieht, und das Übrige, was blos Worte sind, guten und vorzüglichen *Menschen* ruhig nachzusehen. Um 1 Uhr *Herr Hofrat Vogel,* mit welchem ich verschiedenes Oberaufsichtliche durcharbeitete. Mittag derselbe und *Familie.* Nach Tische recapitulirte ich die AGENDA von Januar. Bedachte

verschiedenes, besonders auf Naturgegenstände Bezügliches. Abends für mich.» (Tgb)

Sonntag, 8. Januar. «[...] An *Hofrat Voigt* [...], die Rosentreppe betreffend [Mitteilung, daß man von der Anschaffung einer Steintreppe zum Saal des Gasthauses «Die Rose» in Jena absehen wolle]. Brief von *Grafen Sternberg* [...]. Brief des *Grafen Reinhard* an [...] *[Kanzler] v. Müller.* Der edle *Freund* erscheint immer reiner, grandioser und respectabler. Mittag *Hofrat Meyer;* wurde manches auf die Zeichenschule Bezügliches durchgesprochen, anderes heiter und im Stillen verhandelt. Gegen Abend [...] *[Kanzler] v. Müller, Oberbaudirektor Coudray. Serenissimus.* Später *Ottilie.* Sie hatte das was vom ZWEITEN TEIL DES FAUST gedruckt ist, gelesen und gut überdacht. Es wurde nochmals durchgesprochen, und ich las nunmehr im MANUSCRIPT weiter [→ wohl Sommer 31]. Sie detailirte mir die Vorstellungen der zwölf Monate bey *Schwendlers* etwas vernünftiger als charadenmäßig. Die Folge war etwas paradox, aber für eine gesellige Unterhaltung sehr gut ausgedacht.» (Tgb)

Montag, 9. Januar. «Brief von *Zeltern,* Ankunft der *Doris* auf den Dienstag verkündigend [→ 2. 1.]. Kam die Theaterchronik zu *Wölfchens* großer Zufriedenheit. Mehrere Concepte [...]. Angenehme Sendung von *Hirt.* Es ist doch immer das Erfreulichste, wenn man die ältesten *Freunde,* mit denen man im Zwischenleben wohl divergirte, am Schlusse wieder sich gegen einander neigen sieht. Man kommt niemals so weit mit ihnen aus einander als mit den *Späterzeitigen.* Der AUFSATZ DES ÜBERGANGS AUS DEM FARRENKRAUT ZUM CACTUS bildete sich immer besser aus [→ 3. 1.]. Das Schreiben des *Grafen Sternberg* regte mich an. Der empirische Geschäftstag spielte seine *Ifflandische* Comödie fort. Mittag mit der *Familie.* Nach Tisch Concepte revidirt. Sur la Politique rationelle. Par *A. de Lamartine.* Bruxelles 1831. Äußerst gut- und schwachmüthig, wie der feuchte Wind durch Herbstes Blätter säuselt. Abends *Ottilie.* Ich las ihr den SCHLUß DES ERSTEN AKTS VON FAUST vor. Wir besprachen die zunächst aufzuführenden Charaden.» (Tgb)

Dienstag, 10. Januar. «*Doris Zelter* kam früh 6 Uhr an. Einiges Oberaufsichtliche. Einiges zur Correspondenz vorbereitet.» (Tgb) – Brief an die Großherzogliche Bibliothek Weimar: Goethe wünscht die neuesten Stücke der Berliner und anderer Zeitungen, «wo der Ausgrabungen von Pompeji vollständig gedacht wird». (Raabe 1, 580) – «Brief von *Herrn Staatsminister v. Humboldt,* sehr interessant. *Doris* brachte einige Sendungen von Berlin mit. Brief von *Rauch.* Höchst löbliche Medaille von *Friedlaender* gesendet, von *Sperandeus* auf *Carbo* [→ 2. 1.]. *Spontini* sendet die neue Oper Les Athéniennes [→ 31. 3. 31]. *Zelter* das Büchelchen von Judas Maccabäus [Text zum Oratorium von *Händel*]. Mittag *Fräulein Zelter, Dr. Eckermann* mit der *Familie.* Beschäftigte mich mit den erhaltenen Sendungen. Las den 2. Act der *Spontinischen* Oper, die Briefe und Sonstiges. [...] *Wölfchen.* Abends *Ottilie.*» (Tgb)

Mittwoch, 11. Januar. «Las den 3. Act der Oper.» (Tgb) – Brief an *Sulpiz Boisserée:* Goethe antwortet eiligst, um die «wichtige Frage des Regenbogens zu erwidern» [der *Adressat* hatte sich eine Erklärung des Phänomens in der überarbeiteten FARBENLEHRE gewünscht; → 3. 1. (an Goethe, 12. 12. 31)]. – Er beschreibt einen Versuch mit einer wassergefüllten Glaskugel, den *Boisserée* zu verschiedenen Tageszeiten durchführen möge und legt eine entsprechende

Skizze bei [Corpus Va, Nr. 369]. – Brief an *Minister v. Fritsch:* Goethe bittet um Zusendung eines Rehes zur Bewirtung einer *Berliner Freundin.* – «[...] Kam eine Sendung von Jena. Ein Heft über die gegenwärtige Lage des Königreich Hannover, merkwürdig genug, weil man in die eigene Complication blickt. Sendung eines *jungen Dichters [Melchior] Meyr [Student;* geb. 1810] aus München [einige kleine Arbeiten]. Unterhaltung mit *Fräulein Zelter* über den Zustand der *Facius.* Abschrift der Nachrichten über das neue pompejanische Haus [→ 10. 1.]. Mittag *Doris Zelter* und die *Familie.* Gegen Abend [...] *[Kanzler] v. Müller.* Später *Ottilie.*» (Tgb)

Donnerstag, 12. Januar. «Mehrere Concepte und Munda. Unterthänigster Vortrag an [...] die *Frau Großherzogin* [...].» (Tgb): Goethe empfiehlt ihr nochmals die Angelegenheit der *Facius* [→ 2./21. 12. 31]. Er legt eine Zuschrift von *Prof. Rauch* bei, aus der hervorgeht, daß es für einen weiteren Aufenthalt der *Künstlerin* in Berlin wünschenswert sei, ihr eine bestimmte Aufgabe im Medaillenfach zu übertragen. – Da die *Adressatin* bei einem mündlichen Vortrag nicht abgeneigt war, der *Facius* einen Zuschuß von 100 Talern aus der Separatkasse zuzugestehen, schlägt Goethe vor, weitere 100 Taler aus der Oberaufsichtskasse zu zahlen und für nochmals 100 Taler den *Großherzog* zu gewinnen. – Er weist darauf hin, daß die *Künstlerin* bei ihren beschränkten Familienverhältnissen auch in Weimar einer Unterstützung bedürfte. – Wegen der aufzugebenden Medaille würde Goethe nach Rücksprache mit *Hofrat Meyer* das Nötige veranlassen. – «[...] Erhielt Gewährung [in der *Faciusschen* Angelegenheit], als Höchstdieselben *[Maria Paulowna]* um 12 Uhr mit *Demoiselle Mazelet* bey mir eintraten. Nachher *Angelika Facius.* [...] die Angelegenheit der *Facius* umständlich durchgesprochen und den Zustand völlig aufgeklärt. Bey Tische *Doris Zelter* und *Familie.* Später *Hofrat Meyer,* welcher sich über die Medaille von *Ludwig Carbo* höchlich erfreute [→ 10. 1.]. Anderes durchgesprochen. Später [...] der *Großherzog.* Legte ihm die Hefte von Petra von *Graf Laborde* vor. Nachher *Ottilie* und *Eckermann.* Las im ZWEITEN TEIL DES FAUSTS weiter [→ 9. 1.].» (Tgb)

Freitag, 13. Januar. Brief an *Geh. Hofrat Helbig:* Der *Adressat* ersieht aus der Beilage [→ 12. 1.], was zu Gunsten der *jungen Facius* in diesen Tagen eingeleitet worden ist. Er bittet, nun die noch fehlenden 100 Taler bei *Großherzog Karl Friedrich* zur Sprache zu bringen. – Wegen der von der *Künstlerin* zu fertigenden Medaille fragt er an, wo sich die Bildnisse der *höchsten Herrschaften* befinden, die *Posch* bossiert hat. – Brief an *Marianne Willemer:* «[...] bin ich wirklich wegen unsres trefflichen *Willemers* in einiger Sorge. Seiner thätigen Sinnes- und Handelsweise muß freylich die Hemmung späterer Tage höchst widerwärtig seyn [*Marianne* hatte geschrieben: «... leider ist es ihm *(Willemer)* nicht vergönnt, das heranrückende Alter durch eine ruhige und abwechselnde Tätigkeit abzuwehren, sein Gedächtnis nimmt sehr ab, und diese geistige Ermüdung beunruhigt ihn in hohem Grade.» (an Goethe, 17. 12. 31)]. Ich will nicht läugnen daß ich es für ein Kunststück halte, als entbehrlich anzusehen was die Jahre uns nehmen, dagegen aber hoch und höher zu schätzen was sie uns lassen, am höchsten aber, wenn sie so artig sind uns mit neuer Gabe zu erfreuen, welche meistens von guten Menschen kaum bemerkt und selten dankbar aufgenommen wird.» – «[...] Concepte corrigirt zu ferneren Verträgen. Mittag *Doris Zelter* und *Familie*. Blieben nach Tische beysammen und zeigten ihr einige Bildwerke vor. Später *Ottilie;* lasen weiter im FAUST. Sodann *Prof. Riemer.* Lasen einiges in den letzten Bänden der Briefe des Verstorbenen [→ 5. 1.].» (Tgb)

Samstag, 14. Januar. Brief an *Zelter:* «Und so wären wir denn durch die Ankunft der guten *Doris* [→ 10. 1.] dir wirklich um soviel näher gerückt [. . .].» – Die von ihr mitgebrachten BRIEFE [Goethes an *Zelter* aus dem Jahr 1831] sind schon zwischen die des *Adressaten* geschoben. Dieser hatte 41, Goethe 32 Briefe geschrieben; «versäume nicht, in diesem Jahr mich abermals zu überbieten. Gesteh ich's nur, meine Zustände sind aus soviel kleinen Theilen zusammengesetzt, daß man beynahe fürchten müßte, das Ganze würde sich zunächst verkrümeln [. . .].» – Die Medaille von *Friedlaender* hat Goethe und *Meyer* «als ein wahres Kleinod höchlich erfreut» [→ 12. 1.]. – Der Text von *Jouy* zu *Spontinis* Oper ist «wirklich bewundernswürdig [→ 11. 1.] [. . .]. – Wegen der [von *Spontini*] gewünschten Mittheilung hab ich Scrupel, es ist eine gar kitzliche Sache. Doch wollen wir das Weitere bedenken und überlegen.» – «[. . .] *Geh. Hofrat Helbig,* wegen der *Faciusischen* Angelegenheit. Mittag *Fräulein Zelter, Hofrat Vogel* und *Familie*. *Ottilie* zog sich nach Tische bald zurück. Wurden manche Berliner Verhältnisse durchgesprochen. Blieb nachher für mich, das Nächste bedenkend. Abends *Ottilie.* SCHLUSS ZUR KLASSISCHEN WALPURGISNACHT [gelesen].» (Tgb)

Sonntag, 15. Januar. «Die gestern überlegten Concepte. Die Jenaischen Tagebücher [der *Bibliotheksangestellten*]. Um 1 Uhr *Ottilie* zur Vorlesung, ANFANG DES 4. AKTS. Mit *John* einige Haushaltungsgeschäfte. Mittags mit der *Familie* und *Doris Zelter*. Nach Tische *Hofrat Meyer. Obrist v. Lyncker.* [. . .] *[Kanzler] v. Müller.* Später der *Großherzog.* Sodann *Ottilie.* Lasen weiter im FAUST.» (Tgb)

Montag, 16. Januar. «Mehrere Briefconcepte. Um 11 Uhr *Demoiselle Facius.* Um 12 Uhr *drei holländische Ärzte.* Dann *Dr. Schüler* aus Jena, *Mineraloge.* Mittags mit der *Familie* und *Doris Zelter*. Abends *Herr Oberbaudirektor Coudray.* Später *Ottilie*, las im FAUST weiter.» (Tgb) – Gedicht DER BEKANNTEN, ANERKANNTEN [an *Jenny v. Pappenheim*].

Dienstag, 17. Januar. «EINIGES IM FAUST BEMERKTE nachgeholfen. *John* mundirte. Schreiben von *Förster* durch *Herrn [Ignaz Franz Werner Maria] v. Olfers [Diplomat, Kunstwissenschaftler, Leiter der königlichen Museen* in Berlin; geb. 1793], welcher mich besuchte. Mittag *Familie* und *Fräulein Zelter*. Nach Tische mit *Wölfchen* Kupfer angesehen und ihn urtheilen lassen.» (Tgb) – «Nachmittags bei Goethe, der sehr schläfrig und einsilbig war.» (*Kanzler v. Müller;* GG 6944) – «Abends *Hofrat Riemer.* Verschiedene Concepte durchgesehen.» (Tgb)

Mittwoch, 18. Januar. «EINIGES UMGESCHRIEBEN [u. a. FAUST-PARALIPOMENON [?] DER ZAUBERER FORDERT; → vermutlich 1829]. Promemoria wegen der Medaille durch die *junge Facius* aufgesetzt [*Adressat* ist vermutlich *Geh. Hofrat Helbig;* → 13. 1.].» (Tgb): Als Aufgabe empfiehlt Goethe zunächst eine kleinere Medaille mit dem Bildnis des *Großherzogs.* Auf der Rückseite wäre das großherzogliche Wappen wünschenswert. Die Medaille könnte zu Prämienzwecken für die Zeichenschule und andere Anlässe genutzt werden.

– Geriete diese Medaille, könnte man zu einer größeren schreiten. – Außerdem regt Goethe an, daß der *Großherzog* eine Anzahl Konventionstaler mit seinem Bildnis und Wappen prägen ließe. – «Mittag ohne *Ottilie* und *Doris,* welche bey *Frau v. Pogwisch* speisten. Abends für mich. Später *Ottilie* und *Walther. Wolf* kam aus der Euryanthe [Oper von *C. M. v. Weber*].» (Tgb)

Donnerstag, 19. Januar. Brief an den *Prinzen Karl v. Preußen:* Goethe sendet seinen verpflichteten Dank für dessen überraschende, köstliche Gabe [→ 30. 12. 31]. – Brief an *Spontini:* «Statt aller Kritik wird nur der Beyfall, den ich hier im Allgemeinen ausspreche, im Einzelnen zu motiviren seyn, welches jedoch keine geringe Aufgabe ist, wozu ich mir also einige Zeit erbitte [→ 14. 1.] [...].» – «[...] Les deux Mondes, Ankündigung einer neuen Monatsschrift. Viel versprechend wie gewöhnlich. Die bedeutendsten *Schriftsteller* als Mitarbeiter genannt. Als Musterstück: De l'Allemagne et de la Révolution. Par *Edgar Quinet.* Um 12 Uhr *Frau Großherzogin* und *Demoiselle Mazelet* [«... aujourd'hui la conversation a été presque nulle entre nous, Goethe s'étant borné à me montrer la liste des portraits au crayon faite par *Schmeller,* ce qui empêchait tout à fait que l'on parlât d'autre chose. Quelques réflexions échappées à Goethe sur nos circonstances du moment s'est trouvée entièrement d'accord avec les miennes.» (*Maria Paulowna:* Tagebuch; GG 6945)] [...]. Mittag *Doris Zelter.* Nachher jenes französische Heft durchgelesen. Der Aufsatz Deutschland und die Revolution ist bedeutend, aber schwer zu enträthseln. Er enthält geistreiche Ansichten, Resultat und Zweck nicht ganz klar. *Ottilie, Wölfchen* und *Alma* waren am Hof zu einem Kinderballe. Traten noch einen Augenblick bey mir ein, vergnügt über das Erlebte.» (Tgb)

Freitag, 20. Januar. Brief an die Großherzogliche Bibliothek Weimar: Goethe wünscht einige Tagesblätter, die die Vorlesungsverzeichnisse der Universität und der Kunstakademie in Berlin enthalten.» (Raabe 1, 581) – «[...] Der Sendung des *jungen Meyr* von München [...] billige Aufmerksamkeit gegönnt [→ 11. 1.]. *Angelika Facius,* das Porträt *Serenissimi* vorzeigend [→ 18. 1.]. Später *Ottilie,* ANFANG DES FÜNFTEN AKTS gelesen. Mittags mit der *Familie, Doris Zelter.* Nachher allein. Nachts *Wölfchen* vorlesend.» (Tgb)

Samstag, 21. Januar. Brief an *Chemieprof. Wackenroder:* Goethe dankt für dessen Mitteilungen [u. a. das Untersuchungsergebnis der Zusammensetzung der Luft in den Blasen der Colutea arborescens; → 17. 7. 30]. «Es interessirt mich höchlich, inwiefern es möglich sey, der organisch-chemischen Operation des Lebens beyzukommen, durch welche die Metamorphose der Pflanzen nach einem und demselben Gesetz auf die mannichfaltigste Weise bewirkt wird. [...] – Ich habe in meiner DARSTELLUNG DER METAMORPHOSE mich nur des Ausdrucks eines immer verfeinten Saftes bedient, als wenn hier nur von einem Mehr oder Weniger die Rede seyn könnte; allein mir scheint offenbar, daß die durch die Wurzel aufgesogene Feuchtigkeit schon durch sie verändert wird und, wie die Pflanze sich gegen das Licht erhebt, sich die Differenz immer mehr ausweisen muß. – [...] Daher kam der Wunsch, [...] die Luftart, wodurch die Schoten der Colutea arborescens sich aufblähen, näher bestimmt zu sehen.» – «[...] *John* an der Abschrift der ZELTERSCHEN CORRESPONDENZ. Um 1 Uhr *Ottilie.* Sodann *Hofrat Vogel,* einiges Oberaufsichtliche. Mittags derselbe, die *Familie* und *Doris Zelter.* Nachher wiederholt die Anzeige der

Revue des deux Mondes, auch De l'Allemagne ect. par *Quinet.* Abends *Wölfchen,* dann *Ottilie.*» (Tgb)

Vor Sonntag, 22. Januar. AUFSATZ WOHLGEMEINTE ERWIDERUNG [als Antwort auf *Melchior Meyrs* Brief und Sendung, → 11. 1.; postum in KuA VI, 3 unter der Überschrift «Für junge Dichter» erschienen]. – GEDICHT JÜNGLING, MERKE DIR.

Sonntag, 22. Januar. Brief an *Staatsminister v. Stein zum Altenstein:* Goethe erfährt erst jetzt, daß *Schubarth* eine Lehrstelle an einer öffentlichen Anstalt in Hirschberg erhalten hat [→ 30. 4. 30]. – Er dankt dem *Adressaten* für die Erfüllung dieser Wünsche und hofft, daß *Schubarth* sich des in ihn gesetzten Vertrauens würdig zeigt. – Brief an *Melchior Meyr:* Goethe sendet dessen Gedichte zurück und bestätigt ihm, er habe «kindlich-jugendliche, menschlich-allgemeine, ländlich-einfache Stoffe, [...] treu mit Leichtigkeit und Anmuth behandelt. Gewährt ihm die Folgezeit derberen Gehalt und weiß er denselben auf gleichmäßig-gehörige Weise zu benutzen, so ist kein Zweifel, daß er auch im erhöhten Kreise sich glücklich bewegen werde.» – Er legt seinen AUFSATZ WOHLGEMEINTE ERWIDERUNG bei. – «[...] AUFSATZ WEGEN DER PLASTISCHEN ANATOMIE [PLASTISCHE ANATOMIE]. Oberbaudirektor *Coudray,* Gespräch über die Géométrie déscriptive [→ 28. 9. 28]. *[Zeichenlehrer] Prof. Müller* zeigte einige hübsche Porträte vor, Verabredung wegen des Bildes der *Gräfin Vaudreuil.* Einiges über *Bertoldo* im *Vasari,* wegen der Medaille von *Mahomet II.* [→ 9. 4. 30]. Mittags *Doris Zelter* und die *Familie.* Nach Tische mit *Wölfchen* Zeichnungen *neuerer Künstler* angesehen bis gegen Abend. Kam *Hofrat Meyer.* Besprach mit demselben die novissima publica. Er las einiges in den Miscellen von *Bran.* Später *Ottilie,* von dem neueingelangten Werke über Irland Kenntniß gebend.» (Tgb)

Montag, 23. Januar. Brief an *Schuchardt:* Goethe beauftragt ihn, *seine Enkel* mit dem nötigen Zeichenmaterial auszustatten. – Die Stunden sollen Montag und Freitag von 12 bis 14 Uhr stattfinden [→ 6. 1.]. (Raabe 1, 581) – «[...] An *Herrn [W. A.] Boden [junger Theologe]* nach Göttingen, Manuscript zurück. [...] Weitere Ausführung des AUFSATZES an *Herrn Beuth* WEGEN DER PLASTISCHEN ANATOMIE. ABSCHRIFTEN DEẞHALB. Zu Mittag *Doris Zelter, Oberbaudirektor Coudray* und die *Familie.* Sodann die *Branischen* Miscellen vom Januar. Abends *Herr Kanzler [v. Müller].* Sodann *Frau v. Münchhausen* [→ 7. 1.]. *Ottilie* kam zum Thee. Letztere blieb bey mir. Wir besprachen die Exhibitionen vom Dienstag.» (Tgb)

Dienstag, 24. Januar. «Neue Aufregung zu FAUST in Rücksicht größerer Ausführung der Hauptmotive, die ich, um fertig zu werden, allzu lakonisch behandelt hatte [→ 17. 1.]. Munda durch *John. Schwerdgeburth* um 12 Uhr, einiges am Porträt zu retouchiren [«... war ich mit der Zeichnung so weit fertig – Goethe in halber Figur steht im Freien an einer Eiche, auf ein Postament gestützt, auf welchen seine Mütze und Handschuh liegen, den von einer Schulter hangenden Mantel haltend, in der linken Hand die Schreibtafel, in der rechten die Bleifeder, in seiner eigentümlichen aufrechten Haltung, den Blick mehr aufwärts-nachdenkend vorgestellt. (Schulte-Strathaus, 165; → 23. 12. 31). Bei der zweiten Sitzung überhäufte er mich mit den schmeichelhaftesten Versicherungen seiner Zufriedenheit ... Er fand nicht allein das Arrangement ganz nach seinem Wunsch, sondern auch das Ganze für das gelungenste Bild von ihm in der Ähnlichkeit. Während dieser Sitzung fragte er mich, Sie werden dabei doch nicht auf Stein zeichnen? und als ich ihm versicherte, in Linienmanier es in Kupfer zu stechen, war er so erfreuet, daß er sich lange ... darüber mit mir unterhielt und, auf diese Manier vorgetragen, baldigst einen Probedruck zu sehen wünschte und mir Fleiß empfahl, und schloß mit den Worten: ‹Diesen Kupferstich dann mit der Welt bekannt zu machen, soll meine Sorge sein ...›» (*C. A. Schwerdgeburth* an K. W. Müller, 1832; GG 7078)] [...]. Die Zeichnung ist sehr lobenswürdig, und ich werde ihm bey der Ausführung allen Vorschub thun. Die alte Zeichnung zum NEUSTEN VON PLUNDERSWEILERN [von *G. M. Kraus*], siehe 13. BAND DER WERKE, in Überlegung gezogen, ob solche nicht, wie *Schwerdgeburth* längst gewünscht, durch ihn zu publiciren wäre. Mittags mit der *Familie*. Nachher verschiedenes gelesen, überdacht und eingeleitet. Abends war bey *Schwendlers* großes Divertissement unter *Ottiliens* Direction bis nach Mitternacht.» (Tgb)

Mittwoch, 25. Januar. Brief an *Minister v. Fritsch:* Goethe berichtet, daß in Paris Kopien seltener, vorhistorischer fossiler organischer Körper in Gips gegossen und nach der Natur koloriert angeboten werden. *Baron Cuvier* hatte diese Gegenstände zuerst entschieden zur Sprache gebracht. Goethe wünscht ein Verzeichnis mit hinzugefügten Preisen, da man einiges für das Jenaer Museum anschaffen möchte. (Raabe 1, 581) – «*Wölfchen* erzählte bey'm Frühstück von den gestrigen Exhibitionen. *John* mundirte vieles. Ich las in der Theaterchronik, *Wölfchens* Deliciae. *Herr Präsident v. Ziegesar* und *Tochter*. Zeichenmeister *Lieber,* ein restaurirtes Porträt vorweisend. Mittags mit der *Familie, Doris Zelter* und *Fräulein v. Pogwisch*. Nach Tische allein. Die *Töpfferischen* Zeichnungsbücher genauer betrachtet [→ 6. 1.]. Abends *Ottilie*. – An *Alwine Frommann* einen Zanderfisch geschickt.» (Tgb)

Vor Donnerstag, 26. Januar. «Unendlich leid tut es mir, statt des mir so werten Schreibens von Ihnen und *allen Freunden* aus Olevano nur noch eine Kopie zu besitzen; doch denken Sie, unser guter alter Goethe, dem ich den Brief gleich nach dessen Empfang hintrug, wohl wissend, daß er ihm viel Freude machen würde, behielt ihn so lange, daß ich ihn endlich zurückfordern mußte, aber statt selbigem nur die Kopie erhielt, da ich auf die freundlichste Bitte des herrlichen alten Mannes nicht umhin konnte, ihm denselben, wie er sagte, seinen römischen Sachen beizufügen.» (*F. Preller* an A. Kestner, 26. 1.; GG 6947)

Donnerstag, 26. Januar. Nicht vollendeter Bericht an *Großherzogin Maria Paulowna:* Goethe legt dar, daß der «seit fünf [vielmehr seit neun] Jahren» in Weimar lebende *Dr. Eckermann* sich die am Ort zu erlangende wissenschaftliche und ästhetische Bildung anzueignen gesucht und ihm bei der Herausgabe seiner WERKE «wesentliche Dienste» geleistet hat. – Darüber hinaus wirkte er bei Goethes oberaufsichtlichen Geschäften mit, namentlich auf dem Gebiet der in- und ausländischen weitverbreiteten Korrespondenz. – «Auch ließ ich es dagegen nicht fehlen, das Lückenhafte seiner häuslichen Bedürfnisse, die er durch den Unterricht junger *Engländer* in deutscher Sprache und Literatur zu decken strebte, aus meinen Mitteln zu ergänzen, und würde schon längst, in Absicht derjenigen beyhülflichen Dienste, die er mir im Staatsgeschäft geleistet, auf eine Remuneration desselben aus der Oberaufsichtlichen Casse gewissenhaft angetragen haben, wenn es eine entschiedene Rubrik gäbe, wodurch seine Bemühungen bezeichnet werden könnten. [...]. – Weil ich aber befürchten mußte, es möchte den Schein gewinnen als wenn ich einen für mich privatim *Arbeitenden* auf öffentliche Kosten belohnen wollte, so unterließ ich es, wenn schon mit nicht geringer Aufopferung von meiner Seite. [...]. – Alles Vorstehende jedoch würde meine bisherige Unentschlossenheit nicht überwunden haben, hätten *Ew. Kaisrl. Hoheit* nicht wiederholt geäußert, Höchst Dieselben wünschten, ja forderten, daß ein solcher *Mann* für Weimar erhalten würde [→ 2. 1.].» – Goethe weist darauf hin, daß sich *Eckermann* vor kurzem verheiratet hat [→ 14. 9. 31] und regt an, ihm seine Zustände «auf eine mäßige Weise» zu erleichtern, indem man ihm aus der Oberaufsichtskasse die Summe von [Lücke im Text] bewilligen und der *Großherzog* das Gleiche aus der Großherzoglichen Kammerkasse gewähren würde. – «Wenn aber auch, gleich gegenwärtig, eine völlig rubricirte Anstellung weder thulich noch räthlich seyn möchte, so wünschte ich doch auf alle Fälle, daß es nicht als eine bloße Gnadensache angesehen, sondern als Remuneration einer bedeutenden Mitwirkung bey den Oberaufsichtlichen Geschäften betrachtet würde.» (WA IV, 49, 420ff.) – «[...] Oberaufsichtliche Munda. *Hofrat Vogel* gab Nachricht von seiner gestrigen Expedition nach Jena. Um 12 Uhr *Ihro Kaiserliche Hoheit [Maria Paulowna]* und *Demoiselle Mazelet*. Mittags mit der *Familie*. *Hofrat Meyer,* welcher nachher blieb, und wurden mit ihm mancherley Angelegenheiten durchgesprochen. *Doris [Zelter]* war nach Jena gefahren. Um 6 Uhr der *Großherzog,* [...] und *Geh. Rat Schweitzer* [«... man kam ... überein: daß ... vorerst gedachter *Doktor Eckermann* von Großherzoglichen Cammer 100 Thaler zu Ostern erhalten solle, unter der Form einer Remuneration, oder einsweiliger Sustentation, und daß zugleich Großherzogliche Oberaufsicht befugt seyn solle, ihm für das laufende Jahr von Ostern 1832 bis dahin 1833 die gleiche Summe in vierteljährigen Raten auszahlen zu lassen ...» (Fortsetzung des o. g. Berichts)]. Später *Ottilie* und *Dr. Eckermann,* welcher etwas von *Karl des Großen* Haushalt las.» (Tgb)

Freitag, 27. Januar. Brief an *Zelter:* Goethe hatte auf dessen wohlausgestattete Briefe schon von Zeit zu Zeit eine Erwiderung diktiert, sie aber nun als nicht recht geeignet verworfen, da sie in allzu großer Zerstreuung geschrieben waren. Er mußte die Existenz *«guter Menschen* wenigstens auf ein Jahr sichern», und so kommt denn *Angelika Facius* wieder nach Berlin zurück [→ 18. 1.]. *Doris* befindet sich hier «ganz munter und theilnehmend». – Mit *Zelters* Medaille [→ 9. 6. 31] kann man «gar wohl zufrieden» sein, zumal sie *Hofrat Meyer* beim ersten Anblick für «sehr hübsch und gut erklärte», was ihm selten begegnet. – Wie sehr Goethe die Rückseite von *Hegels* Medaille «mißfällt», darf er gar nicht aussprechen [dieser erhielt sie 1830 zu seinem 60. Geburtstag von seinen *Schülern;* sie zeigt links eine sitzende männliche Figur mit einem Buch, hinter dieser eine Säule, auf der eine Eule hockt, rechts steht eine Frauengestalt, ein sie überragendes Kreuz festhaltend; zwischen beiden Figuren steht ein nackter Genius, dem Sitzenden zugewandt auf das Kreuz weisend (vgl. Mandelkow 4, 669)]. «Daß ich das Kreuz als Mensch und als Dichter zu ehren und zu schmücken verstand, hab ich in meinen STANZEN [DIE GEHEIM-

NISSE; → 20. 7. 08] bewiesen; aber daß ein *Philosoph*, durch einen Umweg über die Ur- und Ungründe des Wesens und Nicht-Wesens, seine *Schüler* zu dieser trocknen Contignation hinführt, will mir nicht behagen. [...]. – Ich besitze eine Medaille aus dem 17. Jahrhundert mit dem Bildnisse eines hohen römischen *Geistlichen;* auf der Rückseite *Theologia* und *Philosophia*, zwey edle Frauen gegen einander über, das Verhältniß so schön und rein gedacht, so vollkommen genugthuend und liebenswürdig ausgedrückt, daß ich das Bild geheim halte, um, wenn ich es erlebe, dasselbe einem Würdigen anzueignen.» – «[...] Verschiedenes Oberaufsichtliche [...]. Um 1 Uhr *Ottilie*, FAUST vorgelesen [→ 24. 1.]. Zu Tisch mit der *Familie*. Nachher den 2. Band von den Hundert und Einer [→ 13. 12. 31]. Abends *Hofrat Riemer*. Gingen die ARBEIT WEGEN DER PLASTISCHEN ANATOMIE durch [→ 23. 1.].» (Tgb)

Samstag, 28. Januar. «Oberaufsichtliches [...]. Mundum des gedachten AUFSATZES. [...] Die Zeichenbüchlein für *Herrn Töpffer* nach Genf an *Herrn Hofrat Soret* zurück [«Sie sind sich alle gleich in glücklich auffassendem Humor.» (Begleitbrief)]. – Um 1 Uhr *Hofrat Vogel*, einiges Oberaufsichtliche. Mittag mit der *Familie* und *Hofrat Vogel*. 2. Heft der Hundert und Einer [→ 27. 1.]. Abends *Ottilie* und die *Kinder*. Sie las *Romulus* im *Plutarch*.» (Tgb)

Sonntag, 29. Januar. «Fortgesetztes MUNDUM FÜR BERLIN. Das französische Heft ausgelesen. Das Ganze überdacht, um es zu rangiren. *Demoiselle Facius* mit dem Bilde des *Großherzogs* [→ 18. 1.]. *Demoiselle Seidler* und ihre *Freundin* schickten ein paar Bilder. Mittag beyde genannte *Künstlerinnen*. *Doris Zelter* war von Jena zurückgekommen. Nach Tische wurden verschiedene Zeichnungen betrachtet. Gegen Abend [...] *[Kanzler] v. Müller* und *Obrist v. Lyncker*. Nachher [...] der *Großherzog*. Abends *Ottilie*. FAUST ausgelesen. [...]. [An] *Prof. Renner*, Verordnung wegen dem *Schmiedegesellen*, nach Jena.» (Tgb)

Montag, 30. Januar. Billett an *Riemer*: Goethe bittet ihn, Beikommendes [den AUFSATZ PLASTISCHE ANATOMIE] nochmals durchzugehen [→ 29. 1.]. (Raabe 1, 582) – «Haushaltungsrechnungen durchgesehen. *Angelika Facius* des *Großherzogs* Profil vorweisend [→ 20. 1.]. Geh. *Hofrat Helbig* über dieselbe Angelegenheit sprechend [→ 27. 1.]. Brief von *Zelter*. Mittag *Doris Zelter* und *Familie*. [...] *[Kanzler] v. Müller, Hofrat Meyer, Oberbaudirektor Coudray*. Letzterer erzählte die Feyerlichkeit zum Geburtstage der *Madame Genast*.» (Tgb)

Dienstag, 31. Januar. «Einiges in Bezug auf *Zelters* letzten Brief. *John* schrieb an der ZELTERISCHEN CORRESPONDENZ. Geh. *Hofrat Helbig*, wegen der *Faciusischen* Angelegenheit. *Maler Preller*, wegen einer Zeichnung nach *Dominichino*. Mittag *Doris* und die *Familie*. *Beide Frauenzimmer* befanden sich nicht sehr wohl [«Von meiner Abreise will Goethe noch nichts wissen, ich denke aber gewiß daran und werde nicht zu lange ausbleiben ...» (*Doris Zelter* an ihren Vater; GG 6949)]. Nach Tische besah ich *Neureutherische* Arbeiten und überzeugte mich auf's neue von dem schönen Talente des *Mannes*. Abends *Prof. Riemer*. Wir gingen einige Aufsätze durch und besprachen anderes Interessante. Blieb nachher für mich und überlegte die 101 und ihren großen Sittenwerth [→ 28. 1.]. Gar hübscher Brief von *Herrn Soret*, über einen epistolischen Calcül.» (Tgb)

Vermutlich Januar. Goethe ist ärgerlich über Vergleiche, die *Soret* und *Eckermann* zwischen den Werken *Töpffers* ziehen. «[...] sein [Goethes] Grund-

satz ist: was von tüchtiger Hand kommt, ist tüchtig, das heißt: die Herkunft
ist das Wesentliche, und die Werke eines *Künstlers* soll man nicht untereinan-
der vergleichen, ebensowenig die eines *Dichters.* ‹Der einfachste Entwurf aus
der Werkstatt eines *Meisters*›, sagte er, ‹der schwächste Vers von einem Genie
wie *Voltaire* verraten immer etwas von dem hohen Können ihres *Schöpfers,*
und es ist unrecht, Vergleiche anzustellen, die nur dazu führen, daß man tadelt
statt lobt.› Ich will nicht behaupten, daß Goethe das genau so gesagt hat, aber
seine Ansicht ist damit zum Teil wiedergegeben [. . .].» (*Soret* an Töpffer, 9. 2.;
GG 6951)

Mittwoch, 1. Februar. «Wirthschaftsrechnungen von *John* revidirt. Revision des AUFSATZES für Berlin [→ 30. 1.]. Das Heft Kupferstich-Landschaften
nach *Claude* und *Poussin* an *Preller.* Anschluß des zweyten Heft 101 an's erste.
Es bleibt ein wichtiges Sittenwerk, wenn man sich mit der Darstellung
begnügt und keine romanhafte Forderungen macht, ob es gleich auch an Sen-
timentalitäten nicht fehlet [→ 31. 1.]. Mittag *Doris* und *Familie.* Um 12 Uhr
[. . .] *Frau Großherzogin* und *Mademoiselle Mazelet.* Das mannichfaltig Vorliegende bedacht. Spät *Ottilie.* Später *Wölfchen.* – Der monatliche Zuwachs an
Büchern und Bildwerken zur Bibliothek an die *Frau Großherzogin* [. . .].» (Tgb)

Donnerstag, 2. Februar. «Weitere Durchsicht der SENDUNG nach Berlin.
Mineralien von *Rat Grüner* mit einer bedeutenden Prager Disputation über
Polarität [von *Hermann Loevy,* 1831; übermittelt im Auftrag von *Anton Dietrich*]. Sendung zweyer Landschaften durch *Herrn v. Quandt* [«Wallfahrtcapelle
bei Graupen» von *Croll* für *Maria Paulowna* und «Carlskirche zu Wien» von
Johann Heinrich Ferdinand Olivier für *Rätin Meissel*]. Briefe von beyden. Man-
nichfache Überlegungen veranlassend. Schreiben des *Hofrat Rochlitz* an *Kanzler v. Müller.* Mittag mit der *Familie* und *Doris Zelter.* Die Prager Disputation
über Polarität. Ernste Betrachtungen darüber. Abends *Dr. Eckermann.* Ich
trieb ihn in's Theater zu gehn und setzte meine Betrachtungen über Zusammenhang der allgemeinen Phänomene fort.» (Tgb)

Vermutlich um Donnerstag, 2. Februar. Konzept eines vermutlich nicht
abgeschickten Briefes an *Maria Paulowna:* Goethe teilt mit, daß bei der Dresdner Verlosung [des *Kunstvereins*] zwei Gewinne auf die Lose der *Adressatin*
gefallen sind. «Mögen diese schwachen Glücksfälle auf kräftigere deuten
[. . .].» (WA IV, 49, 425)

Freitag, 3. Februar. Brief an *Soret:* Goethe gestattet dem *Adressaten,*
Töpffer das Wenige mitzuteilen, was er zu Gunsten von dessen «schätzbaren
Arbeiten» geäußert hat [→ vermutlich Januar; *Soret* hatte am 31. 1. um diese
Erlaubnis gebeten]. – Nächstens hofft Goethe, ihm sehr hübsche Exemplare
soeben eingegangener böhmischer Mineralien vorzuzeigen. – «Überhaupt bin
ich der Jahreszeit und ihren krankhaften Folgen von Herzen Feind, da sie
jedes Versammeln der *Freunde* von Tag zu Tag verhindert.» – Brief an *Neureuther:* «Ihre Reise nach Paris hat mich betrübt. Ihr Talent ist unmittelbar an
der unschuldigen Natur, an der harmlosen Poesie wirksam, und da wird es
Ihnen immer wohl seyn und immer glücken; jetzt, da jenes wilde Wesen auch
noch gewisse unangenehme Folgen für Sie hat, ist es mir trauriger [der *Adressat* hatte berichtet, daß *König Ludwig von Bayern* vermutlich wegen der «Pariser Lithographien» nicht an der Subskription auf die «Randzeichnungen zu

den Dichtungen der deutschen Klassiker» teilgenommen habe; → 10. 8. 31 (an
Goethe)]. – «[...] Die Prager Dissertation weiter gebracht. Die gestern angekommenen Dresdener Bilder näher beleuchtet. Um 12 Uhr zum erstenmal seit
langer Zeit spazieren gefahren. Mittag die *Familie* und *Doris Zelter.* Die 101
dritter Band, im Ganzen sich gleich, unschätzbare Einzelnheiten [→ 1. 2.].
Abends *Hofrat Riemer.* Einige Concepte. Die Prager Dissertation besprochen.
Wird Gelegenheit zu wichtigen Betrachtungen geben über die vortheilhaftere
Stellung der katholischen *Naturforscher,* welches genau auszumitteln und auszusprechen ist.» (Tgb)

Samstag, 4. Februar. Brief an *Beuth:* Goethe hofft, daß seine Sendung [der
Aufsatz Plastische Anatomie, in dem Goethe die Herstellung anatomischer Modelle für Studien- und Lehrzwecke anregt; → 2. 2.; 26. 12. 31] nicht
als «Zudringlichkeit» betrachtet wird. Indem er jedoch die Masse seiner unge-
nutzten Papiere durchsieht, findet er gar manches, dem er «ein Fortleben und
ein praktisches Eingreifen» wünscht. – Brief an *Zelter:* «*Doris* ist wirklich zu
guter munterer Zeit gekommen [...]. Sie wird viel zu erzählen haben und
man wird daraus ersehen, daß Weimar immer eine Art von kleinem Hexen-
kreise bleibt, wo ein Tag vom andern, ein Jahr vom andern lernt, und wo man
versteht, für dasjenige was allenfalls vermißt wird ein Surrogat zu finden. Da
gar vieles durch *Ottilien* geschieht, so helf ich im Stillen nach; man muß nur
[...] guten Humor genug haben, um sogar zu fördern was uns mißfällt.» –
Über das Gelingen des *Zelterschen* Bildes [*Schmeller* hatte das Porträt von *Begas*
kopiert] freut sich Goethe sehr. Er wird sich eines in seine Sammlung zeichnen
lassen. – Mit Bezug auf die Wirkungsgeschichte seiner Farbenlehre schreibt
Goethe: «Was ist ein *Minister* anders als das Haupt einer *Partei,* die er zu
beschützen hat und von der er abhängt? Was ist der *Akademiker* anders als ein
eingelerntes und angeeignetes Glied einer großen Vereinigung? hinge er mit
dieser nicht zusammen, so wär er nichts, sie aber muß das Überlieferte, Angenommene weiterführen und nur eine gewisse Art neuer einzelner Beobachtungen und Entdeckungen hereinlassen und sich assimiliren, alles Andere muß
beseitigt werden als Ketzerey. – *Seebeck,* ein ernster Mann im höchsten besten
Sinne, wußte recht gut wie er zu mir und meiner Denkweise in naturwissenschaftlichen Dingen stand; war er aber einmal in die herrschende Kirche aufgenommen, so wäre er für einen Thoren zu halten gewesen, wenn er nur eine
Spur von Arianismus hätte merken lassen [«Unser Montag Abend ... enthält
auch ein halbes Duzzend angesehne *Akademisten* ... So ward gestern von *Seebeck* gesprochen: wie der *Minister* Arbeit gehabt den bedeutenden *Mann* in die
Akademie zu schaffen, der doch der berufenen Farbentheorie ergeben
gewesen, sich aber nachher im Amte selber, wo nicht als *Abgefallener,* doch
gemässigt erwiesen habe ...» (an Goethe, 25./28. 1.)] [...]. *Sein Sohn* versicherte mich noch vor kurzem der reinen Sinnesweise seines trefflichen *Vaters*
gegen mich [→ 3. 1.].» – Goethe dankt für die Pariser Nachricht [von der Ver-
haftung *Enfantins* u. a. *Saint-Simonisten;* von *Felix Mendelssohn* aus Paris an
Zelter berichtet]. Es ist ein großer Schritt, höchst nöthig, aber kaum denkbar,
ein großer Sieg über die Anarchie. Möge es ferner gelingen!» – «[...] Schilderung von Paris fortgesetzt [→ 3. 2.]. Zufriedenheit mit allem in seiner Art;
Bewunderung einiger Aufsätze. Überzeugung, daß ein Wiederaufnehmen des

Ganzen von großer Bedeutung seyn wird. *Ferdinand Nicolovius* kam an und brachte einen Brief von *Zelter*. Mittag derselbe, *Doris Zelter,* auch *Hofrat Vogel*. Gegen *Geh. Rat [Johann Nepomuk] Rust [Arzt;* geb. 1775] in Berlin bey Gelegenheit der Choleraanstalten aufgeregte Widerwärtigkeiten überwältigten fast das ganze übrige Tischgespräch. Überhaupt ist's merkwürdig, wie der einzelne *Berliner* dergleichen Tagesleidenschaften in sich aufnimmt und durcharbeitet. *Herr Kanzler v. Müller.* Die Cent et Un mit viel Vergnügen und Erbauung gelesen. Meist *jüngere Leute* und vom mittlern Alter, aber eine schöne freye Übersicht schon über die verworrenen Tagsprobleme.» (Tgb)

Freitag, 3. / Samstag, 4. Februar. Brief an *Zelter:* «[...] erhalt ich eine Dissertation aus Prag [→ 2. 2.], wo vor einem Jahr unter den Auspicien des *Erzbischofs* meine FARBENLEHRE ganz ordentlich in der Reihe der übrigen physikalischen Capitel aufgeführt ist und sich ganz gut daselbst ausnimmt. Dieser Gegensatz hat mir viel Spaß gemacht, daß man in katholischen Landen gelten läßt, was in calvinischen nicht nur verboten, sondern sogar discreditirt ist. Ich weiß es recht gut: man muß nur lange leben und in Breite zu wirken suchen, da macht sich denn zuletzt doch alles wie es kann.» (Tgb)

Sonntag, 5. Februar. «SCHEMA ZUM AUFSATZ ZUR OPER: DIE ATHENIEN-SERINNEN [→ 19. 1.]. *John* an der Abschrift der ZELTERISCHEN BRIEFE. Um 12 Uhr *Herr Hofrat Soret* und *Prinz Karl,* welcher mir ein schön geschnittenes Glas verehrte [«Tandis que *les enfants* jouaient ensemble, j'ai causé avec Son Excellence. Un des sujets de notre conversation a été les recherches que j'ai faites dernièrement sur le nombre des lettres que j'ai écrites et reçues. Depuis vingt ans, calculé mois par mois, il est représenté par une courbe assez régulière, ascendante et descendante avec la longueur des jours, mais à deux mois de différence. Des recherches sur d'autres correspondances, telles que celles de *Voltaire, Sévigné, Rousseau,* ont amené d'autres courbes et Goethe a eu, m'a-t-il dit, la velléité d'en faire autant pour la sienne, mais il s'est effrayé du travail qu'il aurait à faire. D'ailleurs le résultat n'offrait aucun genre de régularité selon toutes les vraisemblances, vu les grandes interruptions occasionnées par les voyages et d'autres causes individuelles.» (*Soret;* GG 6950)]. Nachher seit langer Zeit spazieren gefahren. Mittags mit den *Kindern.* Die *Frauenzimmer* waren ausgebeten. Nachher allein. Um 6 Uhr [...] der *Großherzog.* Nachts *Ottilie.*» (Tgb)

Montag, 6. Februar. «An obigem SCHEMA fortgefahren. Die Abschrift der ZELTERISCHEN CORRESPONDENZ fortgesetzt [→ 31. 1.]. Um 12 Uhr spazieren gefahren. Im untern Garten abgestiegen. Mittags mit der *Familie* und *Doris Zelter.* Nachher allein. Las immerfort in dem neuen englischen Werke die Localitäten Roms betreffend [*R. Burgess:* The Topography and antiquities of Rome ..., 1831]. Später *Oberbaudirektor Coudray.* Nachts *Ottilie.*» (Tgb)

Dienstag, 7. Februar. «Einiges Oberaufsichtliche. An *Kammerkontrolleur Hoffmann,* wegen *Dr. Eckermann* [die Auszahlung der Remuneration für denselben betreffend; → 26. 1. (WA IV, 49, 429)]. – An der laufenden Arbeit fortgefahren. Um 12 Uhr *Frau v. Schwendler. Demoiselle Facius,* über die Einleitung ihrer Zustände sich Raths erholend [→ 27. 1.]. Mittags mit *Hofrat Meyer, Doris Zelter* und der *Familie.* Nach Tisch römische Localitäten [→ 6. 2.]. Um 6 Uhr *Prof. Riemer.* Unterhaltung über die Prager Dissertation über Polarität

[→ 3./4. 2.]. Später die *Frauenzimmer* und *Kinder* aus dem Schauspiele kommend. Wirklich angegriffen von den unglaublichen Exhibitionen eines *Grotesktänzers* [wohl ein *Herr Carelle*].» (Tgb)

Mittwoch, 8. Februar. «Den AUFSATZ ÜBER DIE OPER fortgesetzt [→ 6. 2.]. Einige optische Vorschritte in Bezug auf *Boisserées* Forderungen [nach Erklärung des Regenbogens; → 11. 1.]. Comparirte Anatomie über das Zahnwerden mit *Hofrat Vogel* [→ 3. 1.]. Abschrift der ZELTERISCHEN BRIEFE fortgesetzt. Mittags mit der *Familie* und *Doris Zelter*. Nach Tische einige Unterhaltung von Berlinischen und Weimarischen Angelegenheiten. *Doris* war in der Suppenanstalt gewesen. Nachher las ich eine merkwürdige Recension einer *Kantischen* Anthropologie, sehr fehlerhaft nach einem nachgeschriebenen Hefte abgedruckt, mit sehr einsichtigen Emendationen. Später *Ottilie*. Las den Schluß des *Valerius Publicola* und den Anfang des *Camillus* [im *Plutarch*]. *Wölfchen* schnitt aus.» (Tgb)

Donnerstag, 9. Februar. «AUFSATZ ÜBER DIE ATHENERINNEN fortgesetzt. Schreiben von *Zelter*.» (Tgb) – Brief an *Marianne Willemer*: Goethe dankt für die anmutigen Süßigkeiten, die die *Adressatin* gesandt hat. – Ihm selbst genügt bei Tisch «das Wenigste, Einfachste», doch denkt er an die mitgenießenden *Hausgenossen* und *Gäste*. So bittet er um eine mäßige Sendung Kastanien sowie um ein paar Schwartenmagen, die zu Lebzeiten seiner *Mutter* regelmäßig eintrafen, «und nur *zwei der ältesten Freunde* erinnern sich derselben als fabelhafter mythologischer Productionen». – «[...] Herr *Soret* graphische Darstellung der zu- und abnehmenden Correspondenzen. *Ihro Kaiserliche Hoheit [Maria Paulowna]* hatten für heute absagen lassen. Mittag für uns, *Fräulein Zelter*. Nach Tische das alte Rom [→ 7. 2.]. Abends *Dr. Eckermann,* welcher seine Bemühungen über die Mischung der Farben vorzeigte und vortrug [→ 21. 12. 31].» (Tgb)

Freitag, 10. Februar. «ABSCHLUß DER ATHENERINNEN. Sendung von *Varnhagen,* bezüglich auf *Hirt* und *Rumohr*. *Preller* brachte die wohlausgeführte Zeichnung nach *Dominichino* [→ 31. 1.].» (Tgb) – Brief an *Marianne Willemer:* «Indem ich die mir gegönnte Zeit ernstlich anwende, die gränzenlosen Papiere, die sich um mich versammelt haben, um sie zu sichten und darüber zu bestimmen, so leuchten mir besonders gewisse Blätter entgegen, die auf die schönsten Tage meines Lebens hindeuten [*Mariannes* Brief an Goethe]; dergleichen sind manche von jeher abgesondert, nunmehr aber eingepackt und versiegelt [→ 4. 3. 31]. – Ein solches Paquet liegt nun mit Ihrer Adresse vor mir und ich möchte es Ihnen gleich jetzt, allen Zufälligkeiten vorzubeugen, zusenden; nur würde mir das einzige Versprechen ausbitten, daß Sie es uneröffnet bey sich, bis zu unbestimmter Stunde, liegen lassen. Dergleichen Blätter geben uns das frohe Gefühl daß wir gelebt haben; dieß sind die schönsten Documente auf denen man ruhen darf.» – «[...] Mittag mit der *Familie*. Abends *Prof. Riemer*. Wir gingen die BETRACHTUNGEN ÜBER DIE NEUE FRANZÖSISCHE OPER DIE ATHENERINNEN durch. [...] der *Großherzog* kamen auf eine halbe Stunde. Nachher studirte ich noch die römischen Localitäten [→ 9. 2.].» (Tgb)

Samstag, 11. Februar. «Nahm ich die oberaufsichtlichen Sachen vor; ordnete, bestimmte, förderte. Auch Privatangelegenheiten. *Oberförster Sckell* von

Waldeck brachte Forellenbrut und erzählte, wie es sich damit verhalte. *Carus* Recension der METAMORPHOSE in den Jahrbüchern der wissenschaftlichen Kritik [Nr. 1 bis 3, Januar 1832; → 5. 12. 31/5. 1. – «Es ist so erfreulich, ein klares Wort über das zu hören was uns im Innersten glücklich macht! Er *(Carus)* durchschaut die Natur und wird am besten und reinsten beurtheilen was redlich geschieht, um ihr das Mögliche abzugewinnen.» (an *Varnhagen,* 20. 2.)]. Wundersame Betrachtungen über das Zahnwerden bey Gelegenheit eines alten und jungen fossilen Elephantenzahns [→ 8. 2.]. Ingleichen bey zufälliger Betrachtung von Fischköpfen. Es ist immer wieder das alte tausendmal ausgesprochene und doch nicht auszusprechende Mährchen. [...] Mittags *Hofrat Vogel* und *Doris Zelter* und die *Familie.* Ich übersah mir die zunächst zu besorgenden oberaufsichtlichen Arbeiten. Schreiben von *Varnhagen von Ense,* wegen einer *Hirtischen* Recension gegen *Rumohr* [in den «Jahrbüchern für wissenschaftliche Kritik» Nr. 112–114, Dezember 1831] und einer mildernden Recension des *Rumohrischen* Werks Deutsche Denkwürdigkeiten [von *Varnhagen v. Ense,* ebenda, Nr. 21 f., Februar 1832]. Später *Ottilie.* Las im *Camillus* weiter [→ 8. 2.].» (Tgb)

Sonntag, 12. Februar. «*Burgess* Römische Topographie zu lesen fortgesetzt, welche auf eine gründliche und zugleich sehr angenehme Weise die Erinnerungen von Rom aufregt und leitet [→ 10. 2.]. Oberaufsichtliche Geschäfte durchaus revidirt. Einiges vorgearbeitet. *Hofrat Vogel* über verschiedene Puncte gesprochen. [...]. Freundliche Sendung von *Demoiselle Bardua.* Mittag *Frau v. Savigny, Frau v. Bardeleben, Doris Zelter.* Sehr lebhaftes Gespräch. Theilnehmung an frühern Zeiten. Blieb nachher für mich. Fuhr fort in der Roma antiqua zu lesen. Überdachte verschiedenes durch das Mittagsgespräch Angeregtes. Später *Ottilie.* Über die Vorkommnisse des Tags und sonstiges Nächste.» (Tgb)

Montag, 13. Februar. «Oberaufsichtliches. [...] *Architekt Starke* mit einem Anschlage wegen der Decoration des Stadthaussaales. *Sekretär Kräuter,* verschiedenes abgethan, ingleichen demselben aufgetragen. Um 12 Uhr *Herr v. Schröder, russischer Gesandter.* Um 12 Uhr spazieren gefahren mit *Ottilien.* Mittags mit der *Familie* und *Doris Zelter.* Sodann immer *Richard Burgess* Rome aufmerksam zu studiren fortgesetzt. Nachts *Ottilie. Plutarchs Camillus.*» (Tgb)

Dienstag, 14. Februar. «Oberaufsichtliches.» (Tgb) – Brief an *Schubarth:* Die Nachricht von dessen beruflicher Anstellung war Goethe sehr angenehm [→ 22. 1.]. – «Was ich Sie nun inständig bitte: beobachten Sie ja recht genau was für eine Höhe von Bildung Ihr Kreis eigentlich bedarf und verlangt. Alles Voreilige schadet, die Mittelstufen zu überspringen ist nicht heilsam, und doch ist jetzt alles voreilig und fast jedermann sprungweise zu verfahren geneigt. Indessen ist es zwar schwer, aber doch nicht unmöglich, den *Menschen* auf den eigentlichen Punct, wo er praktisch wirken kann und soll, zurückzuführen; ich kenne jetzt keine andere Pädagogik.» – Der *Adressat* möge jedem der ihm anvertrauten *Menschen* seinen Platz zuweisen, «damit er leiste was er vermag. Hierin liegt das wahre Verdienst um die Menschheit, das wir alle zu erwerben suchen sollen, ohne uns um den Wirrwarr zu bekümmern der fern oder nah die Stunde auf die unseligste Weise verdirbt.» – Der FAUST ist abgeschlossen. Wenn er dereinst erscheint, möge *Schubarth* selbst beurtheilen, inwiefern er sich Goethes Gesinnungen und Behandlungsweise genähert oder sich davon fern gehalten hat [*Schubarth* hatte seinem Brief vom 4. 1. seine dreizehnte Vorlesung über FAUST beigelegt mit seinen Vermutungen über Fortsetzung und Schluß der DICHTUNG]. – Die [ebenfalls beigelegte] Tragödie [«Hermanfried» von *Karl Robe*] vermag Goethe nicht zu beurteilen, da er Stücke immer nur in Bezug auf seine Bühne betrachtet hat. – «[...] Um 12 Uhr allein spazieren gefahren. Mittags mit der *Familie* und *Doris Zelter.* Nachher [...] *[Kanzler] v. Müller* und *Hofrat Meyer* [«... bei Goethe, der sehr munter war. *Meyer* fuhr ab mit seinen *Deinhardsteinschen* Anträgen (vermutlich *Deinhardsteins* Bitte um einen Beitrag für die Wiener Jahrbücher; vgl. Grumach, 373).» (Kanzler v. Müller; GG 6952)]. Um 6 Uhr *Prof. Riemer.* Zur Naturlehre und Naturgeschichte manches durchgesprochen. Nachts *Ottilie. Plutarchs Fabius Maximus.*» (Tgb)

Mittwoch, 15. Februar. «Oberaufsichtliches. *John* an der ZELTERISCHEN CORRESPONDENZ [→ 6. 2.]. *Geh. Hofrat Helbig* wegen einigen Bezuges mit *Mylius* in Mailand. [...] *Frau Großherzogin* und *Demoiselle Mazelet* [«... nous avons parlé de *Raumer* et je me réjouis de voir que Goethe et moi sommes du même avis à cet égard.» (*Maria Paulowna:* Tagebuch; GG 6953)]. *Dr. Eckermann.* Mit demselben über Farbenmischung durch Schnelligkeit. Seine ausführliche Bearbeitung der Dorle [→ 9. 2.]. Speisten zusammen. Die *Frauenzimmer* speisten bey *Schwendlers.* Abends *Ottilie. Fabius Maximus* [vorgelesen.].» (Tgb)

Donnerstag, 16. Februar. «Geburtstag [...] der *Frau Großherzogin,* wozu gestern persönlich Glück gewünscht worden. *Burgess* Rome [→ 13. 2.]. Manches vorbereitet. Um 12 Uhr mit *Wölfchen* in den untern Garten gefahren. Mittag mit der *Familie* und *Doris Zelter.* Nach Tische die Versuche mit den Dorlen methodisch durchgeführt und mit *Eckermanns* Aufsatz verglichen. *Herr Generalkonsul Küstner* war verhindert seinen angemeldeten Besuch abzustatten. Ich setzte das alte Rom fort. Abends *Ottilie. Plutarchs Coriolan.*» (Tgb)

Freitag, 17. Februar. «Oberaufsichtliches. [...] Den Zudrang so mannichfaltiger Anforderung überlegt. *Wölfchen* hatte bey'm Frühstück die Aufführung der Armide [Oper von *Gluck*] erzählt und war übrigens in allen Zwischenstunden sehr fleißig. [...] wurden [...] die von *Schuchardt* in's Reine gebrachten Skizzen zur nächsten Redoute besprochen und *Starke* deßhalb angewiesen [→ 13. 2.]. Um 12 Uhr *Herr v. Wagner,* Forstmann aus dem Königreich Sachsen. *Herr Oberhofmeister [August Freiherr] v. Ketelhodt* aus Rudolstadt. Mittag *Fräulein Zelter* und *Dr. Eckermann.* Mit demselben nachher die Dorlversuche erneut. Sodann *Hofrat Soret* [Gespräch über *Dumont* und *Mirabeau.* – Goethe: «Que suis-je moi-même? Qu'ai-je fait? J'ai recueilli, utilisé tout ce que j'ai entendu, observé. Mes œuvres sont nourries par des milliers d'*individus* divers, des *ignorants* et des *sages,* des *gens d'esprit* et des *sots.* L'enfance, l'âge mûr, la vieillesse, tous sont venus m'offrir leurs pensées, leurs facultés, leur manière d'être, j'ai recueilli souvent la moisson que d'autres avaient semée. Mon œuvre est celle d'un être collectif et elle porte le nom de Goethe ... – Goethe a parlé ensuite de *son fils,* de ses voyages, de ses étourderies, de sa mort, avec des détails de confiance, d'abandon, de philosophie qui m'ont autant surpris qu'intéressé. – Il ne revient pas volontiers sur des idées qui l'affligent et parle rarement de la perte qu'il a faite. Aujourd'hui, il envisageait la chose sous un point de vue consolateur. Il se plaisait à dire que *le défunt* avait joui de l'existence avant de mourir et avait su utiliser son voyage en faisant de nombreuses observations consignées dans un intéressant journal. Il faudrait toucher des sujets qui rentrent trop dans la vie privée pour rendre cette partie de la conversation. J'aime mieux y renoncer; mais j'en ai été flatté comme d'une preuve d'amitié et de confiance de la part de Goethe.» (*Soret,* GG 6954)]. Dann *Herr Frommann junior* [«... ich habe ihn [...] so heiter, kräftig, derb und ohne Rückhalt gesehen, daß ich nicht dankbar genug sein kann. Ich hatte ihm unter andern erzählt, wie die vertriebenen *Polen* hier unter zwei feindseligen *Studentenparteien,* die sich beide gegen die *Polen* freundlich bewiesen, eine Vereinigung gestiftet. Das gefiel ihm sehr, und er versetzte sich gleich in den Gesichtspunkt der *Polen,* denen eine solche Feindschaft in ihrer ganzen Erbärmlichkeit und Verderblichkeit erschienen sein müsse, da sie eben erst von einem viel größeren Schauplatz, wo die Zwietracht unberechenbares Unheil gestiftet, hergekommen wären. Als ich ihm von mehreren kräftigen *Dozenten* sagte, die jetzt hier wären, meinte er: ‹Ja, Jena sei unverwüstbar, er habe es in seinem Leben dreimal am Boden und dreimal wieder obenauf gesehen.›» (*F. J. Frommann* an Frau v. Löw, 27. 3.; GG 6956)]. Abends *Hofrat Riemer.* [...] der *Großherzog* in festlicher Pracht mit allen Ordenszeichen von Brillanten, an denen mich das Licht- und Farbenspiel ergötzte. Mit *Prof. Riemer* fuhr ich fort, die gegenwärtigen Zustände des *Publikums* durchzusprechen, und ich freute mich, ihn vollständig klar über seine eigenen und verwandte Zustände, auch von den reinsten Gesinnungen zu finden.» (Tgb)

   Samstag, 18. Februar. «[...] indem sich *Demoiselle Zelter* zum Abschied anschickte: MEINE GEDICHTE, 2 BÄNDE, für *Demoiselle Zelter.* Zwey alte Medaillen, mit einem Briefe [zum Dank] an *Herrn Friedlaender* [→ 10. 1.]. – Mehrere Briefe concipirt [...]. Einiges der *Fräulein Zelter* zum Abschiede bereitet. Mittag dieselbe mit *Demoiselle Facius, Coudray* und *Vogel.* Der Letztere hatte mir vorher geäußert den Antheil, den er an gebildeten Kunstwerken seit einiger Zeit nähme. Ich eröffnete ihm meine Gedanken und guten Rath deßhalb. Überlegte mir die nächst abzufassenden Briefe. *Fräulein Zelter* besuchte mich eine Stunde, wo wir denn gar manche Berliner Verhältnisse durchsprachen. Nahm Abschied. Ging gegen Morgen mit dem Eilwagen fort.» (Tgb)

   Dienstag, 10. Januar / Samstag, 18. Feburar. «Die Anwesenheit unsrer wackern *Doris* hat uns deine Zustände recht anmuthig aufgehellt und uns gar gemüthlich so gut wie hineinversetzt.» (an *Zelter,* 23. 2.)

   Sonntag, 19. Februar. «Schreiben an *Prof. Rauch.*» (Tgb): Goethe berichtet, daß er *Angelika Facius* «auf das ausführlichste» empfohlen hat, sich «ausschließlich» an den *Adressaten* zu halten und jeder Anordnung Folge zu leisten. – Hinsichtlich der Medaille teilt Goethe *Rauchs* Meinung und hat das dazu Nötige eingeleitet [→ 18. 1.]. – Indessen kam der *Großherzog* auf den Gedanken, sein Bild von der *Künstlerin* in Stein schneiden zu lassen, wozu er ihr einen dunklen, aber sehr schönen Karneol mitgab. – Goethe fürchtet nun, dieses Geschäft könnte die Arbeit an der Medaille beeinträchtigen und rät, die Zeit, bis der [Steinschneide-]Apparat in Berlin eintrifft, für letztere Arbeit zu nutzen. – Er bittet, einen *Steinschneider* um seine Teilnahme anzusprechen. – *Herrn Beuth* hat Goethe kürzlich ein Anliegen eröffnet, bei dem die Mitwirkung des *Adressaten* unentbehrlich ist [→ 4. 2.]. «Interessirte sich mit Ihnen *[Bildhauer] Herr Tieck* dafür und fände auch *Herr Beuth* die Sache von Bedeutung und möchte sie wie ich wirklich als eine Weltangelegenheit ansehen, so wäre alles gewonnen.» – Brief an *Sulpiz Boisserée* [→ 8. 2.]: «Es ist ein großer Fehler dessen man sich bey der Naturforschung schuldig macht, wenn wir hoffen, ein complicirtes Phänomen als solches erklären zu können, da schon viel dazu gehört, dasselbe auf seine ersten Elemente zurückzubringen [...]. Wir müssen einsehen lernen daß wir dasjenige, was wir im Einfachsten geschaut und erkannt, im Zusammengesetzten supponiren und glauben müssen. Denn das Einfache verbirgt sich im Mannichfaltigen, und da ist's, wo bey mir der Glaube eintritt, der nicht der Anfang, sondern das Ende alles Wissens ist. – Der Regenbogen ist ein Refractionsfall, und vielleicht der complicirteste von allen, wozu sich noch Reflexion gesellt.» – Goethe gibt im Folgenden ausführliche Erläuterungen zum Experiment mit der wassergefüllten Glaskugel. – «[...] Das englische Paar *Mr. Carlen* und *Mrs.* Mittag *Dr. Eckermann. Walther* nach seinem Krankseyn zum erstenmal. Las in der Beschreibung des alten Roms [→ 16. 2.]. [...] der *Großherzog.* Später *Ottilie. Plutarchs Paulus Aemilius.*» (Tgb)

Montag, 20. Februar. Brief an *Spontini:* Goethe sendet das ihm anvertraute Manuskript [des Textbuches zu den «Athenienserinnen»] zurück und wünscht sowohl dem *Dichter [Jouy]* als auch dem *Komponisten* Glück zu «so einer günstigen Unterlage». – Er legt seinen AUFSATZ [→ 10. 2.] bei, um wenigstens einen Beweis zu geben, daß er in die Ökonomie des Stückes einzudringen bemüht war. – Brief an *Varnhagen v. Ense:* Goethe kündigt seine FORTGESETZTEN BETRACHTUNGEN ÜBER DEN STREIT DER FRANZÖSISCHEN NATURWISSENSCHAFTLER AN [2. TEIL DES AUFSATZES PRINCIPES DE PHILOSOPHIE ZOOLOGIQUE ... PAR MR. GEOFFROY DE SAINT-HILAIRE; → 15. 12. 31/5. 1.]. «Diese HEFTE sind nur zu lange liegen geblieben, ein gewisser Unglaube ließ mich damit zaudern.» Sollten sie zu den Zwecken des *Adressaten* [Veröffentlichung in den «Jahrbüchern für wissenschaftliche Kritik»] nicht tauglich sein, bittet Goethe um Rücksendung [der AUFSATZ erscheint in den Jahrbüchern Nr. 51 bis 53, März 1832]. – «[...] Verschiedene Anregungen älterer *Freunde* näher überlegend. Fernere Concepte durchgesehen. *Wölfchen* störte die [eigenhändigen?] Zeichnungen auf, die in dem Zeichentische unter dem Spiegel verborgen waren. Zu bemerken hoher Barometerstand, beynahe 28. Vom frühen Morgen an Westwind und sehr dunstiger Himmel. Der Morgenwind trat erst nach 12 Uhr ein. In den untern Garten gefahren. Einige Stunden daselbst geblieben [letzter Aufenthalt im Gartenhaus] [...]. Einen der großen Pappekasten durchgesehen und katalogirt. Mit der *Familie* gespeist. Nachher diese Kunstbetrachtungen fortgesetzt. *Ottilie* ging auf den Vereinsball. Mit *Hofrat Riemer* ging ich die abgeschriebene ZELTERISCHE CORRESPONDENZ durch [→ 15. 2.]. Später *Wölfchen*, der mich zum Domino nöthigte, aber dabei sehr artig war.» (Tgb)

Dienstag, 21. Februar. Keine Tagebucheintragung.

Mittwoch, 22. Februar. «[...] [Oberaufsichtliches]. *Georg Engelmann* De

Antholysi Prodromus. Sehr schätzenswerth. Verfolgung und Benutzung der METAMORPHOSE. [«... *Engelmann* hat die Hauptidee, woraus alles herfließt, vollkommen gefaßt und an vielen Beyspielen auf das glücklichste entwickelt. Lebte er neben mir, so sollte er die vielen gleichen oder ähnlichen Vorkommenheiten, die ich in ZEICHNUNGEN und BEMERKUNGEN gesammelt, auf das beste zu Nutz machen.» (an *Jakob* und *Marianne Willemer;* 23. 3.)]. Mittag mit der *Familie* und *Dr. Eckermann.* Nachher mit dem *Engelmannischen* Werke beschäftigt. Die neusten Blätter von *Neureuther* [«Randzeichnungen zu den Dichtungen der deutschen Klassiker»] *Ottilien* mitgetheilt. Das Künstlerstammbuch der *Frau Gräfin Vaudreuil* mit *Wölfchen* angesehen. Abends [...] der *Großherzog.* Später *Ottilie. Plutarchs Paulus Aemilius* ausgelesen [→ 19. 2.]» (Tgb)

Donnerstag, 23. Februar. Brief an *Jakob* und *Marianne Willemer:* «Die kunstgemäße Ausbildung einer bedeutenden Naturanlage bewirkt zu haben bleibt eines unserer schönsten Gefühle, weil es die größte Wohlthat ist die man den *Menschen* erweisen kann. [...] Die lebhaftesten Glückwünsche daher unsrer lieben *Freundin,* der es in einem so eminenten Falle gelungen [«Sie wissen, daß *Marianne* ihre Stimme verloren hat; allein was der Himmel von der einen Seite nimmt, gibt er von der andern wieder; so hat *Marianne* an *Sabine Heinefetter* eine *Schülerin* gezogen, die ihr Freude und Ehre macht ... sie (ist) unter höchstbedeutenden Anerbietungen gestern nach Mailand abgereist ...» (*Jakob v. Willemer* an Goethe, Mitte Februar; Weitz, 271)]. Möge das Gleiche der gegenwärtigen *Schülerin [Julie Lampmann]* zu Gute kommen [...].» – Goethe bittet um Nachrichten über die äußeren Lebensverhältnisse *Engelmanns* [→ 22. 2.]. – Brief an *Zelter:* «Die *deutschen bildenden Künstler* sind seit dreyßig Jahren in dem Wahn: ein Naturell könne sich selbst ausbilden [...]. – Was ist denn auch der *Mensch* an sich selbst und durch sich selbst? Wie er Augen und Ohren aufthut, kann er, Gegenstand, Beyspiel, Überlieferung nicht vermeiden; daran bildet er sich [...] so gut es eine Weile gehen will. Aber grade auf der Höhe der Hauptpuncte langt das zersplitterte Wesen nicht aus, und das Unbehagen, die eigentliche Noth des praktischen *Menschen,* tritt ein. Wohl dem der bald begreift was Kunst heißt! [...]. – Soviel ich auch in's Ganze gewirkt habe [...], so kann ich doch nur Einen *Menschen,* der sich ganz nach meinem Sinne von Grund auf gebildet hat, nennen; das war der *Schauspieler Wolff,* der auch noch in Berlin in gedeihlichem Andenken steht.» – «[...] die *Frau Großherzogin* und *Demoiselle Mazelet.* Mittag *Familie* und *Dr. Eckermann.* Das zunächst Vorliegende behandelt und bey Seite geschafft. *Dr. Engelmanns* botanische Dissertation weiter studirt und viel Gefallen daran gefunden. Abends *Dr. Eckermann,* mancherley Verhältnisse durchgesprochen.» (Tgb)

Freitag, 24. Februar. «Oberaufsichtliches [...]. Um 12 Uhr *Herr [Konrad] Kirchner* [geb. 1809, später *Pfarrer*] aus Frankfurt a. M., eine artige Sendung von seiner *Schwester [Minna]* bringend. Spazieren gefahren mit *Ottilien.* Mittag mit *Dr. Eckermann.* Nach Tische *Oberbaudirektor Coudray,* das Bedeutende von seiner Ausstellung vorlegend. *Herr [Kanzler] v. Müller.* Später *Serenissimus.* Ferner *Prof. Riemer.*» (Tgb)

Samstag, 25. Februar. Fortsetzung des Briefes an *Sulpiz Boisserée* [→ 19. 2.]: «Nun aber denken Sie nicht daß Sie diese Angelegenheit [die Erkenntnis des Regenbogens] jemals los werden. Wenn sie Ihnen das ganze Leben über zu schaffen macht, müssen Sie sich's gefallen lassen. [...]. – Ich habe immer gesucht, das möglichst Erkennbare, Wißbare, Anwendbare zu ergreifen, und habe es zu eigener Zufriedenheit, ja auch zu Billigung anderer darin weit gebracht. Hiedurch bin ich für mich an die Gränze gelangt, dergestalt daß ich da anfange zu glauben wo andere verzweifeln, und zwar diejenigen, die vom Erkennen zuviel verlangen und, wenn sie nur ein gewisses, dem *Menschen* Beschiedenes erreichen können, die größten Schätze der Menschheit für nichts achten. So wird man aus dem Ganzen in's Einzelne und aus dem Einzelnen in's Ganze getrieben, man mag wollen oder nicht.» – «[...] An *Inspektor Schrön*, Verordnung [die bisherigen ständigen meteorologischen Beobachtungen im Großherzogtum seien ab 1. 4. zu unterlassen (WA IV, 49, 438)] [...]. An *Bibliothekar Dr. Göttling* [...] wegen der Bibliothek des verstorbenen *Prof. [Gustav Adolph] Martin* zu Jena [Goethe gibt Auftrag, die für die Jenaer Bibliothek wünschenswerten Bücher zu kennzeichnen (WA IV, 438]. – Schreiben von *Doris Zelter*, welche in 36 Stunden nach Berlin gefahren war. Das Nächste bedacht [...]. Sendung von *Börner*, Kupferstiche und besonders hübsche Radirungen. Einige unbekannte Namen verdienter *Künstler* aus früherer und späterer Zeit kennen gelernt. Um 12 Uhr der *junge Herr [Karl Friedrich Hermann] v. Spiegel* [geb. 1808] und *Lieutenant Peterson [russischer Marineoffizier]*. Ersterer merkwürdig, weil er die seltene, vollkommene, reine Gestalt eines Cavaliers ausspricht. Mittag *Hofrat Vogel*. Er brachte einen eigenen Criminalfall zur Sprache, der in mehr als einem Sinne zu denken gab. Nach Tische durchsah ich die *Börnerischen* Kupfer nochmals. Las in der Minerva neustes Stück. Abends *Ottilie*. *Plutarchs Marcellus*. Die *Kinder* kamen aus dem Fra Diavolo [*Oper von D. F. E. Auber*] etwas ermüdet.» (Tgb)

Sonntag, 26. Februar. «Oberaufsichtliches [...]. Concepte dictirt. *John* an der ZELTERISCHEN CORRESPONDENZ fort. Um 12 Uhr *Oberbaudirektor Coudray*, über die letzte Ausstellung der Gewerkschule das Künftige besprochen. Um 1 Uhr *Maler Preller*, die älteren großen Kupferstiche von *Nicolas Poussin* vorzeigend. Mittags mit der *Familie*. Nach Tische *Herr Hofrat Meyer*. Wir besahen zusammen die letzte Sendung von *Börner*. Später [...] der *Großherzog*. Nachts *Ottilie*. *Plutarchs Cato*.» (Tgb)

Montag, 27. Februar. Brief an *v. Quandt:* Goethe bestätigt den Eingang der beiden Landschaften, die an die *Gewinner* weitergegeben worden sind [→ 2. 2.]. – Es war ihm höchst interessant, eine Landschaft im Sinne des 18. und eine andere im Sinne des 19. Jahrhunderts nebeneinander zu sehen. Goethe hält für ein «großes Verdienst der *Vereine*, daß jede Kunstart, die einige Zeit unter den *Lebendigen* gilt, weit umher verbreitet werde; das gibt in der Folge eine Übersicht der Kunstgeschichte, wie wir die Weltgeschichte auch nur nach wechselnden Ereignissen begreifen». – «[...] An der ZELTERISCHEN CORRESPONDENZ. Mittags mit der *Familie*. Sodann *Herr Hofrat Soret* [«Goethe dit de la ‹Peau de chagrin› qu'on peut attaquer chaque détail, trouver à chaque page des péchés de facture, des extravagances, en un mot qu'il s'y trouve plus d'imperfections qu'il n'en faudrait pour abîmer un bon livre et que cependant il est impossible d'y méconnaître l'œuvre d'un *talent* plus qu'ordinaire et de la lire sans intérêt (→ 12. 10. 31).» – Goethe über sein eigenes Schaffen: «Goethe

avoue avec beaucoup de franchise qu'il doit infiniment aux circonstances
favorables dans lesquelles il s'est trouvé et dont il a su profiter.» (*Soret;* GG
6960)]. Die Auswahl der Radirungen nochmals durchgegangen und beurtheilt.
Die Eisenbahn von Liverpool nach Manchester [«Description ... du chemin
de fer de Liverpool à Manchester», 1831, von *P. Moreau*], ein interessantes Heft,
durchzugehen angefangen. Abends *Ottilie. Plutarchs Marius.*» (Tgb)

Dienstag, 28. Februar. «Manches Übriggebliebene angegriffen [...].»
(Tgb) – Brief an *Neureuther:* «Wenn man sich wegen des kleinen Formats
beruhigt und allenfalls eine mäßig vergrößernde Linse zur Hand genommen
hat, so erkennt man freylich den alten, geliebten, vielgeschätzten *Neureuther*
immer wieder, in seiner unbestechlichen Naivetät lebendig, in diesen Minia-
turzügen. [...]. – In allen diesen Blättern, wie in den früheren, findet sich
kein Zug der nicht gefühlt wäre [→ 22. 2.] [...].» – «[...] Mittag *Hofrat Meyer.*
Mit demselben das Stammbuch der *Frau Gräfin Vaudreuil* durchgesehen. Den
Abstand dieser neuen französischen Zeichnungen gegen die hier an den Wän-
den aufgehangenen tiefgefühlt und gründlich besprochen. Abends *Hofrat
Riemer.* ZELTERS CORRESPONDENZ [→ 20. 2.]. Neuere Redaction der GE-
SCHICHTE DER FARBENLEHRE [→ 30. 12. 31].» (Tgb)

Mittwoch, 29. Februar. Brief an *Prof. Bachmann:* «Nach einem so thätigen
und eigens wirksamen Leben ist unserm guten verdienten *[Bergrat] Lenz*
[gestorben am 28. 2.] die schließliche Ruhe freundlich zu gönnen.» – «[...] An
Herrn Geh. Rat Willemer, Frankfurt a. M., ein Packet, enthaltend ein Buch [viel-
mehr die Briefe *Mariannes* mit den BEGLEITVERSEN VOR DIE AUGEN MEINER
LIEBEN; → 3. 3. 31 = «Ihr Anerbieten, mir jenes inhaltreiche Paket zu senden,
rührt mich ganz unbeschreiblich (→ 10. 2.), ich sage nichts weiter; senden Sie
es nur, ich will es treu und gewissenhaft bewahren, wo Ihre Briefe liegen, die
ich ... oft und immer wieder lese (an Goethe, zweite Hälfte Februar; Weitz,
274].» – «[...]. Einleitungen auf den nächsten Monat. Um 12 Uhr *Frau Dr.
[Johanna Sophie Katharina Christine] Eckermann* [geb. 1801] bey meiner *Frau
Tochter* gesehen. [...] der *Großherzog.* Mittag *Dr. Eckermann.* War eine Büste
von Stuttgart angekommen. Berichtigte was von der *Börnerischen* Sendung zu
behalten sey. Den AUFSATZ ÜBER LANDSCHAFTLICHE ARBEITEN durchgesehen
und auf dessen Vollständigkeit gedacht [→ 28. 11. 31]. Abends *Ottilie. Plutarch
Sylla* angefangen.» (Tgb)

Vielleicht Februar oder Anfang März. [Mit Bezug auf die von Goethe
gestiftete Cour d'amour, gegen deren Fortdauer sich die damalige *Gräfin
Egloffstein* zusammen mit anderen *Teilnehmerinnen* im März 1802 erklärt hatte.]
«Es läßt sich leicht begreifen, daß dem stolzen, an keinen Widerspruch
gewöhnten Manne das Benehmen einer so unbedeutenden *Person,* als ich,
gewaltig verdrießlich [...] sein mußte. Was ich aber nie [...] für möglich gehalten hätte, ist die Art, wie er sich noch kurz vor seinem Ende gegen *einen meiner
besten Freunde* über mich beklagte. Er habe, sagte er, niemals verschmerzen können, daß *ich* mich zu seinen *Feinden* geselt und, durch eine böswillige Ansicht
des *unbedeutendsten zufälligen* Ereignisses jener längst vergangenen Zeit, zu den
feindseligsten Demonstrationen gegen ihn bewogen worden sei.» (*Henriette v.
Beaulieu-Marconnay:* Erinnerungen; G G 7079) – «Sämtliche mir *[Revisor Geist]*
von Zeit zu Zeit zur Hand gekommene Monstrositäten [...] pflegte ich suk-

zessive dem Herrn Staatsminister von Goethe, der sich besonders dafür interessierte, einzuhändigen, welcher diese sonderbaren Formen der Natur getreu
abzeichnen ließ und sodann in einer Mappe sorgfältig aufbewahrte, um solche,
wie er mir noch kurz vor seinem Ableben versicherte, mit einer kurzen
Beschreibung für die *Freunde* der Natur, besonders der Pflanzenkunde, zu veröffentlichen.» (*J. L. Geist: Über Pflanzen-Monstrositäten*, 1836; GG 7080)
Vielleicht Anfang März. Goethe: «Wir Neueren sagen jetzt besser mit
Napoleon: die *Politik* ist das Schicksal. Hüten wir uns aber mit unseren neuesten *Literatoren* zu sagen, die Politik sei die *Poesie,* oder sie sei für den *Poeten*
ein passender Gegenstand. [...]. – Sowie ein *Dichter* politisch wirken will,
muß er sich einer Partei hingeben, und sowie er dieses tut, ist er als Poet verloren; er muß seinem freien Geiste, seinem unbefangenen Überblick Lebewohl sagen und dagegen die Kappe der Borniertheit und des blinden Hasses
über die Ohren ziehen. – Der *Dichter* wird als Mensch und Bürger sein Vaterland lieben, aber das Vaterland seiner *poetischen* Kräfte und seines poetischen
Wirkens ist das Gute, Edle und Schöne, das an keine besondere Provinz und
an kein besonderes Land gebunden ist, und das er ergreift und bildet, wo er
es findet. [...]. – Und was heißt denn: sein Vaterland lieben, und was heißt
denn: patriotisch wirken? Wenn ein *Dichter* lebenslänglich bemüht war,
schädliche Vorurteile zu bekämpfen, engherzige Ansichten zu beseitigen, den
Geist *seines Volkes* aufzuklären, dessen Geschmack zu reinigen und dessen
Gesinnungs- und Denkweise zu veredeln, was soll er denn da Besseres tun?
und wie soll er denn da patriotischer wirken?» (Eckermann, Anfangs März)
Donnerstag, 1. März. «[...] An [...] *Frau Großherzogin* das Verzeichniß
der Bücher. [...] Haushaltungsrechnungen durchgesehen, in Tabellen ge-
bracht. Das zunächst Bevorstehende [...] vorbereitet. *Ihro Kaiserliche Hoheit
[Maria Paulowna]* mit *Demoiselle Mazelet.* Letztere schickte mir die Memoiren
Ludwig XVIII. [hrsg. von *Lamothe-Langen*]. Mittag *für uns. Hofrat Meyer.*
Besondere und allgemeine Verhältnisse besprochen. Erhielt eine Sendung von
Herrn Beuth, die zu manchen Gedanken und Vorsätzen Anlaß gab. Auch ein
Trauerspiel: Prinz Hugo von *Carl Lauter [Student* in Berlin, *Schüler Zelters].*
Was für wunderliches Zeug in den Köpfen der *jungen Leute* spukt; wenn sie
doch nur im Theater sitzend lernten, was da droben geht und nicht geht.
Abends *Oberbaudirektor Coudray.* Über die letztere Ausstellung der Gewerkschule und die den *jungen Leuten* zuzubilligende Aufmunterung. Blieb für
mich. Mémoires de Louis XVIII.» (Tgb)
Freitag, 2. März. «Concept im Namen *Ihro Kaiserlichen Hoheit [Maria Pau-
lowna].* [...] *John* hatte gestern die oberaufsichtlichen neusten Papiere gesondert und geheftet. Das Nächste gleichfalls zu reinigen. [...] Vor Tische Kupfer
betrachtet. Mittag mit *Dr. Eckermann,* und die *Familie.* Gegen Abend *Oberbaudirektor Coudray,* achtzig Thaler eingehändigt von Seiten der *Frau Großherzogin* zu Prämien für die Gewerkschule. Um 6 Uhr *Prof. Riemer.* GESCHICHTE
DER FARBENLEHRE [→ 28. 2.], sonstiges Wissenschaftliche.» (Tgb)
Samstag, 3. März. «Einige Concepte. Die oberaufsichtlichen Acten ferner
zu ordnen und zu heften fortgefahren durch *John.* Um 12 Uhr *Herr Vitzthum
[v. Egersberg].* Um 1 Uhr *zwei Franzosen [Léon Bore* und *E. Jourdain],* bißher
in München studirend, jetzt nach Berlin gehend, von *Boisserées* empfohlen, auf

die theologisch-philosophisch-symbolische Seite sich hinneigend [«Tout chez cet homme appartenait à l'art païen de l'antiquité et des temps modernes. Le moyen âge et l'art catholique, qui prit à cette époque un si beau développement, n'y étaient représentés par aucune œuvre, par aucun souvenir. Goethe était païen dans la direction de son esprit et de ses goûts. Il l'était d'instinct et de conviction. Car qu'est-ce que le panthéisme, sinon le paganisme conçu sous une forme scientifique?» (*Ch. Sainte-Foi:* Souvenirs de jeunesse, 1911; GG 6964)]. Mittags *Frau v. Münchhausen, Hofrat Vogel* und *Göttling* [«Er (Goethe) sagte unter andern: ‹Sie wissen, daß mir *Hermann* seine Ausgabe der Iphigenia dediziert hat (→ 3. 11. 31). Es hat mich gefreut, auch darum, weil ihr *Philologen* in euren Urteilen konstant bleibt: ich werde von ihm *tenuem spiritum Grajae Camenae Germanis monstrator* genannt, womit er mir fast scheint haben andeuten zu wollen, daß ihm *Euripides* nicht sehr hoch stehe; aber so seid ihr! Weil *Euripides* ein paar schlechte Stücke, wie Elektra und Helena, geschrieben, und weil ihn *Aristophanes* gehudelt hat: so stellt ihr ihn tiefer, als andere. Nach seinen besten Produkten muß man einen *Dichter* beurteilen, nicht nach seinen schlechtesten... weil der seit langer Zeit angefochten wird, fechtet ihr (die *Philologen*) ihn auch an, und was für prächtige Stücke hat er doch gemacht. Für sein schönstes halte ich die Bacchen. Kann man die Macht der Gottheit vortrefflicher und die Verblendung der *Menschen* geistreicher darstellen, als es hier geschehen ist? Das Stück gäbe die fruchtbarste Vergleichung einer modernen dramatischen Darstellbarkeit der leidenden Gottheit in *Christus* mit der antiken eines ähnlichen Leidens, um daraus desto mächtiger hervorzugehen, in Dionysus.›» (*K. W. Müller:* Goethes letzte literarische Tätigkeit; GG 6963)]. Später [...] *[Kanzler v.] Müller* und *Hofrat Meyer.* Nachts *Ottilie.*» (Tgb)

Sonntag, 4. März. «Seit gestern Briefe eines Verstorbenen [von *Pückler-Muskau*], 4. Band [→ 13. 1.]. *John* in der gestrigen Arbeit fort. Einiges Oberaufsichtliche. Verschiedene Briefe erhalten. Spottbilder. *Dr. Eckermann.* Derselbe zu Tische. Die *Familie* außer *Herrn Rothe* und *Wolf.* Jene Lectüre fortgesetzt. Später *Ottilie* von Hof kommend, das gestern bey *Buchwalds* Vorgefallene erzählend, auch vom heutigen Hofabend referirend, nicht weniger eine neue mit *Eberwein* übereingekommene Singstunde ankündigend.» (Tgb)

Montag, 5. März. «Geschäft und Lectüre fortgesetzt. Mit *Hofrat Vogel* einiges Oberaufsichtliche besprochen. Um 12 Uhr *Herrn v. Schröder,* welcher von seiner hannöverschen Reise zurück kam und über die dortigen Zustände sich einsichtig äußerte. Mittag *für uns.* Die *Familie* bereitete sich auf Singstunde bey *Eberwein.* Blieb für mich, die Berliner Vereinskupfer anzusehen [→ 16. 12. 31], auch andere neuacquirirte. Später *Ottilie,* die auf den Ball zu *Graf Santi* fuhr. Ich setzte die Briefe des Verstorbenen fort [→ 4. 3.].» (Tgb)

Dienstag, 6. März. «Einiges Oberaufsichtliche. Kam ein Schreiben von *Zahn,* Neapel, vom 18. Februar, mit Durchzeichnung der Casa di Goethe zu Pompeji nebst dem Grundriß des Hauses selbst. Eine Antwort sogleich dictirt.» (Tgb): «[...] eil ich freundlichst zu erwidern daß Ihre Sendung mich unendlich erfreut hat. – Kaum [...] konnt ich [...] vertrauen: jene ehrenvolle Widmung werde sich auch für die Folge aufrecht erhalten [→ 24. 2. 31], mein Name könne, dort bewahrt, *Freunden* zum Versammlungspunct dienen [«Wie oft haben wir hier anwesende *Deutsche* uns in diesem Ihrem Hause zu Pompeji versammelt ... Ihr vorjähriger Geburtstag konnte wohl nirgend schöner gefeiert werden, als in diesem Hause...» (*Zahn* an Goethe, 18. 2.)]. [...]. – Freylich Sonderbares mußte hier zusammentreffen! Es war in den Sternen geschrieben (ich bediene mich dieses tropischen Ausdrucks für eins der Ereignisse wofür kein Wort zu finden ist), daß *mein Sohn,* an dem ich so viele Freude, Sorge und Hoffnung erlebt, auf seiner parabolischen Bahn durch Italien, ehe er sein Ziel in der Nähe der Pyramide des Cestius erreichte, soviel theilnehmende *Freunde* fand und auch dort erwarb, um seinem Vater für alle liebevolle Mühe, treue Sorgfalt und bedeutende Aufopferungen unter einem eigenen Zusammenwirken so mancher von einander unabhängiger Ereignisse das würdigste Denkmal zu gewinnen. Ich weiß recht wohl daß wir Ihrem Einfluß dieses Gute schuldig sind [...].» – Obgleich durch öffentliche Blätter informiert [→ 11. 1.], wünschte Goethe «sehnlich», Abbildungen [von den Ausgrabungen] zu erhalten. Er würdigt insbesondere das [am 24. 10. 31 in der «Casa di Goethe» gefundene und ausgegrabene] Alexandermosaik [von dem *Zahn* eine Durchzeichnung beigelegt hatte]. – Goethe freut sich, *Jüngere* auf dem von ihm eingeschlagenen Wege voranschreiten zu sehen. «Ich war stets aufmerksam auf diejenigen Puncte der Welt-Kunst- und Culturgeschichte, wo ich mich immer mehr vergewissern konnte, hier sey eine hohe wahre menschliche Bildung zu gewinnen.» – Goethe bittet, ihm dem *Architekten* und *Oberaufseher* von Pompeji, *Michele Rusca,* zu empfehlen, dem er seine Medaillen von *Brandt* und *Bovy* senden wird. – «Sollte *Herr Walter Scott* noch in Ihrer Nähe seyn, so versichern Sie demselben daß er sich bey uns durchaus einheimisch finden werde, und nicht nur als *Verfasser* so vieler und bedeutender Werke, sondern zugleich als ein *Wohl- und Edeldenkender,* der allgemeinen Ausbildung sich widmend [*Scott,* der sich in Pompeji aufhielt, hatte Grüße übermitteln und mitteilen lassen, daß er nicht eher nach England zurückkehren werde, bis er Weimar besucht hätte].» – «Die Angelegenheit meines Porträts mit *Schwerdgeburth* abgemacht [→ 24. 1.]. Anderes beseitigt. Die fünfjährige Palme aus ihren Winterquartieren in gutem Bestand gefunden. Die Zeichnung nach der berühmten Mosaik [*Alexanders* Kampf gegen *Darius*] immer genauer betrachtet. Mittag die *Familie* und der kleine *Pfarrssohn* von Groß-Monnra. Besah die Berliner Preiskupfer, die von *Börner* neuangeschaften, so wie frühere. Las in den Briefen eines Verstorbenen. Fand die absurde Meynung der *Schwächlinge* weitläufig ausgeführt, Lady Macbeth habe sich nur aus Liebe zu ihrem Gemahl und wahrer Condescendenz in seine Gesinnungen in eine Bestie verwandelt. Schrecklich ist es, wie das Jahrhundert seine Schwächen aufsteift und aufstutzt. *Prof. Riemer.* Wir lasen den Brief von *Zahn* zusammen und besprachen die Angelegenheit.» (Tgb) – ZAHMES XENION BÜRGER-PFLICHT [Das eigenhändig überlieferte GEDICHT datiert Weimar, 6. 3. 1832. *Sekretär Schuchardt* berichtet dagegen: «Dieses BLÄTTCHEN hat Goethe an demselben Morgen geschrieben, an welchem er sich krank zu Bett legen mußte, um nie wieder aufzustehen (16. 3.).» (zitiert nach DKV I, 2, 1247)].

Mittwoch, 7. März. «Ferner Betrachtung der *Zahnischen* Sendung, welche immer bedeutender wird. Man muß die Vollkommenheit der mannichfaltig-

sten, in sich abgeschlossenen, malerischen Compositionen immer mehr
bewundern und sich nur in Acht nehmen, gegen alles bißher Bekannte unge-
recht zu werden. Vergleichend mit der ewig zu preisenden Schlacht Constan-
tins von *Raffael;* es führt zu den allerhöchsten Betrachtungen. Die Antwort an
Zahn ajustirt. Man muß sich eilen, vor seiner Abreise nach Ägypten ihn noch
zu erreichen, und wie soll man aus dem Stegreife auf eine solche Sendung das
Gehörige erwidern [→ 6. 3.]! [. . .] der *Großherzog. – Herrn Prof. Riemer,* die
Antwort an *Zahn* [mit der Bitte um Durchsicht] [. . .].» (Tgb) – GEDICHT
FROMME WÜNSCHE.

Donnerstag, 8. März. «Oberaufsichtliches fortgesetzt [. . .]. Um 12 Uhr
die *Frau Großherzogin* und *Demoiselle Mazelet* [«. . . nous avons causé de livres,
des Mémoires de Louis XVIII et de l'ouvrage de *Salvandy* (‹Seize mois ou la
Révolution›, 1831) qui est un à recommander.» (*Maria Paulowna:* Tagebuch;
GG 6965)]. Später *Herr Staatsminister v. Fritsch,* Abschrift eines Briefes des
Herrn Legationsrat Weyland aus Paris bringend, worin eine Sendung Gips-
abgüsse von merkwürdigen Fossilien angekündigt wird [→ 25. 1.]. [. . .] mit
Hofrat Riemer die *Zahnische* Angelegenheit durchgesprochen. Mittag mit der
Familie. Zeichnungen angesehen. Nachts *Ottilie.*» (Tgb)

Freitag, 9. März. «*John* fuhr an der ZELTERISCHEN CORRESPONDENZ fort
[→ 27. 2.]. Ich las in den Mémoires d'un homme d'Etat [sur les causes qui ont
déterminé la politique . . . dans la guerre de la révolution 1792 – 1815, von *A.
F. de Allonville u.a.,* 1828] die traurige Geschichte unsres Feldzugs in Champagne. Ich las ferner in gedachten Memoiren. *Hofrat Riemer;* mit demselben
die *Zahnische* Angelegenheit durchgearbeitet. Ihm die Durchzeichnungen
vorgewiesen. Zu Mittag derselbe. Abends um 6 Uhr [. . .] der *Großherzog.*
Später *Ottilie,* welche zum *Grafen Vaudreuil* soupiren ging.» (Tgb)

Samstag, 10. März. «Die Geschichte des Feldzugs und die geheimen Ursa-
chen des schlechten Ablaufs durchgelesen [→ 9. 3.]. [. . .] In den böhmischen
Jahrbüchern einige Artikel gelesen. Zwey Hefte waren mit einem freundlichen Schreiben des *Grafen Sternberg* angekommen. Bedeutender Brief von
Graf Reinhard an *Herrn Kanzler v. Müller* von Dresden ab. Ein junger *v. Arnim*
[Lukas Siegmund, Sohn Bettina v. Arnims]. Zwey Frauenzimmer, Frau Professor
[Pauline] Hase [geborene *Härtel*] von Jena, *Frau Professor [Laura] Weiße* [gebo-
rene *Richter*] von Leipzig. [«Der *Kammerdiener* . . . führte uns in eine Stube
indes. Es war eine fürchterliche Glut darin, drei Stühle standen wie für uns
hingesetzt . . . – Nach ungefähr drei Minuten kam er (Goethe) . . . als er so
ruhig und langsam hereintrat und so freundlich auf uns zukam, war es überaus
ergreifend, und ich mußte mich ungeheuer zusammennehmen, ihn anreden zu
können. Das Gespräch konnte sich natürlich nicht sehr aus den Gegenständen
eines ersten Zusammenkommens herausbewegen, doch war die ganze unbeschreiblich ruhig freundliche Weise, die er hatte, so rührend von dem großen
Manne, so vertrauenerweckend, daß sich die frühere Angst ganz verlor. Er
sprach von seinem früheren öfteren Aufenthalt in Jena, wie jetzt all die Beziehungen dort für ihn aufgehört hätten, als einen alten Mann, dem viele vorausgehen, von den Unruhen überall, insbesondere von Leipzig; flüchtig über
englische und italienische Sprache und über unsre Vorliebe für eine derselben
etc. etc. Wunderlich, seltsam kam es mir vor, wie er fragte, wie es *Frommanns*

ging; was *Allwine* machte und ob ich die *junge Froriep* noch gekannt hätte ...
– Als ich aufstand, gab er uns beiden freundlich die Hand und sagte: Meine
lieben Damen, ich habe mich sehr gefreut, daß Sie sich meiner hier erinnert
haben. Er ging mit uns bis zur Tür ...» (*Pauline Hase* an ihre Schwester Elwine
Härtel, 19. 3.; GG 6967)]. *Von Arnim* und *Hofrat Vogel* bey mir zu Tische.
Betrachtete nachher die pompejanischen Zeichnungen. Übersah die verschiedenen Sendungen, die mir von Berlin und Dresden zugekommen waren, rangirte manches zu Erwiderung und weiterer Mittheilung. Abends *Ottilie. Walther* aus dem Don Juan [von *Mozart*] zurückkehrend und die Melodien
nachsingend. *Wölfchen* war nicht wohl und deßhalb abwesend.» (Tgb)
    Etwa Samstag, 10. März. «Wenige Tage vor seiner [Goethes] Krankheit
sahen wir [*Ottilie* und Goethe] zusammen Ihre *[Zelters]* Komposition an, er
lobte dies Lied [LAßT FAHREN HIN DAS ALLZU FLÜCHTIGE, ZWISCHENGESANG
AUS DEM GEDICHT ZUR LOGENFEIER DES DRITTEN SEPTEMBERS 1825] sehr
und sagte, daß er es gerne noch einmal hören möge.» (*Ottilie v. Goethe* an Zelter, 5. 4.; GG 7043)
    Sonntag, 11. März. Brief an *Zelter:* «Sie haben dem neusten ausgegabenen
und noch nicht ganz enthüllten Hause meinen Namen gegeben, welches mir
auch ganz recht ist [→ 6. 3.]. Ein Echo aus der Ferne, welches den Verlust
meines Sohnes mildern soll. Es wird für eins der schönsten bisher entdeckten
Häuser anerkannt, merkwürdig durch ein Mosaik, dergleichen uns aus dem
Alterthum noch nicht bekannt geworden. [...]. – Mir [...] senden sie eine
ausführliche Zeichnung des großen bebauten und besäulten Raumes, und
zugleich eine Nachbildung im Kleinen von jenem berufenen Gemählde. Man
muß sich hüten daß es uns nicht wie *Wielanden* gehe, bey dessen zarter
Beweglichkeit das Letzte was er las alles Vorhergehende gleichsam auslöschte;
denn hier möchte man wohl sagen, dergleichen von mahlerischer Composition und Ausbildung sey uns bisher aus dem Alterthum nichts überkommen.»
– Billett an *Kräuter:* Goethe erbittet das Nähere über den *Bruder des Darius.* –
«[...] *Hofrat Vogel,* merkwürdige Criminal- und verwandte polizeyliche Fälle
besprechend. Mittag der *junge v. Arnim* und *Dr. Eckermann. Ottilie* war an Hof.
Beschäftigte mich nach Tisch, einige Zeichnungen der *Gräfin Vaudreuil* auszusuchen. *Oberbaudirektor Caudray,* an den pompejanischen Sendungen sich
erfreuend [«... ward mir *(Coudray)* zum letztenmal die Freude, einige Abendstunden mit Goethe in traulicher Unterhaltung zu verleben, wie dieses seit
vielen Jahren wöchentlich ein-, auch zweimal zu geschehen pflegte. Bei diesen Besuchen hatte er gewöhnlich die Güte, die aus dem Gebiete der Kunst
und Technik eingegangenen Novitäten mir zur Ansicht mitzuteilen ...; oder
er ließ sich auch gerne von meiner Geschäftätigkeit erzählen, wo er dann an
jedem Unternehmen von einiger Wichtigkeit lebhaften Anteil nahm. Bei
Durchsicht der Risse, die ich ihm von allen unsern größeren Bauten zu zeigen
pflegte, forschte er jedesmal zunächst nach dem vorliegenden Zweck, und
dann ließ er sich erklären, wie wir solchen mit den vorhandenen Mitteln zu
erreichen gesucht ... alles Gemeinnützige umfaßte er mit gleicher Wärme,
daher denn auch unsre neuen Chaussee-Anlagen ihn sehr interessierten. Noch
neuerlich ließ er sich die Risse der dermalen im Bau begriffenen Kunststraße
von Weimar über Blankenhain nach Rudolstadt mitteilen, und versprach er,

nächstens von dem ihm lieben Berka aus unsern Bauplatz ohnweit Blankenhain zu besuchen, wo mit Beseitigung großer Lokal-Schwierigkeiten im
eigentlichen Sinne des Wortes ein Kunststraßenbau ausgeführt und zur Verbindung zweier Anhöhen in einer Länge von dreihundert Fuß ein in der
Mitte sechsunddreißig Fuß hoher Erddamm aufgetrieben wird. – Seinem Verlangen gemäß hatte ich an diesem Abend einen kleinen Kegel von Holz mitgebracht, der sich zerlegen läßt, so daß die durch die fünf Schnitte entstehen-
den Figuren: das Dreieck, der Zirkel, die Ellipse, die Parabel und Hyperbel
anschaulich werden. Ich mußte ihm erklären, wie diese Kurven mittelst Pro-
jektionen in Grund- und Aufrissen dargestellt werden, wobei er bemerkte,
daß er sich in früherer Zeit zwar nicht viel mit Mathematik, jedoch mit der
Reißkunst gerne beschäftigt habe. Besondere Teilnahme schenkte er daher
auch den ohnlängst ausgestellten Arbeiten der *Zöglinge* in unsrer Gewerkschule … Nach dem vorgedachten Modell meines Kegels verlangte Goethe,
daß ich ihm einen ähnlichen verfertigen lassen möchte, jedoch sollte dessen
Basis das Doppelte seiner Höhe erhalten, so daß er nicht in einen spitzen, sondern in einen rechten Winkel auslaufe; wobei er äußerte, daß er diesen Kegel
so für seine Zwecke brauche.» (*C. W. Coudray:* Goethes letzte Lebenstage und
Tod betreffende Notizen; GG 6969)]. Später las ich: Souvenir de Mirabeau
par *Duval* [irrtümlich für *Dumont;* → 10. 6. 31]. […].» (Tgb)
    Um Sonntag, 11. März. *Eckermann* weilt «Abends ein Stündchen bei Goe-
the […]. – «[Es gibt] zwei Standpunkte, von welchen aus die biblischen Dinge
zu betrachten. Es gibt den Standpunkt einer Art Urreligion, den der reinen
Natur und Vernunft, welcher göttlicher Abkunft. Dieser wird ewig derselbige
bleiben und wird dauern und gelten, solange gottbegabte Wesen vorhanden.
Doch ist er nur für *Auserwählte* und viel zu hoch und edel, um allgemein zu
werden. Sodann gibt es den Standpunkt der Kirche, welcher mehr menschlicher Art. Er ist gebrechlich, wandelbar und im Wandel begriffen; doch auch
er wird in ewiger Umwandlung dauern, solange *schwache menschliche Wesen*
sein werden. Das Licht ungetrübter göttlicher Offenbarung ist viel zu rein und
glänzend, als daß es den armen, gar schwachen *Menschen* gemäß und erträglich
wäre. Die Kirche aber tritt als wohltätige Vermittlerin ein, um zu dämpfen
und zu ermäßigen, damit allen geholfen und damit vielen wohl werde.
Dadurch, daß der christlichen Kirche der Glaube beiwohnt, daß sie als Nach-
folgerin *Christi* von der Last menschlicher Sünde befreien könne, ist sie eine
sehr große Macht. Und sich in dieser Macht und diesem Ansehn zu erhalten
und so das kirchliche Gebäude zu sichern, ist der *christlichen Priesterschaft* vorzügliches Augenmerk. […]. – Dennoch halte ich die Evangelien alle vier für
durchaus echt, denn es ist in ihnen der Abglanz einer Hoheit wirksam, die von
der *Person Christi* ausging und die so göttlicher Art, wie nur je auf Erden das
Göttliche erschienen ist. Fragt man mich, ob es in meiner Natur sei, ihm anbe-
tende Ehrfurcht zu erweisen, so sage ich: durchaus! – Ich beuge mich vor ihm,
als der göttlichen Offenbarung des höchsten Prinzips der Sittlichkeit. – Fragt
man mich, ob es in meiner Natur sei, die Sonne zu verehren, so sage ich abermals: durchaus! Denn sie ist gleichfalls eine Offenbarung des Höchsten, und
zwar die mächtigste, die uns Erdenkindern wahrzunehmen vergönnt ist. Ich
anbete in ihr das Licht und die zeugende Kraft Gottes, wodurch allein wir

leben, weben und sind, und alle Pflanzen und Tiere mit uns. Fragt man mich aber, ob ich geneigt sei, mich vor einem Daumenknochen des *Apostels Petri* oder *Pauli* zu bücken, so sage ich: verschont mich und bleibt mir mit euren Absurditäten vom Leibe! – Den Geist dämpfet nicht! sagt der *Apostel.* – Es ist gar viel Dummes in den Satzungen der Kirche. Aber sie will herrschen, und da muß sie eine borniete *Masse* haben, die sich duckt und die geneigt ist, sich beherrschen zu lassen. Die hohe reichdotierte *Geistlichkeit* fürchtet nichts mehr als die Aufklärung der untern *Massen.* Sie hat ihnen auch die Bibel lange genug vorenthalten, so lange als irgend möglich. [...]. – Wir wissen gar nicht›, fuhr Goethe fort, ‹was wir *Luthern* und der Reformation im allgemeinen alles zu danken haben. Wir sind frei geworden von den Fesseln geistiger Borniertheit, wir sind infolge unserer fortwachsenden Kultur fähig geworden, zur Quelle zurückzukehren und das Christentum in seiner Reinheit zu fassen. Wir haben wieder den Mut, mit festen Füßen auf Gottes Erde zu stehen und uns in unserer gottbegabten Menschennatur zu fühlen. Mag die geistige Kultur nun immer fortschreiten, mögen die Naturwissenschaften in immer breiterer Ausdehnung und Tiefe wachsen, und der menschliche Geist sich erweitern, wie er will, – über die Hoheit und sittliche Kultur des Christentums, wie es in den Evangelien schimmert und leuchtet, wird er nicht hinauskommen! – Je tüchtiger aber wir *Protestanten* in edler Entwicklung voranschreiten, desto schneller werden die *Katholiken* folgen. [...] – Auch das leidige protestantische Sektenwesen wird aufhören [...]. – Auch werden wir alle nach und nach aus einem Christentum des Wortes und Glaubens immer mehr zu einem Christentum der Gesinnung und Tat kommen.›» (*Eckermann*, 11. 3., synthetisierendes Gespräch mit rechtfertigendem Charakter gegenüber den Vorwürfen aus dem Lager der Orthodoxie; vgl. Bergemann, 873)

Montag, 12. März. «Fortsetzung jener Lectüre [→ 11. 3.], ingleichen des Dictirens verschiedener Briefe. *Hofrat Vogel,* interessante Unterhaltung über die Kritik einiger Gutachten der *Physiker.* Sonstige Verhältnisse. *Fräulein Seidler* um 1 Uhr, vorzeigend einige hübsche Entwürfe zu Bildern, die sie zu unternehmen gedenkt [«Mir wurde das gleiche, ihn *(Goethe)* noch drei Tage vor dem Anfange seiner Krankheit in aller Herrlichkeit, seiner Kraft und Anmut zu sehen. Ich brachte ihm eine Skizze, die ich nach der Aufgabe des *Sächsischen Kunstvereins* entworfen (aus der Bibel). Er wußte noch nichts von dessen Ankündigung, er freute sich darüber, war nicht nur sehr zufrieden mit dem tätigen Anteil, den ich daran genommen, sondern ging auch auf das detaillierteste mit allem Interesse des Kunstfreundes und väterlichen Wohlwollens darauf ein ...» (*Luise Seidler* an J. G. v. Quandt, 23. 3.; GG 6970)]. Mittag *Herr Oberbaudirektor Coudray,* die neapolitanische Sendung nochmals durchmusternd [«Ich hatte mich etwas vor 2 Uhr eingefunden und traf ihn mit der Durchsicht von SKIZZEN und ZEICHNUNGEN beschäftigt, die er in früherer Zeit selbst gefertiget hatte. Goethe sagte mir: ‹Ich bin im Begriff auszusuchen, was des Aufbewahrens nicht wert ist und vernichtet werden soll.› Ich erlaubte mir hierauf zu erwidern, daß von diesen SKIZZEN auch die unbedeutendste aufbewahrt werden möchte, denn jede habe ihren eigenen Wert, und in allen sei der Genius zu erkennen ... Ich ... fand unter andern eine mir nicht unbekannt dünkende Straßen-Ansicht in Kurhessen, die mir Goethe als eine Poststation auf der Straße von Fulda nach Frankfurt erklärte, wo er solche, auf Postpferde wartend, aus dem Fenster des Posthauses mit einer Schreibfeder und Tinte ohne Vorzeichnung mit Bleistift, frei entworfen hatte. Auf diese Weise sind wohl mehrere dieser SKIZZEN entstanden ...» (*C. W. Coudray: Goethes letzte Lebenstage und Tod betreffende Notizen; GG 6971*)]. *Von Arnim. Eckermann.* Nach Tische für mich, den ersten Band der Mémoires des *Dumont* ausgelesen. *Herr Kanzler v. Müller* [«Nachmittags bei Goethe mit *Coudray.* Zeichnungen *Zahns* vom Wandgemälde in der Casa Goethe ... Goethe ganz munter.» (*Kanzler v. Müller; GG 6972*)]. Ich fuhr Obiges zu lesen fort. Später *Ottilie. Graf Vaudreuils* Abreise. Äußerungen der *Frau Großherzogin.*» (Tgb)

Dienstag, 13. März, oder wenig früher. Brief an *Staatsminister v. Humboldt:* «Die Thiere werden durch ihre Organe belehrt, sagten die Alten; ich setze hinzu: die Menschen gleichfalls, sie haben jedoch den Vorzug, ihre Organe dagegen wieder zu belehren [Goethe antwortet hier und im Folgenden auf *Humboldts* mit Bezug auf Goethes Brief vom → 28. 11. 31 aufgeworfene Frage, ob ihm «jene Art der Produktion mit völligem Bewußtsein wohl immer beigewohnt hat, oder ob Sie dieselbe als erst in einer gewissen Epoche eingetreten betrachten». (an Goethe, 6. 1.; Mandelkow 4, 674)]. – Zu jedem Thun, daher zu jedem Talent, wird ein Angebornes gefordert, das von selbst wirkt und die nöthigen Anlagen unbewußt mit sich führt, deswegen auch so geradehin fortwirkt, daß, ob es gleich die Regel in sich hat, es doch zuletzt ziel- und zwecklos ablaufen kann. – Je früher der *Mensch* gewahr wird daß es ein Handwerk, daß es eine Kunst gibt, die ihm zur geregelten Steigerung seiner natürlichen Anlagen verhelfen, desto glücklicher ist er; was er auch von außen empfange, schadet seiner eingebornen Individualität nichts. Das beste *Genie* ist das, welches alles in sich aufnimmt, sich alles zuzueignen weiß, ohne daß es der eigentlichen Grundbestimmung, demjenigen was man Charakter nennt, im mindesten Eintrag thue, vielmehr solches noch erst recht erhebe und durchaus nach Möglichkeit befähige. – Hier treten nun die mannichfaltigen Bezüge ein zwischen dem Bewußten und Unbewußten; denke man sich ein musikalisches *Talent,* das eine bedeutende Partitur aufstellen soll: Bewußtseyn und Bewußtlosigkeit werden sich verhalten wie Zettel und Einschlag, ein Gleichniß das ich so gerne brauche. – Die Organe des *Menschen* durch Übung, Lehre, Nachdenken, Gelingen, Mißlingen, Förderniß und Widerstand und immer wieder Nachdenken verknüpfen ohne Bewußtseyn in einer freyen Thätigkeit das Erworbene mit dem Angebornen, so daß es eine Einheit hervorbringt welche die Welt in Erstaunen setzt. [...]. – Es sind über sechzig Jahre, daß die Conception des FAUST bey mir jugendlich von vorne herein klar, die ganze Reihenfolge hin weniger ausführlich vorlag. Nun hab ich die Absicht immer sachte neben mir hergehen lassen, und nur die mir gerade INTERESSANTESTEN STELLEN einzeln durchgearbeitet, so daß im ZWEITEN TEIL Lücken blieben, durch ein gleichmäßiges Interesse mit dem ÜBRIGEN zu verbinden. Hier trat nun freylich die große Schwierigkeit ein, dasjenige durch Vorsatz und Charakter zu erreichen, was eigentlich der freywillig thätigen Natur allein zukommen sollte. Es wäre aber nicht gut, wenn es nicht auch nach einem so langen, thätig nachdenkenden Leben möglich geworden wäre,

und ich lasse mich keine Furcht angehen, man werde das ÄLTERE vom NEUE-
REN, das SPÄTERE vom FRÜHEREN unterscheiden können, welches wir denn
den künftigen *Lesern* zur geneigten Einsicht übergeben wollen. – Ganz ohne
Frage würd es mir unendliche Freude machen, meinen [. . .] *Freunden* auch
bey Lebzeiten diese SEHR ERNSTEN SCHERZE zu widmen, mitzutheilen und
ihre Erwiderung zu vernehmen [«Wenn ich Sie recht verstehe, daß Sie es
wirklich nicht erleben wollen, den FAUST zusammen gedruckt zu sehen, so
beschwöre ich Sie wirklich, diesen Vorsatz wieder aufzugeben. Berauben Sie
sich selbst nicht des Genusses, denn ein solcher ist es doch, eine DICHTUNG
hinzustellen, die schon so tief empfunden worden ist, und nun in einem noch
höhern Sinne aufgenommen werden muß, berauben Sie aber vorzüglich die
nicht der Freude, das GANZE zu kennen, die den Gedanken nicht ertragen
mögen, Sie zu überleben.» (ebenda, 675)]. Der Tag aber ist wirklich so absurd
und confus, daß ich mich überzeuge, meine redlichen, lange verfolgten
Bemühungen um dieses SELTSAME GEBÄU würden schlecht belohnt und an
den Strand getrieben, wie ein Wrack in Trümmern daliegen und von dem
Dünenschutt der Stunden zunächst überschüttet werden. Verwirrende Lehre
zu verwirrtem Handel waltet über die Welt, und ich habe nichts angelegent-
licher zu thun als dasjenige was an mir ist und geblieben ist wo möglich zu
steigern und meine Eigenthümlichkeiten zu cohobiren, wie Sie es [. . .] auf
Ihrer Burg [in Tegel] ja auch bewerkstelligen.» [Dieser Brief geht als letzter
Brief Goethes am 17. 3. ab.]

Dienstag, 13. März. «Fortsetzung des Briefdictirens. *Maler Starcke* die
Zeichnung des Pflanzenabdrucks von Ilmenau für *Graf Sternberg* fertigend [→
15./17. 12. 31.]. Um 12 Uhr mit *Ottilien* spazieren gefahren. Mittags *Herr v.
Arnim.* Später die französische Lectüre fortgesetzt. Um 6 Uhr *Hofrat Riemer*
[«. . . die Konzepte der Briefe an *Zahn* (→ 7. 3.), *von Humboldt* (→ 13. 3. oder
wenig früher) *pp.* durchgegangen.» (*Riemer;* GG 6973)] [. . .].» (Tgb)

Mittwoch, den 14. März. «Einiges Oberaufsichtliche. [. . .] Um 12 Uhr
Maler Karl [Friedrich Heinrich] Werner [geb. 1808] mit seinem *Vater* [dem
Opernsänger], jener nicht ohne Verdienst, *Enkel der Schauspielerin Neumann*
[«. . . nach der Beschauung der übrigen architektonischen und landschaftlichen
Studien äußerte er (Goethe) sich folgendermaßen: ‹Sie haben sich den Charakter und die Eigentümlichkeiten der alten Architektur sehr zu eigen
gemacht; die Art und Weise der Auffassung ist lobenswert. Sie haben viel
gearbeitet und fleißig gearbeitet, und was mich vorzüglich freut: Ihre Studien
sind in einem so guten Zustande, so nett erhalten, wie es nicht immer der Fall
ist.› Bei Erwähnung des Reiseplans nach Italien klopfte er auf die Mappe und
sagte: ‹Sie haben tüchtige Pässe bei sich.› Hierauf sagte er zu meinem *Sohn:*
‹Sie lassen mir Ihre Arbeiten einige Tage da, damit ich sie mit den *Meinigen*
mit Muße betrachten kann.»» (*F. Werner* an Ch. G. Frege; GG 6974)]. Spazieren gefahren. Mittags *von Arnim* und die *Familie.* Nachher [. . .] der *Großherzog.* Nachts *Ottilie, Plutarch* [vorlesend; → 29. 2.].» (Tgb)

Donnerstag, 15. März. Brief an *Graf Sternberg:* «In einem schwankenden
Zustand [. . .] haben wir uns gegen das asiatische Ungeheuer [die Cholera] verhalten: erst voller Sorge, Abwehrungsanstalten, Heilungseinleitungen, hor-
chend, lesend und denkend, in voller Thätigkeit. Diese Anstrengung ging

zuletzt in Gleichgültigkeit über, und wir leben wie zuvor, in völliger Sorglo-
sigkeit, jeder nach seiner Weise, im Zutrauen auf unsre Gebirgshöhe die es
nicht heranlassen soll. Näher als zwölf Stunden ist es noch nicht herangerückt.»
– Die neuen Hefte der böhmischen Zeitschrift [«Monatsschrift der Gesellschaft
des vaterländischen Museums in Böhmen»] haben in Goethe abermals den
Wunsch nach einem Besuch dieses werten Reiches erregt. Mit der Geschichte
und so manchen Lokalitäten vertraut, ist ihm alles willkommen, was ihm einen
deutlichen Begriff gibt von dem, was sich in den verschiedenen Zweigen der
Administration, in Wissenschaften und Künsten «lebendig hervorthut [...]. –
Die Flora subterranea wird [...] immer mit Aufmerksamkeit verfolgt und es
muß mir eine halb traurige Freude seyn, die Sammlung von Fossilien *meines
Sohns,* der durch Ew. Excellenz freundlichste Gunst so hoch beglückt wurde,
bey eintretendem Frühling wieder zu revidieren.» – Brief an *Polizeirat Grüner:*
Goethe dankt besonders *Prof. Dietrich* für die übersendete Dissertation [→ 2.
2.], «worin ich die Einführung meiner FARBENLEHRE in die Reihe der übrigen
physikalischen Capitel auf das freundlichste anzuerkennen hatte. Es ist dieses
ganz in meinem Sinne [...]; denn die Natur wird allein verständlich, wenn
man die verschiedensten isolirt scheinenden Phänomene in methodischer
Folge darzustellen bemüht ist; da man denn wohl begreifen lernt, daß es kein
Erstes und Letztes gibt, sondern daß alles, in einem lebendigen Kreis eingeschlossen, anstatt sich zu widersprechen, sich aufklärt und die zartesten Bezüge
dem forschenden Geiste darlegt. [...]. – Die Zeiten waren gar zu schön wo
wir dem Andalusit auf die Spur kamen und den pseudovulkanischen Problemen eifrigst nachgingen.» Nicht unerwartet war Goethe daher *Grüners* Vorsatz, *[Schülern]* einen leichten Weg in das herrliche Feld [der Mineralogie] zu
eröffnen [der *Adressat* beabsichtigt, eine unterhaltende Einführung in die
Mineralogie für die *Jugend* zu verfassen, da die vorhandenen Lehrbücher vom
Studium derselben eher abschrecken, und bittet Goethe, ihm von Zeit zu Zeit
einige Hefte zur Einsicht senden zu dürfen (an Goethe, 20. 1.)]. Alles, was *Grüner* dazu mitteilen möchte, wird Goethe durchaus angenehm sein. – Er bedauert, daß die herannahende günstige Jahreszeit ihm keine Reise nach Böhmen
verkündigt. «In meinen Jahren entschließt man sich schwer, alte Gewohnheiten, die, erst willkürlich, dann zum Bedürfniß werden, zu unterbrechen und
sich jenen Zufälligkeiten auszusetzen, die man bey einer Ortsveränderung
immer zu erwarten oder wohl auch zu befürchten hat.» – Brief an den Freiberger *Geologen Karl Bernhard Cotta:* Goethe dankt für dessen «so merkwürdige Mittheilung» [das Erstlingswerk des *Adressaten* «Die Dendrolithen in
Beziehung auf ihren inneren Bau» mit Zeichnungen der Durchschnitte ver-
steinerter Baumstämme]. «Sie haben die Natur auf eine so vollkommene Weise
nachgeahmt, daß man Ihre Arbeiten eben so gut als die Originale dem Ver-
größerungsglase unterwerfen und sich dadurch von Ihrer eben so großen Aufmerksamkeit als Geschicklichkeit überzeugen muß.» – Goethe läßt sich dem
Vater des Adressaten [Forstmann Heinrich Cotta] aufs beste empfehlen und
ergreift gern die Gelegenheit auszusprechen, wieviel er dessen früheren
Bemühungen um das Pflanzenwachstum schuldig geworden ist. – Brief an
Legationsrat Weyland: «[...] *Cuvier* hat uns auf die wichtigen Documente, welche uns die Naturerzeugnisse der Vorwelt aufbewahren, nicht allein aufmerk-

sam gemacht, sondern durch seine unermüdeten, über das Ganze sich ausbrei-
tenden Leistungen zu genugsamer Wissenschaft gefördert.» – Der «große
Naturforscher» ist Goethe schon früher in seinen «eigentlich-nächsten Studien»
zu Hilfe gekommen. Goethe spricht seinen Dank dafür aus, daß er nun auch
der öffentlichen Anstalt, der Goethe vorsteht und die ihm «nicht weniger am
Herzen liegt» [die naturwissenschaftlichen Sammlungen in Jena], dieselbe
Gunst in einem größeren Maßstab erweisen möchte [→ 8. 3.]. – Brief an *Rentamtmann Mahr:* Goethe dankt für das mit dem ersteren korrespondierende
Stück jenes seltenen Fossils [→ 15./17. 12. 31]. Er hält es «für einen höchst
wichtigen Übergang vom Farnkraut zum Cactus, durch Anastomose der
Zweigblätter» und hat in der unterirdischen Flora annähernde Beispiele
gesucht, die jedoch durch Zeichnungen erläutert werden müßten. Sobald
diese vorliegen, wird Goethe sie mitteilen [→ 9. 1.]. – Durch *[Bernhard] Cotta*
sind die «sogenannten Staarsteine im weitesten Umfang» zur Sprache gekommen. Goethe besitzt von früher her verschiedene Exemplare durch *Bergrat
Voigt,* weiß aber nicht, ob sie in Kammerberg oder Manebach vorgekommen
sind und bittet um Mitteilung. – «Meine Naturstudien waren geistig zwar
immer zusammenhängend, in ihrem Vorschreiten aber immer desultorisch, so
daß ich mir den Gewinn irgend einer Mittheilung immer nach dem Verlauf
einiger Zeit erst zueignen konnte.» – «[. . .] *Hofrat Vogel* [«Goethe befand sich,
als ich ihn . . . morgens 9 Uhr . . . besuchte, ausgezeichnet wohl und hörte mit
vieler Teilnahme meinen mündlichen Bericht über den Zustand der ihm
untergebenen Anstalten zu Jena an, welche ich den Tag zuvor revidiert hatte.
Wir besprachen vieles, und ich blieb lange bei ihm.» (*Vogel* an K. W. Müller,
5. 4.; GG 6984)] [. . .]. Seine einsichtige und im gemeinsamen Sinne consequente Theilnahme am Geschäft ist höchst erfreulich. [. . .] die *Frau Großherzogin* und *Demoiselle Mazlet* [«. . . je l'ai trouvé extrêmement bien disposé, et
d'une humeur charmante: – nous avons causé sur les circonstances du moment
et sur la licence de la presse, comme sur les productions nouvelles. Impression
des circonstances sur les dispositions des *jeunes gens,* et impolitesse remarquable
qui gagne les uns et charme les autres: – Goethe me cite une anecdote du
temps passé qui lui est personnelle, et où les dispositions des *enfants* à son égard
lui servaient de thermomètre pour reconnaître celle de leurs *parents* relative-
ment à lui. – Il me montre le plan de la maison qui porte son nom, récemment
découverte à Pompéi, ainsi qu'un dessin de la belle mosaïque qui s'y trouve
représenté le combat d'*Alexandre* et de *Darius:* – c'est une belle chose que
Goethe attribue à l'art grec, et qu'il indique par les restaurations qui y ont été
découvertes: c'est je crois la plus belle mosaïque que l'on connaisse.» (*Maria
Paulowna:* Tagebuch; GG 6976)]. Mémoires d'un homme d'Etat 2. Theil. Mittags mit *v. Arnim* und *Hofrat Meyer.* Betrachteten die Bilder von *Werner* [→ 14.
3.]. Später allein. Nachts *Ottilie.*» (Tgb) – Goethe «fühlte sich gegen Abend
nicht behaglich . . .». (*Vogel,* ebenda)

Samstag, 10. / Donnerstag, 15. März. «‹Sobald ich kam›, schreibt der
junge Arnim [an seine *Mutter*], ‹fragte er [Goethe], was ich gesehn, empfahl mir
dieses und jenes, belehrte mich und behandelte mich überhaupt mit solcher
Auszeichnung, daß man allgemein glaubte, ich sei bei der französischen
Gesandtschaft in Paris angestellt.› Natürlich wollte *Bettina* auch wissen, was

der Dichter über sie selbst gesprochen, und so mußte der *Sohn* denn in einem
zweiten Brief aus Frankfurt noch einen Nachtrag liefern: ‹Ich glaubte, ich
hätte Dir schon aus Weimar geschrieben, daß er Dich wegen Deines Talents
gelobt und mir eine Empfehlung an Dich aufgetragen. Das scheint Dir wenig,
mir aber nicht, und wenn Du den Mann gesehen hättest, wie er nicht mehr in
der Welt lebte, sondern nur noch wie in einem Buche darin herumblätterte,
Du würdest es ihm großen Dank wissen, daß er sich mit großer Freundlichkeit
nach allen Deinen Verhältnissen und nach *unserer ganzen Familie* erkundigte.›»
(*F. Bergemann*: Bettinas Leben mit Goethe; GG 6980)

November 1830 / Mitte März 1832. «Goethe hatte sich nach seiner Wiederherstellung von einem heftigen Lungenblutsturze, der ihn im Dezember
[→ 25. 11.] 1830 befiel, bis in die Mitte des März 1832 einer vorzüglich guten
Gesundheit erfreut, und namentlich auch den letzten Spätherbst und Winter,
eine ihm sonst immer feindliche und verhaßte Jahreszeit, ganz ungewöhnlich
heiter und ohne irgend bedeutende körperliche Anfechtung durchlebt. Stellten sich auch [...] Schwächen des Alters, besonders Steifheit der Gliedmaßen,
Mangel an Gedächtnis für die nächste Vergangenheit, zeitweise Unfähigkeit,
das Gegebene in jedem Augenblicke mit Klarheit schnell zu übersehen, und
Schwerhörigkeit bei ihm immer merklicher ein, so genoß er doch – und
zumal im Vergleich mit andern *Greisen* seines Alters – noch einer solchen
Fülle von Geistes- und Körperkraft, daß man sich der frohen Hoffnung, er
werde uns noch lange durch seine Gegenwart erfreuen, mit Zuversicht hingeben durfte.» (*K. Vogel:* Die letzte Krankheit Goethes, 1833; GG 6989)

1815 / vielleicht Mitte März. ZAHME XENIEN.

Etwa Mitte März. «Noch vor wenigen Tagen schickte er [Goethe] zu mir
[Schwerdgeburth] und ließ sich erkundigen – ob ich fleißig an seinem Bilde
arbeitete – und zugleich mit sagen – ich sollte ja den Preis auf 2 Reichstaler
erhöhen [→ 6. 3.].» (an J. G. Keil, 22. 3.; GG 7021) – «Der Wunsch Ihrer *Frau
Gemahlin [Hedwig v. Martius],* den bewußten Ersatz [für das Gedicht WENN
PHÖBUS ROSSE ...; → 13. 12. 27 oder etwas früher] zu verschaffen, hielt
meine Feder so lange zurück. Goethe versprach alsobald ein neues Blatt,
zögerte aber immerfort; dann kurz vor seinem Hinscheiden erhielt ich es
noch glücklich, wie es hier anliegt [ES GILT WOHL NUR EIN REDLICHES BEMÜ-
HEN ...; ZWEITE STROPHE DES GEDICHTS NATUR UND KUNST, vermutlich
1800 entstanden], und zwar mit zarter Intention auf seinen Geburtstag
zurückdatiert; gewiß wird es Ihrer verehrten *Gemahlin* jetzt von dreifachem
Werte sein.» (*Kanzler v. Müller* an Botaniker Martius, 6. 4.; GG 7081)

Freitag, 16. März. «[...] früh fühlte er [Goethe] nach einer unruhigen
Nacht Bruststechen, verbot jedoch dem *Bedienten Friedrich,* dieses der *Familie*
anzuzeigen, um sie nicht zu beängstigen. Erst sein *Enkel Wolf,* welcher zur
gewöhnlichen Zeit zu dem Großvater kam, um mit ihm zu frühstücken, und
ihn noch im Bett fand, berichtete seiner *Mutter* das Übelbefinden desselben.
Der *Arzt, Hofrat Vogel,* welcher gegen 8 Uhr gerufen wurde, fand den Kranken im Bette schlummernd» (*K. W. Müller:* Goethes letzte literarische Tätigkeit; GG 6985) – «Bald erwachte er, konnte sich indessen nicht sogleich völlig
ermuntern, und klagte, er habe sich bereits gestern, während der Rückkehr
von einer, in sehr windigem, kaltem Wetter. zwischen 1 und 2 Uhr nachmit-

tags unternommenen Spazierfahrt [?] unbehaglich gefühlt, darauf nur wenig und ohne rechten Appetit essen mögen, das Bette zeitig gesucht und in demselben eine zum größten Teile schlaflose Nacht, unter öfters wiederkehrendem, trocknem, kurzem Husten, mit Frösteln abwechselnder Hitze, und unter Schmerzen in den äußern Teilen der Brust unangenehm genug verbracht. Am wahrscheinlichsten sei eine Erkältung, die er sich vor dem Ausfahren bei dem Herübergehen aus seinem sehr stark geheizten Arbeitszimmer über den kalten Flur in die nach der Straße zu gelegenen Gesellschaftszimmer leicht zugezogen haben könne, Ursache der gegenwärtigen Leiden. – Er schien einigermaßen verstört, vor allem aber frappierte mich [Vogel] der matte Blick und die Trägheit der sonst immer hellen und mit eigentümlicher Lebhaftigkeit beweglichen Augen, sowie die ziemlich starke, ins Livide fallende Röte der Bindehaut der untern Augenlider, vornehmlich des rechten. Der Atem war fast ruhig, nur durch trocknen Husten und tiefe Seufzer, – letztere eine gewöhnliche Erscheinung in allen Krankheiten Goethes, – öfters unterbrochen, die Stimme etwas heiser. Willkürliches kräftiges Ein- und Ausatmen ging zwar mühsam vonstatten, vermehrte aber den bereits erwähnten Schmerz auf der Brust in keiner Weise. Die an der Wurzel schwach und gelblich belegte Zunge glich hinsichtlich ihrer Farbe der Bindehaut der untern Augenlider. Dabei beschwerte sich der Kranke über Ekel vor Speisen, über Durst und Aufstoßen von Luft aus dem Magen. Der ganze Unterleib, vorzüglich die epigastrische Gegend, war aufgetrieben und gegen äußern Druck empfindlich, der Stuhlgang mangelte seit zwei Tagen. Die Haut war trocken, mäßig warm, der Urin lehmig, der Puls weich, mäßig voll, wenig frequent. Ferner: Wüstheit des Kopfes, Unaufgelegtheit zum Denken, auffallend vermehrte Schwerhörigkeit, Unruhe bei Zerschlagenheit der Glieder, und das ganz eigne resignierte Wesen, welches bei Goethe während der letzten Jahre seines Lebens in allen Krankheiten an die Stelle eines in ähnlichen Fällen früher gewöhnlichen aufbrausenden Unmutes getreten war und sich häufig in den Worten aussprach: ‹Wenn man kein Recht mehr hat zu leben, so muß man sich gefallen lassen, wie man lebt.› – Bei dem sehr hohen Alter des Kranken, und weil damals in Weimar dergleichen katarrhalisch-rheumatische Zufälle nicht selten in zum Teil tödliche Nervenfieber übergingen, fand ich mich bewogen, vorlängst erhaltenen höchsten Befehlen gemäß, unserer den lebhaftesten Anteil an dem Wohlergehen des Allverehrten jederzeit betätigenden *Frau Großherzogin* ungesäumt schriftlich zu melden, Goethe leide seit gestern an einem Katarrhalfieber, und wenn ich schon im Augenblicke besonders gefährliche Krankheitszufälle nicht wahrnähme, so wolle mir doch das Ganze allerdings bedenklich vorkommen. Übrigens hatte ich dem Patienten schon zuvor eine Auflösung von Salmiak und einigen Quentchen Bittersalz, als Arznei, und Graupenschleim, mit Wasser zubereitet, zum Getränk, neben einem den Umständen angemessenen Verhalten verordnet. – Bereits am Abend zeigte das Übel eine bessere Gestalt. Der Kranke fand sich nach mehreren, reichlichen, breiartigen Stuhlgängen sehr erleichtert. Sein Kopf war freier, das Gemüt heiterer, der Blick lebhafter, der Unterleib weicher, weniger empfindlich und weniger aufgetrieben. Die Haut schien feucht werden zu wollen, der Husten hatte sich seltener eingestellt. Der Appetit fehlte noch; das Fieber blieb vom Anfang an sehr mäßig. Es wurden Pulver von Goldschwefel und Zucker verschrieben.» (*K. Vogel*: Die letzte Krankheit Goethes, 1833; GG 6989) – «Abends [nach 6 Uhr (vgl. Vogel, a. a. O.)] bei Goethe [...]. War *Vogel* da, und *Frau von Goethe*. [...] Mußte ich mich zu ihm vor sein Bett setzen und ihn unterhalten. Sprachen von meinen Studien der Formenlehre. Als er einschlief gegen 8 Uhr, ging ich fort, da *Walther* kam und dieser bei ihm bleiben wollte.» (*Riemer; GG* 6988) – «Den ganzen Tag wegen Unwohlseyns im Bette zugebracht.» (Tgb) – «Als wir [*Opernsänger Werner* und *Sohn*] uns heute um zwölf Uhr beurlauben wollten, ward uns der Bescheid, daß der Geheimrat v. Goethe sich unwohl befände und noch zu Bette läge. Nachmittags vier Uhr kam der vierzehnjährige *Enkel Walther v. Goethe* zu uns, dankte im Namen seines Großvaters noch einmal für den Genuß, den ihm die Bilder und Zeichnungen gemacht hätten, und ließ es nochmals bedauern, daß er uns nicht hätte noch einmal sprechen können [→ 15. 4.].» (*F. Werner* an Ch. G. Frege; GG 6987)

Samstag, 17. März. «[...] früh: Der Kranke hatte ziemlich geschlafen; der Kopf war noch freier, das Gemüt teilnehmender, das Gehör feiner, der Blick heller und beweglicher, der Husten mäßiger, lockerer, das Seufzen seltener, als am gestrigen Tage. Die Stimme hatte ihre Heiserkeit, die Röte an den Augenlidern ihr Schmutziges verloren. Die Haut überall dunstend, turgide und warm; die Zunge rot, weniger belegt. Keine Schmerzen mehr auf der Brust. Gegen Morgen eine freiwillige, reichliche, breiartige Ausleerung durch den Stuhl. Der Urin noch trübe, lehmig; der Puls weich, etwa neunzigmal in einer Minute schlagend. Kein Appetit. Die Pulver hatten nach dem eignen Gefühle des Kranken so wohltätig gewirkt, daß er um weitere Anwendung derselben bat. Da sein Wunsch meiner Absicht begegnete, wurde alle drei Stunden ein Drittel Gran Goldschwefel auch noch fernerhin gegeben und zugleich gestattet, den Graupenschleim von nun an mit schwacher Fleischbrühe zu bereiten. – Mittags immer noch nur wenig Appetit; indessen hatte der Patient etwas Grießsuppe genossen. Nachher einige Stunden hindurch ruhiger und erquickender Schlaf. Abgang vieler Blähungen. Husten sehr selten und kaum beschwerlich. Beim Abendbesuch unbedeutendes Fieber, Neigung zu leichter Konversation, welche der Kranke schon wieder auf die in gesunden Tagen gewohnte Art mit Scherzen würzte.» (*K. Vogel*: Die letzte Krankheit Goethes, 1833; GG 6991)

Sonntag, 18. März. «In der Nacht zum Sonntag siebenstündiger ruhiger Schlaf, heilsame Transpiration. Morgens einiger Husten mit leichtem Auswurf. Der Urin hell, gelb, mit starkem schleimigem Bodensatze; Zunge und Geschmack rein, kein Fieber. Der zum Frühstück wieder erlaubte Kaffee und ein leicht verdauliches Gebäck schmeckten sehr gut und bekamen wohl. Freiwillige Leibesöffnung. – Der Kranke blieb etliche Stunden außerhalb des Bettes. Er fühlte sich nur noch ein wenig matt. Die Heiterkeit seines Geistes war ungetrübt. Medizin wurde nicht verordnet, wohl aber, auf Verlangen, der mäßige Genuß des gewöhnlichen Würzburger Tischweins, und für den Mittagstisch etwas Fisch und Braten verwilligt. Als ich ihn abends besuchte, lobte Goethe sein Befinden und war sehr gesprächig, besonders aber pries er in einem langen launigen Sermon den Goldschwefel, nach dessen Herkommen, Bereitungsart und ärztlichem Gebrauche er sich umständlich erkundigte.» (*K.*

Vogel: Die letzte Krankheit Goethes, 1833; GG 6993) – «Nach meiner *[Cou-draysJ* Rückkehr von Allstedt am Abend des 18. März wollte ich nach meiner Gewohnheit Goethe sofort besuchen, vernahm aber von dessen *Diener:* [Goethe habe sich erkältet] [...]; doch gehe es nunmehr besser, der *Arzt* wünsche aber, daß jede Aufregung durch Besuche vermieden werde. [...]. Ich sandte ihm also durch *Friedrich* meinen herzlichsten Gruß, mit dem Wunsche baldiger vollkommener Herstellung.» (*C. W. Coudray:* Goethes letzte Lebenstage und Tod betreffende Notizen; GG 6992)

Montag, 19. März. «Die Nacht zum Montag wiederum ruhig; während des Schlafes immer noch ziemlich starke Transpiration.» (*K. Vogel:* Die letzte Krankheit Goethes, 1833; GG 6996) – «[...] sendete mir *[Coudray]* Goethe mit der Versicherung, daß er sich viel wohler fühle und mich ehestens sprechen werde, *Zahns* Begleitungs-Schreiben obenerwähnter Zeichnungen [der Ausgrabungen in Pompeji; → 6. 3.] [...].» (*C. W. Coudray:* Goethes letzte Lebenstage und Tod betreffende Notizen; GG 6995) – «Am Morgen traf ich *[Hofrat Vogel]* den Kranken neben dem Bette sitzend, sehr aufgeräumt und nur noch körperlich etwas schwach. Er hatte in einem französischen Heft gelesen; fragte gewohntermaßen nach mancherlei Vorfällen und zeigte großes Begehren nach dem zum Frühstück seit einigen Jahren herkömmlichen Glase Madeira. Ich fand keinen Grund, seiner Neigung entgegen zu sein, und er trank und aß mit vielem Behagen, blieb auch fast den ganzen Tag über auf. Gegen Abend traf ich ihn bei der Musterung von Kupferstichen, sprach mit ihm durch, was sich während seiner Krankheit in dem ihm untergebenen Departement ereignet hatte, zeigte ihm die Berliner Choleramedaille, über welche er sich in sehr witzigen Bemerkungen ausließ, spaßhafte Entwürfe zur Darstellung desselben Gegenstandes vorbrachte und sich vorzüglich darüber sehr vergnügt äußerte, daß er am folgenden Morgen imstande sein würde, sein gewohntes Tagewerk wieder vorzunehmen...» (*K. Vogel,* ebenda)

Wohl Montag, 19. März, und früher. «Seit dem Ableben seines einzigen *Sohnes* und seit dem Lungenblutsturze, welcher ihn einige Wochen später den Pforten des Grabes so nahe brachte [→ 25. 11. 30 ff.], hatte Goethe seines Endes, als nun nicht mehr weit entfernt, gegen mich *[Vogel]* öfters mit Ruhe Erwähnung getan, und besonders mehrmals Veranlassung genommen, mir ‹der ich doch länger, als er, dabei wirksam sein würde›, die von ihm gepflegten Anstalten und vorzüglich auch einzelne bei denselben *Angestellte* zu empfehlen. Im Laufe der heutigen Unterhaltung kam er auf diese Angelegenheiten zurück, und teilte mir nochmals seine darauf bezüglichen Absichten, Pläne und Hoffnungen im Zusammenhange und ausführlich mit. Wer ihn da sowie bei frühern ähnlichen Gelegenheiten gehört hätte, wenn die vielfältiges Zeugnis enthaltenden Akten offen stünden, wer endlich, wie ich, so mancher Wohltaten, die Goethe aus eigenem Antriebe und Vermögen *Hilfsbedürftigen,* besonders *Kranken,* im stillen angedeihen ließ, Vermittler gewesen wäre, der würde nicht zweifeln, daß der so häufige als lieblose Vorwurf: der Verblichene habe sich um das Wohl und Wehe anderer, namentlich auch seiner *Dienstuntergebenen,* höchstens aus grobem Egoismus bekümmert, nur von vorlauter, boshafter Verleumdung, oder von der habgierigsten Unverschämtheit ersonnen worden sein könne. Allerdings war ihm gewöhnliche Bettelei und ungehörig erzwungene Wohltätigkeit in hohem Grade zuwider, und gern vermied er, – überall ein infolge unangenehmer Erfahrungen vielleicht zu unbedingter Liebhaber des Geheimnisses, – bei Austeilung seiner Wohltaten jede Ostentation. – Froh, daß ein Leiden überstanden, ahnten wir beide in dem Moment nicht, daß Goethe soeben seinen wirklich letzten amtlichen Willen kundgegeben habe.» (K. *Vogel:* Die letzte Krankheit Goethes, 1833; GG 6997)

Dienstag, 20. März. «Die ersten Stunden der folgenden Nacht, vom 19. auf den 20. März, schlief der Kranke sanft, bei vermehrter Hautausdünstung. Gegen Mitternacht wachte er auf, empfand zuerst an den Händen, welche bloß gelegen hatten, und von ihnen aus später dann auch am übrigen Körper, von Minute zu Minute höher steigende Kälte. Zum Frost gesellte sich bald herumziehender reißender Schmerz, der, in den Gliedmaßen seinen Anfang nehmend, binnen kurzer Zeit die äußern Teile der Brust gleichfalls ergriff, und Beklemmung des Atems, sowie große Angst und Unruhe herbeiführte. Daneben häufiger, schmerzhafter Drang zum Urinlassen. Der sparsam ausgeleerte Harn wasserhell. Die Zufälle wurden immer heftiger; dennoch erlaubte der sonst bei den geringsten Krankheitsbeschwerden nach ärztlicher Hülfe stets so dringend verlangende Kranke dem besorgten *Bedienten* nicht, mich zu benachrichtigen, ‹weil ja nur Leiden, aber keine Gefahr vorhanden sei›. Erst den andern Morgen um halb neun Uhr wurde ich herbeigeholt. (K. *Vogel:* Die letzte Krankheit Goethes, 1833; GG 7004) – «Wahrscheinlich ist das Schlafzimmer in der Nacht zu kalt geworden, wenigstens fand ich die Temperatur desselben bei meinem ersten Besuche zu niedrig.» (K. *Vogel* an Doris Zelter; GG 7000) – «Ein jammervoller Anblick erwartete mich! Fürchterlichste Angst und Unruhe trieben den seit lange nur in gemessenster Haltung sich zu bewegen gewohnten, hochbejahrten Greis mit jagender Hast bald ins Bett, wo er durch jeden Augenblick veränderte Lage Linderung zu erlangen vergeblich suchte, bald auf den neben dem Bette stehenden Lehnstuhl. Die Zähne klapperten ihm vor Frost. Der Schmerz, welcher sich mehr und mehr auf der Brust festsetzte, preßte dem Gefolterten bald Stöhnen, bald lautes Geschrei aus. Die Gesichtszüge waren verzerrt, das Antlitz aschgrau, die Augen tief in ihre livide Höhlen gesunken, matt, trübe; der Blick drückte die gräßlichste Todesangst aus. Der ganze eiskalte Körper triefte von Schweiß, den ungemein häufigen, schnellen und härtlichen Puls konnte man kaum fühlen, der Unterleib war sehr aufgetrieben; der Durst qualvoll. Mühsam einzeln ausgestoßene Worte gaben die Besorgnis zu erkennen, es möchte wieder ein Lungenblutsturz auf dem Wege sein. – Hier galt es schnelles und kräftiges Einschreiten. Nach anderthalbstündiger Anstrengung gelang es, vermöge reichlicher Gaben Baldrianäther und Liquor Ammonii anisatus, abwechselnd genommen mit heißem Tee aus Pfeffermünzkraut und Kamillenblüten, durch Anwendung starker Meerrettichzüge auf die Brust und durch äußere Wärme die am meisten gefahrdrohenden Symptome zu beseitigen, alle Zufälle erträglich zu machen. Den im linken großen Brustmuskel übrigbleibenden fixen Schmerz hob noch an dem nämlichen Tage ein auf die schmerzhafte Stelle gelegtes Spanisch-Fliegen-Pflaster. – Der fortdauernd brennende Durst wurde mit einem lauen Getränke, aus schwachem Zimtaufguß mit Zucker und Wein, zum Behagen

des Leidenden befriedigt. [...] Den bequemen Lehnstuhl, in welchem sich die große Angst und Unruhe zuerst gelegt hatte, vertauschte der Kranke nicht wieder mit dem Bette.» (*K. Vogel:* Die letzte Krankheit Goethes; GG 7004) – Goethe leistet seine letzte Unterschrift als Autorisation auf einer von *Geh. Hofrat Helbig* am 18. 3. ausgestellten Quittung über 100 Taler, die aus der Separatkasse für *Angelika Facius* bewilligt worden waren; → 13. 1. – Das Blatt trägt *Kräuters* Notiz: «Obige Authorisation vollzog der verewigte Herr Staatsminister v. Goethe eigenhändig 48 Stunden vor seinem Ableben, nämlich den 20. März 1832. Vormittag.» (WA IV, 49, 451) – «Gegen Abend war kein besonders lästiger Zufall mehr vorhanden. Goethe sprach einiges mit Ruhe und Besonnenheit [...]. – Ich ließ einen ziemlich kräftigen Baldrianaufguß mit Liquor Ammonii anisatus, alle zwei Stunden einen Eßlöffel voll, als Arznei nehmen. Dabei schlummerte Goethe während der Nacht zuweilen.» (*K. Vogel:* Die letzte Krankheit Goethes; GG 7004) – *Riemer:* «Einen Augenblick bei ihr *[Ottilie].* Dann um 8 zu Tee und Souper bei Hofe. Ließ sich die *Hoheit [Maria Paulowna]* Bericht erstatten, noch um 9 Uhr von *Vogel.*» (*Riemer;* GG 7001)
Mittwoch, 21. März. «*Morgens 6 Uhr.* Sehr unruhige Nacht, seltner, immer kurzer Schlummer. Die Beklemmung des Atems hat sich etwas vermindert. Der Kopf ist immer noch sehr eingenommen. Die früher herumziehenden Schmerzen haben sich in der linken Seite der Brust fixiert. Es ist kein Husten vorhanden. Zunge trocken, rein, hart; Durst groß; allgemeiner, guter Schweiß. Der Kranke fühlt sich behaglicher, und der Zustand ist im allgemeinen etwas besser als gestern.» (*K. Vogel* an Doris Zelter; GG 7008) – «Mehrere, durch ein Lavement bewirkte, reichliche Stuhlgänge schafften noch mehr Erleichterung. Der Puls, genau gezählt, zweiundneunzigmal innerhalb einer Minute schlagend, zeigte sich ziemlich voll, gleichmäßig, weich. Der Urin ging selten, trübe, bräunlich und ohne Schmerzen ab. Die Zunge war feucht, hier und da mit zähem, kaffeebraunen Schleime belegt, der Speichel sehr zähe und klebrig. Die Farbe der unbedeckten Körperteile bot nichts Auffallendes dar. – Die Besserung nahm bis elf Uhr vormittags deutlich zu.» (*K. Vogel:* Die letzte Krankheit Goethes; GG 7014) – «So stehen die Aktien jetzt, mittags; wir schweben allerdings noch in großer Besorgnis, zumal da *Vogel* das Fieber nun mehr nervös als katarrhalisch findet; allein nach seiner Versicherung ist doch die Wahrscheinlichkeit des Genesens, bei der durch den wieder eingetretenen Schweiß erprobten Kräftigkeit der Lebensfunktionen, überwiegend.» (*Kanzler v. Müller* an Zelter; GG 7010) – «Von da verschlimmerte sich das Befinden. Um zwei Uhr nachmittags erschien der Kranke hinfällig, mit triefendem Schweiße bedeckt, mit sehr kleinem, häufigem, weichem Pulse und kühlen Fingerspitzen [*Vogel* findet «ein verdächtiges Schleimrasseln auf der Brust, welches ... eine Lungenlähmung fürchten läßt.» (*Vogel* an Doris Zelter; GG 7008]. Die äußern Sinne versagten zuweilen ihren Dienst, es stellten sich Momente von Unbesinnlichkeit ein. [...]. – Nach etlichen Gaben eines Decocto-Infusums von Arnika und Baldrian mit Kampfer hob sich der Puls und wurde ein wenig härter. In die Finger kehrte Wärme zurück. Die Füße, durch Wärmflaschen geschützt, waren noch nicht wieder kalt geworden.» (*K. Vogel;* GG 7014) – «Der teure Kranke ist ruhiger und schmerzloser, es ist wieder etwas Schweiß eingetreten [...]. *Ottilie* behauptet [...], er sei in den vori-

gen großen Krankheiten weit erschöpfter gewesen. Noch vor einer Stunde hat er nach *Salvandys* ‹Seize mois ou la Révolution› verlangt, einem Buche, das die *Großherzogin* ihm am letzten Donnerstage sehr empfohlen hatte [→ 8. 3.]. Natürlich ließ man ihn nicht darin lesen, aber er beharrte doch darauf, es um sich zu haben, und gebot *seinem Enkel,* ihm von der dramatischen Posse ‹Der versiegelte Bürgermeister› [von *Raupach*] zu referieren.» (*Kanzler v. Müller* an Rochlitz; GG 7009) – «[...] *Gräfin von Vaudreuil* [...] sendete jetzt ihr für ihn [Goethe] schon lange zum Geschenk bestimmtes, von *Prof. Heinrich Müller* in Eisenach gemaltes und von da soeben angelangtes Bildnis. Man trug Bedenken, es dem Kranken vorzulegen, aus Furcht, es möchte ihn zu sehr aufregen und dadurch ein schnelleres Verzehren der Kräfte verursachen. Der *Arzt* teilte diese Bedenklichkeit nicht, riet sogar zur Mitteilung desselben, weil es einen angenehmen Eindruck auf den Geist des Kranken machen würde. Nachdem Goethe das Bildnis mit Vergnügen eine Zeitlang betrachtet hatte, äußerte er: ‹Nun, den *Künstler* muß man loben, der nicht verdarb, was die Natur so schön geschaffen hat!› Der Eindruck, den das Bild machte, scheint tief gewesen zu sein, und beschäftigte ihn noch am andern Morgen.» (*K. W. Müller: Goethes letzte literarische Tätigkeit;* GG 7013) – «Abends 7 ¹/₂ Uhr. – Der Zustand des Patienten ist ruhiger und schmerzloser; allein es gewinnt den Anschein, als ob die Lunge affiziert und zu schwach sei, um den andringenden Schleim gehörig auszustoßen. Der Puls ist weniger krampfhaft und geregelter, aber freilich auch matter. Er selbst scheint sich eben nicht für gefährlich zu achten und äußert von Zeit zu Zeit Teilnahme an der Außenwelt. [...]. – Wir hoffen noch immer, daß sein herrliches Naturell auch diesesmal siegen werde.» (*Kanzler v. Müller* an Zelter; GG 7010) – «*Vogel* et *Madame de Goethe* aidés de *Frédéric* ont encore veillé la dernière nuit pendant laquelle les symptômes précédents ont augmenté en intensité au point que la mort s'est annoncée comme imminente et a été attendue d'heure en heure.» (*Soret* an Caroline v. Egloffstein, 25./27. 3.; GG 7030) – «Daß Goethe *seinen Sohn* sehr liebte, kann ich auch behaupten. Den Abend vor seinem Tode, als ich ganz allein mit ihm war, und er sehr viel Schmerzen hatte, sagte er, die Augen gen Himmel gerichtet: Ach Gott! Ach Gott! hat denn *mein Sohn* in Rom auch so leiden müssen?» (*Diener Friedrich Krause:* Bericht; GG 7012)

Donnerstag, 22. März. «Da man mein *[Coudrays]* Anerbieten, bei ihm die folgende Nacht [vom 21. zum 22. März] zu wachen, ablehnte, so ging ich in großer Sorge nach Hause, kehrte jedoch am andern Morgen, den 22. d. M., schon vor 7 Uhr wieder in das Goethesche Haus zurück, wo ich alles in Bestürzung fand, weil indessen der *Arzt* alle Hoffnung zur Wiederherstellung des angeblich von einem nervös gewordenen Katarrhalfieber heftig Ergriffenen aufgegeben hatte. Ich vermochte jedoch nicht, diese Ansicht sofort zu teilen, weil seit gestern der Barometer bedeutend gestiegen war, und ich aus Erfahrung wußte, wie mächtig die äußere Luft auf Goethes Gesundheit einzuwirken pflegte. Eingetreten in Goethes Arbeitszimmer, erblickte ich den Kranken neben dem Bette in einem Armstuhl, mit einer leichten Decke über den Beinen, sitzend, wobei er seinen gewöhnlichen weißen Schlafrock und Filzschuhe anhatte [...]. Er schien von allen Schmerzen befreit und ruhig, jedoch sein Geist beschäftigt, wie sich aus mancherlei vernehmlichen Worten,

die er für sich hinsprach, folgern ließ.» (*C. W. Coudray:* Goethes letzte Lebenstage und Tod betreffende Notizen (ursprüngliche Fassung); GG 7015) – «Er
schien von den Beschwerden der Krankheit kaum noch etwas zu empfinden,
sonst würde er bei der ihm eigentümlichen Unfähigkeit, körperliche Übel mit
Geduld zu ertragen, mindestens durch unwillkürliche Äußerungen, seine Leiden zu erkennen gegeben haben. Äußere Eindrücke wirkten auf das, mit den
Sinnen des Gesichts und des Gehörs gewissermaßen isoliert fortlebende,
Gehirn noch lange und zum Teil lebhaft und angemessen, sowie die eigentliche Geistestätigkeit vielleicht erst mit dem Leben selbst erlosch. Die Phantasie spielte beinahe nur mit angenehmen Bildern. – Schwerlich hatte Goethe
in diesen Momenten ein Vorgefühl seiner nahen Auflösung. Wenigstens ent-
sprachen die Zeichen, welche man auf das Vorhandensein eines solchen Vor-
gefühls beziehen möchte, denjenigen nicht, deren er sich wohl früher
bediente, um anzudeuten, wie er hinsichtlich der mutmaßlichen Dauer des
ihm noch beschiedenen Lebensrestes einer Täuschung sich nicht überlasse.
Vielmehr gab er in seinen letzten Stunden mehrmals deutliche Beweise von
Hoffnung auf Genesung und zwar unter Umständen, – namentlich bei fast
völlig abwesender Besinnlichkeit, – welche die Vermutung, er habe nur die
Seinigen zu beruhigen beabsichtigt, als ganz unwahrscheinlich darstellen müs-
sen.» (*K. Vogel:* Die letzte Krankheit Goethes, 1833; GG 7014) – «Gegen 9 Uhr
verlangte Goethe Wasser mit Wein zum Trinken, und als ihm solches darge-
reicht wurde, sah ich, wie er sich im Sessel ohne alle Hülfe aufrichtete, das
Glas faßte und solches in drei Zügen leer trank. Er rief sodann seinen *Schreiber
John* herbei, und unterstützt von diesem und *Friedrich* richtete er sich von dem
Sessel empor [In der endgültigen Fassung von *Coudrays* Bericht heißt es:
«Gegen 9 Uhr morgens wünschte der Kranke Wasser mit Wein ... Er wurde
ganz munter und verlangte *Licht.* Man hatte nämlich die Zimmer ganz dunkel
gelassen, um dadurch den Kranken ruhiger zu erhalten. Es wurden also die
Fenster-Rouleaus im Arbeitszimmer aufgezogen, doch bald schienen seine
Augen vom zu hellen Tage zu leiden, denn er hielt wiederholt die Hand wie
einen Schirm über dieselben, so daß man sich veranlaßt fand, ihm den grünen
Schirm zu reichen, welchen er abends beim Lesen aufzusetzen pflegte ...»
(*C. W. Coudray:* Goethes letzte Lebenstage und Tod betreffende Notizen; GG
7016) – *Diener Friedrich Krause* berichtet dagegen: «Es ist wahr, daß er meinen
Namen zuletzt gesagt hat, aber nicht um die Fensterladen aufzumachen, sondern er verlangte zuletzt den Botschanper (pot de chambre), und den nahm
er noch selbst und hielt denselben so fest an sich, bis er verschied.» *(G. F.
Krause:* Aufzeichnungen; GG 7019)]. Vor demselben *[John]* stehend, fragte er,
welchen Tag im Monat man zähle? Auf die Antwort – den 22. März – sagte
er: ‹Also hat der Frühling begonnen, und wir können uns dann um so eher
erholen.› [...]. Er setzte sich wieder in den Armstuhl und verfiel in einen sanf-
ten Schlaf mit fortgesetzten Träumen, denn er sprach in abgebrochenen Worten vieles, unter anderem: ‹Seht den schönen weiblichen Kopf, mit schwarzen
Locken, in prächtigem Kolorit auf dunklem Hintergrunde›, und später: ‹*Friedrich,* gib mir die Mappe da mit den Zeichnungen.› Da keine Mappe, sondern
ein Buch vor ihm lag, reichte ihm *Friedrich* solches, aber Goethe wiederholte:
‹Nicht dies Buch, sondern die Mappe.› Und als hierauf der *Diener* versicherte,

daß keine Mappe vorhanden sei, sagte Goethe scherzend: ‹Nun, so war's wohl ein Gespenst.› Bald darauf fragte er, ‹wie viel Uhr es sei›. Auf die Angabe der 10. Stunde verlangte er eine Gabel und Frühstück. Man brachte beides. Von dem kalten, kleingeschnittenen Geflügel führte er mit der Gabel einige Stückchen zum Munde und legte dann dieselbe mit dem Verlangen nach einem Trunke nieder. *Friedrich* reichte ein Glas Wasser und Wein, wovon aber der Kranke nur wenig trank, die Frage an *Friedrich* stellend: ‹Du hast mir doch keinen Zucker in den Wein getan?› Die Stückchen Geflügel, die er eben genossen, spuckte er bald wieder aus, und ließ sich abermals von *John* und *Friedrich* aufrichten, allein ich bemerkte zu meinem Schrecken, wie die hohe Gestalt schwankte, und daß sich der Kranke sofort wieder auf den Lehnstuhl niederlassen mußte.» (*C. W. Coudray:* Goethes letzte Lebenstage und Tod ..., ursprüngliche Fassung; GG 7015) – «Sauf le court instant de mauvaise humeur où Goethe avait renvoyé le mardi matin de sa chambre sa *belle-fille,* il a toujours été caressant pour elle et témoignant du plaisir à la voir auprès de lui ainsi que ses *petits-enfants,* tous trois n'ont presque pas quitté le malade; il appelait quelquefois *Ottilie* quoiqu'elle fût assise à côté de lui; je crois que la dernière parole qu'il lui a dite a été: *Frauenzimmerchen! Frauenzimmerchen! gib mir dein Pfötchen!* plus tard il a encore jeté un regard sur elle qui semblait intentionné, que du moins elle interprète pour une expression de tendresse et d'adieu, quoique selon toutes les apparences il n'eût plus sa tête; mais c'est un souvenir de consolation qu'il faut respecter religieusement.» (*Soret* an Caroline v. Egloffstein, 25./27. 3.; GG 7030) – «Gegen halb 11 Uhr kam der *Großherzog,* um seinen hochverehrten Freund noch einmal zu sehen und zu sprechen. Dies war jedoch leider nicht mehr tunlich, und man hielt für geraten, den tiefbewegten *Fürsten,* der Goethe wie einen Vater ehrte und liebte, zur Rückkehr zu seiner erlauchten *Gemahlin* zu bewegen, damit Höchstdieselbe, welche ängstlich auf Nachricht von dem auch ihr so teuern Kranken harrte, auf den schmerzlichsten Verlust vorbereitet werde ...» (*C. W. Coudray:* Goethes letzte Lebenstage ...; GG 7016) – «Die Sprache wurde immer mühsamer und undeutlicher. [...] Als später die Zunge den Gedanken ihren Dienst versagte, malte er, wie auch wohl früher, wenn irgend ein Gegenstand seinen Geist lebhaft beschäftigte, mit dem Zeigefinger der rechten Hand öfters Zeichen in die Luft, erst höher, mit den abnehmenden Kräften immer tiefer, endlich auf die über seinen Schoß gebreitete Decke. Mit Bestimmtheit unterschied ich einigemal den Buchstaben W und Interpunktionszeichen [«*Frau Geheime Kammerrätin v. Goethe* saß zur Seite des geliebten Schwiegervaters auf dessen Bett, die *beiden Enkel Walther* und *Wolf* befanden sich nebenan im Arbeitszimmer; in einem andern Gemach waren *einige Freunde Goethes,* die *Herren Geheimrat v. Müller, Hofrat Soret, Dr. Eckermann* und der *Arzt Dr. Hofrat Vogel,* versammelt, welche ab- und zugingen. Ich stand ununterbrochen am Sessel zur Rechten des Kranken ... (*Coudray:* Goethes letzte Lebenstage ..., ursprüngliche Fassung; GG 7015)]. – Um halb zwölf Uhr mittags drückte sich der Sterbende bequem in die linke Ecke des Lehnstuhls, und es währte lange, ehe den *Umstehenden* einleuchten wollte, daß Goethe ihnen entrissen sei [er stirbt an einem grippalen «Infekt, der zum Herzinfarkt und schließlich zum endgültigen Herzversagen» geführt hatte (E. Biedrzynski, Goethes Weimar, 1992, S. 165)].» (*K.*

Vogel: Die letzte Krankheit Goethes; GG 7014) – «So blieb die *Tochter [Ottilie]* noch lange sitzend, unbeweglich, als schon *viele Menschen* hereingestürzt, den jammervollen Anblick zu teilen; sie drückte dann die schönen Augen für immer zu, ließ die *Kinder* rufen, ihn noch zu sehen [...].» (*Luise Seidler* an J. G. v. Quandt, 23. 3.; GG 7029) – «Tief erschüttert eilte ich *[Karl Gille]* sogleich in das Goethe-Haus, [...] ungehindert gelangte ich [...] nach dem offen stehenden Arbeitszimmer. – Hier befanden sich nach meiner Erinnerung *Frau Ottilie v. Goethe,* deren *Schwester Ulrike v. Pogwisch,* die *Enkel Walther* und *Wolf, Geh. Hofrat Dr. Vogel* [...], *Oberbaudirektor Coudray, Kanzler v. Müller, Geh. Hofrat Riemer, Rat Kräuter und andere.* – Bescheiden stellte ich mich in die Ecke rechts hinter die *Anwesenden* und hatte durch die offene Tür den freien Blick in das danebenliegende kleine Schlafzimmer. Hier saß der große Unsterbliche in seinem neben dem Bett stehenden Lehnstuhl, im Schlafrock, bis zur Brust mit einer Couverture bedeckt, die Hände gefaltet, den majestätischen Kopf aufrecht, wie nach dem Himmel gerichtet, mit noch völlig unveränderten Gesichtszügen, einem Schlummernden vergleichbar. Die mächtige Stirn zeigte keine Falten des Alters, sondern nur diejenigen, welche der Geist hineingeschrieben hatte, und hinter ihrer Wölbung schienen die Gedanken ruhig fortzuleben.» (*K. Gille:* Goethe-Erinnerungen) – «Noch am Abend desselben Tages sagte mir *[Coudray]* der *Herr Geheime Rat [Kanzler v.] Müller,* daß *Seine Königliche Hoheit der Großherzog,* im Sinne seines *höchstseligen Herrn Vaters [Carl August],* glorwürdigen Andenkens, auszusprechen geruht hätten, daß Goethes Hülle in der Fürstlichen Gruft neben *Schiller* beigesetzt werde, und daß ich ersucht würde, das Erforderliche zu besorgen.» (*C. W. Coudray:* Goethes letzte Lebenstage ...; GG 7016)

Freitag, 23. März. «Am andern Morgen nach Goethes Tode ergriff mich *[Eckermann]* eine tiefe Sehnsucht, seine irdische Hülle noch einmal zu sehen. Sein treuer *Diener Friedrich* schloß mir das Zimmer auf, wo man ihn hingelegt hatte. Auf dem Rücken ausgestreckt, ruhte er wie ein Schlafender; tiefer Friede und Festigkeit waltete auf den Zügen seines erhaben-edlen Gesichts. Die mächtige Stirn schien noch Gedanken zu hegen. Ich hatte das Verlangen nach einer Locke von seinen Haaren, doch die Ehrfurcht verhinderte mich, sie ihm abzuschneiden. Der Körper lag nackend in ein weißes Bettuch gehüllet, große Eisstücke hatte man in einiger Nähe umhergestellt, um ihn frisch zu erhalten so lange als möglich. *Friedrich* schlug das Tuch auseinander, und ich erstaunte über die göttliche Pracht dieser Glieder. Die Brust überaus mächtig, breit und gewölbt; Arme und Schenkel voll und sanft muskulös; die Füße zierlich und von der reinsten Form, und nirgends am ganzen Körper eine Spur von Fettigkeit oder Abmagerung und Verfall. Ein vollkommener Mensch lag in großer Schönheit vor mir, und das Entzücken, das ich darüber empfand, ließ mich auf Augenblicke vergessen, daß der unsterbliche Geist eine solche Hülle verlassen. Ich legte meine Hand auf sein Herz – es war überall eine tiefe Stille – und ich wendete mich abwärts, um meinen verhaltenen Tränen freien Lauf zu lassen.» (Eckermann, ohne Datum) – *Friedrich Preller* zeichnet Goethes Totenbild, Umrißzeichnung, Halbbrustbild. (Schulte-Strathaus, 166) – Todesanzeige: «Gestern Vormittags halb Zwölf Uhr starb mein geliebter Schwiegervater, der Großherzogl. Sächsische wirkliche Geheime-

Rath und Staatsminister Johann Wolfgang von Goethe, nach kurzem Krank-
seyn, am Stickfluß in Folge eines zurückgeworfenen Katharrhalfiebers. –
Geisteskräftig und liebevoll bis zum letzten Hauche, schied er von uns im drei
und achtzigsten Lebensjahre. – Ottilie von Goethe, geb. von Pogwisch,
zugleich im Namen meiner drei Kinder, Walther, Wolf und Alma von Goethe.
– Weimar, 23. März 1832 [veröffentlicht am 27. 3. im «Weimarischen
Wochenblatt», Nr. 25; die als Sendeblatt verschickten Anzeigen varriieren den
Text: «... am Stickfluß in Folge eines nervös gewordenen Katharrhalfiebers
...» (JbSK 1, 315)].

Montag, 26. März. «Die Frage: ob die irdische Hülle öffentlich *en parade*
ausgestellt werden sollte, erregte viele Diskussion. Ich *[Kanzler v. Müller]*, als
Testamentsvollstrecker, war, im Sinne Goethes, wie ich wenigstens glaube,
ganz dagegen. Ottilie fügte sich auf den ungestümen Wunsch der *Menge,* den
zu erfüllen ihr Pflicht schien, und dann darauf, daß Er es nicht verboten habe.
– So geschah es endlich [...].» *(Kanzler v. Müller* an Zelter, 29. 3.; GG 7042)
– «Den 26. gegen Morgen war alles nach dem vorgedachten Programm vorbereitet, und ich *[Coudray]* begab mich mit *John* und *Friedrich* in Goethes
Arbeitszimmer, wo die Leiche seit dem 22. in Eis mit Sorgfalt gut erhalten
worden war. [...] es flößten mir die mir wohlbekannten, durch den Tod auch
nicht im geringsten veränderten Züge allmählich Trost und Beruhigung ein,
so daß ich dem traurigen Geschäft der Ankleidung beizuwohnen Mut faßte.
Den in allen Teilen schön und kräftig geformten Körper konnten wir nicht
genug bewundern [...]. Mit einem von meiner *Tochter Marie* gewundenen
Lorbeerkranze schmückte ich selbst das mit Silberlocken reich bedeckte
Haupt [...]. Die angekleidete Leiche wurde sodann auf das Paradebette [im
unteren Hausflur des Goethe-Hauses] gebracht, wo ich derselben eine halb
aufrechte Stellung und den Armen und Händen eine solche Lage zu geben
suchte, wie der Lebende zu schreiben pflegte. Nach 7 Uhr war die Ausstellung
geordnet und die Trauerhalle durch eine Menge Wachslichter erleuchtet, welche über das Antlitz des selig Entschlafenen ein magisches Licht verbreiteten,
so daß das Ganze einen imposanten und zugleich beschwichtigenden Eindruck machte. Ich nahm daher kein Bedenken, dem Wunsche der *Frau von
Goethe* zu entsprechen und sie zu dem ihr so teuren Toten herabzuführen.»
(C. W. Coudray: Goethes letzte Lebenstage ...; GG 7036) – «Immer *acht
Künstler, Zeichenlehrer, Deputierte des Theaters, Bibliotheksangehörige, Deputierte
der Armbrustschützen* und der *Bürgerschaft* p. wechselten sich alle Stunde [zur
Totenwache] ab (also 32 in allem). Dies war Montags von 8 bis 12 Uhr vor-
mittags. Der Zudrang war ungeheuer; zahlreiche *Wachen des Militärs* und der
Polizei hielten Ordnung. Von Erfurt, Jena, dem Lande wogten die *Scharen*
herbei. [...]. – Nachmittags 5 Uhr die feierliche Bestattung in die Großher-
zogliche Gruft. [...]. – An *vier- bis fünftausend Menschen* umwogten den Zug
[...]. Hinter dem Großherzoglichen Leichenwagen – demselben, der *Carl
Augusts* Hülle und die *Luisens* aufgenommen hatte – *Walther Goethe* mit
[Rinaldo] Vulpius und *Vogel,* zu Fuß, umgeben von den *drei Ministern.* Dann
die nächsten *Hausfreunde,* hierauf die *akademischen vier Dekane,* die *Deputatio-
nen* von allen Orten und Enden, *vom Militär* (auch von dem Erfurtischen) und
Zivil, ferner etwa *zweihundert Honoratioren;* nun der Goethesche Wagen mit

den *beiden Vulpiusischen Frauen* und *Fräulein Seidler,* die *Büchsenschützen-Compagnie* usw., die Wagen des *Großherzogs* und der *Großherzogin* mit dem *Obermarschall* und *Oberstallmeister* als ihren Repräsentanten, die Wagen der *Minister,* des *russischen* und *französischen Gesandten,* endlich ein zwanzig andere Wagen.» (*Kanzler v. Müller* an Zelter, 29. 3.; GG 7042) − «In der Kapelle wurde der Sarg auf einem roten, mit goldenen Sternen durchwirkten Teppich niedergelassen, auf welchem einst *Goethes Eltern* getraut, er selbst getauft und getraut, sowie *sein Sohn* und die *Enkelsöhne* getauft wurden. Auf diesem hat der Entschlafene ruhen wollen. *Generalsuperintendent Röhr* hielt die Rede [«So ist denn mit dem Vollendeten, dessen sterbliche Hülle dieser Sarg umschließt, das letzte sichtbare Erinnerungszeichen an eine Zeit dahingeschwunden, welche in den Jahrbüchern unserer Stadt und unseres Landes eine weltgeschichtliche Bedeutung und Merkwürdigkeit hat, − der letzte der großen Geister, welche durch ihre mannigfaltige, Geister weckende und Geister leitende Tätigkeit der glorreichen Regierung einer längst in Staub gesunkenen, aber immer noch unvergessenen *Landesmutter (Anna Amalia)* und ihres echtfürstlichen großen *Sohnes (Carl August)* einen weithinstrahlenden Glanz verliehen! . . .» (*Generalsuperintentent Röhr:* Trauerworte bei Goethes Bestattung; GG 7048)]. Gesungen wurde (unter *Hummels* Leitung) zu Anfang ein *Zeltersches* Lied [LAßT FAHREN HIN DAS ALLZU FLÜCHTIGE; → etwa 10. 3.], zum Schluß eine *Hummelsche* Komposition [«Ruhe sanft in heil'gem Frieden» nach dem Text von *Riemer*] [. . .]. Der Andrang des *Publikums* aus nah und fern war ein unbeschreiblich großer.» (*K. Gille:* Goethe-Erinnerungen, 1899; GG 7047)

Addenda und Corrigenda

Band I

Vielleicht Mittwoch, 27. Juli 1774: Das Zitat stammt aus DuW, 14.

Band II

31. Mai 1788: ZEICHNUNG VIA MALA.

Band III

29. März / 2. Mai 1795: *Friederike Bruns* Gedicht «Ich denke dein» ist von *Matthissons* Gedicht «Andenken» beeinflußt (Hinweis von Gerhard Bobzin).

Band VI

23. Mai 1817: «orographisch-hydrographische Karte»: «Carte générale orographique et hydrographique d'Europe», 1816, von *A. Sorriot de L'Host.*
   19. Juni 1817: Dorl: Farbkreisel für optische Versuche.
   10. Oktober 1817: Köpfe der Colossen von Monte Cavallo (zwei antike Rossebändiger, galten in der Goethezeit als Werke des *Phidias* und *Praxiteles;* vgl. TuJ 1817, → 2. 11. 86) . . .
   15./20. Dezember 1817: *Bossis* Abhandlung: *Brocchis* Abhandlung.
   Dezember 1817 (zu ergänzen): AUFSATZ INSTRUKTION FÜR DIE BEOBACHTER BEI DEN GROSSHERZOGLICHEN METEOROLOGISCHEN ANSTALTEN; → 14. 12. 17.
   Wohl 1817/1818: Datierungsfehler, das GEDICHT AN DEN VEREHRLICHEN FRAUENVEREIN entsteht erst am → 16. 12. 22.
   18. Dezember 1819: DON JUAN mundirt [wohl ÜBERTRAGUNG DER ERSTEN FÜNF STROPHEN DES ERSTEN GESANGS und ERSTE FASSUNG DES AUFSATZES BYRONS DON JUAN für KuA III, 1; → 7. 12. 19].
   12. September 1820: OLFRIED UND LISENA . . .: für KuA III, 1.
   Vor Sonntag, 29. Oktober 1820 (zu ergänzen): ABSCHLIESSENDE FASSUNG DES AUFSATZES BYRONS DON JUAN; → 18. 12. 19.

Band VII

18. April 1821: AUFSATZ WEGEN BEOBACHTUNG DER ATMOSPHÄRISCHEN METEORE: → Dezember 1817

29. Oktober 1821: *v. Joukovsky: Wassilij Andrejewitsch Shukowsky.*

4. Juni 1823: die Umrisse... nach... *Fiesole* gezeigt: Umrißzeichnung «Mariä Krönung und die Wunder des Heiligen Dominicus» von *Friedrich Wilhelm Ternite.*

1. September 1824: Ließ einen Brief von *[Karl] Kiesewetter [Student der Rechte* in Heidelberg] zurück [den von *Historiker Friedrich Christoph Schlosser* unterstützten Vorschlag enthaltend, *Eckermann* solle als Korrespondent an der neugegründeten Zeitschrift «European Review» mitwirken (→ 30. 5. 24); *Eckermann* lehnt den Vorschlag – wohl auch auf Goethes Rat hin – ab (vgl. Houben, 181 ff.)].

4. September 1824: Heidelberger Anträge: siehe Ergänzung zum 1. 9. 24.

13. Oktober 1824: Mittag *Eckermann*, den Antrag von *Prof. Melos [Eckermann* auf Honorarbasis als Deutschlehrer für die im *Melosschen* Pensionat wohnenden *Engländer* anzustellen] mit ihm verhandelt.

9. Mai 1825: auch das EREIGNIß VOß CONTRA STOLBERG ausführlicher behandelt [...später nicht in die TuJ 1801 aufgenommen; die DARLEGUNG DES STREITES ZWISCHEN VOß UND STOLBERG in den TuJ 1820 erscheint wie eine gekürzte Fassung des AUFSATZES VOß CONTRA STOLBERG].

16. September 1827 (zu ergänzen): AUSZUGSWEISE ÜBERSETZUNG DES ARTIKELS «THÉÂTRE ANGLAIS» aus der Zeitschrift «Le Globe» für den AUFSATZ ENGLISCHES SCHAUSPIEL IN PARIS für KuA VI, 2.

14. November 1827 (zu ergänzen): VOLLENDUNG DES AUFSATZES ENGLISCHES SCHAUSPIEL IN PARIS; → 16. 9. 27.

Band VIII

25. Februar 1832: An *Inspektor Schrön,* Verordnung [die bisherigen ständigen meteorologischen Beobachtungen, seit 1821 unter Goethes Oberaufsicht im Großherzogtum amtlich organisiert durchgeführt (→ 31. 12. 20), seien ab 1. 4. zu unterlassen...].